Looschelders · Paffenholz

ARB

Allgemeine Bedingungen für die Rechtsschutzversicherung

Kommentar

Herausgegeben von

Prof. Dr. Dirk Looschelders
Institut für Versicherungsrecht, Heinrich-Heine-Universität Düsseldorf

und

Prof. Dr. Christina Paffenholz
Chefredakteurin ZIP/Verantwortliche Redakteurin VersR
Verlag Dr. Otto Schmidt KG, Köln

Bearbeitet von

Dr. Elke Benzenberg, Dr. Jörg Brammsen, Dr. Fabian Herdter, LL.M., Prof. Dr. Dirk Looschelders, Prof. Dr. Christina Paffenholz, Oliver Seggewiße, Joachim Sixt, LL.M. (UZH), Dr. Martin von Villez

3. Auflage

Carl Heymanns Verlag 2026

Zitiervorschlag: Looschelders/Paffenholz/Bearbeiter, ARB, § …, Rdn. …

Bibliografische Information der Deutschen Nationalbibliothek
Die Deutsche Nationalbibliothek verzeichnet diese Publikation in der Deutschen Nationalbibliografie; detaillierte bibliografische Daten sind im Internet über http://dnb.d-nb.de abrufbar.

ISBN 978-3-452-30499-5

www.wolterskluwer.com

Umschlagkonzeption: Martina Busch, Grafikdesign, Homburg Kirrberg
Satz: Datagroup-Int SRL, Timisoara, Romania
Druck und Weiterverarbeitung: Sowa Sp. z o.o., Piaseczno, Polen

Gedruckt auf säurefreiem, alterungsbeständigem und chlorfreiem Papier.

Vorwort

Die Rechtsschutzversicherung hat im heutigen Rechtsleben eine herausragende Bedeutung. Gleichwohl ist die Materie im VVG auch nach der Reform von 2008 nur rudimentär geregelt. Die rechtliche Ausgestaltung der einschlägigen Verträge ergibt sich daher vor allem aus den allgemeinen Geschäftsbedingungen der Versicherer, konkret den Allgemeinen Bedingungen für die Rechtsschutzversicherung (ARB). Die rasche Abfolge der Bedingungswerke seit der Deregulierung des Versicherungsmarktes von 1994 stellt die Praxis dabei vor große Herausforderungen.

Seit dem Wegfall der Genehmigungspflicht für Allgemeine Versicherungsbedingungen (AVB) durch das damalige Bundesamt für Versicherungswesen (BAV) gibt der Gesamtverband der Deutschen Versicherungswirtschaft (GDV) in regelmäßigen Abständen neue Fassungen von Musterbedingungen heraus, die jeweils den aktuellen Entwicklungen angepasst sind. Der Praktiker muss folglich für jeden Rechtsschutzvertrag gesondert feststellen, in welcher Fassung die ARB zugrunde liegen. Davon abgesehen sind die Musterbedingungen rechtlich unverbindlich und werden daher nicht von allen Rechtsschutzversicherern verwendet, so dass sich in den ARB der einzelnen Versicherer teilweise abweichende Regelungen finden. Für die Konzeption des vorliegenden Werkes bedeutet dies, dass die Kommentierung sich auf eine Auswahl der vorhandenen Bedingungen beschränken muss.

Da die meisten Rechtsschutzversicherer die Musterbedingungen des GDV verwenden, liegen diese auch der vorliegenden Kommentierung zugrunde. Die zwischen 1994 und 2010 vom GDV herausgegebenen ARB unterscheiden sich nach Form und Systematik nur unwesentlich; inhaltlich gibt es meistens nur punktuelle Änderungen oder Ergänzungen. Der GDV hat im Oktober 2012 allerdings eine neue Fassung der Musterbedingungen (ARB 2012) veröffentlicht, die inzwischen mehrmals überarbeitet worden ist und inzwischen in der Fassung ARB 2021 (Stand Juni 2025) vorliegt. Die ARB 2012 und ihre nachfolgenden Fassungen weichen nach Form und Systematik erheblich von den vorherigen Fassungen ab. Während die ARB bislang einen allgemeinen Teil sowie spezielle Klauseln für einzelne Arten des Versicherungsschutzes enthalten, sind die ARB 2012 nach dem Baukastenprinzip aufgebaut, was eine systematische Darstellung erschwert. Da inhaltliche Änderungen nur vereinzelt zu finden sind, wurde der Schwerpunkt der Kommentierung auch in der 2. Auflage auf die ARB 2010 gelegt, allerdings unter starker Einbindung der aktuellen ARB 2021. Dieses Vorgehen rechtfertigt sich dadurch, dass die ARB 2010 sowie die entsprechend strukturierten älteren Bedingungswerke in der Praxis nach wie vor im Vordergrund stehen, während es zu den ARB 2012 und den nachfolgenden Fassungen noch immer kaum veröffentlichte Rechtsprechung gibt. Damit ergibt sich für das Werk folgender Aufbau:

Kapitel 1 enthält eine ausführliche Einführung, an die sich in Kapitel 2 eine kurze Kommentierung der speziellen gesetzlichen Vorschriften über die Rechtsschutzversicherung (§§ 125 bis 129 VVG) anschließt. Kernstück des Werkes ist die Kommentierung der ARB 2010 in Kapitel 3. Auf Unterschiede zu den heute noch praktisch relevanten älteren Fassungen der ARB wird dabei jeweils hingewiesen. Außerdem wurden die neueren ARB (ARB 2012/2019/2021) intensiv eingearbeitet. Die ARB 2021 (Stand: Juni 2025) sind darüber hinaus in Kapitel 4 vollständig abgedruckt, wobei eine Einführung vorangestellt ist. Kapitel 5 behandelt schließlich die Industrie-Strafrechtsschutzversicherung, zu der es nach wie vor keine aktuellen Musterbedingungen des GDV gibt.

Aus dem Kreis der Autoren ausgeschieden sind Herr Dr. Simon Apel, Herr Bernd Richter und Herr Dr. Ingo Weckmann, bei denen wir uns herzlich für ihre engagierte Mitarbeit bedanken. Die Neubearbeitung der bislang von Herrn Richter behandelten Vorschriften hat Herr Oliver Seggewiße, die Neubearbeitung der bislang von Herrn Dr. Weckmann behandelten Vorschriften hat Herr Dr. von Villiez übernommen.

Die Kommentierung orientiert sich an den Bedürfnissen der Praxis. Der Schwerpunkt der Neuauflage liegt dementsprechend auf der Berücksichtigung und Analyse der umfangreichen neuen Rechtsprechung. Wir hoffen, dass damit eine praxisgerechte und fundierte Darstellung gewährleistet ist.

Unser besonderer Dank gilt den Mitarbeiterinnen und Mitarbeitern des Düsseldorfer Instituts für Versicherungsrecht (IVR), die auf vielfältige Weise zum Gelingen der Neuauflage beigetragen haben. Besonders hervorzuheben sind die Geschäftsführerinnen des IVR Frau Katharina Kruse und Frau Lisette Küttner, die mit der Vorbereitung und Koordination befasst waren. Sie wurden unterstützt von Herrn Timon Arndt Dunkel, Frau Felicitas Sophie Hirscher, Frau Berjan Kirkukly, Frau Lara Gartmann, Frau Emily Müller und Herrn Henrik Müller.

Düsseldorf, im März 2026 Dirk Looschelders, Christina Paffenholz

Inhaltsübersicht

Inhaltsverzeichnis

Bearbeiterverzeichnis

Dr. Elke Benzenberg Rechtsanwältin und Notarin Anwaltskanzlei Dr. Benzenberg & Schwarz, Bocholt	§§ 9 – 14
Dr. Joerg Brammsen Privatdozent Universität Bayreuth	Industrie-Strafrechtsschutzversicherung
Dr. Fabian Herdter, LL.M. Rechtsanwalt Wilhelm Partnerschaft von Rechtsanwälten mbB, Düsseldorf	§ 3a §§ 17, 20
Prof. Dr. Dirk Looschelders Institut für Versicherungsrecht Heinrich-Heine-Universität Düsseldorf	Einführung §§ 1 – 3 § 4 (zusammen mit Christina Paffenholz)
Prof. Dr. Christina Paffenholz Chefredakteurin ZIP/Verantwortliche Redakteurin VersR Verlag Dr. Otto Schmidt KG, Köln	§ 4 (zusammen mit Dirk Looschelders) §§ 4a – 5a §§ 125 – 129 VVG
Oliver Seggewiße, LL.M. Richter am Landgericht, Kleve	Einführung ARB 2012/ARB 2019/ARB 2021 §§ 24, 27 – 29
Joachim Sixt, LL.M. (UZH) Rechtsanwalt, vormals Prokurist und Leiter Internationales Recht, ARAG SE, Düsseldorf	Vorb. zu §§ 21 ff. §§ 21 – 23 §§ 25, 26
Dr. Martin von Villiez Wissenschaftlicher Mitarbeiter Heinrich-Heine-Universität Düsseldorf	§§ 6 – 8a §§ 15, 16

Literaturverzeichnis

Anders/Gehle	Zivilprozessordnung, 83. Auflage 2025
Armbrüster	Privatversicherungsrecht, 2. Auflage 2019
Baumgärtel/Prölss	Handbuch der Beweislast im Privatrecht, Band 5, Versicherungsrecht, 1993
Beckmann/Matusche-Beckmann (VersHb/*Bearbeiter*)	Versicherungsrechts-Handbuch, 4. Auflage 2025
BeckOK BGB (BeckOK BGB/*Bearbeiter*)	Beck'scher Online-Kommentar BGB, herausgegeben von Hau und Poseck, 75. Edition, Stand 01.08.2025
BeckOK RDG (BeckOK RDB/*Bearbeiter*)	Beck'scher Online-Kommentar RDG, herausgegeben von Grunewald und Römermann, 34. Edition, Stand 01.07.2025
BeckOK ZPO (BeckOK ZPO/*Bearbeiter*)	Beck'scher Online-Kommentar ZPO, herausgegeben von Vorwerk und C. Wolf, 57. Edition, Stand 01.07.2025
Berliner Kommentar (BK/*Bearbeiter*)	Berliner Kommentar zum Versicherungsvertragsgesetz, herausgegeben von Honsell, 1999
Böhme	Allgemeine Bedingungen für die Rechtsschutzversicherung (ARB), 12. Auflage 2007
Bruck/Möller (B/M/*Bearbeiter*)	Großkommentar zum Versicherungsvertragsgesetz, 10. Auflage 2021 ff.
Bruns	Privatversicherungsrecht, 2015
Buschbell	Münchener Anwaltshandbuch Straßenverkehrsrecht, 5. Auflage 2020
Buschbell/Hering	Handbuch Rechtsschutzversicherung, 6. Auflage 2015
Deckenbrock/Henssler	Rechtsdienstleistungsgesetz, 5. Auflage 2021
Deutsch/Iversen	Versicherungsvertragsrecht, 7. Auflage 2015
Dörner	Allgemeine Versicherungsbedingungen, 7. Auflage 2015
Dreher (Dreher/*Bearbeiter*)	Versicherungsaufsichtsgesetz, 14. Auflage 2024
Dreyer/Lamm/Müller	RDG Praxiskommentar, 2009
Erfurter Kommentar zum Arbeitsrecht (ErfK/*Bearbeiter*)	herausgegeben von Müller-Glöge/Preis/Schmidt, 24. Auflage 2024
Erman	Handkommentar zum Bürgerlichen Gesetzbuch, 17. Auflage 2023
von Fürstenwerth/Weiß	Versicherungs-Alphabet, 11. Auflage 2019
Grüneberg	Bürgerliches Gesetzbuch, 84. Auflage 2025
Grunewald/Römermann	Rechtsdienstleistungsgesetz, 2008

Halm/Engelbrecht/Krahe (H/E/K/*Bearbeiter*)	Handbuch des Fachanwalts Versicherungsrecht, 6. Auflage 2018
Hamm (BeckRA-HdB/*Bearbeiter*)	Beck'sches Rechtsanwalts-Handbuch, 12. Auflage 2022
Handkommentar BGB (HK-BGB/*Bearbeiter*)	herausgegeben von Schulze, 12. Auflage 2024
Harbauer	Rechtsschutzversicherung, 9. Auflage 2018
Hentschel/König (Hentschel/König/*Bearbeiter*)	Straßenverkehrsrecht, Kommentar, 48. Auflage, 2025
Höke (Höke/*Bearbeiter*)	Münchener Anwaltshandbuch Straßenverkehrsrecht, 6. Auflage, 2025
Hopt	Handelsgesetzbuch, 44. Auflage 2025
Höra/Schubach (Höra/Schubach/*Bearbeiter*)	Münchener Anwaltshandbuch Versicherungsrecht, 5. Auflage 2022
Jauernig	Kommentar zum Bürgerlichen Gesetzbuch, 19. Auflage 2023
Kaulbach/Bähr/Pohlmann (KBP/*Bearbeiter*)	Versicherungsaufsichtsgesetz, 6. Auflage 2019
Kleine-Cosack	Rechtsdienstleistungsgesetz, 3. Auflage 2015
Krenzler/Remmertz	Rechtsdienstleistungsgesetz, 3. Auflage 2023
Langheid/Rixecker (L/R/*Bearbeiter*)	Versicherungsvertragsgesetz, 8. Auflage 2025
Langheid/Wandt (L/W/*Bearbeiter*)	Münchener Kommentar zum VVG, herausgegeben von Langheid/Wandt, 3. Auflage 2022 ff.
Looschelders	Schuldrecht, Allgemeiner Teil, 23. Auflage 2025
Looschelders	Schuldrecht, Besonderer Teil, 20. Auflage 2025
Looschelders/Paffenholz	Versicherungsvertragsrecht, 3. Auflage 2022
Looschelders/Pohlmann (L/P/*Bearbeiter*)	Versicherungsvertragsgesetz, 4. Auflage 2023
Marlow/Spuhl	Das Neue VVG kompakt – ein Handbuch für die Rechtspraxis, 4. Auflage 2010
Münchener Kommentar zum Bürgerlichen Gesetzbuch (MünchKommBGB/*Bearbeiter*)	herausgegeben von Säcker/Rixecker/Oetker/Limperg/Schubert, 9. Auflage 2022 ff.; 10. Aufl. 2025
Münchener Kommentar zum GmbHG (MünchKommGmbHG/*Bearbeiter*)	herausgegeben von Fleischer/Goette, 4. Auflage 2023 ff.

Münchener Kommentar zum Handelsgesetzbuch (MünchKommHGB/*Bearbeiter*)	herausgegeben von Drescher/Fleischer/Schmidt, 5. Auflage 2022 ff.
Münchener Kommentar zur Zivilprozessordnung (MünchKommZPO/*Bearbeiter*)	herausgegeben von Krüger/Rauscher, 6. Auflage 2022 ff.
Neuner	Allgemeiner Teil des Bürgerlichen Rechts, 13. Aufl. 2023
Nomos Kommentar BGB (NK-BGB/*Bearbeiter*)	herausgegeben von Dauner-Lieb/Heidel/Ring, 4. Auflage 2021 ff.
Prölss	Versicherungsaufsichtsgesetz, 12. Auflage 2005
Prölss/Martin (P/M/*Bearbeiter*)	Versicherungsvertragsgesetz, 32. Auflage 2024
Prütting/Gehrlein (PG/*Bearbeiter*)	ZPO Kommentar, 17. Auflage 2025
Prütting/Wegen/Weinreich (PWW/*Bearbeiter*)	BGB Kommentar, 20. Auflage 2025
Rüffer/Halbach/Schimikowski (HK-VVG/*Bearbeiter*)	VVG Handkommentar, 5. Auflage 2025
Schimikowski	Versicherungsvertragsrecht, 7. Auflage 2024
Schwintowski/Brömmelmeyer (PK/*Bearbeiter*)	Praxiskommentar zum VVG, 4. Auflage 2021
Soergel	Bürgerliches Gesetzbuch, 14. Auflage 2019 ff.
Staudinger/Halm/Wendt (S/H/W/*Bearbeiter*)	Versicherungsrecht Kommentar, 3. Auflage 2023
v. Staudinger	Kommentar zum Bürgerlichen Gesetzbuch, Neubearbeitungen 2005 ff.
Thomas/Putzo	Zivilprozessordnung, 46. Auflage 2025
Ulmer/Brandner/Hensen	AGB-Recht, 13. Auflage 2022
van Bühren	Handbuch Versicherungsrecht, 8. Auflage 2024
van Bühren/Plote (van Bühren/Plote/*Bearbeiter*)	Allgemeine Bedingungen für die Rechtsschutzversicherung, 3. Auflage 2013
Veith/Gräfe/Lange/Rogler	Der Versicherungsprozess, 5. Auflage 2023
Wandt	Versicherungsrecht, 7. Auflage 2024
Wolf/Lindacher/Pfeiffer (W/L/P/*Bearbeiter*)	AGB-Recht, 7. Auflage 2020
Zöller	Zivilprozessordnung, 35. Auflage 2024

Abkürzungsverzeichnis

A	
a.A.	anderer Ansicht
aaO.	am angegebenen Ort
Abl. EG	Amtsblatt der EG
Abl. EU	Amtsblatt der EU
Abs.	Absatz
ABU	Allgemeine Bedingungen für die Bauwesenversicherung von Unternehmensleistungen
ABV	Allgemeine Bedingungen der Vertrauensschadenversicherung
AcP	Archiv für die civilistische Praxis (Zeitschrift)
ADS	Automated Driving System
a.E.	am Ende
AEG	Allgemeines Eisenbahngesetz
AEUV	Vertrag über die Arbeitsweise der Europäischen Union
a.F.	alte Fassung
AFGBV	Autonome Fahrzeug-Genehmigungs- und Betriebs-Verordnung
AG	Aktiengesellschaft, Amtsgericht
AGB	Allgemeine Geschäftsbedingungen
AGBG	Gesetz zur Regelung des Rechts der Allgemeinen Geschäftsbedingungen (AGB-Gesetz)
AGG	Allgemeines Gleichbehandlungsgesetz
AHB	Allgemeine Bedingungen für die Haftpflichtversicherung
AKB	Allgemeine Bedingungen für die Kraftfahrtversicherung
AktG	Aktiengesetz
Alt.	Alternative
AMG	Arzneimittelgesetz
Anh.	Anhang
Anl.	Anlage
Anm.	Anmerkung
AnwBl	Anwaltsblatt (Zeitschrift)
AO	Abgabenordnung
AR	Der Aufsichtsrat (Zeitschrift)
ARB	Allgemeine Bedingungen für die Rechtsschutzversicherung
ArbGG	Arbeitsgerichtsgesetz
ArbnErfG	Arbeitnehmererfindungsgesetz
Art.	Artikel
ATE	After-the-Event-RS-Versicherung
AUB	Allgemeine Unfallversicherungsbedingungen
Aufl.	Auflage
AÜG	Arbeitnehmerüberlassungsgesetz
AVB	Allgemeine Versicherungsbedingungen
Az.	Aktenzeichen

B

BaFin	Bundesanstalt für Finanzdienstleistungsaufsicht
BAG	Bundesarbeitsgericht
BAGE	Entscheidungen des Bundesarbeitsgerichts, amtl. Sammlung
BAK	Blutalkoholkonzentration
BAnz	Bundesanzeiger
BauGB	Baugesetzbuch
BAV	Bundesaufsichtsamt für das Versicherungswesen
BauO NRW	Bauordnung Nordrhein-Westfalen
BayObLG	Bayerisches Oberstes Landesgericht
BB	Betriebsberater (Zeitschrift)
BBergG	Bundesberggesetz
BBiG	Berufsbildungsgesetz
Bd.	Band
BFStrG	Bundesfernstraßengesetz
Begr.	Begründung, Begründer
betr.	betreffend
BetrAV	Betriebliche Altersversorgung (Zeitschrift)
BetrAVG	Gesetz zur Verbesserung der betrieblichen Altersversorgung (Betriebsrentengesetz)
BetrVG	Betriebsverfassungsgesetz
BewG	Bewertungsgesetz
BFH	Bundesfinanzhof
BGB	Bürgerliches Gesetzbuch
BGBl.	Bundesgesetzblatt
BGH	Bundesgerichtshof
BGHSt	Entscheidungen des BGH in Strafsachen
BGHZ	Entscheidungen des BGH in Zivilsachen
BHKW	Blockheizkraftwerk
BKatV	Bußgeldkatalogverordnung
BImSchG	Bundesimmissionsschutzgesetz
B/M	Bruck/Möller, Kommentar zum Versicherungsvertragsrecht
BNotO	Bundesnotarordnung
BORA	Berufsordnung für Rechtsanwälte
BörsG	Börsengesetz
BRAGO	Bundesgebührenordnung für Rechtsanwälte
BRAO	Bundesrechtsanwaltsordnung
BSG	Bundessozialgericht
BSGE	Entscheidungen des Bundessozialgerichts, amtl. Sammlung
BStBl.	Bundessteuerblatt
BT-Drucks.	Bundestags-Drucksache
BTE	Before-the-Event-RS-Versicherung
BtOG	Betreuungsorganisationsgesetz
Buchst.	Buchstabe
BUZ	Berufsunfähigkeits-Zusatzversicherung
BVerfG	Bundesverfassungsgericht
BVerfGE	Entscheidungen des Bundesverfassungsgerichts, amtl. Sammlung
BVerwG	Bundesverwaltungsgericht

BVerwGE	Entscheidungen des Bundesverwaltungsgerichts, amtl. Sammlung
BVG	Bundesversorgungsgesetz
BWaStrG	Bundeswasserstraßengesetz
bzgl.	bezüglich
bzw.	beziehungsweise

C

ChatGPT	Computerprogramm auf Basis der Generative Pretrained Transformer-Technologie
cic	culpa in contrahendo

D

DAR	Deutsches Autorecht (Zeitschrift)
DAV	Deutscher Anwaltsverein
DB	Der Betrieb (Zeitschrift)
ders.	derselbe
d.h.	das heißt
dies.	dieselbe (n)
DNotZ.	Deutsche Notarzeitschrift
Dritte SchadensRL	Richtlinie 92/49/EWG des Rates v. 18.6.1992 zur Koordinierung der Rechts- und Verwaltungsvorschriften für die Direktversicherung (mit Ausnahme der Lebensversicherung) sowie zur Änderung der Richtlinien 73/239/EWG und 88/357/EWG (Dritte Richtlinie Schadenversicherung), Abl. L 228
DRiZ	Deutsche Richterzeitung
Drucks.	Drucksache
DS	Der Sachverständige (Zeitschrift)
DSchG	Datenschutzgesetz
DStR	Deutsches Steuerrecht
DTV-Güter	Güterversicherungsbedingungen
DVBl	Deutsches Verwaltungsblatt (Zeitschrift)
DZWir	Deutsche Zeitschrift für Wirtschaftsrecht

E

e.V.	eingetragener Verein
EFZG	Gesetz über die Zahlung des Arbeitsentgelts an Feiertagen und im Krankheitsfall (Entgeltfortzahlungsgesetz)
EG	Europäische Gemeinschaft
EG-FGV	EG-Fahrzeuggenehmigungsverordnung
EGBGB	Einführungsgesetz zum Bürgerlichen Gesetzbuch
EGMR	Europäischer Gerichtshof für Menschenrechte
EGVVG	Einführungsgesetz zum Versicherungsvertragsgesetz
Einf.	Einführung
Einl.	Einleitung
eKFV	Elektrokleinstfahrzeugverordnung
EnWG	Energiewirtschaftsgesetz
ErfK	Erfurter Kommentar

Erste SchadenRL	Erste Richtlinie 73/239/EWG des Rates v. 24.07.1973 zur Koordinierung des Rechts- und Verwaltungsvorschriften betreffend die Aufnahme und Ausübung der Tätigkeit der Direktversicherung (mit Ausnahme der Lebensversicherung), Abl. L 228
EStG	Einkommenssteuergesetz
EU	Europäische Union
EuG	Europäisches Gericht erster Instanz
EuGH	Europäischer Gerichtshof
EuGVÜ	Europäisches Gerichtsstands- und Vollstreckungsübereinkommen von 1968
EuGVVO	Europäische Gerichtsstands- und Vollstreckungsverordnung von 2001
EuZW	Europäische Zeitschrift für Wirtschaftsrecht
EVÜ	Europäisches Schuldvertragsübereinkommen von 1980
EWG	Europäische Wirtschaftsgemeinschaft
EWiR	Entscheidungen zum Wirtschaftsrecht
EWIV	Europäische Wirtschaftliche Interessenvereinigung
EWIVVO	Verordnung (EWG) Nr. 2137/85 des Rates vom 25.7.1985 über die Schaffung einer Europäischen Wirtschaftlichen Interessenvereinigung
EWR	Europäischer Wirtschaftsraum
F	
f.	nächste folgende Seite
FamFG	Gesetz über das Verfahren in Familiensachen und in Angelegenheiten der freiwilligen Gerichtsbarkeit
FamRZ	Zeitschrift für das gesamte Familienrecht
FAO	Fachanwaltsordnung
FeV	Fahrerlaubnisverordnung
ff.	mehrere folgende Seiten
FG	Finanzgericht
FGO	Finanzgerichtsordnung
FKBP	Fahr/Kaulbach/Bähr/Pohlmann, Versicherungsaufsichtsgesetz
FlurbG	Flurbereinigungsgesetz
Fn.	Fußnote
FS	Festschrift
FZV	Fahrerlaubniszulassungsverordnung
G	
GB	Geschäftsbericht des BAV
GBl.	Gesetzblatt
GBO	Grundbuchordnung
GbR	Gesellschaft bürgerlichen Rechts
GDV	Gesamtverband der Deutschen Versicherungswirtschaft e.V.
GebrMG	Gebrauchsmustergesetz
gem.	gemäß
GeschmMG	Gesetz über den rechtlichen Schutz von Mustern und Modellen (Geschmacksmustergesetz)
GewO	Gewerbeordnung

GewStG	Gewerbesteuergesetz
GG	Grundgesetz für die Bundesrepublik Deutschland
GmbH	Gesellschaft mit beschränkter Haftung
GmbHG	Gesetz betreffend die Gesellschaften mit beschränkter Haftung
GmbHR	Zeitschrift für Gesellschaftsrecht, Unternehmensrecht und Steuerrecht
GoA	Geschäftsführung ohne Auftrag
GPR	Zeitschrift für Gemeinschaftsprivatrecht
GrdstVG	Grundstückverkehrsgesetz
GrStG	Grundsteuergesetz
GS	Gedächtnisschrift
GVG	Gerichtsverfassungsgesetz
GWB	Gesetz gegen Wettbewerbsbeschränkungen

H

H	Heft
h.A.	herrschende Ansicht
HaftPflG	Haftpflichtgesetz
H/E/K	Halm/Engelbrecht/Krahe, Handbuch des Fachanwalts Versicherungsrecht
HGB	Handelsgesetzbuch
HK-BGB	BGB Handkommentar
HK-VVG	VVG Handkommentar
h.L.	herrschende Lehre
h.M.	herrschende Meinung
Hrsg.	Herausgeber
hrsg.	herausgegeben
Hs.	Halbsatz

I

IBRRS	Immobilien- und Baurecht, Rechtsprechung (Zeitschrift)
i.d.F.	in der Fassung
i.d.R.	in der Regel
i.d.S.	in diesem Sinne
i.e.S.	im engeren Sinne
insbes.	insbesondere
InsO	Insolvenzordnung
IPRax	Praxis des Internationalen Privat- und Verfahrensrechts
i.S.	im Sinne
i.S.d.	im Sinne des/im Sinne der
i.S.v.	im Sinne von
IVH	Info-Letter Versicherungs- und Haftungsrecht (Zeitschrift)
i.V.m.	in Verbindung mit
i.w.S.	im weiteren Sinne

J

JA	Juristische Arbeitsblätter
JAG NRW	Juristenausbildungsgesetz NRW

JR	Juristische Rundschau
JRPV	Juristische Rundschau für die Privatversicherung
Jura	Juristische Ausbildung
JuS	Juristische Schulung
JZ	Juristenzeitung
K	
KAGB	Kapitalanlagegesetzbuch
Kfz	Kraftfahrzeug
KfzPflVV	Kraftfahrzeugpflichtversicherungsverordnung
KG	Kammergericht, Kommaditgesellschaft
KGaA	Kommanditgesellschaft auf Aktien
KI	Künstliche Intelligenz
KrWAbfG	Kreislaufwirtschafts- und Abfallgesetz
KSchG	Kündigungsschutzgesetz
KStG	Körperschaftssteuergesetz
KTS	Zeitschrift für Konkurs-, Treuhand- und Schiedsgerichtswesen
kW	Kilowatt
KWG	Kreditwesengesetz
L	
LAG	Landesarbeitsgericht
LG	Landgericht
Lit.	Buchstabe
LS	Leitsatz
LM	Lindenmaier/Möhring
LMK	Kommentierte BGH-Rechtsprechung (Lindenmaier/Möhring)
L/P	Looschelders/Pohlmann, Versicherungsvertragsgesetz
LPartG	Lebenspartnerschaftsgesetz
LuftVG	Luftverkehrsgesetz
L/R	Langheid/Rixecker, Versicherungsvertragsgesetz
L/W	Langheid/Wandt, Münchener Kommentar zum VVG
LTZ	LegalTech, Zeitschrift für die digitale Rechtsanwendung
M	
m.	mit
m. Anm.	mit Anmerkung
MarkenG	Gesetz über den Schutz von Marken und sonstigen Kennzeichen (Markengesetz)
MB	Musterbedingungen
MBKK	Musterbedingungen für die Krankheitskosten- und Krankenhaustagegeldversicherung
MBKT	Musterbedingungen für die Krankentagegeldversicherung
MBPPV	Musterbedingungen für die private Pflegeversicherung
MDR	Monatsschrift für Deutsches Recht
m.E.	meines Erachtens
MedR	Zeitschrift für Medizinrecht
MKF	Musterfeststellungsklage

MoPeG	Gesetz zur Modernisierung des Personengesellschaftsrechts
m.w.N.	mit weiteren Nachweisen

N

n.F.	neue Fassung
NJOZ	Neue Juristische Online Zeitschrift
NJW	Neue Juristische Wochenschrift
NJWE-VHR	NJW-Entscheidungsdienst Versicherungs- und Haftungsrecht
NJW-RR	NJW Rechtsprechungsreport Zivilrecht
Nr.	Nummer
NVersZ	Neue Zeitschrift für Versicherung und Recht
NZA	Neue Zeitschrift für Arbeits- und Sozialrecht
NZM	Neue Zeitschrift für Miet- und Wohnungsrecht
NZV	Neue Zeitschrift für Verkehrsrecht

O

o.	oben
o.ä.	oder ähnlich/e
OEG	Opferentschädigungsgesetz
OGH	Österreichischer Oberster Gerichtshof
OHG	Offene Handelsgesellschaft
ÖJZ	Österreichische Juristenzeitung
OLG	Oberlandesgericht
OLGR	Rechtsprechungsreport der Oberlandesgerichte
OLGZ	Entscheidungen der Oberlandesgerichte in Zivilsachen
OVG	Oberverwaltungsgericht

P

PartGmbB	Partnerschaftsgesellschaft mit beschränkter Berufshaftung
PartGG	Partnerschaftsgesellschaftsgesetz
PatG	Patentgesetz
PflVG	Gesetz über die Pflichtversicherung für Kraftfahrzeughalter (Pflichtversicherungsgesetz)
PG	Prütting/Gehrlein, ZPO Kommentar
PK	Praxiskommentar zum VVG
P/M	Prölss/Martin, Versicherungsvertragsgesetz
ProdhaftG	Produkthaftungsgesetz
PV	Photovoltaik
pVV	positive Vertragsverletzung
PWW	Prütting/Wegen/Weinreich, BGB-Kommentar

R

RBerG	Rechtsberatungsgesetz
RdA	Recht der Arbeit (Zeitschrift)
RDG	Rechtsdienstleistungsgesetz
Rdn.	Randnummer, Verweis innerhalb des Kommentars
RdW	Recht der Wirtschaft (Österr. Zeitschrift)

REthinkLaw	Rethinking:Law, Fachzeitschrift Legal Tech, Digital Economy, New Work, Business Organization
RFH	Reichsfinanzhof
RG	Reichsgericht
RGZ	Entscheidungen des Reichsgerichts in Zivilsachen
RiLi	Richtlinie
RIW	Recht der Internationalen Wirtschaft (Zeitschrift)
R/L	Römer/Langheid, Versicherungsvertragsgesetz
Rn.	Randnummer, Verweis in andere Veröffentlichungen
RS	Rechtsschutz
Rs.	Rechtssache
Rspr.	Rechtsprechung
RStBl.	Reichssteuerblatt
r+s	Recht und Schaden (Zeitschrift)
RVG	Rechtsanwaltsvergütungsgesetz
RVO	Reichsversicherungsordnung

S

S.	Seite
s.	Siehe
SchwarzArbG	Schwarzarbeitsbekämpfungsgesetz
SE	Societas Europaea (Europäische Aktiengesellschaft)
SGB	Sozialgesetzbuch
SGG	Sozialgerichtsgesetz
Slg	Sammlung
s.o.	siehe oben
sog.	Sogenannte
Solvabilität II RL	Richtlinie 2009/138/EG des Europäischen Parlaments und des Rates v. 25.11.2009 betreffend die Aufnahme und Ausübung der Versicherungs- und der Rückversicherungstätigkeit, Abl. L 335
SortSchG	Sortenschutzgesetz
SP	Schaden-Praxis (Zeitschrift)
Sp.	Spiegelstrich
SpV	Spektrum für Versicherungsrecht (Zeitschrift)
SR AT	Schuldrecht Allgemeiner Teil
SR BT	Schuldrecht Besonderer Teil
StGB	Strafgesetzbuch
StPO	Strafprozessordnung
str.	streitig
StrEG	Gesetz über die Entschädigung für Straßenverfolgungsmaßnahmen
stRspr.	Ständige Rechtsprechung
StVFernLV	Straßenverkehr-Fernlenk-Verordnung
StVG	Straßenverkehrsgesetz
StVO	Straßenverkehrsordnung
StVZO	Straßenverkehrs-Zulassungs-Ordnung
s.u.	siehe unten
SVR	Straßenverkehrsrecht (Zeitschrift)

T	
teilw.	teilweise
TEUR	tausend Euro
TKG	Telekommunikationsgesetz
TMG	Telemediengesetz
TranspR	Transportrecht (Zeitschrift)
TWh	Terrawattstunden
U	
u.	und/unten
u.a.	unter anderem/und andere
u.ä.	und ähnlich/e/s
UAS	Unmanned Aircraft System (Drohnen)
UKlaG	Gesetz über Unterlassungsklagen bei Verbraucherrechts- und anderen Verstößen (Unterlassungsklagengesetz)
Unterabs.	Unterabsatz
umstr.	umstritten
UPR	Umwelt- und Planungsrecht (Zeitschrift)
UrhG	Gesetz über Urheberrecht und verwandte Schutzrechte (Urheberrechtsgesetz)
Urt.	Urteil
U-Space	Unmanned Space (Luftraum für unbemannte Luftfahrzeuge)
usw.	und so weiter
UStG	Umsatzsteuergesetz
u. U.	unter Umständen
UWG	Gesetz gegen den unlauteren Wettbewerb
V	
v.	vom/von
VA	Veröffentlichungen des Reichsaufsichtamtes für das Versicherungswesen
VAG	Gesetz über die Beaufsichtigung der Versicherungsunternehmen (Versicherungsaufsichtsgesetz)
VdS	Verband der Schadenversicherer
VerBaFin	Veröffentlichungen der BaFin
VerBAV	Veröffentlichungen des Bundesaufsichtsamtes für das Versicherungswesen
Verf.	Verfasser
VermAnlG	Gesetz über Vermögensanlagen
VersArch	Versicherungsarchiv (Zeitschrift)
VersHb	Beckmann/Matusche-Beckmann, Versicherungsrechts-Handbuch
VersPrax	Die Versicherungspraxis (Zeitschrift)
VersR	Versicherungsrecht (Zeitschrift)
VersRdsch	Versicherungsrundschau (österr. Zeitschrift)
VersVermVO	Versicherungsvermittlungsverordnung
VerwG	Verwaltungsgericht
VGB	Allgemeine Bedingungen für die Neuwertversicherung von Wohngebäuden gegen Feuer-, Leitungswasser- und Sturmschäden

vgl.	vergleiche
v.H.	vom Hundert
VHB	Allgemeine Hausratsversicherungsbedingungen
Vierte LebensRL	Richtlinie 2002/83/EG des Europäischen Parlaments und des Rates v. 5.11.2002 über Lebensversicherungen, Abl. L 345
VN	Versicherungsnehmer
VO	Verordnung
VRR	Verkehrsrechtsreport (Zeitschrift)
VRS	Verkehrsrechtssammlung (Zeitschrift)
VU	Versicherungsunternehmen
VuR	Verbraucher und Recht (Zeitschrift)
VVaG	Versicherungsverein auf Gegenseitigkeit
VVG	Gesetz über den Versicherungsvertrag, Versicherungsvertragsgesetz
VVG-InfoV	VVG-Informationspflichtenverordnung
VVG-RegE	Entwurf eines Gesetzes zur Reform des Versicherungsvertragsrechts (Regierungsentwurf)
VW	Versicherungswirtschaft (Zeitschrift)
VwGO	Verwaltungsgerichtsordnung
VwVfG	Verwaltungsverfahrensgesetz

W

WEG	Gesetz über das Wohnungseigentum und das Dauerwohnrecht
WettbRiLi	Wettbewerbsrichtlinien der Versicherungswirtschaft
WHG	Wasserhaushaltsgesetz
WIPO	Weltorganisation für geistiges Eigentum
WM	Wertpapiermitteilungen (Zeitschrift)
w.N.	weitere Nachweise
WpHG	Wertpapierhandelsgesetz
WuM	Wohnungswirtschaft und Mietrecht (Zeitschrift)

Z

ZAP	Zeitschrift für die Anwaltspraxis
z.B.	zum Beispiel
ZEV	Zeitschrift für Erbrecht und Vermögensnachfolge
ZfS	Zeitschrift für Schadensrecht
ZfV	Zeitschrift für Versicherungswesen
ZGS	Zeitschrift für das gesamte Schuldrecht
ZHR	Zeitschrift für das gesamte Handelsrecht und Konkursrecht
Ziff.	Ziffer
ZIP	Zeitschrift für Wirtschaftsrecht und Insolvenzpraxis
zit.	zitiert
ZKM	Zeitschrift für Konfliktmanagement
ZPO	Zivilprozessordnung
z.T.	zum Teil
zust.	zustimmend
zutr.	zutreffend
ZVersWiss	Zeitschrift für die gesamte Versicherungswissenschaft
ZWH	Wirtschaftsstrafrecht und Haftung im Unternehmen (Zeitschrift)

Zweite LebensRL	Zweite Richtlinie 90/619/EWG des Rates v. 8.11.1990 zur Koordinierung der Rechts- und Verwaltungsvorschriften für die Direktversicherung (Lebensversicherung) und zur Erleichterung der tatsächlichen Ausübung des freien Dienstleistungsverkehrs sowie zur Änderung der Richtlinie 79/267/EWG, ABl. L 330
Zweite SchadenRL	Zweite Richtlinie 88/357/EWG des Rates v. 22.6.1988 zur Koordinierung der Rechts- und Verwaltungsvorschriften für die Direktversicherung (mit Ausnahme der Lebensversicherung) und zur Erleichterung der tatsächlichen Ausübung des freien Dienstleistungsverkehrs sowie zur Änderung der Richtlinie 73/239/EWG, ABl. L 172
z.Zt.	zur Zeit

Kapitel 1 Einführung

Literatur:

Armbrüster, Freie Anwaltswahl für rechtsschutzversicherte Mandanten in Deutschland?, AnwBl 2012, 218; *ders.*, Das BGH-Urteil zur unterlassenen AVB-Anpassung und seine Folgen, VersR 2012, 9; *ders.*, AGB-Kontrolle der Leistungsbeschreibung in Versicherungsverträgen – Neues vom EuGH?, NJW 2015, 1788, *Bauer*, Die Allgemeinen Bedingungen für die Rechtsschutzversicherung 1994 (ARB 94), NJW 1995, 1390; *ders.*, Obliegenheiten des Versicherungsnehmers in der Rechtsschutzversicherung, NJW 2011, 646; *ders.*, Allgemeine Bedingungen für die Rechtsschutzversicherung (ARB 2012), VersR 2013, 661; *ders.*, Entwicklung bei den Allgemeinen Bedingungen für die Rechtsschutzversicherung bis Anfang 2016, NJW 2016, 1490; *van Bühren*, Rechtliche Probleme in der Zusammenarbeit mit Rechtsschutzversicherern, NJW 2007, 3606; *ders.*, Das rechtsschutzversicherte Mandat – ein Vertrag mit Schutzwirkung für Dritte?, VersR 2014, 148; *ders.*, Rechtsanwälte – Partner der Rechtsschutzversicherer, r+s 2016, 53; *Cornelius-Winkler*, Ist die in § 17 Abs. 5c) cc) ARB 2000 geregelte Obliegenheit intransparent und damit unwirksam?, r+s 2010, 89; *ders.*, Zur Neufassung der Obliegenheiten nach Eintritt des Versicherungsfalls in den ARB 2010, r+s 2011, 189; *ders.*, Nochmals: Die Schadensminderungspflicht des Versicherungsnehmers in der Rechtsschutzversicherung, VersR 2012, 1224; *ders.*, Schadensmanagement der Rechtsschutzversicherer im Verkehrsrecht, SVR 2013, 201; *ders.*, Schadensfreiheitsrabatte und »aktives Schadensmanagement« – Paradigmenwechsel in der Rechtsschutzversicherung?, NJW 2014, 588; *ders.*, Kausalität und Rechtsschutzfall, VersR 2015, 1476; *ders.*, Die jüngere Rechtsprechung des BGH zur Rechtsschutzversicherung und darauf basierende Änderungen in den aktuellen ARB der Rechtsschutzversicherer, r+s 2020, 545; *Dethloff*, Verträge zur Prozessfinanzierung gegen Erfolgsbeteiligung, NJW 2000, 2225; *Eberhardt*, Rechtsschutzversicherung im Wandel – Mit der Anwaltschaft gemeinsam in schwierigem Gelände, in: GS Hübner, 2012, 63 und VersR 2013, 802; *Epping/Hillgruber*, Beck'scher Online Kommentar Grundgesetz; *Felsch*, Die Rechtsprechung des Bundesgerichtshofs zum Versicherungsrecht – Allgemeines Versicherungsvertragsrecht und Rechtsschutzversicherung –, r+s 2016, 321; *Fritzsche/Schmidt*, Eine neue Form der Versicherung?, NJW 1999, 2998; *Germann*, Gute Ergebnisse mit dem Anwalt via Telefon, VW 2009, 510; *Grunewald*, Rechtsschutzversicherungen und alternative Prozessfinanzierungen, AnwBl 2001, 540; *Hering*, Neue Allgemeine Bedingungen fur die Rechtsschutzversicherung – ARB 2012, ZfS 2013, 4; *Horacek/Krämer*, Aktuelle Rechtsprechung zur Rechtsschutzversicherung, r+s 2025, 198; *Horacek/Nieland*, Rechtsschutzversicherung »post Diesel«: lesson learned?, r+s 2024, 1029; *Islam/Petersen*, Kostenregressprozesse in Massenverfahren: Beispiel Dieselkomplex, r+s 2024, 145; *Koch*, Kontrollfähigkeit formularmäßiger Haftpflichtversicherungsfalldefinitionen?, VersR 2014, 1277; *ders.*, Die Auslegung von AVB, VersR 2015, 133; *Looschelders*, Die Kontrolle Allgemeiner Versicherungsbedingungen nach dem AGBG, JR 2001, 397; *ders.*, Aktuelle Probleme der Rechtsschutzversicherung, in: Looschelders/Michael (Hrsg.), Düsseldorfer Vorträge zum Versicherungsrecht 2014, 2015, S. 35; *ders.*, Die Vereinbarkeit des Policenmodells nach § 5a VVG aF mit dem Unionsrecht, VersR 2016, 7; *ders.*, Aktuelle Probleme der Rechtsschutzversicherung im deutschen und österreichischen Recht, VersR 2017, 1237; *ders.*, Der Versicherungsfall in der Haftpflicht- und Rechtsschutzversicherung – Reichweite der Transparenzkontrolle und Auslegung der einschlägigen Klauseln nach dem Verständnis eines durchschnittlichen Versicherungsnehmers, in: FS Schwintowski (2017), 150; *Looschelders/Michael*, Europäisches Versicherungsrecht, in: Ruffert (Hrsg.). Enzyklopädie Europarecht, Bd. 5, Europäisches Sektorales Wirtschaftsrecht, 2. Aufl. 2020, S. 763 (§ 11); *Lensing*, Die Rechtsschutzversicherung: ARB – the next generation, AnwBl. 2022, 227; *Maier*, Neue Bedingungen in der Rechtsschutzversicherung (ARB 1994), r+s 1995, 361; *ders.*, Neue Bedingungen in der

Rechtsschutzversicherung (ARB 2012), r+s 2013, 105; *Mathy*, Drei Beispielsfälle für überflüssige Deckungsprozesse in der Rechtsschutzversicherung, VersR 2009, 1194; *Perner*, Kollektiver Rechtsschutz und Versicherungsrecht, VersR 2023, 1329; *Piontek*, Die Rechtsprechung des Bundesgerichtshofs zum Versicherungsrecht – Rechtsschutz- und Berufsunfähigkeitsversicherung, r+s 2024, 735; *Pohlmann*, Keine Sanktionen bei Verletzung von Obliegenheiten aus Alt-AVB?, NJW 2012, 188; Rudolph, Die Rechtsschutzversicherung – im Fokus der ARB 2012, 2018; *Rex*, Rechtsschutzversicherung: die neuen ARB 94 im Vergleich zur alten Fassung, VersR 1996, 24; *K. Schneider*, Entwicklung bei den Allgemeinen Bedingungen für die Rechtsschutzversicherung bis Frühjahr 2017, NJW 2017, 2160; *ders.*, Entwicklung bei den Allgemeinen Bedingungen für die Rechtsschutzversicherung, NJW 2023, 2164; *ders.*, Entwicklung bei den Allgemeinen Bedingungen für die Rechtsschutzversicherung, NJW 2024, 2156; *Tietgens*, Anwaltliche Beratungs-, Aufklärungs- und Auskunftspflichten in der Rechtsschutzversicherung, r+s 2005, 489; *Veith*, Der Rechtsschutzversicherer und die »Sammelklag« in Kapitalanlageprozessen – Traumpaar oder verbotene Liebe, r+s 2015, 432; *Wandt*, Versicherungsverbote im Rahmen von Embargomaßnahmen, VersR 2013, 257; *Weckmann*, Rechtsschutzversicherer als Rechtsdienstleister – Eine Analyse der Befugnisse von Rechtsschutzversicherern zur Erbringung von Rechtsdienstleistungen unter Berücksichtigung grenzüberschreitender Beratung, 2018; *Wendeburg*, Europarechtskonforme Begrenzung der Übernahme von Kosten auswärtiger Anwälte durch Rechtsschutzversicherer, NJW 2011, 3064; *D.H. Wendt*, Leistungspflichten des Rechtsschutzversicherers nach § 125 VVG, VersR 2014, 420; *R. Wendt*, Die Rechtsprechung des BGH zum Versicherungsrecht – Rechtsschutzversicherung, r+s 2010, 221; *ders.*, Die Rechtsprechung des Bundesgerichtshofes zur Rechtsschutzversicherung – Der Rechtsschutzversicherer und sein durchschnittlicher Versicherungsnehmer, r+s 2012, 209; *ders.*, Die Rechtsprechung des IV. Zivilsenats des Bundesgerichtshofs zur Rechtsschutzversicherung, r+s 2014, 328; *Werber*, Rechtsdienstleistungen und Versicherung, VersR 2006, 1010; *Will*, Die Schadensminderungspflicht des Versicherungsnehmers in der Rechtsschutzversicherung – zugleich Anmerkungen zur Repräsentantenhaftung, VersR 2012, 942; *Winter*, Festumrissene Rechtsbegriffe in den ARB, r+s 1991, 397.

Übersicht **Rdn.**

A. Gegenstand und Inhalt der Rechtsschutzversicherung

1 Der Gegenstand der Rechtsschutzversicherung ist weder im Gesetz (§§ 125 ff. VVG) noch in den ARB abschließend definiert.[1] Den allgemeinen Umschreibungen des § 125 VVG und des § 1 lässt sich aber entnehmen, dass die Rechtsschutzversicherung den Zweck hat, dem VN die **Wahrnehmung seiner rechtlichen Interessen** zu ermöglichen, und dass der Versicherer die dafür erforderlichen Leistungen zu erbringen hat. Auf eine konkrete Umschreibung der **Leistungspflicht des Versicherers** hat der Gesetzgeber in § 125 VVG bewusst verzichtet, weil er die künftige Produktentwicklung nicht hemmen wollte. Neue Versicherungs- und Leistungsformen sollen also weiter möglich bleiben.[2]

I. Ausgestaltung der Rechtsschutzversicherung in Deutschland

2 Nach der gegenwärtigen Ausgestaltung der Rechtsschutzversicherung in Deutschland besteht die wichtigste Leistung der Versicherer darin, die für die Wahrnehmung der rechtlichen Interessen des VN erforderlichen **Kosten** zu tragen. Der BGH hat hierzu in mehreren Entscheidungen klargestellt, dass der **Anspruch auf Kostenbefreiung** die **Hauptleistung** des Versicherers in der Rechtsschutzversicherung darstellt. Die Kosten

1 Vgl. BGH VersR 2016, 1113 Rn. 6, wonach § 125 VVG »eine – an sich überflüssige – (wirtschaftliche) Leistungsbeschreibung« enthält; *Bruns*, Privatversicherungsrecht, § 23 Rn. 1.

2 Vgl. Begr. RegE BT-Drucks. 16/3945 S. 91; L/W/*Obarowski*, § 125 Rn. 24.

der Rechtsverfolgung bildeten den Schaden, dessen Deckung der Versicherer übernommen habe.[3]

3 In § 1 ARB 75 war ausdrücklich geregelt, dass der Versicherer nach Eintritt eines Versicherungsfalles für die Wahrnehmung der rechtlichen Interessen des VN sorgt. Da der Versicherer nicht berechtigt ist, die Rechtsangelegenheiten des VN selbst wahrzunehmen (dazu unten Rdn. 26), handelt es sich aber schon nach den ARB 75 um eine untergeordnete Nebenpflicht.[4] In § 1 wird die **Sorgeleistungspflicht** des Versicherers nicht mehr ausdrücklich angesprochen (vgl. § 1 ARB 2010 Rdn. 2). Einzelne Ausprägungen dieser Pflicht finden sich aber in § 5 V und § 17 I 2.[5]

4 In neuerer Zeit werden die Kostentragung und die Sorgeleistung um verschiedene weitere **Serviceleistungen** ergänzt.[6] Dazu gehört insbesondere der Betrieb einer Telefon-Hotline.[7] Die Beratung wird dabei häufig auch auf nicht versicherte oder nicht versicherbare Risiken erstreckt.[8] Weitere wichtige Dienstleistungen des Versicherers sind die Empfehlung eines Rechtsanwalts oder der Vorschlag eines Mediators (Rdn. 33).[9]

5 Eine wichtige Besonderheit der Rechtsschutzversicherung besteht darin, dass die Versicherer keine pauschale Absicherung gegen sämtliche Rechtsschutzrisiken gewähren. Es gibt also **keine Allgefahrendeckung.**[10] Ebenso wie bei der Haftpflichtversicherung gilt vielmehr das Prinzip der »**Spezialität des versicherten Risikos**« (dazu § 2 ARB 2010 Rdn. 1). Der Versicherungsschutz wird danach in bestimmten Leistungsarten (§ 2) angeboten, die in den Vorschriften über die Formen des Versicherungsschutzes (§§ 21 – 29) zu verschiedenen Leistungspaketen zusammengefasst werden. Die Reichweite des Versicherungsschutzes differiert dabei insbesondere nach dem jeweiligen **Rechtsgebiet** (z.B. Arbeitsrecht, Vertragsrecht, Steuerrecht, Strafrecht) und der **persönlichen Eigenschaft** (z.B. Eigentümer, Halter oder Fahrer eines Kfz, Vermieter oder Mieter eines Grundstücks), in welcher der VN Rechtsschutz erhält. Der Versicherer hat damit die Möglichkeit, die Prämien nach den jeweiligen Bedürfnissen des VN zu kalkulieren.

II. Rechtsschutzversicherungs- und Solvency II-Richtlinie

6 Auf der **europäischen Ebene** fand sich eine **Umschreibung der Rechtsschutzversicherung** zunächst in Art. 2 I 2 der Richtlinie 87/344/EWG des Rates vom 22.6.1987[11] zur Koordinierung der Rechts- und Verwaltungsvorschriften für die Rechtsschutzver-

---

3 BGH NJW-RR 1999, 1037, 1038 = VersR 1999, 706 = JR 2000, 149 mit Anm. *Looschelders*; VersR 2015, 1501 Rn. 30.
4 BGH NJW-RR 1999, 1037, 1038 = VersR 1999, 706.
5 P/M/*Piontek*, § 1 ARB 2010 Rn. 3.
6 Zu dieser Entwicklung *Eberhardt*, GS Hübner, 63, 65 ff.
7 Vgl. van Bühren/Plote/*Wendt*, § 125 VVG Rn. 4; Buschbell/Hering/*Buschbell*, § 3 Rn. 39 ff.
8 Vgl. die detaillierten Angaben bei *Germann* VW 2009, 510.
9 Vgl. *Eberhardt* VersR 2013, 802, 806 ff.; krit. zu dieser Entwicklung *van Bühren* r+s 2016, 53 ff.
10 Harbauer/*Schmitt*, § 1 ARB 2010 Rn. 2; Buschbell/Hering/*Buschbell*, § 5 Rn. 16.
11 ABl. EG Nr. L 185/77.

sicherung. Kennzeichnend für die Rechtsschutzversicherung ist danach, »dass gegen Zahlung einer Prämie die Verpflichtung eingegangen wird, die Kosten des Gerichtsverfahrens zu übernehmen und andere sich aus dem Versicherungsvertrag ergebende Leistungen zu erbringen«. Die Richtlinie 87/344/EWG ist durch die Richtlinie über die Aufnahme und Ausübung der Versicherungs- und Rückversicherungstätigkeit (Solvency-II) vom 25.11.2009 (RL 2009/138/EG)[12] mit Wirkung vom 1.1.2016 aufgehoben worden. Bei der Definition der Rechtsschutzversicherung haben sich allerdings keine Änderungen ergeben, weil Art. 198 I RL 2009/138/EG eine inhaltsgleiche Umschreibung enthält.[13] Nach dieser Definition steht die **Kostentragungspflicht** des Versicherers ebenfalls im Vordergrund. Darüber hinaus können im Rahmen der Vertragsfreiheit aber auch **andere Leistungen** vereinbart werden.[14]

B. Geschichtliche Entwicklung und praktische Bedeutung der Rechtsschutzversicherung

Die Rechtsschutzversicherung gilt zu Recht als ein junger Versicherungszweig.[15] Das 7
1930 in dritter Auflage erschienene Versicherungs-Lexikon von *Manes* weist unter dem Stichwort »**Prozesskostenversicherung**« auf die Existenz eines Vereins auf Gegenseitigkeit hin, der 1910 zur Deckung der Prozesskosten von Haus- und Grundbesitzern für Klagen aus **Bergschäden** im Bezirk Dortmund gegründet worden sei. Ein entsprechender Verein soll 1924 in Duisburg entstanden sein.[16] Hierbei handelt es sich zwar noch um vereinzelte und recht spezielle Erscheinungen. In der Literatur wurde aber schon 1912 in mehreren Beiträgen für die Schaffung einer allgemeinen Rechtsschutzversicherung plädiert, die dem VN die Prozesskosten für die Rechtsverfolgung und Rechtsverteidigung ersetzt.[17]

Größere Bedeutung hat die Rechtsschutzversicherung in Deutschland erst mit der Aus- 8
breitung des **Autoverkehrs** gewonnen. Zu den ersten Rechtsschutzversicherern gehören die 1928 gegründete Deutsche Automobilschutz Aktiengesellschaft (D. A. S.) sowie die 1935 gegründete Deutsche Auto-Rechtsschutz-AG (DARAG, jetzt ARAG).[18] Die

12 ABL. EU Nr. L 335; allgemein dazu Ruffert/*Looschelders/Michael*, § 11 Rn. 51 ff.

13 *D.H. Wendt* VersR 2014, 420, 421.

14 Vgl. EuGH NJW 2010, 355 Rn. 65 = VersRAI 2010, 24 (Eschig); VersR 2013, 1530 Rn. 28 (Sneller) = NJW 2014, 373 m. Anm. *Purnhagen*; *D.H. Wendt* VersR 2014, 420, 421.

15 Vgl. Harbauer/*Schmitt*, Einl. ARB Rn. 8; Höra/Schubach/*Lensing*, § 27 Rn. 8; *Bruns*, Privatversicherungsrecht, § 23 Rn. 2.

16 *Manes*, Versicherungslexikon, 3. Aufl. 1930, S. 1202. Harbauer/*Schmitt*, Einl. ARB Rn. 9, Buschbell/Hering/*Buschbell*, § 1 Rn. 2 und BeckRA-HdB/*Scholl*, § 56 Rn. 1 nennen darüber hinaus einen Schutzverein für Reeder aus dem Jahr 1901 zur Gewährung von Rechtsschutz für seine Mitglieder bei Fracht- und Versicherungsverträgen sowie Entschädigungsansprüchen.

17 Vgl. *Manes*, Versicherungslexikon, 3. Aufl. 1930, S. 1203 m.w.N.

18 Vgl. *Koch*, Geschichte der Versicherungswirtschaft in Deutschland, 2012, S. 244 f.; BK/*Honsell*, Vorbem. §§ 158l-158o Rn. 2; L/W/*Obarowski*, § 125 Rn. 13; BeckRA-HdB/*Scholl*, § 56 Rn. 1.

Leistungen beschränkten sich aber auf die Durchsetzung von Ansprüchen aus Verkehrsunfällen und die Verteidigung in verkehrsrechtlichen Strafverfahren.[19]

9 Nachdem 1949 der Betrieb einer **allgemeinen Rechtsschutzversicherung** genehmigt worden war, wurde das Angebot von Rechtsschutzversicherungen über den Verkehrsbereich hinaus allmählich auf weitere Rechtsgebiete erstreckt.[20] In der Folgezeit hat die Rechtsschutzversicherung in Deutschland eine dynamische Ausbreitung erfahren.[21] Im Geschäftsjahr 2023 gab es in Deutschland 27,1 Mio. Rechtsschutzversicherungsverträge[22] mit Beitragseinnahmen von rund 5 Milliarden Euro. Im Geschäftsjahr 2024 beliefen sich die Beitragseinnahmen bereits auf 5,28 Milliarden Euro.[23] Die Marktausschöpfung beträgt ca. 50 % aller Haushalte.[24] Die meisten Versicherungsfälle ergeben sich auf den Gebieten des Arbeitsrechts, des Vertrags- und Sachenrechts, des Nachbar- und Mietrechts, des Schadensersatzrechts sowie der Straf- und Ordnungswidrigkeiten.[25] Große Bedeutung hat der Verkehrsbereich, namentlich der Rechtsschutz bei Verkehrs-Ordnungswidrigkeiten.[26] In neuerer Zeit haben die zahlreichen Klagen der Käufer von Dieselfahrzeugen im Rahmen des sog. **Dieselskandals** zahlreiche Streitigkeiten über die Deckungspflicht der Rechtsschutzversicherer ausgelöst.[27]

10 Die Rechtsschutzversicherung hat auch in **sozialer** Hinsicht eine wichtige Funktion. Sie ermöglicht der wirtschaftlich schwächeren Partei, ihre rechtlichen Interessen gegenüber einer wirtschaftlich stärkeren und rechtlich versicherten Partei ohne staatliche Unterstützung gleichwertig wahrzunehmen.[28] Gleichzeitig wird der Staat bei der Prozesskostenhilfe entlastet. Eine mögliche Alternative zur Rechtsschutzversicherung bildet der Beitritt zu einem **Verein**, der seinen Mitgliedern für bestimmte Angelegenheiten Rechtshilfe gewährt (z.B. Verbraucherschutz-, Mieter-, Haus- und Grundstücksbesitzer-

---

19 Harbauer/*Schmitt*, Einl. ARB Rn. 10; Buschbell/Hering/*Buschbell*, § 1 Rn. 3.

20 Zur Entwicklung Buschbell/Hering/*Buschbell*, § 1 Rn. 18 ff.

21 Vgl. L/W/*Obarowski*, § 125 VVG Rn. 13; *Eberhardt*, GS Hübner, 2012, 63 ff.

22 GDV (5.9.2024), Bestand an Verträgen in der Schaden- und Unfallversicherung im Jahre 2023 nach Sparten, in: *Statista*, abrufbar unter: https://de.statista.com/statistik/daten/studie/606811/umfrage/bestand-an-vertraegen-in-der-schaden-und-unfallversicherung-nach-sparten/Statista.

23 Zur Geschäftsentwicklung bei der Rechtsschutzversicherung seit 1976 vgl. GDV, Statistiken zur deutschen Versicherungswirtschaft (ehemals Statistisches Taschenbuch) 2025, Tabelle 81.

24 Vgl. L/W/*Obarowski*, § 125 VVG Rn. 13 (zum Geschäftsjahr 2021).

25 Zur Verteilung der Schadensfälle auf diese Leistungsarten van Bühren/*Schneider*, § 13 Rn. 2; L/W/*Obarowski*, § 125 VVG Rn. 15.

26 Vgl. L/W/*Obarowski*, § 125 VVG Rn. 15.

27 Vgl. nur BGH 25.2.2026 – IV ZR 181/24, juris = BeckRS 2026, 2725; BGH VersR 2025, 1450 Rn. 38 ff.; BGHZ 241, 63 = VersR 2024, 1068. Näher dazu *Horacek/Nieland* r+s 2024, 1029 ff.; *Horacek/Krämer* r+s 2025, 198 Rn. 50 ff.; *K. Schneider* NJW 2023, 2164 Rn. 8 ff.; *ders.* NJW 2024, 2156 Rn. 18 ff. Zu Kostenregressprozessen der Rechtsschutzversicherer gegen Rechtsanwälte in Massenverfahren am Beispiel der Dieselfälle vgl. *Islam/Petersen* r+s 2024, 145 ff.

28 Vgl. L/W/*Obarowski*, Kap. 48 Rn. 2.

vereine).[29] Bei arbeits- und sozialversicherungsrechtlichen Streitigkeiten kann auch die Möglichkeit bestehen, gewerkschaftlichen Rechtsschutz in Anspruch zu nehmen.[30] Ein umfassender Rechtsschutz wird durch diese Alternativen aber nicht gewährleistet.

Im **Verhältnis zur Prozesskostenhilfe** (§§ 114 ff. ZPO) hat die Rechtsschutzversicherung 11
Vorrang.[31] Dies beruht darauf, dass es bei Eintreten der Rechtsschutzversicherung an der für die Prozesskostenhilfe erforderlichen Bedürftigkeit der Partei fehlt. Zu beachten ist aber, dass die Bedürftigkeit erst mit der Deckungszusage des Versicherers entfällt. Bis dahin kann Prozesskostenhilfe beansprucht werden.[32]

Lehnt der Rechtsschutzversicherer die Deckung wegen **fehlender Erfolgsaussicht** ab, 12
so kann dem VN nach der Rechtsprechung des BGH auch keine Prozesskostenhilfe gewährt werden. Hat der Versicherer die Erfolgsaussicht zu Recht verneint, so muss wegen der Identität des Maßstabs (dazu § 1 ARB 2010 Rdn. 36) der Antrag auf Prozesskostenhilfe gem. § 114 ZPO nämlich ebenfalls an der fehlenden Erfolgsaussicht scheitern.[33] Hält der VN die Ablehnung der Deckung für unberechtigt, so hat er sich dagegen im Schiedsgutachter- oder Stichentscheid-Verfahren nach § 3a zu wenden.[34] Wird die Deckung vom Rechtsschutzversicherer aus anderen Gründen (z.B. Eingreifen eines Risikoausschlusses) abgelehnt, so kann der VN aber nicht auf einen Deckungsprozess gegen den Versicherer verwiesen werden. Vielmehr ist Prozesskostenhilfe zu gewähren.[35]

C. Dogmatische Einordnung

Die Rechtsschutzversicherung beruht wie jede Privatversicherung auf einem **gegen-** 13
seitigen Vertrag,[36] bei dem sich der Versicherer verpflichtet, ein bestimmtes Risiko des VN oder eines Dritten durch eine Leistung abzusichern, die er bei Eintritt des vereinbarten Versicherungsfalles zu zahlen hat (vgl. § 1 Satz 1 VVG). Als Gegenleistung hat der VN an den Versicherer die vereinbarte Zahlung (Prämie) zu leisten (§ 1 Satz 2 VVG), die in den ARB als Beitrag bezeichnet wird (vgl. etwa § 9). Die Leistungen des Versicherers und das Merkmal des Versicherungsfalles sind in den ARB konkretisiert.

Der Vertrag über die Rechtsschutzversicherung kommt nach allgemeinen Regeln nach 14
§§ 145 ff. BGB durch zwei korrespondierende Willenserklärungen zustande. Den Versicherer treffen im vorvertraglichen Bereich die in § 6 und § 7 VVG geregelten **Bera-**

29 L/P/*Paffenholz*, § 125 VVG Rn. 1; L/W/*Obarowski*, Kap. 48 Rn. 2.
30 Vgl. MünchKommZPO/*Wache*, § 115 ZPO Rn. 100.
31 Vgl. BGH VersR 1981, 1070; MünchKommZPO/*Wache*, § 115 ZPO Rn. 98.
32 BGH VersR 1990, 1369; Buschbell/Hering/*Buschbell*, § 10 Rn. 186; BeckOK ZPO/*Reichling*, § 115 ZPO Rn. 52.
33 MünchKommZPO/*Wache*, § 115 ZPO Rn. 98.
34 Vgl. BGH VersR 1987, 978; VersR 1990, 1369; Höra/Schubach/*Lensing*, § 27 Rn. 657.
35 MünchKommZPO/*Wache*, § 115 ZPO Rn. 98.
36 Zur Einordnung des Versicherungsvertrags L/W/*Looschelders*, § 1 VVG Rn. 72.

tungs- und Informationspflichten.[37] Dem VN steht grundsätzlich ein **Widerrufsrecht** nach Maßgabe der §§ 8, 9 VVG zu.[38]

15 Da die Rechtsschutzversicherung in erster Linie die für die Interessenwahrnehmung erforderlichen Kosten abdeckt, handelt es sich um eine **Schadensversicherung.**[39] Ebenso wie bei der Haftpflichtversicherung geht es auch hier nicht um die Abdeckung eines Sachschadens, sondern um den Schutz des **Vermögens** vor finanziellen Belastungen (sog. Passivenversicherung).[40] Außer den Vorschriften für alle Versicherungszweige (§§ 1–73 VVG) sind daher auch die allgemeinen Vorschriften für die Schadensversicherung (§§ 74–87 VVG) auf die Rechtsschutzversicherung anwendbar.[41]

D. Abgrenzungen

I. Verhältnis zur Haftpflichtversicherung

16 Auch bei der Haftpflichtversicherung hat der VN einen Anspruch auf Gewährung von **Rechtsschutz.** Im Vordergrund steht die Abwehr unberechtigter Ansprüche (vgl. § 100 VVG). Nach der Rechtsprechung des BGH handelt es sich dabei nicht nur um eine untergeordnete Nebenleistungspflicht, sondern um eine **Hauptleistungspflicht** des Versicherers.[42]

17 § 101 VVG stellt klar, dass die Haftpflichtversicherung die gerichtlichen und außergerichtlichen **Kosten** erfasst, die durch die Abwehr der von einem Dritten geltend gemachten Ansprüche entstehen.[43] Die Pflicht des Haftpflichtversicherers zur Rechtsschutzgewährung geht aber weit über die Tragung der Kosten hinaus. Will der Versicherer den Anspruch bestreiten, muss er alles tun, was zu dessen Abwehr erforderlich ist. Dazu gehört auch die **Führung des Haftpflichtversicherungsprozesses.**[44]

18 Der Haftpflichtversicherer hat die Interessen des VN wie ein von diesem beauftragter Rechtsanwalt zu wahren.[45] Anders als bei der Rechtsschutzversicherung (unten Rdn. 26 ff.) sieht der BGH bei der Haftpflichtversicherung **keinen grundsätzlichen Interessenkonflikt**, weil das Abwehrinteresse des Versicherers demjenigen des VN ent-

---

37 Allg. dazu *Armbrüster*, Privatversicherungsrecht, Rn. 786 f., Rn. 811 ff.; *Bruns*, Privatversicherungsrecht, § 8 Rn. 2 ff.; *Looschelders/Paffenholz*, Versicherungsvertragsrecht, Rn. 69 ff.

38 Näher dazu *Armbrüster*, Privatversicherungsrecht, Rn. 993 ff.; *Looschelders/Paffenholz*, Versicherungsvertragsrecht, Rn. 106 ff.

39 BGH VersR 1967, 774; VersR 2015, 1501, 1504; Harbauer/*Schmitt*, Einl. ARB Rn. 5; L/P/*Paffenholz*, § 125 VVG Rn. 1; *Bruns*, Privatversicherungsrecht, § 23 Rn. 1; H/E/K/*Heinrichs*, 34. Kap. Rn. 5.

40 Vgl. Harbauer/*Schneider*, ARB 2010, § 5 Rn. 262; *Looschelders/Paffenholz*, Versicherungsvertragsrecht, Rn. 13.

41 Vgl. *Armbrüster*, Privatversicherungsrecht, Rn. 1948.

42 BGHZ 119, 276, 281; BGH VersR 2007, 1116.

43 Vgl. *Armbrüster*, Privatversicherungsrecht, Rn. 1949.

44 Vgl. L/P/*Schulze Schwienhorst*, § 100 VVG Rn. 35; L/R/*Langheid*, § 100 Rn. 27; Harbauer/*Schmitt*, Einl. ARB Rn. 7.

45 BGHZ 119, 276, 281; BGH VersR 2010, 1590; VersR 2007, 1119; VersR 2001, 1150.

spreche. Sollte es im Einzelfall doch zu einem Konflikt kommen, müsse der Versicherer die eigenen Interessen zurückstellen.[46] Nach allgemeiner Ansicht verstößt die Prozessführung durch den Haftpflichtversicherer daher auch nicht gegen § 4 RDG.[47]

Die Haftpflichtversicherung gewährt dem VN indes nur dann Rechtsschutz, wenn er wegen eines von einem Dritten aufgrund gesetzlicher Haftpflichtbestimmungen privatrechtlichen Inhalts auf Schadensersatz **in Anspruch genommen** wird (vgl. Ziff. 1.1. AHB). Will der VN für andere Fälle Rechtsschutz haben, so ist er auf den Abschluss einer Rechtsschutzversicherung verwiesen. Diese deckt nach § 2 lit. a) insbesondere die **Geltendmachung** außervertraglicher Schadensersatzansprüche ab. Die Abwehr außervertraglicher Schadensersatzansprüche ist dagegen zur Vermeidung von Überschneidungen mit der Haftpflichtversicherung gem. § 3 II lit. a) in der Rechtsschutzversicherung vom Versicherungsschutz ausgenommen (vgl. dazu § 3 ARB 2010 Rdn. 63). 19

II. Rechtsschutzversicherung und Prozessfinanzierung

Als Alternative zur Rechtsschutzversicherung hat sich in neuerer Zeit die **Prozessfinanzierung** gegen Erfolgsbeteiligung herausentwickelt. Das Geschäftsmodell besteht darin, dass eine Finanzierungsgesellschaft die Finanzierung eines Prozesses übernimmt und sich als Gegenleistung eine quotale Beteiligung am Erfolg versprechen lässt.[48] Die h.M. geht zu Recht davon aus, dass es sich bei dieser Gestaltung um **keinen Versicherungsvertrag** handelt.[49] Bei der Prozessfinanzierung geht es nicht wie bei Versicherungsverträgen (§ 1 Satz 1 VVG) um die Absicherung eines Risikos durch eine Leistung, die bei Eintritt des Versicherungsfalles zu erbringen ist. Die Gesellschaft legt vielmehr die Prozesskosten vor und erhält sie im Erfolgsfall mitsamt einer Erfolgsbeteiligung zurück.[50] Auf der anderen Seite kann die Zahlung der Erfolgsbeteiligung durch den Kunden nicht als Prämie i.S.d. § 1 Satz 2 VVG angesehen werden, weil sie bei ungünstigem Prozessausgang nicht geschuldet ist.[51] Der Prozessfinanzierung liegt somit eine nicht rechtsfähige **BGB-Innengesellschaft** i.S.d. § 705 BGB zugrunde.[52] 20

46 BGHZ 119, 276, 281; BGH VersR 2010, 1590.

47 Vgl. Krenzler/Remmertz/*Remmertz*, § 4 RDG Rn. 61 ff.

48 Allg. dazu B/M/*Baumann*/*Koch*, § 1 VVG Rn. 327; L/W/*Looschelders*, § 1 VVG Rn. 107; BeckRA-HdB/*Scholl*, § 56 Rn. 250; *Dethloff* NJW 2000, 2225.

49 B/M/*Baumann*/*Koch*, § 1 VVG Rn. 327; L/W/*Looschelders*, § 1 VVG Rn. 108; L/P/*Pohlmann*, § 1 VVG Rn. 39; van Bühren/Plote/*van Bühren*, Einl. ARB 2010 Rn. 20; *Grunewald* AnwBl 2001, 540; aus aufsichtsrechtlicher Sicht BAV-Beschlusskammer VerBaV 1999, 167, 168; Dreher/Präve, § 1 VAG Rn. 42; a.A. *Fritzsche*/*Schmidt* NJW 1999, 2998, 2999.

50 L/W/*Looschelders*, § 1 VVG Rn. 109.

51 L/P/*Pohlmann*, § 1 VVG Rn. 39; *Dethloff* NJW 2000, 225, 227.

52 B/M/*Baumann*/*Koch*, § 1 VVG Rn. 327; L/W/*Looschelders*, § 1 VVG Rn. 109; BeckRA-HdB/*Scholl*, § 56 Rn. 251; Veith/Gräfe/Lange/Rogler/*Eversberg*, § 3 Rn. 62; *Grunewald* AnwBl 2001, 540, 542.

Die Zulässigkeit der Prozessfinanzierung ist heute anerkannt.[53] Der mit Wirkung vom 01.10.2021 angefügte § 4 Satz 2 RDG stellt hierzu ausdrücklich klar, eine Gefährdung der ordnungsgemäßen Erbringung der Rechtsdienstleistung nicht schon deshalb anzunehmen ist, weil aufgrund eines Vertrages mit einem Prozessfinanzierer Berichtspflichten gegenüber dem Prozessfinanzierer bestehen. Keine grundsätzlichen Bedenken bestehen hiernach auch gegen das Geschäftsmodell **prozessfinanzierender Inkassodienstleister**. Der BGH hat einen Verstoß gegen § 4 RDG in diesen Fällen mit dem Argument verneint, dass es an einem relevanten Interessenkonflikt fehle, weil der Inkassodienstleister – anders als ein Rechtsschutzversicherer (dazu unten Rdn. 26 ff.) – wegen der Vereinbarung eines Erfolgshonorars ein erhebliches **eigenes Interesse** an der erfolgreichen Durchsetzung der Forderung habe.[54]

21 Für den Kunden hat das Modell der Prozessfinanzierung den Nachteil, dass der Vertrag erst nach Entstehung der Streitigkeit geschlossen wird. Da die Gesellschaft sich frei entscheiden kann, ob sie die Finanzierung des Prozesses übernimmt, fehlt es an einer echten Risikoabsicherung.[55] Positiv fällt dagegen ins Gewicht, dass Kunden, die keine Vorsorge getroffen und keine Rechtsschutzversicherung abgeschlossen haben, immer noch einen Prozessfinanzierer einschalten können. Beide Instrumente ergänzen sich insoweit bei der **wirtschaftlichen Erleichterung des Zugangs zum Recht**.[56] Da es bei der Prozessfinanzierung an dem für die Rechtsschutzversicherung vom Gesetzgeber angenommenen Interessenkonflikt mit dem Kunden (dazu unten Rdn. 26 ff.) fehlt, sind die Vorschriften über die Rechtsschutzversicherung auf Prozessfinanzierer weder direkt noch entsprechend anwendbar.[57]

E. Gesetzliche Grundlagen

I. VVG und allgemeines Vertragsrecht

22 Die Rechtsschutzversicherung war im VVG von 1908 wegen der damaligen Irrelevanz der Materie zunächst nicht geregelt. Dies änderte sich erst mit der Einfügung der **§§ 158l – 158o VVG** a.F. durch das Gesetz zur Durchführung versicherungsrechtlicher Richtlinien vom 28.6.1990[58]. Die Notwendigkeit hierfür ergab sich aus der Rechtsschutzversicherungs-Richtlinie (RL 87/344/EWG).[59]

---

53 Vgl. BGH NJW-RR 2015, 1333 Rn. 24 ff.; L/W/*Looschelders*, § 1 VVG Rn. 109; Veith/Gräfe/Lange/Rogler/*Eversberg*, § 3 Rn. 1 ff.; *Perner* VersR 2023, 1329 (1331).

54 BGHZ 224, 89 = NJW 2020, 208 Rn. 42 ff.; BGHZ 230, 255 = NJW 2021, 3046 Rn. 58 ff.; BGH NJW-RR 2023, 904 Rn. 15 ff.; a.A. noch *Henssler* NJW 2019, 545, 547 ff.; *Greger* MDR 2018, 897, 899 f.

55 Van Bühren/Plote/*van Bühren*, Einl. ARB 2010 Rn. 20.

56 Zur unterschiedlichen wirtschaftlichen Funktion von Rechtsschutzversicherung und Prozessfinanzierung *Perner* VersR 2023, 1329, 1330.

57 L/W/*Looschelders*, § 1 VVG Rn. 109; *Perner* VersR 2023, 1329, 1332.

58 BGBl. I S. 1249. Das Gesetz ist am 1.7.1990 in Kraft getreten.

59 Zur Entstehung der §§ 158l – 158o VVG a.F. vgl. BK/*Honsell*, Vorbem. §§ 158l – 158o VVG Rn. 11 ff.

Bei der Reform des VVG von 2008 wurden die Regelungen der §§ 158l – 158o VVG a.F. weitgehend unverändert in die **§§ 126 – 129 VVG n.F.** transferiert. Darüber hinaus wurde mit **§ 125 VVG** eine allgemeine Beschreibung der Leistung des Rechtsschutzversicherers in das Gesetz aufgenommen. Die speziellen Regelungen über die Rechtsschutzversicherung sind aber weiterhin rudimentär. 23

Die Rechtsschutzversicherung unterliegt im Übrigen den für **alle Versicherungszweige** geltenden Vorschriften des VVG (§§ 1 – 73 VVG) sowie den allgemeinen Vorschriften über die **Schadensversicherung** (§§ 74 – 87 VVG). Da es sich um eine Passivenversicherung handelt (oben Rdn. 15), sind die Vorschriften über die Sachversicherung (§§ 88 – 99 VVG) dagegen nicht anwendbar. 24

Aus dem BGB finden namentlich die Vorschriften des **Allgemeinen Teils** und des **Allgemeinen Schuldrechts** auf die Rechtsschutzversicherung Anwendung, soweit das VVG keine Sonderregeln enthält. So unterliegt der Vertragsschluss grundsätzlich den allgemeinen Regeln der §§ 145 ff. BGB. Die Vorschriften über die Anfechtung (§§ 119 ff. BGB) werden dagegen durch die §§ 19 ff. VVG weitgehend verdrängt. Die AGB-Kontrolle richtet sich nach den §§ 305 ff. BGB. 25

II. Bedeutung des RDG für die Rechtsschutzversicherung

1. Unzulässigkeit der Besorgung fremder Rechtsangelegenheiten durch den Versicherer

Die gegenwärtige Ausgestaltung der Leistungen der Rechtsschutzversicherer in Deutschland ist dadurch geprägt, dass es den Versicherern grundsätzlich verwehrt ist, die rechtlichen Angelegenheiten des VN selbst wahrzunehmen. Grundlegende Bedeutung hat dabei eine Entscheidung des BGH vom 20.2.1961[60], in welcher das Gericht Verhandlungen eines Rechtsschutzversicherers mit den Gegnern seiner VN über Ansprüche, für deren Durchsetzung die VN eine Rechtsschutzversicherung abgeschlossen hatte, als **Besorgung fremder Rechtsangelegenheiten** i.S.d. § 1 RBerG qualifiziert hat. Da es für den Rechtsschutzversicherer im wirtschaftlichen Ergebnis gleichgültig sei, ob die Ansprüche erfüllt werden oder nicht, handle es sich für ihn nicht um eigene Rechtsangelegenheiten. Der BGH hat die Unzulässigkeit einer solchen Tätigkeit insbesondere damit begründet, dass Verhandlungen des Versicherers mit den Gegnern seiner VN die Erfüllung seiner eigentlichen aus dem Versicherungsgeschäft folgenden Aufgaben gefährden können. Vom wirtschaftlichen Interesse her gesehen könne das Ziel solcher Verhandlungen nur in der Vermeidung von Rechtsverfolgungskosten bestehen. Dieses Ziel widerspreche aber der Pflicht des Versicherers, die Kosten für die beabsichtigte, hinreichend aussichtsreiche Rechtsverfolgung zu übernehmen. 26

Beim Erlass des Rechtsdienstleistungsgesetzes (RDG) hat der Gesetzgeber sich diesen Überlegungen angeschlossen. Nach **§ 4 RDG** dürfen Rechtsdienstleistungen, die einen unmittelbaren Einfluss auf die Erfüllung einer anderen Leistungspflicht haben können, nicht erbracht werden, wenn hierdurch die ordnungsgemäße Erbringung der Rechts- 27

60 BGH NJW 1961, 1113 = VersR 1961, 433.

dienstleistung gefährdet wird. Ausweislich der Gesetzesbegründung[61] wendet sich diese Vorschrift insbesondere gegen Rechtsdienstleistungen von Versicherungsunternehmen, soweit sie die Geltendmachung oder Abwehr von Ansprüchen gegenüber Dritten betreffen.[62] Die Begründung knüpft ausdrücklich an das Urteil des BGH vom 20.2.1961 an und konstatiert einen Konflikt zwischen dem wirtschaftlichen Interesse des Versicherers an der Vermeidung von Kosten der Rechtsverfolgung und der Pflicht zur Übernahme der Kosten.

28 Die Vorschrift des § 4 RDG ist in der Literatur auf Kritik gestoßen.[63] Dabei wird insbesondere darauf hingewiesen, dass der Gesetzgeber das Vorliegen eines Interessenkonflikts allzu pauschal unterstellt.[64] In **rechtlicher** Hinsicht besteht von vornherein kein Interessenkonflikt. Wenn der Versicherer die Rechtsangelegenheiten des VN wahrnimmt, erfüllt er damit gerade seine vertragliche Pflicht gegenüber dem VN zur Interessenwahrnehmung. Sollte der Versicherer sich bei der Wahrnehmung der Rechtsangelegenheiten des VN von sachwidrigen eigenen Interessen (z.B. Kostenersparnis) leiten lassen, so steht dem VN ein Schadensersatzanspruch aus § 280 I BGB zu.[65]

29 Auch in **wirtschaftlicher** Hinsicht erscheint die Annahme eines Interessenkonflikts überakzentuiert. Auf der einen Seite wird ein vernünftiger Versicherer schon im eigenen wirtschaftlichen Interesse bemüht sein, seine Leistungen zur Zufriedenheit der Kunden zu erbringen.[66] Auf der anderen Seite liegt es nicht im Interesse eines vernünftigen VN, aussichtlose Rechtstreitigkeiten »um jeden Preis« auf Kosten des Versicherers führen zu können. Vor diesem Hintergrund wird in der Literatur die Ansicht vertreten, dass der generelle Ausschluss der Rechtsschutzversicherer von der Besorgung fremder Rechtsangelegenheiten einen unverhältnismäßigen Eingriff in die **Berufsfreiheit** der Versicherer (Art. 12 GG) darstellt und mit der Dienstleistungsfreiheit (Art. 56 AEUV) unvereinbar ist.[67]

30 Bei der Würdigung dieses Ansatzes ist zu beachten, dass der Gesetzgeber mit § 4 RDG ein legitimes Ziel verfolgt, nämlich den **Schutz der Rechtspflege** vor Interessenkonflikten. Bei der Verwirklichung eines solchen Ziels durch Berufsausübungsregeln steht ihm nach der Rechtsprechung des BVerfG ein weiter Beurteilungs- und Gestaltungsspielraum zu.[68] Ob dieser Spielraum überschritten ist, erscheint trotz aller berechtigten rechtspolitischen Kritik an § 4 RDG zweifelhaft. Desgleichen lässt sich der Eingriff in

---

61 Begr. RegE BT-Drucks. 16/3655 S. 51.

62 Vgl. *Kleine-Cosack*, § 4 RDG Rn. 12; Krenzler/Remmertz/*Remmertz*, § 4 RDG Rn. 37.

63 Vgl. BeckOK RDG/*Grunewald/Römermann*, § 4 RDG Rn. 3 ff.; *Kleine-Cosack*, § 4 RDG Rn. 21 f.

64 So zu Recht: *Werber* VersR 2006, 1010, 1022; vgl. auch *Looschelders* VersR 2017, 1237, 1243.

65 Vgl. BeckOK RDG/*Grunewald/Römermann*, § 4 RDG Rn. 4.

66 *Werber* VersR 2006, 1010, 1022.

67 So BeckOK RDG/*Grunewald/Römermann*, § 4 RDG Rn. 6 ff.; *Kleine-Cosack*, § 4 RDG Rn. 22.

68 BVerfGE 77, 308, 332; 102, 197, 218; zusammenfassend BeckOK GG/*Ruffert* (Stand: 28.12.2024), Art. 12 GG Rn. 88 m.w.N.

die Dienstleistungsfreiheit der Versicherer in Anbetracht des Schutzzwecks von Art. 4 RDG durch **zwingende Gründe des Allgemeininteresses** (Art. 62 i.V.m. Art. 52 AEUV) rechtfertigen.[69] Im Übrigen hat der EuGH ausdrücklich bekräftigt, dass die Gewährleistung der Dienstleistungsfreiheit in Art. 16 der Dienstleistungsrichtlinie (RL 2006/13/EG) nach Art. 17 Nr. 6 der Richtlinie nicht für Regelungen im Mitgliedstaat der Dienstleistungserbringung gilt, die eine Tätigkeit den Angehörigen eines bestimmten Berufs vorbehalten.[70]

2. Zulässige Service- und Beratungsleistungen des Versicherers

§ 4 RDG verbietet dem Versicherer nur die Erbringung von Rechtsdienstleitungen. 31
Dabei handelt es sich nach der Definition des § 2 I RDG um jede Tätigkeit in **konkreten fremden Angelegenheiten**, sobald sie eine **rechtliche Prüfung des Einzelfalls** erfordert. Nach der Gesetzesbegründung ist es dem Versicherer daher nicht verwehrt, einen ihm vom VN mitgeteilten Versicherungsfall rechtlich zu bewerten und dem VN Auskunft darüber zu erteilen, in welchem Umfang ggf. Versicherungsschutz erteilt wird. Da der Versicherer nur seine eigene Einstandspflicht prüfe und dem VN das Ergebnis mitteile, handle es sich um keine Tätigkeit in **fremden** Angelegenheiten.[71] Der Versicherer kann dem VN damit auch mitteilen, wie er die Erfolgsaussicht einer etwaigen Klage einschätzt.[72] Die Grenze soll aber möglicherweise überschritten sein, wenn eine über die Einstandspflicht hinausgehende Beratung – etwa über die aussichtsreiche rechtliche Vorgehensweise – erfolgt.[73] Der Versicherer ist insoweit also gehalten, den VN auf die Beratung durch einen Rechtsanwalt zu verweisen.

Auch der Betrieb einer **Anwalts-Hotline**, die eine telefonische Erstberatung durch 32
einen in das Servicesystem eingebundenen Rechtsanwalt vermittelt, stellt keinen Verstoß gegen § 4 RDG dar. Da der Versicherer die Beratung nicht selbst vornimmt, fehlt es an einem **unmittelbaren Einfluss** auf die Erfüllung der Leistungspflicht aus dem Versicherungsvertrag.[74] **Allgemeine Auskünfte** über rechtliche Fragen sind den Rechtsschutzversicherern ebenfalls nicht verwehrt, da es insoweit nicht um die rechtliche Prüfung **eines Einzelfalls** geht.[75]

---

69 BGH NJW-RR 2016, 1056 Rn. 31; Deckenbrock/Henssler/*Deckenbrock*, § 4 RDG Rn. 4; *Looschelders* VersR 2017, 1237, 1244; *Weckmann*, Rechtsschutzversicherer als Rechtsdienstleister, S. 326.

70 EuGH NJW 2016, 857 (X-Steuerberatungsgesellschaft) m. Anm. *Deckenbrock.*

71 Begr. RegE BT-Drucks. 16/3655 S. 51.

72 Vgl. Harbauer/*Schmitt*, Einl. Rn. 49; *Kleine-Cosack*, § 4 RDG Rn. 11; Krenzler/Remmertz/*Remmertz*, § 4 RDG Rn. 40; BeckRA-Hdb/*Scholl*, § 56 Rn. 6.

73 Begr. RegE BT-Drucks. 16/3655 S. 51; B/M/*Bruns*, Vor §§ 125–129 VVG Rn. 27.

74 Harbauer/*Schmitt*, Einl. Rn. 53; *Kleine-Cosack*, § 4 RDG Rn. 6 f.; Deckenbrock/Henssler/*Deckenbrock*, § 4 RDG Rn. 23; *Weckmann*, Rechtsschutzversicherer als Rechtsdienstleister, S. 245 f.; krit. *Cornelius-Winkler* SVR 2013, 201, 202; *ders.* NJW 2014, 588 ff.; *van Bühren* r+s 2016, 53, 55. Zur Zulässigkeit der anwaltlichen Telefonberatung aus wettbewerbsrechtlicher Sicht BGHZ 152, 153, 160 ff.; BGH NJW 2005, 1266, 1267.

75 Deckenbrock/Henssler/*Deckenbrock*, § 4 RDG Rn. 31.

33 Den Versicherern ist es nach § 4 RDG auch nicht verboten, mit einzelnen Anwälten bzw. Sozietäten sog. **Rationalisierungsabkommen** abzuschließen, in denen die Anwälte oder Sozietäten sich verpflichten, ihre Leistungen zu einem für den Versicherer günstigen Gebührensatz abzurechnen.[76] Aus dem Recht auf freie Anwaltswahl (unten Rdn. 34) folgt zwar, dass der Versicherer die Kostenübernahme nicht auf den Kreis der Anwälte beschränken darf, mit denen er eine entsprechende Vereinbarung getroffen hat.[77] Die **unverbindliche Empfehlung** eines solchen Anwalts ist aber zulässig, sofern der Betreffende im einschlägigen Rechtsgebiet über Erfahrungen verfügt und/oder vom Versicherer in der jeweiligen Rechtsfrage als kompetent angesehen wird.[78] Keine Bedenken bestehen auch gegen Klauseln, nach denen der Versicherer dem VN einen Mediator vorschlägt oder vermittelt (§ 5a I 2 ARB 2010; Ziff. 2.3.1.1 ARB 2021; vgl. § 5a ARB 2010 Rdn. 4). Eine **Mediation durch eigene Streitschlichter** des Versicherers ist ebenfalls zulässig, sofern diese sich entsprechend § 1 II MediationsG neutral und unparteilich verhalten.[79] Klauseln, die die Gewährung von Rechtsschutz für die Vertretung in gerichtlichen Verfahren von der erfolglosen Durchführung eines Mediationsverfahrens abhängig machen, sind nach Ansicht des BGH ebenfalls wirksam.[80] Ziff. 2.3.1.1 ARB 2021 stellt aber klar, dass die Mediation freiwillig und eigenverantwortlich erfolgt.

III. Das Recht des VN auf freie Anwaltswahl

34 Große Bedeutung für die Rechtsschutzversicherung hat das Recht des VN auf freie Anwaltswahl,[81] das in § 3 III BRAO, § 127 VVG sowie in Art. 3 II lit. c) RL 87/344/EWG (Art. 200 IV RL 2009/138/EG) und Art. 4 I RL 87/344/EWG (Art. 201 I RL 2009/138/EG) gewährleistet ist. Der EuGH hat Art. 4 I lit. a) RL 87/344/EWG entnommen, dass der Versicherer sich auch für **Massenschadensfälle**, bei denen eine größere Anzahl von VN durch dasselbe Ereignis geschädigt ist, nicht das Recht vorbehalten

---

76 So auch *Weckmann*, Rechtsschutzversicherer als Rechtsdienstleister, S. 280 f. Allgemein zu solchen »Rationalisierungsabkommen« Buschbell/Hering/*Buschbell*, § 3 Rn. 37 f.; *van Bühren* NJW 2007, 3606, 3607; krit. im Hinblick auf einen möglichen Verstoß solcher Vereinbarungen gegen anwaltliches Berufsrecht *Cornelius-Winkler* NJW 2014, 588 (590).

77 L/P/*Paffenholz*, § 127 VVG Rn. 3; L/W/*Richter*, § 127 VVG Rn. 6; PK/*Hillmer-Möbius*, § 127 VVG Rn. 6; *Armbrüster* JZ 2014, 577, 580.

78 LG Bremen VersR 1998, 974; Harbauer/*Schmitt*, § 127 VVG Rn. 6; L/W/*Richter*, § 127 VVG Rn. 8; PK/*Hillmer-Möbius*, § 127 VVG Rn. 7; P/M/*Piontek*, § 17 ARB 2010 Rn. 2; *Bruns*, Privatversicherungsrecht, § 23 Rn. 20; *Eberhardt*, GS Hübner, 2012, 63, 72 ff.; *Looschelders* VersR 2017, 1237, 1240; krit. im Hinblick auf etwaige Interessenkollisionen *van Bühren* r+s 2016, 53, 55 f. Zu möglichen unionsrechtlichen Grenzen vgl. EuGH VersR 2013, 1530 (Sneller) = NJW 2014, 373 m. Anm. *Purnhagen*.

79 Näher dazu *Weckmann*, Rechtsschutzversicherer als Rechtsdienstleister, S. 247 ff.

80 BGH VersR 2016, 113.

81 Vgl. dazu EuGH v. 7.11.2013 – C-442/12 (Sneller), VersR 2013, 1530 Rn. 25 ff. = NJW 2014, 373 m. Anm. *Purnhagen*; *Armbrüster* AnwBl 2012, 218 ff.

darf, den Anwalt aller betroffenen VN selbst auszuwählen.[82] Die eingeschränkte Erstattung von **Kosten für auswärtige Anwälte** ist dagegen mit Art. 4 I RL 87/344/EWG vereinbar, sofern die Einschränkung nur den Umfang der Erstattung betrifft und das Recht auf freie Anwaltswahl als solches unberührt lässt.[83]

Nach h.M. ist es auch zulässig, **Anwaltsempfehlungen** mit sog. **Anreizsystemen** zu verbinden, sofern auf den VN dadurch kein unzulässiger psychischer Druck ausgeübt wird.[84] Vor diesem Hintergrund war umstritten, ob der Versicherer in den ARB vorsehen darf, dass er auf eine **Rückstufung des VN** in eine ungünstigere Schadensfreiheitsklasse verzichtet, wenn ein Anwalt aus dem von ihm empfohlenen Kreis der Rechtsanwälte beauftragt wird. Das OLG Bamberg hat in einer viel beachteten Entscheidung die Auffassung vertreten, dass eine solche Klausel gegen §§ 127, 129 VVG verstößt und daher gem. § 307 I 1, II Nr. 1 BGB unwirksam ist.[85] Im konkreten Fall ging es um eine Klausel, wonach der VN **für den nächsten Schadensfall** die Zurückstufung in eine teurere Schadensfreiheitsklasse vermeiden konnte, wenn er einen Rechtsvertreter aus dem Kreis der vom Versicherer empfohlenen Rechtsanwälte beauftragte. In der Revisionsinstanz hat der BGH diese Klausel indes für zulässig erklärt.[86] Zur Begründung hat der Senat unter Bezugnahme auf die Rechtsprechung des EuGH[87] und des österr. OGH[88] dargelegt, dass nicht jede Einwirkung auf den VN dessen Recht auf freie Anwaltswahl verletzt. Der VN müsse seinen Anwalt aber selbst auswählen können und dürfe dabei keinem unzulässigen psychischen Druck ausgesetzt werden. Ob ein unzulässiger Druck ausgeübt wird, beurteilt der BGH unter Berücksichtigung aller Umstände des Einzelfalls. Entscheidende **Kriterien** sind dabei die Wirkungsweise des Anreizes, die Dauerhaftigkeit der Auswirkungen und die finanzielle Bedeutung des Anreizes. Zwischen diesen Kriterien besteht keine feste Rangfolge. Vielmehr kann jedes Kriterium im Einzelfall den Ausschlag geben. Es handelt sich damit um ein »bewegliches System«.[89] Im konkreten Fall sprach für die Zulässigkeit, dass die Rückstufung erst für den nächsten Versicherungsfall vorgesehen und nicht dauerhaft war, weil der VN nach einem schadensfreien Jahr wieder in die gleiche Schadensfreiheitsklasse kommen konnte. Schließlich begründete auch die Höhe der drohenden Rückstufung von höchstens 150 € für den nächsten Schadensfall keinen übermäßigen psychischen 35

82 EuGH v. 10.9.2009, Rs. C-199/08 – *Eschig* NJW 2010, 355; vgl. dazu auch L/P/*Paffenholz*, § 127 VVG Rn. 5 ff.; *Looschelders* VersR 2017, 1237, 1239; *Veith* r+s 2015, 432 ff.

83 EuGH v. 26.05.2011, Rs. C-293/10, NJW 2011, 3077 (Stark). Ausführlich dazu *Wendeburg* NJW 2011, 3064.

84 BGH NJW 2014, 630 Rn. 43 = VersR 2014, 98 = JZ 2014, 572 m. Anm. *Armbrüster*; HK-VVG/*Münkel*, § 127 VVG Rn. 3.

85 OLG Bamberg NJW 2012, 2282 m. Anm. *Lensing*.

86 BGH NJW 2014, 630 = VersR 2014, 98 = JZ 2014, 572 m. Anm. *Armbrüster*.

87 EuGH NJW 2010, 355; NJW 2011, 3077; VersR 2013, 1530 = NJW 2014, 373.

88 OGH v. 22.5.2002 – 7 Ob 32/02k, SZ 2002/69 = VersR 2003, 1330; vgl. auch OGH VersR 2014, 606.

89 Vgl. *Armbrüster* JZ 2014, 577, 578; *Looschelders* VersR 2017, 1237, 1241. Zu den Grundlagen eines »beweglichen Systems« *Wilburg* AcP 163 (1963), 346 ff.

Anreiz.[90] Die Argumentation des BGH zeigt, dass ein finanzieller Anreiz für die Wahl eines empfohlenen Rechtsanwalts nicht nur dann zulässig ist, wenn die psychische Anreizwirkungen nach allen drei Kriterien als gering zu erachten ist. Daher kann auch ein (vermeidbarer) Selbstbehalt für den **aktuellen Schadensfall** zulässig sein, wenn die Anreizwirkung nach Höhe und Dauerhaftigkeit des Nachteils nicht übermäßig erscheint.[91]

36 Zu weiteren Einzelheiten vgl. die Kommentierungen zu § 127 VVG und § 17.

F. Allgemeine Rechtsschutzbedingungen

37 Da die gesetzlichen Vorgaben für die Rechtsschutzversicherung nicht sehr detailliert sind, stehen die AVB der Versicherer bei der praktischen Rechtsanwendung im Vordergrund. Konkret handelt es sich dabei um die Allgemeinen Bedingungen für die Rechtsschutzversicherung (ARB). Die ARB haben wie alle AVB nicht die Qualität von Rechtsnormen. Es handelt sich vielmehr um die **Allgemeinen Geschäftsbedingungen** der (Rechtsschutz-)Versicherer.[92] Maßgeblich sind daher die §§ 305 ff. BGB.

I. Entwicklung der Klauselwerke

1. Vom Bundesamt für Versicherungswesen genehmigte Bedingungen (ARB 54 bis ARB 94)

38 Bis zur Deregulierung des deutschen Versicherungsmarktes am 1.7.1994 bedurften die AVB der Versicherer der **Genehmigung** durch das damalige Bundesamt für Versicherungswesen (BAV). Die Vorab-Kontrolle durch das BAV führte zu einer weitgehenden **Einheitlichkeit der AVB** bei den einzelnen Versicherungszweigen.[93] Für die Rechtsschutzversicherung sind aus der Zeit vor 1994 die **ARB 75**[94] hervorzuheben. Diese sind Gegenstand zahlreicher höchstrichterlicher Entscheidungen, die auch für das Verständnis der neueren AVB große Bedeutung haben; davon abgesehen können Verträge auch heute noch nach den ARB 75 zu beurteilen sein.[95] Die älteren

---

90 Vgl. L/W/*Richter*, § 127 VVG Rn. 13.

91 Vgl. *Armbrüster*, VersR 2011, 1515, 1520; *Looschelders* VersR 2017, 1237, 1241; ebenso im Ergebnis OGH VersR 2014, 606, wonach ein durch die Wahl eines empfohlenen Anwalts vermeidbarer Selbstbehalt für den aktuellen Versicherungsfall von 10 % zulässig sein kann; a.A. wohl *van Bühren* r+s 2016, 53, 57; sehr zurückhaltend gegenüber der Zulässigkeit weitergehender Anreizmodelle auch *Cornelius-Winkler* NJW 2014, 588, 589.

92 Zur Rechtsnatur von AVB L/W/*Reiff*, Kap. 2 Rn. 1; L/P/*Pohlmann*, Einl. B Rn. 3; speziell zu den ARB Veith/Gräfe/Lange/Rogler/*Cornelius-Winkler*, § 23 Rn. 13; H/E/K/*Heinrichs*, 34. Kap. Rn. 19.

93 Vgl. *Armbrüster*, Privatversicherungsrecht, Rn. 133; *Looschelders/Paffenholz*, Versicherungsvertragsrecht, Rn. 137; speziell zu den ARB Harbauer/*Cornelius-Winkler*, Vor § 1 ARB 75 Rn. 7.

94 VerBAV 1976, 130; vgl. dazu die Kommentierung in *Harbauer*, Teil D.

95 Veith/Gräfe/Lange/Rogler/*Cornelius-Winkler*, § 23 Rn. 8.

genehmigten Klauselwerke (ARB 54[96] und ARB 69[97]) sind dagegen praktisch obsolet.[98]

Die letzten vom BAV genehmigten AVB für die Rechtsschutzversicherung sind die **ARB 94.**[99] Diese weichen im Aufbau deutlich von den ARB 75 ab. So werden die **Leistungsarten** in § 2 ARB 94 erstmals vorweg allgemein umschrieben. Nach den ARB 75 finden sich die Definitionen dagegen noch in den Regelungen über die einzelnen Rechtsschutzformen (§§ 21 – 29 ARB 75). Außerdem wurde der Standort einiger allgemeiner Bestimmungen verändert. So ist der **Umfang der Leistungspflicht** des Versicherers in § 2 ARB 75 geregelt; ab den ARB 94 ist diese Regelung in § 5 angesiedelt. Die Regelung der **allgemeinen Risikoausschlüsse** wurde von § 4 ARB 75 in § 3 ARB 94 (und spätere Fassungen) verschoben. Darüber hinaus gibt es aber auch einige wichtige inhaltliche Änderungen. So wurden die Risikoausschlüsse für **Baurisiken** und Rechtsstreitigkeiten im Zusammenhang mit **Kapitalanlagen** deutlich ausgeweitet (vgl. § 3 ARB 2010 Rdn. 37 ff., 122 ff.).[100] Die diesbezügliche Rechtsprechung zu den ARB 75 lässt sich daher nicht ohne weiteres auf die neueren ARB übertragen. 39

2. Unverbindliche Musterbedingungen

a) ARB 2000 bis ARB 2010

Seit dem Wegfall der Genehmigungspflicht für die AVB gibt es nur noch die vom Gesamtverband der Deutschen Versicherungswirtschaft (GDV) empfohlenen **unverbindlichen Musterbedingungen.**[101] Die vom GDV für die Rechtsschutzversicherung empfohlenen AVB (ARB 2000, ARB 2002, ARB 2008, ARB 2009 und ARB 2010) stimmten zunächst nach Gliederung und Aufbau weitgehend mit den ARB 94 überein. Inhaltlich gab es aber jeweils wichtige Änderungen, insbesondere bei den allgemeinen Risikoausschlüssen.[102] In den meisten Fällen handelt es sich dabei um Reaktionen auf neue Entscheidungen der Oberlandesgerichte und des BGH. 40

In den **ARB 2008** fand eine Anpassung des Regelwerks an das **neue VVG** statt. So wurde bei den Obliegenheiten der Übergang vom Alles-oder-Nichts-Prinzip zum Quotenprinzip berücksichtigt.[103] Außerdem wurden die Vorschriften über den Beginn des Versicherungsschutzes (§ 7), die Dauer und das Ende des Vertrages (§ 8) und den 41

96 VerBAV 1954, 139.
97 VerBAV 1969, 67.
98 Vgl. VersHb/*Obarowski*, § 45 Rn. 21; van Bühren/*Schneider*, § 13 Rn. 8.
99 VerBAV 1994, 97, 176. Vgl. dazu *Bauer* NJW 1995, 1390 ff.; *Maier* r+s 1995, 361 ff.; *Rex* VersR 1996, 24 ff.; eine Kurzerläuterung findet sich bei *Böhme*, Anhang IV (S. 533 ff.).
100 Vgl. Harbauer/*Cornelius-Winkler*, Vor § 1 ARB 75 Rn. 6.
101 Vgl. *Looschelders/Paffenholz*, Versicherungsvertragsrecht, Rn. 137; *Mathy* VersR 2009, 1194, 1195.
102 Zum Überblick vgl. Buschbell/Hering/*Buschbell*, § 1 Rn. 35 ff.; H/E/K/*Heinrichs*, 34. Kap. Rn. 21 ff.
103 Vgl. zu § 17 VI ARB 2008 Veith/Gräfe/Lange/Rogler/*Cornelius-Winkler*, § 23 Rn. 7.

Beitrag (§ 9) mit Rücksicht auf das neue VVG geändert.[104] Von den ARB 2008 gibt es eine zweite Version (ARB 2008/II), die um weitere Risikoausschlüsse ergänzt ist.

42 Im Anhang zu den **ARB 2009** findet sich erstmals die sog. **Mediationsklausel** (§ 5a), die der wachsenden Bedeutung der außergerichtlichen Mediation Rechnung trägt.[105]

43 Bei den **ARB 2010** besteht die auffälligste Änderung darin, dass nach § 19 nun auch § 18 entfallen ist. Die Regelungen über die Ablehnung des Rechtsschutzes wegen mangelnder Erfolgsaussichten oder Mutwilligkeit finden sich jetzt in zwei Versionen – für das Schiedsgutachten- und das Stichentscheid-Verfahren – in § 3a. Außerdem wurde die Schadensminderungsobliegenheit des VN in § 17 I lit. c) bb) neu formuliert, um den von einigen Oberlandesgerichten[106] sowie vom BGH in einem Hinweisbeschluss vom 22.05.2009[107] geäußerten Bedenken gegen die Transparenz der Regelung Rechnung zu tragen.[108] Der BGH[109] hat in neuerer Zeit allerdings auch die neugefasste Klausel des § 17 I lit. c bb) ARB 2010 für intransparent und nichtig erklärt (s. unten Rdn. 48).

b) Die ARB 2012

44 Der GDV hat im Oktober 2012 eine neue Fassung der Musterbedingungen vorgelegt (**ARB 2012**).[110] Der wichtigste Unterschied zu den ARB 2010 besteht in der abweichenden **Systematik.** So sind die ARB 2012 erstmals nach dem **Baukastenprinzip** aufgebaut,[111] wobei die Klauseln den einzelnen Vertragsformen durch Buchstabenschlüssel zugeordnet sind. Die systematische Unterscheidung zwischen den für alle Rechtsschutzverträge maßgeblichen Klauseln (§§ 1 – 20) und den besonderen Regeln für die jeweiligen Formen des Versicherungsschutzes (§§ 21 – 29) ist damit entfallen. Der einzelne Vertrag soll nur noch diejenigen »Bauelemente« enthalten, die für die konkreten VN relevant sind.[112] Für den VN wird die Übersichtlichkeit der vertraglichen Regelungen dadurch deutlich erhöht.

45 Eine weitere auffällige formale Änderung besteht darin, dass die ARB 2012 nicht mehr abstrakt formuliert sind, sondern sich **unmittelbar an den VN** wenden.[113] Überdies

104 Vgl. P/M/*Piontek*, Vor § 1 ARB 2010 Rn. 1; H/E/K/*Heinrichs*, 34. Kap. Rn. 38.

105 Vgl. Harbauer/*Obarowski*, § 5a ARB 2010 Rn. 2; H/E/K/*Heinrichs*, 34. Kap. Rn. 40; *D.H. Wendt* VersR 2014, 420, 426.

106 OLG Celle r+s 2011, 515, 516; OLG Köln VersR 2012, 1385; OLG München VersR 2012, 313, 315; OLG Hamm NJW-RR 2012, 407, 408.

107 BGH IV ZR 342/07, abgedruckt bei *Cornelius-Winkler* r+s 2010, 8, 90. Da das Verfahren vor dem BGH mit einem Anerkenntnis des Versicherers endete, fehlte es zunächst allerdings an einem Urteil mit Gründen. Zu den Einzelheiten *Kallenbach* AnwBl 2009, 784; *Cornelius-Winkler* r+s 2010, 89, 90; *Wendt* r+s 2010, 221, 228 ff.

108 *Lensing* AnwBl 2022, 227; ausführlich *Cornelius-Winkler* r+s 2011, 189 ff.

109 BGHZ 223, 57.

110 Näher dazu *Hering* ZfS 2013, 4 ff.; *Maier* r+s 2013, 105 ff.; *Bauer* VersR 2013, 661.

111 P/M/*Piontek*, ARB 2021 Rn. 1.

112 Näher dazu *Maier* r+s 2013, 105 f.; *Bauer* VersR 2013, 661.

113 Vgl. *Bauer* VersR 2013, 661.

werden zu zahlreichen Klauseln **Beispiele** angeführt, welche die Verständlichkeit für den VN erhöhen sollen.

Inhaltlich finden sich in den ARB 2012 nur wenige Neuerungen. So wurde der Risikoausschluss für **Kapitalanlagen** neu gefasst (dazu § 3 ARB 2010 Rdn. 132). Außerdem wurde der **Opfer-Rechtsschutz** als neue Leistungsart eingeführt (dazu § 2 ARB 2010 Rdn. 131 ff.) und der Leistungsumfang im Inland auf die Kosten für einen vom Versicherer vermittelten bzw. vorgeschlagenen **Mediator** erweitert (Ziff. 2.3.1.1 ARB 2012).[114] 46

Ziff. 2.1. ARB 2012 hat in die ARB eine sog. **Sanktionsklausel** eingeführt. Versicherungsschutz besteht danach nur, soweit dem keine auf die Parteien direkt anwendbaren Sanktions- oder Embargoregeln der EU oder der Bundesrepublik Deutschland entgegenstehen. Wichtigstes Beispiel ist Art. 26 VO (EU) Nr. 961/2010, der im Verhältnis zum Iran weitreichende Versicherungsverbote statuiert.[115] Da es sich bei Sanktions- und Embargovorschriften um international zwingende **Eingriffsnormen** handelt, bleiben sie über Art. 9 Rom I-VO auch bei Anwendbarkeit ausländischen Rechts beachtlich.[116] Kein Versicherungsschutz besteht auch bei Wirtschafts-, Handels- und Finanzsanktionen bzw. Embargos der Vereinigten Staaten im Hinblick auf den Iran; dem dürfen aber keine europäischen oder deutschen Rechtsvorschriften entgegenstehen. In Betracht kommt insbesondere die **Blocking-VO** (VO EG 2271/96) zur Abwehr extraterritorialer US-Sanktionen.[117] In der Literatur wird teilweise die Ansicht vertreten, dass Sanktionsklauseln in den AVB nur deklaratorische Bedeutung hätten, weil der Versicherungsschutz bei einem Verstoß gegen eine Sanktions- oder Embargoregel schon nach § 134 BGB ausgeschlossen sei.[118] Dem ist jedoch entgegenzuhalten, dass der Verstoß gegen ein gesetzliches Verbot (§ 134 BGB) über § 139 BGB zur Nichtigkeit des ganzen Vertrages führen kann. Sanktionsklauseln beinhalten dagegen **vertragliche Risikobegrenzungen** und verhindern damit, dass ein Gesetzesverstoß überhaupt erst eintritt.[119] 47

Die **ARB 2019** und die aktuellen **ARB 2021** entsprechen nach Aufbau und Systematik den ARB 2012. Neuere tatsächliche und rechtliche Entwicklungen, insbesondere die Rechtsprechung des BGH, haben aber weitere **inhaltliche Änderungen** erforderlich 48

114 Vgl. *Hering* ZfS 2013, 4, 7; *Maier* r+s 2013, 105, 107; *D.H. Wendt* VersR 2014, 420, 426 ff. Die neueren ARB (ARB 2012 Stand März 2016, ARB 2019/2021) sprechen nicht mehr davon, dass der Versicherer den Mediator vermittelt. Stattdessen wird von dem »von uns vorgeschlagenen Mediator« gesprochen. Zur Würdigung dieser Neufassung vgl. *Looschelders* VersR 2017, 1237, 1241 f.

115 Zum Iran-Embargo vgl. LG Hamburg VersR 2015, 1024 m. Anm. *Looschelders*; *Wandt* VersR 2013, 257, 258 ff.

116 *Wandt* VersR 2013, 257, 262. Allgemein zur Bedeutung von Eingriffsnormen bei Versicherungsverträgen L/W/*Looschelders*, Kap. 15 Rn. 233 ff.

117 Zur aktuellen Bedeutung der Blocking-VO vgl. *Schwendinger* RdTW 2022, 382 ff.

118 So *Birke/Isenbart* VW 2012, 513.

119 So überzeugend *Wandt* VersR 2013, 257, 265.

gemacht.[120] So wurde die vom BGH mit Urteil vom 04.07.2018 für unwirksam erklärte **Vorerstreckungsklausel** (§ 4 III lit. a ARB 2008/2010) in Ziff. 3.1.2 ARB 2019[121] neu gefasst (s. dazu § 4 ARB 2010 Rdn. 110 ff.). Die in den ARB 2012 gestrichene **Jahresfrist** des § 4 II 2 Hs. 2 ARB 2010 ist in den neueren Fassungen (seit ARB 2012 Stand April 2018) wieder – wenn auch nur optional – vorgesehen (vgl. § 4 ARB 2010 Rdn. 108). Die ARB 2019/2021 enthalten zudem **weitere optionale Leistungsarten**, die im Zusammenhang mit der Nutzung elektronischer Daten/Medien (z.B. im Internet, in einem Intranet, in digitalen Kurznachrichten- und Messengerdiensten etc.) stehen (dazu § 2 ARB 2010 Rdn. 21, 130, 146 f.).[122] Die **Schadensminderungsobliegenheit** des VN wurde in Ziff. 4.1.1.4 ARB 2019/2021 mit Rücksicht auf die Rechtsprechung des BGH zu § 17 I lit. c) bb ARB 2010[123] neu gefasst. Dabei ist auch die vom BGH für nichtig erklärte **Repräsentantenklausel** (§ 17 VII ARB 2010; Ziff. 4.1.6 ARB 2012)[124] ersatzlos entfallen (s. unten Rdn. 84 f. und § 17 ARB 2010 Rdn. 133 ff.). Schließlich wurde die durch die ARB 2012 eingeführte **Sanktionsklausel** (s. oben Rdn. 47) neu gefasst. Dabei wurde für Wirtschafts-, Handels- und Finanzsanktionen bzw. Embargos der Vereinigten Staaten die Bezugnahme auf den Iran gestrichen.

3. Praktische Konsequenzen

49 Die rasche Abfolge der ARB nach 1994 hat zur Folge, dass der Rechtsanwender im Einzelfall genau prüfen muss, welche Version dem Vertrag zugrunde liegt. Seit der Deregulierung des Versicherungsmarktes ist zudem nicht gewährleistet, dass alle Versicherer die vom GDV empfohlenen Musterbedingungen verwenden. Bei den Versicherern gibt es vielmehr **unternehmensspezifische Klauseln**, die für die Beurteilung des Sachverhalts im Einzelfall von entscheidender Bedeutung sein können. Besonders sensibel sind dabei die Regelungen über den Umfang des Versicherungsschutzes und die Risikoausschlüsse. Der Rechtsanwender muss sich daher stets an den konkreten ARB orientieren.

4. Gegenstand der Kommentierung

50 Im Vordergrund der nachfolgenden ARB-Kommentierung stehen die **ARB 2010** (Kapitel 3). Auf Besonderheiten der älteren Klauselwerke sowie der neueren Musterbedingungen (ARB 2012/2019/2021) wird jeweils hingewiesen. Die **ARB 2021** sind außerdem mit einer Einführung zu den ARB 2012/2019/2021 in einem eigenständigen Abschnitt (Kapitel 4) abgedruckt. Darüber hinaus enthält das Werk vorab eine kurze

---

120 Näher dazu *Cornelius-Winkler* r+s 2020, 545 ff.; *Lensing* AnwBl. 2022, 227 ff.

121 BGH VersR 2018, 992 m. Anm. *Looschelders* EWiR 2018, 557.

122 Vgl. *Lensing* AnwBl. 2022, 227, 228.

123 BGHZ 223, 57 = VersR 2019, 1284 Rn. 14 ff.

124 BGHZ 223, 57 = VersR 2019, 1284 Rn. 27 ff.; vgl. auch insoweit schon den unveröffentlichten Hinweisbeschluss des BGH vom 22.05.2009 – IV ZR 352/07, abgedruckt bei *Cornelius-Winkler* r+s 2010, 89, 90; zusammenfassend VersHb/*Looschelders*, § 21 Rn. 83 m.w.N.

Kommentierung der **§§ 125 – 129 VVG** (Kapitel 2) sowie einen gesonderten Abschnitt zur **Industrie-Strafrechtsschutzversicherung** (Kapitel 5).

II. Auslegung der ARB

1. Maßstab und Kriterien der Auslegung

Für die Auslegung der ARB gelten die allgemeinen Grundsätze über die Auslegung von AVB. Da AVB wie alle Allgemeinen Geschäftsbedingungen nicht auf einen konkreten Vertragspartner zugeschnitten sind, richtet sich die Auslegung nach einem **objektiv-generalisierenden Maßstab**. Dabei wird darauf abgestellt, wie ein **durchschnittlicher VN** ohne versicherungsrechtliche Spezialkenntnisse die einschlägigen Klauseln bei verständiger Würdigung, aufmerksamer Durchsicht und Berücksichtigung des erkennbaren Sinnzusammenhangs verstehen muss.[125] 51

Ausgangspunkt der Auslegung ist der **Wortlaut** der Klausel.[126] Daneben kommt dem für den VN erkennbaren **Sinn und Zweck** der Klausel eine große Bedeutung zu.[127] Der Wille des **Bedingungsgebers** ist dagegen meist irrelevant, weil er für den durchschnittlichen VN nicht erkennbar ist.[128] Das Gleiche gilt für die **Entstehungsgeschichte** der Klausel.[129] Diese muss nach der Rechtsprechung selbst dann außer Betracht bleiben, wenn sie zu einem für den VN günstigeren Ergebnis führt.[130] 52

2. Besonderheiten bei fest umrissenen Rechtsbegriffen und Risikoausschlüssen

Besondere Probleme stellen sich, wenn der Versicherer in seinen AVB einen Begriff verwendet, mit dem der Rechtsverkehr einen **fest umrissenen Inhalt** verbindet. Hier 53

125 BGHZ 123, 83, 85; BGH VersR 2003, 1163; VersR 2006, 1066; VersR 2008, 1056, 1057; VersR 2014, 742 = NJW 2014, 2042 Rn. 17; VersR 2025, 1450 Rn. 18; BGH 25.2.2026 – IV ZR 181/24, juris Rn. 22= BeckRS 2026, 2725; OLG Karlsruhe VersR 2010, 1213, 1214; r+s 2008, 105, 106; L/P/*Pohlmann*, Einl. B Rn. 43; L/W/*Reiff*, Kap. 2 Rn. 79; B/M/*Beckmann*, Einf. C Rn. 206; *Koch* VersR 2015, 133, 134 ff.; *Looschelders* JR 2009, 462, 463; *ders.*, FS Schwintowski (2017), 150, 160; *Wendt* r+s 2010, 221 ff.; *ders.* r+s 2012, 209 ff.

126 BGHZ 123, 83, 85 = NJW 1993, 2369; BGHZ 194, 208 Rn. 21 = VersR 2012, 1149; VersR 2025, 1450 Rn. 18; L/P/*Pohlmann*, Einl. B Rn. 47; VersHb/*Beckmann*, § 14 Rn. 114; *Bruns*, Privatversicherungsrecht, § 10 Rn. 5.

127 BGHZ 194, 208 Rn. 21 = VersR 2012, 1149; L/W/*Reiff*, Kap. 2 Rn. 97; L/P/*Pohlmann*, Einl. B Rn. 47; VersHb/*Beckmann*, § 14 Rn. 116.

128 *Cornelius-Winkler* VersR 2015, 1476, 1477.

129 BGH VersR 2002, 1503, 1504; VersR 2015, 485 Rn. 15; L/W/*Reiff*, Kap. 2 Rn. 109; L/P/*Pohlmann*, Einl. B Rn. 47; *Wendt* r+s 2012, 209, 211; *Felsch* r+s 2016, 321, 332; *Looschelders*, FS Schwintowski (2017), 150, 161; einschränkend *Koch* VersR 2015, 133, 140.

130 BGH VersR 2000, 1090, 1091; L/R/*Rixecker*, § 1 VVG Rn. 36; krit. *E. Lorenz* VersR 2000, 1092 f.

gehen Rechtsprechung und h.L. im Zweifel davon aus, dass der betreffende Begriff in den AVB keinen abweichenden Inhalt hat.[131]

54 Die Anknüpfung an das juristische Begriffsverständnis führt zu Spannungen mit dem Grundsatz, dass AVB aus der Sicht eines verständigen durchschnittlichen VN **ohne versicherungsrechtliche Spezialkenntnisse** auszulegen sind. Denn von einem solchen VN ist nicht zu erwarten, dass er über die notwendigen juristischen Kenntnisse verfügt. Das Problem lässt sich dadurch entschärfen, dass man das juristische Verständnis nur zugrunde legt, wenn für den VN **erkennbar** ist, dass es sich um einen spezifischen Rechtsbegriff handelt, bei dem es nicht auf sein »Laienverständnis« ankommen kann.[132] Denn in diesem Fall ist dem VN die Einholung juristischen Rats möglich und zumutbar.

55 Die Einschränkung des juristischen Begriffsverständnisses wirkt sich aus, wenn der betreffende Begriff in der **Alltagssprache** ebenfalls verwendet wird und das allgemeine Sprachverständnis in einem Randbereich deutlich von dem juristischen Verständnis abweicht. In diesem Fall muss der VN im Allgemeinen nicht mit einem abweichenden juristischen Inhalt rechnen. Die Rechtsprechung geht hier daher zu Recht davon aus, dass das allgemeine Sprachverständnis den Ausschlag gibt.[133] Darüber hinaus kommt eine Abweichung vom juristischen Begriffsverständnis auch dann in Betracht, wenn sich aus dem Sinnzusammenhang der Versicherungsbedingungen etwas anderes ergibt.[134]

56 Die vorstehenden Besonderheiten gelten nur, wenn der betreffende Begriff **in der Rechtssprache** wirklich einen **fest umrissenen Inhalt** hat. Ob diese Voraussetzung vorliegt, kann im Einzelfall zweifelhaft sein.[135] So hat der BGH für den Risikoausschluss betreffend die Wahrnehmung rechtlicher Interessen »aus dem Bereich des Rechts der Handelsgesellschaften« (§ 4 I lit. c) ARB 75) zwar anerkannt, dass damit auf rechtliche Kategorien verwiesen wird. Ob das »Recht der Handelsgesellschaften« einen rechtlich fest umrissenen Begriff darstelle, sei aber zweifelhaft. Der in hohem Maß interpretationsfähige und interpretationsbedürftige Ausdruck »Bereich« führe jedenfalls dazu, dass kein fest umrissener Begriff der Rechtssprache anzunehmen sei (vgl. § 3 ARB 2010 Rdn. 68).[136] Im gleichen Sinne hat der BGH entschieden, dass der Ausdruck »Schadensersatzansprüche« in § 2 lit. a den VN nicht auf den Bereich der Rechtssprache verweist,

---

131 Vgl. BGH VersR 2011, 918, 921; L/R/*Rixecker*, § 1 Rn. 47 ff.; L/P/*Pohlmann*, Einl. B. Rn. 47; VersHb/*Beckmann*, § 14 Rn. 118; speziell zur Rechtsschutzversicherung BGH VersR 2009, 216, 217 = r+s 2009, 107, 108; VersR 2007, 535, 536; VersR 2003, 1122, 1123; NJW 1998, 2449 = VersR 1998, 887; NJW 1992, 1511, 1512; *Winter* r+s 1991, 397 ff.; *Koch* VersR 2015, 133, 140 ff.

132 Zum Erfordernis der Erkennbarkeit L/R/*Rixecker*, § 1 VVG Rn. 48; L/W/*Reiff*, Kap. 2 Rn. 106.

133 BGH VersR 2009, 216, 217; VersR 2000, 311, 312 f.; vgl. auch VersHb/*Beckmann*, § 10 Rn. 118.

134 BGH VersR 2009, 216, 217; L/R/*Rixecker*, § 1 VVG Rn. 49; L/W/*Reiff*, Kap. 2 Rn. 108.

135 Allgemein zur Kasuistik L/R/*Rixecker*, § 1 VVG Rn. 50 f.

136 Vgl. BGH VersR 2003, 1122, 1123.

weil es dort keinen in seinen Konturen eindeutig festgelegten Schadensersatzbegriff gebe (s. dazu § 2 ARB 2010 Rdn. 7).[137]

Zu den Besonderheiten bei der Auslegung von **Risikoausschlüssen** s. § 3 ARB 2010 Rdn. 10 f. 57

3. Auslegung mehrdeutiger Klauseln

Bei mehrdeutigen Klauseln ist die **Unklarheitenregel** des § 305c II BGB zu beachten. 58 Ergibt sich nach Ausschöpfung aller Auslegungskriterien, dass mindestens zwei Auslegungsmöglichkeiten rechtlich vertretbar sind, so gehen die verbleibenden Zweifel zu Lasten des Versicherers.[138] Für den **Verbandsprozess** heißt das, dass die für den VN ungünstigste Alternative maßgeblich ist.[139] Der Zweck des Verbandsprozesses besteht nämlich auch darin, den Kunden (VN) präventiv vor mehrdeutigen Klauseln zu schützen.[140]

Im **Individualprozess** wird grundsätzlich von der für den VN günstigsten Auslegung 59 ausgegangen.[141] Eine Ausnahme muss jedoch für den Fall gelten, dass die »kundenfeindlichste« Auslegung für den VN im Ergebnis günstiger ist, weil sie zur Nichtigkeit einer den VN belastenden Klausel führt.[142] Praktische Bedeutung hat dies vor allem für die Auslegung der Risikoausschlüsse nach § 3.

III. Einbeziehungs- und Inhaltskontrolle

Die ARB unterliegen nach §§ 305 ff. BGB einer Einbeziehungs- und Inhaltskontrolle. 60

1. Einbeziehung der ARB in den Vertrag

Für die Einbeziehung der jeweiligen ARB in den Vertrag gelten die allgemeinen Regeln 61 des § 305 II BGB. Die Einbeziehung setzt danach voraus, dass der Versicherer den VN auf die ARB **hinweist** und ihm eine Möglichkeit verschafft, in zumutbarer Weise von ihrem Inhalt **Kenntnis zu nehmen.** Erforderlich ist weiter, dass der VN mit der Geltung der ARB **einverstanden** ist.

Vor der Reform des VVG von 2008 enthielt § 5a VVG a.F. eine Sonderregelung zu 62 § 305 II Nr. 2 BGB, die § 305 II Nr. 2 BGB vorging.[143] Beim Vertragsschluss nach

137 BGH VersR 2023, 582 Rn. 15; vgl. dazu *Piontek* r+s 2024, 735 Rn. 22 ff.
138 BGH VersR 2025, 1450 Rn. 33.
139 BGHZ 91, 56, 61; 114, 238, 241; B/M/*Beckmann*, Einf. C Rn. 230; L/W/*Reiff*, Kap. 2 Rn. 126.
140 Vgl. BGHZ 119, 152, 172; 123, 83, 87; *Looschelders*, Schuldrecht AT, § 16 Rn. 16.
141 Vgl. BGH VersR 2025, 1450 Rn. 33; *Wandt*, Versicherungsrecht, Rn. 229.
142 BGHZ 176, 244, 250 f.; L/W/*Reiff*, Kap. 2 Rn. 127; L/P/*Pohlmann*, Einl. B Rn. 50; B/M/*Beckmann*, Einf. C Rn. 228 ff.; *Looschelders/Paffenholz*, Versicherungsvertragsrecht, Rn. 149.
143 Zum Vorrang des § 5a VVG a.F. gegenüber § 305 II BGB L/W/*Reiff*, Kap. 2 Rn. 64 ff.; P/M/*Prölss* [27], § 5a VVG Rn. 15.

dem **Policenmodell** genügte es danach, wenn der Versicherer dem VN die AVB und die sonstigen Vertragsinformationen erst **nach dem Abschluss des Vertrages** übermittelte; dem VN stand in diesem Fall allerdings ein 14-tägiges Widerspruchsrecht zu. Nach h. M. war der Vertrag bis zum Ablauf der Widerspruchsfrist schwebend unwirksam und wurde danach mit Rückwirkung auf den Zugang der Annahmeerklärung des Versicherers beim VN wirksam.[144]

63 Die Vorschrift des § 5a VVG a. F. ist bei der VVG-Reform aufgehoben worden.[145] Stattdessen sieht § 7 I 1 VVG im Einklang mit den einschlägigen europäischen Richtlinien[146] vor, dass der Versicherer dem VN seine Vertragsbestimmungen einschließlich der AVB und der sonstigen vorgeschriebenen Informationen »**rechtzeitig vor Abgabe von dessen Vertragserklärung**« in Textform mitzuteilen hat. Ein Vertragsschluss nach dem Policenmodell ist somit grundsätzlich nicht mehr zulässig.[147] Eine Ausnahme gilt nur noch unter den Voraussetzungen des § 7 I 3 VVG.[148]

64 Ist eine Klausel so **ungewöhnlich**, dass ein durchschnittlicher VN nicht mit ihr rechnen muss, wird sie nach § 305c I BGB nicht Vertragsbestandteil. Eine überraschende Klausel i. S. des § 305c I BGB liegt aber nicht schon dann vor, wenn die Klausel **objektiv ungewöhnlich** ist. Darüber hinaus ist vielmehr ein **Überraschungs-** oder **Überrumpelungsmoment** auf Seiten des Kunden erforderlich.[149] Bei der Würdigung des Überraschungsmoments können die konkreten Umstände des Vertragsschlusses berücksichtigt werden.[150] So kann eine Klausel überraschend sein, weil sie ein bestimmtes Risiko ausschließt, welches der VN mit dem Versicherungsvertrag – für den Versicherer erkennbar – abdecken wollte.[151] Der Versicherer kann den Überraschungseffekt in solchen Fällen aber durch einen ausdrücklichen Hinweis vermeiden.

---

144 Vgl. L/W/*Looschelders*, § 1 VVG Rn. 135; P/M/*Prölss* [27], § 5a VVG Rn. 10.

145 Die Unionsrechtskonformität des § 5a VVG a.F. ist umstritten (zum Meinungsstand L/P/*Pohlmann*, § 7 VVG Rn. 93 ff.). Der EuGH (VersR 2014, 225, 227 = NJW 2014, 452 – Endress) hat bislang lediglich festgestellt, dass das Erlöschen des Widerspruchsrechts nach § 5a II 4 VVG a.F. bei fehlender oder unzureichender Widerrufsbelehrung mit Art. 15 I der Zweiten Richtlinie Leben (RL 90/916/EWG) i.V.m. Art. 31 I der Dritten Richtlinie Leben (RL 92/96/EWG) unvereinbar ist. Geht man im Bereich der Lebensversicherung darüber hinaus von der Unionsrechtswidrigkeit des Policenmodells im Ganzen aus, so heißt dies freilich noch nicht, dass die hiernach geschlossenen Altverträge unwirksam wären oder trotz ordnungsgemäßer Belehrung zeitlich unbegrenzt widerrufen werden könnten (näher dazu *Looschelders* VersR 2016, 7 ff.).

146 Dazu L/P/*Pohlmann*, § 7 VVG Rn. 3; Ruffert/*Looschelders/Michael*, § 11 Rn. 159; *Looschelders/Paffenholz*, Versicherungsvertragsrecht, Rn. 95.

147 Zur Abschaffung des Policenmodells vgl. Begr. RegE BT-Drucks. 16/3945 S. 60; L/W/*Armbrüster*, § 7 VVG Rn. 47.

148 Näher dazu L/P/*Pohlmann*, § 7 VVG Rn. 43 ff.

149 BGH VersR 2001, 752, 754; L/W/*Reiff*, Kap. 2 Rn. 77; *Looschelders/Paffenholz*, Versicherungsvertragsrecht, Rn. 146.

150 B/M/*Beckmann*, Einf. C Rn. 133; *Bruns*, Privatversicherungsrecht, § 10 Rn. 11.

151 Vgl. OLG Düsseldorf VersR 2002, 1273; L/W/*Reiff*, Kap. 2 Rn. 77.

2. Inhaltskontrolle nach §§ 307 ff. BGB

Für die Inhaltskontrolle von AVB sind die allgemeinen Regeln der §§ 307 – 309 BGB maßgeblich. Im Versicherungsrecht steht die Generalklausel des § 307 BGB im Vordergrund. Die **speziellen Klauselverbote** der §§ 308, 309 BGB haben bei Versicherungsverträgen keine große praktische Bedeutung.[152] Dies gilt gerade auch für die Rechtsschutzversicherung. Bei Verträgen mit Unternehmern ist die Anwendung der §§ 308, 309 BGB nach § 310 I BGB generell ausgeschlossen. 65

a) Materielle Inhaltskontrolle

§ 307 I 1 BGB sieht vor, dass Bestimmungen in Allgemeinen Geschäftsbedingungen unwirksam sind, wenn sie den Vertragspartner entgegen den Geboten von Treu und Glauben **unangemessen benachteiligen.** Wann eine unangemessene Benachteiligung in Betracht kommt, wird in § 307 II BGB näher konkretisiert. Nach § 307 II Nr. 1 BGB ist eine unangemessene Benachteiligung im Zweifel anzunehmen, wenn die Klausel mit **wesentlichen Grundgedanken der gesetzlichen Bestimmung**, von der abgewichen wird, nicht zu vereinbaren ist.[153] Da die Rechtsschutzversicherung im VVG nur rudimentär geregelt ist, hat dieses Kriterium in der Praxis keine große Bedeutung. Davon abgesehen kann von den §§ 126 – 128 VVG ohnehin nicht zum Nachteil des VN abgewichen werden (§ 129 VVG). 66

Nach § 307 II Nr. 2 BGB kann das Vorliegen einer unangemessenen Benachteiligung auch darauf gestützt werden, dass **wesentliche Rechte oder Pflichten**, die sich aus der Natur des Vertrages ergeben, so **eingeschränkt** werden, dass die Erreichung des Vertragszwecks gefährdet ist. Soweit keine gesetzlichen Vorgaben bestehen, wird der Vertragszweck aus Sicht eines durchschnittlichen VN nach den berechtigten Erwartungen des Geschäftsverkehrs bestimmt.[154] Eine Gefährdung des Vertragszwecks liegt dabei nicht schon dann vor, wenn der Versicherungsschutz des VN durch die Klausel eingeschränkt wird. Erforderlich ist vielmehr, dass der Vertrag mit der Einschränkung der Leistung ausgehöhlt werden kann und damit in Bezug auf das zu versichernde Risiko zwecklos wird.[155] 67

Die Unwirksamkeit einer Klausel wegen einer unangemessenen Benachteiligung des VN kann auch unmittelbar mit der **Generalklausel des § 307 I 1 BGB** begründet werden.[156] Die Rechtsprechung bejaht eine unangemessene Benachteiligung, »wenn der Verwender entgegen den Geboten von Treu und Glauben einseitig eigene Interessen auf Kosten des Vertragspartners durchzusetzen sucht, ohne von vornherein auch 68

152 Allgemein zur Bedeutung der §§ 308, 309 BGB im Versicherungsrecht B/M/*Beckmann*, Einf. C Rn. 255 ff.

153 Zu einem Beispiel aus dem Bereich der Rechtsschutzversicherung vgl. BGHZ 141, 153, 159 = VersR 1999, 697, 699 m. Anm. *Präve* (betr. Unwirksamkeit der Bedingungsanpassungsklausel in § 10 A ARB 94).

154 BGH VersR 2006, 1066; L/R/*Rixecker*, § 1 Rn. 98.

155 BGH r+s 2009, 246, 248 = VersR 2009, 623; L/P/*Pohlmann*, Einl. B Rn. 65.

156 Erman/*Looschelders*, § 307 BGB Rn. 1 f.; L/R/*Rixecker*, § 1 Rn. 100.

dessen Belange hinreichend zu berücksichtigen«.[157] Nicht jede Einschränkung des Versicherungsschutzes stellt danach eine unangemessene Benachteiligung dar.[158] Die Entscheidung hat vielmehr aufgrund einer **umfassenden Interessenabwägung** zu erfolgen.[159]

b) Transparenzgebot

69 § 307 I 2 BGB stellt klar, dass sich die unangemessene Benachteiligung auch aus der fehlenden **Transparenz** der Klausel ergeben kann.[160] Ein Verstoß gegen das Transparenzgebot liegt vor, wenn die Rechte und Pflichten der Parteien nicht übersichtlich und verständlich dargestellt sind. Außerdem müssen dem VN die wirtschaftlichen Nachteile so klar wie möglich vermittelt werden.[161] Im Gegensatz zur materiellen Inhaltskontrolle[162] erfasst das Transparenzgebot nach § 307 III 2 BGB auch **primäre Leistungsbeschreibungen** und Bedingungen, die nur den **Gesetzesinhalt** wiedergeben.[163] In der Rechtsschutzversicherung wird insbesondere darüber gestritten, ob die **Definition des Versicherungsfalles** in § 4 ARB 2010 zu den primären Leistungsbeschreibungen gehört, die einer Inhaltskontrolle entzogen sind und nur der Transparenzkontrolle unterliegen. Der BGH bejaht die inhaltliche Kontrollfähigkeit der Definition des Versicherungsfalls in der Rechtsschutzversicherung (§ 4 ARB 2010 Rdn. 19).[164] In der **Haftpflichtversicherung** hat der BGH die inhaltliche Kontrollfähigkeit der Definition des Versicherungsfalls dagegen verneint.[165] Hier soll nicht einmal eine Transparenzkontrolle möglich sein, weil die Unwirksamkeit der Klausel wegen Intransparenz mangels gesetzlicher Auffangregel zur Unwirksamkeit des gesamten Vertrages führen würde, womit der VN seinen Versicherungsschutz verlöre.[166] Ein sachlicher Grund für diese Differenzierung ist nicht ersichtlich.[167] Die Überlegungen des BGH zur fehlenden Kontrollfähigkeit der Definition des Versicherungsfalles in der Haftpflichtversicherung sind auf berechtigte Kritik gestoßen.[168] Da der BGH die Transparenz der Klausel bejaht hat, kam es hierauf im Ergebnis nicht an. Bei der Rechtsschutzversicherung ist jedenfalls

157 BGHZ 141, 137, 147 = VersR 1999, 710, 712; BGH VersR 2001, 714, 715; BGH r+s 2009, 246, 248 = VersR 2009, 623; aus der Lit. vgl. L/R/*Rixecker*, § 1 VVG Rn. 101; L/P/*Pohlmann*, Einl. B Rn. 65.

158 BGH VersR 2001, 714, 715.

159 B/M/*Beckmann*, Einf. C. Rn. 265; L/P/*Pohlmann*, Einl. B Rn. 64.

160 Zu den Einzelheiten L/P/*Pohlmann*, Einl. B Rn. 68 ff.

161 BGH VersR 2008, 816, 817; *Wendt* r+s 2010, 221, 229.

162 Zu den Grenzen der allgemeinen Inhaltskontrolle L/P/*Pohlmann*, Einl. B Rn. 44 ff.; B/M/*Beckmann*, Einf. C Rn. 247 ff.; *Looschelders* JR 2001, 397 ff.

163 Vgl. VersHb/*Beckmann*, § 14 Rn. 179; *Looschelders/Paffenholz*, Versicherungsvertragsrecht, Rn. 157.

164 BGHZ 201, 73 = VersR 2014, 742 Rn. 17; BGH VersR 2014, 1498 Rn. 19; a.A. P/M/*Piontek*, § 4 ARB 2010 Rn. 5 f.

165 BGH NJW 2014, 2038 Rn. 34 = VersR 2014, 625.

166 BGH NJW 2014, 2038 Rn. 35.

167 Krit. auch *Armbrüster* NJW 2015, 1788, 1789; *Koch* VersR 2014, 1277, 1281.

168 Eingehend *Koch* VersR 2014, 1277, 1278 ff.

davon auszugehen, dass die Definition des Versicherungsfalls einer **Inhalts- und Transparenzkontrolle** zugänglich ist.

Bei der Konkretisierung des Transparenzgebots ist ebenfalls an das Verständnis eines **durchschnittlichen VN ohne versicherungsrechtliche Spezialkenntnisse** anzuknüpfen. Dies stößt aber auf **Grenzen** bei Sachverhalten, die so komplex sind, dass sie einem durchschnittlichen VN nicht mehr in einer einfachen und verständlichen Form vermittelt werden können.[169] Musterbeispiel ist die Zillmerung in der Lebensversicherung.[170] In solchen Fällen muss es ausreichen, dass die Klausel so allgemeinverständlich wie möglich gefasst ist.[171] Der VN ist dann ebenso wie bei der Auslegung von Rechtsbegriffen gehalten, für die Einzelheiten den Rat eines Fachmanns einzuholen.[172] 70

Die Grenzen des Transparenzgebots können auch in der Rechtsschutzversicherung relevant werden. Einerseits ist der durchschnittliche VN kein Fachmann für Kosten- und Gebührenrecht.[173] Andererseits kann man dem Versicherer wegen der Notwendigkeit einer sachgemäßen Begrenzung der Kosten nicht zumuten, auf alle Obliegenheiten zur Vermeidung unnötiger Kosten im Prozess zu verzichten.[174] Auch hier muss daher die Leitlinie gelten, dass die Obliegenheiten so verständlich wie möglich zu formulieren sind; im Übrigen muss der VN den Rat seines Rechtsanwalts einholen. Eine Anknüpfung an die Verständnismöglichkeiten des Prozessbevollmächtigten[175] scheidet dagegen aus, weil dieser nicht als Repräsentant oder Wissensvertreter des VN anzusehen ist (vgl. unten Rdn. 84). 71

3. Rechtsfolgen der Unwirksamkeit

Sind die AVB bzw. einzelne Klauseln nicht in den Vertrag einbezogen worden oder nach §§ 307 ff. BGB unwirksam, bleibt der Vertrag im Übrigen gem. § 306 I BGB wirksam. Bei einem Verstoß gegen die §§ 307 ff. BGB ist die betreffende Klausel im Ganzen nichtig. Eine **geltungserhaltende Reduktion** kommt nicht in Betracht.[176] Dahinter steht der Gedanke, dass der Verwender zum Gebrauch unangemessener Klau- 72

169 Zur Problemstellung L/R/*Rixecker*, § 1 VVG Rn. 85.

170 Vgl. *Looschelders* JR 2001, 504, 505.

171 BGHZ 141, 137, 143 = NJW 1979, 2279; 147, 354, 362 = VersR 2001, 841; *Bruns*, Privatversicherungsrecht, § 10 Rn. 28.

172 *Looschelders* JR 2001, 397, 400.

173 Hierauf abstellend *Wendt* r+s 2010, 221, 228 ff.

174 Zutreffend *Will* VersR 2012, 942, 944.

175 Dafür LG Karlsruhe VersR 2011, 1044, 105; ähnlich *Will* VersR 2012, 942, 944, der auf das Verständnis eines durchschnittlichen VN nach ordnungsgemäßer Belehrung durch seinen Rechtsanwalt abstellt. Gegen solche Überlegungen zu Recht auch *Wendt* r+s 2012, 209, 213; *Cornelius-Winkler* VersR 2012, 1224.

176 Zum Verbot der geltungserhaltenden Reduktion L/P/*Pohlmann*, Vorbem. B Rn. 73; B/M/*Beckmann*, Einf. C Rn. 389 ff.

seln ermuntert werden könnte, wenn er darauf vertrauen dürfte, dass die Rechtsprechung die Klauseln im Streitfall auf das gerade noch zulässige Maß reduziert.[177]

73 Die Nichteinbeziehung bzw. Unwirksamkeit von AVB kann zu einer »Lücke« im Vertrag führen.[178] Die Lückenfüllung erfolgt in erster Linie mit Hilfe des **dispositiven Rechts** (vgl. § 306 II BGB); hilfsweise kommt eine **ergänzende Vertragsauslegung** in Betracht.[179] Die h. M. rechtfertigt dies damit, dass die ergänzende Vertragsauslegung ihre Grundlage in den §§ 133, 157 BGB hat und dass es sich dabei um »gesetzliche Vorschriften« i.S.d. § 306 II BGB handelt.[180] Eine Lückenfüllung durch ergänzende Vertragsauslegung ist aber nicht in allen Fällen zulässig. Erforderlich ist vielmehr, dass die Lücke nicht durch dispositives Recht gefüllt werden kann und dass es dem Versicherer gemäß § 306 III BGB ohne ergänzende Vertragsauslegung **unzumutbar** ist, an dem lückenhaften Vertrag festzuhalten.[181] Bei Unwirksamkeit eines Risikoausschlusses oder einer vertraglichen Obliegenheit des VN kann man es daher meist mit dem **ersatzlosen Wegfall** der Klausel bewenden lassen.

IV. Anpassung der Alt-ARB an das neue VVG

74 Die VVG-Reform von 2008 hat dazu geführt, dass die in den Altverträgen verwendeten AVB in einigen Punkten mit den gesetzlichen Vorgaben nicht mehr vereinbar waren. Konkret betrifft dies insbesondere die Regelungen über die Rechtsfolgen von Obliegenheitsverletzungen. So sieht § 17 VI 1 ARB 2000 vor, dass der VN bei Verletzung einer der in Abs. 3 oder 5 genannten Obliegenheiten seinen Versicherungsschutz verliert, »es sei denn, er hat die Obliegenheit weder vorsätzlich noch grob fahrlässig verletzt«. Der vollständige Ausschluss des Versicherungsschutzes bei grober Fahrlässigkeit widerspricht aber dem § 28 II 2 VVG, wonach der Versicherer bei grob fahrlässigen Obliegenheitsverletzung lediglich zu einer **quotalen Leistungskürzung** berechtigt ist.

75 Von den Vorschriften des § 28 I-IV VVG kann gem. **§ 32 VVG** nicht zum Nachteil des VN abgewichen werden. Außerdem begründet die Beibehaltung des Alles-oder-Nichts-Prinzips bei Obliegenheitsverletzungen eine **unangemessene Benachteiligung** des VN i.S.d. § 307 BGB.[182]

76 Zur Lösung des Problems hat der Gesetzgeber den Versicherer in Art. 1 III EGVVG das Recht eingeräumt, ihre AVB bis zum 1.1.2009 mit Wirkung zu diesem Termin

177 Vgl. BGHZ 84, 109, 116; Staudinger/*Mäsch* (2022), § 306 BGB Rn. 23; B/M/*Beckmann*, Einf. C Rn. 390.

178 Vgl. BGHZ 164, 297, 309.

179 L/P/*Pohlmann*, Einl. B Rn. 74; L/R/*Rixecker*, § 1 VVG Rn. 112; *Looschelders*, Schuldrecht AT, § 16 Rn. 17.

180 BGHZ 90, 69, 75; B/M/*Beckmann*, Einf. C Rn. 395; vgl. auch BGHZ 164, 297, 309 f., wonach die genaue dogmatische Einordnung der Lösung »im Ergebnis ohne Relevanz« ist.

181 BGH VersR 2025, 395 Rn. 14; VersR 2016, 1177 Rn. 47; Erman/*Looschelders*, BGB, 17. Aufl. 2023, § 306 Rn. 13.

182 BGH VersR 2011, 1550, 1551; L/W/*Looschelders*, § 1 EGVVG Rn. 28.

einseitig an das neue VVG **anzupassen.** Von dieser Befugnis haben viele Versicherer auch im Bereich der Rechtsschutzversicherung Gebrauch gemacht. Der GDV hat seine entsprechenden Musterbedingungen (ARB 75, 94, 2000) ebenfalls angepasst.[183]

Die Anpassung der AVB ist nach Art. 1 III EGVVG nur wirksam, wenn der Versicherer dem VN die geänderten Versicherungsbedingungen unter Kenntlichmachung der Unterschiede **bis zum 30.11.2008** in Textform mitgeteilt hat. Seitdem ist nur noch eine einvernehmliche Vertragsänderung möglich.[184] 77

Welche Anforderungen an die **Kenntlichmachung der Unterschiede** bestehen, ist nicht abschließend geklärt. Allgemeine Leitlinie ist, dass die Änderungen für einen durchschnittlichen VN ohne Schwierigkeiten erkennbar und nachvollziehbar sein müssen.[185] Hierfür eignet sich insbesondere eine erläuterte Gegenüberstellung der für den Vertrag maßgeblichen alten und neuen AVB.[186] Es sind aber auch andere Formen der Kenntlichmachung möglich. So reicht die Übersendung der neuen Klauseln in Form eines Nachtrags zum Versicherungsschein jedenfalls dann aus, wenn die Unterschiede zu den bisherigen Regelungen daraus hinreichend deutlich hervorgehen.[187] Die Übersendung eines allgemeinen Informationsschreibens zu den gesetzlichen Änderungen genügt dagegen nicht.[188] 78

Die **Beweislast** für den Zugang der Mitteilung beim VN trägt nach allgemeinen Grundsätzen der Versicherer.[189] Dies kann für den Versicherer in der Praxis zu erheblichen Beweisschwierigkeiten führen. So kann der Versicherer den Zugang nicht allein dadurch beweisen, dass er die Absendung der Mitteilung nachweist. Der VN kann sich seinerseits grundsätzlich damit begnügen, den Zugang der Mitteilung zu bestreiten.[190] 79

V. Rechtslage bei fehlender oder unwirksamer Anpassung

Hat der Versicherer auf eine Anpassung der alten AVB an das neue VVG verzichtet, so sind die auf dem Alles-oder-Nichts-Prinzip beruhenden Klauseln über die Rechtsfolgen von Obliegenheitsverletzungen (in der Rechtsschutzversicherung z.B. §§ 15 II ARB 75, 17 VI ARB 2000) seit 1.1.2009 nach § 307 I 1 BGB **unwirksam.**[191] Welche **80**

183 Vgl. Harbauer/*Cornelius-WInkler*, ARB 2010 § 17 Rn. 95.

184 OLG Brandenburg r+s 2013, 24, 25; B/M/*Beckmann*, Einf. A Rn. 105; L/W/*Looschelders*, Art. 1 EGVVG Rn. 27.

185 L/W/*Looschelders*, Art. 1 EGVVG Rn. 26.

186 Vgl. LG Dortmund VUR 2010, 319; L/W/*Looschelders*, Art. 1 EGVVG Rn. 24; L/P/*Brand*, Art. 1 EGVVG Rn. 24; HK-VVG/*Muschner*, Art. 1 EGVVG Rn. 34; Harbauer/*Schmitt*, Einl. ARB Rn. 41.

187 L/P/*Brand*, Art. 1 EGVVG Rn. 24.

188 OLG Hamm VersR 2012, 1246; Harbauer/*Schmitt*, Einl. ARB 2000 Rn. 41.

189 OLG Köln VersR 2011, 1439, 1441; L/W/*Looschelders*, Art. 1 EGVVG Rn. 25; Harbauer/*Schmitt*, Einl. ARB Rn. 42; *Armbrüster* VersR 2012, 9, 16.

190 Vgl. OLG Hamm VersR 2007, 1397 (betr. Nachweis des Zugangs einer qualifizierten Mahnung).

191 Vgl. allgemein BGHZ 191, 159 = VersR 2011, 1550, 1551; L/W/*Looschelders*, Art. 1 EGVVG Rn. 28; L/P/*Brand*, Art. 1 EGVVG Rn. 28; speziell zu den ARB BGH VersR

weiteren Folgen hieraus abzuleiten sind, war zunächst umstritten. Ein Teil der Rechtsprechung und Literatur ging davon aus, dass der Verstoß gegen § 28 II VVG zur Unwirksamkeit der ganzen Klausel führt, so dass der Versicherer aus einer Obliegenheitsverletzung keine Konsequenzen ableiten kann.[192] Die Gegenansicht wollte die Unwirksamkeit auf die Rechtsfolgenseite der Klausel beschränken und die Lücke bei einer Obliegenheitsverletzung mit Hilfe des § 28 II VVG schließen.[193] Zum gleichen Ergebnis kamen die Vertreter einer dritten Ansicht, nach der zwar die ganze Klausel nichtig sei, die Lücke sich aber durch ergänzende Vertragsauslegung in Anlehnung an § 28 II VVG schließen lasse.[194]

81 Der BGH hat mit Urteil vom 12.10.2011 die Beschränkung der Nichtigkeit auf die Rechtsfolgenseite und die Lückenfüllung durch ergänzende Vertragsauslegung abgelehnt und die **Gesamtnichtigkeit** der betreffenden Klauseln festgestellt.[195] Der Versicherer könne daher bei grob fahrlässiger Verletzung einer vertraglichen Obliegenheit kein Leistungskürzungsrecht nach § 28 II 2 VVG geltend machen. Dies hat der Senat speziell mit Blick auf die in älteren Fassungen des § 17 ARB nach dem Vorbild des § 6 III VVG a.F. geregelte Schadensminderungsobliegenheit des VN mehrfach bekräftigt. Dabei wurde betont, dass die einschlägigen Regelungen nicht nur im Hinblick auf die Rechtsfolgen der groben Fahrlässigkeit, sondern auch für den Fall einer vorsätzlichen Obliegenheitsverletzung von den nach § 32 Satz 1 VVG halbzwingenden Regelung des § 28 II-IV VVG abweichen.[196] Nach Ansicht des BGH führt die Unwirksamkeit der Klauseln zu keiner grundlegenden Störung des vertraglichen Gleichgewichts, weil den berechtigten Interessen des Versicherers mit Hilfe der Vorschriften über die Gefahrerhöhung nach §§ 23 ff. VVG, die Herbeiführung des Versicherungsfalles nach § 81 VVG und die Schadensminderungsobliegenheit nach § 82 VVG Rechnung getragen werden könne.

82 Bei der Rechtsschutzversicherung stehen die **nach Eintritt des Versicherungsfalles** zu erfüllenden Obliegenheiten im Vordergrund. In Betracht kommt daher in erster Linie ein Rückgriff auf § 82 VVG. Ein adäquater Ausgleich für die vielfältigen Obliegen-

2014, 699 Rn. 22; r+s 2015, 347 Rn. 22 m. Anm. *Schimikowski*; ZfS 2016, 38 Rn. 23; *Felsch* r+s 2016, 321, 327.

192 So LG Köln r+s 2010, 104; Harbauer/*Bauer*, 8. aufl. 2010, Einl. ARB 2000 Rn. 45 *Maier* VW 2008, 986 ff.; *Wagner* VersR 2008, 1190, 1193; i. E. auch OLG Köln VersR 2010, 1592.

193 LG Ellwangen VersR 2011, 62; LG Erfurt VersR 2011, 335; zu den Vorzügen dieser Lösung vgl. auch L/W/*Looschelders*, Art. 1 EGVVG Rn. 30; P/M/*Armbrüster*, Art. 1 EGVVG Rn. 37; *Armbrüster* VersR 2012, 9, 12 f.

194 So *Brand* VersR 2011, 557, 561 ff.; vgl. auch L/P/*Brand*, Art. 1 EGVVG Rn. 36 ff.

195 BGHZ 191, 159 = VersR 2011, 1550 = NJW 2012, 217; krit. L/P/*Brand*, Art. 1 EGVVG Rn. 35 ff.; P/M/*Armbrüster*, Art. 1 EGVVG Rn. 37 ff.; *Armbrüster* VersR 2012, 9 ff.; *Pohlmann* NJW 2012, 188 ff.

196 BGH VersR 2014, 699 Rn. 23 f.; r+s 2015, 347 Rn. 23 f.; ZfS 2016, 38 = BeckRS 2024, 8781 Rn. 23.

heiten aus § 17 ARB 2000 ist so aber kaum zu erreichen,[197] auch wenn die dort geregelten Anforderungen an den VN teilweise unwirksam sind (s. Rdn. 48).

G. Vertragliche Beziehungen zwischen den Beteiligten

In vertraglicher Hinsicht besteht bei der Rechtsschutzversicherung ein **Dreiecksverhältnis.**[198] Auf der einen Seite besteht zwischen dem VN und dem Versicherer ein Versicherungsvertrag; auf der anderen Seite liegt zwischen dem VN und dem Rechtsanwalt ein Anwaltsvertrag vor. Zwischen dem Versicherer und dem Rechtsanwalt des VN gibt es dagegen grundsätzlich keine vertraglichen Beziehungen. Dies gilt auch dann, wenn der Anwalt dem VN vom Versicherer vermittelt bzw. empfohlen worden ist.[199] Der Vertrag zwischen dem Rechtsanwalt und dem VN stellt auch keinen Vertrag mit Schutzwirkung für Dritte – den Rechtsschutzversicherer dar.[200] Das Vertragsverhältnis zwischen dem VN und dem Versicherer reicht nicht aus, um ein schutzwürdiges Interesse des VN an der Einbeziehung des Versicherers in den Anwaltsvertrag zu begründen. Gleichwohl können dem Versicherer im Einzelfall aber Ansprüche gegen den Anwalt zustehen.[201] 83

In Rechtsprechung und Literatur war lange Zeit die Auffassung verbreitet, dass der Rechtsanwalt im Verhältnis zum Versicherer als **Repräsentant** des VN anzusehen ist. Hieraus wurde die Konsequenz abgeleitet, dass der VN sich bei Obliegenheitsverletzungen das Verschulden seines Rechtsanwalts zurechnen lassen muss.[202] In diesem Sinne legte **§ 17 VII ARB 2010** ausdrücklich fest, dass der VN sich bei der Erfüllung seiner Obliegenheiten die Kenntnis und das Verhalten seines Rechtsanwalts zurechnen lassen muss, sofern dieser die Abwicklung des Rechtsschutzfalls gegenüber dem Versicherer übernimmt. Der BGH hat demgegenüber bereits in einer Terminsladung vom 22.05.2009[203] dargelegt, dass es für eine solche Zurechnung keine Grundlage gebe. In seinem grundlegenden Urteil vom 14.08.2019 hat der IV. Zivilsenat des BGH die Einordnung des Rechtsanwalts als Repräsentanten des VN dann ausdrücklich abgelehnt. Maßgeblich ist die Erwägung, dass es in der Rechtsschutzversicherung – anders als in der Sachversicherung – nicht um Risikoverwaltung im engeren Sinne geht. Wenn der 84

197 Vgl. *R. Wendt* r+s 2010, 221, 229 f.; *ders.* r+s 2012, 209, 213; a.A. *Bauer* NJW 2011, 646, 648, wonach der VN zu den in § 17 V lit. c) cc) ARB 2000 vorgeschriebenen Maßnahmen zur Geringhaltung der Kosten auch nach § 82 I VVG verpflichtet wäre.

198 L/P/*Paffenholz*, § 127 VVG Rn. 8; H/E/K/*Heinrichs*, 34. Kap. Rn. 581 ff.; *Bruns*, Privatversicherungsrecht, § 23 Rn. 19; *Tietgens* r+s 2005, 489, 497 f.; *van Bühren* VersR 2014, 148, 149; *ders.* r+s 2016, 53, 54 f.

199 *Tietgens* r+s 2005, 489, 497.

200 So aber *van Bühren* VersR 2016, 148, 150; *ders.* r+s 2016, 53, 59.

201 Vgl. Harbauer/*Schneider*, § 17 ARB 2010 Rn. 13 ff.; *Tietgens* r+s 2005, 489, 497 f.

202 So etwa OLG Hamm VersR 1991, 806; OLG Nürnberg NJW-RR 1993, 602; LG Karlsruhe VersR 2011, 1044, 1045; LG Hannover VersR 2002, 93; van Bühren/Plote/*Plote*, Einl. ARB 2010 Rn. 29; *Bruns*, Privatversicherungsrecht, § 23 Rn. 21; *Will* VersR 2012, 942, 947 ff.; a.A. OLG Hamm VersR 2012, 896, 899; OLG München VersR 2012, 313, 315; OLG Celle r+s 2011, 515, 516.

203 BGH IV ZR 352/07; wörtlich abgedruckt bei *Cornelius-Winkler* r+s 2010, 89, 90.

Rechtsanwalt nicht mit der umfassenden Betreuung des Vertragsverhältnisses zum Versicherer, sondern nur mit der Wahrnehmung der rechtlichen Interessen des VN im Einzelfall betraut sei, liege aber auch keine Repräsentantenstellung kraft Vertragsverwaltung vor. Da § 17 VII ARB 2010 weit über diese Zurechnungsgrundsätze hinausgeht, verstößt die Klausel gegen das gesetzliche Leitbild des § 82 VVG und ist wegen unangemessener Benachteiligung des VN nach § 307 I 1 BGB unwirksam.[204] Das Gleiche gilt für die Zurechnungsregel in Ziff. 4.1.6 ARB 2012.[205] Die ARB 2019/2021 verzichten daher zu Recht auf eine solche Regelung. Vgl. zum Ganzen auch oben Rdn. 48 sowie § 17 ARB 2010 Rdn. 136 ff.

85 Die vorstehenden Erwägungen schließen es nicht aus, dass der Prozessvertreter des VN im Einzelfall als dessen **Wissens-** oder **Wissenserklärungsvertreter** anzusehen ist, sodass eine Zurechnung nach § 166 BGB analog in Betracht kommt.[206] Die Grundsätze der Wissenserklärungsvertretung ermöglichen allerdings nur bei Anzeige- und Informationsobliegenheiten eine Zurechnung, nicht aber bei Abstimmungs- und Schadensminderungsobliegenheiten.[207] Desgleichen kann es bei der Wissensvertretung lediglich darum gehen, dass der Rechtsanwalt bestimmte Erklärungen oder Informationen des Versicherers für den VN zur Kenntnis zu nehmen hat.[208] Der VN muss sich also auch unter diesem Aspekt keineswegs das gesamte Wissen seines Anwalts zurechnen lassen.

H. Spartentrennung und Leistungsbearbeitung durch Schadensabwicklungsunternehmen

86 Bis zur Deregulierung des Versicherungsmarktes von 1994 (oben Rdn. 38) galt für die Rechtsschutzversicherung in Deutschland der Grundsatz der **Spartentrennung.**[209] Ziel war die Vermeidung von Interessenkonflikten, die sich insbesondere dann ergeben können, wenn der Versicherer sowohl die Rechtsschutz- als auch die Haftpflichtversicherung betreibt. Der Grundsatz der Spartentrennung konnte aber im Hinblick auf die Rechtsschutzversicherungs-Richtlinie nicht aufrechterhalten werden. Art. 8 RL 87/344/EWG (Art. 205 RL 2009/138/EG) gibt nämlich vor, dass die Mitgliedstaaten alle Vorschriften aufheben, die die Kumulierung der Rechtsschutzversicherung mit anderen Versicherungszweigen in ihrem Gebiet untersagen.

---

204 BGHZ 223, 57 = VersR 2019, 1284 Rn. 27; L/R/*Rixecker*, § 127 Rn. 6; P/M/*Piontek*, § 17 ARB 2010 Rn. 45; HK-VVG/*Münkel*, § 17 ARB 2010 Rn. 19; VersHb/*Looschelders*, § 21 Rn. 83; *Cornelius-Winkler* r+s 2011, 141, 142; *Wendt* r+s 2012, 209, 213.

205 Vgl. L/R/*Rixecker*, § 127 Rn. 7; *Bauer* VersR 2013, 661, 664 f.; *Maier* r+s 2013, 105, 110; *Looschelders*, in: Looschelders/Michael, S. 35, 53; *ders.* VersR 2017, 1237, 1246.

206 Vgl. OLG Stuttgart VersR 2016, 1439, 1441; OLG Köln VersR 2004, 639, 640; AG München r+s 2009, 191, 193; VersHb/*Obarowski*, § 45 Rn. 503; *Bauer* NJW 2011, 646, 647; *Tietgens* r+s 2005, 489, 492 f.

207 HK-VVG/*Münkel*, § 17 ARB 2010 Rn. 19; VersHb/*Looschelders*, § 21 Rn. 114; *R. Wendt* r+s 2012, 209, 212.

208 Allgemein zu den Voraussetzungen und Grenzen der Wissensvertretung VersHb/*Looschelders*, § 21 Rn. 116 ff.

209 Harbauer/*Schmitt*, Einl. ARB Rn. 31; BeckRA-HdB/*Scholl*, § 56 Rn. 2.

Um Interessenkollisionen zu vermeiden, schreibt Art. 3 II RL 87/344/EWG (Art. 200 RL 2009/138/EG) vor, dass die Mitgliedstaaten die **Unabhängigkeit der Schadensverwaltung** sicherstellen müssen. Hierfür werden den Mitgliedstaaten drei gleichwertige Lösungsmöglichkeiten zur Wahl gestellt. Der deutsche Gesetzgeber hat sich im Einklang mit Art. 3 II lit. b) RL 87/344/EWG (Art. 200 III RL 2009/138/EG) dafür entschieden, dass die Schadensverwaltung einem rechtlich selbständigen Unternehmen übertragen werden muss.[210] Die konkrete Umsetzung findet sich in § 164 VAG (§ 8a VAG a.F.). Betreibt ein VU die Rechtsschutzversicherung zusammen mit anderen Versicherungssparten (sog. Kompositversicherer), muss es die Leistungsbearbeitung in der Rechtsschutzversicherung einem anderen Unternehmen (sog. **Schadenabwicklungsunternehmen**) übertragen (§ 164 I 1 VAG). Die Übertragung gilt als Ausgliederung (§ 164 I 2 VAG). Das Schadenabwicklungsunternehmen darf nach § 164 II VAG keine anderen Versicherungsgeschäfte außer der Rechtsschutzversicherung betreiben und in anderen Versicherungssparten auch keine Leistungsbearbeitung durchführen. 87

In **personeller Hinsicht** sieht § 164 III 2, 3 VAG eine **strikte Trennung** zwischen Rechtsschutzversicherer und Schadensabwicklungsunternehmen vor. Verstößt ein Geschäftsleiter des Schadensabwicklungsunternehmens gegen § 164 III 2 VAG, indem er zugleich für ein Versicherungsunternehmen tätig wird, das außer der Rechtsschutzversicherung andere Versicherungsgeschäfte betreibt, so handelt er gemäß § 332 I Nr. 7 VAG ordnungswidrig. Das Gleiche gilt gemäß § 332 I Nr. 8 VAG für einen mit der Leistungsbearbeitung betrauten Beschäftigten, der entgegen § 164 III 3 VAG eine vergleichbare Tätigkeit für ein solches Versicherungsunternehmen ausübt.[211] Der Rechtsschutzversicherer darf dem Schadensabwicklungsunternehmen auch **keine Weisungen** für die Bearbeitung einzelner Versicherungsfälle erteilen (§ 164 IV 1 VAG). Allgemeine Weisungen sind aber zulässig.[212] Das Schadensabwicklungsunternehmen darf dem Rechtsschutzversicherer andererseits keine Angaben machen, die zu Interessenkollisionen zum Nachteil der Versicherten führen können (§ 164 IV 2 VAG). Dem Schadensabwicklungsunternehmen ist es hiernach aber nicht verwehrt, den Sachverhalt nach dem Abschluss der Schadensregulierung gegenüber dem Versicherungsunternehmen offenzulegen.[213] 88

Die **zivilrechtlichen Regeln zum Schutz des VN** bei einer solchen Funktionsausgliederung sind in § 126 VVG (§ 158l VVG a.F.) im Einklang mit Art. 3 I RL 87/344/EWG (Art. 199 RL 2009/138/EG) geregelt. Für die Einzelheiten wird auf die Kommentierung zu § 126 VVG verwiesen. 89

---

210 Vgl. Dreher/*Präve*, § 164 VAG Rn. 3.

211 Vgl. *Wache/Lutz*, in: Erbs/Kohlhaas, Strafrechtliche Nebengesetze, 257. EL April 2025, § 164 VAG Rn. 3.

212 K/B/P/*Göertz*, § 164 VAG Rn. 11; Dreher/*Präve*, § 164 VAG Rn. 6.

213 K/B/P/*Göertz*, § 164 VAG Rn. 12.

Kapitel 2 Kommentierung der §§ 125 – 129 VVG (Rechtsschutzversicherung)

§ 125 Leistung des Versicherers

Bei der Rechtsschutzversicherung ist der Versicherer verpflichtet, die für die Wahrnehmung der rechtlichen Interessen des Versicherungsnehmers oder des Versicherten erforderlichen Leistungen im vereinbarten Umfang zu erbringen.

Literatur:
vgl. Literatur zu § 1 ARB 2010

Übersicht

A. Allgemeines

1 Die Vorschriften über die Rechtsschutzversicherung (§§ 158l – 158o VVG a.F.) sind erst mit Umsetzung der Richtlinie des Rates vom 22.06.1987 zur Koordinierung des Rechts- und Verwaltungsvorschriften für die Rechtsschutzversicherung (87/344/EWG) ins VVG eingeführt worden. In das alte VVG vom 30.05.1908 hatte die Rechtsschutzversicherung noch keinen Eingang gefunden, da sie zu diesem Zeitpunkt noch nicht allzu bekannt war.[1] Die §§ 126 – 129 VVG sind deckungsgleich mit den 158l – 158o VVG a.F. Lediglich § 125 VVG wurde mit der VVG-Reform 2008 neu eingeführt. § 129 VVG, der eine nachteilige Abweichung für den VVG von den gesetzlichen Vorschriften verbietet, findet auf § 125 VVG keine Anwendung.

2 Die Rechtsschutzversicherung ist Teil der **Schadenversicherung.**[2] Daher finden die Vorschriften über die Schadenversicherung entsprechende Anwendung.[3]

B. Normzweck

3 § 125 VVG enthält weder eine gesetzliche Definition der Rechtsschutzversicherung noch des Versicherungsfalls, sondern umschreibt die Pflichten des Versicherers sehr allgemein.

---

1 L/W/*Obarowski*, § 125 Rn. 7.

2 P/M/*Piontek*, Vorbem. zu §§ 125–129 Rn. 2; PK/*Hillmer-Möbius*, Vorbem. zu §§ 125–129 Rn. 8.

3 Vgl. dazu L/W/*Obarowski*, § 125 Rn. 9.

Von einer näheren Ausgestaltung hat der Gesetzgeber abgesehen, »um die künftige Produktentwicklung nicht zu hemmen«.[4] Allerdings nennt die Vorschrift den **wirtschaftlichen Zweck** der Rechtsschutzversicherung und enthält eine allgemeine Beschreibung der Leistung des Versicherers.[5] § 1 übernimmt den Gesetzestext des § 125 VVG. Damit wird nun auch in den ARB ausdrücklich klargestellt, dass sowohl die Wahrnehmung der rechtlichen Interessen des VN als auch des Versicherten versichert ist. Der Hinweis auf die Versicherung für fremde Rechnung war im alten § 1 ARB 2000 noch nicht enthalten. Kein Versicherungsschutz besteht nach h.M. bei abgetretenen Ansprüchen des VN an einen Dritten, da nur das Kostenrisiko des VN selbst versichert ist.[6]

4 Auch die dem § 125 VVG folgenden Vorschriften regeln die Materie Rechtsschutz nur sehr **rudimentär.** Die inhaltliche Ausgestaltung der Leistung und der Umfang der Leistungspflicht werden im Wesentlichen der vertraglichen Vereinbarung überlassen, die von den Allgemeinen Rechtsschutzbedingungen geprägt ist.

C. Leistungen des Versicherers

5 Nach § 125 VVG ist der Versicherer verpflichtet, die für die Wahrnehmung der **rechtlichen Interessen** des Versicherungsnehmers oder des Versicherten **erforderlichen Leistungen** im vereinbarten Umfang zu erbringen. Rein wirtschaftliche Interessen werden dabei nicht unterstützt. Jedoch ist es nicht auszuschließen, dass bei der Verfolgung von rechtlichen Interessen die wirtschaftlichen Interessen im Vordergrund stehen.[7] Der Begriff der Erforderlichkeit ist Ausdruck des Schadensminderungsgedanken aus § 82 VVG. Es werden nur diejenigen Kosten übernommen, die objektiv notwendig sind.[8] Die Kosten werden darüber hinaus nur im **vereinbarten Umfang** übernommen. In welchem Umfang die Kostentragungspflicht besteht, richtet sich nach den jeweiligen dem Vertrag zugrunde liegenden ARB. Der Versicherer ist nach dem Wortlaut verpflichtet, Leistungen für die Wahrnehmung der rechtlichen Interessen auch des **Versicherten** zu erbringen. Damit sind von der Vorschrift auch Fälle der Versicherung für fremde Rechnung erfasst.

6 Die **Hauptleistungspflicht** des Versicherers ist die **Pflicht zur Kostenübernahme.** Eine Rechtsbesorgung durch den Versicherer selbst ist nicht vorgesehen, obwohl der Wortlaut der Norm eine solche Auslegung zulassen würde. Die grundlegende Entscheidung gegen die Erbringung einer eigenen Rechtsdienstleistung des Versicherers hat der BGH in seinem Urteil vom 20.02.1961 getroffen.[9] Diese Überlegung hat sich auch in § 4 RDG durchgesetzt, der die Rechtsschutzversicherung von der Rechtsberatung ausnimmt. Hauptsächlich wird in diesem Zusammenhang die Gefahr einer Interessenkollision angeführt,[10]

4 BT-Drucks. 16/3945, S. 91.
5 L/W/*Obarowski*, § 125 Rn. 1.
6 OLG Köln VersR 2009, 825 m.w.N.
7 So auch schon BGH NJW 1991, 2644 = VersR 1991, 919; ausführlicher dazu § 1 ARB 2010 Rdn. 6.
8 L/W/*Obarowski*, § 125 Rn. 42; PK/*Hillmer-Möbius*, § 125 Rn. 14.
9 BGH VersR 1961, 433 = NJW 1961, 1113; s. dazu näher § 1 ARB 2010 Rdn. 2.
10 Vgl. Einführung Kap. 1 Rdn. 26 ff.

die wohl auch tatsächlich ein gewisses Risiko darstellt. Das Verbot der Rechtsbesorgung wird allerdings unter Hinweis auf die beachtlichen Ressourcen an Volljuristen, die für die Rechtsschutzversicherer tätig sind, auch kritisch gesehen.[11]

I. Kostentragung

Die Hauptleistungspflicht des Versicherers besteht in der Erstattung derjenigen **notwendigen Kosten**, die im Rahmen der Wahrnehmung der rechtlichen Interessen des VN oder des Versicherten angefallen sind. Der genaue Leistungsumfang ist in § 125 VVG nicht geregelt. Nähere Ausgestaltungen finden sich in den entsprechenden Vorschriften der ARB.[12] 7

II. Sorgeleistungen

Auch wenn der Versicherer von der Rechtsbesorgung für den VN ausgeschlossen ist, kann er aufgrund des generalklauselartigen Charakters des § 125 VVG in einem gewissen Umfang sog. **Sorgeleistungen** anbieten. Zu diesen Leistungen zählen beispielsweise die Benennung eines Rechtsanwalts oder die Erteilung einer Deckungszusage, aber auch Telefon-Hotlines, die Vermittlung von Telefonberatungs- und Inkassodiensten oder Benennung von Mediatoren und Sachverständigen.[13] Hier ist ein gewisser Handlungsspielraum gegeben, der zu einer differenzierteren Ausgestaltung des Leistungsangebots der einzelnen Rechtsschutzversicherer führt und erhebliche Möglichkeiten im Dienstleistungssektor eröffnet. Zulässig ist auch, wenn der Versicherer dem VN die alternative Streitschlichtung anstelle des Gerichtsverfahrens nahelegt.[14] 8

III. Erforderlichkeit

Der Versicherer ist nur verpflichtet, die zur Wahrnehmung der rechtlichen Interessen **erforderlichen** Kosten zu tragen. Darüber hinausgehende Kosten werden nicht übernommen. Dies folgt aus der allgemeinen Rettungs- und Schadensminderungsobliegenheit des § 82 VVG und findet in den ARB weitere inhaltliche Ausprägungen.[15] Zu nennen sind hier die Möglichkeit der Ablehnung der Leistung bei mangelnden Erfolgsaussichten und Mutwilligkeit der Rechtsverfolgung nach § 3a I, die Leistungsbeschränkungen des § 5 III und die Schadensminderungsobliegenheit aus § 17 I lit. c) bb). 9

D. Pflichten des VN

§ 125 VVG enthält keinen Pflichten des VN. Grundlegende Pflicht des VN ist die **Zahlung der Versicherungsprämie,** § 1 Satz 2 VVG. Die Rechtsfolgen der Nichtzahlung der Prämie haben in den ARB eine nähere Ausgestaltung erfahren. Des Weiteren treffen den VN bestimmte Obliegenheiten. Auch diese werden in den ARB näher konkretisiert. 10

---

11 L/W/*Obarowski*, § 125 Rn. 20.

12 Entspricht auch dem Gesetzeswillen: BT-Drucks. 16/3935, S. 91.

13 L/W/*Obarowski*, § 125 Rn. 41; L/P/*Paffenholz*, § 125 Rn. 3; PK/*Hillmer-Möbius*, § 125 Rn. 5.

14 Harbauer/*Schmitt*, § 125 Rn. 6.

15 L/W/*Obarowski*, § 125 Rn. 42 f.

§ 126 Schadensabwicklungsunternehmen

(1) Werden Gefahren aus dem Bereich der Rechtsschutzversicherung neben anderen Gefahren versichert, müssen im Versicherungsschein der Umfang der Deckung in der Rechtsschutzversicherung und die hierfür zu entrichtende Prämie gesondert ausgewiesen werden. Beauftragt der Versicherer mit der Leistungsbearbeitung ein selbständiges Schadensabwicklungsunternehmen, ist dieses im Versicherungsschein zu bezeichnen.

(2) Ansprüche auf die Versicherungsleistung aus einem Vertrag über eine Rechtsschutzversicherung können, wenn ein selbständiges Schadensabwicklungsunternehmen mit der Leistungsbearbeitung beauftragt ist, nur gegen dieses geltend gemacht werden. Der Titel wirkt für und gegen den Rechtsschutzversicherer. § 727 der Zivilprozessordnung ist entsprechend anzuwenden.

Literatur:
Müller, Die EWG-Rechtsschutzversicherungs-Richtlinie und ihre Auswirkungen, VW 1988, 1354.

Übersicht Rdn.

A. Allgemeines

1 Die Vorschriften der §§ 126 – 129 VVG n.F. (§§ 158 l – o VVG a.F.) gehen auf die Umsetzung der Richtlinie des Rates vom 22.06.1987 zur Koordinierung des Rechts- und Verwaltungsvorschriften für die Rechtsschutzversicherung (87/344/EWG) zurück. Mit der **Aufhebung der Spartentrennung** bedurfte es spezifischer Regelungen für den Fall, dass ein Versicherer mehrere Versicherungssparten anbietet. Diese sind im Rahmen der Umsetzung der Richtlinie 87/344/EWG ins VVG übernommen wurden.[1]

B. Normzweck

2 Bei Versicherern, die neben der Rechtsschutzversicherung auch andere Versicherungssparten anbieten, ist eine **Interessenkollision** nicht von vornherein auszuschließen. Dies ist insbesondere der Fall, wenn der Rechtsschutzversicherer des Geschädigten zugleich Haftpflichtversicherer des Gegners ist. Um Konflikte zu vermeiden, durfte

1 Vgl. zu den Auswirkungen der Richtlinie im nationalen Recht *Müller* VW 1988, 1354 ff.

daher früher nach dem Gebot der Spartentrennung ein Rechtsschutzversicherer keine anderen Versicherungssparten anbieten.[2] Die Spartentrennung ist zwar seit dem 01.07.1990 aufgehoben, allerdings verlangt § 164 VAG (§ 8a VAG a.F.) nun vom Rechtsschutzversicherer, der zusätzlich anderer Versicherungssparten anbietet, eine Übertragung der Leistungsbearbeitung auf ein selbstständiges Schadensabwicklungsunternehmen. Hierdurch sollen Interessenkollisionen verhindert werden. Überdies verlangt Abs. 1 eine transparente Ausgestaltung des Versicherungsscheins.

Die Vorschrift entspricht inhaltlich dem § 158 l VVG a.F. 3

C. Dokumentationspflicht (Abs. 1 Satz 1)

Schließt der VN beim Versicherer mehrere Versicherungen (Mehrspartenvertag) ab, 4
muss dieser die Prämie und den Umfang der Rechtsschutzversicherung im **Versicherungsschein** gesondert ausweisen. Diese Regelung soll dem VN mehr Transparenz bieten.[3] Die getrennte Dokumentation verhindert zudem eine verdeckte Prämienerhöhung.[4] Der Versicherungsvertrag über die Rechtsschutzversicherung ist wie ein selbstständiger Vertrag mit den sich daraus ergebenden Rechten und Pflichten zu behandeln.[5] Wie weit die Dokumentationspflicht inhaltlich gehen soll, ist nicht abschließend geklärt. Eine vollständige Wiedergabe der ARB wird wohl nicht notwendig sein. Eine verständliche Umschreibung der Leistungen der Rechtsschutzversicherung mit einem Verweis auf die ARB sollte genügen.[6]

Verletzt der Versicherer die Dokumentationspflicht, so kann der VN verlangen, dass 5
ihm ein den Anforderungen des Abs. 1 Satz 1 genügender Versicherungsschein ausgestellt wird. Daneben besteht die Möglichkeit der Geltendmachung von Schadensersatzansprüchen.[7] Darüber hinaus kann die Aufsichtsbehörde Verstöße des Rechtsschutzversicherers gegen § 126 I nach §§ 294, 298 VAG ahnden.

D. Schadensabwicklungsunternehmen

I. Allgemeines

Die Leistungsbearbeitung der Rechtsschutzversicherung erfolgt nicht durch den Rechts- 6
schutzversicherer, sondern wird einem selbständigen **Schadensabwicklungsunternehmen** übertragen, § 126 I 2 VVG. Dies entspricht der Regelung des § 164 I und II VAG (§ 8a I 2 und II VAG a.F.), wonach das Schadensabwicklungsunternehmen im Rahmen der Funktionsausgliederung außer der Rechtsschutzversicherung keine anderen Versicherungsgeschäfte betreiben und in anderen Versicherungssparten keine

2 Vgl. Harbauer/*Schmitt*, § 126 VVG Rn. 5 ff.
3 L/P/*Paffenholz*, § 126 VVG Rn. 2; L/W/*Richter*, § 126 Rn. 4; PK/*Hillmer-Möbius*, § 126 Rn. 1.
4 P/M/*Piontek*, § 126 Rn. 1; *Müller* VW 1988, 1354, 1360.
5 L/R/*Rixecker*, § 126 Rn. 1; BK/*Honsell*, § 158 l Rn. 5.
6 Harbauer/*Schmitt*, § 126 VVG Rn. 2.
7 L/P/*Paffenholz*, § 126 Rn. 2; Harbauer/*Schmitt*, § 126 VVG Rn. 4.

Leistungsbearbeitung durchführen darf. Auch § 164 VAG bezweckt damit die Prävention der Gefahr einer Interessenkollision.[8] Das **Gebot der Selbstständigkeit** ergibt sich hier aus § 164 I VAG (§ 8a IV VAG a.F.), wonach der Mehrspartenversicherer dem Schadensabwicklungsunternehmen keine Weisungen erteilen darf. Eine solche Weisung stellt ein ordnungswidriges Handeln dar. Ein Schadensabwicklungsunternehmen ist nach § 164 V VAG ausnahmsweise nicht erforderlich bei Streitigkeiten, die aus dem Einsatz von Schiffen auf See entstehen oder mit diesem Einsatz verbunden sind.

II. Weitere Anforderungen an den Versicherungsschein (Abs. 1 Satz 2)

7 Nach Abs. 1 Satz 2 ist das selbstständige Schadensabwicklungsunternehmen im Versicherungsschein anzugeben. Gem. Abs. 2 Satz 1 muss der VN seine vertraglichen Ansprüche gegen das Schadensabwicklungsunternehmen richten. Kommt der Versicherer seiner Pflicht zur **Bezeichnung des Unternehmens** nicht nach, kann der VN Schadensersatzansprüche geltend machen, soweit ihm ein Schaden entstanden ist. Dieser kann zum Beispiel aus Anwalts- oder Prozesskosten bestehen, die dadurch entstanden sind, dass der VN fälschlicherweise den Versicherer und nicht das Schadensabwicklungsunternehmen in Anspruch nimmt.[9]

III. Rechte und Pflichten des Schadensabwicklungsunternehmens

8 Ist ein selbstständiges Schadensabwicklungsunternehmen mit der Leistungsbearbeitung beauftragt, so kann der VN seine **Ansprüche auf die Versicherungsleistung** aus dem Rechtsschutzvertrag (gerichtlich oder außergerichtlich) nur gegen das Schadensabwicklungsunternehmen geltend machen, vgl. Abs. 2 Satz 1. Nach Abs. 2 Satz 2 wirkt der Titel für und gegen den Rechtsschutzversicherer.

9 Nach § 126 II 1 VVG können Leistungsansprüche nur gegen das Schadensabwicklungsunternehmen geltend gemacht werden. § 126 II 1 VVG stellt damit einen Fall der passiven gesetzlichen **Prozessstandschaft** dar, die nicht der Zustimmung des VN bedarf.[10] Wird der Rechtsschutzversicherer klageweise auf Leistung in Anspruch genommen, ist die Klage von Anfang an unbegründet.[11] Allerdings ist der Rechtsschutzversicherer nach wie vor materiellrechtlich verpflichtet und daher Schuldner des VN, da nur zwischen den beiden Parteien eine vertragliche Leistungsbeziehung besteht.[12] Auch Schadensersatzansprüche wegen **unberechtigter Verweigerung des Deckungsschutzes** sind gegen das Schadensabwicklungsunternehmen zu richten.[13] Darüber hinaus ist

---

8 OLG Düsseldorf NVersZ 2002, 136; L/W/*Richter*, § 126 Rn. 6; P/M/*Piontek*, § 126 Rn. 5.

9 P/M/*Piontek*, § 126 Rn. 4; L/P/*Paffenholz*, § 126 Rn. 5.

10 Begr. RegE BT-Drucks. 11/6341, S. 37.

11 OLG Düsseldorf NVersZ 2002, 136.

12 PK/*Hillmer-Möbius*, § 126 Rn. 10; P/M/*Piontek*, § 126 Rn. 7, 10; L/P/*Paffenholz*, § 126 Rn. 9.

13 Harbauer/*Schmitt*, § 126 Rn. 7; *Marlow/Spuhl*, § 126 Rn. 14; L/P/*Paffenholz*, § 126 Rn. 6.

§ 126 II VVG auch auf vom VN geltend gemachte Schadensersatzansprüche aus § 6 V VVG bzw. §§ 311 II, 280 I BGB wegen **schuldhafter Falschberatung** bei Abschluss des Rechtsberatungsvertrags entsprechend anwendbar, wenn er aufgrund der auf der Rechtsfolgenseite geschuldeten Naturalrestitution im Wege der sog. Quasideckung verlangen kann, so gestellt zu werden, als wenn der Versicherungsvertrag mit dem von ihm gewünschten Inhalt zustande gekommen wäre.[14]

Ein gegen das Schadensabwicklungsunternehmen erwirkter Titel wirkt nach § 126 II 10
2 VVG für und gegen den Rechtsschutzversicherer. Die Vorschrift stellt damit einen Fall der gesetzlichen **Rechtskrafterstreckung** dar.[15]

Da das Schadensabwicklungsunternehmen mit der Leistungsbearbeitung **beauftragt** 11
wird, ist es Stellvertreter des Versicherers, zumindest was die Schadensabwicklung angeht.[16] Dies legen sowohl die Formulierung des Gesetzestextes als auch die Umständen (§ 164 I 2, III BGB) nahe.[17] Die Bezeichnung des Schadensabwicklungsunternehmens im Versicherungsschein stellt die Außenvollmacht gem. § 167 I Alt. 2 BGB dar.[18] Das Schadensabwicklungsunternehmen ist zum Empfang von Erklärungen berechtigt, so dass diese für und gegen den Versicherer gelten.[19] Darüber hinaus gebietet der Sinn und Zweck der Norm eine weite Auslegung, sodass auch die Abgabe von Willenserklärungen für den VR von der Vollmacht erfasst ist. So wird gewährleistet, dass der VN einen Ansprechpartner hat. Das Wissen des Unternehmens wird dem Versicherer gem. § 166 BGB (analog) zugerechnet.[20]

Umstritten ist, ob der VN seine **Obliegenheiten** nach Eintritt des Versicherungsfalls 12
nur gegenüber dem Schadensabwicklungsunternehmen oder auch dem Versicherer gegenüber erfüllen kann. Der Wortlaut des Abs. 2 Satz 1 legt nahe, dass der richtige Adressat nur das Schadensabwicklungsunternehmen sein kann.[21] Andererseits regelt Abs. 2 Satz 1 lediglich die Prozessführung und nicht die Obliegenheiten. Da der Versicherer Schuldner des VN ist, sollte es dem VN auch nach Eintritt des Versicherungsfalls möglich sein, Obliegenheiten gegenüber dem Versicherer zu erfüllen.[22] Allerdings ist der Versicherer verpflichtet, die Erklärungen des VN unverzüglich an das Schadens-

14 BGH VersR 2018, 1119; OLG Köln VersR 2017, 1394.
15 P/M/*Piontek*, § 126 Rn. 8.
16 P/M/*Piontek*, § 126 Rn. 9; HK-VVG/*Münkel*, § 126 Rn. 6; PK/*Hillmer-Möbius*, § 126 Rn. 8; L/R/*Rixecker*, § 126 Rn. 2; a.A. BK/*Honsell*, § 158 l Rn. 15 der für eine Partei kraft Funktion plädiert.
17 Harbauer/*Schmitt*, § 126 Rn. 10.
18 L/P/*Paffenholz*, § 126 Rn. 8; P/M/*Piontek*, § 126 Rn. 9; HK-VVG/*Münkel*, § 126 Rn. 6; Harbauer/*Schmitt*, § 126 Rn. 10.
19 L/W/*Richter*, § 126 Rn. 12 m.w.N.
20 P/M/*Piontek*, § 126 Rn. 9; HK-VVG/*Münkel*, § 126 Rn. 6.
21 So auch P/M/*Piontek*, § 126 Rn. 10; Harbauer/*Schmitt*, § 126 Rn. 13.
22 Ebenso L/P/*Paffenholz*, § 126 Rn. 8; HK-VVG/*Münkel*, § 126 Rn. 6; a.A. P/M/*Piontek*, § 126 Rn. 10; PK/*Hillmer-Möbius*, § 126 Rn. 9; BK/*Honsell*, § 158 l Rn. 15.

abwicklungsunternehmen weiterzuleiten.[23] Dies gilt auch für sonstige Erklärungen, die sich auf die Bearbeitung des Versicherungsfalls beziehen.

E. Prozessuales

13 Da der VN das Schadensabwicklungsunternehmen im Klageverfahren in Anspruch nimmt und somit der Titel gegen dieses ergeht, muss der Titel auf den Versicherer umgeschrieben werden, damit der VN in dessen Vermögen **vollstrecken** kann. Diese Umschreibung kann gem. § 126 II 3 VVG i.V.m. § 727 ZPO im vereinfachten Verfahren durch Erteilung einer vollstreckbaren Ausfertigung erfolgen. Eine öffentliche oder öffentlich beglaubigte Urkunde ist nicht notwendig, da die Leistungspflicht des Versicherers offenkundig ist. Der VN kann auch in das Vermögen des Schadensabwicklungsunternehmens vollstrecken.[24]

§ 127 Freie Anwaltswahl

(1) Der Versicherungsnehmer ist berechtigt, zu seiner Vertretung in Gerichts- und Verwaltungsverfahren den Rechtsanwalt, der seine Interessen wahrnehmen soll, aus dem Kreis der Rechtsanwälte, deren Vergütung der Versicherer nach dem Versicherungsvertrag trägt, frei zu wählen. Dies gilt auch, wenn der Versicherungsnehmer Rechtsschutz für die sonstige Wahrnehmung rechtlicher Interessen in Anspruch nehmen kann.

(2) Rechtsanwalt ist auch, wer berechtigt ist, unter einer der in der Anlage zu § 1 des Gesetzes über die Tätigkeit europäischer Rechtsanwälte in Deutschland vom 9. März 2000 (BGBl. I S. 182, 1349), das zuletzt durch Artikel 1 des Gesetzes vom 26. Oktober 2003 (BGBl. I S. 2074) geändert worden ist, in der jeweils geltenden Fassung genannten Bezeichnungen beruflich tätig zu werden.

Literatur:
Armbrüster, Freie Anwaltswahl und Rechtsschutzversicherung, VuR 2012, 167; *Bauer*, Rechtsentwicklung bei den Allgemeinen Bedingungen für die Rechtsschutzversicherung bis Anfang 2010, NJW 2010, 1337; *Looschelders*, Aktuelle Probleme der Rechtsschutzversicherung im deutschen und österreichischen Recht, VersR 2017, 1237; *Schilasky*, Einschränkung der freien Rechtsanwaltswahl in der Rechtsschutzversicherung, 1998; *Schulz*, Die Auskunfts- und Abrechnungspflicht des Rechtsanwalts gegenüber der Rechtsschutzversicherung, NJW 2010, 1729; *van Bühren*, Rechtsanwälte – Partner der Rechtsschutzversicherer?, r+s 2016, 53; *Wendt*, Die Rechtsprechung der IV. Zivilsenats des BGH zur Rechtsschutzversicherung, r+s 2014, 328; *Wendenburg*, Europarechtskonforme Begrenzung der Übernahme von Kosten auswärtiger Anwälte durch Rechtsschutzversicherer, NJW 2011, 3064.

---

23 L/W/*Richter*, § 126 Rn. 12; L/P/*Paffenholz*, § 126 Rn. 8; PK/*Hillmer-Möbius*, § 126 Rn. 9.
24 L/P/*Paffenholz*, § 126 Rn. 7; P/M/*Piontek*, § 126 Rn. 8; BK/*Honsell*, § 158 l Rn. 18.

Übersicht

A. Normzweck

1 § 127 VVG (früher § 158 m VVG) geht auf Art. 4 der Richtlinie 87/344/EWG zurück und enthält den **Grundsatz der freien Anwaltswahl** in der Rechtsschutzversicherung.[1] Die Richtlinie soll bestehende Divergenzen zwischen den Mitgliedstaaten verringern und ein einheitliches Mindestmaß an Verbraucherschutz gewährleisten.[2]

2 Dem VN obliegt grundsätzlich die Entscheidung, welchem Rechtsanwalt er seine Rechtsangelegenheiten anvertrauen will. Der allgemeine Grundsatz der Wahlfreiheit ergibt sich aus **§ 3 III BRAO**[3], wonach jedermann im Rahmen der gesetzlichen Vorschriften das Recht hat, sich in Rechtsangelegenheit aller Art durch einen Rechtsanwalt seiner Wahl beraten und vor Gerichten, Schiedsgerichten oder Behörden vertreten zu lassen. Diesem Grundsatz trägt auch § 17 III Rechnung. Allerdings darf der Versicherer hiernach den Rechtsanwalt selber auswählen, wenn der VN dies verlangt oder er keinen Rechtsanwalt benennt und dem Versicherer die alsbaldige Beauftragung eines Rechtsanwaltes notwendig erscheint, § 17 III 2 lit. a) und b).

B. Wahlfreiheit

I. Allgemeines

3 Abs. 1 Satz 1 sieht vor, dass der VN zu seiner Vertretung in Gerichts- und Verwaltungsverfahren den Rechtsanwalt **frei wählen** kann. Ebenfalls gilt die Wahlfreiheit in sonstigen Fällen der Interessenwahrnehmung, für die der VN Rechtsschutz in Anspruch nehmen kann, Abs. 1 Satz 2.

---

1 BT-Drucks. 11/6341, S. 37.

2 EuGH NJW 2010, 355, 356; vgl. auch *Wendenburg* NJW 2011, 3064, 3065; L/W/*Richter*, § 127 Rn. 6.

3 Zum Verstoß gegen § 3 III BRAO vgl. *Schilasky*, S. 151 ff.

II. Begrenzung der Wahlfreiheit

1. Beschränkung auf einen Kreis von Rechtsanwälten

4 Nach Abs. 1 Satz 1 ist der VN berechtigt, den Rechtsanwalt, der seine Interessen wahrnehmen soll, aus dem **Kreis der Rechtsanwälte**, deren Vergütung der Versicherer nach dem Versicherungsvertrag trägt, frei zu wählen. Die Formulierung darf nicht dahingehend missverstanden werden, dass der Versicherer einen bestimmten Kreis von Rechtsanwälten vorab auswählen darf. Bei richtlinienkonformer Auslegung des § 127 VVG ist es vielmehr so, dass die freie Anwaltswahl als verbraucherschutzrechtlicher Mindeststandard dem Versicherer keine Möglichkeit gibt, die Wahl auf einen vorausgewählten Kreis von Rechtsanwälten zu reduzieren.[4] Insbesondere darf der Versicherer den VN also nicht auf die Wahl eines Vertragsanwalts beschränken.[5] Da es sich dabei zudem um eine nachteilige Abweichung für den VN handeln würde, wäre eine solche Bestimmung auch nach § 129 VVG unwirksam.[6]

5 Allerdings kann der Versicherer im Versicherungsvertrag den Leistungsumfang frei festlegen.[7] Durch die **Einschränkung des Leistungsumfangs** und Festlegung von allgemeinen Kriterien kann eine Begrenzung der freien Anwaltswahl erfolgen, vgl. insbesondere § 5. So übernimmt der Versicherer beispielsweise die Kosten für einen Verkehrsanwalt nur dann, wenn dieser im Landgerichtsbezirk des VN ansässig ist, § 5 I lit. a) Satz 3.

2. Empfehlungen des Versicherers

6 Zwar darf der Versicherer keine verbindlichen Anwaltsempfehlungen abgeben, es ist ihm jedoch nicht verwehrt, eine **unverbindliche Empfehlung** auszusprechen.[8] Dies gilt insbesondere für den Fall, dass der VN nach einem geeigneten Rechtsanwalt fragt. Dabei spielt es keine Rolle, wenn der empfohlene Rechtsanwalt mit dem Versicherer eine Gebührenvereinbarung geschlossen hat, solange er in der Lage ist, den Rechtsstreit kompetent zu führen.[9] Ist er hierzu nicht imstande, kann sich der Versicherer schadensersatzpflichtig machen.[10]

7 Problematisch sind die sog. **Anreizsysteme**, bei denen der Versicherer dem VN eine Vergünstigung gewährt, wenn dieser einen von ihm vorgeschlagenen Anwalt auswählt. Nach *OLG Bamberg*[11] verstößt eine Klausel, die die Wahl eines vom Versicherer empfohlenen Anwalts damit »belohnt«, dass der VN im Versicherungsfall nicht in eine

4 L/W/*Richter*, § 127 Rn. 6; *Schilasky*, S. 175.
5 Van Bühren/*Schneider*, § 13 Rn. 98; *Schilasky*, S. 186.
6 Harbauer/*Schmitt*, § 127 VVG Rn. 2.
7 OLG Bamberg NJW 2012, 2282, 2283; BK/*Honsell*, § 158m Rn. 4; L/P/*Paffenholz*, § 127 Rn. 2.
8 LG Bremen r+s 1998, 67; L/W/*Richter*, § 127 Rn. 8; PK/*Hillmer-Möbius*, § 127 Rn. 7; *Armbrüster* VersR 2011, 1518, 1519.
9 LG Bremen r+s 1998, 67, 68; PK/*Hillmer-Mobius*, § 127 Rn. 7.
10 Harbauer/*Schmitt*, § 127 VVG Rn. 6.
11 OLG Bamberg NJW 2012, 2282 m. Anm. *Lensing*.

ungünstigere Schadenfreiheitsklasse zurückgestuft wird oder aber eine mögliche Selbstbeteiligung nicht zahlen muss, gegen §§ 127, 129 VVG und ist gem. § 307 I 1, II Nr. 1 BGB unwirksam. Der BGH[12] hat das Urteil aufgehoben und entschieden, dass die durch §§ 127, 129 VVG i.V.m. § 3 III BRAO gewährleistete freie Anwaltswahl finanziellen Anreizen nicht entgegensteht, wenn die Entscheidung über die Auswahl des Rechtsanwalts beim VN liegt und die Grenze des unzulässigen Drucks nicht überschritten wird. Dies findet in der Literatur überwiegend Befürworter.[13] Tatsächlich kommt es bei der Beurteilung solcher Klauseln wohl maßgeblich darauf an, welcher Entscheidungsspielraum dem VN noch bleibt und wie stark die Einflussnahme auf seine Entscheidung ist.[14] Zu prüfen sind nach BGH die Wirkungsweise des Anreizes, die Dauerhaftigkeit der Auswirkungen und die finanzielle Bedeutung des Anreizes.[15] Hierbei sind die Besonderheiten des Einzelfalls zu berücksichtigen. Die Grenze bildet das Aushöhlungsverbot, wonach dem VN die angemessene Wahl eines Rechtsanwalts nicht faktisch unmöglich gemacht werden darf.[16] Unter Berücksichtigung der besonderen Bedeutung des Rechts der freien Anwaltswahl müssen Anreizklauseln allerdings äußerst restriktiv gehandhabt werden.

Ein ausdrücklicher **Verzicht** des VN auf die freie Anwaltswahl bei Vertragsschluss ist 8
nach überwiegender Ansicht unwirksam.[17] Eine entsprechende vertragliche Vereinbarung verstößt auch gegen § 129 VVG.

3. Sammelklagen

Immer wieder wird diskutiert, ob der Grundsatz der freien Anwaltswahl bei **Massen-** 9
prozessen eingeschränkt werden kann. Ist eine größere Anzahl VN durch dasselbe Ereignis geschädigt, führt die freie Anwaltswahl der Beteiligten dazu, dass eine Vielzahl von Anwälten mit der Rechtsvertretung in Einzelverfahren beauftragt wird, obwohl es prozessökonomisch sinnvoller wäre, die Verfahren zu bündeln und einen oder eine begrenzte Anzahl von Anwälten mit der Verfahrensführung zu beauftragen.[18] Bei Sammelklagen kann es also dem Verfahren dienlich sein, wenn dem Rechtsschutzversicherer die Wahl des Anwaltes übertragen wird. Aus diesem Grund sah der Referentenentwurf zu § 127 II eine Beschränkung der freien Anwaltswahl für Sammelklagen vor. Allerdings besteht auch hier die Gefahr von Interessenkollisionen,[19] insbesondere in Form von Streitigkeiten zwischen VN und Versicherer über den Anwendungsbereich

12 BGH VersR 2014, 98.
13 L/W/*Richter*, § 127 Rn. 13; Harbauer/*Schmitt*, § 127 Rn. 8; *Maier*, r+s 2014, 73; *Wendt*, r+s 2014, 328; *Lindacher*, EWiR 2014, 113; *Paffenholz*, JR 2015, 383; a.A. *van Bühren*, r+s 2016, 53.
14 *Lensing* NJW 2012, 2285.
15 BGH VersR 2014, 98.
16 EuGH NJW 2014, 374; EuGH 2010, 355; näher hierzu Harbauer/*Schmitt*, § 127 Rn. 8.
17 BGH NJW 1990, 578; OLG Bamberg NJW 2012, 2282, 2285 m. Anm. *Lensing*; Harbauer/*Schmitt*, § 127 VVG Rn. 7; L/W/*Richter*, § 127 Rn. 7.
18 L/W/*Richter*, § 127 Rn. 2a.
19 EuGH NJW 2010, 355.

der Vorschrift.[20] Aufgrund dieser Bedenken fand der Entwurf keinen Eingang in das Gesetz. Dies entspricht auch der Einschätzung des EuGH, der Art. 4 lit. a) der Richtlinie 87/344/EWG eng auslegt und auch für Sammelklagen dem Rechtsschutzversicherer die Wahl des Rechtsvertreters versagt.[21] Der Gemeinschaftsgesetzgeber habe bewusst keine Ausnahme für den Fall vorgesehen, dass eine große Anzahl von VN durch dasselbe Ereignis geschädigt wird. Der VN müsse selbst entscheiden können, ob er sich an einer Sammelklage beteiligt oder nicht und welchen Anwalt er beauftragt.[22]

4. Wahl des Anwalts durch den Versicherer

10 Der Versicherer hat unter den Voraussetzungen des § 17 III 2 das Recht, den Rechtsanwalt für den VN zu wählen. Danach steht ihm ein **Wahlrecht** zu, wenn der VN ihm die Wahl des Rechtsanwalts überträgt oder wenn dieser keinen Rechtsanwalt benennt und dem Versicherer die alsbaldige Beauftragung eines Rechtsanwaltes notwendig erscheint. In letzterem Fall kann der Versicherer die Kostenübernahme für einen vom VN gewünschten Anwaltswechsel auf jeden Fall dann ablehnen, wenn Gefahr im Verzug war.[23]

III. Sonstige Verfahren

11 Nach Abs. 1 Satz 2 erstreckt sich das Recht auf freie Anwaltswahl nicht nur auf Gerichts- und Verwaltungsverfahren, sondern auch auf die **sonstige Interessenwahrnehmung.** Daraus folgt, dass sich der VN auch bei außergerichtlichen Streitigkeiten seinen Rechtsvertreter selbst aussuchen kann.

C. Verhältnisse zwischen den Parteien

12 Vertragliche Beziehungen bestehen zum einen zwischen Versicherer und VN und zum anderen zwischen VN und Rechtsanwalt. Der VN hat gegen den Versicherer einen Anspruch auf Freistellung von seinen Zahlungsverpflichtungen gegenüber dem Rechtsanwalt. Zwischen dem Versicherer und Rechtsanwalt besteht kein Vertragsverhältnis, auch nicht, wenn der Rechtsanwalt selbst die Deckungszusage einholt.[24] Ein solches entsteht auch dann nicht, wenn der Versicherer den Rechtsanwalt in den Fällen des § 17 III 2 beauftragt, denn er handelt im Namen des VN, § 17 IV 1. Für die Tätigkeit des Rechtsanwalts ist der Versicherer nicht verantwortlich, § 17 IV 2,[25] allerdings kommt eine Haftung für Auswahlverschulden in Frage.[26]

---

20 OLG Bamberg NJW 2012, 2282, 2283 m. Anm. *Lensing*; L/P/*Paffenholz*, § 127 Rn. 6.
21 EuGH NJW 2010, 355 ff.
22 EuGH NJW 2010, 355, 357.
23 L/P/*Paffenholz*, § 127 Rn. 4.
24 L/P/*Paffenholz*, § 127 Rn. 4.
25 OLG Koblenz NJW-RR 2011, 761 m. Anm. *Obarowski*; NJW 2006, 3150, 3151; OLG Hamm Urt. v. 10.05.2012 – Az. I 28 U 166/11, BeckRS 2012, 10992.
26 Van Bühren/*Schneider*, § 13 Rn. 101.

§ 17 IX i.V.m. § 86 I VVG sieht vor, dass Ansprüche des VN gegen andere auf Erstattung der Kosten, die der Versicherer getragen hat, auf diesen übergehen. Die Vorschrift hat insoweit klarstellende Funktion.[27] Trifft den Anwalt ein **Verschulden bei der Prozessführung**, so kann der Versicherer diesem gegenüber Schadensersatzansprüche geltend machen.[28] Im Falle des Obsiegens des VN sind die Prozess- und Anwaltskosten von der Gegenseite zu erstatten. Sind dem Versicherer bereits Kosten entstanden, müssen diese ersetzt werden. Da der Rechtsanwalt die Zahlung der Gegenseite entgegennimmt, ist er verpflichtet, die entsprechende Auszahlung an den Versicherer vorzunehmen. Da es sich dabei für ihn um ein objektiv fremdes Geschäft handelt, ergibt sich die Pflicht zur Auszahlung aus §§ 677, 681 Satz 2, 667 BGB.[29] Hat der Versicherer eine Vorleistung erbracht und stellt sich später heraus, dass die eigentlichen Kosten niedriger sind, so geht der Rückforderungsanspruch des VN auf den Versicherer über.[30] Der Versicherer hat gegen den Anwalt einen **Auskunfts- und Rechenschaftsanspruch** aus §§ 675, 666 BGB i.V.m. § 86 I VVG.[31] Der Anwalt kann nicht mit befreiender Wirkung an den VN zahlen.[32] 13

Hat der Rechtsanwalt die Abwicklung des Rechtsschutzfalls gegenüber dem Versicherer übernommen, so muss sich der VN bei der Erfüllung seiner Obliegenheiten das Wissen und das Verhalten des beauftragten Rechtsanwaltes zurechnen lassen, § 17 VII. 14

D. In anderen EU-Mitgliedstaaten niedergelassene Rechtsanwälte

Nach Abs. 2 sind die Rechtsanwälte, die in anderen EU-Mitgliedstaaten niedergelassen sind, den Rechtsanwälten i.S.d. BRAO gleichgestellt. 15

§ 128 Gutachterverfahren

Für den Fall, dass der Versicherer seine Leistungspflicht verneint, weil die Wahrnehmung der rechtlichen Interessen keine hinreichende Aussicht auf Erfolg biete oder mutwillig sei, hat der Versicherungsvertrag ein Gutachterverfahren oder ein anderes Verfahren mit vergleichbaren Garantien für die Unparteilichkeit vorzusehen, in dem Meinungsverschiedenheiten zwischen den Vertragsparteien über die Erfolgsaussichten oder die Mutwilligkeit einer Rechtsverfolgung entschieden werden. Der Versicherer hat den Versicherungsnehmer bei Verneinung seiner Leistungspflicht hierauf hinzuweisen. Sieht der Versicherungsvertrag kein derartiges Verfahren vor oder unterlässt der Versicherer den Hinweis, gilt das Rechtsschutzbedürfnis des Versicherungsnehmers im Einzelfall als anerkannt.

---

27 OLG Hamm NJW 2011, 1606, 1609; OLG Saarbrücken NJW 2008, 696, 698.

28 OLG Koblenz NJW-RR 2011, 761 m. Anm. *Obarowski*; NJW 2006, 3150, 3151; LG Landau VersR 2011, 343.

29 OLG Saarbrücken NJW-RR 2008, 696, 698; VersHb/*Obarowski*, § 45 Rn. 601.

30 OLG Hamm NJW 2011, 1606, 1609; VersHb/*Obarowski*, § 45 Rn. 602 m.w.N.

31 LG Aachen r+s 1995, 305; AG Heilbronn r+s 2000, 421, 422; AG Eschweiler r+s 2000, 246; VersHb/*Obarowski*, § 45 Rn. 601; *Schulz* NJW 2010, 1729, 1730.

32 OLG München r+s 1999, 158, 160; VersHb/*Obarowski*, § 45 Rn. 602.

Literatur:
Bauer, Rechtsentwicklung bei den Allgemeinen Bedingungen für die Rechtsschutzversicherung (ARB) in den Jahren 1998 – 99, NJW 1999, 1371; *ders.*, Rechtsentwicklung bei den Allgemeinen Bedingungen für die Rechtsschutzversicherung (ARB) in den Jahren 1999/2000, NJW 2000, 1235, 1239; *Kilian*, Kostentragung trotz Deckungsablehnung im Schiedsgutachterverfahren in der Rechtsschutzversicherung, r+s 2007, 446

Übersicht Rdn.

A. Allgemeines

1 Der Vorschrift liegt Art. 6 der Richtlinie 87/344/EWG zugrunde, sie entspricht inhaltlich dem § 158 m VVG a.F. Der Versicherer ist nur zur Leistung verpflichtet, wenn die Wahrnehmung der rechtlichen Interessen hinreichende Aussicht auf Erfolg bietet und nicht mutwillig ist. Lehnt der Versicherer die Kostenübernahme ab, weil er mangels Erfolgsaussichten oder wegen Mutwilligkeit nicht leisten will, soll die Vorschrift dem VN durch die Garantie eines **unparteilichen Verfahrens** eine Überprüfung dieser Entscheidung ermöglichen. Die Festlegung eines geeigneten Verfahrens bleibt dem Versicherer überlassen, dieses darf wegen § 129 VVG für den VN jedoch nicht nachteilig sein. In den älteren ARB wurde nur der Stichentscheid verwendet, nun ist das Schiedsgutachterverfahren hinzugetreten. In § 3a sind beide Verfahren als gleichwertige Alternativen dargestellt, der Versicherer kann wählen.[1] Versäumt der Versicherer bei Ablehnung der Leistung auf die Überprüfungsmöglichkeit hinzuweisen, gilt das streitige Rechtsschutzbedürfnis als anerkannt, § 128 Satz 3.

B. Norminhalt

2 § 128 VVG eröffnet dem VN ein **unparteiliches Verfahren**, wenn der Versicherer seine Leistung wegen mangelnder Erfolgsaussichten oder Mutwilligkeit verweigert.[2] Voraussetzung für die Bewilligung des Rechtsschutzes ist also, dass die Rechtsverfolgung hinreichende Aussicht auf Erfolg bietet und nicht mutwillig erscheint. Die beiden Kriterien entsprechen denen in § 114 ZPO, der die Voraussetzungen für die

1 BT-Drucks. 11/6341, S. 37.
2 BK/*Honsell*, § 158n Rn. 1.

Prozesskostenhilfe enthält. Der Versicherer muss also unter den gleichen Voraussetzungen leisten wie der Staat, allerdings ohne dass es auf eine Bedürftigkeit des VN ankommt.[3]

I. Hinreichende Erfolgsaussicht

Der Begriff der **hinreichenden Erfolgsaussicht** ist deckungsgleich mit dem in § 114 ZPO.[4] Ein anderer Ansatz als bei § 114 ZPO ist abzulehnen, da die Versichertengemeinschaft nicht mit hohen Prämien belastet werden soll, um damit Rechtsstreitigkeiten mit vagen Erfolgsaussichten zu finanzieren.[5] Entscheidend für die Erfolgsaussicht ist, dass der Rechtsstandpunkt des VN vertretbar ist und die anspruchsbegründenden Tatsachen bewiesen werden können.[6] Der Versicherer hat hier eine summarische Prüfung der Sach- und Rechtslage vorzunehmen.[7] Der Erfolg muss zumindest rechtlich möglich sein, wobei ausreichend ist, dass der Rechtsstreit mit gleichgroßer Wahrscheinlichkeit zugunsten des VN oder des Gegners ausgehen kann. 3

Für den Versicherer gilt für die Bewilligung von Prozesskostenhilfe, dass der Antrag bei schwierigen und noch nicht geklärten Rechtsfragen und vagen Prognosen bezüglich der Beweislage nicht pauschal wegen mangelnder Erfolgsaussicht abgelehnt werden darf.[8] Auch wenn die Entscheidung von der Beantwortung **schwieriger Rechts- und Tatfragen** abhängt, hat die beabsichtigte Rechtsverfolgung in der Regel Aussicht auf Erfolg.[9] Die summarische Prüfung der Rechtsverfolgung oder Rechtsverteidigung kann nicht das Hauptsacheverfahren ersetzen.[10] Aus diesem Grund dürfen auch bei der Rechtsschutzversicherung ungeklärte Fragen nicht in die Prüfung der hinreichenden Erfolgsaussicht verlagert werden.[11] 4

Die Erfolgsaussichten der Klage sind nur bei den **Leistungsarten § 2 lit. a) bis g)** zu prüfen. In den Fällen des Disziplinar-und Standes-Rechtsschutzes sowie des Straf-, Ordnungswidrigkeiten-, und Beratungs-Rechtsschutz (§ 2 lit. h) bis k)) ist die mangelnde Erfolgsaussicht kein Ablehnungsgrund und bedarf daher keiner Prüfung, § 3a I lit. b). Hier kann die Leistung nur bei Vorliegen von Mutwilligkeit abgelehnt werden. 5

3 BGH VersR 1987, 1186, 1187.
4 BGH NJW 1988, 266.
5 Vgl. § 1 ARB 2010 Rdn. 36; *Sieg* NJW 1992, 2992, 2995.
6 BGH NJW 1988, 266, 267; OLG Celle VersR 2007, 1218; BeckOK ZPO/*Reichling*, § 114 Rn. 28; Musielak/*Fischer*, § 114 Rn. 19; PK/*Hillmer-Möbius*, § 128 Rn. 4; van Bühren/Plote/*van Bühren*, § 1 ARB 2010 Rn. 40.
7 BK/*Honsell*, § 158n Rn. 5.
8 L/P/*Paffenholz*, § 128 Rn. 4; für die Prozesskostenhilfe BVerfG NJW-RR 2011, 1043, 1044; NJW-RR 2004, 933; NJW 2003, 1857; 1858; 2000, 1936, 1937.
9 BVerfG NJW 2010, 1647.
10 BVerfG NJW 1991, 413.
11 L/P/*Paffenholz*, § 128 Rn. 4; Musielak/*Fischer*, § 114 Rn. 20.

II. Mutwilligkeit

6 Das Gutachterverfahren ist ebenfalls bei Streit über die **Mutwilligkeit** einer Rechtsverfolgung vorgesehen. Die Mutwilligkeit beurteilt sich ebenso wie die Erfolgsaussichten nach dem **Maßstab des § 114 ZPO.** Eine Rechtsverfolgung ist mutwillig, wenn eine verständige Partei ihre Rechte nicht in gleicher Weise verfolgen würde.[12] § 3a konkretisiert dies dahingehend, dass Mutwilligkeit dann vorliegt, wenn der durch die Wahrnehmung der rechtlichen Interessen voraussichtlich entstehende Kostenaufwand unter Berücksichtigung der berechtigten Belange der Versichertengemeinschaft in einem groben Missverhältnis zum angestrebten Erfolg steht. Hierbei kommt es auf die Interessenabwägung im Einzelfall an.[13] Mutwilligkeit ist ausnahmsweise angenommen worden bei fehlender Vollstreckungsmöglichkeit gegen einen unpfändbaren Schuldner im Ausland,[14] wobei zu berücksichtigen ist, dass der Gläubiger grundsätzlich einen berechtigten Anspruch darauf hat, sich einen 30 Jahre vollstreckbaren Titel zu verschaffen.[15] Mutwilligkeit wurde außerdem bejaht bei einer Klage gegen eine im Ausland ansässige Briefkastenfirma auf Gewinnauszahlung aufgrund einer Gewinnzusage.[16]

III. Andere Ablehnungsgründe

7 Die in § 128 VVG genannten Ablehnungsgründe sind abschließend. Schutz vor anderen Ablehnungsgründen als die in Satz 1 genannten bietet § 128 VVG nicht.[17]

IV. Unverzügliche Ablehnung

8 Lehnt der Versicherer die Leistung wegen fehlender Erfolgsaussicht oder wegen Mutwilligkeit ab, muss die Ablehnung durch den Versicherer **unverzüglich** unter Angabe von Gründen schriftlich erfolgen, § 3a I 2. Die Ablehnung muss also gem. § 121 I 1 BGB ohne schuldhaftes Zögern mitgeteilt werden. In der Praxis ist eine Bearbeitungszeit von 2 bis 3 Wochen anerkannt.[18] Beginn der Prüfungspflicht ist der Zeitpunkt, zu welchem der Versicherer vom VN alle notwendigen Informationen zum Versicherungsfall erhalten hat.[19]

V. Hinweispflicht des Versicherers

9 § 128 Satz 2 VVG sieht vor, dass der Versicherer im Falle der Ablehnung der Leistung auf das Gutachterverfahren oder ein anderes Verfahren mit vergleichbaren Garantien

12 PG/*Zempel*, § 114 ZPO Rn. 36; PK/*Hillmer-Möbius*, § 128 Rn. 7.
13 PK/*Hillmer-Möbius*, § 128 Rn. 10; BK/*Honsell*, § 158n Rn. 10.
14 OLG Köln VersR 1995, 530.
15 BGH VersR 2003, 454.
16 OLG Dresden NJW-RR 2004, 1078; Nachweis bei L/W/*Richter*, § 128 Rn. 16.
17 BK/*Honsell*, § 158n Rn. 2; PK/*Hillmer-Möbius*, § 128 Rn. 11; Harbauer/*Schmitt*, § 128 VVG Rn. 2.
18 OLG Frankfurt NJW-RR 1997, 1366; OLG Köln r+s 1991, 419; L/W/*Richter*, § 128 Rn. 21; 7 Wochen Bearbeitungszeit sind nicht unverzüglich OLG Köln r+s 2009, 110.
19 PK/*Hillmer-Möbius*, § 128 Rn. 13.

für die Unparteilichkeit **hinweisen** muss. Die Verletzung der Hinweispflicht hat zur Folge, dass das Rechtsschutzbedürfnis im Einzelfall als anerkannt gilt, § 128 Satz 3 VVG.[20] Gleiches gilt, wenn der Versicherungsvertrag kein unparteiliches Verfahren vorsieht, § 128 Satz 3 VVG.

Umstritten ist, ob der Hinweis auch erforderlich ist, wenn der VN oder sein Rechtsanwalt ohnehin Kenntnis von der Möglichkeit des Gutachter- oder Stichentscheidverfahrens haben. Teilweise wird dann der Hinweis für **entbehrlich** gehalten, da dieser eine bloße Förmlichkeit darstellen würde.[21] Dagegen spricht jedoch, dass der Anwalt des VN regelmäßig von dem Verfahren Kenntnis haben wird.[22] Er dürfte das Fehlen des Hinweises jedoch nicht rügen, um die für den VN günstige Rechtsfolge des § 128 Satz 3 VVG nicht zu gefährden. Auf der anderen Seite wird der Versicherer den Beweis, dass der VN oder sein Rechtsanwalt bereits Kenntnis von der Möglichkeit eines Gutachterverfahrens haben, schwer erbringen können.[23] Der Verzicht auf die Hinweispflicht führt daher zu **Rechtsunsicherheit.** Die Hinweispflicht des Versicherers ist daher auch bei Kenntnis des VN oder seines Anwalts nicht entbehrlich.[24] Ein genereller Verzicht auf die Hinweispflicht würde einen Verstoß gegen § 129 VVG darstellen.[25] 10

VI. Verfahren

§ 128 VVG selbst schreibt kein bestimmtes Verfahren vor. Die Musterbedingungen regeln in § 3a **alternativ** sowohl das Stichentscheid- als auch das Schiedsgutachterverfahren. Der Versicherer muss sich in seinen ARB für eines der Verfahren entscheiden.[26] 11

1. Stichentscheidverfahren

Beim **Stichentscheid** beauftragt der VN seinen Rechtsanwalt auf Kosten des Versicherers,[27] diesem gegenüber eine begründete Stellungnahme abzugeben, ob die Wahrnehmung seiner rechtlicher Interessen in einem angemessenen Verhältnis zum angestrebten Erfolg steht und hinreichende Aussicht auf Erfolg verspricht, § 3a II 1. Die Entscheidung des Anwaltes ist für beide Teile bindend, es sei denn, dass sie offenbar von der wirklichen Sach- und Rechtslage erheblich abweicht. Die Abweichung ist 12

20 Vgl. BGH NJW 2006, 2548; OLG Köln BeckRS 2008, 21529.

21 OLG Karlsruhe r+s 1999, 70, 72; PK/*Hillmer-Möbius*, § 128 Rn. 16; L/W/*Richter*, § 128 Rn. 24.

22 L/P/*Paffenholz*, § 128 Rn. 12.

23 *Bauer* NJW 1999, 1371, 1375.

24 OLG Hamm NVersZ 1999, 291, 292; Harbauer/*Schmitt*, § 128 Rn. 12, 15; L/P/*Paffenholz*, § 128 Rn. 12; L/R/*Rixecker*, § 128 Rn. 8; *Bauer* NJW 2000, 1235, 1239.

25 L/R/*Rixecker*, § 128 Rn. 8.

26 Van Bühren/*Schneider*, § 13 Rn. 500.

27 Vgl. zu den Kosten insbesondere L/W/*Richter*, § 128 Rn. 30 ff.; Harbauer/*Bauer*, § 18 ARB 2000 Rn. 24.

offenbar, wenn sich die Unrichtigkeit einem Sachkundigen geradezu aufdrängt.[28] Die Beweislast für die Unrichtigkeit liegt bei demjenigen, der sich darauf beruft.[29]

13 Da der Anwalt im Lager des VN steht, sind an den Stichentscheid im Hinblick auf die **Unparteilichkeit** bestimmte Anforderungen zu stellen. Zwar ist der Anwalt aus seinem Mandatsvertrag ohnehin verpflichtet, bei mangelnden Erfolgsaussichten von der Rechtsverfolgung abzuraten. Für den Stichentscheid sollte er aber bei der Abwägung des Prozessrisikos auch die Interessen des Versicherers berücksichtigen.[30]

2. Schiedsgutachterverfahren

a) Inhalt

14 Bei einem **Schiedsgutachten** wird der Schiedsgutachter von dem Präsidenten der für den Wohnsitz des VN zuständigen Rechtsanwaltskammer benannt. Dabei muss es sich bei dem Schiedsgutachter um einen seit mindestens fünf Jahren zur Rechtsanwaltschaft zugelassenen Rechtsanwalt handeln, vgl. § 3a IV 1.

15 Die Entscheidung des Schiedsgutachters ergeht in einem **schriftlichen Verfahren**, § 3a IV 3. Für die Entscheidung hat der Versicherer alle ihm vorliegenden Mitteilungen und Unterlagen, die für die Durchführung des Gutachtens wesentlich sind, zur Verfügung zu stellen, § 3a IV 2. Der VN hat dem Schiedsgutachter ebenfalls alle für das Gutachten wesentlichen Mitteilungen und Unterlagen zuzusenden, § 3a II 2.

16 Die Entscheidung des Schiedsgutachters entfaltet Bindungswirkung nur für den Versicherer. Der VN ist bei negativem Ausgang des Verfahrens nicht gehindert, **Deckungsklage** zu erheben. Er kann auch ohne Durchführung des Schiedsverfahrens Deckungsklage erheben, ihm steht insofern ein Wahlrecht zu.[31] Es ist ihm allerdings verwehrt, nach Erhebung der Deckungsklage ein Stichentscheid- bzw. Schiedsgutachterverfahren einzuleiten.[32]

Anders als beim Stichentscheid hebt eine offenbare Abweichung von der tatsächlichen Sach- und Rechtslage die Bindungswirkung nicht auf.[33]

b) Einleitung des Verfahrens/Frist

17 Lehnt der Versicherer wegen mangelnder Erfolgsaussichten oder Mutwilligkeit die Kostenübernahme ab, muss der VN die Einleitung des Schiedsgutachterverfahrens **innerhalb eines Monats** verlangen. Der Versicherer muss auf die Frist hinweisen, § 3a II 1. Streitig dabei ist, ob es sich bei dieser Frist um eine Ausschlussfrist handelt. Dagegen spricht

---

28 OLG Köln r+s 2012, 339, 340; L/W/*Richter*, § 128 Rn. 27.
29 OLG Köln NJW-RR 2003, 392.
30 L/W/*Richter*, § 128 Rn. 25.
31 BGH r+s 2003, 363; Harbauer/*Schmitt*, § 128 Rn. 6.
32 Harbauer/*Schmitt*, § 128 Rn. 6.
33 VersHb/*Obarowski*, § 45 Rn. 550.

allerdings der Wortlaut der ARB, der keine Rechtsfolge für das Versäumen der Frist vorsieht. Zudem verbietet § 129 VVG eine abweichende Regelung zum Nachteil des VN.[34]

Der Versicherer muss nun innerhalb eines Monats das Schiedsgutachterverfahren einleiten und den VN darüber informieren, vgl. § 3a III 1. Leitet der Versicherer das Verfahren nicht fristgemäß ein, so gilt seine Leistungspflicht im Hinblick auf den geltend gemachten Rechtsanspruch als festgestellt, § 3a III 3. 18

§ 129 Abweichende Vereinbarungen

Von den §§ 126 bis 128 kann nicht zum Nachteil des Versicherungsnehmers abgewichen werden.

Gem. § 129 VVG sind die §§ 126 – 128 VVG **halbzwingende Vorschriften.** Die Vorschrift dient dem Schutz des VN. 1

Werden nachteilige Vereinbarungen getroffen, so sind diese **unwirksam.** Es gilt dann die gesetzliche Regelung. Auf den § 125 VVG findet § 129 VVG keine Anwendung, da die Ausgestaltung der Rechtsschutzversicherung den Vertragsparteien überlassen worden ist. 2

34 PK/*Hillmer-Möbius*, § 128 Rn. 29; Harbauer/*Bauer*[8], § 18 ARB 2000 Rn. 3; a.A. P/M/*Piontek*, § 3a ARB 2010 Rn. 22.

Kapitel 3 Kommentierung der ARB 2010

§ 1 Aufgaben der Rechtsschutzversicherung

Der Versicherer erbringt die für die Wahrnehmung der rechtlichen Interessen des Versicherungsnehmers oder des Versicherten erforderlichen Leistungen im vereinbarten Umfang (Rechtsschutz).

Literatur:
Bauer, Obliegenheiten des Versicherungsnehmers in der Rechtsschutzversicherung, NJW 2011, 646; *Bercher/Engel*, Kostenanreize für eine Streitbeilegung durch Mediation, ZRP 2010, 126; *Cornelius-Winkler*, Mitversicherungskonstellationen in der Verkehrsrechtsschutzversicherung, SVR 2005, 321; *ders.*, Nochmals: Die Schadensminderungspflicht des Versicherungsnehmers in der Rechtsschutzversicherung, VersR 2012, 1224; *Eberhardt*, Rechtsschutzversicherung im Wandel – Mit der Anwaltschaft gemeinsam in schwierigem Gelände, in: GS Hübner, 2012, 63 und VersR 2013, 802; *Felsch*, Die Rechtsprechung des Bundesgerichtshofs zum Versicherungsrecht – Allgemeines Versicherungsvertragsrecht und Rechtsschutzversicherung, r+s 2016, 321; *Germann*, Gute Ergebnisse mit dem Anwalt via Telefon, VW 2009, 510; *Heinsen*, Rechtsbesorgung durch den Rechtsschutz-Versicherer, Vision oder Wirklichkeit, VW 1997, 833; *Kurzka*, Zur Bewertung des subjektiven Risikos in der Rechtsschutzversicherung, VersR 1994, 409; *Lensing*, Die Rechtsschutzversicherung: ARB – the next generation, AnwBl 2022, 227; *Mathy*, Die Mitversicherung des nichtehelichen Lebenspartners in der Rechtsschutzversicherung, VersR 2003, 820; *Schirmer*, Die Obliegenheiten in der Rechtsschutzversicherung (Teil 1), r+s 1999, 1; (Teil 2) r+s 1999, 45; *Sperling*, Neue Allgemeine Bedingungen für die Rechtsschutzversicherung (ARB 94) – Motive und rechtliche Schwerpunkte, VersR 1996, 133; *D.H. Wendt*, Leistungspflichten des Rechtsschutzversicherers nach § 125 VVG, VersR 2014, 420; *R. Wendt*, Die Rechtsprechung des BGH zum Versicherungsrecht – Rechtsschutzversicherung, r+s 2010, 221; *ders.*, Die Rechtsprechung des Bundesgerichtshofes zur Rechtsschutzversicherung – Der Rechtsschutzversicherer und sein durchschnittlicher Versicherungsnehmer, r+s 2012, 209; *ders.*, Die Rechtsprechung des IV. Zivilsenats des Bundesgerichtshofs zur Rechtsschutzversicherung, r+s 2014, 328; *Werber*, Rechtsdienstleistungen und Versicherung, VersR 2006, 1010.

Übersicht Rdn.

A. Allgemeines

1 § 1 umschreibt die Aufgaben der Rechtsschutzversicherung. Die Verfasser der ARB 2010 haben sich bei der Formulierung der Klausel an § 125 VVG orientiert, der bei der VVG-Reform 2008 neu eingeführt worden ist.[2] Ebenso wie sein gesetzliches Vorbild enthält § 1 weiterhin **keine echte Definition** des Begriffs der Rechtsschutzversicherung.[3] Anders als in den älteren AVB wird auch die Leistungspflicht des Versicherers in § 1 nicht konkretisiert (vgl. unten Rdn. 20 ff.). § 1 enthält bloß eine sehr abstrakte Umschreibung.[4] Die Voraussetzungen sowie der konkrete Inhalt und Umfang der Leistungspflicht lassen sich erst den nachfolgenden Bestimmungen der ARB entnehmen.[5] § 1 macht dies mit dem Verweis auf den »vereinbarten Umfang« deutlich. Es gilt damit weiter die Feststellung des BGH zu § 1 ARB 75, dass § 1 für sich genommen noch keine Ansprüche des VN begründet.[6]

2 Die in der Überschrift angesprochenen **Aufgaben der Rechtsschutzversicherung** lassen sich dem § 1 nur noch mittelbar – nämlich über den Zweck der Leistungen des Versicherers – entnehmen. Es geht darum, dem VN die Wahrnehmung seiner rechtlichen Interessen zu ermöglichen. Die älteren Fassungen des § 1 sind insoweit wesentlich klarer gefasst. So sorgt der Versicherer nach dem Wortlaut des § 1 ARB 2000 dafür, dass der VN seine rechtlichen Interessen wahrnehmen kann, und trägt die für die Interessenwahrnehmung erforderlichen Kosten. § 1 ARB 75 spricht sogar davon, dass der Versicherer nach Eintritt des Versicherungsfalles für die Wahrnehmung der rechtlichen Interessen des VN sorgt und die dem VN hierbei entstehenden Kosten trägt. Die Anknüpfung an die »Sorgeleistung« des Rechtsschutzversicherers könnte zu dem Missverständnis führen, dass der Versicherer selbst für die Wahrnehmung der rechtlichen Interessen des VN zuständig ist.[7] Eine solche Rechtsbesorgung war dem Rechts-

---

2 P/M/*Piontek*, § 1 ARB 2010 Rn. 1; HK-VVG/*Münkel*, § 1 ARB 2010 Rn. 1.

3 Vgl. PK/*Hillmer-Möbius*, § 125 Rn. 1; Harbauer/*Schmitt*, § 1 ARB 2010 Rn. 5; a.A. van Bühren/*Schneider*, § 13 Rn. 6. Zu den Gründen für den Verzicht auf eine Definition der Rechtsschutzversicherung in § 125 VVG vgl. Begr. RegE, BT-Drucks. 16/3945 S. 822.

4 Ähnlich Harbauer/*Schmitt*, § 1 ARB 2010 Rn. 5.

5 So schon zu § 1 ARB 75 BGH NJW 1985, 1466, 1467 = VersR 1985, 538.

6 BGH NJW 1985, 1466, 1467; hieran anknüpfend Harbauer/*Schmitt*, § 1 ARB 2010 Rn. 5.

7 Zur Problemstellung van Bühren/Plote/*van Bühren*, § 1 ARB 2010 Rn. 3, 9; VersHb/*Obarowski*, § 45 Rn. 13; *Sperling* VersR 1996, 133, 134; Harbauer/*Schmitt*, § 1 ARB 2010 Rn. 6.

schutzversicherer aber schon auf der Grundlage des RBerG verwehrt.[8] Der BGH hat in seiner grundlegenden Entscheidung vom 20.2.1961 damit argumentiert, dass der Rechtsschutzversicherer bei Übernahme der Rechtsbesorgung einem Interessenkonflikt ausgesetzt wäre, weil er aus wirtschaftlicher Sicht an der Vermeidung von Kosten interessiert sein muss, während er nach dem Versicherungsvertrag zur Übernahme der Kosten verpflichtet ist, die dem VN durch eine berechtigte Wahrnehmung seiner rechtlichen Interessen entstehen.[9] Hieran anknüpfend stellt § 4 RDG ausdrücklich klar, dass Rechtsdienstleistungen, die einen unmittelbaren Einfluss auf die Erbringung einer anderen Leistungspflicht haben können, nicht erbracht werden dürfen, wenn hierdurch die ordnungsgemäße Erbringung der Rechtsdienstleistung gefährdet wird.[10] Eine konkrete Gefährdung der ordnungsgemäßen Erbringung der Rechtsdienstleistung (etwa aufgrund eines Interessenkonflikts im Einzelfall) wird dabei nicht vorausgesetzt (vgl. Einführung Kap. 1 Rdn. 28).

Der Wortlaut des § 1 ARB 75 und des § 1 ARB 2000 könnte außerdem zu dem Miss- 3
verständnis führen, dass die **Sorgeleistungs- und die Kostentragungspflicht** des Versicherers gleichberechtigt nebeneinanderstehen. Wegen der rechtlichen Restriktionen bei der Sorgeleistung steht jedoch die Kostentragungspflicht klar im Vordergrund;[11] die Sorgeleistung hat dagegen nur untergeordnete Bedeutung.[12] § 1 ARB 2010 vermeidet solche Missverständnisse um den Preis, dass auf jede Konkretisierung der Leistungspflicht verzichtet wird. Entscheidend ist aber die Feststellung, dass die unterschiedlichen Fassungen des § 1 nicht mit inhaltlichen Divergenzen verbunden sind. So wird die Sorgeleistungspflicht des Versicherers in § 5 V und § 17 I 2 konkretisiert.[13]

Ebenso wie § 125 VVG verzichtet § 1 auch auf eine Definition des **Versicherungsfalls.** 4
Während das Gesetz hierzu überhaupt keine Regelung enthält, findet sich eine entsprechende Definition in § 4.

Die vorstehenden Überlegungen implizieren nicht, dass § 1 überhaupt keine rechtliche 5
Bedeutung hätte. Mit der **Wahrnehmung der rechtlichen Interessen** und der Erbringung der hierfür **erforderlichen Leistungen** enthält § 1 vielmehr zwei Kernelemente der Rechtsschutzversicherung. Außerdem macht § 1 mit der Anknüpfung an die rechtlichen Interessen des VN oder des Versicherten deutlich, dass auch eine **Versicherung für fremde Rechnung** (vgl. dazu § 15 Rdn. 4) vereinbart werden kann.[14]

8 Vgl. BGH NJW 1961, 1113 = VersR 1961, 433.
9 BGH NJW 1961, 1113, 1115; krit. Grunewald/Römermann/*Grunewald*, § 4 RDG Rn. 3 ff.; *Kleine-Cosack*, § 4 RDG Rn. 21 ff.; *Heinsen* VW 1997, 833 ff.; *Werber* VersR 2006, 1010, 1013.
10 Vgl. Harbauer/*Schmitt*, § 1 ARB 2010 Rn. 15; PK/*Hillmer-Möbius*, § 125 VVG Rn. 4. Näher dazu Einf. Kap. 1 Rdn. 26 ff.
11 BGH NJW-RR 1999, 1037, 1138 = JR 2000, 149 mit Anm. *Looschelders.*
12 Buschbell/Hering/*Buschbell*, § 5 Rn. 6; PK/*Hillmer-Möbius*, § 125 Rn. 13; van Bühren/*Schneider*, § 13 Rn. 107; VersHb/*Obarowski*, § 45 Rn. 15; *Bruns*, § 23 Rn. 9.
13 P/M/*Piontek*, § 1 ARB 2010 Rn. 3; Harbauer/*Schmitt*, § 1 ARB 2010 Rn. 7.
14 Vgl. (zu § 125 VVG) L/W/*Obarowski*, § 125 Rn. 45; *D.H. Wendt* VersR 2014, 420, 423 f.

B. Wahrnehmung rechtlicher Interessen

I. Rechtliche Interessen

6 Dem § 1 lässt sich entnehmen, dass die Rechtsschutzversicherung der Wahrnehmung **rechtlicher** Interessen dient. Nach einer in der älteren Rechtsprechung und Literatur verbreiteten Auffassung folgt hieraus, dass die Wahrnehmung **wirtschaftlicher** oder sonstiger (wissenschaftlicher, familiärer, technischer oder medizinischer) Interessen nicht von der Rechtsschutzversicherung umfasst ist.[15] Damit sollten diejenigen Fälle vom Versicherungsschutz ausgeschlossen werden, bei denen eine Rechtsdurchsetzung nicht möglich erscheint, der VN aber anwaltliche Hilfe in Anspruch nimmt, um durch Verhandlungen ein wirtschaftlich vorteilhaftes Ergebnis zu erreichen.[16] Der BGH hat einer solchen Einschränkung des Versicherungsschutzes mit Urteil vom 22.5.1991[17] entgegengehalten, dass eine Wahrnehmung rechtlicher Interessen, die nicht auch der Verwirklichung anderer (insbesondere wirtschaftlicher) Interessen dient, schwer vorstellbar sei. Der Begriff des »wirtschaftlichen Interesses« sei daher kein taugliches Abgrenzungskriterium. Außerdem könne der durchschnittliche VN dem Begriff »rechtliche Interessen« in § 1 nicht entnehmen, dass er keinen Versicherungsschutz genießt, wenn es ihm primär um die Verwirklichung wirtschaftlicher Interessen geht. Für eine entsprechende Einschränkung des Versicherungsschutzes wäre daher eine klarere Formulierung in den ARB erforderlich.[18] Mit dieser Argumentation hat der BGH das Aushandeln und den Abschluss eines **Vollstreckungsvergleichs** als Wahrnehmung rechtlicher Interessen qualifiziert.

7 Unter Berufung auf das Urteil des BGH hat das OLG Saarbrücken das Aushandeln einer **einvernehmlichen Regelung** zwischen einem Darlehensnehmer und einem Darlehensgeber, mit der sich letzterer verpflichtete, Zwangsvollstreckungsmaßnahmen gegen monatliche Ratenzahlungen auszusetzen, nicht von vornherein unter dem Aspekt der Verfolgung wirtschaftlicher Interessen vom Versicherungsschutz ausgeschlossen.[19] Entscheidend sei, dass die einvernehmliche Regelung zur Umgestaltung des zwischen den Parteien bestehenden Rechtsverhältnisses führe.

8 Im Ergebnis ist damit festzuhalten, dass die Wahrnehmung rechtlicher Interessen nicht in der **Durchsetzung** bestehender Rechte liegen muss. Die Rechtsschutzversicherung kann auch die rechtliche Regelung einer nicht kontroversen Angelegenheit abdecken.

---

15 OLG Celle ZfS 1985, 19; LG Bamberg ZfS 1983, 275; LG Lüneburg ZfS 1984, 371; LG Trier ZfS 1984, 372; *Böhme*, § 1 ARB 75 Rn. 3a m.w.N.

16 Zur Problemstellung VersHb/*Obarowski*, § 45 Rn. 543.

17 BGH NJW 1991, 2644 = VersR 1991, 919; krit. *Böhme*, § 1 ARB 75 Rn. 3a; *Kurzka* VersR 1994, 409, 410.

18 Zustimmend insoweit P/M/*Piontek*, § 1 ARB 2010 Rn. 23 unter Verweis auf § 305c II BGB.

19 OLG Saarbrücken VersR 2011, 108, 109.

Dies zeigt sich daran, dass § 1 nicht von der Durchsetzung, sondern von der **Wahrnehmung** rechtlicher Interessen spricht.[20]

9 Aus den vorstehenden Überlegungen folgt nicht, dass der VN für die rechtliche Regelung einer nicht kontroversen Angelegenheit in jedem Fall Versicherungsschutz genießt. Die entscheidende Frage ist in solchen Fällen, ob die **Interessenwahrnehmung** erforderlich war (allg. dazu unten Rdn. 31 ff.). Diese Voraussetzung liegt nur vor, wenn die in Frage stehende Maßnahme die **Rechtsposition des VN verbessern** kann und der VN für die Maßnahme **rechtskundiger Hilfe bedarf.**[21] Unter dem letzteren Aspekt hat das OLG Saarbrücken die Erforderlichkeit der Interessenwahrnehmung in Bezug auf die Ratenzahlungsvereinbarung der Parteien gegen Aussetzung der Zwangsvollstreckung verneint.[22] Das Gleiche gilt für den Fall einer einfachen Stundung.[23]

10 Das OLG Schleswig hat die Erforderlichkeit der Interessenwahrnehmung für den Fall verneint, dass der VN einen Rechtsanwalt beauftragt, die **Erfüllung eines Grundstückskaufvertrags** durch den Verkäufer zu erreichen. Da der Erfüllungsanspruch des VN bei der Beauftragung des Rechtsanwalts bereits nach § 326 BGB a.F. erloschen war, ist der Entscheidung wegen fehlender Erfolgsaussicht zuzustimmen. Für die Erwirkung einer angemessenen Frist i.S.d. § 323 I BGB kann der Versicherungsschutz dagegen nicht unter Berufung auf diese Entscheidung abgelehnt werden.[24]

II. Interessen des VN oder des Versicherten

11 Während die älteren ARB allein die Interessen des **VN** erwähnen, nennt § 1 ARB 2010 auch die Interessen des **Versicherten.** Insoweit besteht ebenfalls Einklang mit § 125 VVG.[25]

12 Die §§ 21 – 29 sehen für viele Formen des Versicherungsschutzes die Einbeziehung Dritter vor. So stellt § 21 I 2 klar, dass der Verkehrs-Rechtsschutz sich auf alle berechtigten Fahrer und Insassen des Fahrzeugs erstreckt.[26] In vielen Fällen sind auch der Ehegatte, der eingetragene Lebenspartner und die Kinder des VN in den Versicherungsschutz einbezogen (vgl. §§ 23, 25 – 28). Da die betreffenden Personen automatisch in den Versicherungsschutz einbezogen sind, wird von einer **obligatorischen Mitversicherung** gesprochen.[27]

---

20 OLG Saarbrücken VersR 2011, 108, 109; P/M/*Piontek*, § 1 ARB 2010 Rn. 23; Harbauer/*Schmitt*, § 1 ARB 2010 Rn. 13.
21 BGH NJW 1991, 2644, 2645; OLG Saarbrücken VersR 2011, 108, 109.
22 OLG Saarbrücken VersR 2011, 108, 110.
23 P/M/*Piontek*, § 1 ARB 2010 Rn. 24; VersHb/*Obarowski*, § 45 Rn. 543; von BGH NJW 1991, 2644, 2645 offen gelassen.
24 Zutreffend insoweit P/M/*Piontek*, § 1 ARB 2010 Rn. 24.
25 Vgl. L/W/*Obarowski*, § 125 Rn. 32 f.; PK/*Hillmer-Möbius*, § 125 Rn. 1.
26 Zur Mitversicherung beim Verkehrs-Rechtsschutz vgl. *Cornelius-Winkler*, SVR 2005, 321 ff.
27 Vgl. H/E/K/*Heinrichs*, 34. Kap. Rn. 417.

13 Die Parteien können darüber hinaus weitere Personen durch Vereinbarung in den Versicherungsschutz einbeziehen (sog. **fakultative Mitversicherung**). So sind etwa der nichteheliche und der nicht eingetragene Lebenspartner nicht automatisch mitversichert. Die Mitversicherung setzt hier vielmehr voraus, dass der Lebenspartner im Versicherungsschein genannt ist (vgl. §§ 23 I, 25 – 28).[28]

14 Die rechtliche Stellung des Versicherten beurteilt sich grundsätzlich nach den allgemeinen Regeln über die **Versicherung für fremde Rechnung** (§§ 43 ff. VVG). Diese werden allerdings durch § 15 (§ 11 II ARB 75) partiell abgewandelt.[29] Für die Einzelheiten wird auf die Kommentierung zu § 15 (§ 15 Rdn. 4) verwiesen. Bei Klagen im Verhältnis zwischen mitversicherten Personen sowie bei Klagen mitversicherter Personen gegen den VN ist der **Risikoausschluss** nach § 3 IV lit. a) zu beachten.

15 Für die Wahrnehmung der **rechtlichen Interessen Dritter** besteht kein Versicherungsschutz. Der Rechtsschutzversicherer ist daher nicht verpflichtet, Rechtsschutz für die Verfolgung von Ansprüchen zu gewähren, die der VN an einen Dritten zur Erlangung der Zeugenstellung abgetreten hat.[30] Dies gilt auch dann, wenn die abgetretenen Ansprüche dem VN wirtschaftlich weiter zugutekommen. Macht der Dritte den Anspruch im eigenen Namen geltend, so ist er nicht Kostenschuldner und bedarf daher keines Rechtsschutzes.[31] Erteilt der Versicherer dem Dritten in einem solchen Fall eine Deckungszusage, so erlangt dieser dadurch aber die Stellung einer mitversicherten Person.[32] Ist der VN – für den Versicherer erkennbar – gegenüber dem Dritten verpflichtet, die Kosten des Rechtstreits zu tragen, so kann die Deckungszusage aber auch dahin auszulegen sein, dass der Versicherer die Kosten übernimmt, die der VN dem Dritten zu ersetzen hat.[33]

III. Art und Dauer der Wahrnehmung rechtlicher Interessen

16 Nach der Rechtsprechung erfolgt die Wahrnehmung rechtlicher Interessen in erster Linie dadurch, dass **Ansprüche verfolgt** oder **abgewehrt** werden.[34] Der Begriff der Interessenwahrnehmung geht aber über eine solche Rechtsdurchsetzung hinaus. Erfasst werden letztlich alle Maßnahmen, welche die Rechtsposition des VN verbessern und für die er rechtskundiger Hilfe bedarf (vgl. oben Rdn. 9). Dies entspricht im Wesentlichen der Definition der Rechtsdienstleistung in § 2 RDG als jede Tätigkeit in kon-

---

28 Vgl. H/E/K/*Heinrichs*, 34 Kap. Rn. 418. Speziell zur Mitversicherung sonstiger (nicht ehelicher bzw. nicht eingetragener) Lebenspartner *Mathy* VersR 2003, 820 ff.

29 Vgl. BGH NJW 2014, 3030 Rn. 11 ff. = VersR 2014, 1118; *Looschelders* r+s 2015, 581, 584 f.

30 OLG Köln VersR 2009, 825; OLG Nürnberg r+s 1992, 19; LG Düsseldorf r+s 1998, 421, 423; LG Kiel r+s 2009, 279; AG München VersR 2004, 372, 373; L/P/*Paffenholz*, § 125 Rn. 6; P/M/*Piontek*, § 3 ARB 2010 Rn. 91; VersHb/*Obarowski*, § 45 Rn. 565; *E. Lorenz* VersR 1994, 1062 f.

31 *E. Lorenz* VersR 1994, 1062.

32 OLG Nürnberg r+s 1992, 19; einschränkend VersHb/*Obarowski*, § 45 Rn. 565.

33 P/M/*Piontek*, § 3 ARB 2010 Rn. 92; vgl. auch LG Kiel r+s 2009, 279.

34 Vgl. BGH NJW 1992, 511 = VersR 1992, 487.

kreten fremden Angelegenheiten, die eine rechtliche Prüfung des Einzelfalles erfordert. § 1 RBerG hatte noch knapper von der Besorgung fremder Rechtsangelegenheiten gesprochen.

Die versicherte Art der Wahrnehmung rechtlicher Interessen wird bei der Definition der einzelnen Leistungsarten in § 2 teilweise **begrenzt.** So besteht Schadensersatz-Rechtsschutz nach § 2 lit. a) nur für die »Geltendmachung« von Schadensersatzansprüchen, nicht aber für die Abwehr derselben (vgl. § 2 Rdn. 11). Teilweise besteht auch nur für das Verfahren vor bestimmten Behörden oder Gerichten Rechtsschutz (vgl. § 2 lit. e) bis g)). Im Familien-, Lebenspartnerschafts- und Erbrecht ist die Wahrnehmung rechtlicher Interessen nach §§ 2 lit. k), 3 II lit. g) auf den Beratungs-Rechtsschutz beschränkt. 17

In zeitlicher Hinsicht beginnt die Wahrnehmung der rechtlichen Interessen vorbehaltlich möglicher Einschränkungen nach § 2 mit der ersten anwaltlichen **Beratung** und dauert bis zum Abschluss der **Zwangsvollstreckung** an.[35] Notwendige Nebenverfahren werden ebenfalls erfasst.[36] Dazu gehören z.B. das Mahnverfahren, das selbständige Beweisverfahren und der einstweilige Rechtsschutz.[37] 18

IV. Sachliche Eingrenzung der rechtlichen Interessen nach § 2 und §§ 21 ff.

Der einzelne Rechtsschutzvertrag deckt regelmäßig nicht die Wahrnehmung rechtlicher Interessen auf sämtlichen Rechtsgebieten ab. Im Interesse einer sachgemäßen Prämienkalkulation ist der Versicherungsschutz in den einzelnen Leistungsarten gem. § 2 nach dem Grundsatz der Spezialität des versicherten Risikos auf bestimmte **Rechtsgebiete** (z.B. Arbeitsrecht, Vertrags- und Sachenrecht, Steuer- und Abgabenrecht) beschränkt. Außerdem genießt der VN nach den Vorschriften über die Formen des Versicherungsschutzes (§§ 21 ff.) meist nur in einer bestimmten **Eigenschaft** (z.B. als Eigentümer oder Halter eines Kfz; Eigentümer, Vermieter oder Mieter eines Grundstücks oder Gebäudes) bzw. bei der **Ausübung einer bestimmten Tätigkeit** Versicherungsschutz. Für die Einzelheiten wird auf die Kommentierung des § 2 und der §§ 21 ff. verwiesen. 19

C. Die Leistungspflicht des Versicherers

I. Inhalt der Leistungspflicht

Im Unterschied zu den älteren ARB (dazu oben Rdn. 2) spricht § 1 ARB 2010 nur allgemein davon, dass der Versicherer die für die Wahrnehmung der rechtlichen Interessen erforderlichen Leistungen erbringt. Der Inhalt der Leistungspflicht wird jedoch insbesondere in § 5 konkretisiert. 20

35 Vgl. *Böhme*, § 1 ARB 75 Rn. 3.
36 BGH NJW 1991, 2644, 2645.
37 Vgl. *Böhme*, § 1 ARB 75 Rn. 3; Harbauer/*Bauer*, 8. Aufl. 2010, § 1 ARB 2000 Rn. 8.

1. Kostentragung

21 Da der Rechtsschutzversicherer die rechtlichen Interessen des VN bzw. des Versicherten gem. § 4 RDG nicht selbst wahrnehmen darf, steht die Pflicht zur **Kostentragung** im Vordergrund.[38] Welche Kosten der Versicherer zu tragen hat, ist in § 5 I-IV eingehend geregelt (näher dazu § 5 Rdn. 7 ff.). Der Versicherer ist hiernach verpflichtet, den VN von den bei der Wahrnehmung seiner rechtlichen Interessen entstehenden Kosten freizustellen. Diese Verpflichtung kann er nach allgemeinen Grundsätzen auch dadurch erfüllen, dass er dem VN für einen etwaigen Gebührenprozess mit seinem Prozessbevollmächtigten Kostenschutz gewährt.[39] Dem steht auch nicht § 128 Satz 3 VVG (§ 158n Satz 3 VVG a.F.) entgegen. Die Vorschrift betrifft nur den Fall, dass der Versicherer seine Leistungspflicht ablehnt, weil die Rechtsverfolgung keine hinreichende Aussicht auf Erfolg hat oder mutwillig ist. Hiervon zu unterscheiden ist die Frage, welche Leistungen der Versicherer im Rahmen eines zugesagten Deckungsschutzes zu erbringen hat.[40]

2. Erbringung und Vermittlung von Dienstleistungen (Sorgepflicht)

22 Der einleitende Satz des § 5 I macht bereits deutlich, dass die Leistungspflicht des Rechtsschutzversicherers auch nach den ARB 2010 nicht auf die Kostentragung beschränkt ist, sondern auch die Erbringung und Vermittlung von Dienstleistungen umfasst. In diesen Zusammenhang gehört insbesondere die sog. **Sorgepflicht** des Versicherers. So sorgt der Versicherer nach § 5 V für die **Übersetzung** der für die Interessenwahrnehmung im Ausland notwendigen schriftlichen Unterlagen und die Zahlung eines zinslosen Darlehens für eine **Kaution**, die gestellt werden muss, um den VN einstweilen von Strafverfolgungsmaßnahmen zu verschonen (näher dazu § 5 Rdn. 135 ff.).

23 Die Sorgepflicht des Versicherers hat auch bei der **Auswahl des Anwalts** Bedeutung. Wegen des Grundsatzes der freien Anwaltswahl (§ 127 VVG) kann der VN seinen Anwalt zwar selbst auswählen (vgl. § 17 III 1). Zur Sorgepflicht des Versicherers gehört aber, den Anwalt auf Verlangen des VN auszuwählen (§ 17 III 2 lit. a). Davon abgesehen hat der Versicherer den Anwalt auch dann auszuwählen, wenn der VN selbst keinen Anwalt benennt und die alsbaldige Beauftragung eines Anwalts notwendig erscheint (§ 17 III 2 lit. b). Schließlich bleibt es dem Versicherer unbenommen, dem VN einen Anwalt zu empfehlen (Einf. Kap. 1 Rdn. 33).

24 Die Versicherer können darüber hinaus die Erbringung oder Vermittlung **weiterer Dienstleistungen** übernehmen. Dazu gehören die Vermittlung von Telefonberatungs- und Inkassodiensten und die Benennung von Mediatoren und Sachverständigen.[41] Der

---

38 P/M/*Piontek*, § 1 ARB 2010 Rn. 2; L/P/*Paffenholz*, § 125 Rn. 6. Zu § 4 RDG vgl. Einf. Kap. 1 Rdn. 27 ff.

39 BGH VersR 2015, 1501 = NJW 2016, 61 m. Anm. *Lensing*; OLG Düsseldorf VersR 2017, 31, 32; OLG Köln VersR 2017, 287, 290 f.

40 BGH VersR 2015, 1501 Rn. 23; OLG Köln VersR 2017, 287, 289.

41 L/W/*Obarowski*, § 125 Rn. 41. Zur Vermittlung von Mediatoren s. noch unten Rdn. 28 ff.

Betrieb von **Telefon-Hotlines**[42] zu Zwecken der Rechtsberatung stellt dabei keine unzulässige Umgehung des § 4 RDG dar. Da den die telefonische Beratung durchführenden Rechtsanwalt keine weitere Leistungspflicht gegenüber dem VN trifft, fehlt es in diesen Fällen nämlich an einem unmittelbaren Einfluss der Rechtsberatung auf eine andere Dienstleistung.[43]

Zur Sorgepflicht des Versicherers gehört auch die **Erteilung einer Deckungszusage** 25
(§ 17 II 1).[44] In den ARB 75 war eine solche Pflicht noch nicht ausdrücklich vorgesehen. Sie wurde aber aus der Sorgepflicht des Versicherers abgeleitet.[45] Die Deckungszusage ist ein **deklaratorisches Schuldanerkenntnis**, das alle Einwendungen ausschließt, die der Versicherer bei Abgabe der Zusage kannte oder kennen musste.[46] Bei unberechtigter Deckungsablehnung kann der Versicherer sich schadensersatzpflichtig machen, z.B. wenn der VN daraufhin einen bestehenden Anspruch nicht weiter verfolgt.[47] Ein Mitverschulden des VN ist dabei aber gem. § 254 BGB zu berücksichtigen.[48] Im Verhältnis zum Rechtsanwalt des VN trifft den Versicherer dagegen keine Pflicht zur Ablehnung des Rechtsschutzes, wenn die Wahrnehmung der rechtlichen Interessen nach seiner Auffassung keine hinreichende Aussicht auf Erfolg bietet. Der Versicherer muss sich daher kein Mitverschulden nach § 254 BGB entgegenhalten lassen, wenn er den Rechtsanwalt aus übergegangenem Recht des VN auf Ersatz eines Kostenschadens in Anspruch nimmt.[49]

3. Allgemeine Nebenpflichten

Neben den in den ARB geregelten oder vom Versicherer sonst übernommenen Sorge- 26
pflichten bestehen noch einige allgemeine Nebenpflichten. So hat der Versicherer einen gemeldeten Versicherungsfall **unverzüglich zu bearbeiten**, damit der VN seine Interessen alsbald wahrnehmen kann.[50] Eine besondere Ausprägung dieser Pflicht besteht darin, dass der Versicherer dem VN die Ablehnung des Rechtsschutzes wegen fehlender Erfolgsaussicht oder Mutwilligkeit gem. § 3a I 2 **unverzüglich** unter Angabe der Gründe

42 Zu den diesbezüglichen Angeboten der Versicherer vgl. *Germann* VW 2009, 510 ff.
43 So Grunewald/Römermann/*Grunewald*, § 4 RDG Rn. 22; *Kleine-Cosack*, § 4 RDG Rn. 6 f.
44 Vgl. P/M/*Piontek*, § 1 ARB 2010 Rn. 4; L/R/*Rixecker*, § 125 Rn. 5; van Bühren/Plote/*van Bühren*, § 1 ARB 2000 Rn. 16.
45 Harbauer/*Schneider*, § 17 ARB 2010 Rn. 16; *Schirmer* r+s 1999, 45, 48.
46 BGH NJW 2014, 3030 Rn. 21 = VersR 2014, 1118; OLG Celle NJW-RR 2010, 1400, 1401; OLG Köln r+s 2005, 105; OLG Düsseldorf NVersZ 2002, 190; OLG Oldenburg r+s 1995, 463; OLG Saarbrücken r+s 2014, 412, 413; Buschbell/Hering/*Buschbell*, § 32 Rn. 1; van Bühren/Plote/*van Bühren*, § 1 ARB 2010 Rn. 18; Harbauer/*Schneider*, § 17 ARB 2010 Rn. 17; L/P/*Paffenholz*, § 125 Rn. 10; L/R/*Rixecker*, § 125 Rn. 5; vgl. dazu näher § 17 Rdn. 85.
47 BGH VersR 2006, 830, 831 = NJW 2006, 2548, 2549; NJW-RR 2000, 690; L/W/*Obarowski*, Kap. 48 Rn. 138; L/P/*Paffenholz*, § 125 Rn. 62.
48 BGH NJW-RR 2000, 690; van Bühren/Plote/*van Bühren*, § 1 ARB 2010 Rn. 28.
49 BGH WM 2026, 481.
50 Van Bühren/Plote/*van Bühren*, § 1 ARB 2010 Rn. 20; Harbauer/*Schmitt*, § 1 ARB 2010 Rn. 32.

schriftlich mitzuteilen hat; bei Verletzung dieser Pflicht kann er sich im Deckungsprozess nicht mehr auf die fehlende Erfolgsaussicht oder Mutwilligkeit berufen.[51] Die Rechtsprechung billigt dem Versicherer allerdings eine Bearbeitungszeit von 2 – 3 Wochen ab Eingang aller zur Prüfung der Deckung notwendigen Informationen und Unterlagen zu.[52]

27 Der **Hinweis auf einen drohenden Fristablauf** fällt nicht in den Aufgabenkreis des Versicherers, sondern in den des Anwalts.[53] Geht der VN – für den Versicherer ersichtlich – von einer solchen Pflicht aus, muss der Versicherer ihn unverzüglich auf den Irrtum hinweisen.[54]

4. Leistungen bei Einbeziehung des außergerichtlichen Mediationsverfahrens

28 § 5a Anhang ARB 2010 regelt die Einbeziehung des außergerichtlichen Mediationsverfahrens in den Versicherungsschutz. Nach einer Mitteilung des GdV vom 16.7.2015[55] übernehmen inzwischen über 90 % der Rechtsschutzversicherer (gemessen an Marktanteilen) die Kosten für eine Mediation.[56]

29 Der **Begriff der Mediation** ist in Abs. 1 geregelt. Mediation ist danach ein Verfahren zur freiwilligen, außergerichtlichen Streitbeilegung, bei dem die Parteien mit Hilfe der Moderation eines neutralen Dritten, des Mediators, eine eigenverantwortliche Problemlösung erarbeiten. Dies entspricht weitgehend der Definition des § 1 des Gesetzes zur Förderung der Mediation und anderer Verfahren der außergerichtlichen Konfliktbeilegung vom 21.7.2012,[57] das am 26.7.2012 in Kraft getreten ist. § 5a I 2 sieht vor, dass der Versicherer dem VN einen Mediator zur Durchführung des Mediationsverfahrens in Deutschland **vermittelt** und dessen **Kosten** im Rahmen des Abs. 3 trägt. § 5a IV stellt klar, dass der Versicherer für die Tätigkeit des Mediators nicht verantwortlich ist. Entsprechende Regelungen finden sich in Ziff. 2.3.1.1 ARB 2012/2019/2021, wobei § 5a Abs. 4 aber weggefallen ist (vgl. § 5a Rdn. 5).

30 Die Zuständigkeit des Versicherers für die **Vermittlung des Mediators** verstößt nicht gegen den Grundsatz der freien Anwaltswahl nach § 127 VVG. Dies gilt auch dann, wenn der Mediator Rechtsanwalt ist.[58] Die freie Anwaltswahl gilt nach § 127 I VVG

---

51 BGH VersR 2003, 638 = NJW 2003, 1936; VersR 2003, 1122, 1124; VersR 2014, 742 Rn. 30; OLG Celle VersR 2007, 204, 206; OLG Hamm VersR 2012, 896, 899; OLG Dresden VersR 2013, 450, 451.

52 OLG Frankfurt a.M. VersR 1998, 357 = r+s 1997, 420; OLG Köln r+s 1991, 419, 421; vgl. auch L/W/*Richter*, § 128 Rn. 21.

53 LAG Sachsen NZA 1999, 112 zur Dreiwochenfrist des § 4 KSchG; Harbauer/*Schmitt*, § 1 ARB 2010 Rn. 38.

54 Harbauer/*Schmitt*, § 1 ARB 2010 Rn. 40.

55 Abrufbar unter http://www.gdv.de/2015/07/schlichten-ist-immer-besser-als-richten/.

56 Zur wachsenden Bedeutung der Mediation für die Rechtsschutzversicherung vgl. L/P/*Paffenholz*, § 125 Rn. 3; *Bercher/Engel* ZRP 2010, 126, 128 f.; *Sinß* VW 2010, 567.

57 BGBl. 2012 I, 1577.

58 Krit. insoweit *Hering* ZfS 2013, 4, 7.

nur für die Vertretung des VN in Gerichts- und Verwaltungsverfahren sowie für den Fall, dass der VN Rechtsschutz für die sonstige Wahrnehmung seiner rechtlichen Interessen in Anspruch nimmt. Der Mediator ist aber kein Parteivertreter und nimmt auch sonst nicht die rechtlichen Interessen des VN wahr, sondern vermittelt als neutraler Dritter zwischen den Parteien.[59] Durchgreifende Bedenken ergeben sich auch nicht aus § 2 I MediationsG, wonach der Mediator **von den Parteien ausgewählt** wird. Die Auswahl des Mediators setzt nämlich keine Initiative der Parteien voraus, sondern nur deren **Einigung** über die Person des Mediators.[60] Die Parteien können sich aber auch auf einen vom Versicherer vorgeschlagenen Mediator einigen. In diesem Sinne sprechen die neueren ARB (ab ARB 2012) davon, dass der Versicherer die Kosten für einen von ihm **vorgeschlagenen** Mediator trägt. Die Autonomie der Parteien wird zudem dadurch gestärkt, dass das Vorschlagsrecht des Versicherers entfällt, wenn der VN und die andere Partei sich auf einen anderen Mediator geeinigt haben.

II. Erforderlichkeit der Leistungen

1. Allgemeines

§ 1 sieht im Einklang mit § 125 VVG vor, dass der Versicherer (nur) die für die Interessenwahrnehmung erforderlichen Leistungen zu erbringen hat. Die Erforderlichkeit stellt insoweit eine **generelle Grenze** für die Leistungspflicht des Versicherers dar. Weitere Grenzen können sich aus den **vertraglichen Vereinbarungen** (»im vereinbarten Umfang«) ergeben. Der Versicherer kann daher in den ARB – vorbehaltlich der §§ 305 ff. BGB – auch solche Leistungen vom Versicherungsschutz ausnehmen, die für die Interessenwahrnehmung an sich erforderlich sind.[61] Solche Grenzen sind insbesondere in den Vorschriften über den Leistungsumfang (§ 5) zu finden. 31

Der Bezugspunkt des Kriteriums der Erforderlichkeit hat sich in den verschiedenen Fassungen der ARB geändert. § 1 I 1 ARB 75 stellt darauf ab, ob die **Wahrnehmung der rechtlichen Interessen** des VN notwendig ist. Wie die anschließende Definition der Notwendigkeit in § 1 I 2 ARB 75 zeigt, geht es dabei allein darum, ob die Wahrnehmung rechtlicher Interessen hinreichende Aussicht auf Erfolg hat und nicht mutwillig ist. Der BGH hat hieraus den Schluss gezogen, dass § 1 I ARB 75 den Umfang der Kostentragungspflicht des Versicherers für einzelne Maßnahmen nicht begrenzt.[62] 32

§ 1 ARB 94/2000 spricht demgegenüber davon, dass der Versicherer die für die Interessenwahrnehmung erforderlichen **Kosten** trägt. Die h.M. geht zu Recht davon 33

59 Vgl. BGH VersR 2016, 1113 Rn. 7; Harbauer/*Obarowski*, § 5a ARB 2010 Rn. 20; PK/*Hillmer-Möbius*, § 125 VVG Rn. 27; *D.H. Wendt* VersR 2014, 420 (427); a.A. *Purnhagen* NJW 2014, 374 (375).

60 Vgl. Begr. zum MediationsG, BT-Drucks. 17/5335 S. 14; OLG Frankfurt a.M. VersR 2016, 188, 189; L/W/*Richter*, § 127 VVG Rn. 16; MünchKommFamFG/*Ulrici*, 2. Aufl. 2013, Anh. zu § 36a FamFG, § 2 MediationsG Rn. 6; *Looschelders*, in: Looschelders/Michael, S. 35, 41.

61 Vgl. hierzu auch BGH VersR 2016, 1113 Rn. 7.

62 BGH VersR 2007, 488, 489.

aus, dass es auch nach dieser Formulierung auf die objektive Notwendigkeit der Interessenwahrnehmung ankommt;[63] wenn die Interessenwahrnehmung keine hinreichende Erfolgsaussicht hat oder mutwillig ist, können die dafür anfallenden Kosten auch nicht erforderlich sein.[64] Darüber hinaus lässt sich § 1 **ARB 94/2000** aber auch eine Begrenzung der Kosten für einzelne Maßnahmen entnehmen. Die Klausel knüpft insofern an die **Schadensminderungspflicht** des VN nach § 82 VVG an.[65]

34 Der Vorbehalt der Erforderlichkeit gilt nicht nur für die Kostentragungspflicht, sondern auch für die Sorgepflicht des Versicherers. § 1 spricht daher treffend davon, dass die **Leistungen** des Versicherers **für die Interessenwahrnehmung** erforderlich sein müssen. Die Formulierung macht außerdem den Zusammenhang mit der Notwendigkeit der Interessenwahrnehmung deutlicher. Der Sache nach gibt es insoweit gegenüber § 1 ARB 94/2000 aber keine Änderungen.

35 Der Grundsatz der Erforderlichkeit kommt in den ARB 2010 an verschiedenen Stellen zum Ausdruck.[66] So ist der VN nach § 17 I lit. c) bb) gehalten, für die **Minderung des Schadens** i.S.d. § 82 VVG zu sorgen, insbesondere die Kosten der Rechtsverfolgung so gering wie möglich zu halten.[67] Vermeidbare Kosten sind dem VN also nicht zu ersetzen (näher dazu § 17 Rdn. 52 ff.).[68] Dass der Versicherer den Rechtsschutz wegen **mangelnder Erfolgsaussicht** oder **Mutwilligkeit** ablehnen kann, ergibt sich nicht mehr unmittelbar aus § 1, sondern aus § 3a I. Gesetzlicher Anknüpfungspunkt ist § 128 VVG.

2. Hinreichende Erfolgsaussicht

36 Der Begriff der hinreichenden Erfolgsaussicht findet sich auch bei der **Prozesskostenhilfe** nach § 114 ZPO. Nach h.M. ist der Maßstab des § 114 ZPO bei der Rechtsschutzversicherung entsprechend heranzuziehen.[69] Hinreichende Erfolgsaussicht besteht danach dann, wenn der Rechtsstandpunkt des VN zutreffend oder vertretbar erscheint und in tatsächlicher Hinsicht zumindest die Möglichkeit einer Beweisführung besteht.[70]

---

63 So auch BGH VersR 2005, 936, 937.

64 Harbauer/*Schmitt*, § 1 ARB 2010 Rn. 46.

65 L/W/*Obarowski*, § 125 Rn. 42; P/M/*Piontek*, § 1 ARB 2010 Rn. 26; van Bühren/Plote/*van Bühren*, § 1 ARB 2010 Rn. 38.

66 Näher dazu L/W/*Obarowski*, § 125 Rn. 43.

67 Zum Zusammenhang zwischen dem Grundsatz der Erforderlichkeit und der Obliegenheit zur Schadensminderung vgl. auch L/R/*Rixecker*, § 125 Rn. 16.

68 Vgl. OLG Saarbrücken VersR 2011, 108, 109; PK/*Hillmer-Möbius*, § 125 Rn. 14; *Will* VersR 2012, 942, 944.

69 St. Rspr.: BGH NJW 1988, 266, 267 = VersR 1987, 1186 m. Anm. *Bauer*; VersR 1988, 174; r+s 2003, 194, 195; OLG Düsseldorf VersR 2001, 233; OLG Köln r+s 2002, 289, 290; OLG Karlsruhe VersR 2006, 969; OLG Celle VersR 2007, 1218; L/W/*Richter*, § 128 Rn. 17.

70 BGH NJW 1988, 266, 267; OLG Celle VersR 2007, 1218; BeckOK ZPO/*Reichling*, § 114 Rn. 28; PK/*Hillmer-Möbius*, § 128 Rn. 4; van Bühren/Plote/*van Bühren*, § 1 ARB 2010 Rn. 40.

Dafür soll aber bereits die gleichgroße Wahrscheinlichkeit eines positiven Ausgangs für den VN genügen.[71] Andere befürworten einen etwas milderen Ansatz als bei § 114 ZPO und lassen eine nicht ganz entfernte Möglichkeit des Erfolges ausreichen.[72] Leistungsfreiheit läge nur bei (eindeutiger) Chancenlosigkeit der Interessenwahrnehmung vor.[73] Die Besserstellung des VN gegenüber dem Maßstab des § 114 ZPO wird damit begründet, dass der VN sich durch Zahlung der Prämie den Rechtsschutz erkauft habe. Er habe daher einen Anspruch darauf, mit Hilfe der Rechtsschutzversicherung jede Chance der Rechtsdurchsetzung wahrzunehmen.[74]

Vergleicht man den Zweck des Kriteriums der Erfolgsaussicht, so geht es bei der PKH darum, die finanzielle Belastung des Staates gering zu halten. Bei der Rechtsschutzversicherung soll die Versichertengemeinschaft durch möglichst niedrige Prämien entlastet werden.[75] Der Versichertengemeinschaft ist es nicht zumutbar, mit ihren Beiträgen Prozesse einzelner VN zu finanzieren, obwohl die Erfolgsaussichten überaus vage sind. Wegen der Vergleichbarkeit des Schutzzwecks erscheint es daher gerechtfertigt, den **Maßstab des § 114 ZPO** bei der Beurteilung der Erfolgsaussichten auch im Rahmen der Rechtsschutzversicherung anzuwenden. In Anlehnung an die Entscheidungen des BVerfG zur PKH sind jedoch die Anforderungen nicht zu hoch anzusetzen.[76] So muss die Entscheidung nicht geklärter Rechtsfragen dem eigentlichen Prozess überlassen bleiben.[77] 37

Lehnt der Versicherer den Deckungsschutz wegen mangelnder Erfolgsaussicht ab, kommt ein **Schiedsgutachterverfahren** oder ein **Stichentscheid** in Betracht (vgl. § 3a). 38

Die **Erfolgsaussicht** ist nur in den Fällen des § 2 lit. a) bis g) relevant (§ 3a I lit. a)). Beim Disziplinar-, Straf-, Ordnungswidrigkeiten- und Beratungs-Rechtsschutz kommt es allein darauf an, dass die Wahrnehmung der rechtlichen Interessen **nicht mutwillig** ist (§ 3a I lit. b)). 39

3. Keine Mutwilligkeit

Wie der Begriff der hinreichenden Erfolgsaussicht ist auch der Begriff der Mutwilligkeit in § 114 ZPO enthalten und daher entsprechend auszulegen.[78] Nach der **Definition** des § 3a I lit. b) liegt Mutwilligkeit vor, wenn der durch die Wahrnehmung der rechtlichen Interessen voraussichtlich entstehende Kostenaufwand unter Berücksichtigung der berechtigten Belange der Versichertengemeinschaft in einem **groben** 40

---

71 OLG Köln r+s 1988, 334, 335; i.E. zustimmend BVerfG NJW 1991, 413, 414.

72 OLG Köln VersR 1983, 1025, 1026; LG Oldenburg VersR 1990, 653, 654.

73 *Harbauer*, ARB, 3. Aufl. 1987, § 1 ARB 1984 Rn. 33.

74 OLG Frankfurt VersR 1984, 857, 859.

75 *Sieg* NJW 1992, 2992, 2995.

76 BVerfG NJW-RR 2011, 1043, 1044; NJW-RR 2004, 933; NJW 2003, 1857; 1858; 2000, 1936, 1937.

77 BVerfG NJW-RR 2011, 1043, 1044.

78 BGH VersR 1994, 1061 m. Anm. *E. Lorenz*; *L/W/Richter*, § 128 VVG Rn. 12; *Harbauer* NVersZ 1999, 193, 194.

Missverhältnis zum angestrebten Erfolg steht.[79] Dabei ist eine Abwägung zwischen den Interessen des VN und denen der Versichertengemeinschaft vorzunehmen.[80] Maßstab ist eine vernünftige, unversicherte Partei, bei der finanzielle Überlegungen keine Rolle spielen.[81] Eine solche Partei wird von der Rechtsverfolgung absehen, wenn sie ihr Ziel auf einfacherem Wege erreichen kann oder sich ihre wirtschaftliche Lage dadurch nicht deutlich verbessert.[82] Im Unterschied zum Erfordernis der Erfolgsaussicht ist eine Prüfung der Mutwilligkeit bei **allen Leistungsarten** möglich.

III. Eintritt des Versicherungsfalles und Wartezeit; Verjährung

41 Die Leistungspflicht des Versicherers entsteht **bei Eintritt des Versicherungsfalles.** In den neueren Fassungen des § 1 wird dies – anders als in § 1 ARB 75 – nicht mehr ausdrücklich erwähnt. Dass der Versicherer die Leistung »bei Eintritt des vereinbarten Versicherungsfalles« zu erbringen hat, ergibt sich jedoch bereits aus § 1 Satz 1 VVG.[83] Im gleichen Sinne stellt § 4 I 1 klar, dass der Anspruch auf Versicherungsschutz **»nach Eintritt eines Rechtsschutzfalles«** besteht.

42 Der Rechtsschutzfall wird in § 4 I 1 für die einzelnen Leistungsarten **unterschiedlich definiert.** Insofern wird auf die Kommentierung zu § 4 verwiesen.

43 Der Versicherungsschutz setzt nach § 4 I 2 voraus, dass der Rechtsschutzfall nach Beginn des Versicherungsschutzes gem. § 7 und vor dessen Beendigung eingetreten ist. Bei den Leistungsarten nach § 2 lit. b) bis g) muss außerdem eine **Wartezeit** von drei Monaten eingehalten werden (§ 4 I 3). Eine Ausnahme von dem Erfordernis der Wartezeit gilt nur für die Wahrnehmung rechtlicher Interessen aufgrund eines Kauf- oder Leasingvertrages über ein fabrikneues Kraftfahrzeug.

44 Für die Verjährung des Anspruchs auf die Versicherungsleistung gilt gem. § 14 I die **gesetzliche Regelverjährung** von drei Jahren. Zu den Einzelheiten vgl. die Kommentierung zu § 14.

D. Pflichten und Obliegenheiten des VN

45 Die Gegenleistungspflicht des VN besteht in der **Zahlung der vereinbarten Prämie.** Die Prämienzahlungspflicht des VN ist in den ARB 2010 nicht ausdrücklich geregelt, sondern wird dort vorausgesetzt.[84] So beginnt der Versicherungsschutz gem. § 7 Satz 1 zu dem im Versicherungsschein angegebenen Zeitpunkt, wenn der VN die Erst- oder

---

79 OLG Hamm VersR 2022, 159, 161.

80 OLG Hamm r+s 1989, 192; AG Stuttgart NZV 2003, 429; AG Iserlohn r+s 1988, 337; *Harbauer* NVersR 1999, 193, 196.

81 OLG Hamm NVersZ 1999, 585, 586; r+s 1989, 192; OLG Karlsruhe r+s 2002, 462; OLG Stuttgart VersR 2016, 1439, 1441; AG Stuttgart NZV 2003, 429; P/M/*Piontek*, § 1 ARB 2010 Rn. 14.

82 LG Hamburg r+s 1990, 164; P/M/*Piontek*, § 1 ARB 2010 Rn. 14. (s.o.).

83 Näher dazu L/W/*Looschelders*, § 1 Rn. 24 ff., 31.

84 Harbauer/*Schmitt*, § 1 ARB 2010 Rn. 49.

Einmalprämie unverzüglich nach Fälligkeit zahlt. Die **Fälligkeit** und die **Folgen einer verspäteten Zahlung** sind in § 9 B und C geregelt. § 7 Satz 2 stellt klar, dass eine vereinbarte **Wartezeit** unberührt bleibt (näher dazu § 7 Rdn. 11 ff.).

Dass der VN zur Zahlung der Prämie verpflichtet ist, wird auch in § 125 nicht angesprochen. Die Prämienzahlungspflicht des VN ergibt sich aber aus § 1 Satz 2 VVG. Nach § 9 A kann die Prämie je nach Vereinbarung durch Monats-, Halbjahres- oder Jahresbeiträge entrichtet werden. 46

Nach Eintritt des Versicherungsfalles treffen den VN verschiedene wichtige **Obliegenheiten**,[85] die in § 17 I, V–VII geregelt sind. Dazu gehören insbesondere die Anzeige des Rechtsschutzfalles und die Unterrichtung des Versicherers über sämtliche Umstände des Versicherungsfalles, die Abstimmung kostenträchtiger Maßnahmen mit dem Versicherer und die Schadensminderungsobliegenheit. Inwieweit diese Obliegenheiten einer **Transparenz- und Inhaltskontrolle** standhalten, ist umstritten.[86] Für die Einzelheiten wird auf die Kommentierung zu § 17 verwiesen. 47

Die **vorvertragliche Anzeigepflicht des VN** ist in den ARB nicht geregelt. Insoweit ist also auf die gesetzlichen Bestimmungen der §§ 19 – 22 VVG zurückzugreifen. Praktische Bedeutung hat in diesem Zusammenhang vor allem die falsche Beantwortung von Fragen des Versicherers zur Existenz einer Vorversicherung und zum Eintritt von Versicherungsfällen in deren Rahmen.[87] Bei Falschangaben zu diesen Punkten wird dem VN regelmäßig der **Kausalitätsgegenbeweis** nach § 21 II 1 VVG gelingen,[88] so dass der Versicherer trotz Rücktritts leistungspflichtig bleibt. Bei arglistiger Verletzung der vorvertraglichen Anzeigepflicht ist der Kausalitätsgegenbeweis nach § 21 II 2 VVG ausgeschlossen. Außerdem kommt bei Arglist eine **Anfechtung** gem. §§ 22 VVG, 123 BGB in Betracht.[89] 48

Die Vorschriften über die **Gefahrerhöhung** (§§ 23 – 27 VVG) werden durch § 11 modifiziert.[90] So kann der Versicherer nach § 11 I grundsätzlich nur die Zahlung eines höheren Beitrags verlangen. Eine Kündigung durch den Versicherer ist ausgeschlossen. Ein Risikoausschluss kommt nur dann in Betracht, wenn die höhere Gefahr nach dem Tarif des Versicherers auch gegen einen höheren Beitrag nicht übernommen wird. Bei einer Prämienerhöhung um mehr als 10% oder einem Risikoausschluss ist der VN seinerseits nach § 11 I 3 berechtigt, den Vertrag innerhalb eines Monats nach Zugang der Mitteilung des Versicherers zu kündigen. Da diese Regelungen nicht zulasten des VN von den gemäß § 32 VVG halbzwingenden Vorschriften der §§ 23 ff. VVG abweichen, bestehen gegen ihre Wirksamkeit keine Bedenken. Der VN ist gem. 49

85 Vgl. dazu *Schirmer* r+s 1999, 45 ff.
86 Zur dieser Problematik *Bauer* NJW 2011, 646 ff.; *Wendt* r+s 2010, 221, 228 ff.
87 Vgl. etwa OLG Düsseldorf NVersZ 1999, 443; Harbauer/*Schmitt*, Einl. Rn. 115.
88 So auch *Schirmer* r+s 1999, 1, 5. Allgemein zum Kausalitätsgegenbeweis bei Anzeigepflichtverletzungen in Bezug auf sog. subjektive Risikoumstände L/P/*Looschelders*, § 21 Rn. 18.
89 Allgemein zur Arglist des VN *Looschelders*, GS Hübner, 2012, 147 ff.
90 Vgl. Harbauer/*Maier*, § 11 ARB 2010 Rn. 1; P/M/*Piontek*, § 11 ARB 2010 Rn. 1.

§ 11 III 1 verpflichtet, dem Versicherer innerhalb eines Monats nach Zugang einer Aufforderung die für die Beitragsberechnung erforderlichen Angaben zu machen. Nach h.M. handelt es sich dabei um eine **echte Rechtspflicht.**[91] Die Rechtsfolgen einer Verletzung der Meldepflicht sind in § 11 III 2–8 in Anlehnung an §§ 24, 26 II, III VVG geregelt. Für die weiteren Einzelheiten wird auf die Kommentierung zu § 11 verwiesen.

E. Dauer und Ende des Vertrages

50 Dauer und Ende des Vertrages sind in § 8 geregelt. Maßgeblich ist in erster Linie die **Parteivereinbarung** (vgl. § 8 I). Bei einer Vertragsdauer von **mindestens einem Jahr** verlängert der Vertrag sich gem. § 8 II um jeweils ein Jahr, wenn nicht dem Vertragspartner spätestens drei Monate vor dem Ablauf des Versicherungsjahres eine Kündigung zugegangen ist. Bei einer Vertragsdauer von **mehr als drei Jahren** steht jeder Partei schon zum Ablauf des dritten Jahres oder jeden weiteren Jahres ein Kündigungsrecht zu, das mit einer Frist von drei Monaten ausgeübt werden kann. – Zu den Kündigungsrechten der Parteien **nach Eintritt eines Rechtsschutzfalles** siehe § 13.

F. Besonderheiten der ARB 2012/2019/2021

51 Die ARB 2012/2019/2021 regeln die **Aufgaben der Rechtsschutzversicherung** unter Ziff. 1. Die Vorschrift entspricht inhaltlich dem § 1 ARB 2010. Die Aufgabe der Rechtsschutzversicherung wird dahingehend beschrieben, die für die Wahrnehmung der rechtlichen Interessen des VN erforderlichen Leistungen zu erbringen. Der wichtigste formale Unterschied zu § 1 ARB 2010 besteht darin, dass der VN unmittelbar adressiert wird. Mögliche Mitversicherte werden dagegen noch nicht erwähnt. Der vereinbarte Umfang der Leistungen wird durch Verweis auf den Versicherungsantrag, den Versicherungsschein und die ARB konkretisiert. **Ziff. 1 ARB 2021** spricht weiter davon, dass der Rechtsschutzversicherer dem VN mit der Erbringung der für die Interessenwahrnehmung erforderlichen Leistungen den **Zugang zum Recht** sichert. Außerdem wird darauf hingewiesen, dass der Versicherer den VN gerne unterstützt, seinen Konflikt schnell und nachhaltig zu lösen. Abschließend wird der VN ermuntert, den Versicherer nach seinen Möglichkeiten zu fragen.

§ 2 Leistungsarten

Der Umfang des Versicherungsschutzes kann in den Formen des § 21 bis § 29 vereinbart werden. Je nach Vereinbarung umfasst der Versicherungsschutz

a) **Schadenersatz-Rechtsschutz**
   für die Geltendmachung von Schadenersatzansprüchen, soweit diese nicht auch auf einer Vertragsverletzung oder einer Verletzung eines dinglichen Rechtes an Grundstücken, Gebäuden oder Gebäudeteilen beruhen;

91 P/M/*Piontek*, § 11 ARB 2010 Rn. 6; Harbauer/*Maier*, § 11 ARB 2010 Rn. 15.

b) Arbeits-Rechtsschutz
für die Wahrnehmung rechtlicher Interessen aus Arbeitsverhältnissen sowie aus öffentlich-rechtlichen Dienstverhältnissen hinsichtlich dienst- und versorgungsrechtlicher Ansprüche;
c) Wohnungs- und Grundstücks-Rechtsschutz
für die Wahrnehmung rechtlicher Interessen aus Miet- und Pachtverhältnissen, sonstigen Nutzungsverhältnissen und dinglichen Rechten, die Grundstücke, Gebäude oder Gebäudeteile zum Gegenstand haben;
d) Rechtsschutz im Vertrags- und Sachenrecht
für die Wahrnehmung rechtlicher Interessen aus privatrechtlichen Schuldverhältnissen und dinglichen Rechten, soweit der Versicherungsschutz nicht in den Leistungsarten a), b) oder c) enthalten ist;
e) Steuer-Rechtsschutz vor Gerichten
für die Wahrnehmung rechtlicher Interessen in steuer- und abgaberechtlichen Angelegenheiten vor deutschen Finanz- und Verwaltungsgerichten;
f) Sozialgerichts-Rechtsschutz
für die Wahrnehmung rechtlicher Interessen vor deutschen Sozialgerichten;
g) Verwaltungs-Rechtsschutz in Verkehrssachen
für die Wahrnehmung rechtlicher Interessen in verkehrsrechtlichen Angelegenheiten vor Verwaltungsbehörden und vor Verwaltungsgerichten;
h) Disziplinar- und Standes-Rechtsschutz
für die Verteidigung in Disziplinar- und Standesrechtsverfahren;
i) Straf-Rechtsschutz
für die Verteidigung wegen des Vorwurfes
   aa) eines verkehrsrechtlichen Vergehens. Wird rechtskräftig festgestellt, dass der Versicherungsnehmer das Vergehen vorsätzlich begangen hat, ist er verpflichtet, dem Versicherer die Kosten zu erstatten, die dieser für die Verteidigung wegen des Vorwurfes eines vorsätzlichen Verhaltens getragen hat;
   bb) eines sonstigen Vergehens, dessen vorsätzliche wie auch fahrlässige Begehung strafbar ist, solange dem Versicherungsnehmer ein fahrlässiges Verhalten vorgeworfen wird. Wird dem Versicherungsnehmer dagegen vorgeworfen, ein solches Vergehen vorsätzlich begangen zu haben, besteht rückwirkend Versicherungsschutz, wenn nicht rechtskräftig festgestellt wird, dass er vorsätzlich gehandelt hat. Es besteht also bei dem Vorwurf eines Verbrechens kein Versicherungsschutz; ebenso wenig bei dem Vorwurf eines Vergehens, das nur vorsätzlich begangen werden kann (z.B. Beleidigung, Diebstahl, Betrug). Dabei kommt es weder auf die Berechtigung des Vorwurfes noch auf den Ausgang des Strafverfahrens an.
j) Ordnungswidrigkeiten-Rechtsschutz
für die Verteidigung wegen des Vorwurfes einer Ordnungswidrigkeit;
k) Beratungs-Rechtsschutz im Familien-, Lebenspartnerschafts- und Erbrecht
Je nach Vereinbarung umfasst der Versicherungsschutz Beratungs-Rechtsschutz im Familien, Lebenspartnerschafts- und Erbrecht für Rat oder Auskunft eines in Deutschland zugelassenen Rechtsanwaltes in familien-, lebenspartnerschafts- und erbrechtlichen Angelegenheiten, wenn diese nicht mit einer anderen gebührenpflichtigen Tätigkeit des Rechtsanwaltes zusammenhängen.

Literatur:

Armbrüster, Rechtsschutzversicherung und Wohnungseigentum, FS Merle, 2010, 13; *Bauer*, Rechtsentwicklung bei den Allgemeinen Bedingungen für die Rechtsschutzversicherung bis Anfang 2003, NJW 2003, 1491; *ders.*, Der Steuer-Rechtsschutz im Rahmen der Rechtsschutzversicherung, DStR 2005, 1665; *ders.*, Rechtsentwicklung bei den Allgemeinen Bedingungen für die Rechtsschutzversicherung bis Anfang 2007, NJW 2007, 1504; *ders.*, Rechtsentwicklung bei den Allgemeinen Bedingungen für die Rechtsschutzversicherung bis Anfang 2009, NJW 2009, 1564; *ders.*, Rechtsentwicklung bei den Allgemeinen Bedingungen für die Rechtsschutzversicherung bis Anfang 2010, NJW 2010, 1337; *ders.*, Rechtsentwicklung bei den Allgemeinen Bedingungen für die Rechtsschutzversicherung bis Anfang 2011, NJW 2011, 1415; *ders.*, Entwicklung bei den Allgemeinen Bedingungen für die Rechtsschutzversicherung bis Anfang 2016, NJW 2016, 1490; *Cornelius-Winkler*, Rechtsschutzversicherung Teil 1: Grundlagen und versichertes Risiko, SVR 2011, 41; *Drasdo*, Auswirkungen der Rechtsfähigkeit der Wohnungseigentümergemeinschaft auf die Rechtsschutzversicherung, VersR 2008, 902; *Hachenberg*, Die Rechtsschutzversicherung im Familienrecht, NZFam 2019, 811; *Harbauer*, Steuer-Rechtsschutz vor Gerichten und in Bußgeldverfahren – Eine neue Versicherungsleistung –, DStR 1984, 21; *ders.*, Anspruchskonkurrenz beim Schadensersatz-Rechtsschutz, NVersZ 1999, 308; *Hering*, Der Verwaltungs-Rechtsschutz in Verkehrssachen, SVR 2006, 165; *ders.*, Die Rechtsschutzversicherung in den Jahren 2009 und 2010 (Teil 1), ZfS 2011, 306; *ders.*, Neue Allgemeine Bedingungen für die Rechtsschutzversicherung – ARB 2012, ZfS 2013, 4; *Hermanns/Lube*, Zur Einstandspflicht des Rechtsschutzversicherers beim Tatvorwurf der gefährlichen Körperverletzung, VersR 2007, 163; *Eitel*, Die Rechtsschutzversicherung im Familienrecht, FF 2009, 64; *Fuhrmann*, Zum Deckungsumfang von § 29 ARB – Ist der Streit zwischen Mitmietern des gleichen Mietobjekts abgesichert?, VersR 1984, 425; *Guntermann*, Der nachträgliche Ausschluss vom Versicherungsschutz in der Strafrechtsschutzversicherung für Unternehmen und Manager, VP 2016, 28; *Lensing*, Die Rechtsschutzversicherung: ARB – the next generation, AnBl 2022, 227; *Looschelders*, Eintrittspflicht des Rechtsschutzversicherers bei Klagen auf einen »außerkapazitären« Studienplatz, in: Freundesgabe Pallme König, 2014, 223; *Maier*, Neue Bedingungen in der Rechtsschutzversicherung (ARB 2012), r+s 2013, 105; *Mathy*, Nochmals: Zur Einstandspflicht des Rechtsschutzversicherers beim Tatvorwurf der gefährlichen Körperverletzung, VersR 2007, 899; *ders.*, Tour d'horizon zum Opfer-Rechtsschutz in der Rechtsschutzversicherung, NJOZ 2009, 3786; *ders.*, Der problematische Datenrechtsschutz in der Rechtsschutzversicherung, VersR 2010, 318; *Piontek*, Die Rechtsprechung des Bundesgerichtshofs zum Versicherungsrecht – Rechtsschutz- und Berufsunfähigkeitsversicherung, r+s 2024, 735; *Rex*, Zum Deckungsumfang des § 29 ARB bei Streit zwischen Mitmietern derselben Wohneinheit, VersR 1984, 1128; *Rolfs*, Die Versicherbarkeit der arbeitsrechtlichen Risiken des AGG, VersR 2007, 1001; *Schneider*, Rechtsschutzversicherung: Leistungserstattung bei rechtskräftiger Verurteilung wegen einer Vorsatztat, ZfS 2008, 249; *Tetzlaff*, Fallen Streitigkeiten unter Mitmietern desselben Objekts unter die Rechtsschutzversicherung?, VersR 1984, 1031; *D.H. Wendt*, Leistungspflichten des Rechtsschutzversicherers nach § 125 VVG, VersR 2014, 420; *R. Wendt*, Die Rechtsprechung des Bundesgerichtshofes zur Rechtsschutzversicherung – Der Rechtsschutzversicherer und sein durchschnittlicher Versicherungsnehmer, r+s 2012, 209.

Übersicht **Rdn.**

A. Allgemeines

1 Wird ein Versicherungsvertrag abgeschlossen, bedeutet dies nicht, dass ein universeller Versicherungsschutz für alle während der Dauer des Versicherungsvertrags eintretenden Versicherungsfälle besteht. Der Versicherungsschutz ist vielmehr im Allgemeinen auf bestimmte Bereiche begrenzt, damit der Versicherer das Kostenrisiko überblicken und risikoadäquate Prämien festlegen kann.[1] Die Begrenzung der Eintrittspflicht des Versicherers kommt dem Versicherungsnehmer insofern zugute, als die Prämien bei Überschaubarkeit des Kostenrisikos niedriger ausfallen als bei einem unkalkulierbaren Kostenrisiko, bei dem sich der Versicherer durch höhere Prämien absichern muss. In den meisten Versicherungssparten gilt daher das Prinzip der »**Spezialität des versicherten Risikos**«.[2]

2 Mit der Regelung der **Leistungsarten** legt § 2 fest, für welche Gebiete der Abschluss einer Rechtsschutzversicherung möglich ist.[3] Die neueren ARB (z.B. Ziff. 2.2. ARB 2021) sprechen von versicherten **Rechtsbereichen.** Die in § 2 aufgezählten Leistungsarten beziehen sich nicht nur auf Bereiche des Privatrechts, sondern auch auf solche des Öffentlichen Rechts einschließlich des Strafrechts, des Steuerrechts und des Sozial-

1 Vgl. Harbauer/*Obarowski*, § 2 ARB 2010 Rn. 1.

2 P/M/*Piontek*, § 2 ARB 2010 Rn. 1; L/W/*Obarowski*, § 125 Rn. 25; L/P/*Paffenholz*, § 125 Rn. 10; Höra/Schubach/*Lensing*, § 27 Rn. 209.

3 Vgl. L/W/*Obarowski*, § 125 Rn. 26; S/H/W/*Brünger*, § 2 ARB 2010 Rn. 1; Buschbell/Hering/*Buschbell*, § 6 Rn. 122; krit. L/R/*Rixecker*, § 125 Rn. 2, wonach der Begriff der Leistungsarten missverständlich ist und besser von »Arten der Rechtsschutzdeckung« gesprochen werden sollte.

rechts.[4] Die möglichen Leistungsarten stellen ihrerseits Bausteine dar, die in den Vorschriften über die **Formen des Versicherungsschutzes** (§§ 21 – 29) zu verschiedenen **Vertragsarten** (»Rechtsschutzpaketen«) zusammengefasst werden.[5] § 2 Satz 1 formuliert dies dahingehend, dass der Umfang des Versicherungsschutzes in den Formen des §§ 21 – 29 vereinbart werden kann. Die einzelnen Versicherungspakete sind auf bestimmte Eigenschaften des VN (z.B. als Eigentümer oder Halter eines Kfz) sowie bestimmte Rechtsgebiete zugeschnitten, um für die jeweiligen **Lebensbereiche** einen angemessenen Versicherungsschutz zu gewährleisten.[6] Die Rechtsschutzversicherung weist insoweit große Parallelen zur Haftpflichtversicherung auf.[7]

Ist eine bestimmte Leistungsart nach dem vereinbarten Rechtsschutzpaket versichert, 3
so richtet sich der Umfang des Versicherungsschutzes nach den Definitionen des § 2. Die Umschreibung der versicherbaren Leistungsarten in § 2 stellt damit eine **primäre Risikoabgrenzung** dar.[8] Hiervon zu unterscheiden ist die sekundäre Risikoabgrenzung durch die allgemeinen **Risikoausschlüsse** des § 3, die grundsätzlich für alle Leistungsarten gelten.[9] Praktische Bedeutung hat diese Unterscheidung für die **Beweislast.** Während der VN darlegen und beweisen muss, dass der in Frage stehende Rechtsschutzfall von einer versicherten Leistungsart abgedeckt ist,[10] trifft den Versicherer die Darlegungs- und Beweislast für die tatsächlichen Voraussetzungen eines Risikoausschlusses (vgl. dazu § 3 Rdn. 204).

Die **ARB 2012** und die nachfolgenden Klauselwerke zur Rechtsschutzversicherung 4
(**ARB 2019/2021**) regeln die möglichen Leistungsarten (Rechtsbereiche) in Ziff. 2.2. Die Vorschrift entspricht inhaltlich weitgehend § 2 ARB 2010. In welchen Vertragsformen die jeweiligen Leistungsarten mitversichert sind, ergibt sich aus den Buchstabenschlüsseln am Rand jeder Ziffer (vgl. Einl. Kap. 1 Rdn. 44). Der einzelne Vertrag regelt seit den ARB 2012 aber nur noch die Leistungsarten, für welche der jeweilige VN Versicherungsschutz vereinbart hat.[11] Um dem VN das Verständnis zu erleichtern, werden einige wichtige Leistungsarten mit Hilfe von Definitionen und Beispielen erläutert. Außerdem ist der **Opfer-Rechtsschutz** in Ziff. 2.2.12 ARB 2012 hinzugekommen (dazu unten Rdn. 131 ff.).

4 VersHb/*Obarowski*, § 45 Rn. 33; Harbauer/*Obarowski*, § 2 ARB 2010 Rn. 9.

5 Vgl. L/W/*Obarowski*, Kap. 48 Rn. 20; L/P/*Paffenholz*, § 125 Rn. 9; *Wendt* VersR 2014, 420, 423.

6 VersHb/*Obarowski*, § 45 Rn. 32, 136; Buschbell/Hering/*Hering*, § 11 Rn. 1; L/P/*Paffenholz*, § 125 Rn. 9.

7 Vgl. *Cornelius-Winkler* SVR 2011, 41, 47; zur Spezialität des Risikos in der Haftpflichtversicherung *Wandt*, Versicherungsrecht, Rn. 1052; *Looschelders/Paffenholz*, Versicherungsvertragsrecht, Rn. 419.

8 Buschbell/Hering/*Buschbell*, § 6 Rn. 122.

9 *Cornelius-Winkler*, Rechtsschutzversicherung S. 37.

10 Zur Beweislast des VN für das Vorliegen einer versicherten Leistungsart HK-VVG/*Münkel*, § 2 ARB 2010 Rn. 1; L/P/*Paffenholz*, § 125 Rn. 10; speziell zum Arbeits-Rechtsschutz *Cornelius-Winkler* VersR 2006, 194, 195.

11 Vgl. *Maier* r+s 2013, 105, 106.

5 Die ARB 2019 haben den Versicherungsschutz durch optionale Bausteine auf die Wahrnehmung rechtlicher Interessen im Zusammenhang mit der **Nutzung elektronischer Daten und/oder Medien** erweitert.[12] Solche Erweiterungen gelten für den Schadensersatz-Rechtsschutz nach Ziff. 2.2.1 ARB 2019/2021 und den Straf-Rechtsschutz nach Ziff. 2.2.9 ARB 2019/2021. Außerdem wurde in Ziff. 2.2.13 ARB 2019/2021 ein **aktiver Straf-Rechtsschutz** für Strafanzeigen wegen Straftaten zum Nachteil des VN in unmittelbarem Zusammenhang mit der Nutzung elektronischer Daten/Medien optional eingeführt. Optionalen Rechtsschutz bei **Urheberrechtsverstößen** bietet die neue Ziff. 2.2.14 ARB 2019/2021. Auf die **Besonderheiten der ARB 2012** und die **nachfolgenden Klauselwerke** wird bei der Kommentierung der einzelnen Leistungsarten nach § 2 ARB 2010 jeweils hingewiesen.

B. Die versicherten Leistungsarten

I. Schadensersatz-Rechtsschutz (lit. a)

1. Allgemeines

6 Die Leistungsart »Schadensersatz-Rechtsschutz« umfasst gem. § 2 lit. a) die Geltendmachung von Schadensersatzansprüchen, soweit diese nicht auch auf einer Vertragsverletzung oder einer Verletzung eines dinglichen Rechtes an Grundstücken, Gebäuden oder Gebäudeteilen beruhen. Der Schadensersatz-Rechtsschutz hat in der Praxis eine große Bedeutung. Dies zeigt sich schon daran, dass er bei den einzelnen **Formen des Versicherungsschutzes** in den §§ 21 – 28 jeweils an erster Stelle genannt wird.[13] Eine Ausnahme gilt lediglich beim Rechtsschutz für Eigentümer und Mieter von Wohnungen und Grundstücken nach § 29. Die Geltendmachung von Schadensersatzansprüchen ist dort jedoch über den Wohnungs- und Grundstücks-Rechtsschutz nach § 2 lit. c) versichert,[14] sodass der Schadensersatz-Rechtsschutz nach lit. a) nicht gesondert aufgeführt werden muss.

2. Schadensersatzansprüche

7 Der Schadensersatz-Rechtsschutz betrifft die Geltendmachung von **Schadensersatzansprüchen.** Der BGH hat in einem neueren Urteil klargestellt, dass der Ausdruck »Schadensersatzansprüche« den durchschnittlichen VN nicht in den Bereich der Rechtsprache verweist, weil es dort schon keinen in seinen Konturen allgemein festgelegten Schadensersatzbegriff gebe.[15] Die Umgangssprache verstehe als »Schadensersatz« allgemein den Ausgleich eines erlittenen Nachteils. Vor diesem Hintergrund würde der VN Versicherungsschutz jedenfalls dann erwarten, wenn der geltend gemachte Anspruch auf Ausgleich eines eingetretenen Schadens im Wege der Wiederherstellung des vor dem Schadensereignis bestehenden Zustands gerichtet sei. Im Ergebnis erfasst § 2 lit. a

12 *Lensing* AnwBl 2022, 227, 228.
13 Vgl. Harbauer/*Obarowski*, § 2 ARB 2010 Rn. 3.
14 HK-VVG/*Münkel*, § 2 ARB 2010 Rn. 9; Harbauer/*Obarowski*, § 2 ARB 2010 Rn. 30.
15 BGH VersR 2023, 582 Rn. 15 mit Verweis auf BGHZ 227, 279 = VersR 2021, 113 Rn. 17; vgl. dazu auch *Piontek* r+s 2024, 735 Rn. 29 ff.

damit alle zivilrechtlichen und öffentlich-rechtlichen Anspruchsgrundlagen,[16] soweit nicht einer der in lit. a) Hs. 2 genannten Ausnahmetatbestände (dazu unten Rdn. 13 ff.) vorliegt. Aus dem Zivilrecht kommen vor allem Schadensersatzansprüche aus **unerlaubter Handlung** (§§ 823 ff. BGB) oder **Gefährdungshaftung** (z.B. §§ 7 ff. StVG, 1 ff. HaftPflG, 23 ff. LuftVG, 1 ProdHaftG, 84 AMG, 89 WHG) in Betracht.[17] Ein **Direktanspruch** des VN gegen den Berufshaftpflichtversicherer eines insolventen Schädigers gemäß § 115 I 1 Nr. 2 VVG wegen Ansprüchen aus **bürgerlich-rechtlicher Prospekthaftung** fällt ebenfalls in den Anwendungsbereich von lit. a.[18] Aus dem Bereich des öffentlichen-Rechts besteht nach lit. a) Versicherungsschutz z.B. für Schadensersatzansprüche aus **Amtshaftung** (§ 839 BGB i.V.m. Art. 34 GG).[19] Ob es um materiellen oder immateriellen Schadensersatz geht, ist unerheblich, da auch der immaterielle Schaden erfasst ist.[20] Hierher gehört daher auch die Geltendmachung von Ansprüchen auf immaterielle Entschädigung wegen einer Verletzung des **allgemeinen Persönlichkeitsrechts** (§ 823 I BGB i.V.m. Art. 1, 2 I GG).[21]

Der Schadensersatz-Rechtsschutz setzt voraus, dass der geltend gemachte Anspruch 8
auf **Schadensersatz** (§§ 249 ff. BGB) gerichtet ist. Ansprüche auf Entschädigung, (Bereicherungs-)Ausgleich oder Wertersatz werden durch den Schadensersatz-Rechtsschutz nach lit. a) also nicht abgedeckt.[22] Für Entschädigungsansprüche wegen einer Enteignung oder eines enteignungsgleichen bzw. enteignenden Eingriffs kann daher kein Schadensersatz-Rechtsschutz verlangt werden.[23] Lit. a) gilt auch nicht für öffentlich-rechtliche Entschädigungs- und Folgenbeseitigungsansprüche, presserechtliche Ansprüche auf Gegendarstellung, nachbarrechtliche Ausgleichs- und Entschädigungsansprüche gem. § 906 BGB, Bereicherungsansprüche, Ausgleichsansprüche unter Gesamtschuldnern nach § 426 BGB, Auskunftsansprüche, die nicht im Zusammenhang mit einem Schadensersatzanspruch stehen, strafprozessuale Kostenersatzansprüche sowie Ansprüche aus dem Bundesdatenschutzgesetz.[24]

16 Harbauer/*Obarowski*, § 2 ARB 2010 Rn. 40.

17 Van Bühren/Plote/*Hillmer-Möbius*, § 2 ARB 2010 Rn. 4; Harbauer/*Obarowski*, § 2 ARB 2010 Rn. 52 f.

18 BGH VersR 2023, 582.

19 Harbauer/*Obarowski*, § 2 ARB 2010 Rn. 40; P/M/*Piontek*, § 2 ARB 2010 Rn. 2, 5; Buschbell/Hering/*Hering*, § 12 Rn. 39.

20 Harbauer/*Obarowski*, § 2 ARB 2010 Rn. 41; Höra/Schubach/*Lensing*, § 27 Rn. 275. Zu den einzelnen Gefährdungshaftungstatbeständen außerhalb des BGB vgl. *Ahrens/Spickhoff*, Deliktsrecht, 2022, §§ 35–40; *Looschelders*, Schuldrecht BT, § 74 Rn. 1 ff.

21 Zu den materiell-rechtlichen Anspruchsgrundlagen vgl. Grüneberg/*Sprau*, § 823 BGB Rn. 84 ff.; *Looschelders*, Schuldrecht BT, § 61 Rn. 1 ff.

22 VersHb/*Obarowski*, § 45 Rn. 42; Harbauer/*Obarowski*, § 2 ARB 2010 Rn. 60; *Mathy* VersR 2010, 318, 322.

23 Van Bühren/Plote/*Hillmer-Möbius*, § 2 ARB 2010 Rn. 7; vgl. VersHb/*Obarowski*, § 45 Rn. 42.

24 Van Bühren/Plote/*Hillmer-Möbius*, § 2 ARB 2010 Rn. 9 ff.; P/M/*Piontek*, § 2 ARB 2010 Rn. 5.

9 Ebenfalls nicht unter den Schadensersatz-Rechtsschutz fallen negatorische und quasinegatorische Ansprüche auf **Beseitigung** und **Unterlassung** aus § 1004 BGB bzw. § 823 I BGB analog.[25] Dies gilt insbesondere auch für den vorbeugenden Unterlassungsanspruch bei Ehrverletzungen, mit dem der VN künftigen Verletzungen entgegentreten will.[26] Geht es dem VN dagegen um den Widerruf einer ehrverletzenden Äußerung, so richtet sich sein Anspruch auf **Naturalrestitution** i.S.d. § 249 I BGB; es handelt sich damit um einen Schadensersatzanspruch aus § 823 I BGB, der nach lit. a) gedeckt ist.[27] Löschungsansprüche wegen Persönlichkeitsrechtsverletzungen im Internet werden von lit. a ebenfalls erfasst.[28]

10 Ob für die Geltendmachung eines Anspruchs auf Entschädigung wegen **Strafverfolgungsmaßnahmen** (§§ 1 ff. StrEG) Versicherungsschutz nach lit. a) besteht, ist streitig. Die h.M. lehnt die Anwendung des lit. a) ab.[29] Für diese Auffassung spricht, dass es sich bei dem Entschädigungsanspruch nach §§ 1 ff. StEG um keinen echten Schadensersatzanspruch handelt, sondern vielmehr um einen besonderen Aufopferungsanspruch.[30] Aufopferungsansprüche werden von lit. a) aber nicht erfasst.

3. Geltendmachung

11 Schadensersatz-Rechtsschutz nach lit. a) besteht nur für die **Geltendmachung** von Schadensersatzansprüchen, nicht aber für deren **Abwehr.**[31] Die Einschränkung erklärt sich daraus, dass die Abwehr unbegründeter Schadensersatzansprüche nach § 100 VVG der Haftpflichtversicherung obliegt. Ergänzend hierzu stellt der Ausschlusstatbestand des § 3 II lit. a) noch einmal klar, dass für die Wahrnehmung rechtlicher Interessen zur Abwehr von Schadensersatzansprüchen kein Versicherungsschutz besteht, es sei denn, dass diese Ansprüche auf einer Vertragsverletzung beruhen (vgl. § 3 Rdn. 64).

12 Der Begriff der **Geltendmachung** setzt voraus, dass der VN von einem anderen ernsthaft eine Leistung fordert. Lit. a) deckt daher nicht den Fall ab, dass der VN nach

---

25 Van Bühren/Plote/*Hillmer-Möbius*, § 2 ARB 2010 Rn. 7; P/M/*Piontek*, § 2 ARB 2010 Rn. 4; L/P/*Paffenholz*, § 125 Rn. 12.

26 LG Ellwangen r+s 2000, 508; LG Karlsruhe r+s 1990, 308; Harbauer/*Obarowski*, § 2 ARB 2010 Rn. 66; a.A. AG Regensburg r+s 2004, 61, 62 (Versicherungsschutz nach lit. a).

27 VersHb/*Obarowski*, § 45 Rn. 45; P/M/*Piontek*, § 2 ARB 2010 Rn. 4. Zur Abgrenzung von (quasi-)negatorischen Ansprüchen und Schadensersatzansprüchen vgl. MünchKommBGB/*Wagner*, Vor § 823 Rn. 39 ff.; *Looschelders*, Schuldrecht BT, § 72 Rn. 1 ff.

28 Harbauer/*Obarowski*, § 2 ARB 2010 Rn. 46a; *Cornelius-Winkler*, Rechtsschutzversicherung S. 39.

29 OLG Bamberg VersR 1999, 1407; AG Saarbrücken VersR 1978, 1111; VersHb/*Obarowski*, § 45 Rn. 43; Harbauer/*Obarowski*, § 2 ARB 2010 Rn. 57; P/M/*Piontek*, § 2 ARB 2010 Rn. 5; *Mathy* VersR 2010, 318, 322; a.A. noch Harbauer/*Stahl*[8], § 2 ARB 2000 Rn. 57.

30 BGHZ 106, 313, 318; Harbauer/*Obarowski*, § 2 ARB 2010 Rn. 57.

31 L/W/*Obarowski*, Kap. 48 Rn. 62; Höra/Schubach/*Lensing*, § 27 Rn. 274; Harbauer/*Obarowski*, § 2 ARB 2010 Rn. 32.

einem Verkehrsunfall einen Anwalt mit der Ermittlung des unbekannt gebliebenen Unfallgegners beauftragt.[32]

4. Ausnahmen

a) Vertragsverletzung

Anders als nach den ARB 75 verlangt der Wortlaut der neueren ARB nicht mehr, dass die geltend gemachten Schadensersatzansprüche auf gesetzlichen Haftpflichtbestimmungen beruhen.[33] Schadensersatzansprüche wegen einer **Vertragsverletzung** sind aber nach lit. a) ausgenommen. Dahinter steht die Erwägung, dass Schadensersatzansprüche aus vertraglichen Vereinbarungen nicht unter lit. a), sondern unter den Rechtsschutz im Vertrags- und Sachenrecht nach lit. d) fallen.[34] 13

Das Wort »auch« macht deutlich, dass der Ausschluss auch bei einem Zusammentreffen von deliktischen mit vertraglichen Ansprüchen im Wege der **Anspruchskonkurrenz** gilt.[35] Der Schadensersatz-Rechtsschutz erfasst in diesen Fällen weder die vertraglichen noch die deliktischen Ansprüche; insoweit besteht allein der Rechtsschutz im Vertrags- und Sachenrecht nach lit. d); entsprechendes gilt bei Arbeitsverträgen im Verhältnis zum Arbeits-Rechtsschutz nach lit. b).[36] In **§ 2 lit. a) ARB 94** ist das Wort »auch« dagegen noch nicht enthalten. Rechtsprechung und Literatur gehen deshalb überwiegend davon aus, dass die Ausnahme unter Berücksichtigung der Unklarheitenregel des § 305c II BGB nur für vertragliche, nicht aber für deliktische Ansprüche gilt.[37] Aufgrund der Einfügung des Wortes »auch« lässt sich diese Auffassung jedoch nicht auf die neueren ARB (ab ARB 2000) übertragen.[38] 14

Ob der Ausschluss von Ansprüchen aus einer Vertragsverletzung auch Schadensersatzansprüche aus **culpa in contrahendo** (§§ 280 I, 311 II, 241 II BGB) erfasst, ist umstritten. Die h.M. geht davon aus, dass die Geltendmachung von Schadensersatzansprüchen aus culpa in contrahendo durch lit. a) abgedeckt wird.[39] Die Gegenauffassung stellt auf die inhaltliche Nähe der culpa in contrahendo zu Vertragsverletzungen 15

32 AG Köln r+s 1993, 263; L/W/*Obarowski*, Kap. 48 Rn. 62; P/M/*Piontek*, § 2 ARB 2010 Rn. 4.

33 Van Bühren/Plote/*Hillmer-Möbius*, § 2 ARB 2010 Rn. 4.

34 P/M/*Piontek*, § 2 ARB 2010 Rn. 2; *Cornelius-Winkler*, Rechtsschutzversicherung S. 38 f.

35 OLG Saarbrücken ZfS 2010, 280; L/W/*Obarowski*, Kap. 48 Rn. 63; L/P/*Paffenholz*, § 125 Rn. 13; van Bühren/Plote/*Hillmer-Möbius*, § 2 ARB 2010 Rn. 5; Harbauer/*Obarowski*, § 2 ARB 2010 Rn. 50; P/M/*Piontek*, § 2 ARB 2010 Rn. 8.

36 OLG Saarbrücken ZfS 2010, 280; HK-VVG/*Münkel*, § 2 ARB 2010 Rn. 2; *Hering* ZfS 2011, 306, 308.

37 AG Mönchengladbach VersR 2005, 784, 785; LG Hannover NVersZ 1999, 340; P/M/*Piontek*, § 2 ARB 2010 Rn. 66; Harbauer/*Obarowski*, § 2 ARB 2010 Rn. 77; *Harbauer* NVersZ 1999, 308; krit. VersHb/*Obarowski*, § 45 Rn. 38.

38 Dies übersehen Buschbell/Hering/*Hering*, § 12 Rn. 30, 32 und Höra/Schubach/*Lensing*, § 27 Rn. 277.

39 VersHb/*Obarowski*, § 45 Rn. 73; Harbauer/*Obarowski*, § 2 ARB 2010 Rn. 49; HK-VVG/*Münkel*, § 2 ARB 2010 Rn. 3; *Cornelius-Winker*, Rechtsschutzversicherung S. 39.

ab und will deshalb ausschließlich lit. d) heranziehen.[40] Für die h.M. spricht, dass der Schadensersatzanspruch aus culpa in contrahendo aus dogmatischer Sicht nicht auf einer Vertragsverletzung, sondern auf der Verletzung von Schutzpflichten aus einem vorvertraglichen Schuldverhältnis beruht.[41] Auf der anderen Seite ist jedoch zu beachten, dass der durchschnittliche VN diese dogmatische Einordnung nicht nachvollziehen kann. Stellt man auf die Sicht eines durchschnittlichen VN ab, so erscheint eine **differenzierende Betrachtung** geboten: Auf der einen Seite gibt es viele Fälle, in denen der Schadensersatzanspruch aus culpa in contrahendo für den VN ersichtlich in einem engen Zusammenhang mit vertraglichen Ansprüchen steht. Dies gilt insbesondere dann, wenn der VN Schadensersatzansprüche wegen **fehlerhafter Beratung bei Vertragsschluss** geltend macht, um damit die Rückabwicklung eines nachteiligen Vertrages herbeizuführen.[42] Diese Fallgruppe ist daher einheitlich dem Rechtsschutz im Vertrags- und Sachenrecht (lit. d)) zuzuordnen. Erleidet der VN bei der Vertragsanbahnung einen **Körperschaden** (z.B. Linoleumrollen-Fall, Gemüseblatt-Fall[43]), so besteht dagegen ein enger funktionaler Zusammenhang zwischen dem Anspruch aus culpa in contrahendo und dem Schadensersatzanspruch aus § 823 I BGB wegen Verkehrspflichtverletzung.[44] In diesen Fällen wird der durchschnittliche VN daher nicht davon ausgehen, dass sein Schadensersatzanspruch auf einer Vertragsverletzung beruht. Insoweit bleibt daher lit. a) anwendbar.

16 Der Ausnahmetatbestand gilt auch nicht für Schadensersatzansprüche aus **Geschäftsführung ohne Auftrag** gem. § 678 BGB.[45] Da die GoA ein gesetzliches Schuldverhältnis darstellt, kann die Verletzung der daraus folgenden Pflichten nicht als Vertragsverletzung qualifiziert werden. Aufwendungsersatzansprüche aus §§ 670, 683 BGB werden von lit. a ebenfalls erfasst, sofern sie auf den Ersatz einer unfreiwilligen Einbuße gerichtet sind.[46] Ansonsten handelt es sich um keine Schadensersatzansprüche. Schadensersatzansprüche gegen den Vertreter ohne Vertretungsmacht nach § 179 BGB fallen ebenfalls unter lit. a.[47]

---

40 P/M/*Piontek*, § 2 ARB 2010 Rn. 7.

41 Zur dogmatischen Einordnung vgl. MünchKommBGB/*Emmerich*, § 311 BGB Rn. 41; *Looschelders*, Schuldrecht AT, § 8 Rn. 1 ff.

42 Zu dieser Fallgruppe MünchKommBGB/*Emmerich*, § 311 BGB Rn. 79; *Looschelders*, Schuldrecht AT, § 8 Rn. 14 ff.

43 RGZ 78, 231; BGHZ 66, 51; BGH NJW-RR 2023, 95; *Looschelders*, Schuldrecht AT, § 8 Rn. 9.

44 Näher dazu BGHZ 66, 51; BGH NJW-RR 2023, 95 Rn. 10; Jauernig/*Stadler*, § 311 BGB Rn. 63; *Looschelders*, Schuldrecht AT, § 8 Rn. 9.

45 Van Bühren/Plote/*Hillmer-Möbius*, § 2 ARB 2010 Rn. 6; Harbauer/*Obarowski*, § 2 ARB 2010 Rn. 49.

46 Vgl. Harbauer/*Obarowski*, § 2 ARB 2010 Rn. 58.

47 Harbauer/Obarowski, § 2 ARB 2010 Rn. 49; *Cornelius-Winkler*, Rechtsschutzversicherung S. 39.

b) Verletzung dinglicher Rechte an Grundstücken oder Gebäuden

Die Geltendmachung von Schadensersatzansprüchen unterliegt auch insoweit nicht dem Schadensersatz-Rechtsschutz nach lit. a), wie die betreffenden Ansprüche auf einer **Verletzung eines dinglichen Rechts an Grundstücken**, Gebäuden oder Gebäudeteilen beruhen. Für diese Fälle ist allein der Wohnungs- und Grundstücks-Rechtsschutz nach lit. c) maßgeblich.[48] Der Begriff des dinglichen Rechts beurteilt sich nach allgemeinen Grundsätzen. Er erfasst also nicht nur das Eigentum einschließlich des Wohnungseigentums, sondern auch die beschränkten dinglichen Rechte an Grundstücken (z.B. Hypothek, Grundschuld).[49] Der Ausschluss gilt nicht nur für dingliche Ansprüche, sondern erfasst auch **schuldrechtliche Ansprüche** wegen Verletzung dinglicher Rechte an Grundstücken oder Gebäuden.[50] Der Schadensersatz-Rechtsschutz deckt damit auch keine deliktischen Schadensersatzansprüche aus § 823 I BGB wegen Eigentumsverletzung an einem Grundstück, Gebäude oder Gebäudeteil ab.[51] 17

5. Eintritt des Rechtsschutzfalles und Wartezeit

Welches Ereignis beim Schadensersatz-Rechtsschutz nach lit. a) den Versicherungsfall auslöst, ist in § 4 I 1 lit. a) geregelt (näher dazu § 4 Rdn. 12 ff.). Der Anspruch auf Rechtsschutz besteht danach ab dem **ersten Ereignis**, durch das der Schaden **verursacht** wurde oder verursacht worden sein soll. Mit dem Begriff des »ersten Ereignisses« wird seit den ARB 94/2000 auf das sog. **Kausalereignis** abgestellt.[52] Maßgeblich ist die **erste Schadensursache**, die der in Anspruch genommene Schädiger in haftungsrechtlich relevanter Weise gesetzt hat oder gesetzt haben soll; in der Regel kommt es damit auf den Zeitpunkt der Pflichtverletzung an.[53] Bei einem **Unterlassen** stellt die h.M. auf den letzten Zeitpunkt ab, in dem der Schaden noch hätte abgewendet werden können.[54] 18

In zeitlicher Hinsicht ist zu beachten, dass das betreffende Ereignis nach Beginn des Versicherungsschutzes eingetreten sein muss (§ 4 I 2). Anders als für die meisten anderen Leistungsarten ist für den Schadensersatz-Rechtsschutz aber **keine Wartezeit** vorgesehen (vgl. § 4 I 3). 19

Nach **§ 14 I ARB 75** kommt es beim Schadensersatz-Rechtsschutz auf den Eintritt des dem Anspruch zugrunde liegenden Schadensereignisses an. Maßgeblich ist also nicht 20

48 HK-VVG/*Münkel*, § 2 ARB 2010 Rn. 2.

49 P/M/*Piontek*, § 2 ARB 2010 Rn. 9.

50 BGH VersR 1992, 487 = NJW 1992, 1511; OLG Oldenburg r+s 1995, 21, 22.

51 L/W/*Obarowski*, Kap. 48 Rn. 64.

52 Vgl. Harbauer/*Obarowski*, § 2 ARB 2010 Rn. 31; Veith/Gräfe/Lange/Rogler/*Cornelius-Winkler*, § 23 Rn. 74 ff.

53 BGH NJW 2002, 139 = VersR 2002, 1503; NJW 2003, 1936 = VersR 2003, 638; LG Aachen, r+s 2004, 148, 149; Harbauer/*Obarowski*, § 2 ARB 2010 Rn. 31; *Bauer* NJW 2003, 1491, 1493.

54 LG Aachen r+s 2004, 148; Harbauer/*Obarowski*, § 2 ARB 2010 Rn. 31; P/M/*Piontek*, § 4 ARB 2010 Rn. 10.

das Kausalereignis, sondern das **Folgeereignis.**[55] Der VN genießt damit in größerem zeitlichem Umfang Versicherungsschutz.

6. ARB 2012/2019/2021

21 Die ARB 2012/2019/2021 regeln den Schadensersatz-Rechtsschutz in Ziff. 2.2.1. In sprachlicher Hinsicht ist zu beachten, dass Ziff. 2.2.1 ARB 2012/2019/2021 nicht von der Geltendmachung, sondern von der **Durchsetzung** der Schadensersatzansprüche des VN spricht. Inhaltlich ergeben sich daraus keine Abweichungen. Ziff. 2.2.1 ARB 2019/2021 enthält zudem einen optionalen Baustein für die Druchsetzung **vorbeugender Unterlassungsansprüche** wegen der Verletzung des Persönlichkeitsrechts in unmittelbarem Zusammenhang mit der Nutzung **elektronischer Daten/Medien** (z.B. im Internet, in einem Intranet, in digitalen Kurznachrichten- oder Messengerdiensten).[56] Als Beispiele werden die Beleidigung des VN in einem Gruppen-Chat und die widerrechtliche Veröffentlichung von Fotos des VN im Internet genannt.

22 Ziff. 2.2.1 ARB 2012/2019/2021 enthält eine **Definition der dinglichen Rechte.** Diese werden entsprechend dem allgemeinen juristischen Sprachgebrauch dadurch gekennzeichnet, dass sie gegenüber jedermann wirken und von jedem respektiert werden müssen. Als Beispiel wird das Eigentum genannt.

23 Außerdem verwendet Ziff. 2.2.1 2012/2019/2021 Beispiele, um die **Abgrenzung zum Vertrags-Rechtsschutz** zu verdeutlichen. Dabei wird zwischen den verschiedenen Vertragsarten unterschieden.

II. Arbeits-Rechtsschutz (lit. b)

1. Anwendungsbereich

24 Der Arbeits-Rechtsschutz gem. lit. b) gilt für die Wahrnehmung rechtlicher Interessen aus Arbeitsverhältnissen sowie aus öffentlich-rechtlichen Dienstverhältnissen hinsichtlich dienst- und versorgungsrechtlicher Ansprüche. Versicherungsschutz besteht zum einen für Streitigkeiten aus privatrechtlichen Arbeitsverhältnissen.[57] Ein **Arbeitsverhältnis** ist das Dauerschuldverhältnis zwischen einem Arbeitnehmer und einem Arbeitgeber.[58] Erfasst sind sämtliche Erscheinungsformen von Arbeitsverhältnissen, wie beispielsweise Ausbildungsverhältnisse, Teilzeit-Arbeitsverhältnisse, zeitlich befristete Arbeitsverhältnisse, Altersteilzeitverträge sowie Ruhestandsverhältnisse.[59] Der Versicherungsschutz setzt nicht das Vorliegen eines wirksamen Arbeitsvertrages voraus.[60]

---

55 Vgl. OLG Hamm NJW-RR 2004, 1401; Harbauer/*Cornelius-Winkler,* § 14 ARB 75 Rn. 6; Veith/Gräfe/Lange/Rogler/*Cornelius-Winkler,* § 23 Rn. 74 ff.

56 Vgl. *Lensing* AnwBl 2022, 227, 228.

57 VersHb/*Obarowoski,* § 45 Rn. 48.

58 Grüneberg/*Weidenkaff,* Einf. v. § 611 BGB Rn. 5; van Bühren/Plote/*Hillmer-Möbius,* § 2 ARB 2010 Rn. 13.

59 Buschbell/Hering/*Hering,* § 13 Rn. 23.

60 Harbauer/*Obarowski,* § 2 ARB 2010 Rn. 85.

Das Wort »Arbeitsverhältnis« macht vielmehr deutlich, dass lit. b) auch für Rechtsstreitigkeiten aus sog. »**fehlerhaften**« oder »**faktischen Arbeitsverhältnissen**« gilt, bei denen kein wirksamer Arbeitsvertrag existiert.[61]

Zum anderen sind **öffentlich-rechtliche Dienstverhältnisse** Teil des Arbeits-Rechtsschutzes. Dazu gehören insbesondere die Dienstverhältnisse von Beamten, Richtern und Soldaten.[62] 25

2. Individualrechtsschutz

Lit. b) erfasst lediglich Ansprüche aus **Individualrechtsstreitigkeiten**; für Streitigkeiten aus dem kollektiven Arbeitsrecht besteht kein Versicherungsschutz.[63] Dies war auf der Grundlage der ARB 75 nicht ganz unumstritten,[64] wird jetzt aber durch den Risikoausschluss des § 3 II lit. b) ausdrücklich klargestellt (vgl. § 3 Rdn. 66). Soweit es für die Zulässigkeit einer individualvertragsrechtlichen Maßnahme (z.B. Kündigung) auf die Mitwirkung des Betriebsrats ankommt, sind wegen des engen sachlichen Zusammenhangs aber auch Streitigkeiten über die entsprechenden betriebsverfassungsrechtlichen Angelegenheiten vom Versicherungsschutz umfasst.[65] Der Arbeits-Rechtsschutz gilt auch für die Geltendmachung von Schadensersatzansprüchen gegen den Arbeitgeber wegen Mobbing.[66] 26

3. Ansprüche aus Arbeitsverhältnissen

Anders als lit. a) erfasst lit. b) nicht nur die **Geltendmachung**, sondern auch die **Abwehr** von Ansprüchen.[67] Soweit es um die Abwehr von Ansprüchen wegen Verletzung des Arbeitsvertrags geht, greift auch der Risikoausschluss nach § 3 II lit. a) nicht ein (§ 3 Rdn. 67). Entscheidend ist, dass der Anspruch »aus« dem Arbeitsverhältnis herrührt. Dazu gehören nach h.M. auch Streitigkeiten über das wirksame Zustandekommen eines Arbeitsvertrages.[68] Erforderlich ist aber, dass mindestens eine Partei sich auf das Vorliegen eines Arbeitsverhältnisses beruft.[69] Lit. b) erfasst daher keine Ansprüche wegen Pflichtverletzungen bei der Anbahnung eines letztlich nicht zustande gekommenen Arbeitsverhältnisses (z.B. aus culpa in contrahendo) oder öffentlichen Dienstverhält- 27

61 HK-VVG/*Münkel*, § 2 ARB 2010 Rn. 7; Harbauer/*Obarowski*, § 2 ARB 2010 Rn. 85.

62 VersHb/*Obarowski*, § 45 Rn. 48; Buschbell/Hering/*Hering*, § 13 Rn. 37 ff.; van Bühren/Plote/*Hillmer-Möbius*, § 2 ARB 2010 Rn. 20.

63 Van Bühren/Plote/*Hillmer-Möbius*, § 2 ARB 2010 Rn. 15 f.; P/M/*Piontek*, § 2 ARB 2010 Rn. 10.

64 Für Beschränkung auf individualrechtliche Ansprüche OLG Celle ZfS 1987, 304, 305; OLG Düsseldorf ZfS 1988, 285, 286; LG München r+s 1990, 55; a.A. AG Hannover ZfS 1982, 370.

65 VersHb/*Obarowski*, § 45 Rn. 56; P/M/*Piontek*, § 2 ARB 2019 Rn. 10.

66 OLG Saarbrücken ZfS 2010, 280; vgl. auch *Hering* ZfS 2011, 306, 308.

67 HK-VVG/*Münkel*, § 2 ARB 2010 Rn. 6; VersHb/*Obarowski*, § 45 Rn. 49.

68 P/M/*Piontek*, § 2 ARB 2010 Rn. 17; a.A. AG München r+s 1979, 25.

69 Van Bühren/*Schneider*, § 13 Rn. 121.

nisses.[70] Solche Ansprüche scheiden schon deswegen aus, weil sie nicht »aus« dem Arbeitsverhältnis entstehen, sondern diesem vorgelagert sind. Kein Versicherungsschutz besteht auch für Konkurrentenklagen auf **Einstellung** in den öffentlichen Dienst.[71] Das Gleiche gilt für die Klage eines angestellten Lehrers auf Übernahme in das Beamtenverhältnis.[72] Ansprüche wegen der **Beendigung des Arbeitsverhältnisses** entstehen dagegen »aus« dem Arbeitsverhältnis und sind daher von lit. b) erfasst. Typischer Anwendungsfall des Arbeits-Rechtsschutzes ist die Kündigungsschutzklage. Streitigkeiten über die Wirksamkeit eines Aufhebungsvertrages gegen Abfindung werden grundsätzlich ebenfalls erfasst.[73]

28 Bei Ansprüchen wegen Verletzung eines im **Allgemeinen Gleichbehandlungsgesetz (AGG)** geregelten Diskriminierungsverbots ist vor diesem Hintergrund eine differenzierende Lösung geboten. Alle Ansprüche, die aus Rechtsverstößen gegen das AGG während des laufenden Arbeitsverhältnisses herrühren, entstehen »aus« dem Arbeitsverhältnis und werden daher von lit. b) erfasst.[74] Solche Gestaltungen liegen beispielsweise bei Streitigkeiten wegen diskriminierender Sozialauswahl bei der Kündigung oder wegen diskriminierender Entlohnung vor.[75] Nicht erfasst ist dagegen der Anspruch des abgelehnten Bewerbers aus § 15 AGG auf Schadensersatz oder Entschädigung wegen nicht geschlechtsneutraler Stellenausschreibung oder Bewerberauswahl.[76] Denn auch dieser Anspruch ist dem Arbeitsverhältnis vorgelagert. In Betracht kommt hier allein der Schadensersatz-Rechtsschutz, der sich allerdings wieder nur auf die Geltendmachung und nicht auf die Abwehr von Ansprüchen bezieht. Will der Arbeitgeber das Risiko absichern, dass er durch einen abgelehnten Bewerber nach § 15 AGG in Anspruch genommen wird, so muss er eine spezielle **AGG-Versicherung** abschließen.[77]

29 Bei Streitigkeiten über die Kündigung eines **schwerbehinderten Arbeitnehmers** tritt der Rechtsschutzfall bereits mit Einleitung des Zustimmungsverfahrens gem. §§ 85 ff. SGB IX ein, da der Arbeitgeber dem Arbeitnehmer damit zu erkennen gibt, dass er beabsichtigt, das Arbeitsverhältnis im Wege einer ordentlichen Kündigung zu beenden (vgl. § 4 Rdn. 57).[78] Wegen des engen Zusammenhangs mit der Kündigung besteht

---

70 HK-VVG/*Münkel*, § 2 ARB 2010 Rn. 6; VersHb/*Obarowski*, § 45 Rn. 49.

71 P/M/*Piontek*, § 2 ARB 2010 Rn. 17; van Bühren/*Schneider*, § 13 Rn. 121.

72 LG Kiel VersR 2015, 1374; *Bauer* NJW 2016, 1490, 1491.

73 P/M/*Piontek*, § 2 ARB 2010 Rn. 13.

74 VersHb/*Obarowski*, § 45 Rn. 49; L/P/*Paffenholz*, § 125 Rn. 15.

75 Vgl. *Rolfs* VersR 2009, 1001, 1007.

76 VersHb/*Obarowski*, § 45 Rn. 93; *Koch* VersR 2007, 288, 296; *Rolfs* VersR 2009, 1001, 1007.

77 *Koch* VersR 2007, 288, 296; *Rolfs* VersR 2009, 1001, 1007. Zur AGG-Versicherung L/P/*Laschet*, Teil 3 A. Rn. 1 ff.

78 BGH r+s 2010, 513, 514; LG Hannover, r+s 1996, 361 (LS); L/R/*Rixecker*, § 125 Rn. 10 ff.; *Obarowski* VersR 2006, 1182; a.A. van Bühren/Plote/*Hillmer-Möbius*, § 2 ARB 2010 Rn. 19.

auch für das Verfahren vor dem Integrationsamt Arbeits-Rechtsschutz.[79] Auseinandersetzungen mit Sozialversicherungen über Sozialbeiträge werden dagegen nicht von lit. b) erfasst.[80]

Der Arbeits-Rechtsschutz gem. lit. b) schließt keine Ansprüche ein, die von **Selbstständigen** oder **Freiberuflern** geltend gemacht werden.[81] Dies ergibt sich schon daraus, dass Selbstständige gerade nicht die Eigenschaften eines weisungsabhängigen Arbeitnehmers aufweisen und dass zwischen den Parteien kein Arbeitsverhältnis, sondern ein freies Dienstverhältnis vorliegt.[82] Kennzeichnend für ein freies Dienstverhältnis ist, dass der Dienstverpflichtete seine Dienste in persönlicher, sozialer und wirtschaftlicher Unabhängigkeit leistet.[83] Es hat somit stets eine genaue Identifizierung und Klassifizierung des Anspruchs stattzufinden, für den Rechtsschutz verlangt wird. Denn auch ein Anspruch des Arbeitgebers gegen den Arbeitnehmer aus dessen arbeitsvertragswidriger selbstständiger Nebentätigkeit ist vom Arbeits-Rechtsschutz umfasst, weil er in einem »engen und unmittelbaren Zusammenhang mit dem früheren Arbeitsverhältnis«[84] zwischen den Parteien steht. 30

Gesetzliche Vertreter bzw. **Organe** einer Aktiengesellschaft oder GmbH (Vorstände, Geschäftsführer) sind keine Arbeitnehmer und unterliegen schon deshalb nicht dem Arbeits-Rechtsschutz nach lit. b).[85] Davon abgesehen schließt § 3 II lit. c) Alt. 2 für Rechtsstreitigkeiten aus Anstellungsverhältnissen gesetzlicher Vertreter juristischer Personen den Versicherungsschutz aus (näher dazu § 3 Rdn. 76). 31

4. Risikoausschlüsse

Neben den bereits angesprochenen Risikoausschlüssen für das kollektive Arbeitsrecht (oben Rdn. 26) und die Anstellungsverträge von gesetzlichen Vertretern juristischer Personen (oben Rdn. 31), ist beim Arbeits-Rechtsschutz der Risikoausschluss für Streik und Aussperrung nach § 3 I lit. a) (dazu § 3 Rdn. 23 ff.) von besonderer Bedeutung. Bei Erfindungen von Arbeitnehmern kann auch der Risikoausschluss für Streitigkeiten über Rechte aus geistigem Eigentum nach § 3 II lit. d) (dazu § 3 Rdn. 99 ff.) relevant werden. Wird einem Arbeitnehmer wegen einer vorsätzlichen Straftat gekündigt, so greift der Risikoausschluss nach § 3 V auch in Bezug auf die Kündigungsschutzklage ein (s. dazu § 3 Rdn. 189).[86] 32

---

79 BGH r+s 2010, 513, 514; LG Koblenz r+s 1989, 155; AG Siegburg NJW-RR 1995, 285; P/M/*Piontek*, § 2 ARB 2010 Rn. 12; Harbauer/*Obarowski*, § 2 ARB 2010 Rn. 93; VersHb/*Obarowski*, § 45 Rn. 51; a.A. AG München VersR 1986, 571.

80 LG Köln VersR 1982, 150, 151; P/M/*Piontek*, § 2 ARB 2010 Rn. 14.

81 Van Bühren/Plote/*Hillmer-Möbius*, § 2 ARB 2010 Rn. 21.

82 Buschbell/Hering/*Hering*, § 13 Rn. 22; van Bühren/Plote/*Hillmer-Möbius*, § 2 ARB 2010 Rn. 21.

83 Grüneberg/*Weidenkaff*, Einf. v. § 611 Rn. 16.

84 OLG Bamberg VersR 1987, 1188.

85 VersHb/*Obarowski*, § 45 Rn. 52.

86 AG Düsseldorf r+s 2010, 198; *Hering* ZfS 2011, 306, 309.

5. Eintritt des Rechtsschutzfalles und Wartezeit

33 Im Arbeits-Rechtsschutz tritt der Rechtsschutzfall gem. § 4 I 1 lit. c) in dem Zeitpunkt ein, in dem der VN oder ein anderer einen Verstoß gegen Rechtspflichten oder Rechtsvorschriften begangen hat oder begangen haben soll. Für den Eintritt des Rechtsschutzfalles ist ausdrücklich nicht erforderlich, dass eine Pflichtverletzung tatsächlich begangen worden ist. Es reicht aus, dass die Verletzung einer arbeitsrechtlichen Pflicht behauptet wird (vgl. § 4 Rdn. 45 ff.). Es ist in jedem Einzelfall zu untersuchen, in welchem Verhalten der Parteien des Arbeitsverhältnisses der Verstoß lag oder gelegen haben soll. Der Zeitpunkt des Eintritts des Rechtsschutzfalles ist dabei objektiv zu bestimmen.[87] Der Rechtsschutzfall tritt z.B. mit der Kündigung des Arbeitnehmers durch den Arbeitgeber ein.[88]

34 Die Behandlung einer bloßen **Kündigungsandrohung** war in der Instanzrechtsprechung und in der Literatur sehr umstritten, wurde jedoch mittlerweile vom BGH geklärt.[89] Nach einer in Rechtsprechung und Literatur verbreiteten Ansicht begründete die bloße Kündigungsandrohung noch keinen Versicherungsfall, da ein Rechtsverlust erst mit der Kündigung eintreten könne.[90] Die Gegenauffassung ging davon aus, dass der Rechtsschutzfall bereits mit der Kündigungsandrohung eintritt.[91] Im Einzelnen war innerhalb dieser Auffassung jedoch umstritten, welche Anforderungen an eine Kündigungsandrohung zu stellen sind, die einen Rechtsschutzfall auslöst. Teilweise wurde auch zwischen verhaltensbedingten und betriebsbedingten Kündigungen unterschieden.[92] Nach Ansicht des **BGH** kommt es auf solche Differenzierungen nicht an. Es reicht vielmehr, dass »das Vorbringen des Versicherungsnehmers (erstens) einen objektiven Tatsachenkern […] enthält, mit dem er (zweitens) den Vorwurf eines Rechtsverstoßes verbindet und worauf er dann (drittens) seine Interessenverfolgung stützt«.[93] Zwischen dem in dem vorgetragenen Tatsachenkern erörterten Vorgang und dem Konflikt, der geeignet ist, eine zukünftige rechtliche Auseinandersetzung auszulösen, muss ein adäquater Ursachenzusammenhang bestehen. Der Rechtsschutzfall wird damit in einem weiten Sinne verstanden. Somit kann auch die Androhung einer Kündigung einen Rechtsschutzfall begründen.

35 § 4 I 3 sieht für den Versicherungsschutz eine **Wartezeit** von 3 Monaten ab Versicherungsbeginn vor. Fällt der Versicherungsfall in die Wartezeit, kann der Versicherungsnehmer die Einstandspflicht des Versicherers nicht auf den (wartezeitunabhängigen) Schadensersatz-Rechtsschutz nach lit. a) stützen, sofern er neben dem

---

87 OLG München r+s 2010, 240, 241.

88 Harbauer/*Obarowski*, § 2 ARB 2010 Rn. 86; HK-VVG/*Münkel*, § 4 ARB 2010 Rn. 10.

89 BGHZ 178, 346 Rn. 19 ff. = VersR 2009, 109 = JR 2009, 460 m. Anm. *Looschelders*.

90 AG Hannover r+s 2001, 250; AG Frankfurt a.M. r+s 1993, 221; AG Köln r+s 1997, 377.

91 Vgl. etwa OLG Saarbrücken VersR 2007, 57, 58; *Schäder* NVersZ 2000, 315, 316.

92 Zusammenfassend Harbauer/*Obarowski*, § 2 ARB 2010 Rn. 87; *Looschelders* JR 2009, 462.

93 BGH VersR 2009, 109, 110; vgl. dazu auch *Hering* ZfS 2011, 306, 307.

deliktischen auch einen (arbeits-)vertraglichen Schadensersatzanspruch hat.[94] Der Schadensersatz-Rechtsschutz nach lit. a) tritt in diesem Fall nämlich zurück (s. oben Rdn. 13).

6. ARB 2012/2019/2021

Ziff. 2.2.2 ARB 2012/2019/2021 regelt den Arbeits-Rechtsschutz **in gleicher Weise** 36
wie lit. b). Die Trennung von Arbeits- und öffentlich-rechtlichen Dienstverhältnissen macht die Klausel allerdings übersichtlicher.

III. Wohnungs- und Grundstücks-Rechtsschutz (lit. c)

Der Wohnungs- und Grundstücks-Rechtsschutz gewährt nach lit. c) Rechtsschutz für 37
die Wahrnehmung rechtlicher Interessen aus Miet- und Pachtverhältnissen, sonstigen Nutzungsverhältnissen und dinglichen Rechten, die Grundstücke, Gebäude oder Gebäudeteile zum Gegenstand haben. Besonders große Bedeutung hat diese Leistungsart beim **Rechtsschutz für Eigentümer und Mieter** von Wohnungen und Grundstücken nach § 29. Der Wohnungs- und Grundstücks-Rechtsschutz ist jedoch auch in anderen Formen des Versicherungsschutzes enthalten (vgl. §§ 27 III Sp. 3, 28 III Sp. 3).[95]

1. Miet- und Pachtverhältnisse und sonstige Nutzungsverhältnisse

Lit. c) erfasst zunächst alle **schuldrechtlichen Nutzungsverhältnisse** über den Ver- 38
sicherungsgegenstand.[96] Der Sache nach geht es vor allem um Rechtsstreitigkeiten zwischen Vermieter und Mieter. Versicherungsschutz besteht dabei sowohl für die **Geltendmachung** als auch für die **Abwehr** von Ansprüchen.[97] Das Wort »Verhältnis« macht deutlich, dass nicht nur vertragliche Ansprüche (z.B. aus §§ 535, 536a oder 280 I BGB), sondern auch konkurrierende deliktische Ansprüche (z.B. aus § 823 I BGB) gedeckt sind.[98] Der Schadensersatz-Rechtsschutz nach lit. a) greift hier nicht ein, weil der Anspruch »auch« auf einer Vertragsverletzung beruht (s. oben Rdn. 14). Soweit es um die Abwehr von Ansprüchen geht, ist allerdings der Risikoausschluss nach § 3 II lit. a) zu beachten (dazu § 3 Rdn. 62).

Nach der Definition des § 535 BGB liegt ein **Mietvertrag** vor, wenn jemand sich dazu 39
verpflichtet, einem anderen den Gebrauch einer Sache gegen Entrichtung eines Entgelts zu gewähren.[99] Durch den **Pachtvertrag** wird der Verpächter verpflichtet, dem Pächter während der Pachtzeit den Gebrauch des verpachteten Gegenstands und den

94 OLG Saarbrücken ZfS 2010, 280.

95 Näher dazu VersHb/*Obarowski*, § 45 Rn. 59 ff.

96 Harbauer/*Obarowski*, § 2 ARB 2010 Rn. 113.

97 OLG Düsseldorf VersR 2001, 233; LG Hannover r+s 1993, 22; Harbauer/*Obarowski*, § 2 ARB 2010 Rn. 109; P/M/*Piontek*, § 2 ARB 2010 Rn. 19; HK-VVG/*Münkel*, § 2 ARB 2010 Rn. 10.

98 Vgl. van Bühren/*Schneider*, § 13 Rn. 129.

99 PWW/*Elzer*, § 535 Rn. 2.

Genuss der Früchte zu gewähren, soweit diese nach den Regeln einer ordnungsgemäßen Wirtschaft als Ertrag anzusehen sind (§ 581 BGB).

40 Der Versicherungsschutz beschränkt sich auf solche Ansprüche, die **typischerweise** mit dem Mietverhältnis zusammenhängen.[100] Dazu gehören z.B. Rechtsstreitigkeiten über die Pflicht des Mieters zur Zahlung von Miete und Nebenkosten sowie zur Vornahme von Schönheitsreparaturen (bei entsprechender Vereinbarung), Gewährleistungsansprüche des Mieters, die Voraussetzungen und Rechtsfolgen einer Beendigung des Mietverhältnisses, das gesetzliche Pfandrecht des Vermieters sowie etwaige Schadensersatzansprüche des Vermieters wegen Beschädigung der Mietsache.[101]

41 Dass es sich um eine schuldrechtliche Auseinandersetzung handelt, die mit dem Miet- oder Pachtverhältnis zusammenhängt, reicht für den Rechtsschutz nach lit. c) nicht aus.[102] Nicht von lit. c) erfasst werden daher Streitigkeiten über den **Kauf von Inventargegenständen** im Zusammenhang mit dem Abschluss des Miet- oder Pachtvertrags über eine Gaststätte.[103] Das Gleiche gilt für Streitigkeiten über ein vertraglich vereinbartes **Vorkaufsrecht** des Mieters.[104] Das gesetzliche Vorkaufsrecht des Mieters nach § 577 BGB beruht dagegen auf dem Mietverhältnis, so dass Streitigkeiten über die Existenz dieses Vorkaufsrechts von lit. c) erfasst werden. Auseinandersetzungen über den Erfüllungsanspruch des Mieters aus dem Vorkaufsrecht sind aber wieder als kaufrechtliche Streitigkeiten zu qualifizieren und unterliegen daher nicht dem Wohnungs- und Grundstücks-Rechtsschutz nach lit. c).[105] Keine Streitigkeit »aus« dem Mietverhältnis ist auch die Darlehensgewährung des Vermieters an den Mieter.[106]

42 Der Wohnungs- und Grundstücks-Rechtsschutz nach lit. c) gilt nicht für Streitigkeiten zwischen **Mitmietern desselben Objekts**, weil diese nicht »aus« dem Mietverhältnis herrühren.[107] Bei Störungen durch den Mieter eines **anderen Objekts** desselben Vermieters (z.B. den Wohnungsnachbarn) kann der Mieter von dem Vermieter die Beseitigung der Störung verlangen;[108] diesbezügliche Streitigkeiten zwischen Vermieter und Mieter beruhen daher auf dem Mitverhältnis. Nimmt der Mieter den Wohnungsnachbarn nach § 862 oder § 823 I BGB unmittelbar auf Unterlassung in Anspruch, so handelt es sich dagegen genau genommen um keine Streitigkeit aus dem Mietverhältnis. Wegen des engen Zusammenhangs zwischen beiden Konstellationen erscheint eine

100 KG r+s 2001, 420; L/P/*Paffenholz*, § 125 Rn. 16.
101 Vgl. Buschbell/Hering/*Hering*, § 14 Rn. 15.
102 VersHb/*Obarowksi*, § 45 Rn. 62 f.
103 KG r+s 2001, 420.
104 AG Köln ZfS 1988, 249; P/M/*Piontek*, § 2 ARB 2010 Rn. 20.
105 OLG Köln VersR 2010, 339; VersHb/*Obarowski*, § 45 Rn. 62; L/P/*Paffenholz*, § 125 Rn. 16; *Hering* ZfS 2011, 306, 311.
106 VersHb/*Obarowski*, § 45 Rn. 62; a.A. AG Lemgo r+s 1987, 105 f.
107 P/M/*Piontek*, § 2 ARB 2010 Rn. 20; Höra/Schubach/*Lensing*, § 27 Rn. 302; *Tetzlaff* VersR 1984, 1031 f.; *Rex* VersR 1984, 1128 ff.; a.A. *Fuhrmann* VersR 1984, 425 f.
108 Vgl. BGH NZM 2009, 855; Grüneberg/*Weidenkaff*, § 535 BGB Rn. 28; Schmidt-Futterer/*Lehmann-Richter*, Mietrecht, 16. Aufl. 2024, § 535 BGB Rn. 781 ff.

Anwendung des Wohnungs- und Grundstücks-Rechtsschutzes nach lit. c) aber auch hier sachgemäß.[109]

43 Nach h.M. fallen **kurzfristige Nutzungsverhältnisse** wie das Mieten eines Hotelzimmers oder einer Ferienwohnung nicht unter den Wohnungs- und Grundstücks-Rechtsschutz, sondern unter den Vertrags-Rechtsschutz gem. lit. d).[110] Das Gleiche wird für die Stellplatzmiete auf einem Campingplatz angenommen,[111] sofern es sich nicht um einen Dauerstellplatz handelt.[112] Nach einer in der Literatur vertretenen Gegenansicht ist lit. c) auch in diesen Fällen einschlägig, weil die Beschränkung auf längerfristige Nutzungsverhältnisse dem Wortlaut der Klausel nicht zu entnehmen ist.[113] In den genannten Fällen wird der Wohnungs- und Grundstücks-Rechtsschutz aber in der Regel daran scheitern, dass die betreffenden Wohnungen und Grundstücke nicht – wie nach §§ 28 III Sp. 3, 29 I erforderlich – im Versicherungsschein bezeichnet sind.[114] Vor diesem Hintergrund ist für den durchschnittlichen VN ersichtlich, dass die Anwendung des lit. c) auf solche Fälle nicht interessengerecht ist. Eine andere Beurteilung mag bei Mietverträgen über Kleinstgrundstücke wie **Kleingärten** gerechtfertigt sein,[115] da eine Bezeichnung im Versicherungsschein hier nicht von vornherein undurchführbar erscheint.

44 Nach der Rechtsprechung des EuGH handelt es sich bei der Vermietung eines **Bootsliegeplatzes** um eine Grundstücksvermietung.[116] Die Liegeplätze stellten einen fest umrissenen, abgrenzbaren Teil eines Grundstückes, des Hafengeländes, dar; dass dieser mit Wasser überflutet sei, stehe der Einordnung als Grundstück, das vermietet oder verpachtet werden kann, nicht entgegen. Die Entscheidung betrifft allerdings das Umsatzsteuerrecht und dürfte sich entgegen einer in der Literatur vertretenen Ansicht[117] nicht auf lit. c) übertragen lassen. Der durchschnittliche VN wird nicht davon ausgehen, dass die Miete eines Bootsanlegeplatzes einen Fall der Grundstücksmiete darstellt. Für Streitigkeiten über die Miete eines Bootsanlegeplatzes ist daher der Vertragsrechtsschutz nach lit. d) einschlägig.[118]

45 Nicht von lit. c) erfasst sind Rechtsstreitigkeiten über Ansprüche aus **Jagd- oder Fischereipachtverträgen.**[119] Da es sich nicht um die Pacht eines Grundstücks handelt,

109 Harbauer/*Obarowski*, § 29 ARB 2010 Rn. 11; *Rex* VersR 1984, 1128, 1129.

110 Van Bühren/Plote/*Hillmer-Möbius*, § 2 ARB 2010 Rn. 27; Harbauer/*Obarowski*, § 2 ARB 2010 Rn. 119; P/M/*Piontek*, § 2 ARB 2010 Rn. 23.

111 Vgl. van Bühren/Plote/*Hillmer-Möbius*, § 2 ARB 2010 Rn. 27.

112 Harbauer/*Obarowski*, § 2 ARB 2010 Rn. 119.

113 So HK-VVG/*Münkel*, § 2 ARB 2010 Rn. 9.

114 So zutreffend Harbauer/*Obarowski*, § 2 ARB 2010 Rn. 119.

115 Für Unanwendbarkeit des lit. c) auch insoweit van Bühren/Plote/*Plote*, § 2 ARB 2000 Rn. 27.

116 EuGH, Urt. v. 3.3.2005 – C-428/02, DStRE 2005, 658, 660; a.A. AG Geldern VersR 2006, 356 = r+s 2005, 464.

117 VersHb/*Obarowski*, § 45 Rn. 63.

118 So i.E. auch AG Geldern VersR 2006, 356.

119 Van Bühren/Plote/*Hillmer-Möbius*, § 2 ARB 2010 Rn. 27.

sondern um die Pacht eines Rechts,[120] fallen die betreffenden Rechtsstreitigkeiten unter den Vertrags-Rechtsschutz nach lit. d).[121]

46 Unter die **sonstigen Nutzungsverhältnisse** fallen etwa die Wohnungsleihe (z.B. unentgeltliche Überlassung einer Wohnung von Eltern an Kinder),[122] das schuldrechtliche Wohnrecht, die (Weiter-)Nutzung der Wohnung nach Beendigung des Vertrags sowie die Nutzungsüberlassung eines Teils des Grundstücks an den Käufer vor Übertragung des Besitzes an dem ganzen Grundstück anlässlich eines Grundstückkaufs.[123] Auch Ansprüche aus einem **faktischen Nutzungsverhältnis**, dem kein Vertrag zugrunde liegt, können vom Wohnungs- und Grundstücks-Rechtsschutz erfasst sein.[124] Für Ansprüche im Zusammenhang mit der **Vertragsanbahnung** besteht dagegen grundsätzlich kein Versicherungsschutz, weil sie nicht »aus« dem Nutzungsverhältnis herrühren, sondern diesem vorgelagert sind.[125]

47 Ob Auseinandersetzungen im Zusammenhang mit **Dienst- oder Werkwohnungen** unter den Wohnungs- und Grundstücks-Rechtsschutz fallen, ist differenziert zu betrachten.[126] Während Auseinandersetzungen im Bereich einer Dienstmietwohnung (§§ 576, 576a BGB) aufgrund des eigenständigen Mietvertrages im Rahmen des Wohnungs- und Grundstück-Rechtsschutzes versichert werden können, fallen Auseinandersetzungen im Zusammenhang mit einer Werkdienstwohnung (§ 576b BGB) aufgrund der Unselbstständigkeit des Mietvertrags unter den Arbeits-Rechtsschutz gem. lit. b).[127]

2. Dingliche Rechte an Grundstücken, Gebäuden oder Gebäudeteilen

48 Der Wohnungs- und Grundstücks-Rechtsschutz nach lit. c) gilt zudem für die Wahrnehmung rechtlicher Interessen aus dinglichen Rechten an Grundstücken, Gebäuden oder Gebäudeteilen. Neben den sachenrechtlichen Ansprüchen (z.B. §§ 894, 985 BGB) erfasst lit. c) auch »das Verfolgen und Abwehren der Ansprüche, die aus einem dinglichen Recht entstehen können«.[128] Ein wichtiges Beispiel ist der Anspruch aus § 823 Abs. 1 BGB wegen der Verletzung des Eigentums an einem Grundstück.[129] Für die Abwehr von solchen Schadensersatzansprüchen gilt aber der Risikoausschluss nach § 3 II lit. a). Weitere Beispiele sind der Beseitigungsanspruch aus § 1004 BGB, der Entschädigungsanspruch nach § 906 Abs. 2 BGB und der Ausgleichsanspruch nach § 904 Satz 2 BGB bzw. § 14 Nr. 4 Satz 2 WEG.[130]

120 Zur Einordnung der Jagd- und Fischereipacht vgl. MünchKommBGB/*Harke*, § 581 Rn. 6.
121 Harbauer/*Obarowski*, § 2 ARB 2010 Rn. 117.
122 Van Bühren/*Schneider*, § 13 Rn. 127.
123 VersHb/*Obarowski*, § 45 Rn. 64; Harbauer/*Stahl*, § 2 ARB 2000 Rn. 108.
124 Harbauer/*Obarowski*, § 2 ARB 2010 Rn. 113.
125 Harbauer/*Obarowski*, § 2 ARB 2010 Rn. 113.
126 Harbauer/*Obarowski*, § 2 ARB 2010 Rn. 121.
127 Van Bühren/Plote/*Hillmer-Möbius*, § 2 ARB 2010 Rn. 31.
128 BGH VersR 1992, 487 = NJW 1992, 1511; VersHb/*Obarowski*, § 45 Rn. 65.
129 VersHb/*Obarowski*, § 45 Rn. 65.
130 Vgl. BGH VersR 2011, 1179 (zu § 906 Abs. 2 BGB); *Wendt* r+s 2012, 209, 216 mwN.

Zu den dinglichen Rechten i.S. von lit. c) gehören neben dem Eigentum das Erbbaurecht (§ 1 ErbBauRG) sowie die Grunddienstbarkeiten (§§ 1018 ff. BGB), der Nießbrauch (§§ 1030 ff. BGB), die beschränkten persönlichen Dienstbarkeiten (§§ 1090 ff. BGB) und das dingliche Wohnrecht (§ 1093 BGB).[131] Der Besitz wird dagegen ebenso wenig erfasst wie die Hypothek und die Grundschuld.[132] Die Begrenzung beruht darauf, dass § 29 dem VN – soweit es um dingliche Rechte geht – nur in seiner Eigenschaft als **Eigentümer** oder **Nutzungsberechtigter** Versicherungsschutz gewährt. Diese Voraussetzung trifft weder auf den Besitz noch auf die Hypothek oder Grundschuld zu. Zu beachten ist aber, dass der Besitzer in seiner Eigenschaft als Mieter oder Pächter nach lit. c) versichert sein kann.[133] 49

Der Anspruch muss »aus« dem dinglichen Recht herrühren. Für Ansprüche auf Begründung oder (Rück-)Übertragung eines dinglichen Rechts besteht daher kein Versicherungsschutz nach lit. c).[134] Insoweit kommt aber der Rechtsschutz im Vertrags- und Sachenrecht nach lit. d) in Betracht. 50

Besondere Probleme bereitet die Beurteilung von Fällen, in denen dingliche und schuldrechtliche Ansprüche miteinander **konkurrieren.** Sind etwa der Kaufvertrag und die Übereignung eines Grundstücks wegen Geisteskrankheit des Verkäufers (Eigentümers) nach §§ 104 Nr. 2, 105 BGB nichtig, so steht dem Verkäufer nicht nur der dingliche Grundbuchberichtigungsanspruch aus § 894 BGB, sondern auch der schuldrechtliche Grundbuchberichtigungsanspruch aus § 812 I 1 Alt. 1 BGB zu.[135] Der letztere Anspruch würde an sich unter den Rechtsschutz im Vertrags- und Sachenrecht nach lit. d) fallen; wegen der Subsidiarität von lit. d) (unten Rdn. 59, 61) gilt dies aber nicht, sofern der Versicherungsschutz wegen des konkurrierenden Anspruchs aus § 894 BGB bereits in der Leistungsart nach lit. c) enthalten ist. Für den VN könnte die Zuordnung zu lit. c) misslich sein, weil der Wohnungs- und Grundstücks-Rechtsschutz in den Privat-Rechtsschutzpakten für Selbständige und Nichtselbständige nicht enthalten ist (vgl. §§ 23 III, 25 III, 26 III). Die Lösung solcher Konkurrenzfälle ist umstritten. Teilweise wird ein genereller Vorrang des Wohnungs- und Grundstücks-Rechtsschutzes befürwortet.[136] Nach der Gegenansicht kommt der schuldrechtlichen Anspruchsgrundlage ein grundsätzlicher Vorrang zu.[137] Da keine dieser Lösungen in jeder Konstellation zu überzeugen vermag, erscheint eine **Schwerpunktbetrachtung** geboten. Im Beispielsfall steht die Rückabwicklung eines unwirksamen Vertrages im Vordergrund. Dass dem VN wegen der Unwirksamkeit des dinglichen Geschäfts ausnahmsweise auch ein dinglicher 51

131 Vgl. van Bühren/*Schneider*, § 13 Rn. 130.

132 Vgl. Harbauer/*Obarowski*, § 2 ARB 2010 Rn. 152 f.

133 Harbauer/*Obarowski*, § 2 ARB 2010 Rn. 152.

134 HK-VVG/*Münkel*, § 2 ARB 2010 Rn. 10; Harbauer/*Obarowski*, § 2 ARB 2010 Rn. 123.

135 Vgl. Grüneberg/*Retzlaff*, § 812 BGB Rn. 92.

136 So LG Freiburg r+s 1996, 493, 494: Ausschluss schlägt auf alle konkurrierenden Ansprüche durch.

137 VersHb/*Obarowski*, § 45 Rn. 67; L/W/*Obarowski*, Kap. 48 Rn. 77; PK/*Hillmer-Möbius*, § 125 Rn. 42.

Anspruch aus § 894 BGB zusteht, darf seinen Versicherungsschutz nicht beschränken. Im Ergebnis ist daher allein die Leistungsart nach lit. d) einschlägig.[138]

52 Die gleichen Überlegungen gelten für den Fall, dass der VN (Verkäufer) nach Rücktritt vom Kaufvertrag die Löschung einer für den Käufer eingetragenen **Auflassungsvormerkung** verlangt. Dieser Anspruch kann nicht nur auf § 346 BGB, sondern auch auf § 894 BGB gestützt werden. Da die Rückabwicklung des Kaufvertrages im Vordergrund steht, richtet sich der Rechtsschutz aber nach lit. d).[139]

3. Insbesondere: Streitigkeiten nach dem WEG

53 Nach der Legaldefinition des § 1 II WEG besteht das Wohnungseigentum im **Sondereigentum** an einer Wohnung in Verbindung mit dem **Miteigentumsanteil** an dem Gemeinschaftseigentum. Gemeinschaftseigentum sind das Grundstück und die Teile des Gebäudes, die nicht im Sondereigentum oder im Eigentum eines Dritten stehen (§ 1 V WEG). Man kann auch davon sprechen, dass das Sondereigentum das Miteigentum in seinem Herrschaftsbereich gegenständlich beschränkt.[140] Das Wohnungseigentum stellt somit einen Sonderfall des Eigentums an einem Grundstück bzw. Gebäudeteil dar. Angelegenheiten aus dem WEG fallen daher grundsätzlich in den Anwendungsbereich von lit. c).[141] Der VN muss aber im Zeitpunkt des Versicherungsfalls bereits Wohnungseigentümer gewesen sein.[142] Ansprüche auf Begründung oder Übertragung von Wohneigentum ergeben sich nicht »aus« dem dinglichen Recht des Wohnungseigentümers und werden daher auch nicht von lit. c) erfasst.

54 Der Versicherungsschutz nach lit. c) umfasst alle das Sondereigentum oder den Miteigentumsanteil des VN betreffenden Streitigkeiten nach dem WEG.[143] Dazu gehören sowohl Auseinandersetzungen mit anderen Wohnungseigentümern als auch solche mit dem Wohnungseigentumsverwalter.[144] Umgekehrt ist der Verwalter in Bezug auf die Wahrnehmung rechtlicher Interessen aus seiner Verwaltertätigkeit nicht über den Wohnungs- und Grundstücks-Rechtsschutz versichert. Die Zusammenschau mit § 29 zeigt nämlich, dass lit. c) im Zusammenhang mit dem WEG nur die Wahrnehmung von Interessen erfasst, die aus der (Wohnungs-)Eigentümerstellung herrühren.[145]

55 Seit der Anerkennung der **Rechtsfähigkeit der Wohnungseigentümergemeinschaft** stehen die als Gemeinschaft begründeten und erworbenen Rechte nicht mehr den Wohnungseigentümern als Gesamtgläubigern (§ 428 BGB), sondern der Gemeinschaft

138 So auch LG/OLG Köln r+s 1990, 161.

139 OLG Karlsruhe VersR 1998, 711 = NJW-RR 1998, 322; *Bauer* NJW 1999, 1371, 1376.

140 Grüneberg/*Wicke*, Einl. WEG Rn. 2.

141 Van Bühren/Plote/*Hillmer-Möbius*, § 2 ARB 2010 Rn. 28; *Armbrüster*, FS Merle, S. 13, 18.

142 Harbauer/*Obarowski*, § 2 ARB 2010 Rn. 134.

143 L/W/*Obarowski*, Kap. 48 Rn. 76.

144 Van Bühren/Plote/*Hillmer-Möbius*, § 2 ARB 2010 Rn. 28; P/M/*Piontek*, § 2 ARB 2010 Rn. 27; *Armbrüster*, FS Merle, S. 13, 19.

145 Harbauer/*Obarowski*, § 2 ARB 2010 Rn. 136.

zu (§ 9a I 1 WEG = § 10 VI 1 WEG a.F.);[146] diese haftet auch für die Verwaltungsschulden, die der Verwalter in ihrem Namen begründet hat.[147] In der Literatur wird hieraus teilweise gefolgert, die Rechtsschutzversicherung des einzelnen VN würde die betreffenden Streitigkeiten nicht mehr abdecken, weil der VN selbst nicht mehr am Verfahren beteiligt sei.[148] Diese Betrachtung ist indes zu formal. Bei wirtschaftlicher Betrachtung ist nicht zu verkennen, dass der VN **wirtschaftlich betroffen** ist und die **Kosten des Rechtstreits** anteilig zu tragen hat (vgl. §§ 16 II, 28 II WEG). Sinn und Zweck des Wohnungs- und Grundstücks-Rechtsschutzes gebieten es, dem VN diese Kosten zu ersetzen.[149]

4. Bedeutung allgemeiner Risikoausschlüsse

Von den allgemeinen Risikoausschlüssen nach § 3 haben der Ausschluss des **Baurisikos** 56 (§ 3 I lit. d) und der **Abwehr außervertraglicher Schadensersatzansprüche** (§ 3 II lit. a) die größte praktische Bedeutung. Darüber hinaus können im Einzelfall auch der Ausschluss von Bergbauschäden (§ 3 I lit. c), der Ausschluss der Wahrnehmung rechtlicher Interessen wegen der steuerlichen Bewertung von Grundstücken, Gebäuden und Gebäudeteilen sowie wegen Erschließungs- und sonstiger Anliegerabgaben (§ 3 II lit. i) und der Ausschluss von Enteignungsangelegenheiten (§ 3 III lit. d) relevant sein.[150]

5. Eintritt des Rechtsschutzfalles und Wartezeit

Der Eintritt des Rechtsschutzfalles richtet sich beim Wohnungs- und Grundstücks- 57 Rechtsschutz nach § 4 I 1 lit. c). Maßgeblich ist also der Zeitpunkt, in dem der VN oder ein anderer einen **Verstoß** gegen Rechtspflichten oder Rechtsvorschriften begangen hat oder begangen haben soll (zu den Einzelheiten s. § 4 Rdn. 39 ff.). § 4 I 3 sieht vor, dass der Versicherungsschutz grundsätzlich erst nach Ablauf einer **Wartezeit** von drei Monaten nach Versicherungsbeginn gewährt wird (dazu § 4 Rdn. 93).

6. ARB 2012/2019/2021

Die Regelung des Wohnungs- und Grundstücks-Rechtsschutzes in Ziff. 2.2.3 ARB 58 2012/2019/2021 zeichnet sich gegenüber lit. c) durch eine **übersichtlichere Gestaltung** aus. Außerdem werden **Beispiele** angeführt, welche die einzelnen Anwendungsfälle dieser Leistungsart näher erläutern.

---

146 Staudinger/*Looschelders* (2022), § 428 BGB Rn. 60; ebenso schon vor der WEG-Reform von 2007 BGHZ 163, 154, 159 ff.

147 Staudinger/*Looschelders* (2022), § 427 BGB Rn. 37.

148 So *Drasdo* VersR 2008, 902 f.; grundsätzlich auch Harbauer/*Obarowski*, § 2 ARB 2010 Rn. 133 mit dem Hinweis, dass die Versicherer den VN i.d.R. durch eine »praxisorientierte Regulierung« entgegenkommen.

149 So auch P/M/*Piontek*, § 2 ARB 2010 Rn. 28; *ders.*, FS Merle, S. 13, 21 ff.; L/W/*Obarowski*, Kap. 48 Rn. 76.

150 Zum Überblick vgl. Buschbell/Hering/*Hering*, § 14 Rn. 35.

IV. Rechtsschutz im Vertrags- und Sachenrecht (lit. d)

59 Der Rechtsschutz im Vertrags- und Sachenrecht gilt nach lit. d) für die Wahrnehmung rechtlicher Interessen aus privatrechtlichen Schuldverhältnissen und dinglichen Rechten. Es handelt sich um einen **Auffangtatbestand**,[151] der nur eingreift, soweit der Versicherungsschutz nicht in den Leistungsarten nach lit. a), lit. b) oder lit. c) enthalten ist. Die **Subsidiaritätsklausel** soll verhindern, dass eine Rechtsstreitigkeit unter mehrere Leistungsarten subsumiert werden kann.[152] Die Leistungsart findet sich im Verkehrs-Rechtsschutz (§ 21 IV) sowie in den Paketen für den privaten Bereich (§§ 23 III, 25 III, 26 III), nicht aber im (Berufs-)Rechtsschutz für Selbständige, Firmen und Vereine (§ 24 II). Nach § 4 I 3 besteht auch beim Rechtsschutz im Vertrags- und Sachenrecht eine **Wartezeit** von drei Monaten, soweit es sich nicht um die Wahrnehmung rechtlicher Interessen aufgrund eines Kauf- oder Leasingvertragsvertrages über ein fabrikneues Kraftfahrzeug handelt (vgl. § 4 Rdn. 93 ff.).

1. Privatrechtliche Schuldverhältnisse

60 Der Rechtsschutz nach lit. d) betrifft zunächst die Wahrnehmung rechtlicher Interessen aus privatrechtlichen Schuldverhältnissen. Entgegen der missverständlichen Bezeichnung »Rechtsschutz im Vertragsrecht« beschränkt sich der Versicherungsschutz nicht auf **vertragliche Schuldverhältnisse.** Seit den ARB 94 werden vielmehr auch alle **gesetzlichen Schuldverhältnisse** aus dem Bereich des Privatrechts erfasst.[153] Dazu gehören die Geschäftsführung ohne Auftrag (§§ 677 ff. BGB), die ungerechtfertigte Bereicherung (§§ 812 ff. BGB) sowie der Gesamtschuldnerausgleich (§ 426 BGB).[154]

61 Auch **einseitige Rechtsgeschäfte** wie die Auslobung (§§ 657 ff. BGB), die Annahme einer Anweisung (§ 784 BGB) und die Gewinnzusage (§ 661a BGB) werden von lit. d) abgedeckt.[155] Für Rechtsstreitigkeiten aus Gewinnzusagen gilt allerdings der Risikoausschluss nach § 3 II lit. f) (s. dazu § 3 Rdn. 117). Bei Rechtsstreitigkeiten aus **Arbeits-, Miet- und Pachtverträgen** sind lit. b) und lit. c) vorrangig.[156]

62 **Vereins- und genossenschaftsrechtliche Streitigkeiten** fallen nicht unter den Rechtsschutz im Vertrags- und Sachenrecht, da das durch die Satzung begründete körper-

---

151 Harbauer/*Obarowski*, § 2 ARB 2010 Rn. 123; L/P/*Paffenholz*, § 125 Rn. 18; L/W/*Obarowski*, Kap. 48 Rn. 78; HK-VVG/*Münkel*, § 2 ARB 2010 Rn. 11.

152 VersHb/*Obarowski*, § 45 Rn. 69.

153 OLG Karlsruhe NJOZ 2006, 932; van Bühren/Plote/*Hillmer-Möbius*, § 2 ARB 2010 Rn. 34; L/W/*Obarowski*, Kap. 48 Rn. 80; VersHb/*Obarowski*, § 45 Rn. 70; P/M/*Piontek*, § 2 ARB 2010 Rn. 31; PK/*Hillmer-Möbius*, § 125 Rn. 44.

154 OLG Köln r+s 2005, 285, 286; van Bühren/Plote/*Hillmer-Möbius*, § 2 ARB 2010 Rn. 35; Harbauer/*Obarowski*, § 2 ARB 2010 Rn. 184 f.; zur abweichenden Rechtslage nach den ARB 75 vgl. *Böhme*, § 24 ARB 75 Rn. 14.

155 Van Bühren/Plote/*Hillmer-Möbius*, § 2 ARB 2010 Rn. 35; Harbauer/*Obarowski*, § 2 ARB 2010 Rn. 184; P/M/*Piontek*, § 2 ARB 2019 Rn. 34; speziell zu Gewinnzusagen OLG Köln r+s 2005, 285, 286; OLG Karlsruhe NJOZ 2006, 932.

156 Vgl. PK/*Hillmer-Möbius*, § 125 Rn. 48.

schaftsrechtliche Rechtsverhältnis kein vertragliches oder gesetzliches Schuldverhältnis darstellt.[157] Für Streitigkeiten über die Wirksamkeit eines Vereinsausschlusses besteht daher kein Versicherungsschutz.[158] Rechtsstreitigkeiten aus **öffentlich-rechtlichen Schuldverhältnissen** werden nach dem klaren Wortlaut von lit. d) ebenfalls nicht erfasst. Für öffentlich-rechtliche Streitigkeiten mit den Versorgungswerken der freien Berufe (z.B. Ärzte, Zahnärzte, Rechtsanwälte, Architekten) besteht daher kein Versicherungsschutz nach lit. d). Da solche Streitigkeiten nicht vor den Sozialgerichten, sondern vor den Verwaltungsgerichten verhandelt werden, greift allerdings auch der Sozialgerichts-Rechtsschutz nach lit. f) nicht ein.[159] Nicht unter den Versicherungsschutz nach lit. d) fallen schließlich auch Streitigkeiten über Kostenforderungen eines Notars, weil diese auf einem öffentlich-rechtlichen Rechtsverhältnis beruhen.[160]

2. Wahrnehmung rechtlicher Interessen »aus« privatrechtlichen Schuldverhältnissen

Der Versicherungsschutz umfasst die Wahrnehmung rechtlicher Interessen »aus« dem 63 privatrechtlichen Schuldverhältnis. Dabei ist sowohl die **Geltendmachung** als auch die **Abwehr** von Ansprüchen in den Versicherungsschutz einbezogen.[161] Bei vertraglichen Schuldverhältnissen kommt es nicht auf das wirksame Zustandekommen an. Lit. d) kann vielmehr auch dann eingreifen, wenn die Parteien über das wirksame Zustandekommen des Vertrages streiten.[162] Erforderlich ist lediglich, dass mindestens eine Partei das wirksame Zustandekommen eines Vertrages vorträgt.[163] Bei Unwirksamkeit des Vertrages werden Rechtsstreitigkeiten über die bereicherungsrechtlichen Ansprüche der Beteiligten aus § 812 BGB unter dem Aspekt des gesetzlichen Schuldverhältnisses ebenfalls von lit. d) erfasst.[164]

Ob Schadensersatzansprüche aus **culpa in contrahendo** (§§ 280 I, 311 II, 241 II BGB) 64 vom Rechtsschutz im Vertrags- und Sachenrecht abgedeckt sind, ist streitig. Auf der Grundlage der ARB 75 ist der Versicherungsschutz auf die Wahrnehmung rechtlicher Interessen aus schuldrechtlichen **Verträgen** beschränkt (vgl. etwa §§ 24 III Nr. 1, 25 III ARB 75); für Ansprüche aus culpa in contrahendo besteht daher in dieser Leistungsart nach den ARB 75 von vornherein kein Versicherungsschutz.[165] Ansprüche aus culpa in contrahendo beruhen aber ohne Zweifel auf einem privatrechtlichen **Schuldverhältnis** und erfüllen insofern die Voraussetzungen von lit. d). Soweit es um die **Geltendmachung** von Schadensersatzansprüchen wegen **Körperschäden** geht, die der VN bei

157 VersHb/*Obarowski,* § 45 Rn. 71; P/M/*Piontek,* § 2 ARB 2010 Rn. 35; L/P/*Paffenholz,* § 125 Rn. 18.
158 LG Lüneburg ZfS 1993, 65.
159 Vgl. AG Karlsruhe r+s 1997, 118; AG Steinfurt ZfS 1983, 47.
160 AG Arnsberg VersR 1985, 984 (LS); P/M/*Piontek,* § 2 ARB 2010 Rn. 36.
161 Harbauer/*Obarowski,* § 2 ARB 2010 Rn. 187; P/M/*Piontek,* § 2 ARB 2010 Rn. 30.
162 LG/OLG Köln r+s 1991, 161, 162; P/M/*Piontek,* § 2 ARB 2010 Rn. 38.
163 Harbauer/*Obarowski,* § 2 ARB 2010 Rn. 189; a.A. AG Lemgo r+s 1986, 316.
164 LG/OLG Köln r+s 1991, 161, 162.
165 Für eine erweiternde Auslegung aber Harbauer/*Stahl,* Vor § 21 ARB 75 Rn. 37 f.

der Anbahnung des Vertrages erlitten hat, greift nach der hier vertretenen Auffassung allerdings schon der Versicherungsschutz nach lit. a) ein (s. oben Rdn. 15), so dass der Rechtsschutz im Vertrags- und Sachenrecht nach der Subsidiaritätsklausel des lit. d) zurücktritt.[166] Für die **Abwehr** solcher Schadensersatzansprüche bleibt lit. d) maßgeblich, wobei aber der Risikoausschluss nach § 3 III lit. a) zu beachten ist (näher dazu § 3 Rdn. 150). Für Ansprüche wegen **fehlerhafter Beratung bei Vertragsschluss** gilt lit. d) uneingeschränkt.

3. Dingliche Rechte

65 Unter dem Aspekt des Rechtsschutzes im Sachenrecht erfasst lit. d) nur Rechtsstreitigkeiten über dingliche Rechte an beweglichen Sachen und Rechten; für Rechtsstreitigkeiten über dingliche Rechte an Grundstücken oder Gebäuden gilt der vorrangige Wohnungs- und Grundstücks-Rechtsschutz nach lit. c).[167] Als dingliche Rechte an **beweglichen Sachen** kommen insbesondere das Eigentum (§§ 903 ff., 985 ff. BGB), der Nießbrauch (§§ 1030 ff. BGB), das rechtsgeschäftliche Pfandrecht (§ 1204 BGB), Aneignungsrechte (z.B. § 958 BGB), das Anwartschaftsrecht und der Besitz in Betracht.[168] Dingliche Rechte an **Rechten** sind der Nießbrauch (§§ 1068 ff. BGB) und das Pfandrecht (§§ 1273 ff. BGB).[169] Die Formulierung »aus« macht wiederum deutlich, dass das dingliche Recht bereits bestehen muss.[170]

4. ARB 2012/2019/2021

66 Ziff. 2.2.4 ARB 2012/2019/2021 erläutert den Begriff des **Schuldverhältnisses** durch den Hinweis auf das Verhältnis zwischen Käufer und Verkäufer. Dass der Rechtsschutz nicht auf vertragliche Schuldverhältnisse beschränkt ist, wird dadurch freilich nicht deutlich. Als Beispiel aus dem **Sachenrecht** wird der Streit zwischen dem Eigentümer und dem Besitzer auf Herausgabe einer Sache genannt. Dieses Beispiel hilft dem VN indes nur weiter, wenn er den Unterschied zwischen Eigentum und Besitz kennt.

67 Der **Vorrang** des Schadensersatz-Rechtsschutzes, des Arbeits-Rechtsschutzes und des Wohnungs- und Grundstücks-Rechtsschutzes wird in Ziff. 2.2.4 ARB 2012/2019/2021 sehr klar zum Ausdruck gebracht.

68 In den Vertragsarten »**Verkehr**« und »**Fahrzeug**« erweitert Ziff. 2.2.4 ARB 2012/2019/2021 den Versicherungsschutz auf Verträge, mit denen der VN Kraftfahrzeuge und Anhänger zur Eigennutzung erwerben will, auch wenn diese später nicht auf ihn zugelassen werden. Dies entspricht inhaltlich § 21 VI ARB 2010.

---

166 So auch Harbauer/*Obarowski*, § 2 ARB 2010 Rn. 188; PK/*Hillmer-Möbius*, § 125 Rn. 47; a.A. P/M/*Piontek*, § 2 ARB 2010 Rn. 7; L/P/*Paffenholz*, § 125 Rn. 19.

167 Harbauer/*Obarowski*, § 2 ARB 2010 Rn. 188.

168 Van Bühren/Plote/*Hillmer-Möbius*, § 2 ARB 2010 Rn. 41; Harbauer/*Obarowski*, § 2 ARB 2010 Rn. 188.

169 Harbauer/*Obarowski*, § 2 ARB 2010 Rn. 188.

170 Harbauer/*Obarowski*, § 2 ARB 2010 Rn. 188.

Ebenso wie nach § 21 VII ARB 2010 erstreckt sich der Rechtsschutz im Vertrags- und Sachenrecht bei den Vertragsarten »Verkehr« und »Fahrzeug« nicht **auf die Teilnahme am öffentlichen Straßenverkehr.** Als Beispiel nennt Ziff. 2.2.4 ARB 2012/2019/2021 den Streit um eine Taxirechnung. 69

V. Steuer-Rechtsschutz vor Gerichten (lit. e)

1. Allgemeines

Der Steuerrechtsschutz vor Gerichten erstreckt sich nach lit. e) auf die Wahrnehmung rechtlicher Interessen in steuer- und abgabenrechtlichen Angelegenheiten vor deutschen Finanz- und Verwaltungsgerichten. Lit. e) beschränkt den Versicherungsschutz ausdrücklich auf die Interessenwahrnehmung vor deutschen **Gerichten**; für das vorgeschaltete Einspruchs- bzw. Widerspruchsverfahren besteht also kein Versicherungsschutz.[171] In der Praxis wird der Rechtsschutz teilweise jedoch auch auf solche vorgeschalteten Verfahren erweitert.[172] Rechtsstreitigkeiten vor **ausländischen** Finanz- oder Verwaltungsgerichten sind nach dem klaren Wortlaut von lit. e) ebenfalls nicht versichert. Ist der VN Eigentümer eines im Ausland belegenen Grundstücks, so genießt er daher bei einem Rechtsstreit über die Grundsteuer vor einem Gericht des betreffenden Staates keinen Versicherungsschutz.[173] 70

Der Rechtsstreit muss vor einem deutschen **Finanz- oder Verwaltungsgericht** stattfinden. Die Finanzgerichte stellen nach § 1 FGO unabhängige, von den Verwaltungsbehörden getrennte, besondere Verwaltungsgerichte dar. Die Zulässigkeit des Rechtswegs zu den Finanzgerichten ist in § 33 FGO geregelt. Erfasst werden insbesondere Streitigkeiten über Steuern und Zölle. Die Zuständigkeit der Verwaltungsgerichte in steuer- und abgabenrechtlichen Angelegenheiten ist nach § 40 VwGO nur dann gegeben, wenn der Rechtsstreit nicht nach § 33 FGO den Finanzgerichten zugewiesen ist.[174] Die Verwaltungsgerichte sind damit vor allem für Rechtsstreitigkeiten über landesrechtlich geregelte Gebühren und Beiträge zuständig.[175] Diese Streitigkeiten sind nicht nach § 33 I Nr. 1 FGO den Finanzgerichten zugewiesen, weil die betreffenden Abgaben und Beiträge nicht der Gesetzgebung des Bundes unterliegen.[176] Viele Landesgesetzgeber haben allerdings von der Ermächtigung in § 33 I Nr. 4 FGO Gebrauch gemacht und auch öffentlich-rechtlichen Streitigkeiten über solche Abgabenangelegenheiten den Finanzgerichten zugewiesen, die nicht der Gesetzgebung des Bundes unterliegen.[177] Ob Streitigkeiten in Kirchensteuerangelegenheiten den Verwaltungs- oder 71

---

171 L/P/*Paffenholz*, § 125 Rn. 20 (21f.); VersHb/*Obarowski*, § 45 Rn. 77; van Bühren/Plote/*Hillmer-Möbius*, § 2 ARB 2010 Rn. 43; Harbauer/*Obarowski*, § 2 ARB 2010 Rn. 224; Buschbell/Hering/*Hering*, § 16 Rn. 38.

172 PK/*Hillmer-Möbius*, § 125 Rn. 49 und 71; VersHb/*Obarowski*, § 45 Rn. 77.

173 Buschbell/Hering/*Hering*, § 16 Rn. 40.

174 Vgl. *Herbert*, in: Gräber, FGO, 8. Aufl. 2015, § 33 Rn. 1.

175 Vgl. Harbauer/*Obarowski*, § 2 ARB 2010 Rn. 225.

176 Gräber/*Herbert*, FGO, 8. Aufl. 2015, § 33 Rn. 15.

177 Vgl. BeckOK VwGO/*Reimer* (Stand: 01.04.2016), § 40 Rn. 186.1.

Finanzgerichten zugewiesen sind, hängt von den jeweiligen landesrechtlichen Regelungen ab.[178]

72 Der Steuer-Rechtsschutz vor Gerichten findet sich in den meisten **Formen des Rechtsschutzes** nach §§ 21 – 29. Überhaupt keinen Steuer-Rechtsschutz vor Gerichten enthält lediglich der Berufs-Rechtsschutz für Selbstständige und Rechtsschutz für Firmen und Vereine nach § 24. Im Privat-, Berufs- und Verkehrs-Rechtsschutz für Selbständige ist der Steuer-Rechtsschutz nach § 28 III auf den **privaten Bereich**, die Ausübung **nichtselbständiger** Tätigkeiten sowie Streitigkeiten im Zusammenhang mit der Eigenschaft als Eigentümer, Halter, Erwerber, Mieter und Leasingnehmer von **Motorfahrzeugen zu Lande und Anhängern** beschränkt. Für Einkünfte aus **selbständiger** oder **gewerblicher Tätigkeit** besteht somit grundsätzlich kein Steuer-Rechtsschutz.[179] Eine Ausnahme bildet nur der Landwirtschafts- und Verkehrs-Rechtsschutz nach § 27.[180] Im Übrigen ist der VN auf die von einzelnen Versicherern angebotenen Erweiterungen des Versicherungsschutzes verwiesen.[181]

73 Der Steuer-Rechtsschutz vor Gerichten ist erst ab den ARB 94 als Leistungsart vorgesehen. Demgegenüber sieht **§ 4 I lit. n) ARB 75** noch einen umfassenden Risikoausschluss für die Wahrnehmung rechtlicher Interessen aus dem Bereich des Steuer- und sonstigen Abgabenrechtes vor.[182]

2. Versicherte Rechtsstreitigkeiten

74 Der Versicherungsschutz umfasst Rechtsstreitigkeiten über die Wahrnehmung rechtlicher Interessen in allen steuer- und abgabenrechtlichen Angelegenheiten. § 3 I AO definiert **Steuern** als Geldleistungen, die nicht eine Gegenleistung für eine besondere Leistung darstellen und von einem öffentlich-rechtlichen Gemeinwesen zur Erzielung von Einnahmen allen auferlegt werden, bei denen der Tatbestand zutrifft, an den das Gesetz die Leistungspflicht knüpft; die Erzielung von Einnahmen kann Nebenzweck sein. Zu den Steuern gehören nach § 3 III AO auch Zölle.[183] Rechtsstreitigkeiten über die steuerliche Bewertung von Grundstücken, Gebäuden und Gebäudeteilen sind allerdings nach § 3 II lit. i) vom Versicherungsschutz ausgenommen (vgl. § 3 Rdn. 148). Bei Streitigkeiten über die Grunderwerbssteuer kann der Ausschluss von Baurisiken nach § 3 I lit. d) aa) relevant werden, sofern das erworbene Grundstück zu Bauzwecken bestimmt ist oder der Erwerb sich auf ein vom VN nicht selbst genutztes Gebäude bzw. einen nicht selbst genutzten Gebäudeteil bezieht (vgl. § 3 Rdn. 37 ff.).[184]

178 Zu den Einzelheiten BeckOK VwGO/*Reimer* (Stand: 01.04.2016), § 40 Rn. 187.1 ff.

179 Vgl. PK/*Hillmer-Möbius*, § 125 Rn. 49; Höra/Schubach/*Lensing*, § 27 Rn. 320.

180 Vgl. *Bauer* DStR 2005, 1665, 1666.

181 Vgl. L/W/*Obarowski*, Kap. 48 Rn. 82.

182 Vgl. *Böhme*, § 4 ARB 75 Rn. 37 ff.; Buschbell/Hering/*Hering*, § 16 Rn. 28; *Harbauer* DStR 1984, 21 ff.

183 Vgl. van Bühren/Plote/*Hillmer-Möbius*, § 2 ARB 2010 Rn. 44; Buschbell/Hering/*Hering*, § 16 Rn. 31.

184 *Bauer* DStR 2005, 1665, 1668.

Sonstige Abgaben sind alle anderen öffentlich-rechtlich geregelten Leistungen des Bürgers an den Staat oder an eine sonstige Körperschaft des öffentlichen Rechts, namentlich **Gebühren** und **Beiträge.**[185] Der wesentliche Unterschied zu den Steuern besteht darin, dass die Gebühren und Beiträge auf dem Gedanken der Gegenleistung beruhen.[186] Wichtige Beispiele sind die Gebühren und Beiträge für die Benutzung öffentlicher Einrichtungen (Kindergärten, Schwimmbäder, Bibliotheken) und die Versorgung des Grundstücks mit Gas, Wasser, Strom und Müllabfuhr sowie die Rundfunkgebühren.[187] Für Streitigkeiten über Erschließungs- und sonstige Anliegerabgaben (mit Ausnahme von laufend erhobenen Gebühren für die Grundstücksversorgung) gilt aber der Risikoausschluss nach § 3 II lit. i). 75

Soweit die betreffenden Rechtsverhältnisse (z.B. zwischen Grundstückseigentümer und Versorgungsunternehmen) **privatrechtlich** ausgestaltet sind, greift lit. e) nicht ein. Der Rechtsstreit betrifft dann nicht die Erhebung von Abgaben oder Gebühren, sondern die Pflicht zur Zahlung eines vertraglich vereinbarten Entgelts. Einschlägig ist daher der Rechtsschutz im Vertrags- und Sachenrecht.[188] 76

Der Steuer-Rechtsschutz vor Gerichten erfasst nicht den Rechtsschutz wegen **Straftaten** und **Ordnungswidrigkeiten** in steuer- und abgabenrechtlichen Angelegenheiten. Der VN ist hier auf den Straf-Rechtsschutz nach lit. i) bzw. den Ordnungswidrigkeiten-Rechtsschutz nach lit. j) verwiesen.[189] 77

3. Eintritt des Rechtsschutzfalles und zeitliche Beschränkungen des Versicherungsschutzes

Beim Steuer-Rechtsschutz vor Gerichten tritt der Versicherungsfall gem. § 4 I 1 lit. c) in dem Zeitpunkt ein, in dem der VN oder ein anderer einen Verstoß gegen Rechtspflichten oder Rechtsvorschriften begangen hat oder begangen haben soll. Anknüpfungspunkt ist dabei grundsätzlich der Zugang des ersten den VN belastenden Steuer- oder Abgabenbescheids.[190] Nach § 4 I 3 besteht für den Versicherungsschutz eine **Wartezeit** von drei Monaten nach Versicherungsbeginn. 78

Gem. **§ 4 III lit. a)** ist der Versicherungsschutz darüber hinaus ausgeschlossen, wenn eine Willenserklärung oder Rechtshandlung, die vor Beginn des Versicherungsschutzes vorgenommen wurde, den Verstoß ausgelöst hat. Die maßgebliche Rechtshandlung des VN besteht dabei meist in der **Abgabe der Steuererklärung**, die dem angegriffenen Steuerbescheid zugrunde liegt (vgl. § 4 Rdn. 110 ff.).[191] 79

185 Harbauer/*Obarowski,* § 2 ARB 2010 Rn. 216; Buschbell/Hering/*Hering,* § 16 Rn. 34.
186 Vgl. Klein/*Gersch,* AO, 18. Aufl. 2024, § 3 Rn. 19 ff.
187 Vgl. PK/*Hillmer-Möbius,* § 125 Rn. 50; Höra/Schubach/*Lensing,* § 27 Rn. 321.
188 Buschbell/Hering/*Hering,* § 16 Rn. 35.
189 PK/*Hillmer-Möbius,* § 125 Rn. 51; VersHb/*Obarowski,* § 45 Rn. 82.
190 P/M/*Piontek,* § 2 ARB 2010 Rn. 40.
191 P/M/*Piontek,* § 2 ARB 2010 Rn. 40; Buschbell/Hering/*Hering,* § 16 Rn. 44.

80 Ein weiterer Ausschlussgrund findet sich in **§ 4 IV**, wonach kein Rechtsschutz besteht, wenn die tatsächlichen oder behaupteten Voraussetzungen für die der Angelegenheit zugrunde liegende Steuer- oder Abgabefestsetzung vor dem im Versicherungsschein bezeichneten Versicherungsbeginn eingetreten sind oder eingetreten sein sollen. Kein Versicherungsschutz besteht daher für den Fall, dass die vom VN geltend gemachten steuerlichen Tatbestände vor dem Versicherungsbeginn liegen.[192]

4. ARB 2012/2019/2021

81 Ziff. 2.2.5 ARB 2012/2019/2021 regelt den Steuer-Rechtsschutz vor Gerichten übereinstimmend mit lit. e). Die Klausel hebt dabei besonders hervor, dass der Versicherungsschutz **erst ab dem gerichtlichen Verfahren** besteht. Dies gilt freilich auch schon bei § 2 lit. e) ARB 2010 (oben Rdn. 70).

82 Die für die Vertragsart »**Unternehmen**« vorgesehenen Beschränkungen des Steuer-Rechtsschutzes sind im Wesentlichen schon in den ARB 2010 enthalten (oben Rdn. 72). Insbesondere besteht für Einkünfte aus **selbständiger oder gewerblicher Tätigkeit** weiterhin kein Steuer-Rechtsschutz.

VI. Sozialgerichts-Rechtsschutz (lit. f)

83 Der Sozialgerichts-Rechtsschutz gilt nach lit. f) für die Wahrnehmung rechtlicher Interessen vor deutschen Sozialgerichten. Er ist mit Ausnahme des Verkehrs- und Fahrerrechtsschutzes (§§ 21, 22) und des Rechtsschutzes für Eigentümer und Mieter von Grundstücken (§ 29) in allen Formen des Rechtsschutzes vorgesehen.[193] Ebenso wie beim Steuer-Rechtsschutz vor Gerichten nach lit. e) beschränkt sich auch der Sozialgerichts-Rechtsschutz auf **anhängige Verfahren** vor einem **deutschen Sozialgericht.** Vorgeschaltete Vorverfahren (Antrags- oder Widerspruchsverfahren) sind folglich nicht vom Versicherungsschutz umfasst.[194] Jedoch wird teilweise von Versicherern im Rahmen von Sonderprodukten auch Versicherungsschutz für das vorgelagerte Widerspruchsverfahren angeboten.[195]

84 Der Leistungsbereich des Sozialgerichts-Rechtsschutzes bestimmt sich nach der **Zuständigkeit der Sozialgerichte** gem. § 51 SGG.[196] Der Rechtsschutz umfasst alle Rechtsstreitigkeiten, für die der Rechtsweg zu den Gerichten der Sozialgerichtsbarkeit eröffnet ist. Dazu gehören nach § 51 I SGG insbesondere die Angelegenheiten der gesetzlichen Rentenversicherung (Nr. 1), der gesetzlichen Kranken- und Unfallversicherung (Nr. 2, 3), die Angelegenheiten der Arbeitsförderung (Nr. 4) und der Grundsicherung für Arbeitssuchende (Nr. 4a), die sonstigen Angelegenheiten der Sozialver-

---

192 Vgl. Buschbell/Hering/*Hering*, § 16 Rn. 44; näher dazu § 4 Rdn. 124 f.

193 Vgl. Höra/Schubach/*Lensing*, § 27 Rn. 324.

194 L/P/*Paffenholz*, § 125 Rn. 21; van Bühren/Plote/*Hillmer-Möbius*, § 2 ARB 2010 Rn. 50; Harbauer/*Obarowski*, § 2 ARB 2010 Rn. 240.

195 Harbauer/*Obarowski*, § 2 ARB 2010 Rn. 252.

196 BGH VersR 2009, 1617; van Bühren/Plote/*Hillmer-Möbius*, § 2 ARB 2010 Rn. 49; VersHb/*Obarowski*, § 45 Rn. 87.

sicherung (Nr. 5), die Angelegenheiten des Sozialen Entschädigungsrechts (Nr. 6) sowie die Angelegenheiten der Sozialhilfe einschließlich der Angelegenheiten des SGB IX Teil 2 (Eingliederungen für Menschen mit Behinderungen) und des Asylbewerberleistungsgesetzes (Nr. 6a). Ob die betreffende Angelegenheit schon bei Abschluss des Versicherungsvertrages der Sozialgerichtsbarkeit zugewiesen war, ist irrelevant.[197] Maßgeblich ist allein die Rechtslage bei Beginn des Prozesses. Praktische Bedeutung hat dies bspw. für die Angelegenheiten der **Grundsicherung für Arbeitssuchende**, die erst seit 1.1.2005 im SGB II geregelt sind und auch erst seit diesem Zeitpunkt in die Zuständigkeit der Sozialgerichte fallen (§ 51 I Nr. 4a SGG).[198] Entsprechendes gilt für Streitigkeiten in Angelegenheiten der Kriegsopferfürsorge aufgrund der §§ 25–25j BVG, die bis zum 31.12.2023 nach § 51 I Nr. 6 SGG ausdrücklich von der Zuständigkeit der Sozialgerichte für Angelegenheiten des Sozialen Entschädigungsrechts ausgenommen waren.[199]

Die Zuständigkeit der Sozialgerichte umfasst auch Angelegenheiten der **sozialen** und der **privaten Pflegeversicherung.** Die Zuständigkeit umfasst dabei gleichermaßen **öffentlich-rechtliche** und **privatrechtliche Streitigkeiten** (§§ 51 I Nr. 2, II 2 SGG). In Bezug auf die private Pflegeversicherung rechtfertigt sich diese Zuweisung inhaltlich daraus, dass § 192 VI 3 VVG auf die Regelungen des SGB XI über die private Pflegeversicherung verweist.[200] Da die private Pflegeversicherung auf einem privatrechtlichen Vertrag beruht, sind außergerichtliche Streitigkeiten über den Rechtsschutz im Vertrags- und Sachenrecht (lit. d) versichert.[201] **85**

Indessen fallen nicht alle Auseinandersetzungen aus dem Bereich des Sozialrechts unter den Sozial-Rechtsschutz. So sind etwa gerichtliche Auseinandersetzungen aus dem **BAföG** den allgemeinen Verwaltungsgerichten zugewiesen (§ 54 BAföG).[202] Streitigkeiten über das **Wohngeld** fallen nach § 40 I 1 VwGO ebenfalls in die Zuständigkeit der Verwaltungsgerichte[203] und werden daher von lit. f) nicht erfasst. Für Streitigkeiten über das nach §§ 62 ff. EStG gewährte steuerrechtliche **Kindergeld** sind die Finanzgerichte zuständig, so dass kein Rechtsschutz nach lit. f) besteht. Etwas anderes gilt nur für das sog. sozialrechtliche Kindergeld bei Fehlen einer unbeschränkten Steuerpflicht im Inland (zu den Einzelheiten vgl. § 1 ff. BKGG). Für die diesbezüglichen Streitigkeiten sind nämlich die Sozialgerichte zuständig.[204] **86**

197 L/P/*Paffenholz*, § 125 Rn. 21; P/M/*Piontek*, § 2 ARB 2010 Rn. 42; ebenso LG Oldenburg VersR 2007, 985; LG Köln r+s 2009, 507, 508.

198 Vgl. BGH VersR 2009, 1617; L/P/*Paffenholz*, § 125 Rn. 21.

199 Vgl. BeckOK Sozialrecht/*Mink*, § 51 SGG Rn. 8.

200 Zu den Rechtsgrundlagen der privaten Pflegeversicherung vgl. L/P/*Köther*, Anh. P Rn. 23 ff. (24 ff.).

201 Zu dieser Differenzierung L/W/*Obarowski*, Kap. 48 Rn. 86; VersHb/*Obarowski*, § 45 Rn. 88; HK-VVG/*Münkel*, § 2 ARB 2010 Rn. 14; PK/*Hillmer-Möbius*, § 125 Rn. 54.

202 VersHb/*Obarowski*, § 45 Rn. 87.

203 Vgl. BeckOK-Sozialrecht/*Mink*, § 51 SGG Rn. 11; BeckOGK/*Schifferdecker*, § 26 SGB I Rn. 19.

204 Zur Aufspaltung des Rechtswegs vgl. *Mrozynski*, SGB I, 7. Aufl. 2024, § 25 Rn. 4.

87 § 3 III lit. f) ARB 2000 enthielt einen speziellen **Risikoausschluss** für »Verfahren aus dem Bereich des Asyl-, Ausländer- und Sozialhilferechts«. Nach Ansicht des BGH erfasst dieser Risikoausschluss keine Verfahren aus dem Bereich der Grundsicherung für Arbeitssuchende.[205] Das Gericht stellt bei der Auslegung des Risikoausschlusses auf die Sicht eines durchschnittlichen VN **im Zeitpunkt des Vertragsschlusses** ab. Im konkreten Fall hatte der VN den Versicherungsvertrag im Jahre 2004 geschlossen. Da die Grundsicherung für Arbeitssuchende zu diesem Zeitpunkt noch nicht im SGB II, sondern im Arbeitsförderungsgesetz (AFG) geregelt war, hätte ein durchschnittlicher VN sie nicht dem vom Risikoausschluss betroffenen Gebiet des Sozialhilferechts zugeordnet. Er hätte auch nicht damit rechnen müssen, dass spätere Änderungen des Sozialhilferechts seinen Versicherungsschutz einschränken. In den neueren ARB stellt sich das Problem nach dem Wegfall des § 3 III lit. f) nicht mehr.

88 Die **ARB 2012/2019/2021** stellen unter Ziff. 2.2.6 ausdrücklich klar, dass Sozialgerichts-Rechtsschutz erst ab dem gerichtlichen Verfahren gewährt wird.

VII. Verwaltungs-Rechtsschutz in Verkehrssachen (lit. g)

89 Der Verwaltungs-Rechtsschutz in Verkehrssachen nach lit. g) umfasst die Wahrnehmung rechtlicher Interessen in verkehrsrechtlichen Angelegenheiten vor Verwaltungsbehörden und Verwaltungsgerichten.

1. Verkehrsrechtliche Angelegenheiten

90 Der Leistungsbereich von lit. g) erstreckt sich auf alle verkehrsrechtlichen Angelegenheiten.[206] Dazu gehören grundsätzlich alle Rechtsstreitigkeiten, bei denen die Entscheidung von **verkehrsrechtlichen Vorschriften** abhängt.[207] Die verkehrsrechtlichen Angelegenheiten müssen von solchen Angelegenheiten unterschieden werden, die sich zwar auf den Verkehr auswirken, aber in erster Linie anderen Zielen (z.B. wirtschafts- und sozialpolitischen Anliegen) dienen. Die Abgrenzung richtet sich nach dem primären Zweck des Gesetzes bzw. der behördlichen Maßnahme. Dieser muss darin bestehen, die **Sicherheit und Ordnung des Verkehrs** zu gewährleisten.[208] So hat das LG München bei Verstößen gegen § 5 des österreichischen Tiertransportgesetzes darauf abgestellt, dass die verletzte Norm überwiegend den Belangen des Tierschutzes Rechnung trägt; wegen der nur untergeordneten Bedeutung des Straßenverkehrs werde die Streitigkeit nicht vom Verwaltungs-Rechtsschutz in Verkehrssachen erfasst.[209] Aus den gleichen Gründen lassen sich Streitigkeiten über die Entsorgung eines Altfahrzeugs nach dem

205 BGH VersR 2009, 1617.

206 Van Bühren/Plote/*Hillmer-Möbius*, § 2 ARB 2010 Rn. 51; Harbauer/*Obarowski*, § 2 ARB 2010 Rn. 253.

207 Vgl. PK/*Hillmer-Möbius*, § 125 Rn. 55; P/M/*Piontek*, § 2 ARB 2010 Rn. 43.

208 HK-VVG/*Münkel*, § 2 ARB 2010 Rn. 15; Harbauer/*Obarowski*, § 2 ARB 2010 Rn. 254; VersHb/*Obarowski*, § 45 Rn. 93.

209 LG München r+s 1999, 29.

Abfallrecht oder über die sog. »Abwrackprämie« nicht als verkehrsrechtliche Angelegenheiten qualifizieren, so dass lit. g) auch hier nicht einschlägig ist.[210]

Nach den ARB 75 war der Verwaltungs-Rechtsschutz in Verkehrssachen auf Verfahren wegen Einschränkung, Entzuges oder Wiedererteilung der **Fahrerlaubnis** beschränkt (vgl. §§ 21 IV lit. d, 22 III lit. d, 23 III lit. c, 24 VI Nr. 3 lit. b ARB 75; sog. Führerschein-Rechtsschutz). Diese Streitigkeiten bilden auch nach der Ausweitung des Leistungsbereichs auf alle verkehrsrechtlichen Angelegenheiten wichtige Anwendungsfälle des Rechtsschutzes nach lit. g).[211] Darüber hinaus werden aber z.B. auch Streitigkeiten im Zusammenhang mit einer **Fahrtenbuchauflage** gem. § 31a StVZO oder einer Vorladung zur **Teilnahme am Verkehrsunterricht** (§ 48 StVO) vom Versicherungsschutz erfasst.[212] Lit. g) gilt auch für Streitigkeiten wegen des **Abschleppens** eines verkehrswidrig geparkten Fahrzeugs. Zu beachten ist aber der Risikoausschluss nach § 3 III lit. e), wonach der Versicherungsschutz in Ordnungswidrigkeiten- oder Verwaltungsverfahren wegen eines Halt- oder Parkverstoßes nicht gegeben ist (s. dazu § 3 Rdn. 165).[213] 91

Bei Verfahren wegen einer **Ordnungswidrigkeit oder Straftat** im Verkehr richtet sich der Rechtsschutz nicht nach lit. g). Insoweit ist vielmehr der Straf-Rechtsschutz nach lit. e) bzw. der Ordnungswidrigkeiten-Rechtsschutz nach lit. j) maßgeblich.[214] 92

2. Verwaltungsbehörden und Verwaltungsgerichte

Anders als nach den ARB 75 beschränkt sich der Versicherungsschutz nicht auf die Wahrnehmung rechtlicher Interessen in Widerspruchsverfahren vor Verwaltungsbehörden und Verfahren vor Verwaltungsgerichten. Nach dem eindeutigen Wortlaut von lit. g) werden vielmehr alle Verfahren vor Verwaltungsbehörden einschließlich des **Ausgangsverfahrens** erfasst.[215] Im Einzelfall muss aber genau geprüft werden, ob schon ein Rechtsschutzfall i.S.d. § 4 I 1 lit. c) vorliegt (dazu unten Rdn. 94). 93

3. Eintritt des Rechtsschutzfalles und Wartezeit

Der Rechtsschutzfall tritt zu dem in § 4 I 1 lit. c) angegebenen Zeitpunkt ein (s. § 4 Rdn. 39 ff.). Maßgeblich ist also der Zeitpunkt, in dem der VN oder ein anderer einen **Verstoß** gegen Rechtspflichten oder Rechtsvorschriften begangen hat oder begangen haben soll. Der Rechtsschutzfall tritt also schon mit dem Verkehrsverstoß des VN und nicht erst mit dem Erlass des behördlichen Verwaltungsakts ein.[216] 94

---

210 L/W/*Obarowski*, Kap. 48 Rn. 88; VersHb/*Obarowski*, § 45 Rn. 93.

211 PK/*Hillmer-Möbius*, § 125 Rn. 56; Harbauer/*Obarowski*, § 2 ARB 2010 Rn. 255.

212 P/M/*Piontek*, § 2 ARB 2010 Rn. 43; Harbauer/*Stahl*, § 2 ARB 2000 Rn. 228; van Bühren/Plote/*Hillmer-Möbius*, § 2 ARB 2010 Rn. 52.

213 Harbauer/*Obarowski*, § 2 ARB 2010 Rn. 256.

214 Vgl. *Hering* SVR 2006, 165, 166.

215 Harbauer/*Obarowski*, § 2 ARB 2010 Rn. 257; van Bühren/*Schneider*, § 13 Rn. 143.

216 So auch Harbauer/*Cornelius-Winkler*, § 4 ARB 2010 Rn. 142; VersHb/*Obarowski*, § 45 Rn. 92; auf den Erlass des behördlichen Bescheids abstellend *Hering* SVR 2006, 165, 167.

95 Steht eine Entziehung der Fahrerlaubnis in Frage, weil die 18-Punkte-Grenze überschritten wurde, begründet jede Ordnungswidrigkeit einen selbständigen Rechtsschutzfall i.S.d. § 4 I 1 lit. c). Gem. § 4 II 2 besteht daher nur dann Versicherungsschutz, wenn schon der erste Verkehrsverstoß während des versicherten Zeitraums verwirklicht worden ist.[217] Davon abgesehen gilt auch beim Verwaltungs- Rechtsschutz in Verkehrssachen eine Wartezeit von drei Monaten nach Versicherungsbeginn (§ 4 I 3).

4. Verwaltungs-Rechtsschutz in anderen Angelegenheiten

96 Einzelne Versicherer haben den Verwaltungs-Rechtsschutz in ihren AVB über die Verkehrssachen hinaus auf **andere verwaltungsrechtliche Angelegenheiten** ausgedehnt.[218] Besondere praktische Bedeutung hat der Rechtsschutz für Klagen von abgewiesenen Studienbewerbern gegen Universitäten auf **Zulassung zum Studium**, die auf die Nichtausschöpfung der Kapazitäten gestützt sind.[219] Bei Fehlen einer konkreten vertraglichen Begrenzung auf eine bestimmte Anzahl von Klagen wird überwiegend angenommen, dass der VN unter dem Aspekt der Mutwilligkeit prinzipiell nicht gehindert ist, für mehr als zehn Klageverfahren auf Zulassung zum Studium Deckung beanspruchen kann.[220] Eine generelle Obergrenze lässt sich insoweit nicht festlegen; vielmehr kommt es auf die Umstände des Einzelfalles an.[221] In neuerer Zeit wurden solche Angelegenheiten von den meisten Versicherern wieder vom Rechtsschutz ausgenommen.[222] Zum Zeitpunkt des Eintritts des Versicherungsfalles bei Studienplatzklagen s. § 4 Rdn. 88.

5. ARB 2012/2019/2021

97 Ziff. 2.2.7 ARB 2012/2019/2021 weist gegenüber § 2 lit. g) 2010 **keine Besonderheiten** auf.

VIII. Disziplinar- und Standes-Rechtsschutz (lit. h)

98 Der Disziplinar- und Standes-Rechtsschutz nach lit. h) gilt für die **Verteidigung** in Disziplinar- und Standesrechtsverfahren. Die Leistungsart ist in allen auf den beruf-

---

217 BGH VersR 2006, 1355 = NJW 2006, 3001; Harbauer/*Obarowski*, § 2 ARB 2010 Rn. 258; *Wendt* r+s 2008, 221, 224; *Bauer* NJW 2007, 1504, 1507.

218 Vgl. VersHb/*Obarowski*, § 45 Rn. 135.

219 Vgl. OLG Düsseldorf VersR 2010, 663; OLG Frankfurt a.M. VersR 2010, 381; OLG Karlsruhe r+s 2008, 105; OLG Celle VersR 2007, 1218; OLG Köln VersR 2013, 1038, 1039; OLG Hamm r+s 2013, 549; VersR 2016, 48 = NJW 2015, 2895; Harbauer/*Obarowski*, § 2 ARB 2010 Rn. 261; L/P/*Paffenholz*, § 125 Rn. 22; ausführlich dazu *Looschelders*, Freundesgabe Pallme König, 2014, 223 ff.

220 OLG Hamm VersR 2016, 48; OLG Celle VersR 2007, 1218; vgl. auch OLG Frankfurt a.M. VersR 2010, 381 = r+s 2009, 505, wonach die Grenze zur Mutwilligkeit jedenfalls bei bis zu zehn Verfahren noch nicht überschritten ist.

221 *Looschelders*, Freundesgabe Pallme König, 2014, S. 223, 226 f.

222 Vgl. VersHb/*Obarowski*, § 45 Rn. 135.

lichen Bereich bezogenen Rechtsschutzformen (§§ 23 – 28) enthalten.[223] In den ARB 75 ist der Disziplinar- und Standes-Rechtsschutz noch keine eigene Leistungsart, sondern stellt einen Teil des Straf-Rechtsschutzes dar.[224] Die Aufspaltung auf zwei Leistungsarten entspricht den funktionalen Unterschieden beider Gebiete.

Der Rechtsschutz nach lit. h) setzt voraus, dass gegen den VN bereits ein disziplinar- 99
oder standesrechtliches **Verfahren eingeleitet** worden ist. Im Vorfeld besteht also kein Rechtsschutz.[225]

1. Disziplinarrecht

Beim **Disziplinarrecht** handelt es sich um einen Teil des öffentlichen Dienstrechts. 100
Hauptadressaten sind Beamte, Soldaten und Richter sowie Notare (vgl. §§ 95 ff. BNotO).[226] Das Disziplinarrecht enthält Verhaltensregeln und sieht Maßnahmen vor, die bei einem Verstoß gegen diese Regeln und anderen dienstlichen Verfehlungen der betreffenden Amtsträger ergriffen werden können.[227] Das Disziplinarrecht findet grundsätzlich nur auf **öffentlich-rechtliche Dienstverhältnisse** Anwendung.[228] Auf Angestellte im öffentlichen Dienst, die aufgrund eines privatrechtlichen Arbeitsvertrages beschäftigt werden, scheidet eine unmittelbare Anwendung des Disziplinarrechts dagegen aus. Lit. h) kann hier dennoch Bedeutung gewinnen, wenn die Geltung einer Disziplinarordnung vereinbart worden ist.[229]

Nicht zum Disziplinarrecht gehören das Ordnungsrecht von **Schulen** (z.B. Schulver- 101
weis) **und Hochschulen** (z.B. Aberkennung der Promotion) sowie die privatautonom begründete Ordnungsstrafgewalt von Vereinen.[230] Die Kosten für solche Rechtsstreitigkeiten können allenfalls durch Vereinbarung eines allgemeinen Verwaltungs-Rechtsschutzes (oben Rdn. 96) versichert werden.

Ob Sanktionen gegen **Kassenärzte** nach den Disziplinarordnungen der kassenärztlichen 102
Vereinigungen dem Disziplinarrecht zuzuordnen sind, ist zweifelhaft;[231] davon abgesehen unterliegen solche Rechtsstreitigkeiten wegen § 51 II SGG ohnehin dem Sozialgerichts-Rechtsschutz nach lit. f).

223 Vgl. Harbauer/*Obarowski*, § 2 ARB 2010 Rn. 263; Höra/Schubach/*Lensing*, § 27 Rn. 332.
224 Vgl. *Böhme*, § 2 ARB 75 Rn. 5 ff.
225 VersHb/*Obarowski*, § 45 Rn. 97.
226 Höra/Schubach/*Lensing*, § 27 Rn. 334.
227 Vgl. Höra/Schubach/*Lensing*, § 27 Rn. 333; Kindhäuser/Neumann/Päffgen/*Hassemer/Neumann*, StGB, 4. Aufl. 2013, Vorbem. zu § 1 Rn. 220.
228 Kindhäuser/Neumann/Päffgen/*Hassemer/Neumann*, StGB, 4. Aufl. 2013, Vorbem. zu § 1 Rn. 220.
229 Vgl. BAG AP § 611 Dienstordnungs-Angestellte Nr. 53; BAG NZA 1992, 1144; Harbauer/*Stahl*, § 2 ARB 2000 Rn. 234.
230 Höra/Schubach/*Lensing*, § 27 Rn. 333; Harbauer/*Obarowski*, § 2 ARB 2010 Rn. 265 f.
231 Ablehnend Harbauer/*Obarowski*, § 2 ARB 2010 Rn. 266: »disziplinarrechtsähnliche Maßnahmen«.

2. Standesrecht

103 Das Standesrecht regelt die **Berufs- und Standespflichten** der Angehörigen bestimmter Berufe, die in öffentlich-rechtlichen Körperschaften und Kammern zusammengeschlossen sind, sowie die **Sanktionen** im Fall der Verletzung einer solchen Pflicht.[232] Standesrechtliche Vorschriften und Regeln existieren u. a. für Rechtsanwälte, Patentanwälte, Notare, Ärzte, Zahnärzte, Tierärzte, Apotheker, Steuerberater und Wirtschaftsprüfer.[233] Die Gerichtsbarkeit wird in diesem Bereich meist nicht von den allgemeinen staatlichen Gerichten, sondern von den **Berufs- oder Ehrengerichten** der jeweiligen Körperschaften oder Kammern ausgeübt.[234] Bei Rechtsanwälten richtet sich das Verfahren vor den Anwaltsgerichten nach den §§ 113 ff. BRAO;[235] die Grundlagen für die Berufsgerichtsbarkeit der Ärzte sind landesrechtlich geregelt.[236] Bei **Notaren** können Verstöße gegen Standesrecht ein Dienstvergehen darstellen, das im Rahmen eines Disziplinarverfahrens nach den §§ 95 ff. BNotO geahndet wird.[237]

3. Risikoausschlüsse

104 Wichtigster Risikoausschluss für den Anwendungsbereich von lit. h) ist § 3 V, wonach bei einem ursächlichen Zusammenhang mit einer vom VN **vorsätzlich begangenen Straftat** in den Fällen des § 2 lit. a) bis h) kein Rechtsschutz besteht (vgl. § 3 Rdn. 189). Bei disziplinarrechtlichen Maßnahmen wegen rechtwidrigem **Streik von Beamten** greift der Risikoausschluss des § 3 I lit. a) ein.[238]

4. Eintritt des Rechtsschutzfalles

105 Für den Disziplinar- und Standes-Rechtsschutz gilt das **Verstoßprinzip** (§ 4 I 1 lit. c)). Maßgeblich ist also der Zeitpunkt, zu dem der VN die dienst- oder standesrechtliche Pflicht verletzt hat. Bei mehreren Verstößen muss schon der **erste Verstoß** in den versicherten Zeitraum fallen (§ 4 II 2).[239] Eine **Wartezeit** ist beim Disziplinar- und Standes-Rechtsschutz nicht vorgeschrieben (vgl. § 4 I 3).

---

232 Van Bühren/Plote/*Hillmer-Möbius,* § 2 ARB 2010 Rn. 58; Harbauer/*Obarowski,* § 2 ARB 2010 Rn. 267; Buschbell/Hering/*Hering,* § 19 Rn. 22.

233 Van Bühren/Plote/*Hillmer-Möbius,* § 2 ARB 2010 Rn. 58; Harbauer/*Obarowski,* § 2 ARB 2010 Rn. 267.

234 Buschbell/Hering/*Hering,* § 19 Rn. 22.

235 Vgl. van Bühren/*Schneider,* § 13 Rn. 145.

236 Zur ärztlichen Berufsgerichtsbarkeit Laufs/Kern/*Laufs,* Handbuch des Arztrechts. 4. Aufl. 2010, § 14 Rn. 15 ff.

237 Näher dazu Schippel/Bracker/*Herrmann,* BNotO, 9. Aufl. 2011, § 95 Rn. 19.

238 P/M/*Piontek,* § 2 ARB 2010 Rn. 44. Zum Ausschluss des Streikrechts von Beamten, Richtern und Soldaten vgl. ErfK/*Linsenmaier,* Art. 9 GG Rn. 190; einschränkend EGMR NZA 2010, 1423.

239 Buschbell/Hering/*Hering,* § 19 Rn. 23 f.

5. ARB 2012/2019/2021

Ziff. 2.2.8 ARB 2012/2019/2021 enthält kurze Erläuterungen zu den Begriffen des **Disziplinarrechts** und des **Standesrechts.** Im Übrigen bestehen keine Abweichungen zu § 2 lit. h) ARB 2010. 106

IX. Straf-Rechtsschutz (lit. i)

1. Allgemeines

Beim Straf-Rechtsschutz nach lit. i) wird zwischen zwei Arten von Vergehen unterschieden. Zum einen besteht Rechtsschutz für die Verteidigung wegen des Vorwurfes eines **verkehrsrechtlichen Vergehens** (aa). Zum anderen ist die Verteidigung wegen des Vorwurfs eines **sonstigen Vergehens** versichert, dessen vorsätzliche wie auch fahrlässige Begehung strafbar ist (bb); im letzteren Fall darf dem VN aber nur ein fahrlässiges Verhalten vorgeworfen werden. Für die Verteidigung wegen des Vorwurfs eines **Verbrechens** (§ 12 I StGB) besteht in keinem Fall Rechtsschutz.[240] Das Gleiche gilt für Vergehen, die nur vorsätzlich begangen werden können.[241] Die dargelegten Differenzierungen beruhen darauf, dass dem VN **bei Vorsatzdelikten** zumindest im Ergebnis **kein Rechtsschutz** gewährt werden soll. Da verkehrsrechtliche Vergehen im Allgemeinen weniger schwer wiegen als sonstige Vergehen, wird im ersteren Fall zunächst generell Rechtsschutz gewährt, während bei sonstigen Vergehen zunächst nur die Verteidigung gegen den Vorwurf fahrlässigen Verhaltens versichert ist.[242] Der **Risikoausschluss** wegen des Zusammenhangs mit einer vorsätzlich begangenen Straftat (§ 3 V) ist vor diesem Hintergrund entbehrlich und daher im Rahmen von lit. i) nicht anwendbar (vgl. § 3 Rdn. 196). 107

Der Straf-Rechtsschutz nach lit. i) ist in **fast allen Rechtsschutzformen** enthalten. Eine Ausnahme bildet der Rechtsschutz für Mieter und Eigentümer von Wohnungen und Grundstücken nach § 29.[243] Bei den anderen Vertragsarten muss aber jeweils geprüft werden, welche Vergehen erfasst sind. Im **Verkehrs-Rechtsschutz** (§ 21) und im **Fahrer-Rechtsschutz** (§ 22) ergibt sich aus der personalen Anknüpfung an bestimmte Eigenschaften (Eigentümer, Halter, Fahrer etc. eines Kfz) eine Beschränkung auf verkehrsrechtliche Vergehen (vgl. § 21 Rdn. 1 und § 22 Rdn. 1).[244] Umgekehrt wird der Straf-Rechtsschutz wegen eines verkehrsrechtlichen Vergehens durch §§ 23 IV, 24 IV und 25 IV vom Privat-Rechtsschutz für Selbständige, Berufs-Rechtsschutz für Selbständige und Rechtsschutz für Firmen und Vereine sowie vom Privat- und Berufsrechtsschutz für Nichtselbständige ausgenommen. Die weiteren Vertragsarten (§§ 26, 27 und 28) decken wiederum auch verkehrsrechtliche Vergehen ab. 108

---

240 Vgl. LG Düsseldorf r+s 2000, 244; L/P/*Paffenholz*, § 125 Rn. 24; van Bühren/*Schneider*, § 13 Rn. 146.
241 Vgl. AG Düsseldorf r+s 1989, 292; Höra/Schubach/*Lensing*, § 27 Rn. 342.
242 Zur ratio der Differenzierungen VersHb/*Obarowski*, § 45 Rn. 96.
243 Vgl. L/W/*Obarowski*, Kap. 48 Rn. 90; Buschbell/Hering/*Hering*, § 20 Rn. 1.
244 Harbauer/*Obarowski*, § 21 ARB 2010 Rn. 96 und § 22 Rn. 17.

109 Der Rechtsschutz setzt in beiden Fallgruppen den Vorwurf eines **Vergehens** voraus. § 12 II StGB definiert Vergehen als rechtswidrige Taten, die im Mindestmaß mit einer Freiheitsstrafe von weniger als einem Jahr oder mit Geldstrafe bedroht sind. Ist die Tat im Mindestmaß mit einer Freiheitsstrafe von einem Jahr oder darüber bedroht, handelt es sich nach § 12 I StGB um ein **Verbrechen.**

110 Erforderlich ist, dass die Ermittlungsbehörden bereits einen **konkreten Vorwurf** gegen den VN erhoben haben und gegen ihn individuelle Ermittlungen führen.[245] Ein Verfahren gegen »Unbekannt« reicht nicht aus.[246] Auch eine informatorische Befragung durch die Polizei oder eine Vernehmung als Zeuge begründet noch keinen relevanten Vorwurf.[247] Bei Verkehrsdelikten stellt auch ein Anschreiben der Straßenverkehrsbehörde zur Fahrerermittlung noch keinen Vorwurf i.S. von lit. i) dar.[248] Letztlich kommt es jeweils darauf an, ob der VN bereits die Stellung eines **Beschuldigten** (§ 157 StPO) hat oder bloß als Verdächtiger anzusehen ist.[249] Die förmliche Einleitung eines Ermittlungsverfahrens ist dafür nicht notwendig. Es genügt vielmehr, dass die Ermittlungsbehörden faktisch Maßnahmen ergreifen, die erkennbar darauf gerichtet sind, gegen den VN wegen einer Straftat vorzugehen.[250]

111 Wird eine **juristische Person** als Halterin eines Kfz aufgrund eines Anhörungsbogens mit dem »Vorwurf« eines Verkehrsdelikts konfrontiert, ist der Versicherer nicht verpflichtet, die Verteidigergebühren zu übernehmen. Da eine juristische Person keine Verkehrsdelikte begehen kann, kann gegen sie auch kein Straf- oder Ordnungswidrigkeitsverfahren eröffnet werden. Genau genommen liegt daher schon kein konkreter Vorwurf gegen die juristische Person vor. »**Halteranzeigen**« gegen juristische Personen sind von lit. i) daher nicht umfasst.[251] Hiervon zu unterscheiden ist die Frage, ob der Versicherer die Kosten für das Verfahren gegen den Fahrer zu übernehmen hat.[252]

112 Unter lit. i) fällt auch die Verteidigung gegen eine vom Verletzten erhobene **Neben- oder Privatklage.**[253] Die **aktive Neben- oder Privatklage** des VN stellt dagegen keine Verteidigung wegen eines Vergehens dar und wird daher auch nicht vom Rechtsschutz nach lit. i) abgedeckt.[254] Einige Versicherer bieten insoweit aber die Vereinbarung eines **Opfer-Rechtsschutzes** an, der die Kosten der Nebenklage sowie der Geltendmachung

245 AG Viechtach VersR 2003, 589 = r+s 2003, 238, 239.
246 AG Düsseldorf r+s 1989, 292, 293; Harbauer/*Obarowski,* § 2 ARB 2010 Rn. 275.
247 VersHb/*Obarowski,* § 45 Rn. 97.
248 AG Hannover r+s 2003, 110.
249 AG Viechtach VersR 2003, 589; L/P/*Paffenholz,* § 125 Rn. 25; Höra/Schubach/*Lensing,* § 27 Rn. 343.
250 Vgl. BGH NJW 2007, 237, 239.
251 AG Landau r+s 2002, 203 m. Anm. *Kurzka;* Höra/Schubach/*Lensing,* § 27 Rn. 377.
252 Vgl. *Kurzka* r+s 2002, 204.
253 Harbauer/*Obarowski,* § 2 ARB 2010 Rn. 278; VersHb/*Obarowski,* § 45 Rn. 98.
254 Harbauer/*Obarowski,* § 2 ARB 2010 Rn. 279; *Mathy* NJOZ 2009, 3786, 3792.

von Ansprüchen nach dem Opferentschädigungsgesetz umfasst.[255] Ziff. 2.2.12 ARB 2012 hat den Opfer-Rechtsschutz als neue Leistungsart eingeführt (s. unten Rdn. 131 ff.).

2. Verkehrsrechtliche Vergehen

Der Straf-Rechtsschutz nach lit. i) aa) deckt die Verteidigung des VN wegen des Vorwurfes eines verkehrsrechtlichen Vergehens ab. Unter den Begriff des **verkehrsrechtlichen Vergehens** fallen Verstöße gegen alle verkehrsrechtlichen Strafvorschriften, die dazu bestimmt sind, der Sicherheit und Ordnung des Verkehrs zu dienen.[256] Dazu gehören auch solche Vorschriften, die den Straßenverkehr vor Eingriffen von außen schützen.[257] Der Ausdruck »Verkehr« meint neben dem Straßenverkehr auch den Schiffs-, Schienen- und Luftverkehr.[258] Wichtige Beispiele für verkehrsrechtliche Strafvorschriften sind §§ 21, 22, 22a, 22b StVG, §§ 142, 315, 315a, 315b, 315c, 315d, 315e, 316 StGB sowie § 6 PflVG.[259] 113

a) Erstreckung des Rechtsschutzes auf nicht verkehrsrechtliche Vorschriften

Hat der VN (auch) gegen eine strafrechtliche Norm verstoßen, die nicht dem Verkehrsrecht zuzuordnen ist (z.B. §§ 113, 114, 223 ff., 240, 248b, 268 StGB), so ist für die Annahme eines verkehrsrechtlichen Vergehens erforderlich, dass das Delikt einen **inneren Zusammenhang** mit einem gleichzeitig begangenen Verstoß gegen verkehrsrechtliche Bestimmungen aufweist und beide Delikte in **Tateinheit** (§ 52 StGB) stehen.[260] Unter diesen Voraussetzungen wird auch der Vorwurf der fahrlässigen Körperverletzung (§ 229 StGB) oder der Nötigung (§ 240 StGB) von lit. i) aa) erfasst.[261] Bei **Tatmehrheit** (§ 53 StGB) besteht nur anteilige Deckung für das verkehrsrechtliche Vergehen.[262] 114

b) Rückzahlungspflicht bei rechtskräftiger Verurteilung wegen vorsätzlicher Begehung

Bei verkehrsrechtlichen Vergehen kommt es für den Rechtsschutz **zunächst** nicht darauf an, ob dem VN eine vorsätzliche oder fahrlässige Begehung zur Last gelegt wird. Der Versicherungsschutz ist dabei auch dann nicht ausgeschlossen, wenn dem VN ein 115

255 Vgl. VersHb/*Obarowski*, § 45 Rn. 99, 132 f.; PK/*Hillmer-Möbius*, § 125 Rn. 71; ausführlich dazu *Mathy* NJOZ 2009, 3786, 3791 ff.

256 Van Bühren/Plote/*Hillmer-Möbius*, § 2 ARB 2010 Rn. 67; Harbauer/*Obarowski*, § 2 ARB 2010 Rn. 283; P/M/*Piontek*, § 2 ARB 2010 Rn. 49.

257 Harbauer/*Obarowski*, § 2 ARB 2010 Rn. 283.

258 Van Bühren/Plote/*Hillmer-Möbius*, § 2 ARB 2010 Rn. 67; Höra/Schubach/*Lensing*, § 27 Rn. 347.

259 Harbauer/*Obarowski*, § 2 ARB 2010 Rn. 284; VersHb/*Obarowski*, § 45 Rn. 102; van Bühren/*Schneider*, § 13 Rn. 148.

260 Van Bühren/Plote/*Hillmer-Möbius*, § 2 ARB 2010 Rn. 72; VersHb/*Obarowski*, § 45 Rn. 103; Harbauer/*Obarowski*, § 2 ARB 2010 Rn. 286 f.

261 Vgl. LG Karlsruhe VersR 1993, 1145; AG Düsseldorf r+s 1991, 27; Harbauer/*Obarowski*, § 2 ARB 2010 Rn. 287; P/M/*Piontek*, § 2 ARB 2010 Rn. 49.

262 P/M/*Piontek*, § 2 ARB 2010 Rn. 47; Harbauer/*Obarowski*, § 2 ARB 2010 Rn. 288.

Vergehen vorgeworfen wird, das ausschließlich vorsätzlich begangen werden kann (z.B. § 142 StGB).[263] Bei rechtskräftiger Feststellung einer vorsätzlichen Begehung **entfällt** der Versicherungsschutz aber **rückwirkend.**[264] Dies hat zur Folge, dass der VN dem Versicherer nach Satz 2 die Kosten erstatten muss, die dieser für die Verteidigung wegen des Vorwurfes eines vorsätzlichen Verhaltens getragen hat. In der Praxis führt dies nicht immer zu einer vollständigen Rückzahlungspflicht des VN. Ist der Vorwurf erst nach dem Beginn der Ermittlungen gegen den VN bzw. der Eröffnung des Verfahrens von einer fahrlässigen auf eine vorsätzliche Begehung erweitert worden, so erstreckt sich der Rückzahlungsanspruch des Versicherers nicht auf diejenigen Kosten, die vor der Umstellung entstanden sind.[265]

116 Die Rückzahlungspflicht setzt voraus, dass die vorsätzliche Begehung **rechtskräftig** festgestellt ist. Bei einer erstinstanzlichen Verurteilung wegen vorsätzlicher Begehung besteht für das Berufungs- und Revisionsverfahren also zunächst Versicherungsschutz.[266] Nach rechtskräftiger Verurteilung wegen vorsätzlicher Begehung kommt es für die Rückzahlungspflicht nicht mehr darauf an, ob die Verurteilung fehlerhaft oder sachlich falsch ist.[267] Dahinter steht die Erwägung, dass die Richtigkeit der strafrechtlichen Entscheidung nicht im Verfahren über die Rückzahlung inzident überprüft werden soll.

117 Gem. § 11 II StGB liegt eine vorsätzliche Tat auch dann vor, wenn der verwirklichte Tatbestand hinsichtlich der Handlung Vorsatz voraussetzt, hinsichtlich einer dadurch verursachten besonderen Folge jedoch Fahrlässigkeit ausreichen lässt. Beispiele für solche **Vorsatz-Fahrlässigkeitskombinationen** sind im Bereich des Verkehrsrechts die §§ 315 V, 315a III Nr. 1, 315b IV und 315c III Nr. 1, 315d IV StGB.[268] Im Fall der Verurteilung wegen eines solchen Delikts trifft den VN also eine Rückzahlungspflicht.[269]

c) Ausschluss des Versicherungsschutzes bei Verbrechen

118 Nach dem Wortlaut von lit. i) aa) muss der Vorwurf auf ein verkehrsrechtliches **Vergehen** (§ 12 II StGB) gerichtet sein. Wird dem VN ein **Verbrechen** (§ 12 I StGB) vorgeworfen, so besteht kein Versicherungsschutz (vgl. oben Rdn. 107). Beispiele für verkehrsrechtliche Verbrechen sind die §§ 315 III, 316a, 316b III und 316c StGB. Der Ausschluss des Versicherungsschutzes gilt in diesen Fällen auch dann, wenn der VN letztlich freigesprochen oder nur wegen eines fahrlässigen Vergehens verurteilt wird. Dies mag für den VN im Einzelfall belastend sein. Die damit verbundene Belastung wird aber zumindest partiell dadurch kompensiert, dass dem VN bei einem

263 S/H/W/*Brünger*, § 2 ARB 2010 Rn. 47.
264 Vgl. van Bühren/Plote/*Hillmer-Möbius*, § 2 ARB 2010 Rn. 74; P/M/*Piontek,* § 2 ARB 2010 Rn. 48 (auflösend bedingter Versicherungsschutz).
265 Vgl. van Bühren/*Schneider*, § 13 Rn. 153; *Schneider* ZfS 2008, 249 ff.
266 Höra/Schubach/*Lensing*, § 27 Rn. 345.
267 AG Dülmen r+s 2002, 379; S/H/W/*Brünger*, § 2 ARB 2010 Rn. 47.
268 Vgl. BeckOK StGB/*Kudlich* (Stand: 01.08.2017), § 11 Rn. 50.
269 AG Düsseldorf r+s 1991, 203; VersHb/*Obarowski*, § 45 Rn. 100.

Freispruch, einer Ablehnung der Eröffnung des Hauptverfahrens oder einer Einstellung des Verfahrens gem. § 467 StPO ein Anspruch gegen die Staatskasse auf Erstattung seiner notwendigen Auslagen zusteht.

3. Sonstige Vergehen

Der Rechtsschutz nach lit. i) bb) erfasst alle Vergehen, die nicht als verkehrsrechtliche Vergehen i.S. von lit. i) aa) zu qualifizieren sind. In Betracht kommen nicht nur Vergehen nach dem StGB, sondern auch solche nach den strafrechtlichen Nebengesetzen einschließlich des Steuerstrafrechts.[270] 119

Bei den sonstigen Vergehen setzt der Versicherungsschutz voraus, dass sowohl die **vorsätzliche** als auch die **fahrlässige Begehungsweise** des Delikts strafbar ist. Wenn die fahrlässige Begehungsweise lediglich eine Ordnungswidrigkeit darstellt, reicht dies nach h.M. erst recht aus.[271] Außer den Verbrechen sind somit auch alle anderen **reinen Vorsatzdelikte** vom Versicherungsschutz ausgenommen. In lit. b) ii) werden die Beleidigung (§ 185 StGB), der Diebstahl (§ 242 StGB) und der Betrug (§ 263 StGB) ausdrücklich als Beispiele genannt. Weitere wichtige Beispiele sind die Unterschlagung (§ 246 StGB), die Hehlerei (§ 259 StGB), die Untreue (§ 266 StGB), die Urkundenfälschung (§ 267 StGB) und die Sachbeschädigung (§§ 303 ff. StGB). Dabei kommt es nach dem klaren Wortlaut von lit. i) bb) weder auf die Berechtigung des Vorwurfs noch auf den Ausgang des Strafverfahrens an.[272] Entscheidend ist allein der erhobene Schuldvorwurf.[273] Der VN gelangt somit selbst bei einem Freispruch nicht rückwirkend in den Genuss des Versicherungsschutzes. Dahinter steht die Erwägung, dass die Versichertengemeinschaft von vornherein nicht mit den Kosten belastet werden soll, die aus der Verteidigung gegen den Vorwurf einer so schweren Straftat resultieren.[274] Bei einem Freispruch steht dem VN aber nach § 467 StPO ein Erstattungsanspruch gegen die Staatskasse zu.[275] Im Übrigen sind abweichende Vereinbarungen zulässig, sofern gewährleistet ist, dass der Versicherungsschutz bei einer Verurteilung wegen Vorsatzes entfällt (vgl. Rdn. 128).[276] 120

Auch wenn es sich um ein Vergehen handelt, bei dem sowohl die vorsätzliche als auch die fahrlässige Begehung strafbar ist, besteht der Versicherungsschutz bei sonstigen Vergehen zunächst nur, wenn dem VN lediglich **fahrlässiges Verhalten** vorgeworfen 121

---

270 Harbauer/*Obarowski*, § 2 ARB 2010 Rn. 291.

271 P/M/*Piontek*, § 2 ARB 2010 Rn. 52; Harbauer/*Obarowski*, § 2 ARB 2010 Rn. 305; a.A. S/H/W/*Brünger*, § 2 ARB 2010 Rn. 49; VersHb/*Obarowski*, § 45 Rn. 107; L/W/*Obarowski*, Kap. 48 Rn. 93.

272 BGH VersR 2017, 348 Rn. 15; LG Freiburg VersR 1989, 800; Harbauer/*Obarowski*, § 2 ARB 2010 Rn. 2; VersHb/*Obarowski*, § 45 Rn. 106.

273 S/H/W/*Brünger*, § 2 ARB 2010 Rn. 50.

274 OLG Oldenburg NJW-RR 2005, 1548, 1549; Harbauer/*Obarowski*, § 2 ARB 2010 Rn. 301.

275 Vgl. LG Freiburg VersR 1989, 800; L/P/*Paffenholz*, § 125 Rn. 24; P/M/*Piontek*, § 2 ARB 2010 Rn. 57.

276 P/M/*Piontek*, § 2 ARB 2010 Rn. 57.

wird.[277] Wird dem VN eine vorsätzliche Begehung zur Last gelegt, kommt er **rückwirkend** doch noch in den Genuss des Versicherungsschutzes, wenn nicht rechtskräftig festgestellt wird, dass er vorsätzlich gehandelt hat. Der Versicherungsschutz ist hier also durch die Nichtfeststellung eines Vorsatzdelikts aufschiebend bedingt.[278]

122 Wird dem VN ein Verbrechen vorgeworfen, das in **Tateinheit** (§ 52 StGB) mit einem sowohl vorsätzlich als auch fahrlässig zu verwirklichenden Vergehen steht, so steht dem VN auch für die Verteidigung gegen den Vorwurf des Vergehens kein Versicherungsschutz zu.[279] Bei **Tatmehrheit** (§ 53 StGB) kommt dagegen eine anteilige Einstandspflicht des Versicherers in Betracht.[280]

4. Einzelfälle

123 Unter welchen Voraussetzungen bei einem Vergehen sowohl die vorsätzliche als auch die fahrlässige Begehung strafbar ist, erscheint zweifelhaft. Im Ausgangspunkt ist darauf abzustellen, ob der objektive Tatbestand eines Vorsatzdeliktes mit demjenigen eines Fahrlässigkeitsdelikts **deckungsgleich** ist.[281] Diese Voraussetzung trifft etwa im Verhältnis von **einfacher Körperverletzung** (§ 223 StGB) und **fahrlässiger Körperverletzung** (§ 229 StGB) unstreitig zu.[282] Bei beiden Delikten wird objektiv nämlich eine körperliche Misshandlung oder eine Gesundheitsschädigung vorausgesetzt.[283]

124 Im Hinblick auf die **gefährliche Körperverletzung** (§ 224 StGB) ist umstritten, ob das Delikt auch fahrlässig begangen werden kann. Ein Teil der Rechtsprechung und Literatur lässt es ausreichen, dass § 224 StGB und § 229 StGB den gleichen Grundtatbestand haben, und wendet daher lit. i) bb) an.[284] Nach überwiegender Ansicht, der sich auch der BGH[285] angeschlossen hat, ist der Versicherungsschutz in diesen Fällen zu verneinen.[286] Für diese Lösung spricht, dass im Verhältnis von § 224 StGB und § 229 StGB gerade **keine vollständige tatbestandliche Deckungsgleichheit** (»Identität«) besteht. Hinzu kommt, dass § 224 StGB aufgrund seiner Qualifikationsmerkmale

277 Vgl. van Bühren/Plote/*Hillmer-Möbius*, § 2 ARB 2010 Rn. 75.

278 P/M/*Piontek*, § 2 ARB 2010 Rn. 54; S/H/W/*Brünger*, § 2 ARB 2010 Rn. 51.

279 OLG Oldenburg NJW-RR 2005, 1548, 1549.

280 P/M/*Piontek*, § 2 ARB 2010 Rn. 58 m. Rn. 47; von OLG Oldenburg NJW-RR 2005, 1548, 1549 offengelassen.

281 Vgl. BGH VersR 2017, 348 Rn. 17: »volle Tatbestandsidentität«.

282 OLG Oldenburg NJW-RR 2005, 1548, 1549; Harbauer/*Obarowski*, § 2 ARB 2010 Rn. 304.

283 BeckOK StGB/*Eschelbach* (Stand: 01.08.2017), § 229 Rn. 1; Kindhäuser/Neumann/Paeffgen/*Paeffgen*, StGB, 3. Aufl. 2010, § 229 Rn. 4.

284 So etwa AG Mainz r+s 1991, 170 f.; LG Saarbrücken VersR 2003, 238 = r+s 2002, 420, 421 f.; *Hermanns/Lube* VersR 2007, 163 ff.

285 BGH VersR 2017, 348 Rn. 16 ff.

286 So LG Freiburg VersR 1989, 800; AG Duisburg r+s 1994, 223; AG Düsseldorf r+s 1989, 292; P/M/*Piontek*, § 2 ARB 2010 Rn. 52; Harbauer/*Obarowski*, § 2 ARB 2010 Rn. 304; VersHb/*Obarowski*, § 45 Rn. 108; Buschbell/Hering/*Hering*, § 20 Rn. 46; *Mathy* VersR 2007, 899 ff.

und des deutlich erhöhten Strafrahmens ein eigenständiges Delikt mit eigenem Unrechtsgehalt darstellt.[287] Wird dem VN eine gefährliche Körperverletzung zur Last gelegt, so erhält er auch keinen rückwirkenden Versicherungsschutz, wenn er letztlich nur wegen fahrlässiger Körperverletzung verurteilt wird. Bei einem Freispruch ergeben sich keine vergleichbaren Probleme, da dem VN ein Erstattungsanspruch gegen den Staat zusteht (s. oben Rdn. 120).

Bei der **Steuerhinterziehung** (§ 370 AO) stellt sich die Frage, ob die fahrlässige 125
Begehung in dem Tatbestand der leichtfertigen Steuerverkürzung (§ 378 AO) gesehen werden kann. Für diese Betrachtung spricht, dass bei der leichtfertigen Steuerverkürzung alle objektiven Merkmale des § 370 AO verwirklicht sein müssen.[288] In subjektiver Hinsicht wird zwar nicht Fahrlässigkeit, sondern **Leichtfertigkeit** verlangt. Dabei handelt es sich aber nur um eine qualifizierte Form der Fahrlässigkeit.[289] Problematisch erscheint hingegen, dass § 378 AO kein Vergehen, sondern lediglich eine **Ordnungswidrigkeit** darstellt. In der Literatur wird teilweise unter Hinweis auf den klaren Wortlaut der Klausel die Auffassung vertreten, lit. i) bb) sei bei einem Vorwurf der Steuerhinterziehung nicht anwendbar.[290] Diese Auffassung führt jedoch bei Steuerdelikten zu erheblichen Lücken im Rechtsschutz, die nicht durch den Zweck der einschränkenden Voraussetzungen von lit. i) bb) gerechtfertigt werden. Der Ausschluss reiner Vorsatzdelikte soll gewährleisten, dass der VN beim Vorwurf von echtem kriminellem Unrecht keinen Rechtsschutz erhält. Ob das alternative Fahrlässigkeitsdelikt als Vergehen oder Ordnungswidrigkeit qualifiziert wird, erscheint vor diesem Hintergrund irrelevant.[291] Dies gilt umso mehr, als die systematische Einordnung nicht immer konsistent erscheint. So ist etwa die leichtfertige Begehungsweise des Subventionsbetrugs in § 264 IV StGB als Vergehen ausgestaltet.[292] Wenn der Gesetzgeber den parallelen Tatbestand des § 378 AO als bloße Ordnungswidrigkeit ausgestaltet, so darf dies in versicherungsrechtlicher Hinsicht nicht zu Lasten des VN gehen. Das gilt umso mehr, als § 378 AO einen Auffangtatbestand für den Fall darstellt, dass dem VN kein Vorsatz nachgewiesen werden kann.[293] Im Ergebnis ist also festzuhalten, dass lit. i) bb) auf § 370 AO anwendbar ist.[294] Wird eine vorsätzliche Begehung nicht festgestellt, besteht für den VN somit rückwirkend Versicherungsschutz.

287 Vgl. VersHb/*Obarowski,* § 45 Rn. 108; *Mathy* VersR 2007, 899 ff.

288 Klein/*Jäger,* AO, 18. Aufl. 2024, § 378 Rn. 16.

289 Vgl. L/W/*Obarowski,* Kap. 48 Rn. 93; speziell zu § 378 AO: Klein/*Jäger,* AO, 18. Aufl. 2024, § 378 Rn. 20 »an Vorsatz grenzende grobe Fahrlässigkeit«.

290 So L/W/*Obarowski,* Kap. 48 Rn. 93; *Bauer* DStR 2005, 1665, 1666.

291 P/M/*Armbrüster,* § 2 ARB 2010 Rn. 52.

292 Krit. Joecks/Jäger/Randt/*Joecks,* Steuerstrafrecht, 8. Aufl. 2015, § 378 AO Rn. 7.

293 BGH NStZ 2012, 160 Rn. 16; NStZ 1988, 276; Klein/*Jäger,* AO, 18. Aufl. 2024, § 378 Rn. 1.

294 Vgl. P/M/*Piontek,* § 2 ARB 2010 Rn. 52; Harbauer/*Stahl,* 8. Aufl. 2010, § 2 ARB 2000 Rn. 270 a.A. S/H/W/*Brünger,* § 2 ARB 2010 Rn. 49; Harbauer/*Obarowski,* § 2 ARB 2010 Rn. 303; VersHb/*Obarowski,* § 45 Rn. 107; *Bauer* DStR 2005, 1665, 1666 f.

126 Die gleichen Überlegungen gelten hinsichtlich der Strafbarkeit nach **§ 59 LFMG.** Auch hier ist die fahrlässige Verwirklichung einzelner Tatbestände nach § 60 I LFMG eine bloße Ordnungswidrigkeit.[295]

127 Weitere Vergehen, die sowohl vorsätzlich als auch fahrlässig begangen werden können, sind die **falsche Versicherung an Eides statt** (§§ 156, 161 StGB), die **Störung von Telekommunikationsanlagen** (§ 317 StGB), der **Vollrausch** (§ 323a StGB) sowie die Straftaten gegen die **Umwelt** (§§ 324 ff. StGB).

5. Ausweitung des Straf-Rechtsschutzes auf Vorsatzdelikte

128 Einige Versicherer haben den Straf-Rechtsschutz für bestimmte Bereiche auf den Vorwurf eines **reinen Vorsatzdeliktes** erweitert. Hierzu gehören insbesondere der Industrie-Strafrechtsschutz (ISRS),[296] der Spezial-Straf-Rechtsschutz für Unternehmensleiter (insbesondere Vorstands- oder Aufsichtsratsmitglieder, Geschäftsführer)[297] sowie der Spezial-Strafrechtsschutz für besondere Berufsgruppen (z.B. Ärzte und Apotheker) und Institutionen (Städte, Gemeinden, Landkreise und deren Organe, Krankenhäuser, Heime etc.).[298] Dahinter steht das Problem, dass gerade im Wirtschaftsstrafrecht viele Delikte (z.B. §§ 263, 266 StGB) ausschließlich vorsätzlich begangen werden können. Der Rechtsschutz entfällt aber auch hier rückwirkend, wenn der VN bzw. der Versicherte rechtskräftig wegen einer vorsätzlich begangenen Straftat **verurteilt** wird.[299] Zu weiteren Einzelheiten vgl. Teil E.

6. ARB 2012/2019/2021

a) Änderungen beim Straf-Rechtsschutz

129 Ziff. 2.2.9 ARB 2012/2019/2021 unterscheidet klarer als § 2 lit. i) ARB 2010 zwischen dem Straf-Rechtsschutz wegen des Vorwurfs eines **strafrechtlichen Vergehens** oder des Vorwurfs eines **verkehrsrechtlichen Vergehens.** Während die erste Alternative für die Vertragsarten »Privat«, »Unternehmen«, »Verein« und »Landwirte« gilt, betrifft die zweite Alternative die Vertragsarten »Landwirte«, »Verkehr« und »Fahrzeug«. Zu entsprechenden Einschränkungen nach den ARB 2010 s. oben Rdn. 108. Positiv anzumerken ist weiter, dass Ziff. 2.2.9 ARB 2012/2019/2021 die Begriffe »Vergehen« und »Verbrechen« **definiert.**

---

295 Zur parallelen Problematik nach bis 2005 geltenden §§ 52, 53 I LBMG: Harbauer/*Obarowski*, § 2 ARB 2010 Rn. 305.

296 L/W/*Ihlas*, D&O Rn. 291; grundlegend dazu *Eidam*, Industrie-Straf-Rechtsschutzversicherung, 1994.

297 Dazu Buschbell/Hering/*Hering*, § 20 Rn. 55 ff.; VersHb/*Obarowski*, § 45 Rn. 109 f.; *Guntermann* VP 2016, 28 ff.

298 Buschbell/Hering/*Hering*, § 20 Rn. 61; Höra/Schubach/*Lensing*, § 27 Rn. 354.

299 Vgl. L/W/*Ihlas*, D&O Rn. 295; VersHb/*Obarowski*, § 45 Rn. 110; Buschbell/Hering/*Hering*, § 20 Rn. 58; *Guntermann* VP 2016, 28 ff.

Ziff. 2.2.9 ARB 2019/2021 enthält zudem einen optionalen Baustein für die Verteidigung gegen den Vorwurf eines vorsätzlichen Vergehens in unmittelbarem Zusammenhang mit der Nutzung **elektronischer Daten/Medien** (z.B. im Internet oder Intranet).[300] Der Versicherungsschutz soll beispielsweise eingreifen, wenn der VN angezeigt wird, eine andere Person in einem sozialen Netzwerk beleidigt zu haben. Stellt das Gericht fest, dass der VN das Vergehen vorsätzlich begangen hat, so muss der VN dem Versicherer die entstandenen Kosten erstatten. 130

b) Opfer-Rechtsschutz als neue Leistungsart

Die wichtigste inhaltliche Verbesserung besteht darin, dass Ziff. 2.2.12 ARB 2012 für die Vertragsarten »Privat«, »Unternehmen«, »Verein« und »Landwirte« den **Opfer-Rechtsschutz** als neue Leistungsart einführt.[301] Der VN erhält danach Rechtsschutz als **Nebenkläger** für eine erhobene öffentliche Klage vor einem deutschen Strafgericht. Der Versicherungsschutz ist allerdings auf den Fall beschränkt, dass der VN oder eine mitversicherte Person als Opfer einer Gewaltstraftat verletzt wurde. Entsprechende Regelungen finden sich in Ziff. 2.1.12 ARB 2019/2021. 131

Als einschlägige **Gewaltstraftaten** nennt Ziff. 2.2.12 ARB 2012/2019/2021 Verletzungen der sexuellen Selbstbestimmung, schwere Verletzungen der körperlichen Unversehrtheit und der persönlichen Freiheit sowie Mord und Totschlag. Die Aufzählung ist abschließend. Versicherungsschutz besteht im Ermittlungsverfahren, im Nebenklageverfahren, für den Antrag nach § 1 GewaltSchG sowie für den Täter-Opfer-Ausgleich nach § 46a Ziff. 1 StGB in nicht vermögensrechtlichen Angelegenheiten. Darüber hinaus wird Versicherungsschutz für die außergerichtliche Durchsetzung von Ansprüchen nach dem **SGB** und dem **Opferentschädigungsgesetz** gewährt. 132

Der Opfer-Rechtsschutz nach Ziff. 2.2.12 ARB 2012/2019/2021 setzt voraus, dass der VN nebenklageberechtigt ist, durch eine der angeführten Straftaten verletzt wurde und einen dauerhaften Körperschaden erlitten hat. Kann der VN die **kostenlose Beiordnung eines Rechtsanwalts** nach §§ 397a I, 406 g III StPO beanspruchen, so besteht kein Versicherungsschutz. Da § 397a I StPO die besonders schweren Gewaltdelikte weitgehend abdeckt, wird der Versicherungsschutz hierdurch deutlich eingeschränkt. 133

X. Ordnungswidrigkeiten-Rechtsschutz (lit. j)

Der Ordnungswidrigkeiten-Rechtsschutz nach lit. j) gilt für die Verteidigung wegen des Vorwurfes einer Ordnungswidrigkeit. Er erfasst die Verteidigung gegen sämtliche Vorwürfe bezüglich der Begehung einer **verkehrsrechtlichen** oder einer **sonstigen Ordnungswidrigkeit.**[302] In der Praxis stehen die verkehrsrechtlichen Ordnungswidrigkeiten aber eindeutig im Vordergrund. In den ARB 94 war der Versicherungsschutz bei verkehrsrechtlichen und nicht verkehrsrechtlichen Ordnungswidrigkeiten unter- 134

300 Vgl. *Lensing* AnwBl 2022, 227, 228.
301 Vgl. *Hering* ZfS 2013, 4, 7; *Maier* r+s 2013, 105, 107.
302 Harbauer/*Obarowski*, § 2 ARB 2000 Rn. 321, 327 f.

schiedlich ausgestaltet. Während es bei den verkehrsrechtlichen Ordnungswidrigkeiten nicht auf die Schuldform ankam, entfiel der Versicherungsschutz bei den sonstigen Ordnungswidrigkeiten rückwirkend, wenn eine vorsätzliche Begehung bestands- oder rechtskräftig festgestellt wurde.[303]

135 Gem. § 1 OWiG ist eine Ordnungswidrigkeit eine rechtswidrige und vorwerfbare Handlung, die den Tatbestand eines Gesetzes verwirklicht, das die Ahndung mit einer Geldbuße zulässt. Für den Versicherungsschutz kommt es dabei nicht darauf an, ob die Ordnungswidrigkeit vorsätzlich oder fahrlässig begangen wurde. Da es bei Ordnungswidrigkeiten nicht um kriminelles Unrecht geht, besteht anders als beim Straf-Rechtsschutz auch für die **vorsätzliche** Begehung voller Versicherungsschutz.[304]

136 Beim Ordnungswidrigkeiten-Rechtsschutz hat der Ausschluss des Versicherungsschutzes in Ordnungswidrigkeiten- und Verwaltungsverfahren wegen eines **Halt- oder Parkverstoßes** nach § 3 III lit. e) (dazu § 3 Rdn. 165) besonders große praktische Bedeutung.

137 **Ziff. 2.2.10 ARB 2012/2019/2021** nennt zwei Beispiele, in denen der Ordnungswidrigkeiten-Rechtsschutz relevant werden kann: den Verstoß gegen die Gurtpflicht und die Verursachung unzulässigen Lärms. In einer Firmen-Rechtsschutzversicherung umfasst die Leistungsart »Ordnungswidrigkeiten-Rechtsschutz« auch die Rechtsverteidigung gegen eine Verfallsanordnung gemäß § 29a OWiG.[305]

XI. Beratungs-Rechtsschutz im Familien-, Lebenspartnerschafts- und Erbrecht (lit. k)

138 Der Beratungs-Rechtsschutz im Familien-, Lebenspartnerschafts- und Erbrecht nach lit. k) beschränkt sich auf den Rat oder die Auskunft eines in Deutschland zugelassenen Rechtsanwaltes in familien-, lebenspartnerschafts- und erbrechtlichen Angelegenheiten, wenn diese nicht mit einer anderen gebührenpflichtigen Tätigkeit des Rechtsanwaltes zusammenhängen. Im Übrigen ist der Rechtsschutz in diesen Angelegenheiten nach § 3 II lit. g) ausgeschlossen (zu den Einzelheiten s. § 3 Rdn. 135 ff.).

1. Voraussetzungen des Rechtsschutzes

139 Der Eintritt des Versicherungsfalles ist für den Beratungs-Rechtsschutz in § 4 I 1 lit. b) gesondert geregelt. Anspruch auf Rechtsschutz besteht danach von dem Ereignis an, das die **Änderung der Rechtslage** des VN oder eines Mitversicherten zur Folge hat. Dazu gehören etwa die Trennung von Ehegatten, die Geburt eines Kindes oder der

303 Vgl. Harbauer/*Obarowski*, § 2 ARB 2010 Rn. 326 ff.; VersHb/*Obarowski*, § 45 Rn. 114.

304 L/P/*Paffenholz*, § 125 Rn. 26; PK/*Hillmer-Möbius*, § 125 Rn. 66; Harbauer/*Obarowski*, § 2 ARB 2010 Rn. 327 f.; zur abweichenden Rechtslage nach den ARB 94 s. oben Rdn. 134.

305 OLG München r+s 2016, 617, 618.

Tod des Erblassers.[306] Für vorsorgliche Beratung wegen einer beabsichtigten oder erwarteten Änderung der Rechtslage besteht kein Versicherungsschutz.[307]

140 Der Begriff der Beratung ist als Gegensatz zur **rechtlichen Vertretung** zu verstehen, für die in den betreffenden Angelegenheiten kein Versicherungsschutz gewährt wird.[308] Umfasst sind der Rat und die Auskunft durch einen in Deutschland zugelassenen **Rechtsanwalt** oder einen **Notar** (§ 5 VI lit. a)). Für die Einzelheiten kann man sich an der Vorschrift des § 34 RVG orientieren. Während der **Rat** eine Empfehlung des Rechtsanwalts oder Notars für das Verhalten des VN in einer konkreten Rechtsangelegenheit darstellt, beinhaltet die **Auskunft** eine Information des VN über die Rechtslage, die aufgrund des Versicherungsfalles eingetreten ist.[309] Der Versicherungsschutz beschränkt sich dabei nicht auf die Erstberatung, sondern umfasst auch Folgeberatungen (s. § 3 Rdn. 145).

141 Ob die Rechtslage sich nach **deutschem Recht** oder nach dem **Recht eines anderen Staates** beurteilt, ist für den Beratungs-Rechtsschutz nach den neueren ARB irrelevant.[310] Demgegenüber war der Beratungs-Rechtsschutz nach den ARB 75 auf den Fall beschränkt, dass auf den zugrundeliegenden Sachverhalt deutsches Recht anwendbar ist (vgl. z.B. § 25 II lit. e ARB 75). Dies führte zu erheblichen Lücken im Versicherungsschutz namentlich für ausländische VN, weil sich das anwendbare Recht bei familien- und erbrechtlichen Streitigkeiten nach den Regeln des damaligen deutschen IPR (Art. 13 ff., 25 I EGBGB a.F.) grundsätzlich nach dem (letzten) Heimatrecht der Ehegatten bzw. des Erblassers richtete. Das geltende IPR (EuGüVO, EuPartVO, HUP, EuErbVO) knüpft in Familien- und Erbsachen zwar überwiegend an den gewöhnlichen Aufenthalt an. Gleichwohl gibt es nach wie vor zahlreiche Konstellationen, in denen ausländisches Recht zur Anwendung kommen kann.

142 Die Beratung darf überdies nicht mit einer **anderen gebührenpflichtigen Tätigkeit** des Rechtsanwalts zusammenhängen. Probleme bereitet in diesem Zusammenhang insbesondere die Abgrenzung zur Geschäftsgebühr nach Nr. 2300 VV RVG.[311] Führt die Beratung etwa dazu, dass der VN mit seinem Ehegatten einen Ehevertrag oder einen Erbvertrag abschließt, so erhält der Rechtsanwalt für die Mitwirkung an der Gestaltung des Vertrages eine Geschäftsgebühr nach Nr. 2300 VV RVG.[312] Das Gleiche gilt für die Mitwirkung des Rechtsanwalts an der Errichtung eines gemeinschaftlichen Testa-

---

306 Vgl. Buschbell/Hering/*Buschbell*, § 8 Rn. 43 f. Näher dazu § 4 Rdn. 29 ff.

307 P/M/*Piontek*, § 2 ARB 2010 Rn. 63; HK-VVG/*Münkel*, § 4 ARB 2010 Rn. 5; weiter AG Schwäbisch-Gmünd r+s 1996, 409, 410: drohende oder mögliche Änderung der Rechtslage reicht aus.

308 Vgl. Harbauer/*Obarowski*, § 2 ARB 2010 Rn. 335.

309 Zur Terminologie BeckOK RVG/*v. Seltmann*, § 34 Rn. 2; Harbauer/*Obarowski*, § 2 ARB 2010 Rn. 337 f.; Buschbell/Hering/*Hering*, § 22 Rn. 17; *Hachenberg* NZFam 2019, 811, 812.

310 Vgl. Harbauer/*Obarowski*, § 2 ARB 2010 Rn. 339; Buschbell/Hering/*Hering*, § 22 Rn. 21 f.

311 Vgl. van Bühren/*Schneider*, § 13 Rn. 172 f.

312 Vgl. Mayer/Kroiß/*Teubel*/*Winkler*, RVG, 6. Aufl. 2013, § 34 Rn. 27.

ments. Der Beratungs-Rechtsschutz ist daher in solchen Fällen ausgeschlossen.[313] Dies gilt nicht nur, wenn der VN dem Rechtsanwalt von vornherein eine Vollmacht zur Vertretung in allen mit der betreffenden Angelegenheit zusammenhängenden Angelegenheiten erteilt,[314] sondern auch dann, wenn der Rechtsanwalt zunächst nur mit der Beratung beauftragt ist und die weitere Tätigkeit sich erst aufgrund der Beratung ergibt.[315] Der Versicherungsschutz entfällt dann gegebenenfalls rückwirkend mit der Folge, dass der VN die bereits erhaltenen Leistungen nach § 812 BGB zurückzahlen muss.[316]

143 Eine andere Beurteilung kann geboten sein, wenn zwischen der Beratung und der anschließenden rechtlichen Vertretung des VN ein **größerer zeitlicher Abstand** besteht. § 15 V 2 RVG sieht allerdings vor, dass die weitere Angelegenheit erst dann als neue Angelegenheit gilt, wenn der frühere Auftrag seit mehr als **zwei Kalenderjahren** erledigt ist.[317] Nach Ablauf dieser Frist sind die Anrechnungsregeln des RVG nicht mehr anwendbar.[318]

2. Ausweitung des Rechtsschutzes

144 Einige Versicherer haben den Rechtsschutz in Familien-, Lebenspartnerschafts- und Erbrechts-Angelegenheiten über die Beratung hinaus deutlich erweitert.[319] So wird teilweise auch für **Scheidungs- und Scheidungsfolgesachen** vor deutschen Familiengerichten sowie für **Unterhaltssachen** Rechtsschutz gewährt. Andere Versicherer übernehmen die Kosten einer außergerichtlichen Konfliktlösung durch **Mediation.** Nicht selten wird auch für **Betreuungsverfahren** Rechtsschutz angeboten. In all diesen Fällen werden die Kosten allerdings meist nur bis zu einem bestimmten Höchstbetrag übernommen. Außerdem wird häufig eine Selbstbeteiligung sowie eine längere Wartezeit vereinbart.

3. ARB 2012/2019/2021

145 Die ARB 2012/2019/2021 regeln den Beratungs- Rechtsschutz im Familien-, Lebenspartnerschafts- und Erbrecht in Ziff. 2.2.11. Versicherungsschutz besteht auch hiernach nur für einen Rat oder eine Auskunft eines in Deutschland zugelassenen Rechtsanwalts. Wenn der Rechtsanwalt »darüber hinaus« tätig wird, erstattet der Versicherer insgesamt keine Kosten. Die Formulierung **»darüber hinaus«** mag für den VN verständlicher erscheinen;[320] die Bezugnahme auf eine **andere gebührenpflichtige Tätigkeit** des Rechtsanwalts ist aber präziser. Dies gilt insbesondere im Hinblick auf die Frage nach dem

313 Mayer/Kroiß/*Teubel/Winkler*, § 34 Rn. 27.
314 Zu dieser Konstellation OLG Zweibrücken r+s 1992, 14.
315 Vgl. AG Hannover VersR 1981, 151; *Böhme*, § 25 ARB 75 Rn. 14.
316 H/E/K/*Heinrichs*, 34. Kap. Rn. 117; S/H/W/*Brünger*, § 2 ARB 2010 Rn. 59.
317 Vgl. L/W/*Obarowski*, Kap. 48 Rn. 95.
318 Vgl. BeckOK-RVG/*v. Seltmann* § 15 RVG Rn. 19.
319 Vgl. den Überblick bei *Eitel* FF 2009, 64, 67 f.; sowie VersHb/*Obarowski*, § 45 Rn. 125 f.
320 Positiv hierzu *Maier* r+s 2013, 105, 107.

notwendigen sachlichen und zeitlichen Zusammenhang zwischen der Beratung und der »anderen« Tätigkeit.

XII. Weitere optionale Leistungsarten nach den ARB 2019/2021

146 Die ARB 2019/2021 sehen in Ziff. 2.2.13 als optionale Leistungsart den **aktiven Straf-Rechtsschutz** vor. Rechtsschutz besteht danach für die Erstattung einer Strafanzeige bei Straftaten, die in unmittelbarem Zusammenhang mit der Nutzung elektronischer Daten/Medien (z.B. im Internet oder im Intranet) begangen wurden. Als Beispiel wird der Fall angeführt, dass der VN in einem Gruppen-Chat über einen längeren Zeitraum belästigt worden ist. Voraussetzung ist, dass der VN oder eine mitversicherte Person als Opfer der Straftat betroffen ist. Versicherungsschutz besteht für die Beistandsleistung eines Rechtsanwalts zur Erstattung der Strafanzeige.

147 Eine weitere optionale Leistungsart ist nach Ziff. 2.2.14 ARB 2019/2021 der **Rechtsschutz bei Urheberrechtsverstößen.** Versicherungsschutz besteht für die Wahrnehmung rechtlicher Interessen, wenn dem VN ein Urheberrechtsverstoß in unmittelbarem Zusammenhang mit der Nutzung elektronischer Daten/Medien (z.B. im Internet oder Intranet) vorgeworfen wird. Als Beispiel wird der Fall genannt, dass der VN für seine private Homepage urheberrechtlich geschützte Fotos aus dem Internet verwendet und deshalb abgemahnt wird.

§ 3 Ausgeschlossene Rechtsangelegenheiten

Rechtsschutz besteht nicht für Wahrnehmung rechtlicher Interessen

(1) in ursächlichem Zusammenhang mit

a) Krieg, feindseligen Handlungen, Aufruhr, inneren Unruhen, Streik, Aussperrung oder Erdbeben;

b) Nuklear- und genetischen Schäden, soweit diese nicht auf eine medizinische Behandlung zurückzuführen sind;

c) Bergbauschäden an Grundstücken und Gebäuden;

aa) dem Erwerb oder der Veräußerung eines zu Bauzwecken bestimmten Grundstückes oder vom Versicherungsnehmer oder mitversicherten Personen nicht selbst zu Wohnzwecken genutzten Gebäudes oder Gebäudeteiles,

bb) der Planung oder Errichtung eines Gebäudes oder Gebäudeteiles, das sich im Eigentum oder Besitz des Versicherungsnehmers befindet oder das dieser zu erwerben oder in Besitz zu nehmen beabsichtigt,

cc) der genehmigungs- und/oder anzeigepflichtigen baulichen Veränderung eines Grundstückes, Gebäudes oder Gebäudeteiles, das sich im Eigentum oder Besitz des Versicherungsnehmers befindet oder das dieser zu erwerben oder in Besitz zu nehmen beabsichtigt,

dd) der Finanzierung eines der unter aa) bis cc) genannten Vorhaben.

(2) Rechtsschutz besteht nicht für die Wahrnehmung rechtlicher Interessen

a) zur Abwehr von Schadensersatzansprüchen, es sei denn, dass diese auf einer Vertragsverletzung beruhen;

b) aus kollektivem Arbeits- oder Dienstrecht;
c) aus dem Recht der Handelsgesellschaften oder aus Anstellungsverhältnissen gesetzlicher Vertreter juristischer Personen;
d) in ursächlichem Zusammenhang mit Patent-, Urheber-, Marken-, Geschmacksmuster-, Gebrauchsmusterrechten oder sonstigen Rechten aus geistigem Eigentum:
e) aus dem Kartell- oder sonstigem Wettbewerbsrecht
f) in ursächlichem Zusammenhang mit Spiel- oder Wettverträgen, Gewinnzusagen, Termin- oder vergleichbaren Spekulationsgeschäften sowie dem Ankauf, der Veräußerung, der Verwaltung von Wertpapieren (z.B. Aktien, Rentenwerte, Fondsanteile), Wertrechten, die Wertpapieren gleichstehen, Beteiligungen (z.B. an Kapitalanlagemodellen, stille Gesellschaften, Genossenschaften) und deren Finanzierung.
g) aus dem Bereich des Familien-, Lebenspartnerschafts- und Erbrechts, soweit nicht Beratungs-Rechtsschutz gem. § 2k) besteht;
h) aus dem Rechtsschutzversicherungsvertrag gegen den Versicherer oder das für diesen tätige Schadenabwicklungsunternehmen;
i) wegen der steuerlichen Bewertung von Grundstücken, Gebäuden oder Gebäudeteilen, sowie wegen Erschließungs- und sonstiger Anliegerabgaben, es sei denn, dass es sich um laufend erhobene Gebühren für die Grundstücksversorgung handelt;

(3)
a) in Verfahren vor Verfassungsgerichten
b) in Verfahren vor internationalen oder supranationalen Gerichtshöfen, soweit es sich nicht um die Wahrnehmung rechtlicher Interessen von Bediensteten internationaler oder supranationaler Organisationen aus Arbeitsverhältnissen oder öffentlich-rechtlichen Dienstverhältnissen handelt;
c) in ursächlichem Zusammenhang mit einem Insolvenzverfahren, das über das Vermögen des Versicherungsnehmers eröffnet wurde oder eröffnet werden soll;
d) in Enteignungs-, Planfeststellungs-, Flurbereinigungs- sowie im Baugesetzbuch geregelten Angelegenheiten;
e) in Ordnungswidrigkeiten- und Verwaltungsverfahren wegen eines Halt- oder Parkverstoßes;

(4)
a) mehrerer Versicherungsnehmer desselben Rechtsschutzversicherungsvertrages untereinander, mitversicherter Personen untereinander und mitversicherter Personen gegen den Versicherungsnehmer;
b) sonstiger Lebenspartner (nicht eheliche und nicht eingetragene Lebenspartner gleich welchen Geschlechts) untereinander in ursächlichem Zusammenhang mit der Partnerschaft, auch nach deren Beendigung.
c) aus Ansprüchen oder Verbindlichkeiten, die nach Eintritt des Rechtsschutzfalles auf den Versicherungsnehmer übertragen worden oder übergegangen sind;
d) aus vom Versicherungsnehmer in eigenem Namen geltend gemachten Ansprüchen anderer Personen oder aus einer Haftung für Verbindlichkeiten anderer Personen;

(5) soweit in den Fällen des § 2a) bis h) ein ursächlicher Zusammenhang mit einer vom Versicherungsnehmer vorsätzlich begangenen Straftat besteht. Stellt sich ein solcher Zusammenhang im Nachhinein heraus, ist der Versicherungsnehmer zur Rückzahlung der Leistungen verpflichtet, die der Versicherer für ihn erbracht hat.

Literatur:
Bauer, Rechtsentwicklung bei den Allgemeinen Bedingungen für die Rechtsschutzversicherung bis Anfang 2005, NJW 2005, 1472; *ders.*, Rechtsentwicklung bei den Allgemeinen Bedingungen für die Rechtsschutzversicherung bis Anfang 2012, NJW 2012, 1698; *Bendermacher/Keune*, Die Eintrittspflicht der Rechtsschutzversicherung bei der Geltendmachung von Schadensersatzansprüchen im Zusammenhang mit der Beteiligung an geschlossenen Immobilienfonds, VersR 2011, 972; *Berger*, Der Baurisikoausschluss in der Rechtsschutzversicherung, VersR 2000, 1321; *ders.*, Die Rechtsprechung des BGH zu § 4 Ik ARB 75, r+s 2004, 486; *Cornelius-Winkler*, Rechtsschutzversicherung Teil 1: Grundlagen und versichertes Risiko, SVR 2011, 41; *Ehlers*, Krieg, Kriegsereignisse, terroristische und politische Gewalthandlungen, Beschlagnahme, Eingriffe von hoher Hand, r+s 2002, 133; *Felsch*, Die Rechtsprechung des Bundesgerichtshofs zum Versicherungsrecht – Allgemeines Versicherungsvertragsrecht und Rechtsschutzversicherung, r+s 2016, 321; *Fricke*, Rechtliche Probleme des Ausschlusses von Kriegsrisiken in AVB, VersR 1991, 1098; *ders.*, Rechtliche Probleme des Ausschlusses von Kriegsrisiken in AVB – II. Folge –, VersR 2002, 6; *Hachenberg*, Die Rechtsschutzversicherung im Familienrecht, NZFam 2019, 811; *Hering*, Neue Allgemeine Bedingungen für die Rechtsschutzversicherung – ARB 2012, ZfS 2013, 4; *Hermanns/Ennemann*, Zur Reichweite des Baurisikoausschlusses in der Rechtsschutzversicherung, BauR 2010, 156; *Looschelders*, Eintrittspflicht des Rechtsschutzversicherers bei Klagen auf einen »außerkapazitären« Studienplatz, in: Freundesgabe Pallme König, 2014, 223; *ders.*, Aktuelle Probleme der Rechtsschutzversicherung, in: Looschelders/Michael (Hrsg.), Düsseldorfer Vorträge zum Versicherungsrecht 2014, 35; *ders.*, Der Risikoausschluss für Streitigkeiten aus »Kapitalanlagegeschäften aller Art« in der Rechtsschutzversicherung, VersR 2021, 1397; *Maier*, Neue Bedingungen in der Rechtsschutzversicherung (ARB 1994), r+s 1995, 361; *ders.*, Neue Bedingungen in der Rechtsschutzversicherung (ARB 2012), r+s 2013, 105; *ders.*, Rechtsschutz bei misslungener Kapitalanlage (Containerkauf), r+s 2023, 241; *Makowsky*, Das Kriegsrisiko im Privatversicherungsrecht – grundlegende Fragen und aktuelle Entwicklungen, VersR 2023, 1; *Mathy*, Der problematische Versicherungs-Rechtsschutz in der Rechtsschutzversicherung, NVersZ 2001, 433; *Niebel*, Die (Fort-) Entwicklung des Kapitalanlageausschlusses in der Rechtsschutzversicherung, r+s 2019, 568; *Prölss*, Risikoausschlüsse in der Rechtsschutzversicherung (Teil I), r+s 2005, 225; *ders.*, Risikoausschlüsse in der Rechtsschutzversicherung (Teil II), r+s 2005, 269; *Schaub*, Die Rechtsschutzversicherung im Arbeitsrecht, NZA 1989, 865; *Schroeder*, Die Kriegsgefahr im deutschen Versicherungsrecht, 1996; *Sperling*, Neue Allgemeine Bedingungen für die Rechtsschutzversicherung (ARB 94), VersR 1996, 133; *Streck*, Gewinnzusagen und Rechtsschutzversicherung (ARB 94), NJW 2003, 3679; *Wendt*, Risikoausschlüsse in der Rechtsschutzversicherung, MDR 2006, 481; *ders.*, Aktuelles zu Risiko- und Leistungsausschlüssen in Rechtsschutzversicherungen, MDR 2008, 902; *ders.*, Vertiefung der neueren Rechtsprechung des Bundesgerichtshofs zur Rechtsschutzversicherung, r+s 2008, 221; *ders.*, Die Rechtsprechung des Bundesgerichtshofes zur Rechtsschutzversicherung – Der Rechtsschutzversicherer und sein durchschnittlicher Versicherungsnehmer, r+s 2012, 209; *Winter*, Festumrissene Rechtsbegriffe in den ARB, r+s 1991, 397; *Zeiler*, Kein Rechtsschutzversicherungsschutz bei der Geltendmachung von Bergschadensersatzsprüchen?, VersR 1984, 1127.

Übersicht Rdn.

A. Systematik

1 § 3 regelt die **allgemeinen Risikoausschlüsse** in der Rechtsschutzversicherung. Es handelt sich um eine Aufzählung bestimmter Risiken, die bei allen oder doch wenigstens den meisten Vertragsarten des Zweiten Teils der ARB vom Versicherungsschutz ausgenommen sind, obwohl die primäre Risikoabgrenzung auf sie zutrifft. Man spricht auch von sekundären Risikoabgrenzungen.[1] Praktische Bedeutung hat diese Differenzierung für die **Beweislast.** Während der VN alle anspruchsbegründenden Tatsachen darlegen und beweisen muss, trägt der Versicherer die Darlegungs- und Beweislast für die Voraussetzungen von Risikoausschlüssen.[2]

2 Die Risikoausschlüsse des § 3 beruhen in erster Linie auf der Erwägung, dass es der Versichertengemeinschaft nicht zumutbar ist, die mit dem betreffenden Risiko verbundenen Kosten zu tragen.[3] Dabei geht es vor allem um Rechtsstreitigkeiten, die einerseits **hohe Kosten** verursachen und andererseits nur für eine **geringe Zahl der VN** relevant sind.[4]

3 In systematischer Hinsicht sind die Risikoausschlüsse auf **fünf Absätze** verteilt.[5] Im ersten Absatz geht es um den Ausschluss bestimmter **Risiken**, die oft mit besonders kostenträchtigen oder schwer kalkulierbaren Rechtsstreitigkeiten verbunden sind. Dazu gehören zum einen die sog. **Kumulrisiken** (Abs. 1 lit. a) bis c)).[6] Dabei geht es um Sachverhalte, die zu einer Vielzahl von Schäden und Verfahren führen können.[7] Zum anderen werden bestimmte Risiken aus dem **Baubereich** (Abs. 1 lit. d)) ausgeschlossen, die typischerweise besonders hohe und schwer kalkulierbare Rechtskosten verursachen.

4 Der zweite Absatz erfasst bestimmte **Rechtsangelegenheiten**, bei denen ein hohes Kostenrisiko besteht. Besonders kostenintensive und seltene **Gerichtsverfahren** werden

---

1 Zur Terminologie L/W/*Looschelders,* § 1 Rn. 13.
2 Vgl. § 2 Rdn. 3; ferner HK-VVG/*Münkel,* § 3 ARB 2010 Rn. 2; L/W/*Looschelders,* § 1 Rn. 151; van Bühren/*Schneider,* § 13 Rn. 176.
3 Vgl. Harbauer/*Maier,* § 3 ARB 2010 Rn. 1.
4 P/M/*Piontek,* § 3 ARB 2010 Rn. 1; VersHB/*Obarowski,* § 45 Rn. 78; *Armbrüster,* Rn. 1819.
5 Zur Systematik des § 3 vgl. Harbauer/*Maier,* § 3 ARB 2010 Rn. 2; HK-VVG/*Münkel,* § 3 ARB 2010 Rn. 1; Übersicht bei BeckRA-HdB/*Scholl,* § 56 Rn. 65.
6 P/M/*Piontek,* § 3 ARB 2010 Rn. 1.
7 Zum Begriff der Kumulrisiken in der Rechtsschutzversicherung van Bühren/Plote/*Plote,* § 3 ARB 2010 Rn. 4; vgl. allg. L/W/*Schwepcke,* Rückversicherungsvertragsrecht, Rn. 269.

im dritten Absatz ausgeschlossen. Beide Absätze beruhen auf einem einheitlichen Grundgedanken: Die betreffenden Angelegenheiten und Verfahren sind durchwegs nur für eine Minderheit der Versicherten relevant. Der Risikoausschluss soll verhindern, dass alle Mitglieder der Versichertengemeinschaft gleichwohl die mit derartigen Angelegenheiten und Verfahren verbundenen hohen und oft schwer kalkulierbaren Kosten mittragen müssen.[8]

Der vierte Absatz schließt Streitigkeiten in bestimmten **personellen Konstellationen** 5
vom Versicherungsschutz aus. Dazu gehören Verfahren zwischen VN desselben Vertrages oder Mitversicherten sowie Verfahren zwischen nicht ehelichen bzw. nicht eingetragenen Lebenspartnern (Abs. 4 lit. a) bis b)). Ziel ist die Vermeidung von Interessenkollisionen.[9] In Abs. 4 lit. c) und d) geht es dann um Konstellationen, in denen die Gefahr besteht, dass ein Versicherter die Ansprüche nicht versicherter Personen geltend macht oder abwehrt.[10]

In der fünften Fallgruppe (Abs. 5) werden Verfahren im Zusammenhang mit einer 6
vorsätzlichen Straftat vom Versicherungsschutz ausgenommen. Es handelt sich um eine spezielle Ausformung des Risikoausschlusses wegen Herbeiführung des Versicherungsfalles nach § 81 VVG, die den Besonderheiten der Rechtsschutzversicherung Rechnung trägt.[11] Entgegen den allgemeinen Regeln schaden dem VN Vorsatz und grobe Fahrlässigkeit für sich genommen nicht. Erforderlich ist eine vorsätzliche Straftat, die aber nicht notwendig auf die Herbeiführung des Versicherungsfalles bezogen sein muss. Der Versicherungsschutz wird damit einerseits ausgeweitet. Andererseits wird dem Gedanken Rechnung getragen, dass die Gewährung von Versicherungsschutz bei vorsätzlichen Straftaten unangemessen wäre.

§ 3 regelt die Risikoausschlüsse nicht abschließend. Im Hinblick auf die einzelnen Ver- 7
tragsarten des Zweiten Teils der ARB gibt es darüber hinaus weitere **besondere Risikoausschlüsse** (vgl. § 24 III, § 25 I 2, III, § 26 I 2, IV, § 27 IV, § 28 V ARB).[12]

Die Regelung der allgemeinen Risikoausschlüsse in § 3 entspricht inhaltlich weitgehend 8
derjenigen des **§ 4 ARB 75.** Die Aufteilung auf fünf Absätze in § 3 hat jedoch zu einer stärkeren Systematisierung geführt. Das Gleiche galt schon für **§ 3 ARB 94, 2000 und 2008.**[13] Auf einzelne Abweichungen wird jeweils hingewiesen. Zu beachten ist überdies, dass die AVB der Versicherer gerade in Bezug auf Risikoausschlüsse teilweise

8 BGH r+s 2004, 501, 502; VersR 2008, 1105, 1106; P/M/*Piontek*, § 3 ARB 2010 Rn. 1; Harbauer/*Maier*, § 3 ARB 2010 Rn. 1; Buschbell/Hering/*Buschbell*, § 7 Rn. 2; *Bendermacher/Keune* VersR 2011, 972; zur parallelen Rechtslage in Österreich nach Art. 7 ARB OGH VersR 2016, 1337, 1339.

9 HK-VVG/*Münkel*, § 3 ARB 2010 Rn. 23.

10 Vgl. Harbauer/*Maier*, § 3 ARB 2010 Rn. 186.

11 P/M/*Piontek*, § 3 ARB 2010 Rn. 105 ff.; VersHb/*Obarowski*, § 45 Rn. 354 ff. Näher dazu unten Rdn. 189 ff.

12 Vgl. Harbauer/*Maier*, § 3 ARB 2010 Rn. 3. Zu einem Überblick BeckRA-HdB/*Scholl*, § 56 Rn. 64 ff.

13 Vgl. VersHb/*Obarowski*, § 45 Rn. 274.

erheblich von den Musterbedingungen abweichen. Dabei werden einerseits Risiken einbezogen, die nach den Musterbedingungen ausgeschlossen wären. Andererseits werden aber auch weitere Risiken ausgeschlossen. Insoweit sind daher stets die konkret maßgeblichen AVB zu betrachten.[14]

B. Allgemeines

I. Geltungsbereich

9 Die Risikoausschlüsse nach § 3 gelten grundsätzlich in jedem Bereich, der von der Versicherung abgedeckt ist.[15] Dabei wird sowohl die **gerichtliche** als auch die **außergerichtliche** Kostendeckung erfasst. In zeitlicher Hinsicht erstrecken sich die Ausschlüsse von der Beratung bis hin zu dem Abschluss des gerichtlichen Verfahrens sowie zu einer etwaigen Zwangsvollstreckung.[16] Einzelne Ausschlusstatbestände (Abs. 2 lit. g) und Abs. 5) sind allerdings nicht auf den Beratungs-Rechtsschutz nach § 2 lit. k) anwendbar.

II. Auslegung

10 Risikoausschlüsse sind nach h.M. als Ausnahmetatbestände **restriktiv auszulegen.**[17] Dahinter steht die Erwägung, dass der VN nicht mit Lücken im Versicherungsschutz rechnen muss, die ihm in den AVB nicht klar vor Augen geführt werden.[18] Wie allgemein bei der Auslegung von AVB (Einf. Kap. 1 Rdn. 51) sind die Sicht und die Interessen eines verständigen **durchschnittlichen VN** ohne versicherungsrechtliche Spezialkenntnisse maßgeblich.[19] Neben dem Wortlaut ist auf den Sinn und Zweck der jeweiligen Ausschlussklausel Rücksicht zu nehmen. Der Versicherungsschutz darf im Interesse des VN nicht weiter verkürzt werden, als der erkennbare Zweck des jeweiligen Leistungsausschlusses dies gebietet.

11 Die Regeln über die **Gesetzesauslegung** bieten dagegen keine adäquate Orientierung für die Auslegung von AVB.[20] Dies gilt auch bei der Auslegung von Risikoausschlüssen.[21] Eine Ausnahme besteht allerdings bei Begriffen, mit denen die **Rechtssprache** einen festumrissenen Inhalt verbindet.[22] Hier ist im Zweifel davon auszugehen, dass der

---

14 VersHb/*Obarowski*, § 45 Rn. 274.

15 *Böhme*, § 4 ARB 75 Rn. 1; Harbauer/*Maier*, § 3 ARB 2010 Rn. 4.

16 OLG Frankfurt ZfS 1980, 274; Harbauer/*Maier*, § 3 ARB 2010 Rn. 4.

17 BGH NJW 1984, 370, 371; NJW-RR 1995, 276, 277; NVersZ 2000, 475, 476; VersR 2002, 1503, 1504; VersR 2009, 1616, 1617; r+s 2013, 71; L/P/*Paffenholz*, § 125 Rn. 34; *Böhme*, § 4 ARB 75 Vor Rn. 1; Harbauer/*Maier*, § 3 ARB 2010 Rn. 12; Buschbell/Hering/*Buschbell*, § 7 Rn. 10; *Prölss* r+s 2005, 225; *Wendt* r+s 2010, 221, 226.

18 BGH VersR 2009, 216, 217; VersR 2011, 66; r+s 2013, 71; L/R/*Rixecker*, § 1 Rn. 54.

19 BGH NJW 1993, 2367, 2370; VersR 2002, 1503, 1504; Buschbell/Hering/*Buschbell*, § 7 Rn. 9; VersHb/*Obarowski*, § 45 Rn. 273; *E. Lorenz* VersR 2000, 1092.

20 L/R/*Rixecker*, § 1 Rn. 36 ff.; a.A. *E. Lorenz* VersR 2000, 1092; *Prölss* r+s 2005, 225.

21 So ausdrücklich BGH VersR 2002, 1503, 1504.

22 L/P/*Pohlmann*, Einl. B Rn. 47; L/W/*Reiff*, AVB Rn. 105; *Winter* r+s 1991, 397 ff.; *Harbauer* NVersZ 1999, 193 ff.

Begriff in den AVB den gleichen Inhalt hat (Einf. Kap. 1 Rdn. 53). Diese Ausnahme hat für § 3 besondere Bedeutung, weil festumrissene **Rechtsbegriffe** dort besonders oft verwendet werden.[23]

III. Anforderungen an den ursächlichen Zusammenhang

Für bestimmte Risikoausschlüsse (Abs. 1, Abs. 2 lit. d), f), Abs. 3 lit c), Abs. 5) fordern die ARB einen **ursächlichen Zusammenhang** zwischen der Wahrnehmung der rechtlichen Interessen und den jeweiligen Risiken. Das Risiko muss dabei ursächlich i.S. der **Äquivalenztheorie** (conditio sine qua non-Formel) sein und darüber hinaus auch in einem **adäquaten Zusammenhang** mit der Rechtsstreitigkeit stehen.[24] Die Ursächlichkeit i.S. der Äquivalenztheorie reicht nach Sinn und Zweck der einschlägigen Ausschlusstatbestände nicht aus, weil der Risikoausschluss sonst auch bei einem rein zufälligen Zusammenhang mit der Rechtsstreitigkeit durchgreifen könnte.[25] 12

Da auch das Kriterium der Adäquanz zufällige Zusammenhänge nicht vollständig ausschließt, muss der **Schutzzweck** des jeweiligen Risikoausschlusses zusätzlich herangezogen werden.[26] Dabei kommt es insbesondere darauf an, ob sich die spezifischen Nachteile für den Versicherer, die diesen zum Ausschluss des betreffenden Risikos vom Versicherungsschutz bewegt haben, in dem zum Versicherungsfall führenden Ereignis niedergeschlagen haben. 13

IV. Besonderheiten der ARB 2012/2019/2021

Die **ARB 2012/2019/2021** regeln die »inhaltlichen Ausschlüsse« des Versicherungsschutzes in Ziff. 3.2. In formaler Hinsicht ist zu beachten, dass die Ausschlusstatbestände in Ziff. 3.2 ARB 2012/2019/2021 nicht in mehrere Gruppen eingeteilt werden. Die Regelung wirkt dadurch etwas unübersichtlich. Allerdings finden nicht alle Ausschlusstatbestände auf alle Vertragsarten Anwendung. Positiv für das Verständnis ist, dass einige Ausschlüsse durch Beispiele näher erläutert werden. 14

Inhaltlich stimmt Ziff. 3.2 ARB 2012/2019/2021 weitgehend mit § 3 ARB 2010 überein.[27] Auf etwaige **Abweichungen** wird bei der Kommentierung der einzelnen Ausschlüsse hingewiesen. 15

---

23 L/W/*Obarowski*, Kap. 48 Rn. 172; vgl. auch Harbauer/*Maier*, § 3 ARB 2010 Rn. 11.

24 Harbauer/*Maier*, § 3 ARB 2010 Rn. 14; P/M/*Piontek*, § 3 ARB 2010 Rn. 5; van Bühren/Plote/*Plote*, § 3 ARB 2010 Rn. 4; Buschbell/Hering/*Buschbell*, § 7 Rn. 12 f.

25 Van Bühren/Plote/*Plote*, § 3 ARB 2010 Rn. 4.

26 BGH r+s 1994, 61, 62; r+s 2004, 501, 502; Harbauer/*Maier*, § 3 ARB 2010 Rn. 14; P/M/*Piontek*, § 3 ARB 2010 Rn. 5 ff.; L/P/*Paffenholz*, § 125 Rn. 34; van Bühren/*Schneider*, § 13 Rn. 178.

27 Vgl. *Maier* r+s 2013, 105, 109.

C. Die einzelnen Risikoausschlüsse

I. Ausschluss bestimmter Risiken

1. Einzelne Fälle höherer Gewalt (Abs. 1 lit. a)

16 Abs. 1 lit. a) schließt den Versicherungsschutz für bestimmte Fälle der **höheren Gewalt** aus. Dahinter steht die Erwägung, dass die betreffenden Risiken für den Versicherer im Allgemeinen **nicht überschaubar** sind und aufgrund der zugrundeliegenden Sachverhalte typischer Weise einen **besonders hohen Schaden** erwarten lassen.[28] Dass die Verwirklichung des betreffenden Risikos im konkreten Fall unvorhersehbar war, ist aber nicht erforderlich.[29]

a) Krieg

17 Der Kriegsbegriff ist bei der Rechtsschutzversicherung nicht im völkerrechtlichen Sinne zu verstehen.[30] Es geht vielmehr darum, die von einem tatsächlichen kriegerischen Zustand ausgehenden Risiken vom Versicherungsschutz auszuschließen. Nach Sinn und Zweck der Ausschlussklausel sind Kriegsereignisse aller Art erfasst.[31] Dazu gehören auch **Bürgerkriege.**[32] Im Einzelfall können auch andere gewaltsame innerstaatliche Auseinandersetzungen wie Revolution, Rebellion und Aufstand als Krieg anzusehen sein.[33] Zumindest handelt es sich um feindselige Handlungen oder innere Unruhen.[34]

18 Ob **Terroranschläge** unter den Kriegsbegriff subsumiert werden können, ist in der Literatur umstritten. Für eine Einbeziehung von Terroranschlägen in den Begriff des Kriegs lässt sich anführen, dass hierbei oft eine Häufung von Schadensfällen auftritt und daher der Zweck des Ausschlusses zutrifft.[35] Allerdings sind Terrorakte in ihren Auswirkungen vom Einzelfall abhängig. Der einzelne Terroranschlag ist weder in der Art der Durchführung noch in seinen Auswirkungen mit Krieg oder kriegsähnlichen Zuständen vergleichbar. Außerdem sind Ausschlusstatbestände grundsätzlich eng auszulegen. Daher wird ein Terroranschlag von der Ausschlussklausel des Abs. 1 lit. a) grundsätzlich nicht mit umfasst.[36] Etwas anderes gilt aber dann, wenn es sich um kriegsbedingte Terroraktionen handelt. Solche Aktionen sind dann kriegsbedingt, wenn

---

28 Harbauer/*Maier*, § 3 ARB 2010 Rn. 16; van Bühren/Plote/*Plote*, § 3 ARB 2010 Rn. 4.

29 OGH VersR 2010, 371, 372; P/M/*Piontek*, § 3 ARB 2010 Rn. 8.

30 Van Bühren/Plote/*Plote*, § 3 ARB 2010 Rn. 5; P/M/*Armbrüster*, A. § 2 AFB Rn. 3; *Fricke* VersR 1991, 1098, 1099; *Makowsky* VersR 2023, 1, 5 ff.; a.A. Harbauer/*Maier*, § 3 ARB 2000 Rn. 17.

31 P/M/*Armbrüster*, A. § 2 AFB Rn. 3; L/P/*Makowsky*, Anh. K Rn. 130; *Fricke* VersR 1991, 1098, 1099 f.

32 HK-VVG/*Münkel*, § 3 ARB 2010 Rn. 4; L/P/*Makowsky*, Anh. K Rn. 130; *Makowsky* VersR 2023, 1, 6.

33 *Makowsky* VersR 2023, 1, 6.

34 Vgl. *Ehlers* r+s 2002, 133, 135: Bürgerkrieg als »Extremfall der inneren Unruhen«.

35 *Fricke* VersR 2002, 6, 10.

36 Ähnlich P/M/*Armbrüster*, A. § 2 AFB Rn. 6 (für die Feuerversicherung); VersHb/*Obarowski*, § 45 Rn. 277; *Ehlers* r+s 2002, 133, 135 f., 138 f.

sie entweder im Kriegsgebiet stattfinden oder durch eine Kriegspartei vorgenommen bzw. unterstützt und gefördert werden.[37] Im Übrigen ist jeweils zu prüfen, ob Terroranschläge in den einschlägigen AVB gesondert erwähnt sind.[38]

Der Krieg muss nach allgemeinen Regeln (oben Rdn. 12) in einem **adäquat-kausalen Zusammenhang** mit dem Versicherungsfall stehen.[39] Darüber hinaus muss der Ausschluss des Versicherungsschutzes dem **Zweck** des Ausschlusstatbestands entsprechen. Dies wird bei der Geltendmachung von Ansprüchen auf **Kriegsrenten** aus dem 2. Weltkrieg verneint, weil insoweit nicht mehr mit einer unübersehbaren Zahl von Verfahren zu rechnen sei.[40] 19

b) Feindselige Handlungen

Feindselige Handlungen sind bewaffnete Konflikte zwischen mehreren Staaten oder Völkern.[41] In Abgrenzung zum Krieg sind sie **zeitlich** und **räumlich begrenzt.**[42] Ein einseitiges Vorgehen ist dabei jedoch nicht erforderlich.[43] 20

c) Aufruhr

Der Begriff des Aufruhrs ist nach Sinn und Zweck des Risikoausschlusses als **öffentliche Ansammlung einer Menschenmenge** zu verstehen, die gemeinsam Gewalt gegen Personen oder Sachen ausübt.[44] Die Gewalttätigkeiten richten sich dabei primär gegen die Staatsgewalt.[45] Auch die mit einem Aufruhr ggf. verbundenen Straftaten (Plünderungen, Sachbeschädigungen etc.) fallen unter den Ausschlusstatbestand.[46] Dabei genügt ein mittelbarer Zusammenhang zwischen dem Aufruhr und den damit verbundenen Straftaten.[47] 21

---

37 Vgl. *Makowsky* VersR 2023, 1, 8; *Ehlers* r+s 2002, 133, 135; *Schroeder*, S. 159.

38 Zu entsprechenden Ansätzen der Versicherer vgl. S/H/W/*Brünger*, § 3 ARB 2010 Rn. 5; VersHb/*Obarowski*, § 45 Rn. 277; *Fricke* VersR 2002, 6.

39 *Böhme*, § 4 ARB 75 Rn. 2.

40 Vgl. Harbauer/*Maier*, § 3 ARB 2010 Rn. 18; nach Ansicht von *Böhme*, § 4 ARB 75 Rn. 2a besteht hier ein »nur noch sehr lockerer Kausalzusammenhang zwischen Kriegsereignis und Versicherungsfall«.

41 Van Bühren/Plote/*Plote*, § 3 ARB 2010 Rn. 8; Harbauer/*Maier*, § 3 ARB 2010 Rn. 19.

42 Van Bühren/Plote/*Plote*, § 3 ARB 2010 Rn. 9.

43 So aber *Böhme*, § 4 ARB 75 Rn. 2a.

44 RGZ 97, 206, 207; BGH NJW 1952, 783; van Bühren/Plote/*Plote*, § 3 ARB 2010 Rn. 10; Harbauer/*Maier*, § 3 ARB 2010 Rn. 20.

45 BGH NJW 1952, 783; van Bühren/Plote/*Plote*, § 3 ARB 2010 Rn. 10; Harbauer/*Maier*, § 3 ARB 2010 Rn. 20.

46 Harbauer/*Maier*, § 3 ARB 2010 Rn. 20; *Böhme*, § 4 ARB 75 Rn. 3; van Bühren/Plote/*Plote*, § 3 ARB 2010 Rn. 11.

47 *Böhme*, § 4 ARB 75 Rn. 3.

d) Innere Unruhen

22 Innere Unruhen sind, ähnlich dem Aufruhr, Gewalttätigkeiten gegen Personen und Sachen, die von Personengruppen ausgehen.[48] In Abgrenzung zum Aufruhr richten die Gewalttätigkeiten sich bei inneren Unruhen aber nicht gegen die Staatsgewalt.[49] Innere Unruhen können auch dann vorliegen, wenn es zu Ausschreitungen durch **gewalttätige Demonstranten** kommt.[50] Es genügt aber nicht, wenn die Gewalt nur von einzelnen Demonstranten ausgeht.[51] Gewaltexzesse einzelner Demonstranten sind für den Versicherer nämlich kalkulierbar und entsprechen daher nicht dem Sinn und Zweck des Risikoausschlusses.[52]

e) Streik und Aussperrung

23 Der Risikoausschluss des Abs. 1 lit. a) greift auch bei Streik und Aussperrung ein. Dies gilt unabhängig davon, ob die Mittel des Arbeitskampfes rechtmäßig eingesetzt worden sind.[53] **Streik** ist die Arbeitsniederlegung durch eine Mehrzahl von Arbeitnehmern zur Ausübung von Druck auf den Arbeitgeber und zur Schwächung von dessen Verhandlungsposition.[54] Für den Risikoausschluss kommt es nicht darauf an, ob es sich um einen Generalstreik handelt oder lediglich ein einzelner Betrieb betroffen ist.[55] Der Streik muss auch nicht durch eine Gewerkschaft organisiert werden. Das AG Nürnberg hat einen Streik sogar in dem Fall bejaht, dass alle Beschäftigten eines kleineren Betriebes (11 Arbeitnehmer) die Arbeit aus Protest gegen die Kündigung eines Kollegen niederlegen. Wenn der Arbeitgeber den Betreffenden daraufhin kündigt oder den Lohn kürzt, soll für den daraus folgenden Rechtsstreit kein Versicherungsschutz bestehen.[56] Der Begriff des Streiks wird damit freilich zu stark ausgedehnt.

24 Auch in den Fällen des Streiks muss ein spezifischer Zusammenhang mit dem Rechtsstreit vorliegen. Macht ein Reisender Ansprüche gegen den Reiseveranstalter geltend, die auf einem **Streik des Hotelpersonals** am Urlaubsort beruhen, so liegt ein adäquater Kausalzusammenhang zwischen Streik und Versicherungsfall eindeutig vor. Darüber hinaus dürfte sich aber auch das mit einem Streik verbundene erhöhte Risiko des Eintritts eines Versicherungsfalles realisiert haben, so dass der Risikoausschluss nach Abs. 1 lit. a) zu bejahen ist.[57]

---

48 Van Bühren/Plote/*Plote*, § 3 ARB 2010 Rn. 12; Harbauer/*Maier*, § 3 ARB 2010 Rn. 21; HK-VVG/*Münkel*, § 3 ARB 2010 Rn. 4.
49 Harbauer/*Maier*, § 3 ARB 2010 Rn. 21.
50 P/M/*Piontek*, § 3 ARB 2010 Rn. 8; HK-VVG/*Münkel*, § 3 ARB 2010 Rn. 4.
51 BGH NJW 1975, 308, 309; Harbauer/*Maier*, § 3 ARB 2010 Rn. 21.
52 BGH NJW 1975, 308, 309.
53 Harbauer/*Maier*, § 3 ARB 2010 Rn. 22.
54 ErfK/*Linsenmaier*, Art. 9 GG Rn. 161.
55 Harbauer/*Maier*, § 3 ARB 2010 Rn. 22; HK-VVG/*Münkel*, § 3 ARB 2010 Rn. 4.
56 AG Nürnberg ZfS 1988, 213; zustimmend P/M/*Piontek*, § 3 ARB 2010 Rn. 8; *Böhme*, § 4 ARB 75 Rn. 5a.
57 So auch *Böhme*, § 4 ARB 75 Rn. 5a; van Bühren/Plote/*Plote*, § 3 ARB 2010 Rn. 15.

Die **Aussperrung** bildet das Arbeitskampfmittel der Arbeitgeberseite. Dabei lehnt der Arbeitgeber die angebotene Arbeitsleistung einer Mehrzahl von Arbeitnehmern unter Verweigerung der Entgeltzahlung ab, um seinerseits die Verhandlungsposition der Gewerkschaft zu schwächen.[58] Der Ausschlusstatbestand erfasst insbesondere den Fall, dass ein Arbeitnehmer auf der Zahlung seines Lohnes besteht, weil er die Aussperrung für rechtswidrig hält.[59] 25

f) Erdbeben

Für die Definition des Erdbebens kann auf die Elementarschadenversicherung abgestellt werden. Danach sind Erdbeben Erderschütterungen natürlichen Ursprungs, die durch geologische Vorgänge im Erdinneren ausgelöst werden.[60] Das Erdbeben ist die einzige vom Risikoausschluss erfasste Naturkatastrophe. Die (Mit) Ursächlichkeit von **anderen Naturereignissen** wie Sturm, Hagel und Überschwemmungen schließt den Versicherungsschutz nach den ARB grundsätzlich nicht aus.[61] Werden durch das Erdbeben Überschwemmungen oder andere Naturkatastrophen ausgelöst, so sind diese aber von dem Ausschlusstatbestand mitumfasst.[62] Der Ausschlusstatbestand greift daher auch im Zusammenhang mit einem **Tsunami** ein.[63] 26

2. Nuklear- und genetische Schäden (Abs. 1 lit. b)

a) Nuklearschäden

Nuklearschäden sind solche Schäden, die durch ein **nukleares Ereignis** *verursacht worden sind.* Bei der Konkretisierung des Begriffs des nuklearen Ereignisses kann man sich an der Definition des § 2 IV AtomG i.V.m. Abs. 1 Nr. 1 Anlage 1 zum AtomG orientieren.[64] Erfasst wird danach »jedes einen Schaden verursachende Geschehnis sowie jede Reihe solcher aufeinander folgenden Geschehnisse desselben Ursprungs, sofern das Geschehnis oder die Reihe der Geschehnisse oder der Schaden von den radioaktiven Eigenschaften oder einer Verbindung der radioaktiven Eigenschaften mit giftigen, explosiven oder sonstigen gefährlichen Eigenschaften von Kernbrennstoffen oder radioaktiven Erzeugnissen oder Abfällen oder von den von einer anderen Strahlenquelle innerhalb der Kernanlage ausgehenden ionisierenden Strahlungen herrührt oder sich daraus ergibt«. 27

Der Ausschlusstatbestand der Nuklearschäden greift insbesondere dann ein, wenn ein **Reaktorschaden** wie im Fall von Fukushima zur Verseuchung der umliegenden Grund- 28

58 ErfK/*Linsenmaier*, Art. 9 GG Rn. 236.
59 Vgl. Harbauer/*Maier*, § 3 ARB 2010 Rn. 23.
60 L/W/*Günther*, Elementarschadenversicherung Rn. 56 f.
61 *Böhme*, § 4 ARB 75 Rn. 6.
62 Harbauer/*Maier*, § 3 ARB 2010 Rn. 25.
63 Van Bühren/Plote/*Plote*, § 3 ARB 2010 Rn. 18; vgl. auch *Böhme*, § 4 ARB 75 Rn. 6.
64 Vgl. van Bühren/Plote/*Plote*, § 3 ARB 2010 Rn. 20; Harbauer/*Maier*, § 3 ARB 2010 Rn. 26.

stücke oder Gewässer führt oder die dortige Landwirtschaft oder Fischerei schädigt.[65] Der Ausschlusstatbestand setzt indes nicht notwendig voraus, dass das nukleare Ereignis innerhalb einer Kernanlage entsteht. Es genügt vielmehr, wenn beispielsweise bei dem Transport von radioaktivem Abfall außerhalb der Kernanlage ein nukleares Schadensereignis verursacht wird.[66] Der Ausschlusstatbestand des § 4 I lit. b) ARB 75 war insoweit enger, weil es danach auf Nuklearschäden durch Kernreaktoren ankam. Betrifft der Rechtsstreit die Kündigung eines Reisevertrages wegen eines Reaktorunfalls im Urlaubsland,[67] so besteht zwar ein adäquat-kausaler Zusammenhang mit einem nuklearen Ereignis. Es handelt sich aber um keinen Nuklearschaden. Der Ausschlusstatbestand greift daher nicht ein.

b) Genetische Schäden

29 Genetische Schäden sind dadurch gekennzeichnet, dass sie in einer krankhaften Veränderung des Erbguts bestehen oder auf einer solchen beruhen.[68] Ob die genetischen Schäden auf radioaktive Strahlen oder andere Ursachen zurückzuführen sind, ist nach den ARB 2008/2010 – anders als nach § 4 I lit. b) ARB 1975 – unerheblich.[69] § 3 I lit. b) ARB 2008/2010 gilt demnach an sich auch für genetische Schäden durch **Röntgenstrahlen.**[70] In diesen Fällen ist aber zu beachten, dass der Ausschlusstatbestand keine Schäden erfasst, die auf eine **medizinische Behandlung** zurückzuführen sind (s. unten Rdn. 30). Sonstige Strahlenschäden (z.B. Verbrennungen, Gewebezerstörungen), die nicht auf einem nuklearen Ereignis beruhen, sind dagegen nicht nach Abs. 1 lit. b) vom Versicherungsschutz ausgeschlossen, da es sich hierbei eben nicht um genetische Schäden handelt.[71]

c) Ausnahme bei medizinischer Behandlung

30 Sind die Schäden auf eine medizinische Behandlung zurückzuführen, greift der Ausschluss nicht ein. Dies beruht darauf, dass es sich in der Regel um **keine Massenschäden** handelt, die wegen unüberschaubarer Risiken vom Versicherungsschutz ausgenommen werden sollen.[72] Zu beachten ist allerdings, dass die Rückausnahme für medizinische Behandlungen in § 4 I lit. b) ARB 75 noch nicht enthalten ist. Da der Grundgedanke des Ausschlusses – kein Versicherungsschutz für Kumulrisiken – auf medizinische

---

65 Vgl. auch das Beispiel bei Buschbell/Hering/*Buschbell*, § 7 Rn. 37.

66 Harbauer/*Maier*, § 3 ARB 2010 Rn. 26; a.A. van Bühren/Plote/*Plote*, § 3 ARB 2010 Rn. 20.

67 Zu einem Beispiel BGHZ 109, 224: Reaktorunfall in Tschernobyl. Entsprechende Fragen können sich auch im Zusammenhang mit den Reaktorschäden in Fukushima stellen.

68 VersHb/*Matusche-Beckmann*, § 34 Rn. 200.

69 Vgl. Harbauer/*Maier*, § 3 ARB 2010 Rn. 27; a.A. offenbar van Bühren/Plote/*Plote*, § 3 ARB 2000 Rn. 22; Buschbell/Hering/*Buschbell*, § 7 Rn. 39.

70 Harbauer/*Maier*, § 3 ARB 2010 Rn. 27; a.A. Höra/Schubach/*Lensing*, § 27 Rn. 381.

71 Höra/Schubach/*Lensing*, § 27 Rn. 381; *Böhme*, § 4 ARB 75 Rn. 8; a.A. LG Saarbrücken r+s 2008, 471, 473.

72 Harbauer/*Maier*, § 3 ARB 2010 Rn. 28.

Behandlungen nicht zutrifft, ist im Rahmen der ARB 75 aber eine entsprechend restriktive Auslegung der Regelung geboten.[73]

3. Bergbauschäden an Grundstücken und Gebäuden (Abs. 1 lit. c)

Abs. 1 lit. c) schließt die Wahrnehmung rechtlicher Interessen im Zusammenhang mit 31
Bergbauschäden an Grundstücken und Gebäuden vom Versicherungsschutz aus. Der Ausschluss beruht darauf, dass das mit Rechtsstreitigkeiten über Bergbauschäden an Grundstücken und Gebäuden verbundene Kostenrisiko aufgrund der Unüberschaubarkeit solcher Schäden schwer kalkulierbar ist. Außerdem kann sich das Risiko nur bei den wenigen VN verwirklichen, die in einer vom Bergbau betroffenen Region Grundstücke oder Gebäude haben.[74] Hier müssen ggf. spezifische Versicherungslösungen gefunden werden.

a) Bergbauschäden

Bei dem Begriff des Bergbauschadens handelt es sich um keinen fest umrissenen Begriff 32
der Rechtsprache. Daher kann nicht an die Definition des Bergschadens in § 114 BBergG angeknüpft werden.[75] Auch insoweit ist vielmehr das Verständnis eines durchschnittlichen VN ohne versicherungsrechtliche Spezialkenntnisse maßgeblich. Nach allgemeinem Sprachgebrauch umfasst der Begriff »**Bergbau**« die industrielle **Gewinnung von Bodenschätzen**. Dazu gehören nicht nur die klassischen Formen des Bergbaus wie der Abbau von Steinkohle, Braunkohle und Erz, sondern auch die Gewinnung von Sand, Kies oder Torf.[76]

Der Risikoausschluss des Abs. 1 lit. c) gilt nicht für alle Schäden, die durch die Gewin- 33
nung von Bodenschätzen verursacht werden. Erfasst sind nur **Schäden an Grundstücken und Gebäuden**.[77] Mit dieser Einschränkung gilt der Ausschluss aber auch für Schäden durch Probebohrungen.[78]

b) Schäden an Grundstücken und Gebäuden

Der Ausschlusstatbestand ist in der vorliegenden Fassung erst durch die ARB 94 ein- 34
geführt worden. Nach § 4 I lit. l) war dagegen lediglich die Wahrnehmung rechtlicher Interessen aus Bergbauschäden an **Grundstücken** vom Versicherungsschutz ausgenommen. Dabei war umstritten, ob **Gebäude** als wesentliche Bestandteile von Grundstücken von dem Ausschluss mit umfasst waren.[79] Diese Frage kann bei Altverträgen auch heute noch von Belang sein.

---

73 So auch Harbauer/*Conelius-Winkler*, § 4 ARB 75 Rn. 6.

74 Vgl. OLG Saarbrücken r+s 2005, 199, 200; LG Saarbrücken r+s 2008, 471, 472.

75 BGH VersR 2011, 1179 = r+s 2012, 23 Rn. 14; OLG Oldenburg VersR 2023, 634; P/M/*Piontek*, § 3 ARB 2010 Rn. 9.

76 OLG Saarbrücken VersR 2023, 634, 635.

77 LG Saarbrücken r+s 2008, 471, 472; Harbauer/*Maier*, § 3 ARB 2010 Rn. 30.

78 *Böhme*, § 4 ARB 75 Rn. 35; Harbauer/*Maier*, § 3 ARB 2010 Rn. 30.

79 Zur Problemstellung Harbauer/*Cornelius-Winkler*, § 4 ARB 75 Rn. 36; ausführlich *Zeiler* VersR 1984, 1127 f., der die Anwendung des § 4 I lit. l) ARB 75 auf Schäden an Gebäuden nach Einführung des BBergG ablehnt.

c) **Grenzfälle**

35 Ob Abs. 1 lit. c) sich auf Streitigkeiten über Entschädigungsansprüche gem. § 906 II 2 BGB wegen **bergbaulicher Erschütterungen** bezieht, ist umstritten. Die Rechtsprechung lehnt die Anwendung des Ausschlusstatbestands in solchen Fällen mit der Begründung ab, der durchschnittliche VN könne die Klausel nur so verstehen, dass es allein um Rechtsstreitigkeiten wegen bergbaubedingter **Substanzschäden** an seinem Grundeigentum gehe, so dass Rechtsstreitigkeiten wegen Beeinträchtigungen durch Immissionen nicht erfasst würden.[80] Da der Wortlaut des Abs. 1 lit. c) nicht eindeutig ist, entspricht diese Auslegung dem Grundsatz, Risikoausschlüsse im Zweifel eng auszulegen. **Ziff. 3.2.1 ARB 2012/2019/2021** stellt demgegenüber klar, dass der Risikoausschluss auch für Beeinträchtigungen aufgrund von **bergbaubedingten Immissionen** gilt. Der Begriff der Immissionen wird dabei dahingehend erläutert, dass es um »Einwirkungen, wie zum Beispiel Erschütterungen« geht.

36 Nach einer Entscheidung des OLG Saarbrücken gilt der Ausschluss von Bergbauschäden an Grundstücken auch nicht für die Wahrnehmung rechtlicher Interessen in Bezug auf **kaufrechtliche Gewährleistungsansprüche** wegen bergbaubedingter Mängel des Grundstücks.[81] Auch dieser Entscheidung ist zuzustimmen. Der Sachverhalt wird zwar vom Wortlaut des Abs. 1 lit. c) erfasst. In der Streitigkeit verwirklicht sich aber **nicht das spezifische Risiko** von Bergbauschäden, das hinter dem Ausschlusstatbestand steht. Der Sachverhalt ist vielmehr nicht anders zu beurteilen als bei einem anderen schwerwiegenden Mangel des Grundstücks (z.B. Kontaminierung), den der Verkäufer pflichtwidrig nicht offenbart hat. Betroffen ist also nicht das Bergbaurisiko, sondern das **Erwerbsrisiko.**[82]

4. **Baurisiken (Abs. 1 lit. d)**

37 Der in Abs. 1 lit. d) geregelte Ausschluss von Baurisiken beruht auf der Erwägung, dass Bauprozesse im Allgemeinen mit besonders **hohen und schwer kalkulierbaren Kosten** verbunden sind. Hinzu kommt wieder, dass nur ein verhältnismäßig **geringer Teil der VN** mit Rechtsstreitigkeiten wegen Baurisiken konfrontiert ist, und auch dies meist nur einmalig.[83]

---

80 BGH VersR 2011, 1179 = r+s 2012, 23; LG Saarbrücken r+s 2008, 471, 473; P/M/*Piontek*, § 3 ARB 2010 Rn. 9; *Wendt* r+s 2012, 209, 216 f.; a.A. Harbauer/*Maier*, § 3 ARB 2010 Rn. 33; L/W/*Obarowski*, Kap. 48 Rn. 175; vgl. dazu auch *Bauer* NJW 2009, 1564, 1565; *ders.* NJW 2012, 1698, 1699.

81 OLG Saarbrücken r+s 2005, 199, 200; zustimmend P/M/*Piontek*, § 3 ARB 2010 Rn. 9; Harbauer/*Maier*, § 3 ARB 2010 Rn. 32; Höra/Schubach/*Lensing*, § 27 Rn. 382; *Wendt* r+s 2012, 209, 217.

82 OLG Saarbrücken r+s 2005, 199, 200 unter Verweis auf die Abgrenzung von Erwerbs- und Planungsrisiko in BGH VersR 2003, 454.

83 Vgl. BGH VersR 1986, 132, 133 f.; VersR 2003, 454, 455; VersR 2004, 1596; OLG Karlsruhe r+s 2013, 174; S/H/W/*Brünger*, § 3 ARB 2010 Rn. 14; VersHb/*Obarowski*, § 37 Rn. 286; *Bendenmacher/Keune* VersR 2011, 972; zur parallelen Problematik nach den österr. ARB OGH VersR 2017, 254, 255.

Im Vergleich mit den älteren Fassungen der ARB (insbesondere ARB 75) ist der Anwendungsbereich des Ausschlusses über seinen ursprünglichen Grundgedanken hinaus erweitert worden.[84] So kommt es in den Fällen des Abs. 1 lit. d) dd) nicht darauf an, ob die in Frage stehende Finanzierung durch die besonderen Risiken von Bauvorhaben geprägt ist.[85] Insofern geht es vielmehr allein um die spezifischen Risiken von Rechtstreitigkeiten über die **Baufinanzierung.** In den Fällen des lit. d) aa) ist darüber hinaus auch das **Erwerbsrisiko** ausgeschlossen. Im Übrigen bleibt es im Rahmen des lit. d) aber dabei, dass der Versicherungsfall einen inneren Zusammenhang mit **Baurisiken** aufweisen muss.[86] **38**

Der Ausschluss von Baurisiken hat auf der Grundlage des § 4 I lit. k) ARB 75 zu erheblichen Auslegungsschwierigkeiten geführt, die wiederholt auch den BGH beschäftigt haben.[87] Besondere Probleme ergaben sich dabei daraus, dass der Ausschlusstatbestand auf die Wahrnehmung rechtlicher Interessen »in unmittelbarem Zusammenhang mit der Planung, Errichtung oder genehmigungspflichtigen baulichen Veränderung eines im Eigentum oder Besitz des VN befindlichen oder von diesem zu erwerbenden Grundstücks, Gebäudes oder Gebäudeteiles« beschränkt war. Ob dieser **unmittelbare Zusammenhang** vorlag, war bei Streitigkeiten im Zusammenhang mit der Baufinanzierung sehr zweifelhaft;[88] außerdem war das sog. **Erwerbsrisiko** noch nicht vom Versicherungsschutz ausgeschlossen.[89] Die neueren Fassungen der ARB haben den Versicherungsschutz demgegenüber weiter eingeschränkt. **39**

a) Erwerb und Veräußerung eines zu Bauzwecken bestimmten Grundstücks (lit. d) aa) Alt. 1)

In der ersten Alternative des lit. d) aa) sind die genannten Grundstücksgeschäfte – Erwerb und Veräußerung – vom Versicherungsschutz nur ausgenommen, soweit sie sich auf ein **zu Bauzwecken bestimmtes Grundstück** beziehen.[90] Ob die Zweckbestimmung des Grundstücks nach den konkreten Plänen der Parteien oder objektiv zu beurteilen ist, ist umstritten. Der BGH hat in einer Entscheidung zu § 4 I lit. k) ARB 75 auf die verfestigte, konkrete Bauabsicht des Erwerbers abgestellt.[91] Hieran wird teil- **40**

84 Zur Entwicklung der Baurisikoklausel vgl. *Hermanns/Ennemann* BauR 2010, 156 ff.

85 Näher dazu unten Rdn. 58.

86 Vgl. Versicherungsombudsmann VersR 2012, 1251, 1252; van Bühren/*Schneider*, § 13 Rn. 191 ff.; von BGH VersR 2004, 1596, 1598 und BGH VersR 2008, 1105, 1106 offengelassen.

87 Vgl. BGH VersR 1986, 132; VersR 1989, 470; VersR 1990, 485; VersR 1994, 44; VersR 2003, 454; zusammenfassend Harbauer/*Cornelius-Winkler*, § 4 ARB 75 Rn. 25 ff.; *Berger* r+s 2004, 486 ff.; *Hermanns/Ennemann* BauR 2010, 156 ff.

88 Vgl. VersHb/*Obarowski*, § 45 Rn. 298 m.w.N.

89 Vgl. BGH VersR 1989, 470; VersR 1990, 485; VersR 1994, 44: Trennung von Bau- und Erwerbsrisiko; eingehend dazu VersHb/*Obarowski*, § 45 Rn. 281.

90 Harbauer/*Maier*, § 3 ARB 2010 Rn. 37.

91 BGH VersR 1994, 44, 45.

weise auch für die späteren Fassungen der ARB festgehalten.[92] Gegen diese Auffassung spricht jedoch, dass der Risikoausschluss für Baurisiken seit den ARB 94 deutlich ausgeweitet ist. So deutet die objektive Formulierung des Abs. 1 lit. d) aa) (»zu Bauzwecken bestimmt«) darauf hin, dass ein Bezug zu konkreten Bauvorhaben nicht erforderlich ist. Es reicht vielmehr eine allgemeine Zweckbestimmung. Dabei kann insbesondere darauf abgestellt werden, ob das Grundstück im Bebauungsplan als Bauland ausgewiesen ist.[93]

41 Seit der Neufassung der Klausel in den ARB 94 kommt es auch nicht mehr darauf an, ob die Streitigkeit einen Zusammenhang mit einem konkreten Bauvorhaben oder Baurisiken aufweist. Der Ausschluss erfasst jetzt nämlich auch das **Erwerbs- und Veräußerungsrisiko.**[94] Er gilt damit insbesondere für Streitigkeiten über **Gewährleistungsrechte**, die sich auf die mangelnde oder eingeschränkte Eignung des Grundstücks zu Bauzwecken beziehen.[95] Der Zusammenhang mit dem Veräußerungsgeschäft besteht auch bei Rechtsstreitigkeiten mit einem **Makler**, der für seine Tätigkeit im Rahmen der Veräußerung eine Provisionsforderung gegen den VN geltend macht.[96] Der Risikoausschluss bezieht sich dagegen nach Sinn und Zweck nicht auf Rechtsstreitigkeiten wegen solcher Mängel des Grundstücks, welche für Bauzwecke irrelevant sind.[97] Das Gleiche gilt für die Geltendmachung eines Schadensersatzanspruchs nach § 19 BNotO gegen einen **Notar**, der im Zusammenhang mit der Beurkundung eines Immobilienerwerbs die vom Kläger geleistete Anzahlung pflichtwidrig ausgekehrt hat. Auch hier wird an eine Pflichtverletzung angeknüpft, für die der baurechtliche Bezug nicht relevant ist.[98]

b) Erwerb oder Veräußerung eines nicht selbst genutzten Gebäudes (lit. d) aa) Alt. 2)

42 Die zweite Alternative des Abs. 1 lit. d) aa) – Erwerb oder Veräußerung eines Gebäudes oder Gebäudeteils – ist erst in der ARB-Fassung von April 2008 eingefügt worden.[99] Nach den älteren Fassungen galt noch der Grundsatz, dass der Risikoausschluss für Baurisiken auf Rechtsstreitigkeiten im Zusammenhang mit dem Erwerb bereits fertig-

92 So etwa Harbauer/*Maier*, § 3 ARB 2010 Rn. 38; Höra/Schubach/*Lensing*, § 27 Rn. 389.

93 Vgl. P/M/*Piontek*, § 3 ARB 2010 Rn. 12; van Bühren/Plote/*Plote*, § 3 ARB 2010 Rn. 29; *Sperling* VersR 1996, 133, 137.

94 Harbauer/*Maier*, § 3 ARB 2010 Rn. 37; vgl. LG Nürnberg-Fürth r+s 2024, 70 Rn. 19.

95 Vgl. BGH VersR 1994, 44, 45; OLG Saarbrücken VersR 2016, 1310 = NJW-RR 2017, 24 (jeweils zu § 4 I lit. k) ARB 75); L/P/*Paffenholz*, § 125 Rn. 35; van Bühren/*Schneider*, § 13 Rn. 183.

96 LG Nürnberg-Fürth r+s 2024, 70.

97 Vgl. P/M/*Piontek*, § 3 ARB 2010 Rn. 12: sachlicher Zusammenhang mit der Widmung zu Bauzwecken erforderlich.

98 AG München VersR 2014, 1454.

99 Vgl. P/M/*Piontek*, § 3 ARB 2010 Rn. 13; Harbauer/*Maier*, § 3 ARB 2000 Rn. 36.

gestellter Immobilien nicht anwendbar ist.[100] Der Risikoausschluss nach Abs. 1 lit. d) aa) Alt. 2 setzt allerdings voraus, dass das Gebäude oder der Gebäudeteil weder vom VN noch von mitversicherten Personen (z.B. Kindern des VN) zu Wohnzwecken **selbst genutzt** wird bzw. genutzt werden soll. Eine solche Einschränkung wird im Hinblick auf den Erwerb oder die Veräußerung eines zu Bauzwecken bestimmten Grundstücks (Abs. 1 lit. d aa Alt. 1) gerade nicht gemacht.

Bei der **Definition des Gebäudes** kann auf das bauordnungsrechtliche Verständnis zurückgegriffen werden.[101] Es handelt sich danach um selbständig benutzbare, überdachte **bauliche Anlagen**, die von Menschen betreten werden können und geeignet oder bestimmt sind, dem Schutz von Menschen, Tieren oder Sachen zu dienen (vgl. z.B. § 2 II BauO NRW). Der Anknüpfung an die Landesbauordnungen lässt sich zwar entgegenhalten, dass der durchschnittliche VN keine speziellen Kenntnisse über das Bauordnungsrecht hat;[102] dies ändert jedoch nichts daran, dass das bauordnungsrechtliche Verständnis des Gebäudes im Wesentlichen mit dem Verständnis eines durchschnittlichen VN übereinstimmt. 43

Der **zivilrechtliche Begriff des Gebäudes** (§ 94 BGB) ist weiter als der bauordnungsrechtliche, weil er auch Mauern und Brücken erfasst.[103] Die Ausweitung des Gebäudebegriffs in § 94 BGB entspricht jedoch nicht dem für die Auslegung von AVB maßgeblichen Verständnis eines durchschnittlichen VN. Sie beruht zudem auf der spezifischen Zielsetzung des § 94 BGB und lässt sich daher nicht auf das Versicherungsrecht übertragen. Davon abgesehen widerspräche die Anknüpfung an § 94 BGB dem Gebot, Risikoausschlüsse eng auszulegen. Ein Rückgriff auf die Unklarheitenregel des § 305c II BGB[104] ist insofern also nicht erforderlich. 44

Der Begriff des **Gebäudeteiles** ist nach dem Kontext auf solche Teile eines Gebäudes beschränkt, die Gegenstand eines gesonderten Erwerbs- oder Veräußerungsvorgangs sein können. Der Sache nach geht es damit vor allem um Wohnungseigentum nach dem WEG. Die Beteiligung an einem **geschlossenen Immobilienfonds** wird dagegen nur dann von dem Ausschluss erfasst, wenn der VN eine irgendwie geartete dingliche Berechtigung an den zu dem Fonds gehörenden Immobilien erhält.[105] Diese Voraussetzung ist nicht gegeben, wenn der in Frage stehende Immobilienfonds aus einer Vielzahl von Objektgruppen besteht; aus Sicht des VN handelt es sich dann nämlich nicht um den Erwerb eines konkreten Gebäudeteiles, sondern um eine reine Kapitalanlage.[106] 45

---

100 Zur abweichenden Rechtslage nach älteren AVB OLG Köln r+s 1994, 423; LG Münster ZfS 1990, 164.

101 So auch *Böhme*, § 4 ARB 75 Rn. 33; Harbauer/*Maier*, § 3 ARB 2010 Rn. 41.

102 Einschränkend deshalb OLG Hamm VersR 2012, 1513, 1514.

103 Vgl. Staudinger/*Stieper* (2021), § 94 BGB Rn. 23.

104 Dafür Harbauer/*Maier*, § 3 ARB 2010 Rn. 41.

105 Vgl. L/W/*Obarowski*, Kap. 48 Rn. 182. Zur parallelen Problematik bei lit. a) bb) siehe unten Rdn. 52.

106 OLG Düsseldorf NJOZ 2006, 3037, 3038.

Zu beachten ist allerdings, dass in solchen Fällen regelmäßig der Ausschlusstatbestand des Abs. 2 lit. f) vorliegen wird.[107]

c) **Planung oder Errichtung eines Gebäudes oder Gebäudeteils (lit. d) bb)**

46 Der Ausschlusstatbestand des Abs. 1 lit. d) bb) betrifft Rechtsstreitigkeiten im Zusammenhang mit der Planung oder Errichtung von Gebäuden oder Gebäudeteilen, die entweder schon im Eigentum oder Besitz des VN stehen oder bei denen der VN den Erwerb bzw. die Inbesitznahme beabsichtigt. Der Begriff der **Planung** umfasst insbesondere die Tätigkeit von Architekten, Ingenieuren und Statikern.[108] Die finanzielle Planung des Bauprojekts wird dagegen nicht von Abs. 1 lit. d) bb) erfasst; hier ist der besondere Tatbestand des lit. d) dd) maßgeblich. Der Risikoausschluss umfasst alle Tätigkeiten, die mit dem Errichten des Bauwerks verbunden sind. Dazu gehört auch das Aufstellen eines Gerüsts, das zur Errichtung des Bauwerks bestimmt ist. Wird der **Bauherr** durch das Umstürzen eines Gerüsts **verletzt**, so unterliegen seine Schadensersatzansprüche daher dem Risikoausschluss.[109] Der ursächliche Zusammenhang mit der **Errichtung** eines Gebäudes oder Gebäudeteiles besteht auch dann, wenn sich die vom VN geltend gemachten **Gewährleistungsansprüche wegen Baumängeln** nicht gegen das bauausführende Unternehmen, sondern gegen den Verkäufer des Gebäudes bzw. der Wohnung richten; da sich der Streit auf die Beseitigung von Baumängeln bezieht, trifft der Grundgedanke des Ausschlusses von Baurisiken auch hier zu.[110]

47 Unter Abs. 1 lit. d) bb) fallen auch Erwerbsverträge, die eine **Herstellungsverpflichtung** enthalten.[111] Dies betrifft etwa Eigentumswohnungen und schlüsselfertiges Bauen.[112] Ist das Objekt nicht zu Zwecken der Eigennutzung erworben worden, greift nach den neueren ARB aber schon die zweite Variante des Abs. 1 lit. d) aa) ein.

48 Der Ausschlusstatbestand des Abs. 1 lit. d) bb) erfasst auch solche Geschäfte, die sich auf den Erwerb von **Baumaterialien** und **einzubauenden Gegenständen** beziehen.[113] Die Rechtsprechung zu § 4 I lit. k) ARB 75 ist teilweise restriktiver. Kauft der VN für das Bauvorhaben etwa eine **Kaminverkleidung**, so soll der Streit über die Frage, ob es sich dabei um eine Antiquität handelt, nicht von § 4 I lit. k) ARB umfasst sein.[114] Das Gleiche wird für den **Kauf eines Kachelofens** im Zusammenhang mit dem Bauvor-

---

107 P/M/*Piontek*, § 3 ARB 2010 Rn. 26.

108 OGH VersR 2017, 254, 255; P/M/*Piontek*, § 3 ARB 2010 Rn. 122.

109 OLG Brandenburg VersR 2016, 323, 324 = r+s 2015, 504; zu einem Risikoausschluss für Unfälle auf der Baustelle vgl. auch OGH VersR 2019, 706.

110 KG VersR 2011, 524, 525.

111 BGH VersR 2004, 682, 684; P/M/*Piontek*, § 3 ARB 2010 Rn. 14.

112 OLG München r+s 2002, 117, 118; *Böhme*, § 4 ARB 75 Rn. 34b.

113 Vgl. LG Frankfurt r+s 1995, 420 (Fliesen); Harbauer/*Maier*, § 3 ARB 2010 Rn. 57; P/M/*Piontek*, § 3 ARB 2010 Rn. 15; L/W/*Obarowski*, Kap. 48 Rn. 185; van Bühren/Plote/*Plote*, § 3 ARB 2010 Rn. 34; van Bühren/*Schneider*, § 13 Rn. 186; Buschbell/Hering/*Buschbell*, § 7 Rn. 51.

114 Vgl. LG München I r+s 1989, 120.

haben angenommen.[115] Die restriktivere Linie der Rechtsprechung beruht jedoch darauf, dass § 4 I lit. k) ARB 75 einen **unmittelbaren** Zusammenhang zwischen der Wahrnehmung der rechtlichen Interessen und dem Bauprojekt voraussetzt.[116] Diese Einschränkung ist in den späteren Fassungen der ARB entfallen.[117] Ist die Kaminverkleidung bzw. der Kachelofen zum Einbau in das zu errichtende Gebäude bestimmt, so greift daher der Ausschluss nach Abs. 1 lit. d) bb) ein.[118] Das OLG Hamm hat auch eine Rechtsstreitigkeit wegen Mängeln einer vom VN gekauften **Photovoltaikanlage**, die vertragsgemäß auf dem Dach seines Hauses installiert worden war, unter den Baurisikoausschluss subsumiert. Dabei hat das Gericht darauf abgestellt, dass die Anlage für die Zeit ihrer gewöhnlichen Lebensdauer mit dem Gebäude verbunden bleiben sollte; dass diese Lebensdauer deutlich hinter derjenigen des Gebäudes zurückbleibe, sei irrelevant.[119] Demgegenüber hat das OLG Nürnberg dafür gehalten, dass Rechtsstreitigkeiten über Mängel einer vom VN gekauften Photovoltaikanlage, die auf dem hierfür angepachteten Dach einer in **fremdem Eigentum** stehenden Scheune montiert wurde, **nicht** unter den Baurisikoausschluss fallen.[120] Zu Begründung hat das Gericht darauf abgestellt, dass die Anlage nur zu einem vorübergehenden Zweck mit dem Grundstück und dem Gebäude verbunden wurde und daher kein wesentlicher Bestandteil des Grundstücks bzw. Gebäudes (§ 94 Abs. 2 BGB) sei; es gehe damit nicht um die Errichtung eines **Gebäudeteils** i.S.d. Ausschlussklausel. Einen wesentlichen Unterschied zu dem vom OLG Hamm entschiedenen Fall sieht das OLG Nürnberg darin, dass das Gebäude, auf dessen Dach die Anlage montiert wurde, dort im **Eigentum und Besitz des VN** stand. Es handelte sich auch nicht um eine bauliche Veränderung an einem Gebäude oder Gebäudeteil, das der VN erwerben oder in Besitz nehmen wollte (Abs. 1 lit. d cc). Außerdem hatte das OLG Hamm darauf abgestellt, dass es sich bei der Photovoltaikanlage um eine **»sonstige bauliche Anlage«** i.S. der dort vereinbarten Ausschlussklausel handelte. Dieser Begriff wurde in den vom OLG Nürnberg zu beurteilenden ARB (im Einklang mit § 3 Abs. 1 lit. d bb ARB 2010) nicht verwendet. Einige Rechtsschutzversicherer haben vor diesem Hintergrund in ihre ARB eigenständige Klauseln eingefügt, die Streitigkeiten im Zusammenhang mit der Anschaffung, der Installation und dem Betrieb einer Photovoltaikanlage ab einer bestimmten Leistung (z.B. 10 kWp) ausschließen.[121]

Fraglich erscheint, ob der Ausschluss Gewährleistungsansprüche wegen Mängeln einer **Einbauküche** umfasst. Die h.M. lehnt dies jedenfalls für den Fall ab, dass die Einbauküche nicht speziell auf die Bedürfnisse des VN zugeschnitten ist.[122] Eine andere 49

115 AG Stuttgart VersR 1994, 668 (LS).
116 Vgl. Harbauer/*Cornelius-Winkler*, § 4 ARB 75 Rn. 27.
117 P/M/*Piontek*, § 3 ARB 2010 Rn. 15; Harbauer/*Maier*, § 3 ARB 2010 Rn. 57.
118 So auch Harbauer/*Maier*, § 3 ARB 2010 Rn. 58.
119 OLG Hamm VersR 2012, 1513, 1514; vgl. P/M/*Piontek*, § 3 ARB 2010 Rn. 19; van yBühren/Plote/*Plote*, § 3 ARB 2010 Rn. 36.
120 OLG Nürnberg VersR 2013, 493 = r+s 2013, 65.
121 So etwa § 3 II lit. l ARB der ÖRAG (gültig ab 1.1.2023).
122 AG Neumünster r+s 2004, 147, 148; P/M/*Piontek*, § 3 ARB 2010 Rn. 15.

Beurteilung kommt beim Einbau einer spezialgefertigten Küche in Betracht. Hier lässt sich damit argumentieren, dass die Küche mit dem Einbau wesentlicher Bestandteil des Gebäudes wird (§ 94 II BGB).[123] Ob die Differenzierung zwischen Standardküchen und spezialgefertigten Einbauküchen dem durchschnittlichen VN vermittelt werden kann, ist allerdings zweifelhaft. Vorzugswürdig ist daher, Abs. 1 lit. d) bb) generell **nicht** auf Einbauküchen anzuwenden.

50 Der Ausschluss gilt nach h.M. nicht für die Wahrnehmung rechtlicher Interessen im Hinblick auf den Erwerb von **Werkzeugen** oder anderen Gegenständen, die **nicht ausschließlich** im Zusammenhang mit der Errichtung eines Gebäudes oder Gebäudeteils stehen.[124] Als Beispiel wird der Kauf einer Schubkarre genannt, die nicht nur für die Errichtung des Gebäudes, sondern auch zu anderen Zwecken (z.B. Gartenarbeiten) verwendet werden kann.[125]

51 Die Planung oder Errichtung muss sich auf Gebäude und Gebäudeteile beziehen, die im **Eigentum oder Besitz des VN** stehen. Dabei genügt aber die Absicht des VN, die betreffenden Gebäude oder Gebäudeteile zu erwerben oder in Besitz zu nehmen. **Fremde Bauvorhaben** sind damit nicht von dem Ausschluss umfasst. Dies betrifft auch die Errichtung einer Photovoltaikanlage auf dem Dach eines Gebäudes, das nicht im Eigentum oder Besitz des VN steht (s. oben Rdn. 48). Die rechtliche Beratung und Vertretung im Hinblick auf die **Abwehr** fremder Bauvorhaben wird ebenfalls nicht von dem Risikoausschluss erfasst.[126]

52 Ob der Ausschlusstatbestand für die Wahrnehmung rechtlicher Interessen im Zusammenhang mit der Beteiligung an einem **geschlossenen Immobilienfonds** gilt, hängt von der jeweiligen Ausgestaltung des Fonds ab. Soll nach der Konzeption des Fonds allein die Fondsgesellschaft Eigentümerin der zu errichtenden Gebäude werden, handelt es sich für den VN um eine reine Kapitalanlage, die keine spezifischen Baurisiken birgt. Eine andere Beurteilung ist aber für den Fall geboten, dass der VN eine irgendwie geartete dingliche Berechtigung an den Grundstücken bzw. Gebäuden (z.B. Miteigentum, Gesamthandseigentum) erwerben soll.[127]

53 Welche Auswirkungen die **Anerkennung der Rechtsfähigkeit der Gesellschaft bürgerlichen Rechts**[128] auf die Einordnung von Beteiligungen an geschlossenen Immobilien-

123 So AG Bielefeld VersR 1982, 434; bestätigt von LG Bielefeld VersR 1982, 434. Zur sachenrechtlichen Einordnung von Einbauküchen vgl. Staudinger/*Stieper* (2021), § 94 BGB Rn. 35.

124 Harbauer/*Maier*, § 3 ARB 2010 Rn. 59.

125 Vgl. Buschbell/Hering/*Buschbell*, § 7 Rn. 52.

126 OLG Stuttgart VersR 2001, 1105, 1106; P/M/*Piontek*, § 3 ARB 2010 Rn. 18; Buschbell/Hering/*Buschbell*, § 7 Rn. 55.

127 Zu dieser Unterscheidung BGH VersR 2008, 113, 114; OLG Düsseldorf VersR 2007, 832; L/W/*Obarowski*, Kap. 48 Rn. 189; *Wendt* r+s 2008, 221, 228 ff.; *Bendermacher/Keune* VersR 2011, 972, 975.

128 Grundlegend BGHZ 146, 341 = VersR 2001, 510; vgl. jetzt § 705 Abs. 2 Alt. 1 BGB.

fonds in der Rechtsschutzversicherung hat, ist noch nicht geklärt.[129] Letztlich dürfte es weiter darauf ankommen, ob den Erwerbern der Fondsanteile konkrete Bauvorhaben zugeordnet sind oder ob es sich allein um Bauprojekte der GbR handelt. Dies ist aus der Sicht eines durchschnittlichen VN zu beurteilen, der den dogmatischen Streit über die Teilrechts- und Grundbuchfähigkeit der GbR ohnehin kaum nachvollziehen kann.[130] Für den durchschnittlichen VN bleibt die Rechtslage überdies unklar, weil neben der GbR auch deren Gesellschafter ins Grundbuch einzutragen sind (§ 47 II GBO). Geht man von einer bloßen Kapitalanlage aus, dürfte der Versicherungsschutz aber nach Abs. 2 lit. f) ausgeschlossen sein.

Der Ausschluss nach Abs. 1 lit. d) bb) setzt voraus, dass die Interessenwahrnehmung 54 in einem **spezifischen Zusammenhang** mit der Planung und Errichtung des Gebäudes oder Gebäudeteils steht, d. h. ein **typisches Baurisiko** betrifft.[131] Dies ergibt sich im Gegenschluss aus Abs. 1 lit. d) dd), der in Bezug auf die Finanzierung eines unter aa) bis cc) genannten Vorhabens auf einen solchen Zusammenhang verzichtet.[132] Der erforderliche qualifizierte Zusammenhang mit dem Bauvorhaben wird nicht dadurch in Frage gestellt, dass dem Vertragspartner im Zusammenhang mit der Eingehung der Verpflichtung zur Errichtung und Planung des Gebäudes **Betrug** vorgeworfen wird.[133] Der Risikoausschluss erfasst aber auch nach den ARB 2010 nicht die Geltendmachung von Schadensersatzansprüchen gegen einen **Rechtsanwalt** wegen Verletzung anwaltlicher Pflichten bei der Führung eines Bauprozesses.[134] Das Gleiche gilt im Hinblick auf Ersatzansprüche gegen einen **Notar** wegen fehlerhafter Beurkundung (§ 19 BNotO)[135] oder gegen einen **Steuerberater** wegen Falschberatung über die mit dem Bauprojekt verbundenen steuerlichen Konsequenzen.[136]

d) Bauliche Veränderung eines Grundstücks, Gebäudes oder Gebäudeteils (lit. d) cc)

Der Ausschlusstatbestand des Abs. 1 lit. d) cc) bezieht sich auf die Wahrnehmung 55 rechtlicher Interessen im Zusammenhang mit der baulichen Veränderung eines Grundstücks, Gebäudes oder Gebäudeteils. Ebenso wie im Fall des Abs. 1 lit. d) bb) ist

129 Offen gelassen von BGH VersR 2008, 113, 114.

130 Sehr klar hierzu *Wendt* r+s 2008, 221, 228 f.

131 OLG Karlsruhe r+s 2013, 174; Harbauer/*Maier*, § 3 ARB 2010 Rn. 54.

132 BGH VersR 2008, 1105, 1107; P/M/*Piontek*, § 3 ARB 2010 Rn. 139.

133 OLG Karlsruhe VersR 2013, 625, 626 = r+s 2013, 174; der BGH hat die Nichtzulassungsbeschwerde am 10.4.2013 (IV ZR 338/12) zurückgewiesen. Zustimmend P/M/*Piontek*, § 3 ARB 2010 Rn. 14, der aber von einem »Grenzfall« spricht.

134 BGH VersR 2008, 1105; L/W/*Obarowski*, Kap. 48 Rn. 185; van Bühren/*Schneider*, § 13 Rn. 193; a.A. AG Hannover r+s 2007, 281.

135 AG München VersR 2014, 1454; Harbauer/*Maier*, § 3 ARB 2010 Rn. 55; a.A. L/W/*Obarowski*, Kap. 48 Rn. 185, wonach der Zusammenhang in diesen Fällen nicht generell zu verneinen ist. Zu Schadensersatzansprüchen des VN gegen einen Notar vgl. auch oben Rdn. 41.

136 BGH VersR 1986, 132, 133 f. (zu § 4 I lit. k ARB 75); Harbauer/*Maier*, § 3 ARB 2010 Rn. 55; a.A. zu den ARB 2008; P/M/*Piontek*, § 3 ARB 2010 Rn. 16, 139.

erforderlich, dass die Immobilie sich im **Eigentum oder Besitz des VN** befindet oder dass dieser die Absicht hat, die Immobilie zu erwerben oder in Besitz zu nehmen. Außerdem muss es sich um eine **genehmigungs- und/oder anzeigepflichtige** Veränderung handeln. Bei der Beurteilung dieser Voraussetzung ist auf die Anforderungen des Bauordnungsrechts abzustellen.[137] Ist eine bauliche Veränderung weder genehmigungs- noch anzeigepflichtig, so greift der Risikoausschluss nicht ein. Eine Ausnahme gilt allerdings, wenn die betreffenden Arbeiten als Teile eines Gesamtprojekts in einem unmittelbaren zeitlichen und sachlichen Zusammenhang mit der Errichtung oder genehmigungs- bzw. anzeigepflichtigen baulichen Veränderung von Gebäuden oder Gebäudeteilen stehen.[138]

56 Abs. 1 lit. d) cc) hat insbesondere beim Erwerb **sanierungsbedürftiger Altbauten** Bedeutung.[139] Fraglich ist, ob nicht-genehmigungspflichtige Vor- und Nacharbeiten zu den genehmigungs- und anzeigepflichtigen Veränderungen vom Risikoausschluss erfasst sind. Soweit es sich um notwendige Arbeiten handelt, ist dies zu bejahen. Der Risikoausschluss erstreckt sich dagegen nicht auf Streitigkeiten über Arbeiten, die zeitgleich ohne sachlichen Zusammenhang mit den genehmigungspflichtigen Arbeiten durchgeführt werden, weil der Versicherungsschutz sonst vom zufälligen Zeitpunkt der Durchführung abhängig wäre.[140]

57 Der Ausschluss des Versicherungsschutzes setzt auch im Fall des Abs. 1 lit. d) cc) voraus, dass die Rechtsstreitigkeit sich als Verwirklichung des **typischen Baurisikos** darstellt. Der Versicherungsombudsmann hat daher die Anwendbarkeit des Risikoausschlusses bei einer Rechtsstreitigkeit verneint, in der es um die Wirksamkeit der Anfechtung des Kaufvertrages über das von der genehmigungspflichtigen baulichen Veränderung betroffene Gebäude wegen arglistiger Täuschung über die Qualifikation des Bauverantwortlichen ging, der die Bauausführung überwacht hatte.[141] Für diese Lösung spricht, dass der VN hier nicht von den Bauausführenden die Beseitigung der Mängel verlangt, sondern den Verkäufer auf Rückabwicklung in Anspruch nimmt. Der Streit über die Frage, ob eine arglistige Täuschung vorliegt, stellt sich nicht als Verwirklichung eines typischen Baurisikos dar.

e) Finanzierung eines Vorhabens nach lit. d) aa) bis cc) (lit. d) dd)

58 Der Risikoausschluss für Interessenwahrnehmungen im Zusammenhang mit der Finanzierung der in lit. d) aa) – cc) genannten Vorhaben erfasst sämtliche Streitigkeiten aus

---

137 Vgl. P/M/*Piontek*, § 3 ARB 2010 Rn. 19.

138 OLG Oldenburg VersR 2005, 114, 115; LG Coburg VersR 1997, 612; AG Stuttgart VersR 1994, 668 = r+s 1997, 26 m. Anm. *Schimikowski*; P/M/*Piontek*, § 3 ARB 2010 Rn. 20 f.; S/H/W/*Brünger*, § 3 ARB 2010 Rn. 24 f.

139 P/M/*Piontek*, § 3 ARB 2010 Rn. 13.

140 Harbauer/*Maier*, § 3 ARB 2010 Rn. 68; van Bühren/Plote/*Plote*, § 3 ARB 2010 Rn. 37; P/M/*Piontek*, § 3 ARB 2010 Rn. 20.

141 Versicherungsombudsmann VersR 2012, 1251, 1252; a.A. P/M/*Piontek*, § 3 ARB 2010 Rn. 14.

Finanzierungsverhältnissen, die der VN mit Bezug auf die betreffenden Vorhaben eingegangen ist.[142] Ein Bezug zu einem **spezifischen Baurisiko** muss nicht vorliegen.[143] Erforderlich ist aber ein innerer, sachlicher **(adäquater) Zusammenhang** mit den **Risiken der Baufinanzierung.**[144] Dieser Zusammenhang ist bei Schadensersatzklagen wegen fehlerhafter Aufklärung über die Risiken der Finanzierung einschließlich der möglichen Renditen aus dem finanzierten Objekt gegeben.[145] Praktische Bedeutung hat vor allem der Fall, dass der Erwerber bei einem Fehlschlag seiner Anlage von der Bank Schadensersatz wegen Beratungsfehlern verlangt. Bei Streitigkeiten im Zusammenhang mit der Finanzierung von Beteiligungen an **geschlossenen Immobilienfonds** muss aber jeweils genau geprüft werden, ob die Beteiligung die Voraussetzungen des lit. a) aa), bb) oder cc) erfüllt.[146] Ansonsten ist nämlich der Risikoausschluss nach Abs. 2 lit. f) einschlägig. Nach einer Entscheidung des OLG Köln gilt der Risikoausschluss des Abs. 1 lit. d) dd) auch für den Fall, dass ein Ehegatte von seinem geschiedenen oder getrennt lebenden Ehepartner die Befreiung von Verbindlichkeiten verlangt, die beide Ehegatten vor der Trennung zum Zweck des Erwerbs und der Bebauung eines Grundstücks eingegangen sind. Ob in einem solchen Fall der erforderliche innere Zusammenhang mit den Risiken der Baufinanzierung vorliegt, ist indes zweifelhaft.[147] Letztlich realisiert sich das Risiko einer **gemeinsamen Kreditaufnahme** von Ehegatten, das auch außerhalb einer Baufinanzierung relevant werden kann. Desgleichen stellt sich ein Rechtsstreit über die sachliche Berechtigung an einem **zur Sicherung der Finanzierung eines Bauvorhabens** eingesetzten **Vermögensgegenstandes** wie eine Lebensversicherung jedenfalls dann nicht als Verwirklichung eines der Baufinanzierung dienenden Risikos dar, wenn der Kredit bereits vollständig zurückgeführt wurde und der Kreditgeber die Sicherheit freigegeben hat.[148]

Der Ausschluss nach lit. d) dd) umfasst auch Streitigkeiten im Zusammenhang mit 59
der Finanzierung des Erwerbs einer **neu zu errichtenden Eigentumswohnung** zu Zwecken der Kapitalanlage. Die Rechtsprechung hat hier bislang darauf abgestellt, dass das finanzierte Vorhaben unter den Tatbestand des lit. d) bb) fällt, weil den Veräußerer eine Herstellungspflicht trifft.[149] Nach den neueren Fassungen der ARB (ab ARB 2008)

142 BGH NJW-RR 2008, 271, 272; NJW-RR 2005, 257, 258; *Bauer* NJW 2008, 1496, 1497.

143 BGH NJW-RR 2008, 271, 272; NJW-RR 2005, 257, 258; *Bauer* NJW 2008, 1496, 1497; OLG Köln VersR 2021, 506, 507; HK-VVG/*Münkel*, § 3 ARB 2010 Rn. 9; *van Bühren/Schneider*, § 13 Rn. 189; *Wendt* MDR 2008, 902.

144 OGH VersR 2012, 1143; VersR 2017, 254, 255 (zu vergleichbaren Klauseln in den österr. ARB); OLG Karlsruhe VersR 2005, 496, 497; P/M/*Piontek*, § 3 ARB 2010 Rn. 17.

145 BGH NJW 2005, 1596, 1597 f.; L/W/*Obarowski*, Kap. 48 Rn. 193.

146 BGH NJW-RR 2008, 271, 272; Harbauer/*Maier*, § 3 ARB 2010 Rn. 79; *Bauer* NJW 2008, 1496, 1498.

147 OLG Köln FD-VersR 2010, 304620 (LS) = BeckRS 2010, 11504; zustimmend VersHb/*Obarowski*, § 45 Rn. 289.

148 OLG Karlsruhe VersR 2005, 496, 497.

149 BGH VersR 2005, 1596, 1597; OLG Karlsruhe NJW-RR 2003, 1339; *Wendt* MDR 2008, 902.

kommt es darauf nicht mehr an, weil der Erwerb eines nicht selbst zu Wohnzwecken genutzten Gebäudes oder Gebäudeteiles (z.B. zu Zwecken der **Kapitalanlage**) bereits die Voraussetzungen des lit. d) aa) verwirklicht.

60 Der Rechtsstreit über die **Berechtigung an einem Vermögenswert**, der zur Sicherung der Finanzierung eines Bauvorhabens geschaffen und eingesetzt wurde (konkret: Lebensversicherung), unterliegt jedenfalls dann nicht dem Ausschluss nach lit. d) dd), wenn der Kreditgeber die Sicherheit nach vollständiger Kredittilgung freigegeben hat.[150] Der notwendige Zusammenhang mit den Risiken der Baufinanzierung liegt hier nicht mehr vor.

61 Der Risikoausschluss greift auch nicht bei Rechtsstreitigkeiten über den **Neuwertanteil bei einer Feuerversicherung** ein. Da es beim Neuwertanteil um die Differenz zwischen dem Zeitwert des Gebäudes und den Wiederherstellungskosten geht, stellt die Neuwertversicherung bei wirtschaftlicher Betrachtung ein Instrument dar, um die Wiedererrichtung des versicherten Gebäudes im Schadensfall finanziell abzusichern. Dies ändert jedoch nichts daran, dass der Abschluss einer Feuerversicherung nicht auf die Finanzierung eines Bauvorhabens, sondern auf den Ersatz des durch den Versicherungsfall eingetretenen Schadens abzielt.[151]

II. Ausschluss bestimmter Rechtsangelegenheiten (Abs. 2)

1. Abwehr von außervertraglichen Schadensersatzansprüchen (Abs. 2 lit. a)

62 Abs. 2 lit. a) enthält eine Ergänzung zu § 2 lit. a) bis d).[152] Die **Abwehr** von Schadensersatzansprüchen ist danach grundsätzlich aus dem Anwendungsbereich der Rechtsschutzversicherung herausgenommen. Dies ergibt sich bei dem Schadensersatz-Rechtsschutz bereits daraus, dass § 2 lit. a) sich ausdrücklich nur auf die **Geltendmachung** von außervertraglichen Schadensersatzansprüchen bezieht (vgl. § 2 Rdn. 7);[153] im Übrigen hat Abs. 2 lit. a) aber konstitutive Bedeutung.

63 Der Risikoausschluss nach Abs. 2 lit. a) beruht auf dem Gedanken, dass die Abwehr von Schadensersatzansprüchen in den Bereich der **Haftpflichtversicherung** fällt.[154] Die Anwendung des Abs. 2 lit. a) hat demensprechend zur Folge, dass der VN sich beim Verkehrs-Rechtsschutz (§ 21) wegen der Abwehr von Schadensersatzansprüchen Dritter nicht an den Rechtsschutzversicherer halten kann; hierfür ist sein Kfz-Haftpflichtversicherer zuständig.[155] Desgleichen fällt die Abwehr von Schadensersatzansprüchen

150 OLG Karlsruhe VersR 2005, 496, 497; P/M/*Piontek*, § 3 ARB 2010 Rn. 27.

151 BGH VersR 2005, 1684, 1686; L/W/*Obarowski*, Kap. 48 Rn. 195; van Bühren/*Schneider*, § 13 Rn. 189; *Bauer* NJW 2005, 1472, 1474.

152 Harbauer/*Maier*, § 3 ARB 2010 Rn. 83.

153 Vgl. van Bühren/Plote/*Plote*, § 3 ARB 2010 Rn. 44.

154 Vgl. HK-VVG/*Münkel*, § 3 ARB 2010 Rn. 10.

155 Harbauer/*Maier*, § 3 ARB 2010 Rn. 83. Die Abwehr von Schadensersatzansprüchen aus Verkehrsunfällen wird in Ziff. 3.2.3 ARB 2012/2019/2021 ausdrücklich als Beispiel für den Risikoausschluss genannt.

aus § 823 I BGB wegen der Verletzung einer Verkehrssicherungspflicht nicht unter den Rechtsschutz für Eigentümer und Mieter von Wohnungen und Grundstücken (§ 29);[156] der Eigentümer oder Mieter muss sich insoweit an seinen (Gebäude) Haftpflichtversicherer halten. Der Risikoausschluss nach Abs. 2 lit. a) greift nicht ein, wenn der VN einen vom Versicherungsschutz umfassten Anspruch geltend macht und der Anspruchsgegner dagegen mit einem deliktischen Schadensersatzanspruch aufrechnet. Denn für die Festlegung des Versicherungsfalls kommt es allein auf den Tatsachenvortrag an, mit dem der VN den Verstoß seines Anspruchsgegners begründet.[157]

Der Risikoausschluss gilt nicht für die Abwehr von Schadensersatzansprüchen aus **Vertragsverletzungen.** Ziff. 3.2.3 **ARB 2012/2019/2021** nennt als Beispiel den Fall, dass der Vermieter eines Kfz Schadensersatz wegen verspäteter Rückgabe des Fahrzeugs verlangt. Hinter dem Wiedereinschluss steht die Erwägung, dass die Haftpflichtversicherung bei Vertragsverletzungen keinen Versicherungsschutz bietet. 64

Ob die Ausnahme für Vertragsverletzungen Ansprüche aus **culpa in contrahendo** erfasst, ist umstritten.[158] Nach der hier vertretenen Ansicht (§ 2 Rdn. 15) ist zu differenzieren: Wird der VN auf Schadensersatz wegen **fehlerhafter Beratung** beim Abschluss eines für den Vertragspartner nachteiligen Vertrages in Anspruch genommen, so steht der Rechtsstreit in einem so engen Zusammenhang mit dem Vertrag, dass der Zweck der Rückausnahme zutrifft. Der Versicherungsschutz ist in diesen Fällen also nicht ausgeschlossen. Will der VN einen Anspruch abwehren, der auf den Ersatz eines bei der Vertragsanbahnung eingetretenen **Körperschadens** gerichtet ist, so besteht ein enger Zusammenhang mit dem deliktischen Schadensersatzanspruch aus § 823 I BGB; die Rückausnahme ist daher nicht einschlägig. Eine Deckungslücke tritt für den VN aber nicht ein, da ein solcher Schadensersatzanspruch durch seine Haftpflichtversicherung abgedeckt ist (Nr. 1.1 AHB).[159] 65

2. Kollektives Arbeits- und Dienstrecht (Abs. 2 lit. b)

Abs. 2 lit. b) gilt nicht für jeden arbeitsrechtlichen Rechtsstreit, sondern nur für **kollektive** arbeits- und dienstrechtliche Angelegenheiten. Das kollektive Arbeitsrecht umfasst die Beteiligung der Arbeitnehmer an der Unternehmensorganisation, die arbeitsrechtlichen Koalitionen sowie das Betriebsverfassungs- und Tarifvertragsrecht.[160] Die Wahrnehmung rechtlicher Interessen aus Arbeitsverhältnissen und öffentlich-rechtlichen Dienstverhältnissen hinsichtlich dienst- und versorgungsrechtlicher Ansprüche 66

156 Harbauer/*Maier*, § 3 ARB 2010 Rn. 83; Buschbell/Hering/*Buschbell*, § 7 Rn. 76 f.

157 BGH VersR 2015, 485 Rn. 12 ff. = r+s 2015, 193; vgl. dazu auch *Felsch* r+s 2016, 321, 331 ff.

158 Für Anwendung der Rückausnahme P/M/*Piontek*, § 3 ARB 2010 Rn. 30; Harbauer/*Maier*, § 3 ARB 2010 Rn. 84; Buschbell/Hering/*Buschbell*, § 7 Rn. 78; a.A. VersHb/*Obarowski*, § 37 Rn. 76; PK/*Hillmer-Möbius*, § 125 Rn. 47.

159 Vgl. P/M/*Lücke*, Ziff. 1 AHB Rn. 7.

160 MünchHb-ArbR/*Fischinger*, Bd. 3, 5. Aufl. 2022, § 215 Rn. 1; van Bühren/*Schneider*, § 13 Rn. 198.

unterliegt dagegen dem Arbeits-Rechtsschutz nach § 2 lit. b). Dies macht eine Abgrenzung erforderlich.

67 Das kollektive Arbeitsrecht, insbesondere die Beteiligung des Betriebsrats, hat Einfluss auf eine Vielzahl arbeitsrechtlicher Fallgestaltungen. Nicht jede dieser Situationen ist von dem Ausschluss betroffen. Es kommt vielmehr darauf an, ob der **Schwerpunkt** der Streitigkeit im kollektiven oder im individuellen Arbeitsrecht liegt.[161] Der Schwerpunkt liegt insbesondere dann im kollektiven Arbeitsrecht, wenn es um eine Streitigkeit zwischen dem Arbeitgeber und dem Kollektivorgan geht.[162] Stellt sich im Rahmen eines individualvertragsrechtlichen Streits zwischen Arbeitgeber und Arbeitnehmer (z.B. über die Wirksamkeit einer Kündigung) die Frage, ob eine im kollektiven Arbeitsrecht geregelte Voraussetzung (z.B. Mitwirkung des Betriebsrats nach §§ 99 ff. BetrVG) vorliegt, so greift der Ausschluss dagegen nicht ein, weil der **Arbeits-Rechtsschutz** nach § 2 lit. b) sonst weitgehend entwertet wäre.[163]

3. Handelsgesellschaften und gesetzliche Vertreter juristischer Personen (Abs. 2 lit. c)

a) Recht der Handelsgesellschaften (Abs. 2 lit. c) Alt. 1)

68 Der Risikoausschluss nach Abs. 2 lit. c) Alt. 1 betrifft ausschließlich **Handelsgesellschaften.** Der überwiegende Teil der Literatur geht davon aus, dass es sich dabei um einen fest umrissenen Rechtsbegriff handelt, der nach dem juristischen Begriffsverständnis auszulegen ist.[164] Der BGH hat demgegenüber zu dem entsprechenden Ausschlusstatbestand des § 4 I lit. c) ARB 75 die Ansicht vertreten, dass die Rechtssprache mit der Formulierung »aus dem Bereich des Rechtes der Handelsgesellschaften« keinen fest umrissenen Begriff verbindet. Dabei hat das Gericht allerdings darauf hingewiesen, dass der zusätzliche Ausdruck »Bereich« in hohem Maße auslegungsbedürftig und auslegungsfähig ist.[165] Ob der Wegfall des Ausdrucks »Bereich« in den neueren ARB aus Sicht des BGH eine andere Beurteilung rechtfertigt, erscheint gleichwohl zweifelhaft; der BGH hat die Frage offengelassen.

69 In Rechtsprechung und Literatur besteht aber letztlich Einigkeit, dass der Ausschlusstatbestand jedenfalls nicht über die Gesellschaften hinausgeht, die nach dem **juristischen Verständnis** als Handelsgesellschaften zu qualifizieren sind.[166] Dazu gehören die offene Handelsgesellschaft (OHG), die Kommanditgesellschaft (KG) einschließlich der GmbH & Co. KG,[167] die Gesellschaft mit beschränkter Haftung (GmbH), die Aktiengesellschaft (AG), die Kommanditgesellschaft auf Aktien (KGaA) und die Euro-

161 P/M/*Piontek*, § 3 ARB 2010 Rn. 31; Buschbell/Hering/*Buschbell*, § 7 Rn. 80.
162 Harbauer/*Maier*, § 3 ARB 2010 Rn. 86; VersHb/*Obarowski*, § 45 Rn. 56; *Maier* r+s 1995, 361, 362.
163 Vgl. Harbauer/*Maier*, § 3 ARB 2010 Rn. 86; *Prölss* r+s 2005, 225, 231.
164 Vgl. Harbauer/*Maier*, § 3 ARB 2010 Rn. 89; *Prölss* r+s 2005, 225, 229.
165 BGH VersR 2003, 1122, 1123.
166 BGH VersR 2006, 1119, 1120.
167 Zur GmbH & Co. KG vgl. LG Osnabrück VersR 1998, 1108.

päische Wirtschaftliche Interessenvereinigung (EWIV).[168] Dies ergibt sich aus den §§ 105 I, 161 I HGB, §§ 3, 278 III AktG, § 13 GmbHG und § 1 EWIVVO. Gem. Art. 10 SE-VO i.V.m. § 3 AktG ist auch die Europäische Aktiengesellschaft (SAE) eine Handelsgesellschaft. Andere Gesellschaftsformen, wie beispielsweise die GbR (§§ 705 ff. BGB), die Partnerschaftsgesellschaft (vgl. § 1 I 2 PartGG), die stille Gesellschaft (§§ 230 ff. HGB)[169] und der VVaG (§§ 15 ff. VAG) sind dagegen nicht erfasst. Beteiligungen an **Kapitalanlagemodellen** in Form einer GbR oder stillen Gesellschaft unterliegen im Regelfall aber dem Ausschluss nach § 3 II lit. f) ARB 2010.[170]

Nach § 4 I lit. c) ARB 75 war auch die Wahrnehmung rechtlicher Interessen aus dem 70
Bereich des Rechtes der **Genossenschaften** und der **bergrechtlichen Gewerkschaften** vom Versicherungsschutz ausgenommen. Dieser Ausschluss findet sich in den ARB 2008/2010 nicht mehr. Streitigkeiten aus dem Recht der Genossenschaften und der bergrechtlichen Gewerkschaften betreffen jedoch meist das körperschaftliche Rechtsverhältnis und werden daher im Allgemeinen schon nicht als Wahrnehmung rechtlicher Interessen aus privatrechtlichen Schuldverhältnissen und dinglichen Rechten (§ 2 lit. d) ARB 2010) zu qualifizieren sein.[171] Entsprechendes gilt für Streitigkeiten betreffend die Mitgliedschaft in einem **Verein** (näher dazu § 2 Rdn. 62).[172]

Die Streitigkeit muss dem **Recht der Handelsgesellschaften** entspringen. Das bedeutet, 71
dass sie sich auf **spezifisch gesellschaftsrechtliche Fragen und Belange** beziehen muss.[173] Dazu gehören etwa Streitigkeiten über die Errichtung und Auflösung der Gesellschaft, den Eintritt und das Ausscheiden von Gesellschaftern, das Rechtsverhältnis zwischen den Gesellschaftern sowie die Vertretungsmacht und die Haftung der Gesellschafter.[174]

Der Risikoausschluss erfasst auch den Erwerb von Anteilen an einer **Personengesell-** 72
schaft.[175] Er gilt dagegen nicht für die Wahrnehmung rechtlicher Interessen im Zusammenhang mit dem Erwerb oder der Veräußerung von **Anteilsrechten an einer Kapitalgesellschaft**, sofern der Schwerpunkt des Streits bei allgemeinen vertragsrechtlichen Fragen liegt.[176]

168 Hopt/*Roth*, HGB Einl. v. § 105 Rn. 8.

169 Zur stillen Gesellschaft OLG Celle VersR 2005, 1139, 1141; OLG Düsseldorf r+s 2010, 418, 419.

170 Vgl. HK-VVG/*Münkel*, § 3 ARB 2010 Rn. 16.

171 Vgl. Harbauer/*Obarowski*/*Maier*, § 2 ARB 2010 Rn. 181 und § 3 ARB 2010 Rn. 92.

172 Van Bühren/Plote/*Hillmer-Möbius*, § 2 ARB 2010 Rn. 39.

173 OLG Hamm VersR 2001, 712; OLG Hamm r+s 2011, 471, 473; OLG Düsseldorf r+s 2010, 418, 419; LG Stuttgart r+s 2018, 369, 370; L/P/*Paffenholz*, § 125 Rn. 37; Harbauer/*Maier*, § 3 ARB 2010 Rn. 90; *Bauer* NJW 2012, 1698, 1700.

174 Vgl. van Bühren/Plote/*Plote*, § 3 ARB 2010 Rn. 51; Buschbell/Hering/*Buschbell*, § 7 Rn. 82.

175 P/M/*Piontek*, § 3 ARB 2010 Rn. 35; *Prölss* r+s 2005, 225, 229.

176 OLG Hamm r+s 2011, 471, 473; VersR 2001, 712; Harbauer/*Maier*, § 3 ARB 2010 Rn. 91; a.A. *Prölss* r+s 2005, 225, 229.

73 Die Geltendmachung von Schadensersatzansprüchen nach §§ 44, 45 BörsG a.F. wegen **fehlerhafter Angaben im Prospekt** unterliegt ebenfalls nicht dem Risikoausschluss nach Abs. 2 lit. c), weil das Börsen- und Wertpapierhandelsrecht nicht dem Recht der Handelsgesellschaften, sondern dem **Kapitalmarktrecht** zuzuordnen ist.[177] Davon abgesehen ist zu beachten, dass der haftungsbegründende Vorgang – die Ausgabe des fehlerhaften Prospekts – der Entscheidung über die Beteiligung vorausgeht, so dass zum maßgeblichen Zeitpunkt noch gar keine Gesellschafterstellung besteht.[178] Das Gleiche gilt für die **spezialgesetzliche Prospekthaftung** nach geltendem Recht (§§ 8 ff. WpPG i.V.m. der EU-ProspektVO, § 306 KAGB und §§ 20, 21 VermAnlG). In all diesen Fällen kommt aber ein Risikoausschluss nach § 3 II lit. f) ARB 2010 in Betracht.[179]

74 Der spezifische Zusammenhang mit dem Recht der Handelsgesellschaften fehlt auch bei Schadensersatzansprüchen von Aktionären aus § 823 II BGB i.V.m. § 400 I AktG wegen **unrichtiger Darstellung der Verhältnisse der Gesellschaft** durch ein Vorstands- oder Aufsichtsratsmitglied. Schadensersatzansprüche nach §§ 37b, 37c WpHG wegen **unterlassener oder unwahrer Kapitalmarktinformationen** bleiben ebenfalls unberührt.[180]

75 Der Risikoausschluss erfasst auch keine Ansprüche auf Rückabwicklung der Beteiligung an einer **stillen Gesellschaft** wegen **fehlerhafter Beratung** über Risiken und Nachteile der Beteiligung oder **wegen Widerrufs** bei Vertragsschluss in einer Haustürsituation (§ 312 BGB). Zum einen ist die stille Gesellschaft keine Handelsgesellschaft (s. oben Rdn. 69). Zum anderen liegt der haftungsbegründende Vorgang vor der Entscheidung über die Beteiligung und ist daher noch nicht durch die Besonderheiten des Gesellschaftsrechts geprägt.[181]

b) Anstellungsverhältnisse gesetzlicher Vertreter juristischer Personen (Abs. 2 lit. c) Alt. 2)

76 Abs. 2 lit. c) Alt. 2 nimmt Streitigkeiten aus Anstellungsverhältnissen gesetzlicher Vertreter juristischer Personen vom Versicherungsschutz aus. Dahinter steht die Erwägung, dass nur wenige VN als gesetzliche Vertreter einer juristischen Person (z.B. Vorstand einer AG, Geschäftsführer einer GmbH) fungieren und solche Streitigkeiten hohe Kostenrisiken bergen.[182] Diese Risiken sollen nicht allen Arbeitnehmern im Rahmen des allgemeinen Arbeits-Rechtsschutzes (§ 2 lit. b ARB 2010) aufgebürdet werden. Den betroffenen VN ist es vielmehr zumutbar, die einschlägigen Risiken durch Abschluss einer speziellen **Vermögensschaden-Rechtsschutzversicherung für Unternehmensleiter** abzudecken.[183]

---

177 BGH VersR 2003, 1122, 1123 gegen LG Hannover NVersZ 2002, 578; VersR 2006, 1119, 1120.

178 BGH VersR 2006, 1119, 1120; P/M/*Piontek*, § 3 ARB 2010 Rn. 35; HK-VVG/*Münkel*, § 3 ARB 2010 Rn. 13.

179 Vgl. Harbauer/*Maier*, § 3 ARB 2010 Rn. 91 a.E.

180 Van Bühren/Plote/*Plote*, § 3 ARB 2010 Rn. 56.

181 OLG Düsseldorf r+s 2010, 418, 419.

182 Van Bühren/Plote/*Plote*, § 3 ARB 2010 Rn. 69.

183 L/W/*Obarowski*, Kap. 48 Rn. 209; zum Vermögensschaden-Rechtsschutz für Unternehmensleiter vgl. Buschbell/Hering/*Hering*, § 12 Rn. 65 ff.

Der Ausschlusstatbestand des Abs. 2 lit. c) Alt. 2 ist unabhängig von demjenigen des Rechts der Handelsgesellschaften (Alt. 1) zu beurteilen und beschränkt sich daher nicht auf solche juristischen Personen, die als Handelsgesellschaft einzuordnen sind.[184] 77

aa) Juristische Person

Juristische Personen gibt es sowohl im Privatrecht als auch im Öffentlichen Recht. Entscheidend ist die gesetzliche Anerkennung der **Rechtsfähigkeit**, die zu einer Verselbständigung der Organisation gegenüber ihren Mitgliedern führt.[185] 78

Im **Privatrecht** sind der rechtsfähige Verein und die rechtsfähige Stiftung als juristische Personen anzusehen. Darüber hinaus sind die AG, die KGaA, die GmbH, der VVaG und die eingetragene Genossenschaft als juristische Personen ausgestaltet.[186] Die GbR ist dagegen trotz Anerkennung ihrer Rechtsfähigkeit durch das Gesetz zur Modernisierung des Rechts der Personengesellschaften (MoPeG) in § 705 II Alt. 1 BGB keine juristische Person, sondern eine rechtsfähige Personengesellschaften i.S.d. § 14 BGB.[187] Ebenso sind die OHG und die KG keine juristischen Personen.[188] Dies gilt auch für die GmbH & Co. KG.[189] Juristische Person ist hier allein die GmbH. 79

Juristische Personen des **Öffentlichen Rechts** sind rechtsfähige Körperschaften, Stiftungen und Anstalten des öffentlichen Rechts.[190] Bei den Körperschaften werden sowohl die Gebiets- als auch die Personenkörperschaften von Abs. 2 lit. c) Alt. 2 erfasst.[191] 80

bb) Gesetzliche Vertreter der juristischen Person

Gesetzliche Vertreter der juristischen Person sind deren **Organe.** Wer bei der jeweiligen juristischen Person als gesetzlicher Vertreter gilt, ist im Gesetz, bei juristischen Personen des Öffentlichen Rechts auch durch Satzung, geregelt. Musterbeispiele sind die Geschäftsführer einer GmbH und die Vorstände einer AG. Ziff. 3.2.5 ARB 2012/2019/2021 hebt diese Beispiele nunmehr ausdrücklich hervor. Ob der Betreffende **Einzel- oder Gesamtvertretungsmacht** hat, ist unerheblich. Gegen eine Beschränkung des Risikoausschlusses auf den Fall der Einzelvertretungsmacht spricht nämlich, dass das Gesetz in der Regel von einer Gesamtvertretung durch die Organe ausgeht (vgl. §§ 35 II 1 GmbHG, 78 II 1 AktG).[192] Hat der VN die Stellung eines gesetzlichen Vertreters, so wird die Anwendbarkeit des Risikoausschlusses auch nicht dadurch in 81

184 Harbauer/*Maier*, § 3 ARB 2010 Rn. 95.
185 Vgl. Jauernig/*Mansel*, Vor § 21 Rn. 1; Harbauer/*Maier*, § 3 ARB 2010 Rn. 96.
186 *Neuner*, BGB AT, § 16 Rn. 23 ff.
187 MüKoBGB/*Schäfer*, § 705 Rn. 185.
188 Hopt/*Roth*, HGB § 105 Rn. 12.
189 P/M/*Piontek*, § 3 ARB 2010 Rn. 36; Harbauer/*Maier*, § 3 ARB 2000 Rn. 103; für Gleichstellung der GmbH & Co. KG mit einer juristischen Person LG Osnabrück VersR 1998, 1108, 1109; Buschbell/Hering/*Buschbell*, § 7 Rn. 84.
190 *Neuner*, BGB AT, § 16 Rn. 21; Harbauer/*Maier*, § 3 ARB 2000 Rn. 97.
191 Harbauer/*Maier*, § 3 ARB 2010 Rn. 97.
192 BGH NJW 1998, 1154 = VersR 1998, 316 (LS); P/M/*Piontek*, § 3 ARB 2010 Rn. 36.

Frage gestellt, dass er **im Innenverhältnis weisungsgebunden** ist.[193] Dass der Ausgangsprozess vor den Arbeitsgerichten geführt wurde, ist ebenfalls ohne Belang, weil damit nicht bindend über die rechtliche Qualifikation der Streitigkeit im Hinblick auf Abs. 2 lit. c) Alt. 2 entschieden ist.[194]

82 Nicht unter den Ausschlusstatbestand fallen Personen, denen rechtsgeschäftlich Vertretungsmacht für die juristische Person erteilt worden ist, wie z.B. **Prokuristen** (§ 49 HGB) und **Handlungsbevollmächtigte** (§ 54 HGB).[195] Zu **Handelsvertretern** s. unten Rdn. 87 f.

cc) **Aus Anstellungsverhältnissen**

83 Voraussetzung für das Eingreifen des Risikoausschlusses ist die Wahrnehmung rechtlicher Interessen aus dem Anstellungsverhältnis. Der Begriff des **Anstellungsverhältnisses** ist in einem weiten Sinne zu verstehen. Es kommt nicht darauf an, ob es sich um einen schuldrechtlichen Dienstvertrag oder um ein öffentlich-rechtliches Dienstverhältnis handelt. Der Ausschluss ist damit auch bei **Beamtenverhältnissen** anwendbar.[196] Demgegenüber war der entsprechende Risikoausschluss nach § 4 I lit. d) ARB 75 noch auf »Anstellungs*verträge* gesetzlicher Vertreter juristischer Personen« beschränkt und galt daher nicht für öffentlich-rechtliche Dienstverhältnisse, die nicht durch Vertrag begründet wurden.[197] Bei **ehrenamtlicher Tätigkeit** als Vorstand eines Vereins werden in der Praxis meist keine schuldrechtlichen Anstellungsverträge geschlossen. Auch hier handelt es sich aber um ein »Anstellungsverhältnis«, so dass kein Versicherungsschutz besteht.[198]

84 Der BGH hat zu § 4 I lit. d) ARB 75 entschieden, dass es für die Anwendbarkeit des Risikoausschlusses nicht darauf ankommt, ob der VN den Anstellungsvertrag mit der juristischen Person geschlossen hat, deren gesetzlicher Vertreter er ist.[199] Eine **Identität** zwischen dem Partner des Anstellungsvertrages und der betreffenden juristischen Person ist also **nicht erforderlich.** Praktische Bedeutung hat dabei vor allem der Fall, dass der Anstellungsvertrag mit einer anderen Gesellschaft geschlossen wurde, die die juristische Person beherrscht (z.B. Muttergesellschaft in einem Konzern).[200] Entsprechende Gestaltungen sind im Bereich des öffentlichen Rechts denkbar. So betrifft die Leitent-

---

193 OLG Köln r+s 1992, 308, 309; LG Coburg r+s 2002, 463, 464; van Bühren/Plote/*Plote*, § 3 ARB 2010 Rn. 67.

194 OLG Celle r+s 2009, 463; OLG Köln r+s 1992, 308, 309; LG Coburg r+s 2002, 463, 464; AG und LG Kaiserlautern r+s 1990, 309; Harbauer/*Maier*, § 3 ARB 2010 Rn. 103; P/M/*Piontek*, § 3 ARB 2010 Rn. 37.

195 Harbauer/*Maier*, § 3 ARB 2010 Rn. 99; Buschbell/Hering/*Buschbell*, § 7 Rn. 88.

196 Harbauer/*Maier*, § 3 ARB 2010 Rn. 101; van Bühren/Plote/*Plote*, § 3 ARB 2010 Rn. 68.

197 Vgl. VersHb/*Obarowski*², § 37 Rn. 261.

198 Harbauer/*Maier*, § 3 ARB 2010 Rn. 99.

199 BGH NJW 1998, 1154; ebenso OLG Köln r+s 1992, 308; OLG Nürnberg VersR 1998, 1233; LG Köln VersR 1995, 827; AG Hamburg r+s 1992, 167; *Böhme*, § 4 ARB 75 Rn. 14b.

200 L/W/*Obarowski*, Kap. 48 Rn. 206; H/E/K/*Heinrichs*, 34. Kap. Rn. 315.

scheidung des BGH[201] einen Fall, in dem der Anstellungsvertrag des Vorstandsmitglieds einer Sparkasse mit einem Zweckverband geschlossen wurde. Da der Begriff des Anstellungsverhältnisses weiter als der des Anstellungsvertrages ist, müssen diese Überlegungen für Abs. 2 lit. c) Alt. 2 erst recht gelten. Bei der GmbH & Co. KG greift der Risikoausschluss für Streitigkeiten des GmbH-Geschäftsführers aus dem Anstellungsverhältnis somit auch dann ein, wenn sein Anstellungsvertrag mit der KG geschlossen worden ist.[202]

Der Risikoausschluss setzt voraus, dass derjenige, dessen rechtliche Interessen wahr- 85
genommen werden sollen, bereits **gesetzlicher Vertreter** einer juristischen Person **geworden ist**. Streitigkeiten aus einem Anstellungsvertrag werden daher auch dann nicht erfasst, wenn dem Vertrag die Annahme zugrunde liegt, dass der VN zu einem späteren, inzwischen verstrichenen Zeitpunkt gesetzlicher Vertreter der juristischen Person wird.[203] Dass der VN im Vertrag unzutreffend als Geschäftsführer bezeichnet wird, rechtfertigt die Anwendung des Risikoausschlusses nicht.[204] **Wechselt** der VN von einer nicht-organschaftlichen Stellung (z.B. als Prokurist) in eine organschaftliche (z.B. als GmbH-Geschäftsführer), so greift der Risikoausschluss des Abs. 2 lit. c) Alt. 2 ab dem Zeitpunkt der »Beförderung« ein.[205] Im Einzelfall muss aber geprüft werden, ob das bisherige Arbeitsverhältnis aufgelöst oder nur zum Ruhen gebracht wurde.[206] Nach der Rechtsprechung des BAG werden die vertraglichen Beziehungen der Parteien durch den Abschluss des Geschäftsführerdienstvertrages im Regelfall auf eine **neue Grundlage** gestellt, sodass die bisherige – arbeitsvertragliche – Grundlage entfällt.[207] Die für die Auflösung des Arbeitsverhältnisses nach § 623 BGB erforderliche Schriftform wird durch den schriftlichen Geschäftsführerdienstvertrag gewahrt.[208] Streiten die Parteien nach der Abberufung des VN als Geschäftsführer um Ansprüche aus dem Geschäftsführerdienstvertrag, so greift der Risikoausschluss weiter ein.[209] Die Parteien können indes vereinbaren, dass das Arbeitsverhältnis nur **ruhen** soll. In diesem Fall lebt das Arbeitsverhältnis mit der Abberufung des VN als Geschäftsführer wieder auf. Wird das Arbeitsverhältnis anschließend gekündigt, genießt der VN für die Kündigungsschutzklage Versicherungsschutz.[210]

Die Wahrnehmung rechtlicher Interessen muss **aus dem Anstellungsverhältnis** resul- 86
tieren. Dazu gehören insbesondere Streitigkeiten über Ansprüche des VN aus dem

201 BGH NJW 1998, 1154.
202 Vgl. VersHb/*Obarowski*, § 45 Rn. 301.
203 BGH VersR 2019, 542 = r+s 2020, 85 Rn. 28 f.
204 BGH VersR 2019, 542 = r+s 2020, 85 Rn. 30; P/M/*Piontek*, § 3 ARB 2010 Rn. 36.
205 Harbauer/*Maier*, § 3 ARB 2010 Rn. 102.
206 OLG Köln r+s 1992, 308, 309; *Böhme*, § 4 ARB 75 Rn. 14b.
207 Vgl. BAG NJW 2003, 918.
208 BAG NZA 2007, 1095.
209 OLG Celle r+s 2009, 463; P/M/*Piontek*, § 3 ARB 2010 Rn. 38; H/E/K/Heinrichs, 34. Kap. Rn. 315.
210 OLG Frankfurt a.M. NVersZ 1999, 584; OLG Köln VersR 1992, 1350; LG Essen VersR 1994, 89 (LS); L/W/*Obarowski*, Kap. 48 Rn. 208; VersHb/*Obarowski*, § 45 Rn. 302.

Anstellungsvertrag (z.B. Gehalt, Abfindung, Versorgungszusagen)[211], die Kündigung des Anstellungsvertrages sowie die Abberufung als Geschäftsführer.[212] Der Risikoausschluss erfasst auch Ansprüche des VN aus einer **separaten Zusage**, die an die Organstellung gebunden ist.[213] Er gilt überdies auch für Schadensersatzansprüche wegen **Persönlichkeitsrechtsverletzung**, sofern der Sachverhalt maßgeblich durch die Rechte und Pflichten des VN als Organ geprägt ist.[214]

4. Handelsvertreterrecht (§ 4 I lit. f) ARB 75)

87 Nach § 4 I lit. f) ARB 75 ist auch die Wahrnehmung rechtlicher Interessen aus dem Bereich des Handelsvertreterrechts vom Versicherungsschutz ausgenommen. Der Ausschluss gilt nur für **selbständige Handelsvertreter** (§ 84 I HGB). Unselbständige Handelsvertreter sind nach dem Grundgedanken des Ausschlusses auch dann nicht betroffen, wenn die Vorschriften des HGB über Handelsvertreter (z.B. §§ 89, 89b HGB) auf sie analog anwendbar sind.[215] Hier greift vielmehr der Arbeitnehmer-Rechtsschutz uneingeschränkt ein. Dass der Handelsvertreter als **arbeitnehmerähnliche Person** (§§ 5 III ArbGG, 92a HGB) zu qualifizieren ist, steht der Anwendung des Risikoausschlusses allerdings grundsätzlich nicht entgegen.[216]

88 Die neueren ARB (ab ARB 94) sehen für den Bereich des Handelsvertreterrechts keinen Ausschluss mehr vor. Für Streitigkeiten aus dem Handelsvertretervertrag (z.B. über Provisionsansprüche) besteht aber weiterhin **kein Versicherungsschutz**, weil der Rechtsschutz im Vertrags- und Sachenrecht (§ 2 lit. d) beim Privat-, Berufs- und Verkehrsrechtsschutz für Selbständige **nicht für selbständige Tätigkeiten** gilt (§ 28 III).[217] Der Berufs-Rechtsschutz für Selbständige, sowie der Rechtsschutz für Firmen und Vereine erstrecken sich nach § 24 II ebenfalls nicht auf den Vertragsrechtsschutz nach § 2 lit. d).[218]

5. Rechte aus geistigem Eigentum (Abs. 2 lit. d)

89 Der Risikoausschluss für die Wahrnehmung rechtlicher Interessen im Zusammenhang mit Rechten aus geistigem Eigentum (Abs. 2 lit. d) beruht auf den gleichen Erwägungen wie die anderen Risikoausschlüsse des Abs. 2. Streitigkeiten über Rechte aus geistigem Eigentum betreffen ebenfalls nur vergleichsweise **wenige VN** und sind im Allgemeinen mit sehr hohen und schwer kalkulierbaren **Kosten** verbunden.[219] Die Aufzählung der

211 Vgl. LG Coburg r+s 2003, 463; AG und LG Kaiserlautern r+s 1990, 309.

212 Vgl. van Bühren/Plote/*Plote*, § 3 ARB 2010 Rn. 66 mit weiteren Beispielen.

213 LG Coburg r+s 2003, 463.

214 AG Düsseldorf r+s 1992, 276, 277; einschränkend P/M/*Piontek*, § 3 ARB 2010 Rn. 35: »Ausnahmefall«.

215 BGH VersR 1989, 908, 909; Harbauer/*Cornelius-Winkler*, § 4 ARB 75 Rn. 14 f.; VersHb/*Obarowski*, § 45 Rn. 297 f.

216 AG Bochum r+s 1986, 71; P/M/*Piontek*, § 3 ARB 2010 Rn. 146; ebenso OGH VersR 2016, 1337, 1339 (zu Art. 7.1.5 ARB Österreich).

217 Vgl. VersHb/*Obarowski*, § 45 Rn. 298.

218 P/M/*Piontek*, § 24 ARB 2010 Rn. 1.

219 Harbauer/*Maier*, § 3 ARB 2010 Rn. 105.

einzelnen Schutzrechte ist nicht abschließend. Nicht ausdrücklich erwähnte Schutzrechte können vielmehr unter den Auffangtatbestand der »sonstigen Rechte aus geistigem Eigentum« gefasst werden.[220]

Der Ausschlusstatbestand setzt lediglich voraus, dass die Streitigkeit in einem **ursächlichen Zusammenhang** mit den betreffenden Rechten aus geistigem Eigentum steht. Der Rechtsstreit muss sich also nicht notwendig auf die Inhaberschaft an dem Recht beziehen. Der Ausschluss erfasst vielmehr auch Streitigkeiten aus **schuldrechtlichen Verträgen** über die Nutzung oder Verwertung der betreffenden Rechte (z.B. Lizenzverträgen).[221] 90

a) Patentrecht

Der Begriff des Patentrechts erfasst alle Erfindungen, die dem Schutz des Patentgesetzes unterliegen.[222] § 1 PatG regelt, für welche Erfindungen Patente erteilt werden können. Das Patentrecht ist allerdings nicht nur dann einschlägig, wenn eine Erfindung bereits dem Schutz des Patentgesetzes unterliegt, sondern auch dann, wenn das Verfahren der Patentanmeldung betroffen ist, da schon die **Anmeldung** durch das Patentrecht geregelt ist. Vor diesem Zeitpunkt ist nur ein sonstiges Recht aus geistigem Eigentum betroffen.[223] 91

b) Urheberrecht

Das Urheberrecht ist das durch das Gesetz über Urheberrecht und verwandte Schutzrechte geschützte Recht. Es handelt sich dabei gem. § 1 UrhG um den Schutz des Urhebers von **Werken der Literatur, Wissenschaft und Kunst.** Der Risikoausschluss gilt dagegen nicht für Ansprüche wegen Verletzung des **Rechts am eigenen Bild.** Das Recht am eigenen Bild ist zwar in §§ 22 ff. Kunsturhebergesetz geregelt. Der Sache nach geht es hier jedoch nicht um ein Recht aus geistigem Eigentum, sondern um den Schutz des Persönlichkeitsrechts.[224] 92

c) Markenrecht

Beim Markenrecht geht es um diejenigen gewerblichen Schutzrechte, die in dem Gesetz zum Schutz von Marken und sonstigen Kennzeichen (Markengesetz) näher geregelt sind. Gemäß § 1 MarkenG können nicht nur **Marken** an sich,[225] sondern auch sonstige **geschäftliche Bezeichnungen** und **geographische Herkunftsangaben** geschützt werden, sofern sie die notwendige Unterscheidungskraft haben. Der Ausschlusstatbestand erfasst auch Streitigkeiten über **Domains**, die nach dem Markengesetz geschützt sind.[226] 93

---

220 Vgl. VersHb/*Obarowski*, § 45 Rn. 304 f.; HK-VVG/*Münkel*, § 3 ARB 2010 Rn. 15.
221 HK-VVG/*Münkel*, § 3 ARB 2010 Rn. 15; L/W/*Obarowski*, Kap. 48 Rn. 210.
222 Zum Begriff des Patents vgl. Benkard/*Bacher*/*Bacher*, PatG, 11. Aufl. 2015, § 1 Rn. 2 ff.
223 Harbauer/*Maier*, § 3 ARB 2010 Rn. 106.
224 Zutreffend L/W/*Obarowski*, Kap. 48 Rn. 213.
225 Zum Begriff der Marke vgl. *Ingerl*/*Rohnke*, Markengesetz, 3. Aufl. 2010, § 1 Rn. 5.
226 VersHb/*Obarowski*, § 45 Rn. 312. Zum markenrechtlichen Schutz von Domains MünchKommBGB/*Säcker*/*Heine*, § 12 Rn. 245 ff.

d) Geschmacksmuster- und Gebrauchsmusterrecht

94 Das **Geschmacksmusterrecht** ist das Urheberrecht an Mustern. Gemäß § 1 GeschmMG werden insbesondere zwei- und dreidimensionale ästhetisch wirkende Erscheinungsformen geschützt. Voraussetzung ist, dass die Muster **neu** sind und **Eigenart** haben (§ 2 GeschmMG).

95 Von dem Begriff des Geschmacksmusters ist derjenige des **Gebrauchsmusters** abzugrenzen. Das Gebrauchsmustergesetz dient dem Schutz von Erfindungen, die neu sind, auf einem erfinderischen Schritt beruhen und gewerblich anwendbar sind (§ 1 I GebrMG). Der entscheidende Unterschied zum **Patent** ist das geringere Maß an Erfindungshöhe.[227] Die äußere ästhetische Form gehört dabei gem. § 1 II Nr. 2 GebrMG nicht zum Schutzbereich des Gebrauchsmusterrechts, sondern ist Bestandteil des **Geschmacksmusterrechts.**

e) Sonstige Rechte aus geistigem Eigentum

96 Der Ausschluss der Wahrnehmung rechtlicher Interessen im Zusammenhang mit sonstigen Rechten aus geistigem Eigentum ist ein **Auffangtatbestand.** Grundsätzlich unterfallen ihm alle eigenschöpferischen geistigen Leistungen, die vergleichbar mit den zuvor genannten Fallgruppen schutzbedürftig sind.[228] Zur Konkretisierung des Begriffs des geistigen Eigentums kann auf das Übereinkommen zur Errichtung der Weltorganisation für geistiges Eigentum (WIPO)[229] zurückgegriffen werden. In Art. 2 Abs. VIII des Übereinkommens ist der Begriff näher umrissen. Ein anerkanntes Beispiel für ein sonstiges Recht aus geistigem Eigentum ist das **Sortenschutzrecht** für neue Pflanzensorten nach dem Sortenschutzgesetz.[230]

97 **Domainrechte** im Internet sind als solche keine Rechte aus geistigem Eigentum. Sie können aber unter dem Aspekt des Markenrechts vom Ausschluss erfasst sein (s. oben Rdn. 93).

98 Während bei den ausdrücklich genannten Fallgruppen der Schutz dann eingreift, wenn der jeweilige gesetzliche Schutzbereich betroffen ist, wird der Auffangtatbestand auch bei den **vorbereitenden Maßnahmen** einer entsprechenden Schutzanmeldung berührt. So sind durch die sonstigen Rechte aus geistigem Eigentum Erfindungen und Entwürfe allgemein geschützt, auch wenn sie noch nicht bei dem jeweiligen Register angemeldet sind.

f) Insbesondere: Arbeitnehmererfindungen

99 Besondere Probleme bereitet die Einordnung von **Arbeitnehmererfindungen.** Dieses Gebiet wird nicht durch das PatG, sondern durch das Arbeitnehmererfindungsgesetz geregelt. § 1 ArbnErfG umschreibt den Anwendungsbereich des Gesetzes dahingehend,

227 Vgl. *Mes*, Patentgesetz, Gebrauchsmustergesetz, 4. Aufl. 2015, § 1 Rn. 1.
228 Harbauer/*Maier*, § 3 ARB 2010 Rn. 110.
229 BGBl. 70 II 295.
230 Vgl. LG Lüneburg VersR 1991, 296; P/M/*Piontek*, § 3 ARB 2010 Rn. 41.

dass es die Erfindungen und technischen Verbesserungsvorschläge von Arbeitnehmern im privaten und öffentlichen Dienst sowie von Beamten und Soldaten regelt. Bezüglich des Risikoausschlusses nach Abs. 2 lit. d) unterscheidet die h.M. zwischen den Erfindungen und den technischen Verbesserungsvorschlägen des Arbeitnehmers. Der Begriff der **Erfindung** setzt nach § 2 ArbnErfG die Patent- oder Gebrauchsmusterfähigkeit voraus. Diese Voraussetzung liegt vor, wenn im Falle der Anmeldung ein Patent oder ein Gebrauchsmuster erteilt werden müsste.[231] Nach h.M. folgt hieraus, dass diese Streitigkeiten in ursächlichem Zusammenhang mit Rechten aus geistigem Eigentum stehen, so dass Abs. 2 lit. d) gilt.[232]

Von den Erfindungen zu unterscheiden sind die **technischen Verbesserungsvorschläge.** 100
Dabei handelt es sich nach § 3 ArbnErfG um Vorschläge für sonstige technische Neuerungen, die nicht patent- oder gebrauchsmusterfähig sind.[233] Da dem Arbeitnehmer für solche Vorschläge keine über einen Vergütungsanspruch hinausgehenden Rechte an der Sache zustehen, wird der Ausschließlichkeitscharakter abgelehnt. Dementsprechend ist anerkannt, dass technische Verbesserungsvorschläge nicht unter den Ausschlusstatbestand fallen.[234]

Eine in Rechtsprechung und Literatur vertretene **Gegenauffassung** lehnt die Differen- 101
zierung zwischen Erfindungen und Vorschlägen für technische Verbesserungen ab und spricht sich stattdessen für die generelle Unanwendbarkeit des Risikoausschlusses nach Abs. 2 lit. d) im Bereich der Arbeitnehmererfindungen aus.[235] Zur Begründung wird darauf verwiesen, dass der Schwerpunkt des Rechtsstreits auch bei Erfindungen i.S.d. § 2 ArbnErfG im Arbeitsrecht liege. Außerdem sei die Differenzierung für den durchschnittlichen VN nicht nachvollziehbar.

Für die h.M. spricht, dass Rechtsstreitigkeiten über **Erfindungen** nach § 39 I ArbnErfG 102
nicht vor den Arbeitsgerichten, sondern vor den Patentgerichten auszutragen sind. Der Gesetzgeber hat damit deutlich gemacht, dass der Schwerpunkt der Streitigkeit nicht im Arbeitsrecht, sondern im Recht des geistigen Eigentums liegt.[236] Für Streitigkeiten über **technische Verbesserungsvorschläge** sind dagegen nach § 2 II lit. a) ArbGG die Arbeitsgerichte zuständig.[237] Diese Differenzierung ist für den durchschnittlichen VN verständlich und kann daher bei der Auslegung des Abs. 2 lit. d) zugrunde gelegt werden.

231 Vgl. *Schwab*, Arbeitnehmererfindungsgesetz, 2012, § 2 Rn. 6.
232 LG Ansbach VersR 2007, 1268, 1269; AG Hannover ZfS 1985, 112; *Böhme*, § 4 ARB 75 Rn. 16; Harbauer/*Maier*, § 3 ARB 2010 Rn. 112; VersHb/*Obarowski*, § 37 Rn. 317; H/E/K/*Heinrichs*, 34. Kap. Rn. 318.
233 Vgl. *Schwab*, Arbeitnehmererfindungsgesetz, 2012, § 3 Rn. 1 mit Hinweis auf den geringeren Erfindungsgrad.
234 AG Viersen VersR 2008, 1530, 1531; Harbauer/*Maier*, § 3 ARB 2010 Rn. 114; VersHb/*Obarowski*, § 45 Rn. 307.
235 So AG Viersen VersR 2008, 1530, 1531; P/M/*Piontek*, § 3 ARB 2010 Rn. 40; *Schaub* NZA 1989, 865, 867.
236 Vgl. Harbauer/*Maier*, § 3 ARB 2010 Rn. 112.
237 Vgl. *Schwab*, Arbeitnehmererfindungsgesetz, 2012, § 39 Rn. 4.

103 Nicht den Patentgerichten zugewiesen sind Streitigkeiten über Ansprüche auf Leistung einer festgestellten oder festgesetzten **Vergütung für eine Erfindung** (§ 39 II ArbnErfG). Wegen des engen Zusammenhangs mit dem Recht des geistigen Eigentums ist es aber gerechtfertigt, den Risikoausschluss des Abs. 2 lit. d) auch auf solche Streitigkeiten anzuwenden.[238]

6. Kartell- und sonstiges Wettbewerbsrecht (Abs. 2 lit. e)

104 Der Risikoausschluss erfasst zunächst Ansprüche aus dem **Kartellrecht.** Das bedeutet, dass der **Schwerpunkt** der Streitigkeit im Kartellrecht liegen muss.[239] Das Kartellrecht bezweckt den Schutz des Wettbewerbs durch Verhinderung von Wettbewerbsbeschränkungen.[240] Wichtigste Rechtsgrundlagen sind die Art. 101 ff. AEUV sowie die §§ 1 ff. GWB.

105 Beim Wettbewerbsrecht geht es vorrangig um unlauteren Wettbewerb. Die zentralen Vorschriften finden sich im **UWG.** Hinzu kommen einige weitere Gesetze (z.B. das Preisangaben- und Preisklauselgesetz) und Verordnungen. Das UWG soll gem. § 1 UWG nicht nur andere Marktteilnehmer, sondern auch die Allgemeinheit schützen. Daher kommt es für den Risikoausschluss nicht darauf an, in welcher Funktion der VN an dem Konflikt beteiligt ist. Der Risikoausschluss gilt daher nicht nur für Ansprüche von **Konkurrenten**, sondern auch für Ansprüche von **Verbänden**, die nach § 8 III UWG Ansprüche geltend machen können.[241]

106 Wesentliche Bereiche des Wettbewerbsrechts sind die **irreführende und vergleichende Werbung** und der **Schutz vor Belästigung**, vor allem durch Telefonwerbung (vgl. § 7 Abs. 1 UWG).[242] Gerade in diesem Bereich sind die rechtlichen Regelungen in neuerer Zeit deutlich strenger geworden.

107 Für den Ausschluss bestehen keinerlei Einschränkungen. Es werden sowohl **Unterlassungs-** als auch **Schadensersatzansprüche** erfasst.[243] Ob die Abwehr oder Geltendmachung solcher Ansprüche angestrebt wird, ist für den Ausschluss ebenfalls ohne Belang.[244]

108 Nicht vom Risikoausschluss des Abs. 2 lit. e) umfasst ist eine Interessenvertretung im Hinblick auf die §§ 1, 2 **UKlaG**, die sich gegen unzulässige Allgemeine Geschäftsbedingungen bzw. verbraucherschutzgesetzwidrige Praktiken richtet. Maßgeblich ist die Erwägung, dass das Wettbewerbsrecht in diesen Fällen nicht im Vordergrund steht.[245]

---

238 So auch LG Ansbach VersR 2007, 1268, 1269; VersHb/*Obarowski*, § 45 Rn. 309; Harbauer/*Maier*, § 3 ARB 2010 Rn. 113; a.A. AG Hannover ZfS 1985, 112.

239 Harbauer/*Maier*, § 3 ARB 2010 Rn. 117.

240 Vgl. BeckOK Kartellrecht/*Füller*, § 1 GWB Rn. 1; *Böhme*, § 4 ARB 75 Rn. 17.

241 LG München r+s 2007, 280, 281.

242 Köhler/Feddersen/*Köhler*, § 1 UWG Rn. 20.

243 P/M/*Piontek*, § 3 ARB 2010 Rn. 42; Höra/Schubach/*Lensing*, § 27 Rn. 411.

244 AG Hannoversch Münden, Urt. vom 10. November 1998, 3 C 423/98; Höra/Schubach/*Lensing*, § 27 Rn. 411.

245 Harbauer/*Maier*, § 3 ARB 2010 Rn. 121; *Böhme*, § 4 ARB 75 Rn. 17.

Zu beachten ist allerdings, dass die Erhebung solcher Klagen nicht nach § 2 lit. a) versichert ist, weil es nicht um die Geltendmachung außervertraglicher Schadensersatzansprüche geht.[246]

7. Spiel und Wette, Gewinnzusagen, Spekulationsgeschäfte, Kapitalanlagen (Abs. 2 lit. f)

a) Überblick

Der Risikoausschluss für aleatorische Verträge und Spekulationsgeschäfte ist mehrfach erweitert worden.[247] § 4 I lit. g) ARB 75 sieht lediglich vor, dass der Versicherungsschutz sich nicht auf die Wahrnehmung rechtlicher Interessen aus **Spiel- und Wettverträgen** bezieht. In § 3 II lit. f) ARB 94 wurde der Risikoausschluss um **Termin- und vergleichbare Spekulationsgeschäfte** erweitert. Die Rechtsprechung ist freilich schon vorher davon ausgegangen, dass Warentermin- und andere Differenzgeschäfte nach § 764 BGB a.F.[248] als Verträge mit Spielcharakter anzusehen sind und daher dem Risikoausschluss unterliegen.[249] 109

Ob Streitigkeiten aus **Gewinnzusagen** (§ 661a BGB) dem Risikoausschluss unterfallen, war zunächst streitig. Die h.M. lehnte die Einordnung der Gewinnzusagen als Spiel oder Wette ab, weil es sich um keine Naturalobligation handelt.[250] Die Versicherer haben diesem Problem ab 2002 durch die ausdrückliche Nennung der Gewinnzusagen Rechnung getragen.[251] In den ARB 2008 wurde der Ausschluss schließlich auf den Ankauf, die Veräußerung und die Verwaltung von **Wertpapieren** (insbesondere Fondsanteilen) und Wertrechten sowie **Beteiligungen** (z.B. an Kapitalanlagemodellen, stille Gesellschaften, Genossenschaften) und deren **Finanzierung** erstreckt. Auch hier gilt der Gedanke, dass solche Streitigkeiten oft sehr kostenträchtig sind. Misslich ist freilich, dass der Ausschluss auch Kleinanleger trifft.[252] 110

b) Spiel- und Wettverträge

aa) Grundgedanke

Spiel- und Wettverträge zeichnen sich dadurch aus, dass bei Ihnen der Erfolg von einer Ungewissheit, in der Regel von einem Zufall abhängig ist.[253] Nach § 762 BGB handelt 111

---

246 Zutreffend Harbauer/*Maier*, § 3 ARB 2010 Rn. 121.

247 Vgl. den Überblick bei L/W/*Obarowski*, Kap. 48 Rn. 215.

248 Die Vorschrift des § 764 BGB wurde durch das Vierte Finanzmarktförderungsgesetz (BGBl. 2002 I, 2010) mit Wirkung vom 1.7.2002 aufgehoben. Zu den Einzelheiten Staudinger/*Schönenberg-Wessel* (2021), § 764 BGB Rn. 1.

249 Vgl. BGH VersR 1985, 32, 33; Hamm VersR 1992, 821; OLG Düsseldorf r+s 1998, 379.

250 Vgl. OLG Köln VersR 2005, 1386; LG Görlitz NJW-RR 2003, 1388; AG Hamburg r+s 2003, 365; *Streck* NJW 2003, 3679.

251 Vgl. Harbauer/*Maier*, § 3 ARB 2010 Rn. 129; H/E/K/*Heinrichs*, 34. Kap. Rn. 320.

252 Zur Rechtfertigung VersHb/*Obarowski*, § 45 Rn. 264.

253 Beck OK BGB/*Janoschek*, § 762 Rn. 2; MünchKommBGB/*Habersack*, § 762 Rn. 1, 4.

es sich um **Naturalobligationen.** Der Vertrag ist damit zwar wirksam; der Gläubiger hat aber keinen Erfüllungsanspruch.[254] Hieran anknüpfend wird der Risikoausschluss teilweise damit gerechtfertigt, dass der VN bei Spiel und Wette kein berechtigtes Interesse an der Gewährung von Rechtsschutz hat.[255] Diese Erwägung gilt jedoch nur für vertragliche Ansprüche. Die Rechtsprechung ist daher auf der Grundlage des § 4 I lit. g) ARB 75 davon ausgegangen, dass konkurrierende Ansprüche aus unerlaubter Handlung dem Risikoausschluss nicht unterliegen.[256]

112 Nach den neueren ARB kommt es indes nur darauf an, dass die Streitigkeit **in ursächlichem Zusammenhang** mit Spiel- und Wettverträgen steht. Der Ausschluss erfasst damit nunmehr nicht nur Rückzahlungsansprüche[257] und Ansprüche aus culpa in contrahendo (§§ 280 I, 241 II, 311 II BGB)[258], sondern auch Ansprüche aus **unerlaubter Handlung** (§§ 823 ff. BGB), die mit dem Spiel- oder Wettvertrag einen ursächlichen Zusammenhang aufweisen.[259] Sachlich lässt sich diese Ausweitung damit rechtfertigen, dass Spiel- und Wettverträge besondere Risiken bergen, denen der VN sich bewusst ausgesetzt hat.

113 Der erforderliche ursächliche Zusammenhang besteht auch bei **Nebenverträgen**, welche die Spiel- oder Wettverträge vorbereiten. Hierzu gehört insbesondere ein Darlehensvertrag, der zur Durchführung des Spiel- oder Wettvertrages geschlossen wird.[260]

bb) Spielverträge

114 Bei der Auslegung der Begriffe Spiel und Wette kann man sich am Inhalt der betreffenden Begriffe in § 762 BGB orientieren.[261] Kennzeichnend für Spielverträge ist danach, dass der Ausgang einer nach zuvor festgelegten Regeln durchgeführten Tätigkeit darüber entscheidet, ob in einer Partei ein vermögenswerter Gewinn entsteht.[262] Unter den Begriff des Spielvertrags fallen damit Glücksspiele, Geschicklichkeitsspiele und Lotterien bzw. Ausspielungen. Der Risikoausschluss greift auch dann ein, wenn es sich um eine staatlich genehmigte Lotterie oder Ausspielung handelt, obwohl der Vertrag hier nach § 763 S. 1 BGB rechtlich verbindlich ist.[263] Wird dem VN für die Überlassung

---

254 Vgl. *Looschelders*, Schuldrecht BT, § 49 Rn. 2.

255 VersHb/*Obarowski*, § 45 Rn. 313 f.

256 BGH VersR 1985, 32, 33; OLG Hamm VersR 1992, 821, 822; OLG Düsseldorf r+s 1998, 379; vgl. auch österr. OGH VersR 2009, 706; zusammenfassend Harbauer/*Cornelius-Winkler*, § 4 ARB 75 Rn. 19.

257 Dazu OLG Hamm NJW-RR 2007, 1433; AG Stuttgart VersR 2008, 915, 916.

258 Vgl. P/M/*Piontek*, § 3 ARB 2010 Rn. 46; ebenso schon zu § 4 I lit. g) ARB 75 BGH VersR 1985, 32; OLG Hamm VersR 1992, 821, 822; a.A. *Winnen* VersR 1985, 234 f.

259 Vgl. AG Hamburg r+s 1997, 376, 377; P/M/*Piontek*, § 3 ARB 2010 Rn. 45; HK-VVG/*Münkel*, § 3 ARB 2010 Rn. 16; Harbauer/*Maier*, § 3 ARB 2010 Rn. 123.

260 OLG Köln VersR 1995, 656, 657; Harbauer/*Maier*, § 3 ARB 2010 Rn. 140; L/W/*Obarowski*, Kap. 48 Rn. 217.

261 AG Stuttgart VersR 2008, 915, 916; P/M/*Piontek*, § 3 ARB 2010 Rn. 47.

262 Staudinger/*Schönenberg-Wessel* (2021), § 762 BGB Rn. 3; *Böhme*, § 4 ARB 75 Rn. 19.

263 Harbauer/*Maier*, § 3 ARB 2010 Rn. 125; van Bühren/Plote/*Plote*, § 3 ARB 2010 Rn. 83.

von Geld ein von vornherein feststehender Gewinn versprochen, fehlt dem Vertrag dagegen der Spielcharakter.[264]

Da es bei der Auslegung der ARB auf das Verständnis eines durchschnittlichen VN ankommt, kann der Begriff des Spiels in Abs. 2 lit. f) über denjenigen in § 762 BGB hinausgehen. Der Spielbegriff der ARB erfasst daher auch sog. »**Schenkkreise**«, die nach dem **Schneeballsystem** organisiert sind.[265] Denn derartige Gestaltungen werden im allgemeinen Sprachgebrauch als Spiel bezeichnet.[266] Darüber hinaus können diese Vorgänge auch unter dem Aspekt des Spekulationsgeschäfts ausgeschlossen sein, da die Teilnehmer in der Regel darauf spekulieren, dass weitere Personen zum Teilnehmerkreis hinzukommen.[267] Klagen auf einen »außerkapazitären« **Studienplatz** (vgl. dazu auch § 2 Rdn. 96) werden dagegen auch dann nicht vom Begriff des Spiels erfasst, wenn die Zuteilung des Studienplatzes im Losverfahren erfolgt. Losverfahren haben zwar durchaus aleatorischen Charakter. Der Grundgedanke des Risikoausschlusses besteht jedoch darin, dass der VN kein berechtigtes Interesse an der Gewährung von Rechtsschutz hat, weil Spiel und Wette bloße Naturalobligationen begründen (s. oben Rdn. 111). Dieser Gedanke trifft auf Studienplatzklagen nicht zu. Außerdem betrifft die Rechtsverfolgung nicht das Losverfahren als solches, sondern zielt allein auf die Aufhebung des Ablehnungsbescheids ab.[268] 115

cc) Wettverträge

Bei einer Wette versprechen sich mehrere Personen zur **Bekräftigung einer Behauptung** die Zahlung einer Geldsumme; diese soll demjenigen zustehen, dessen Behauptung zutrifft.[269] Der Risikoausschluss erfasst nicht nur Streitigkeiten bezüglich des Einlösens der Wette, sondern auch solche über den internen Ausgleich in der Wettgemeinschaft.[270] 116

c) Gewinnzusagen

Auch bei den Gewinnzusagen kann auf den entsprechenden Begriff des § 661a BGB zurückgegriffen werden. Unter einer Gewinnzusage versteht man die Mitteilung eines 117

264 LG Berlin r+s 1990, 20, 21.

265 OLG Hamm NJW-RR 2007, 1433; AG Frankfurt VersR 2008, 777; AG Stuttgart VersR 2008, 915, 916; AG Köln VersR 2007, 1366; Harbauer/*Maier*, § 3 ARB 2010 Rn. 126; P/M/*Piontek*, § 3 ARB 2010 Rn. 48; S/H/W/*Brünger*, § 3 ARB 2010 Rn. 49.

266 AG Frankfurt VersR 2008, 777; L/W/*Obarowski*, Kap. 48 Rn. 218. Der BGH (NJW 2008, 1942, 1943) geht im Übrigen von der Anwendbarkeit des § 762 BGB auf Schenkkreise und andere Schneeballsysteme aus.

267 OLG Hamm NJW-RR 2007, 1433; Harbauer/*Maier*, § 3 ARB 2010 Rn. 126.

268 Vgl. OLG Celle NJOZ 2007, 2792, 2799 (in VersR 2007, 1218 insoweit nicht abgedruckt); *Looschelders*, Freundesgabe Pallme König, S. 223, 242; *Wendt* r+s 2010, 221, 232.

269 Vgl. OLG Karlsruhe NJW-RR 2004, 325; Grüneberg/*Retzlaff*, § 762 Rn. 3; *Looschelders*, Schuldrecht BT, § 49 Rn. 1; *Böhme*, § 4 ARB 75 Rn. 22; *Bendermacher/Keune* VersR 2011, 972, 975 f.

270 LG Köln r+s 1984, 201; *Böhme*, § 4 ARB 75 Rn. 22; P/M/*Piontek*, § 3 ARB 2010 Rn. 48.

Unternehmers an einen Verbraucher, die bei Letzterem den Eindruck erweckt, dass er einen Preis gewonnen hat.[271] Auf die Differenzierung zwischen Gewinnzusagen i.e.S. und »vergleichbaren Mitteilungen« kommt es bei § 661a BGB nicht an; entscheidend ist, dass der Unternehmer dem Verbraucher den Eindruck vermittelt, er habe den Preis **schon sicher gewonnen.**[272] Diese Überlegung muss auch im Rahmen des Abs. 2 lit. f) gelten, zumal der allgemeine Sprachgebrauch nicht zwischen »echten« Gewinnzusagen und vergleichbaren Mitteilungen unterscheidet. Der Risikoausschluss beruht darauf, dass die geltend gemachten Summen oft sehr hoch und die Erfolgsaussichten meist nur gering sind.[273] Da Gewinnzusagen kein aleatorisches Element aufweisen und auch keine bloßen Naturalobligationen sind, lassen sie sich nicht als Spiel oder Wette qualifizieren. Dies hat die eigenständige Nennung der Gewinnzusagen im Rahmen des Abs. 2 lit. f) erforderlich gemacht (s. oben Rdn. 110).

d) Termin- und ähnliche Spekulationsgeschäfte

aa) Termingeschäfte

118 § 2 II Nr. 1 WpHG **definiert** Termingeschäfte als Kauf, Tausch oder anderweitig ausgestaltete Festgeschäfte oder Optionsgeschäfte, die zeitlich verzögert zu erfüllen sind und deren Wert sich unmittelbar oder mittelbar vom Preis eines Basiswertes ableitet, der markt-, börsen- oder kursbedingten Schwankungen unterliegt.[274] Dabei wird auf die Wertdifferenz zwischen Erwerbszeitpunkt und Beendigung des Geschäfts abgestellt.[275] Es geht also um eine **Spekulation** auf künftige Gewinne durch Steigen oder Fallen des Basiswertes. Ob die Parteien eine effektive Erfüllung oder die Zahlung eines Differenzausgleichs vereinbart haben, ist irrelevant.[276] Im Gegensatz zu § 764 BGB a.F. stellt § 37e WpHG klar, dass Termingeschäfte **keine Naturalobligationen** i.S.d. § 762 BGB darstellen. Der Ausschluss rechtfertigt sich aber aus den hohen finanziellen Risiken solcher Geschäfte.[277] Den anderen Mitgliedern der Versichertengemeinschaft ist eine Beteiligung hieran nicht zumutbar.

---

271 Staudinger/*Bergmann* (2020), § 661a BGB Rn. 25; *Looschelders*, Schuldrecht BT, § 38 Rn. 12.

272 Staudinger/*Bergmann* (2020), § 661a BGB Rn. 38.

273 Harbauer/*Maier*, § 3 ARB 2010 Rn. 129; L/W/*Obarowski*, Kap. 48 Rn. 220.

274 Vgl. OLG München VersR 2009, 498; OLG Karlsruhe NJW-RR 2004, 325; Schwark/Zimmer/*Kumpan*, KMKR, 4. Aufl. 2010, § 2 WpHG Rn. 34 ff.; aus steuerrechtlicher Sicht Blümich/*Ratschow*, EStG, KStG, GewStG, 135. Aufl. 2017; § 20 EStG Rn. 367 ff.

275 Blümich/*Ratschow*, aaO., § 20 EStG Rn. 372.

276 Schwark/Zimmer/*Kumpan*, KMKR, 4. Aufl. 2010, § 2 WpHG Rn. 34; enger Harbauer/*Maier*, § 3 ARB 2010 Rn. 129, wonach es maßgeblich auf die Absicht ankommt, im Termin nicht wirklich zu liefern.

277 Zu diesen Risiken BGHZ 150, 164, 168 f.; OLG Karlsruhe NJW-RR 2004, 325, 326.

bb) Vergleichbare Spekulationsgeschäfte

Bei den sonstigen Spekulationsgeschäften kommt es nicht auf den weiten steuerrechtlichen Begriff des Spekulationsgeschäfts (§ 23 EStG a.F.) an.[278] Entscheidend ist vielmehr die **Vergleichbarkeit mit Termingeschäften.** Spekulationsgeschäfte i.S.d. Abs. 2 lit. f) sind daher in der Regel ebenfalls auf Terminbasis abgeschlossen und dienen der Gewinnerzielung aus Kurs- und Marktschwankungen, ohne dass ein tatsächlicher Leistungsaustausch erfolgen soll.[279] Der Erwerb von Genussscheinen, Aktien oder Fonds stellt vor diesem Hintergrund kein Spekulationsgeschäft i.S.d. ARB dar.[280] Das Gleiche gilt für die Beteiligung an einem geschlossenen Immobilienfonds.[281] Nach den aktuellen ARB greift in diesen Fällen jedoch der Ausschluss für Geschäfte über Wertpapiere, Wertrechte und Beteiligungen ein. 119

Der Risikoausschluss umfasst nicht nur **vertragliche** Ansprüche aus dem Bereich der Termin- und Spekulationsgeschäfte, sondern auch **vorvertragliche** und **deliktische** Ansprüche.[282] 120

Abs. 2 lit. f) verlangt nicht, dass der Rechtsstreit auf den **spezifischen Risiken** von Spekulationsgeschäften beruht. Es genügt, dass der Eintritt des Versicherungsfalles in einem inneren sachlichen, **nicht nur zufälligen Zusammenhang** mit dem Spekulationsgeschäft steht.[283] Diese Voraussetzung liegt nicht vor, wenn der VN Schadensersatzansprüche wegen Veruntreuung des überlassenen Geldes oder wegen einer Amtspflichtverletzung in Bezug auf die **Veruntreuung** geltend macht.[284] Das Gleiche gilt für den Fall, dass der Anlagevermittler dem Anleger das Geld bei der Vorbereitung des Geschäftes entwendet.[285] 121

e) Wertpapiere, vergleichbare Wertrechte, Beteiligungen und deren Finanzierung

aa) Geschäfte über Wertpapiere und vergleichbare Wertrechte

Nach den ARB 2008/10 umfasst der Risikoausschluss des Abs. 2 lit. f) auch Geschäfte über Wertpapiere, vergleichbare Wertrechte und Beteiligungen. Der Begriff des **Wertpapiers** wird durch den Klammerzusatz (Aktien, Rentenwerte, Fondsanteile) konkretisiert. Der Ausdruck »z.B.« macht deutlich, dass diese Aufzählung nicht abschließend 122

---

278 OLG Karlsruhe NJW-RR 2004, 325, 326; Harbauer/*Maier*, § 3 ARB 2010 Rn. 132; VersHb/*Obarowski*, § 45 Rn. 317; *Bendernacher/Keune* VersR 2011, 972, 976.

279 OLG München VersR 2009, 498; LG Düsseldorf r+s 2008, 418, 419; Harbauer/*Maier*, § 3 ARB 2010 Rn. 132; van Bühren/Plote/*Plote*, § 3 ARB 2010 Rn. 88; *Wendt* r+s 2012, 209, 218.

280 OLG Karlsruhe NJW-RR 2004, 325, 326; OLG Hamm r+s 2011, 471; *Bauer* NJW 2012, 1698, 1700.

281 Vgl. *Bendermacher/Keune* VersR 2011, 972, 976.

282 *Prölss* r+s 2005, 225, 233.

283 *Wendt* r+s 2012, 209, 218.

284 LG Düsseldorf r+s 2008, 418, 419 f.; P/M/*Piontek*, § 3 ARB 2010 Rn. 53; *Looschelders* VersR 2021, 1397, 1403.

285 LG Kaiserslautern NJW-RR 2005, 1113.

ist. Daher werden auch Geschäfte über Zertifikate oder Genussscheine von dem Risikoausschluss erfasst.[286]

123 Durch die Einbeziehung der Wertpapiere in den Risikoausschluss wird eine bedeutsame Lücke in den älteren ARB geschlossen. Ob **Zertifikate** als Spekulationsgeschäfte gewertet werden können, war eine Frage des Einzelfalls.[287] Der Fall der »Lehman-Zertifikate« hat jedoch gezeigt, dass auch hier Streitigkeiten mit hohen Streitwerten entstehen können, die nur eine untergeordnete Anzahl von Personen betrifft. Es entspricht daher dem Schutzzweck des § 3 ARB, dass auch solche Streitigkeiten vom Versicherungsschutz ausgenommen sind.

124 Der Ausschluss nach Abs. 2 lit. f) gilt auch für **Wertrechte**, sofern diese den Wertpapieren gleichstehen. Der Unterschied zu Wertpapieren liegt darin, dass Wertrechte nicht in einer Wertpapierurkunde verbrieft sind, sondern in ein Schuldbuch eingetragen werden. Wichtigste Beispiele sind Bundesschatzbriefe, Finanzierungsschätze und Bundesanleihen.[288]

bb) Geschäfte über Beteiligungen

125 Auch der Begriff der **Beteiligungen** verstößt nach Ansicht des BGH nicht gegen das Transparenzgebot. Der Senat stellt darauf ab, dass »der im Ansatz sehr weite Begriff« aufgrund seiner systematischen Stellung den Kapitalanlagen zugeordnet werden kann.[289] Außerdem wird der Begriff durch die Nennung von Beispielen verdeutlicht. Der Ausschluss gilt also nicht für Beteiligungen an Fahrgemeinschaften.[290] Durch die Einbeziehung von Kapitalanlagemodellen und stillen Gesellschaften wird eine Lücke geschlossen, die beim Ausschluss gem. Abs. 1 lit. d) besteht. Insbesondere sind damit auch Beteiligungen an geschlossenen **Immobilienfonds** – unabhängig von den Voraussetzungen des Abs. 1 lit. d) – erfasst.[291] Das Gleiche gilt für Beteiligungen an Schiffs- oder Filmfonds.[292]

126 Im Anschluss an eine Entscheidung des Versicherungsombudsmanns[293] wird teilweise die Auffassung vertreten, der Risikoausschluss erfasse **jede Form der Kapitalanlage** und damit auch die Anlage auf einem **Tagesgeldkonto**.[294] Diese Auffassung kann jedoch zumindest auf der Grundlage der ARB 2010 nicht überzeugen.[295] Abs. 2 lit. f) enthält keinen generellen Ausschluss für die Wahrnehmung rechtlicher Interessen bei **Kapital-**

286 Vgl. Harbauer/*Maier*, § 3 ARB 2010 Rn. 135; P/M/*Piontek*, § 3 ARB 2010 Rn. 54.
287 Vgl. dazu Harbauer/*Maier*, § 3 ARB 2010 Rn. 130.
288 Harbauer/*Maier*, § 3 ARB 2000 Rn. 137; HK-VVG/*Münkel*, § 3 ARB 2010 Rn. 16.
289 BGH VersR 2013, 853, 855 m. Anm. *Wandt*.
290 Van Bühren/Plote/*Plote*, § 3 ARB 2010 89a.
291 *Bendermacher/Keune* VersR 2011, 972, 976.
292 Harbauer/*Maier*, § 3 ARB 2000 Rn. 136.
293 Versicherungsombudsmann VersR 2009, 1487.
294 S/H/W/*Brünger*, § 3 ARB 2010 Rn. 52.
295 Die Entscheidung des Versicherungsombudsmanns bezieht sich auf eine andere Fassung der Klausel.

anlagen, sondern beschränkt sich auf **Beteiligungen**, z.B. an Kapitalanlagemodellen. Die Anlage auf einem Tagesgeldkonto ist nach dem Verständnis eines durchschnittlichen VN nicht als eine solche Beteiligung anzusehen.[296]

In unternehmenseigenen Klauseln findet sich nicht selten ein Risikoausschluss für 127 **»Streitigkeiten aus Kapitalanlagegeschäften aller Art und deren Finanzierung«**. Ob der Risikoausschluss bei einer so weiten Fassung wirksam ist, war zunächst streitig.[297] Der BGH hat die Wirksamkeit einer solchen Klausel aber bejaht.[298] Dabei hat der Senat zunächst klargestellt, dass der Begriff **»Kapitalanlagegeschäft«** kein fest umrissener Begriff der Rechtsprache ist. Maßgeblich ist daher das Verständnis eines durchschnittlichen VN.[299] Dieser wird dem Begriff aufgrund des allgemeinen Sprachgebrauchs entnehmen, dass es sich um Verträge handle, die eine Kapitalanlage zum Gegenstand haben. Als Anlage von Kapital ist danach jeder Einsatz von zur Verfügung stehendem Geldvermögen anzusehen, der nicht zum Verbrauch, sondern zum Zweck des Erhalts oder der Vermehrung des Vermögens erfolgt.[300] Der Zusatz **»aller Art«** macht zudem deutlich, dass der Ausschluss nicht auf bestimmte Gegenstände oder Vertragstypen beschränkt ist. Auf der anderen Seite wird ein durchschnittlicher VN dem Sinn und Zweck des Risikoausschlusses nach Ansicht des BGH aber auch entnehmen, dass es dem Versicherer darum gehe, die erfahrungsgemäß besonders kostenträchtigen Risiken und im Kostenrisiko schwer überschaubaren und kaum kalkulierbaren Streitigkeiten im Bereich der Kapitalanlagegeschäfte vom Versicherungsschutz auszunehmen. Diese Beschränkung würde dadurch zum Ausdruck gebracht, dass nur Streitigkeiten **»aus«** Kapitalanlagegeschäften erfasst sind. Man kann dies auch dahingehend formulieren, dass die Streitigkeit ihren **Ursprung** jedenfalls auch **im Anlagecharakter** des Geschäfts haben muss.[301] Im gleichen Sinne spricht das OLG Düsseldorf davon, dass mit dem Kapitalanlagegeschäft »jedenfalls ein innerer, sachlicher Zusammenhang von nicht nur untergeordneter Bedeutung« bestehen muss.[302] Bei diesem engen Verständnis ist die Klausel weder intransparent noch führt sie zu einer Aushöhlung des Leistungsversprechens des Versicherers.[303] Im konkreten Fall ist der BGH zu dem Ergebnis gelangt, dass der Risikoausschluss auch für die Geltendmachung eines Anspruchs auf Rückabwicklung einer **fondsgebundenen Lebensversicherung** nach Widerspruch gemäß § 5a VVG a.F. gilt. Streitigkeiten im Zusammenhang mit der Anlage von Geld auf einem **Tagesgeldkonto** beruhen dagegen im Allgemeinen nicht auf dem spezifischen Kapital-

296 So auch P/M/*Piontek*, § 3 ARB 2010 Rn. 54a; B/M/*Bruns/Rapp*, § 3 ARB Rn. 62.
297 Vgl. Voraufl. § 3 ARB 2010 Rdn. 126.
298 BGH VersR 2019, 811 = NJW 2019, 2172 Rn. 26; ebenso schon OLG Düsseldorf r+s 2015, 18; eingehend dazu *Looschelders* VersR 2021, 1397 ff.; vgl. auch *Maier* r+s 2023, 241 ff.
299 BGH VersR 2019, 811 = NJW 2019, 2172 Rn. 19.
300 BGH VersR 2019, 811 = NJW 2019, 2172 Rn. 22; hieran anknüpfend OLG Oldenburg BeckRS 2022, 40810 Rn. 12 ff.; ähnlich schon OLG Düsseldorf r+s 2015, 18, 20.
301 BGH VersR 2019, 811 = NJW 2019, 2172 Rn. 25; LG Düsseldorf VersR 2021, 1427.
302 OLG Düsseldorf r+s 2024, 121 Rn. 35.
303 BGH VersR 2019, 811 = NJW 2019, 2172 Rn. 26; OLG Düsseldorf r+s 2024, 121 Rn. 32 ff.; VersHb/*Obarowski*, § 45 Rn. 325.

anlagerisiko und werden daher bei der gebotenen engen Auslegung der Kapitalanlageausschlussklausel von dieser nicht erfasst.[304]

128 Lebhaft diskutiert wird in neuerer Zeit die Frage, nach welchen Kriterien das vom Versicherungsschutz ausgenommene **Kapitalanlagerisiko** vom **allgemeinen Betrugsrisiko** abzugrenzen ist. Hier lassen sich zwei Konstellationen unterscheiden. Auf der einen Seite stehen die Fälle, in denen der vom VN investierte Betrag zu keinem Zeitpunkt am Kapitalmarkt platziert wird. Das Inaussichtstellen der Kapitalanlage dient vielmehr als bloßes **Lockmittel**, um dem anderen Teil die Verfügungsmacht über den täuschungsbedingt überlassenen Betrag zu verschaffen. Die Streitigkeit resultiert in diesen Fällen nicht »aus« einer Kapitalanlage und steht mit einer solchen auch nicht in einem inneren Zusammenhang. Es verwirklicht sich vielmehr das allgemeine Betrugsrisiko. Dies hat zur Folge, dass der Kapitalanlageausschluss nicht anwendbar ist.[305] Nicht von Kapitalanlageausschluss erfasst wird auch der Fall, dass der VN Schadensersatzansprüche wegen **Trickdiebstahls** bei der Anbahnung eines Kapitalanlagegeschäfts geltend macht.[306] Hiervon zu unterscheiden sind solche Fälle, in denen ein zunächst funktionsfähiges Anlagemodell von den Verantwortlichen in ein betrügerisches »**Schneeballsystem**« umgewandelt wird. Eine solche Entwicklung gehört zu den spezifischen Risiken einer Kapitalanlage und wird daher von dem Risikoausschluss erfasst.[307] Das Gleiche gilt für die Schädigung von Anlegern durch **Bilanzmanipulationen**.[308] Der Risikoausschluss umfasst in diesen Fällen auch die Geltendmachung von Schadensersatzansprüchen gegen ein **Wirtschaftsprüfungsunternehmen** wegen (angeblich) unzureichender Kontrolle des betroffenen Unternehmens.[309] Dass der Eintritt des Schadens bei den Anlegern durch pflichtwidriges Verhalten der Wirtschaftsprüfer ermöglicht oder erleichtert wird, gehört nämlich aus Sicht eines durchschnittlichen VN zu den spezifischen Risiken eine Kapitalanlage. Der Risikoausschluss umfasst dabei auch Schadensersatzansprüche aus **allgemeinem Deliktsrecht** (z.B. §§ 823 II BGB i.V.m. § 263 StGB, 826 BGB) und **sonderdeliktsrechtlichen Tatbeständen** (z.B. §§ 97, 98 WpHG).[310]

---

304 So auch P/M/*Piontek*, § 3 ARB 2010 Rn. 54a.

305 So auch OLG Düsseldorf BeckRS 2017, 151913 Rn. 31 ff.; BeckRS 151988 Rn. 88 ff.; LG Düsseldorf VersR 2021, 1427, 1428; P/M/*Piontek*, § 3 ARB 2010 Rn. 54b; VersHb/*Obarowski*, § 45 Rn. 325a; *Looschelders* VersR 2021, 1397, 1399 f.; krit. *Niebel* r+s 2019, 568, 574.

306 Vgl. *Looschelders* VersR 2021, 1397, 1400.

307 P/M/*Piontek*, § 3 ARB 2010 Rn. 54b; VersHb/*Obarowski*, § 45 Rn. 325a; eingehend dazu mit Blick auf Anlagen bei der P&G-Gruppe (Schiffscontainer) und der Wirecard AG *Looschelders* VersR 2021, 1397 ff.; *Maier* r+s 2023, 241 Rn. 17 ff.; nicht überzeugend insoweit LG Düsseldorf VersR 2021, 1427, 1428.

308 OLG Düsseldorf r+s 2024, 121.

309 OLG Düsseldorf r+s 2024, 121; LG Düsseldorf, Urt. v. 08.06.2021 – 9 O 232/20 –, juris Rn. 25; *Looschelders* VersR 2021, 1397, 1405; *Maier* r+s 2023, 241, 245. Die Deckung kann in diesen Fällen dagegen nicht nach § 3a ARB 2010 wegen fehlender Erfolgsaussicht oder Mutwilligkeit der Rechtsverfolgung abgelehnt werden, OLG Karlsruhe VersR 2022, 760.

310 Vgl. OLG Düsseldorf r+s 2024, 121 Rn. 5; *Looschelders* VersR 2021, 1397, 1404.

Das OLG München hatte über die Wirksamkeit einer Klausel zu entscheiden, wonach der Rechtsschutz »für die Wahrnehmung rechtlicher Interessen in ursächlichem Zusammenhang mit der Anschaffung oder Veräußerung von **Effekten** (z.B. Anleihen, Aktien, Investmentanteilen) sowie der Beteiligung an Kapitalanlegemodellen, auf welche die **Grundsätze der Prospekthaftung** anwendbar sind (z.B. Abschreibungsgesellschaften, Immobilienfonds)«, ausgeschlossen ist.[311] Nach Ansicht des Gerichts verstößt eine solche Klausel gegen das Transparenzgebot des § 307 I 2 BGB. Das Gericht verweist dabei darauf, dass der Begriff der »**Effekten**« keinen eindeutigen Inhalt habe. Trotz des Klammerzusatzes könne der durchschnittliche VN auch nicht die Reichweite des Ausschlusses von »Beteiligungen an Kapitalanlegemodellen, auf welche die Grundsätze der **Prospekthaftung** anwendbar sind«, erkennen. Die Klausel sei daher in vollem Umfang unwirksam. Dieser Auffassung hat sich in einer späteren Entscheidung das OLG Düsseldorf angeschlossen.[312] Demgegenüber hat das OLG Frankfurt die »Effektenklausel« für hinreichend transparent erachtet und nur die »Prospekthaftungsklausel« nach § 307 BGB für unwirksam erklärt.[313] 129

Der BGH hat sich in zwei Entscheidungen vom 8.5.2013 der Auffassung des OLG München und des OLG Düsseldorf angeschlossen und **beide Klauseln** für **unwirksam** erklärt.[314] Dabei hat das Gericht darauf abgestellt, dass der durchschnittliche VN den Klauseln nicht hinreichend klar entnehmen könne, welche Geschäfte von dem Ausschluss erfasst sind. Die Anknüpfung an den allgemeinen Sprachgebrauch wird damit gerechtfertigt, dass es sich weder bei den »Effekten« noch bei den »Grundsätzen der Prospekthaftung« um fest umrissene Begriffe der Rechtssprache handelt. Die Entscheidung hat für die Praxis große Bedeutung, weil die Klauseln in neuerer Zeit insbesondere bei den Rechtsstreitigkeiten im Zusammenhang mit dem Erwerb von »Lehman-Zertifikaten« relevant geworden sind. 130

cc) Finanzierung der genannten Geschäfte

Der Ausschluss erfasst nicht nur den Ankauf, die Veräußerung und die Verwaltung von Wertpapieren, vergleichbaren Wertrechten und Beteiligungen, sondern auch alle Verträge, die der Finanzierung dieser Geschäfte dienen. Er gilt damit auch für Rechtsstreitigkeiten wegen **Beratungsfehlern** beim Abschluss eines Gelddarlehens, das der VN zur Finanzierung seiner Beteiligung an einem Anlagemodell (z.B. Immobilienfonds) aufgenommen hat.[315] 131

311 OLG München VersR 2012, 477.

312 OLG Düsseldorf FD-VersR 2012, 337519 (LS) = BeckRS 2012, 20018.

313 OLG Frankfurt a.M. VersR 2012, 757; dazu *Grams* FD-VersR 2012, 331597; ebenso zur »Effektenklausel« OLG Stuttgart v. 26.4.2012 – 2 U 118/11, das über die Prospekthaftungsklausel nicht zu entscheiden hatte.

314 BGH v. 8.5.2013 – IV ZR 84/12, VersR 2013, 995 = NJW 2013, 2739 und IV ZR 174/12, r+s 2013, 334; vgl. dazu L/W/*Obarowski*, Kap. 48 Rn. 223; *Looschelders*, Düsseldorfer Vorträge 2014, S. 35, 50.

315 *Bendermacher/Keune* VersR 2011, 972, 976.

f) ARB 2012/2019/2021

132 Die ARB 2012/2019/2021 regeln die Ausschlusstatbestände des § 3 II lit. f) ARB 2010 in Ziff. 3.2.8 und Ziff. 3.2.9. Die erstere Klausel enthält einen Risikoausschluss für alle Streitigkeiten, die in einem **ursächlichen Zusammenhang** mit dem Erwerb, der Veräußerung, der Verwaltung und der Finanzierung von **Kapitalanlagen** stehen. Der Begriff der Kapitalanlage ist in einem weiten Sinne zu verstehen.[316] Dazu gehören insbesondere Geschäfte über Wertpapiere, Wertrechte und Beteiligungen an Kapitalanlagemodellen etc. Die gesonderte Aufführung dieser Geschäfte ist daher entbehrlich, wodurch die Transparenz der Klausel deutlich erhöht wird. Damit entfallen auch die Probleme mit der »Effektenklausel« (oben Rdn. 129). Im Einklang mit der Rechtsprechung des BGH zu entsprechenden unternehmenseigenen Klauseln (oben Rdn. 127) ist daher von der **Wirksamkeit** von Ziff. 3.2.8 ARB 2012/2019/2021 auszugehen.[317] Der Risikoausschluss gilt auch für Ansprüche aus **Prospekthaftung** im Zusammenhang mit einer späteren Kapitalanlage.[318] Der Risikoausschluss muss nach seinem Sinn und Zweck aber auf die erfahrungsgemäß besonders kostenträchtigen Risiken und im Kostenrisiko schwer überschaubaren und kaum kalkulierbaren Streitigkeiten im Bereich der Kapitalanlagegeschäfte beschränkt bleiben (oben Rdn. 127). Welche Kapitalanlagen danach nicht erfasst werden, kann im Einzelfall allerdings zweifelhaft sein. Ziff. 3.2.8 ARB 2012/2019/2021 sieht daher vor, dass die Versicherer optional bestimmte Kapitalanlagen benennen können, die nicht von dem Ausschluss erfasst werden. Eine solche Regelung bietet sich insbesondere für **risikoärmere Anlagen** wie Sparbücher, Tagesgeld- und Festgeldkonten, Anlagen von vermögenswirksamen Leistungen oder Anlagen in Lebens- und Rentenversicherungen an.[319] Nach der hier vertretenen Auffassung (oben Rdn. 127) sind solche Regelungen aber nur deklaratorisch.

133 Ziff. 3.2.9 ARB 2012/2019/2021 schließt den Versicherungsschutz für **Spiel- und Wettverträge** und **Gewinnzusagen** aus. Insoweit gelten die gleichen Erwägungen wie bei § 3 II lit. f) ARB 2010. Für **Termin-** und **vergleichbare Spekulationsgeschäfte** ist dagegen kein Risikoausschluss mehr vorgesehen. Die damit verbundene Erweiterung des Versicherungsschutzes dürfte durch den weiten Ausschluss für Kapitalanlagen nicht vollständig kompensiert werden.

134 Als neuen Ausschlusstatbestand nennt Ziff. 3.2.9 ARB 2012/2019/2021 Streitigkeiten im ursächlichen Zusammenhang mit der **Vergabe von Darlehen.**[320] Die Einordnung dieses Tatbestandes bei den aleatorischen Geschäften erscheint zwar fragwürdig. Da die Vergabe von Darlehen mit erheblichen Risiken verbunden ist, bestehen gegen die Wirksamkeit der Klausel aber keine AGB-rechtlichen Bedenken. Wichtig ist, dass der

---

316 So auch *Hering* ZfS 2013, 4, 8: »alle möglichen Kapitalanlageformen«.

317 So auch VersHb/*Obarowski*, § 45 Rn. 325.

318 So auch *Maier* r+s 2013, 105, 109.

319 VersHb/*Obarowski*, § 45 Rn. 324. Vgl. auch die amtliche Anmerkung zu Ziff. 3.2.8 ARB 2012/2019/2021.

320 Vgl. *Maier* r+s 2013, 105, 109.

Ausschluss nicht für Streitigkeiten gilt, die in einem ursächlichen Zusammenhang mit der **Aufnahme** von Darlehen stehen.

8. Bereich des Familien-, Lebenspartnerschafts- und Erbrechts (Abs. 2 lit. g)

Der Ausschluss für den Bereich des Familien-, Lebenspartnerschafts und Erbrechts 135 bezieht sich auf Materien, die nicht für nur wenige VN relevant sind. Indessen handelt es sich um **besonders streitanfällige Rechtsverhältnisse**, die stark durch **subjektive Gegebenheiten** geprägt sind und große Missbrauchsrisiken aufweisen.[321] Außerdem ist das **Kostenrisiko** teilweise (insbesondere im Erbrecht) hoch und für den Versicherer schwer zu kalkulieren.[322]

a) Familienrecht

Der Ausschlusstatbestand erfasst zunächst alle Streitigkeiten, deren Schwerpunkt im 136 Bereich des Familienrechts liegt. Bei der Auslegung ist auf den materiellen Begriff des Familienrechts abzustellen; die prozessuale Zuordnung zu den Familiensachen (§ 23b GVG) ist nicht erforderlich.[323] Das Familienrecht umfasst alle Rechtsverhältnisse, die materiell in den Bereich des 4. Buchs des BGB fallen. Dazu gehören alle Rechtsverhältnisse vom **Verlöbnis**[324] über die **Ehe** bis hin zur **Scheidung** und zu den **nachehelichen Beziehungen** (insbesondere Unterhalt nach §§ 1569 ff. BGB). Darüber hinaus werden die **verwandtschaftlichen Beziehungen** zwischen Personen, insbesondere das Eltern-/Kind-Verhältnis erfasst. Einen dritten Bereich bilden die Vormundschaft und Pflegschaft sowie die Betreuung. Diese Institute weisen inhaltlich zwar nur einen mehr oder weniger starken Bezug zum Begriff der »Familie« auf; sie sind aber nicht nur nach der Systematik des BGB,[325] sondern auch nach dem Verständnis eines durchschnittlichen VN dem Bereich des Familienrechts zugeordnet. Für den Ausschluss genügt, dass die Streitigkeit den »Bereich« des Familienrechts betrifft. Ob es um die Begründung oder Aufhebung eines familienrechtlichen Verhältnisses oder um Unterhalts-, Ausgleichs- oder Schadensersatzansprüche geht, ist unerheblich.

Das heißt allerdings nicht, dass sämtliche Rechtsstreitigkeiten zwischen Ehegatten oder 137 Verwandten (z.B. aus Vertrag oder Delikt) nach Abs. 2 lit. g) ausgeschlossen sind. Der Ausschluss setzt vielmehr voraus, dass der **Schwerpunkt** des Streits bei spezifisch familienrechtlichen Fragen liegt. Der Streit muss seine Ursache in der ehelichen Lebensgemeinschaft haben.[326] Diese Voraussetzung liegt nicht vor, wenn ein Ehegatte den anderen auf Rückgewähr einer **Schenkung** in Anspruch nimmt, die er nach § 531 BGB

321 Vgl. OLG München VersR 2016, 985; Harbauer/*Maier*, § 3 ARB 2010 Rn. 142.
322 OLG Karlsruhe r+s 2008, 71.
323 AG Düsseldorf r+s 2006, 231; Harbauer/*Maier*, § 3 ARB 2010 Rn. 143; *Hachenberg* NZFam 2019, 811 (812).
324 Speziell zum Verlöbnis AG Düsseldorf r+s 2006, 231.
325 Zur Systematik vgl. MünchKommBGB/*Koch*, Einl. Familienrecht Rn. 53.
326 Harbauer/*Maier*, § 3 ARB 2010 Rn. 144.

wegen groben Undanks widerrufen hat.[327] Die Rückabwicklung **unbenannter Zuwendungen** unter Ehegatten weist dagegen einen engeren Bezug zum Familienrecht auf, weil solche Zuwendungen dadurch gekennzeichnet sind, dass sie der Verwirklichung, Ausgestaltung, Erhaltung oder Sicherung der ehelichen Lebensgemeinschaft dienen.[328] Auf der anderen Seite ergibt sich die Lösung nicht aus den Vorschriften des 4. Buchs des BGB, sondern aus den Regeln über die Störung der Geschäftsgrundlage (§ 313 BGB); hier dürfte im Allgemeinen auch der Schwerpunkt des Rechtsstreits liegen. Es ist daher davon auszugehen, dass der Risikoausschluss sich auch nicht auf Rechtsstreitigkeiten über die Rückabwicklung unbenannter Zuwendungen erstreckt.

138 Nach einer Trennung oder Scheidung wird unter Ehegatten oft über den **Ausgleich von Leistungen** gestritten, welche ein Ehegatte aufgrund einer gemeinschaftlichen vertraglichen Verpflichtung (§ 427 BGB, z.B. Mietvertrag, Darlehen) erbracht hat. Die Ausgleichsansprüche der Ehegatten beurteilen sich in solchen Fällen nach schuldrechtlichen Vorschriften, insbesondere § 426 BGB.[329] Bei der Anwendung dieser Vorschriften können zwar die besonderen Verhältnisse im Rahmen der ehelichen Lebensgemeinschaft relevant werden; dies ändert jedoch nichts daran, dass der Schwerpunkt des Rechtsstreits im Schuldrecht liegt.[330] Das Gleiche gilt für Rechtsstreitigkeiten über die Auseinandersetzung einer **BGB-Gesellschaft** oder einer **Miteigentumsgemeinschaft** zwischen Ehegatten anlässlich der Trennung.[331] Der Risikoausschluss des Abs. 2 lit. g) ist daher auf all diese Rechtstreitigkeiten nicht anwendbar. Der Versicherungsschutz kann hier aber nach Abs. 4 lit. a) oder lit. b) ausgeschlossen sein.[332]

139 In der Literatur wird die Ansicht vertreten, der Risikoausschluss gelte auch für den Fall, dass der Gläubiger den Ehegatten seines Vertragspartners nach **§ 1357 BGB** in Anspruch nimmt. Zur Begründung wird darauf verwiesen, dass § 1357 BGB eine familienrechtliche Norm sei.[333] Dies ist zwar richtig, ändert aber nichts daran, dass es sich nicht um eine Streitigkeit zwischen den Ehegatten (bzw. aus dem Bereich der Ehe) handelt. Im Vordergrund stehen vielmehr vertragsrechtliche Fragen, so dass der Risikoausschluss nicht eingreift.[334]

140 Nicht zum Bereich des Familienrechts gehören Rechtsstreitigkeiten zwischen den Partnern einer **nichtehelichen Lebensgemeinschaft.** Dies gilt auch dann, wenn der Streit

---

327 OLG Hamm VersR 1983, 1025; Buschbell/Hering/*Buschbell*, § 7 Rn. 107.

328 Vgl. BGHZ 116, 167, 169 ff.; *Looschelders*, Schuldrecht BT, § 18 Rn. 23.

329 Zu den Einzelheiten vgl. Staudinger/*Looschelders* (2022), § 426 BGB Rn. 203 ff.

330 Vgl. OLG Saarbrücken FamRZ 2003, 95, 96; r+s 2014, 412, 413; LG Kassel VersR 1994, 1418; LG Landau VersR 2008, 390, 391 (zu § 4 I lit. i ARB 75); LG Bremen VersR 2012, 1297, 1298; P/M/*Piontek*, § 3 ARB 2010 Rn. 59; Harbauer/*Maier*, § 3 ARB 2010 Rn. 143 f.

331 Vgl. OLG Köln r+s 1991, 419, 421 zu § 4 I lit. i) ARB 75; Buschbell/Hering/*Buschbell*, § 7 Rn. 107.

332 Vgl. OLG Frankfurt a.M. VersR 2006, 111 (betr. Gesamtschuldnerausgleich unter geschiedenen Ehegatten).

333 So Harbauer/*Maier*, § 3 ARB 2010 Rn. 144.

334 AG Rastatt VersR 1996, 1100; P/M/*Piontek*, § 3 ARB 2010 Rn. 59.

durch die spezifischen Gegebenheiten des eheähnlichen Zusammenlebens geprägt ist. In diesen Fällen muss aber geprüft werden, ob nicht der Risikoausschluss nach Abs. 4 lit. b) eingreift.[335]

b) Lebenspartnerschaftsrecht

Das Lebenspartnerschaftsrecht bezieht sich auf gleichgeschlechtliche Lebenspartner- 141
schaften i.S.d. LPartG. Auch hier sind alle Streitigkeiten vom Ausschluss erfasst, die ihren Schwerpunkt im Bereich des Lebenspartnerschaftsrechts haben. Erforderlich für den Risikoausschluss ist die **Eintragung** der Lebenspartnerschaft. Der Risikoausschluss erfasst daher keine Rechtsstreitigkeiten, die das Verhältnis zwischen nicht eingetragenen Partnern des gleichen Geschlechts betreffen. Auch hier kommt aber ein Ausschluss nach Abs. 4 lit. b) in Betracht.

c) Erbrecht

Die nähere Bestimmung des Begriffs des Erbrechts ergibt sich im Wesentlichen aus 142
dem **fünften Buch des BGB.** Nach einer verbreiteten Auffassung werden auch alle anderen Ansprüche erfasst, die durch den Tod eines Menschen hervorgerufen werden, aber ihre Grundlage nicht im fünften Buch des BGB haben.[336] Dem ist insofern zuzustimmen, als es in Randbereichen in der Tat nicht auf die systematische Zuordnung ankommen kann. So gehört auch die Erhöhung des gesetzlichen Erbrechts des überlebenden Ehegatten nach § 1371 I BGB zum Bereich des Erbrechts.[337] Im Übrigen ist jedoch zu beachten, dass Risikoausschlüsse grundsätzlich eng auszulegen sind. Der Risikoausschluss gilt daher nicht für Rechtsstreitigkeiten über die Bezugsberechtigung aus einer Lebensversicherung.[338]

Der Ausschluss ist nicht auf ein **Erbscheinerteilungsverfahren** nach § 792 ZPO anzu- 143
wenden, das der Vorbereitung einer Zwangsvollstreckung dient.[339] Der Schwerpunkt des Rechtsstreits liegt hier nicht im Erbrecht, sondern im **Zwangsvollstreckungsrecht.** Der Risikoausschluss erstreckt sich auch nicht auf Rechtsstreitigkeiten über Ansprüche oder Verbindlichkeiten des Erblassers, die nach § 1922 BGB bzw. § 1967 BGB auf den Erben übergegangen sind. Denn die Rechtsnatur des Anspruchs bzw. der Verbindlichkeit wird durch die Gesamtrechtsnachfolge nicht verändert.[340]

Rechtsstreitigkeiten betreffend eine Vermögensübertragung auf künftige Erben im 144
Wege der **vorweggenommenen Erbfolge** unterliegen nicht dem Risikoausschluss. Da es sich um ein Geschäft unter Lebenden handelt, wird ein durchschnittlicher VN nicht davon ausgehen können, dass das Geschäft dem Bereich des Erbrechts zuzuordnen

335 Vgl. van Bühren/*Schneider*, § 13 Rn. 208.
336 AG Oldenburg VersR 1987, 811; Harbauer/*Maier*, § 3 ARB 2010 Rn. 146.
337 Vgl. OLG Karlsruhe r+s 2008, 71.
338 OLG Köln r+s 1989, 21; P/M/*Piontek*, § 3 ARB 2010 Rn. 61.
339 LG Trier r+s 1988, 16; P/M/*Piontek*, § 3 ARB 2010 Rn. 62.
340 LG Karlsruhe r+s 2000, 506, 507; P/M/*Piontek*, § 3 ARB 2010 Rn. 62.

ist.[341] Das Gleiche gilt für Streitigkeiten wegen angeblicher Vertragsverletzungen bei einem **Erbschaftskauf.**[342]

d) Ausnahme für Beratungsschutz

145 § 2k) ARB gewährt in den Fällen des Familien-, Lebenspartnerschafts- und Erbrechts Beratungsrechtsschutz. Der Vorbehalt für den Beratungsschutz in Abs. 2 lit. g) stellt sicher, dass diese Regelung nicht durch den allgemeinen Risikoausschluss unterlaufen wird. Der Vorbehalt gilt nicht nur für die Erstberatung, sondern erfasst auch Folgeberatungen.[343]

9. Streitigkeiten aus dem Rechtsschutzversicherungsvertrag (Abs. 2 lit. h)

146 Der Risikoausschluss des Abs. 2 lit. h) schützt den Versicherer davor, die Wahrnehmung rechtlicher Interessen gegen sich selbst bzw. das für ihn tätige Schadenabwicklungsunternehmen (§§ 8a VAG, 126 VVG) decken zu müssen. Streitigkeiten mit demselben Unternehmen aus einem anderen als dem Rechtsschutzversicherungsvertrag sind nicht ausgeschlossen.[344] Dies ergibt sich aus dem Gedanken der **Spartentrennung** (s. Einf. Kap. 1 Rdn. 87).[345]

147 Demgegenüber waren nach § 4 I lit. h) ARB 75 noch Rechtsstreitigkeiten aus **Versicherungsverträgen aller Art** vom Versicherungsschutz ausgenommen. Die Klausel beruhte darauf, dass die Rechtsschutzversicherer nicht bereit waren, Rechtsstreitigkeiten mit anderen Versicherern zu finanzieren.[346] Ein so weitgehender Risikoausschluss widerspricht jedoch der Funktion der Rechtsschutzversicherung und erscheint auch unter dem Aspekt des § 307 II Nr. 2 BGB bedenklich.[347] In den neueren ARB wird daher zu Recht auf den generellen Ausschluss des Versicherungsvertrags-Rechtsschutzes verzichtet.

10. Steuerliche Bewertung von Grundstücken sowie Anliegerabgaben (Abs. 2 lit. i)

148 Der Ausschlusstatbestand des Abs. 2 lit. i) bezieht sich auf den Rechtsschutz für die Wahrnehmung rechtlicher Interessen in steuer- und abgabenrechtlichen Angelegenheiten vor deutschen Finanz- und Verwaltungsgerichten nach § 2 lit. e) ARB (vgl. § 2 Rdn. 70). Konkret geht es darum, Rechtsstreitigkeiten über die **steuerliche Bewertung** von Grundstücken, Gebäuden und Gebäudeteilen vom Versicherungsschutz auszunehmen, weil solche Bewertungen **besonders streitanfällig** sind. Die steuerliche Bewertung von Grundstücken, Gebäuden und Gebäudeteilen erfolgt in Deutschland

341 OLG Karlsruhe r+s 2008, 71.
342 OLG Düsseldorf VersR 2000, 579 (zu § 4 I lit. i ARB 75).
343 Vgl. *Eitel* FF 2009, 64, 67.
344 HK-VVG/*Münkel*, § 3 ARB 2010 Rn. 17; H/E/K/*Heinrichs*, 34. Kap. Rn. 327.
345 Van Bühren/Plote/*Plote*, § 3 ARB 2010 Rn. 92.
346 *Mathy* NVersZ 2001, 433: »Solidaritätsdenken der Versicherer«.
347 Krit. auch Harbauer/*Cornelius-Winkler*, § 4 ARB 75 Rn. 22; *Mathy* NVersZ 2001, 433, 434.

traditionell anhand des **Einheitswerts.**[348] Dieser ist heute noch gem. § 41 GrStG für die Bemessung der **Grundsteuer** maßgeblich. Für die **Erbschafts- und Schenkungssteuer** hat das BVerfG mit Beschluss vom 7.11.2006[349] entschieden, dass die geltenden Grundsätze für die Bewertung von Grundstücken zu Besteuerungsergebnissen führen, die nicht mit dem Gleichheitssatz des Art. 3 I GG vereinbar sind. Nach Ansicht des BFH war die Einheitsbewertung zum 1.1.2007 noch verfassungskonform; für die Zukunft wurde jedoch die Notwendigkeit einer allgemeinen Neubewertung betont.[350] Nach § 177 BewG ist bei der Bewertung von Grundvermögen für Erbschafts- und Schenkungssteuerzwecke nunmehr der **gemeine Wert** zugrunde zu legen; dieser entspricht nach § 9 BewG dem Verkehrswert. Wohnungseigentum, Teileigentum sowie Ein- und Zweifamilienhäuser sind dabei gemäß § 182 Abs. 2 BewG im **Vergleichswertverfahren** zu bewerten.[351] Die **Grunderwerbssteuer** bemisst sich nach § 8 I GrEStG grundsätzlich nach dem Wert der Gegenleistung. Dieser Ansatz hilft jedoch in einigen Fällen nicht weiter. Dies gilt etwa bei Fehlen bzw. Nichtermittelbarkeit einer Gegenleistung oder bei Umwandlungen nach dem UmwG. Das BVerfG hat mit Beschluss vom 23.6.2015 entschieden, dass die Bemessung der Grunderwerbssteuer in diesen Fällen nach § 8 II GrEStG i.V.m. §§ 138 ff. BewG a.F. nicht mit Art. 3 I GG vereinbar ist; das bisherige Recht könne für Grunderwerbszwecke nur noch bis zum 31.12.2008 angewendet werden.[352] Nach dem Steueränderungsgesetz 2015 vom 2.11.2015 hat die Grundbesitzbewertung in den Fällen des § 8 II GrEStG ab dem 1.1.2009 (d. h. rückwirkend) ebenfalls nach den für Erbschafts- und Schenkungssteuerzwecke maßgeblichen Regeln zu erfolgen.[353] Aktuell ist die Neufestsetzung der Grundsteuer nach den **Bodenrichtwerten** aufgrund der **Grundsteuerreform 2023** von besonderem Interesse.[354] In all diesen Fällen entstehen nicht selten Streitigkeiten über die Festsetzung der betreffenden Werte. Solche Streitigkeiten sind nach Abs. 2 lit. i) nicht versichert.

Die **Erschließungs- und Anliegerabgaben** sind in §§ 127 ff. BauGB geregelt. Hinzu **149** kommen weitere Beiträge, die sich aus landesrechtlichen Regelungen ergeben können. Vom Ausschluss ausgenommen sind allerdings laufende Kosten der Grundstücksversorgung. Dazu gehören insbesondere die Gebühren für Wasser, Strom und Gas sowie die Müllabfuhr.[355]

348 Van Bühren/Plote/*Plote*, § 3 ARB 2010 Rn. 93; Harbauer/*Maier*, § 3 ARB 2010 Rn. 150.
349 BVerfGE 117, 1 = NJW 2007, 573 Rn. 137 ff. m. Anm. *Meincke*.
350 BFH DStR 2010, 1618, 1619 f.
351 Vgl. FG Niedersachen v. 11.4.2014 – 1 K 107/11, BeckRS 2014, 95532.
352 BVerfG NJW 2015, 3221.
353 Vgl. Rössler/Troll/*Halaczinsky*, Bewertungsgesetz, 39. Lfg. Januar 2025, Zweiter Teil. Vierter Abschnitt. Rechtsentwicklung.
354 Näher dazu *Schulze/Zochert* DStR 2023, 1329 ff.
355 Harbauer/*Maier*, § 3 ARB 2010 Rn. 151; L/W/*Obarowski*, Kap. 48 Rn. 228; van Bühren/Plote/*Plote*, § 3 ARB 2010 Rn. 95.

III. Ausschluss bestimmter Verfahren

1. Verfahren vor Verfassungsgerichten (Abs. 3 lit. a)

150 Der Risikoausschluss nach Abs. 3 lit. a) beruht darauf, dass Streitigkeiten vor den Verfassungsgerichten nur für wenige VN relevant sind. Der Begriff der Verfassungsgerichte umfasst neben dem BVerfG auch alle Landesverfassungsgerichte.[356] Grundsätzlich kommt es nicht auf die Verfahrensart an. Eine Ausnahme gilt für **Vorlageverfahren** gem. Art. 100 GG. Vorlageverfahren sind als Teil des Ausgangsverfahrens versichert, sofern für das Ausgangsverfahren Versicherungsschutz besteht.[357] **Verfassungsbeschwerden** nach Art. 94 I Nr. 4a GG sind dagegen von dem Risikoausschluss betroffen.[358] Dies gilt auch für Verfassungsbeschwerden gegen Gerichtsentscheidungen. Hierbei handelt es sich nämlich um ein eigenständiges Verfahren.[359]

2. Verfahren vor internationalen oder supranationalen Gerichtshöfen (Abs. 3 lit. b)

151 **Internationale Gerichtshöfe** werden von internationalen Organisationen wie insbesondere den Vereinten Nationen getragen und entscheiden meist über zwischenstaatliche Rechtsstreitigkeiten.[360] Wichtigstes Beispiel ist der Internationale Gerichtshof in Den Haag (Art. 92 ff. UN-Charta). Darüber hinaus existieren einige weitere internationale Gerichtshöfe, wie etwa der Internationale Seegerichtshof in Hamburg[361] und der Internationale Strafgerichtshof in Den Haag. Neben den internationalen Gerichtshöfen existieren auch Gerichtshöfe von überstaatlichen Organisationen. Dabei handelt es sich um die sog. **supranationalen Gerichtshöfe.** Dazu gehören insbesondere der EuGH und der EGMR.[362]

152 Der Ausschlusstatbestand ist mit dem des Abs. 3 lit. a) vergleichbar. Das bedeutet, dass der Ausschluss auch hier nicht eingreift, soweit es sich bei dem Verfahren um ein **Vorlageverfahren** handelt, für dessen Ausgangsverfahren Versicherungsschutz besteht.[363] Praktische Bedeutung hat dies vor allem für Vorlageverfahren nach Art. 267 AEUV.

153 Der Ausschluss gilt nicht für die Wahrnehmung rechtlicher Interessen von **Bediensteten** internationaler oder supranationaler Organisationen aus Arbeits- oder Dienstverhältnissen. Die Einschränkung des Ausschlusses beruht darauf, dass die betreffenden Rechtstreitigkeiten in der Regel den Gerichten der jeweiligen Organisation zugewiesen sind,

356 Harbauer/*Maier*, § 3 ARB 2010 Rn. 153.

357 Harbauer/*Maier*, § 3 ARB 2010 Rn. 153; P/M/*Piontek*, § 3 ARB 2010 Rn. 64; *Prölss*, r+s 2005, 225, 226.

358 Van Bühren/Plote/*Plote*, § 3 ARB 2010 Rn. 99.

359 Harbauer/*Maier*, § 3 ARB 2010 Rn. 153.

360 Van Bühren/Plote/*Plote*, § 3 ARB 2010 Rn. 97; Harbauer/*Maier*, § 3 ARB 2010 Rn. 154.

361 Zum Internationalen Seegerichtshof vgl. *Herdegen*, Völkerrecht, 9. Aufl. 2010, § 31 Rn. 14.

362 Harbauer/*Maier*, § 3 ARB 2010 Rn. 155; van Bühren/Plote/*Plote*, § 3 ARB 2010 Rn. 98.

363 Harbauer/*Maier*, § 3 ARB 2010 Rn. 155; P/M/*Piontek*, § 3 ARB 2010 Rn. 65.

ohne dass damit spezifische Risiken verbunden sind.[364] Die Anwendung des Ausschlusses würde den Arbeits-Rechtsschutz solcher Bediensteter daher unangemessen beschränken.

3. Insolvenzverfahren über das Vermögen des VN (Abs. 3 lit. c)

Der Ausschlusstatbestand des Abs. 3 lit. c) betrifft Insolvenzverfahren über das Vermögen des VN. Er beruht auf der Erwägung, dass Insolvenzverfahren oft zu einer Vielzahl von Rechtsstreitigkeiten mit hohen Kosten führen, die nicht auf die Versichertengemeinschaft abgewälzt werden sollen.[365] Erforderlich ist, dass der **VN** selbst **Gemeinschuldner** ist.[366] Der Risikoausschluss gilt also nicht, wenn der VN als Gläubiger gegen seinen Schuldner einen Antrag auf Eröffnung des Insolvenzverfahrens stellt.[367] Ist der VN Gemeinschuldner, so greift der Risikoausschluss aber auch zum Nachteil der **mitversicherten Ehefrau des VN** ein, die aufgrund einer vom Insolvenzverwalter ausgesprochenen Insolvenzanfechtung auf Herausgabe eines Grundstücks in Anspruch genommen wird. Die mitversicherte Ehefrau kann sich also nicht darauf berufen, dass sie selbst nicht Gemeinschuldnerin sei. In einem solchen Fall ist entscheidend, dass der Rechtsstreit in einem **ursächlichen Zusammenhang** mit der Insolvenz des VN steht.[368] Etwas anderes lässt sich auch nicht aus § 15 II 1 ARB 2010 ableiten, wonach die den VN betreffenden Bestimmungen für den VN sinngemäß gelten.[369] Nach den allgemeinen methodischen Grundsätzen heißt sinngemäß nämlich, dass Abweichungen möglich sind, soweit sie durch Sinn und Zweck der betreffenden Regelung gerechtfertigt werden. Nach Sinn und Zweck des Abs. 3 lit. c) kommt es aber allein auf die Gemeinschuldnereigenschaft des VN an. Steht der Anspruch der mitversicherten Person nur in einem zeitlichen, nicht aber in einem ursächlichen (sachlichen) Zusammenhang mit der Insolvenz des VN, so ist der Rechtsschutz dagegen nicht nach Abs. 3 lit. c) ausgeschlossen.[370] 154

Das Insolvenzverfahren ist in der InsO geregelt. Gem. §§ 14 – 16 InsO wird das Insolvenzverfahren bei Zahlungsunfähigkeit, drohender Zahlungsunfähigkeit und Überschuldung eröffnet. Hierzu ist ein Antrag an das Gericht zu stellen (§ 13 InsO). Der Ausschluss gilt nicht nur für bereits eröffnete Insolvenzverfahren; er erfasst vielmehr auch Fälle, in denen das Insolvenzverfahren noch eröffnet werden soll. Nach Sinn und Zweck des Ausschlusses muss der Antrag nach § 13 InsO aber auch hier grundsätzlich 155

364 Vgl. van Bühren/Plote/*Plote*, § 3 ARB 2010 Rn. 100.

365 Vgl. OGH VersR 1994, 1375; OLG Karlsruhe VersR 2002, 1143, 144; OLG Stuttgart VersR 1989, 249; P/M/*Piontek*, § 3 ARB 2010 Rn. 66.

366 Harbauer/*Maier*, § 3 ARB 2010 Rn. 157; HK-VVG/*Münkel*, § 3 ARB 2010 Rn. 19.

367 Van Bühren/*Schneider*, § 13 Rn. 215.

368 OLG München r+s 2007, 375; VersHb/*Obarowski*, § 45 Rn. 336; P/M/*Piontek*, § 3 ARB 2010 Rn. 71; Harbauer/*Maier*, § 3 ARN 2010 Rn. 164; a.A. *Cornelius-Winkler* r+s 2007, 375, 376.

369 Hierauf abstellend aber P/M/*Armbrüster*, § 3 ARB 2010 Rn. 71 (s.o.); *Cornelius-Winkler* r+s 2007, 375, 376.

370 OLG Dresden r+s 2013, 172, 173.

schon gestellt worden sein.[371] Nach verbreiteter Auffassung zielt die Formulierung »eröffnet werden soll« allerdings darauf ab, den Ausschluss auf das **außergerichtliche Schuldenbereinigungsverfahren** zu erstrecken, das nach § 305 I Nr. 1 InsO vor dem Insolvenzantrag eines Verbrauchers durchzuführen ist.[372] Ob diese Vorverlagerung des Risikoausschlusses für den durchschnittlichen VN erkennbar ist, erscheint indes fraglich. Die praktische Bedeutung der Frage ist freilich gering, weil die Einschaltung eines Anwalts im Schuldenbereinigungsverfahren oft bereits keine nach § 1 zur Interessenwahrnehmung notwendige Maßnahme darstellt.[373] In der Praxis finden sich überdies teilweise Klauseln, welche die Interessenwahrnehmung im Zusammenhang mit Schuldenregulierungsmaßnahmen ausdrücklich vom Versicherungsschutz ausnehmen.[374]

156 Der Risikoausschluss setzt nicht voraus, dass das Insolvenzverfahren tatsächlich eröffnet wird. Er kann somit auch dann eingreifen, wenn bereits vor dem Rechtsstreit der Insolvenzantrag **mangels Masse abgelehnt** oder das Insolvenzverfahren beendet worden ist.[375] Entscheidend ist, dass der Rechtsstreit in einem **ursächlichen Zusammenhang** mit dem Insolvenzverfahren über das Vermögen des VN steht. Praktische Bedeutung hat dabei etwa der Fall, dass die Arbeitnehmer des VN Kündigungsschutzklagen erheben, weil dieser ihnen wegen der Insolvenz gekündigt hat.[376] Die h.M. geht allerdings auch hier davon aus, dass der Rechtsschutz für die Kündigungsschutzklage nur ausgeschlossen ist, wenn die Kündigung nach Stellung des Insolvenzantrags erfolgt ist.[377] Dem wird in der Literatur entgegengehalten, es sei oft zufällig, ob die Kündigung kurz vor oder nach der Stellung des Insolvenzantrags ausgesprochen wird.[378] Die alternativ vorgeschlagene Anknüpfung an das Vorliegen eines Eröffnungsgrundes nach §§ 16 ff. InsO ist aber aus Gründen der Rechtssicherheit problematisch.[379] Eine Vorverlagerung des Risikoausschlusses kommt somit nur dann in Betracht, wenn der VN bei der Kündigung schon den festen **Entschluss** gefasst hatte, den Insolvenzantrag zu stellen.[380] Die Streitigkeit über die Kündigung steht dann nämlich im ursächlichen Zusammenhang mit einem Insolvenzverfahren über das Vermögen des VN, das eröffnet werden »soll«.

157 Der Risikoausschluss erstreckt sich auf alle **Interessenwahrnehmungen**, die in ursächlichem Zusammenhang mit dem Insolvenzverfahren stehen. Das betrifft z.B. das Insolvenzverfahren als solches, das Verhältnis des VN zum Insolvenzverwalter, aber auch Streitigkeiten über die durch das Insolvenzverfahren herbeigeführten Verfügungsbeschränkungen.

---

371 Vgl. OLG Karlsruhe VersR 2002, 1143, 1144; P/M/*Piontek*, § 3 ARB 2010 Rn. 70.

372 VersHb/*Obarowski*, § 45 Rn. 337 ff.

373 VersHb/*Obarowski*, § 45 Rn. 338 f.

374 Vgl. OLG Saarbrücken VersR 2011, 108, 110.

375 OLG Stuttgart VersR 1989, 249; P/M/*Piontek*, § 3 ARB 2010 Rn. 69.

376 Vgl. OLG Stuttgart VerR 1989, 249.

377 OLG Karlsruhe VersR 2002, 1143, 1144; AG Ravenburg r+s 2003, 239.

378 *Kurtzka* r+s 2003, 239, 240.

379 Zu Recht krit. Harbauer/*Maier*, § 3 ARB 2010 Rn. 160.

380 Auf den Entschluss des VN zur Antragsstellung abstellend H/E/K/*Heinrichs*, 34. Kap. Rn. 331.

4. Enteignungs-, Planfeststellungs- und Flurbereinigungsangelegenheiten (Abs. 3 lit. d)

a) Allgemeines

158 Der Risikoausschluss betrifft **hoheitliche Maßnahmen oder Planungen**, die in die Rechte der betroffenen Grundstückseigentümer eingreifen oder für diese sonst nachteilig sind.[381] Der Risikoausschluss beruht darauf, dass solche Maßnahmen und Planungen meist nur einen regional begrenzten Kreis von VN betreffen und die Interessenwahrnehmung mit hohen Kosten verbunden sein kann, die nicht von den anderen VN getragen werden sollen.[382]

159 Der Risikoausschluss setzt nicht voraus, dass der VN an einem entsprechenden Verfahren beteiligt ist. Es genügt, dass der **Grund des Rechtsstreits** in einem solchen Verfahren liegt.[383] Der notwendige Zusammenhang mit dem Verfahren fehlt aber, wenn der VN Ansprüche auf Schadensersatz gegen den beurkundenden Notar geltend macht, weil dieser die Möglichkeit des Entstehens einer Dienstbarkeit durch das Umlegungsverfahren bei der Vertragsgestaltung für ein nicht im Umlegungsgebiet belegenes Grundstück außer Acht gelassen hat.[384] Der Ausschluss betrifft nur öffentlich-rechtliche Angelegenheiten. **Private Streitigkeiten von Nachbarn** sind nicht erfasst, auch wenn die Rechtsgrundlagen im BauGB liegen.[385]

b) Enteignungsangelegenheiten

160 Der Begriff der **Enteignung** in Abs. 3 lit. d) setzt einen **hoheitlichen Eingriff** von Seiten einer staatlichen Stelle voraus. Die Geltendmachung eines zivilrechtlichen Ausgleichsanspruchs nach § 906 II 2 BGB stellt daher auch dann keine Enteignungsangelegenheit dar, wenn die zugrundeliegende Störung so massiv ist, dass das Eigentum überhaupt nicht mehr nutzbar ist.[386] Zu den Enteignungsangelegenheiten gehört nicht nur die Enteignung i.S.d. Art. 14 III GG. Vielmehr werden auch **enteignende** und **enteignungsgleiche Eingriffe** in das Eigentum erfasst. Dies folgt aus der weiten Formulierung »Enteignungsangelegenheiten«.[387] Für den Ausschluss kommt es daher nicht darauf an, ob der Eingriff zielgerichtet in einem förmlichen Enteignungsverfahren erfolgt und ob er als rechtmäßig oder rechtswidrig zu qualifizieren ist. Aus dem systematischen Zusammenhang mit den anderen in Abs. 3 lit. d) genannten »Angelegen-

---

381 VersHb/*Obarowski*, § 45 Rn. 330.

382 BGH NJW-RR 2016, 1505 Rn. 25; OLG Karlsruhe VersR 1999, 613, 615; Harbauer/*Maier*, § 3 ARB 2010 Rn. 166.

383 Vgl. OLG Karlsruhe VersR 1999, 613, 615: Belastung des Grundstücks eines nicht am Umlegungsverfahren beteiligten Eigentümers mit einer Dienstbarkeit.

384 OLG Karlsruhe VersR 1999, 613, 615.

385 P/M/*Piontek*, § 3 ARB 2010 Rn. 73; van Bühren/Plote/*Plote*, § 3 ARB 2010 Rn. 110; *Sperling* VersR 1996, 133, 138.

386 OLG Koblenz VersR 2013, 56, 57 = NJW-RR 2012, 1425; P/M/*Piontek*, § 3 ARB 2010 Rn. 73.

387 Vgl. OLG Celle VersR 1995, 1305; VersHb/*Obarowski*, § 45 Rn. 330.

heiten« ergibt sich aus Sicht eines durchschnittlichen VN, dass die Enteignung sich auf **Grundstücke** oder Rechte an Grundstücken beziehen muss.[388] Dies entspricht auch dem für den VN erkennbaren Sinn und Zweck des Risikoausschlusses (oben Rdn. 158). Die Geltendmachung von Zahlungsansprüchen im Zusammenhang mit einem gesetzlich angeordneten **Umtausch von Schuldverschreibungen eines ausländischen Staates** (konkret: Griechenland) stellt daher **keine Enteignung** i.S. von Abs. 3 lit. d) dar.[389]

161 Ob der Risikoausschluss auch dann eingreift, wenn der VN sich gegen eine bloße **Inhalts- und Schrankenbestimmung** i.S.d. Art. 14 I 2 GG wendet, ist umstritten. Praktische Bedeutung gewinnt dieser Streit namentlich bei öffentlich-rechtlichen Beschränkungen des Eigentums nach dem Natur-, Landschafts- und Denkmalsschutzrecht[390] oder dem Telekommunikationsgesetz (§ 76 TKG). In der Literatur wird die Auffassung vertreten, dass der Risikoausschluss auch in diesen Fällen eingreift, weil der Begriff Enteignungsangelegenheiten nicht auf förmliche Enteignungsverfahren begrenzt sei.[391] Eine pauschale Zuordnung solcher Rechtsstreitigkeiten erscheint indessen nicht möglich. Vorzugswürdig ist vielmehr, nach dem genauen Gegenstand des Rechtsstreits zu unterscheiden. Macht der Eigentümer des betroffenen Grundstücks wegen seiner Duldungspflicht einen gesetzlichen Entschädigungsanspruch (z.B. §§ 76 II TKG, 42 BImSchG) geltend, so geht es nach dem Verständnis eines durchschnittlichen VN nicht um eine Enteignungsangelegenheit.[392] Eine andere Beurteilung ist etwa bei der Enteignung eines Baudenkmals nach § 30 DSchG NRW geboten. Hier handelt es sich nämlich um eine Enteignung im technischen Sinne, die unzweifelhaft von Abs. 3 lit. d) erfasst ist.

c) Planfeststellungsangelegenheiten

162 Das Planfeststellungsverfahren ist ein besonderes förmliches Verfahren für **raumbezogene Vorhaben** mit örtlichen oder überörtlichen Auswirkungen.[393] Es weist einen engen Zusammenhang mit Enteignungsangelegenheiten auf, weil mit dem Planfeststellungsbeschluss meist auch bindend über die Zulässigkeit der Enteignung für das Vorhaben entschieden wird.[394] Die verfahrensrechtlichen Grundsätze der Planfest-

388 BGH NJW-RR 2016, 1505 Rn. 26 = VersR 2016, 1184; vgl. auch *Schimikowski* r+s 2013, 552.

389 BGH NJW-RR 2016, 1505 Rn. 27, P/M/*Piontek*, § 3 ARB 2010 Rn. 72; ebenso schon OLG München r+s 2015, 391 (als Vorinstanz); LG Bonn r+s 2015, 232; *Schimikowski* r+s 2013, 552; a.A. LG Hannover r+s 2015, 135; LG Düsseldorf r+s 2013, 550, 551; VersHb/*Obarowski*, § 45 Rn. 333.

390 Zu solchen Beschränkungen vgl. etwa BGH VersR 1994, 1242 ff.

391 So VersHb/*Obarowski*, § 45 Rn. 331; L/W/*Obarowski*, Kap. 48 Rn. 230.

392 Zutreffend Harbauer/*Maier*, § 3 ARB 2010 Rn. 169.

393 Stelkens/Bonk/Sachs/*Neumann*, VwVfG, 8. Aufl. 2014, § 72 Rn. 1 ff.; Ernst/Zinkahn/Bielenberg/Krautzberger/*Runkel*, BauGB, Baugesetzbuch, Stand 123. Lfg. 2016, § 38 BauGB Rn. 47.

394 Stelkens/Bonk/Sachs//*Neumann*, VwVfG, 8. Aufl. 20148, § 75 Rn. 26 ff.: »Enteignungsrechtliche Vorwirkung«.

stellung sind in §§ 72 ff. VwVfG geregelt. Bei welchen Vorhaben ein Planfeststellungsverfahren stattfinden muss, ergibt sich jedoch aus den jeweiligen bundes- und landesrechtlichen Fachplanungsgesetzen (z.B. §§ 17 S. 1 BFStrG, 18 S. 1 AEG 14 I 1 BWaStrG, 8 I LuftVG, 31 II KrWAbfG, 68 WHG, 43 EnWG).[395] Nach §§ 57a – 57c BBergG ist auch bei einigen **bergbaurechtlichen Vorhaben** eine Planfeststellung erforderlich. Die Bauleitplanung nach dem **BBauG** (Flächennutzungs- und Bebauungsplan) stellt kein Planfeststellungsverfahren dar. Insoweit greift aber der Ausschluss für Angelegenheiten nach dem BauGB ein.[396]

d) Flurbereinigungsangelegenheiten

Flurbereinigungen sind gem. § 1 FlurbG Neuordnungen ländlichen Grundbesitzes zur 163
Verbesserung der land- und forstwirtschaftlichen Produktions- und Arbeitsbedingungen.

e) Im BauGB geregelte Angelegenheiten

Zu den Angelegenheiten, die im BauGB geregelt sind, gehören neben der **Bauleit-** 164
planung (§§ 1 – 28 BauGB) auch öffentlich-rechtliche Nachbarstreitigkeiten (insbesondere Anfechtungsklagen) in Bezug auf die **planungsrechtliche Zulässigkeit eines Bauvorhabens** nach §§ 29 – 44 BauGB.[397] Baurechtliche Angelegenheiten außerhalb des BauGB werden dagegen nach dem eindeutigen Wortlaut des Abs. 3 lit. d) nicht von dem Ausschluss erfasst.

5. Ordnungswidrigkeiten- und Verwaltungsverfahren wegen Halt- oder Parkverstoßes (Abs. 3 lit. e)

Abs. 3 lit. e) betrifft Ordnungswidrigkeiten- und Verwaltungsverfahren wegen Ver- 165
stößen gegen die Vorschriften über das Halten und Parken im Straßenverkehr (§§ 12, 13, 25a StVO). Der Ausschlusstatbestand soll verhindern, dass die Versichertengemeinschaft mit den Kosten für aufwändige Verfahren in Bagatellsachen belastet wird, zumal solche Verfahren oft nur geringe Erfolgsaussichten haben.[398] Er erfasst auch verwaltungsrechtliche Streitigkeiten über die Pflicht des VN zum Ersatz der Kosten, die durch das Abschleppen des Fahrzeugs entstanden sind.[399] Für zivilrechtliche Streitigkeiten wegen der Abschleppkosten besteht dagegen Versicherungsschutz.

395 Zu den Einzelheiten vgl. BeckOK VwVfG/*Kämper* (Stand: 01.10.2017), § 72 Rn. 15 ff.
396 Harbauer/*Maier*, § 3 ARB 2010 Rn. 174.
397 Van Bühren/Plote/*Plote*, § 3 ARB 2010 Rn. 112; Harbauer/*Maier*, § 3 ARB 2010 Rn. 176; VersHb/*Obarowski*, § 45 Rn. 334.
398 Van Bühren/Plote/*Plote*, § 3 ARB 2010 Rn. 113.
399 Vgl. Harbauer/*Maier*, § 3 ARB 2010 Rn. 178; van Bühren/Plote/*Plote*, § 3 ARB 2010 Rn. 115.

IV. Ausschluss bestimmter personeller Konstellationen

1. Mehrere VN desselben Vertrags und Mitversicherte (Abs. 4 lit. a)

166 Der Ausschlusstatbestand für andere VN desselben Vertrags und Mitversicherte soll verhindern, dass die Rechtsschutzversicherung für die Wahrnehmung rechtlicher Interessen im Verhältnis zwischen mitversicherten Personen oder gegen einen VN in Anspruch genommen wird. Dahinter steht das Bestreben, den Versicherer vor **Interessenkonflikten** zu bewahren und den VN davor zu schützen, mit seinen Prämien Rechtsstreitigkeiten gegen sich selbst finanzieren müssen.[400] Der Ausschluss greift allerdings auch dann ein, wenn der VN der Gewährung des Versicherungsschutzes zustimmt.[401] Hier bleibt nämlich das Interesse des Versicherers an der Vermeidung von Interessenkonflikten.

167 Der Ausschluss gilt für Rechtsstreitigkeiten zwischen mehreren VN desselben Rechtsschutzversicherungsvertrages sowie zwischen mehreren Mitversicherten. Außerdem wird der Fall erfasst, dass Mitversicherte rechtliche Interessen **gegen den VN** wahrnehmen. Im umgekehrten Fall – Interessenwahrnehmung durch den VN gegen mitversicherte Personen – besteht dagegen Versicherungsschutz.[402] Das Argument, der VN soll keine Rechtsstreitigkeiten gegen sich selbst finanzieren müssen, trifft hier nicht zu. Der Ausschluss solcher Interessenwahrnehmungen liefe vielmehr den Interessen des VN gerade zuwider.

168 Abs. 4 lit. a) schließt auch den **Beratungsrechtsschutz** vom Versicherungsschutz aus.[403] Die h.M. begründet dies damit, dass die Beratung im Vorfeld eines familiengerichtlichen Verfahrens (z.B. über Scheidung, elterliche Sorge und Unterhaltsansprüche) bereits als »Wahrnehmung rechtlicher Interessen gegen den VN« qualifiziert werden kann.[404] Für diese Auffassung spricht, dass der Grundgedanke des Risikoausschlusses – Vermeidung von Interessenkonflikten und Schutz des VN – auch schon bei einer solchen Beratung zutrifft.[405]

2. Sonstige Lebenspartner untereinander (Abs. 4 lit. b)

169 Abs. 4 lit. b) erfasst Rechtsstreitigkeiten zwischen den Partnern nichtehelicher Lebensgemeinschaften und nicht eingetragener Lebenspartnerschaften. Dabei kommt es nach dem klaren Wortlaut nicht auf das **Geschlecht** der Betroffenen an. Die Klarstellung beruht darauf, dass das OLG Köln zu den ARB 94 die Ansicht vertreten hat, der Aus-

400 Vgl. P/M/*Piontek*, § 3 ARB 2010 Rn. 75; VersHb/*Obarowski*, § 45 Rn. 341.

401 AG Schwäbisch-Gmünd r+s 1996, 409, 410; P/M/*Piontek*, § 3 ARB 2010 Rn. 76.

402 AG Aachen r+s 1992, 20, 21; van Bühren/Plote/*Plote*, § 3 ARB 2000 Rn. 118; Harbauer/*Maier*, § 3 ARB 2010 Rn. 180.

403 AG Heinsberg VersR 1981, 152; Harbauer/*Maier*, § 3 ARB 2010 Rn. 181; P/M/*Piontek*, § 3 ARB 2010 Rn. 76.

404 So AG Schwäbisch-Gmünd r+s 1996, 409, 410; AG Heinsberg VersR 1981, 152; LG Berlin VersR 1992, 828; L/W/*Obarowski*, Kap. 48 Rn. 238.

405 P/M/*Piontek*, § 3 ARB 2010 Rn. 76; Harbauer/*Maier*, § 3 ARB 2010 Rn. 181.

schluss von Streitigkeiten »nichtehelicher Lebenspartner untereinander in ursächlichem Zusammenhang mit der nichtehelichen Lebensgemeinschaft« verstoße gegen das Transparenzgebot (§ 307 I 2 BGB), weil unklar sei, ob die Begriffe nichteheliche Lebenspartner und nichteheliche Lebensgemeinschaft auch für gleichgeschlechtliche Partner gelten.[406]

Abs. 4 lit. b) ergänzt den Ausschluss für Streitigkeiten aus dem **Familienrecht** (Abs. 2 lit. g). Nichteheliche Lebensgemeinschaften und nicht eingetragene Lebenspartnerschaften sind nicht im 4. Buch des BGB geregelt. Da die Interessenlage in diesen Fällen aus versicherungsrechtlicher Sicht vergleichbar ist, erscheint die in Abs. 4 lit. b) vorgenommene Gleichbehandlung mit der Ehe bzw. der eingetragenen Lebenspartnerschaft sachgemäß. 170

Nach dem Grundgedanken des Abs. 4 lit. b) kann nicht jedes Zusammenleben von Personen verschiedenen oder gleichen Geschlechts den Ausschluss des Versicherungsschutzes rechtfertigen. Die h.M. orientiert sich bei der Eingrenzung an der **Definition** der nichtehelichen bzw. eheähnlichen Lebensgemeinschaft durch das BVerfG.[407] Erforderlich ist danach eine **auf Dauer angelegte Lebensgemeinschaft**, die neben sich keine weitere Lebensgemeinschaft gleicher Art zulässt und sich durch innere Bindungen auszeichnet, die über die Beziehungen in einer reinen Haushalts- und Wirtschaftsgemeinschaft hinausgehen.[408] 171

Der Ausschluss setzt voraus, dass die Streitigkeit in ursächlichem Zusammenhang mit der Partnerschaft steht. Sinn und Zweck des Ausschlusses erfordern darüber hinaus einen **sachlichen Zusammenhang** mit der Partnerschaft.[409] Die Streitigkeit muss also durch die spezifischen Verhältnisse in einer Partnerschaft geprägt sein. Der Ausschluss erfasst also keine Streitigkeiten über Rechtsgeschäfte zwischen den Partnern, die typischerweise auch mit Dritten abgeschlossen werden.[410] Der innere Zusammenhang mit der nichtehelichen Lebensgemeinschaft liegt dagegen vor, wenn einer der Partner nach der Trennung Ausgleichsansprüche gegen den anderen aus § 426 BGB geltend macht, weil er zur Verwirklichung der Partnerschaft Miet- oder Darlehenszahlungen auf einen gemeinschaftlichen Miet- oder Kreditvertrag erbracht hat.[411] Abs. 4 lit. b) geht insofern weiter als Abs. 2 lit. g) (vgl. oben Rdn. 138). Dies erklärt sich daraus, 172

406 OLG Köln VersR 2002, 182; Harbauer/*Maier*, § 3 ARB 2010 Rn. 183.

407 So auch P/M/*Piontek*, § 3 ARB 2010 Rn. 82; Buschbell/Hering/*Buschbell*, § 7 Rn. 140.

408 BVerfG NJW 1993, 643, 645. Das BVerfG spricht zwar von einer Lebensgemeinschaft zwischen Mann und Frau. Diese Einschränkung wird aber durch den klaren Wortlaut des Abs. 4 lit. b) außer Kraft gesetzt.

409 So auch OLG München VersR 2016, 985; P/M/*Piontek*, § 3 ARB 2010 Rn. 85; van Bühren/*Schneider*, § 13 Rn. 225 f.; einschränkend van Bühren/Plote/*Plote*, § 3 ARB 2010 Rn. 123.

410 OLG München VersR 2016, 985: Darlehensvertrag.

411 Zutreffend insoweit van Bühren/Plote/*Plote*, § 3 ARB 2010 Rn. 123. Zur materiell-rechtlichen Beurteilung solcher Ausgleichsansprüche vgl. Staudinger/*Looschelders* (2022), § 426 BGB Rn. 236.

dass Abs. 4 lit. b) keinen Bezug zu einem bestimmten Rechtsgebiet voraussetzt, sondern einen inneren Zusammenhang mit der Partnerschaft ausreichen lässt.

3. Übertragene oder übergegangene Ansprüche und Verbindlichkeiten (Abs. 4 lit. c)

173 Abs. 4 lit. c) soll verhindern, dass unversicherte Personen eine Leistungspflicht des Versicherers auslösen, indem sie ihre Ansprüche oder Verbindlichkeiten nach Eintritt des Rechtsschutzfalles auf eine versicherte Person übertragen, die den Anspruch danach im eigenen Namen geltend macht bzw. abwehrt.[412] Ein kollusives Zusammenwirken ist für den Risikoausschluss nicht erforderlich; entscheidend ist allein, dass der Rechtsschutzfall bei einer unversicherten Person eingetreten ist, so dass für die Interessenwahrnehmung schon nach allgemeinen versicherungsrechtlichen Grundsätzen keine Deckung besteht.[413]

174 Der Risikoausschluss greift auch dann ein, wenn der VN vor der Übertragung bzw. dem Übergang des Anspruchs bereits **wirtschaftlich** von dem Rechtsschutzfall betroffen war. Die wirtschaftliche Betrachtungsweise kann nämlich nicht darüber hinweghelfen, dass der Rechtsschutzfall bei einer unversicherten Person eingetreten ist.[414] In Ausnahmefällen kommt aber eine einschränkende Auslegung des Abs. 4 lit. c) in Betracht.[415] Hieran ist insbesondere zu denken, wenn der Leasinggeber (= Käufer und Eigentümer) dem Leasingnehmer (= Halter des Kfz und VN) nach Eintritt des Rechtsschutzfalles seine Gewährleistungsansprüche gegen den Verkäufer oder seine Schadensersatzansprüche gegen den Schädiger wegen Beschädigung des Kfz abtritt. Diese Gestaltung beruht auf der besonderen Rollenverteilung beim **Leasing** und sollte daher nicht zum Ausschluss des Versicherungsschutzes führen.[416] Ist die Abtretung – wie in Bezug auf die Gewährleistungsansprüche üblich[417] – bereits bei Abschluss des Leasingvertrages erfolgt, so tritt der Rechtsschutzfall (z.B. Auftreten von Mängeln, Beschädigung des Kfz) unmittelbar in der Person des Leasingnehmers ein, so dass der Risikoausschluss des Abs. 4 lit. c) schon dem Wortlaut nach nicht eingreifen kann.[418]

175 In zeitlicher Hinsicht setzt Abs. 4 lit. c) voraus, dass die Übertragung bzw. der Übergang des Anspruchs **nach Eintritt des Rechtsschutzfalls** erfolgt ist.[419] Der Anspruch darf dem VN also bei Eintritt des Rechtsschutzfalles noch nicht zugestanden haben. Entsprechendes gilt für die Übertragung bzw. den Übergang von Verbindlichkeiten.

---

412 Vgl. BGH VersR 2009, 216, 218; OLG Hamm VersR 2012, 1028; L/W/*Obarowski*, Rechtsschutz Rn. 242; Harbauer/*Cornelius-Winkler*, § 4 ARB 75 Rn. 60; *Böhme*, § 4 ARB 75 Rn. 52.

413 LG Aachen r+s 2002, 464, 465; VersHb/*Obarowski*, § 45 Rn. 346.

414 So überzeugend P/M/*Piontek*, § 3 ARB 2010 Rn. 89.

415 Vgl. LG Aachen r+s 2002, 464, 465.

416 P/M/*Piontek*, § 3 ARB 2010 Rn. 90; Harbauer/*Maier*, § 3 ARB 2010 Rn. 199; L/W/*Obarowski*, Kap. 48 Rn. 244.

417 Zu dieser Gestaltung *Looschelders*, Schuldrecht BT, § 24 Rn. 5.

418 Harbauer/*Maier*, § 3 ARB 2010 Rn. 199.

419 Vgl. OLG Hamm VersR 2012, 1028.

Wenn die älteren AVB (z.B. § 4 II lit. b ARB 75) zeitlich an den Eintritt des »Versicherungsfalles« anknüpfen, so ist das missverständlich: Da der Anspruch im maßgeblichen Zeitpunkt einer unversicherten Person zusteht, kann nämlich gar kein Versicherungsfall vorliegen.[420] Abs. 4 lit. c) vermeidet diesen Einwand durch Anknüpfung an den Eintritt des »Rechtsschutzfalles«.

Der Ausschluss erfasst nicht nur die **rechtsgeschäftliche Übertragung** von Forderungen und Verbindlichkeiten (Abtretung nach § 398 ff. BGB, Schuldübernahme nach §§ 414 ff. BGB), sondern auch den **gesetzlichen Forderungsübergang**.[421] Dies folgt nach den neueren ARB aus der Formulierung »übergegangen«, wird aber auch bei der entsprechenden Klausel des § 4 II lit. b) ARB 75 befürwortet, obwohl dort nur von »übertragenen« Ansprüchen die Rede ist.[422] Die Erweiterung der Klausel um das Merkmal »übergegangen« hat also nur klarstellende Bedeutung. Das Gleiche gilt für die ausdrückliche Erwähnung der »Verbindlichkeiten«. Entscheidend ist, dass der Zweck des Risikoausschlusses auch in diesen Fällen zutrifft.[423] Der Risikoausschluss greift somit auch bei einem gesetzlichen Forderungsübergang auf den Bürgen nach § 774 BGB[424] oder einem Regress des Gesamtschuldners nach § 426 II BGB[425] ein. 176

Ob der Risikoausschluss auch dann gilt, wenn der VN seine Klage nicht nur auf den übergegangenen Anspruch, sondern auch auf **originär eigene Ansprüche** stützt, ist umstritten. Praktische Bedeutung hat vor allem der Fall, dass der **Gesamtschuldner** neben dem übergegangenen Anspruch aus § 426 II BGB den selbständigen Ausgleichsanspruch aus § 426 I 1 BGB sowie einen eventuellen Anspruch aus einem besonderen Rechtsverhältnis mit dem ausgleichpflichtigen Gesamtschuldner geltend macht.[426] Entsprechende Probleme können sich bei § 774 BGB stellen, sofern dem **Bürgen** selbständige Ersatzansprüche gegen den Hauptschuldner (z.B. aus entgeltlicher Geschäftsbesorgung, Auftrag oder GoA) zustehen.[427] 177

In der Literatur wird die Auffassung vertreten, der Risikoausschluss sei auch bei einer solchen **Anspruchskonkurrenz** anwendbar.[428] Hiergegen spricht aber, dass der Zweck des Risikoausschlusses nicht zutrifft, weil der Rechtsschutzfall in Bezug auf die selbständigen Regressansprüche von vornherein beim VN eingetreten ist; das bloße Hinzutreten übergegangener Ansprüche nach Eintritt des Versicherungsfalles kann somit keinen Risikoausschluss rechtfertigen.[429] 178

---

420 Harbauer/*Maier*, § 3 ARB 2010 Rn. 188.
421 Harbauer/*Maier*, § 3 ARB 2010 Rn. 196; P/M/*Piontek*, § 3 ARB 2010 Rn. 88.
422 Vgl. OLG Stuttgart NJW-RR 1994, 538.
423 Harbauer/*Cornelius-Winkler*, § 4 ARB 75 Rn. 60.
424 OLG Stuttgart NJW-RR 1994, 538; OLG Köln NVersZ 2002, 326.
425 Dazu AG Herford VersR 1986, 134; Harbauer/*Maier*, § 3 ARB 2010 Rn. 196.
426 Zu dieser Konstellation Staudinger/*Looschelders* (2022), § 426 BGB Rn. 142.
427 Zu solchen Ansprüchen MünchKommBGB/*Habersack*, § 774 Rn. 18 f.; *Looschelders*, Schuldrecht BT, § 50 Rn. 46.
428 VersHb/*Obarowski*, § 45 Rn. 347; L/W/*Obarowski*, Kap. 48 Rn. 243.
429 So auch OLG Köln NVersZ 2002, 326 f.; Harbauer/*Maier*, § 3 ARB 2010 Rn. 196.

179 Der Ausschluss erfasst schließlich auch den Übergang von Ansprüchen und Verbindlichkeiten im Wege der **Gesamtrechtsnachfolge** (§ 1922 BGB). Der Versicherungsschutz ist also auch dann ausgeschlossen, wenn der VN einen geerbten Anspruch geltend macht[430] oder von Nachlassgläubigern auf Erfüllung von Nachlassverbindlichkeiten in Anspruch genommen wird. Eine Ausnahme gilt aber für den Fall, dass der Rechtsstreit sich auf eine **Pflichtverletzung** des Erben oder der anderen Partei nach Eintritt des Erbfalls bezieht. Der Rechtsschutzfall ist hier nämlich erst nach dem Übergang der Ansprüche oder Verbindlichkeiten auf den VN eingetreten.[431]

180 Der Grundgedanke des Risikoausschlusses trifft nicht zu, wenn der Arbeitgeber Schadensersatzansprüche seines Arbeitnehmers wegen Verdienstausfalls geltend macht, die nach **§ 6 EFZG** auf ihn übergegangen sind. Der Forderungsübergang erfolgt zwar erst nach Eintritt des Rechtsschutzfalles.[432] Der Schutzzweck des § 6 EFZG verbietet es jedoch, den Risikoausschluss in diesen Fällen zum Nachteil des Arbeitgebers heranzuziehen.[433]

181 Abs. 4 lit. c) erfasst auch nicht den Fall, dass der VN einen ihm ursprünglich zustehenden Leistungsanspruch geltend macht, der nach Eintritt des Rechtsschutzfalles zunächst durch Überleitungsanzeige gem. § 93 SGB XII auf den Sozialversicherungsträger übergegangen und später vom Sozialversicherungsträger wieder an den VN **zurückübertragen** worden ist.[434] Entscheidend ist, dass der Anspruch bei Eintritt des Rechtsschutzfalles dem VN zustand.

4. Geltendmachung fremder Ansprüche und Haftung für fremde Verbindlichkeiten (Abs. 4 lit. d)

182 Abs. 4 lit. d) soll wie Abs. 4 lit. c) verhindern, dass unversicherte Personen Versicherungsschutz erhalten.[435] Der Unterschied besteht darin, dass Abs. 4 lit. d) sich nicht auf eigene (übertragene bzw. übergegangene) Ansprüche oder Verbindlichkeiten bezieht, sondern auf **Ansprüche anderer Personen** bzw. die Haftung für **fremde Verbindlichkeiten.**[436]

183 Der häufigste Fall der Geltendmachung fremder Ansprüche ist die **gewillkürte Prozessstandschaft.**[437] Einen weiteren Anwendungsfall des Abs. 4 lit. d) bildet nach verbreiteter

430 Harbauer/*Maier*, § 3 ARB 2010 Rn. 200.
431 Vgl. zum Ganzen Harbauer/*Maier*, ARB 2010 § 3 Rn. 202.
432 Zum Zeitpunkt des Forderungsübergangs: BeckOK ArbR/*Ricken*, § 6 EFZG Rn. 23.
433 So auch L/W/*Obarowski*, Kap. 48 Rn. 244; Harbauer/*Maier*, § 3 ARB 2010 Rn. 198; a.A. *Böhme*, § 4 ARB 75 Rn. 53.
434 OLG Hamm VersR 2012, 1028.
435 Vgl. BGH VersR 2014, 699 Rn. 32.
436 Vgl. OLG Hamm VersR 2012, 1028, 1029.
437 BGH VersR 2014, 699 Rn. 32; van Bühren/Plote/*Plote*, § 3 ARB 2010 Rn. 128; Buschbell/Hering/*Buschbell*, § 7 Rn. 153; *Felsch* r+s 2016, 321, 327.

Auffassung die **Drittschadensliquidation.**[438] Dem ist jedoch entgegenzuhalten, dass der Ersatzberechtigte (VN) bei der Drittschadensliquidation einen eigenen Schadensersatzanspruch geltend macht.[439] Die Besonderheit besteht allein darin, dass der Schaden aufgrund einer zufälligen Verlagerung nicht beim Anspruchsinhaber, sondern bei einem Dritten eingetreten ist.[440] Die Geltendmachung des Anspruchs durch den VN beruht also nicht auf der Zwecksetzung, dass der nicht versicherte eigentliche Rechtsinhaber durch nachträgliche Nutzung rechtlicher Gestaltungsmaßnahmen in den Genuss der Rechtsschutzleistung kommt.[441] Hat der Anspruchsinhaber den Anspruch an den geschädigten Dritten abgetreten, so genießt dieser bei der Geltendmachung des Anspruchs gegen den Schädiger allerdings keinen Versicherungsschutz, weil dann der Risikoausschluss des Abs. 4 lit. c) eingreift.[442]

Der Risikoausschluss gilt nicht für den Fall, dass der VN bei einer **Versicherung für fremde Rechnung** Ansprüche eines Mitversicherten geltend macht. Bei der Versicherung für fremde Rechnung ist der VN nämlich von vornherein berechtigt, die auf dem Versicherungsvertrag beruhenden Ansprüche des Mitversicherten gegen den Versicherer im Wege der **gesetzlichen Prozessstandschaft** geltend zu machen.[443] Da die Klagebefugnis des VN hier nicht wie bei der gewillkürten Prozessstandschaft erst durch eine nachträgliche Gestaltung zu Lasten des Versicherers geschaffen wird, trifft die ratio des Abs. 4 lit. d) nicht zu.[444] Abs. 4 lit. d) ist nach Sinn und Zweck auch nicht auf die Geltendmachung einer fremden Forderung nach einem **Pfändungs- und Überweisungsbeschluss** anwendbar.[445] Mit der Geltendmachung der gepfändeten Forderung handelt der VN im eigenen Interesse zur Durchsetzung seiner titulierten Forderung, so dass keine Missbrauchsgefahr besteht. 184

Hieran anknüpfend hat der BGH in neuerer Zeit klargestellt, dass der Leistungsausschluss nach Abs. 4 lit. d auch dann eingreift, wenn der VN originär eigene Ansprüche verfolgen will, die er lediglich **zur Sicherheit** an einen Dritten **übertragen** hat. Auch hier handelt es sich zwar um einen Fall der gewillkürten Prozesstandschaft. Da die in Frage stehenden Ansprüche auch nach einer Sicherungsabtretung wirtschaftlich weiter dem VN zugeordnet bleiben, trifft der Schutzzweck des Abs. 4 lit. d jedoch nicht zu.[446] 185

438 Harbauer/*Maier*, § 3 ARB 2010 Rn. 205; van Bühren/Plote/*Plote*, § 3 ARB 2010 Rn. 128; Buschbell/Hering/*Buschbell*, § 7 Rn. 153.

439 So auch P/M/*Piontek*, § 3 ARB 2010 Rn. 96.

440 Vgl. *Looschelders*, Schuldrecht AT, § 46 Rn. 9.

441 Vgl. zu diesem Aspekt BGH VersR 2014, 699 Rn. 32; *Felsch* r+s 2016, 321, 327.

442 LG Berlin r+s 1990, 55, 56.

443 Vgl. L/P/*Koch*, § 45 Rn. 9.

444 BGH NJW 1998, 2449, 2450 = VersR 1998, 887; VersR 2014, 699 Rn. 32; L/P/*Koch*, § 45 Rn. 10; B/M/*Brand*, § 45 Rn. 14.

445 BGH VersR 2009, 216, 218; VersR 2014, 699 Rn. 32; P/M/*Piontek*, § 3 ARB 2010 Rn. 98.

446 BGH VersR 2014, 699 Rn. 33; r+s 2015, 347 Rn. 32 m. Anm. *Schimikowski*; *Felsch* r+s 2016, 321, 326 f.; krit. L/W/*Obarowski*, Kap. 48 Rn. 246.

186 Mit der zweiten Alternative – **Haftung für fremde Verbindlichkeiten** – wird insbesondere die Haftung aus Bürgschafts-, Garantie- und Schuldübernahmeverträgen vom Versicherungsschutz ausgenommen.[447] Nach § 4 I lit. h) ARB 75 gilt der Risikoausschluss dagegen für alle Rechtsstreitigkeiten aus Bürgschafts-, Garantie- und Schuldübernahmeverträgen. Dies ist für den VN ungünstiger, weil es für den Risikoausschluss nicht darauf ankommt, ob der VN auf der Gläubiger- oder der Schuldnerseite steht.[448] Demgegenüber greift Abs. 4 lit. d) nur ein, wenn der VN als Bürge, Garant oder Schuldübernehmer haftbar gemacht werden soll.[449]

187 Die zweite Alternative des Abs. 3 lit. d) erfasst auch die Bestellung einer **dinglichen Sicherheit** für eine fremde Schuld.[450] Bei der Vorgängerklausel des § 4 I lit. h) ARB 75 ist dagegen zweifelhaft, ob die Bestellung einer dinglichen Sicherheit für eine fremde Schuld zu den »Schuldübernahmeverträgen aller Art« gehört, für die kein Versicherungsschutz besteht.[451]

188 Eine Haftung für fremde Verbindlichkeiten besteht auch, wenn der **Gesellschafter** einer OHG oder KG nach §§ 126 ff. HGB (ggf. i.V.m. § 161 II HGB) wegen einer Verbindlichkeit der Gesellschaft in Anspruch genommen wird.[452] Die Fremdheit der Verbindlichkeit ergibt sich aus der rechtlichen Verselbständigung der Handelsgesellschaften (§ 124 HGB). Eine entsprechende Rechtslage besteht bei der rechtsfähigen **Außen-GbR.** Die persönliche Haftung der Gesellschafter ergab sich nach der Anerkennung der Rechtsfähigkeit der Außen-GbR durch die Rechtsprechung zunächst aus der entsprechenden Anwendung der §§ 128 HGB a.F.;[453] seit dem 01.01.2024 ist die persönliche Haftung der Gesellschafter einer rechtsfähigen GbR in § 721 BGB unmittelbar geregelt. Damit greift auch bei der rechtsfähigen GbR der Risikoausschluss nach Abs. 4 lit. d) Alt. 2 ein.[454]

V. Ursächlicher Zusammenhang mit vorsätzlich begangener Straftat des VN (Abs. 5)

1. Risikoausschluss

189 Abs. 5 S. 1 schließt den Versicherungsschutz für die Wahrnehmung rechtlicher Interessen aus, soweit in den Fällen des § 2 lit. a) bis h) ein ursächlicher Zusammenhang mit einer vom VN vorsätzlich begangenen Straftat besteht. Da die Rechtsschutzversicherung als Schadensversicherung einzuordnen ist (Einf. Kap. 1 Rdn. 15), wäre kraft Gesetzes der subjektive Risikoausschluss des § 81 VVG maßgeblich, wonach der Ver-

---

447 Van Bühren/Plote/*Plote*, § 3 ARB 2010 Rn. 130.

448 OLG Celle r+s 1993, 303; P/M/*Piontek*, § 3 ARB 2010 Rn. 149.

449 Vgl. VersHb/*Obarowski*, § 45 Rn. 352.

450 L/W/*Obarowski*, Kap. 48 Rn. 247; Harbauer/*Maier*, § 3 ARB 2010 Rn. 215.

451 Vgl. OLG Saarbrücken r+s 2006, 151, 152.

452 Harbauer/*Maier*, § 3 ARB 2010 Rn. 216.

453 Grundlegend BGHZ 146, 341 = NJW 2001, 1056; BGHZ 154, 370 = NJW 2003, 1803.

454 Vgl. P/M/*Piontek*, § 3 ARB 2010 Rn. 103; L/W/*Obarowski*, Kap. 48 Rn. 248.

sicherungsschutz bei vorsätzlicher oder grob fahrlässiger **Herbeiführung des Versicherungsfalles** ausgeschlossen ist. Diese Regelung wird durch Abs. 5 erheblich modifiziert.[455] Die Modifikationen wirken sich überwiegend zu Gunsten des VN aus, teilweise aber auch zu seinen Lasten. Die Zulässigkeit der Modifikationen folgt daraus, dass § 81 VVG **nicht** nach § 87 VVG **halbzwingend** ist.[456]

Zugunsten des VN wirkt, dass nicht jede vorsätzliche oder grob fahrlässige Herbei- 190
führung des Versicherungsfalles zum Ausschluss des Versicherungsschutzes führt. Erforderlich ist vielmehr ein **ursächlicher Zusammenhang** mit einer **vorsätzlich begangenen Straftat** des VN. Grobe Fahrlässigkeit ist damit von vornherein unschädlich. Die Einschränkung des Risikoausschlusses selbst im Bereich des Vorsatzes auf Straftaten erklärt sich daraus, dass nicht jede vorsätzliche Vertragsverletzung den Versicherungsschutz in Frage stellen soll. So muss es dem VN erlaubt sein, die Zahlung wegen angeblicher Mängel der Kaufsache zu verweigern, auch wenn er dabei für möglich hält und billigend in Kauf nimmt, dass seine Einwände sich letztlich als unbegründet erweisen könnten.[457] Die Ausweitung des Versicherungsschutzes auf solche Vorsatzfälle ist nicht nach § 138 I BGB sittenwidrig.[458] In der Praxis wird man in diesen Fällen aber ohnehin meist davon ausgehen müssen, dass der VN auf die Berechtigung seiner Einwände – wenn auch vielleicht fahrlässig – **vertraut** hat.

Ungünstiger für den VN ist, dass die vorsätzliche Straftat **nicht** für den Eintritt des 191
Versicherungsfalles **kausal** sein muss. Es genügt, dass die Interessenwahrnehmung in einem ursächlichen Zusammenhang mit der Straftat steht. Der Ausschluss greift daher auch dann ein, wenn die vorsätzlich begangene Straftat des VN nicht den Versicherungsfall bildet, sondern dessen Eintritt vorausgeht und diesen auslöst.[459] Musterbeispiel ist der Regress des Kfz-Versicherers gegen den VN nach einer vorsätzlichen Trunkenheitsfahrt oder Unfallflucht.[460]

Der Begriff der **Straftat** umfasst sowohl Vergehen als auch Verbrechen i.S.d. § 12 StGB, 192
nicht aber Ordnungswidrigkeiten.[461] Dabei ist das gesamte Strafrecht, also auch das Nebenstrafrecht heranzuziehen.[462] Der Begriff des **Vorsatzes** beurteilt sich nach allgemeinen Grundsätzen. Der VN muss also zumindest mit bedingtem Vorsatz (dolus eventualis) gehandelt haben.[463] Bezugspunkt des Vorsatzes ist eine Straftat; daher gilt der **strafrechtliche Vorsatzbegriff**. Das Bewusstsein der Rechtswidrigkeit ist also nicht

455 Vgl. VersHb/*Obarowski*, § 45 Rn. 354.
456 Zur Abdingbarkeit des § 81 VVG vgl. L/W/*Looschelders*, § 81 Rn. 153 ff.
457 Vgl. Harbauer/*Maier*, § 3 ARB 2010 Rn. 217; L/W/*Looschelders*, § 81 Rn. 155.
458 Vgl. P/M/*Piontek*, § 3 ARB 2010 Rn. 106; L/W/*Looschelders*, § 81 Rn. 155.
459 OLG München r+s 2009, 66; OLG Düsseldorf ZfS 2011, 99; L/P/*Paffenholz*, § 125 Rn. 38; P/M/*Piontek*, § 3 ARB 2010 Rn. 107; Harbauer/*Maier*, § 3 ARB 2010 Rn. 219.
460 Vgl. HK-VVG/*Münkel*, § 3 ARB 2010 Rn. 26.
461 Van Bühren/Plote/*Plote*, § 3 ARB 2010 Rn. 132; Buschbell/Hering/*Buschbell*, § 7 Rn. 157.
462 Harbauer/*Maier*, § 3 ARB 2010 Rn. 221.
463 OLG Köln NJW-RR 2003, 392, 394; P/M/*Piontek*, § 3 ARB 2010 Rn. 108; S/H/W/*Brünger* § 3 ARB 2010 Rn. 92.

erforderlich.[464] Eine andere Beurteilung ist bei § 4 II lit. a) ARB 75 geboten, wonach der Versicherungsschutz bei Versicherungsfällen ausgeschlossen ist, die der VN vorsätzlich und rechtswidrig verursacht hat. Da der Vorsatz auf keine Straftat bezogen ist, gilt der **zivilrechtliche Vorsatzbegriff**, wonach das Bewusstsein der Rechtswidrigkeit zum Vorsatz gehört.[465] Der Risikoausschluss setzt aber auch nach § 4 II lit. a) ARB 75 nicht voraus, dass der VN sich bewusst war, eine Kostenbelastung für den Versicherer zu verursachen.[466]

193 Nach dem Wortlaut des Abs. 4 lit. d) sind nur solche Straftaten für den Risikoausschluss relevant, die der VN begangen hat. Ebenso wie bei § 81 VVG sind aber die Grundsätze der **Repräsentantenhaftung** anwendbar.[467] Der VN muss danach auch für die vorsätzlich begangenen Straftaten derjenigen Personen einstehen, die in dem Bereich, zu dem das versicherte Risiko gehört, aufgrund eines Vertretungs- oder ähnlichen Verhältnisses an seine Stelle getreten sind.[468] Vorsätzlich begangene Straftaten eines Mitversicherten wirken sich grundsätzlich nur zu dessen Lasten aus.[469] Eine Ausnahme gilt allerdings für den Fall, dass der Mitversicherte in dem versicherten Risikobereich als Repräsentant des VN anzusehen ist.

194 Der Versicherer trägt nach allgemeinen Regeln die **Beweislast** für alle Merkmale des Abs. 4 lit. d).[470] Der bloße **Verdacht** einer Straftat gibt dem Versicherer nicht die Möglichkeit, den Versicherungsschutz unter Berufung auf den Risikoausschluss abzulehnen.[471] Grundsätzlich muss es sich vielmehr um eine durch Urteil oder Strafbefehl festgestellte Tat handeln.[472] Alternativ dazu genügt, dass der Versicherungsnehmer die Straftat zugegeben hat.[473] Steht das Vorliegen einer Straftat noch nicht fest, muss der Versicherer zunächst Rechtsschutz gewähren und ist dann gegebenenfalls auf eine Rückforderung nach Abs. 5 S. 2 verwiesen.

464 P/M/*Piontek*, § 3 ARB 2010 Rn. 108; Harbauer/*Maier*, § 3 ARB Rn. 222; a.A. allgemein zur Unterscheidung von zivilrechtlichem und strafrechtlichem Vorsatzverständnis bei Verwendung strafrechtlichen Begriffe in AVB Looschelders, FS Wessing, 2015, 887, 894 f.; zum zivilrechtlichen und strafrechtlichen Vorsatzbegriff MünchKommBGB/*Grundmann*, § 276 BGB Rn. 150 ff.; *Looschelders*, Schuldrecht AT, § 23 Rn. 4.

465 Zu § 4 II lit. a) ARB 75 LG Berlin r+s 1990, 18; vgl. auch P/M/*Piontek*, § 3 ARB 2010 Rn. 108.

466 BGH r+s 1997, 2001 = VersR 1997, 1142 (LS); L/W/*Obarowski*, Kap. 48 Rn. 252.

467 So auch P/M/*Piontek*, § 3 ARB 2010 Rn. 111.

468 Zum Begriff des Repräsentanten BGHZ 122, 250, 253 = VersR 1993, 1098; L/W/*Looschelders*, § 81 Rn. 120 ff.

469 OLG Frankfurt a.M. NVersZ 1999, 184, 185. Allgemein dazu VersHB/*Looschelders*, § 21 Rn. 10; L/W/*Looschelders*, § 81 Rn. 107.

470 Harbauer/*Maier*, § 3 ARB 2010 Rn. 222; P/M/*Piontek*, § 3 ARB 2010 Rn. 114; L/W/*Obarowski*, Kap. 48 Rn. 254; zur entsprechenden Beweislastverteilung bei § 81 VVG vgl. L/W/*Looschelders*, § 81 Rn. 168 ff.

471 Harbauer/*Maier*, § 3 ARB 2000 Rn. 222.

472 Van Bühren/Plote/*Plote*, § 3 ARB 2010 Rn. 132; Harbauer/*Maier*, § 3 ARB 2010 Rn. 222.

473 Van Bühren/Plote/*Plote*, § 3 ARB 2010 Rn. 132.

Im Unterschied zu Abs. 4 lit. d) sah **§ 3 V ARB 94** vor, dass der Risikoausschluss schon dann eingreift, wenn der VN die vorsätzliche Straftat »nach der Behauptung eines anderen begangen haben soll«. Eine Ausnahme wurde nur für den Fall gemacht, dass der Vorwurf einer vorsätzlichen Straftat »deutlich erkennbar unbegründet ist oder sich im Nachhinein als unbegründet erweist«. Diese Regelung führt jedoch zu einer unangemessenen Benachteiligung des VN und ist daher wegen Verstoßes gegen § 307 II Nr. 1 und § 309 Nr. 12 BGB unwirksam.[474] Problematisch erscheint bereits, dass der VN entgegen dem Schutzzweck der Rechtsschutzversicherung bei bloßen Behauptungen eines anderen gezwungen ist, die Prozesskosten zunächst vorzustrecken. Erweisen sich die Behauptungen im Nachhinein als unbegründet, so steht dem VN zwar ein Nachforderungsanspruch zu. Die Klausel ist aber so ausgestaltet, dass der VN die **Beweislast** für die Unbegründetheit trägt. Die in § 81 VVG gesetzlich vorgegebene Beweislastverteilung wird damit zum Nachteil des VN umgekehrt. Die Klausel kann aber ohne die Variante »nach der Behauptung eines anderen begangen haben soll« aufrechterhalten werden.[475] 195

Der Risikoausschluss gilt nur für die Fälle des § 2 lit. a) bis lit. h). Bei den in § 2 lit. i) bis lit. k) geregelten Leistungsarten steht der ursächliche Zusammenhang mit einer vorsätzlich begangenen Straftat des VN dem Versicherungsschutz also nicht entgegen.[476] Insbesondere bleibt damit der Straf- und Ordnungswidrigkeiten-Rechtsschutz von Abs. 5 unberührt.[477] 196

2. Rückforderungsanspruch des Versicherers

Abs. 5 S. 2 gibt dem Versicherer einen Anspruch auf Rückzahlung erbrachter Leistungen. Daneben kommt ein Rückzahlungsanspruch aus § 812 I 1 Alt. 1 BGB in Betracht.[478] Die Rückforderung setzt nach Abs. 5 S. 2 voraus, dass sich der Zusammenhang mit einer Straftat **im Nachhinein** herausstellt.[479] Der Anspruch besteht also nicht, wenn dem Versicherer der Zusammenhang mit der Straftat vor der Deckungszusage **positiv bekannt** war. Parallel dazu ist der Anspruch aus § 812 I 1 Alt. 1 BGB nach § 814 BGB ausgeschlossen.[480] 197

Problematisch ist demgegenüber der Fall, dass der Versicherer aufgrund des Vortrags der anderen Partei **begründete Anhaltspunkte** dafür hat, dass die Wahrnehmung rechtlicher Interessen in ursächlichem Zusammenhang mit einer vorsätzlichen Straftat des VN stehen könnte, der VN den Vorsatzvorwurf aber substantiiert bestreitet. In der älteren Rechtsprechung und Literatur ist die Auffassung vertreten worden, der Versicherer sei in einem solchen Fall berechtigt, die Deckungsfrage bis zur endgültigen 198

474 So auch P/M/*Piontek*, § 3 ARB 2010 Rn. 120; *Cornelius-Winkler* SVR 2011, 41, 47.
475 P/M/*Piontek*, § 3 ARB 2010 Rn. 120.
476 Näher dazu Harbauer/*Maier*, § 3 ARB 2010 Rn. 220.
477 Vgl. *Cornelius-Winkler* SVR 2011, 41, 47.
478 Vgl. Harbauer/*Maier*, § 3 ARB 2010 Rn. 230.
479 L/W/*Obarowski*, Kap. 48 Rn. 262.
480 Vgl. OLG Köln r+s 2003, 151, 153.

Klärung des Vorwurfsvorwurfs **im Ausgangsprozess** (z.B. Strafverfahren) zurückzustellen.[481] Nach der Gegenauffassung ist der Versicherer in einem solchen Fall verpflichtet, eine **vorläufige Deckungszusage** zu erteilen.[482] Diese soll nach verbreiteter Auffassung allerdings unter den **Vorbehalt** gestellt werden, dass eine Rückforderung erfolgt, wenn sich im Prozess das Vorliegen einer vorsätzlichen Straftat des VN erweisen sollte.[483] Der BGH ist diesen Ansätzen nicht gefolgt. Nach Ansicht des Senats wird ein durchschnittlicher VN dem Sinn und Zweck des Vorsatzausschlusses entnehmen, dass es von Anfang an auf die **objektive Sachlage** ankommt. Auf der einen Seite gebe es daher keine vorläufige Leistungspflicht. Auf der anderen Seite sei die Vorsatzfrage aber auch nicht im Ausgangsprozess zu klären. Über den vom Versicherer erhobenen Vorwurf einer vorsätzlichen Straftat sei vielmehr **im Deckungsprozess** endgültig zu entscheiden.[484]

199 Nach der Rechtsprechung des BGH sind die tatsächlichen Feststellungen des Gerichts in dem Verfahren, für dessen Durchführung der Versicherer Versicherungsschutz gewährt hat, für das Verfahren über den Rückforderungsanspruch des Versicherers **nicht bindend.**[485] Die Entscheidung des BGH ist zwar noch zu den ARB 75 ergangen; die Argumente des Gerichts lassen sich jedoch auf die neueren Fassungen der ARB übertragen.[486] Der Versicherer kann sich damit insbesondere für den Nachweis einer vorsätzlichen Straftat des VN nicht auf die tatsächlichen Feststellungen im Ausgangsprozess stützen. Nach überwiegender Ansicht kommt auch einer strafrechtlichen Verurteilung keine strikte Bindungswirkung zu.[487]

3. Neufassung des subjektiven Risikoausschlusses in den ARB 2012

200 Ziff. 3.2.21 enthält für die Leistungsarten nach Ziff. 2.2.1 bis 2.2.8 einen Risikoausschluss bei **vorsätzlicher und rechtswidriger Herbeiführung** des Versicherungsfalls durch den VN. Die Klausel entspricht § 81 I VVG, § 4 II lit. a ARB 75 sowie § 3 V ARB 2005.[488] Die Beschränkung des subjektiven Risikoausschlusses auf vorsätzlich begangene **Straftaten** ist damit entfallen. Dahinter steht die Erwägung, dass auch die vorsätzliche Verletzung vertraglicher Pflichten einen Leistungsausschluss rechtfertigen kann.[489] Wegen der Abkoppelung von dem Erfordernis einer Straftat kommt es für den

---

481 So LG Duisburg ZfS 1989, 309; LG Heidelberg ZfS 1984, 17; *Böhme*, § 4 ARB 75 Rn. 50; grundsätzlich auch LG Düsseldorf r+s 1989, 88.

482 So noch Voraufl. Rn. 196.

483 OLG Frankfurt am Main VersR 1994, 667; LG Berlin r+s 1990, 19, 20; Harbauer/*Maier*, § 3 ARB 2010 Rn. 231.

484 BGH VersR 2021, 900 = NJW 2021, 2584 Rn. 20 ff. m. Anm. *Armbrüster*; BeckRS 2021, 13206 Rn. 20 ff.; ebenso in der Literatur P/M/*Piontek*, § 4 ARB 2010 Rn. 110; L/W/*Obarowski*, Kap. 48 Rn. 262 f.

485 BGHZ 117, 345 = NJW 1992, 1509 = VersR 1992, 568; krit. L/W/*Obarowski*, Kap. 48 Rn. 264.

486 Ausführlich dazu Harbauer/*Maier*, § 3 ARB 2010 Rn. 226.

487 Harbauer/*Maier*, § 3 ARB 2010 Rn. 227.

488 Vgl. VersHb/*Obarowski*, § 45 Rn. 359.

489 Vgl. L/W/*Obarowski*, Kap. 48 Rn. 255; *Piontek* jurisPR-VersR 12/2019 Anm. 2.

Ausschluss ebenso wie nach den ARB 75 (dazu oben Rdn. 192) und nach § 3 V ARB 2005[490] auf den **zivilrechtlichen Vorsatzbegriff** an.[491] Wird die vorsätzliche und rechtswidrige Herbeiführung des Versicherungsfalles erst später bekannt, so räumt Ziff. 3.2.21 ARB 2012/2019/2021 dem Versicherer einen eigenständigen Anspruch auf **Rückzahlung** der erbrachten Leistungen ein.

VI. Weitere Risikoausschlüsse nach den ARB 2012/2019/2021

1. Gewerbliche, freiberufliche oder sonstige selbständige Tätigkeit

In den Vertragsarten »Privat«, »Landwirte«, »Beruf«, »Verkehr«, »Fahrzeug« und »Wohnen« ist der Versicherungsschutz nach Ziff. 3.2.22 ARB 2012/2019/2021 für jegliche Interessenwahrnehmung in ursächlichem Zusammenhang mit einer geplanten oder ausgeübten gewerblichen, freiberuflichen oder sonstigen **selbständigen Tätigkeit** ausgeschlossen. Diese Regelung fehlt in § 3 ARB 2010, entspricht aber den besonderen Ausschlüssen in §§ 23 I, 25 I 2, 26 I 2, 27 I ARB 2010 (vgl. § 23 Rdn. 21 ff., § 25 Rdn. 15 ff. und § 26 Rdn. 10 ff.). Ziff. 3.2.22 2012/2019/2021 ARB weist am Ende darauf hin, dass der Risikoausschluss ausnahmsweise nicht gilt, wenn der Versicherungsschein ausdrücklich Streitigkeiten im Zusammenhang mit dieser Tätigkeit umfasst. 201

2. Erwerb oder Veräußerung von Teilzeitnutzungsrechten

Ziff. 3.2.23 ARB 2012/2019/2021 enthält einen neuen Risikoausschluss für den Erwerb und die Veräußerung von **Teilzeitnutzungsrechten** (sog. Timesharing) an Grundstücken, Gebäuden und Gebäudeteilen. Für den Begriff des Teilzeitnutzungsrechts kann auf die Definition des Teilzeit-Wohnrechtevertrags in § 481 I 1 BGB zurückgegriffen werden. Dabei handelt es sich um Verträge, durch die ein Unternehmer einem Verbraucher gegen Zahlung eines Gesamtpreises das Recht verschafft oder zu verschaffen verspricht, für die Dauer von mehr als einem Jahr ein Wohngebäude mehrfach für einen bestimmten oder zu bestimmenden Zeitraum zu Übernachtungszwecken zu nutzen. Die personale Beschränkung des § 481 I 1 BGB auf Verträge zwischen Verbrauchern und Unternehmern beruht allerdings auf dem spezifischen Schutzzweck der §§ 481 ff. BGB und lässt sich daher nicht auf Ziff. 3.2.23 ARB 2012/2019/2021 übertragen. Andererseits ist auch die Ausweitung des sachlichen Schutzbereichs der §§ 481 ff. BGB auf Verträge über ein langfristiges Urlaubsprodukt sowie Vermittlungs- und Tauschsystemverträge im Rahmen von Ziff. 3.2.23 ARB 2012/2019/2021 ohne Bedeutung. 202

Der Risikoausschluss für Geschäfte über Teilzeitnutzungsrechte rechtfertigt sich daraus, dass solche Geschäfte nur für eine **Minderheit von VN** relevant sind. Außerdem sind entsprechende Streitigkeiten oft mit **sehr hohen Kosten** verbunden. 203

490 Dazu OLG Dresden MDR 2020, 224 m. Anm. *Piontek* jurisPR-VersR 12/2019 Anm. 2.
491 P/M/*Piontek*, § 3 ARB 2010 Rn. 108.

D. Beweislast

204 Der **Versicherer** muss die Voraussetzungen für den Ausschluss des Rechtsschutzes nach § 3 darlegen und beweisen.[492] Dies folgt aus dem allgemeinen Grundsatz, dass der Versicherer für das Eingreifen eines Risikoausschlusses beweispflichtig ist (s. oben Rdn. 1).

§ 3a Ablehnung des Rechtsschutzes wegen mangelnder Erfolgsaussichten oder wegen Mutwilligkeit – Schiedsgutachterverfahren

Bei Anwendung des Schiedsgutachter-Verfahrens

(1) Der Versicherer kann den Rechtsschutz ablehnen, wenn seiner Auffassung nach

a) in einem der Fälle des § 2a) bis g) die Wahrnehmung der rechtlichen Interessen keine hinreichende Aussicht auf Erfolg hat

oder

b) die Wahrnehmung der rechtlichen Interessen mutwillig ist. Mutwilligkeit liegt dann vor, wenn der durch die Wahrnehmung der rechtlichen Interessen voraussichtlich entstehende Kostenaufwand unter Berücksichtigung der berechtigten Belange der Versichertengemeinschaft in einem groben Missverhältnis zum angestrebten Erfolg steht.

Die Ablehnung ist dem Versicherungsnehmer in diesen Fällen unverzüglich unter Angabe der Gründe schriftlich mitzuteilen.

(2) Mit der Mitteilung über die Rechtsschutzablehnung ist der Versicherungsnehmer darauf hinzuweisen, dass er, soweit er der Auffassung des Versicherers nicht zustimmt und seinen Anspruch auf Rechtsschutz aufrechterhält, innerhalb eines Monates die Einleitung eines Schiedsgutachterverfahrens vom Versicherer verlangen kann. Mit diesem Hinweis ist der Versicherungsnehmer aufzufordern, alle nach seiner Auffassung für die Durchführung des Schiedsgutachterverfahrens wesentlichen Mitteilungen und Unterlagen innerhalb der Monatsfrist dem Versicherer zuzusenden. Außerdem ist er über die Kostenfolgen des Schiedsgutachterverfahrens gemäß Absatz 5 und über die voraussichtliche Höhe dieser Kosten zu unterrichten.

(3) Verlangt der Versicherungsnehmer die Durchführung eines Schiedsgutachterverfahrens, hat der Versicherer dieses Verfahren innerhalb eines Monates einzuleiten und den Versicherungsnehmer hierüber zu unterrichten. Sind zur Wahrnehmung der rechtlichen Interessen des Versicherungsnehmers Fristen zu wahren und entstehen hierdurch Kosten, ist der Versicherer verpflichtet, diese Kosten in dem zur Fristwahrung notwendigen Umfang bis zum Abschluss des Schiedsgutachterverfahrens unabhängig von dessen Ausgang zu tragen. Leitet der Versicherer das Schiedsgutachterverfahren nicht fristgemäß ein, gilt seine Leistungspflicht in dem Umfang, in dem der Versicherungsnehmer den Rechtsschutzanspruch geltend gemacht hat, als festgestellt.

(4) Schiedsgutachter ist ein seit mindestens fünf Jahren zur Rechtsanwaltschaft zugelassener Rechtsanwalt, der von dem Präsidenten der für den Wohnsitz des Versiche-

---

492 HK-VVG/*Münkel*, § 3 ARB 2010 Rn. 2; H/E/K/*Heinrichs*, 34. Kap. Rn. 275.

rungsnehmers zuständigen Rechtsanwaltskammer benannt wird. Dem Schiedsgutachter sind vom Versicherer alle ihm vorliegenden Mitteilungen und Unterlagen, die für die Durchführung des Schiedsgutachterverfahrens wesentlich sind, zur Verfügung zu stellen. Er entscheidet im schriftlichen Verfahren; seine Entscheidung ist für den Versicherer bindend.

(5) Die Kosten des Schiedsgutachterverfahrens trägt der Versicherer, wenn der Schiedsgutachter feststellt, dass die Leistungsverweigerung des Versicherers ganz oder teilweise unberechtigt war. War die Leistungsverweigerung nach dem Schiedsspruch berechtigt, trägt der Versicherungsnehmer seine Kosten und die des Schiedsgutachters. Die dem Versicherer durch das Schiedsgutachterverfahren entstehenden Kosten trägt dieser in jedem Falle selbst.

Bei Anwendung des Stichentscheid-Verfahrens

§ 3a Ablehnung des Rechtsschutzes wegen mangelnder Erfolgsaussichten oder wegen Mutwilligkeit – Stichentscheid

(1) Der Versicherer kann den Rechtsschutz ablehnen, wenn seiner Auffassung nach

a) in einem der Fälle des § 2a) bis g) die Wahrnehmung der rechtlichen Interessen keine hinreichende Aussicht auf Erfolg hat

oder

b) die Wahrnehmung der rechtlichen Interessen mutwillig ist. Mutwilligkeit liegt dann vor, wenn der durch die Wahrnehmung der rechtlichen Interessen voraussichtlich entstehende Kostenaufwand unter Berücksichtigung der berechtigten Belange der Versichertengemeinschaft in einem groben Missverhältnis zum angestrebten Erfolg steht.
Die Ablehnung ist dem Versicherungsnehmer in diesen Fällen unverzüglich unter Angabe der Gründe schriftlich mitzuteilen.

(2) Hat der Versicherer seine Leistungspflicht gemäß Absatz 1 verneint und stimmt der Versicherungsnehmer der Auffassung des Versicherers nicht zu, kann er den für ihn tätigen oder noch zu beauftragenden Rechtsanwalt auf Kosten des Versicherers veranlassen, diesem gegenüber eine begründete Stellungnahme abzugeben, ob die Wahrnehmung rechtlicher Interessen in einem angemessenen Verhältnis zum angestrebten Erfolg steht und hinreichende Aussicht auf Erfolg verspricht. Die Entscheidung ist für beide Teile bindend, es sei denn, dass sie offenbar von der wirklichen Sach- und Rechtslage erheblich abweicht.

(3) Der Versicherer kann dem Versicherungsnehmer eine Frist von mindestens einem Monat setzen, binnen der der Versicherungsnehmer den Rechtsanwalt vollständig und wahrheitsgemäß über die Sachlage zu unterrichten und die Beweismittel anzugeben hat, damit dieser die Stellungnahme gemäß Absatz 2 abgeben kann. Kommt der Versicherungsnehmer dieser Verpflichtung nicht innerhalb der vom Versicherer gesetzten Frist nach, entfällt der Versicherungsschutz. Der Versicherer ist verpflichtet, den Versicherungsnehmer ausdrücklich auf die mit dem Fristablauf verbundene Rechtsfolge hinzuweisen.

Literatur:
Bauer, Die Allgemeinen Bedingungen für die Rechtsschutzversicherung 1994 (ARB 94), NJW 1995, 1390; *van Bühren*, Rechtliche Probleme in der Zusammenarbeit mit Rechtsschutzversicherern, NJW 2007, 3606; *Graf/Johannes*, Die gerichtliche Prüfung von Einwendungen des Rechtsschutzversicherers gegen den Medizinschadensfall, VersR 2023, 1554; *Kilian*, Kostentragung trotz Deckungsablehnung im Schiedsgutachterverfahren in der Rechtsschutzversicherung, r+s 2007, 446; *Maier*, Neue Bedingungen in der Rechtsschutzversicherung (ARB 1994), r+s 1995, 361; *Wendt*, Strukturen der neuen Rechtsprechung des Bundesgerichtshofs zur Rechtsschutzversicherung (Teil I), r+s 2006, 1; *ders.*, Die Rechtsprechung des BGH zum Versicherungsrecht – Rechtsschutzversicherung, r+s 2010, 221.

Übersicht Rdn.

A. Allgemeines

1 Nach § 3a I kann der Versicherer den Rechtsschutz und damit seine Leistungspflicht ablehnen, wenn seiner Auffassung nach die Wahrnehmung der rechtlichen Interessen keine hinreichende Aussicht auf Erfolg hat oder mutwillig ist. Sehen die ARB ein solches Leistungsablehnungsrecht vor, verlangt § 128 Satz 1 VVG als Ausgleich, dass der Versicherungsvertrag ein **Gutachterverfahren** oder ein anderes Verfahren mit vergleichbaren Garantien für die Unparteilichkeit vorsieht, in dem Meinungsverschiedenheiten zwischen den Vertragsparteien über die Erfolgsaussichten oder die Mutwilligkeit einer Rechtsverfolgung entschieden werden. Andernfalls gilt nach § 128 Satz 3 VVG das Rechtsschutzbedürfnis des VN als anerkannt.

2 § 128 Satz 1 VVG wurde in den ARB 2010 durch § 3a II-V (**Schiedsgutachterverfahren**) und § 3a II, III (**Stichentscheid**) Rechnung getragen. Die Musterbedingungen

des GDV sehen demnach **zwei alternative Verfahren als Auswahlmöglichkeit** vor: das Schiedsgutachterverfahren und den Stichentscheid. Die Versicherer können wählen, welche der beiden Möglichkeiten der außergerichtlichen Streitbeilegung sie in ihre Versicherungsbedingungen aufnehmen. Große praktische Bedeutung haben beide Verfahren letztlich nicht erlangt.

Historisch betrachtet sahen die ARB zunächst bis zu den ARB 75 ausschließlich den Stichentscheid vor (vgl. § 17 ARB 75). Einige Rechtsschutzversicherer erachteten diesen jedoch als nicht ausreichend objektiv, so dass stattdessen in der Folge das Schiedsgutachterverfahren mit § 18 ARB 94 eingeführt wurde.[1] Erst mit den ARB 2000 wurden beide Verfahren alternativ in die Musterbedingungen integriert. 3

Die **Durchführung des in den jeweiligen ARB vorgesehenen Verfahrens** ist für den VN jedoch **nicht zwingend** für den Fall der Leistungsablehnung durch den Versicherer. Aus der Formulierung »kann« in § 3a II ergibt sich, dass der VN auch sogleich Deckungsklage erheben kann.[2] 4

Bedeutsam ist die Durchführung eines Verfahrens vor Erhebung der Deckungsklage jedoch für den Fall, dass der VN **Prozesskostenhilfe** für den Deckungsprozess beantragen möchte. Diese erhält er nicht, wenn er es unterlassen hat, einen Stichentscheid herbeizuführen.[3] Der BGH begründet dies vor allen Dingen damit, dass der Stichentscheid für den VN kostenfrei ist (vgl. unten Rdn. 50). Dagegen kann das Schiedsgutachterverfahren zu einer Kostenlast des VN führen (vgl. dazu Rdn. 35), so dass die Rechtsprechung zum Stichentscheid grundsätzlich nicht auf das Schiedsgutachterverfahren übertragen werden kann. Etwas anderes gilt für den Fall, dass der Versicherer in seinen ARB auch für den Fall des Schiedsgutachtens stets (unabhängig vom Verfahrensausgang) die Kosten übernimmt.[4] 5

B. Möglichkeit der Ablehnung des Rechtsschutzes

Die beiden Verfahren knüpfen im Hinblick auf die Leistungsablehnung durch den Versicherer an die gleichen Voraussetzungen an. Nach § 3a I 1 kann der Versicherer den Rechtsschutz aus zwei Gründen ablehnen: Die Wahrnehmung der rechtlichen Interessen hat in einem der Fälle des § 2 lit. a)-g) **keine hinreichende Aussicht auf Erfolg** (lit. a) oder **die Wahrnehmung der rechtlichen Interessen ist mutwillig** (lit. b). 6

---

1 Van Bühren/Plote/*van Bühren*, § 18 A ARB 2000 Rn. 1; § 3a ARB 2010 Rn. 1; Harbauer/*Bauer*, vor § 18 ARB 2000 Rn. 3; Harbauer/*Schmitt*, § 3a ARB 2010 Rn. 2; *van Bühren* NJW 2007, 3606, 3609; *Maier* r+s 1995, 361, 365 f.

2 OLG Karlsruhe VersR 2008, 675, 677; OLG Köln VersR 1989, 359, 362; van Bühren/Plote/*van Bühren*, § 18 B ARB 2000 Rn. 63; § 3a ARB 2010 Rn. 56; Harbauer/*Bauer*, vor § 18 ARB 2000 Rn. 4; Harbauer/*Schmitt*, § 3a ARB 2010 Rn. 4; P/M/*Piontek*, § 3a ARB 2010 Rn. 4; VersHb/*Obarowski*, § 45 Rn. 551; *Maier* r+s 1995, 361, 365; a.A. LG Stuttgart VersR 1995, 1438; LG Köln NJW-RR 1987, 544, 545. L/W/*Obarowski*, Rechtsschutzversicherung Rn. 290.

3 BGH VersR 1987, 978.

4 Harbauer/*Bauer*, vor § 18 ARB 2000 Rn. 4.

Lehnt der Rechtsschutzversicherer die Leistungspflicht aus anderen Gründen ab, fällt dies nicht unter § 3a und eröffnet somit auch nicht die Möglichkeit des Schiedsgutachter- oder Stichentscheidverfahrens.

7 Sowohl die Frage der hinreichenden Erfolgsaussichten als auch die Frage der Mutwilligkeit erfordern eine **Prognoseentscheidung.** Maßgeblicher Zeitpunkt ist die Entscheidung des Versicherers. Stellt sich die Entscheidung im Nachhinein als unzutreffend dar, gewinnt der VN also zum Beispiel trotz Verneinung der Erfolgsaussichten den Prozess oder ist der tatsächliche Kostenaufwand deutlich geringer als der im Vorhinein anzunehmende voraussichtliche Kostenaufwand, ändert dies nichts an der Möglichkeit der Leistungsablehnung des Versicherers. Ebenso bleibt der Versicherer aber auch an seine Entscheidung gebunden und erhält kein nachträgliches Ablehnungsrecht, wenn der Prozess nachteilig für den VN ausgeht oder die tatsächlich angefallenen Kosten den voraussichtlichen Kostenaufwand übersteigen.[5] Erst recht kann der Versicherer nicht später seine Leistungspflicht mit dem Hinweis auf fehlende Erfolgsaussichten ablehnen, wenn er bei Erteilung der Deckungszusage alle Umstände kannte, auf die er sich nun beruft.[6]

8 Das Ablehnungsrecht bezieht sich lediglich auf die jeweilige Instanz und ist deshalb in jeder Instanz neu zu prüfen. Auch die Bindungswirkung (s. dazu Rdn. 32 und Rdn. 46) betrifft nur die jeweilige Instanz.[7]

I. Fehlende hinreichende Erfolgsaussichten

9 Begrenzt ist das Ablehnungsrecht des Versicherers im Falle **fehlender hinreichender Erfolgsaussichten** auf die Fälle des § 2 lit. a)-g). Diese stellen jedoch die häufigsten Versicherungsfälle dar. Es besteht folglich **kein Leistungsablehnungsrecht wegen fehlender Erfolgsaussichten** im Bereich des Disziplinar- und Standesrechtsschutzes (lit. h), des Straf-Rechtsschutzes (lit. i), des Ordnungswidrigkeiten-Rechtsschutzes (lit. j) und des Beratungs-Rechtsschutzes im Familien-, Lebenspartnerschafts- und Erbecht (lit. k).

10 Eine **Definition**, wann hinreichende Erfolgsaussichten fehlen, enthalten die Bedingungen nicht. Es sind aber aufgrund der wortgetreuen Übernahme des Begriffs die gleichen Maßstäbe wie bei § 114 I 1 ZPO anzulegen.[8] Die Frage der Erfolgsaussichten betrifft dabei sowohl den Sachverhalt als auch die rechtliche Würdigung. Unter rechtlichen Gesichtspunkten kommt es darauf an, ob der Standpunkt des VN nach dem von ihm

---

5 Harbauer/*Schmitt*, § 3a ARB 2010 Rn. 13.

6 Vgl. § 17 Rn. 85 f.; OLG Celle r+s 2010, 417, 418; L/P/*Paffenholz*, § 128 Rn. 3.

7 BGH r+s 1990, 275, 276; OLG Hamm VersR 1989, 838; r+s 1989, 222, 224; P/M/*Piontek*, § 3a ARB 2010, Rn. 6; VersHb/*Obarowski*, § 45 Rn. 541.; L/W/*Obarowski*, Rechtsschutzversicherung Rn. 277.

8 BGH VersR 2003, 454, 455; VersR 1994, 1061, 1062; VersR 1987, 1186; OLG Düsseldorf VersR 2001, 233; OLG Hamm VersR 1989, 838; OLG Köln VersR 1989, 359, 361; van Bühren/Plote/*van Bühren*, § 18 A ARB 2000 Rn. 17; § 3a ARB 2010 Rn. 18; Harbauer/*Schmitt*, § 3a ARB 2010 Rn. 16; L/W/*Richter*, § 128 Rn. 17; VersHb/*Obarowski*, § 45 Rn. 542; *Wendt* r+s 2006, 1, 5; L/W/*Obarowski*, Rechtsschutzversicherung Rn. 278.

vorgetragenen Sachverhalt zumindest vertretbar erscheint.[9] Einwendungen des Gegners muss der VN mitteilen, soweit sie ihm bekannt sind. Sie sind vom Versicherer in die Prüfung der hinreichenden Erfolgsaussichten einzubeziehen.[10]

Bezüglich des Sachverhalts muss zumindest die **Möglichkeit einer Beweisführung** bestehen.[11] Unzulässige oder ungeeignete Beweismittel können keine hinreichenden Erfolgsaussichten begründen.[12] Eine antizipierte Beweiswürdigung ist allerdings nicht vorzunehmen.[13] Auch genügt es für eine Ablehnung der Beweisbarkeit nicht, wenn Zeugenaussagen in privatschriftlichen, polizeilichen oder strafgerichtlichen Protokollen gegen eine erfolgreiche Beweisführung sprechen. Einer solchen Urkunde kommt nämlich ein geringer Beweiswert zu, weshalb auch im Prozess eine erneute Zeugenvernehmung erfolgen wird.[14] Als nicht ausreichend ist es jedoch anzusehen, wenn der VN für einen streitigen Sachverhalt nur die Parteivernehmung des Gegners nach § 445 ZPO beantragen kann.[15] 11

Es genügt eine **gewisse Wahrscheinlichkeit des Erfolgs** der Prozessführung. Die Anforderungen dürfen nicht zu hoch angesetzt werden. Im Zweifel sind die Erfolgsaussichten zu bejahen.[16] Ist die Rechtsfrage, auf die es in dem Prozess ankommt, noch nicht eindeutig bzw. höchstrichterlich geklärt, kann dies nicht zu einer Verneinung der Erfolgsaussichten führen.[17] 12

Bei einer späteren Klärung der Rechtslage (z.B. aufgrund höchstrichterlicher Rechtsprechung) zum Nachteil des Versicherungsnehmers, kann sich der Versicherer darauf nicht mehr berufen.[18] Ändert sich zwischen der Ablehnung des Deckungsschutzes und der gerichtlichen Entscheidung über die Deckungsklage die Einschätzung der Erfolgsaussichten zugunsten des Versicherungsnehmers, muss das Gericht diese Änderungen, 13

9 BGH VersR 1987, 1186, 1187; OLG Celle VersR 2007, 1218; OLG Köln r+s 2003, 151; VersR 1989, 359, 361; van Bühren/Plote/*van Bühren*, § 18 A ARB 2000 Rn. 18; § 3a ARB 2010 Rn. 9; Harbauer/*Schmitt*, § 3a ARB 2010, Rn. 17; L/P/*Paffenholz*, § 128 Rn. 3.

10 BGH VersR 1987, 1186, 1187.

11 BGH VersR 1987, 1186, 1187; OLG Celle VersR 2007, 1218; OLG Köln r+s 2003, 151; van Bühren/Plote/*van Bühren*, § 18 A ARB 2000 Rn. 18; § 3a ARB 2010 Rn. 9; *Wendt* r+s 2006, 1, 5.

12 BGH VersR 1987, 1186, 1187.

13 BGH VersR 1987, 1186, 1187; van Bühren/Plote/*van Bühren*, § 18 A ARB 2000 Rn. 19; § 3a ARB 2010 Rn. 10; Harbauer/*Bauer*, vor § 18 ARB 2000 Rn. 36; L/W/*Richter*, § 128 Rn. 20; VersHb/*Obarowski*, § 45 Rn. 542.

14 BGH VersR 2001, 121; VersR 2000, 610.

15 OLG Köln VersR 2000, 638, 639; NJW-RR 1997, 636, 637.

16 BVerfG NJW-RR 2004, 933; NJW 2003, 1857, 1858; BGH VersR 1998, 75, 76; VersR 1987, 1186, 1187; van Bühren/Plote/*van Bühren*, § 18 A ARB 2000 Rn. 18; § 3a ARB 2010 Rn. 9; L/P/*Paffenholz*, § 128 Rn. 4.

17 BGH VersR 2007, 966; VersR 1998, 75, 76; VersR 1994, 1061, 1062; L/W/*Obarowski*, Rechtsschutzversicherung Rn. 278.

18 OLG Karlsruhe NJW-RR 2024, 169; L/W/*Obarowski*, Rechtsschutzversicherung Rn. 278.

sofern sie nach dem maßgeblichen Fachrecht relevant sind, bei der Beurteilung der Erfolgsaussichten berücksichtigen.[19]

II. Mutwilligkeit

14 Was unter **Mutwilligkeit** zu verstehen ist, wird **in lit. b) Satz 2 definiert.** Mutwilligkeit liegt danach dann vor, wenn der durch die Wahrnehmung der rechtlichen Interessen voraussichtlich entstehende Kostenaufwand unter Berücksichtigung der berechtigten Belange der Versichertengemeinschaft in einem groben Missverhältnis zum angestrebten Erfolg steht.

15 Diese Definition befand sich auch schon in den vorangegangenen ARB (vgl. § 18a I lit. a) und § 18b I lit. a) ARB 2000). Jedoch wird in den ARB 2010 wieder der Begriff der Mutwilligkeit ausdrücklich genannt. Indem somit auch hinsichtlich dieses Ablehnungsgrundes die Begrifflichkeit aus **§ 114 I ZPO** wortgetreu übernommen wurde, sind grundsätzlich die gleichen Maßstäbe wie bei einem Antrag auf Prozesskostenhilfe anzulegen und kann die Rechtsprechung insofern übertragen werden.[20]

16 Als Besonderheit sind jedoch zusätzlich die ausdrücklich in der Definition nach Satz 2 aufgeführten **Belange der Versichertengemeinschaft** zu berücksichtigen. Ob der Versicherer seine Leistung ablehnen kann, ist letztlich Ergebnis einer **Interessenabwägung im Einzelfall.** Maßgebend ist dabei die Frage, ob eine vermögende unversicherte und wirtschaftlich denkende Person ihre rechtlichen Interessen unter den gegebenen Umständen verfolgen würde.[21] Aufgrund der Berücksichtigung der Belange der Versichertengemeinschaft kann ein Leistungsablehnungsrecht auch bestehen, wenn die Gewährung von Versicherungsschutz für gleichgelagerte Fälle und aufgrund deren Häufigkeit zu einer Prämienerhöhung führen würde.[22] Zweifel bei der Interessenabwägung gehen zu Lasten des Versicherers, da dann sein Leistungsablehnungsrecht nach § 3a I nicht eröffnet ist.[23]

---

19 BGH VersR 2024, 1068; L/W/*Obarowski*, Rechtsschutzversicherung Rn. 278.

20 BGH VersR 2003, 454, 455; VersR 1994, 1061, 1062; VersR 1987, 1186; OLG Köln VersR 1989, 359, 361; L/W/*Richter*, § 128 Rn. 11 f.; einschränkend noch zu den ARB 2010 van Bühren/Plote/*van Bühren*, § 18 A ARB 2000 Rn. 7; Harbauer/*Bauer*, vor § 18 ARB 2000 Rn. 22; Harbauer/*Schmitt*, § 3a ARB 2010 Rn. 23.

21 OLG Celle, Urt. v. 8.12.2011 – 8 8 U 148/11; VersR 2007, 1218, 1219; OLG Düsseldorf VersR 2006, 649, 650; OLG Koblenz VersR 2005, 974, 975 f.; OLG Köln r+s 2005, 285, 287; r+s 1995, 103, 104; OLG Dresden NJW-RR 2004, 1078, 1079; van Bühren/Plote/*van Bühren*, § 18 A ARB 2000 Rn. 6, 8; § 3a ARB 2010 Rn. 16, 18; L/W/*Richter*, § 128 Rn. 10; P/M/*Piontek*, § 3a ARB 2010, Rn. 12; a.A. Harbauer/*Bauer*, vor § 18 ARB 2000 Rn. 25.; Harbauer/*Schmitt*, § 3a ARB 2010 Rn. 25; L/W/*Obarowski*, Rechtsschutzversicherung Rn. 282.

22 Van Bühren/Plote/*van Bühren*, § 18 A ARB 2000 Rn. 9; § 3a ARB 2010 Rn. 19; P/M/*Piontek*, § 3a ARB 2010 Rn. 12; L/W/*Obarowski*, Rechtsschutzversicherung Rn. 284.

23 OLG Düsseldorf VersR 2006, 649, 650; van Bühren/Plote/*van Bühren*, § 18 A ARB 2000 Rn. 6; § 3a ARB 2010 Rn. 24.

Mutwilligkeit wurde zum Beispiel dann bejaht, wenn verschiedene Prozesse statt eines einheitlichen geführt werden. Dies ist etwa dann der Fall, wenn der VN, der bereits Kündigungsschutzklage erhoben hat, wegen einer weiteren Kündigung eine gesonderte Kündigungsschutzklage erhebt, statt eine Klageerweiterung vorzunehmen.[24] Auch ist es mutwillig, wenn der VN nicht den Ausgang eines Musterprozesses, dessen Ende unmittelbar bevorsteht, abwartet.[25] Ebenso ist es mutwillig, wenn der VN Rechtsberatungen hinsichtlich mehrerer inhaltsgleicher Gewinnzusagen (§ 661a BGB) anstatt nur hinsichtlich einer der Gewinnzusagen in Anspruch nimmt, was hohe Gebührenansprüche des Rechtsanwalts auslöst, wobei in diesem Fall noch hinzu kam, dass der VN nicht den Ausgang eines bereits anhängigen Verfahrens in dieser Sache abwartete.[26] Mutwillig sind ebenfalls Klagen aus einer Gewinnzusage gegen eine im Ausland ansässige Briefkastenfirma.[27] Gleiches gilt für den Fall, dass der VN eine Klageerweiterung erheblichen Ausmaßes vornimmt, obwohl die Klage äußerst risikobehaftet ist.[28] Ein Fall der Mutwilligkeit liegt auch vor, wenn der VN eine kostenintensivere Art der Rechtsverfolgung wählt, obwohl eine kostengünstigere möglich wäre.[29] Mutwilligkeit wurde des Weiteren bejaht, wenn der VN einen Titel für eine Forderung begehrt, mit der er lediglich gegen eine Forderung seines Schuldners aufrechnen will[30] oder wenn die Einrede der Verjährung sicher zu erwarten ist[31]. 17

Darüber hinaus hatte sich die Rechtsprechung vor allen Dingen mit der Frage zu beschäftigen, ob **die Einschaltung eines Rechtsanwalts bei einem niedrigen Bußgeld** (v. a. wegen Halt- und Parkverstößen) aufgrund der dadurch verursachten Verteidigerkosten mutwillig ist. Bejaht wurde dies in der Vergangenheit durch viele Gerichte bei der Verteidigung gegen solche (nicht im Verkehrszentralregister einzutragenden) Verstöße, bei denen die Verteidigerkosten das Bußgeld um ein Vielfaches überstiegen.[32] Dieser rein wirtschaftliche Ansatz genügt jedoch nicht zur Begründung von Mutwilligkeit. Es hat vielmehr auch insoweit eine Interessenabwägung im Einzelfall stattzufinden. Mutwilligkeit liegt demnach auch in diesen Fällen nur dann vor, wenn keine schützenswerten Belange des VN bestehen.[33] Mit dem Ausschluss von Ordnungswidrigkeiten- und Verwaltungsverfahren wegen eines Halt- oder Parkverstoßes (vgl. § 3 III lit. e) ARB 2010) seit den ARB 94 ist dieser Streit mittlerweile weitgehend beigelegt. 18

24 AG Aschaffenburg ZfS 1984, 111.
25 OLG Celle ZfS 1990, 378.
26 OLG Köln r+s 2005, 285, 287.
27 OLG Dresden NJW-RR 2004, 1078, 1079; VersHb/*Obarowski*, § 45 Rn. 547; L/W/*Obarowski*, Rechtsschutzversicherung Rn. 284.
28 OLG Koblenz VersR 2005, 974, 975 f.
29 LG Düsseldorf, Urt. v. 28.6.2009 – 11 O 509/08.
30 LG Hamburg r+s 1990, 164, 165.
31 OLG Celle, Urt. v. 8.12.2011 – 8 U 148/11.
32 Vgl. beispielhaft AG Hannover r+s 2001, 155, 156; AG Köln ZfS 1995, 312; AG Iserlohn r+s 1988, 337; AG München r+s 1979, 89; AG Gelnhausen r+s 1979, 25; AG Würzburg r+s 1978, 244.
33 LG Aurich NJW-RR 1991, 29, 30; LG Aachen VersR 1983, 361; AG Köln r+s 1995, 344, 345; AG Essen NJW-RR 1993, 1058; VersHb/*Obarowski*, § 45 Rn. 548.

19 **Verneint wurde Mutwilligkeit**, wenn gegen einen vermögenslosen Schuldner ein Titel erwirkt wurde, aus dem 30 Jahre lang vollstreckt werden kann.[34] Ebenso kann der VN auch einen Schadensersatzprozess gegen einen Arzt führen, ohne vorher die Gutachterkommission für ärztliche Behandlungsfehler der Ärztekammer anrufen zu müssen.[35] Es ist auch nicht mutwillig, wenn der VN als Studienbewerber mehrere sogenannte Kapazitätsklagen gegen Hochschulen erhebt.[36] In jüngster Zeit verneinten einige Gerichte die Mutwilligkeit der Rechtsverfolgung durch (vermeintlich) Geschädigte im sogenannten VW-Abgasskandal.[37]

III. Unverzügliche Mitteilung der Ablehnung

20 Nach § 3a I 2 ist die **Ablehnung** nach Abs. 1 dem VN unverzüglich **unter Angabe der Gründe** mitzuteilen. Die Mitteilung muss in **Schriftform** (§ 126 BGB) und **ohne schuldhaftes Zögern** (vgl. § 121 I 1 BGB) erfolgen. Dabei ist dem Versicherer jedoch Zeit für eine sachgerechte Prüfung einzuräumen. Eine Ablehnung innerhalb von zwei bis drei Wochen dürfte deshalb noch unverzüglich sein.[38] Die **Prüfungspflicht des Versicherers beginnt**, sobald der VN den Rechtsschutzfall angezeigt, den Versicherer vollständig und wahrheitsgemäß über sämtliche Umstände des Rechtsschutzfalls unterrichtet sowie Beweismittel angegeben und Unterlagen auf Verlangen zur Verfügung gestellt hat.[39]

21 Dass der Versicherer von seinem **Ablehnungsrecht** Gebrauch macht, muss in seinem Schreiben deutlich zum Ausdruck kommen. Die bloße Äußerung von Bedenken ist nicht ausreichend.[40] Des Weiteren muss der Versicherer substantiiert darlegen, aufgrund welcher tatsächlichen oder rechtlichen Gründe er die Erfolgsaussichten verneint oder Mutwilligkeit bejaht. Eine pauschale Begründung genügt gerade nicht.[41] Es obliegt nämlich zunächst dem Versicherer, den Versicherungsfall zu prüfen und unter Angabe von Gründen darzulegen, warum er den Versicherungsschutz in diesem Fall ablehnt.

---

34 BGH VersR 2003, 454, 455; van Bühren/Plote/*van Bühren*, § 18 A ARB 2000 Rn. 15; § 3a ARB 2010 Rn. 25; Harbauer/*Bauer*, vor § 18 ARB 2000 Rn. 30; Harbauer/*Schmitt*, § 3a ARB 2010 Rn. 29; a.A. L/W/*Richter*, § 128 Rn. 15; VersHb/*Obarowski*, § 45 Rn. 547.

35 OLG Hamm VersR 2002, 1002; OLG Düsseldorf VersR 1989, 645; Harbauer/*Bauer*, vor § 18 ARB 2000 Rn. 30; Harbauer/*Schmitt*, § 3a ARB 2010 Rn. 31; a.A. LG Dortmund VersR 1988, 606; LG Aurich VersR 1986, 558.

36 OLG Frankfurt, Urt. v. 26.11.2008 – 7 U 114/08; Urt. v. 8.7.2008 – 7 W 21/08; OLG Celle VersR 2007, 1218, 1219 f.; *Wendt* r+s 2010, 221, 232.

37 OLG Karlsruhe NJW 2017, 277; LG Detmold VersR 2016, 1493; LG Essen r+s 2016, 5.

38 OLG Frankfurt VersR 1998, 357, 358; OLG Köln r+s 1991, 419, 420; VersR 1989, 359, 361; LG Deggendorf r+s 2009, 463, 464; Harbauer/*Bauer*, vor § 18 ARB 2000 Rn. 8; Harbauer/*Schmitt*, § 3a ARB 2010 Rn. 7; L/W/*Richter*, § 128 Rn. 21; P/M/*Piontek*, § 3a ARB 20010 Rn. 16; VersHb/*Obarowski*, § 45 Rn. 539.

39 BGH VersR 2003, 638, 639; OLG Karlsruhe r+s 2004, 107, 109; vgl. § 17 I ARB 2010.

40 OLG Celle VersR 2002, 91, 92.

41 OLG Köln r+s 1991, 419, 420; VersR 1989, 359, 361; van Bühren/Plote/*van Bühren*, § 18 A ARB 2000 Rn. 25; § 3a ARB 2010 Rn. 28; Harbauer/*Bauer*, vor § 18 ARB 2000 Rn. 10; Harbauer/*Schmitt*, § 3a ARB 2010 Rn. 9.

Erst dann kann der VN prüfen, ob die Auffassung des Versicherers zutreffend ist, und sich ggf. dagegen wehren.[42]

Teilt der Versicherer nicht **unverzüglich** mit, dass er von seinem Ablehnungsrecht Gebrauch macht, verliert er dieses.[43] Er kann sich dann auch nicht später auf sein Ablehnungsrecht nach § 3a I berufen bzw. sich dieses Ablehnungsrecht wirksam vorbehalten, wenn er die Leistung zunächst nur aus anderen Gründen ablehnt.[44] 22

C. Schiedsgutachterverfahren

Das Schiedsgutachterverfahren ist in § 3a II-V (Schiedsgutachterverfahren) geregelt. 23

I. Hinweispflichten

Nach § 3a II 1 hat der Versicherer den VN mit der Mitteilung über die Rechtsschutzablehnung darauf **hinzuweisen**, dass er, soweit er der Auffassung des Versicherers nicht zustimmt und seinen Anspruch auf Rechtsschutz aufrechterhält, **innerhalb eines Monats** die Einleitung eines Schiedsgutachterverfahrens vom Versicherer verlangen kann. Diese in den ARB ausgestaltete Hinweispflicht entspricht § 128 Satz 1, 2 VVG. Unterlässt der Versicherer den Hinweis, gilt das Rechtsschutzbedürfnis des VN im Einzelfall als anerkannt, § 128 Satz 3 VVG. Insofern ist es unerheblich, ob der VN sein Recht kannte oder anwaltlich vertreten war.[45] 24

Da der VN jedoch regelmäßig an einer baldigen Klärung über die Leistungspflicht des Versicherers interessiert ist, dürfte dieser Fall in der Praxis eher selten vorkommen. 25

Überschreitet der VN mit seinem Verlangen **die Monatsfrist**, kann er kein Schiedsgutachterverfahren mehr durchführen, weil es sich bei § 3a Abs. 2 Satz 1 ARB 2010 um eine Ausschlussfrist handelt, die eine unklare Schwebesituation verhindern soll. Ihm steht im Falle der Versäumung der Frist aber noch die Möglichkeit der Erhebung einer Deckungsklage zu. Rechtliche Einwände aus Rechtsprechung und Literatur gegen die Wirksamkeit der Monatsfrist als Ausschlussfrist sind unbegründet.[46] Der Versicherer bewegt sich mit einer solchen Regelung innerhalb seines zulässigen Gestaltungsspiel-

---

42 OLG Köln VersR 1987, 1030, 1031.

43 BGH VersR 2014, 742; VersR 2003, 1122, 1124; VersR 2003, 638; OLG München, Urt. v. 23.10.2009 – 25 U 2800/09; OLG Köln VersR 2008, 1391; OLG Karlsruhe r+s 2004, 107, 109; OLG Düsseldorf VersR 2001, 233, 233 f.; OLG Köln r+s 1991, 419, 420; VersR 1989, 359, 361; LG Köln VersR 2010, 806; Harbauer/*Bauer*, vor § 18 ARB 2000 Rn. 8; Harbauer/*Schmitt*, § 3a ARB 2010 Rn. 7; L/W/*Richter*, § 128 Rn. 21; P/M/*Piontek*, § 3a ARB 2010 Rn. 16; *Wendt* r+s 2006, 1, 5; a.A. VersHb/*Obarowski*, § 45 Rn. 539, der nur eine Schadensersatzpflicht annimmt.

44 BGH VersR 2003, 638, 639; OLG Celle VersR 2002, 91, 92; OLG Düsseldorf VersR 2001, 233, 233 f.; OLG Hamm VersR 1999, 1362, 1363; OLG Düsseldorf, VersR 1994, 1337, 1338; Harbauer/*Schmitt*, § 3a ARB 2010 Rn. 8.

45 BGH r+s 2015, 347, 352; OLG Celle VersR 2002, 91, 92; OLG Hamm VersR 1999, 1362, 1363; a.A. noch OLG Karlsruhe VersR 1999, 613, 614.

46 BGH NJW 2024, 2395.

raums gem. § 125 VVG. Ein Verstoß gegen §§ 128, 129 VVG liegt nicht vor, da § 128 VVG lediglich das Bestehen eines Gutachterverfahrens verlangt, ohne dessen Ausgestaltung im Detail zu regeln. Nach den Grundsätzen von Treu und Glauben ist dem Versicherungsnehmer allerdings die nachträgliche Antragstellung zu gestatten, wenn er nachvollziehbare Gründe für die Fristüberschreitung darlegen kann.[47] Eine Unwirksamkeit der Regelung hätte im Übrigen lediglich den Entfall der Monatsfrist, nicht jedoch des Verfahrens insgesamt zur Folge.[48]

26 Gleichzeitig mit dem Hinweis zur Möglichkeit des Schiedsgutachterverfahrens ist der VN nach Satz 2 aufzufordern, alle nach seiner Auffassung für die Durchführung des Schiedsgutachterverfahrens **wesentlichen Mitteilungen und Unterlagen** innerhalb der Monatsfrist dem Versicherer zuzusenden. Darüber hinaus hat der Versicherer den VN nach Abs. 2 Satz 3 über die Kostenfolgen des Schiedsgutachterverfahrens gem. Abs. 5 und über die voraussichtliche Höhe dieser Kosten zu unterrichten (s. dazu Rdn. 36).

II. Verfahrenseinleitung

27 Verlangt der VN die Durchführung des Schiedsgutachterverfahrens, hat der Versicherer dieses Verfahren nach § 3a III 1 **innerhalb eines Monats einzuleiten** und den **VN hierüber zu unterrichten.** Eingeleitet wird das Verfahren dadurch, dass der Versicherer den Präsidenten der für den Wohnsitz des VN zuständigen Rechtsanwaltskammer von dem Schiedsgutachterverfahren in Kenntnis setzt und ihn um Benennung eines Schiedsgutachters bittet.

28 Leitet der Versicherer das Schiedsgutachterverfahren **nicht fristgemäß** ein, gilt seine Leistungspflicht nach Satz 3 in dem Umfang festgestellt, in dem der VN den Rechtsschutzanspruch geltend gemacht hat.

III. Schiedsgutachter

29 Der Schiedsgutachter ist ein **Rechtsanwalt.** Er wird nach § 3a IV 1 vom Präsidenten der Rechtsanwaltskammer benannt. Er muss seit **mindestens fünf Jahren zur Rechtsanwaltschaft** zugelassen sein. Nach den zwischen der Bundesrechtsanwaltskammer und dem GDV vereinbarten Grundsätzen (s. dazu Rdn. 40) soll der Schiedsgutachter aus dem Kreis der **forensisch tätigen** Rechtsanwälte stammen und möglichst über **besondere Erfahrungen auf dem in Frage stehenden Rechtsgebiet** verfügen. Die Auswahl erfolgt somit nach dem Tätigkeitsgebiet des Rechtsanwalts und in der Reihenfolge der Eintragungen in einer von der örtlichen Rechtsanwaltskammer vorgesehenen Liste, in die sich alle Kammermitglieder eintragen können. Der Schiedsgutachter soll außerdem in einem anderen Landgerichtsbezirk als ein vom VN beauftragter Rechtsanwalt zugelassen sein, sofern dies möglich ist. Er soll weder den Versicherer noch den VN in einem sich anschließenden Deckungsprozess vertreten. Auch in dem Hauptsacheverfahren, für

47 VersHb/*Obarowski*, § 45 Rn. 555; Harbauer/*Schmitt*, § 3a ARB 2010 Rn. 57.
48 Daher die Wirksamkeit offenlassend OLG Düsseldorf NJW-RR 2025, 1061 Rn. 48 f.

das Rechtsschutz begehrt wird, soll er nicht anwaltlich tätig werden. Er kann von beiden Seiten ohne Angabe von Gründen abgelehnt werden.

Dem Schiedsgutachter sind nach Satz 2 vom Versicherer **alle vorliegenden Mitteilungen und Unterlagen**, die für die Durchführung des Schiedsgutachterverfahrens wesentlich sind, zur Verfügung zu stellen. 30

IV. Entscheidung

Die Entscheidung des Schiedsgutachters ergeht nach § 3a IV 3 **im schriftlichen Verfahren.** Sie soll nach den zwischen der Bundesrechtsanwaltskammer und dem GDV vereinbarten Grundsätzen innerhalb eines Monats nach Eingang der vom Versicherer vorgelegten Unterlagen abgegeben werden. Sie ist schriftlich zu begründen. 31

Die **Entscheidung** ist nach Abs. 4 Satz 3 **für den Versicherer bindend**; selbst dann, wenn sie offenbar von der wirklichen Sach- oder Rechtslage abweicht.[49] 32

Für den **VN entsteht keine Bindungswirkung.** Diese ergibt sich auch nicht aus § 84 I 1 VVG.[50] Der VN kann somit weiterhin, auch klageweise, Deckung verlangen. 33

V. Kosten

Während des Schiedsgutachterverfahrens ist der Versicherer nach § 3a III 2 verpflichtet, die **Kosten** zu tragen, die dadurch entstehen, dass der VN zur Fristwahrung Maßnahmen vornehmen muss. Das sind insbesondere die Kosten, die durch die Einlegung eines (fristgebundenen) Rechtsmittels anfallen. Voraussetzung ist aber, aufgrund des Zusammenhangs mit § 3a III 2, dass die Durchführung des Schiedsgutachterverfahrens bereits durch den VN verlangt wurde.[51] Die **Kostentragungspflicht** besteht **unabhängig vom Ausgang des Schiedsgutachterverfahrens.** Sie umfasst auch die Kosten, die durch die fristwahrende Rechtsmitteleinlegung beim gegnerischen Rechtsanwalt anfallen. Auch diese Kosten sind nämlich unmittelbar mit der fristwahrenden Rechtsmitteleinlegung verbunden.[52] Der Begriff der »notwendigen« Kosten und die Schadenminderungspflicht nach § 17 I lit. c) bb) bzw. § 82 VVG machen es jedoch erforderlich, die Kosten so gering wie möglich zu halten. So ist z.B. das Stellen eines Antrags auf Verlängerung der Rechtsmittelbegründungsfrist erforderlich, wenn dadurch im 34

---

49 OLG Köln r+s 2005, 285, 286; van Bühren/Plote/*van Bühren*, § 18 A ARB 2000 Rn. 35; § 3a ARB 2010 Rn. 40; Harbauer/*Bauer*, § 18 ARB 2000 Rn. 7; L/W/*Richter*, § 128 Rn. 45; P/M/*Piontek*, § 3a ARB 2010 Rn. 30; *Bauer* NJW 1995, 1390, 1395.

50 Van Bühren/Plote/*van Bühren*, § 18 A ARB 2000 Rn. 34; § 3a ARB 2010 Rn. 39; Harbauer/*Bauer*, § 18 ARB 2000 Rn. 7; *Bauer* NJW 1995, 1390, 1395; P/M/*Piontek*, § 3a ARB 2010 Rn. 30.

51 AG Jena r+s 2008, 243, 244; Harbauer/*Bauer*, § 18 ARB 2000 Rn. 6; L/W/*Richter*, § 128 Rn. 49; P/M/*Piontek*, § 3a ARB 2010 Rn. 28; VersHb/*Obarowski*, § 45 Rn. 556; *Kilian* r+s 2007, 446, 447.

52 Harbauer/*Bauer*, § 18 ARB 2000 Rn. 6; L/W/*Richter*, § 128 Rn. 50; P/M/*Piontek*, § 3a ARB 2010 Rn. 27; VersHb/*Obarowski*, § 45 Rn. 556; a.A. *Kilian* r+s 2007, 446, 448.

Falle einer möglichen Klagerücknahme nach negativem Ausgang des Schiedsgutachterverfahrens Kosten vermieden werden können.[53]

35 Die **Verteilung der Kosten**, die durch die **Durchführung des Schiedsgutachterverfahrens** anfallen, hängt nach § 3a V vom **Ausgang des Verfahrens** ab. Wenn der Schiedsgutachter feststellt, dass die Leistungsverweigerung des Versicherers ganz oder teilweise unberechtigt war, trägt der Versicherer die Kosten des Schiedsgutachterverfahrens (Satz 1). Die Kostentragungspflicht des Versicherers ist folglich bereits dann in vollem Umfang begründet, wenn die Leistungsverweigerung nur zu einem äußerst geringen Teil unberechtigt war. War die Leistungsverweigerung dagegen nach dem Schiedsspruch vollumfänglich berechtigt, trägt der VN seine Kosten und die des Schiedsgutachters (Satz 2). Die dem Versicherer durch das Schiedsgutachterverfahren entstandenen Kosten trägt dieser dennoch selbst (Satz 3).

36 Über diese **Kostenfolge** und über die voraussichtliche Höhe der Kosten ist der **VN** bereits mit der Mitteilung über die Rechtsschutzablehnung und die Möglichkeit des Schiedsgutachterverfahrens **zu unterrichten** (§ 3a II 3; s. dazu schon Rdn. 26). Ansonsten macht sich der Versicherer gem. § 280 I BGB in Höhe der Kosten schadenersatzpflichtig, wenn der VN nachweisen kann, dass er ansonsten von dem Verlangen eines Schiedsgutachterverfahrens abgesehen hätte.[54] Zu Gunsten des VN kann von dieser Regelung abgewichen werden. So sehen viele Versicherungsverträge vor, dass der Versicherer stets die Kosten des Schiedsgutachterverfahrens trägt.

VI. Zusätzliche Grundsätze

37 Die Bundesrechtsanwaltskammer und der damalige HUK-Verband (heute GDV) haben **gemeinsame Grundsätze für das Schiedsgutachterverfahren** vereinbart, welche nicht durch das Bundeskartellamt beanstandet wurden.[55]

38 Die Grundsätze wurden für die neueren ARB nicht neu gefasst. Dies war auch nicht nötig, da sie allgemeine Regeln für die Benennung des Schiedsgutachters und das Schiedsgutachterverfahren enthalten.

39 Auch eine **Anpassung** an das **RVG** ist in II. Nr. 5 **nicht erfolgt**. Bei einer reinen Übertragung der in den Grundsätzen vereinbarten Regelung steht dem Schiedsgutachter demnach eine Geschäftsgebühr nach Ziff. 2300 RVG-VV von 1,5 zu, mindestens 100,00 € zuzüglich Auslagen und Mehrwertsteuer. Der voraussichtliche Kostenaufwand, der für den Gegenstandswert maßgeblich ist, richtet sich nach den Kosten, die bei dem Rechtsstreit, für den Rechtsschutz begehrt wird, anfielen. Dieser ergibt sich somit aus 5,0 Rechtsanwaltsgebühren ([1,3 Verfahrensgebühr nach Ziff. 3100 RVG-VV + 1,2 Terminsgebühr nach Ziff. 3104 RVG-VV]) mal 2) und 3,0 Gerichtsgebühren nach Ziff. 1210 GKG-VV.

53 L/W/*Richter*, § 128 Rn. 51; P/M/*Piontek*, § 3a ARB 2010 Rn. 26; VersHb/*Obarowski*, § 45 Rn. 556; *Kilian* r+s 2007, 446, 447.

54 Harbauer/*Bauer*, § 18 ARB 2000 Rn. 12; Harbauer/*Schmitt*, § 3a ARB 2010 Rn. 40.

55 BRAK Mitteilungen 1995, 23.

Grundsätze für das Schiedsverfahren nach § 18 der Allgemeinen Bedingungen für die Rechtsschutzversicherung (ARB 94):

I. *Regeln für die örtlichen RAKn* 40

1. Der Schiedsgutachter wird von der für den Wohnsitz des VN zuständigen RAK benannt.
2. Bei dem zu benennenden Schiedsgutachter soll es sich um einen RA handeln, der
   - seit mindestens fünf Jahren zur Anwaltschaft zugelassen ist
   - in einem anderen LG-Bezirk als der vom VN beauftragte RA zugelassen ist (sofern mehrere LG-Bezirke im RAK-Bezirk vorhanden sind)
   - aus dem Kreis der forensisch tätigen RAe stammt und möglichst über besondere Erfahrungen auf dem in Frage stehenden Fachgebiet verfügt; als Fachgebiete gelten: Haftpflichtrecht, Vertragsrecht, Arbeitsrecht, Sozialrecht, Verwaltungsrecht, Steuerrecht, Mietrecht
   - nicht dem Vorstand der örtlichen Rechtsanwaltskammer angehört.
3. Die örtliche RAK befragt alle ihre Kammermitglieder, ob sie sich in entsprechende Listen eintragen wollen.
4. Die Auswahl des jeweiligen RA erfolgt in der Reihenfolge der betreffenden Liste.
5. Die Benennung durch die RAK soll spätestens innerhalb einer Woche nach Eingang des Antrages des Rechtsschutzversicherers erfolgen.
6. Der von der örtlichen RAK benannte RA kann von beiden Seiten ohne Angabe von Gründen abgelehnt werden.

II. *Regeln für das Schiedsverfahren*

1. Der Schiedsgutachter entscheidet auf Grund der ihm vom Versicherer und ggf. vom VN vorgelegten Mitteilungen und zur Verfügung gestellten Unterlagen.
2. Das Verfahren ist schriftlich. Der Schiedsgutachter kann zusätzliche Auskünfte von den Parteien einholen, wenn er dies zur Beurteilung der hinreichenden Erfolgsaussichten für erforderlich hält.
3. Der Schiedsgutachter soll seine Entscheidung spätestens innerhalb eines Monats nach Eingang der vom Versicherer vorgelegten Unterlagen abgeben. Die Entscheidung des Schiedsgutachters ist schriftlich zu begründen.
4. Der Schiedsgutachter soll weder den Versicherer noch den VN in einem sich anschließenden Deckungsprozess vertreten; dies gilt auch für die Vertretung des VN oder seines Gegners in dem Hauptsacheverfahren, für das Rechtsschutz begehrt wird.
5. Der Schiedsgutachter erhält vom Versicherer für seine Tätigkeit eine Geschäftsgebühr nach § 118 Abs. 1 Nr. 1 BRAGO in Höhe von $^{15}/_{10}$, mindestens 200,– DM zzgl. Auslagen und Mehrwertsteuer.

Gegenstandswert ist der für die Interessenwahrnehmung des VN voraussichtlich notwendige Kostenaufwand in Höhe der eigenen und gegnerischen RA-Kosten sowie der Gerichtskosten für die jeweilige Instanz, für die Rechtsschutz begehrt wird. Der voraussichtliche Kostenaufwand wird pauschaliert berechnet auf der Grundlage von 6 RA-Gebühren zzgl. 3 Gerichtsgebühren. Zeugen- und Sachverständigenkosten bleiben außer Betracht.

D. Stichentscheidverfahren

41 Das Stichentscheidverfahren ist in § 3a II, III (**Stichentscheid**) geregelt. Bei einer Leistungsablehnung durch den Versicherer kann der VN nach § 3a II 1 den für ihn tätigen oder noch zu beauftragenden Rechtsanwalt veranlassen, dem Versicherer gegenüber eine begründete Stellungnahme hinsichtlich der Frage abzugeben, ob die Wahrnehmung rechtlicher Interessen in einem angemessenen Verhältnis zum angestrebten Erfolg steht und hinreichende Aussicht auf Erfolg verspricht (sog. Stichentscheid).

I. Beauftragung eines Rechtsanwalts

42 Durch die Beauftragung des Rechtsanwalts mit der **Anfertigung des Stichentscheids** wird das Stichentscheidverfahren eingeleitet. Der VN ist bei der Wahl des Rechtsanwalts frei. Die ARB enthalten keine Einschränkungen. Da das Objektivitätserfordernis des § 128 Satz 1 VVG dem Schutz des VN dient, kann zu seinen Gunsten davon abgewichen werden.[56] Der VN muss also keine neutrale Person aussuchen. Hat der VN bereits einen Rechtsanwalt in dem Verfahren, für das er Rechtsschutz verlangt, aufgesucht oder ist ein Rechtsanwalt bereits aus anderen Gründen für ihn tätig, so wird er regelmäßig diesen mit der Anfertigung des Stichentscheids beauftragen. Der Rechtsanwalt kann dabei sogar mit dem VN verwandt oder verheiratet sein.[57] Er muss allerdings eine vom VN verschiedene Person sein. Der VN, der selbst Rechtsanwalt ist, darf also nicht den Stichentscheid anfertigen.[58]

II. Stichentscheid

43 Die Stellungnahme des Rechtsanwalts muss sich an **keine besondere Form** halten. Sie muss nicht als Stichentscheid bezeichnet oder überschrieben sein. Es muss aber deutlich werden, dass eine solche, insbesondere eine beide Seiten würdigende verbindliche Stellungnahme vorliegt.[59] Das Schreiben eines Rechtsanwalts kann nicht als Stichentscheid aufgefasst werden, wenn es sich zu den Erfolgsaussichten äußert, bevor der Versicherer überhaupt seine Leistungspflicht abgelehnt hat.[60] Auch die bloße Übersendung der Klage-, Berufungs- oder Revisionsschrift an den Versicherer genügt grundsätzlich

56 Vgl. § 129 VVG; OLG Hamm VersR 2005, 1280, 1281.

57 OLG Hamm VersR 2005, 1280, 1281; van Bühren/Plote/*van Bühren*, § 18 B ARB 2000 Rn. 72; § 3a ARB 2010 Rn. 65; Harbauer/*Bauer*, § 18 ARB 2000 Rn. 22; Harbauer/*Schmitt*, § 3a ARB 2010, Rn. 48; *van Bühren* NJW 2007, 3606, 3610.

58 Harbauer/*Bauer*, § 18 ARB 2000 Rn. 25.

59 BGH VersR 1990, 414, 415; OLG Hamm VersR 2005, 1280, 1281; van Bühren/Plote/*van Bühren*, § 18 B ARB 2000 Rn. 66; § 3a ARB 2010 Rn. 66.

60 BGH r+s 1990, 417, 418; LG Oldenburg VersR 1990, 653; P/M/*Piontek*, § 3a ARB 2010 Rn. 37.

nicht.[61] Etwas anderes gilt nur für den Fall, dass die Klageschrift oder Rechtsmittelschrift eine für einen Stichentscheid ausreichende Begründung enthält, sie also insbesondere erkennen lässt, in welchen Punkten tatsächlicher und rechtlicher Art die Meinung des Versicherers unzutreffend ist.[62]

In seiner **Stellungnahme** muss der Rechtsanwalt Ausführungen dazu machen, ob die Wahrnehmung rechtlicher Interessen Aussicht auf Erfolg hat und ob diese in einem **angemessenen Verhältnis zum angestrebten Erfolg** steht. Die Rechtsverfolgung eines VN kann bereits dann hinreichende Aussicht auf Erfolg haben, wenn die Entscheidung von der Beantwortung schwieriger Rechts- oder Tatfragen abhängt (zum Beispiel im Hinblick auf den »**Abgasskandal**« bei einer höchstrichterlich noch nicht entschiedenen Fragestellung).[63] Ähnlich entschied das OLG Düsseldorf, das hinreichend begründete Erfolgsaussicht für die beabsichtigte Rechtsverfolgung darin erkannte, dass mehrere Landgerichte in erster Instanz einen Schadensersatzanspruch eines Kraftfahrzeugkäufers gegen die VW-AG wegen des Inverkehrbringens von Dieselfahrzeugen mit manipulierter Abgassoftware bejaht hatten.[64] 44

Damit die Stellungnahme dem Kriterium der »**Unparteilichkeit**« des § 128 Satz 1 VVG Rechnung trägt und die Bindungswirkung gerechtfertigt ist, muss der Rechtsanwalt den entscheidungserheblichen Streitstoff darstellen, die Rechtslage unter Berücksichtigung der beiderseits vorgebrachten oder möglichen Argumente aufarbeiten und die Beweissituation würdigen.[65] Im Wesentlichen muss der Rechtsanwalt auf die Argumente eingehen, mit welchen der Versicherer seine Leistungspflicht abgelehnt hat und begründen, warum diese Ansicht unrichtig ist.[66] Unsubstantiierte Behauptungen genügen gerade nicht.[67] Der Stichentscheid beinhaltete nicht schon dann eine ausreichende Stellungnahme zu den Erfolgsaussichten der Wahrnehmung der Interessen des Versicherers, wenn die Fehler eines erstinstanzlichen Urteils herausgestellt werden, sondern es muss auch verdeutlicht werden, dass eine Klage ohne diese Fehler Erfolg hätte.[68] Der **Umfang** der Aufarbeitung der Sach- und Rechtslage hängt letztlich von

61 OLG Köln VersR 1987, 1030; van Bühren/Plote/*van Bühren*, § 18 B ARB 2000 Rn. 68; § 3a ARB 2010 Rn. 61; L/W/*Richter*, § 128 Rn. 39; P/M/*Piontek*, § 3a ARB 2010 Rn. 37; a.A. Harbauer/*Bauer*, § 18 ARB 2000 Rn. 23; Harbauer/*Schmitt*, § 3a ARB 2010 Rn. 49.

62 Vgl. OLG Karlsruhe r+s 1996, 271, 272; OLG Hamm r+s 1989, 222, 223; OLG Köln VersR 1983, 1025; van Bühren/Plote/*van Bühren*, § 18 B ARB 2000 Rn. 69; § 3a ARB 2010 Rn. 62; P/M/*Piontek*, § 3a ARB 2010 Rn. 37.

63 LG Arnsberg, Urt. v. 8.9.2017 – 2 O 398/16.

64 OLG Düsseldorf NJW-RR 2018, 154.

65 BGH VersR 1990, 414, 415; OLG Köln r+s 2001, 290, 291; van Bühren/Plote/*van Bühren*, § 18 B ARB 2000 Rn. 64; § 3a ARB 2010 Rn. 57.

66 BGH VersR 1990, 414, 415; OLG Hamm VersR 2012, 563, 564; OLG Düsseldorf VersR 2006, 649; OLG Köln r+s 2001, 290, 291; OLG Frankfurt VersR 1998, 357, 358; OLG Köln VersR 1987, 1030; Harbauer/*Bauer*, § 18 ARB 2000 Rn. 23; Harbauer/*Schmitt*, § 3a ARB 2010, Rn. 49; P/M/*Piontek*, § 3a ARB 2010 Rn. 35.

67 LG Aurich NJW-RR 1991, 29, 30; Harbauer/*Bauer*, § 18 ARB 2000 Rn. 23; Harbauer/*Schmitt*, § 3a ARB 2010 Rn. 49.

68 OLG Frankfurt VersR 2016, 246, 247; OLG Report Mitte 32/2015 Anm. 2.

der vorausgegangenen Korrespondenz mit dem Versicherer und dessen Kenntnisstand, der Komplexität des Streitstoffs und dem Stadium ab, in dem sich die Interessenwahrnehmung befindet.[69]

III. Hinweispflicht

45 Auch wenn § 3a (Stichentscheid), anders als § 3a II (Schiedsverfahren), keine ausdrückliche **Hinweispflicht** des Versicherers enthält, so folgt diese aus § 128 Satz 2 VVG. Der Versicherer muss den VN folglich bei Ablehnung seiner Leistungspflicht auf die Möglichkeit des Stichentscheids **hinweisen.** Andernfalls gilt das Rechtsschutzbedürfnis des VN nach § 128 Satz 3 VVG als anerkannt.[70] Die Hinweispflicht gilt selbst dann, wenn der VN Kenntnis von der Möglichkeit des Stichentscheids hat oder anwaltlich vertreten ist.[71]

IV. Bindungswirkung

46 Der Stichentscheid ist nach Abs. 2 Satz 2 Hs. 1 grundsätzlich **für beide Teile bindend.**[72] Anders als beim Schiedsgutachterverfahren besteht folglich auch **Bindungswirkung gegenüber dem VN.**

47 Eine **Ausnahme besteht nach Satz 2 Hs. 2** für den Fall, dass die Stellungnahme offenbar von der wirklichen Sach- und Rechtslage erheblich abweicht. Die Formulierung stimmt mit § 84 I 1 VVG überein, so dass auf die dort entwickelten Grundsätze zurückgegriffen werden kann.[73]

48 **Erheblich ist die Abweichung**, wenn die Sach- oder Rechtslage gröblich verkannt wird.[74] **Offenbar** ist sie, wenn sich die Unrichtigkeit einem Sachkundigen, wenn auch erst nach gründlicher Prüfung, mit aller Deutlichkeit aufdrängt.[75]

---

69 BGH VersR 1990, 414, 415; OLG Düsseldorf VersR 2006, 649, 650.

70 OLG Köln VersR 2008, 1391, 1392; OLG Düsseldorf VersR 2006, 649, 651; OLG Celle VersR 2002, 91, 92; OLG Köln r+s 2002, 289, 291; OLG Düsseldorf VersR 2001, 233, 234; OLG Hamm VersR 1999, 1362, 1363.

71 BGH r+s 2015, 347, 352; OLG Düsseldorf VersR 2006, 649, 651; OLG Celle VersR 2002, 91, 92; OLG Hamm VersR 1999, 1362, 1363; van Bühren/Plote/*van Bühren*, § 18 B ARB 2000 Rn. 62; § 3a ARB 2010 Rn. 55; a.A. OLG Karlsruhe VersR 1999, 613, 614.

72 Vgl. jüngst OLG Karlsruhe NJW 2017, 277 (Rechtsschutz im VW-Abgas-Skandal); L/W/*Richter*, § 128 VVG Rn. 26.

73 OLG Karlsruhe VersR 1994, 1418; van Bühren/Plote/*van Bühren*, § 3a ARB 2010, Rn. 44; § 3a ARB 2010 Rn. 64; Harbauer/*Bauer*, § 18 ARB 2000 Rn. 26; Harbauer/*Schmitt*, § 3a ARB 2010 Rn. 51.

74 OLG Hamm VersR 2012, 563, 564; OLG Düsseldorf VersR 2006, 649, 650; OLG Köln r+s 2003, 151; OLG Karlsruhe VersR 1994, 1418; Harbauer/*Bauer*, § 18 ARB 2000 Rn. 26; Harbauer/*Schmitt*, § 3a ARB 2010 Rn. 52; L/W/*Richter*, § 128 Rn. 27; einschränkend P/M/*Piontek*, § 3a ARB 2010 Rn. 44.

75 OLG Hamm VersR 2012, 563, 564; OLG Düsseldorf VersR 2006, 649, 650; OLG Köln r+s 2003, 151; OLG Frankfurt VersR 1998, 357, 358; OLG Karlsruhe r+s 1996, 271,

Das bloße **Vertreten einer Mindermeinung** genügt nicht für ein offenbares Abweichen, wenn die Mindermeinung nicht abwegig ist oder keine entgegengesetzte höchstrichterliche Rechtsprechung Ausdruck einhelliger anderer Auffassung ist.[76] Ist die Ansicht dagegen nicht mehr vertretbar, so ist die Stellungnahme offenbar unrichtig. Dies ist sie auch dann, wenn der behauptete Sachverhalt die begehrte Rechtsfolge von vornherein nicht begründen kann oder nicht ausreicht, um den Tatbestand der Norm zu erfüllen[77] oder wenn eindeutig Verjährung vorliegt[78]. Offenbare Unrichtigkeit wurde auch für den Fall bejaht, dass der Rechtsanwalt ein offensichtlich unbegründetes Rechtsmittel als Erfolg versprechend bezeichnet[79], das evident vorsätzliche Verschweigen eines bekannten Gefahrumstands im Sinne des § 19 I 1 VVG als unverschuldet bzw. fahrlässig darstellt[80] oder ohne Anhaltspunkte bzw. entsprechenden Vortrag des VN den Notwehrexzess des Gegners als gegeben ansieht[81].

Räumt der vom Versicherungsnehmer beauftragte **Rechtsanwalt** die vom Versicherer ins Feld geführten **Ablehnungsgründe aus**, dann ist dieser Stichentscheid bindend und der Versicherer muss Rechtsschutz gewähren, ohne dass er weitere Ablehnungsgründe nachschieben kann.[82] Berücksichtigt der Stichentscheid also hinreichend die Einwände des Rechtsschutzversicherers im Ablehnungsbescheid, kann sich der Versicherer insoweit nicht mehr darauf berufen, der beabsichtigten Klage komme keine hinreichende Erfolgsaussicht zu oder sie sei mutwillig.[83] Dem Versicherer bleibt dann nur der Einwand, der Stichentscheid weiche offenbar von der wirklichen Sach- und Rechtslage ab. Das ist der Fall, wenn die Sach- und Rechtslage gröblich verkannt wird und sich dies einem Sachkundigen, gegebenenfalls nach eingehender Prüfung, auch deutlich aufdrängt[84] Es kommt dabei auf eine ex ante und nicht eine ex post-Betrachtung an.[85] Dass der Stichentscheid Ausführungen enthält, die für den vorliegenden Fall nicht 49

272; VersR 1994, 1418; van Bühren/Plote/*van Bühren*, § 18 B ARB 2000 Rn. 73; § 3a ARB 2010 Rn. 66; L/W/*Richter*, § 128 Rn. 27; P/M/*Piontek*, § 3a ARB 2010 Rn. 41.

76 BGH VersR 1994, 1061, 1062; OLG Hamm VersR 2012, 563, 564; OLG Frankfurt VersR 1998, 357, 358; van Bühren/Plote/*van Bühren*, § 18 B ARB 2000 Rn. 75; § 3a ARB 2010 Rn. 68; Harbauer/*Bauer*, § 18 ARB 2000 Rn. 26; Harbauer/*Schmitt*, § 3a ARB 2010 Rn. 52.

77 OLG Köln r+s 2003, 151; OLG Karlsruhe VersR 1991, 688; LG Düsseldorf r+s 1996, 26, 27 f.; LG Mannheim r+s 1991, 132, 133; Harbauer/*Bauer*, § 3a ARB 2010 Rn. 41; Harbauer/*Schmitt*, § 3a ARB 2010 Rn. 52.

78 OLG Köln r+s 2003, 151; OLG Karlsruhe VersR 1994, 1418.

79 AG Fulda ZfS 1982, 146; Harbauer/*Bauer*, § 18 ARB 2000 Rn. 26; Harbauer/*Schmitt*, § 3a ARB 2010 Rn. 52.

80 OLG Frankfurt ZfS 1989, 270; P/M/*Piontek*, § 3a ARB 2010 Rn. 42.

81 LG Berlin r+s 1990, 21, 22; P/M/*Armbrüster*, § 3a ARB 2010 Rn. 42; Harbauer/*Schmitt*, § 3a ARB 2010 Rn. 52.

82 OLG Frankfurt NJW-RR 2019, 1319 Rn. 65; OLG Hamm NJWRR 2012, 672.

83 LG Siegen NJOZ 2025, 76.

84 OLG Karlsruhe NJW-RR 2024, 169 Rn. 42; OLG Karlsruhe NJW 2017, 277; OLG Düsseldorf LSK 2019, 31715; Urt. v. 13.9.2005 – 4 U 164/04.

85 OLG Karlsruhe NJW-RR 2024, 169 Rn. 42.

relevant sind, mindert seine Bindungswirkung nicht. Ebenso wenig ist es entscheidend, dass er nicht alle Umstände berücksichtigt, die für die Beurteilung der Sach- und Rechtslage von Bedeutung sind. Auch wenn bestimmte Einwände des Versicherers im Stichentscheid nicht ausdrücklich erwähnt werden, ist dies unerheblich, solange der Entscheid in hinreichender Tiefe auf die vom Versicherer vorgebrachten Einwände eingeht und dadurch Bindungswirkung entfaltet.[86] Ist der Versicherer der Auffassung, dass die Entscheidung des Rechtsanwalts offenbar unrichtig ist, kann er an seiner **Leistungsablehnung** festhalten. Der VN kann sich dann im Rahmen einer Deckungsklage auf die Bindungswirkung berufen. Hält der VN den Stichentscheid für offenbar unrichtig, muss er ebenfalls Deckungsklage erheben, in welcher überprüft wird, ob die Bindungswirkung einer Entscheidung entgegensteht. Für die Unrichtigkeit trägt derjenige die **Beweislast**, der sich von der Bindungswirkung lösen möchte und sich somit auf die offenbare Unrichtigkeit des Stichentscheids beruft.[87]

V. Kosten

50 Die Kosten für die Beauftragung des Rechtsanwalts mit der Abfassung der Stellungnahme trägt nach Abs. 2 Satz 1 der Versicherer, unabhängig vom Ergebnis des Stichentscheids. Der Versicherer trägt die Kosten für das Stichentscheidsverfahren auch dann, wenn die Stellungnahme des Rechtsanwalts des VN neben der Darlegung des Streitstoffs und der Beweislastverteilung sowie der Auseinandersetzung mit der Ansicht des Rechtsschutzversicherers ergänzenden Tatsachenvortrag enthält.[88]

51 Der Rechtsanwalt kann für das Erstellen des Stichentscheids eine **Geschäftsgebühr** nach Ziff. 2300 RVG-VV verlangen. Der Gegenstandswert bestimmt sich nach dem Kostenrisiko des Versicherers für die Instanz, für die Versicherungsschutz verlangt wird.[89] Der Gegenstandswert setzt sich folglich aus den eigenen Rechtsanwaltsgebühren, den gegnerischen Rechtsanwaltsgebühren und den Gerichtskosten der jeweiligen Instanz zusammen (vgl. dazu auch oben Rdn. 39). Eine Gutachtergebühr nach § 34 RVG fällt dagegen nicht an.[90]

VI. Möglichkeit der Fristsetzung

52 Nach § 3a III 1 kann der Versicherer dem VN eine Frist von mindestens **einem Monat** setzen, binnen derer der VN den Rechtsanwalt vollständig und wahrheitsgemäß über die Sachlage zu unterrichten und die Beweismittel anzugeben hat, damit dieser die

86 OLG Karlsruhe NJW-RR 2024, 169 Rn. 54 ff.

87 BGH VersR 1994, 1061, 1062; VersR 1990, 414, 415; OLG Düsseldorf VersR 2006, 649, 650; OLG Köln r+s 2003, 151; P/M/*Piontek*, § 3a ARB 2010 Rn. 45.

88 AG Lichtenberg SVR 2015, 348.

89 OLG Hamm VersR 1984, 257; van Bühren/Plote/*van Bühren*, § 18 B ARB 2000 Rn. 91; § 3a ARB 2010 Rn. 76; Harbauer/*Bauer*, § 18 ARB 2000 Rn. 24; Harbauer/*Schmitt*, § 3a ARB 2010 Rn. 50; L/W/*Richter*, § 128 Rn. 34.

90 Harbauer/*Bauer*, § 18 ARB 2000 Rn. 24; Harbauer/*Schmitt*, § 3a ARB 2010 Rn. 50; L/W/*Richter*, § 128 Rn. 32.

Stellungnahme abgeben kann. Kommt der VN dem nicht innerhalb der Frist nach, entfällt nach Abs. 3 Satz 2 der Versicherungsschutz endgültig. Auf diese Folge muss der Versicherer den VN ausdrücklich **hinweisen** (Satz 3).

Es handelt sich um eine **Ausschlussfrist**, auf deren Ablauf sich der Versicherer dennoch 53
nicht berufen kann, wenn die Fristversäumnis unverschuldet ist oder der Versicherer auf die Rechtsfolge ausdrücklich oder stillschweigend verzichtet hat.[91]

E. Abrategebühr

Im Zusammenhang mit dem Schiedsgutachter- und Stichentscheidverfahren stellt sich 54
stets die Frage, ob der Rechtsschutzversicherer die Kosten für eine Beratung gem. **§ 34 RVG** tragen muss, wenn der VN unmittelbar einen Rechtsanwalt mit einer Rechtsberatung beauftragt hat und dieser ihm von einer weiteren Rechtsverfolgung wegen mangelnder Erfolgsaussichten abrät. § 17 Abs. 2 Satz 2 macht deutlich, dass der Versicherer vor der Rechtsschutzbestätigung nur die Kosten solcher Maßnahmen trägt, die er bei einer Rechtsschutzbestätigung vor Einleitung der Maßnahmen zu tragen hätte.[92]

Letztlich wird die Kostenübernahmepflicht durch den Versicherer durch die wohl herr- 55
schende Meinung **bejaht.**[93]

Eine Ansicht lehnt ein Ablehnungsrecht des Versicherers hinsichtlich der Kosten nach 56
§ 3a I lit. a) mit der Begründung ab, dass gerade nicht auf die Erfolgsaussichten eines späteren Klageverfahrens abgestellt werden dürfe. Entscheidend sei vielmehr für die Kostenpflicht, ob das Beratungsgespräch selbst hinreichende Aussicht auf Erfolg hatte. Hinreichende Erfolgsaussichten hatte das Beratungsgespräch jedoch, da es gerade Ziel der Beratung war, Klarheit über die durch den Versicherungsfall tangierte Rechtslage zu gewinnen. Dieser erstrebte Erfolg der Klarheit war aber möglich. Eine Ablehnung wegen mangelnder Erfolgsaussichten sei im Hinblick auf die Beratungsgebühr somit ausgeschlossen.[94] Eine Ausnahme bestehe nur für den Fall, dass es sich dem VN geradezu aufdränge, dass eine Interessenwahrnehmung keine Aussicht auf Erfolg habe.[95]

Eine **andere Ansicht** argumentiert, dass auch ein durchschnittlicher Versicherungs- 57
nehmer ohne besondere Kenntnisse im Versicherungsrecht nicht davon ausgehen könne, dass seine Rechtsschutzversicherung in völlig aussichtslosen Fällen die Kosten für einen Anwalt übernehme. Bereits aus § 1 der Versicherungsbedingungen, der vorsehe, dass

---

91 Van Bühren/Plote/*van Bühren*, § 18 B ARB 2000 Rn. 95; § 3a ARB 2010 Rn. 80; Harbauer/*Bauer*, § 18 ARB 2000 Rn. 31; Harbauer/*Schmitt*, § 3a ARB 2010 Rn. 52; a.A. L/W/*Richter*, § 128 Rn. 37; P/M/*Armbrüster*, § 3a ARB 2010 Rn. 22.

92 Vgl. § 17 Rn. 89 f.

93 U.a. AG Prüm r+s 1994, 62; a.A. L/W/*Obarowski*, Rechtsschutzversicherung Rn. 280; Harbauer/*Schmitt*, § 3a ARB 2010 Rn. 58.

94 Vgl. LG Deggendorf r+s 2009, 463, 464; AG Prüm r+s 1994, 62, 63; van Bühren/Plote/*van Bühren*, § 18 B ARB 2000 Rn. 97 ff.; § 1 ARB 2010 Rn. 76 ff.

95 AG Prüm r+s 1994, 62, 63; van Bühren/Plote/*van Bühren*, § 18 B ARB 2000 Rn. 99; § 1 ARB 2010 Rn. 79.

der Versicherer nur die zur Wahrnehmung der Interessen erforderlichen Leistungen erbringe, ergebe sich bei sachgerechter Auslegung, dass der Versicherer keinen unbegrenzten Rechtsschutz gewähre. Dieser trage keine Kosten für offensichtlich aussichtslose Maßnahmen. Wer ohne vorherige Absprache mit dem Rechtsschutzversicherer einen Anwalt beauftrage, trage das Risiko, hierfür keine Deckung zu erhalten.[96]

58 Der Versicherungsnehmer kann **sofort einen Anwalt aufsuchen**, ohne sich vorher an die Rechtsschutzversicherung zu wenden. Dabei trägt er jedoch das allgemeine Risiko, dass die Deckung nicht erteilt wird und er dem Anwalt eine Gebühr schuldet. Der Versicherer muss die Kosten dann nicht übernehmen. Das ergibt sich auch aus § 17 Abs. 2 Satz 2 ARB 2010, welcher klarstellt, dass das sofortige Aufsuchen des Rechtsanwalts den Leistungsumfang nicht erweitert.[97]

F. ARB 2012/2019/2021

59 Die Neuformulierung der ARB in den ARB 2012 bringen hinsichtlich der §§ 3a inhaltlich wenige Änderungen. Die entsprechende Vorschrift findet sich jeweils in Ziffer 3.4 ARB 2012/2019/2021 (in den Alternativen Schiedsgutachterverfahren/Stichentscheidsverfahren). Die ursprünglich verwendete Einmonatsfrist für den VN zur Einleitung eines Schiedsgutachterverfahrens in Ziffer 3.4.2 ARB 2012 (Schiedsgutachterverfahren) findet sich in Ziffer 3.4.2 ARB 2019/2021 (Schiedsgutachterverfahren) nicht mehr. Die Neufassung der Ziffer 3.4.3 ARB 2019/2021 (Stichentscheidsverfahren) führte zudem zur Streichung der Einmonatsfrist zur Abgabe des Stichentscheids, die der Versicherer gemäß Ziffer 3.4.3 ARB 2012 (Stichentscheidsverfahren) noch setzen konnte und deren Nichteinhaltung den Verlust des Versicherungsschutzes des VN zur Folge haben konnte.

§ 4 Voraussetzung für den Anspruch auf Rechtsschutz

(1) Anspruch auf Rechtsschutz besteht nach Eintritt eines Rechtsschutzfalles
a) im Schadenersatz- Rechtsschutz gemäß § 2a) von dem ersten Ereignis an, durch das der Schaden verursacht wurde oder verursacht worden sein soll;
b) im Beratungs-Rechtsschutz für Familien-, Lebenspartnerschafts- und Erbrecht gemäß § 2k) von dem Ereignis an, das die Änderung der Rechtslage des Versicherungsnehmers oder einer mitversicherten Person zur Folge hat;
c) in allen anderen Fällen von dem Zeitpunkt an, in dem der Versicherungsnehmer oder ein anderer einen Verstoß gegen Rechtspflichten oder Rechtsvorschriften begangen hat oder begangen haben soll.

Die Voraussetzungen nach a) bis c) müssen nach Beginn des Versicherungsschutzes gemäß § 7 und vor dessen Beendigung eingetreten sein. Für die Leistungsarten nach § 2b) bis g) besteht Versicherungsschutz jedoch erst nach Ablauf von drei Monaten nach Versicherungsbeginn (Wartezeit), soweit es sich nicht um die Wahrnehmung

96 Harbauer/*Schmitt*, § 3a ARB 2010 Rn. 60.
97 VersHb/*Obarowski*, § 45 Rn. 544 f.

rechtlicher Interessen aufgrund eines Kauf- oder Leasingvertrages über ein fabrikneues Kraftfahrzeug handelt.

(2) Erstreckt sich der Rechtsschutzfall über einen Zeitraum, ist dessen Beginn maßgeblich. Sind für die Wahrnehmung rechtlicher Interessen mehrere Rechtsschutzfälle ursächlich, ist der erste entscheidend, wobei jedoch jeder Rechtsschutzfall außer Betracht bleibt, der länger als ein Jahr vor Beginn des Versicherungsschutzes für den betroffenen Gegenstand der Versicherung eingetreten oder, soweit sich der Rechtsschutzfall über einen Zeitraum erstreckt, beendet ist.

(3) Es besteht kein Rechtsschutz, wenn
a) eine Willenserklärung oder Rechtshandlung, die vor Beginn des Versicherungsschutzes vorgenommen wurde, den Verstoß nach Absatz 1 c) ausgelöst hat;
b) der Anspruch auf Rechtsschutz erstmals später als drei Jahre nach Beendigung des Versicherungsschutzes für den betroffenen Gegenstand der Versicherung geltend gemacht wird.

(4) Im Steuer- Rechtsschutz vor Gerichten (§ 2e) besteht kein Rechtsschutz, wenn die tatsächlichen oder behaupteten Voraussetzungen für die der Angelegenheit zugrunde liegende Steuer- oder Abgabefestsetzung vor dem im Versicherungsschein bezeichneten Versicherungsbeginn eingetreten sind oder eingetreten sein sollen.

Literatur:
Armbrüster, Rechtsschutzversicherung und Wohnungseigentum, FS Merle, 2010, 13; *Bauer*, Der Steuer-Rechtsschutz im Rahmen der Rechtschutzversicherung, DStR 2005, 1665; *ders.*, Entwicklung bei den Allgemeinen Bedingungen für die Rechtsschutzversicherung bis Anfang 2013, NJW 2013, 1576; *ders.*, Allgemeine Bedingungen für die Rechtsschutzversicherung (ARB 12), VersR 2013, 661; *van Bühren*, Claims-made-Prinzip in der Rechtsschutzversicherung?, ZfS 2016, 310; *Burmann*, Die Auslegung und Entwicklung des Begriffs des Rechtsschutzfalles und die Auswirkungen auf die versicherungsrechtliche Praxis, 2019; *Cornelius-Winkler*, Die Rechtsschutzversicherung im Miet- und Wohnungseigentums- sowie im privaten Nachbarrecht, NZM 2012, 817; *ders.*, Der Versicherungsfall im Vertragsrechtsschutz, NJW 2013, 3060; *ders.*, Kausalität und Rechtsschutzfall, VersR 2015, 1476; *ders.*, Die jüngere Rechtsprechung des BGH zur Rechtsschutzversicherung und darauf basierende Änderungen in den aktuellen ARB der Rechtsschutzversicherer, r+s 2020, 545; *Felsch*, Die Rechtsprechung des Bundesgerichtshofs zum Versicherungsrecht – Allgemeines Versicherungsvertragsrecht und Rechtsschutzversicherung, r+s 2016, 321; *ders.*, Die Rechtsprechung des IV. Zivilsenats des BGH zum Versicherungsrecht – Rechtsschutzversicherung, r+s 2020, 301; *Gellwitzki*, Der Rechtsschutzfall im Blickfeld der BGH-Rechtsprechung, AnwBl. 2015, 48; *Görtz*, Der lange Weg der höchstrichterlichen Verstoßrechtsprechung – Zum Eintritt des Versicherungsfalls in der Rechtsschutzversicherung, r+s 2025, 868; *Happel*, Grundvoraussetzungen des Versicherungsschutzes in kapitalmarktrechtlichen Angelegenheiten, VersR 2019, 193; *Hein*, Rechtschutzversicherung und Schönheitsreparaturen: Wann tritt der Versicherungsfall ein?, Info M 2012, 38; *Heither*, Der Rechtsschutzfall im Arbeitsrecht bei verhaltensbedingten Kündigungen, NJW 2017, 693; *Küttner*, Rechtsschutzversicherung und Arbeitsrecht, NZA 1996, 453; *Lensing*, Die Rechtsschutzversicherung: ARB – the next generation, AnwBl 2022, 227; *Looschelders*, Tatsachengrundlagen eines verstoßabhängigen Rechtsschutzversicherungsfalles, JR 2009, 460; *ders.*, Aktuelle Probleme der Rechtsschutzversicherung, in: Looschelders/Michael (Hrsg.),

Düsseldorfer Vorträge zum Versicherungsrecht 2014, 2015, S. 35; *ders.*, Der Versicherungsfall in der Haftpflicht- und Rechtsschutzversicherung – Reichweite der Transparenzkontrolle und Auslegung der einschlägigen Klauseln nach dem Verständnis eines durchschnittlichen Versicherungsnehmers, in: FS Schwintowski (2017), 150; *Maier*, Neue Bedingungen in der Rechtsschutzversicherung (ARB 94), r+s 1995, 361; *ders.*, Der Versicherungsfall in der Rechtsschutzversicherung – zur inhaltlichen Angemessenheit und Verständlichkeit von § 4 ARB 2000, FS Wälder, 2009, 37; *ders.*, Neue Bedingungen in der Rechtsschutzversicherung (ARB 2012), r+s 2013, 105; *ders.*, Die neue Rechtsprechung des BGH zum Eintritt des Versicherungsfalls in der Rechtsschutzversicherung, r+s 2015, 489; *ders.*, Versicherungsfall und streitauslösende Willenserklärung in der Rechtsschutzversicherung, r+s 2017, 574; *Mathy*, Aktuelle Fragen zum Versicherungsvertragsrechtsschutz in der Rechtsschutzversicherung, VersR 2005, 872; *Piontek*, Die Rechtsprechung des Bundesgerichtshofs zum Versicherungsrecht – Rechtsschutz- und Berufsunfähigkeitsversicherung, r+s 2024, 735; *Schaltke*, Die VW-Abgasaffäre im Licht der Rechtsschutzversicherung, NJW 2016, 3126; *ders.*, BGH-Leitsätze zum Rechtsschutzfall und ihre Auswirkungen auf die Praxis, VersR 2016, 573; *ders.*, Austrahlungen des Versicherungsfalls auf das Leistungsversprechen und Risikoausschlüsse in der Rechtsschutzversicherung, NJW 2018, 581; *ders.*, Die Entwicklung des Rechtsschutzfalls in der Rechtsschutzversicherung, VersR 2018, 1041; *Schaltke/Weidner*, Der verstoßabhängige Rechtsschutzfall oder: Wer will was von wem woraus?, r+s 2016, 225; *Schirmer*, Der Versicherungsfall – insbesondere in der Rechtsschutzversicherung, r+s 2003, 221 (Teil I); 265 (Teil II); *Sperling*, Neue Allgemeine Bedingungen für die Rechtsschutzversicherung (ARB 94), VersR 1996, 133; *Süss*, Versicherungsfall in der Rechtsschutzversicherung bei Darlehenswiderrufen, r+s 2017, 65; *Tamm/Tonner* (Hrsg.), Verbraucherrecht, 2. Aufl. 2016; *Wassmann*, Der Versicherungsfall in der Rechtsschutzversicherung, VersR 1977, 888; *R. Wendt*, Strukturen der neuen Rechtsprechung des Bundesgerichtshofs zur Rechtsschutzversicherung (Teil I), r+s 2006, 1; *ders.*, Der Rechtsschutzfall mit seinen vor- und nachvertraglichen Ausdehnungen, MDR 2008, 717; ders., Vertiefung der neuen Rechtsprechung des Bundesgerichtshofs zur Rechtsschutzversicherung, r+s 2008, 221; *ders.*, Die Rechtsprechung des BGH zum Versicherungsrecht – Rechtsschutzversicherung, r+s 2010, 221; *ders.* Die Rechtsprechung des Bundesgerichtshofes zur Rechtsschutzversicherung – Der Rechtsschutzversicherer und sein durchschnittlicher Versicherungsnehmer, r+s 2012, 209; *ders.*, Der Rechtsschutzversicherer und sein »durchschnittlicher Versicherungsnehmer«, MDR 2012, 821; *ders.*, Die Rechtsprechung des IV. Zivilsenats des Bundesgerichtshofs zur Rechtsschutzversicherung, r+s 2014, 328; *Winter*, Behaupteter Rechtsverstoß und Wartefrist in der Rechtsschutzversicherung, VersR 1985, 116.

Übersicht **Rdn.**

A. Allgemeines

1 § 4 umschreibt die zentralen Voraussetzungen des Versicherungsschutzes. Die Vorschrift hat eine **Doppelfunktion**, weil sie einerseits den **Versicherungsfall** definiert und andererseits die **zeitlichen Grenzen** des Versicherungsschutzes festlegt. Konkret wird verlangt, dass der Versicherungsfall innerhalb des versicherten Zeitraums eingetreten ist. Diese Voraussetzung hat für die Leistungspflicht des Versicherers überaus große Bedeutung.[1] Dies zeigen nicht zuletzt die zahlreichen Entscheidungen zu § 4 und zur Vorgängerregelung des § 14 ARB 75.

I. Rechtsschutzfall als sachliche Anspruchsvoraussetzung

2 § 4 I 1 stellt zunächst klar, dass der Anspruch auf Rechtsschutz den **Eintritt eines Rechtsschutzfalles** voraussetzt.[2] Der Begriff des Rechtsschutzfalles bezeichnet dabei den Versicherungsfall in der Rechtsschutzversicherung; die älteren ARB verwenden demgegenüber noch den allgemeinen Begriff des Versicherungsfalles (vgl. § 1 I ARB 75).[3]

3 Der **Begriff des Versicherungsfalles** ist in § 1 VVG nur sehr allgemein umschrieben. Die Anknüpfung an den »vereinbarten« Versicherungsfall (§ 1 Satz 1 VVG) macht deutlich, dass es in erster Linie auf die Vereinbarungen der Parteien – namentlich die AVB – ankommt.[4] Dies gilt auch für die Rechtsschutzversicherung, zumal auch § 125 VVG keine Legaldefinition des Versicherungsfalles in der Rechtsschutzversicherung enthält. Die ARB 2010 definieren den **Rechtsschutzfall** in § 4 I 1.[5] Dabei wird kein einheitlicher Begriff zugrunde gelegt. § 4 I 1 unterscheidet vielmehr nach den Leistungsarten des § 2 zwischen drei Fallgruppen: dem Schadensersatz-Rechtsschutz nach § 2 lit. a), dem Beratungs-Rechtsschutz für Familien-, Lebenspartnerschafts- und Erbrecht nach § 2 lit. k) und den sonstigen Leistungsarten. Dahinter steht die Erwägung, dass das versicherte Risiko sich bei den einzelnen Leistungsarten der Rechtsschutzver-

1 Zur praktischen Relevanz *Cornelius-Winkler* NZM 2012, 817, 824; *ders.* VersR 2015, 1476.
2 Vgl. Harbauer/*Cornelius-Winkler*, § 4 ARB 2010 Rn. 1 ff.; P/M/*Piontek*, § 4 ARB 2010 Rn. 1.
3 Näher dazu van Bühren/Plote/*Plote*, § 4 ARB 2010 Rn. 1; *Looschelders* JR 2009, 462.
4 Näher dazu L/W/*Looschelders*, § 1 Rn. 31; *Looschelders/Paffenholz*, Versicherungsvertragsrecht, Rn. 365.
5 Zur Systematik des § 4 I 1 vgl. LG Kiel NJW-RR 2007, 536; P/M/*Piontek*, § 4 ARB 2010 Rn. 2.

sicherung durch unterschiedliche Ereignisse realisiert.[6] Die unterschiedlichen Definitionen des Rechtsschutzfalles sind somit sachlich gerechtfertigt.

II. Zeitlicher Umfang des Versicherungsschutzes

Die genaue Definition des Rechtsschutzfalles ist für den **zeitlichen Umfang des Versicherungsschutzes** von entscheidender Bedeutung. Nach allgemeinen Grundsätzen setzt der Versicherungsschutz nämlich voraus, dass der Versicherungsfall innerhalb des vereinbarten Haftungszeitraums eingetreten ist.[7] § 4 I 2 konkretisiert dies dahingehend, dass die Voraussetzungen nach Abs. 1 Satz 1 lit. a) bis c) nach Beginn des Versicherungsschutzes gemäß § 7 und vor dessen Beendigung eingetreten sein müssen. Für einzelne Leistungsarten sieht Abs. 1 Satz 3 überdies eine **Wartezeit** von drei Monaten nach Versicherungsbeginn vor. 4

Für die zeitliche Einordnung von Rechtsschutzfällen, die sich über einen **Zeitraum** erstrecken, sowie von **Mehrheiten von Rechtsschutzfällen** enthält Abs. 2 Sonderregeln. Schließlich sehen Abs. 3 und 4 für bestimmte Sachverhalte besondere **zeitliche Ausschlussgründe** vor. 5

III. Änderungen in den ARB 2012/2019/2021

Die ARB 2012/2019/2021 regeln den sachlichen und zeitlichen Umfang des Versicherungsschutzes in **Ziff. 2.4.** Die Regelung entspricht weitgehend § 4 I-III ARB 2010. So wird auch hier vorab klargestellt, dass der Anspruch auf Rechtsschutz nur besteht, wenn der Versicherungsfall nach Beginn des Versicherungsschutzes und vor dessen Ende eingetreten ist. 6

In Bezug auf die Vertragsart »Unternehmen« sieht Ziff. 2.4 ARB 2012/2019/2021 eine **Nachhaftung** für den Fall vor, dass der Versicherungsfall durch Berufsaufgabe oder Tod endet.[8] Die Klausel weitet den Versicherungsschutz für den VN oder dessen Erben auf Versicherungsfälle aus, die innerhalb eines Jahres nach der Beendigung des Versicherungsvertrags eintreten und im Zusammenhang mit der im Versicherungsschein genannten Tätigkeit stehen. Dies entspricht der Nachhaftung nach § 24 IV ARB 2010 beim Berufs-Rechtsschutz für Selbständige und Rechtsschutz für Firmen und Vereine (näher dazu § 24 Rdn. 29). 7

Beim Begriff des Versicherungsfalles wird in Ziff. 2.4.1 bis 2.4.3 ARB 2012/2019/2021 nach denselben drei Fallgruppen wie in § 4 I 1 ARB 2010 differenziert. Auch die jeweiligen **Definitionen** des Versicherungsfalles sind **weitgehend unverändert**;[9] eine Aus- 8

6 Harbauer/*Cornelius-Winkler*, § 4 ARB 2010 Rn. 8; L/W/*Obarowski*, Kap. 48 Rn. 302; L/P/*Paffenholz*, § 125 Rn. 42.
7 Vgl. L/W/*Looschelders*, § 1 Rn. 35.
8 Vgl. van Bühren/Plote/*Hillmer-Möbius*, ARB 2012 Rn. 44.
9 Vgl. *Bauer* VersR 2013, 661, 663.

nahme dürfte insoweit allerdings beim **Schadensersatz-Rechtsschutz** (Ziff. 2.4.2 ARB 2012/2019/2021) gelten (dazu Rdn. 28).[10]

9 Die Sonderregelungen für Versicherungsfälle, die sich über einen **Zeitraum** erstrecken, und für **Mehrheiten von Versicherungsfällen** finden sich in Ziff. 2.4.4 und 2.4.5 ARB 2012/2019/2021. Zu beachten ist dabei, dass die **Jahresregelung** des § 4 II 2 Hs. 2 ARB in Ziff. 2.4.5 ARB 2012 zeitweise vollständig entfallen war,[11] was zu einer erheblichen Einschränkung des Versicherungsschutzes führen konnte. Ziff. 2.4.5 der ARB 2012 (Stand: April 2018) und der ARB 2019/2021 sehen aber zumindest wieder eine entsprechende optionale Klausel vor (näher dazu Rdn. 108).

10 Die **Wartezeit** und die besonderen **zeitlichen Ausschlussgründe** sind nunmehr im Interesse der Übersichtlichkeit eigenständig unter der Überschrift »Zeitliche Ausschlüsse« in Ziff. 3.1. ARB 2012/2019/2021 geregelt. Da der BGH die Vorersteckungsklausel des § 4 III lit. a ARB 2010 für unwirksam erklärt hat (unten Rdn. 111) und die dafür maßgeblichen Gründe auch für die entsprechende Klausel in Ziff. 3.1.2 ARB 2012 gelten (Rdn. 112), wurde die Vorerstreckungsklausel in Ziff. 3.1.2 ARB 2019/2021 völlig neu gefasst (dazu Rdn. 113 ff.).

B. Der Rechtsschutzfall in den einzelnen Leistungsarten (Abs. 1 Satz 1)

11 Abs. 1 Satz 1 enthält für die einzelnen Leistungsarten unterschiedliche Definitionen des Rechtsschutzfalles. Bei den meisten Leistungsarten gilt die Grundanknüpfung an den **Verstoß gegen Rechtspflichten oder Rechtsvorschriften** (lit. c). Beim Beratungs-Rechtsschutz passt diese Anknüpfung nicht, weil es dort nicht auf einen solchen Verstoß ankommt. Das Gleiche gilt beim Schadensersatz-Rechtsschutz im Hinblick auf die Gefährdungshaftung.[12] Für diese beiden Leistungsarten gelten daher nach lit. a) und b) besondere Definitionen. Inhaltlich stimmen der Rechtsschutzfall nach lit. a) und lit. c) allerdings weitgehend überein. Dies ergibt sich daraus, dass das für den Schaden ursächliche Ereignis i.S. von lit. a) im Allgemeinen (d. h. außer bei der Gefährdungshaftung) in einem Verstoß gegen Rechtspflichten oder Rechtsvorschriften besteht.[13]

I. Schadensersatz-Rechtsschutz (lit. a)

12 § 4 I 1 lit. a) definiert den Versicherungsfall im Schadensersatz-Rechtsschutz (§ 2 lit. a) als das erste Ereignis, durch das der Schaden verursacht wurde oder verursacht worden

---

10 Vgl. van Bühren/Plote/*Hillmer-Möbius*, ARB 2012 Rn. 45; *Maier* r+s 2013, 105, 107.

11 Vgl. P/M/*Piontek*, ARB 2021 Rn. 3; van Bühren/Plote/*Hillmer-Möbius*, ARB 2012 Rn. 46; VersHb/*Obarowski*, § 45 Rn. 473; *Bauer* VersR 2013, 661, 663; *Maier* r+s 2013, 105, 107.

12 Harbauer/*Cornelius-Winkler*, § 4 ARB 2010 Rn. 8.

13 Vgl. BGHZ 201, 73 Rn. 19 = VersR 2014, 742 = NJW 2014, 2042; VersR 2014, 1498 Rn. 20; *R. Wendt* r+s 2014, 328, 332 ff.

sein soll. Die Klausel folgt damit der sog. **Kausalereignistheorie.**[14] Dies ergibt sich aus der Formulierung »durch das«. Demgegenüber stellt § 14 I ARB 75 auf den Eintritt des dem Anspruch zugrunde liegenden Schadensereignisses ab. Danach kommt es nicht auf das Kausalereignis, sondern auf das dadurch verursachte sog. **Folgeereignis** an.[15] Bei engem zeitlichem Zusammenhang zwischen Schadensursache und Schadenseintritt führen beide Ansätze zu den gleichen Ergebnissen; ansonsten können sich jedoch Unterschiede ergeben.

1. Einschränkende Auslegung des Abs. 1 Satz 1 lit. a)

Die in § 4 I 1 lit. a) vorgesehene Anknüpfung an die **erste Ursache** des Schadens kann zu einer **weiten Vorverlagerung** des Versicherungsfalles führen. Dies ist für den VN nachteilig, weil der Versicherungsfall damit oft schon vor dem Beginn des Versicherungsschutzes eingetreten ist. Auf der anderen Seite hat der Versicherer ein legitimes Interesse daran, dass der VN sich nicht noch nach der Verwirklichung des für den Eintritt des Versicherungsfalls maßgeblichen Ereignisses Versicherungsschutz verschaffen kann.[16] 13

Die Anknüpfung an das erste Kausalereignis führt bei wortlautkonformer Anwendung des Abs. 1 Satz 1 lit. a) allerdings zu einer **uferlosen Rückverlegung** des Versicherungsfalles, die den berechtigten Interessen des VN widerspricht.[17] Dieses Problem kann im Allgemeinen auch nicht durch das allgemeine Zurechnungskriterium der **Adäquanz** gelöst werden.[18] Denn die Adäquanz lässt noch immer einen sehr weiten zeitlichen Rückgriff auf die erste Ursache zu. 14

Das Problem lässt sich an folgendem **Beispiel** verdeutlichen. Verlangt der Geschädigte vom Halter eines Kfz Schadensersatz wegen eines Verkehrsunfalls, der darauf beruht, dass die Bremsen des Fahrzeugs aufgrund eines schon vor dem Abschluss des Versicherungsvertrags vorhandenen Produktionsfehlers versagen, so stellt sich der Produktionsfehler nach dem Wortlaut des § 4 I 1 lit. a) als das erste Kausalereignis dar, das adäquat kausal zu dem Schaden geführt hat. Wenn der Unfall als solcher sich innerhalb des versicherten Zeitraums ereignet hat, wäre es gleichwohl unangemessen, den Versicherungsschutz zu versagen.[19] 15

---

14 OLG Hamm NJW-RR 2004, 1401 = VersR 2005, 71; OLG Düsseldorf VersR 2002, 228; L/P/*Paffenholz*, § 125 Rn. 43; L/R/*Rixecker*, § 125 Rn. 13; HK-VVG/*Münkel*, § 4 ARB 2010 Rn. 2; van Bühren/Plote/*Plote*, § 4 ARB 2010 Rn. 4; Harbauer/*Obarowski*, § 2 ARB 2010 Rn. 31; P/M/*Piontek*, § 4 ARB 2010 Rn. 3; *Schirmer* r+s 2003, 265, 266.

15 Vgl. OLG Karlsruhe VersR 1999, 613, 616; OLG Köln r+s 2001, 117; OLG Düsseldorf VersR 2002, 228, 229; OLG Hamm NJW-RR 2004, 1401; Harbauer/*Cornelius-Winkler*, § 14 ARB 75 Rn. 6; P/M/*Piontek*, § 4 ARB 2010 Rn. 146; *Schirmer* r+s 2003, 265, 266.

16 Vgl. van Bühren/Plote/*Plote*, § 4 ARB 2010 Rn. 6; Tamm/Tonner/*Marschner*, § 17 E. Rn. 26; *Sperling* VersR 1996, 133, 140.

17 Vgl. BGHZ 201, 73 = VersR 2014, 742 Rn. 17; BGH VersR 2014, 1498 Rn. 19.

18 Vgl. BGH NJW 2003, 139, 140 = VersR 2002, 1503; OLG Koblenz VersR 2013, 579, 581; P/M/*Piontek*, § 4 ARB 2010 Rn. 4.

19 Zu diesem Beispiel BGH NJW 2003, 139, 140; OLG Koblenz VersR 2013, 579, 581; *Maier* r+s 2013, 105, 107.

16 Der BGH löst die Problematik durch eine **einschränkende Auslegung** des § 4 I 1 lit. a), die am Verständnis eines durchschnittlichen VN ohne versicherungsrechtliche Spezialkenntnisse ausgerichtet ist.[20] Als ein Ereignis i.S. der Vorschrift kommen danach nur solche Ursachen in Betracht, die von dem in Anspruch genommenen Haftpflichtigen zurechenbar gesetzt wurden und den Eintritt eines Schadens hinreichend wahrscheinlich gemacht haben.[21] Frühestmöglicher Zeitpunkt ist das dem Anspruchsgegner vorgeworfene pflichtwidrige Verhalten, auf das der VN seinen Schadensersatzanspruch stützt.[22] Ursachen, die auf dem Verhalten des Geschädigten (VN) selbst beruhen, bleiben außer Betracht. Das eigene Verhalten des Geschädigten ist nicht relevant, weil der Anspruch darauf nicht gestützt werden kann. Die Anknüpfung an das Verhalten eines Dritten (im Beispielsfall des Produzenten) kann ebenfalls zu einer unangemessenen Vorverlagerung des Versicherungsfalls führen. Der BGH geht deshalb davon aus, dass der Gesetzes- oder Pflichtenverstoß eines Dritten den Rechtsschutzfall nur dann auslösen und zeitlich festlegen kann, wenn bereits ein gesetzliches oder vertragliches Schuldverhältnis zwischen dem VN und dem Anspruchsgegner ansteht.[23] Da ein solches Verhältnis im Beispielsfall erst durch den Verkehrsunfall eingetreten ist, muss die fehlerhafte Produktion des Kfz außer Betracht bleiben. Wäre der Halter bei dem Verkehrsunfall ebenfalls geschädigt worden, stünden ihm seinerseits Schadensersatzansprüche aus § 823 I BGB und § 1 ProdHaftG gegen den Produzenten des Fahrzeugs zu. Der Produzent wäre insoweit also kein Dritter. Zur zeitlichen Festlegung des Versicherungsfalls bei solchen Ansprüchen s. unten Rdn. 22.

17 In neuerer Zeit wird zu Recht betont, dass das erste relevante Kausalereignis nicht nur dem **Haftpflichtigen** zurechenbar sein muss; darüber hinaus ist vielmehr auch ein **fassbarer Bezug** des (Erst-) Ereignisses **zur Person des VN** als Geschädigten erforderlich.[24] Weist das Ereignis keinen solchen Bezug auf, so wird ein durchschnittlicher VN nicht davon ausgehen, dass es gleichwohl für seinen Versicherungsschutz relevant ist. Dieses Kriterium wird vor allem bei der Verletzung von Verkehrspflichten und der Haftung für Unterlassungen herangezogen.[25] In den übrigen Fällen der Verschuldenshaftung

20 BGH NJW 2003, 139, 140 = VersR 2002, 1503; BGHZ 201, 73 Rn. 16 = VersR 2014, 742 = NJW 2014, 2042; *Wendt* r+s 2006, 1, 6; *ders.* r+s 2014, 328, 336; *Looschelders*, FS Schwintowski (2017), 150, 160; für Lösung der Problematik über eine »gesetzesähnliche Auslegung« OLG Nürnberg VersR 2002, 605 (Vorinstanz); P/M/*Armbrüster*, § 4 ARB 2010 Rn. 6. Zur Maßgeblichkeit des Verständnisses eines durchschnittlichen VN für die Auslegung der ARB vgl. auch Einführung Kap. 1 Rdn. 51.

21 BGH NJW 2003, 139, 140; OLG Hamm NJW-RR 2004, 1401; L/P/*Paffenholz*, § 125 Rn. 43.

22 BGH VersR 2015, 485 Rn. 12 = NJW 2015, 1306; VersR 2023, 582 Rn. 26; P/M/*Piontek*, § 4 ARB 2010 Rn. 7; *Wendt* r+s 2006, 1, 4; *ders.* r+s 2014, 328, 336; *Felsch* r+s 2016, 321, 326 f.; *Piontek* r+s 2023, 735 Rn. 39.

23 BGH VersR 2014, 1498 Rn. 20; vgl. auch *Schaltke* VersR 2016, 573, 575.

24 BGHZ 201, 73 = VersR 2014, 742 Rn. 19; OLG Koblenz VersR 2013, 579, 581; L/R/*Rixecker*, § 125 Rn. 13; Harbauer/*Cornelius-Winkler*, § 4 ARB 2010 Rn. 30; *Wendt* r+s 2014, 328, 336.

25 BGHZ 201, 73 = VersR 2014, 742 Rn. 19.

reicht es nach der Rechtsprechung, dass die **Pflichtverletzung gegenüber dem VN** begangen worden sein soll.[26] Bei der Gefährdungshaftung wird der Bezug zur Person des VN durch den Eintritt einer akuten Gefahr **für dessen Rechtsgüter** hergestellt (vgl. aber noch Rdn. 22).

Bei der Festlegung des maßgeblichen Kausalereignisses kommt es nicht auf die objektiven Gegebenheiten, sondern auf die **Behauptungen des VN** an.[27] Entscheidend ist, auf welche Vorgänge der VN seinen Anspruch in dem Prozess stützt, für den Deckung begehrt wird. Ob diese Vorgänge tatsächlich stattgefunden haben und für den Schaden kausal sind, ist unerheblich.[28] Dies ergibt sich aus der Formulierung »verursacht worden sein soll«. Spätere Änderungen des Vortrags stellen das Vorliegen des Rechtsschutzfalls nicht mehr in Frage.[29] Verteidigt der Anspruchsgegner sich gegenüber dem Anspruch des VN, indem er mit einem eigenen Schadensersatzanspruch wegen einer vermeintlichen Pflichtverletzung des VN **aufrechnet**, so ist dies für die Bestimmung des Rechtsschutzfalls irrelevant.[30] Das bedeutet zunächst, dass der Risikoausschluss nach § 3 II lit. a nicht eingreift (vgl. § 3 Rdn. 63). Daraus folgt aber auch, dass der Einwand der **Vorvertraglichkeit** beim Schadensersatz-Rechtsschutz nicht auf eine mögliche frühere Pflichtverletzung des VN gestützt werden kann, auf die sich der Anspruchsgegner beruft. Zur parallelen Problematik beim **verstoßabhängigen Rechtsschutzfall** s. unten Rdn. 48. 18

2. Wirksamkeit der Klausel

Die Rechtsprechung geht davon aus, dass die Definition des Versicherungsfalles in der Rechtsschutzversicherung einer **Inhaltskontrolle** nach § 307 BGB unterliegt (vgl. Einführung Kap. 1 Rdn. 69).[31] Die einschränkende Auslegung des § 4 I 1 lit. a) vermeidet jedoch eine unangemessene Benachteiligung des VN, die sich aus einer allzu großzügigen Vorverlagerung des Versicherungsfalls ergeben könnte. Die Klausel hält daher 19

26 BGHZ 201, 73 = BGH VersR 2014, 742 Rn. 19; P/M/*Piontek*, § 4 ARB 2010 Rn. 8; *Wendt* r+s 2014, 328, 336.

27 BGHZ 201, 73 = VersR 2014, 742 Rn. 16; BGH VersR 2015, 485 Rn. 13 ff. = NJW 2015, 1306; BGH VersR 2023, 582 Rn. 26; OLG Karlsruhe VersR 2013, 579, 580; HK-VVG/*Münkel*, § 4 ARB 2010 Rn. 4; P/M/*Piontek*, § 4 ARB 2010 Rn. 15; VersHb/*Obarowski*, § 45 Rn. 383; *Looschelders*, FS Schwintowski (2017), 150, 161.

28 P/M/*Piontek*, § 4 ARB 2010 Rn. 15.

29 OLG Hamm VersR 1980, 669; OLG Köln r+s 1990, 276, 277; AG Hoyerswerda r+s 1995, 303; VersHb/*Obarowski*, § 45 Rn. 335 (zur parallelen Problematik bei verstoßabhängigen Rechtsschutzfällen); einschränkend P/M/*Piontek*, § 4 ARB 2010 Rn. 17.

30 BGH VersR 2015, 485 Rn. 15 = NJW 2015, 1306 unter ausdrücklicher Aufgabe der gegenteiligen Auffassung zu § 14 III ARB in BGH VersR 1984, 530; näher dazu *Felsch* r+s 2016, 321, 331 ff.; *Bauer* NJW 2016, 1490, 1492; krit. *van Bühren* ZfS 2016, 310 ff. mit dem Hinweis auf das Risiko von Zweckabschlüssen.

31 BGHZ 201, 73 = VersR 2014, 742 Rn. 17; BGH VersR 2014, 1498 Rn. 19; aA P/M/*Piontek*, § 4 ARB 2010 Rn. 5.

der **Inhaltskontrolle** nach § 307 BGB stand.[32] Probleme könnten sich zwar noch unter dem Aspekt der **Transparenz** ergeben,[33] die nach § 307 III 2 BGB selbst bei einer Zuordnung der Definition zum Kern der Leistungsbeschreibung zu prüfen wäre. Da der BGH seine einschränkende Auslegung auf das Verständnis eines durchschnittlichen VN stützt, ist jedoch auch ein Verstoß gegen das Transparenzgebot zu verneinen.

3. Beispiele

20 In dem der **Leitentscheidung des BGH** zur einschränkenden Auslegung des § 4 I 1 lit. a)[34] zugrunde liegenden Fall war die VN Inhaberin eines Geflügelzuchtbetriebs. Etwa sechs Monate nach Beginn des Versicherungsschutzes wurde in einer Fernsehreportage über angebliche Missstände im Betrieb der VN sowie über die schon seit Jahren dagegen gerichteten Demonstrationen von Anwohnern und Tierschützern berichtet. Dabei wurden auch Ereignisse aus der Zeit vor Abschluss des Versicherungsvertrages einbezogen. Die VN verlangte von der Rundfunkanstalt **Schadensersatz wegen Geschäftsschädigung.** Nach Ansicht des BGH hatte der Versicherer dem VN für die Schadensersatzklage Rechtsschutz zu gewähren, weil die in Anspruch genommene Rundfunkanstalt vor Abschluss des Versicherungsvertrages keine Ursache für den geltend gemachten Schaden gesetzt hatte. Das mögliche Fehlverhalten des VN bei dem Betrieb der Geflügelzucht und die Proteste der Anwohner und Tierschützer sind dagegen keine anspruchsbegründenden Umstände; es geht vielmehr um das eigene Verhalten des Geschädigten und das Verhalten Dritter.

21 In einer späteren Entscheidung hat der BGH zu § 14 I 1 ARB 75 klargestellt, dass unter einem den Versicherungsfall auslösenden Schadensereignis i.S. der Klausel nur ein solches zu verstehen sei, für das derjenige, der auf Schadensersatz in Anspruch genommen wird, in haftungsrechtlich zurechenbarer Weise verantwortlich sein soll.[35] Der Senat hat sich dabei wieder auf die Sichtweise eines verständigen VN gestützt. Im konkreten Fall begehrte der VN von einem Zigarettenhersteller **Schadensersatz wegen gesundheitlicher Schäden aufgrund langjährigen Rauchens.** Der BGH hat darauf abgestellt, dass die von dem VN geltend gemachten Pflichtverletzungen des Zigarettenherstellers – Unterlassen von Warnhinweisen auf die suchterregende Wirkung des Rauchens – nach dem Beginn des Versicherungsschutzes eingetreten sein sollen. Dass der VN schon vor diesem Zeitpunkt mit dem Rauchen begonnen habe oder nikotinabhängig geworden sei, sei unerheblich, weil es nicht auf das Verhalten des Geschädigten, sondern auf die behaupteten Pflichtverletzungen des Schädigers ankomme.[36] Das OLG Hamm hat in einem vergleichbaren Fall zu § 4 I 1 lit. a) ARB 94 ebenfalls auf

32 BGHZ 201, 73 = VersR 2014, 742 Rn. 17; BGH VersR 2014, 1498 Rn. 19; L/W/*Obarowski*, Kap. 48 Rn. 314.

33 Vgl. AG Kerpen NJW-RR 2006, 97; P/M/*Piontek*, § 4 ARB 2010 Rn. 6.

34 BGH NJW 2003, 139 (»Report«).

35 BGH VersR 2003, 638 (»Reemtsma«).

36 Dazu klarstellend *Wendt* r+s 2006, 1, 4; auf den Beginn der Nikotinabhängigkeit abstellend OLG Düsseldorf VersR 2002, 228, 229.

die behaupteten Pflichtverletzungen des Zigarettenherstellers abgestellt.[37] Die eingeschränkte Kausalereignistheorie führt somit zumindest bei den Klagen gegen Zigarettenhersteller zu den gleichen Ergebnissen wie die Folgeereignistheorie.

Bei der **Produkthaftung** und der **Umwelthaftung** besteht häufig eine besonders große zeitliche Diskrepanz zwischen dem Setzen der Schadensursache und dem Eintritt des Schadens.[38] Nach § 4 I 1 lit. a) muss auch hier auf den ersten Umstand abgestellt werden, auf den der VN seinen Schadensersatzanspruch stützt. Bei der Produkthaftung wird danach häufig an das **Inverkehrbringen des fehlerhaften Produkts** angeknüpft.[39] Dies gilt auch für die verschuldensunabhängige Haftung des Produzenten nach § 1 ProdHaftG. Problematisch erscheint jedoch, dass das Inverkehrbringen des Produkts noch keinen fassbaren Bezug zu der Person des VN als Geschädigtem aufweist. Vorzugswürdig ist daher die Anknüpfung an den **Erwerb des Produkts** durch den VN.[40] Für diese Lösung spricht auch, dass der Zeitpunkt des Inverkehrbringens dem insoweit beweispflichtigen VN meist nicht bekannt ist. Wird der Schadensersatzanspruch auf die Verletzung der **Produktbeobachtungspflicht** gestützt,[41] so kommt es auf den Zeitpunkt an, zu dem der Hersteller spätestens verpflichtet gewesen wäre, den VN als Erwerber des Produkts zu warnen.[42] Nach § 14 I ARB 75 ist bei der Produkthaftung dagegen erst der Eintritt der ersten Rechtsgutverletzung maßgeblich.[43] 22

Bei der **Umwelthaftung** nach § 1 UmweltHaftG tritt der Versicherungsfall in dem Zeitpunkt ein, zu dem die den Schaden verursachende Anlage außer Kontrolle gerät, der Eintritt des Schadens für den Betreiber der Anlage also durch keine Maßnahmen mehr vermeidbar ist.[44] Eine Vorverlagerung des Versicherungsfalles ist auch dann nicht gerechtfertigt, wenn das haftungsbegründende Ereignis auf einem verkehrswidrigen Zustand der Anlage beruht, der bereits deutlich vorher eingetreten ist.[45] Dies gilt auch für **andere Fälle der Gefährdungshaftung**, in denen der materielle Haftungsgrund in der Herrschaft des potentiellen Schädigers über die Gefahrenquelle liegt (z.B. §§ 33 ff. LuftVG, 89 II WG).[46] 23

Bei der deliktischen **Arzthaftung** aus § 823 I BGB kommt es nach § 4 I 1 lit. a) nach der Kausalereignistheorie allein auf den ärztlichen Behandlungsfehler an und nicht auf 24

37 OLG Hamm NJW-RR 2004, 1401; zustimmend VersHb/*Obarowski*, § 45 Rn. 87.
38 VersHb/*Obarowski*, § 45 Rn. 383.
39 HK-VVG/*Münkel*, § 4 ARB 2010 Rn. 3; VersHb/*Obarowski*, § 45 Rn. 384.
40 P/M/*Piontek*, § 4 ARB 2010 Rn. 12; Harbauer/*Cornelius-Winkler*, § 4 ARB 2010 Rn. 30; vgl. auch VersHb/*Obarowski*, § 45 Rn. 384 (»spätestens« erstmaliger Erwerb des Produkts durch den VN).
41 Zur Produktbeobachtungspflicht BGHZ 99, 167; BGH NJW 2009, 1080, 1081; Staudinger/*Hager* (2021), § 823 BGB Rn. F 25; *Looschelders*, Schuldrecht BT, § 63 Rn. 13.
42 Allg. zum relevanten Zeitpunkt bei Unterlassungen P/M/*Piontek*, § 4 ARB 2010 Rn. 10.
43 Vgl. LG Wiesbaden VersR 1995, 569 (»Kindertee«); *Böhme*, § 14 ARB 75 Rn. 4.
44 P/M/*Piontek*, § 4 ARB 2010 Rn. 12.
45 Vgl. *Schirmer* r+s 2003, 265, 267.
46 Zur Unterscheidung von Zustands- und Handlungshaftung vgl. *Larenz/Canaris*, Schuldrecht II/2, 13. Aufl. 1994, § 84 I 4a; *Looschelders*, Schuldrecht BT, § 74 Rn. 35.

den daraus resultierenden Körperschaden.[47] Auf der Grundlage des § 14 I ARB 75 wird dagegen entsprechend der Folgeereignistheorie auf den Eintritt des Körperschadens abgestellt.[48] Bei der Arzthaftung konkurriert der deliktische Schadensersatzanspruch allerdings regelmäßig mit einem vertraglichen Schadensersatzanspruch aus § 280 I BGB.[49] Nach der Ausnahmeklausel des § 2 lit. a) ist hier daher nicht der Schadensersatz-Rechtsschutz, sondern der Vertrags-Rechtsschutz nach § 2 lit. d) einschlägig (vgl. § 2 Rdn. 59). Die Definition des Versicherungsfalles richtet sich damit nicht nach § 4 I 1 lit. a), sondern nach lit. c). Wegen der engen Verwandtschaft von § 4 I 1 lit. a) und lit. c) führt dies jedoch zu keinen unterschiedlichen Ergebnissen. Der vom VN geltend gemachte Verstoß des Arztes besteht in der fehlerhaften Behandlung. Die Verweigerung der Schadensersatzleistung durch den Arzt stellt dagegen keinen eigenständigen (anspruchsbegründenden) Verstoß dar.[50]

25 Bei Schadensersatzansprüchen wegen **Amtspflichtverletzung eines Notars** (§ 19 I BNotO) tritt der Rechtsschutzfall in dem Zeitpunkt ein, in dem der Notar seine Amtspflicht verletzt haben soll. Zu welchem Zeitpunkt der behauptete Fehler des Notars erkennbar wurde oder zum Eintritt des Schadens geführt haben soll, ist unerheblich. Dabei kommt es nicht darauf an, ob die ARB nach der Kausalereignis- oder der Folgeereignistheorie ausgestaltet sind.[51]

26 Macht der VN einen Schadensersatzanspruch gegen den Haftpflichtigen wegen **Erstellung falscher Testate** über die Tragfähigkeit eines **Beteiligungsmodells** geltend, so liegt das maßgebliche Kausalereignis im Abschluss des Beteiligungsvertrags. Dies gilt auch dann, wenn die falschen Testate als solche schon vor dem Abschluss des Beteiligungsvertrags – und auch schon vor Abschluss der Rechtsschutzversicherung – erstellt worden sind. Denn der notwendige Bezug zur Person des VN entsteht erst mit Abschluss des Beteiligungsvertrags.[52]

4. Maßgeblichkeit der Folgeereignistheorie nach neueren unternehmenseigenen ARB

27 Die vorstehenden Darlegungen zeigen, dass die Anknüpfung an das erste Kausalereignis nach § 4 I 1 lit a) zu vielfältigen Unsicherheiten führt. Außerdem wurde die darin

47 LG Gera r+s 2006, 109 m. Anm. *Kranich*; Harbauer/*Cornelius-Winkler*, § 4 ARB 2010 Rn. 26; *Schirmer* r+s 2003, 265, 267.

48 OLG Hamm VersR 2000, 450 = r+s 2000, 114; *Böhme*, § 14 ARB 75 Rn. 4.

49 Vgl. Begr. RegE, BT-Drs. 17/10488, 14; *Looschelders*, Schuldrecht BT, § 31 Rn. 11; *Wagner* VersR 2012, 789, 790 f.

50 Vgl. *Schaltke* VersR 2016, 573, 574 mit dem Hinweis, dass die (aus Sicht des beklagten Arztes unberechtigte) Geltendmachung eines Schadensersatzanspruchs ebenfalls außer Betracht bleiben muss.

51 Vgl. OLG Düsseldorf r+s 1990, 88, 89 (zu § 14 I ARB 75); P/M/*Piontek*, § 4 ARB 2010 Rn. 9; Harbauer/*Cornelius-Winkler*, § 4 ARB 2010 Rn. 26; a.A. zu § 14 I ARB 75 OLG Hamm NVersZ 2001, 282.

52 BGHZ 201, 73 = VersR 2014, 742 Rn. 21 ff. (Securanta); OLG Koblenz VersR 2013, 579 (als Vorinstanz); näher dazu *Looschelders*, in: Looschelders/Michael, S. 35, 48.

angelegte »Vorverlagerung« des Versicherungsfalls von der Rechtsprechung so stark eingeschränkt, dass der Einwand der Vorvertraglichkeit oft doch nicht durchgreift. Der Sache nach führt die eingeschränkte Kausalereignistheorie daher regelmäßig zu den gleichen Ergebnissen wie die Folgeereignistheorie.[53] Vor diesem Hintergrund haben einige Versicherer den Versicherungsfall im Schadensersatz-Rechtsschutz in ihren unternehmenseigenen ARB wieder in Anlehnung an § 14 I ARB 75 nach der **Folgeereignistheorie** definiert.[54] Die dem konkreten Vertrag zugrundeliegenden ARB müssen somit genau geprüft werden.

5. Definition des Versicherungsfalles in Ziff. 2.4.2 ARB 2012/2019/2021

Ziff. 2.4.2 ARB 2012/2019/2021 definiert den Versicherungsfall im Schadensersatz- 28
Rechtsschutz als das erste Ereignis, **bei dem** der Schaden eingetreten ist oder eingetreten sein soll. Die genaue Bedeutung dieser Formulierung ist unklar. Teilweise wird davon ausgegangen, dass die Klausel an der Kausalereignistheorie festhält.[55] Hiergegen spricht jedoch, dass die Klausel die für die Kausalereignistheorie gängige Formulierung »durch das« gerade nicht mehr verwendet. Die Wendung »bei dem« deutet demgegenüber darauf hin, dass die Klausel entsprechend der **Folgeereignistheorie** auf den (ersten) äußeren Vorgang abstellt, der den Schaden **unmittelbar** herbeigeführt hat oder herbeigeführt haben soll; zu welchem Zeitpunkt der Schaden zutage getreten bzw. vom VN festgestellt worden ist, bleibt dabei außer Betracht.[56] Die Folgeereignistheorie kann im Einzelfall zu einer deutlichen Einschränkung der »Vorverlagerung« gegenüber der Kausalereignistheorie führen.[57] Eine klarere Formulierung der ARB wäre insoweit allerdings wünschenswert gewesen.

II. Beratungs-Rechtsschutz (lit. b)

Beim Beratungs-Rechtsschutz für Familien-, Lebenspartnerschafts- und Erbrecht gemäß 29
§ 2 lit. k) stellt § 4 I 1 lit. b) auf das **Ereignis** ab, das die **Änderung der Rechtslage** des VN oder einer mitversicherten Person zur Folge hat. Eine ähnliche Formulierung findet sich schon in § 25 II lit. e) Satz 5 ARB 75. **Ziff. 2.4.1 ARB 2012/*2019/2021*** sieht ebenfalls eine entsprechende Anknüpfung vor. Das Erfordernis einer konkreten Änderung der Rechtslage für den VN oder eine mitversicherte Person soll verhindern, dass

53 So auch *Cornelius-Winkler* VersR 2015, 1476, 1478.

54 VersHb/*Obarowski*, § 45 Rn. 388; van Bühren/Plote/*Plote*, § 4 ARB 2010 Rn. 10; *Böhme*, Kurzerläuterung zu § 4 ARB 94 (S. 551); *Schirmer* r+s 2003, 265, 266.

55 So wohl *Maier* r+s 2013, 105, 107.

56 Zur Definition des Folgeereignisses in § 14 I ARB 75 vgl. OLG Düsseldorf r+s 1990, 88, 89; *Böhme*, § 14 ARB 75 Rn. 3; P/M/*Piontek*, § 4 ARB 2010 Rn. 146; *Schirmer* r+s 2003, 265, 268. Dass Ziff. 2.4.2 ARB 2012 auf das Folgeereignis abstellt, vertreten auch van Bühren/Plote/*Hillmer-Möbius*, ARB 2012 Rn. 45; PK/*Hillmer-Möbius*, § 125 Rn. 117; HK-VVG/*Münkel*, Ziff. 2.4. ARB 2021 Rn. 3; VersHb/*Obarowski*, § 45 Rn. 472; a.A. *Bauer* VersR 2013, 661, 663.

57 Vgl. *Looschelders*, in: Looschelders/Michael, S. 35, 49.

der Versicherer eine **vorsorgliche** Beratung wegen einer beabsichtigten oder erwarteten Änderung der Rechtslage finanzieren muss.[58]

1. Ereignis

30 Der Begriff des **Ereignisses** in § 4 I 1 lit. b) ist umstritten. Unter Rückgriff auf eine ältere Entscheidung des BGH zur Haftpflichtversicherung[59] wird teilweise vertreten, dass es sich um einen sinnfälligen, objektiven Vorgang handeln muss, der sich vom gewöhnlichen Tagesgeschehen deutlich abhebt und dessen rechtlich relevante Bedeutung sofort ins Auge springt.[60] Der BGH hat in einer späteren Entscheidung zur Haftpflichtversicherung indes deutlich gemacht, dass es für den Begriff des Ereignisses nach den AHB nicht auf ein »besonders auffälliges, spektakuläres Ereignis« ankommen kann; vielmehr wird **jeder tatsächliche Vorgang** im weiteren Sinne erfasst.[61] Dies muss auch bei § 4 I 1 lit. b) gelten.[62]

31 Ändert sich die Rechtslage aufgrund einer **Gesetzesänderung**, so tritt damit kein Rechtsschutzfall gemäß § 2 lit. k) ein. Zum einen stellt eine Gesetzesänderung **kein Ereignis** i.S. eines tatsächlichen Vorgangs dar.[63] Zum anderen betrifft die Gesetzesänderung nicht nur den VN oder die mitversicherte Person, sondern die allgemeine Rechtslage. Die Annahme eines Versicherungsfalles ginge also über den Zweck des Beratungs-Rechtsschutzes hinaus.[64]

32 In Rechtsprechung und Literatur wird die Auffassung vertreten, dass kein Versicherungsfall vorliegt, wenn das maßgebliche **Ereignis vom VN selbst herbeigeführt** worden ist. Erforderlich sei vielmehr ein von außen oder von dritter Seite herbeigeführtes Geschehen.[65] Gegen diese Auffassung spricht jedoch, dass § 3 V ARB 2010 für die Herbeiführung des Versicherungsfalles eine einschränkende Sonderregelung enthält, die den Versicherungsschutz in den Fällen des § 2 lit. a) bis h) nur bei ursächlichem Zusammenhang mit einer vom VN begangenen **Straftat** ausschließt. Für den Beratungs-Rechtsschutz ist nicht einmal ein solcher Ausschluss vorgesehen (was darauf beruhen mag, dass Straftaten die Rechtslage in Bezug auf das Familien-, Lebenspartnerschafts- und Erbrecht regelmäßig unberührt lassen). Diese für den VN günstige Ausgestaltung

58 Vgl. P/M/*Piontek*, § 4 ARB 2010 Rn. 23; HK-VVG/*Münkel*, § 4 ARB 2010 Rn. 5; B/M/*Bruns*/*Rapp*, § 4 ARB Rn. 14; ebenso zu Ziff. 2.4.1 ARB 2012 *Maier* r+s 2013, 105, 107.

59 BGH NJW 1957, 1477 = VersR 1957, 499.

60 Harbauer/*Cornelius-Winkler*, § 4 ARB 2010 Rn. 35; van Bühren/Plote/*Plote*, § 4 ARB 2010 Rn. 12.

61 BGHZ 79, 76, 79; B/M/*Bruns*/*Rapp*, § 4 ARB Rn. 15; P/M/*Piontek*, § 4 ARB 2010 Rn. 21.

62 So auch P/M/*Piontek*, § 4 ARB 2010 Rn. 21.

63 LG Schweinfurt r+s 1977, 244; P/M/*Piontek*, § 4 ARB 2010 Rn. 24; Harbauer/*Cornelius-Winkler*, § 4 ARB 2010 Rn. 37.

64 So auch Harbauer/*Cornelius-Winkler*, § 4 ARB 2010 Rn. 37; van Bühren/Plote/*Plote*, § 4 ARB 2010 Rn. 16.

65 So AG Düsseldorf VersR 1981, 1071; AG München VersR 1983, 364; *Böhme*, § 25 ARB 75 Rn. 15; *Sieg* BB 1972, 1377.

darf nicht dadurch unterlaufen werden, dass man den Rechtsschutzfall durch einschränkende Auslegung des Ereignisbegriffs verneint oder den Versicherungsschutz unter Rückgriff auf § 81 VVG ausschließt.[66]

2. Änderung der Rechtslage

Die h.M. nimmt eine Änderung der Rechtslage an, wenn Rechte des VN oder einer mitversicherten Person neu begründet, belastet, übertragen, inhaltlich geändert oder aufgehoben werden.[67] Diese Auffassung führt zu Problemen, wenn der VN sich gerade darüber beraten lassen will, ob ein Ereignis für ihn zu einer Änderung der Rechtslage geführt hat. In dieser Situation wird teilweise davon ausgegangen, dass allein die **objektive Rechtslage** maßgebend sei, sodass der Versicherer nur dann einstandspflichtig ist, wenn sich im Nachhinein herausstellt, dass eine Veränderung der Rechtslage eingetreten ist.[68] Die Prüfung der Relevanz des Ereignisses fällt somit in den Risikobereich des VN. Dieses Verständnis entspricht zwar dem Wortlaut des § 4 I 1 lit. b), schränkt den Beratungs-Rechtsschutz jedoch übermäßig ein. Nach der Gegenauffassung kommt es in Bezug auf die Änderung allein auf die **Sichtweise des VN** an. Versicherungsschutz scheidet danach erst dann aus, wenn das Ereignis **offensichtlich** bzw. auch **aus Laiensicht** zu keiner Änderung der Rechtslage geführt haben kann.[69] Die damit verbundene Ausweitung des Versicherungsschutzes erscheint jedoch zu weitgehend. Dass das Ereignis aus Sicht des VN eine Änderung der Rechtslage »zur Folge haben soll«, reicht nach dem Wortlaut des § 4 I 1 lit. b) gerade nicht aus. Im Ausgangspunkt bleibt daher eine objektive Betrachtung geboten. Nach Sinn und Zweck des Beratungs-Rechtsschutzes muss der VN aber schon dann in den Genuss des Versicherungsschutzes kommen, wenn die **objektive Rechtslage** so **zweifelhaft** ist, dass auch ein **Rechtskundiger** ohne nähere Prüfung nicht sicher beurteilen kann, ob das Ereignis zu einer Änderung der Rechtslage geführt hat.[70] 33

3. Erforderlichkeit eines Rechtsrates oder einer Rechtsauskunft

§ 25 II lit. e) Satz 5 ARB 75 schränkt den Begriff des Versicherungsfalles beim Beratungs- 34
Rechtsschutz weiter dahingehend ein, dass das Ereignis einen Rechtsrat oder eine Rechtsauskunft **erforderlich** machen muss. Hier geht es um den Ausschluss von Änderungen der Rechtslage, deren Bedeutung auch für einen juristischen Laien auf der Hand liegt. Als Beispiel werden die Alleinerbenstellung des einzigen Abkömmlings beim Tod des

66 So auch AG Köln ZfS 1992, 318; Harbauer/*Cornelius-Winkler*, § 4 ARB 2010 Rn. 36; P/M/*Piontek*, § 4 ARB 2010 Rn. 22; van Bühren/Plote/*Plote*, § 4 ARB 2010 Rn. 18; B/M/*Bruns/Rapp*, § 4 ARB Rn. 15.

67 AG Bretten r+s 1997, 118; Harbauer/*Cornelius-Winkler*, § 4 ARB 2010 Rn. 38.

68 So AG Siegburg ZfS 1983, 176; AG Düsseldorf r+s 1993, 187, 188; B/M/*Bruns/Rapp*, § 4 ARB Rn. 16; VersHb/*Obarowski*, § 45 Rn. 390.

69 Harbauer/*Cornelius-Winkler*, § 4 ARB 2010 Rn. 44; *Cornelius-Winkler* VersR 2015, 1476, 1478; ähnlich P/M/*Piontek*, § 4 ARB 2010 Rn. 23 f.

70 So auch LG Hannover ZfS 1994, 144; Harbauer/*Maier*, 8. Aufl. 2010, § 4 ARB 2000 Rn. 32; HK-VVG/*Münkel*, § 4 ARB 2010 Rn. 5; enger Höra/*Lensing*, § 27 Rn. 130.

überlebenden Elternteils ohne letztwillige Verfügung und die Unterhaltspflicht des leiblichen Vaters nach der Geburt des Kindes genannt.[71] § 4 I 1 lit. b) ARB 2010 sieht keine entsprechende Einschränkung des Rechtsschutzfalles vor. Dass der Rat oder die Auskunft des Rechtsanwalts erforderlich sein muss, lässt sich jedoch bereits der allgemeinen Vorschrift des § 1 entnehmen, wonach der Versicherer nur die für die Wahrnehmung der rechtlichen Interessen des VN **erforderlichen Leistungen** zu erbringen hat (§ 1 Rdn. 31).[72] Darüber hinaus wird die Erforderlichkeit der Wahrnehmung rechtlicher Interessen in § 17 I verlangt.[73]

4. Beispiele

35 Im Familienrecht bildet die **Geburt eines Kindes** im Hinblick auf die daraus folgenden Unterhaltspflichten der Eltern ein praktisch wichtiges Ereignis i.S.d. § 4 I 1 lit. b); insoweit wird es aber nicht selten an der Erforderlichkeit der Beratung fehlen (oben Rdn. 34). Das **Verlöbnis** führt im Hinblick auf die Rechtsfolgen nach §§ 1298 ff. BGB zu einer Änderung der Rechtslage und kann insoweit auch einen Anspruch auf Beratungs-Rechtsschutz auslösen.[74]

36 Die **Trennung der Ehegatten** führt zu einer Änderung der Rechtslage in Bezug auf die Unterhaltspflicht bei Getrenntleben (vgl. § 1361 BGB), die Verteilung des Hausrats und der Ehewohnung (§§ 1361a, 1361b BGB) sowie die Verteilung der elterlichen Sorge (§§ 1671, 1672 BGB) und löst zumindest insofern Beratungsbedarf aus.[75] Ob vor dem Ablauf der Mindesttrennungsdauer von einem Jahr (§ 1565 II BGB) auch bereits Beratungs-Rechtsschutz in Bezug auf die **Scheidung** und deren Folgen besteht, wird unterschiedlich beurteilt. Grundsätzlich sind die Trennung der Ehegatten und die Scheidung im Beratungs-Rechtsschutz als zwei unterschiedliche Rechtsschutzfälle anzusehen.[76] Die Einbeziehung der Scheidung in die Beratung aus Anlass der Trennung ist aber jedenfalls dann geboten, wenn der VN eine unzumutbare Härte i.S.d. § 1565 II BGB geltend macht.[77] Teilweise wird allerdings auch darüber hinaus schon vor Ablauf der Jahresfrist Beratungs-Rechtsschutz hinsichtlich der Scheidung gewährt.[78] Dies dürfte sich nur rechtfertigen lassen, wenn der Ablauf des Trennungsjahres unmittelbar bevorsteht und die Scheidungsabsicht feststeht.[79]

37 Im **Erbrecht** bildet der Tod des Erblassers das maßgebliche Ereignis, das für den VN aufgrund eines gesetzlichen Erbrechts, einer Verfügung von Todes wegen oder eines

71 Harbauer/*Cornelius-Winkler*, § 4 ARB 2010 Rn. 46; van Bühren/Plote/*Plote*, § 4 ARB 2010 Rn. 11.

72 Vgl. van Bühren/Plote/*Plote*, § 4 ARB 2010 Rn. 11.

73 Zu diesem Zusammenhang P/M/*Piontek*, § 4 ARB 2010 Rn. 36.

74 P/M/*Piontek*, § 4 ARB 2010 Rn. 26; a.A. AG Lingen ZfS 1984, 305.

75 P/M/*Piontek*, § 4 ARB 2010 Rn. 25; Harbauer/*Cornelius-Winkler*, § 4 ARB 2010 Rn. 45.

76 VersHb/*Obarowski*, § 45 Rn. 392.

77 VersHb/*Obarowski*, § 45 Rn. 394; Harbauer/*Cornelius-Winkler*, § 4 ARB 2010 Rn. 45.

78 So etwa AG Köln ZfS 1992, 318; AG Aachen VersR 1992, 868.

79 P/M/*Piontek*, § 4 ARB 2010 Rn. 25.

Pflichtteilsrechts zu einer Änderung der Rechtslage führt.[80] Die mit dem Tod des Erblassers eingetretene Änderung der Rechtslage betrifft auch den Nacherben.[81] Denn dieser erwirbt schon mit dem Tod des Erblassers eine gesicherte Rechtsposition (sog. erbrechtliches Anwartschaftsrecht).[82] Der Eintritt des Nacherbfalls hat für ihn dann eine zweite Änderung der Rechtslage zur Folge (§ 2139 BGB). Für Pflichtteilsberechtigte führt auch die Entziehung des Pflichtteils nach § 2333 BGB zu einer Änderung der Rechtslage.[83] Das Verlangen des nichtehelichen Kindes nach vorzeitigem Erbausgleich[84] ist dagegen nach dem Wegfall des § 1934d BGB a.F. obsolet.

Kein Beratungs-Rechtsschutz besteht demgegenüber für den Fall, dass der VN ein **Testament** errichten[85] oder einen **Ehe- und Erbvertrag** abschließen will.[86] Eine solche vorsorgliche Beratung knüpft nicht an ein tatsächliches Ereignis an, das zu einer Änderung der Rechtslage führt, und wird daher vom Beratungs-Rechtsschutz nicht umfasst.[87] Verweigert der Unterhaltsschuldner des VN die weitere Zahlung des Unterhalts, so tritt hierdurch ebenfalls kein Rechtsschutzfall ein, weil die objektive Rechtslage für den VN unverändert bleibt.[88] 38

III. Die sonstigen Leistungsarten (lit. c)

1. »Verstoßtheorie«

Für alle anderen Leistungsarten als den Schadensersatz- und den Beratungs-Rechtsschutz stellt § 4 I 1 lit. c) auf den Zeitpunkt ab, in dem der VN oder ein anderer einen Verstoß gegen Rechtspflichten oder Rechtsvorschriften begangen hat oder begangen haben soll. Die Klausel folgt ebenso wie schon § 14 III ARB 75 der sog. **»Verstoßtheorie«**.[89] Die in § 14 III ARB 75 enthaltene Klarstellung, dass es auf den **Beginn des Verstoßes** ankommt, ist nur für **Dauerverstöße** relevant und findet sich für diese Fälle in § 4 II 1.[90] 39

Ziff. 2.4.3 ARB 2012/2019/2021 stimmt inhaltlich vollständig mit § 4 I 1 lit. c) übereın. Die **Verstoßtheorie** und die dazu auf der Grundlage der älteren ARB ergangene Rechtsprechung bleiben also weiter maßgeblich,[91] soweit die betreffenden Ent- 40

80 Vgl. B/M/*Bruns*/*Rapp*, § 4 ARB Rn. 17; L/W/*Obarowski*, Kap. 48 Rn. 323.
81 *Böhme*, § 25 ARB 75 Rn. 16.
82 Vgl. BGHZ 87, 367, 369; Grüneberg/*Weidlich* § 2100 BGB Rn. 12; *Brox*/*Walker*, Erbrecht, 30. Aufl. 2024, § 25 Rn. 14 ff.
83 Vgl. VersHb/*Obarowski*, § 45 Rn. 399.
84 Van Bühren/Plote/*Plote*, § 4 ARB 2010 Rn. 14; Höra/*Lensing*, § 27 Rn. 131.
85 Vgl. OLG München ZfS 1982, 176; AG Schöneberg r+s 1977, 178; AG Frankfurt a.M. VersR 1989, 839; VersHb/*Obarowski*, § 45 Rn. 400.
86 LG Düsseldorf VersR 1981, 1071; B/M/*Bruns*/*Rapp*, § 4 ARB Rn. 17.
87 P/M/*Piontek*, § 4 ARB 2010 Rn. 28; VersHb/*Obarowski*, § 45 Rn. 400.
88 Harbauer/*Cornelius-Winkler*, § 4 ARB 2010 Rn. 40.
89 Vgl. *Böhme*, Kurzerläuterung § 4 ARB 94 Rn. 2.
90 Vgl. P/M/*Piontek*, § 4 ARB 2010 Rn. 37.
91 Vgl. *Maier* r+s 2013, 105, 107.

scheidungen nicht durch die neue Rechtsprechung des BGH überholt sind. Ein Klammerzusatz stellt klar, dass der andere, der den Verstoß begangen haben kann, »zum Beispiel der Gegner oder ein Dritter« sein kann.

2. Rechtsverstoß

a) Definition

41 In den Fällen des § 4 I 1 lit. c) wird der Rechtsschutzfall durch einen **Verstoß** gegen Rechtspflichten oder Rechtsvorschriften ausgelöst. Die Rechtsprechung legt den Begriff des Verstoßes weit aus. Es reicht danach »jeder tatsächliche, objektiv feststellbare Vorgang, der den **Keim eines solchen Rechtskonflikts** in sich trägt«.[92] Die weite Auslegung wird damit gerechtfertigt, dass der Rechtsstreit schon hier jedenfalls latent vorhanden und damit gewissermaßen bereits »**vorprogrammiert**« ist.[93] Anders als in den Fällen des § 4 I 1 lit. a) und b) ist auch kein äußerlich wahrnehmbares **Ereignis** erforderlich. Dass der Verstoß nicht sofort oder nicht ohne weiteres nach außen dringt, ist daher unschädlich.[94] Ob die Rechtsposition des VN durch den Verstoß verändert wurde, ist ebenfalls irrelevant.[95] Schließlich kommt es auch nicht darauf an, zu welchem Zeitpunkt der VN von dem Verstoß Kenntnis erlangt oder Maßnahmen zur Wahrnehmung seiner Interessen eingeleitet hat.[96]

42 Gegenstand des Verstoßes sind Rechtspflichten oder Rechtsvorschriften. Bei vertraglichen Streitigkeiten steht der Verstoß gegen **Rechtspflichten** im Vordergrund. Der Verstoß gegen **Rechtsvorschriften** kann jedoch auch hier eigenständige Bedeutung gewinnen, z.B. bei der Verletzung von Formvorschriften.[97] Im Disziplinar- und Standesrechtsschutz (§ 2 lit. h) sowie im Straf- und Ordnungswidrigkeiten-Rechtsschutz (§ 2 lit. i und j) kommt es dagegen vornehmlich auf die Verletzung von Rechtsvorschriften an. § 14 II 1 ARB 75 stellt deshalb für diese Leistungsarten noch ausschließlich auf die »Verletzung der Vorschrift« ab (vgl. Rdn. 90).

43 Die Annahme eines Rechtsverstoßes setzt nicht voraus, dass der Handelnde **zurechnungs-** oder **geschäftsfähig** ist.[98] Des Weiteren kommt es nicht darauf an, ob der Handelnde sich des Verstoßes **bewusst** war oder sich dessen hätte bewusst sein müssen.[99]

---

92 BGH VersR 2005, 1684, 1685; VersR 2007, 535, 536; OLG Koblenz VersR 2013, 99, 100 (Hervorhebung durch Verf.).

93 BGH VersR 2005, 1684, 1685; VersR 2013, 899 Rn. 16.

94 BGH VersR 2005, 1684, 1685; ebenso österr. OGH VersR 2002, 915, 916.

95 BGHZ 178, 346 = VersR 2009, 109 = JR 2009, 460 m. Anm. *Looschelders*; P/M/*Piontek*, § 4 ARB 2010 Rn. 40; a.A. noch AG Frankfurt a.M. r+s 1993, 221; r+s 1995, 304; AG Hannover r+s 2001, 250.

96 Österr. OGH VersR 2002, 915, 916.

97 P/M/*Piontek*, § 4 ARB 2010 Rn. 40.

98 OLG Köln VersR 1991, 295; VersHb/*Obarowski*, § 45 Rn. 403; *Armbrüster*, FS Merle, 13, 28.

99 Österr. OGH VersR 202, 915, 916; P/M/*Piontek*, § 4 ARB 2010 Rn. 40.

Die **berechtigte** Ausübung vertraglicher oder gesetzlicher Rechte (z.B. Anfechtung, Widerruf, Kündigung) stellt **keinen Rechtsverstoß** dar.[100] Ein Rechtsschutzfall liegt jedoch vor, wenn der VN die Berechtigung des anderen Teils zur Ausübung des in Frage stehenden Rechts verneint und damit einen Rechtsverstoß behauptet.[101] Ein solcher Fall liegt etwa vor, wenn der VN wegen einer aus seiner Sicht unberechtigten Eigenbedarfskündigung Schadensersatz verlangt. Umgekehrt kann der Rechtsverstoß sich auch daraus ergeben, dass der andere Teil die Berechtigung des VN zur Ausübung eines Gestaltungsrechts – nach dem Vortrag des VN zu Unrecht – bestreitet und sich weigert, die daraus folgenden Ansprüche des VN zu erfüllen.[102] 44

b) Maßgeblichkeit der Behauptungen des VN

Aus der Formulierung »begangen haben soll« folgt, dass § 4 I 1 lit. c) nicht auf das objektive Vorliegen eines Verstoßes abstellt; die Festlegung des Rechtsschutzfalles erfolgt vielmehr allein nach den **vom VN behaupteten** Rechts- bzw. Pflichtverletzungen.[103] Maßgeblich ist also, auf welchen Vorgang der VN seine Interessenwahrnehmung stützt. Der BGH hat diesen Ansatz durch ein sog. »**Drei-Säulen-Modell**« konkretisiert.[104] Die Annahme eines Rechtsschutzfalles setzt danach voraus, dass das Vorbringen des VN 45

- erstens einen **objektiven Tatsachenkern** (und nicht ein bloßes Werturteil) enthält,
- mit dem er zweitens den **Vorwurf eines Rechtsverstoßes** verbindet
- und auf den er drittens **seine Rechtsverfolgung** stützt.[105]

Nach der Rechtsprechung des BGH reicht die bloße **Behauptung** eines Rechtsverstoßes durch den VN aus. Auf die Schlüssigkeit, Substantiiertheit oder Entscheidungserheblichkeit dieser Behauptung soll es nicht ankommen.[106] Eine gewisse Konkretisierung bleibt aber auch nach dem BGH erforderlich. So muss der vorgetragene »**objektive Tatsachenkern**« die Beurteilung erlauben, ob der beschriebene Vorgang geeignet war, den Konflikt zwischen den Parteien mit auszulösen, mithin den »Keim für eine (zukünftige) rechtliche Auseinandersetzung« zu legen.[107] Insoweit reicht freilich ein **adäquater Kausalzusammenhang** aus.[108] Der adäquate Kausalzusammenhang fehlt, wenn der behauptete Verstoß so geringfügig war, dass er sich nicht eignet, um den Ausbruch des Konflikts 46

100 Van Bühren/Plote/*Plote*, § 4 ARB 2010 Rn. 25; Terbille/Höra/*Bultmann* 3, § 27 Rn. 296.
101 *Schirmer* r+s 2003, 265, 269.
102 Vgl. BGH VersR 2013, 899, 900 = NJW 2013, 2285, 2286.
103 BGHZ 178, 346, 352 ff. = VersR 2009, 109, 111; VersR 2008, 113; VersR 2013, 899, 900 = NJW 2013, 2285; P/M/*Piontek*, § 4 ARB 2010 Rn. 41; L/R/*Rixecker*, § 125 Rn. 10 ff.; *Looschelders* JR 2009, 462, 463.
104 Zum sog. »Drei-Säulen-Modell« *Wendt* r+s 2010, 221, 224; *ders.* r+s 2014, 328, 333; Höra/*Lensing*, § 27 Rn. 146 f. Ausführlich zur Entwicklung der Rechtsprechung *Görtz* r+s 2025, 868 ff.
105 BGHZ 178, 346, 352 = VersR 2009, 109, 111; van Bühren/Plote/*Plote*, § 4 ARB 2010 Rn. 20; L/P/*Paffenholz*, § 125 Rn. 45; Höra/*Lensing*, § 27 Rn. 146; *Wendt* r+s 2008, 221, 226; *ders.* r+s 2010, 221, 224.
106 BGHZ 178, 346, 353.
107 BGHZ 178, 346, 353.
108 *Wendt* r+s 2010, 221, 224.

zwischen den Parteien zu erklären.[109] Vorwürfe, die nur als Beiwerk (»Kolorit«) dienen, ohne dass der VN sie zur Grundlage seiner Interessenwahrnehmung macht, bleiben mangels Kausalität außer Betracht.[110] Eine weitere Konkretisierung des Verstoßes ist in Bezug auf den Eintritt des Rechtsschutzfalles entbehrlich, weil der VN seinen Vortrag ohnehin substantiieren muss, wenn der Versicherer den Rechtsschutz wegen fehlender Erfolgsaussicht oder Mutwilligkeit ablehnt (vgl. § 3a).[111]

47 Ebenso wie bei § 4 I 1 lit. a) kommt es auch bei lit. c) allein darauf an, auf welche Ereignisse bzw. Verstöße des Anspruchsgegners **der VN** seine Interessenwahrnehmung im Ausgangsverfahren stützt.[112] Der vom VN behauptete Verstoß muss bereits eingetreten sein; das **unmittelbare Bevorstehen eines Verstoßes** reicht grundsätzlich nicht aus.[113] Freilich kann schon die ernsthafte Ankündigung einer rechtswidrigen Kündigung oder einer unberechtigten Leistungsverweigerung als eine eigenständige Pflichtverletzung zu werten sein.[114] Das Vorliegen eines Rechtsschutzfalles wird nicht dadurch in Frage stellt, dass die Behauptungen des VN sich im Prozess als **unzutreffend** erweisen oder vom VN **fallen gelassen** werden.[115]

48 Die neue Rechtsprechung des BGH zum Rechtsschutzfall bei verstoßabhängigen Rechtsschutzfällen bezog sich zunächst ausschließlich auf **Aktivprozesse des VN.** In dieser Konstellation kommt es nach der Konzeption des BGH parallel zum Schadensersatz-Rechtsschutz (oben Rdn. 16) allein auf den Verstoß an, auf den der VN seinen Anspruch stützt.[116] Der Versicherungsschutz wird nicht dadurch in Frage gestellt, dass der Anspruchsgegner sich mit einer Pflichtverletzung des VN verteidigt, die vor dem Abschluss des Rechtsschutzversicherungsvertrags eingetreten sein soll. Macht der im Ausgangsverfahren auf die Versicherungsleistung in Anspruch genommene Versicherer geltend, er habe den Versicherungsvertrag wegen arglistiger Täuschung bei Vertragsschluss wirksam nach §§ 123, 142 I BGB angefochten, so kann der Rechtsschutzversicherer sich also nicht darauf berufen, dass die vom Anspruchsgegner des VN behauptete **arglistige Täuschung** vor Abschluss der Rechtsschutzversicherung erfolgt sein soll, weil

109 P/M/*Piontek*, § 4 ARB 2010 Rn. 48; *Schirmer* r+s 2009, 265, 269.

110 BGH VersR 1984, 530, 532; VersR 1985, 540, 541; BGHZ 178, 346, 353; OLG Koblenz r+s 2001, 509, 510; VersHb/*Obarowski*, § 45 Rn. 425; van Bühren/*Schneider*, § 13 Rn. 423.

111 Vgl. BGH VersR 2009, 109 Rn. 23; *Looschelders* JR 2009, 462, 463; *Wendt* r+s 2010, 221, 224 f.; *ders.* r+s 2014, 328, 333; *Cornelius-Winkler* VersR 2015, 1476, 1478.

112 BGH VersR 2015, 485 = NJW 2015, 1306 Rn. 15 f.; P/M/*Piontek*, § 4 ARB 2019 Rn. 55; *Looschelders*, FS Schwintowski (2017), 150, 163 f.

113 VersHb/*Obarowski*, § 45 Rn. 418; P/M/*Piontek*, § 4 ARB 2010 Rn. 46; a.A. LG Nürnberg-Fürth ZfS 1989, 413.

114 Vgl. BGHZ 178, 346, 354; BGH VersR 2005, 1684, 1685; P/M/*Piontek*, § 4 ARB 2010 Rn 46.

115 OLG Köln r+s 1990, 276; OLG Hamm NJW-RR 2011, 610, 611; VersHB/*Obarowksi*, § 45 Rn. 416 f.; Höra/*Lensing*, § 27 Rn. 144.

116 BGH VersR 2013, 899 = NJW 2013, 2285; AG Bernau r+s 2017, 16, 17; P/M/*Piontek*, § 4 ARB 2010 Rn. 55; *Cornelius-Winkler* NJW 2013, 3060, 3065 ff.; *Gellwitzki* AnwBl. 2015, 48, 49; a.A. van Bühren/Plote/*Plote*, § 4 ARB 2010 Rn. 28.

der VN seinen Anspruch hierauf gerade nicht stützt.[117] Der maßgebliche Rechtsverstoß liegt vielmehr allein in der (angeblich unberechtigten) Leistungsverweigerung des beklagten Versicherers (unten Rdn. 76 ff.). **Rechnet der Anspruchsgegner** mit einem angeblichen Schadensersatzanspruch gegen den VN **auf**, so bleibt der Verstoß des VN, auf den der Gegenanspruch gestützt wird, bei der Bestimmung des Versicherungsfalls außer Betracht (vgl. oben Rdn. 18).[118]

Welche Konsequenzen aus diesen Grundsätzen für einen **Passivprozess des VN** zu ziehen sind, war zunächst sehr umstritten.[119] Eine verbreitete Auffassung in der Literatur sprach sich dafür aus, die zu Aktivprozessen entwickelten Grundsätze für Passivprozesse dahin zu modifizieren, dass dort allein auf die vom Anspruchsteller behaupteten **Verstöße des VN** abgestellt wird, auch wenn der VN sie bestreitet.[120] Andere Autoren wollten bei der zeitlichen Festlegung des Rechtsschutzfalles auf der Passivseite die **gegenseitigen Rechtsverstöße** berücksichtigen.[121] Nach einer dritten Auffassung sollte es auch bei Passivprozessen ausschließlich auf den Vortrag des VN ankommen. Maßgeblich seien allein die **Pflichtverletzungen des Anspruchstellers**, auf die der VN sich zu seiner Verteidigung beruft.[122] 49

Der BGH hat sich in mehreren **neueren Entscheidungen** der dritten Auffassung angeschlossen.[123] Danach ist auch im Passivprozess des VN einer Rechtsschutzversicherung bei der zeitlichen Festlegung des Rechtsschutzfalles nur auf denjenigen **Verstoß** gegen Rechtspflichten oder Rechtsvorschriften abzustellen, **den der VN seinem Gegner** im Ausgangsrechtsstreit **anlastet**. Der Senat stützt sich dabei auf die Erwägung, der VN werde dem Leistungsversprechen des Rechtsschutzversicherers eine Solidaritätszusicherung dahin entnehmen, dass dieser ihn gegen Vorwürfe des Gegners unterstütze. Der VN werde deshalb erwarten, dass der Versicherer von seiner – des VN – 50

117 Vgl. HK-VVG/*Münkel*, § 4 ARB 2010 Rn. 11; *Cornelius-Winkler* NJW 2013, 3060, 3066; *Wendt* r+s 2014, 328, 333 ff. *Looschelders*, in: Looschelders/Michael, S. 35 (45 ff.); i.E. auch OLG Karlsruhe VersR 2012, 987 = r+s 2012, 175 m. Anm. *Maier* (wo aber unzutreffend zwei Rechtsschutzfälle angenommen werden); a.A. OLG Koblenz r+s 2012, 294 = VersR 2013, 99; VersHb/*Obarowski*, § 45 Rn. 446.

118 Vgl. BGH VersR 2015, 485 = NJW 2015, 1306 Rn. 15; *Felsch* r+s 2016, 321, 331 ff.; *Looschelders*, FS Schwintowski (2017), 150, 164.

119 Vgl. *Görtz* r+s 2025, 868, 871; ausdrücklich offen gelassen z.B. von OLG Düsseldorf VersR 2016, 1245 = NJW-RR 2017, 289 Rn. 19.

120 So P/M/*Armbrüster*, 30. Aufl. 2018, § 4 ARB 2010 Rn. 55a; *Armbrüster* NJW 2017, 3660; *Cornelius-Winkler* NJW 2013, 3060, 3065; *ders.* VersR 2015, 1476, 1478 ff.; *Looschelders*, FS Schwintowski (2017), 150, 164 f.; in der älteren Rspr. auch BGH VersR 1983, 125; ebenso zur vergleichbaren Problematik in Österreich OGH RdW 2017, 28 f. = VersR 2017, 1106.

121 So *Schaltke/Weidner* r+s 2016, 225, 229 f.; *Schaltke* NJW 2018, 581, 585; *ders.* VersR 2018, 1041, 1044 ff.

122 So *Maier* r+s 2015, 489, 492 f.; *ders.* r+s 2017, 574, 578; *Happel* VersR 2019, 193, 200.

123 BGHZ 222, 354 = VersR 2019, 1012 = r+s 2019, 461 m. Anm. *Cornelius-Winkler*; BGH NJW 2019, 3299.

Darstellung und Bewertung des Geschehens ausgehe.[124] Dieser Ansatz hat den Vorteil, dass sich die Grundsätze der **Drei-Säulen-Theorie** auf den Passivprozess übertragen lassen.[125] Die Unterscheidung zwischen Aktiv- und Passivprozessen ist damit entbehrlich.[126] Sehen die AVB eines Versicherers vor, dass es für die Bestimmung des sog. verstoßabhängigen Versicherungsfalles auch auf die gegnerischen Tatsachenbehauptungen im Ausgangsverfahren ankommt, so liegt hierin eine unangemessene Benachteiligung des VN. Die Klausel ist daher nach § 307 I 1 BGB unwirksam.[127]

c) Personale Anknüpfung des Rechtsverstoßes

51 In personaler Hinsicht macht § 4 I 1 lit. c) deutlich, dass es für die Annahme eines Rechtsschutzfalles nicht darauf ankommt, wer den Verstoß begangen hat oder begangen haben soll. Der Verstoß kann also sowohl vom **VN** selbst als auch von einem **anderen** begangen worden sein. Stellt man mit dem BGH allein auf den Verstoß ab, auf den der VN sein Rechtsschutzbegehren stützt, so kann der Verstoß allerdings weder im Aktiv- noch im Passivprozess jemals vom VN begangen worden sein.[128] Denn der VN wird seine Rechtsverfolgung kaum einmal auf einen **eigenen Verstoß** stützen. Der BGH entkräftet dieses Problem jedoch mit dem Hinweis, der VN werde den in den AVB erwähnten eigenen Verstoß allenfalls als Umschreibung der von ihm selbst für zulässig, vom Gegner jedoch als pflichtwidrig erachteten Weigerung verstehen, den gegen ihn erhobenen Anspruch zu erfüllen.[129] Als »**anderer**« i.S.d. Klausel kommt sowohl der Gegner als auch ein Dritter in Betracht.[130] Dies stellt der Klammerzusatz zu Ziff. 2.4.3 ARB 2012/2019/2021 jetzt ausdrücklich klar (s. oben Rdn. 40).

52 Soweit auf den Rechtsverstoß eines **Dritten** abgestellt wird, muss das Vorbringen des VN den **adäquaten Kausalzusammenhang** mit dem Rechtsstreit der Parteien erkennen lassen.[131] Das Kriterium der adäquaten Kausalität des Rechtsverstoßes eines Dritten für den Rechtsstreit reicht allerdings nicht aus, um eine unangemessene Vorverlagerung für den Rechtsschutzfall zu vermeiden. Auch bei einem verstoßabhängigen Rechtsschutzfall ist der Gesetzes- oder Pflichtenverstoß eines Dritten daher nur dann relevant, wenn zeitgleich bereits ein vertragliches oder gesetzliches Schuldverhältnis zwischen dem VN und seinem Anspruchsgegner besteht (vgl. oben Rdn. 16).[132]

---

124 BGHZ 222, 354 = VersR 2019, 1012 = r+s 2019, 461 Rn. 28; BGH NJW 2019, 3299 Rn. 23; krit. B/M/*Bruns*/*Rapp*, § 4 ARB Rn. 24.

125 BGHZ 222, 354 = VersR 2019, 1012 = r+s 2019, 461 Rn. 30; BGH NJW 2019, 3299 Rn. 25.

126 P/M/*Piontek*, § 4 ARB 2010 Rn. 55a.

127 BGHZ 229, 266 Rn. 23 ff. = VersR 2021, 696 = NJW 2021, 2193 m. Anm. *Jäckel*; L/R/*Rixecker*, § 125 VVG Rn. 10.

128 Vgl. P/M/*Piontek*, § 4 ARB 2010 Rn. 55a; krit. gegenüber der Anknüpfung an den Vortrag des VN bei Passivprozessen unter diesem Aspekt noch Voraufl. Rn. 48.

129 BGHZ 222, 354 = VersR 2019, 1012 = r+s 2019, 461 Rn. 29.

130 Van Bühren/Plote/*Plote*, § 4 ARB 2010 Rn. 26.

131 Vgl. P/M/*Piontek*, § 4 ARB 2010 Rn. 54.

132 BGH VersR 2014, 1498 Rn. 20.

3. Arbeits-Rechtsschutz (§ 2 lit. b)

Im Arbeits-Rechtsschutz muss jeweils sehr sorgfältig geprüft werden, in welchem Verhalten der Parteien der Verstoß gegen Rechtspflichten liegen soll. Einen Schwerpunkt der einschlägigen Rechtsstreitigkeiten bildet die **Kündigung** des Arbeitsverhältnisses. Die h.M. unterscheidet hier traditionell nach den Kündigungsgründen. Wendet der VN sich gegen eine **betriebs- oder personenbedingte Kündigung** seines Arbeitsverhältnisses, so liegt der behauptete Rechtsverstoß nach diesem Verständnis in der (möglicherweise) unberechtigten Kündigung.[133] Bei **verhaltensbedingter Kündigung** soll es dagegen nicht auf die Kündigung, sondern auf die dafür maßgebliche (erste) Vertragsverletzung des Arbeitnehmers ankommen.[134] 53

Diese Grundsätze lassen sich nach der neuen Rechtsprechung des BGH nicht mehr aufrechterhalten. Danach kommt es für die Kündigungsschutzklage allein darauf an, dass der Arbeitnehmer (VN) ein tatsächliches Geschehen (namentlich die Kündigung) vorträgt, mit dem er den Vorwurf eines Rechtsverstoßes des Arbeitgebers begründet.[135] Der VN muss also lediglich das Vorliegen einer unberechtigten Kündigung geltend machen. Die hergebrachte Unterscheidung zwischen den **verschiedenen Kündigungsarten** ist also **obsolet**.[136] Begründet der Arbeitgeber die Kündigung mit (angeblichen) Pflichtverletzungen des VN, die vor dem Abschluss des Rechtsschutzversicherungsvertrages eingetreten sein sollen, so bleibt dieser Vorwurf bei der Bestimmung des Versicherungsfalls außer Betracht, weil der VN seine Rechtsverfolgung hierauf gerade nicht stützt (s. oben Rdn. 48).[137] Eine andere Beurteilung kommt allerdings in Betracht, wenn der VN sich auch oder sogar primär gegen die (aus seiner Sicht unberechtigten) Vorwürfe seines Arbeitgebers wendet, mit denen dieser die Kündigung begründet.[138] Insofern kommt es also stets darauf an, auf welche Verstöße der VN seine Rechtsverfolgung im jeweiligen Einzelfall stützt.[139] Möglichem Missbrauch kann im Übrigen durch die Wartezeit (§ 4 I 3) entgegengewirkt werden. 54

Ob die bloße **Androhung** einer nach dem Vortrag des VN unberechtigten Kündigung bereits einen Rechtsschutzfall auslöst, war lange Zeit sehr umstritten (vgl. § 2 Rdn. 34). Nach der Rechtsprechung des BGH kommt es allein auf die vom VN geltend gemachte Pflichtverletzung an. Ein Rechtsschutzfall liegt daher schon dann vor, wenn der VN sich darauf beruft, dass der Arbeitgeber ihm eine rechtswidrige – sozial nicht gerechtfertigte – Kündigung ernsthaft angedroht und damit seine Fürsorgepflicht verletzt 55

133 VersHb/*Obarowski*, § 45 Rn. 425.

134 OLG Hamm r+s 1988, 206 = VersR 1988, 1043 (LS); OLG Köln VersR 2008, 1489, 1490; B/M/*Bruns*/*Rapp*, § 4 ARB Rn. 29; VersHb/*Obarowski*, § 45 Rn. 425.

135 BGHZ 178, 346 Rn. 20 ff. = VersR 2009, 109 = JR 2009, 460 m. Anm. *Looschelders*; P/M/*Piontek*, § 4 ARB 2010 Rn. 80.

136 So ausdrücklich BGHZ 178, 346 Rn. 19; L/P/*Paffenholz*, § 125 Rn. 49; HK-VVG/*Münkel*, § 4 ARB 2010 Rn. 10; *Looschelders* JR 2009, 462, 463.

137 HK-VVG/*Münkel*, § 4 ARB 2010 Rn. 7; S/H/W/*Brünger*, § 4 ARB 2010 Rn. 9.

138 Vgl. P/M/*Piontek*, § 4 ARB 2010 Rn. 87.

139 Vgl. OLG Düsseldorf NJW-RR 2017, 289 Rn. 16 = VersR 2016, 1245; *Heither* NJW 2017, 693, 695.

hat.[140] Das Gleiche gilt für den Fall, dass der Arbeitnehmer (VN) sich gegen eine aus seiner Sicht unberechtigte **Abmahnung** durch den Arbeitgeber wendet. Der maßgebliche Verstoß liegt in diesen Fällen allerdings nicht in dem Verhalten des VN, das zu der Abmahnung geführt hat, sondern allein in der angeblich unberechtigten Abmahnung als solcher.[141] Macht der Arbeitnehmer (VN) erst im Kündigungsschutzprozess geltend, dass die Abmahnung nicht gerechtfertigt gewesen sei, so handelt es sich bei der Abmahnung um den ersten Verstoß, auf den der VN seine Rechtsverfolgung stützt. Dieser Verstoß ist daher für die zeitliche Bestimmung des Rechtsschutzfalls maßgeblich.[142] Auch insoweit kommt es also immer darauf an, womit der VN seine Rechtsverfolgung im Einzelnen begründet.

56 Das bloße Angebot zum Abschluss eines **Aufhebungsvertrages** begründet keinen Rechtsverstoß, weil es dem Arbeitnehmer im Rahmen der arbeitsvertraglichen Vertragsfreiheit frei steht, ob er das Angebot annimmt oder ablehnt.[143] Eine andere Beurteilung ist aber geboten, wenn der Arbeitnehmer im Zusammenhang mit dem Angebot getäuscht oder bedroht wird (§ 123 BGB) oder wenn der Arbeitgeber ankündigt, das Arbeitsverhältnis bei Ablehnung des Angebots durch eine (angeblich) rechtswidrige Kündigung aufzulösen.[144] Kein Rechtsschutzfall liegt dagegen vor, wenn der VN bei den Verhandlungen über den Aufhebungsvertrag einen Rechtsanwalt hinzuzieht, ohne die etwaige Rechtswidrigkeit der in Aussicht gestellten Kündigung geltend zu machen oder dem Arbeitgeber sonst einen Rechtsverstoß vorzuwerfen.[145]

57 Die **Kündigung** des Arbeitsverhältnisses eines **schwerbehinderten Menschen** bedarf nach § 85 SGB IX der vorherigen Zustimmung des Integrationsamtes. Nach einem Hinweisbeschluss des BGH[146] wird der Rechtsschutzfall schon durch die Einleitung des Zustimmungsverfahrens gem. §§ 85 ff. SGB IX ausgelöst, weil der Arbeitgeber dem Arbeitnehmer dadurch deutlich macht, dass er das Arbeitsverhältnis durch ordentliche Kündigung beenden will (vgl. § 2 Rdn. 29). Auf die Voraussetzungen eines verstoßabhängigen Rechtsschutzfalles (insbesondere: Geltendmachung eines Rechtsverstoßes) kam es im konkreten Fall nicht an, weil die dem Vertrag zugrundeliegenden ARB für den Eintritt des Rechtsschutzfalles im Arbeitsrechtsschutz eine »individuell angedrohte Kündigung des Arbeitsverhältnisses« ausreichen ließen.[147]

58 Verlangt der Arbeitnehmer von seinem Arbeitgeber Schadensersatz wegen Verletzung der Fürsorgepflicht durch Nichteinschreiten gegen **Mobbing durch Arbeitskollegen**, das sich über einen längeren Zeitraum erstreckt hat, so handelt es sich um einen **Dauer-**

140 BGHZ 178, 346 Rn. 27 = VersR 2009, 109 = JR 2009, 460 m. Anm. *Looschelders*.
141 Vgl. LG Karlsruhe VersR 2010, 757; auf den Anlass der Abmahnungen abstellend P/M/*Piontek*, § 4 ARB 2010 Rn. 80.
142 Vgl. *Heither* NJW 2017, 693, 694 f.
143 OLG Frankfurt a.M. NJW-RR 2010, 175, 176; L/P/*Paffenholz*, § 125 Rn. 49.
144 BGHZ 178, 346 Rn. 27.; OLG Saarbrücken NJW 2006, 3730, 3731; P/M/*Piontek*, § 4 ARB 2010 Rn. 86; zweifelnd OLG Frankfurt a.M. NJW-RR 2010, 175, 176.
145 OLG Frankfurt a.M. NJW 2015, 1184; L/R/*Rixecker*, § 125 Rn. 14.
146 BGH VersR 2010, 1211 = r+s 2010, 513; vgl. auch L/R/*Rixecker*, § 125 Rn. 10 ff.
147 BGH VersR 2010, 1211 Rn. 10 f.

verstoß; maßgeblich ist damit nach Abs. 2 Satz 1 der Zeitpunkt, zu dem das Einschreiten des Arbeitgebers erstmals geboten war. Ob der Arbeitnehmer zunächst bereit war, die rechtswidrigen Verhaltensweisen »gerade noch zu ertragen«, ist irrelevant, wenn diese Verhaltensweisen geeignet sind, den »Keim« für den späteren Rechtskonflikt zu legen.[148]

4. Wohnungs- und Grundstücks-Rechtsschutz (§ 2 lit. c)

a) Nutzungsverhältnisse an Grundstücken, Gebäuden oder Gebäudeteilen

Bei der Wahrnehmung rechtlicher Interessen aus Nutzungsverhältnissen an Grundstücken, Gebäuden oder Gebäudeteilen (§ 2 Rdn. 48 ff.) haben **mietrechtliche Streitigkeiten** in der Praxis die größte Bedeutung. Die neuere Rechtsprechung des BGH hat auch in diesem Bereich zahlreiche Präjudizien in Frage gestellt.[149] Auch die bisherige Fallgruppenbildung unterliegt Zweifeln. Letztlich muss stets im Einzelfall geprüft werden, welcher Rechtsverstoß vom VN geltend gemacht wird. Bloßes »**Kolorit**« hat dabei außer Betracht zu bleiben.[150] Das Gleiche gilt für einen »**verziehenen**« Rechtsverstoß, der für den aktuellen Rechtsstreit nicht mehr relevant ist.[151] Auch im Mietrecht kommt es aber sowohl bei Aktiv- als auch bei Passivprozessen allein darauf an, auf welchen Verstoß der VN seine Rechtsverfolgung stützt. 59

Große praktische Bedeutung haben mietrechtliche Streitigkeiten im Zusammenhang mit einer **Kündigung** des Mietverhältnisses **durch den Vermieter**. In der gerichtlichen Praxis geht es meist um Räumungsklagen des Vermieters gegen den Mieter. Dabei muss danach unterschieden werden, ob der Vermieter oder der Mieter rechtsschutzversichert ist. Genießt der **Vermieter** nach § 29 I lit. b) ARB 2010 Versicherungsschutz, so kommt es für die Bestimmung des Rechtsschutzfalls darauf an, auf welchen Verstoß die Kündigung gestützt wird. Bei einer außerordentlichen fristlosen **Kündigung aus wichtigem Grund** (§§ 543, 569 BGB) ist die **Pflichtverletzung** des Mieters maßgeblich, auf die der Vermieter (VN) die Kündigung stützt. Auf den Zeitpunkt der Kündigungserklärung kommt es nicht an.[152] Macht der Vermieter (VN) geltend, der Mieter habe seine Miete nicht rechtzeitig gezahlt (§§ 543 II Nr. 3, 569 III BGB), so handelt es sich um einen Dauerverstoß; nach § 4 II 1 ist der **erste Verstoß** gegen die Zahlungspflicht maßgeblich.[153] Der Versicherungsfall ist in dieser Konstellation auch dann bereits mit dem ersten Zahlungsrückstand eingetreten, wenn die hierauf bezogene fristlose Kündigung wegen nachträglicher Zahlung der ausstehenden Miete nach § 569 III Nr. 2 BGB 60

148 OLG Saarbrücken ZfS 2010, 280 = BeckRS 2010, 11961; L/R/*Rixecker*, § 125 Rn. 14.

149 Zutreffend *Cornelius-Winkler*, NZM 2012, 817, 827.

150 *Cornelius-Winkler* NZM 2012, 817, 826.

151 Vgl. Veith/Gräfe/Gebert/*Cornelius-Winkler*, § 23 Rn. 87; VersHb/*Obarowski*, § 45 Rn. 431.

152 LG Hannover r+s 1989, 290; AG Bünde r+s 2012, 486, 487 f.; AG Essen r+s 2000, 247; AG Leipzig r+s 2000, 463; van Bühren/Plote/*Plote*, § 4 ARB 2010 Rn. 37; P/M/*Piontek*, § 4 ARB 2010 Rn. 102; VersHb/*Obarowski*, § 45 Rn. 431; vgl. auch *Schaltke/Weidner* r+s 2016, 225, 227 mit weiteren Beispielen zum Mietrecht.

153 Vgl. AG Coburg r+s 2007, 418; AG Stuttgart r+s 2001, 334; VersHb/*Obarowski*, § 45 Rn. 431.

unwirksam geworden ist, sofern wegen späterer Mietrückstände doch noch eine wirksame fristlose Kündigung erfolgt.[154] Dabei ist aber die Jahresfrist des § 4 II 2 zu beachten.

61 Beim **Räumungsprozess** des Vermieters gegen den nach § 29 I lit. d) **versicherten Mieter** kommt es entgegen früherer Rechtsprechung[155] nicht darauf an, mit welcher Pflichtverletzung des VN der Vermieter seine außerordentliche Kündigung begründet. Der Verstoß liegt vielmehr in der aus Sicht des VN unwirksamen außerordentlichen Kündigung. Wendet der Mieter (VN) sich im Räumungsprozess gegen eine **ordentliche Kündigung** des Vermieters (namentlich wegen Eigenbedarfs nach § 573 II Nr. 2 BGB), so liegt der vom VN behauptete Verstoß darin, dass der Vermieter die Kündigung ausgesprochen hat, ohne ein berechtigtes Interesse an der Beendigung des Mietverhältnisses zu haben. Maßgeblich ist daher der **Zugang der Kündigung** beim VN.[156] Macht der Mieter (VN) einen Schadensersatzanspruch geltend, weil der Vermieter es unterlassen hat, ihn über einen nachträglichen Wegfall des Eigenbedarfs zu informieren und ihm die Fortsetzung des Mietverhältnisses anzubieten,[157] so kommt es auf den Zeitpunkt an, zu dem der Vermieter seine Informationspflicht nach dem Vortrag des VN hätte erfüllen müssen. Verlangt der Vermieter oder Verpächter vom rechtsschutzversicherten Mieter oder Pächter ausstehende Miet- oder Pachtzahlungen, während der Mieter (Pächter) geltend macht, dass das Miet- oder Pachtverhältnis in dem den geltend gemachten Ansprüchen zugrunde liegenden Zeitraum bereits aufgelöst war, so tritt der Versicherungsfall zu dem Zeitpunkt ein, da der Vermieter (Verpächter) nach der Behauptung des Mieters (Pächters) erstmals unberechtigte Ansprüche geltend gemacht hat. Liegt dieser Zeitpunkt im versicherten Zeitraum, so wird der Versicherungsschutz nicht dadurch ausgeschlossen, dass der Vermieter (Verpächter) den Mieter (Pächter) erst nach dem Ende der Versicherungszeit gerichtlich in Anspruch nimmt.

62 Der Rechtsverstoß kann auch schon bei **Abschluss des Mietvertrages** eintreten. Dies gilt z.B., wenn in dem Mietvertrag eine Miete festgelegt wird, die als unangemessen hoch oder wucherisch anzusehen ist (vgl. §§ 134 BGB i.V.m. § 5 I WiStG, 138 II BGB).[158] Hält der Mieter dem Vermieter (VN) bei dessen Klage auf Zahlung von Mietrückständen entgegen, er habe den Mietvertrag wegen **arglistiger Täuschung** nach § 123 BGB wirksam angefochten, so liegt der maßgebliche Rechtsverstoß nach den Grundsätzen der neueren Rechtsprechung des BGH nicht in der bei Vertragsschluss erfolgten Täuschungshandlung. Da der Vermieter (VN) seine Klage nicht auf die Anfechtung stützt, muss die vom Mieter behauptete Täuschungshandlung bei der zeit-

---

154 AG Coburg r+s 2007, 418; AG Stuttgart r+s 2001, 334; VersHb/*Obarowski*, § 45 Rn. 431.

155 Vgl. OLG Celle r+s 2001, 423; OLG Hamm r+s 1991, 418, 419 = VersR 1992, 734; AG Leipzig r+s 2000, 463; AG Hildesheim VersR 1993, 1265.

156 Vgl. AG Köln BeckRS 2014, 08575; LG München r+s 1983, 160; LG Stuttgart ZfS 1984, 47; Harbauer/*Cornelius-Winkler*, § 4 ARB 2010 Rn. 128; P/M/*Piontek*, § 4 ARB 2010 Rn. 103.

157 Zu dieser Pflicht des Vermieters BGHZ 165, 75; 213, 136; *Looschelders*, Schuldrecht BT, § 23 Rn. 42.

158 AG Düsseldorf r+s 1999, 420; Harbauer/*Cornelius-Winkler*, § 4 ARB 2010 Rn. 126.

lichen Festlegung des Versicherungsfalls außer Betracht bleiben.[159] Der maßgebliche Rechtsverstoß liegt somit darin, dass der Mieter die Nachzahlung der Miete zu Unrecht verweigert. Eine andere Beurteilung wäre dagegen geboten, wenn der Mieter als VN seine Rechtsverfolgung auf die arglistige Täuschung stützt.[160]

Macht der Mieter (VN) Gewährleistungsrechte wegen **Mängeln der Mietsache** geltend, 63
so ist darauf abzustellen, zu welchem Zeitpunkt der Mangel nach den Behauptungen des VN aufgetreten ist.[161] War die Mietsache danach bereits bei der **Überlassung an den Mieter** mit einem Mangel behaftet, so tritt der Rechtsschutzfall daher grundsätzlich schon mit der Überlassung der Mietsache an den Mieter ein.[162] Dies ergibt sich daraus, dass der Vermieter nach §§ 535 I 2, 536 BGB verpflichtet ist, die Mietsache dem Mieter in einem vertragsgemäßen Zustand zu überlassen.[163] Anspruchsgrundlage ist in solchen Fällen § 536a I Alt. 1 BGB. Tritt der Mangel erst im Verlauf des Mietverhältnisses auf, so liegt der Rechtsschutzfall erst mit dem Auftreten des Mangels vor.[164] Entscheidend ist dabei stets, worauf der VN seine Interessenwahrnehmung im Einzelfall stützt.[165] Macht der Mieter einen Anspruch auf Rückzahlung zu viel gezahlter Miete aus § 812 I 1 Alt. 1 BGB geltend, indem er sich auf eine Mietminderung (§ 536 BGB) wegen Feuchtigkeitsschäden an der Wohnung beruft, die während der Mietzeit aufgetreten sind, so kommt es auf das **Zutagetreten der Schäden** an.[166] Dies ist nämlich der Rechtsverstoß, auf den der Mieter sich zu seiner Rechtsverfolgung beruft. Dass die Feuchtigkeitsschäden nach dem Vortrag des Vermieters auf einem Baumangel beruhen und damit schon bei der Überlassung der Mietsache angelegt waren, bleibt hier außer Betracht, weil der VN die Minderung nicht auf den anfänglichen (verdeckten) Mangel stützt.[167]

159 Anders wohl OLG Frankfurt a.M. NVersZ 1999, 292, 293.

160 Vgl. AG Köln VersR 1991, 417; AG Burg r+s 1998, 245; AG Weinheim ZfS 1988, 143; Harbauer/*Cornelius-Winkler*, § 4 ARB 2010 Rn. 126; VersHb/*Obarowski*, § 45 Rn. 432.

161 Auf die Verweigerung der Mängelbeseitigung durch den Vermieter abstellend *Gellwitzki* AnwBl. 2015, 48, 50. Nach dieser Ansicht könnte der VN allerdings dadurch Versicherungsschutz erlangen, dass er den Versicherungsvertrag nach Kenntniserlangung vom Mangel abschließt und erst nach Ablauf der Wartezeit Mängelbeseitigung verlangt.

162 OLG Frankfurt a.M. NVersZ 1999, 292, 293; LG Bamberg r+s 2005, 333, 334; LG Stuttgart r+s 1991, 94; LG Köln ZfS 1991, 239; LG Karlsruhe VersR 2012, 851; P/M/*Piontek*, § 4 ARB 2010 Rn. 107; VersHb/*Obarowski*, § 45 Rn. 433; *Schaltke/Weidner* r+s 2016, 225, 227.

163 OLG Frankfurt a.M. NVersZ 1999, 292, 293.

164 P/M/*Piontek*, § 4 ARB 2010 Rn. 108.

165 So auch van Bühren/Plote/*Plote*, § 4 ARB 2010 Rn. 38; Harbauer/*Cornelius-Winkler*, § 4 ARB 2010 Rn. 129; *Cornelius-Winker* NZM 2012, 817, 825 f.

166 LG Dortmund r+s 2011, 157, 158; AG Mannheim VUR 2009, 148 m. zust. Anm. *Cornelius-Winkler* jurisPR-VersR 2/2009 Anm. 1; P/M/*Piontek*, § 4 ARB 2010 Rn. 108; Harbauer/*Cornelius-Winkler*, § 4 ARB 2010 Rn. 129; VersHb/*Obarowski*, § 45 Rn. 433; differenzierend LG Karlsruhe VersR 2012, 851; LG Bamberg r+s 2005, 333, 334.

167 LG Dortmund r+s 2011, 157, 158; VersHb/*Obarowski*, § 45 Rn. 433.

64 Einen weiteren Schwerpunkt mietrechtlicher Streitigkeiten bildet die formularmäßige Abwälzung der Pflicht zur Vornahme von **Schönheitsreparaturen** auf den Mieter. In den meisten Fällen wird über die Wirksamkeit der Klausel nach § 307 BGB gestritten. Die h.M. sieht den Rechtsverstoß hier nicht darin, dass der Vermieter **bei Vertragsschluss** eine (möglicherweise) unwirksame Klausel verwendet hat. Vielmehr wird auf den Zeitpunkt abgestellt, zu dem der Vermieter vom Mieter (VN) aufgrund der Klausel die **Durchführung der Schönheitsreparaturen verlangt.**[168] Für diese Ansicht spricht, dass die Unwirksamkeit solcher Klauseln oft erst nach dem Vertragsschluss von der Rechtsprechung festgestellt wird.[169] Der Rechtsverstoß kann auch darin liegen, dass der Mieter die Wohnung nach dem Vortrag des Vermieters (VN) beim Auszug nicht ordnungsgemäß renoviert zurückgegeben hat.[170]

b) Dingliche Rechte an Grundstücken, Gebäuden oder Gebäudeteilen

65 Bei der Wahrnehmung rechtlicher Interessen aus dinglichen Rechten haben **Nachbarstreitigkeiten** eine große praktische Bedeutung. Streiten die Parteien über einen (angeblichen) **Überbau**, so kommt es grundsätzlich auf den Zeitpunkt der Errichtung des betreffenden Gebäudes an. Dies gilt nach h.M. auch dann, wenn der Überbau vor dem Erwerb des betroffenen Grundstücks durch den aktuellen Eigentümer errichtet worden ist.[171] Die Gegenauffassung stellt in diesem Fall auf den Erwerb des Grundstücks durch den aktuellen Eigentümer (VN) ab.[172] Für diese Ansicht spricht, dass der aktuelle Eigentümer (VN) vor dem Erwerb des Grundstücks noch nicht von dem im Überbau liegenden Verstoß betroffen war.[173] Es fehlt insoweit also noch an dem notwendigen Bezug zu der Person des VN. Bei Nachbarstreitigkeiten über den Grenzabstand einer Hecke kommt es darauf an, wann die Hecke angepflanzt wurde; der Zeitpunkt der Beanstandung ist dagegen irrelevant.[174]

66 Bei Ansprüchen auf **Unterlassung von Immissionen** aus §§ 823 I, 1004 BGB ist der Zeitpunkt maßgeblich, in dem sich die durch die Zustandsstörung entstandene latente Gefahr mit hinreichender Sicherheit objektiv in eine **konkrete Gefahr** für das betroffene Grundstück umwandelt.[175] Vor diesem Zeitpunkt wäre auch eine Unterlassungsklage verfrüht.

---

168 AG Hannover r+s 2012, 441; P/M/*Piontek*, § 4 ARB 2010 Rn. 106; vgl. auch OLG Celle r+s 1993, 303; *Gellwitzki* AnwBl. 2015, 48, 52; a.A. AG Gummersbach BeckRS 2011, 23006.

169 L/W/*Obarowski*, Kap. 48 Rn. 360; van Bühren/Plote/*Plote*, § 4 ARB 2010 Rn. 39.

170 LG Hamburg VersR 1995, 1479; Harbauer/*Cornelius-Winkler*, § 4 ARB 2010 Rn. 130; *Cornelius-Winkler* NZM 2012, 817, 827.

171 AG Itzehoe ZfS 1990, 163; L/W/*Obarowski*, Kap. 48 Rn. 362; VersHb/*Obarowski*, § 45 Rn. 436; *Böhme*, § 14 ARB 75 Rn. 16 (S. 250).

172 So P/M/*Piontek*, § 4 ARB 2010 Rn. 95.

173 P/M/*Piontek*, § 4 ARB 2010 Rn. 58.

174 AG Gelsenkirchen r+s 1985, 253; L/W/*Obarowski*, Kap. 48 Rn. 363.

175 LG Hamburg VersR 1992, 308; L/W/*Obarowski*, Kap. 48 Rn. 364.

Einen weiteren praktischen Schwerpunkt bilden **Rechtsstreitigkeiten nach dem WEG** 67
(vgl. § 2 Rdn. 53). Der BGH hat hierzu entschieden, dass Verbindlichkeiten der einzelnen Wohnungseigentümer im Rahmen der allgemeinen Beitragspflicht (§ 16 II WEG) erst durch einen Beschluss der Gemeinschaft begründet werden.[176] Bei Rechtsstreitigkeiten über die Gültigkeit von Beschlüssen der Wohnungseigentümer über die Entziehung des Wohnungseigentums nach § 17 WEG (§ 18 WEG a.F.) kann die **Nichtzahlung von Wohngeld oder Sonderumlagen** daher erst nach einem solchen Beschluss als Verstoß angesehen werden.[177]

5. Rechtsschutz im Vertrags- und Sachenrecht (§ 2 lit. d)

a) Vertragsrecht

Im Vertragsrecht begründet der bloße **Abschluss** eines auf längere Zeit angelegten Vertrags (z.B. Versicherungs-, Darlehensvertrag) im Regelfall noch keinen Rechtsverstoß.[178] 68
Etwas anderes kommt aber in Betracht, wenn der Vertrag gegen ein **gesetzliches Verbot** (§ 134 BGB) oder die **guten Sitten** (§ 138 BGB) verstößt oder nach § 123 BGB wegen **arglistiger Täuschung oder Drohung** angefochten wurde.[179] Im Einzelnen kommt es auch hier allein darauf an, aus welchem Verstoß der VN seine Rechtsverfolgung herleitet. Dies hat zur Folge, dass zwischen den möglichen Zielen der Rechtsverfolgung durch den VN zu differenzieren ist. Verlangt der VN **Erfüllung** eines Vertrages, so stützt er sich gerade nicht auf den Umstand, der zur Nichtigkeit oder Anfechtbarkeit des Vertrages geführt hat. Die diesbezüglichen Einwendungen des Anspruchsgegners bleiben daher bei der Bestimmung des Versicherungsfalles außer Betracht.[180] Praktische Bedeutung hat dies u. a. bei Versicherungsverträgen, wenn der Versicherer den Vertrag wegen arglistiger Verletzung einer vorvertraglichen Anzeigepflicht anficht. Der Rechtsverstoß liegt hier allein darin, dass der Versicherer die Leistung aus dem Versicherungsvertrag aus Sicht des VN zu Unrecht verweigert.[181] Das Gleiche gilt, wenn der Anspruchsgegner sich auf einen **Dissens** (§§ 154, 155 BGB) beruft oder geltend macht, er habe den Vertrag wegen **Irrtums** nach §§ 119, 120 BGB angefochten. Verlangt der VN nach § 812 I 1 Alt. 1 BGB die **Rückerstattung von Leistungen**, so stützt er den Anspruch seinerseits auf den Verstoß gegen ein gesetzliches Verbot bzw. die guten Sitten oder

176 BGHZ 104, 197, 202 f.; 108, 44, 46.

177 BGH VersR 1995, 698, 700; L/W/*Obarowski*, Kap. 48 Rn. 365; *Armbrüster*, FS Merle, 2010, 13, 28.

178 OLG Celle VersR 2008, 1645; Harbauer/Cornelius-Winkler, § 4 ARB 2010 Rn. 87; L/R/*Rixecker*, § 125 Rn. 16; *Wendt* MDR 2008, 717, 722.

179 Vgl. OLG Köln r+s 2001, 248, 249; OLG Celle VersR 2008, 1645, 1646; OLG Karlsruhe VersR 2009, 629, 630; LG Dortmund NJW-RR 2012, 1426, 1427; LG Hanau r+s 2005, 419, 420; P/M/*Piontek*, § 4 ARB 2010 Rn. 72.

180 Vgl. HK-VVG/*Münkel*, § 4 ARB 2010 Rn. 11; *Cornelius-Winkler* NJW 2013, 3060, 3066; *Wendt* r+s 2014, 328, 333 ff.; *Looschelders*, in: Looschelders/Michael, S. 35 (45 ff.); i.E. auch OLG Karlsruhe VersR 2012, 987 = r+s 2012, 175 m. Anm. *Maier*; a.A. OLG Koblenz r+s 2012, 294 = VersR 2013, 99; VersHb/*Obarowski*, § 45 Rn. 446.

181 HK-VVG/*Münkel*, § 4 ARB 2010 Rn. 16; *Wendt* r+s 2014, 328, 334.

eine arglistige Täuschung bzw. widerrechtliche Drohung. In diesen Fällen ist daher auf den Zeitpunkt des Vertragsschlusses abzustellen.[182] Das Gleiche gilt für den Fall, dass der VN den Rückerstattungsanspruch auf die Unwirksamkeit einer Vertragsklausel nach § 307 BGB stützt[183] oder die Unwirksamkeit des gesamten Vertrages wegen Dissens geltend macht. Bei einer **Irrtumsanfechtung** durch den VN nach §§ 119, 120 BGB liegt der Verstoß darin, dass der Anspruchsgegner die Rückerstattung aus Sicht des VN zu Unrecht verweigert.[184] Verlangt der andere Teil vom VN nach § 812 I 1 Alt. 1 BGB die Rückerstattung von Leistungen, indem er sich auf einen **Rechtsverstoß des VN bei Vertragsschluss** (z.B. arglistige Täuschung oder Drohung) beruft, so ist der Versicherungsfall nach der neueren Rechtsprechung des BGH nicht schon bei Vertragsschluss eingetreten. Aus Sicht des VN liegt der Rechtsverstoß vielmehr in der angeblich unberechtigten Geltendmachung des Anspruchs auf Rückerstattung. Das Gleiche gilt in den Fällen, in denen der Vertragsgegner vom VN aus anderen Gründen (z.B. Irrtumsanfechtung oder Dissens) nach § 812 I 1 Alt. 1 BGB Rückerstattung der von ihm erbrachten Leistung verlangt. Macht der Anspruchsteller einen vertraglichen Anspruch gegen den VN geltend, der aus Sicht des VN **verjährt** ist, so liegt der Verstoß nicht in der Nichtleistung des VN, sondern in der Geltendmachung der angeblich verjährten Forderung oder der Weiterverfolgung des Anspruchs nach Erhebung der Verjährungseinrede.[185]

69 Der Anspruch auf Vertragsanpassung und das Rücktritts- oder Kündigungsrecht wegen **Störung der Geschäftsgrundlage** (§ 313 BGB) knüpfen im Regelfall nicht an eine Pflichtverletzung an; der Rechtsverstoß kann aber darauf gestützt werden, dass der andere Teil zu Unrecht die Anpassung des Vertrages verlangt oder den Rücktritt erklärt bzw. die Anpassung oder Rückabwicklung zu Unrecht verweigert.[186]

70 Die Unwirksamkeit eines Vertrages wegen **fehlender Geschäftsfähigkeit** beruht ebenfalls nicht auf einem Rechtsverstoß.[187] Die Annahme eines Rechtsverstoßes setzt zwar keine Geschäfts- oder Schuldfähigkeit voraus (vgl. oben Rdn. 43). Geschäftsunfähige oder beschränkt Geschäftsfähige trifft aber keine Rechtspflicht, dafür zu sorgen, dass die von ihnen geschlossenen Verträge gültig sind.[188] Die Gegenauffassung widerspricht dem Gedanken des Schutzes von nicht voll Geschäftsfähigen. Der Rechtsschutzfall tritt

182 So auch *Schaltke* NJW 2016, 3126, 3129.

183 *Schaltke/Weidner* r+s 2016, 225, 226.

184 P/M/*Piontek*, § 4 ARB 2010 Rn. 75.

185 BGHZ 222, 354 = VersR 2019, 1012 = r+s 2019, 461 Rn. 30 (offengelassen). Da das Leistungsverweigerungsrecht nach § 214 Abs. 1 BGB voraussetzt, dass der Schuldner sich auf Verjährung beruft, ist die Anknüpfung an die Weiterverfolgung des Anspruchs nach Erhebung der Verjährungseinrede vorzugswürdig (so auch KG VersR 2010, 1445; P/M/*Piontek*, § 4 ARB 2010 Rn. 32).

186 Vgl. OLG Hamm r+s 1998, 114, 115; 2003, 237, 238; P/M/*Piontek*, § 4 ARB 2010 Rn. 76; B/M/*Bruns/Rapp*, § 4 ARB Rn. 32; *Böhme*, § 14 ARB 75 Rn. 16 (S. 251 f.).

187 KG VersR 2004, 467, 468; a.A. OLG Köln VersR 1991, 295; P/M/*Piontek*, § 4 ARB 2010 Rn. 73.

188 Zutreffend Harbauer/*Cornelius-Winkler*, § 4 ARB 2010 Rn. 95.

damit erst ein, wenn der VN nach § 812 I 1 Alt. 1 BGB die Rückabwicklung des (angeblich) nichtigen Vertrages verlangt und die andere Partei dies (angeblich) zu Unrecht verweigert. Bei Passivprozessen des VN liegt der Verstoß in der angeblich unberechtigten Geltendmachung des Anspruchs gegen den VN aus dem angeblich unwirksamen Vertrag.

Bei der Ausübung eines **Widerrufsrechts** durch den VN nach § 355 BGB sieht der BGH die maßgebliche Pflichtverletzung in der Weigerung des anderen Teil, das Widerrufsrecht bzw. die darauf gegründete Rückabwicklung anzuerkennen.[189] Dass der andere Teil bei Vertragsschluss seine Pflicht zur Belehrung über das Widerrufsrecht verletzt hat, bleibt bei der Festlegung des Rechtsverstoßes im Hinblick auf die Rückabwicklung auch dann außer Betracht, wenn der Verbraucher (VN) sich darauf stützt, um zu begründen, dass die Widerrufsfrist noch nicht abgelaufen ist.[190] Auch in diesem Fall geht es dem VN nämlich nicht darum, nachträglich eine ordnungsgemäße Widerrufsbelehrung zu erhalten.[191] Einige Rechtsschutzversicherer haben die Klausel, wonach der Versicherungsschutz bei einer **Mehrheit von Versicherungsfällen** ausgeschlossen ist, wenn der erste Versicherungsfall vor Vertragsbeginn eingetreten ist (dazu unten Rdn. 102), dahingehend ergänzt, dass eine Mehrheit von Versicherungsfällen auch dann vorliegen soll, wenn der Vertragspartner den VN auf sein Widerrufsrecht hätte hinweisen müssen und er außerdem die Rückabwicklung nach der Widerrufserklärung verweigert.[192] Die Wirksamkeit einer solchen Klausel ist jedoch fraglich. Nach der Rechtsprechung des BGH stellt die fehlerhafte Widerrufsbelehrung gerade keinen Versicherungsfall dar. Es erscheint daher überraschend, wenn der Versicherer an einer späteren Stelle – also nicht unmittelbar bei der Definition des Versicherungsfalls – regelt, dass in einem solchen Fall zwei Versicherungsfälle vorliegen sollen.[193] Eine Klausel, wonach der **Versicherungsschutz ausgeschlossen** ist, wenn der VN vor Beginn des Versicherungsschutzes einen Darlehens- oder Versicherungsvertrag geschlossen hat und nach Abschluss des Rechtsschutzvertrags ein Widerrufs- oder Widerspruchsrecht mit der Begründung ausübt, bei Abschluss des Vertrages nicht oder nur unzureichend über sein Widerrufs- oder Widerspruchsrecht aufgeklärt worden zu sein, ist nach Ansicht des BGH aber wirksam (näher dazu unten Rdn. 115).[194] 71

189 BGH VersR 2008, 113, 114 = NJW-RR 2008, 271 = ZfIR 2008, 99 m. Anm. *Armbrüster*; VersR 2018, 992 Rn. 19 ff.; LG Köln v. 21.7.2016 – 24 O 88/16 –, juris; vgl. auch OLG Düsseldorf NJW-RR 2017, 289 Rn. 16 = VersR 2016, 1245 (betr. eine auf den Widerruf eines Darlehens gestützte Vollstreckungsabwehrklage).

190 BGH VersR 2008, 113, 114 = NJW-RR 2008, 271 = ZfIR 2008, 99 m. Anm. *Armbrüster*; OLG Köln VersR 2017, 484; ZfS 2016, 335; LG Köln r+s 2016, 617; P/M/*Piontek*, § 4 ARB 2010 Rn. 114; L/P/*Paffenholz*, § 125 Rn. 47; *Süss* r+s 2017, 65 ff.; *Wendt* MDR 2008, 717, 721; L/W/*Obarowski*, Kap. 48 Rn. 302; *Cornelius-Winkler* r+s 2020, 545, 549; a.A. ÖOGH VersR 2019, 1586, 1588; LG Wiesbaden VersR 2006, 1252, 1253.

191 BGH VersR 2018, 992 Rn. 21.

192 Vgl. *Süss* r+s 2017, 65, 67.

193 So LG Köln BeckRS 2016, 19778; r+s 2017, 636; *Süss* r+s 2017, 65, 67 f.

194 BGHZ 229, 266 = VersR 2021, 696 = NJW 2021, 2193 Rn. 77 ff. m. Anm. *Jäckel*.

72 Die dargelegten Grundsätze gelten auch in Bezug auf den **Widerspruch des VN nach § 5a VVG a.F.** bei Abschluss eines Versicherungsvertrags nach dem Policenmodell.[195] Der BGH stellt auch hier allein auf die aus Sicht des VN angeblich unberechtigte Weigerung des Versicherers zur Anerkennung des Widerspruchsrechts bzw. zur Rückerstattung der Prämien ab; dies gilt auch dann, wenn der VN geltend macht, er könne sein Widerspruchsrecht aufgrund unzureichender Vertragsinformationen bei Vertragsschluss noch Jahre danach ausüben.[196]

73 Im allgemeinen Leistungsstörungsrecht stellt die **Pflichtverletzung** die zentrale Voraussetzung für Schadensersatzansprüche dar (vgl. § 280 I 1 BGB).[197] Die zeitliche Festlegung des Rechtsschutzfalles richtet sich daher nach dem Beginn der Pflichtverletzung, auf die der Anspruchsteller (VN) seinen Anspruch bzw. sein Recht stützt. Macht der Käufer als VN wegen eines Sach- oder Rechtsmangels **Gewährleistungsrechte** geltend, so liegt die maßgebliche Pflichtverletzung grundsätzlich in der Übergabe der mangelhaften Sache (vgl. § 433 I 2 BGB).[198] Hält der Käufer (VN) dem Verkäufer auf dessen Kaufpreisklage entgegen, er sei wegen eines Mangels der Kaufsache wirksam zurückgetreten, so liegt der maßgebliche Rechtsverstoß in der Übergabe der angeblich mangelhaften Sache durch den Verkäufer.[199] Verteidigt der VN sich als Verkäufer gegen **Gewährleistungsansprüche** des Käufers, so besteht der Verstoß in der angeblich unberechtigten Geltendmachung der Ansprüche. Der Zeitpunkt des Vertragsschlusses und der Zeitpunkt des Gefahrübergangs sind hier irrelevant.[200] Bei Schadensersatzansprüchen des VN gegen den Betreiber einer Social Media Plattform wegen eines **Scraping-Vorfalls** tritt der Versicherungsfall erst mit dem **unerlaubten Zugriff auf die Daten des VN** bzw. ihrer Veröffentlichung durch Dritte ein; dass der Betreiber der Plattform die Daten der Nutzer bereits im Zeitpunkt des Beitritts des VN zu der Plattform nicht ausreichend gesichert hatte, bleibt bei der Bestimmung des Versicherungsfalls außer Betracht.[201]

74 Bei **anfänglicher Unmöglichkeit** stellt die Nichtleistung keine Pflichtverletzung dar.[202] Macht der Käufer als VN einen Schadensersatzanspruch aus § 311a I BGB gegen den Verkäufer geltend, so liegt der nach § 4 I 1 lit. c) maßgebliche Rechtsverstoß des Verkäufers im Abschluss des Vertrages ohne Überprüfung der eigenen Leistungsfähigkeit. Weist die Kaufsache einen Mangel auf, der schon bei Vertragsschluss nicht zu beheben

195 Zum Policenmodell vgl. L/W/*Looschelders*, § 1 Rn. 135 f.; *ders.* VersR 2016, 7 ff.

196 BGH VersR 2013, 899, 900 = NJW 2013, 2249, 2250; P/M/*Piontek*, § 4 ARB 2010 Rn. 114; näher dazu *Looschelders*, in: Looschelders/Michael, S. 35, 43 f.; *Wendt* r+s 2014, 328, 335.

197 Näher dazu BeckOK BGB/*Lorenz*, § 280 BGB Rn. 11 ff.; *Looschelders*, Schuldrecht AT, § 22 Rn. 1 ff.

198 Harbauer/*Cornelius-Winkler*, § 4 ARB 2010 Rn. 97 f.; *Schaltke* NJW 2016, 3126, 3128.

199 *Maier* r+s 2015, 489, 492; a.A. noch Voraufl.

200 BGH NJW 2019, 3299 Rn. 8 ff.

201 AG Hamburg St. Georg ZD 2024, 770; AG Waldkirch MMR 2024, 367; *K. Schneider* NJW 2024, 2156 Rn. 9.

202 Vgl. Jauernig/*Stadler*, § 311a BGB Rn. 5; *Looschelders*, Schuldrecht AT, § 20 Rn. 16 u. § 28 Rn. 1.

war, so handelt es sich dogmatisch um einen Fall der anfänglichen Unmöglichkeit.[203] Dies ändert aber nichts daran, dass die Mängelrechte des Käufers aus § 437 BGB an den Mangel der Kaufsache im Zeitpunkt des Gefahrübergangs anknüpfen (vgl. § 434 BGB). Der Rechtsschutzfall tritt damit auch hier erst mit der Übergabe der Kaufsache an den Käufer ein.

b) Insbesondere: Arzthaftung

Der Rechtsschutzfall bestimmt sich auch bei **vertraglichen Schadensersatzansprüchen** des Patienten gegen den Arzt wegen **Behandlungsfehlern** (§ 280 I BGB) nach § 4 I 1 lit. c). Dies gilt auch im Hinblick auf konkurrierende deliktische Ansprüche; der Schadensersatz-Rechtsschutz nach § 2 lit. a) tritt insoweit nämlich hinter dem Vertrags-Rechtsschutz zurück (vgl. oben Rdn. 24). Bei Klagen des VN gegen den Arzt ist damit der Zeitpunkt maßgeblich, zu dem der Arzt den Behandlungsfehler begangen hat oder begangen haben soll. Besondere Probleme bereitet die Festlegung des Rechtsschutzfalles bei Aufklärungspflichtverletzungen im Rahmen eines länger andauernden Behandlungsverhältnisses. Macht der Patient geltend, der Arzt habe ihn über einen längeren Zeitraum bei **gleichbleibendem Gesundheitszustand** nicht über die Behandlungsmöglichkeiten aufgeklärt, so handelt es sich um einen Dauerverstoß; nach Abs. 2 Satz 1 ist daher die erste Pflichtverletzung maßgeblich. **Verschlechtert** sich der Zustand des Patienten, so ändert sich auch die Qualität der Pflichtenlage im Hinblick auf Inhalt und Dringlichkeit der Aufklärung. Insoweit tritt also ein zweiter selbstständiger Rechtsschutzfall ein, der nicht durch den ersten Rechtsverstoß »vorprogrammiert« ist.[204] 75

c) Insbesondere: Versicherungsverträge

Bei Rechtsstreitigkeiten aus Versicherungsverträgen hängt der Eintritt des Rechtsschutzfalles ebenfalls davon ab, auf welche Pflichtverletzung die Interessenwahrnehmung gestützt wird. Wendet der VN sich gegen eine (angeblich) **unberechtigte Leistungsverweigerung** durch den Versicherer, mit dem er den anderen Versicherungsvertrag geschlossen hat, so ist der Zeitpunkt der Leistungsverweigerung maßgeblich (vgl. oben Rdn. 48). Ausreichend ist dabei die nach außen bekundete ernsthafte Ansicht des anderen Versicherers, den Anspruch des VN nicht erfüllen zu müssen; eine endgültige Ablehnung ist nicht erforderlich.[205] Eine vorausgegangene **Schadensanzeige** oder ein **Leistungsantrag** des VN bildet dagegen keinen Rechtsverstoß und ist daher für sich genommen nicht geeignet, einen Rechtsschutzfall nach lit. c) auszulösen. Die Schadensanzeige bzw. der Leistungsantrag stellt zwar eine potentiell konfliktauslösende Rechts- 76

203 MünchKommBGB/*Ernst*, § 311a BGB Rn. 80 ff.; *Looschelders*, Schuldrecht BT, § 4 Rn. 2.

204 OLG Hamm VersR 2011, 258, 259; L/R/*Rixecker*, § 125 Rn. 14.

205 BGH VersR 2005, 1684, 1685; VersR 2009, 109, 111; OLG Karlsruhe VersR 2005, 546, 547; P/M/*Piontek*, § 4 ARB 2010 Rn. 112; VersHb/*Obarowski*, § 45 Rn. 445.

handlung i.S.d. **Abs. 3 lit. a)** dar;[206] diese Klausel ist jedoch nach der neueren Rechtsprechung des BGH unwirksam (s. unten Rdn. 111). Nach **Ziff. 3.1.2 ARB 2019/2021** ist der Versicherungsschutz ist allerdings ausgeschlossen, wenn der Versicherungsfall zwar nach Beginn des Versicherungsschutzes liegt, der VN vor Vertragsbeginn aber einen Antrag auf Leistung aus einem anderen Versicherungsvertrag gestellt hat (näher dazu unten Rdn. 113). Wendet der VN sich gegen die Anfechtungs- und Rücktrittserklärung seines Krankenversicherers mit dem Ziel, den Versicherungsvertrag fortzusetzen, so kommt es für den Zeitpunkt des Versicherungsfalls darauf an, wann der Krankenversicherer die Anfechtung und den Rücktritt erklärt hat.[207]

77 Verweigert der andere Versicherer die vom VN geltend gemachte Versicherungsleistung unter Berufung auf eine (angebliche) **Obliegenheitsverletzung** des VN, so wird traditionell auf den Zeitpunkt der Obliegenheitsverletzung abgestellt.[208] Entsprechendes gilt für den Fall, dass der Versicherer dem VN die vorsätzliche oder grob fahrlässige **Herbeiführung des Versicherungsfalles** (§ 81 VVG) entgegenhält.[209] Nach der neuen Rechtsprechung des BGH kommt es indes allein auf den Verstoß an, auf den der VN seine Rechtsverfolgung stützt. Dies ist aber nicht die eigene Obliegenheitsverletzung bzw. die Herbeiführung des Versicherungsfalls, sondern die (angeblich unberechtigte) Leistungsverweigerung durch den Versicherer.

78 Besondere Probleme bereitet der Fall, dass der Versicherer die Ablehnung der Leistung auf die **Verletzung der vorvertraglichen Anzeigepflicht** (§§ 19 ff. VVG) stützt. Nach früher h.M. lagen hier zwei Rechtsverstöße – und damit **mehrere Rechtsschutzfälle** i.S.d. § 4 II 2 – vor, so dass eine vor der Jahresfrist eingetretene Anzeigepflichtverletzung außer Betracht bliebt.[210] Nach der neuen Rechtsprechung des BGH ist dagegen auch in diesen Fällen allein auf die angeblich unberechtigte Leistungsverweigerung durch den Versicherer abzustellen (vgl. oben Rdn. 48).

79 Für Rechtsstreitigkeiten im Zusammenhang mit der Ausübung des **Widerrufsrechts** durch den VN nach § 8 VVG gelten die gleichen Grundsätze wie beim Widerruf anderer Verträge (vgl. oben Rdn. 71). Zum **Widerspruchsrecht** des VN nach § 5a VVG a.F. vgl. oben Rdn. 72.

80 Bei Deckungsklagen des VN aus einer **Haftpflichtversicherung** ist nicht der Zeitpunkt des Haftpflichtfalles maßgeblich; vielmehr ist auf den vom VN behaupteten Verstoß

---

206 Hierauf abstellend BGH BeckRS 2013, 11723; OLG Hamm r+s 2015, 196, 197; AG Hannover VersR 2000, 378; *Wendt* r+s 2008, 221, 223; *Mathy* VersR 2005, 872, 875; vgl. auch *Bauer* NJW 2016, 1490, 1492.

207 AG Bernau r+s 2017, 16, 17.

208 Vgl. OLG Karlsruhe r+s 2012, 175, 176; OLG Koblenz VersR 2013, 99; van Bühren/Plote/*Plote*, § 4 ARB 2010 Rn. 41.

209 Vgl. VersHb/*Obarowski*, § 45 Rn. 444: Herbeiführung des Versicherungsfalles als »Verstoß«.

210 OLG Karlsruhe r+s 2012, 175, 176 m. Anm. *Maier*; LG Berlin r+s 2012, 174; van Bühren/Plote/*Plote*, § 4 ARB 2010 Rn. 41; allein auf die vorvertragliche Anzeigepflichtverletzung abstellend OLG Koblenz VersR 2013, 99.

des Haftpflichtversicherer gegen Pflichten aus dem Haftpflichtversicherungsvertrag abzustellen. Der Verstoß kann damit auch hier insbesondere in der (angeblich) unberechtigten Deckungsverweigerung durch den Haftpflichtversicherer liegen.[211] Das Gleiche gilt für die **Unfallversicherung.** Der Rechtsschutzfall tritt also auch hier nicht schon mit dem Unfall, sondern erst mit der behaupteten Pflichtverletzung (z.B. Leistungsverweigerung durch den Unfallversicherer) ein.[212]

d) Rechtsschutz im Sachenrecht

Beim Rechtsschutz im Sachenrecht kommt es ebenfalls darauf an, welcher Rechtsverstoß nach dem Vortrag des VN die Wahrnehmung rechtlicher Interessen notwendig macht. Bei Ansprüchen des VN wegen **Besitzentziehung** (§ 861 BGB) ist der Zeitpunkt maßgeblich, zu dem der Besitz dem Besitzer durch verbotene Eigemacht (§ 858 BGB) entzogen wurde oder entzogen worden sein soll. Bei Ansprüchen des VN wegen **Besitzstörung** (§ 862 BGB) ist auf den Beginn der Störung abzustellen. Macht der VN einen **Herausgabeanspruch aus § 985 BGB** geltend, so ist danach zu unterscheiden, ob der in Anspruch genommene Besitzer sich schon den Besitz unter Verstoß gegen eine Rechtsvorschrift verschafft hat oder ob der behauptete Verstoß später (z.B. durch unberechtigte Verweigerung der Herausgabe) erfolgt ist. 81

6. Steuer-Rechtsschutz vor Gerichten (§ 2 lit. e)

Im Steuer-Rechtsschutz tritt der Rechtsschutzfall nach Abs. 1 Satz 1 lit. c) im Allgemeinen mit der **Bekanntgabe des belastenden Steuerbescheids** oder **sonstigen Steuerverwaltungsakts** (§ 124 I AO) ein, dessen Rechtswidrigkeit der VN geltend macht.[213] Die Auffassung, der Rechtsschutz sei nach Abs. 3 lit. a) ausgeschlossen, wenn die **Steuererklärung** des VN vor Beginn des Versicherungsschutzes abgegeben wurde,[214] kann wegen der Unwirksamkeit des Abs. 3 lit. a) (dazu Rdn. 111) nicht aufrechterhalten werden.[215] Die Abgabe der Steuererklärung kann auch nicht als »Antrag bei einer Behörde« verstanden werden, der den Versicherungsschutz nach Ziff. 3.1.2 ARB 2019/2021 (dazu unten Rdn. 113) ausschließt. 82

Abs. 4 schließt den Steuer-Rechtsschutz darüber hinaus für den Fall aus, dass die **tatsächlichen oder behaupteten Voraussetzungen** für die der Angelegenheit zugrunde liegende Steuer- oder Abgabenfestsetzung vor dem Versicherungsbeginn eingetreten sind oder eingetreten sein sollen (näher dazu unten Rdn. 124). 83

---

211 Vgl. BGH VersR 1984, 434; P/M/*Piontek*, § 4 ARB 2010 Rn. 112; *Böhme*, § 14 ARB 75 Rn. 16 (S. 251).

212 OLG Frankfurt a.M. NVersZ 1999, 184, 185; *Böhme*, § 14 ARB 75 Rn. 16 (S. 252).

213 Vgl. Harbauer/*Obarowski*, § 2 ARB 2010 Rn. 226; van Bühren/Plote/*Plote*, § 4 ARB 2010 Rn. 59.

214 Van Bühren/Plote/*Plote*, § 4 ARB 2010 Rn. 59; *Bauer* DStR 2005, 1665, 1667.

215 B/M/*Bruns*/*Rapp*, § 4 ARB Rn. 35.

7. Sozial-Gerichtsschutz (§ 2 lit. f)

84 Lehnt der Sozialversicherungsträger einen Antrag des VN auf Gewährung von Leistungen aus der Sozialversicherung (z.B. Erwerbsunfähigkeitsrente nach Wegeunfall) ab, so liegt der Rechtsverstoß im Erlass des (angeblich) rechtswidrigen **Ablehnungsbescheids.**[216] Der **Leistungsantrag des VN** stellte nach der älteren Rechtsprechung aber eine Rechtshandlung dar, durch die der Rechtsstreit gleichsam »vorprogrammiert« war. Der Rechtsschutz sollte daher Abs. 3 lit. a) ausgeschlossen sein, wenn der Antrag vor Beginn des Versicherungsschutzes gestellt wurde.[217] Nach der neueren Rechtsprechung des BGH ist § 4 III lit. a) ARB 2010 indes gemäß § 307 I 2 BGB **unwirksam** (s. unten Rdn. 111). Auf der Grundlage der ARB 2010 besteht daher auch dann Versicherungsschutz, wenn der Antrag vor dem Beginn des Versicherungsschutzes gestellt wurde. Eine andere Beurteilung ist dagegen nach Ziff. 3.1.2 ARB 2019/2021 geboten. Danach tritt eine Vorverlagerung auf den Zeitpunkt der Antragstellung ein, wenn dem Bescheid ein Antrag vorausgegangen ist (dazu unten Rdn. 113).

8. Verwaltungs-Rechtsschutz in Verkehrssachen (§ 2 lit. g) und anderen Angelegenheiten

85 Beim Verwaltungs-Rechtsschutz in Verkehrssachen wird traditionell davon ausgegangen, dass der maßgebliche Rechtsverstoß nicht erst in dem (angeblich) rechtswidrigen **Verwaltungsakt** der Behörde liegt. Erster Rechtsverstoß sei vielmehr der **Verkehrsverstoß des VN**, auf den der Verwaltungsakt gestützt wird.[218] Stellt man mit der neuen Rechtsprechung des BGH darauf ab, auf welchen Verstoß der VN seine Interessenwahrnehmung stützt, so kommt es dagegen allein auf den Erlass des (angeblich) rechtswidrigen Verwaltungsakts an.[219] Ob die neue Rechtsprechung des BGH auf den Verwaltungs-Rechtsschutz in Verkehrssachen übertragen werden kann, ist jedoch höchstrichterlich noch nicht geklärt. Gegen die Übertragung dieser Rechtsprechung spricht, dass die Rechtsprechung des BGH auf privatrechtliche Streitigkeiten zugeschnitten ist.[220] Wendet der VN sich in einer Verkehrssache gegen einen Verwaltungsakt, der an einen eigenen Verstoß des VN anknüpft, so wird er im Allgemeinen davon ausgehen, dass der Versicherungsfall auch bereits mit seinem verkehrswidrigen Verhalten eingetreten ist.

86 Bei einer **Entziehung des Führerscheins** wegen Erreichens der Punkte-Grenze aufgrund wiederholter Verkehrsverstöße begründet **jeder einzelne Verstoß** einen selbständigen Rechtsschutzfall. Nach Abs. 2 Satz 2 ist daher auf den ersten Verstoß abzustellen, wobei

216 B/M/*Bruns*/*Rapp*, § 4 ARB Rn. 36.

217 BGH, Beschl. v. 05.04.2006 – IV ZR 176/05, BeckRS 2013, 11723; *Wendt* r+s 2008, 221, 223.

218 B/M/*Bruns*/*Rapp*, § 4 ARB Rn. 37; Harbauer/*Cornelius-Winkler*, § 4 ARB 2010 Rn. 142.

219 So bereits *Hering* SVR 2006, 165, 167.

220 Zur Problemstellung *Cornelius-Winkler*, Rechtsschutzversicherung S. 62; von *Felsch* r+s 2020, 301 (313) offengelassen: »jedenfalls bei einem privatrechtlichen Streit«.

aber die **Jahresfrist** zu beachten ist.[221] Verstöße, die mehr als ein Jahr vor Beginn des versicherten Zeitraums begangen wurden, stellen den Versicherungsschutz demnach nicht in Frage.[222] Sehen die maßgeblichen ARB (wie z.B. die ARB 2012 bis April 2018) keine Jahresfrist vor, so ist zu beachten, dass die zeitlich unbegrenzte Rückverlagerung des Versicherungsfalls zu einer unangemessenen Benachteiligung des VN führen kann (s. unten Rdn. 108).[223] Nach der neuen Rechtsprechung des BGH zum sog. verstoßabhängigen Versicherungsfall kann man sich allerdings auch fragen, ob der Versicherungsfall nicht erst in der aus Sicht des VN unberechtigten Entziehung der Fahrerlaubnis liegt.[224] Der durchschnittliche VN dürfte in diesen Fällen indes davon ausgehen, dass es für den Zeitpunkt des Eintritts des Versicherungsfalls auf seinen angeblichen eigenen Verstoß gegen Rechtsvorschriften ankommt.

Soweit die Unternehmen nach ihren eigenen ARB für **sonstige verwaltungsrechtliche Streitigkeiten** Rechtsschutz gewähren (dazu § 2 Rdn. 96), tritt der Versicherungsfall grundsätzlich mit Erlass des angegriffenen Verwaltungsakts ein. Knüpft der Verwaltungsakt an eine Verletzung von Rechtspflichten oder Rechtsvorschriften durch den VN an, so liegt darin aber auch der für die Festlegung des Rechtsschutzfalles maßgebliche Rechtsverstoß.[225] 87

Besonders große praktische Bedeutung haben bei den sonstigen verwaltungsrechtlichen Streitigkeiten die Klagen von abgewiesenen Studienbewerbern gegen Universitäten auf **Zulassung zum Studium** wegen **Nichtausschöpfung der Kapazitäten** (vgl. § 2 Rdn. 96). Zu welchem Zeitpunkt in diesen Fällen der Versicherungsfall eintritt, ist umstritten. Teilweise wird auf die **Ablehnung des VN** durch die Hochschule abgestellt;[226] nach der Gegenansicht soll bereits die (angeblich rechtswidrige) **Festsetzung der Zulassungszahlen** durch den Verordnungsgeber oder die Hochschule maßgeblich sein.[227] Nach den Kriterien des BGH (oben Rdn. 46) enthält die Behauptung des VN, die Zulassungszahlen seien rechtswidrig festgesetzt worden, einen objektiven Tatsachenkern, mit dem der VN den Vorwurf eines Rechtsverstoßes verbindet und auf den er seine Rechtsverfolgung stützt. Da die Voraussetzungen der Drei-Säulen-Theorie (oben Rdn. 97) damit vorliegen, tritt der Rechtsschutzfall bereits mit der Festsetzung der Zulassungszahlen 88

221 BGH VersR 2006, 1355; B/M/*Bruns/Rapp*, § 4 ARB Rn. 37; Harbauer/*Obarowski*, § 2 ARB 2010 Rn. 258; *Böhme*, § 14 ARB 75 Rn. 10 f.; *Wendt* r+s 2008, 221, 224; auf den letzten Verstoß abstellend LG Itzehoe VersR 1988, 906; LG Aachen VersR 1977, 1049.

222 BGH VersR 2006, 1355, 1356; VersHb/*Obarowski*, § 45 Rn. 421; *Maier* r+s 1995, 361, 364.

223 *Cornelius-Winkler* r+s 2020, 545, 549.

224 Vgl. *Cornelius-Winkler*, Rechtsschutzversicherung S. 62; *ders.* r+s 2020, 545, 549.

225 Van Bühren/Plote/*Plote*, § 4 ARB 2010 Rn. 42.

226 So OLG Düsseldorf VersR 2010, 663; P/M/*Piontek*, § 4 ARB 2010 Rn. 113a; L/P/*Paffenholz*, § 125 Rn. 50.

227 So OLG Celle VersR 2007, 1218; OLG Frankfurt a.M. VersR 2010, 381; OLG Köln VersR 2013, 1038, 1039; OLG Hamm r+s 2013, 549, 550.

ein.[228] Der VN genießt damit auch dann Versicherungsschutz, wenn der Vertrag im Zeitpunkt der Ablehnung des Zulassungsantrags bereits durch Kündigung des Versicherers beendet war.[229]

9. Disziplinar-, Standes-, Straf- und Ordnungswidrigkeiten-Rechtsschutz (§ 2 lit. h – j)

89 Beim Diziplinar-, Standes-, Straf- und Ordnungswidrigkeiten-Rechtsschutz bestimmt sich der Versicherungsfall ebenfalls nach lit. c). Die alleinige Anknüpfung an den Vortrag des VN erscheint dabei nicht sachgerecht. Maßgeblich ist daher der Zeitpunkt, zu dem der VN die in Frage stehenden **Rechtspflichten oder Rechtsvorschriften verletzt** hat oder verletzt haben soll.[230] Bei Dauerdelikten kommt es nach Abs. 2 Satz 1 auf den Beginn des Delikts an; beim Versuch ist nach §§ 22 StGB, 13 OWiG auf den Zeitpunkt abzustellen, zu dem der VN nach seiner Vorstellung unmittelbar zur Verwirklichung des Tatbestandes angesetzt hat.[231]

90 Die **ARB 75** enthalten in § 14 II 1 noch eine Sonderregelung für die Fälle, in denen dem VN die Verletzung einer Vorschrift des **Straf-, Ordnungswidrigkeiten-, Disziplinar- oder Standesrechtes** vorgeworfen wird. Der Versicherungsfall gilt danach in dem Zeitpunkt als eingetreten, in dem der VN mit der Verletzung der Vorschrift begonnen hat oder begonnen haben soll. Das Gleiche gilt nach § 14 II 2 ARB 75 bei Verfahren wegen Einschränkung, Entzugs oder Wiedererlangung der **Fahrerlaubnis** im Zusammenhang mit der Verletzung einer Vorschrift des Straf- oder Ordnungswidrigkeitenrechts. Die Anknüpfung an den Vorwurf der Verletzung einer Rechtsvorschrift stimmt inhaltlich vollständig mit § 4 I 1 lit. c) ARB 2010 überein.[232] Insoweit muss daher auf keine Besonderheiten eingegangen werden.

C. Versicherter Zeitraum und Wartezeit

I. Eintritt des Rechtsschutzfalles im versicherten Zeitraum (Abs. 1 Satz 2)

91 Der Versicherer ist nur zur Leistung verpflichtet, wenn der **Rechtsschutzfall im versicherten Zeitraum** eingetreten ist. Der Versicherungsschutz beginnt gem. § 7 zu dem im Versicherungsschein angegebenen Zeitpunkt, nicht mit Vertragsschluss. Maßgeblich ist also der materielle Versicherungsbeginn. Voraussetzung ist, dass der VN den ersten oder einmaligen Beitrag rechtzeitig gezahlt hat (**erweiterte Einlösungsklausel**). Erfolgt die Zahlung verspätet, beginnt der Versicherungsschutz erst ab Zah-

228 Eingehend dazu *Looschelders*, Freundesgabe Pallme König, 2014, S. 223, 227 ff.; a.A. P/M/*Piontek*, § 4 ARB 2010 Rn. 113a: noch keine hinreichend individualisierte Beziehung des Bewerbers zur Hochschule.

229 OLG Köln VersR 2013, 1038.

230 B/M/*Bruns*/*Rapp*, § 4 ARB Rn. 38.

231 Harbauer/*Cornelius-Winkler*, § 4 ARB 2010 Rn. 137 f.

232 So auch Harbauer/*Cornelius-Winkler*, § 14 ARB 75 Rn. 18 (im Vergleich zu § 4 I 1 lit. c) ARB 2000).

lung des Beitrages.[233] Ist der VN mit einer **Folgeprämie in Verzug**, besteht kein Versicherungsschutz für während des Verzuges eingetretene Rechtsschutzfälle, wenn der Versicherer unter Einhaltung der Vorgaben des § 38 VVG gemahnt hat.[234] Der Versicherungsschutz endet durch Ablauf der im Versicherungsvertrag vereinbarten Laufzeit oder durch Kündigung, § 8.

Liegt ein **vorvertraglicher Verstoß** gegen Rechtspflichten vor, so ist der Anspruch auf Rechtsschutz grundsätzlich ausgeschlossen. Nach der neuen Rechtsprechung des BGH sind allerdings nur solche Verstöße relevant, auf die der VN seine Rechtsverfolgung stützt (oben Rdn. 16 ff., 48 f.). Der Versicherungsschutz bleibt bestehen, wenn der vorvertragliche Verstoß für die rechtliche Auseinandersetzung **nicht adäquat kausal** wurde[235] oder länger als **ein Jahr vor Beginn des Versicherungsschutzes** erfolgt ist, § 4 II 2. Ausnahmen gelten bei Dauerverstößen und solchen Rechtsverletzungen, die eine natürliche Handlungseinheit bilden, vgl. hierzu unten unter Rdn. 97 ff. 92

II. Ablauf der Wartezeit (Abs. 1 Satz 3)

Für die Leistungsarten nach § 2 lit. b) – g) sieht § 4 I 3 eine **Wartezeit von drei Monaten** vor. Die Wartezeit beginnt mit dem Versicherungsbeginn nach § 7 und endet drei Monate danach. Zahlt der VN die Versicherungsprämie verspätet, beginnt die Wartezeit erst nach Zahlungseingang zu laufen.[236] Versicherungsschutz besteht nur, wenn der Rechtsschutzfall erst nach Ablauf der Wartezeit eingetreten ist. 93

Die Wartezeit soll verhindern, dass der VN vor dem Hintergrund eines nahenden oder latent vorhandenen Rechtsschutzfalles gezielt **Zweckabschlüsse** vornimmt, um noch kurzfristig Versicherungsschutz zu erlangen. Die Zulässigkeit der Vereinbarung von Wartezeiten ist allgemein anerkannt[237] und für die Dauer von drei Monaten nicht zu beanstanden.[238] Insbesondere liegt hierin keine unangemessene Benachteiligung des VN i.S.d. § 307 BGB.[239] Die Wartezeit trägt dem beiderseitigen Interesse von Versicherer und VN Rechnung, möglichst nur die bei Vertragsschluss noch nicht absehbaren und damit ungewissen Risiken zu tragen.[240] Zwar schließt die Wartezeit auch diejenigen VN in den ersten drei Monaten vom Versicherungsschutz aus, die beim Vertragsschluss nicht mit einem Versicherungsfall gerechnet haben; allerdings wäre eine 94

233 Van Bühren/Plote/*Plote*, § 7 ARB 2010 Rn. 5.

234 Harbauer/*Cornelius-Winkler*, § 4 ARB 2010 Rn. 153.

235 OLG Hamm r+s 2001, 70; Veith/Gräfe/Gebert/*Cornelius-Winkler*, § 23 Rn. 86.

236 Harbauer/*Cornelius-Winkler*, § 4 ARB 2010 Rn. 157; a.A. P/M/*Piontek*, § 4 ARB 2010 Rn. 116; van Bühren/Plote/*Plote*, § 4 ARB 2010 Rn. 48 wonach auch bei verspäteter Prämienzahlung die Wartezeit an dem auf dem Versicherungsschein ausgewiesenen Datum zu laufen beginnt.

237 Ausführlich hierzu P/M/*Piontek*, § 4 ARB 2010 Rn. 118 f.; siehe auch OLG Düsseldorf VersR 2005, 1426.

238 OLG Düsseldorf VersR 2005, 1426, das sogar eine Wartezeit von sechs Monaten für angemessen erachtet; ablehnend hierzu *Woitkewitsch* VersR 2005, 400.

239 P/M/*Piontek*, § 4 ARB 2010 Rn. 118.

240 BGH VersR 1988, 1281, 1282.

Einzelfallprüfung für den Versicherer erstens nur unter unverhältnismäßigen Schwierigkeiten möglich und zweitens mangels geeigneter Abgrenzungsmerkmale auch nicht zielführend.[241]

95 Die Wartezeit entfällt beim Versicherungsschutz für die Wahrnehmung rechtlicher Interessen aufgrund eines **Kauf- oder Leasingvertrages** über ein fabrikneues Kraftfahrzeug.[242] Hintergrund ist der Erfahrungssatz, dass es in diesem Bereich innerhalb der Drei-Monats-Frist so gut wie keine Rechtsschutzfälle gibt.[243]

96 Die Wartezeit gilt nur für die jeweils versicherten Risiken. Wird der Versicherungsschutz um ein **zusätzliches Risiko** erweitert, beginnt die Wartezeit für das zusätzlich versicherte Risiko erneut.[244] Wird der Versicherungsschutz auf eine automatisch mitversicherte Person (z.B. Ehegatte oder Kind) erweitert, beginnt die Wartezeit nicht von neuem zu laufen. Etwas anderes gilt vorbehaltlich einer abweichenden Vereinbarung für Personen, die nicht automatisch, sondern auf Antrag des VN in den Versicherungsschutz einbezogen werden.[245]

D. Dauerverstöße (Abs. 2 Satz 1)

97 Nicht jedem Rechtsschutzfall liegt ein punktuelles Ereignis zugrunde. Erstreckt sich ein **Verstoß über einen gewissen Zeitraum**, entsteht nach § 4 II 1 die Eintrittspflicht des Rechtsschutzversicherers mit dem **Beginn** dieser Zeitspanne. Liegt der Beginn des Verstoßes vor dem Beginn des Versicherungsschutzes, so ist der Verstoß nicht vom Versicherungsschutz umfasst. Hierdurch wird verhindert, dass der VN vor dem Hintergrund eines sich abzeichnenden Rechtsstreites noch Versicherungsschutz erlangen kann. Typische Beispiele für Verstöße, die sich über einen gewissen Zeitraum erstrecken, sind die Mietsache, die dem Mieter (VN) in mangelhaftem Zustand überlassen wird,[246] oder länger andauernde Emissionen, die beim VN einen Schaden verursachen.[247] Versicherungsfall ist im ersten Fall die Überlassung der Mietsache (Rdn. 63) und im zweiten Fall der Beginn der Emissionen.

241 P/M/*Piontek*, § 4 ARB 2010 Rn. 120.

242 Zur Relevanz dieser Ausnahme bei Klagen im Zusammenhang mit der VW-Abgasaffäre vgl. *Schaltke* NJW 2016, 3126, 3127 f.

243 P/M/*Piontek*, § 4 ARB 2010 Rn. 116.

244 OLG Karlsruhe VersR 2008, 675, 677; P/M/*Armbrüster*, § 4 ARB 2010 Rn. 117; L/W/*Obarowski*, Kap. 48 Rn. 386.

245 Vgl. hierzu L/W/*Obarowski*, Kap. 48 Rn. 387.

246 Harbauer/*Cornelius-Winkler*, § 4 ARB 2010 Rn. 168; van Bühren/Plote/*Plote*, § 4 ARB 2010 Rn. 50; HK-VVG/*Münkel*, § 4 ARB 2010 Rn. 14.

247 Harbauer/*Cornelius-Winkler*, § 4 ARB 2010 Rn. 168.

I. Dauerverstoß und gedehnter Rechtsschutzfall

In der Literatur wird mit Blick auf Abs. 2 Satz 1 **terminologisch uneinheitlich** von **Dauerverstößen**[248] oder **gedehnten Rechtsschutzfällen**[249] gesprochen. Der BGH verlangt für einen gedehnten Versicherungsfall die Fortdauer eines eingetretenen Zustandes über einen gewissen Zeitraum, wobei die Fortdauer nicht nur bestimmend ist für die Pflicht des Versicherers zur Erbringung einer einmaligen Versicherungsleistung, sondern auch deren Umfang im Einzelfall bestimmt.[250] In der Rechtsschutzversicherung richtet sich der Umfang der Versicherungsleistung üblicherweise nicht nach der Dauer des Zustandes, so dass *Maier* den Begriff des gedehnten Versicherungsfalles bei § 4 II 1 ablehnt.[251] Allerdings kann die Dauer des Zustandes im Einzelfall auch hier den Umfang der Versicherungsleistung beeinflussen. Dies gilt namentlich, wenn die Dauer des Zustandes die Höhe des Schadens bestimmt und damit der Streitwert steigt, was z.B. bei den erwähnten länger andauernden Emissionen der Fall ist. Denkbar wäre daher, den **Dauerverstoß als Oberbegriff** für den gedehnten Versicherungsfall und alle anderen Fälle des § 4 II 1 zu verwenden. 98

II. Gleichstellung mehrerer einzelner Verstöße

1. Erfordernis eines einheitlichen Gefahrverwirklichungsvorgangs

Nach h.M. sind mehrere einzelne Verstöße einem Dauerverstoß gleichzustellen, wenn es sich um einen **einheitlichen Gefahrverwirklichungsvorgang**, also einen einheitlichen Geschehensablauf handelt.[252] Voraussetzung ist, dass die Verstöße im Wesentlichen gleichartig sind und eine natürliche Handlungseinheit bilden bzw. im Fortsetzungszusammenhang stehen.[253] Hiervon ist wiederum auszugehen, wenn nach der Sachlage schon beim ersten Verstoß mit **weiteren gleichartigen Verstößen** zu rechnen ist.[254] Denn versichert werden soll ein zukünftiges ungewisses Ereignis. Ist das Ereignis für den VN bei Vertragsschluss nicht mehr ungewiss, widerspricht der Versicherungsschutz dem Sinn und Zweck der Versicherung. Damit der VN es nicht in der Hand hat, trotz einer laufenden einheitlichen »Verstoßreihe« noch einen Versicherungsvertrag abzuschließen, ist es also geboten, ein aus verschiedenen gleichartigen Einzelakten zusammen- 99

248 So etwa L/W/*Obarowski*, Kap. 48 Rn. 349; van Bühren/Plote/*Plote* § 4 ARB 2010 Rn. 50; Harbauer/*Cornelius-Winkler*, § 4 ARB 2010 Rn. 168.

249 P/M/*Piontek*, § 4 ARB 2010 Rn. 121.

250 BGH VersR 1989, 588, 589 für die Tierversicherung; PK/*Hillmer-Möbius*, § 125 Rn. 121; näher dazu L/W/*Looschelders*, § 1 Rn. 35.

251 Harbauer/*Cornelius-Winkler*, § 4 ARB 2010 Rn. 15.

252 BGH VersR 2006, 108, 110; OLG Hamm r+s 2003, 237, 238; OLG Köln r+s 2004, 105, 106; zu abweichenden Ansätzen Harbauer/*Cornelius-Winkler*, § 4 ARB 2010 Rn. 178 f.; ablehnend B/M/*Bruns*/*Rapp*, § 4 ARB Rn. 46.

253 BGHZ 201, 73 = VersR 2014, 742 Rn. 23; P/M/*Piontek*, § 4 ARB 2010 Rn. 59; van Bühren/Plote/*Plote*, § 4 ARB 2010 Rn. 50; ähnlich OLG Hamm r+s 2003, 237, 238; OLG Köln r+s 2004, 105, 106.

254 OLG Hamm VersR 1984, 31 und r+s 2003, 237; AG Karlsruhe r+s 1997, 293.

gesetztes Verstoßverhalten als rechtliche Einheit aufzufassen und damit auf den ersten Akt als für den Versicherungsfall maßgeblichen Zeitpunkt abzustellen.[255]

2. Einzelfälle

100 Ob die Voraussetzungen für einen einheitlichen Gefahrverwirklichungsvorgang vorliegen, bestimmt sich jeweils nach den **besonderen Umständen des Einzelfalles** und ist dort nach der Verkehrsauffassung bei natürlicher Betrachtungsweise zu entscheiden.[256] In der Regel tritt die Konstellation bei **Dauerschuldverhältnissen** auf. Ein einheitlicher Gefahrverwirklichungsvorgang wurde in der Rechtsprechung angenommen bei wiederholt verspäteten Gehaltszahlungen[257] und wiederholt verspäteten und dann ganz ausbleibenden Mietzahlungen[258] sowie bei wiederholter Verletzung der Rücksichtnahmepflicht und Nichtzahlung von Nebenkosten durch den Mieter.[259] Die fehlerhafte jährliche Abrechnungspraxis des Verwalters gegenüber den Wohnungseigentümern stellen ebenfalls einen Dauerverstoß dar.[260] Weitere Beispiele sind die regelmäßige (monatliche) Veruntreuung von Kassenbeständen durch Arbeitnehmer,[261] falsche Abrechnungen eines Arztes gegenüber der Krankenkasse[262] sowie die wiederholte Geruchsbelästigung auf dem Nachbargrundstück durch Misthaufen.[263] Der BGH hat dagegen einen einheitlichen Geschehensablauf abgelehnt bei zwei alkoholbedingten Verkehrsunfällen im Abstand von einer halben Stunde in verschiedenen Ortschaften.[264] Der Einwand der Vorvertraglichkeit greift auch nicht bei einer **Abänderungsklage**, wenn diese auf Umstände gestützt wird, die nach dem Versicherungsbeginn eingetreten sind. Dies trifft bei Rechtsstreitigkeiten wegen der (dauernden) Belästigung durch Fluglärm zu, sofern die Abänderungsklage mit einer Veränderung der tatsächlichen Umstände (z.B. Verlängerung der Startbahnen, Verlegung der Flugrouten oder Bau einer neuen Startbahn) begründet wird.[265] Zu welchem Zeitpunkt der VN von den Verstößen Kenntnis erlangt oder aufgrund der Verstöße Ansprüche geltend gemacht oder abgewehrt hat, ist irrelevant.[266]

---

255 OLG Hamm r+s 2003, 237.
256 BGH VersR 2006, 108, 110.
257 AG Karlsruhe r+s 1997, 293.
258 AG Stuttgart r+s 2001, 334.
259 OLG Celle r+s 2001, 423.
260 BGHZ 201, 43 = VersR 2014, 742 Rn. 23.
261 LG Frankfurt VersR 1991, 920: Gesamtvorsatz nicht erforderlich.
262 OLG Köln r+s 2005, 105.
263 LG Düsseldorf r+s 1988, 81. Zu weiteren Beispielen vgl. Harbauer/*Cornelius-Winkler*, § 4 ARB 2010 Rn. 180.
264 BGH VersR 2006, 108, 110.
265 OLG Hamm VersR 2003, 1170 = r+s 2003, 237; Harbauer/*Cornelius-Winkler*, § 4 ARB 2010 Rn. 181.
266 OLG Köln r+s 2005, 105, 106.

3. Praktische Auswirkungen

Als praktische Folge der Gleichsetzung mehrerer einzelner Verstöße mit einem Dauerverstoß ist die **Jahresfrist des § 4 II 2** auf diese Fallkonstellation nicht anzuwenden, da gerade nicht von mehreren **selbstständigen** Verstößen ausgegangen wird.[267] Der Rechtsschutzfall tritt auch hier entsprechend § 4 II 1 mit dem **ersten Verstoß** ein, die nachfolgenden, rechtlich unselbstständigen Verstöße sind nicht mehr relevant. 101

E. Mehrere Rechtsschutzfälle (Abs. 2 Satz 2)

I. Ursächlichkeit des ersten Verstoßes

Sind **mehrere eigenständige Verstöße** für den Rechtsschutzfall ursächlich, stellt § 4 II 2 für den Versicherungsschutz auf den ersten tatsächlichen oder behaupteten Verstoß ab. Der VN hat nur Deckung, wenn der Versicherungsschutz nach § 7 bereits beim ersten Verstoß bestand, sofern dieser nicht länger als ein Jahr zurückliegt (sog. **Jahresfrist**, s. unten Rdn. 107). 102

Der Fall der Mehrheit von Rechtsschutzfällen hat durch die neue Rechtsprechung des BGH (oben Rdn. 16 ff., 48 f.) allerdings erheblich an praktischer Bedeutung verloren. Da es nach dieser Rechtsprechung nur noch auf tatsächliche oder behauptete Verstöße des Gegners oder eines Dritten ankommt, auf die der VN seine Rechtsverfolgung stützt, löst ein nach dem Vortrag des Antragsgegners vom VN selbst begangener Verstoß gegen Rechtspflichten keinen Versicherungsfall aus.[268] Dies hat zur Folge, dass bei vom Gegner behaupteten Pflichtverletzungen des VN bzw. wechselseitigen Pflichtverletzungen i.d.R. schon keine Mehrheit von Rechtsschutzfällen vorliegt. Mit dieser Einschränkung kann die ältere Rechtsprechung aber weiter herangezogen werden. 103

1. Kausalität

Der Verstoß muss für den Rechtsschutzfall ursächlich sein. Erforderlich ist **adäquate Kausalität**,[269] wobei es ausreicht, dass der Verstoß den Rechtsschutzfall mit ausgelöst hat, auch wenn andere Verstöße hinzugekommen sind, die dann »das Fass zum Überlaufen« gebracht haben.[270] Typisches Beispiel ist der Fall, dass der Arbeitgeber dem **VN als Arbeitnehmer** nach mehreren Abmahnungen wegen Pflichtverletzungen kündigt.[271] Macht der Arbeitnehmer (VN) geltend, dass die Kündigung unberechtigt sei, so liegt der maßgebliche Verstoß nach der Rechtsprechung des BGH allein in der Kündigung 104

---

267 Vgl. BGHZ 201, 73 Rn. 23 = VersR 2014, 742; OLG Celle r+s 2001, 423; P/M/*Piontek*, § 4 ARB 2010 Rn. 59; B/M/*Bruns/Rapp*, § 4 ARB Rn. 49; Harbauer/*Cornelius-Winkler*, § 4 ARB 2010 Rn. 199.

268 Anders noch BGH VersR 1984, 530, 531; VersHb/Obarowski, § 45 Rn. 421.

269 BGH VersR 1984, 530, 532; OLG Köln VersR 1995, 1478; VersHb/*Obarowski*, § 45 Rn. 422.

270 OLG Bremen VersR 1988, 1291; Harbauer/*Cornelius-Winkler*, § 4 ARB 2010 Rn. 189; van Bühren/*Schneider*, § 13 Rn. 422.

271 Vgl. LG Karlsruhe VersR 2010, 757.

durch den Arbeitgeber, nicht aber in den von diesem geltend gemachten Pflichtverletzungen des VN (oben Rdn. 54).[272] Eine Mehrheit von Rechtsschutzfällen liegt dagegen weiterhin vor, wenn der **VN als Vermieter** seinem Mieter wegen wiederholter Vertragsverletzungen kündigt. Für die Räumungsklage des VN besteht nur dann Deckung, wenn schon die erste Vertragsverletzung des Mieters zu einem Zeitpunkt stattfand, zu dem für den Vermieter Versicherungsschutz bestand. Liegt zwischen der ersten und der zweiten Vertragsverletzung mehr als ein Jahr, so ist aber die zweite Verletzung maßgeblich. In diesem Fall gilt nämlich die Jahresregelung, wonach der erste Verstoß außer Betracht bleibt, unabhängig davon, ob er mitursächlich für die spätere Kündigung war. Nach Ablauf der Jahresfrist ist es auch unerheblich, ob der Verstoß verziehen ist oder noch fortwirkt.[273] Verteidigt der **VN als Mieter** sich gegen die Räumungsklage des Vermieters damit, dass die Kündigung unberechtigt war, so liegt der vom VN behauptete Verstoß in der unberechtigten Kündigung. Die vom Vermieter geltend gemachten Vertragsverletzungen des VN bleiben dagegen bei der Festlegung des Versicherungsfalls außer Betracht.[274] Nimmt der **VN als Darlehensgeber** den Darlehensnehmer nach erfolgter Kündigung auf Rückzahlung des Darlehens in Anspruch, so tritt der Versicherungsfall mit der Nichterfüllung des Rückzahlungsanspruchs trotz Fälligkeit ein. Beruht die Kündigung auf der Nichtzahlung der Darlehenszinsen durch den Darlehensnehmer, so liegt hierin allerdings ein weiterer Verstoß, auf den der VN seinen Anspruch stützt und der für den Rechtsschutzfall kausal ist.[275]

2. Nicht zu berücksichtigende Verstöße

105 Für die Beurteilung des Vorliegens eines Versicherungsfalles bleiben diejenigen Verstöße außer Betracht, die **erkennbar nicht konfliktauslösend** waren.[276] Anhaltspunkt hierfür kann insbesondere sein, dass die Parteien sich den Verstoß »verziehen« haben oder der Konflikt auf andere Weise erkennbar erledigt ist.[277] Unberücksichtigt bleiben auch solche Verstöße, deren Erwähnung nur der Verdeutlichung des Geschehens dient, sog. »**Kolorit**« (s. oben Rdn. 46).[278]

106 Die **Relevanz einer Behauptung** im Gegensatz zu bloßem Beiwerk zeigt sich insbesondere darin, dass der ernsthaft erhobene Vorwurf die Beurteilung zulässt, ob ein adäquat kausaler Vorgang dargestellt wird, das reine Beiwerk hingegen nicht.[279] Die Beurteilung, welche Verstöße für den Rechtsschutzfall ausschlaggebend oder mitbestimmend sind, kann erhebliche Schwierigkeiten verursachen und bedarf immer einer Würdigung der Gesamtumstände des jeweiligen Falles. Nur die Verstöße, die sich

---

272 Vgl. *Maier* r+s 2015, 489, 492.

273 P/M/*Piontek*, § 4 ARB 2010 Rn. 125.

274 Vgl. *Maier* r+s 2015, 489, 492.

275 OLG Hamm VersR 2018, 418 = r+s 2018, 138.

276 BGH VersR 1985, 540, 541; VersR 1984, 530, 532.

277 L/W/*Obarowski*, Kap. 48 Rn. 348.

278 BGH VersR 1985, 540, 541; VersR 1984, 530, 532; LG Karlsruhe VersR 2010, 757; van Bühren/*Schneider*, § 13 Rn. 423; VersHb/*Obarowski*, § 45 Rn. 422.

279 BGH VersR 1985, 540, 541.

erkennbar in Form und Inhalt des Rechtsschutzfalles niedergeschlagen haben, kommen als Erstverstöße in Betracht. Haben verschiedene Verstöße **unterschiedliche Rechtsstreitigkeiten** zur Folge, muss der Versicherungsschutz für jeden streitauslösenden Verstoß gesondert geprüft werden.[280]

II. Jahresfrist

Außer Betracht bleiben Verstöße, die **länger als ein Jahr** vor Beginn des Versicherungsschutzes **eingetreten** sind. Für diese Verstöße wird angenommen, dass sie sich aufgrund der Länge des verstrichenen Zeitraums erledigt haben.[281] Der Jahreszeitraum wird ab dem materiellen Versicherungsbeginn gem. § 7 berechnet. Bei **Dauerverstößen** kommt es darauf an, ob der Verstoß ein Jahr vor Versicherungsbeginn **beendet** ist. Steht eine Mehrzahl von Verstößen einem Dauerverstoß gleich, so gilt die Jahresfrist des Abs. 2 Satz 2 nicht (s. oben Rdn. 101). Der Versicherungsschutz ist damit auch dann ausgeschlossen, wenn der erste Verstoß mehr als ein Jahr zurückliegt und weitere Verstöße nach Beginn des Rechtsschutzes eingetreten sind.[282] Die Abgrenzung kann dabei im Einzelfall große Schwierigkeiten bereiten. 107

Der Fall, dass mehrere Versicherungsfälle für den Anspruch auf Versicherungsschutz ursächlich sind, ist nunmehr in **Ziff. 2.4.5 ARB 2012/2019/2021** geregelt. Auch hier wird auf den ersten Versicherungsfall abgestellt. Die **Jahresregelung** (oben Rdn. 107) war in den ARB 2012 jedoch zunächst abgeschafft.[283] Unabhängig davon, wie lange vor Beginn des Versicherungsschutzes der erste Versicherungsfall eingetreten ist, bestand damit kein Rechtsschutz, sofern der erste Versicherungsfall außerhalb der Vertragslaufzeit lag. Die damit verbundene Einschränkung des Versicherungsschutzes ist zu Recht auf Kritik gestoßen.[284] Der durchschnittliche VN wird nämlich nicht davon ausgehen, dass auch Verstöße gegen Rechtspflichten, die zeitlich sehr weit zurückliegen, seinen Versicherungsschutz in Frage stellen können. Davon abgesehen kann die Berücksichtigung lang zurückliegender Verstöße zu einer unangemessenen Benachteiligung des VN führen.[285] Es ist daher zu begrüßen, dass die ARB 2012 (Stand: April 2018) und die ARB 2019/2021 die Jahresregelung in Ziff. 2.4.5 zumindest wieder **optional** vorsehen. 108

Soweit die Jahresregelung nicht gilt, muss im Einzelfall sehr genau geprüft werden, ob ein länger zurückliegender Verstoß wirklich noch für den konkreten Rechtstreit **adäquat kausal** ist oder ob er sich nicht aufgrund des Zeitablaufs erledigt hat.[286] Zweifel gehen zu Lasten des beweispflichtigen Versicherers. Die Jahresfrist bietet insofern jedenfalls die größere Rechtssicherheit. Die Problematik wird allerdings durch die einschränkende 109

280 P/M/*Piontek*, § 4 ARB 2010 Rn. 123.
281 VersHb/*Obarowski*, § 45 Rn. 421.
282 Vgl. van Bühren/Plote/*Plote*, § 4 ARB 2010 Rn. 53.
283 Vgl. PK/*Hillmer-Möbius*, § 125 Rn. 122.
284 Vgl. *Looschelders*, FS Schwintowski (2017), 150, 168; *Maier* r+s 2013, 105, 108.
285 *Cornelius-Winkler*, Rechtsschutzversicherung S. 62.
286 Vgl. VersHb/*Obarowski*, § 45 Rn. 473.

Auslegung des BGH sowie den Übergang zur Schadensereignistheorie beim Schadensersatz-Rechtsschutz (oben Rdn. 28) weitgehend entschärft.

F. Zeitliche Risikoausschlüsse

I. Willenserklärungen oder Rechtshandlungen vor Versicherungsbeginn (Abs. 3 lit. a)

1. Inhalt und Zweck der Regelung

110 Nach § 4 III lit. a) war der Versicherungsschutz auch dann ausgeschlossen, wenn eine **Willenserklärung oder Rechtshandlung**, die vor Beginn des Versicherungsschutzes vorgenommen wurde, den Verstoß nach Abs. 1 lit. c) ausgelöst hatte. Die Regelung sollte verhindern, dass Streitigkeiten unter den Rechtsschutz fallen, deren **Ursachen** in der Zeit **vor Abschluss des Versicherungsvertrages** liegen und die daher bei Vertragsschluss bereits latent vorhanden sind.[287] Ziel war die Vermeidung von Zweckabschlüssen. Zur Verwirklichung dieses Ziels wurde der Anknüpfungspunkt für den Haftungsausschluss auf diejenigen vorvertraglichen Willenserklärungen oder Rechtshandlungen **vorverlegt**, die den späteren Verstoß ausgelöst haben. Dadurch sollte möglichst nahe an den Beginn der Gefahrverwirklichung angeknüpft werden. Um die »uferlose Weite«[288] der Vorerstreckungsklausel einzudämmen und eine übermäßige Einschränkung des Versicherungsschutzes zu vermeiden, sollte die adäquate Kausalität der Willenserklärung oder Rechtshandlung für den Verstoß aber allein nicht ausreichen. Nach h.M. musste vielmehr gerade die konkrete Willenserklärung oder Rechtshandlung »ihrer Natur nach erfahrungsgemäß den Keim des Rechtsstreits in sich tragen«[289] und den späteren Rechtsstreit »vorprogrammieren«.[290]

2. Unwirksamkeit der Regelung

111 Vor diesem Hintergrund hat der BGH mit Urteil vom 04.07.2018 festgestellt, dass die Vorerstreckungsklausel des § 4 III lit. a) **intransparent** und daher nach § 307 I 2 BGB **unwirksam** ist.[291] Maßgeblich ist vor allem die Erwägung, dass die von der Klausel vorausgesetzte **Ursächlichkeit** der Willenserklärung oder Rechtshandlung für den späteren Verstoß durch die Wendung »**ausgelöst hat**« nicht klar und durchschaubar beschrieben wird. Auch der Rechtsprechung sei es nicht gelungen, verlässliche abstrakt-generelle Kriterien für die Auslegung des Begriffs »auslösen« herauszuarbeiten. Begriffe wie »Keim des Rechtsstreits« und »Vorprogrammieren« würden dem VN nicht weiter-

287 BGH VersR 2005, 1684, 1685; *Wendt* MDR 2008, 717, 718.

288 *Maier* r+s 2017, 574, 580.

289 So ausdrücklich *Wendt* MDR 2008, 717, 718 im Anschluss an BGH VersR 2007, 535 Rn. 10.

290 BGH VersR 2005, 1684, 1685; OLG Düsseldorf VersR 1994, 1337; OLG Stuttgart r+s 2001, 372; *Wendt* MDR 2008, 717.

291 BGH VersR 2018, 992 = EWiR 2018, 557 m. Anm. *Looschelders*; ebenso BGH BeckRS 2018, 17024 Rn. 7. Bedenken gegen die Wirksamkeit der Klausel auch bei OLG Köln VersR 2018, 995.

helfen. Bedenken hinsichtlich der Transparenz bestehen auch in Bezug auf den Begriff der **Rechtshandlung.**[292] In Anbetracht der Unwirksamkeit sind weitere Überlegungen zur Auslegung der Klausel[293] obsolet.

3. ARB 2012

Die Überlegungen des BGH zur Intransparenz der Vorerstreckungsklausel führen auch zur Unwirksamkeit der Klausel in **Ziff. 3.1.2 ARB 2012**, weil diese ebenfalls auf das »Auslösen« des Versicherungsfalls durch eine Willenserklärung oder Rechtshandlung abstellt.[294] 112

4. ARB 2019/2021

In Ziff. 3.1.2 ARB 2019/2021 ist die Klausel neu gefasst worden. Der Versicherungsschutz ist danach ausgeschlossen, wenn der Versicherungsfall zwar nach Beginn des Versicherungsschutzes liegt, der VN **vor Vertragsbeginn** aber einen **Antrag bei einer Behörde** oder einen **Antrag auf Leistung aus einem anderen Versicherungsvertrag** gestellt hat. Durch die Anknüpfung an den näher umschriebenen Antrag vermeidet diese Klausel den unklaren Begriff der Rechtshandlung und ist daher insoweit hinreichend transparent.[295] Problematisch erscheint aber, dass die Antragstellung dem Versicherungsfall lediglich **»vorausgegangen«** sein muss. Damit kommt es zwar nicht mehr auf den Begriff des »Auslösens« an. Allerdings ist nach dem Wortlaut der Klausel auch weder Kausalität des Antrags für den Versicherungsfall noch ein Zusammenhang des Antrags mit dem Versicherungsfall erforderlich. Nach Sinn und Zweck des Ausschlusses erscheint indes eine enge Auslegung erforderlich. Ein zeitlich vorausgegangener Antrag, der in keinem Zusammenhang mit dem Versicherungsfall steht, kann auch keinen Ausschluss des Versicherungsschutzes rechtfertigen. Wenn dem so ist, macht die Klausel den notwendigen Zusammenhang aber nicht hinreichend deutlich und ist damit intransparent. 113

Ziff. 3.1.2 ARB 2019/2021 sieht **optional** vor, dass der Versicherungsschutz auch für den Fall ausgeschlossen werden kann, dass der VN ein **Kündigungsrecht** ausgeübt hat und der Versicherungsfall mit der Beendigung des gekündigten Vertrages zusammengehört. Als Beispiel wird der Fall genannt, dass der VN einen Mietvertrag gekündigt hat und es nach Versicherungsbeginn Streit um die Kaution oder Schönheitsreparaturen gibt. 114

Nach Ziff. 3.1.2. ARB 2019/2021 kommen auch weitere optionale zeitliche Ausschlüsse in Betracht.[296] Dabei ist insbesondere an Ausschlüsse in Bezug auf andere Gestaltungsrechte (z.B. Anfechtung, Rücktritt, Widerruf eines Vertrages) in Betracht.[297] Besondere 115

292 Vgl. BGH VersR 2018, 992 Rn. 30 ff. (i.E. offengelassen); *Felsch* r+s 2020, 301, 309.
293 Dazu Voraufl. § 4 ARB 2010 Rn. 109 ff.
294 So auch P/M/*Piontek*, § 4 ARB 2010 Rn. 129.
295 So auch *Cornelius-Winkler* r+s 2020, 545, 549.
296 Zu unternehmensindividuellen Regelungen vgl. auch L/W/*Obarowski*, Kap. 48 Rn. 395 f.
297 *Lensing* AnwBl 2022, 227, 228.

Schwierigkeiten bereiten insoweit Rechtstreitigkeiten im Zusammenhang mit dem **»ewigen« Widerspruchs- oder Widerrufsrecht** des VN bzw. des Darlehensnehmers bei Versicherungsverträgen und Verbraucherdarlehensverträgen. Das Problem beruht darauf, dass der Versicherungsnehmer bzw. Verbraucher sein Widerspruchs- oder Widerrufsrecht in diesen Fällen noch viele Jahre nach dem Vertragsschluss ausüben kann (sog. »ewiges« Widerrufs- oder Widerspruchsrecht). Der Rechtsschutzversicherer hat daher ein berechtigtes Interesse, den Versicherungsschutz zeitlich einzuschränken.[298] Vor diesem Hintergrund hat der BGH[299] eine Klausel für wirksam erachtet, die einen Ausschluss des Versicherungsschutzes für den Fall vorsieht, dass ein VN, der vor Beginn des Versicherungsschutzes einen **Darlehens-** oder **Versicherungsvertragsvertrag** geschlossen hat, ein Widerrufs- oder Widerspruchsrecht mit der Begründung ausübt, bei Abschluss des Vertrages über das Widerrufs- oder Widerspruchsrecht nicht oder nur unzureichend aufgeklärt bzw. belehrt worden zu sein. Dies soll ausdrücklich auch für den Fall gelten, dass Widerruf oder Widerspruch nach Abschluss des Rechtsschutzvertrags erfolgen.

116 Als weitere optionale Klausel sieht Ziff. 3.1.2 ARB 2019/2021 vor, dass **Anträge [und Kündigungen]**, die länger als ein Jahr vor Beginn des Versicherungsschutzes gestellt [oder ausgeübt] wurden, zugunsten des VN unberücksichtigt bleiben. Dies entspricht der optionalen Klausel zur Jahresregelung in Ziff. 2.4.5 der ARB 2012 (ab April 2018) und der ARB 2019/2021 (oben Rdn. 108).[300]

II. Verspätet gemeldete Schäden (Abs. 3 lit. b)

1. Rechtsschutz nach Vertragsbeendigung

117 Auch wenn der Versicherungsfall eingetreten ist, während Versicherungsschutz bestand, ist der Anspruch auf Rechtsschutz ausgeschlossen, wenn er erstmals **später als drei Jahre** nach Beendigung des Versicherungsschutzes für den betroffenen Gegenstand der Versicherung geltend gemacht wird (§ 4 III lit. b). Ihrem Sinn und Zweck nach soll die Vorschrift die Versichertengemeinschaft vor der Belastung mit Rechtsschutzfällen schützen, die so lange zurückliegen, dass ihre Aufklärung und Abwicklung oft nur noch mit unverhältnismäßigem Aufwand und erheblichen Kosten möglich sein wird.[301]

118 Die Frist wird gehemmt, wenn der VN den Versicherungsfall innerhalb von drei Jahren nachmeldet. Die **Nachmeldung** stellt keine Obliegenheit des VN dar, vielmehr handelt es sich bei der Vorschrift um eine **Ausschlussfrist.**[302] Daraus folgt, dass die Frist auch

298 Zur Problemstellung vgl. *Burmann*, Auslegung und Entwicklung des Begriffs des Rechtsschutzfalles, S. 140 ff.

299 BGHZ 229, 266 = VersR 2021, 696 = NJW 2021, 2193 Rn. 77 ff. m. Anm. *Jäckel*.

300 Vgl. *Lensing* AnwBl 2022, 227, 228.

301 Harbauer/*Cornelius-Winkler*, § 4 ARB 2010 Rn. 227.

302 BGH VersR 1992, 819; VersR 2017, 1758 = NJW 2017, 3658 Rn. 15 ff. m. Anm. *Armbrüster*; OLG Naumburg VersR 2016, 790 (Vorinstanz); OLG Karlsruhe NJW-RR 2013, 1120, 1122; OLG Bamberg VersR 2004, 906; L/W/*Obarowski*, Kap. 48 Rn. 397; van Bühren/Plote/*Plote*, § 4 ARB 2010 Rn. 58; Harbauer/*Cornelius-Winkler*, § 4 ARB 2010 Rn. 227.

dann zu laufen beginnt, wenn der VN vom Versicherungsfall innerhalb der Frist keine Kenntnis erlangt.[303]

Versäumt der VN die Nachmeldefrist, so besteht für den Rechtsschutzversicherer grundsätzlich keine Einstandspflicht. Der Versicherer ist nach Treu und Glauben (§ 242 BGB) aber gehindert, sich auf den Ablauf der Nachmeldefrist zu berufen, wenn den VN an der Fristversäumung kein Verschulden trifft.[304] Dieser sog. **Entlastungsbeweis** ist jedoch an strenge Anforderungen zu knüpfen, weil die Ausschlussfrist sonst völlig entwertet wäre.[305] Die Unkenntnis des VN von der Ausschlussfrist entlastet daher nicht.[306] Der VN muss also geltend machen, dass er ohne Verschulden erst nach dem Ablauf der Frist von dem Eintritt des Rechtsschutzfalles Kenntnis erlangt hat. Bei beschränkt Geschäftsfähigen ist die Kenntnis des gesetzlichen Vertreters maßgebend.[307] Der VN muss sich bei der Fristversäumung ein Verschulden seines **Anwalts** zurechnen lassen, sofern er diesen bei der Wahrnehmung seiner Interessen auch gegenüber dem Rechtsschutzversicherer betraut hat.[308] Zur Begründung wird teilweise auf § 278 BGB verwiesen;[309] nach richtiger Auffassung ergibt sich die Zurechnung in diesen Fällen jedoch aus den Regeln der Wissenserklärungsvertretung (§ 166 BGB analog).[310] Ist die Versäumung der Nachmeldefrist entschuldigt, so muss der VN die Anzeige des Versicherungsfalles **unverzüglich**, d. h. ohne schuldhaftes Zögern (§ 121 BGB) **nachholen.**[311] 119

2. Geltendmachung

Der Anspruch auf Rechtsschutz wird geltend gemacht durch **Mitteilung des Rechtsschutzfalles** gegenüber dem Versicherer. § 4 IV ARB 75 sprach demgegenüber von »**Meldung**« und sah nur eine zweijährige Frist nach Ablauf des Versicherungsschutzes vor.[312] 120

303 BGH VersR 1992, 819, 820; AG Essen ZfS 2000, 358.

304 BGH VersR 1992, 819, 820; VersR 2017, 1758 = NJW 2017, 3658 Rn. 15 ff.; OLG Bamberg VersR 2004, 906; OLG Koblenz VersR 2013, 99, 101; OLG Karlsruhe NJW-RR 2013, 1120, 1122; *Looschelders*, FS Schwintowski (2017), 150, 169 f.

305 LG München I VersR 2009, 674, 675; L/W/*Obarowski*, Kap. 48 Rn. 399.

306 BGH VersR 1992, 819, 820.

307 LG Coburg ZfS 1990, 14; P/M/*Piontek*, § 4 ARB 2010 Rn. 142.

308 Vgl. LG Duisburg r+s 1996, 273, 274; P/M/*Piontek*, § 4 ARB 2010 Rn. 142.

309 So LG Duisburg r+s 1996, 273, 274.

310 OLG Karlsruhe NJW-RR 2013, 1120, 1123; *Looschelders*, FS Schwintowski (2017), 150, 170; vgl. auch B/M/*Bruns*/*Rapp*, § 4 ARB Rn. 54; allg. zur Wissenserklärungsvertretung VersHb/*Looschelders*, § 21 Rn. 91 ff.

311 Vgl. OLG Karlsruhe NJW-RR 2013, 1120, 1123; LG Landshut r+s 1998, 335; hierzu tendiert auch BGH VersR 2017, 1758 = NJW 2017, 3658 Rn. 18.

312 Zur Vereinbarkeit mit § 307 BGB (§ 9 AGBG) BGH VersR 1992, 819, 820; *Böhme*, § 4 ARB 75 Rn. 65.

121 Die Mitteilung oder Meldung ist wirksam, wenn der VN dem Versicherer den Eintritt des Rechtsschutzfalles unter Darlegung der **konkreten Umstände** anzeigt, damit dieser seine Eintrittspflicht prüfen kann.[313] Der Meldepflicht ist nicht genügt, wenn der VN dem Versicherer gegenüber lediglich vage Angaben über die Möglichkeit des Vorliegens eines Versicherungsfalles macht.[314] Der VN muss vielmehr konkret darlegen, auf welchen (angeblichen) **Rechtsverstoß** er seine mögliche Interessenwahrnehmung stützen will, weil der Versicherer seine Einstandspflicht sonst nicht beurteilen kann.[315] Dass der VN vom Versicherer tatsächlich Rechtsschutz begehrt, ist allerdings nicht erforderlich; ausreichend ist die Mitteilung eines als Versicherungsfall eingeschätzten Sachverhalts, aus dem unter Umständen Ansprüche hergeleitet werden sollen.[316]

3. Abgrenzung

122 § 4 III lit. b) enthält eine **Ausschlussfrist**,[317] die von der **Verjährungsfrist** für Ansprüche aus dem Versicherungsvertrag nach § 14 zu unterscheiden ist. Danach verjähren im Versicherungsvertragsrecht Ansprüche gem. § 195 BGB in der regelmäßigen Verjährungsfrist von drei Jahren, so dass der VN seine Ansprüche innerhalb dieser Frist gerichtlich verfolgen muss (§ 204 BGB). Da die Frist des § 4 III lit. b) mit Ende des Versicherungsschutzes und die Frist des § 14 mit Ende des Jahres, in dem der Anspruch entstanden ist, zu laufen beginnt, kann der Anspruch des VN auf Rechtsschutz nach § 4 III lit. b) ausgeschlossen sein, obwohl nach § 14 noch keine Verjährung eingetreten ist. Da der Versicherer ein berechtigtes Interesse an der zeitlichen Begrenzung der Nachmeldefrist hat, kann hierin keine unangemessene Benachteiligung des VN i.S.d. § 307 II Nr. 1 BGB gesehen werden.[318] Der Versicherer ist aber nach Treu und Glauben (§ 242 BGB) gehindert, sich auf die Versäumung der Ausschlussfrist zu berufen, wenn den VN an der Fristversäumung **kein Verschulden** trifft (Rdn. 119).

4. Hinweispflicht des Versicherers

123 Der Versicherer ist grundsätzlich **nicht verpflichtet**, den VN bei Beendigung des Versicherungsverhältnisses auf die Frist des § 4 III lit. b) **hinzuweisen**.[319] In Ausnahmefällen wurde allerdings eine Belehrungspflicht für den **Nachversicherer** angenommen,

313 BGH VersR 1992, 819, 821; van Bühren/Plote/*Plote*, § 4 ARB 2010 Rn. 57; *Wendt* r+s 2008, 221, 225.

314 Van Bühren/Plote/*Plote*, § 4 ARB 2010 Rn. 57.

315 BGH IV ZR 305/07 (»Cinerenta«), zit. nach *Wendt* r+s 2008, 221, 224 f.

316 BGH VersR 1992, 819, 821; OLG Bamberg VersR 2004, 906; LG Duisburg r+s 1996, 273, 274; LG Landshut r+s 1998, 335; Harbauer/*Cornelius-Winkler*, § 4 ARB 2010 Rn. 230; *Wendt* r+s 2008, 221, 225.

317 Zur Einordnung als Ausschlussfrist vgl. BGH VersR 1992, 819; P/M/*Piontek*, § 4 ARB 2010 Rn. 142.

318 BGH VersR 1992, 819, 820; LG München I VersR 2009, 674; P/M/*Piontek*, § 4 ARB 2010 Rn. 144; B/M/*Bruns*/*Rapp*, § 4 ARB Rn. 53; van Bühren/Plote/*Plote*, § 4 ARB 2010 Rn. 58.

319 LG Stuttgart r+s 1998, 248; van Bühren/*Schneider*, § 13 Rn. 431.

wenn dieser Anhaltspunkte dafür hatte, dass in der Versicherungszeit des Vorversicherers ein Rechtsschutzfall eingetreten ist.[320] Zu beachten ist auch die Regelung § 4a I lit. b), wonach im Fall eines **Versichererwechsels** in Abweichung von § 4 III lit. b) Anspruch auf Rechtsschutz besteht, wenn der Versicherungsfall in die Vertragslaufzeit eines Vorversicherers fällt und der Anspruch später als drei Jahre nach Ende der Vertragslaufzeit eines Vorversicherers gegenüber dem Versicherer geltend gemacht wird. Die Meldung gegenüber dem Vorversicherer darf jedoch nicht vorsätzlich oder grob fahrlässig unterlassen worden sein. Außerdem muss bezüglich des betroffenen Risikos **lückenloser Versicherungsschutz** bestanden haben (s. auch unten Rdn. 125).

G. Ausschluss beim Steuer-Rechtsschutz (Abs. 4)

124 Im Steuer-Rechtsschutz (§ 2 lit. e) müssen für die Einstandspflicht des Versicherers in **zeitlicher Hinsicht** zwei Voraussetzungen erfüllt sein. Zunächst muss nach allgemeinen Grundsätzen der **Versicherungsfall** i.S.d. Abs 1 Satz 1 lit. c) (z.B. rechtswidriger Steuerbescheid) in den versicherten Zeitraum fallen. § 4 IV enthält sieht darüber hinaus einen speziellen zeitlichen Risikoausschluss. Der Versicherungsschutz ist danach ausgeschlossen, wenn die **tatsächlichen oder behaupteten Voraussetzungen** für die der Angelegenheit zugrunde liegende Steuer- oder Abgabenfestsetzung vor dem Versicherungsbeginn (§ 7) eingetreten sind oder eingetreten sein sollen. Rechtsschutz muss also schon bei Eintritt der für den Rechtsschutzfall steuerlich relevanten Tatsachen vorgelegen haben.[321] Dass die den Versicherungsfall auslösende Rechtshandlung (z.B. Abgabe der Steuererklärung) ebenfalls in den versicherten Zeitraum fällt, ist dagegen wegen der Unwirksamkeit des § 4 III lit. a nicht mehr erforderlich (vgl. oben Rdn. 82). Wann die tatsächlichen oder behaupteten Voraussetzungen für die der Angelegenheit zugrunde liegende Steuer- oder Abgabenfestsetzung eingetreten sind, hängt von der jeweiligen Steuerart ab. Bei der **Einkommenssteuer** als Jahressteuer hängt die Höhe der Steuerschuld davon ab, welche abzugsfähigen Ausgaben vom Finanzamt im Veranlagungszeitraum anerkannt werden.[322] Versicherungsschutz muss daher im gesamten Veranlagungszeitraum bestanden haben. Bei der Einkommenssteuer kann für den Versicherungsschutz also nicht auf einzelne strittige Posten abgestellt werden.[323] Etwas anderes gilt für die **Umsatzsteuer;** da diese anlassbezogen erhoben wird, ist der Zeitpunkt maßgeblich, zu dem die Steuer angefallen ist oder angefallen sein soll.[324]

125 Um **ungewollte Deckungslücken** zu vermeiden, gibt § 4a I lit. c) dem VN einen Anspruch auf Rechtsschutz, wenn die tatsächlichen oder behaupteten Voraussetzungen für die der Angelegenheit zugrunde liegende Steuer- oder Abgabenfestsetzung während der Laufzeit

---

320 LG Köln r+s 1988, 82; Harbauer/*Cornelius-Winkler*, § 4 ARB 2010 Rn. 229.

321 Van Bühren/Plote/*Plote*, § 4 ARB 2010 Rn. 59.

322 B/M/*Bruns*/*Rapp*, § 4 ARB Rn. 55; van Bühren/Plote/*Plote*, § 4 ARB 2010 Rn. 61.

323 So aber Harbauer/*Cornelius-Winkler*, § 4 ARB 2010 Rn. 236 f.; *Bauer* DStR 2005, 1665, 1668.

324 B/M/*Bruns*/*Rapp*, § 4 ARB Rn. 55; van Bühren/Plote/*Plote*, § 4 ARB 2010 Rn. 60.

eines Vorversicherers eingetreten sind oder eingetreten sein sollen, der Verstoß aber erst in der Vertragslaufzeit des Nachversicherers eintritt. Allerdings muss auch hier ein lückenloser Versicherungsschutz bezüglich des betroffenen Risikos bestehen.

H. Beweislast

126 Der **VN** ist für das Vorliegen der Voraussetzungen des Versicherungsfalles darlegungs- und beweispflichtig. Ihn trifft auch die Beweislast dafür, dass der Versicherungsfall **im versicherten Zeitraum** eingetreten ist.[325] Soweit es in § 4 nur auf einen behaupteten Verstoß ankommt (s. oben Rdn. 46), muss der VN lediglich nachweisen, dass dieser im versicherten Zeitraum stattgefunden hätte, wenn man sein tatsächliches Vorliegen unterstellt.[326]

127 Beruft der **Versicherer** sich nach § 4 II 2 auf das Vorliegen eines weiteren (früheren) **Verstoßes**, der in der Jahresfrist vor Beginn des Versicherungsschutzes eingetreten ist, so trägt er dafür die Beweislast.[327] Die gleiche Beweislast gilt für den Fall, dass der Versicherer geltend macht, der Rechtsschutz sei Ziff. 3.1.2 ARB 2019/2021 mit Rücksicht auf einen **vorausgegangenen Antrag** oder eine **vorausgegangene Kündigung** ausgeschlossen. Denn auch in der Rechtsschutzversicherung gilt der allgemeine Grundsatz, dass der Versicherer die Beweislast für das Vorliegen sekundärer Risikobegrenzungen trägt.[328] Die Bedeutung dieser Beweislastverteilung wird allerdings dadurch beschränkt, dass es in den Fällen des § 4 I 1 lit. c ARB 2010 nach der Rechtsprechung des BGH nur auf die Verstöße ankommt, auf die der VN seine Rechtsverfolgung stützt. Die Beweislast des Versicherers wird also nur dann relevant, wenn der VN sich auf einen Verstoß stützt, ohne insoweit eine zeitliche Festlegung vorzunehmen.[329]

128 In den Fällen des Abs. 3 lit. b) muss der Versicherer darlegen und beweisen, dass der Anspruch auf Rechtsschutz erst nach Ablauf der Drei-Jahres-Frist erstmals geltend gemacht wurde. Der VN muss darauf seinerseits darlegen und beweisen, dass ihn **kein Verschulden** an der Versäumung der Nachmeldefrist trifft und dass er die **Meldung unverzüglich** nach dem Erlangen der Kenntnis von den maßgeblichen Umständen **nachgeholt** hat.[330]

---

325 Vgl. OLG Celle r+s 1993, 303, 304; OLG Saarbrücken VersR 1993, 876 = r+s 1993, 186; LG Düsseldorf r+s 1993, 306; P/M/*Piontek*, § 4 ARB 2010 Rn. 141.

326 P/M/*Piontek*, § 4 ARB 2010 Rn. 141.

327 AG Essen VersR 1993, 605; P/M/*Piontek*, § 4 ARB 2010 Rn. 141.

328 Vgl. Hamm/*Scholl*, Beck'sches Rechtsanwalts-Handbuch, 12. Aufl. 2022, § 56 Rn. 92.

329 Vgl. P/M/*Piontek*, § 4 ARB 2010 Rn. 141.

330 Vgl. BGH VersR 1992, 819, 820.

§ 4a Versichererwechsel

(1) Sofern im Versicherungsschein nichts anderes vereinbart ist, besteht in Abweichung von § 4 III und IV Anspruch auf Rechtsschutz, wenn

a) eine Willenserklärung oder Rechtshandlung, die vor Beginn des Versicherungsschutzes vorgenommen wurde, in die Vertragslaufzeit eines Vorversicherers fällt und der Verstoß gem. § 4 I c erst während der Vertragslaufzeit des Versicherungsvertrages eintritt; allerdings nur dann, wenn bezüglich des betroffenen Risikos lückenloser Versicherungsschutz besteht;
b) der Versicherungsfall in die Vertragslaufzeit eines Vorversicherers fällt und der Anspruch auf Rechtsschutz später als drei Jahre nach Ende der Vertragslaufzeit eines Vorversicherers gegenüber dem Versicherer geltend gemacht wird; allerdings nur dann, wenn der Versicherungsnehmer die Meldung beim Vorversicherer nicht vorsätzlich oder grob fahrlässig versäumt hat und bezüglich des betroffenen Risikos lückenloser Versicherungsschutz besteht;
c) im Steuer-Rechtsschutz vor Gerichten (§ 2e) die tatsächlichen oder behaupteten Voraussetzungen für die der Angelegenheit zu Grunde liegende Steuer oder Abgabefestsetzung während der Laufzeit eines Vorversicherers eingetreten sind oder eingetreten sein sollen und der Verstoß gem. § 4 I c erst während der Vertragslaufzeit des Versicherungsvertrages eintritt; allerdings nur dann, wenn bezüglich des betroffenen Risikos lückenloser Versicherungsschutz besteht.

(2) Rechtsschutz wird in dem Umfang gewährt, der zum Zeitpunkt des Eintritts des Rechtsschutzfalles bestanden hat, höchstens jedoch im Umfang des Vertrages des Versicherers.

Übersicht Rdn.

A. Allgemeines

1 § 4a wurde auf der Grundlage eines Rundschreibens des GDV vom 20.06.2006 in die Musterbedingungen aufgenommen.[1] Die Vorschrift dient der **Vermeidung einer Deckungslücke** im Falle eines Versicherungswechsels. Voraussetzung ist, dass beide Versicherungsverträge zeitlich nahtlos aneinander anschließen und das betroffene Risiko sowohl in dem alten als auch in dem neuen Versicherungsvertrag versichert ist. Für die Regulierung des Versicherungsfalls ist stets der aktuelle Versicherer zuständig. Nicht umfasst sind die Fälle der Vertragsumstellung bei **demselben Rechtsschutzversicherer**, bei denen dem VN eine lückenlose Anschlussdeckung zugesagt worden ist.[2]

1 Zur Entstehungsgeschichte VersHb/*Obarowski*, § 37 Rn. 471 f.
2 P/M/*Piontek*, § 4a ARB 2010 Rn. 2.

B. Einzelne Fallgestaltungen (§ 4a I)

2 Die Vorschrift regelt drei Fälle, in denen beim Versicherungswechsel eine Deckungslücke entstehen kann.[3]

3 Nach § 4a I lit. a) hat der VN Anspruch auf Rechtsschutz, wenn eine Willenserklärung während der Laufzeit des alten Versicherungsvertrags einen Rechtsschutzfall im Rahmen des aktuellen Versicherungsvertrags auslöst.

4 Nach § 4a I lit. b) hat der VN Anspruch auf Rechtsschutz, wenn der Versicherungsfall vor Beginn des aktuellen Versicherungsvertrags eingetreten ist und der VN die Nachmeldefrist des § 4 III lit. b) weder vorsätzlich noch grob fahrlässig versäumt hat.

5 Nach § 4a I lit. c) hat der VN Anspruch auf Rechtsschutz, wenn beim Vorversicherer die Voraussetzungen für eine Steuer- oder Abgabefestsetzung eingetreten sind, die Anfechtung des Steuerbescheids aber während der Laufzeit des neuen Versicherungsvertrags erfolgen soll.

C. Leistungsumfang (§ 4a II)

6 Maßgeblich für den Umfang des Versicherungsschutzes ist der Zeitpunkt des **Eintritts des Rechtsschutzfalls**, allerdings bestimmt sich die **Obergrenze** für die Regulierung jeweils nach dem aktuellen Vertrag. In den Fallgruppen § 4a I lit. a) und c) ist dies unproblematisch, da auch der Eintritt des Rechtsschutzfalls in die Zeit des Neuvertrags fällt.[4] Lediglich in der Fallgruppe des § 4a I lit. b) fällt der Versicherungsfall in die Vertragslaufzeit des Vorversicherers und die Regulierung in die Vertragslaufzeit des Neuvertrags. Für die Obergrenze der Deckung sind daher die Bestimmungen des Neuvertrags einschlägig, z.B. die Höhe der Deckungssumme oder eine Selbstbeteiligung, die im Altvertrag nicht vorgesehen war.[5]

D. ARB 2021

7 Die Vorschrift wurde inhaltsgleich in Ziff. 6.2.6 ARB 2021 übernommen. Die angeführten Beispiele tragen für den VN erheblich zur Verdeutlichung der recht komplizierten Regelung bei.

§ 5 Leistungsumfang

(1) Der Versicherer erbringt und vermittelt Dienstleistungen zur Wahrnehmung rechtlicher Interessen und trägt

a) bei Eintritt des Rechtsschutzfalles im Inland die Vergütung eines für den Versicherungsnehmer tätigen Rechtsanwaltes bis zur Höhe der gesetzlichen Vergütung

---

3 Ausführlich zu den einzelnen Fallgruppen Harbauer/*Cornelius-Winkler*, § 4a ARB 2000 Rn. 3 ff.

4 Hierzu auch Harbauer/*Cornelius-Winkler*, § 4a ARB 2000 Rn. 12; van Bühren/Plote/*Plote*, § 4a ARB 2010 Rn. 3.

5 Van Bühren/Plote/*Plote*, § 4a ARB 2010 Rn. 3.

eines am Ort des zuständigen Gerichtes ansässigen Rechtsanwaltes. Der Versicherer trägt in Fällen, in denen das Rechtsanwaltsvergütungsgesetz für die Erteilung eines mündlichen oder schriftlichen Rates oder einer Auskunft (Beratung), die nicht mit einer anderen gebührenpflichtigen Tätigkeit zusammenhängt und für die Ausarbeitung eines Gutachtens keine der Höhe nach bestimmte Gebühr festsetzt, je Rechtsschutzfall eine Vergütung bis zu … Euro.
Wohnt der Versicherungsnehmer mehr als 100 km Luftlinie vom zuständigen Gericht entfernt und erfolgt eine gerichtliche Wahrnehmung seiner Interessen, trägt der Versicherer bei den Leistungsarten gemäß § 2a) bis g) die Kosten in der 1. Instanz für einen im Landgerichtsbezirk des Versicherungsnehmers ansässigen Rechtsanwaltes bis zur Höhe der gesetzlichen Vergütung eines Rechtsanwaltes, der lediglich den Verkehr mit dem Prozessbevollmächtigten führt;

b) bei Eintritt eines Rechtsschutzfalles im Ausland die Vergütung eines für den Versicherungsnehmer tätigen am Ort des zuständigen Gerichts ansässigen ausländischen oder im Inland zugelassenen Rechtsanwaltes. Im letzteren Fall trägt der Versicherer die Vergütung bis zu Höhe der gesetzlichen Vergütung, die entstanden wäre, wenn das Gericht, an dem der Rechtsanwalt ansässig ist, zuständig wäre. § 5 Abs. 1 a S. 2 gilt entsprechend.
Wohnt der Versicherungsnehmer mehr als 100 Kilometer Luftlinie vom zuständigen Gericht entfernt und ist ein ausländischer Rechtsanwalt für den Versicherungsnehmer tätig, trägt der Versicherer die Kosten in der 1. Instanz für einen im Landgerichtsbezirk des Versicherungsnehmers ansässigen Rechtsanwalt bis zur Höhe der gesetzlichen Vergütung eines Rechtsanwaltes, der lediglich den Verkehr mit dem ausländischen Rechtsanwalt führt.
Ist der Rechtsschutzfall durch einen Kraftfahrtunfall im europäischen Ausland eingetreten und eine zunächst betriebene Regulierung mit dem Schadenregulierungsbeauftragten bzw. der Entschädigungsstelle im Inland erfolglos geblieben, so dass eine Rechtsverfolgung im Ausland notwendig wird, trägt der Versicherer zusätzlich die Kosten eines inländischen Rechtsanwaltes bei der Regulierung mit dem Schadensregulierungsbeauftragten bzw. der Entschädigungsstelle im Inland für dessen gesamte Tätigkeit im Rahmen der gesetzlichen Gebühren bis zur Höhe von … Euro.

c) die Gerichtskosten einschließlich der Entschädigung für Zeugen und Sachverständige, die vom Gericht herangezogen werden, sowie die Kosten des Gerichtsvollziehers;

d) die Gebühren eines Schieds- oder Schlichtungsverfahrens bis zur Höhe der Gebühren, die im Fall der Anrufung eines zuständigen staatlichen Gerichtes erster Instanz entstehen;

e) die Kosten in Verfahren vor Verwaltungsbehörden einschließlich der Entschädigung für Zeugen und Sachverständige, die von der Verwaltungsbehörde herangezogen werden, sowie die Kosten der Vollstreckung im Verwaltungswege;

f) die übliche Vergütung
   aa) eines öffentlich bestellten technischen Sachverständigen oder einer rechtsfähigen technischen Sachverständigenorganisation in Fällen der
      – Verteidigung in verkehrsrechtlichen Straf- und Ordnungswidrigkeitsverfahren;
      – Wahrnehmung der rechtlichen Interessen aus Kauf- oder Reparaturverträgen von Motorfahrzeugen zu Lande sowie Anhängern;
   bb) eines im Ausland ansässigen Sachverständigen in Fällen der Geltendmachung von Ersatzansprüchen wegen der im Ausland eingetretenen Beschädigung eines Motorfahrzeuges zu Land sowie Anhängers;
g) die Kosten der Reisen des Versicherungsnehmers zu einem ausländischen Gericht, wenn sein Erscheinen als Beschuldigter oder Partei vorgeschrieben und zur Vermeidung von Rechtsnachteilen erforderlich ist. Die Kosten werden bis zur Höhe der für Geschäftsreisen von deutschen Rechtsanwälten geltenden Sätze übernommen:
h) die dem Gegner durch die Wahrnehmung seiner rechtlichen Interessen entstandenen Kosten, soweit der Versicherungsnehmer zu deren Erstattung verpflichtet ist.

(2)
a) Der Versicherungsnehmer kann die Übernahme der vom Versicherer zur tragenden Kosten verlangen, sobald er nachweist, dass er zu deren Zahlung verpflichtet ist oder diese Verpflichtung bereits erfüllt hat.
b) Vom Versicherungsnehmer in fremder Währung aufgewandt Kosten werden diesem in Euro zum Wechselkurs des Tages erstattet, an dem diese Kosten vom Versicherungsnehmer gezahlt wurden.

(3) Der Versicherer trägt nicht
a) Kosten, die der Versicherungsnehmer ohne Rechtspflicht übernommen hat;
b) Kosten, die im Zusammenhang mit einer einverständlichen Erledigung entstanden sind, soweit sie nicht dem Verhältnis des vom Versicherungsnehmer angestrebten Ergebnisses zum erzielten Ergebnis entsprechen, es sei denn, dass eine hiervon abweichende Kostenverteilung gesetzlich vorgeschrieben ist:
c) die im Versicherungsschein vereinbarte Selbstbeteiligung je Leistungsart nach § 2;
d) Kosten, die aufgrund der vierten oder jeder weiteren Zwangsvollstreckungsmaßnahme je Vollstreckungstitel entstehen;
e) Kosten aufgrund von Zwangsvollstreckungsmaßnahmen, die später als fünf Jahre nach Rechtskraft des Vollstreckungstitels eingeleitet werden;
f) Kosten für Strafvollstreckungsverfahren jeder Art nach Rechtskraft einer Geldstrafe oder -buße unter 250 Euro;
g) Kosten, zu deren Übernahme ein anderer verpflichtet wäre, wenn der Rechtsschutzversicherungsvertrag nicht bestünde;
h) Kosten im Rahmen einer einverständlichen Regelung für Forderungen, die selbst nicht streitig waren oder Kosten, die auf den nicht versicherten Teil von Schadensfällen entfallen.

(4) Der Versicherer zahlt in jedem Rechtsschutzfall höchstens die vereinbarte Versicherungssumme. Zahlungen für den Versicherungsnehmer und mitversicherte Personen aufgrund desselben Rechtsschutzfalles werden hierbei zusammengerechnet. Dies gilt auch für Zahlungen aufgrund mehrerer Rechtsschutzfälle, die zeitlich und ursächlich zusammenhängen.

(5) Der Versicherer sorgt für
a) die Übersetzung der für die Wahrnehmung der rechtlichen Interessen des Versicherungsnehmers im Ausland notwendigen schriftlichen Unterlagen und trägt die dabei anfallenden Kosten;
b) die Zahlung eines zinslosen Darlehens bis zu der vereinbarten Höhe für eine Kaution, die gestellt werden muss, um den Versicherungsnehmer einstweilen von Strafverfolgungsmaßnahmen zu verschonen.

(6) Alle Bestimmungen, die den Rechtsanwalt betreffen, gelten entsprechend
a) in Angelegenheiten der freiwilligen Gerichtsbarkeit und im Beratungs-Rechtsschutz im Familien-, Lebenspartnerschafts- und Erbrecht (§ 2k) für Notare;
b) im Steuer-Rechtsschutz vor Gerichten (§ 2e) für Angehörige der steuerberatenden Berufe;
c) bei Wahrnehmung rechtlicher Interessen im Ausland für dort ansässige rechts- und sachkundige Bevollmächtigte.

Literatur:
Bauer, Rechtsentwicklung bei den Allgemeinen Bedingungen für die Rechtsschutzversicherung bis Anfang 2009, NJW 2009, 1564; *ders.*, Rechtsentwicklung bei den Allgemeinen Bedingungen für die Rechtsschutzversicherung bis Anfang 2010, NJW 2010, 1337; *Buschbell/Stoll*, Schadenregulierung und Verbraucherschutz, AnwBl. 1997, 639; *Kilian*, Kosten für Handelsregister-, Gewerberegister-, Einwohnermelderegister- und Grundbuchauszüge in der Rechtsschutzversicherung, r+s 2010, 501; *Jordan*, Das neue Mediationsgesetz – Chancen und Anforderungen für Rechtsanwälte, MDR 2013, 65; *Kurzka*, Anmerkung zum Urteil des AG München vom 01.12.1989 – 1111 C 30131/89, ZfS 1993, 99; *Kühl*, Ist der Rechtsschutzversicherer verpflichtet, im Sozialgerichtsprozeß auch die Kosten eines Schwerbehinderten-Verbandsvertreters zu tragen?, VersR 1983, 18; *Lensing*, Die freie Anwaltswahl, die Rechtsschutzversicherung und der EuGH, VuR 2011, 398; *Madert*, Anmerkung zum Urteil des OLG Koblenz vom 13.06.2006 – 14 W 350/06, AGS 2006, 461; *Mathy*, Der problematische Versicherungsvertrags-Rechtsschutz in der Rechtsschutzversicherung, NVersZ 2001, 433; *ders.*, Rechtsanwalt in eigener Sache: Kostenerstattung aus der Rechtsschutzversicherung?, r+s 2009, 265; *Nothoff*, Umsetzung der 4 Kraftfahrzeughaftpflicht-Richtlinie der EU durch das Gesetz zur Änderung des Pflichtversicherungsgesetzes und anderer versicherungsrechtlicher Vorschriften, ZfS 2003, 105; *Risse*, Das Mediationsgesetz – Eine Kommentierung, SchiedsVZ 2012, 244; *Schilasky*, Einschränkung der freien Rechtsanwaltswahl in der Rechtsschutzversicherung, 1998; *Schneider*, Wegfall der Beratungsgebühren zum 1.7.2006 – Erforderlichkeit einer Gebührenvereinbarung, NJW 2006, 1905; *Tögel/Rohlff*, Die Umsetzung der EU-Mediations-Richtlinie – Erwartungen aus der Sicht der Rechtschutzversicherer, ZRP 2009, 209; *Trossen/Käppele*, Gerichts-Integrierte Mediation, ZRP 2006, 97; *Vollkommer/Greger/Heinemann*, Anwaltshaftungsrecht, 5. Aufl. 2021; *Wendt*, Die Rechtsprechung des BGH zum Versicherungsrecht – Rechtsschutzversicherung, r+s 2012, 209; *ders.*, Risikobegrenzung, Obliegenheitsverletzungen und die neuere Rechtsprechung des BGH zur Rechtsschutzversicherung, MDR 2010, 1168.

Übersicht Rdn.

A. Allgemeines

1 § 5 enthält eine Aufzählung der Kosten, die der Rechtsschutzversicherer dem VN für die Wahrnehmung seiner rechtlichen Interessen erstatten muss. Er regelt den **Umfang der Kostenübernahme** und gilt für alle Formen des Versicherungsschutzes (§§ 21–29). Er stellt damit eine zentrale Vorschrift der ARB dar. Darüber hinaus regelt er die **Fälligkeit** der Versicherungsleistung und hat somit Relevanz für Fragen der Verjährung. Außerdem finden sich sog. **Sorgeleistungen**, die neben der Pflicht zur Kostenübernahme bestimmte Dienstleistungen des Rechtsschutzversicherers inhaltlich festlegen. Die Eingangsformulierung »Der Versicherer erbringt und vermittelt Dienstleistungen…« darf nicht dahingehend missverstanden werden, dass der Versicherer selber Rechtsdienstleistungen i.S.d. § 2 RDG erbringt. Das ist ihm nach § 4 RDG untersagt. Gemeint sind hier lediglich die erwähnten Sorgeleistungen. Inwieweit die »Vermittlung« die Bereitstellung von Vertrauensanwälten oder die Vermittlung von Vertragsanwälten umfassen darf, ist im Einzelnen nicht abschließend geklärt.[1]

2 Die Vorschrift beschreibt die versicherten Leistungen in § 5 I, V und VI abschließend (**primäre Risikobegrenzung**). Kosten, die in dieser positiven Leistungsbeschreibung nicht enthalten sind, fallen nicht unter den Versicherungsschutz und werden nicht erstattet.[2] Dies sind beispielsweise Reisekosten und Verdienstausfälle, die dem VN dadurch entstehen, dass vom Gericht sein persönliches Erscheinen beim Verhandlungstermin angeordnet wurde.[3] Auch übernimmt der Versicherer nicht die Kosten für jede beliebige Rechtsvertretung, so z.B. nicht für einen bloßen Rechtsbeistand oder einen Verbandsvertreter (vgl. Rdn. 9). Allerdings können nicht gedeckte Kosten teilweise anderweitig zurückerlangt werden. So kann der VN die nicht gedeckten Parteikosten unter Umständen als Verzugskosten über §§ 280 I, II, 286 BGB oder als Prozesskosten nach § 91 ZPO vom Verfahrensgegner ersetzt bekommen.

---

1 P/M/*Schneider*, § 5 ARB 2010 R. 1a f.

2 Harbauer/*Schneider*, § 5 ARB 2010 Rn. 3 m.w.N.

3 Harbauer/*Schneider*, § 5 ARB 2010 Rn. 3 m.w.N.

Aus dem in § 5 I, V und VI beschriebenen Leistungskatalog werden bestimmte Leistungen ausgenommen. Eine Aufzählung dieser Leistungsbeschränkungen findet sich in Abs. 3 (**sekundäre Risikobegrenzung**).[4] Auch hierfür trägt der Versicherer die Kosten nicht. Zwar liegt ein eintrittspflichtiger Versicherungsfall vor, allerdings würde durch die Übernahme dieser Kosten die Versichertengemeinschaft unzumutbar belastet.[5] Dies ist z.B. der Fall, wenn der VN Kosten ohne eine Rechtspflicht übernommen hat (§ 5 III lit. a) oder bei Kosten aufgrund von Zwangsvollstreckungsmaßnahmen, die später als fünf Jahre nach Rechtskraft des Vollstreckungstitels eingeleitet werden (§ 5 III lit. e). 3

Bei der Prüfung der Kostenübernahme ist zunächst die primäre und dann die sekundäre Begrenzung des Kostenrisikos durch § 5 zu überprüfen.[6] Relevant wird die Unterscheidung zwischen primärer und sekundärer Risikobegrenzung für die **Beweislastverteilung.**[7] Der VN muss darlegen und beweisen, dass es sich bei seinem Kostenübernahmeverlangen um Kosten handelt, die unter den Leistungskatalog des § 5 I, V und VI fallen. Ihn trifft die Beweislast für die primäre Risikobegrenzung. Den Versicherer trifft die Darlegungs- und Beweislast dafür, dass eine der Leistungsbeschränkungen des § 5 III greift.[8] 4

Gegenüber der alten Kostenübernahmeregelung des § 2 I ARB 75 ist der Leistungskatalog des § 5 deutlich erweitert. Zu beachten ist jedoch, dass einige Bedingungswerke **Zusatzklauseln mit Leistungserweiterungen** zu § 2 I ARB 75 enthalten. Dies gilt auch vereinzelt für § 5 I, so dass das konkrete Bedingungswerk immer auf unternehmensspezifische Besonderheiten überprüft werden muss.[9] 5

Der Leistungskatalog umfasst der Art nach im Wesentlichen 6
- Rechtsanwaltskosten (Abs. 1 lit. a) und b)
- Gerichtskosten, Kosten des Gerichtsvollziehers (Abs. 1 lit. c)
- Gebühren Schieds- und Schlichtungsverfahren (Abs. 1 lit. d)
- Außergerichtliche Kosten Verwaltungsverfahren und Vollstreckung (Abs. 1 lit. e)
- Kosten Sachverständiger (Abs. 1 lit. f)
- Reisekosten des VN zu einem ausländischen Gericht (Abs. 1 lit. g)
- Gegnerische Verfahrenskosten, soweit erstattungsfähig (Abs. 1 lit. h)
- Übersetzung notwendiger schriftlicher Unterlagen in Auslandsverfahren und Kostenübernahme (Abs. 5 lit. a)
- Übernahme Strafkaution (Abs. 5 lit. b)
- Übernahme Notarkosten (Abs. 6 lit. a)
- Kostenübernahme steuerberatender Berufe (Abs. 6 lit. b)
- Kostenübernahme für im Ausland ansässige rechts- und sachkundige Bevollmächtigte (Abs. 6 lit. c).

4 Harbauer/*Schneider*, § 5 ARB 2010 Rn. 4 m.w.N.
5 VersHb/*Obarowski*, § 45 Rn. 214.
6 Näher und mit ausführlichen Literaturhinweisen hierzu Harbauer/*Schneider*, § 5 ARB 2010 Rn. 3 ff.
7 L/W/*Obarowski*, Kap. 48 Rn. 106; van Bühren/Plote/*van Bühren*, § 5 ARB 2010 Rn. 4.
8 Harbauer/*Schneider*, § 5 ARB 2010 Rn. 5.
9 L/W/*Obarowski*, Kap. 48 Rn. 107.

B. Rechtsanwaltskosten bei Rechtsschutzfall im Inland (§ 5 I lit. a)

I. Eintritt des Rechtsschutzfalles im Inland

7 Die Kostenübernahme nach § 5 I lit. a) setzt voraus, dass der **Rechtsschutzfall im Inland** eingetreten ist. Dies ist nach § 5 I lit. a) bis c) dann der Fall, wenn sich der als Versicherungsfall definierte Sachverhalt im Inland ereignet hat.[10] Ein Inlandsfall liegt daher dem Wortlaut nach nicht vor, wenn Ansprüche aus einem im Ausland eingetretenen Rechtsschutzfall an einem Gericht innerhalb der Bundesrepublik Deutschland geltend gemacht werden können, z.B. bei Ansprüchen, die der Geschädigte eines Verkehrsunfalles im Ausland nach Art. 11 II Brüssel I-VO (VO [EG] Nr. 44/2001) unmittelbar vor seinem Heimatgericht gegen einen in einem Mitgliedstaat der EU ansässigen Versicherer geltend machen kann.[11] Hierfür würden dann die Regelungen des § 5 I lit. b) für den Auslandsrechtsschutz gelten (vgl. unten Rdn. 49 ff.). Die Vorschrift ist ihrem **Sinn und Zweck** nach jedoch so auszulegen, dass sie dem VN dann Versicherungsschutz gewähren soll, wenn eine Rechtsvertretung im Ausland notwendig ist. Tatsächlich muss es daher wohl entgegen dem Wortlaut der Vorschrift darauf ankommen, ob die Wahrnehmung der rechtlichen Interessen innerhalb oder außerhalb der Bundesrepublik Deutschland erfolgt (näher vgl. unten Rdn. 49 ff.).[12] Regelmäßig wird zwar der Gerichtsstand in dem Staat liegen, in dem sich der Rechtsschutzfall auch ereignet hat, so dass beide Voraussetzungen kumulativ vorliegen. Beim Auseinanderfallen kommt es im Zweifel allerdings entgegen dem Wortlaut nicht auf den Ort an, an dem der Rechtsschutzfalll eingetreten ist sondern darauf, ob der Gerichtsstand im In- oder Ausland liegt.

II. Vergütung eines für den VN tätigen Rechtsanwalts

1. Rechtsanwalt

8 Tritt der Rechtsschutzfall im Inland ein, trägt der Versicherer nach § 5 I lit. a) Satz 1 die Vergütung eines für den VN tätigen Rechtsanwaltes bis zur Höhe der gesetzlichen Vergütung eines am Ort des zuständigen Gerichtes ansässigen Rechtsanwaltes. Der **Begriff Rechtsanwalt** ist für eine bestimmte Personengruppe in der BRAO rechtsverbindlich festgelegt. Danach ist der Rechtsanwalt der berufene unabhängige Berater und Vertreter in allen Rechtsangelegenheiten, § 3 I BRAO. **Zugang** zum Beruf des Rechtsanwaltes hat, wer die Befähigung zum Richteramt nach dem Deutschen Richtergesetz besitzt oder die Eingliederungsvoraussetzungen nach dem Gesetz über die Tätigkeit europäischer Rechtsanwälte in Deutschland vom 9. März 2000 (BGBl. I S. 182) erfüllt bzw. die Eignungsprüfung nach diesem Gesetz bestanden hat. Im Rahmen der Rechtsschutzversicherung werden nur Rechtsanwälte i.S.d. BRAO vergütet.

---

10 L/W/*Obarowski*, Kap. 48 Rn. 118; a.A. van Bühren/Plote/*van Bühren*, § 5 ARB 2010 Rn. 47; H/E/K/*Heinrichs*, 34. Kap. Rn. 225.

11 EuGH VersR 2008, 111; BGH VersR 2008, 955; ausführlich zur Direktklage des Geschädigten gegen den Versicherer Ruffert/*Looschelders/Michael*, § 11 Rn. 242.

12 Wohl auch van Bühren/Plote/*van Bühren*, § 5 ARB 2010 Rn. 47.

2. Andere rechtsberatende Berufe

Andere rechtsberatende Berufe sind von der Vergütung ausgeschlossen. Der Begriff des Rechtsanwaltes ist nicht durch Auslegung erweiterbar. **Nicht vergütet** werden daher Rechtsbeistände, Prozessagenten, Hochschullehrer, Steuerberater und Patentanwälte.[13] Dies gilt, obgleich diesen Personengruppen unter bestimmten Umständen, so dem Hochschullehrer für eine Verteidigung im Strafverfahren gem. § 138 I StPO, die Rechtsvertretung gestattet ist. Gleiches gilt für Verbraucherverbände wie die Verbraucherzentrale und Verbandsvertreter wie den Schwebehinderten-Verbandsvertreter.[14] Auch wenn die Vertretung unter Umständen kostengünstiger oder sachdienlicher ist, schließt der klare Wortlaut eine Kostenerstattung aus. Im Einzelfall wird gegebenenfalls eine kulanzweise Kostenübernahme erfolgen, auf die jedoch kein Rechtsanspruch besteht. Umfasst der Versicherungsschutz Beratungs-Rechtsschutz im Familien-, Lebenspartnerschafts- und Erbrecht (§ 2 lit. k) oder Angelegenheiten der freiwilligen Gerichtsbarkeit, werden auch die Kosten eines **Notars** ersetzt, § 5 VI lit. a). Gleiches gilt beim Bestehen von **Steuer-Rechtsschutz** vor Gerichten (§ 2 lit. e) für Angehörige der steuerberatenden Berufe, § 5 VI lit. b). 9

3. Gesellschaftliche Zusammenschlüsse von Anwälten

Rechtsanwalt i.S.d. § 5 I lit. a) ist auch ein **gesellschaftlicher Zusammenschluss von Rechtsanwälten.** Erstattungsfähig sind daher auch die Kosten, die eine Sozietät als Gesamthandgläubigerin geltend macht, wenn sich die Rechtsanwälte zu einer Gesellschaft bürgerlichen Rechts gem. § 705 BGB zusammengeschlossen haben.[15] Erstattet werden auch die Kosten einer Rechtsanwaltspartnerschaftsgesellschaft nach § 7 IV PartGG, einer Rechtsanwalts-GmbH nach § 59c BRAO, einer Rechtsanwalts-AG oder einer Limited Liability Partnership (LLP), wobei bei letzterer möglicherweise die Eintragung in das Partnerschaftsregister vorausgesetzt werden muss. Die Postulations- und Vertretungsbefugnis lässt sich dann analog aus § 7 IV PartGG ableiten. 10

4. Vertretung

Der Rechtsanwalt kann sich bei seiner anwaltlichen Tätigkeit für den VN ganz oder teilweise **vertreten** lassen, sofern der VN hierfür sein ausdrückliches oder stillschweigendes Einverständnis gegeben hat. In Betracht kommt hierbei auch die Vertretung durch einen Rechtsreferendar, der dem Anwalt zur Ausbildung zugewiesen ist.[16] Die Tätigkeit des Vertreters ist von dem Versicherer im selben Umfang zu vergüten wie die Tätigkeit des Rechtsanwalts. 11

---

13 Harbauer/*Schneider*, § 5 ARB 2010 Rn. 13 ff.

14 Zum Schwerbehinderten-Verbandsvertreter a.A. *Kühl* VersR 1983, 18.

15 BGH NJW 1996, 2859.

16 Buschbell/Hering/*Buschbell*, § 10 Rn. 34.

5. Vergütung

12 Der Versicherer trägt nach § 5 I lit. a) Satz 1 die Vergütung bis zur Höhe der gesetzlichen Vergütung eines am Ort des zuständigen Gerichts ansässigen Rechtsanwaltes. Die Art und Höhe der gesetzlichen Vergütung ergibt sich aus dem **Rechtsanwaltsvergütungsgesetz** (RVG). Unter Vergütung sind die Gebühren und Auslagen des Anwalts nach § 1 I 1 RVG zu verstehen. Das RVG gilt ausschließlich für Rechtsanwälte und findet auf andere Rechtsberater keine Anwendung.[17] Übernommen werden nur die tatsächlich angefallenen Kosten. Dies gilt auch dann, wenn in der Deckungszusage ein höherer Betrag genannt wurde.

13 Vereinbart der VN mit dem Rechtsanwalt eine höhere als die gesetzlich festgelegte Vergütung, muss er den überschießenden Teil selber tragen. **Mehrkosten** aufgrund einer Honorarvereinbarung werden nicht übernommen. Hält sich die Honorarvereinbarung hingegen im Rahmen der gesetzlichen Vergütung, ist diese erstattungsfähig, es kommt für die Erstattungspflicht des Versicherers nicht darauf an, ob dieser eine private Honorarvereinbarung oder das RVG zugrunde liegt.[18]

a) Mandatsvertrag

14 Der Anspruch des Rechtsanwaltes auf Vergütung seiner Tätigkeit ergibt sich aus dem **Mandatsvertrag.** Hierbei handelt es sich in aller Regel um einen Dienstvertrag, der eine Geschäftsbesorgung zum Gegenstand hat.[19] Die Vergütung gilt als stillschweigend vereinbart, da die Mandatsübernahme nur gegen Vergütung zu erwarten ist, § 612 I BGB. Ausnahmsweise wird der Rechtsanwalt auf Werkvertragsbasis tätig, nämlich dann, wenn er lediglich für eine erfolgsbezogene Einzelleistung (Gutachten, Rat, Vertragsentwurf) in Anspruch genommen wird.[20] Hier gelten die Regelungen der §§ 631 ff. BGB. Da auch diese Leistungen nur gegen Vergütung zu erwarten sind, gilt auch hier eine Vergütung als stillschweigend vereinbart, § 632 I BGB.

b) Gebührenabkommen

15 Teilweise werden in der Praxis zwischen Rechtsanwalt und Versicherer **Gebührenabkommen** geschlossen. Diese sollen Streit über das Vorliegen bestimmter Gebührentatbestände bzw. über die Erhebung der Rahmengebühren nach § 14 RVG vermeiden.[21] Die Rahmengebühren eröffnen dem Rechtsanwalt einen gewissen Entscheidungsspielraum über die Höhe der in Rechnung gestellten Gebühr. Er bestimmt die Rahmengebühr im Einzelfall unter Berücksichtigung aller Umstände, vor allem des Umfangs und der Schwierigkeit der anwaltlichen Tätigkeit, der Bedeutung der Angelegenheit sowie der Einkommens- und Vermögensverhältnisse des Auftraggebers, § 14 RVG.

---

17 Buschbell/Hering/*Buschbell*, § 10 Rn. 24 f.

18 Harbauer/*Schneider*, § 5 ARB 2010 Rn. 58.

19 BGH NJW 1996, 661.

20 BGH NJW 1996, 661; OLG Düsseldorf VersR 1993, 702; Harbauer/*Schneider*, § 5 ARB 2010 Rn. 23.

21 L/W/*Obarowski*, Kap. 48 Rn. 111.

Daraus folgt, dass es zu erheblichen Unterschieden kommen kann. Die Gebührenabkommen können hier unnötige Kosten für den Versicherer vermeiden und gelten als rechtlich unbedenklich.[22]

c) Freistellungsanspruch

Der Rechtsanwalt hat keinen unmittelbaren Vergütungsanspruch gegen den Versicherer, 16
sondern muss seine Ansprüche gegen den VN richten. Dieser wiederum hat einen **Freistellungsanspruch** gegen den Versicherer, sobald er in Anspruch genommen wird.[23] Der VN ist nicht vorleistungspflichtig.[24] Ein **Zahlungsanspruch** gegen den Versicherer entsteht erst, wenn der VN seinerseits den Anwalt als Kostengläubiger befriedigt hat.[25] In der Praxis wird die Kostenrechnung vom Versicherer regelmäßig kulanzweise direkt gegenüber dem Anwalt beglichen,[26] indem sie entweder unmittelbar an den Rechtsschutzversicherer gestellt (hierbei ist im Zweifel von einem stillschweigenden Einverständnis des VN auszugehen),[27] oder vom VN weitergeleitet wird. Ein Rechtsanspruch hierauf besteht allerdings nicht.

d) Pflichtverletzung des Anwalts

Verletzt der Rechtsanwalt schuldhaft eine Pflicht aus dem Mandatsvertrag, kann dies 17
dazu führen, dass er seinen Vergütungsanspruch ganz oder teilweise verliert. Typische Beispiele für den Verlust des Vergütungsanspruchs sind das Verstreichenlassen einer Ausschlussfrist für die Geltendmachung des Anspruchs oder das Verjährenlassen des Anspruchs. Der hieraus erwachsende **Schadensersatzanspruch** aus §§ 280 I, 241 BGB umfasst auch die nutzlos entstanden Rechtsanwaltsgebühren.[28] Teilweise wird in der Rechtsprechung vertreten, dass von vorneherein lediglich ein um den Schaden reduzierter Vergütungsanspruch entsteht.[29] Der BGH hat in diesem Zusammenhang die rechtsvernichtende Einwendung der unzulässigen Rechtsausübung aus § 242 BGB herangezogen.[30] Überwiegend wird jedoch mittlerweile davon ausgegangen, dass der VN gegen die Gebührenforderung mit seinem Schadensersatzanspruch aufrechnen kann.[31] Dem hat sich nun auch der BGH angeschlossen.[32] Die Pflichtverletzung hat

22 L/W/*Obarowski*, Kap. 48 Rn. 111; *Schilasky*, S. 134; zu anwaltlichen Gebührenabsprachen mit Haftpflichtversicherern Harbauer/*Schneider*, § 5 ARB 2010 Rn. 100.

23 BGH VersR 1999, 706; van Bühren/Plote/*van Bühren*, § 5 ARB 2010 Rn. 121.

24 BGH VersR 1999, 706.

25 BGH VersR 1999, 706; BGH VersR 1984, 530.

26 Buschbell/Hering/*Buschbell*, § 10 Rn. 36.

27 AG Köln VersR 2008, 815.

28 Harbauer/*Schneider*, § 5 ARB 2010 Rn. 33.

29 LG Flensburg AnwBl. 1987, 193; LG München I AnwBl. 1981, 68; im Ergebnis wohl auch BGH NJW 1988, 3013, 3015.

30 BGH NJW 1988, 3013, 3015.

31 Harbauer/*Schneider*, § 5 ARB 2010 Rn. 33; *Vollkommer/Greger/Heinemann*, § 20 Rn. 33; van Bühren/Plote/*van Bühren*, § 5 ARB 2010 Rn. 23; LG Aachen r+s 1992, 93.

32 BGH NJW 2004, 2817.

somit keine Auswirkung auf den Vergütungsanspruch, der VN muss seinen Schadensersatzanspruch vielmehr getrennt oder aufrechnungsweise geltend machen.[33] Ausnahmsweise entsteht von vorneherein kein Anspruch auf Vergütung, wenn der Rechtsanwalt einen nach **§ 356 StGB strafbaren Parteiverrat** begangen hat, so dass es in diesem Fall unerheblich ist, ob dem VN ein Schaden entstanden ist oder nicht.[34]

e) Mehrere Anwälte

18 Vergütet wird grundsätzlich nur die Tätigkeit **eines** Rechtsanwaltes. Die Formulierung »eines für den VN tätigen Rechtsanwaltes« ist zwar nicht so zu verstehen, dass ausschließlich die Tätigkeit eines einzigen Rechtsanwaltes vergütet werden muss. In aller Regel ist die Herbeiziehung eines einzigen Rechtsanwaltes jedoch ausreichend, um die rechtlichen Interessen des VN zu wahren, sodass den Versicherer keine weitere Vergütungspflicht trifft.[35] Zu beachten ist auch, dass die ARB in bestimmten Fällen die Kostenübernahme für einen **zusätzlichen Verkehrsanwalt** vorsehen, vgl. Rdn. 54.

19 In Einzelfällen kann es allerdings zur Wahrung der Interessen des VN erforderlich sein, **mehrere Rechtsanwälte** gleichzeitig zu beschäftigen.[36] Ist ein berechtigtes Interesse hieran nachweisbar, folgt aus dem Grundgedanken des § 1, wonach der Versicherer die für die Wahrnehmung der rechtlichen Interessen des VN erforderlichen Leistungen zu erbringen hat, dass der Versicherer **auch hierfür die Vergütung übernehmen muss.** Hat der VN mehrere Rechtsanwälte beauftragt, schuldet der Versicherer jedoch nur die Vergütung eines einzigen Anwalts, bestimmt der VN, welchem Anwalt die Versicherungsleistung zufließen soll.

20 Die **ARB 2021** weisen in Ziff. 2.3.1.2 ausdrücklich darauf hin, dass die Mehrkosten für die Beauftragung von mehr als einem Rechtsanwalt nicht übernommen werden. Allerdings verpflichtet sich der Versicherer auch hier in Ziff. 1, die zur Wahrnehmung der rechtlichen Interessen erforderlichen Leistungen zu erbringen, so dass in Einzelfällen die Mehrkosten erstattungsfähig sein dürften.

f) Selbstvertretung

21 Vertritt der Rechtsanwalt sich in einem **Zivilrechtsstreit** selbst, sind also VN und Anwalt identisch, muss der **Versicherer die Gebühren**, die der Anwalt für die Selbstvertretung in Rechnung stellt, **übernehmen.**[37] Die Zulässigkeit der Selbstvertretung im Zivilrecht

---

33 *Vollkommer/Greger/Heinemann*, § 20 Rn. 33.

34 BGH NJW 2004, 2817.

35 OLG Karlsruhe ZfS 1986, 178; LG Essen ZfS 1985, 239; P/M/*Piontek*, § 5 ARB 2010 Rn. 6; VersHb/*Obarowski*, § 45 Rn. 222.

36 Harbauer/*Schneider*, § 5 ARB 2010 Rn. 26, wobei die Komplexität der Materie allein noch nicht ausreichen soll; im Falle einer auswärtigen, vom Gerichtsort ortsverschiedenen Beweisaufnahme bejahend Höra/Schubach/*Lensing*, § 27 Rn. 614.

37 BGH VersR 2011, 67; LG München VersR 1972, 793; LG Berlin VersR 1974, 868; LG Düsseldorf VersR 1977, 971; Heinrich-Heine-Universität Düsseldorf, 2011, »*Erstattungsfähigkeit der Selbstvertretung im Zivilverfahren*«, *Weckmann*, http://www.ivr-blog.de/

mit der Folge eines Freistellungsanspruchs gegen den Rechtsschutzversicherer ergibt sich aus §§ 78 IV, 91 II 3 ZPO.[38] Danach sind dem Rechtsanwalt in eigener Sache die Gebühren und Auslagen zu erstatten, die er als Gebühren und Auslagen eines bevollmächtigten Rechtsanwaltes erstattet verlangen könnte. Im Falle des Obsiegens wird folglich ein Kostenerstattungsanspruch gegen den Prozessgegner fingiert. Die §§ 78 IV, 91 II 3 ZPO müssen insofern bei der Auslegung des § 5 I berücksichtigt werden.[39]

Die Kostenerstattung der Selbstvertretung im Zivilprozess ist allerdings **umstritten.** 22
Gegen die Erstattungsfähigkeit wird der Wortlaut des § 5 I lit. a) angeführt, der die Vergütung »eines für den VN tätigen Rechtsanwaltes« vorschreibt und damit klar davon ausgehe, dass VN und Rechtsanwalt nicht identisch sind.[40] Der Wortlaut schließt jedoch nicht zwangsläufig die Personenidentität von VN und Rechtswalt aus.[41] Der § 78 IV ZPO sieht die Selbstvertretung des vertretungsberechtigten Rechtsanwaltes ausdrücklich vor. Er legt damit gesetzlich fest, dass die Selbstvertretung einen Fall der ordnungsgemäßen Vertretung durch einen Rechtsanwalt darstellt. Nach § 93 II 3 ZPO sind dem Anwalt im Falle der Selbstvertretung dann die Gebühren und Auslagen so zu erstatten, als hätte er einen fremden Rechtsanwalt beauftragt. Der den § 5 I lit. a) verständig würdigende VN darf davon ausgehen, dass ihm die in der ZPO vorgesehenen Vertretungsmöglichkeiten durch einen Rechtsanwalt offenstehen. Dies gilt umso mehr, als der § 5 I lit. a) im Weiteren dann auf die gesetzliche Vergütung und damit auf entsprechende gesetzliche Bestimmungen verweist.[42]

g) Selbstverteidigung

Mangels entsprechender strafprozessrechtlicher Vorschriften sind im **Straf- und** 23
Ordnungswidrigkeitsverfahren bei der Selbstverteidigung entstehende Kosten **nicht erstattungsfähig.**[43] Die Strafprozessordnung sieht die Selbstverteidigung des Anwaltes in der Rolle des Beschuldigten nicht vor. Neben dem formalen Argument der fehlenden gesetzlichen Regelung lässt sich auch verfassungsrechtlich nichts anderes herleiten. Für den Fall der Selbstverteidigung des Rechtsanwaltes im Straf- oder Ordnungswidrigkeitsverfahren lässt sich seine anwaltliche Tätigkeit als unabhängiges Organ der Rechts-

---

2011/01/erstattungsfahigkeit-der-selbstvertretung-im-zivilverfahren/; a.A. *Bauer* NJW 2009, 1564, 1565; VersHb/*Obarowski*, § 45 Rn. 221; Harbauer/*Schneider*, § 5 ARB 2010 Rn. 49; *Mathy* r+s 2009, 265, 267.

38 BGH VersR 2011, 67 m.w.N.

39 HK-VVG/*Münkel*, § 5 ARB 2010 Rn. 8.

40 P/M/*Piontek*, § 5 ARB 2010 Rn. 18 f.; L/W/*Obarowski*, Kap. 48 Rn. 109.

41 BGH VersR 2011, 67, 68; van Bühren/*Schneider*, § 13 Rn. 331; anders L/W/*Obarowski*, Kap. 48 Rn. 109; Harbauer/*Schneider*, § 5 ARB 2010 Rn. 49; *Mathy* r+s 2009, 265, 268.

42 So auch BGH VersR 2011, 67.

43 BGH VersR 2011, 67; OLG Stuttgart ZfS 2009, 650; LG Flensburg JurBüro 1983, 249; LG Wuppertal JurBüro 1986, 410; AG Amberg ZfS 1984, 371; AG Düsseldorf r+s 1990, 206; Mathy r+s 2009, 265, 267 ff.; a.A. AG München VersR 1994, 409 mit Anm. *Kurzka*, ZfS 1993, 99; AG Gießen AnwBl. 1983, 331.

pflege **nicht mit seiner Rolle als Prozesspartei vereinbaren.**[44] Ein Beschuldigter im Strafverfahren kann nicht gleichzeitig sein eigener Verteidiger sein.[45] Da ein Gebührenanspruch rechtlich nicht entstehen kann, muss der Rechtsschutzversicherer einen solchen auch nicht erstatten.

24 Sowohl bei der Selbstvertretung im Zivilprozess als auch bei der Selbstverteidigung im Bußgeld- oder Strafverfahren kann der sich selbst vertretende Rechtsanwalt vom Versicherer die **gegnerischen Kosten** und die **Gerichtskosten** ersetzt verlangen. Auch die **weiteren Verfahrenskosten** wie z.B. Sachverständigenkosten müssen vom Versicherer erstattet werden. Keine Selbstvertretung oder -verteidigung liegt vor, wenn der Anwalt seine Rechtsvertretung seiner eigenen Sozietät überträgt.[46]

h) Anwaltswechsel

25 Ob der Versicherer die Mehrkosten eines Anwaltswechsels tragen muss, hängt von den **Umständen des Wechsels** ab. Grundsätzlich ist ein Wechsel nur in Ausnahmefällen möglich. Hintergrund ist die Überlegung, dass die Risikogemeinschaft der VN nur mit solchen Kosten belastet werden soll, die für die Interessenwahrnehmung im Rechtsschutzfall **objektiv notwendig** sind.[47] Hierunter fallen nicht solche Kosten, die auf der Grundlage persönlicher Erwägungen des Anwaltes oder des Mandanten verursacht worden sind.

26 Ein **Ausnahmefall** liegt wohl auf jeden Fall dann vor, wenn der Anwaltswechsel **weder vom Anwalt noch vom VN zu vertreten ist.**[48] Typischer Fall objektiv notwendiger Kosten für einen Anwaltswechsel ist der Tod des Anwaltes. Problematischer ist der Fall, dass der Anwalt seine Zulassung verliert oder sie aufgibt. Teilweise wird eine Erstattung der Mehrkosten durch den Versicherer nur dann befürwortet, wenn besondere Gründe hierfür vorlagen.[49] So wurde eine Kostentragungspflicht des Versicherers für den Fall bejaht, dass der Anwalt in den öffentlichen Dienst wechselt und damit aus der Anwaltschaft ausscheidet.[50] Gleiches gilt, wenn der Anwalt die Zulassung aus gesundheitlichen Gründen zurückgibt, zumindest dann, wenn dies bei Mandatserteilung nicht absehbar war.[51] **Verschuldet** der Rechtsanwalt den Verlust der Zulassung gem. § 14 BRAO, etwa weil er infolge strafgerichtlicher Verurteilung die Fähigkeit zur Bekleidung öffentlicher Ämter verloren hat oder die vorgeschriebene Berufshaftpflichtversicherung nicht unterhält, wird teilweise eine Pflicht zur Tragung der Mehrkosten verneint.[52] Gleiches soll

44 BVerfGE 53, 207, 214 f.; BVerfG NJW 1998, 2205; BGH VersR 2011, 67; P/M/*Piontek* § 5 ARB 2010 Rn. 18; Harbauer/*Schneider*, § 5 ARB 2010 Rn. 50.

45 L/W/*Obarowski*, Kap. 48 Rn. 109.

46 Van Bühren/*Schneider*, § 13 Rn. 332.

47 Harbauer/*Schneider*, § 5 ARB 2010 Rn. 30 mit Nachweisen aus der Rspr.

48 Harbauer/*Schneider*, § 5 ARB 2010 Rn. 30; P/M/*Piontek*, § 5 ARB 2010 Rn. 7.

49 PG/*Schneider*, § 91 Rn. 6, 14.

50 OLG München Rpfleger 1970, 97.

51 OLG Koblenz AGS 2006, 461 mit Anm. *Madert*.

52 So wohl Harbauer/*Schneider*, § 5 ARB 2010 Rn. 30, wonach sich allerdings die Pflicht zur Kostenübernahme in diesen Fällen aus den Grundsätzen von Treu und Glauben erge-

gelten, wenn gegen den Rechtsanwalt ein vorläufiges Berufs- oder Vertretungsverbot nach § 150 BRAO verhängt wird. Es ist jedoch nicht ersichtlich, warum es auf den Grund für den Verlust der Zulassung ankommen soll. Eine Rechtsvertretung durch den Anwalt ist objektiv nicht mehr möglich, so dass der Wechsel zwingend vorzunehmen ist.[53]

Die **ARB 2021** enthalten eine eigene Regelung für den Anwaltswechsel in **Ziff. 2.3.1.2.** 27
Sie weisen ausdrücklich darauf hin, dass Mehrkosten, die aufgrund eines Anwaltswechsels entstehen, nicht übernommen werden. Allerdings ist davon auszugehen, dass auch hier nur die Fallkonstellationen gemeint sind, in denen der Anwaltswechsel vom Anwalt oder vom VN zu vertreten ist. Nach wie vor erstattungsfähig dürften die Kosten für einen objektiv notwendigen Anwaltswechsel sein, z.B. im Fall des Todes des beauftragten Rechtsanwaltes. Ein völliger Ausschluss der Kostenübernahme würde für den VN eine unzumutbare Härte bedeuten.

i) Kündigung einer Partei

Kündigt einer der Parteien den Anwaltsvertrag, ist dies in der Regel auf ein Verschulden 28
des Anwaltes und/oder des Mandanten zurückzuführen. Aus diesem Grund ist der **Versicherer grundsätzlich nicht verpflichtet**, die Mehrkosten für den kündigungsbedingten Anwaltswechsel zu tragen. Hierfür spricht auch, dass es dem Versicherer regelmäßig nicht oder nur mit unverhältnismäßigem Aufwand möglich sein wird, die Gründe für das Scheitern des ersten Anwaltsvertrags zu ermitteln.[54] Der Versicherer muss also auch beim Anwaltswechsel nach Kündigung nur die Kosten für einen einzigen Anwalt tragen. Hierbei empfiehlt es sich, den VN um Weisung zu bitten, an welchen Anwalt in welcher Höhe geleistet werden soll. Dem VN steht insoweit ein Dispositionsrecht zu. Macht der VN von seinem Dispositionsrecht keinen Gebrauch, kann der Versicherer mit befreiender Wirkung an den VN zahlen. Dies ist erforderlich, da der Versicherer regelmäßig nicht in der Lage sein wird festzustellen, in welcher Höhe an den jeweiligen Anwalt zu leisten ist.[55]

6. Höhe der Vergütung

a) Ansässigkeit des Anwaltes am Ort des zuständigen Gerichts

Die Vergütung nach RVG wird übernommen bis zur Höhe der gesetzlichen Vergütung 29
eines **am Ort des zuständigen Gerichts ansässigen** Rechtsanwaltes. Im Gegensatz zu § 2 I ARB 75 muss der beauftragte Rechtsanwalt nicht mehr »am Ort des zuständigen Gerichts wohnhaft oder bei diesem Gericht zugelassen« sein. Die Höhe der erstattungsfähigen Gebühren richtet sich jedoch nach dem, was ein ortsansässiger Rechtsanwalt

---

ben kann. Anders LG Hannover VersR 2006, 790, das den Anwaltswechsel wegen Verlustes der Zulassung als objektiv erforderlich ansieht, ohne Feststellungen dahingehend zu treffen, warum der Anwalt die Zulassung verloren hat.

53 LG Hannover VersR 2006, 790; P/M/*Piontek*, § 5 ARB 2010 Rn. 7.

54 Harbauer/*Schneider*, § 5 ARB 2010 Rn. 31.

55 Harbauer/*Schneider*, § 5 ARB 2010 Rn. 31 m.w.N.

verlangen kann. Mit ansässig ist nicht die Zulassung bei einem bestimmten Gericht, sondern der Kanzleisitz des Rechtsanwaltes gemeint. Nicht gedeckt sind daher Mehrkosten wie Fahrtkosten und Abwesenheitsgelder, die durch die Beauftragung eines Rechtsanwaltes entstehen, der nicht am Ort des zuständigen Gerichts ansässig ist. Etwas anderes gilt, wenn der VN mehr als 100 km Luftlinie vom zuständigen Gericht entfernt wohnt (vgl. unten Rdn. 42 ff.).

30 **Zuständig** ist das Gericht, das für das gerichtliche Verfahren des VN **sachlich und örtlich zuständig** ist. Ist noch kein gerichtliches Verfahren anhängig, richtet sich die Zuständigkeit nach dem Gericht, das im Falle eines gerichtlichen Verfahrens zuständig wäre.[56] Die sachliche und örtliche Zuständigkeit der Gerichte ist für das Zivilverfahren in der ZPO und im GVG geregelt, für das Strafverfahren finden sich entsprechende Vorschriften in der StPO und im GVG. Die Zuständigkeit der Gerichte in den Übrigen nach § 2 versicherbaren Rechtsgebieten ergibt sich aus den jeweiligen Spezialgesetzen: Arbeitsgerichtsgesetz (AGG), Ordnungswidrigkeitsgesetz (OWiG), Verwaltungsgerichtsordnung (VwGO), Finanzgerichtsordnung (FGO), Sozialgerichtsgesetz (SGG) und Wohnungseigentumsgesetz (WEG). Für die Zuständigkeit der Disziplinar- und Standesgerichte finden sich Vorschriften in den jeweiligen Berufsgerichtsgesetzen.

b) Gesetzliche Vergütung

31 Der Versicherer muss dem VN die für seine Interessenwahrnehmung tatsächlich entstandene Vergütung erstatten. Die Höhe der Vergütung richtet sich nach den **Gebührenbestimmungen des RVG.** Die Gebühren werden, soweit das RVG nichts anderes bestimmt, nach dem Wert berechnet, den der Gegenstand der anwaltlichen Tätigkeit hat (Gegenstandswert). Bei **Rahmengebühren** bestimmt der Rechtsanwalt nach § 14 RVG die Gebühr im Einzelfall unter Berücksichtigung aller Umstände, vor allem des Umfangs und der Schwierigkeit der anwaltlichen Tätigkeit, der Bedeutung der Angelegenheit sowie der Einkommens- und Vermögensverhältnisse des Auftraggebers, nach billigem Ermessen. Die so berechnete Gebühr gilt dann als gesetzliche Vergütung[57]. Der Rechtsanwalt kann die Vergütung nur aufgrund einer von ihm unterzeichneten und dem VN mitgeteilten Kostennote einfordern, § 10 I RVG. Hierbei müssen die Beträge der einzelnen Gebühren und Auslagen, Vorschüsse, eine kurze Bezeichnung des jeweiligen Gebührentatbestands, die Bezeichnung der Auslagen sowie die angewandten Nummern des Vergütungsverzeichnisses angegeben werden, § 10 II RVG.

c) Kostenfestsetzung nach §§ 91 ff. ZPO

32 **Nicht bindend** für den Rechtsanwalt ist die **Kostenfestsetzung der Gerichte** nach den §§ 91 ff. ZPO bzw. die Festsetzung der durch die Staatskasse zu ersetzenden Gebühren im Strafprozess gem. § 464b StPO. Kostenfestsetzungsverfahren wirken stets nur zwischen den Parteien oder Beteiligten, die einander erstattungspflichtig sind.[58] Der Rechts-

56 Harbauer/*Schneider*, § 5 ARB 2010 Rn. 60.

57 Köln VersR 2003, 193; P/M/*Piontek*, § 5 ARB 2010 Rn. 9.

58 BGH VersR 1972, 1142.

anwalt kann hiervon unabhängig in seiner Kostennote eine höhere Vergütung fordern, wenn er die Bemessung seiner gesetzlichen Vergütung für zu niedrig hält.[59]

d) Kostenfestsetzung nach § 11 RVG

Eine **verbindliche Festsetzung** der Gebühren kann nach § 11 RVG erfolgen. Soweit die gesetzliche Vergütung zu den Kosten des gerichtlichen Verfahrens gehört, werden sie auf Antrag des Rechtsanwaltes oder des VN durch das Gericht des ersten Rechtszugs festgesetzt. Neben dem Kostenfestsetzungsverfahren kann die Festsetzung auch im **Gebührenprozess** erfolgen. Beide Festsetzungsarten sind auch für den Versicherer bindend, weil die festgesetzte Vergütung die tatsächlich geschuldete ist, die der VN mit bindender Wirkung seinem Rechtsanwalt zu zahlen hat.[60] Die Bindungswirkung ergibt sich folglich nicht aus der Rechtskraft der Festsetzung, die nur zwischen VN und Anwalt besteht, sondern aus der Natur des Rechtsschutzversicherungsverhältnisses.[61] 33

e) Sonderfälle

aa) Umsatzsteuer

Nicht erstattungsfähig ist die **Umsatzsteuer**, wenn der VN Unternehmer ist und den Rechtsanwalt aus betrieblichem Anlass mandatiert. In diesem Fall ist der VN umsatzsteuervorabzugsberechtigt und muss aufgrund seiner Schadensminderungsobliegenheit gegenüber dem Versicherer von dieser Berechtigung auch Gebrauch machen.[62] Die Erstattungspflicht beschränkt sich damit auf die Nettovergütung des Rechtsanwaltes. 34

bb) Hebegebühr

Teil der gesetzlichen Vergütung ist auch die **Hebegebühr**, die für die auftragsmäßige Entgegennahme von Zahlungen Dritter entsteht. Ihre Erstattungsfähigkeit ist jedoch umstritten, da ihr unter Umständen die Obliegenheit des VN entgegengehalten werden kann, unnötige Kosten zu vermeiden.[63] Ist es dem VN ohne große Umstände möglich und zumutbar, den Zahlungseingang selber zu kontrollieren, muss er dies aufgrund seiner Kostenminderungspflicht auch tun und darf keinen Anwalt beauftragen. Etwas anderes muss gelten, wenn die Zahlungseingänge vom VN nicht ohne Weiteres überprüft werden können, etwa bei Ratenzahlungsvereinbarungen mit langer Laufzeit oder unterschiedlicher Zinsberechnung.[64] 35

---

59 BGH VersR 1972, 1142.

60 BGH VersR 1972, 1142; van Bühren/*Schneider*, § 13 Rn. 320; Harbauer/*Schneider*, § 5 ARB 2010 Rn. 95.

61 Harbauer/*Schneider*, § 5 ARB 2010 Rn. 95.

62 LG München r+s 1994, 261; LG Krefeld VersR 1982, 1047; L/W/*Obarowski*, Kap. 48 Rn. 112; P/M/*Piontek*, § 5 ARB 2010 Rn. 15.

63 Vgl. insbesondere Harbauer/*Schneider*, § 5 ARB 2010 Rn. 47 f.; Höra/Schubach/*Lensing*, § 27 Rn. 603; van Bühren/Plote/*van Bühren*, § 5 ARB 2010 Rn. 40.

64 Harbauer/*Schneider*, § 5 ARB 2010 Rn. 95.

cc) Vorschuss

36 Der Rechtsanwalt kann nach § 9 RVG von seinem Auftraggeber für die entstandenen und die voraussichtlich entstehenden Gebühren und Auslagen einen angemessenen **Vorschuss** fordern. Fordert der Anwalt vom VN einen Vorschuss, muss der Versicherer diesen als Teil der gesetzlichen Gebührenforderung übernehmen.[65]

7. Beratung (§ 5 I lit. a) Satz 2)

37 Nach § 5 I lit. a) Satz 2 trägt der Versicherer in Fällen, in denen das RVG für die Erteilung eines mündlichen oder schriftlichen Rates oder einer Auskunft (**Beratung**), die nicht mit einer anderen gebührenpflichtigen Tätigkeit zusammenhängt und für die Ausarbeitung eines Gutachtens keine der Höhe nach bestimmte Gebühr festsetzt, je Rechtsschutzfall eine Vergütung bis zu einer bestimmten Höhe. Der Regelung liegt die **Reform der Rechtsanwaltsvergütung** zugrunde, wonach es für die beratende, gutachterliche und mediative Tätigkeit des Rechtsanwaltes keine gesetzliche Vergütung mehr gibt. Eine Kostenerstattung nach § 5 I lit. a) Satz 1 war daher vom Wortlaut nicht mehr umfasst.

a) Gebührenvereinbarung

38 Die Vergütung für anwaltliche Beratung richtet sich seit dem 01.07.2006 nach § 34 RVG. Danach soll der Rechtsanwalt für einen mündlichen oder schriftlichen Rat oder eine Auskunft (**Beratung**), die nicht mit einer anderen gebührenpflichtigen Tätigkeit zusammenhängt, für die Ausarbeitung eines schriftlichen Gutachtens und für die Tätigkeit als Mediator auf eine **Gebührenvereinbarung** hinwirken, § 34 I 1 RVG. Im Hinblick auf eventuelle Auslagen bedarf es keiner Vereinbarung, da die Auslagen weiterhin nach RVG zu ersetzen sind. Dem Anwalt ist es jedoch unbenommen, eine umfassende Vergütungsvereinbarung zu treffen, die auch die Auslagen mitumfasst.[66]

b) Fehlende Gebührenvereinbarung

39 Wurde **keine Vereinbarung** getroffen, erhält der Rechtsanwalt Gebühren nach den Vorschriften des bürgerlichen Rechts, § 34 I 2 RVG. Ist der Auftraggeber Verbraucher, beträgt die Gebühr ohne Honorarvereinbarung für die Beratung oder für die Ausarbeitung eines schriftlichen Gutachtens jeweils höchstens 250 Euro; für ein erstes Beratungsgespräch beträgt die Gebühr höchstens 190 Euro. Vor diesem Hintergrund haben die Rechtsschutzversicherer überwiegend eine Vergütung je Rechtsschutzfall von bis zu 250 Euro festgelegt, allerdings gibt es auch andere Höchstgrenzen.[67] Innerhalb dieser Grenze ist nach §§ 675, 611, 612 II BGB die für den konkreten Rechtsschutzfall übliche Vergütung zu ermitteln. Bei der Bemessung der üblichen Vergütung nach § 612 II BGB ist auf die jeweiligen konkreten Umstände des Einzelfalles abzustellen.[68]

65 Harbauer/*Schneider*, § 5 ARB 2010 Rn. 44.
66 *Schneider* NJW 2006, 1905.
67 L/W/*Obarowski*, Kap. 48 Rn. 110.
68 BGH NJW-RR 1990, 349.

Hierzu können die für die Rahmengebühr gem. § 14 I RVG und die für außergerichtlichen Streitigkeiten gem. § 4 I 2 RVG relevanten Kriterien herangezogen werden,[69] darüber hinaus sind jedoch auch weitere Kriterien denkbar, z.B. eine besondere Spezialisierung oder Lage und Größe der Kanzlei.[70]

Die dem § 5 I lit. a) Satz 2 inhaltlich entsprechende Klausel findet sich nun in **Ziff. 2.3.1.2 ARB 2012.** Durch die fehlenden Verweise auf das RVG ist die Klausel aus sich selbst heraus verständlich und damit für den VN wesentlich einfacher nachzuvollziehen. Er stellt eine deutliche Verbesserung zu § 5 I lit. a) Satz 2 dar, der sich ohne die Beiziehung des RVG dem VN nicht erschlossen hat, so dass der Leistungsumfang nicht ohne Weiteres ermittelt werden konnte. 40

c) Problem Alt-AVB

Probleme gibt es, wenn die Regelung des § 5 I lit. a) Satz 2 nicht in die ARB eines Versicherers übernommen wurde oder ein alter Rechtsschutzversicherungsvertrag besteht, der diese Ergänzung noch nicht enthält. Eine Erstattung der Beratungsgebühr nach § 5 I lit. a) scheitert daran, dass hier **keine gesetzliche Gebühr** eines Rechtsanwaltes angefallen ist. Ist die Rechtschutzversicherung vor dem 01.07.2004 geschlossen worden, kommt eine Anpassung des Vertrages nach den **Grundlagen der Störung der Geschäftsgrundlage** in Betracht.[71] Ist die Rechtsschutzversicherung nach dem 01.07.2004 geschlossen worden, enthält aber keine dem § 5 I lit. a) Satz 2 entsprechende Klausel, besteht eine Lücke im Rechtsschutz. Hier wird regelmäßig **eine kulanzweise Lösung** auf der Grundlage des § 5 I lit. a) Satz 2 vorzunehmen sein. 41

8. Korrespondenzanwalt (§ 5 I lit. a) Satz 3)

Die Höhe der erstattungsfähigen Gebühren richtet sich grundsätzlich nach dem, was ein ortsansässiger Rechtsanwalt verlangen kann. Hierbei wird auch in aller Regel nur die Vergütung von **einem** ortsansässigen Rechtsanwalt übernommen. Beauftragt der VN einen Anwalt, der nicht am Ort des zuständigen Gerichts ansässig ist, sind daher Mehrkosten wie Fahrtkosten und Abwesenheitsgelder nicht gedeckt. Allerdings kommt es relativ häufig vor, dass der VN zunächst eine Anwalt beauftragt, der nicht am zuständigen Gericht ansässig ist. Dies kann z.B. vor dem Hintergrund geschehen, dass der VN zunächst außergerichtlich einen Anwalt an seinem Wohnsitz herbeizieht. Unter den Voraussetzungen des § 5 I lit. a) Satz 3 werden daher die Mehrkosten für einen **Korrespondenzanwalt** übernommen, der im Landgerichtsbezirk des VN ansässig ist. Der Korrespondenzanwalt führt als zusätzlicher Anwalt nur den Schriftverkehr mit dem Anwalt am Ort des zuständigen Gerichts. Voraussetzung für die Kostenübernahme nach § 5 I lit. a) Satz 3 ist, dass der VN mehr als 100 km Luftlinie vom zuständigen Gericht entfernt wohnt und eine gerichtliche Interessenwahrnehmung erforderlich wird, sofern es sich nicht um eine Vertretung in Straf- und Ordnungswidrigkeitssachen 42

---

69 *Schneider* NJW 2006, 1905; Grüneberg/*Weidenkaff*, § 612 Rn. 11.

70 Grüneberg/*Weidenkaff*, § 612 Rn. 11.

71 Harbauer/*Schneider*, § 5 ARB 2010 Rn. 77.

oder im Disziplinar- und Standes-Rechtsschutz handelt. Die Höhe der zusätzlichen Gebühr ist auf eine volle Verfahrensgebühr beschränkt. Fällt im Prozess beim Verkehrsanwalt eine Einigungsgebühr an, wird diese nicht erstattet.[72]

a) Gerichtliches Verfahren in mehr als 100 km Entfernung

43 Es muss zu einem **gerichtlichen Verfahren** an einem Gericht kommen, das mehr als **100 km Luftlinie** vom Wohnort des VN entfernt ist. Außergerichtliche Verfahren reichen nicht aus.[73] Anders als noch in den ARB 75 wird die Entfernung nun ausdrücklich in Luftlinie gemessen, um Rechtsunsicherheiten zu vermeiden.

b) Leistungsart des § 2 lit a) bis g)

44 Der Versicherer trägt die Gebühren nur bei den **Leistungsarten des § 2 lit. a) bis g).** Für die Vertretung bei Straf- und Ordnungswidrigkeitssachen und im Disziplinar- und Standes-Rechtsschutz (§ 2 lit. h) bis j) ist eine Kostenerstattung ausgeschlossen. Die Kostenübernahme für den Beratungs-Rechtsschutz im Familien-, Lebenspartnerschafts- und Erbrecht (§ 2 lit. k) scheitert an dem Fehlen einer gerichtlichen Interessenwahrnehmung durch den Anwalt.

c) Anwalt aus Landgerichtsbezirk des VN

45 Voraussetzung ist ferner die Beauftragung eines Anwaltes, der im **Landgerichtsbezirk des VN** ansässig ist, dort also seinen Kanzleisitz hat. Hiermit soll vermieden werden, dass der VN den Korrespondenzanwalt beauftragt, um einen zusätzlichen Spezialisten zur Verfügung zu haben und diesen unter diesem Kriterium auswählt.[74]

d) Verfahren in 1. Instanz

46 § 5 I lit. a) Satz 3 beschränkt die Kostenübernahme für den Korrespondenzanwalt nun auf die **1. Instanz.** Dies ist zulässig, findet sich jedoch in den älteren Regelwerken nicht. Teilweise wurde allerdings in den Rechtsmittelinstanzen die Vergütung eines Korrespondenzanwaltes abgelehnt, da seine Tätigkeit nicht für notwendig erachtet wurde. Das Kriterium der Notwendigkeit wird aus § 91 I ZPO herangezogen. Hiernach sind Kosten nur zu erstatten, soweit sie zur zweckentsprechenden Rechtsverfolgung oder Rechtsverteidigung notwendig waren. Der BGH lehnt die Übernahme der Kosten eines Verkehrsanwaltes in den höheren Instanzen von der unterliegenden Prozesspartei grundsätzlich ab.[75] Hieraus wird gefolgert, dass auch die Erstattung des Rechtsschutzversicherers unter dem Vorbehalt der Notwendigkeit der entstandenen Kosten steht.[76] Insbesondere in der Revision als reiner Rechtsinstanz sei ein Anwalt »vor Ort« des VN nicht mehr notwendig, da der am zuständigen Revisionsgericht zugelassene

72 LG Stuttgart ZfS 1986, 271; LG Hanau ZfS 1986, 146.
73 Harbauer/*Schneider*, § 5 ARB 2010 Rn. 68.
74 Harbauer/*Schneider*, § 5 ARB 2010 Rn. 71; *Sperling* VersR 1996, 133, 141.
75 BGH VersR 2006, 136.
76 LG Fulda ZfS 1990, 416; LG Göttingen r+s 1993, 187; L/W/*Obarowski*, Kap. 48 Rn. 115.

Anwalt alle erforderlichen Informationen der Prozessakte entnehmen könne, so dass ein enger Austausch mit dem VN an seinem Wohnort nicht mehr angezeigt sei.[77] Hierbei ist allerdings zu bedenken, dass gerade bei reinen Rechts- und Verfahrensfragen in der Regel ein großer Aufklärungsbedarf beim VN besteht, da sich diese dem rechtlich nicht vorgebildeten VN unter Umständen nicht ohne Weiteres erschließen.[78] Unabhängig davon geht aus § 5 I lit. a) Satz 3 in den Fassungen vor 2010 nicht hervor, dass der Versicherer die Kosten des Verkehrsanwaltes nur im Rahmen ihrer Erstattungsfähigkeit nach § 91 ZPO übernehmen muss.[79] Die Vorschrift knüpft für die Erstattung der Kosten eines Verkehrsanwaltes nur an das Merkmal der Entfernung vom Wohnort des VN an, so dass die Kosten auch in den Rechtsmittelinstanzen erstattet werden müssen.

e) Tatsächliche Beauftragung

Der VN muss **tatsächlich** einen Korrespondenzanwalt beauftragen. Keine Kostenübernahme erfolgt, wenn der ursprünglich beauftragte Anwalt die auswärtigen Gerichtstermine selber wahrnimmt, auch wenn er zusätzlich nur die eigentlich erstattungsfähige Verfahrensgebühr in Rechnung stellt. Allerdings ist denkbar, dass die Versicherung die Kosten kulanzweise übernimmt, insbesondere, wenn sie unter der Verfahrensgebühr liegen.[80] Unter Umständen finden sich hierzu auch Sonderregelungen in den ARB einzelner Rechtsschutzversicherer. 47

Die Regelung des § 5 I Satz 3 ist inhaltsgleich in **Ziff. 2.3.1.2 ARB 2012** übernommen. Zu begrüßen ist hier die für den juristischen Laien deutlich einfacher gefasste Formulierung. 48

C. Rechtsanwaltskosten bei Rechtsschutzfall im Ausland (§ 5 I lit. b)

I. Eintritt des Rechtschutzfalles im Ausland

Auslandsrechtsschutz wird gewährt, wenn ein **Versicherungsfall im Ausland** eintritt. Hierfür ist erforderlich, dass der **Gerichtsstand** im Ausland liegt. Nicht ausreichend ist wohl, dass sich der nach § 4 I lit. a) bis c) als Versicherungsfall definierte Sachverhalt im Ausland ereignet.[81] In diesem Fall wird allerdings in aller Regel eine Rechtsvertretung außerhalb der Bundesrepublik Deutschland erforderlich sein, so dass die Voraussetzungen dann kumulativ vorliegen (hierzu auch oben unter Rdn. 7). 49

Das für den Rechtsstreit im Ausland zuständige ausländische Gericht wird nach der **Verfahrensordnung** des Landes ermittelt, in dem der Rechtsschutzfall eingetreten ist. Unter bestimmten Umständen (s. unten Rdn. 55) kann das Verfahren auch bei Eintritt des Versicherungsfalles im Ausland in Deutschland geführt werden. Liegt ein Auslandsrechtsschutzfall vor, kann der VN wählen, ob er einen ausländischen, am Ort 50

77 L/W/*Obarowski*, Kap. 48 Rn. 114.
78 Van Bühren/*Schneider*, § 13 Rn. 329.
79 So für § 2 I lit. a) ARB 75 auch BGH VersR 2007, 488, 489.
80 Hierzu auch van Bühren/*Schneider*, § 13 Rn. 328.
81 L/W/*Obarowski*, Kap. 48 Rn. 115.

des zuständigen Gerichts ansässigen oder einen inländischen Rechtsanwalt mit seiner Interessenwahrnehmung beauftragt.

II. Vergütung eines für den VN tätigen Rechtsanwaltes

1. Rechtsanwalt

51 Der Rechtsschutzversicherer vergütet die Tätigkeit eines in- oder ausländischen Rechtsanwaltes. Im Ausland ist das Berufsbild des Rechtsvertreters unter Umständen anders ausgeprägt und die Tätigkeitsbereiche sind anders zugeschnitten. Nach § 5 VI gelten im Auslandsrechtsschutz daher alle Bestimmungen, die den Rechtsanwalt betreffen, entsprechend für dort **ansässige rechts- und sachkundige Bevollmächtigte.** Ausreichend ist also, dass der VN einen Rechtsvertreter beauftragt, der in einem vergleichbaren Umfang wie ein deutscher Rechtsanwalt zur »geschäftsmäßigen Besorgung fremder Rechtsangelegenheiten« befugt ist.[82] Unterschiedliche Berufsbezeichnungen und Funktionen sind daher unschädlich, solange der gewählte Rechtsvertreter nach dem einschlägigen ausländischen Recht die Rechts- und Sachkunde besitzt, das Verfahren zu führen.

2. Vergütung eines ausländischen Rechtsanwaltes

52 Wird ein **ausländischer Rechtsanwalt** beauftragt, der am Ort des zuständigen Gerichts tätig ist, trägt der Versicherer die hierfür anfallende Vergütung. Der mit der Rechtsvertretung beauftragte Rechtsanwalt muss am Ort des Gerichts ansässig sein, also dort seine Kanzlei führen. Auf die Zulassung bei diesem Gericht kommt es nicht an.[83] Die Vergütung bemisst sich nach den Vorschriften des Staates, in dem der beauftragte Rechtsanwalt seine Kanzlei führt.[84] Finden sich dort – was in den meisten ausländischen Staaten der Fall ist – keine gesetzlichen Gebührenregelungen, hat der Rechtsschutzversicherer entsprechend § 612 II BGB die jeweils übliche Vergütung zu erstatten.[85]

3. Vergütung eines inländischen Rechtsanwaltes

53 Wird **ein inländischer Rechtsanwalt** mit der Interessenvertretung beauftragt, trägt der Versicherer nur die Kosten bis zur Höhe der gesetzlichen Vergütung, die entstanden wäre, wenn das Gericht, an dessen Ort der Rechtsanwalt ansässig ist, zuständig wäre. Die Übernahme der Vergütung erfolgt also nach der deutschen Gebührenordnung. Damit wird sich der VN in der Regel gegen die Beauftragung eines inländischen Rechtsanwaltes entscheiden, da es für ihn vor einem ausländischen Gericht in den meisten Fällen nicht absehbar sein wird, wie hoch die Kosten für die Rechtsvertretung sein werden und ob und in welcher Höhe diese unter Umständen von der Gegenseite übernommen werden müssen.[86] Die Beauftragung eines deutschen Rechtsanwaltes kann

82 Harbauer/*Schneider*, § 5 ARB 2010 Rn. 20.
83 Harbauer/*Schneider*, § 5 ARB 2010 Rn. 80.
84 Van Bühren/Plote/*van Bühren*, § 5 ARB 2010 Rn. 56.
85 H/E/K/*Heinrichs*, 34. Kap. Rn. 226; van Bühren/Plote/*van Bühren*, § 5 ARB 2010 Rn. 56.
86 Van Bühren/Plote/*van Bühren*, § 5 ARB 2010 Rn. 45; van Bühren/*Schneider*, § 13 Rn. 389.

jedoch sinnvoll sein, wenn im Falle eines Verkehrsunfalles im Ausland der Rechtsstreit vor einem inländischen Gericht ausgetragen wird, s. unten Rdn. 55 ff.

4. Verkehrsanwalt bei Rechtsschutzfall im Ausland

Wohnt der VN mehr als 100 km vom zuständigen Gericht entfernt, übernimmt der Rechtsschutzversicherer die weiteren Kosten für einen im Landgerichtsbezirk des VN ansässigen Rechtsanwalt bis zur Höhe der gesetzlichen Vergütung für einen **Verkehrsanwalt**, § 5 I lit. b) Satz 3. Ersetzt wird also eine Korrespondenzgebühr. Wie bei reinen Inlandsfällen auch ist die Vergütung des Verkehrsanwaltes auf die Kosten in der 1. Instanz beschränkt. Allerdings fehlt die für den Rechtsschutz im Inland geltende Beschränkung auf die Leistungsarten gem. § 2 lit. a) bis g), so dass die Kosten des Verkehrsanwaltes auch bei Strafverfahren und Ordnungswidrigkeitsverfahren übernommen werden. 54

5. Verkehrsunfall im Ausland

Bei einem Verkehrsunfall im Ausland kommt es für die Anwendbarkeit des § 5 I lit. b) darauf an, ob der Unfall einen **ausländischen Gerichtsstand** begründet. Dies war vor der neuen EuGH-Rechtsprechung[87] regelmäßig der Fall, da Unfallort und Gerichtsstand üblicherweise zusammenfielen. Nun kann der Geschädigte den Haftpflichtversicherer in dem Mitgliedstaat, in dem er seinen Wohnsitz hat, verklagen.[88] Der EuGH hat die Verweisung von Art. 11 II auf Art. 9 I lit. b) EuGVVO (Brüssel I-VO) dahingehend ausgelegt, dass der Geschädigte vor dem Gericht des Mitgliedstaates, an dem er seinen Wohnsitz hat, eine Klage unmittelbar gegen den Versicherer erheben kann, wenn der Versicherer im Hoheitsgebiet eines Mitgliedstaates ansässig ist und eine solche unmittelbare Klage zulässig ist.[89] Es wird also ein **besonderer Klägergerichtsstand** begründet. Dies führt nun häufiger zu einem Auseinanderfallen von Gerichtsstand und Unfallort, wenn sich der VN für den neuen Klägergerichtsstand entscheidet. Ob er dies tut, sollte unter prozesstaktischen Aspekten sorgfältig erwogen werden, da die Wahl des Klägergerichtsstandes unter Umständen mit erheblichen Nachteilen verbunden ist.[90] 55

Ist ein Rechtsschutzfall durch einen **Kraftfahrtunfall im europäischen Ausland** eingetreten, kann zunächst eine Regulierung mit dem Schadenregulierungsbeauftragten bzw. der Entschädigungsstelle im Inland versucht werden. Ist diese erfolglos und wird eine Rechtsverfolgung im Ausland notwendig, trägt der Versicherer die für den Regulierungsversuch angefallenen Rechtsanwaltsgebühren bis zu einem bestimmten Höchstbetrag, § 5 I lit. b) Satz 5 und 6. 56

87 EuGH NJW 2008, 819.

88 A.A. HK-VVG/*Münkel*, § 5 ARB 2010 Rn. 10; zu der 4. Kraftfahrzeughaftpflicht-Richtlinie im Einzelnen *Notthoff* ZfS 2003, 105.

89 EuGH NJW 2008, 819; BGH NJW 2008, 2343; ausführlich Ruffert/*Looschelders*/*Michael*, § 11 Rn. 242.

90 Hierzu ausführlich *Jayme*, FS v. Hoffmann, S. 657 ff.; *Nugel*, ZfS 2008, 309, 311.

57 Der Auslandsrechtsschutz ist in den **ARB 2012** in **Ziff. 2.3.2.1** geregelt. Er setzt nun voraus, dass sich nicht nur der Versicherungsfall im Ausland ereignet hat, sondern zusätzlich ein Gericht im Ausland örtlich zuständig ist. Diese Regelung macht vor dem Hintergrund des oben Gesagten (siehe Rdn. 55) Sinn. Für den seltenen Fall, dass beide Voraussetzungen einmal nicht kumulativ vorliegen, etwa wenn sich der Unfall im Inland ereignet und der inländische Anspruchsgegner zum Zeitpunkt der Geltendmachung der Ansprüche ins Ausland verzogen ist,[91] muss alleine auf den Gerichtsstand abgestellt werden. Dies führt im Beispiel dazu, dass die Vorschriften über den Auslandsrechtsschutz einschlägig sind.

D. Gerichtskosten (§ 5 I lit. c)

I. Gerichtskosten

58 Laut § 5 I lit. c) trägt der Versicherer die Gerichtskosten einschließlich der Entschädigung für Zeugen und Sachverständige, die vom Gericht herangezogen werden, sowie die Kosten des Gerichtsvollziehers.

59 Der Versicherer erstattet die **Gerichtskosten**, die der VN an die Staatskasse zahlen muss. Gerichtskosten sind Teil der Prozesskosten, die sich aus Gerichtskosten und außergerichtlichen Kosten zusammensetzen. Gerichtskosten sind die Gebühren und Auslagen des Gerichts, die nach dem Gerichtskostengesetz (GKG) anfallen.[92] Die Gebühren sind hierbei die öffentlich-rechtlichen Abgaben für das Tätigwerden des Rechtspflegeorgans.[93] Die Auslagen sind die geldwerten Aufwendungen des Gerichts.[94] Hierunter fallen insbesondere die Schreibauslagen für Ausfertigungen und Abschriften, aber auch Aufwendungen für Zeugen, Sachverständige, Beförderungskosten und Haftkosten.

60 Das **Gerichtskostengesetz** findet nach § 1 I GKG insbesondere Anwendung auf Verfahren vor den ordentlichen Gerichten nach der ZPO, der InsO, der StPO, dem JGG, dem OWiG. Darüber hinaus ist es anzuwenden auf Verfahren nach der VwGO, der FGO, nach dem SGG, soweit nach SGG das Gerichtskostengesetz einschlägig ist und auf Verfahren nach dem AGG. In den Verfahren vor Standes- oder Disziplinargerichten richten sich die Verfahrenskosten nach den jeweiligen standes- oder disziplinarrechtlichen Vorschriften, so nach den §§ 111 ff. Bundesdisziplinarordnung für Dienstvergehen von Beamten oder § 195 BRAO für standesrechtliche Verfahren vor dem Anwaltsgericht.

II. Dolmetscher- und Übersetzerkosten

61 Ersatzfähig sind die Kosten, die bei Gericht durch die Inanspruchnahme eines **Dolmetschers** oder **Übersetzers** angefallen sind. Hierbei handelt es sich um Gerichtskosten nach dem Kostenverzeichnis in Anlage 1 zu § 3 II GKG. Zu den Übersetzerkosten zählen zum einen die Kosten für die Übersetzung fremdsprachiger Urkunden, zum

91 Beispiel nach van Bühren/Plote/*van Bühren*, § 5 ARB 2010 Rn. 48.
92 PG/*Schneider*, § 91 Rn. 3.
93 Thomas/Putzo/*Hüßtege*, Vorbem. § 91 Rn. 3.
94 Thomas/Putzo/*Hüßtege*, Vorbem. § 91 Rn. 4.

anderen auch die Kosten für die Übersetzung von Schriftsätzen der Gegenseite und Schreiben des Gerichts, sofern die Übersetzung aufgrund mangelnder Sprachkenntnisse der Partei für die ordnungsgemäße Prozessführung notwendig sind.[95] Gleiches gilt für Dolmetscherkosten, allerdings dürfen diese im Strafverfahren dem verurteilten Straftäter nicht mehr als Gerichtskosten aufgegeben werden und werden daher auch vom Versicherer nicht mehr ersetzt.[96] Die Vergütung von Übersetzern und Dolmetschern ist im Justizvergütungs- und Entschädigungsgesetz (JVEG) geregelt.

III. Entschädigung von Zeugen und Sachverständigen

Bei der Entschädigung von Zeugen und Sachverständigen handelt es sich um **Auslagen** des Gerichts, die nach dem Kostenverzeichnis in Anlage 1 zu § 3 II GKG Gerichtskosten sind und damit vom Versicherungsschutz umfasst werden. Die ausdrückliche Nennung der Zeugen und Sachverständigen stellt folglich lediglich eine Klarstellung dar. Kosten für Sachverständige sind nur ersatzfähig, wenn diese vom Gericht herangezogen werden, wenn also die Begutachtung durch Sachverständige von Gericht durch Beweisbeschluss angeordnet wird. Damit werden die Kosten für Privatgutachten nicht umfasst, für diese gilt jedoch § 5 I lit. f), s. unten Rdn. 85. Unerheblich ist, ob der Sachverständige ein schriftliches Gutachten erstellt oder vor Gericht nur mündlich gehört wird.[97] 62

Auf Antrag des VN muss nach § 109 I SGG ein bestimmter Arzt gutachtlich gehört werden. Hierbei handelt es sich um einen Sachverständigen i.S.d. § 5 I lit. c), so dass die Kosten erstattungsfähig sind. Etwas anderes gilt, wenn der VN die Kosten mutwillig herbeigeführt hat und das Gericht dem VN die Kosten für die missbräuchliche Rechtsverfolgung nach § 192 I SGG auferlegt hat. Die missbräuchliche Rechtsverfolgung durch den VN verletzt die Obliegenheit aus § 17, keine unnötigen Rechtsverfolgungskosten zu verursachen, so dass der Versicherer leistungsfrei ist.[98] 63

IV. Gerichtsvollzieherkosten

Der Versicherer übernimmt die Kosten des Gerichtsvollziehers, soweit diese für die Rechtsverfolgung **erforderlich** sind **und § 5 III lit. d) nicht entgegensteht.**[99] Gerichtsvollzieher sind die Beamte, die mit den Zustellungen, Ladungen und Vollstreckungen betraut sind, § 154 GVG. Der Gerichtsvollzieher erhebt für seine Tätigkeit Gebühren und Auslagen nach dem GVKostG. Die Höhe der Kosten richtet sich nach dem Kostenverzeichnis der Anlage zum GVKostG, soweit nichts anderes bestimmt ist, § 9 GVKostG. Die Durchführung des Vollstreckungsauftrags kann von der Zahlung eines Vorschusses abhängig gemacht werden, § 4 I 2 GVKostG. Auch der Vorschuss muss vom Versicherer übernommen werden. 64

95 PG/*Schneider*, § 91 Rn. 59; Thomas/Putzo/*Hüßtege*, § 91 Rn. 58; Höra/Schubach/*Lensing*, § 27 Rn. 625 f.

96 Höra/Schubach/*Lensing*, § 27 Rn. 626.

97 Harbauer/*Schneider*, § 5 ARB 2010 Rn. 113.

98 L/W/*Obarowski*, Kap. 48 Rn. 119.

99 Im Einzelnen auch Harbauer/*Scheider*, § 5 ARB 2010 Rn. 118.

E. Gebühren eines Schieds- oder Schlichtungsverfahrens (§ 5 I lit. d)

I. Allgemein

65 Gem. § 5 I lit. d) trägt der Versicherer die **Kosten für Schieds- oder Schlichtungsverfahren** bis zur Höhe der Gebühren, die bei Anrufung eines zuständigen inländischen Gerichtes erster Instanz entstehen würden. Voraussetzung ist, dass kein in § 3 genannter Risikoausschluss eingreift. Im Interesse einer außergerichtlichen Streitbeilegung werden nunmehr die Gebühren von Schieds- und Schlichtungsverfahren jeglicher Art umfasst.[100]

II. Umfang der Gebühren

66 Für die Erstattung von Gebühren bei Schieds- und Schlichtungsverfahren bildet die Höhe der Gebühren, die bei Anrufung eines zuständigen staatlichen Gerichts in der ersten Instanz angefallen wären, die Obergrenze.[101] Darüber hinausgehende Gebühren fallen nicht unter den Versicherungsschutz. Die ersatzfähige Höchstgrenze bemisst sich nach § 3 II GKG i.V.m. Anlage 1 zu § 3 II GKV (Kostenverzeichnis). Die gesetzlichen Gebühren des für den VN tätigen Rechtsanwaltes fallen nicht unter die Leistungsbeschränkung des § 5 I lit. d), sondern richten sich nach § 5 I lit. a), da es sich bei diesen Kosten nicht um Kosten des Schiedsgerichts- bzw. Schlichtungsverfahrens an sich handelt.[102]

III. Außergerichtliche Verfahren

67 Versicherungsschutz besteht gleichermaßen für Schieds- und Schlichtungsverfahren. Zu letzterem gehört insbesondere auch das in den letzten Jahren an Bedeutung gewinnende Mediationsverfahren.

1. Schiedsverfahren

68 Als Schiedsverfahren wird die außergerichtliche Schlichtung eines Rechtsstreits in einem **geordneten Verfahren** bezeichnet. In Betracht kommen nur solche Verfahren, deren Entscheidungen an Stelle des staatlichen Gerichtes treten, verbindlich und abschließend sind,[103] wie z.B. die Schiedsgerichtsverfahren nach den §§ 1025 ff. ZPO und den §§ 101 ff. ArbGG. Sofern kein Risikoausschluss des § 3 eingreift (zu beachten ist hier der Risikoausschluss des § 3 II lit. b), sind die Gebühren bis zur genannten Höchstgrenze erstattungsfähig. Die Rechtsanwaltsgebühren richten sich nach § 36 RVG i.V.m. dem Vergütungsverzeichnis.

69 Kosten, die bei einem an das Schiedsgerichtsverfahren anschließenden gerichtlichen Verfahren entstehen, fallen nicht unter die Leistungsbeschränkung des § 5 I lit. d), sondern werden als Gerichtskosten gem. § 5 I lit. c) ersetzt. An das Schiedsgerichts-

100 P/M/*Piontek*, § 5 ARB 2010 Rn. 31 f.; Harbauer/*Schneider*, § 5 ARB 2010 Rn. 119.

101 Harbauer/*Schneider*, § 5 ARB 2010 Rn. 125.

102 *Plote*, Rn. 391.

103 MünchKommZPO/*Rauscher*, Einleitung Rn. 80; P/M/*Piontek*, § 5 ARB 2010 Rn. 31; *Plote*, Rn. 391; a.A. H/E/K/*Heinrichs*, § 34 Rn. 230.

verfahren anschließende gerichtliche Verfahren sind u. a. die Vollstreckbarkeitserklärung des Schiedsspruches durch das zuständige Oberlandesgericht (§§ 1060 ff. ZPO), die Rechtsbeschwerde zum Bundesgerichtshof (§ 1065 ZPO) oder der Aufhebungsantrag auf gerichtliche Überprüfung von Entscheidungen des Schiedsgerichts (§ 1059 ZPO).

2. Schlichtungsverfahren

Schlichtungsverfahren sind Verfahren zur zumeist freiwilligen **außergerichtlichen** 70
Konfliktbeilegung. Im Gegensatz zu dem Schiedsgerichtsverfahren hat das Schlichtungsverfahren grundsätzlich keine verbindliche Entscheidung einer Rechtsstreitigkeit zur Folge, tritt also nicht an die Stelle des ordentlichen Zivilprozesses.[104] Anerkannte Schlichtungsstellen sind z.B. Schlichtungsstellen der Industrie- und Handelskammern, Schlichtungsstellen für Kreditinstitute, betriebliche Schlichtungsstellen, Ombudsleute, Clearingstellen, oder auch Gutachterkommissionen zur Beilegung von Arzthaftungsstreitigkeiten.[105]

a) Umfang des Versicherungsschutzes

Sofern für den VN überhaupt Kosten entstehen – denn häufig sind diese Verfahren 71
kostenfrei – sind sie bis zu der Höhe der Gebühren, die bei Anrufung eines zuständigen staatlichen Gerichtes erster Instanz entstehen würden, erstattungsfähig, vorausgesetzt, dass Versicherungsschutz besteht.[106] So wird z.B. ein Verfahren vor dem **Versicherungsombudsmann**, bei dem es um Streitigkeiten zwischen dem Versicherer oder dessen Schadensabwicklungsunternehmen und dem VN geht, **nicht** vom Versicherungsschutz umfasst, vgl. § 3 II lit. h). Ebenso sind die Kosten eines **Sachverständigenverfahrens** gem. § 14 AKB **nicht** erstattungsfähig. Sachverständigenverfahren sind Verfahren zur Tatsachenfeststellung über Reparaturarbeiten, Schadenshöhe und über die Ermittlung des Wiederbeschaffungswertes einer Sache.[107] Sie fallen deswegen nicht unter den Versicherungsschutz des § 5 I lit. d), da nur die Tatsachen für anschließende Streitverfahren festgestellt werden und nicht geschlichtet oder beschieden wird.[108] Allerdings gibt es Versicherer, die im Rahmen ihrer Verkehrsrechtsschutzversicherung diese Kosten übernehmen.[109]

b) Mediation

In den letzten Jahren hat vor allem das **Mediationsverfahren** zunehmend an Bedeutung 72
gewonnen.[110] Auch der Europäische Gesetzgeber hat in der Mediation ein angemessenes

104 MünchKommZPO/*Rauscher*, Einleitung Rn. 64.
105 BT-Drucks. 17/5335, S. 11.
106 Harbauer/*Schneider*, § 5 ARB 2010 Rn. 125.
107 L/W/*Krischer*, Kap. 62 Rn. 153.
108 AG Düsseldorf r+s 1996, 448; van Bühren/Plote/*van Bühren*, § 5 ARB 2010 Rn. 75 ff.; Harbauer/*Schneider*, § 5 ARB 2010 Rn. 124; a.A. *Buschbell/Stoll* AnwBl. 1997, 639, 642.
109 *Buschbell/Stoll* AnwBl. 1997, 639, 643 f.
110 *Tögel/Rohlff* ZRP 2009, 209.

Mittel zur außergerichtlichen Streitbeilegung gesehen und mit der »Mediations-Richtlinie«[111] die Grundlagen der Mediation in Zivil- und Handelssachen geregelt. Am 26.07.2012 ist auf Grundlage der Richtlinie das deutsche Mediationsgesetz in Kraft getreten,[112] welches nicht nur den grenzüberschreitenden Rechtsverkehr,[113] sondern jegliche Art der Mediation erfasst und damit die bisher dürftig geregelte Mediation erstmals in ein Gesetz fasst.

aa) **Allgemeines**

73 Die **Mediation** ist ein vertrauliches und strukturiertes Verfahren, bei dem Parteien mit Hilfe eines oder mehreren Mediatoren freiwillig und eigenverantwortlich eine einvernehmliche Beilegung ihres Konflikts anstreben (§ 1 I MediationsG). Dabei ist der Mediator als unabhängige und neutrale Person nur für das Verfahren verantwortlich. Er hat keine inhaltliche Entscheidungsbefugnis zur Konfliktbeilegung, vgl. § 1 II MediationsG. Zwar ist die Mediation in Abgrenzung zur Schlichtung, bei der die den Streit schlichtende Person den Parteien eine bestimmte Lösung vorschlagen kann, mehr durch **Eigenverantwortlichkeit der Parteien** gekennzeichnet.[114] Dennoch zählt sie gemeinhin zu den Schlichtungsverfahren.[115] Versicherungsschutz besteht auch hier nur, soweit die allgemeinen Bestimmungen dies zulassen. So werden die besonders praxisrelevanten Fälle im Familien- und Erbrecht vom Versicherungsschutz nicht umfasst, da sich gem. § 2 Satz 2 lit. k) der Rechtschutz in diesen Angelegenheiten auf die Rechtsberatung beschränkt.[116]

74 Es gibt Rechtschutzversicherer, die zu Gunsten ihrer VN auf die Beschränkung des § 2 Satz 2 lit. k) verzichten,[117] weil ihr Interesse an einer außergerichtlichen Streitbeilegung aufgrund des Kosten- und Zeitersparnisses hoch ist.[118] Auch bei sonstigen Streitigkeiten, die im Mediationsverfahren geschlichtet werden, treten vereinzelt, insbesondere bei geringen Streitwerten, **Sonderregelungen zu Gunsten der VN** über die Höhe der zu erstattenden Kosten auf.[119] Dies ist freilich nur dann von Bedeutung, wenn nicht ohnehin die dispositive Regelung des § 5a ARB 2010, nach dem abweichend von § 5 I lit. d) die Kostenerstattung und der Leistungsumfang des Mediationsverfahrens indi-

111 Europäische Richtlinie 2008/52/EG des Europäischen Parlaments und des Rates vom 21.05.2008.

112 Zur Historie des Mediationsgesetzes vgl. *Risse* SchiedsVZ 2012, 244.

113 Art. 1 II RL 2008/52/EG; vgl. aber auch Nr. 8 der Erwägungsgründe: »Den Mitgliedstaaten sollte es jedoch freistehen, diese Bestimmungen auch auf interne Mediationsverfahren anzuwenden.«.

114 Wie es die Richtlinie vorsieht, BT. Drucksache 17/5335 S. 10.

115 Unter vielen: Harbauer/*Schneider*, § 5 ARB 2010 Rn. 122; VersHb/*Obarowski*, § 45 Rn. 233.

116 Harbauer/*Schneider*, § 5 ARB 2010 Rn. 122; VersHb/*Obarowski*, § 45 Rn. 115 ff.

117 VersHb/*Obarowski*, § 45 Rn. 233.

118 Zu den Vorteilen der Mediation bei Rechtschutzversicherern siehe *Tögel/Rohlff* ZRP 2009, 209.

119 VersHb/*Obarowski*, § 45 Rn. 233.

viduell geregelt werden kann, in die ARB mit einbezogen worden ist (s. § 5a Rdn. 4). In diesem Fall richtet sich der Leistungsumfang und die Höhe der zu erstattenden Kosten nur nach den Grenzen des § 5a (vgl. § 5a Rdn. 4).

bb) Vergütung des Mediators

75 Die **Vergütung des Mediators** fällt unter den § 5 I lit. d). Diese wird gem. § 612 I BGB entweder zwischen den Streitparteien und dem Mediator frei vereinbart oder nach § 612 II BGB bestimmt. Ein als Mediator tätiger Rechtsanwalt[120] soll aber gem. § 34 I 1 RVG auf eine Gebührenvereinbarung hinwirken. Dem als Mediator tätigen Rechtsanwalt steht kein Honorar für Leistungen aus dem RVG zu, da er ausschließlich in der Funktion eines Mediators tätig wird und keine Geschäftsbesorgung im Auftrag einer Partei vornimmt. Die Kosten des als Mediator tätigen Rechtsanwaltes sind also nicht nach § 5 I lit. a), sondern nach § 5 I lit. d) zu ersetzen.[121] Allerdings kann er für bestimmte Tätigkeiten, die nicht im Zusammenhang mit einer einseitigen Interessenvertretung stehen, wie z.B. die Prüfung der Erfolgsaussicht eines Rechtsmittels (§ 34 I 1 i.V.m. Teil 2 Abschnitt 1 des Vergütungsverzeichnisses) Rechtsanwaltsgebühren abrechnen. Diese Gebühren fallen unter § 5 I lit. d). Auch die Gebühren der Rechtsanwälte, die die beteiligten Personen im Mediationsverfahren vertreten, fallen unter den Versicherungsschutz des § 5 I lit. d). Insofern dürfen die Rechtsanwaltskosten nicht die Höhe der gesetzlichen Vergütung übersteigen, vgl. § 5 I lit. a) Satz 1.[122]

cc) Gerichtliche Mediation

76 Neben der rein außergerichtlichen Mediation sind in den letzten zehn Jahren von einigen Bundesländern Modellversuche für **gerichtliche Mediation** ins Leben gerufen worden um die außergerichtliche Mediation weiter zu stärken.[123] Namentlich handelt es sich hierbei um die gerichtsnahe und gerichtsinterne Mediation. Bei der **gerichtsnahen** Mediation vermittelt der erkennende Richter die streitenden Parteien während des Gerichtsverfahrens in eine außergerichtliche Mediation.[124] Nach § 278a II ZPO ruht in dieser Zeit das Gerichtsverfahren. Diese Mediationskosten fallen unter § 5 I lit. d) bzw. unter § 5a. Sie sind keine Gerichtskosten nach § 5 I lit. c). Bei der **gerichtsinternen** Mediation wird während des Gerichtsverfahrens von einem nicht entscheidungsbefugten Richter ein Mediationsverfahren für den VN **kostenfrei** durchgeführt.[125] Nach der Einführung des Mediationsgesetzes ist die Durchführung eines gerichtsinternen Mediationsverfahrens nur noch bis zum 01.08.2013 zulässig, vgl. § 9 I MediationsG und § 278 V ZPO.

---

120 Vgl. dazu aus dem Hintergrund des neuen Mediationsgesetzes: *Jordan* MDR 2013, 65; siehe auch Heussen/Hamm/*Mähler/Mähler*, § 48 Rn. 85 ff.

121 Van Bühren/*Schneider*, § 13 Rn. 337.

122 Harbauer/*Schneider*, § 5 ARB 2010 Rn. 122.

123 MünchKommZPO/*Prütting*, § 278 Rn. 67.

124 *Trossen/Käppele* ZRP 2006, 97.

125 *Trossen/Käppele* ZRP 2006, 97.

c) Obligatorische Schlichtungsverfahren

77 Neben den freiwilligen Schlichtungsverfahren gibt es in einigen Bundesländern[126] vorgerichtliche **obligatorische Schlichtungsverfahren**, vgl. Ausführungsgesetze der Länder zu § 15a EGZPO. § 15a EGZPO ermächtigt die Länder, für bestimmte Streitigkeiten als besondere Prozessvoraussetzung ein vorgerichtliches Verfahren, das **Güteverfahren**, einzuführen. Obwohl das Güteverfahren obligatorisch ist, zählt es seinem Wesen nach auch zu den Schlichtungsverfahren nach § 5 I lit. d).[127] Sofern Kosten anfallen, sind diese bis zur genannten Höchstgrenze zu ersetzen, vorausgesetzt, dass kein Risikoausschluss eingreift. Wird im Güteverfahren keine Einigung erzielt und geht die Sache ins streitige Verfahren über, werden die entstandenen Gerichtskosten übernommen, da es sich um andere Kosten, namentlich derer nach § 5 I lit. c), handelt.[128]

3. ARB 2021

78 Die ARB 2021 weisen **keine inhaltliche Änderung** zu den ARB 2010 auf. Auch nach Ziff. 2.3.3.2 ARB 2021 werden die Gebühren von Schieds- und Schlichtungsverfahren jeglicher Art erfasst und es sind nur solche Kosten erstattungsfähig, die im Falle der Anrufung eines zuständigen staatlichen Gerichts erster Instanz entstünden. Ausdrücklich erwähnt ist hingegen, dass die Mediation nicht mehr unter die Leistungsbeschränkung von Ziff. 2.3.3.2 fällt, sondert gesondert nach Ziff. 2.3.1.1 ARB 2021 geregelt werden kann. Bei Verfahren, die auf eine gütliche Einigung abzielen, ist die Einschränkung der Leistungspflicht nach Ziff. 3.3.2 ARB 2021 zu beachten.

F. Kosten im Verwaltungsverfahren (§ 5 I lit. e)

I. Allgemeines

79 Gem. § 5 I lit. e) werden die Kosten in Verfahren vor Verwaltungsbehörden einschließlich der Entschädigung für Zeugen und Sachverständige, die von der Verwaltungsbehörde herangezogen werden, sowie die Kosten der Vollstreckung im Verwaltungsrechtsweg ersetzt. Die Kostenübernahme erfolgt nur, soweit § 2 Versicherungsschutz gewährt und das Verfahren vom Versicherungsvertrag gedeckt ist.

II. Verwaltungskosten

80 Versicherungsschutz besteht in erster Linie bei der Wahrnehmung rechtlicher Interessen in **Verkehrssachen**, § 2 lit. g).[129] Versicherungsschutz kann, soweit es sich um Verwaltungsverfahren handelt, auch bei dienst- und versorgungsrechtlichen Angelegenheiten (§ 2 lit. b) sowie Angelegenheiten, die Grundstücke betreffen (§ 2 lit. c), bestehen. Darüber hinaus umfasst der Versicherungsschutz gem. § 2 lit. j) auch Ordnungswidrig-

126 MünchKommZPO/*Prütting*, § 278 Rn. 57, 59.

127 Buschbell/Hering/*Buschbell*, § 10 Rn. 151; Harbauer/*Schneider*, § 5 ARB 2010 Rn. 121; VersHb/*Obarowski*, § 45 Rn. 234.

128 Van Bühren/Plote/*van Bühren*, § 5 ARB 2010 Rn. 80.

129 Für Beispiele siehe van Bühren/Plote/*van Bühren*, § 5 ARB 2010 Rn. 84.

keitssachen. Der Umfang der Versicherungsleitung bemisst sich an der Höhe der bei dem Verwaltungsverfahren entstandenen Kosten und Auslagen. Diese richten sich nach dem Verwaltungskostengesetz (VwKostG) des Bundes, den jeweiligen Ländergesetzen bzw. den Gebührengesetzen und -ordnungen der entsprechenden Verwaltungsträger.[130]

Die **Entschädigung von Zeugen und Sachverständigen** ist Teil der Auslagen im verwaltungsbehördlichen Verfahren. Insofern hat die ausdrückliche Erwähnung der Entschädigung von Zeugen und Sachverständigen lediglich klarstellenden Charakter.[131] Die Kosten werden für solche Zeugen und Sachverständigen ersetzt, die von dem Gericht zu Beweiszwecken herangezogen worden sind. Zeugen und Sachverständige, die auf Veranlassung des Klägers befragt werden, sind nicht vom Versicherungsschutz umfasst.[132] So fallen die Kosten medizinisch-psychologischer oder sonstiger Gutachten (MPU), die der VN zur Erlangung seiner Fahrerlaubnis beizubringen hat, nicht unter den Versicherungsschutz des § 5 I lit. e), da die Gutachten nicht von Amts wegen eingeholt werden.[133] 81

Die **Entschädigung von Dolmetschern und Übersetzern** fällt dann unter den Deckungsschutz der Rechtschutzversicherung, wenn sie von der entsprechenden Behörde herangezogen werden.[134] Im Übrigen vgl. Rdn. 61. Nach § 5 I lit. e) sind Angelegenheiten, die **Ordnungswidrigkeiten** betreffen (§ 2 lit. j), auch vom Versicherungsrechtsschutz umfasst. Ausgenommen ist gem. § 3 III lit. e) die Entschädigung bei Halt- oder Parkverstößen.[135] Es werden die **Verwaltungskosten** ersetzt, die die Behörde in einem Bußgeldverfahren gegen den Betroffenen erhebt. Diese Gebühren werden in § 107 OWiG näher geregelt und sind gegenüber dem VwKostG und landesrechtlichen Vorschriften vorrangig zu beachten. Auch werden die von der Behörde zu Beweiszwecken herangezogenen Personen entschädigt (vgl. Rdn. 81). Verwaltungsgebühren werden dann nicht nach § 5 I lit. e) ersetzt, wenn der Betroffene sich gerichtlich gegen den Bußgeldbescheid wendet. In diesen Fällen ist der ordentliche Rechtsweg eröffnet. Die von der Verwaltungsbehörde entstandenen Kosten und Auslagen werden als Gerichtskosten erhoben.[136] 82

III. Verwaltungsvollstreckungskosten

Verwaltungsvollstreckungskosten werden insoweit erfasst, als sie nicht schon unter die Gerichtskosten fallen. Denkbar sind Anträge auf Vollstreckungsabwehr.[137] Diese sind in der Praxis jedoch ohne Bedeutung.[138] 83

130 Harbauer/*Schneider*, § 5 ARB 2010 Rn. 126.
131 Harbauer/*Schneider*, § 5 ARB 2010 Rn. 127.
132 AG Iserlohn r+s 1994, 425.
133 AG Aichach r+s 1985, 98; P/M/*Piontek*, § 5 ARB 2010 Rn. 34.
134 Harbauer/*Schneider*, § 5 ARB 2010 Rn. 128.
135 Zu den Gründen vgl. Harbauer/*Schneider*, § 5 ARB 2010 Rn. 131.
136 Nr. 9015 des Kostenverzeichnisses, Anlage 1 zum GKG.
137 Van Bühren/Plote/*van Bühren*, § 5 ARB 2010 Rn. 89.
138 Harbauer/*Schneider*, § 5 ARB 2010 Rn. 132; van Bühren/Plote/*van Bühren*, § 5 ARB 2010 Rn. 89.

IV. ARB 2021

84 Die Regelung der Ziff. 2.3.3.1 ARB 2021 entspricht inhaltlich dem § 5 I lit. e). Danach werden die Verfahrenskosten vor Verwaltungsbehörden ersetzt, die von der Behörde dem VN in Rechnung gestellt werden. Die sprachliche Verkürzung in der Neufassung soll lediglich die Lesbarkeit fördern und umfasst denselben Anwendungsbereich wie § 5 I lit. e).

G. Vergütung technischer privater Gutachter (§ 5 I lit. f)

I. Regelungsbereich

85 § 5 I lit. f) stellt eine Ausnahmeregelung zu § 5 I lit. e) dar, wonach in bestimmten Fällen auch die Kosten eines **vom VN** und nicht von der Behörde **herangezogenen** Sachverständigen von dem Versicherer zu ersetzen sind. Es wird die **übliche Vergütung** eines öffentlich bestellten technischen Sachverständigen (§ 5 I lit. f) aa) 1. Var.), oder einer rechtsfähigen technischen Sachverständigenorganisation (§ 5 I lit. f) aa) 2. Var.) erstattet, allerdings nur bei der Verteidigung in **verkehrsrechtlichen Straf- und Ordnungswidrigkeitsverfahren** und bei der Interessenwahrnehmung aus **Kauf- und Reparaturverträgen** von Motorenfahrzeugen zu Lande sowie Anhängern. Bei letzteren ist zu beachten, dass andere Streitigkeiten aus Leasing- Wartungs- und Inspektionsverträgen von Motorenfahrzeugen nach h.M. nicht unter den Versicherungsschutz fallen.[139] Der Sachverständige bzw. die Sachverständigenorganisation muss **öffentlich bestellt**, also vereidigt sein, sodass sichergestellt ist, dass sie über geeignete Sachkunde verfügen. Ausnahmsweise werden auch die Kosten eines **im Ausland ansässigen Sachverständigen** (§ 5 I lit. f) bb) für den Fall erstattet, dass der VN **Ersatzansprüche** wegen der im Ausland eingetretenen Beschädigung eines Motorenfahrzeugs zu Lande oder eines Anhängers geltend macht. Davon umfasst sind u. a. auch Ersatzansprüche aus Kauf oder Reparatur eines Motorenfahrzeuges.[140] Eine öffentliche Bestellung des ausländischen Sachverständigen wird nicht vorausgesetzt. Die **übliche Vergütung** bemisst sich nach § 632 II BGB.[141]

II. ARB 75 und ARB 2021

86 § 2 I lit. e) ARB 75 sah noch keine Kostendeckung für Leistungen von rechtsfähigen technischen Sachverständigenorganisationen vor. Auch die Inanspruchnahme von einem im Ausland ansässigen Sachverständigen nach § 5 I lit. f) bb) war vom Versicherungsschutz nicht umfasst. Die Regelungen des § 5 I lit. f) sind inhaltsgleich in Ziff. 2.3.1.3 und Ziff. 2.3.2.2 ARB 2021 übernommen worden.

---

139 Harbauer/*Schneider*, § 5 ARB 2010 Rn. 140.

140 Zu den Fallgruppen vgl. Harbauer/*Schneider*, § 5 ARB 2010 Rn. 141; van Bühren/Plote/*van Bühren*, § 5 ARB 2010 Rn. 99.

141 Über die Ermittlung der üblichen Vergütung siehe Harbauer/*Schneider*, § 5 ARB 2010 Rn. 133 m.w.N.

H. Reisekosten (§ 5 I lit. g)

Der Versicherer ersetzt Reisekosten des VN, die für die Wahrnehmung von Terminen vor einem **ausländischen Gericht** anfallen, wenn das Erscheinen des VN als Beschuldigter oder Partei vorgeschrieben und zur Vermeidung von Rechtsnachteilen erforderlich ist. Die Reisekosten umfassen Fahrt- und Übernachtungskosten sowie Tage- und Abwesenheitsgelder in dem Umfang, wie sie von einem deutschen Rechtsanwalt geltend gemacht werden können, §§ 28, 29 BRAGO.[142] 87

Das Erscheinen des VN muss in seiner Eigenschaft als Beschuldigter oder Partei **vorgeschrieben** sein, beispielsweise als Angeklagter im Strafprozess oder als Partei im Zivilverfahren. Kein Versicherungsschutz besteht, wenn der VN lediglich als Zeuge geladen wird, da er in diesem Fall keine eigenen Interessen wahrnimmt.[143] Vorgeschrieben ist sein Erscheinen, wenn es laut Gesetz vorgesehen oder vom Gericht angeordnet ist. Dies wird auch im Ausland bei Strafverfahren die Regel sein, im Zivilverfahren ist das persönliche Erscheinen regelmäßig nicht erforderlich, sondern erfolgt nur auf besondere Anordnung des Gerichts. Ist das persönliche Erscheinen vorgeschrieben, ist es zur Vermeidung von Rechtsnachteilen regelmäßig auch erforderlich.[144] Andersherum dürften dem VN auch keine Rechtsnachteile entstehen, wenn sein Erscheinen nicht vorgeschrieben ist. Die Formulierung »zur Vermeidung von Rechtsnachteilen erforderlich« hat damit im Grunde keine eigenständige Bedeutung.[145] 88

I. Kosten des Gegners (§ 5 I lit. h)

I. Allgemeines

Ist der VN zur Erstattung der Kosten des Gegners verpflichtet, die diesem durch die Wahrnehmung seiner rechtlichen Interessen entstanden sind, muss der Versicherer auch diese Kosten erstatten. Der Versicherungsschutz besteht zum einen für die **prozessualen Erstattungsansprüche** des Gegners.[146] Hierbei handelt es sich um Kosten, die auf eine entsprechende Kostenentscheidung des Gerichts oder der zuständigen Behörde hin in Form eines Kostenfestsetzungsbeschlusses festgesetzt worden sind. 89

Nicht vom Versicherungsschutz umfasst sind die **materiell-rechtlichen Erstattungsansprüche** des Gegners.[147] Nicht erstattungsfähig sind daher Kosten, die an den Gegner wegen Schuldnerverzug nach §§ 280 I, II, § 286 BGB oder wegen pVV aus § 280 I BGB zu zahlen sind, z.B. weil der VN mit der Erfüllung seiner Zahlungsverpflichtung in Verzug war und der Gegner einen Anwalt für die Mahnungen eingeschaltet hat. Sind die Kosten also *vor* Wahrnehmung der rechtlichen Interessen entstanden, entfällt 90

142 Van Bühren/Plote/*van Bühren*, § 5 ARB 2010 Rn. 100.
143 Harbauer/*Schneider*, § 5 ARB 2010 Rn. 142.
144 Harbauer/*Schneider*, § 5 ARB 2010 Rn. 142.
145 P/M/*Piontek*, § 5 ARB 2010 Rn. 40.
146 Harbauer/*Schneider*, § 5 ARB 2010 Rn. 145 ff.
147 BGH NJW 1985, 1466; L/W/*Obarowski*, Kap. 48 Rn. 126; Buschbell/Hering/*Buschbell*, § 10 Rn. 168.

der Erstattungsanspruch, sind sie *bei* der Wahrnehmung rechtlicher Interessen entstanden, besteht er.[148] Fallen im Rahmen eines **selbständigen Beweisverfahrens** Kosten an, handelt es sich um prozessuale Kosten, die vom Versicherer übernommen werden.[149]

91 Darüber hinaus fallen unter den Versicherungsschutz auch solche Kosten des Gegners, die auf einer **gesetzlichen Erstattungspflicht** beruhen oder denen eine **Kostenübernahmevereinbarung** zwischen den Parteien zugrunde liegt.[150] In letzterem Fall setzt die Erstattung allerdings voraus, dass sich die Kostenübernahme an den gesetzlichen Vorschriften orientiert und sie dem Verhältnis des vom VN angestrebten Ergebnisses zum erzielten Ergebnis entspricht, vgl. § 5 III lit. b).

II. Prozessuale Erstattungspflicht

92 Erstattet werden gerichtliche oder behördliche Kostenansprüche, die in einem **Kostenfestsetzungsbeschluss** festgesetzt worden sind.[151] Hierzu zählen auch die festgesetzten Zinsen. Ist der Kostenfestsetzungsbeschluss rechtkräftig oder vorbehaltslos für vorläufig vollstreckbar erklärt worden, muss der Versicherer die hierin festgesetzten Kosten unabhängig davon erstatten, ob er die Festsetzung für inhaltlich richtig hält oder nicht. Die Kostenentscheidung ist für ihn bindend.[152] Allerdings verletzt der VN eine Obliegenheit nach § 17 I lit. c) bb), wenn er oder sein Anwalt gegen einen falschen Kostenfestsetzungsbeschluss keine Rechtsmittel einlegt, so dass eine Kürzung der Leistung durch den Versicherer in Frage kommt. Der Rechtsanwalt ist seinerseits wiederum dem VN zum Schadensersatz verpflichtet, denn er hat dafür zu sorgen, dass sein Mandant nicht mehr als die notwendigen Kosten aufwendet und zwar auch, wenn dieser rechtsschutzversichert ist.[153]

93 Der Versicherer ist grundsätzlich nicht verpflichtet, **Vollstreckungskosten** des Gegners zu erstatten, die anfallen, weil der VN nicht oder nicht rechtzeitig zahlt.[154] Hierbei handelt es sich nicht um Kosten, die im Rahmen der Wahrnehmung der rechtlichen Interessen anfallen. Etwas anderes kann sich jedoch ausnahmsweise dann ergeben, wenn der Versicherer trotz fristgerechter Mitteilung durch den VN die festgesetzten Kosten nicht unverzüglich zahlt.[155] Dies muss zumindest dann gelten, wenn der VN die Kosten nicht ohne weiteres übernehmen kann und dies dem Versicherer auch bekannt ist.

---

148 BGH NJW 1985, 1466.
149 L/W/*Obarowski*, Kap. 48 Rn. 127.
150 Höra/Schubach/*Lensing*, § 27 Rn. 634, 637; Harbauer/*Schneider*, § 5 ARB 2010 Rn. 145.
151 Harbauer/*Schneider*, § 5 ARB 2010 Rn. 146.
152 Harbauer/*Schneider*, § 5 ARB 2010 Rn. 95.
153 Van Bühren/Plote/*van Bühren*, § 5 ARB 2010 Rn. 109.
154 LG Köln r+s 1987, 199; Harbauer/*Schneider*, § 5 ARB 2010 Rn. 148; P/M/*Piontek*, § 5 ARB 2010 Rn. 41.
155 Van Bühren/Plote/*van Bühren*, § 5 ARB 2010 Rn. 113.

III. Kosten des Gegners aus einer einverständlichen Erledigung

Der Versicherer übernimmt die Kosten des Gegners aus einer **einverständlichen Erledigung**, wenn diese Kosten der gesetzlichen Kostenverteilung entsprechen. Regelmäßig müssen die Kosten daher dem Verhältnis des vom VN angestrebten Ergebnisses zum erzielten Ergebnis entsprechen. Dies gilt insbesondere für die Kostenverteilung beim Abschluss eines Vergleiches (näher hierzu Rdn. 117). Hintergrund der Regelung ist, dass der Versicherer nur solche Kosten übernehmen will, die er im gerichtlichen Verfahren voraussichtlich im Rahmen eines prozessualen Erstattungsanspruches ohnehin übernehmen müsste.[156] Die Übernahme von Kosten ist ausgeschlossen, wenn ihnen materiell-rechtliche Ansprüche zugrunde liegen. 94

IV. Nebenklage

Tritt in einem gegen den VN laufenden vom Versicherungsschutz umfassten Strafverfahren der Verletzte als **Nebenkläger** (§ 395 ff. StPO) auf und wird der VN nach § 472 II StPO wegen einer den Nebenkläger betreffenden Tat verurteilt, die Kosten des Nebenklägers zu übernehmen, muss der Versicherer diese erstatten. Gleiches gilt, wenn das Gericht das Verfahren einstellt und dabei die Kosten des Nebenklägers ganz oder teilweise dem VN auferlegt, weil dies aus besonderen Gründen der Billigkeit entspricht, vgl. § 472 II StPO. Die Vorschrift liefert seit ihrem Inkrafttreten am 01.04.1987 die gesetzliche Grundlage für die gerichtliche Kostenentscheidung, so dass der frühere Streit über die Erstattungsfähigkeit obsolet ist.[157] 95

Für den umgekehrten Fall, dass nämlich der **VN als Nebenkläger** in einem Strafprozess auftritt und die Kosten nicht nach § 472 StPO dem Angeklagten aufgegeben werden, besteht grundsätzlich keine Eintrittspflicht des Versicherers. Allerdings bieten einige Rechtsschutzversicherer bei bestimmten Straftaten speziell Rechtsschutz für die aktive Nebenklage an.[158] 96

J. Fälligkeit der Versicherungsleistung (§ 5 II lit. a)

I. Allgemeines

§ 5 II lit. a) regelt die **Fälligkeit** der Versicherungsleistung. Der VN kann die Übernahme der vom Versicherer zu tragenden Kosten verlangen, sobald er nachweist, dass er zu deren Zahlung verpflichtet ist oder diese Verpflichtung bereits erfüllt hat. Der Versicherer muss den VN also durch Zahlung an den Kostengläubiger von der Kostenschuld freistellen oder den vom VN bereits gezahlten Betrag an ihn erstatten. Voraussetzung ist, dass der VN die entsprechenden Nachweise erbringt. Bedeutung erlangt die Fälligkeit insbesondere bei Fragen des Verzugs des Versicherers oder der Verjährung des Anspruchs auf Versicherungsleistung, § 14.[159] 97

156 Harbauer/*Schneider*, § 5 ARB 2010 Rn. 151.

157 Ausführlich hierzu Harbauer/*Schneider*, § 5 ARB 2010 Rn. 154 m.w.N.

158 Van Bühren/Plote/*van Bühren*, § 5 ARB 2010 Rn. 118.

159 Harbauer/*Schneider*, § 5 ARB 2010 Rn. 157.

II. Befreiungsanspruch

98 Hat der VN noch nicht an den Kostengläubiger gezahlt, hat er gegen den Versicherer einen **Befreiungsanspruch**, sobald der Gläubiger ihn als Kostenschuldner in Anspruch nimmt. Die Zahlungsverpflichtung ist durch Vorlage der Originalrechnung nachzuweisen.[160] Der Versicherer muss die Leistung gem. § 271 I BGB sofort nach Vorlage gegenüber dem Kostengläubiger erbringen, der VN hat keine Vorleistungspflicht.[161]

99 Die wirksame Inanspruchnahme des VN setzt voraus, dass der Kostenanspruch des Kostengläubigers bereits fällig ist. Für den Kostenanspruch des vom VN beauftragten **Rechtsanwaltes** bedeutet dies insbesondere, dass dieser eine den Anforderungen des § 10 RVG entsprechende Kostennote übersandt hat. Verlangt der Rechtsanwalt einen Vorschuss, hat der VN einen Befreiungsanspruch, sobald der Rechtsanwalt den Vorschuss gem. § 9 RVG geltend macht, da dieser Teil der gesetzlichen Vergütung ist.[162] Eine konkrete Berechnung des Vorschusses schreibt § 9 RVG nicht vor und ist auch für die Leistungspflicht des Versicherers nicht erforderlich.[163]

100 Die **Gerichtskosten** sind fällig, wenn die Kostenrechnung an den VN übersandt wird. Fordert das Gericht nach §§ 10 ff. GKG, §§ 8, 9 KostO Vorschüsse an, ist der Versicherer auch insofern ab Anforderung zur Freistellung verpflichtet.

101 Die Kosten für die Tätigkeit des **Gerichtsvollziehers** werden nach § 4 GVKostG mit Beendigung der Amtshandlung fällig, sobald er eine spezifizierte Kostenrechnung an den VN stellt.[164] Wird die Vornahme der Tätigkeit von der Einzahlung eines Gebührenvorschusses abhängig gemacht, ist der Versicherer auch insoweit zahlungspflichtig.

102 Die Kosten des **Gegners** sind fällig, sobald dieser sie nach Erhalt des Kostenfestsetzungsbeschlusses des Gerichtes gegenüber dem VN geltend macht. Ist das Urteil nur gegen Sicherheitsleistung vollstreckbar, muss der VN und damit auch der Versicherer Zahlung nur leisten, wenn die Sicherheitsleistung erbracht wurde.

III. Erstattungsanspruch

103 Hat der VN die Forderung des Kostengläubigers bereits beglichen, hat er einen **Zahlungsanspruch** gegen den Versicherer. Den Nachweis der Zahlung muss er gegenüber dem Versicherer durch Vorlage der quittierten Kostenrechnung oder eines sonstigen geeigneten Zahlungsnachweises erbringen.[165]

104 Wird über das Vermögen des VN das **Insolvenzverfahren** eröffnet, wandelt sich der Befreiungsanspruch des VN in einen Zahlungsanspruch des Insolvenzverwalters gegen

160 Höra/Schubach/*Lensing*, § 27 Rn. 169 f.

161 Van Bühren/Plote/*van Bühren*, § 5 ARB 2010 Rn. 120; BGH VersR 1999, 706; OLG Köln r+s 1997, 507 m. Anm. *Schimikowski.*

162 Harbauer/*Schneider*, § 5 ARB 2010 Rn. 175.

163 Gerold/Schmidt/*Madert*, § 9 RVG Rn. 24.

164 Van Bühren/Plote/*van Bühren*, § 5 ARB 2010 Rn. 134.

165 Höra/Schubach/*Lensing*, § 27 Rn. 169 f.

den Versicherer.[166] Der Versicherer muss auf Verlangen des Insolvenzverwalters in voller Höhe Zahlung in die Masse leisten.[167]

IV. Verzögerung der Leistung des Versicherers

Voraussetzung für die **Eintrittspflicht des Versicherers** ist, dass er bereits Deckungszusage erteilt hat oder ausreichend Zeit hatte, seine Verpflichtung zur Kostenübernahme zu prüfen. Hierzu ist es erforderlich, dass der VN die zur Bearbeitung notwendigen Unterlagen vollständig vorlegt. Liegen die Unterlagen vollständig vor, beträgt die Frist für den Versicherer bis zur Erteilung oder Ablehnung der Deckung ca. 2 Wochen.[168] Weist der VN auf die besondere Eilbedürftigkeit der Entscheidung hin, etwa weil ihm Rechtsnachteile wegen Verjährung drohen, kann die Frist auch kürzer sein. **105**

Verzögert der Versicherer die Leistung und erleidet der VN hierdurch Rechtsnachteile, ist der Versicherer zum Schadensersatz verpflichtet, wenn er die Verzögerung zu vertreten hat. Trifft den VN ein Mitverschulden nach § 254 BGB, etwa weil er seinen Mitwirkungspflichten nicht rechtzeitig nachgekommen ist, kann der Schadensersatzanspruch gekürzt werden oder ganz entfallen. **106**

Verzichtet der VN auf die Rechtsverfolgung, weil der Versicherer die Deckung zu Unrecht ablehnt oder die Deckungszusagen verzögert und der VN das Kostenrisiko nicht selber tragen will, muss der Versicherer ihm die hieraus entstehenden Nachteile ersetzen.[169] Der Schadensersatzanspruch ist hierbei nicht auf die Deckungssumme begrenzt.[170] Der Anspruch entfällt wegen überwiegenden Mitverschuldens des VN nach § 254 BGB, wenn dieser dem Versicherer nicht mitteilt, dass er ohne Deckungszusagen auf die Klage verzichtet und nicht auf einen drohenden Fristablauf hinweist.[171] **107**

K. Währungsklausel (§ 5 II lit. b)

Die Währungsklausel legt fest, dass dem VN in fremder Währung aufgewandte Kosten in Euro zum **Wechselkurs des Tages** erstattet werden, an dem diese Gelder vom VN gezahlt wurden. Die Klausel gilt nur außerhalb der Eurozone. Der VN muss entsprechende Zahlungsnachweise vorlegen. **108**

L. Nicht erstattungsfähige Kosten (§ 5 III)

§ 5 I als primäre Risikobegrenzung beschreibt die Kosten, die vom Versicherer übernommen werden. In § 5 III als **sekundäre Risikobegrenzung** sind die Kosten aufgezählt, **109**

166 L/W/*Obarowski*, Kap. 48 Rn. 146.
167 L/W/*Obarowski*, Kap. 48 Rn. 146.
168 Van Bühren/Plote/*van Bühren*, § 5 ARB 2010 Rn. 127; Höra/Schubach/*Lensing*, § 27 Rn. 81.
169 BGH NJW-RR 2000, 706; VersR 2006, 830; *Römer* r+s 2000, 177, 179; *Mathy* NVersZ 2001, 433, 441.
170 BGH NJW-RR 2000, 706; VersR 2006, 830.
171 L/W/*Obarowski*, Kap. 48 Rn. 149.

die nicht übernommen werden, weil sie damit die Versichertengemeinschaft unzumutbar belasten würde.[172] Für die Frage der Beweislastverteilung bedeutet dies, dass der Versicherer aufgrund des Ausnahmecharakters des § 5 III darlegen und beweisen muss, dass einer der Ausschlussgründe der Vorschrift vorliegt (vgl. Rdn. 4).

I. Ohne Rechtspflicht übernommene Kosten (§ 5 III lit. a)

110 Nicht unter den Versicherungsschutz fallen solche Kosten, die vom VN **ohne Rechtspflicht** übernommen werden, etwa, wenn der VN bei einem sofortigen Anerkenntnis die Kosten des Rechtsstreites übernimmt, obwohl diese nach § 93 ZPO dem Kläger zur Last fallen.[173] Kostenfragen im Zusammenhang mit einverständlichen Erledigungen fallen unter die speziellere Regelung des § 5 III lit. b).

II. Kosten einer einverständlichen Erledigung (§ 5 III lit. b)

1. Allgemeines

111 Der Versicherer trägt die Kosten einer **einverständlichen Erledigung** nicht, wenn sie nicht dem Verhältnis des vom VN angestrebten Ergebnisses zum erzielten Ergebnis entsprechen. Gemeint ist die Kostenverteilung im Verhältnis von Obsiegen und Unterliegen. Andere Gesichtspunkte wie z.B. die Erfolgsaussichten bleiben außer Betracht.[174] Entscheidend ist das rechnerische Verhältnis zwischen »wirtschaftlichem Endergebnis« und Ursprungsbegehren des VN.[175] Bezahlt wird also dass, was für den VN auch bei einem Urteil mit gleichem Inhalt angefallen wäre.[176] Die Vorschrift gilt für gerichtliche und außergerichtliche Erledigungen gleichermaßen.[177] Sie trägt der bei Vergleichen herrschenden Gefahr Rechnung, dass der VN im Rahmen der Vergleichsverhandlungen dem Gegner im Hinblick auf die Kosten Zugeständnisse macht, um ein Entgegenkommen in der Hauptsache zu erreichen.[178]

2. Außergerichtliche Vergleiche

112 **Außergerichtliche Vergleiche** fallen unter die Vorschrift des § 5 III lit. b). Dies war bei der im Wesentlichen inhaltsgleichen Vorschrift des § 2 III lit. a) ARB 75 nicht ganz unumstritten, da diese nicht vom Verhältnis des »angestrebten Ergebnisses zum erzielten Ergebnis« sprach, sondern vom »Verhältnis des Obsiegens zum Unterliegen«.[179] Teilweise wurde vorgebracht, dass von letzterem erst als Ergebnis einer Gerichtsverhandlung

172 Harbauer/*Schneider*, § 5 ARB 2010 Rn. 188.

173 Beispiel nach Harbauer/*Schneider*, § 5 ARB 2010 Rn. 190.

174 BGH VersR 1977, 809; VersR 2006, 404; NJW 2011, 2054; *Obarowski* NJW 2011, 2014.

175 Van Bühren/*Schneider*, § 13 Rn. 360; Harbauer/*Schneider*, § 5 ARB 2010 Rn. 194 m.w.N.

176 Höra/Schubach/*Lensing*, § 27 Rn. 489.

177 Näher hierzu unten Rdn. 112 ff.

178 BGH VersR 2006, 404; P/M/*Piontek*, § 5 ARB 2010 Rn. 49; L/W/*Obarowski*, Kap. 48 Rn. 129.

179 Terbille/Höra/*Bultmann* [3], § 27 Rn. 529.

gesprochen werden könne.[180] Tatsächlich kann es aber weder nach den neuen noch nach den alten ARB einen Unterschied machen, ob eine gerichtliche oder außergerichtliche Erledigung herbeigeführt wird.[181]

a) Uneingeschränkte Geltung der Kostenbeschränkung

Die Kostenbeschränkung des § 5 III lit. b) gilt für außergerichtliche Vergleiche **uneingeschränkt.** Insbesondere hängt sie nicht davon ab, dass der VN einen materiell-rechtlichen Anspruch auf Kostenerstattung gegen seinen Gegner hat.[182] Auch ohne Rechtsanspruch kann eine Kostenverteilung nach dem Verhältnis des vom VN angestrebten Ergebnisses zum erzielten Ergebnis vorgenommen werden.[183] Der materiell-rechtliche Anspruch auf Kostenerstattung ist damit weder rechnerisch noch nach dem Sinn und Zweck der Vorschrift erforderlich.[184] **113**

b) Verstoß gegen das Transparenzgebot

Die Vorschrift verstößt auch nicht gegen das **Transparenzgebot.**[185] Der VN kann bei einer außergerichtlichen Einigung nicht davon ausgehen, dass die Kosten des Vergleiches vom Versicherer übernommen werden, ohne dass die Kostenbeschränkung des § 5 III lit. b) gilt. Es ist nicht ersichtlich, warum der VN durch die Klausel den Eindruck gewinnen sollte, dass für den Fall der außergerichtlichen Einigung etwas anderes gilt als für eine gerichtliche Einigung. Der VN muss bei verständiger Würdigung die Klausel so verstehen, dass die Leistungsbeschränkung des § 5 III lit. b) sowohl für die gerichtliche als auch für die außergerichtliche einverständliche Erledigung maßgeblich ist.[186] **114**

c) Kostenregelung

Voraussetzung für die Kostenbeschränkung ist wohl nicht, dass der außergerichtliche Vergleich eine ausdrückliche oder konkludente **Kostenregelung** enthält.[187] Die Frage wird vom BGH ausdrücklich offengelassen.[188] Nach dem Wortlaut geht es um Kosten, die beim Vergleich tatsächlich entstanden sind und nicht um solche, die ausdrücklich **115**

180 Terbille/Höra/*Bultmann* ³, § 27 Rn. 529.

181 So auch BGH VersR 2006, 404, 46; NJW 2011, 2054, 2055; Harbauer/*Schneider*, § 5 ARB 2010 Rn. 194.

182 So aber LG Bremen NJW-RR 2007, 1404; LG Hannover VersR 1987, 759; van Bühren/Plote/*van Bühren*, § 5 ARB 2010 Rn. 167.

183 Harbauer/*Schneider*, § 5 ARB 2010 Rn. 194.

184 BGH VersR 2006, 404, 406; P/M/*Piontek*, § 5 ARB 2010 Rn. 59.

185 So aber van Bühren/Plote/*van Bühren*, § 5 ARB 2010 Rn. 167 und LG Hagen r+s 2008, 190 m. Anm. *van Bühren.*

186 BGH VersR 2006, 404; OLG Hamm VersR 1999, 1276; L/W/*Obarowski*, Kap. 48 Rn. 130; P/M/*Piontek*, § 5 ARB 2010 Rn. 59.

187 Zum Streitstand BGH NJW 2011, 2054, 2055; siehe auch BGH VersR 2006; 404; OLG Hamm NJW-RR 1999, 1403; Harbauer/*Schneider*, § 5 ARB 2010 Rn. 194.

188 BGH NJW 2011, 2054, 2055.

oder konkludent festgehalten wurden. Der verständige VN muss die Vorschrift daher entsprechend ihrem Sinn und Zweck so verstehen, dass sie ihn daran hindern soll, Kostenzugeständnisse zu machen, indem nur das erstattet wird, was der VN auch bei einem gerichtlichen Urteil in der Sache bezahlen müsste. Auf eine Kostenregelung kommt es hierbei nicht an.[189]

d) § 5 III lit. b) und ARB 2021

116 § 5 III lit. b) ist nun in **Ziff. 3.3.2 ARB 2021** geregelt. Anstelle von »einverständlicher Erledigung« wurde nun die Formulierung »gütliche Einigung« gewählt. Dies bezieht vom Wortlaut her noch deutlicher die außergerichtliche Einigung mit ein. Schön ist das gewählte Beispiel, das die Höhe der Erstattung sehr gut verdeutlicht und das Bewusstsein des VN für die Kostenregelung schärft.

e) Vergleich und Kostenentscheidung nach § 91a ZPO

117 Die Parteien können bei einem Vergleich die Kostenregelung ausdrücklich ausklammern und dem Gericht überlassen, welches dann eine Entscheidung nach § 91a ZPO trifft. Das Gericht entscheidet in diesem Fall über die Kosten unter Berücksichtigung des bisherigen Sach- und Streitstandes nach billigem Ermessen durch Beschluss, vgl. § 91a Satz 1 ZPO. Teilweise wird in der Rechtsprechung vertreten, dass für diesen Fall die Kostenbegrenzung des § 5 III lit. b) nicht eingreift, weil keine einverständliche Kostenregelung getroffen worden sei.[190] Dieser Ansicht kann nicht gefolgt werden, da auch in dieser Konstellation die Voraussetzung für die Kostenbeschränkung nach § 5 III lit. b) vorliegen. Die Parteien haben einen Vergleich geschlossen und mit der Vereinbarung über die Anwendung von § 91a Satz 1 ZPO eine ausdrückliche Regelung über die Kosten getroffen.[191] Hierin liegt das Zugeständnis des VN, denn er hatte auf die Kostenverteilung ja Einfluss und hätte eine andere Kostenvereinbarung treffen können. Dies stand ihm im Rahmen der Vergleichsverhandlungen frei. Die Geltung der Vorschrift in diesem Fall entspricht sowohl ihrem Wortlaut als auch ihrem Sinn und Zweck, Kostenzugeständnisse zu Lasten der Versicherungsgemeinschaft zu verhindern.[192]

M. Selbstbeteiligung (§ 5 III lit. c)

118 Der VN hat im Versicherungsfall die im Versicherungsschein vereinbarte **Selbstbeteiligung** je Leistungsart nach § 2 zu tragen. Erfolgt aufgrund des Versicherungsfalls eine Interessenwahrnehmung in unterschiedlichen Leistungsarten nach § 2, ist für jede

189 BGH VersR 2006, 404 (abweichend aber BGH VersR 2013, 232); OLG Hamm VersR 1999, 1276; Harbauer/*Schneider*, § 5 ARB 2010 Rn. 194, L/W/*Obarowski*, Kap. 48 Rn. 130; P/M/*Piontek*, § 5 ARB 2010 Rn. 59.

190 OLG Hamm VersR 2005, 1142; OLG Karlsruhe VersR 1984, LG Köln r+s 2006, 453; auch Harbauer/*Schneider*, § 5 ARB 2010 Rn. 199.

191 Anders P/M/*Piontek*, § 5 ARB 2010 Rn. 61; so aber *Obarowski* NJW 2011, 2014.

192 L/W/*Obarowski*, Kap. 48 Rn. 131; a.A. Harbauer/*Schneider*, § 5 ARB 2010 Rn. 199; P/M/*Piontek*, § 5 ARB 2010 Rn. 61.

Leistungsart die Selbstbeteiligung gesondert abzuziehen. Teilweise sind die ARB der einzelnen Versicherer allerdings so ausgestaltet, dass die Selbstbeteiligung nur einmal pro Versicherungsfall in Abzug gebracht wird.[193]

Nach § 15 II 1 gelten für **Mitversicherte** die den VN betreffenden Bestimmungen sinngemäß. Daraus könnte geschlossen werden, dass die Selbstbeteiligung auch für einen oder mehrere Mitversicherte anfällt, die den Versicherer wegen desselben Versicherungsfalls in derselben Leistungsart des § 2 in Anspruch nehmen. Allerdings fehlt in § 5 III lit. c) ein entsprechender Hinweis. Darüber hinaus spricht der Umstand, dass der Versicherer nach § 5 IV in jedem Rechtsschutzfall höchstens die vereinbarte Versicherungssumme dafür zahlt, die Selbstbeteiligung nur einmal in Abzug zu bringen.[194] 119

N. Zwangsvollstreckungskosten (§ 5 III lit. d)

I. Allgemeines

Der Versicherer übernimmt die Kosten der Zwangsvollstreckung, die aufgrund der **ersten drei Zwangsvollstreckungsmaßnahmen** angefallen sind. Werden Zwangsvollstreckungsmaßnahmen gegen Gesamtschuldner vorgenommen, zählt jede Maßnahme gegen einen der Gesamtschuldner als Einzelmaßnahme.[195] 120

Die Vorschrift entspricht dem § 2 III lit. b) ARB 75, allerdings beschränkte dieser den Rechtsschutz nicht auf die zeitlich ersten drei Verfahren. Der VN hatte vielmehr die Wahl, welche seiner Zwangsvollstreckungsmaßnahmen er erstatten lassen wollte. Die Kostenbeschränkung des § 5 III lit. d) gilt sowohl bei Zwangsvollstreckungsmaßnahmen für als auch gegen den VN, also für die **Vollstreckung** und die **Vollstreckungsabwehr**, vorausgesetzt, der titulierte und zu vollstreckende Anspruch fällt unter den Versicherungsschutz.[196] 121

Der Versicherer muss **alle** in diesem Zusammenhang anfallenden Kosten übernehmen. Hierzu zählen die Gerichts-, Gerichtsvollzieher – oder Verwaltungsvollstreckungskosten und die Anwaltskosten, auch alle angeforderten Zuschüsse und Auslagen der Vollstreckungsorgane.[197] 122

II. Einzelne Vollstreckungsmaßnahmen

Zu den Maßnahmen, die als **Vollstreckungsmaßnahmen** i.S.d. § 5 III lit. d) anzusehen sind, gehören der Antrag auf Vollstreckungsabwehrklage, die Drittschuldnerklage, die Vollstreckungsgegenklage gem. § 767 ZPO und die Erinnerung nach § 766 ZPO, ferner die Anfechtungsklage und die Abwehr der Drittwiderspruchsklage.[198] Zu den 123

---

193 Harbauer/*Schneider*, § 5 ARB 2010 Rn. 206.

194 Harbauer/*Schneider*, § 5 ARB 2010 Rn. 206.

195 L/W/*Obarowski*, Kap. 48 Rn. 134.

196 Van Bühren/*Schneider*, § 13 Rn. 367.

197 Van Bühren/Plote/*van Bühren*, § 5 ARB 2010 Rn. 177.

198 Van Bühren/Plote/*van Bühren*, § 5 ARB 2010 Rn. 174 und 175 m.w.N.; zu den einzelnen Zwangsvollstreckungsmaßnahmen sehr ausführlich und mit vielen Nachweisen Harbauer/*Schneider*, § 5 ARB 2010 Rn. 214 ff.

Vollstreckungsmaßnahmen gehören auch Maßnahmen der Zwangsvollstreckung in das unbewegliche Vermögen nach § 865 ff. ZPO.[199]

124 Für die **Drittschuldnerklage** war die Einordnung unter die Risikobegrenzungsklausel umstritten. Wird eine Geldforderung des Schuldners bei einem Dritten gepfändet, kann der Vollstreckungsgläubiger mit der Drittschuldnerklage die Forderung beitreiben, wenn der Dritte nicht freiwillig an ihn zahlt. Verfahrensrechtlich handelt es sich hierbei um eine Forderungsklage. Für die Risikobegrenzungsklausel des § 2 III lit. b) ARB 75, die nach dem Wortlaut »mehr als drei Anträge auf Vollstreckung« voraussetzt, hat der BGH entschieden, dass die Drittschuldnerklage hierunter nicht subsumiert werden kann, sondern vielmehr einen neuen Rechtsschutzfall darstellt.[200] Da § 5 III lit. d) nun abweichend hiervon den Begriff der »Zwangsvollstreckungsmaßnahme« verwendet, kann die Drittschuldnerklage unter die Vorschrift gefasst werden, sodass die Risikobegrenzung nun greift.[201]

O. Vollstreckung innerhalb von fünf Jahren (§ 5 III lit. e)

125 Der Versicherer übernimmt nach § 5 III lit. e) keine Kosten für Vollstreckungsmaßnahmen, die später als fünf Jahre nach **Rechtskraft** des Vollstreckungstitels eingeleitet werden. Für die Fristberechnung kommt es also nicht darauf an, wann die erste Vollstreckungsmaßnahme möglich war oder versucht wurde.

126 Vollstreckungstitel i.S.d. § 5 III lit. e) können nur solche sein, die der Rechtskraft fähig sind. Kein rechtskraftfähiger Vollstreckungstitel ist die **einseitige Unterwerfung unter die sofortige Zwangsvollstreckung** gem. § 794 I Nr. 5 ZPO.[202] Da es an einem rechtskraftfähigen Vollstreckungstitel fehlt, kann der VN dem § 5 III lit. e) nicht entnehmen, wann die Fünf-Jahres-Frist zu laufen beginnt, so dass § 5 III lit. e) nicht anwendbar ist.[203] Möchte sich ein VN gegen die Vollstreckung aus der Unterwerfungsurkunde im Wege der Vollstreckungsabwehrklage gem. § 767 ZPO analog wehren, stellt dies einen neuen Rechtsschutzfall dar, wenn die Voraussetzungen hierfür vorliegen.[204]

P. Kosten für Strafvollstreckungsverfahren (§ 5 III lit. f)

127 Der Versicherer übernimmt nach § 5 III lit. f) keine Kosten für Strafvollstreckungsverfahren jeder Art nach Rechtskraft einer Geldstrafe oder -buße unter 250 Euro. Daraus ergibt sich im Umkehrschluss, dass Kosten für Strafvollstreckungsverfahren, die

199 Harbauer/*Schneider*, § 5 ARB 2010 Rn. 216.

200 BGH VersR 2009, 216; anders z.B. L/W/*Obarowski*, Kap. 48 Rn. 135, da es sich bei der Drittschuldnerklage aus Sicht des VN um die Fortsetzung der Zwangsvollstreckung handele.

201 Van Bühren/*Schneider*, § 13 Rn. 367; L/W/*Obarowski*, Kap. 48 Rn. 135; van Bühren/Plote/*van Bühren*, § 5 ARB 2010 Rn. 174; *Maier* r+s, 2007, 312, 313.

202 BGH VersR 2007, 535; OLG Karlsruhe r+s 2006, 450.

203 L/W/*Obarowski*, Kap. 48 Rn. 136; Harbauer/*Schneider*, § 5 ARB 2010 Rn. 253; van Bühren/*Schneider*, § 13 Rn. 368.

204 L/W/*Obarowski*, Kap. 48 Rn. 136.

über der **Bagatellgrenze von 250 Euro** liegen, grundsätzlich vom Rechtsschutz umfasst werden. Umfasst werden alle Maßnahmen, die für den VN eine Vergünstigung in der Straf- oder Bußgeldvollstreckung bedeuten, z.B. Einwendungen gegen die Vollstreckung, Gnadengesuche oder die vorzeitige Tilgung einer Eintragung im Bundeszentralregister.[205]

Q. Subsidiaritätsklausel (§ 5 III lit. g)

Nach § 5 III lit. g) werden Kosten nicht erstattet, zu deren Übernahme ein anderer verpflichtet wäre, wenn der **Rechtsschutzversicherungsvertrag** nicht bestünde. Anders als in der weitergehenden Regelung des § 2 III lit. c) ARB 75 lehnt der Versicherer die Kostenübernahme nur noch ab, wenn die Haftung eines Dritten grundsätzlich hinter der des Versicherers zurücktreten müsste.[206] Durch den Wegfall der Haftung des Versicherers tritt die eigentlich subsidiäre Haftung des Dritten an erste Stelle.[207] 128

Die praktische Bedeutung der Vorschrift ist gering. Sie beschränkt sich im Wesentlichen auf bestimmte Konstellationen in der **Kfz-Haftpflichtversicherung**, in denen ein gestörtes Deckungsverhältnis nach § 117 I VVG besteht. Danach bleibt die Verpflichtung des Haftpflichtversicherers in Ansehung des Dritten bestehen, auch wenn er von der Verpflichtung zur Leistung dem VN gegenüber ganz oder teilweise frei ist. Allerdings haftet er nur eingeschränkt. Er haftet gem. § 117 III 2 VVG z.B. nicht, wenn der Geschädigte Ersatz seines Schadens von einem anderen Schadensversicherer oder von einem Sozialversicherungsträger verlangen kann. Da die Rechtsschutzversicherung eine Schadensversicherung ist, könnte der Haftpflichtversicherer also den Geschädigten, wenn dieser rechtsschutzversichert ist, im Hinblick auf eventuell entstandene Rechtsanwaltsgebühren an seinen Rechtsschutzversicherer verweisen. Diese Haftung soll durch § 5 III lit. g) ausgeschlossen werden.[208] 129

R. Unstreitige Forderungen und nicht versicherte Teile von Schadensfällen (§ 5 III lit. h)

Der Versicherer übernimmt keine Kosten im Rahmen einer einverständlichen Regelung für Forderungen, die selbst nicht streitig waren oder Kosten, die auf den nicht versicherten Teil von Schadensfällen entfallen. 130

S. Versicherungssumme (§ 5 IV)

Der Versicherer hat je Rechtsschutzfall i.S.d. § 4 I nur einmal die **vereinbarte Versicherungssumme** (Deckungssumme) zu zahlen, § 5 IV 1. Gibt der Versicherer eine Deckungszusage für einen Rechtsschutzfall, der die vereinbarte Versicherungssumme übersteigt, liegt hierin nicht die Zusage der Erstattung von Kosten, die über die Ver- 131

205 Harbauer/*Schneider*, § 5 ARB 2010 Rn. 255 m.w.N.

206 Van Bühren/Plote/*van Bühren*, § 5 ARB 2010 Rn. 183.

207 P/M/*Piontek*, § 5 ARB 2010 Rn. 73.

208 Hierzu auch van Bühren/*Schneider*, § 13 Rn. 372; Harbauer/*Schneider*, § 5 ARB 2010 Rn. 260.

sicherungssumme hinausgehen.[209] Allerdings sollte der Versicherer den VN darauf hinweisen, dass der Rechtsschutzfall die Versicherungssumme übersteigt.[210] Die Zahlung erfolgt für jeden Rechtsschutzfall, wobei es unerheblich ist, wie oft der Rechtsschutzfall innerhalb der Versicherungsperiode oder der Vertragslaufzeit eintritt.

132 Muss der Versicherer im selben Rechtsschutzfall für den VN und für **mitversicherte Personen** leisten, werden die Zahlungen zusammengerechnet, § 5 IV 2. Wer mitversichert ist, ergibt sich aus dem Versicherungsvertrag und aus § 15 I.

133 Zahlungen aufgrund **mehrerer Rechtsschutzfälle**, die zeitlich und ursächlich zusammenhängen, werden zusammengezählt, § 5 IV 3. Zeitlich und ursächlich zusammenhängende Rechtsschutzfälle liegen vor, wenn sie einem einheitlichen Lebensvorgang entspringen.[211] Dies ist z.B. im Arbeitsrechtsschutz des Arbeitgebers der Fall, wenn er wegen Einstellung des Betriebes eine Massenkündigung vornimmt und die Arbeitnehmer Kündigungsschutzklage erheben.[212] Die einzelnen Kündigungsschutzklagen stehen als einzelne Versicherungsfälle in einem so engen zeitlichen und durch den gemeinsamen Kündigungsgrund auch ursächlichen Zusammenhang, dass sie einem einheitlichen Lebensvorgang entspringen.[213] Abweichend hiervon nimmt *Piontek* an, dass ein ursächlicher Zusammenhang dann besteht, wenn durch den ersten Rechtsschutzfall oder durch einen davor liegenden Umstand die Gefahr für den Eintritt der nächsten Rechtschutzfälle erhöht wird.[214] Hieraus ergibt sich für das Beispiel der Massenentlassung nichts anderes. Da *Piontek* auf das Erfordernis eines einheitlichen Lebensvorganges verzichtet, sondern nur auf die schlichte Kausalität abstellt, kommt er allerdings dann zu anderen Ergebnissen, wenn sich z.B. der gekündigte VN an einen Anwalt wendet, der ihn falsch berät.[215] Die Kündigung als erster Rechtsschutzfall erhöht nicht die Gefahr für eine Falschberatung als zweiten Rechtsschutzfall, so dass der ursächliche Zusammenhang fehlt. Die herrschende Meinung ist allerdings vorzugswürdig, da gerade der einheitliche Lebensvorgang rechtfertigt, die Leistungspflicht des Versicherers auf die Höchsthaftungsgrenzen zu beschränken.

T. Sorgeleistungen (§ 5 V lit. a) und b)

134 Neben der Hauptleistungspflicht des Versicherers, dem VN die Kosten der Rechtsverfolgung zu erstatten, werden von ihm verschiedene **Sorgeleistungen** erbracht, z.B. die Auswahl eines Rechtsanwalts in den Fällen des § 17 III, wenn nämlich der VN dies verlangt oder der VN keinen Rechtsanwalt benennt und dem Versicherer die alsbaldige Beauftragung eines Rechtsanwaltes notwendig erscheint. Darüber hinaus kann der

---

209 Harbauer/*Schneider*, § 5 ARB 2010 Rn. 261.

210 Harbauer/*Schneider*, § 5 ARB 2010 Rn. 269.

211 BGH VersR 1990, 301; OLG Hamm r+s 1989, 54; OLG Köln r+s 1996, 105; van Bühren/*Schneider*, § 13 Rn. 377; Harbauer/*Schneider*, § 5 ARB 2010 Rn. 265.

212 Beispiel nach van Bühren/*Schneider*, § 13 Rn. 378.

213 So OLG Hamm VersR 1975, 654 für § 2 IV 2 ARB 75.

214 P/M/*Piontek*, § 5 ARB 2010 Rn. 79.

215 Vgl. hierzu P/M/*Piontek*, § 5 ARB 2010 Rn. 80.

Versicherer den Rechtsanwalt im Namen des VN beauftragen, wenn dieser ihn nicht bereits selber beauftragt hat, § 17 III. Die Vorschrift des § 5 V enthält Sorgeleistungen für die Übersetzung von Unterlagen im Auslandsrechtsschutz und die Zahlung eines Darlehens für eine Strafkaution. Die Erbringung von Sorgeleistung eröffnet den Rechtsschutzversicherern ein Betätigungsfeld, das zunehmend ausgebaut wird, sodass sich die Serviceleistungen teilweise erheblich unterscheiden.

I. Übersetzungskosten im Auslandsrechtsschutz (§ 5 V lit. a)

Der Versicherer sorgt für die **Übersetzung** der für die Rechtsverfolgung im Ausland notwendigen Unterlagen und trägt die dabei anfallenden Kosten, § 5 V lit. a). Für das Inland gilt die Regelung nicht, allerdings können Übersetzungskosten als Gerichtskosten i.S.d. § 5 I lit. c) ersatzfähig sein.[216] 135

Die für die Übersetzung **notwendigen Unterlagen** muss der VN dem Versicherer beibringen, § 17 V. Die Entscheidung, auf welche Weise die Übersetzung vorzunehmen ist, obliegt dem Versicherer.[217] 136

II. Strafkaution (§ 5 V lit. b)

Muss für den VN eine Kaution gestellt werden, um ihn einstweilen vor Strafverfolgungsmaßnahmen zu verschonen, sorgt der Versicherer für die Zahlung eines zinslosen Darlehens bis zur vereinbarten Höhe, § 5 V lit. b). Die Vorschrift gilt entgegen der alten Regelung in § 2 I lit. f) ARB 75 sowohl für Inlands- als auch für Auslandsfälle. Der VN ist zur Rückzahlung des Darlehens nach § 607 I BGB verpflichtet, sobald ihm die Kaution zurückerstattet wurde oder diese verfallen ist. 137

U. Andere Berufsgruppen (§ 5 VI)

Nach § 5 VI gelten die den Rechtsanwalt betreffenden Bestimmungen für andere Berufsgruppen **entsprechend**, soweit diese in den in § 2 genannten Leistungsarten tätig werden können. 138

Dies gilt für **Notare** in Angelegenheiten der freiwilligen Gerichtsbarkeit und im Beratungs-Rechtsschutz im Familien-, Lebenspartnerschafts- und Erbrecht, § 5 VI lit. a). Die Vergütung erfolgt nach §§ 140 ff. KostenO. 139

Die Bestimmungen, die den Rechtsanwalt betreffen, gelten für **Angehörige der steuerberatenden Berufe** im Steuer-Rechtsschutz vor Gerichten, § 5 VI lit. b). Wer Angehöriger eines steuerberatenden Berufes ist, ergibt sich aus §§ 3, 4 StBerG. Die Vergütung erfolgt nach der SteuerberatergebührenVO. 140

Die Bestimmungen gelten bei Wahrnehmung rechtlicher Interessen im Ausland für dort ansässige **rechts- und sachkundige Bevollmächtigte**, § 5 VI lit. c). Ob jemand sach- und rechtskundig ist, richtet sich nach den Bestimmungen im entsprechenden 141

216 Van Bühren/Plote/*van Bühren*, § 5 ARB 2010 Rn. 198.
217 Van Bühren/Plote/*van Bühren*, § 5 ARB 2010 Rn. 199.

Ausland. Er muss dort befugt sein, fremde Rechtsangelegenheiten geschäftsmäßig zu besorgen. Setzt dies eine besondere Legitimation voraus, muss der Bevollmächtigte diese besitzen.[218]

§ 5a Einbeziehung des außergerichtlichen Mediationsverfahrens

(1) Mediation ist ein Verfahren zur freiwilligen, außergerichtlichen Streitbeilegung, bei dem die Parteien mit Hilfe der Moderation eines neutralen Dritten, des Mediators, eine eigenverantwortliche Problemlösung erarbeiten. Der Versicherer vermittelt dem Versicherungsnehmer einen Mediator zur Durchführung des Mediationsverfahrens in Deutschland und trägt dessen Kosten im Rahmen von Abs. 3.

(2) Der Rechtsschutz für Mediation erstreckt sich auf .... (Aufzählung der unter die Mediation fallenden Leistungsarten)

(3) Der Versicherer trägt den auf den Versicherungsnehmer entfallenden Anteil an den Kosten des vom Versicherer vermittelten Mediators bis zu ... € je Mediation. Sind am Mediationsverfahren auch nicht versicherte Personen beteiligt, übernimmt der Versicherer die Kosten anteilig im Verhältnis versicherter zu nicht versicherten Personen.

(4) Für die Tätigkeit des Mediators ist der Versicherer nicht verantwortlich. Soweit vorstehend nicht ausdrücklich etwas anderes vereinbart ist, gelten die Bestimmungen der §§ 1, 3, 4, 7 bis 14, 16, 17 und 20 ARB 2009 entsprechend.

Notwendige Ergänzung zu § 5 I d) bei Verwendung des § 5a:

§ 5 Abs. 1 d):

»die Gebühren eines Schieds- oder Schlichtungsverfahrens bis zur Höhe der Gebühren, die im Falle der Anrufung eines zuständigen Gerichts erster Instanz entstehen;«

Ergänzung:

»die Kosten für Mediationsverfahren richten sich hingegen ausschließlich nach der Klausel ...«

Literatur:
Becker/Horn, Erbrechtsmediation, ZEV 2006, 248; *Bischof*, Kosten bei Inanspruchnahme der außergerichtlichen und der gerichtsinternen Mediation, FPR 2012, 258; *Diop/Steinbrecher*, Cui bono? – Das Mediationsgesetz aus Unternehmersicht, BB 2012, 3023; *Groboschl/Heymann*, Vertrauen als Verfahrensgegenstand – Fallgruppen der Mediation, NJW 2012, 3626; *Kramer*, Mediation als Alternative zur Einigungsstelle im Arbeitsrecht?, NZA 2005, 135; *Paul*, Familienmediation, FPR 2005, 260; *Risse*, Wirtschaftsmediation, NJW 2000, 1614; *ders.*, Das Mediationsgesetz – Eine Kommentierung, SchiedsVZ 2012, 244; *Schäfer*, Mediation im öffentlichen Bereich braucht gesetzliche Regeln, NVwZ 2006, 39; *Tögel/Rohlff*, Die Umsetzung der EU-Mediations-Richtlinie – Erwartungen aus der Sicht der Rechtschutzversicherer, ZRP 2009, 209.

---

218 P/M/*Piontek*, § 5 ARB 2010 Rn. 86.

Übersicht Rdn.

A. Allgemeines

§ 5a regelt als **optionale Vorschrift** die Erstattung der Kosten eines Mediationsverfahrens. Sie wurde erstmals in den Anhang der Musterbedingungen der ARB 2009 aufgenommen und trägt dem Ruf der VN nach einer einvernehmlichen und kostengünstigen Möglichkeit zur Interessenwahrnehmung Rechnung.[1] Nach dem Inkrafttreten des Mediationsgesetzes am 26. 07. 2012 ist § 5a in diesem Lichte auszulegen. 1

Vor Inkrafttreten des **Mediationsgesetzes** war die Mediation gesetzlich nicht geregelt, sondern nur an einigen wenigen Stellen ohne konkreten Regelungsinhalt erwähnt. So heißt es in § 7a BRAO, dass sich ein Rechtsanwalt als Mediator bezeichnen darf, wenn er durch eine geeignete Ausbildung nachweisen kann, dass er die Grundsätze des Mediationsverfahrens beherrscht. In § 34 RVG heißt es weiterhin, dass ein als Mediator tätiger Rechtsanwalt auf eine Gebührenvereinbarung hinwirken soll. Wer aber ein »Mediator« ist, was eine »geeignete Ausbildung« und die »Grundsätze des Mediationsverfahrens« sind, blieben ungeklärt.[2] Auch gesetzlich nicht geregelt war die **gerichtsinterne Mediation**, die von einigen Bundesländern als Modellversuch seit 2002 in die Gerichtssäle Einzug fand, um die außergerichtliche Mediation in das Bewusstsein der Bevölkerung zu bringen.[3] Das Mediationsgesetz enthält nunmehr Bestimmungen über den Mediationsbegriff, das Mediationsverfahren, berufsrechtliche Fragen der Mediatoren und ihre Ausbildung, sowie die Förderung und Evaluierung der Mediation. Das Bundesjustizministerium ist darüber hinaus dazu ermächtigt, eine Rechtsverordnung über Ausbildungs- und Fortbildungsinhalte der Mediatoren zu erlassen (§ 6 Mediationsgesetz). Wie sich aus § 278 V ZPO und § 9 I Mediationsgesetz ergibt, hat der Gesetzgeber der gerichtsinternen Mediation zugunsten des Güterrichtermodells eine Absage erteilt.[4] Gerichtsinterne Mediationsverfahren dürfen nur noch bis zum 1. August 2013 durchgeführt werden. 2

§ 5a definiert im ersten Abschnitt das Mediationsverfahren als ein Verfahren zur freiwilligen, außergerichtlichen Streitbeilegung, bei dem die Parteien mit Hilfe der Moderation eines neutralen Dritten, des Mediators, eine eigenverantwortliche Problemlösung erarbeiten. Diese **eigenständige Definition** des Mediationsverfahrens wird durch die **Definition des Mediationsgesetzes ersetzt.** Hiernach ist die Mediation ein vertrauliches und strukturiertes Verfahren, bei dem Parteien mit Hilfe eines oder mehreren Media- 3

1 Vgl. Harbauer/*Obarowski*, § 5a ARB 2010 Rn. 2; Mediation in der RechtsschutzVers *Tögel/Rohlff* ZRP 2009, 209 ff.; im Wirtschaftsrecht: *Risse* NJW 2000, 1614; im Verwaltungsrecht: *Schäfer* NVwZ 2006, 39; im Erbrecht: *Becker/Horn* ZEV 2006, 248; im Familienrecht: *Paul* FPR 2005, 260; im Arbeitsrecht: *Kramer* NZA 2005, 135.

2 Harbauer/*Obarowski*, § 5a ARB 2010 Rn. 2 ff.

3 MünchKommZPO/*Prütting*, § 278 Rn. 70.

4 *Bischof* FPR 2012, 258, 260.

toren freiwillig und eigenverantwortlich eine einvernehmliche Beilegung ihres Konflikts anstreben, § 1 I Mediationsgesetz. Praktische Unterschiede ergeben sich in der Hinsicht wohl aber keine, zumal auch das Mediationsgesetz mit seinen Begriffsdefinitionen »Mediation« und »Mediator« die Mediation nicht präzise zu konturieren vermag, mithin die Definitionen unter einem unüberwindbaren Zirkelschluss leiden.[5]

B. Anwendungsbereich

4 Gem. § 5a II und IV ARB 2010 kann abweichend von § 2 der Rechtschutzversicherer gesondert regeln, in welchen Fällen er Rechtschutz gewähren will. Insofern ist er nicht auf die Leistungsarten des § 2 beschränkt, sodass z.B. nunmehr auch die praxisrelevanten Fälle im Familienrecht vom Versicherungsschutz umfasst werden können. Darüber hinaus eröffnet § 5a III dem Rechtsschutzversicherer, entgegen der Leistungsbeschränkung des § 5 I lit. d), die Möglichkeit, die Höchstgrenze für die zu erstattenden Verfahrenskosten individuell zu bestimmen. Allerdings übernimmt der Versicherer anteilig nur die Kosten des VN und nicht die Kosten von beteiligten Nichtversicherten. Weiterhin werden die Kosten auch nur für Mediationsverfahren erstattet, **bei denen der Versicherer den Mediator selbst aussucht.** Dies kann im Hinblick auf die Unparteilichkeit des Mediators kritisch erscheinen. Eine Haftung für den vom Versicherer eingesetzten Mediator scheidet aber nach § 5a IV aus. Des Weiteren bestimmt Abs. 4, dass die §§ 1, 3, 4, 7 bis 14, 16, 17 und 20 entsprechend anwendbar sind. Sofern die Rechtschutzversicherer von der Einbeziehung des § 5a in ihren Versicherungsbedingungen Gebrauch machen, ist § 5 I lit. d) zur Klärung dahingehend zu ergänzen, dass für das Mediationsverfahren dann nur die Regelungen des § 5a gelten.[6] Es bleibt abzuwarten, wie die Rechtschutzversicherer vor dem Hintergrund des neuen Mediationsgesetzes reagieren werden.[7]

C. ARB 2021

5 Die ARB 2021 sind dahingehend geändert worden, dass nunmehr **der geltende Mediationsbegriff des Gesetzgebers** in Ziff. 2.3.1.1 ARB 2021 übernommen worden ist. Die Bestimmungen über den Kostenumfang und Kostenerstattungsfähigkeit sind beibehalten worden. Auch nach Ziff. 2.3.1.1 kann der Versicherer die Leistungsarten bestimmen, für die er Rechtschutz gewähren will.[8] Insofern ist darauf zu achten, dass der Versicherer deutlich macht, dass für die Mediation die allgemeinen Bestimmungen über die Leistungsarten und Risikoausschlüsse keine Anwendung finden. Die Regelung des § 5a IV ist weggefallen, denn der Rechtschutzversicherer kann die Geltung weiterer Bestimmungen i.S.d. Baukastenprinzips individuell zusammensetzen. Der Versicherer behält sich auch in den ARB 2021 vor, den Mediator vorzuschlagen. Hat sich aber der VN mit der anderen Partei bereits auf einen anderen Mediator geeinigt, werden auch diese Kosten bis zu einer bestimmten Höhe übernommen. Die Mediation kann in Anwesenheit der Beteiligten, telefonisch oder auch online erfolgen.

---

5 So auch *Risse* SchiedsVZ 2012, 244, 245.
6 Harbauer/*Obarowski*, § 5a ARB 2010 Rn. 27.
7 Siehe dazu *Diop/Steinbrecher* BB 2012, 3023.
8 Zu den Fallgruppen siehe *Grobosch/Heymann* NJW 2012, 3626.

§ 6 Örtlicher Geltungsbereich

(1) Rechtsschutz besteht, soweit die Wahrnehmung rechtlicher Interessen in Europa, den Anliegerstaaten des Mittelmeeres, auf den Kanarischen Inseln oder auf Madeira erfolgt und ein Gericht oder eine Behörde in diesem Bereich gesetzlich zuständig ist oder zuständig wäre, wenn ein gerichtliches oder behördliches Verfahren eingeleitet werden würde.

(2) Für die Wahrnehmung rechtlicher Interessen außerhalb des Geltungsbereiches nach Absatz 1 trägt der Versicherer bei Rechtsschutzfällen, die dort während eines längstens sechs Wochen dauernden, nicht beruflich bedingten Aufenthaltes eintreten, die Kosten nach § 5 Abs. 1 bis zu einem Höchstbetrag von … Euro. Insoweit besteht kein Rechtsschutz für die Interessenwahrnehmung im Zusammenhang mit dem Erwerb oder der Veräußerung von dinglichen Rechten oder Teilzeitnutzungsrechten (Timesharing) an Grundstücken, Gebäuden oder Gebäudeteilen.

Übersicht

A. Allgemeines

§ 6 beschränkt den **örtlichen Geltungsbereich** der Rechtsschutzversicherung. Dies ist zweckmäßig, da eine unbeschränkte weltweite Deckung mit kaum kalkulierbaren Kostenrisiken verbunden wäre und damit den Versicherungsschutz zulasten der Risikogemeinschaft der Versicherten erheblich verteuern würde.[1] 1

Nach **Abs. 1** setzt der Versicherungsschutz voraus, dass die **Wahrnehmung der Interessen** des VN in dem in Abs. 1 beschriebenen Gebiet erfolgt und dass dort eine **gesetzliche Zuständigkeit** eines Gerichts oder einer Behörde begründet ist. Der Ort, an dem der Versicherungsfall eintritt, ist damit entgegen älteren Fassungen (vgl. § 3 ARB 75) nicht maßgeblich. Somit besteht unter den Voraussetzungen des Abs. 1 Rechtsschutz auch für Versicherungsfälle, die nicht im Deckungsbereich liegen, was eine Ausweitung des Versicherungsschutzes gegenüber § 3 ARB 75 darstellt. 2

Nach **Abs. 2** besteht darüber hinaus auch eine betragsmäßig **beschränkte weltweite Deckung** für Rechtsschutzfälle, die während eines längstens sechs Wochen dauernden und nicht beruflich bedingten Aufenthaltes eintreten. Die Regelung wurde mit den ARB 2000 eingeführt und bedeutet eine weitere Ausweitung des Versicherungsschutzes gegenüber der Vorgängerregelung. 3

1 HK-VVG/*Münkel*, § 6 ARB 2010 Rn. 1; VersHb/*Obarowski*, § 45 Rn. 475.

4 Die Beschränkung erfolgt nicht in der Form eines Risikoausschlusses. Vielmehr umschreibt § 6 positiv den räumlichen Geltungsbereich des Rechtsschutzes. Es handelt sich also um eine **primäre Risikobegrenzung.**[2] Im Zweifel muss damit der VN beweisen, dass zur Wahrnehmung der rechtlichen Interessen ein Gericht oder eine Behörde der genannten Länder zuständig wäre.[3]

5 Die Beschränkung des örtlichen Geltungsbereichs erfährt durch die Leistungsarten nach § 2 Satz 2 lit. eReplace_manual, k) eine weitere Einschränkung. Sowohl im **Steuer-** als auch im **Sozialgericht-Rechtsschutz** wird Versicherungsschutz bloß für Verfahren vor deutschen Gerichten gewährt. Im **Beratungs-Rechtsschutz** besteht die Deckung allein für Rat oder Auskunft eines in Deutschland zugelassenen Rechtsanwalts.

B. Geltungsbereich von Abs. 1

6 Die Eröffnung des Geltungsbereichs nach Abs. 1 hat zwei Voraussetzungen. Erstens muss die **Interessenwahrnehmung** in dem genannten örtlichen Bereich erfolgen, zweitens muss auch die **gesetzliche Zuständigkeit** eines Gerichts oder einer Behörde in diesen Bereich fallen.

7 Dagegen ist nicht nur der Ort des Eintritts des Versicherungsfalls **bedeutungslos** (siehe Rdn. 2), sondern darüber hinaus auch die Frage, welches Recht auf das zugrundeliegende Rechtsverhältnis anzuwenden ist, solange die Interessenwahrnehmung im örtlichen Geltungsbereich erfolgt.[4]

I. Örtlicher Geltungsbereich

8 Für den Begriff »**Europa**« sind im Rahmen allgemeiner Versicherungsbedingungen nach herkömmlicher Ansicht nicht die staatsrechtlichen Grenzen der europäischen Staaten maßgeblich, sondern ein geographisches Verständnis des Kontinents Europa.[5] Demnach würden die Kanarischen Inseln sowie Madeira trotz ihrer Zugehörigkeit zu den europäischen Staaten Spanien und Portugal nicht zu Europa, sondern zu Afrika zählen.[6]

9 Ob dies noch dem Verständnis eines durchschnittlichen VN entspricht, wird mit Recht bezweifelt.[7] Im täglichen Sprachgebrauch dürfte vielmehr ein **politisches Verständnis** des Begriffs Europa üblich sein, sodass die Regelung jedenfalls mehrdeutig ist mit der Folge des § 305c II BGB.

---

2 Harbauer/*Schneider*, § 6 ARB 2010 Rn. 3; L/W/*Obarowski*, Kap. 48 Rn. 404.

3 Harbauer/*Schneider*, § 6 ARB 2010 Rn. 3; HK-VVG/*Münkel*, § 6 ARB 2010 Rn. 3; Veith/Gräfe/Lange/Rogler/*Cornelius-Winkler*, § 23 Rn. 102; zur Beweislast allgemein § 5 Rdn. 4.

4 Harbauer/*Schneider*, § 6 ARB 2010 Rn. 7; vgl. auch *Cornelius-Winkler* jurisPR-VersR 2/2014 Anm. 6.

5 So zu den AKB a.F. BGH NJW 1989, 3095, 3096; 1963, 1978; zu den VHB OLG Hamburg r+s 1990, 311, 312; zu den ARB 2010 Harbauer/*Schneider*, § 6 ARB 2010 Rn. 6.

6 So bezüglich der Insel Gran Canaria OLG Hamburg r+s 1990, 311, 312.

7 LG Berlin r+s 2008, 476, 477 f. zu den VHB 1976.

Für die Rechtsschutzversicherung ist die Frage allerdings **ohne große Bedeutung**. Denn bereits mit den ARB 94 wurde der Versicherungsschutz nach Abs. 1 gegenüber den ARB 75 dahingehend erweitert, dass nunmehr neben Europa und den außereuropäischen Anliegerstaaten des Mittelmeeres auch die Kanarischen Inseln und Madeira ausdrücklich von der Umschreibung umfasst sind – wohl auch, um entsprechenden Auslegungsfragen vorzubeugen. 10

Für die **Anliegerstaaten des Mittelmeeres** sind deren staatsrechtliche Grenzen maßgeblich. Erfasst sind demnach auch Algerien, Ägypten, Israel, Libanon, Libyen, Marokko, Syrien und die Türkei. Malta und die Republik Zypern dürften durch das weite Verständnis (siehe Rdn. 10) bereits in den Anwendungsbereich von Europa fallen. 11

II. Zuständigkeit

Der Versicherungsschutz setzt nach Abs. 1 die **gesetzliche Zuständigkeit** eines Gerichts oder einer Behörde im örtlichen Geltungsbereich voraus. Ist die gesetzliche Zuständigkeit nicht in formellen Gesetzen geregelt, so genügt es, wenn nach der Gesamtheit aller Rechtsvorschriften eines Staates dessen Gerichte zur Entscheidung berufen sind.[8] 12

Eine **Gerichtsstandsvereinbarung**, mit der die Zuständigkeit eines im Geltungsbereich liegenden Gerichts gewählt wurde, fällt nicht unter Abs. 1, da es sich **nicht** um eine **gesetzlich** angeordnete Zuständigkeit handelt.[9] 13

C. Geltungsbereich von Abs. 2

Nach Abs. 2 besteht auch für die Interessenwahrnehmung außerhalb des Geltungsbereichs nach Abs. 1 – also **weltweit** – Versicherungsschutz, wenn sich der VN maximal sechs Wochen und nicht beruflich bedingt im Ausland aufhält. Die Voraussetzungen müssen kumulativ erfüllt sein. Ferner ist in Abs. 2 die Begrenzung der Haftung bis zu einem vertraglich bestimmten Höchstbetrag vorgesehen. 14

Durchaus verbreitet ist die vertragliche Erweiterung der Rechtsschutzdeckung auf Streitigkeiten aus **privaten Verträgen**, die über das **Internet** abgeschlossen werden.[10] Soweit der Vertragspartner seinen Sitz innerhalb des in Abs. 1 bezeichneten Gebiets hat, sind derartige Fälle bereits von Abs. 1 erfasst. Die Erweiterung ist also relevant in Bezug auf Vertragspartner mit Sitz außerhalb dieses Gebiets. Eine solche Erstreckung ist nicht gleichzusetzen mit dem optionalen Zusatz-Baustein »Cyber« zum Rechtsschutz für den privaten Bereich (Cyber Privat), der mit den ARB 2019 eingeführt wurde.[11] Der Baustein Cyber Privat erweitert nicht nur den örtlichen Geltungsbereich, sondern auch den Umfang der Deckung – so erfasst der Zusatz-Baustein etwa auch die Geltend- 15

8 Harbauer/*Schneider*, § 6 ARB 2010 Rn. 8; P/M/*Piontek*, § 6 ARB 2010 Rn. 1.
9 Harbauer/*Schneider*, § 6 ARB 2010 Rn. 8; L/W/*Obarowski*, Kap. 48 Rn. 406.
10 Harbauer/*Schneider*, § 6 ARB 2010 Rn. 9; L/W/*Obarowski*, Kap. 48 Rn. 409.
11 Dazu Kap. 4 Rdn. 15 und L/W/*Rudkowski*, Kap. 37 Rn. 411 ff.

machung von Unterlassungsansprüchen (Ziff. 2.2.1 ARB 2019/2021)[12] sowie Rechtsschutz bei Urheberrechtsverstößen (Ziff. 2.2.14 ARB 2019/2021).

16 Um das Kostenrisiko durch die Erweiterung nach Abs. 2 dennoch möglichst kalkulierbar zu machen, schließt **Abs. 2 Satz 2** den Versicherungsschutz für die Interessenwahrnehmung im Zusammenhang mit dem Erwerb oder der Veräußerung von dinglichen Rechten oder Teilzeitnutzungsrechten (Timesharing) an Grundstücken, Gebäuden oder Gebäudeteilen aus.

D. Zwangsvollstreckung

17 Zur Interessenwahrnehmung im Sinne von § 1 kann auch die **zwangsweise Durchsetzung von Forderungen** bzw. die Abwendung der Zwangsvollstreckung gehören. Dies setzt grundsätzlich voraus, dass der zu vollstreckende titulierte Anspruch seinerseits unter den Leistungsumfang des § 5 fällt und nicht ausgeschlossen ist. Die Frage, ob Versicherungsschutz für die Zwangsvollstreckung im Ausland besteht, bemisst sich **selbständig nach § 6.**

18 Nach Abs. 1 besteht Rechtsschutz für die Zwangsvollstreckung in dem in der Regelung bezeichneten Gebiet. Ist für die Vollstreckung im Ausland ein Verfahren zur Anerkennung und Vollstreckbarerklärung erforderlich (sog. Exequatur-Verfahren), so ist im Rahmen von Abs. 1 maßgeblich, ob das **Gericht, das für die Entscheidung zuständig** ist, in dem in Abs. 1 bezeichnetet Gebiet liegt. Ist ein solches Exequatur-Verfahren entbehrlich (etwa nach Art. 39 Brüssel Ia-VO), kommt es darauf an, ob ein **für die geplante Zwangsvollstreckung zuständiges Gericht oder eine zuständige Behörde** in den Bereich des Abs. 1 fällt.

19 Steht dem VN für ein Erkenntnisverfahren nach Abs. 1 Rechtsschutz zu, so gilt dies ebenso für die **Vollstreckung aus einem Titel**, den er in dem betreffenden Staat **gegen einen dort ansässigen Schuldner erstritten** hat.[13]

20 Die Zwangsvollstreckung **außerhalb des in Abs. 1 bezeichneten Gebiets** ist dagegen **nur unter den Voraussetzungen des Abs. 2** vom Versicherungsschutz erfasst.[14] Besteht für die Geltendmachung eines Anspruchs Rechtsschutz nach Abs. 2, so gilt dies auch für die Zwangsvollstreckung. Im Rahmen der weltweiten Deckung nach Abs. 2 besteht Versicherungsschutz für die Zwangsvollstreckung also unabhängig davon, in welchem Staat vollstreckt werden soll. Liegen die Voraussetzungen des Abs. 2 dagegen nicht vor, so ist die Zwangsvollstreckung außerhalb des in Abs. 1 bezeichneten Gebiets nicht vom Versicherungsschutz erfasst – auch dann nicht, wenn der Schuldner nach Erlass des Titels seinen Wohnsitz in ein nicht von Abs. 1 erfasstes Gebiet verlegen sollte.[15]

---

12 Dazu, dass diese ohne den Zusatzbaustein nicht vom Rechtsschutz umfasst sind, s. § 2 Rdn. 9.

13 Harbauer/*Schneider*, § 6 ARB 2010 Rn. 11.

14 LG Wuppertal VersR 1992, 1350; Veith/Gräfe/Lange/Rogler/*Cornelius-Winkler*, § 23 Rn. 102; Harbauer/*Schneider*, § 6 ARB 2010 Rn. 13.

15 Harbauer/*Schneider*, § 6 ARB 2010 Rn. 13.

Wird gegen den **VN als Schuldner** vollstreckt, so ist für den Versicherungsschutz ebenfalls maßgeblich, ob die Vollstreckung in dem in Abs. 1 bezeichneten Gebiet stattfindet. Dies gilt unabhängig davon, ob ein Exequatur-Verfahren durchgeführt wird, oder nicht. 21

E. ARB 2012/2019/2021

Die ARB 2012/2019/2021 bedingen **keine inhaltliche Änderung** des örtlichen Geltungsbereichs. Die Regelungen in Ziff. 5.1 und 5.2 entsprechen denen in § 6 I und § 6 II und sind lediglich sprachlich verständlicher formuliert. Insbesondere der direkte Hinweis auf die Ausnahmen (Steuer-, Sozialgerichts- oder Opfer-Rechtsschutz nach Maßgabe von Ziff. 2.2.5, 2.2.6, 2.2.12) fördert die Transparenz der Klausel. Der Ausschluss der Timesharingfälle wurde in die allgemeinen Ausschlusstatbestände verlagert (Ziff. 3.2.23); dieser Risikoausschluss ist somit nicht mehr auf einen bestimmten Geltungsbereich beschränkt.[16] Die Ausnahme der Interessenwahrnehmung im Zusammenhang mit dem Erwerb oder der Veräußerungen von dinglichen Rechten ist dagegen in Ziff. 5.2 ARB 2012/2019/2021 verblieben. Im Hinblick auf den Zusatz-Baustein Cyber Privat (dazu bereits Rdn. 15) findet sich in Ziff. 5.2 ARB 2019/2021 der Hinweis, dass Versicherungsschutz auch dann besteht, wenn die Interessenwahrnehmung außerhalb des in Ziff. 5.1 bezeichneten Gebiets notwendig ist, weil der VN einen Vertrag über das Internet geschlossen hat. 22

§ 7 Beginn des Versicherungsschutzes

Der Versicherungsschutz beginnt zu dem im Versicherungsschein angegebenen Zeitpunkt, wenn der Versicherungsnehmer den ersten oder einmaligen Beitrag unverzüglich nach Fälligkeit im Sinne von § 9 B Absatz 1 Satz 1 zahlt. Eine vereinbarte Wartezeit bleibt unberührt.

Literatur:

Franz, Das Versicherungsvertragsrecht im neuen Gewand – Die Neuregelung und ausgewählte Probleme, VersR 2008, 298; *Klimke*, Die Bedeutung der Zahlungsverzugsrichtlinie 2000/35/EG für die Prämienschuld des Versicherungsnehmers, VersR 2010, 1259; *Römer*, Obliegenheiten in der Personenversicherung, r+s 1998, 45; *Schäfers*, Das Verhältnis der vorvertraglichen Anzeigepflicht (§§ 19 ff. VVG) zur Culpa in contrahendo, VersR 2010, 301; *Wendt*, Die Rechtsprechung des Bundesgerichtshofes zur Rechtsschutzversicherung – Der Rechtsschutzversicherer und sein durchschnittlicher Versicherungsnehmer, r+s 2012, 209.

Übersicht Rdn.

16 VersHb/*Obarowski*, § 45 Rn. 482.

A. Allgemeines

1 Im Interesse der Vereinheitlichung von Regelungen bezüglich Themen, die in den Bedingungswerken verschiedener Versicherungsparten ähnlich geregelt sind, hat der GDV im Zuge der VVG-Reform sog. **AVB-Bausteine** entwickelt, die im Bereich der Schaden- und Unfallversicherung spartenübergreifend geltend sollten.[1] Dies betrifft etwa den Beginn, die Dauer und das Ende des Versicherungsschutzes. Einige der Bausteine wurden erstmals mit den ARB 2008 in die ARB eingearbeitet.[2] § 7 beruht auf AVB-Baustein 1. Demnach beginnt der Versicherungsschutz zu dem im Versicherungsschein angegebenen Zeitpunkt unter der Bedingung der rechtzeitigen Leistung des ersten oder eines einmaligen Beitrags.

2 Da die ARB nur eine **unverbindliche** Empfehlung des GDV darstellen, können die Versicherer den Versicherungsbeginn auch abweichend regeln; von § 7 abweichende Regelungen sind jedoch marktunüblich.

B. Beginn des Versicherungsschutzes

3 Die Regelung bestimmt nicht das Zustandekommen des Vertragsverhältnisses, sondern – vorbehaltlich einer Wartezeit nach § 4 I 3 (siehe Rdn. 11 f.) – den **Beginn der Gefahrtragung** des Versicherers, also den Beginn des Versicherungsschutzes. Dies wird auch als **materieller Versicherungsbeginn** bezeichnet.[3]

4 Vom materiellen Versicherungsbeginn zu unterscheiden ist der formelle sowie der technische Versicherungsbeginn. Der **formelle Versicherungsbeginn** ist der Zeitpunkt des Vertragsschlusses, also regelmäßig der Zeitpunkt des Zugangs der Annahmeerklärung des Versicherers beim VN (siehe Rdn. 15 ff.). Der **technische Versicherungsbeginn** meint dagegen den Beginn des Zeitraums, für den Prämien zu zahlen sind (prämienbelasteter Zeitraum)[4]. Mit dem technischen Versicherungsbeginn beginnt insb. eine etwaige vereinbarte Wartezeit zu laufen, auch für die Berechnung von Kündigungsrechten ist dieser Zeitpunkt maßgeblich.[5] Die Zeitpunkte können auseinanderfallen,

1 VersHb/*Obarowski*, § 45 Rn. 22.
2 P/M/*Piontek*, Vor § 1 ARB 2010 Rn. 1.
3 L/P/*Pohlmann*, § 1 Rn. 65.
4 BeckOK VVG/*Filthuth*, § 2 Rn. 2.
5 L/W/*Muschner*, § 2 Rn. 4.

so liegt beispielsweise im Falle einer Rückwärtsversicherung (§ 2 VVG) der Zeitpunkt des materiellen und des technischen Versicherungsbeginns vor dem Zeitpunkt des formellen Versicherungsbeginns.

Treffen die Parteien keine Regelung über den Beginn des Versicherungsschutzes (also des materiellen Versicherungsbeginns), so richtet sich dieser nach **§ 10 VVG.** § 10 VVG sieht in Übereinstimmung mit § 187 II 1 BGB vor, dass der Versicherungsschutz um 0:00 Uhr des Tages beginnt, an dem der Vertrag geschlossen wird (also des formellen Versicherungsbeginns) – sog. **Mitternachtsregel.** Die Regelung führt für den Zeitraum zwischen dem Beginn des Tages und dem Vertragsschluss zu einer Rückwärtsversicherung im Sinne des § 2 VVG.[6] Der Gefahr, dass der VN die Regelung dazu ausnutzt, sich am Tag eines Versicherungsfalles noch schnell Versicherungsschutz zu beschaffen, begegnet § 2 II 2 VVG, der den Versicherungsschutz für derartige Fälle ausschließt. 5

§ 37 II VVG stellt eine Sonderregelung für den Beginn der Haftung auf. Von dieser weicht § 7 Satz 1 zugunsten des VN ab. Nach § 37 II 1 VVG setzt die Leistungspflicht des Versicherers voraus, dass der VN die erste oder einmalige Prämie bei Eintritt des Versicherungsfalles bereits gezahlt hat, es sei denn, der VN hat die Nichtzahlung nicht zu vertreten. Nach § 37 II VVG muss der VN für den materiellen Versicherungsbeginn den Versicherungsschein also durch Zahlung der ersten Prämie »einlösen«,[7] daher spricht man im Hinblick auf die Regelung des § 37 II VVG auch von einer einfachen Einlösungsklausel.[8] 6

Davon abweichend statuiert § 7 Satz 1, dass der Versicherungsschutz beginnt, wenn der VN unverzüglich nach Fälligkeit im Sinne von § 9 B. I zahlt (sog. **erweiterte Einlösungsklausel**). Fälligkeit tritt gemäß § 9 B. I unverzüglich nach Ablauf von zwei Wochen nach Zugang des Versicherungsscheins ein. Damit kann der Versicherungsschutz also bereits vor Zahlung der ersten Prämie und sogar vor Zusendung des Versicherungsscheins beginnen.[9] Der Zeitraum von zwei Wochen entspricht der Widerrufsfrist gemäß § 8 I 1, II Nr. 1 VVG. Das Merkmal unverzüglich ist entsprechend § 121 I 1 BGB als ohne schuldhaftes Zögern zu verstehen.[10] Insofern ist dem VN noch eine kurze Erledigungsfrist von ca. drei Tagen zuzubilligen.[11] Dass sowohl § 9 B. I als auch § 7 Satz 1 auf eine unverzügliche Zahlung abstellen, bedeutet jedoch nicht, dass diese Erledigungsfrist zweimal zu gewähren wäre.[12] 7

Der erste Beitrag (**Erstprämie**) ist bei anhaltender Prämienverpflichtung der erstmalig zu entrichtende Beitrag und umfasst wie jeder Beitrag neben dem Versicherungsentgelt 8

6 P/M/*Armbrüster*, § 10 Rn. 2.
7 L/R/*Rixecker*, § 37 Rn. 1.
8 L/W/*Muschner*, § 2 Rn. 30.
9 S. auch van Bühren/*Schneider*, § 13 Rn. 17.
10 Buschbell/Hering/*Buschbell*, § 6 Rn. 55.
11 Vgl. L/W/*Staudinger*, § 33 Rn. 19.
12 Harbauer/*Cornelius-Winkler*, § 7 ARB 2010 Rn. 4.

auch die Versicherungssteuer sowie etwaig vereinbarte Nebenkosten.[13] Die Verpflichtung zur Leistung einer Erstprämie kann nicht nur durch den Neuabschluss eines Vertrags entstehen, sondern auch dann, wenn ein bestehender Vertrag in eine andere Form des Versicherungsschutzes (§§ 21–29) umgewandelt oder um eine weitere Form der Rechtsschutzversicherung ergänzt wird.

9 Der VN hat im Sinne des Satz 1 rechtzeitig gezahlt, wenn er die Leistungshandlung vorgenommen hat.[14] Dies entspricht allgemeinen schuldrechtlichen Grundsätzen.[15] Ob der VN die Beitragszahlung rechtzeitig erbracht hat, hängt somit entscheidend vom Leistungsort ab. **§ 36 VVG** bestimmt als Leistungsort den **Wohnsitz des VN.** § 7 IV ARB 75 wich von dieser Einordnung ab, indem die Klausel die Prämienschuld als Bringschuld ausgestaltete.[16] Seit den ARB 94 ist die Regelung weggefallen. Ein beachtlicher Teil der Literatur will die Beitragsschuld des VN dennoch als **modifizierte Bringschuld** qualifizieren.[17] Entgegen dem Wortlaut von § 36 VVG läge der Leistungsort damit am **Sitz des Versicherers**, sodass für die Rechtzeitigkeit der Leistung die Gutschrift auf dem Konto des Versicherers maßgeblich wäre.[18] Dies wird insbesondere auf eine Entscheidung des EuGH aus dem Jahr 2008 zur Zahlungsverzugs-RL gestützt.[19] In dieser hatte der EuGH entschieden, dass im unternehmerischen Geschäftsverkehr für die Abwendung des Verzugs der Zeitpunkt der Gutschrift des Zahlungsbetrags auf dem Konto des Empfängers maßgeblich ist.[20]

10 Unter Zugrundelegung einer Bringschuld müssten die bei der Übermittlung der Zahlung beteiligten Banken als Erfüllungsgehilfen (§ 278 Satz 1 Alt. 2 BGB) des VN angesehen werden, sodass der VN auch für Verzögerungen sogar der Bank des Versicherers einzustehen hätte.[21] Dies sieht die Richtlinie indes gerade nicht vor (vgl. Art. 3 I lit. b) Hs. 2 der neugefassten Zahlungsverzugs-RL sowie die entsprechende Regelung in der Vorgängerrichtlinie).[22] Auch unter Berücksichtigung der Zahlungsverzugsrichtlinie ist es daher überzeugender, an der herkömmlichen Auffassung festzuhalten, nach der die Beitragspflicht als **qualifizierte Schickschuld** anzusehen ist.[23] Bezüglich der Frage, ob der VN unverzüglich nach Fälligkeit gezahlt hat, ist im Anwendungsbereich der Zahlungsverzugsrichtlinie jedoch die übliche Banklaufzeit zulasten des VN zu berücksichtigen.

---

13 *Böhme*, § 5 ARB 75 Rn. 2.

14 BGH NJW 1964, 499; OLG Köln VersR 2002, 1225.

15 Vgl. etwa MünchKommBGB/*Ernst*, § 286 Rn. 43.

16 Vgl. dazu *Böhme*, § 5 ARB 75 Rn. 5.

17 L/P/*Brand*, § 36 Rn. 2; P/M/*Reiff*, § 36 Rn. 4; L/W/*Staudinger*, § 36 Rn. 10; *Klimke* VersR 2010, 1261.

18 L/P/*Brand*, § 36 Rn. 9; *Klimke* VersR 2010, 1259, 1265.

19 So etwa L/P/*Brand*, § 36 Rn. 3; P/M/*Reiff*, § 36 Rn. 4; L/W/*Staudinger*, § 36 Rn. 5.

20 EuGH NJW 2008, 1935 Rn. 23 – Telecom.

21 Vgl. BeckOGK/*Beurskens*, 1.5.2025, BGB § 270 Rn. 59.

22 Dazu auch EuGH NJW 2008, 1935 Rn. 30 – Telecom und BGH NJW 2017, 1596 Rn. 30.

23 So zum allgemeinen Schuldrecht etwa MünchKommBGB/*Krüger*, BGB § 270 Rn. 17; BeckOK BGB/*Lorenz*, BGB § 270 Rn. 16; wohl auch BGH NJW 2017, 1596 Rn. 23.

C. Wartezeit

Nach **Satz 2** hat die Festlegung des Versicherungsbeginns durch Satz 1 keine Auswirkung auf eine vereinbarte Wartezeit. In den Fällen der nach § 4 I 3 wartezeitpflichtigen Leistungsarten gem. **§ 2 lit. b) bis g)** besteht der **Versicherungsschutz** daher **erst nach Ablauf von drei Monaten.**[24] Die Wartezeit greift auch dann, wenn im Antragsformular ein bestimmtes Datum für den Beginn des Versicherungsschutzes angegeben und an der entsprechenden Stelle nicht auf die Wartezeit verwiesen wird; eine solche Angabe ist nicht als vorrangige Individualabrede anzusehen.[25] 11

Demgegenüber hat das OLG München an der Norm bemängelt, dass sie **nicht eindeutig** sei.[26] § 7 Satz 2 könne auch so verstanden werden, dass die Definition des Versicherungsschutzes nach Satz 1 für alle Regelungen der ARB verbindlich sein soll und Vereinbarungen, die den Beginn des Versicherungsschutzes hinausschieben würden, gleichwohl ihre Gültigkeit behalten sollen.[27] Dafür spräche, dass der Begriff »Beginn des Versicherungsschutzes« in § 4 I 2 und in § 7 Satz 1 i.S.e. einheitlichen Begriffs für den gesamten Vertrag verwendet werden würde.[28] Dies lässt indes außer Acht, dass der Begriff »Beginn des Versicherungsschutzes« durch § 4 I 3 generell modifiziert wird und es somit zu unterschiedlichen Zeitpunkten des Beginns des Versicherungsschutzes abhängig von der Leistungsart kommen kann. Insbesondere spricht gegen das Verständnis des OLG München, dass die Vereinbarung einer Wartezeit nutzlos wäre, wenn sie zwar gültig bliebe, letztlich aber keine Wirkung entfalten würde. Da die Klausel aus Sicht eines durchschnittlichen VN bei verständiger Würdigung, aufmerksamer Durchsicht und Berücksichtigung des erkennbaren Sinnzusammenhangs[29] auch nicht unklar ist, spricht für die Lösung des OLG München auch nicht die Regelung des § 305c II BGB.[30] 12

Die Vereinbarung der Wartezeit ist auch wirksam. Es handelt sich nicht um eine überraschende Klausel (§ 305c I BGB), da **Wartezeitklauseln** in vielen Versicherungszweigen **üblich** sind, sodass sich ein durchschnittlicher VN auf derartige Klauseln einstellen muss.[31] Die Wartezeit führt auch nicht zu einer unangemessenen Benachteiligung (§ 307 I 1 BGB) des VN, da der Versicherer ein **legitimes Interesse** daran hat, durch die Vereinbarung der Wartezeit Zweckabschlüsse zu erschweren.[32] 13

---

24 B/M/*Bruns*/*Rapp*, § 7 ARB 2010 Rn. 3; P/M/*Piontek*, § 7 ARB 2010 Rn. 3; Harbauer/*Cornelius-Winkler*, § 4 ARB 2010 Rn. 155.

25 P/M/*Piontek*, § 7 ARB 2010 Rn. 3.

26 OLG München r+s 2012, 293, 2. Leitsatz.

27 OLG München r+s 2012, 293, 294.

28 OLG München r+s 2012, 293, 294; Harbauer/*Maier*, § 4 ARB 2010 Rn. 140.

29 Zu diesem Maßstab etwa BGH VersR 2018, 532, 533.

30 So aber OLG München r+s 2012, 293, 294.

31 LG Düsseldorf VersR 2005, 399; zu Wartezeitklauseln in der Krankenversicherung etwa BGH VersR 1978, 271; 1976, 851, 852.

32 Harbauer/*Cornelius-Winkler*, § 4 ARB 2010 Rn. 155; zum Zweck der Wartezeit siehe auch § 4 Rdn. 94.

14 Sollte der VN **nicht rechtzeitig** seine **Prämienschuld tilgen**, wird die Wartezeit erst ab dem Tag der Leistung berechnet. Damit ist auch für den Beginn der Wartezeit von Bedeutung, was unter der rechtzeitigen Vornahme der erforderlichen Leistungshandlung zu verstehen ist (vgl. Rdn. 9).

D. Vertragsschluss

15 Für den Abschluss des Rechtsschutzversicherungsvertrags gelten die **allgemeinen Regeln des BGB (§§ 145 ff.)**[33] ergänzt durch die **besonderen Regeln des VVG (u. a. § 7)**[34]. Die ARB enthalten keine speziellen Bestimmungen über den Vertragsschluss.

I. Einigung

16 Der Abschluss eines Rechtsschutzversicherungsvertrags i.S.d. § 125 VVG erfordert wie jeder Vertrag ein **Angebot** und eine **Annahme**. Dies ist jeweils **formlos** möglich. Bis zur VVG-Reform erfolgten Antrag und Annahme überwiegend durch das in § 5a VVG a.F. verankerte **Policenmodell.**[35] Dabei gab der VN durch Übersendung eines vom Versicherer vorbereiteten und vom VN ausgefüllten Formulars ein verbindliches Angebot ab, ohne zuvor die AVB erhalten zu haben. Seit der Einführung von **§ 7 VVG n.F.** ist das Policenmodell **mit dem VVG nicht mehr vereinbar.**[36]

17 Gesetzliches Leitbild ist nunmehr das **Antragsmodell.**[37] Dabei gibt ebenfalls der **VN** das **Angebot** auf Abschluss eines Vertrags ab. Der Versicherer ist jedoch vor Abgabe einer Vertragserklärung durch den VN zur Übermittlung bestimmter Informationen verpflichtet. Nach **§ 7 I, II VVG** hat der Versicherer dem VN die Vertragsbestimmungen samt AVB und die Informationen gem. der VVG-Informationspflichtenverordnung in Textform mitzuteilen. Eine Verletzung dieser Pflicht hindert allerdings nicht das Zustandekommen des Versicherungsvertrags, sondern hemmt lediglich den Beginn der Frist des dem VN zustehenden Widerrufsrechts (§ 8 II Nr. 1 VVG).

18 Die **Annahme** des Versicherers wird in der Regel konkludent durch die **Aushändigung des Versicherungsscheins** erklärt.[38] Die Aushändigung ist jedoch keine Wirksamkeitsvoraussetzung für den Versicherungsvertrag.[39]

19 Obwohl die ARB keine **Bindungsfrist** für den Antragssteller bestimmen, wird eine Frist üblicherweise für die Dauer von **einem Monat** vereinbart.[40] Die Dauer der

---

33 Begr. RegE BT-Drucks. 16/3945 S. 48; *Böhme*, § 8 ARB 75 Rn. 1.

34 L/P/*Pohlmann*, § 1 Rn. 45.

35 *Franz* VersR 2008, 298, 301.

36 Begr. RegE BT-Drucks. 16/3945 S. 60; H/E/K/*Wandt*, 1. Kapitel Rn. 318; L/P/*Pohlmann*, § 7 Rn. 74.

37 Vgl. Begr. RegE BT-Drucks. 16/3945 S. 48; L/W/*Looschelders*, § 1 Rn. 138; L/P/*Pohlmann*, § 7 Rn. 76.

38 BGH VersR 1975, 1090, 1091 f.; *Looschelders/Paffenholz*, Rn. 70; H/E/K/*Wandt*, 1. Kap. Rn. 283.

39 H/E/K/*Wandt*, 1. Kap. Rn. 283.

40 Harbauer/*Schmidt*, Einl. Rn. 105.

Bindungsfrist stellt für den Versicherer zugleich die **Annahmefrist** im Sinn des § 148 BGB dar.[41] Eine verspätete Annahme durch den Versicherer stellt nach § 150 I BGB einen neuen Antrag dar, welchen der VN konkludent durch rechtzeitige Zahlung der Prämie annehmen kann.[42]

Wenngleich auch andere Modelle für den Abschluss eines Versicherungsvertrags denkbar sind,[43] ist das **Antragsmodell** die **gängige Praxis** in der Rechtsschutzversicherung.[44] 20

II. Einbeziehung der ARB

1. Grundsätze

Die Einbeziehung der ARB richtet sich gegenüber einem VN, der **Verbraucher** i.S.d. § 13 BGB ist, nach **§ 305 II BGB.** Danach müssen kumulativ ein ausdrücklicher Hinweis des Versicherers, die Möglichkeit der Kenntnisnahme und das Einverständnis des VN vorliegen. Nach dem Wortlaut von § 305 II BGB ist maßgeblich, dass die Anforderungen **bei Vertragsschluss** vorliegen. Im Fall des regelmäßig praktizierten Antragsmodells müssen daher spätestens im Zeitpunkt der Abgabe des Angebots durch den VN ein Hinweis auf die Verwendung der ARB und die Möglichkeit der Kenntnisnahme gegeben sein.[45] Ein Widerspruch zu § 7 I VVG besteht nicht, da der Regelungsgehalt beider Vorschriften unterschiedlich ist.[46] § 7 I VVG regelt nicht die Einbeziehung von AVB, sondern beabsichtigt die Sicherstellung einer informierten Entscheidung des VN.[47] Mit der rechtzeitigen Aushändigung der ARB i.S.d. § 7 I VVG sind regelmäßig aber auch die Voraussetzungen nach § 305 II Nr. 1 und Nr. 2 BGB erfüllt.[48] Gibt der VN daraufhin das **Angebot zum Abschluss** eines Rechtsschutzversicherungsvertrags ab, ist darin auch die **Einverständniserklärung** i.S.d. § 305 II Hs. 2 BGB zu sehen.[49] 21

Neben den allgemeinen Einbeziehungsproblemen von AVB (Zugang der AVB nach Antragstellung[50] oder nach Vertragsschluss[51]) ergeben sich keine spezifisch rechtsschutzversicherungsrechtlichen Fragen. Eine **wesentliche Änderung** der **Leistungspflicht** im Rahmen der ARB hat der Versicherer gemäß der §§ 7 III, 6 I Nr. 2 VVG i.V.m. § 1 Nr. 6 lit. b) VVG-InfoV **anzuzeigen.** 22

Ist der VN **Unternehmer** i.S.d. § 14 BGB oder eine juristische Person des öffentlichen Rechts, richtet sich eine Einbeziehung der ARB gem. § 310 I 1 BGB nach den **allgemeinen Regeln des BGB und HGB.** Danach ist auch eine konkludente Erklärung 23

41 BGH VersR 1973, 409, 410; H/E/K/*Wandt*, 1. Kap. Rn. 282.
42 Vgl. BGH VersR 1991, 910.
43 Siehe dazu L/P/*Pohlmann*, § 7 Rn. 72–87.
44 Harbauer/*Schmidt*, Einl. Rn. 104.
45 Vgl. *Schimikowski* r+s 2007, 309, 310.
46 H/E/K/*Wandt*, 1. Kap. Rn. 323.
47 H/E/K/*Wandt*, 1. Kap. Rn. 323; L/P/*Pohlmann*, § 7 Rn. 6 f.
48 Vgl. *Schimikowski* r+s 2007, 309, 310.
49 Harbauer/*Schmidt*, Einl. Rn. 106.
50 Dazu etwa *Schimikowski* r+s 2007, 309, 310 f.
51 Dazu etwa L/P/*Pohlmann*, Einl. B. Rn. 34.

des VN über die Geltung der ARB ausreichend.[52] Hierfür ist jedoch erforderlich, dass der Versicherer klar und eindeutig auf die Geltung der ARB hingewiesen hat.[53]

24 Die **Sonderregelung** nach **§ 49 I VVG** zur Einbeziehung von AVB in Versicherungsverträge für den Fall der vorläufigen Deckung ist in der Rechtsschutzversicherung wegen der erweiterten Einlösungsklausel **ohne große praktische Bedeutung.**[54]

2. Überraschende Klauseln

25 Nach § 305c I BGB werden AGB – also auch AVB – nicht Vertragsbestandteil, wenn sie so ungewöhnlich sind, dass der VN mit ihnen nicht zu rechnen braucht. Der Klausel muss ein **Überrumplungseffekt** innewohnen,[55] was eine deutliche Diskrepanz zwischen dem Inhalt der Klausel und den berechtigten Erwartungen des Verwendungsgegners voraussetzt.[56] Ob dies der Fall ist, beurteilt sich aus der Sicht eines durchschnittlichen VN.[57]

26 Die Erwartungen des VN werden dabei von allgemeinen und individuellen **Begleitumständen** bestimmt.[58] Zu den allgemeinen Begleitumständen gehört die Frage, ob eine entsprechende Regelung in dem betreffenden Verkehrskreis üblich ist, während zu den individuellen Begleitumständen insbesondere der Gang und der Inhalt der Vertragsverhandlungen sowie der äußere Zuschnitt des Vertrags gehören.[59] Demnach liegt regelmäßig keine überraschende Klausel vor, wenn der Versicherer ausdrücklich auf sie hingewiesen hat.[60]

27 In der **Rechtsschutzversicherung** sind Klauseln **nicht überraschend**, die einen Ausschluss bestimmter Rechtsgebiete,[61] eine Wartezeit bei Erweiterung eines Rechtsschutzversicherungsvertrages,[62] einen Ausschluss vorvertraglicher Versicherungsfälle[63] oder eine Begrenzung der Nachhaftung von zwei Jahren[64] regeln.

---

52 BGHZ 117, 190, 194.

53 BGHZ 102, 293, 304; *Schimikowski* r+s 2007, 309, 310.

54 Harbauer/*Cornelius-Winkler*, § 7 ARB 2010 Rn. 19.

55 BGH VersR 2019, 806; VersR 2005, 64.

56 Vgl. BGH NJW 1990, 576, 577.

57 BGH VersR 1989, 943, 944; VersR 2013, 305, 306; zur Person des durchschnittlichen VN vgl. *Wendt* r+s 2012, 209.

58 Vgl. BGH NJW 2001, 1416.

59 Vgl. BGH NJW 2001, 1416, 1417.

60 BGH VersR 2001, 752, 754; OLG Celle MDR 2008, 756, 757; L/P/*Pohlmann* Einl. Rn. 37; *Looschelders/Paffenholz*, Rn. 146.

61 OLG Hamm VersR 1995, 42.

62 OLG Karlsruhe VersR 2008, 675, 677.

63 LG München VersR 2009, 674, 675.

64 BGH VersR 1992, 819.

III. Obliegenheits- und Pflichtverletzungen vor und bei Vertragsschluss

Bei Abschluss eines Rechtsschutzversicherungsvertrags kann es zu einer **Obliegenheitsverletzung des VN** und/oder zu **Pflichtverletzungen des Versicherers** kommen. Die Rechtsfolgen ergeben sich in beiden Fällen vorrangig aus dem VVG. Nur in Ausnahmefällen kommt ein Rückgriff auf die allgemeinen zivilrechtlichen Regelungen in Betracht. 28

1. Obliegenheitsverletzung des VN

Nach § 19 I VVG trifft den VN die gesetzliche Obliegenheit der **Anzeigepflicht.**[65] Zeigt der VN ihm bekannte Gefahrumstände, nach denen der Versicherer in Textform gefragt hat, unrichtig oder unvollständig an, so ergeben sich die Rechtsfolgen darüber ausschließlich aus den §§ 19–22 VVG. Ein Rückgriff auf einen Schadensersatzanspruch wegen Verschuldens bei Vertragsverhandlungen gemäß §§ 280 I, 311 II Nr. 1, 241 II BGB ist ausgeschlossen.[66] Auch eine Anfechtung wegen Irrtums gem. § 119 II BGB hinsichtlich gefahrerheblicher Umstände wird von den §§ 19–22 VVG verdrängt.[67] Lediglich eine Anfechtung wegen arglistiger Täuschung i.S.d. § 123 BGB ist nach § 22 VVG zusätzlich möglich. In der Praxis bezieht sich eine Verletzung der Anzeigepflicht vor allem auf die falsche Beantwortung nach der **Existenz einer Vorversicherung** und ggf. auf die Gründe ihrer Beendigung sowie auf die Frage nach **Rechtsschutzfällen beim Vorversicherer.**[68] Ob der VN die Frage richtig beantwortet hat, bestimmt sich maßgeblich durch Auslegung der konkreten Fragestellung im Antrag. Da sich die Auslegung von Formularfragen nach den gleichen Grundsätzen wie die Auslegung von AVB richtet,[69] ist ausschlaggebend, wie ein durchschnittlicher VN bei verständiger Würdigung die Frage verstehen durfte.[70] 29

2. Pflichtverletzungen des Versicherers

Der Versicherer kann im Rahmen des Vertragsabschlusses insbesondere die Pflicht, den VN gem. § 6 I, II und IV VVG über den Inhalt des Versicherungsschutzes **aufzuklären** und zu **belehren**, sowie die Pflicht zur **möglichst zügigen Antragsbearbeitung** verletzen. 30

65 Zur Einordnung als Obliegenheit s. nur Begr. RegE BT-Drucks. 16/3945 S. 64; BGH VersR 1968, 293; L/P/*Looschelders*, § 19 Rn. 1.

66 BGH VersR 2007, 630, 631; 1991, 1404; 1405; 1989, 465, 466; 1984, 630, 631; L/P/*Looschelders*, § 19 Rn. 3; differenzierend *Schäfers* VersR 2010, 301, 304 f.

67 BGH VersR 1995, 457, 458; 1986, 1089, 1090; P/M/*Armbrüster*, § 19 Rn. 152.

68 OLG Düsseldorf NVersZ 1999, 443; Harbauer/*Schmidt*, Einl. Rn. 115.

69 BGH r+s 1989, 5, 6; VersR 1983, 850, 1982, 841, 842; P/M/*Armbrüster*, § 19 Rn. 42; *Römer* r+s 1998, 45, 46.

70 Vgl. die st. Rspr. des BGH zur Auslegung von ARB, etwa BGH NJW 2018, 1019, 1020; NJW 2017, 2831, 2833; VersR 1993, 957, 958; VersR 1982, 841. Wie entscheidend die konkrete Formulierung für die Frage einer Falschbeantwortung ist, zeigt ein Beschluss des OLG Celle, VersR 2006, 921 (Frage nach »Vorversicherung«, nicht jedoch nach Vorversicherungen).

31 Verletzt ein Versicherer oder dessen Versicherungsvertreter die Aufklärungs- oder Belehrungspflicht, steht dem VN nach **§§ 6 V, 63 VVG** ein Schadensersatzanspruch gerichtet auf das Vertrauensinteresse zu. Der Anspruch geht als spezialgesetzliche Ausformung § 280 I BGB vor.[71]

32 Ob der Versicherer auch bei verzögerter Bearbeitung des Antrags auf Schadensersatz haftet, ist dagegen umstritten.[72] In Betracht kommt ein Anspruch aus §§ 280 I, 311 II Nr. 1, 241 II BGB wegen culpa in contrahendo. Nach zutreffender Auffassung **darf** der Versicherer eine **Angebotsfrist** aber **grundsätzlich voll ausschöpfen.**[73] Eine Frist von einem Monat ist für die Bearbeitung des Antrags regelmäßig angemessen (vgl. Rdn. 19). Ein auf die Deckung eines eingetretenen Versicherungsfalles gerichteter Schadensersatzanspruch wegen verzögerter Bearbeitung kommt ausnahmsweise dann in Betracht, wenn der VN auf die **Eilbedürftigkeit** des Neuantrags deutlich hingewiesen und alle für die Entscheidung des Versicherers notwendigen Angaben gemacht hat.[74] Darüber hinaus ist für einen auf das Erfüllungsinteresse gerichteten Schadensersatzanspruch aus culpa in contrahendo nach allgemeinen Grundsätzen erforderlich, dass der VN ohne das schuldhafte Verhalten einen anderen (Versicherungs-)Vertrag abgeschlossen hätte.[75]

E. Versicherungsschein

33 Der Versicherungsschein (Police) ist eine Erklärung des Versicherers und dokumentiert das **Zustandekommen** eines **Versicherungsvertrags** sowie dessen vollständigen Inhalt einschließlich der AVB.[76] Er soll den VN informieren und ihm zur etwaigen Durchsetzung von Deckungsansprüchen dienen.[77] Obwohl der Versicherer zur Übermittlung an den VN erst nach Vertragsschluss verpflichtet ist (vgl. § 3 I VVG), können Vertragsschluss und Übermittlung gleichwohl zusammenfallen (siehe Rdn. 18).

34 Im Gegensatz zum früheren Recht bedarf der Versicherungsschein nach der VVG-Reform nicht mehr zwingend der Schriftform i.S.d. § 126 BGB; vielmehr genügt nach § 3 I VVG die **Textform** i.S.d. § 126b BGB. Trotz fehlender Namensunterschrift besitzt ein Versicherungsschein die **formelle Beweiskraft** nach § 416 ZPO.[78] Zudem hat er die **Vermutung** der **Vollständigkeit und Richtigkeit** für sich.[79] Erklärungen und Feststellungen, die dem Versicherungsschein beigeheftet sind, werden nur dann Bestandteil

71 *Looschelders/Paffenholz*, Rn. 92.
72 Dazu etwa P/M/*Armbrüster*, § 1 Rn. 85 ff.; L/P/*Pohlmann*, § 1 Rn. 49.
73 L/P/*Pohlmann*, § 1 Rn. 49; vgl. auch BGH VersR 1975, 1090, 1093.
74 Vgl. BGH VersR 1983, 121, 122; P/M/*Armbrüster*, § 1 Rn. 91.
75 Vgl. etwa BGH VersR 1999, 198, 199 f.; 1988, 2234, 2236; OLG München, Urt. v. 30. April 2009, 19 U 1589/09.
76 P/M/*Rudy*, § 3 Rn. 4.
77 L/P/*Schneider*, § 3 Rn. 1.
78 Vgl. Zöller/*Geimer*, Vor. § 415 Rn. 3; Thomas/Putzo/*Reichold*, Vorb. § 415 Rn. 1.
79 OLG München VersR 2008, 1521; OLG Saarbrücken VersR 1997, 863, 864; OLG Karlsruhe VersR 1995, 909; P/M/*Rudy*, § 3 Rn. 2.

des Versicherungsscheins, wenn in diesem auf sie Bezug genommen wird.[80] Für die Rechtsschutzversicherung sieht **§ 126 I 1 VVG** eine Sonderregelung dafür vor, welche Angaben neben den üblichen in einem Versicherungsschein zu erwähnen sind. Werden neben Gefahren aus dem Bereich der Rechtsschutzversicherung auch andere Gefahren versichert, müssen im Versicherungsschein der Umfang der Deckung der Rechtsschutzversicherung und die hierfür zu entrichtende Prämie gesondert ausgewiesen werden.

Weicht der Inhalt der Police von dem Antrag des VN ab, muss der Versicherer bei der Übermittlung den **Hinweis** erteilen, dass die **Abweichungen** als genehmigt gelten, falls der VN nicht innerhalb eines Monats widerspricht, vgl. § 5 I und II VVG. 35

F. ARB 2012/2019/2021

Die ARB 2012/2019/2021 **ändern** den Beginn des Versicherungsschutzes **nicht.** Die neue Regelung Ziff. 6.1 ARB 2012/2019/2021 ist lediglich sprachlich anders gefasst. Insbesondere bewirkt die Umformulierung von »zwei Wochen« (§ 9 B I 1) auf »14 Tage« (Nr. 6.1 ARB 2012/2019/2021) keine sachliche Änderung. Die Änderung ist neueren Verbraucherschutzrichtlinien und der damit verbundenen Änderung in § 8 VVG geschuldet.[81] Bezüglich der Wartezeit wurde in Ziff. 6.1 Satz 3 ARB 2012/2019/2021 der Hinweis ergänzt, dass diese in jedem Fall gelten solle. Dies dürfte als Klarstellung dahingehend, dass Versicherungsschutz erst nach Ablauf von drei Monaten besteht, und somit als Absage gegenüber der Ansicht des OLG München zu verstehen sein (vgl. Rdn. 11 f.). Dagegen ist die Frage des Leistungsorts und damit die Frage, wann der VN die Leistung rechtzeitig erbracht hat (Rdn. 9), auch durch die Neufassungen nicht geregelt. 36

§ 8 Dauer und Ende des Vertrages

(1) Der Vertrag ist für die im Versicherungsschein angegebene Zeit abgeschlossen.

(2) Bei einer Vertragsdauer von mindestens einem Jahr verlängert sich der Vertrag um jeweils ein Jahr, wenn nicht dem Vertragspartner spätestens drei Monate vor dem Ablauf der jeweiligen Versicherungsdauer eine Kündigung zugegangen ist.

(3) Bei einer Vertragsdauer von weniger als einem Jahr endet der Vertrag, ohne dass es einer Kündigung bedarf, zum vorgesehenen Zeitpunkt.

(4) Bei einer Vertragsdauer von mehr als drei Jahren kann der Versicherungsnehmer den Vertrag schon zum Ablauf des dritten Jahres oder jedes darauf folgenden Jahres kündigen; die Kündigung muss dem Versicherer spätestens drei Monate vor dem Ablauf des jeweiligen Jahres zugegangen sein.

80 BGH VersR 1989, 395, 396; P/M/*Rudy*, § 3 Rn. 4.
81 Vgl. L/P/*Heinig/Makowsky*, § 8 Rn. 31.

Literatur:
Ebnet, Die Kündigung von Versicherungsverträgen, NJW 2006, 1697; *Leverenz*, Zurückweisung unwirksamer Kündigungen des Versicherungsnehmers durch den Versicherer, VersR 1999, 525; *Rogler*, Pflicht des Versicherers zur Zurückweisung unwirksamer Kündigungen? Zugleich Anmerkung zu Bundessozialgericht, Urteil vom 29. November 2006 – B 12 P 1/05 R, r+s 2007, 140.

Übersicht Rdn.

A. Allgemeines

1 Die Regelung betrifft in Anlehnung an AVB-Baustein 9 die **Dauer und das Ende des Rechtsschutzversicherungsvertrags.** Während die ursprüngliche Dauer vollständig der Vereinbarung der Parteien überlassen bleibt, wird die Beendigung von Verträgen reglementiert. Der Ablauf der vereinbarten Vertragsdauer führt nur bei sog. Kurzverträgen (Verträge mit einer Laufzeit von weniger als einem Jahr) automatisch zur Beendigung des Vertragsverhältnisses. Im Gegensatz zur Vertragsbeendigung durch Kündigung gibt es in der Praxis kaum Streitigkeiten im Hinblick auf die Vertragsdauer.[1]

B. Vertragsdauer

2 Nach dem Wortlaut von Abs. 1 richtet sich die Vertragsdauer nach der im Versicherungsschein angegebenen Zeit. Da der Versicherungsschein aber für das Zustandekommen des Rechtsschutzversicherungsvertrags nicht konstitutiv ist,[2] bleibt für die Dauer eines Vertrags allein die **Vereinbarung der Parteien entscheidend.**

3 Für die Dauer von Rechtsschutzversicherungsverträgen sind vereinbarte Laufzeiten zwischen einem und fünf Jahren marktüblich, wobei eine **Vertragsdauer von drei Jahren der Regelfall** ist.[3] Formularmäßig kann eine Laufzeit von fünf Jahren auch dann wirksam vereinbart werden, wenn gleichzeitig eine Beitragsangleichungsklausel Verwendung findet, die dem VN ein Kündigungsrecht erst bei einer Beitragserhöhung von mehr als 15 % oder von mehr als 30 % innerhalb von drei aufeinanderfolgenden Jahren gewährt.[4] Auch noch längere Laufzeiten können vereinbart werden. Der Gesetzgeber beabsichtigte mit der VVG-Reform nicht, eine zulässige Höchstdauer für Ver-

1 Buschbell/Hering/*Buschbell*, § 6 Rn. 64.
2 Vgl. § 7 Rdn. 18.
3 Harbauer/*Schmitt*, § 8 ARB 2010 Rn. 2.
4 BGH VersR 1997, 685, 686.

sicherungsverträge vorzuschreiben.[5] Der VN kann den Versicherungsvertrag aber gemäß § 11 IV VVG zum Schluss des dritten oder jedes darauffolgenden Jahres unter Einhaltung einer Frist von drei Monaten ordentlich kündigen.

Nach der sog. **Verlängerungsklausel** in **Abs. 2**, die die Vorgaben von § 11 I VVG beachtet, wird ein bestehender Rechtsschutzversicherungsvertrag stillschweigend um ein Jahr verlängert, wenn die ursprüngliche Vertragsdauer mindestens ein Jahr beträgt und der Vertrag nicht ordentlich gekündigt wird. Die Regelung gibt den Parteien eine unkomplizierte und bequeme Möglichkeit zur Verlängerung des Versicherungsverhältnisses und schützt insbesondere den VN, der durch eine versehentlich unterlassene Verlängerung nicht seinen Versicherungsschutz verlieren soll.[6] Die Verlängerung entspricht seinem mutmaßlichen Willen.[7] 4

Liegt ein sog. **Kurzvertrag** vor, endet der Vertrag nach **Abs. 3** automatisch zum vorgesehenen Zeitpunkt, ohne dass es einer Kündigung bedarf. Im Gegensatz zu Abs. 2 geht man bei Kurzverträgen davon aus, dass eine automatische Verlängerung nicht dem mutmaßlichen Willen der Parteien entspricht.[8] 5

C. Vertragsbeendigung

Wie alle Versicherungsverträge[9] werden auch Rechtsschutzversicherungsverträge in der Regel durch **Kündigung** beendet. Abhängig von der Laufzeit der Verträge steht entweder beiden Vertragsparteien (Abs. 2) oder allein dem VN (Abs. 4) ein Kündigungsrecht zu. 6

Abs. 2 ermöglicht den Parteien neben der Option zur Verlängerung auch den Vertrag zu beenden, was der Privatautonomie Rechnung trägt. 7

Nach **Abs. 4**, der fast wortgleich § 11 IV VVG nachempfunden ist, kann der VN trotz einer vereinbarten Vertragsdauer von mehr als drei Jahren bereits mit Ablauf des dritten Vertragsjahres kündigen. Die Regelung soll vor einer unangemessen langen Vertragsbindung schützen. Der **Schutz des VN** wird durch ein möglichst mildes Mittel bewirkt: Anstatt die Wirksamkeit von langfristigen Verträgen zu sanktionieren oder eine Höchstfrist für die zulässige Vertragsdauer gesetzlich vorzugeben, räumt Abs. 4 dem VN ein **einseitiges Recht zur ordentlichen Kündigung** ein. Dieses kann gemäß § 18 VVG nicht vertraglich ausgeschlossen werden. 8

I. Ausübung des Kündigungsrechts

In Hinblick auf die Voraussetzung für eine ordnungsgemäße Ausübung des Kündigungsrechts sieht § 8 generell nur eine Regelung zur Frist vor. Für eine Beendigung nach Abs. 2 müssen der Versicherer oder der VN den Vertrag spätestens **drei Monate vor** 9

5 Begr. RegE BT-Drucks. 16/3945 S. 48 f.

6 L/W/*Fausten*, § 11 Rn. 1.

7 Harbauer/*Schmitt*, § 8 ARB 2010 Rn. 4.

8 Harbauer/*Schmitt*, § 8 ARB 2010 Rn. 5.

9 VersHb/*Harsdorf-Gebhardt*, § 9 Rn. 115.

dem Ablauf der jeweiligen Versicherungsdauer kündigen. Im Fall des Abs. 4 gilt die Frist entsprechend.

10 Für die Kündigung von Rechtsschutzversicherungsverträgen besteht **kein Formerfordernis.** Etwas anderes ergibt sich auch nicht aus § 16 I.[10] Dennoch werden bereits aus Beweisgründen in der Praxis die Verträge sinnvollerweise regelmäßig schriftlich oder zumindest in Textform gekündigt.

11 Auch für weitere Fragestellungen rund um die Kündigungserklärung gelten die allgemeinen zivilrechtlichen Grundsätze. Wie jede Gestaltungserklärung ist die Kündigung **bedingungsfeindlich.**[11] Kündigt ein VN den Versicherungsvertrag allerdings nur deshalb, weil er einen »günstigeren« Versicherungsvertrag bei demselben Versicherer abschließen will und kommt dabei sein auf einen **lückenlosen Versicherungsschutz** gerichteter Wille deutlich zum Ausdruck, so kann die Kündigung als Angebot auf Abschluss eines Aufhebungsvertrags auszulegen sein, welcher unter der Bedingung steht, dass ein neuer (wirksamer) Versicherungsvertrag zustande kommt.[12]

12 Die Kündigung kann auch **nicht einseitig zurückgenommen oder widerrufen werden.**[13] Die Rücknahme oder der Widerruf einer Kündigung ist regelmäßig als Angebot zur Fortsetzung des Vertrags auszulegen,[14] was bei einer (konkludenten) Annahmeerklärung des Versicherers zum Fortbestand des Vertrags führen kann. Ferner kommt im Falle einer verspäteten oder aus anderen Gründen unwirksamen Kündigung eine **Umdeutung (§ 140 BGB)** in eine Kündigung zum nächstmöglichen Zeitpunkt oder in ein Angebot auf Abschluss eines Aufhebungsvertrags in Betracht.[15]

II. Teilkündigung

13 Die **teilweise Kündigung** eines Rechtsschutzversicherungsvertrags ist – vorbehaltlich anderweitiger Sonderregelungen, abweichender Individualabreden und bestimmter Einzelfälle – **unzulässig**, da sie eine Vertragsänderung bewirken würde, wofür jedoch die Zustimmung beider Vertragsparteien erforderlich ist.[16] Eine unwirksame Teilkündigung kann in einen Antrag auf Vertragsänderung umgedeutet werden.[17]

14 Eine »Teilkündigung« ist **zulässig**, wenn mehrere **rechtlich selbständige Verträge** lediglich gleichzeitig abgeschlossen werden und rein äußerlich zusammengefasst sind.[18] Die rechtliche Selbständigkeit der Verträge setzt voraus, dass für die jeweiligen Verträge

---

10 Näher § 16 Rdn. 3.

11 Zur Kündigung im Mietrecht etwa BGH NJW 2004, 284, 284 f.; s. auch L/W/*Fausten*, § 11 Rn. 96.

12 OLG Saarbrücken VersR 2023, 425.

13 BGH NJW 1998, 2664, 2666; VersR 1985, 54, 55; L/R/*Rixecker*, § 11 Rn. 12.

14 BGH VersR 2016, 974; P/M/*Armbrüster*, Vor § 11 Rn. 37; L/W/*Fausten*, § 11 Rn. 154.

15 L/P/*Schneider*, § 11 Rn. 64, 77; L/R/*Rixecker*, § 11 Rn. 13; Harbauer/*Schmitt*, § 8 ARB 2010 Rn. 11; s. auch BGH NJW-RR 1987, 1429.

16 BGH VersR 1993, 743, 746; B/M/*Johannsen*, § 11 Rn. 53; L/P/*Schneider*, § 11 Rn. 25.

17 P/M/*Armbrüster*, Vor § 11 Rn. 23; L/W/*Fausten*, § 11 Rn. 92.

18 P/M/*Armbrüster*, Vor § 11 Rn. 23; L/W/*Fausten*, § 11 Rn. 94.

auch die Prämien gesondert ausgewiesen sind oder jedenfalls gesondert festgestellt werden können.[19] Für die Rechtsschutzversicherung ist vor diesem Hintergrund die Vorschrift des **§ 126 I 1 VVG** von Bedeutung. Die Regelung normiert die Voraussetzungen für den Inhalt des Versicherungsscheins, wenn neben Gefahren aus dem Bereich der Rechtsschutzversicherung auch andere Gefahren versichert werden. Insbesondere muss die Prämie für die Rechtsschutzversicherung gesondert ausgewiesen werden. Obwohl die verschiedenen Versicherungsarten in einem Versicherungsschein gemeinsam aufgeführt werden, bleibt der Rechtsschutzversicherungsvertrag damit ein selbständiger Vertrag.[20] Dieser ist folglich auch selbständig kündbar.

Bei einem isolierten Rechtsschutzversicherungsvertrag können die **verschiedenen Leistungsarten im Sinne von § 2 nicht selbständig gekündigt** werden,[21] da es sich um einen einheitlichen Versicherungsvertrag handelt, in dem lediglich verschiedene Risiken versichert werden.[22] Eine isolierte Kündigung ist jedoch möglich, wenn ein VN bei einem Versicherer mehrere Formen der Rechtsschutzversicherung im Sinne der **§§ 21–25, 29** bezieht, da es sich in diesem Fall um mehrere rechtlich selbständige Rechtsschutzversicherungsverträge handelt.[23] In den Fällen der §§ 26, 27, 28 werden dagegen mehrere Formen zu einem Bündelprodukt kombiniert, sodass ein einheitlicher Vertrag vorliegt, bei dem die einzelnen Bestandteile nicht selbständig kündbar sind.[24] Je nach Versicherer kommt jedoch eine Abwahl einzelner Leistungsarten kraft vertraglicher Vereinbarung in Betracht.[25] 15

III. Zurückweisungspflicht

Ist eine Kündigung des VN fehlerhaft, hat der Versicherer sie **zurückzuweisen.**[26] Die Pflicht besteht unabhängig von der Möglichkeit einer Umdeutung nach § 140 BGB, da eine etwaige Umdeutung die Unwirksamkeit der ursprünglichen Kündigung unberührt lässt.[27] 16

In Anlehnung an § 174 I 1 BGB hat die Zurückweisung unverzüglich zu erfolgen, also ohne schuldhaftes Zögern (§ 121 I 1 BGB).[28] Eine konkret bestimmte Frist, binnen 17

19 L/P/*Schneider*, § 11 Rn. 25.
20 L/P/*Paffenholz*, § 126 Rn. 2.
21 L/W/*Obarowski*, Kap. 48 Rn. 477; P/M/*Piontek*, § 8 ARB 2010 Rn. 4.
22 Vgl. L/P/*Schneider*, § 11 Rn. 25.
23 Harbauer/*Schmitt*, § 8 ARB 2010 Rn. 13; L/W/*Obarowski*, Kap. 48 Rn. 477.
24 S. Vor §§ 21 ff. ARB 2010 Rdn. 5.
25 L/W/*Obarowski*, Kap. 48 Rn. 477.
26 Dies auf Treu und Glauben (§ 242 BGB) stützend BGH VersR 2013, 305, 307; BSG r+s 2007, 144, 145; OLG Hamm VersR 2013, 489 f.; OLG Karlsruhe VersR 2002, 1497; OLG Koblenz r+s 1998, 397, 398; P/M/*Armbrüster*, Vor § 11 Rn. 29; L/P/Schneider, § 11 Rn. 70; dagegen für § 6 IV 1 VVG als Rechtsgrundlage L/W/*Fausten*, § 11 Rn. 124; L/R/*Rixecker*, § 11 Rn. 11.
27 *Rogler* r+s 2007, 140, 142.
28 L/P/*Schneider*, § 11 Rn. 69; L/W/*Fausten*, § 11 Rn. 125; P/M/*Armbrüster*, Vor § 11 Rn. 29; *Leverenz* VersR 1999, 525, 532.

der die Zurückweisung erfolgen muss, lässt sich daraus nicht ableiten; vielmehr kommt es ebenso wie im Rahmen des § 174 I 1 BGB auf die **Umstände des Einzelfalles** an.[29] Dem Versicherer ist eine angemessene Frist zur Überlegung zuzubilligen, welche auch eine rechtliche Prüfung umfassen kann.[30] Es bedarf aber einer zügigen Erledigung. Eine Zurückweisung nach mehr als zwei Wochen wird in der Regel nicht mehr unverzüglich sein.[31]

18 Die Frage der **Rechtsfolge eines Verstoßes gegen die Zurückweisungspflicht** ist in den Bedingungswerken der verschiedenen Versicherungszweige zum Teil ausdrücklich geregelt, nicht so dagegen in den ARB. Entgegen einer früher von einer Vielzahl von Instanzgerichten[32] vertretenen Ansicht ist die **Rechtsfolge** eines Verstoßes gegen die Zurückweisungspflicht **nicht stets**, dass die **Kündigung als wirksam** zu behandeln wäre. Dies ließe sich dogmatisch nicht überzeugend begründen. Die unwirksame Kündigung kann zwar als Angebot auf Abschluss eines Aufhebungsvertrags umgedeutet werden.[33] In der Untätigkeit des Versicherers liegt jedoch keine Annahmeerklärung, da das bloße Schweigen des Versicherers nach §§ 133, 157 BGB keinen entsprechenden Erklärungswert hat. Auch ist der Zugang einer Annahmeerklärung des Versicherers nicht nach § 151 Satz 1 BGB entbehrlich.[34] Stattdessen stellt die Pflicht zur Zurückweisung eine echte vertragliche Nebenpflicht des Versicherers dar, bei deren Verletzung ein Anspruch des VN auf Schadensersatz in Betracht kommt.[35] Dieser kann auf Aufhebung des Versicherungsvertrags gerichtet sein, wenn der VN bei unverzüglichem Hinweis noch rechtzeitig eine Kündigungserklärung hätte nachschieben können.[36] Zur Vermeidung von Unklarheiten im Hinblick auf die Zurückweisungsfrist sowie auf die Rechtsfolge eines Verstoßes erscheint jeweils eine ausdrückliche vertragliche Regelung sinnvoll.

IV. Beweislast

19 Die Beweislast für den rechtzeitigen Zugang der Kündigung trägt **derjenige, der sich auf die Vertragsauflösung beruft.**[37] Der VN trägt die Beweislast für die unterlassene Zurückweisung, wenn er einen entsprechenden Schadensersatzanspruch geltend macht.[38]

---

29 *Leverenz* VersR 1999, 525, 532.

30 Vgl. BAG NJW 2020, 1456 Rn. 48.

31 Harbauer/*Schmitt*, § 8 ARB 2010 Rn. 15; *Ebnet* NJW 2006, 1697, 1699.

32 Etwa OLG Düsseldorf r+s 2004, 59, 61; OLG Karlsruhe VersR 2002, 1497; OLG Koblenz r+s 1998, 397, 398.

33 BGH r+s 1989, 69; NJW-RR 1987, 1429.

34 BGH r+s 1989, 69; NJW-RR 1987, 1429.

35 BGH VersR 2013, 305, 307; BSG r+s 2007, 144, 145; L/P/*Schneider*, § 11 Rn. 73 ff.; P/M/*Armbrüster*, Vor § 11 Rn. 33; L/R/*Rixecker*, § 11 Rn. 11; *Leverenz* VersR 1999, 525, 530 f.; *Rogler* r+s 2007, 140, 142.

36 Harbauer/*Schmitt*, § 8 ARB 2010 Rn. 14; L/P/*Schneider*, § 11 Rn. 75.

37 L/P/*Schneider*, § 11 Rn. 79; L/R/*Rixecker*, § 11 Rn. 10.

38 AG Jever, AG Delmenhorst r+s 2003, 331; P/M/*Armbrüster*, Vor § 11 Rn. 34.

D. ARB 2012/2019/2021

Die Regelung des § 8 erfährt durch die ARB 2012/2019/2021 **keine inhaltliche Veränderung.** Die Vorschrift wird in Ziff. 6.2.1 bis Ziff. 6.2.3 ARB 2012/2019/2021 lediglich sprachlich leicht modifiziert übernommen. In systematischer Hinsicht ist neu, dass unter dem Abschnitt »Dauer und Ende des Vertrages« (Ziff. 6) neben § 8 nunmehr auch die Regelungen zum Versichererwechsel (§ 4a), zum Wegfall des versicherten Interesses (§ 12) sowie zur Kündigung nach Versicherungsfall (§ 13) zu finden sind. 20

§ 8a Versicherungsjahr

Das Versicherungsjahr erstreckt sich über einen Zeitraum von zwölf Monaten. Besteht die vereinbarte Vertragsdauer jedoch nicht aus ganzen Jahren, wird das erste Versicherungsjahr entsprechend verkürzt. Die folgenden Versicherungsjahre bis zum vereinbarten Vertragsablauf sind jeweils ganze Jahre.

Übersicht Rdn.

A. Allgemeines

§ 8a ist mit Empfehlung der ARB 2010 neu eingeführt worden. Die Regelung gibt unverändert den AVB-Baustein 23 wieder, der den Begriff **Versicherungsjahr** bestimmt. Der Terminus Versicherungsjahr findet zwar auch in den §§ 114 I, 165 II, 206 I, II VVG Verwendung, wird dort aber nicht definiert. 1

Die Regelung dient einer Klarstellung der Prämienberechnung. Rechtsschutzversicherungsverträge werden zwar üblicherweise für drei Jahre abgeschlossen (vgl. § 8 Rdn. 3), aber der Beginn des Vertrags fällt nicht zwingend mit dem Beginn eines Kalenderjahres zusammen. Deshalb ist für die Bestimmung eines Versicherungsjahres und dementsprechend auch für die Prämienberechnung eine Regelung angezeigt. Der Grundsatz hierfür findet sich in Satz 1. Die Ausnahmeregeln der Sätze 2 und 3 führen dazu, dass sich die Laufzeit der **Versicherungsjahre** nicht nach dem Beginn, sondern vielmehr **nach dem Ende des Rechtsschutzversicherungsvertrags** richtet. 2

B. Versicherungsjahr

Satz 1 bestimmt den Begriff Versicherungsjahr unabhängig vom Kalender- oder Geschäftsjahr. Danach beträgt eine Versicherungsperiode (genannt: Versicherungsjahr) grundsätzlich **zwölf Monate.** 3

▶ **Beispiel:**

Der Vertrag wird für eine Dauer vom 01.06.2025 bis zum 01.06.2026 geschlossen. Er besteht dann nicht aus zwei halben Kalenderjahren, sondern stellt vielmehr ein Versicherungsjahr dar. 4

5 Abweichend davon sieht **Satz 2** eine Ausnahme vor. Eine Abwandlung des Grundsatzes nach Satz 1 kommt bei zwei Sachverhalten in Betracht. Zum einen – auch wenn es eher unüblich[1] ist – kann ein Vertrag für einen unterjährigen Zeitraum abgeschlossen werden, sog. Kurzvertrag i.S.d. § 8 III. In Angleichung an den Kurzvertrag beträgt das Versicherungsjahr dann nicht nach Satz 1 volle zwölf, sondern lediglich so viele Monate, wie der **Kurzvertrag** dauert. Andererseits kann aufgrund der Vertragsfreiheit die Dauer des Vertrags nicht der Anzahl von vollen Jahren entsprechen. Für diesen Fall sieht Satz 2 eine Anpassung an das Kalenderjahr vor durch **Verkürzung des ersten Versicherungsjahres.**

▶ **Beispiel:**

6 Der Vertrag wird für eine Dauer vom 01.06.2025 bis zum 31.12.2026 geschlossen. Dann teilt sich der Zeitraum nicht nach Satz 1 wie folgt auf: Erstes Versicherungsjahr vom 01.06.2025 bis zum 31.05.2026 und zweites Versicherungsjahr vom 01.06.2026 bis zum 31.12.2026, sondern genau umgekehrt. Nach Satz 2 gilt also vielmehr Folgendes: Erstes (verkürztes) Versicherungsjahr vom 01.06.2025 bis zum 31.12.2025 und zweites Versicherungsjahr vom 01.01.2026 bis zum 31.12.2026.

7 Mitunter kann es so zu einer wesentlichen Verkürzung des ersten Versicherungsjahres kommen. Im äußersten Fall kann das erste Versicherungsjahr auf einen Monat verkürzt werden. **Durch** eine solche **Verkürzung** wird der VN jedoch **nicht benachteiligt**. Die Einteilung des gesamten Versicherungszeitraums dient bloß der Prämienberechnung. Für den VN können sich im Falle von Rabatten bei Schadensfreiheit innerhalb eines Versicherungsjahres vielmehr Vorteile im Hinblick auf die zu zahlende Prämie ergeben, wenn das erste Jahr verkürzt ist.

8 Die Regelung in **Satz 3** scheint auf den ersten Blick überflüssig und zudem verwirrend. Die Norm könnte nach dem Wortlaut dahingehend verstanden werden, dass mit »ganze Jahre« Kalenderjahre gemeint sind. Dagegen spricht allerdings die systematische Auslegung der einzelnen Sätze von § 8a. Andernfalls käme es auch zu Ergebnissen, die nicht mit dem soeben dargelegten Verständnis übereinstimmen. Richtigerweise muss angenommen werden, dass die folgenden Versicherungsjahre **ganze Versicherungsjahre**, also gem. Satz 1 **zwölf Monate**, sind.[2] Satz 3 ist eine **Ergänzung zu Satz 2**, die für Fälle notwendig ist, in denen die Vertragslaufzeit mehr als 24 Monate beträgt (was durchaus üblich ist, vgl. § 8 Rdn. 3).

▶ **Beispiel:**

9 Der Vertrag wird für eine Dauer vom 01.06.2025 bis zum 31.07.2027 geschlossen. Erstes (verkürztes) Versicherungsjahr vom 01.06.2025 bis zum 31.07.2025. Zweites Versicherungsjahr vom 01.08.2025 bis zum 31.07.2026. Drittes Versicherungsjahr vom 01.08.2026 bis zum 31.07.2027.

---

1 Vgl. § 8 Rdn. 3.

2 So auch HK-VVG/*Münkel*, § 8a ARB 2010 Rn. 1.

C. ARB 2012/2019/2021

Auch § 8a erfährt durch die ARB 2012/2019/2021 **keine inhaltliche Änderung.** 10
Ziff. 7.2 ist ebenfalls lediglich in sprachlicher Hinsicht ein wenig deutlicher gestaltet. Die geänderte Fassung von Satz 1 hebt noch mehr das Regel-/Ausnahmeverhältnis von Satz 1 zu den Sätzen 2 und 3 hervor. Das Beispiel spricht dafür, dass mit Satz 3 nicht Kalenderjahre, sondern ganze Versicherungsjahre im Sinne von Satz 1 gemeint sind.

§ 9 Beitrag

A. Beitrag und Versicherungsteuer

(1) Beitragszahlung

Die Beiträge können je nach Vereinbarung durch Monats-, Vierteljahres-, Halbjahres- oder Jahresbeiträge entrichtet werden. Die Versicherungsperiode umfasst bei Monatsbeiträgen einen Monat, bei Vierteljahresbeiträgen ein Vierteljahr, bei Halbjahresbeiträgen ein Halbjahr und bei Jahresbeiträgen ein Jahr.

(2) Versicherungsteuer

Der in Rechnung gestellte Beitrag enthält die Versicherungsteuer, die der Versicherungsnehmer in der jeweils vom Gesetz bestimmten Höhe zu entrichten hat.

B. Zahlung und Folgen verspäteter Zahlung/erster Beitrag

(1) Fälligkeit der Zahlung

Der erste Beitrag wird unverzüglich nach Ablauf von zwei Wochen nach Zugang des Versicherungsscheins fällig.

(2) Späterer Beginn des Versicherungsschutzes

Zahlt der Versicherungsnehmer den ersten Beitrag nicht rechtzeitig, sondern zu einem späteren Zeitpunkt, beginnt der Versicherungsschutz erst ab diesem Zeitpunkt, sofern der Versicherungsnehmer durch gesonderte Mitteilung in Textform oder durch einen auffälligen Hinweis im Versicherungsschein auf diese Rechtsfolge aufmerksam gemacht wurde. Das gilt nicht, wenn der Versicherungsnehmer nachweist, dass er die Nichtzahlung nicht zu vertreten hat.

(3) Rücktritt

Zahlt der Versicherungsnehmer den ersten Beitrag nicht rechtzeitig, kann der Versicherer vom Vertrag zurücktreten, solange der Beitrag nicht gezahlt ist. Der Versicherer kann nicht zurücktreten, wenn der Versicherungsnehmer nachweist, dass er die Nichtzahlung nicht zu vertreten hat.

C. Zahlung und Folgen verspäteter Zahlung/Folgebeitrag

(1) Die Folgebeiträge werden zu dem jeweils vereinbarten Zeitpunkt fällig.

(2) Verzug

Wird ein Folgebeitrag nicht rechtzeitig gezahlt, gerät der Versicherungsnehmer ohne Mahnung in Verzug, es sei denn, dass er die verspätete Zahlung nicht zu vertreten hat. Der Versicherer ist berechtigt, Ersatz des ihm durch den Verzug entstandenen Schadens zu verlangen.

(3) Zahlungsaufforderung

Wird ein Folgebeitrag nicht rechtzeitig gezahlt, kann der Versicherer dem Versicherungsnehmer auf dessen Kosten in Textform eine Zahlungsfrist bestimmen, die mindestens zwei Wochen betragen muss. Die Bestimmung ist nur wirksam, wenn sie die rückständigen Beträge des Beitrags, Zinsen und Kosten im Einzelnen beziffert und die Rechtsfolgen angibt, die nach Absätzen 4 und 5 mit dem Fristablauf verbunden sind.

(4) Kein Versicherungsschutz

Ist der Versicherungsnehmer nach Ablauf dieser Zahlungsfrist noch mit der Zahlung in Verzug, besteht ab diesem Zeitpunkt bis zur Zahlung kein Versicherungsschutz, wenn er mit der Zahlungsaufforderung nach Absatz 3 darauf hingewiesen wurde.

(5) Kündigung

Ist der Versicherungsnehmer nach Ablauf dieser Zahlungsfrist noch mit der Zahlung in Verzug, kann der Versicherer den Vertrag ohne Einhaltung einer Frist kündigen, wenn er den Versicherungsnehmer mit der Zahlungsaufforderung nach Absatz 3 darauf hingewiesen hat.

Hat der Versicherer gekündigt, und zahlt der Versicherungsnehmer danach innerhalb eines Monats den angemahnten Betrag, besteht der Vertrag fort. Für Versicherungsfälle, die zwischen dem in Abs. 4 genannten Zeitpunkt (Ablauf der Zahlungsfrist) und der Zahlung eingetreten sind, besteht jedoch kein Versicherungsschutz.

D. Rechtzeitigkeit der Zahlung bei Lastschriftermächtigung

(1) Rechtzeitige Zahlung

Ist die Einziehung des Beitrags von einem Konto vereinbart, gilt die Zahlung als rechtzeitig, wenn der Beitrag zu dem Fälligkeitstag eingezogen werden kann und der Versicherungsnehmer einer berechtigten Einziehung nicht widerspricht.

Konnte der fällige Beitrag ohne Verschulden des Versicherungsnehmers vom Versicherer nicht eingezogen werden, ist die Zahlung auch dann noch rechtzeitig, wenn sie unverzüglich nach einer in Textform abgegebenen Zahlungsaufforderung des Versicherers erfolgt.

(2) Beendigung des Lastschriftverfahrens

Kann der fällige Beitrag nicht eingezogen werden, weil der Versicherungsnehmer die Einzugsermächtigung widerrufen hat, oder hat der Versicherungsnehmer aus anderen Gründen zu vertreten, dass der Beitrag nicht eingezogen werden kann, ist der Ver-

sicherer berechtigt, künftig Zahlung außerhalb des Lastschriftverfahrens zu verlangen. Der Versicherungsnehmer ist zur Übermittlung des Beitrages erst verpflichtet, wenn er vom Versicherer hierzu in Textform aufgefordert worden ist.

E. Beitrag bei vorzeitiger Vertragsbeendigung

Bei vorzeitiger Beendigung des Vertrages hat der Versicherer, soweit nicht etwas anderes bestimmt ist, nur Anspruch auf den Teil des Beitrages, der dem Zeitraum entspricht, in dem Versicherungsschutz bestanden hat.

Übersicht Rdn.

A. Allgemeines

§ 9 regelt die Einzelheiten der Prämienzahlungspflicht des VN, insbesondere auch mit Blick auf ein vereinbartes Lastschriftverfahren, sowie die Rechtsfolgen verspäteter oder ausbleibender Zahlungen des VN. Die enthaltenen Einzelregelungen sind im Wesentlichen den **§§ 33 – 39, 42 VVG** nachgebildet. Zum Verständnis der Klausel kann daher ergänzend auf die Kommentierungen zu den Vorschriften des VVG zurückgegriffen werden. 1

B. Beitragsbemessung (§ 9 A)

I. Versicherungsperiode

2 Im Sinne des § 12 VVG stellt **§ 9 A I** zunächst klar, dass sich die **Versicherungsperiode** nach dem für die Bemessung des Beitrags zu Grunde gelegten Zeitraum bestimmt und benennt die insoweit maßgebenden Zeitabschnitte. Die praktische Bedeutung der Regelung ist gering. Der Bestimmung der Versicherungsperiode kommt aus sich heraus kein Wert zu, sie gewinnt erst im Zusammenspiel mit anderen Vorschriften ggf. Bedeutung.[1] Der Versicherungsperiode sind so insbesondere auch keine Angaben zur Fälligkeit der Versicherungsprämie zu entnehmen.[2] Sie darf auch nicht mit der Vertragslaufzeit gleichgesetzt werden, sie bezeichnet lediglich einen Zeitabschnitt aus der Vertragsdauer.[3]

II. Beitragsbestandteile

3 Für die Übernahme der Gefahr schuldet der VN dem Versicherer gem. § 1 Satz 2 VVG als Gegenleistung ein Entgelt, die **Versicherungsprämie**[4], hier Beitrag genannt. Neben diesem Beitrag i. e.S.[5] hat der VN dem Versicherer, wie § 9 A II nochmals ausdrücklich festhält, die **Versicherungssteuer** zu erstatten. Für diese hat der VN zwar als Schuldner einzustehen (§ 7 I VersStG), der Versicherer hat jedoch als Steuerentrichtungsschuldner die Versicherungssteuer als eigenständige Schuld für Rechnung des VN zu entrichten (§ 7 II VersStG).

C. Beitragszahlung

I. Allgemein

4 Von entscheidender Bedeutung für die Frage, wann die Beitragszahlung des VN fällig ist und welche Rechtsfolgen bei einer ausbleibenden oder verspäteten Zahlung drohen, ist, ob die Zahlung des **Erstbeitrags**, also die Zahlung der zeitlich ersten Prämie bzw. bei einer zugestandenen Ratenzahlung des zeitlich ersten Prämienanteils,[6] oder die Zahlung eines diesem nachfolgenden Beitrags, sog. **Folgebeitrag**,[7] in Rede steht. Mit den verschiedenen Beitragszahlungen wird ein unterschiedliches Bestandsinteresse verknüpft, das sich auch auf Sanktionsmöglichkeiten und -voraussetzungen bei ausbleibenden Zahlungen auswirkt: Mit der ersten Beitragszahlung muss der VN die Ernsthaftigkeit seiner Vertragserklärung erst unter Beweis stellen,[8] erst die Zahlung des

1 L/R/*Rixecker*, § 12 Rn. 1.
2 L/R/*Rixecker*, § 12 Rn. 1.
3 L/P/*C. Schneider*, § 12 Rn. 1.
4 L/R/*Rixecker*, § 33 Rn. 2.
5 L/R/*Rixecker*, § 33 Rn. 2; Harbauer/*Schmitt*, § 9 ARB 2010 Rn. 2.
6 L/P/*Brand*, § 37 Rn. 4; L/R/*Rixecker*, § 37 Rn. 2; L/W/*Staudinger*, § 37 Rn. 4 f. mit Differenzierung bei der Vereinbarung einer Ratenzahlung.
7 BGH NJW 1956, 1634, 1636; L/R/*Rixecker*, § 37 Rn. 2.
8 L/P/*Brand*, § 37 Rn. 1.

Erstbeitrags lässt den Versicherungsschutz überhaupt entstehen.[9] Bleibt die Zahlung aus, kann sich der Versicherer vom VN ohne weitere Vorwarnung durch Rücktritt trennen, vgl. zu den Einzelheiten unten Rdn. 13. Hat sich der VN durch Zahlung bereits bewährt, ist der Vertrag in Vollzug gesetzt, soll dem VN dagegen nicht vorschnell der erlangte Versicherungsschutz wieder entzogen werden.[10] Leistungsfreiheit und die Möglichkeit des Versicherers, sich vom Vertrag zu lösen, sind daher an zusätzliche Voraussetzungen gebunden, vgl. dazu unten Rdn. 17 ff.

Die Qualifizierung einer Zahlung als Erst- und Folgebeitrag dürfte regelmäßig 5 unproblematisch sein. Besonderes Augenmerk ist jedoch dann erforderlich, wenn ein bereits bestehender Versicherungsvertrag durch einen neuen **Vertrag ersetzt** wurde: Es ist dann unter Berücksichtigung des Umfangs der vorgenommenen Änderungen im Vergleich zum Ursprungsvertrag zu ermitteln, ob nach dem Willen der Vertragsparteien ein gänzlich neuer Vertrag abgeschlossen wird – dann Erstbeitrag – oder ein vorhandener Vertrag lediglich im bestehenden Rahmen angepasst werden sollte – dann Folgebeitrag.[11] Für einen Neuabschluss können insbesondere wesentliche Veränderungen im Versicherungsumfang, in der Prämienhöhe und/oder der Vertragslaufzeit sprechen.[12]

II. Erstbeitrag

1. Fälligkeit

Entsprechend § 33 I VVG, bestimmt **§ 9 B I**, dass der Erstbeitrag unverzüglich nach 6 Ablauf von zwei Wochen nach dem Zugang des Versicherungsscheins zur Zahlung fällig ist. Mit dem Setzen einer 2-Wochen-Frist nach dem Zugang des Versicherungsscheins nimmt die Bestimmung Bezug auf das in § 8 VVG dem VN eröffnete Widerrufsrecht und die hierfür geltende Widerrufsfrist. Die Regelung koppelt damit die Fälligkeit der Zahlung, zumindest teilweise, an den Vertragsbestand: Solange die Wirksamkeit des Versicherungsvertrages durch das ihm zur Verfügung stehende Widerrufsrecht noch in der Schwebe ist, soll der VN jedenfalls nicht zur Beitragszahlung verpflichtet sein.[13]

Problematisch erscheint allerdings, dass die aufgegriffene Regelung des § 8 VVG den 7 Beginn der Widerrufsfrist allein vom Zugang des Versicherungsscheins abhängig macht. Die Norm gerät damit in Widerspruch zu den Vorgaben des von ihr umzusetzenden Art. 6 I 3 der Fernabsatz-RiLi II. Dieser setzt für den Beginn der Wider-

9 BGH NJW 1956, 1634, 1636; L/R/*Rixecker*, § 37 Rn. 1; Harbauer/*Cornelius-Winkler*, § 7 ARB 2010 Rn. 4.

10 L/P/*Brand*, § 38 Rn. 1; L/R/*Rixecker*, § 38 Rn. 1.

11 OLG Hamm VersR 1979, 413; ausführlich L/W/*Staudinger*, § 37 Rn. 6 ff.; L/R/*Rixecker*, § 37 Rn. 4; P/M/Reiff, § 37 Rn. 3 f.

12 OLG Saarbrücken NJW-RR 2007, 1398; NJW-RR 2008, 275 f.; OLG Köln r+s 2002, 357, 358; L/R/*Rixecker*, § 37 Rn. 4; P/M/Reiff, § 37 Rn. 4.

13 Harbauer/*Schmitt*, § 9 ARB 2010 Rn. 6; L/R/*Rixecker*, § 33 Rn. 3 f.; P/M/*Reiff*, § 33 Rn. 21.

rufsfrist den Vertragsschluss voraus.[14] Zwar fällt der Vertragsschluss beim sog. Antragsmodell[15] mit der Übersendung des Versicherungsscheins zusammen, dies gilt jedoch nicht für den Abschluss des Versicherungsvertrags im sog. invitatio-Modell, bei dem der VN den Versicherer um Unterbreitung eines Vertragsangebotes bittet und der Versicherer mit dem Versicherungsschein das danach erst noch vom VN anzunehmende Angebot zuleitet.[16] Zur Vermeidung europarechtswidriger Ergebnisse muss damit als zusätzliche Voraussetzung für den Lauf der Widerrufsfrist in § 8 VVG der Abschluss des Versicherungsvertrags hineingelesen werden.[17] Dieser Auslegung muss im Ergebnis letztlich auch die Fälligkeitsregel in § 9 B I (§ 33 VVG) Rechnung tragen:[18] Auch hier setzt der Lauf der Zahlungsfrist mithin den **Vertragsschluss** voraus. Dieser ist zusätzlich, wie auch im Übrigen der **ordnungsgemäße Ablauf der Widerrufsfrist**,[19] zu prüfen.

8 Die Zahlung des Beitrages hat nach Fristablauf **unverzüglich**, also i.S.d. § 121 BGB ohne schuldhaftes Zögern, zu erfolgen. In welchem Zeitraum noch von einer unverzüglichen Zahlung auszugehen ist, lässt sich allgemein nicht bestimmen. Entscheidend sind die Umstände des jeweiligen Einzelfalls.[20] Regelmäßig dürften dem VN jedoch allenfalls 2 – 3 Tage nach Ablauf der 2-Wochen-Frist zur Zahlung des Erstbeitrages zuzugestehen sein, um die Unverzüglichkeit noch bejahen zu können.[21]

9 Um **pünktlich** zu sein, muss der geschuldete Beitrag den Versicherer innerhalb der Zahlungsfrist erreichen und ihm damit zur Verfügung stehen. Es genügt nicht, dass der VN lediglich die notwendigen Erfüllungshandlungen zur Bewirkung der Zahlung innerhalb der laufenden Frist vorgenommen hat.[22] Entgegen der bisher herrschenden Meinung[23], ist die Geldschuld nicht als modifizierte Schickschuld, sondern unter Berücksichtigung der Vorgaben der Zahlungsverzugsrichtlinie 2000/35/EG als **modifizierte Bringschuld** einzuordnen:[24] Der VN trägt damit nicht nur das Verlust-, sondern

14 Hierzu ausführlich L/P/*Heinig/Makowsky*, § 8 Rn. 65 f.

15 L/P/*Pohlmann*, § 7 Rn. 76.

16 L/P/*Pohlmann*, § 7 Rn. 78.

17 L/P/*Heinig/Makowsky*, § 8 Rn. 65; L/R/*Rixecker*, § 8 Rn. 8.

18 L/P/*Brand*, § 33 Rn. 9 ff.; L/R/*Rixecker*, § 33 Rn. 3; a.M. PK/*Pilz*, § 33 Rn. 5.

19 L/P/*Brand*, § 33 Rn. 9 ff.; L/W/*Staudinger*, § 33 Rn. 19 f.; HK-VVG/*Karczewski*, § 33 Rn. 5; a.M. L/R/*Rixecker*, § 33 Rn. 4; P/M/Reiff, § 33 Rn. 26; PK/*Pilz*, § 33 Rn. 5.

20 Grüneberg/*Ellenberger*, § 121 Rn. 3; MünchKommBGB/*Armbrüster*, § 121 Rn. 7; PK/*Pilz*, § 33 Rn. 4.

21 Harbauer/*Schmitt*, § 9 ARB 2010 Rn. 6; P/M/Reiff, § 33 Rn. 22; PK/*Pilz*, § 33 Rn. 4; HK-VVG/*Karczewski*, § 33 Rn. 7.

22 L/P/*Brand*, § 36 Rn. 1 ff.; L/W/*Staudinger*, § 36 Rn. 4 ff.; L/R/*Rixecker*, § 33 Rn. 10 f.; a.M. Harbauer/*Cornelius-Winkler*, § 7 ARB 2010 Rn. 7.

23 MünchKommBGB/*Krüger*, § 270 Rn. 16 f.; HK-VVG/*Karczewski*, § 33 Rn. 10.

24 Grüneberg/*Grüneberg*, § 270 Rn. 1, 5; L/P/*Brand*, § 36 Rn. 2; L/W/*Staudinger*, § 36 Rn. 4 ff., 13; differenziert P/M/Reiff, § 36 Rn. 7 ff.

auch das Verzögerungsrisiko seiner Zahlung. Und zwar unabhängig davon, ob er den Versicherungsvertrag als Verbraucher oder Unternehmer geschlossen hat.[25]

Geht der Erstbetrag **fristgerecht** ein, so besteht gem. § 7, vorbehaltlich einer Wartezeit, ab dem im Versicherungsschein angegebenen Zeitpunkt Versicherungsschutz, **sog. erweiterte Einlöseklausel**[26]. 10

2. Ausbleibende Zahlung

a) Leistungsfreiheit

Leistet der VN den fälligen Erstbeitrag **schuldhaft** nicht, so setzt, trotz wirksam geschlossenen Versicherungsvertrags, der Versicherungsschutz nach § 9 B II, der § 37 II VVG nachgebildet ist, zunächst nicht ein. Erst mit Eingang der verspäteten Zahlung kommt der VN für die Zukunft, nach dem Ablauf einer vereinbarten, sich anschließenden Wartezeit, in den Genuss der Versicherungsleistung. Dass der VN die nicht bzw. nicht pünktliche Zahlung zu vertreten hat, wird zu seinen Lasten zunächst vermutet. Dem VN steht jedoch der Gegenbeweis offen. 11

Auf die bei schuldhafter Nichtzahlung des Erstbeitrages drohende Leistungsfreiheit, hat der Versicherer den VN hinzuweisen. Die **Belehrung** des VN kann entweder durch eine gesonderte, in Textform gem. § 126b BGB abgefasste Mitteilung oder durch einen auffälligen Hinweis im Versicherungsschein erfolgen. Im Versicherungsschein muss durch die Positionierung sowie die drucktechnische Gestaltung und/oder Hervorhebung sichergestellt sein, dass der Hinweis seiner Warnfunktion gerecht und der VN auf die Belehrung aufmerksam wird.[27] Unabhängig davon, auf welche Weise der Hinweis erfolgt, muss die Belehrung in jedem Fall **inhaltlich richtig**, **eindeutig** und **vollständig** sein.[28] Formale und inhaltliche Mängel der Belehrung machen diese **unwirksam:** Der Versicherer kann sich in diesem Fall nicht auf die Leistungsfreiheit berufen.[29] Der VN wird damit im Ergebnis so gestellt, als hätte er rechtzeitig gezahlt. 12

b) Rücktrittsrecht des Versicherers

Unabhängig von seiner Leistungsfreiheit, hat der Versicherer, soweit und solange der VN den Erstbeitrag **schuldhaft** nicht begleicht, nach **§ 9 B III**, der § 37 I VVG entspricht, das Recht, vom Vertrag zurückzutreten. Zugunsten des Versicherers wird dabei auch hier vermutet, dass der VN die ausstehende Beitragszahlung zu vertreten hat. Der VN hat jedoch die Möglichkeit, den Gegenbeweis zu führen. 13

25 L/W/*Staudinger*, § 36 Rn. 4 ff.; a.M. P/M/Reiff, § 36 Rn. 7 ff., der für Verbraucher an der Einordnung als qualifizierte Schickschuld festhält; wohl auch HK-VVG/*Karczewski*, § 36 Rn. 2; Harbauer/*Cornelius-Winkler*, § 7 ARB 2010 Rn. 8.

26 Harbauer/*Cornelius-Winkler*, § 7 ARB 2010 Rn. 8 ff.; L/P/*Brand*, § 37 Rn. 1.

27 L/R/*Rixecker*, § 37 Rn. 15; L/W/*Staudinger*, § 37 Rn. 31.

28 L/R/*Rixecker*, § 37 Rn. 16; P/M/Reiff, § 37 Rn. 26 ff.

29 L/W/*Staudinger*, § 37 Rn. 28.

14 Der Rücktritt wird durch entsprechende **Erklärung** ausgeübt,[30] die dem VN vor dem Eingang seiner Beitragszahlung beim Versicherer zugehen muss. Erreicht den Versicherer noch vor dem Zugang der Rücktrittserklärung beim VN der ausstehende Versicherungsbeitrag, erlischt das Rücktrittsrecht; der bereits erklärte Rücktritt bleibt ohne Wirkung.[31] Über den Zeitpunkt, zu dem die Beitragsschuld beglichen wird, hinaus, ist das Rücktrittsrecht des Versicherers zeitlich nicht beschränkt.[32]

III. Folgebeitrag

1. Fälligkeit

15 Die Fälligkeit der **Folgebeiträge** bestimmt sich gemäß **§ 9 C I** nach der zwischen den Parteien getroffenen Vereinbarung.

2. Ausbleibende Zahlung

a) Verzug

16 Lässt der VN den zwischen den Parteien vereinbarten Zahlungstermin **schuldhaft** verstreichen, so gerät er **gem. § 9 C II** ohne weitere Mahnung in **Verzug.** Konstitutive Bedeutung kommt der Klauselbestimmung nicht zu. Sie gibt lediglich allgemeine Grundsätze wieder, § 286 II Nr. 1 BGB.[33] Zu Lasten des VN wird vermutet, dass er die Nichtzahlung des Beitrags zu vertreten hat. Ihm ist allerdings die Möglichkeit eröffnet, die Vermutung zu entkräften und den Gegenbeweis zu führen.

b) Leistungsfreiheit und Kündigungsrecht des Versicherers

17 Neben dem möglichen Ersatz eines entstandenen Verzugsschadens, riskiert der VN bei weiter ausbleibender Zahlung des Folgebeitrages – entsprechend der Regelung des § 38 VVG- nach **§ 9 C IV** den **Versicherungsschutz** zu verlieren sowie nach **§ 9 C V** die **fristlose Kündigung** des Versicherungsvertrages durch den Versicherer. Der Verlust des Versicherungsschutzes sowie die Kündigungsmöglichkeit des Versicherers setzen jeweils voraus, dass der Versicherer die ausstehende Beitragszahlung beim VN vorab erfolglos besonders angemahnt hat: Der Versicherer muss dem VN nach Ausbleiben der Beitragszahlung zum vereinbarten Termin eine mindestens 2-wöchige Frist zum Ausgleich des Rückstandes setzen, wobei die notwendige Mahnung gem. § 126b BGB in Textform zu erfolgen hat und die ausstehenden Beträge (Beitrag, Kosten, Zinsen) im Einzelnen, differenziert nach Art und Umfang, korrekt beziffert ausweisen muss.[34] Mit dem

30 L/R/*Rixecker*, § 37 Rn. 11; L/W/*Staudinger*, § 37 Rn. 26; HK-VVG/*Karczewski*, § 37 Rn. 12.

31 L/R/*Rixecker*, § 37 Rn. 11; L/W/*Staudinger*, § 37 Rn. 26.

32 A.A. L/P/*Brand*, § 37 Rn. 16 f., der den Versicherer unter Hinweis auf den Gedanken von Treu und Glauben innerhalb von 3 Monaten zur Erklärung des Rücktritts verpflichtet sieht, andernfalls die Rücktrittsfolgen von Rechts wegen eintreten lassen will.

33 Harbauer/*Schmitt*, § 9 ARB 2010 Rn. 9.

34 L/R/*Rixecker*, § 38 Rn. 4 ff.; L/W/*Staudinger*, § 38 Rn. 5 f.

Mahnschreiben ist der VN besonders auf die Rechtsfolgen (Verlust des Versicherungsschutzes sowie fristlose Kündigungsmöglichkeit) hinzuweisen, die bei schuldhafter, nicht fristgerechter Zahlung drohen, sowie auf die ihm gegebenen Möglichkeiten zur Abwendung der drohenden negativen Folgen für das Vertragsverhältnis aufmerksam zu machen, vgl. hierzu auch unten Rdn. 23. An die Ausgestaltung des Mahnschreibens werden strenge Anforderungen gestellt. Jeder formale und/oder inhaltliche Mangel des sog. **qualifizierten Mahnschreibens**[35] macht dieses insgesamt unwirksam.[36] Festgestellte Mängel des Mahnschreibens können nur durch ein vollständig neu gefasstes, korrektes Mahnschreiben korrigiert werden.[37]

Das qualifizierte Mahnschreiben muss dem VN als rechtsgeschäftsähnliche Erklärung zugehen, §§ 130 ff. BGB.[38] Für den **Zugang** des Schreibens ist der Versicherer beweisbelastet.[39] 18

Läuft die vom Versicherer zum Ausgleich des Beitragsrückstandes korrekt gesetzte Zahlungsfrist fruchtlos ab, so verliert der sich in Verzug befindende VN mit dem Fristablauf (zunächst) automatisch seinen **Versicherungsschutz.** Gleicht der VN den angemahnten Rückstand nach Ablauf der Frist aus, so lebt der Versicherungsschutz, wie **§ 9 C V 3** ausdrücklich klarstellt, mit dem Zahlungseingang wieder auf, jedoch lediglich für die Zukunft. Für die zwischen Ablauf der Zahlungsfrist und Zahlungseingang möglicherweise eingetretenen Rechtsschutzfälle hat der Versicherer mithin auch bei späterer Zahlung nicht einzustehen. 19

Trotz Verlustes des Versicherungsschutzes ist der VN dem Versicherer, bis zur möglichen Beendigung des Vertrages, zu weiteren Beitragszahlung verpflichtet.[40] 20

Unabhängig vom Wegfall seiner Leistungspflicht, kann der Versicherer, Verzug des VN vorausgesetzt, bei weiter ausbleibender Zahlung das Vertragsverhältnis **fristlos kündigen.** Die Kündigung ist hierbei **gesondert** zu erklären. Eine Verbindung der Kündigung mit dem qualifizierten Mahnschreiben sieht § 9 C V anders als § 38 III 2 VVG gerade nicht vor. Die gesetzliche Regelung ist insoweit abbedungen.[41] 21

Mit dem Zugang der Kündigungserklärung endet das Versicherungsverhältnis. Für die Zukunft entfällt die Beitragszahlungspflicht des VN. Zur Berechnung des vom Versicherer noch zu beanspruchenden Beitrags, vgl. unten Rdn. 27. Im Streitfall hat der Versicherer nach allgemeinen Beweislastregeln den Zugang der Kündigung darzulegen und im Streitfall zu beweisen. 22

---

35 L/W/*Staudinger*, § 38 Rn. 5; L/R/*Rixecker*, § 38 Rn. 2.
36 BGH NJW-RR 2000, 395; L/P/*Brand*, § 38 Rn. 10; L/R/*Rixecker*, § 38 Rn. 2 ff.
37 BGH VersR 1985, 533, 534; L/R/*Rixecker*, § 38 Rn. 2; B/M/*Beckmann*, § 38 Rn. 48.
38 L/W/*Staudinger*, § 38 Rn. 8; L/R/*Rixecker*, § 38 Rn. 10.
39 OLG Köln r+s 2004, 316, 317; OLG Hamm r+s 1992, 258; OLG Nürnberg VersR 1992, 602; L/P/*Brand*, § 38 Rn. 21; L/R/*Rixecker*, § 38 Rn. 20.
40 L/R/*Rixecker*, § 38 Rn. 17.
41 Harbauer/*Schmitt*, § 9 ARB 2010 Rn. 11.

c) Heilungsmöglichkeiten

23 Die Wirkung einer erklärten, wirksamen Kündigung kann der VN **rückgängig** machen, indem er innerhalb eines Monats nach Zugang der Kündigung den angemahnten und offenstehenden Betrag zahlt. Zur Rechtzeitigkeit der Zahlung, vgl. oben Rdn. 9. Mit dem Zahlungseingang lebt der bereits beendete Vertrag **rückwirkend** wieder auf und besteht fort. Das Wiederaufleben des Vertrags hat allerdings keinen Einfluss auf die bereits eingetretene Leistungsfreiheit des Versicherers: Für Versicherungsfälle, die zwischen dem Ablauf der mit der qualifizierten Mahnung gesetzten Zahlungsfrist und der Zahlung des Rückstands eingetreten sind, besteht auch weiter kein Versicherungsschutz. Auf die Möglichkeit, die Wirkungen der Kündigung im Nachhinein entfallen zu lassen, ist der VN bereits mit dem qualifizierten Mahnschreiben ordnungsgemäß hinzuweisen,[42] vgl. dazu oben Rdn. 17.

D. Lastschriftverfahren

I. Allgemein

24 Im Regelfall dürfte für die Beitragszahlung des VN das **Lastschriftverfahren** zwischen den Parteien vereinbart sein. Mit der Vereinbarung des Lastschriftverfahrens wandelt sich die Beitragsschuld in eine **Holschuld.**[43] Es obliegt damit dem Versicherer, von sich aus den Einzug des Beitrages zu veranlassen, der VN hat lediglich die Voraussetzungen für die Abbuchung von seinem Konto zu schaffen, in dem er zum vereinbarten Fälligkeitstermin für eine ausreichende Kontodeckung sorgt und dem Einzug nicht widerspricht.

II. Rechtzeitige Zahlung (§ 9 D II)

25 Den geänderten Zahlungsbedingungen bei vereinbartem Lastschriftverfahren und der Bedeutung des Einzugverfahrens wird durch eine eigene Regelung Rechnung getragen. § 9 D I hält insoweit klarstellend fest, dass die Beitragszahlung des VN im Rahmen des Einzugverfahrens dann als **rechtzeitig** gilt, wenn zum vereinbarten Fälligkeitstermin die Voraussetzungen zum Einzug vom Konto des VN vorlagen. Schlägt der Einzugsversuch des Versicherers zum vereinbarten Termin **ohne Verschulden** des VN dennoch fehl, z.B. aufgrund eines technischen Defekts oder einer falsch aufgenommenen Kontoverbindung,[44] so gilt die Beitragszahlung des VN auch dann noch als rechtzeitig, wenn er die ausstehende Zahlung nach einer entsprechenden Aufforderung des Versicherers in Textform gem. § 126b BGB unverzüglich, also ohne schuldhaftes Zögern (vgl. hierzu oben Rdn. 8), nachholt.

---

42 BGH VersR 2006, 913, 914; OLG Köln r+s 2001, 447, 448; OLG Hamm VersR 1999, 957; L/R/*Rixecker*, § 38 Rn. 9.

43 BGH WM 1984, 163, 164, VersR 1985, 447, 448; OLG Köln NJW-RR 1986, 390; L/P/*Brand*, § 33 Rn. 22.

44 So die Beispiele bei van Bühren/Plote/*Plote*, § 9 ARB 2010 Rn. 9.

III. Abkehr vom Lastschriftverfahren (§ 9 D II)

Schlägt der Beitragseinzug des Versicherers im Lastschriftverfahren durch Gründe **fehl**, die der VN zu vertreten hat (bei unverschuldetem Scheitern des Einzugs, vgl. vorstehend Rdn. 25), so eröffnet § 9 D II neben den regulären Sanktionsmöglichkeiten bei Zahlungsverzug dem Versicherer die Möglichkeit, vom Lastschriftverfahren einseitig Abstand zu nehmen und zukünftig eine andere Zahlweise vom VN zu verlangen. Bezogen auf die Voraussetzungen für die Rückkehr zur Beitragszahlung durch den VN greift die Bestimmung die Regelung des § 33 II VVG auf. Die Abkehr vom Lastschriftverfahren setzt danach voraus, dass der Versicherer den VN über den fehlgegangenen Abbuchungsversuch informiert und ihn in Textform gem. § 126b BGB zur Zahlung des ausstehenden Beitrages auffordert. Bis zum Zugang der Zahlungsaufforderung beim VN muss der Versicherer das Lastschriftverfahren gegen sich gelten lassen. Der VN soll im Ergebnis nicht ohne Information, durch einen Wechsel der Zahlungsweise, in Zahlungsverzug geraten können.[45] 26

E. Beitragszahlung bei vorzeitigem Ende des Versicherungsvertrags (§ 9 E)

Durch die VVG-Reform wurde der ehemals geltende Grundsatz der Unteilbarkeit der Prämie aufgegeben. Dem trägt § 9 E Rechnung, indem er die Regelung des § 39 I 1 VVG übernimmt, der nunmehr bestimmt, dass der Versicherer bei einer vorzeitigen Beendigung des Versicherungsverhältnisses lediglich Anspruch auf eine zeitanteilige Prämie hat: Der Versicherer kann lediglich die Prämie beanspruchen, die auf den Zeitraum entfällt, in dem Versicherungsschutz bestand. 27

Nicht einschlägig ist die Bestimmung, wenn der Vertrag nach Rücktritt des Versicherers wegen Nichtzahlung des Erstbeitrages endet, vgl. hierzu oben Rdn. 13. Mit dem Rücktritt fällt der Versicherungsvertrag rückwirkend weg: es bestand damit zu keinem Zeitpunkt Versicherungsschutz für den VN, an dem eine Beitragspflicht anknüpfen könnte. 28

F. ARB 2012/2021

In den ARB 2012 wird die Beitragszahlung unter Ziff. 7 (»Wann und wie müssen Sie Ihren Beitrag zahlen?«) umfassend geregelt. Die Bestimmungen unter Ziff. 7.1. – 7.7. entsprechen inhaltlich vollumfänglich den Regelungen des § 9. Die Regelungen sind lediglich sprachlich verbraucherfreundlicher, für den VN klarer formuliert. Auf die vorstehenden Ausführungen kann daher im Wesentlichen verwiesen werden. Neu findet sich lediglich unter Ziff. 7.2. eine Regelung zur Bestimmung des **Vertragsjahres** bei Verträgen mit einer Laufzeit, die kein ganzes Jahr umfasst. Die Regelung ist aus sich heraus verständlich, so dass es einer weiteren Kommentierung nicht bedarf. 29

45 L/P/*Brand*, § 33 Rn. 23.

§ 9a Beitragsfreiheit bei Arbeitslosigkeit

(1) Sofern besonders vereinbart, entfällt im Rahmen der folgenden Bestimmungen die Verpflichtung zur Zahlung des weiteren Versicherungsbeitrags, wenn und solange der Versicherungsnehmer arbeitslos gemeldet (§ 117 Sozialgesetzbuch III) oder berufs- oder erwerbsunfähig (§§ 43, 44 Sozialgesetzbuch VI) ist, höchstens jedoch für … Jahre. Verstirbt der Versicherungsnehmer, gilt die Beitragsfreistellung entsprechend für die Person, die den Versicherungsvertrag vereinbarungsgemäß mit dem Versicherer fortführt. Tritt während einer Beitragsfreistellung ein weiterer der in S. 1 und 2 genannten Fälle ein, wird der bereits verstrichene Zeitraum der Beitragsfreistellung auf die Höchstdauer von … Jahre angerechnet.

(2) Eine Beitragsfreistellung nach Ziffer 1 erfolgt nicht,
a) wenn ein anderer, ausgenommen auf Grund einer gesetzlichen Unterhaltspflicht, verpflichtet ist, den Versicherungsbeitrag zu zahlen oder es wäre, wenn diese Zusatzvereinbarung nicht bestünde;
b) wenn eine der Voraussetzungen nach Ziffer 1
   aa) vor Versicherungsbeginn eingetreten ist oder
   bb) innerhalb von 6 Monaten nach Versicherungsbeginn eintritt, ausgenommen durch einen innerhalb dieses Zeitraums eingetretenen Unfall,
   cc) in ursächlichem Zusammenhang mit militärischen Konflikten, inneren Unruhen, Streiks oder Nuklearschäden (ausgenommen durch eine medizinische Behandlung) steht oder
   dd) in ursächlichem Zusammenhang mit einer vorsätzlichen Straftat des Versicherungsnehmer steht, oder von ihm vorsätzlich verursacht wurde.

(3) Der Anspruch auf Beitragsfreistellung ist unverzüglich geltend zu machen. Dem Versicherer ist Auskunft über alle zu ihrer Feststellung erforderlichen Umstände zu erteilen und das Vorliegen ihrer Voraussetzung gemäß Absatz 1 durch Vorlage einer amtlichen Bescheinigung nachzuweisen.

(4) Der Versicherungsnehmer hat auf Anforderung, höchstens jedoch alle 3 Monate, Auskunft über das weitere Vorliegen der Voraussetzung für die Beitragsfreistellung zu geben und geeignete Nachweise vorzulegen. Kommt er dieser Verpflichtung nicht unverzüglich nach, endet die Beitragsfreistellung. Sie tritt jedoch mit sofortiger Wirkung wieder in Kraft, wenn die Auskünfte und Nachweise nachgereicht werden. Die Sätze 1 bis 3 gelten nicht im Todesfall oder solange eine andere Voraussetzung für die Beitragsfreistellung auf Grund eines bereits erbrachten Nachweises erkennbar noch vorliegt.

(5) Diese Zusatzvereinbarung kann beiderseits mit einer Frist von 3 Monaten zum Ablauf jedes Versicherungsjahres gekündigt werden. Sie endet, ohne dass es einer Kündigung bedarf, mit Vollendung des 60. Lebensjahres des Versicherungsnehmers oder mit seinem Tode, wenn die in Absatz 1 Satz 2 genannte Person das 60. Lebensjahr zum Todeszeitpunkt beendet hat.

(6) Der Anspruch auf Beitragsfreistellung verjährt in 3 Jahren. Die Verjährung beginnt am Schluss des Kalenderjahrs, in dem die Nachweise und Auskünfte nach Absatz 3

hätten erteilt werden können. Der Zeitraum vom Geltendmachen des Anspruchs bis zur Entscheidung des Versicherers über die Beitragsfreistellung wird in die Verjährungsfrist nicht eingerechnet.

(7) Soweit Mitversicherte dem Versicherungsnehmer gleichgestellt sind, gilt dies nicht für diese Zusatzvereinbarung.

Übersicht Rdn.

A. Allgemeines

§ 9a ist kein fester Bestandteil der Musterbedingungen, sie findet sich daher auch lediglich in deren Anhang. Als **fakultative Klausel** dient sie Versicherern als Formulierungshilfe, die VN in besonderen Konstellationen eine Beitragsfreiheit einräumen wollen. Die Klausel trägt dem Gedanken Rechnung, dass sich die finanziellen Verhältnisse des VN durch den Verlust seines Arbeitsplatzes oder durch Einschränkungen in seiner Berufs-/Erwerbsfähigkeit erheblich verschlechtern können. Um in solchen Fällen eine vorschnelle Kündigung des Versicherungsvertrags zu vermeiden,[1] stellt die Bestimmung den VN bei weiter **vollumfänglich gewährtem Versicherungsschutz** für einen befristeten Zeitraum von der **Beitragspflicht frei.** 1

B. Beitragsfreistellung

I. Voraussetzungen

Die Beitragsfreistellung wird gewährt bei **Arbeitslosigkeit** oder **Berufs-/Erwerbsunfähigkeit** des VN. Die verwendeten Begriffe sind unter Heranziehung **sozialrechtlicher Bestimmungen** auszufüllen. Die Klausel verweist insoweit ausdrücklich auf den zur Zeit der Erarbeitung des Bedingungswerks noch geltenden § 117 SGB III bzw. die §§ 43, 44 SGB VI; nach zwischenzeitlich erfolgten Reformen sind die Verweise heute im Wesentlichen gegenstandslos. An Stelle der benannten Vorschriften sind nach Sinn und Zweck nun deren materiell-rechtlich unveränderten, lediglich neu nummerierte Nachfolgebestimmungen zu berücksichtigen. Nach **§ 138 SGB III** ist Arbeitslosigkeit gegeben, wenn der VN als Arbeitnehmer nicht in einem Beschäftigungsverhältnis mit mehr als 15 Wochenarbeitsstunden steht, sich bemüht, die eigene Beschäftigungslosigkeit zu beenden, und den Vermittlungsbemühungen der Agentur für Arbeit zur 2

1 Harbauer/*Obarowski*, § 9a ARB 2010 Rn. 2.

Verfügung steht. Berufs-/Erwerbsunfähigkeit liegt gem. **§ 43 SGB VI** vor, wenn der VN auf nicht absehbare Zeit außerstande ist, unter den üblichen Bedingungen des allgemeinen Arbeitsmarktes mindestens sechs Stunden (teilweise Erwerbsunfähigkeit) bzw. drei Stunden (volle Erwerbsunfähigkeit) täglich erwerbstätig zu sein.

3 Der VN muss im Fall der Arbeitslosigkeit zusätzlich **arbeitslos gemeldet** sein. Darüber hinaus ist weder für den Fall der Arbeitslosigkeit, noch für den Fall der Berufs-/Erwerbsunfähigkeit erforderlich, dass der VN überhaupt **Leistungen der Sozialversicherungsträger** erhält, also Arbeitslosengeld[2] oder Rentenzahlungen[3] bezieht. Damit schließt z.B. das Vorliegen eines Ruhendtatbestand die Beitragsfreistellung nicht per se aus, vgl. aber ggf. Rdn. 8 f. Auch die Frage, ob der VN eine für den Rentenbezug erforderliche Wartezeit erfüllt hat, stellt sich nicht.

4 Da lediglich der VN **Beitragsschuldner** des Versicherers, also überhaupt mit Prämienzahlungen belastet ist, muss die Arbeitslosigkeit oder Berufs-/Erwerbsunfähigkeit den **VN selbst** treffen.[4] Die Arbeitslosigkeit oder Berufs-/Erwerbsunfähigkeit einer **mitversicherten Person** genügt nicht. Dies hält Abs. 7 nochmals ausdrücklich fest. Unter Berücksichtigung des Sinns und Zwecks der Beitragsfreistellung erscheint diese auch dann nicht gerechtfertigt, wenn der VN selbst nicht mit Beitragszahlungen belastet ist. Nach Abs. 2 lit. a) scheidet eine Beitragsfreistellung, trotz gegebener Arbeitslosigkeit oder Berufs-/Erwerbsunfähigkeit, daher dann aus, wenn ein Anderer anstelle des VN verpflichtet ist, den Versicherungsbeitrag zu zahlen oder es, bei Nichtbestehen der Befreiungsmöglichkeit, wäre. Dies gilt nicht, wenn die Zahlungsverpflichtung des Dritten aufgrund gesetzlicher Unterhaltspflichten besteht.

5 Stirbt der VN und geht das Vertragsverhältnis gemäß § 12 II nach dem **Tod** auf einen Dritten über (vgl. hier Ausführungen zu § 12 Rdn. 13 ff.), so ist für eine mögliche Befreiung auf die Situation des Dritten abzustellen. Dieser tritt mit dem Übergang in den bisher bestehenden Vertrag des VN mit all seinen Rechten und Pflichten ein.

6 Um **Missbrauchsfälle** in Form von Zweckabschlüssen[5] zu vermeiden, werden lediglich Tatbestände für die Beitragsbefreiung berücksichtigt, die, soweit nicht ein Unfall die Arbeitslosigkeit oder die Berufs-/Erwerbsunfähigkeit bedingt, nach Ablauf einer Frist von **sechs Monaten nach Versicherungsbeginn** eintreten.

II. Ausschluss

7 Wegen der diesen Sondersituationen innewohnenden, nicht kalkulierbaren Gefahr von vermehrten Risikoverwirklichungen,[6] wird keine Beitragsbefreiung gewährt, wenn die Verwirklichung eines Befreiungstatbestands in ursächlichem Zusammenhang mit **mili-**

---

2 Harbauer/*Obarowski*, § 9a ARB 2010 Rn. 4; P/M/*Piontek*, Anh. ARB 2010 § 9a Rn. 2.
3 Harbauer/*Obarowski*, § 9a ARB 2010 Rn. 5.
4 Harbauer/*Obarowski*, § 9a ARB 2010 Rn. 16.
5 Harbauer/*Obarowski*, § 9a ARB 2010 Rn. 10; P/M/*Piontek*, Anh. ARB 2010 § 9a Rn. 3.
6 Harbauer/*Maier*, § 3 ARB 2010 Rn. 16 ff.

tärischen Konflikten, inneren Unruhen, Streiks oder **Nuklearschäden** steht. Ein entsprechend gelagerter Ausschluss findet sich bereits in § 3 I.

Daneben ist die Befreiung ausgeschlossen, wenn die gegebene Arbeitslosigkeit oder Berufs-/Erwerbsunfähigkeit in einem ursächlichen Zusammenhang mit einer **vorsätzlichen Straftat** des VN steht oder diese vom VN **vorsätzlich verursacht** wurde. An eine vorsätzliche Verursachung ist insb. in Fällen fristloser, arbeitgeberseitig erklärter verhaltensbedingter Kündigungen, oder bei Eigenkündigungen und beim Abschluss von Aufhebungsverträgen zu denken. Dabei dürfen bei der Bewertung von **Eigenkündigungen** und beim Abschluss eines **Aufhebungsvertrags** die vorhandenen Motive für die Aufgabe des Arbeitsplatzes nicht unberücksichtigt bleiben.[7] Liegen triftige Gründe vor, die die Aufgabe des Arbeitsplatzes durch den VN objektiv nachvollziehbar erscheinen lassen, z.B. eine vom Arbeitsplatz ausgehende dauerhafte psychische Belastung (»Mobbing«), so erscheint ein vorsätzliches Verhalten eher zweifelhaft. Der Abschluss eines Aufhebungsvertrags oder die Kündigung des Arbeitsvertrags durch den VN selbst führen mithin nicht automatisch zum Verlust der Befreiungsmöglichkeit. 8

III. Nachweisobliegenheiten

Als Obliegenheit trifft den VN gem. Abs. 3 die Pflicht, einen vorliegenden Befreiungstatbestand **unverzüglich**, also im Sinne des § 121 BGB ohne schuldhaftes Zögern, gegenüber dem Versicherer geltend zu machen. Er hat dem Versicherer in diesem Zusammenhang alle zur Prüfung der Befreiung erforderlichen Auskünfte zu erteilen und den Eintritt von Arbeitslosigkeit und/oder Berufs-/Erwerbsunfähigkeit durch amtliche Bescheinigung, z.B. durch Vorlage eines Arbeitslosengeldbescheids oder eines Rentenbescheids,[8] nachzuweisen. 9

Soweit nicht aus den bereits beim Versicherer eingereichten Unterlagen und Nachweisen, der Fortbestand des Befreiungstatbestands folgt, hat der VN nach Abs. 4 dem Versicherer im Folgenden auf entsprechende Anforderung, höchstens jedoch alle drei Monate, Auskunft über das weitere Vorliegen der Voraussetzungen zur Beitragsbefreiung zu geben und geeignete Nachweise vorzulegen. Erteilt der VN trotz Aufforderung die notwendigen Auskünfte nicht unverzüglich, so endet, auch bei durchgängigem Vorliegen von Arbeitslosigkeit oder Berufs-/Erwerbsunfähigkeit, mit dem Ablauf der Auskunftsfrist die Beitragsbefreiung: Der VN schuldet ab diesem Zeitpunkt wieder den vereinbarten Beitrag. Reicht der VN die benötigten Auskünfte und Unterlagen zum Nachweis nach, so entfällt zwar mit dem Eingang abermals die Beitragspflicht, jedoch nur für die Zukunft. Es kann damit im Ergebnis zu anteiligen Beitragszahlungen des VN kommen. 10

7 Harbauer/*Obarowski*, § 9a ARB 2010 Rn. 11; van Bühren/Plote/*Plote*, Anh. § 9a ARB 2010 Rn. 15.

8 Harbauer/*Obarowski*, § 9a ARB 2010 Rn. 12; van Bühren/Plote/*Plote*, Anh. § 9a ARB 2010 Rn. 5.

IV. Dauer

11 Die Befreiung von der Pflicht zur Beitragszahlung wird zeitlich nicht uneingeschränkt gewährt. Unabhängig von der möglichen Fortdauer der Arbeitslosigkeit oder Berufs-/Erwerbsunfähigkeit, ist die Freistellung nur bis zu einer vertraglich vorab festgelegten einheitlichen **Höchstfrist** möglich. Die Zeiträume, in denen verschiedene Befreiungstatbestände gegeben sind, sind hierbei ggf. wechselseitig in Ansatz zu bringen: Verwirklicht sich während einer bestehenden Freistellungsphase ein weiterer Befreiungstatbestand, so ist die Dauer des zunächst gegebenen Freistellungsgrundes auf die weitere Befreiung anzurechnen. In entsprechenden Konstellationen beginnt mit dem neuen Tatbestand die Höchstfrist nicht neu zu laufen.[9]

V. Verjährung

12 Der Anspruch des VN auf Freistellung von der Beitragspflicht verjährt gem. Abs. 6 in drei Jahren, entsprechend der Regelverjährungsfrist. Die Verjährungsfrist beginnt mit dem Schluss des Jahres, in dem der VN die Auskünfte und Nachweise zum Vorliegen eines Befreiungstatbestands hätte erteilen können. Für den Zeitraum von der Geltendmachung einer Befreiung durch den VN bis zu einer abschließenden Entscheidung des Versicherers über deren Gewährung ist der Lauf der Verjährungsfrist gehemmt. Der VN soll nicht durch eine lange Prüfung des Versicherers in die Gefahr geraten, seine Ansprüche durch Zeitablauf zu verlieren, vgl. hierzu auch die Ausführungen zu § 14 II.

C. Beendigung der Vereinbarung

13 Als Zusatzklausel ist die Vereinbarung zur Beitragsfreistellung unabhängig vom Rechtsschutzversicherungsvertrag im Übrigen, **gesondert kündbar:**[10] Die **Kündigungsfrist** beträgt für beide Vertragsparteien nach Abs. 5 jeweils drei Monate zum Ablauf jeden Versicherungsjahres.

14 Auch **ohne Kündigung** endet die Zusatzvereinbarung mit der Vollendung des 60. Lebensjahres des VN oder mit dem Tod des VN, wenn die mit dem Todesfall in den Versicherungsvertrag gem. § 12 II eintretende Person ihrerseits bereits zum Zeitpunkt des Todes des VN das 60. Lebensjahr beendet hat.[11]

D. ARB 2012/2021

15 Auch für das neue Bedingungswerk wird in dessen Anhang eine Klausel zur Beitragsfreistellung im Fall der Arbeitslosigkeit oder Berufs-/Erwerbsunfähigkeit (»Beitragsfreiheit bei Arbeitslosigkeit [Zahlungspause]«) bereitgehalten. Wesentliche Änderungen wurden im Rahmen der Überarbeitung nicht vorgenommen, die Neuregelung ist **lediglich sprachlich etwas einfacher** gefasst. Auf die vorstehenden Ausführungen kann daher verwiesen werden.

9 Harbauer/*Obarowski*, § 9a ARB 2010 Rn. 7.
10 Harbauer/*Obarowski*, § 9a ARB 2010 Rn. 14.
11 Harbauer/*Obarowski*, § 9a ARB 2010 Rn. 14; van Bühren/Plote/*Plote*, Anh. § 9a ARB 2010 Rn. 20.

§ 10 Beitragsanpassung

(1) Ein unabhängiger Treuhänder ermittelt bis zum 1. Juli eines jeden Jahres, um welchen Vomhundertsatz sich für die Rechtsschutzversicherung das Produkt von Schadenhäufigkeit und Durchschnitt der Schadenzahlungen einer genügend großen Zahl der die Rechtsschutzversicherung betreibenden Versicherer im vergangenen Kalenderjahr erhöht oder vermindert hat. Als Schadenhäufigkeit eines Kalenderjahres gilt die Anzahl der in diesem Jahr gemeldeten Rechtsschutzfälle, geteilt durch die Anzahl der im Jahresmittel versicherten Risiken. Als Durchschnitt der Schadenzahlungen eines Kalenderjahres gilt die Summe der Zahlungen, die für alle in diesem Jahr erledigten Rechtsschutzfälle insgesamt geleistet wurden, geteilt durch die Anzahl dieser Rechtsschutzfälle. Veränderungen der Schadenhäufigkeit und des Durchschnitts der Schadenzahlungen, die aus Leistungsverbesserungen herrühren, werden bei den Feststellungen des Treuhänders nur bei denjenigen Verträgen berücksichtigt, in denen sie in beiden Vergleichsjahren bereits enthalten sind.

(2) Die Ermittlung des Treuhänders erfolgt für Versicherungsverträge

gemäß den §§ 21 und 22,

gemäß den §§ 23, 24, 25 und 29,

gemäß den §§ 26 und 27,

gemäß § 28

nebst den zusätzlich vereinbarten Klauseln gesondert, und zwar jeweils unterschieden nach Verträgen mit und ohne Selbstbeteiligung.

(3) Ergeben die Ermittlungen des Treuhänders einen Vomhundertsatz unter 5, unterbleibt eine Beitragsänderung. Der Vomhundertsatz ist jedoch in den folgenden Kalenderjahren mit zu berücksichtigen. Ergeben die Ermittlungen des Treuhänders einen höheren Vomhundertsatz, ist dieser, wenn er nicht durch 2,5 teilbar ist, auf die nächst niedrige durch 2,5 teilbare Zahl abzurunden. Im Falle einer Erhöhung ist der Versicherer berechtigt, im Falle einer Verminderung verpflichtet, den Folgebeitrag um den abgerundeten Vomhundertsatz zu verändern. Der erhöhte Beitrag darf den zum Zeitpunkt der Erhöhung geltenden Tarifbeitrag nicht übersteigen.

(4) Hat sich der entsprechend Absatz 1 nach den unternehmenseigenen Zahlen des Versicherers zu ermittelnde Vomhundertsatz in den letzten drei Kalenderjahren, in denen eine Beitragsanpassung möglich war, geringer erhöht, als er vom Treuhänder für diese Jahre festgestellt wurde, so darf der Versicherer den Folgebeitrag in der jeweiligen Anpassungsgruppe gemäß Absatz 2 nur um den im letzten Kalenderjahr nach seinen Zahlen ermittelten Vomhundertsatz erhöhen. Diese Erhöhung darf diejenige nicht übersteigen, die sich nach Absatz 3 ergibt.

(5) Die Beitragsanpassung gilt für alle Folgebeiträge, die ab 1. Oktober des Jahres, in dem die Ermittlungen des Treuhänders erfolgten, fällig werden. Sie unterbleibt, wenn seit dem im Versicherungsschein bezeichneten Versicherungsbeginn für den Gegenstand der Versicherung noch nicht zwölf Monate abgelaufen sind.

(6) Erhöht sich der Beitrag, ohne dass sich der Umfang des Versicherungsschutzes ändert, kann der Versicherungsnehmer den Versicherungsvertrag innerhalb eines Monats nach Zugang der Mitteilung des Versicherers mit sofortiger Wirkung, frühestens jedoch zu dem Zeitpunkt kündigen, in dem die Beitragserhöhung wirksam werden sollte. Der Versicherer hat den Versicherungsnehmer in der Mitteilung auf das Kündigungsrecht hinzuweisen. Die Mitteilung muss dem Versicherungsnehmer spätestens einen Monat vor dem Wirksamwerden der Beitragserhöhung zugehen. Eine Erhöhung der Versicherungssteuer begründet kein Kündigungsrecht.

Übersicht Rdn.

A. Allgemeines

1 Durch Umstände außerhalb des versicherten Risikos, wie z.B. die generelle Zunahme von Rechtsstreitigkeiten, die längere Dauer von Verfahren sowie die Anhebung von Gerichtskosten und Rechtsanwaltsgebühren, kann sich der bei Vertragsschluss angenommene Schadenskostenbedarf verändern und sich damit das unterstellte Gleichgewicht zwischen Versicherungsprämie und übernommenem Risiko zu Lasten einer Partei verschieben. § 10 eröffnet dem Versicherer die Möglichkeit, auf einen entsprechend veränderten Schadenskostenbedarf und das hierdurch gestörte Äquivalenzverhältnis[1] zu reagieren und bei im Übrigen gleichbleibendem Versicherungsschutz den vom VN geschuldeten Versicherungsbeitrag **einseitig** den veränderten Rahmenbedingungen anzupassen.

2 Vertragsklauseln, die einem Vertragspartner Abänderungsmöglichkeiten einräumen, sind im Grundsatz als solche nicht zu beanstanden. Ihre allgemeine Zulässigkeit folgt aus den Bestimmungen der §§ 308 Nr. 4, 309 Nr. 1 BGB, die an einen vertraglichen Änderungsvorbehalt anknüpfen. Im Versicherungsrecht setzt § 40 VVG ausdrücklich das Vorliegen einer vertraglich vereinbarten Prämienanpassungsklausel voraus und indiziert damit deren Zulässigkeit auch für Versicherungsverträge.[2] Aufgrund des

1 B/M/*Beckmann*, § 40 Rn. 5.
2 L/R/*Rixecker*, § 40 Rn. 4.

eröffneten einseitigen Zugriffs auf das Vertragsgefüge sind vorformulierte Änderungsvorbehalte jedoch nicht schrankenlos zuzugestehen.[3] Dem VVG sind spezielle materielle Bedingungen für die Ausgestaltung vertraglicher Prämienanpassungsklauseln nicht zu entnehmen, entsprechende Klauseln müssen sich daher am Maßstab der §§ 307 ff. BGB messen lassen.[4] § 309 Nr. 1 BGB ist aufgrund des Dauerschuldcharakters von Versicherungsverträgen nicht einschlägig, so dass sich die Wirksamkeitsprüfung letztlich darauf beschränkt, ob die in Rede stehende Vertragsklausel i.S.d. § 307 BGB die Interessen auch des VN als Vertragspartner angemessen berücksichtigt, insb. hinreichend transparent gestaltet ist, also die Bedingungen für eine Vertragsanpassung für den Vertragspartner klar und verständlich niederlegt.[5] Für die Rechtsschutzversicherung sind durch die sog. DAS-Entscheidung des BVerwG vom 14.10.1980 (1 A 12/78),[6] in der das Gericht über die Genehmigungsfähigkeit einer Prämienanpassungsklausel zu entscheiden hatte, die Anforderungen an eine wirksame Anpassungsklausel näher konkretisiert worden. Zwar bildete § 8 I VAG a.F. den Prüfungsmaßstab für das BVerwG. Die in der streitentscheidenden Norm formulierten Kriterien, die die Versagung der Genehmigung einer Vertragsklausel rechtfertigten, entsprachen jedoch den AGB-rechtlichen Wertungen (§ 9 I AGBG a.F., heute § 307 BGB)[7] und konnten/können insoweit übertragen werden. Der nach der gerichtlichen Entscheidung letztlich genehmigungsfähigen Klausel ist § 10 im Wesentlichen nachgebildet. Gegen die Wirksamkeit der Regelung des § 10 bestehen daher keine durchgreifenden Bedenken.

B. Treuhandverfahren

Ausgangspunkt für eine mögliche Prämienanpassung des Versicherers bilden die jähr- 3
lichen Feststellungen eines **unabhängigen Treuhänders.** Mit der Einbindung eines unabhängigen Treuhänders soll ein Ausgleich für die einseitige Abänderungsbefugnis des Versicherers geschaffen werden: Durch den Treuhänder soll sichergestellt werden, dass die Interessen der Versichertengemeinschaft ausreichend gewahrt werden.[8] Unter welchen Bedingungen von der geforderten Unabhängigkeit des Treuhänders auszugehen ist, ist allerdings nicht abschließend geklärt. Dem Klauselwerk sind materielle Vorgaben nicht zu entnehmen. § 163 VVG und § 203 VVG, die dem Versicherer in der Lebens- und Krankenversicherung ein Recht zur Prämienanpassung einräumen, sehen zwar ebenfalls die Mitwirkung eines unabhängigen Treuhänders vor. Die Normen enthalten allerdings auch keine Vorgaben für die Unabhängigkeit des Treuhänders, auf die man ggf. zurückgreifen könnte. Die aufsichtsrechtlichen Bestimmungen zur

3 B/M/*Beckmann*, § 40 Rn. 16; L/R/*Rixecker*, § 40 Rn. 4; HK-VVG/*Karczewski*, § 40 Rn. 6 f.

4 B/M/*Beckmann*, § 40 Rn. 13 ff.; L/W/*Staudinger*, § 40 Rn. 5; P/M/Reiff, § 40 Rn. 28 ff.; HK-VVG/*Karczewski*, § 40 Rn. 6 f.

5 L/P/*Brand*, § 40 Rn. 13; L/W/*Staudinger*, § 40 Rn. 8; P/M/*Reiff*, § 40 Rn. 28 f.; HK-VVG/*Karczewski*, § 40 Rn. 6 f.

6 BVerwG VersR 1981, 221.

7 B/M/*Beckmann*, § 40 Rn. 36.

8 So zum Treuhänder bei der Beitragsanpassung in der Lebens- und Krankenversicherung BGH NJW 2005, 3559, 3563 f.; Harbauer/*Cornelius-Winkler*, § 10 ARB 2010 Rn. 2; *Buchholz* VersR 2005, 866, 868.

Bestellung des Treuhänders in der Lebens- und Krankenversicherung halten in den **§§ 11b, 12b III 1 VAG** lediglich fest, dass die vorausgesetzte Unabhängigkeit (jedenfalls dann) fehlt, wenn der Treuhänder über einen Anstellungsvertrag oder sonstigen Dienstvertrag mit dem Versicherungsunternehmen oder einem mit diesem verbundenen Unternehmen verfügt oder aus einem solchen Vertrag noch Ansprüche gegen das Unternehmen besitzt. Weitere Bedingungen, insbes. positive Kriterien zur Bestimmung der Unabhängigkeit fehlen. Um seiner Sicherungsfunktion gerecht werden zu können, muss der hinzugezogene Treuhänder Gewähr dafür bieten, dass er unbeeinflusst die Interessen der Versichertengemeinschaft berücksichtigt. Hiervon kann dann nicht mehr ausgegangen werden, wenn der Treuhänder in erheblicher, persönlicher und/oder wirtschaftlicher Abhängigkeit zum Versicherer steht.[9] Zur Beantwortung der Frage, wann eine zu große wirtschaftliche Abhängigkeit besteht, empfiehlt sich der Rückgriff auf die Wertungen des **§ 319 III Nr. 5 HGB**, der Kriterien zur Auswahl des Abschlussprüfers enthält.[10] Die Vorschrift bietet jedenfalls einen ersten Ausgangspunkt für die Frage, unter welchen Bedingungen von einer Unabhängigkeit auszugehen ist.

Durch die Hinzuziehung eines Treuhänders wird das Verfahren zur Prämienanpassung nicht der gerichtlichen Kontrolle entzogen. Ob die im Tatbestand der Klausel niedergelegten Voraussetzungen für die Beitragsanpassung vorliegen, ist gerichtlich voll überprüfbar.[11]

4 Die Bezugsgrößen für die Ermittlungen des Treuhänders nennen im Einzelnen die Abs. 1 und Abs. 2. Danach hat der beauftragte Treuhänder zum **Stichtag** 1.07. den Prozentsatz zu ermitteln, um den sich das Produkt von Schadenhäufung und Durchschnitt der Schadenzahlungen im Vergleich zum Vorjahr erhöht oder vermindert hat. Was unter Schadenhäufung bzw. dem Durchschnitt der Schadenzahlungen zu verstehen ist, stellt die Bestimmung in Abs. 1 Satz 1 bzw. Satz 2 ausdrücklich klar. Um Zufallsschwankungen auszuschließen,[12] sind die relevanten Einsatzwerte grundsätzlich **branchenspezifisch**, anhand der Zahlen einer genügend großen Zahl der Rechtsschutzversicherer, zu ermitteln. Die Unternehmenszahlen des jeweiligen Versicherers sind nach Abs. 4 nur dann für eine Beitragserhöhung maßgebend, wenn die dort festzustellenden Veränderungen in den letzten drei Kalenderjahren unter den Branchenzahlen lagen. Da sich die Veränderungsfaktoren für verschiedene **Risikogruppen** unterschiedlich entwickeln können, muss zwischen einzelnen Versicherungspaketen und in diesem Rahmen zwischen Verträgen mit und ohne vereinbarte Selbstbeteiligung differenziert

---

9 Harbauer/*Cornelius-Winkler*, § 10 ARB 2010 Rn. 2.

10 Harbauer/*Cornelius-Winkler*, § 10 ARB 2010 Rn. 2; L/R/*Muschner*, § 203 Rn. 26 ff.; *Präve* VersR 1995, 733, 738.

11 BVerfG VersR 2000, 214, 216 (für private KV); BGH NJW 2004, 2679 (private KV); OLG Köln VersR 1999, 87, 88; L/W/*Staudinger*, § 40 Rn. 11; zu den zivilprozessualen Besonderheiten aufgrund der im Verfahren möglicherweise berührten geheimhaltungsbedürftigen Kalkulationsgrundlagen des Versicherers, vgl. *Gramser* r+s 2013, 577 ff.

12 Zu diesem Gedanken BVerwG VersR 1981, 221, 225; HK-VVG/*Karczewski*, § 40 Rn. 11; P/M/*Reiff*, § 40 Rn. 43.

werden.[13] Die erforderlichen Feststellungen werden daher für verschiedene Leistungspakete gesondert getroffen, Abs. 2.

C. Beitragsanpassung

I. Allgemein

Ergeben sich nach den Ermittlungen des Treuhänders Veränderungen im Schadensbedarf, so führen diese nicht notwendigerweise zu einer **Beitragsanpassung.** Geringfügige Veränderungen sind hinzunehmen. Erst ab einer Veränderung von 5 % und mehr des Produkts von Schadenshäufigkeit und dem Durchschnitt der Schadenszahlungen sind Beitragsanpassungen zulässig. Darunter liegende Veränderungen werden vorgetragen und sind bei den weiteren Berechnungen in den Folgejahren zu berücksichtigen. 5

II. Erhöhung des Beitrags

Ergibt sich eine relevante **Steigerung** des Schadensbedarfs, so kann der Versicherer **optional** die ab dem 1.10. des Jahres, in dem die Ermittlungen des Treuhänders erfolgen, fällig werdenden Folgebeiträge entsprechend, maximal bis zur Höhe des zum Zeitpunkt der Erhöhung geltenden Tarifbetrages erhöhen. Durch das Setzen einer, durch die aktuellen Beitragstarife des Versicherers gebildeten Obergrenze, wird eine Schlechterstellung der Altkunden gegenüber Neukunden verhindert.[14] Von der Beitragserhöhung sind Verträge **ausgenommen**, für deren Gegenstand seitdem im Versicherungsschein genannten Versicherungsbeginn noch keine 12 Monate abgelaufen sind. Bei diesen Verträgen ist zu unterstellen, dass bei der Beitragskalkulation gegebene Kostensteigerungen bereits in Ansatz gebracht wurden. Ein schutzwürdiges Anpassungsinteresse ist für diese Verträge nicht gegeben.[15] 6

Zu den **Mitteilungs- und Hinweispflichten** des Versicherers bei der Prämienerhöhung, vgl. unten Rdn. 14. 7

III. Reduzierung des Beitrags

Ergeben sich nach den Ermittlungen des Treuhänders, dass sich der Schadensbedarf um 5 % und mehr **vermindert** hat, so hat der Versicherer **zwingend** die Folgebeiträge, die ab dem 1.10. fällig werden, in entsprechendem Umfang herabzusetzen. 8

---

13 BVerwG VersR 1981, 221, 224, 225; HK-VVG/*Karczewski*, § 40 Rn. 10; L/R/*Rixecker*, § 40 Rn. 6.

14 Zu diesem Gedanken BVerwG VersR 1981, 221, 226; R/L/*Rixecker*, § 40 Rn. 5.

15 Zu diesem Gedanken BVerwG VersR 1981, 221, 226.

IV. Kündigungsrecht des VN

1. Voraussetzungen

9 Passt der Versicherer die Versicherungsprämie nach Abschluss des Treuhandverfahrens an und **erhöht** den Beitrag einseitig, so eröffnet Abs. 6 dem VN als Ausgleich, entsprechend den Maßgaben des § 40 VVG, ein **außerordentliches Kündigungsrecht.** Das Kündigungsrecht besteht selbst dann, wenn die mitgeteilte Beitragserhöhung auf Grundlage der Anpassungsklausel tatsächlich **nicht wirksam** erfolgt ist.[16] Der Versicherer hat insoweit das Risiko falscher Berechnungen und Feststellungen zu tragen.[17]

10 Zur Klarstellung hält Abs. 6 nochmals ausdrücklich fest, dass das Sonderkündigungsrecht nicht besteht, wenn die Prämienerhöhung durch eine Veränderung des Versicherungsschutzes bedingt wird. Diese Konstellation erfasst § 10 nicht.[18] Gleiches gilt für den Fall, dass zwischen den Vertragspartnern neue Beiträge ausgehandelt wurden.[19] Keine Kündigungsmöglichkeit besteht daneben, wenn eine Erhöhung der Versicherungssteuer im Raum steht. Die Versicherungssteuer hat der VN gem. § 9 A II neben der Prämie in gesetzlicher Höhe zu tragen.

2. Kündigungsfrist

11 Der VN kann nach erklärter Beitragserhöhung, das Vertragsverhältnis **mit sofortiger Wirkung, frühestens** jedoch zum Zeitpunkt des Greifens der Beitragserhöhung kündigen: Erst ab diesem Zeitpunkt ist der VN belastet.

3. Erklärungsfrist

12 Das Kündigungsrecht des VN ist allerdings zeitlich **befristet:** Die Kündigung kann vom VN nur innerhalb eines Monats nach Zugang der (theoretisch auch formlos möglichen)[20] Beitragserhöhungsmitteilung des Versicherers erklärt werden. Für die Berechnung der Erklärungsfrist gelten die §§ 187 I, 188 II, III, 193 BGB. Dem Versicherer muss die Kündigung des VN mithin vor Ablauf der Monatsfrist zugehen. Geht die Kündigung beim Versicherer **verspätet** ein, so kann die erklärte Kündigung regelmäßig in eine ordentliche Kündigung umgedeutet werden.[21] Sie wirkt dann zum nächstzulässigen Termin.

---

16 L/R/*Rixecker*, § 40 Rn. 1; P/M/*Reiff*, § 40 Rn. 15; PK/*Pilz*, § 40 Rn. 9; B/M/*Beckmann*, § 40 Rn. 15; HK-VVG/*Karczewski*, § 40 Rn. 17.

17 L/P/*Stagl*³, § 40 Rn. 5.

18 L/P/*Brand*, § 40 Rn. 4; B/M/*Beckmann*, § 40 Rn. 9.

19 L/P/*Brand*, § 40 Rn. 4; B/M/*Beckmann*, § 40 Rn. 11; L/R/*Rixecker*, § 40 Rn. 1.

20 P/M/*Reiff*, § 40 Rn. 13 – aufgrund der bestehenden zusätzlichen Hinweispflichten, vgl. hierzu nachfolgend Rdn. 14, dürfte tatsächlich nur eine schriftliche Mitteilung genügen.

21 P/M/*Reiff*, § 40 Rn. 14; PK/*Pilz*, § 40 Rn. 9.

4. Form

Die Kündigungserklärung des VN ist an **keine** besondere **Form** gebunden. Die Kündigung kann durch den VN daher grundsätzlich auch mündlich erklärt werden. Da der VN im Streitfall nach allgemeinen Beweislastregeln die Kündigung und deren fristgerechten **Zugang** zu beweisen hat, empfiehlt es sich jedoch schon aus praktischen Erwägungen, die Kündigung schriftlich abzufassen und für einen nachweisbaren Zugang der Kündigung Sorge zu tragen. 13

5. Hinweispflichten des Versicherers

Über das durch die Beitragserhöhung eingeräumte Kündigungsrecht hat der Versicherer den VN ordnungsgemäß mit der Mitteilung über die Beitragserhöhung zu informieren. Die Mitteilung über die Beitragserhöhung und der Hinweis des Versicherers müssen dem VN spätestens einen Monat vor dem Wirksamwerden der Beitragserhöhung zugehen. Unterbleibt der Hinweis des Versicherers auf das gegebene Kündigungsrecht, erfolgt die Mitteilung verspätet oder fehlerhaft, so ist die Beitragsanpassung zum geplanten Zeitpunkt **unwirksam.**[22] Der Versicherer kann die Mitteilung allerdings nachholen und mit einer überarbeiteten, ordnungsgemäßen Belehrung die Voraussetzung für die (dann später greifende) Beitragserhöhung schaffen.[23] Ohne ordnungsgemäße Belehrung wird auch die Kündigungsfrist für den VN nicht in Lauf gesetzt.[24] Den rechtzeitigen Zugang der Mitteilung und den Inhalt des erteilten Hinweises hat der Versicherer darzulegen und im Bestreitensfall unter Beweis zu stellen. 14

D. ARB 2012/2021

Auch die neuen Rechtsschutzversicherungsbedingungen sehen nach geänderten Schadensbedarf die Möglichkeit zur Beitragsanpassung vor. Die maßgebenden Regelungen unter Ziff. 7.8. (»Wann und wie müssen Sie Ihren Beitrag zahlen? – Beitragsanpassung«) entsprechen den Regelungen des § 10. Die Bestimmungen sind lediglich sprachlich verbraucherfreundlicher und verständlicher, teilweise detaillierter gefasst: so gibt die Klausel nun ausdrücklich an, welche Versicherungspakete/Versicherungsgruppen den Bezugspunkt der Überprüfung bilden. Soweit die neugefasste Bestimmung aus sich heraus nicht verständlich ist, kann daher auf die vorstehenden Ausführungen zurückgegriffen werden. 15

---

22 Harbauer/*Cornelius-Winkler*, § 10 ARB 2010 Rn. 5; L/P/*Brand*, § 40 Rn. 10; P/M/Reiff, § 40 Rn. 20; PK/*Pilz*, § 40 Rn. 10; Übersicht zum Streitstand ohne Stellungnahme L/W/*Staudinger*, § 40 Rn. 12.

23 L/P/*Brand*, § 40 Rn. 10; B/M/*Beckmann*, § 40 Rn. 23; HK-VVG/*Karczewski*, § 40 Rn. 15.

24 L/P/*Brand*, § 40 Rn. 10; P/M/*Reiff*, § 40 Rn. 20.

§ 11 Änderung der für die Beitragsbemessung wesentlichen Umstände

(1) Tritt nach Vertragsabschluss ein Umstand ein, der nach dem Tarif des Versicherers einen höheren als den vereinbarten Beitrag rechtfertigt, kann der Versicherer vom Eintritt dieses Umstandes an für die hierdurch entstandene höhere Gefahr den höheren Beitrag verlangen. Wird die höhere Gefahr nach dem Tarif des Versicherers auch gegen einen höheren Beitrag nicht übernommen, kann der Versicherer die Absicherung der höheren Gefahr ausschließen. Erhöht sich der Beitrag wegen der Gefahrerhöhung um mehr als 10 Prozent oder schließt der Versicherer die Absicherung der höheren Gefahr aus, kann der Versicherungsnehmer den Vertrag innerhalb eines Monats nach Zugang der Mitteilung des Versicherers ohne Einhaltung einer Frist kündigen. In der Mitteilung hat der Versicherer den Versicherungsnehmer auf dieses Kündigungsrecht hinzuweisen. Der Versicherer kann seine Rechte nur innerhalb eines Monats nach Kenntnis ausüben.

(2) Tritt nach Vertragsabschluss ein Umstand ein, der nach dem Tarif des Versicherers einen geringeren als den vereinbarten Beitrag rechtfertigt, kann der Versicherer vom Eintritt dieses Umstandes an nur noch den geringeren Beitrag verlangen. Zeigt der Versicherungsnehmer diesen Umstand dem Versicherer später als zwei Monate nach dessen Eintritt an, wird der Beitrag erst von Eingang der Anzeige an herabgesetzt.

(3) Der Versicherungsnehmer hat dem Versicherer innerhalb eines Monates nach Zugang einer Aufforderung die zur Beitragsberechnung erforderlichen Angaben zu machen. Verletzt der Versicherungsnehmer diese Pflicht, kann der Versicherer den Vertrag unter Einhaltung einer Frist von einem Monat kündigen, wenn die Pflichtverletzung des Versicherungsnehmers vorsätzlich oder grob fahrlässig war. Das Nichtvorliegen der groben Fahrlässigkeit hat der Versicherungsnehmer zu beweisen. Macht der Versicherungsnehmer bis zum Fristablauf diese Angaben vorsätzlich unrichtig oder unterlässt er die erforderlichen Angaben vorsätzlich und tritt der Versicherungsfall später als einen Monat nach dem Zeitpunkt ein, in dem die Angaben dem Versicherer hätten zugehen müssen, so hat der Versicherungsnehmer keinen Versicherungsschutz, es sei denn dem Versicherer war der Eintritt des Umstandes zu diesem Zeitpunkt bekannt. Beruht das Unterlassen der erforderlichen Angaben oder die unrichtige Angabe auf grober Fahrlässigkeit, kann der Versicherer den Umfang des Versicherungsschutzes in einem der Schwere des Verschuldens des Versicherungsnehmers entsprechenden Verhältnis kürzen. Das Nichtvorliegen einer groben Fahrlässigkeit hat der Versicherungsnehmer zu beweisen. Der Versicherungsnehmer hat gleichwohl Versicherungsschutz, wenn zum Zeitpunkt des Versicherungsfalls die Frist für die Kündigung des Versicherers abgelaufen war und er nicht gekündigt hat. Gleiches gilt, wenn der Versicherungsnehmer nachweist, dass die Gefahr weder für den Eintritt des Versicherungsfalls noch den Umfang der Leistung des Versicherers ursächlich war.

(4) Die vorstehenden Regelungen finden keine Anwendung, wenn sich die Gefahr nur unerheblich erhöht hat oder nach den Umständen als vereinbart anzusehen ist, dass die Gefahrerhöhung mitversichert sein soll.

Übersicht Rdn.

A. Allgemeines

Der Beitragskalkulation des Versicherers liegt ein unter Berücksichtigung der Lebens- 1 verhältnisse und Eigenschaften des VN, für diesen ermitteltes Risiko der Entstehung von Rechtsverfolgungskosten zu Grunde. Durch die Veränderung beitragsrelevanter Umstände und Eigenschaften nach Vertragsschluss kann sich das zunächst ermittelte und zugrunde gelegte Gefahrenpotential erhöhen oder vermindern. Soweit die eingetretene Veränderung von gewisser Dauer und Gewicht ist, geht das ursprünglich von den Vertragsparteien unterstellte Gleichgewicht zwischen Leistung und Gegenleistung verloren. Letztlich als spezielle Ausprägung der Gedanken zum **Wegfall der Geschäftsgrundlage**,[1] eröffnet § 11 die Möglichkeit, auf das so gestörte Vertragsgleichgewicht zu reagieren und den Versicherungsvertrag der veränderten Risikolage anzupassen.

Die Bestimmung greift in den Regelungsbereich der **§§ 23 – 27 VVG** ein und **bedingt** 2 diese, insbes. das nach § 24 VVG gegebene Kündigungsrecht des Versicherers bei Gefahrerhöhung, wirksam **ab**: Soweit der Anwendungsbereich der Bedingung eröffnet ist, ist ein Rückgriff auf die gesetzlichen Vorschriften mithin ausgeschlossen.[2]

1 L/P/*Looschelders*, § 23 Rn. 1; L/W/*Reusch*, § 23 Rn. 1; PK/*Loacker*, § 23 Rn. 4.
2 P/M/*Piontek*, § 11 ARB 2010 Rn. 1.

B. Beitragsanpassung

I. Voraussetzungen – allgemein

3 § 11 setzt Risikoveränderungen in Folge von Veränderungen in der individuellen Situation des jeweiligen VN voraus. Verändert sich das Risiko des Eintritts eines Versicherungsfalls nach Vertragsschluss allgemein, außerhalb der Sphäre des VN, z.B. in Folge von Gesetzesänderungen oder Veränderungen in den wirtschaftlichen Rahmenbedingungen, ist die Bestimmung nicht einschlägig. In solchen Konstellationen ist allenfalls an eine Vertragsanpassung gem. § 10 zu denken,[3] vgl. die Ausführungen zu § 10 Rdn. 1.

II. Gefahrerhöhung (Abs. 1)

1. Beitragserhöhung

4 Erhöht sich nach dem Vertragsschluss durch die Veränderung beitragsrelevanter Umstände die Möglichkeit des Risikoeintritts (sog. **Schadenseintrittsgefahr**[4]) oder des Eintritts eines größeren Schadens (sog. **Schadensauswirkungsgefahr**[5]) nachhaltig (vgl. hierzu unten Rdn. 13) und sieht das **Tarifsystem** des Versicherers die Absicherung der erhöhten Gefahr nur gegen Zahlung eines im Vergleich zum bisher vereinbarten Entgelt höheren Beitrages vor, so kann der Versicherer gem. Abs. 1 ab dem Zeitpunkt, zu dem die **Gefahrerhöhung** eingetreten ist, den nach den geltenden Tarifregeln höheren Beitrag vom VN verlangen. Ab diesem Zeitpunkt trägt der Versicherer letztlich auch das höhere Risiko. Wann der Versicherer vom Eintritt der Gefahrerhöhung Kenntnis erlangt, ist für den Zeitpunkt der Vertragsanpassung zunächst ohne Bedeutung, vgl. aber unten Rdn. 8: Der VN kann daher auch **rückwirkend** vom Versicherer mit einem höheren Beitrag belastet werden und ist dann zur Nachzahlung verpflichtet. Durch die in Abs. 3 statuierte Auskunftspflichten des VN, vgl. dazu unten Rdn. 18, wird jedoch sichergestellt, dass der Versicherer möglichst zeitnah über eingetretene Veränderungen beitragsrelevanter Umstände Kenntnis erlangt und von seinem Anpassungsrecht Gebrauch machen kann.[6]

5 Als maßgebende beitragsrelevante Umstände, deren Veränderung eine Vertragsanpassung begründen können, kommen beispielsweise im Rahmen des Verkehrsrechtsschutzes nach § 21 die Anzahl der Fahrzeuge, die Anzahl der Fahrer beim Fahrerrechtsschutz nach § 22 II, die Anzahl der Arbeitnehmer im Rahmen des Rechtsschutzes für Selbständige und Firmen nach § 24, die Zahl der Vereinsmitglieder im Rahmen des Rechtsschutzes für Vereine nach § 24 sowie die Größe des landwirtschaftlichen Gutes im Rahmen des Landwirtschafts- und Verkehrsrechtsschutzes nach § 27 in Betracht.[7]

---

3 Harbauer/*Maier*, § 11 ARB 2010 Rn. 5.
4 Harbauer/*Maier*, § 11 ARB 2010 Rn. 3 ff.
5 Harbauer/*Maier*, § 11 ARB 2010 Rn. 3 ff.
6 Harbauer/*Maier*, § 11 ARB 2010 Rn. 4.
7 Harbauer/*Maier*, § 11 ARB 2010 Rn. 4; van Bühren/Plote/*Plote*, § 11 ARB 2010 Rn. 3.

2. Gefahrausschluss

Wird die durch die Veränderung der beitragsrelevanten Umstände begründete höhere Gefahr nach dem Tarifsystem des Versicherers **nicht**, auch nicht gegen Zahlung eines höheren Beitrages, **übernommen**, so kann der Versicherer die Absicherung der höheren Gefahr ausschließen. 6

Auch der Gefahrenausschluss greift nach dem Wortlaut der Regelung grundsätzlich ab dem Eintritt der Gefahrerhöhung und damit, bei späterer Kenntniserlangung durch den Versicherer, rückwirkend.[8] Problemtisch erscheint die Rückwirkung jedoch dann, wenn zwischen der maßgeblichen Umstandsveränderung und der Kenntniserlangung des Versicherers ein Versicherungsfall eingetreten ist. Der **rückwirkende Gefahrenausschluss** würde für diese Fälle, ohne Rücksicht auf die Hintergründe der Gefahrverwirklichung und auf die Frage, ob ggf. bestehende Auskunftspflichten verletzt wurden, zu einem vollständigen Verlust des Versicherungsschutzes führen. Nach den Wertungen des reformierten VVG soll die Leistungspflicht des Versicherers jedoch gerade nicht unabhängig vom Verschulden des VN entfallen.[9] Der drohende Wertungswiderspruch ist in der Form aufzulösen, dass bei bereits eingetretenen Versicherungsfällen der Ausschluss der Übernahme der höheren Gefahr erst mit der Anpassungserklärung des Versicherers für die Zukunft greift, während es im Übrigen bei der Möglichkeit bleibt, die Gefahr auch rückwirkend auszuschließen.[10] 7

3. Anpassungsfrist

Anders als noch in den früheren Bedingungswerken, ist die Möglichkeit des Versicherers zur **Vertragsanpassung zeitlich befristet:** Will er von der Möglichkeit zur Beitragserhöhung oder vom Gefahrausschluss Gebrauch machen, so hat der Versicherer innerhalb eines **Monats**, nachdem er vom nachträglichen Eintritt gefahrerhöhender Umstände Kenntnis erlangt, die Vertragsanpassung gegenüber dem VN zu erklären. Der Fristbeginn setzt **positive Kenntnis** des Versicherers voraus; ein bloßes Kennenmüssen der maßgebenden Umstände setzt die Anpassungsfrist nicht in Lauf.[11] Lässt der Versicherer die Frist verstreichen, ist die Vertragsanpassung bezogen auf die eingetretenen gefahrerhöhenden Umstände ausgeschlossen. Der Versicherer trägt die erhöhte Gefahr damit ohne Ausgleich durch eine Prämienanpassung uneingeschränkt. 8

---

8 L/R/*Langheid*, § 25 Rn. 4; PK/*Loacker*, § 25 Rn. 6 ff. (mit nachfolgend kritischer Würdigung).

9 L/P/*Looschelders*, § 25 Rn. 6; PK/*Loacker*, § 25 Rn. 6 f.

10 L/P/*Looschelders*, § 25 Rn. 6; L/R/*Langheid*, § 25 Rn. 5; PK/*Loacker*, § 25 Rn. 8; ausführlich *Loacker* VersR 2008, 1285, 1289 ff.; Übersicht zum Streitstand L/W/*Reusch*, § 25 Rn. 8 ff.; P/M/*Armbrüster*, § 25 Rn. 7 f. Anpassung wirkt nur »ex nunc«.

11 Für das nach § 24 VVG alternativ eingeräumte Kündigungsrecht L/P/*Looschelders*, § 24 Rn. 14; B/M/*Matusche-Beckmann*, § 24 Rn. 16.

4. Beweislast

9 Die **Beweislast** für das Vorliegen der Voraussetzungen zur Vertragsanpassung trägt nach allgemeinen Grundsätzen der Versicherer. Der Versicherer hat danach insb. die Veränderung der beitragsrelevanten Umstände, den Zeitpunkt der Veränderung[12] sowie die Erheblichkeit der eingetretenen Veränderungen[13] darzulegen und im Bestreitensfalle unter Beweis zu stellen.

III. Gefahrreduzierung (Abs. 2)

10 Die Anpassung an veränderte, beitragsrelevante Umstände greift in beide Richtungen: Spiegelbildlich zur Erhöhung des geschuldeten Beitrages bei einer Gefahrenerhöhung, führen Veränderungen der beitragsrelevanten Umstände, die eine Reduzierung der Gefahr des Eintritts eines Versicherungsfalles bedingen, gem. **Abs. 2** zu einer **Beitragsherabsetzung** entsprechend dem Tarifsystem des Versicherers. Die Regelung greift die Vorschrift des **§ 41 VVG** auf, modifiziert diese jedoch zu Gunsten des VN, indem sie bestimmt, dass die Beitragsherabsetzung bei einer **zeitnahen** Information des Versicherers über die eingetretene Veränderung automatisch bereits mit dem Eintritt des gefahrmindernden Umstandes und nicht erst mit dem Beitragsreduzierungsverlangen des VN eintritt. Nur für die Fälle, in denen die Anzeige des gefahrmindernden Umstands durch den VN später als zwei Monate nach dessen Eintritt erfolgt, greift die Beitragsreduzierung erst für die Zukunft, mit der Mitteilung des VN. Damit wird dem Umstand Rechnung getragen, dass der Versicherer angesichts des unterstellten höheren Risikos bereits höhere Rücklagen gebildet hat und eine Rückzahlung der Prämie versicherungstechnische Probleme bereiten würde.[14]

11 Zu den Umständen, deren Veränderung zu einer Beitragsreduzierung führen können, vgl. dazu oben Rdn. 5. Kein Fall der Gefahrenreduzierung liegt beim Wegfall **mitversicherter Personen** vor. Dieser hat regelmäßig keine beitragsrelevante Bedeutung.[15]

12 Abzugrenzen ist die bloße Reduzierung risikorelevanter Umstände, bei der lediglich die Wahrscheinlichkeit des Eintritts eines Versicherungsfalls sinkt, vom völligen, endgültigen **Wegfall des versicherten Interesses** (Wagniswegfall), bei dem das versicherte Interesse dauerhaft unter keinem Gesichtspunkt mehr gegeben ist.[16] Beim völligen Wegfall des versicherten Interesses greift die Regelung des § 12, vgl. die Ausführungen bei § 12 Rdn. 2.

IV. Unerhebliche Veränderungen (Abs. 4)

13 Nur unerhebliche Gefahrerhöhungen und Gefahrverminderungen, die nach dem Willen der Vertragspartner mitgedacht und vom Versicherungsschutz mitumfasst sein

---

12 L/P/*Looschelders*, § 25 Rn. 5; B/M/*Matusche-Beckmann*, § 25 Rn. 21.

13 L/P/*Looschelders*, § 27 Rn. 8; P/M/*Armbrüster*, § 27 Rn. 7; L/R/*Rixecker*, § 27 Rn. 4.

14 P/M/*Piontek*, § 11 ARB 2010 Rn. 3; so auch Harbauer/*Maier*, § 11 ARB 2010 Rn. 10.

15 Van Bühren/Plote/*Plote*, § 11 ARB 2010 Rn. 8; Harbauer/*Maier*, § 11 ARB 2010 Rn. 9.

16 Harbauer/*Maier*, § 11 ARB 2010 Rn. 11.

sollen, rechtfertigen keine Vertragsanpassung.[17] Eine Störung des Vertragsgleichgewichts ist in diesen Konstellationen nicht gegeben. **Abs.** 4, der § 27 VVG nachgebildet ist, hält dies ausdrücklich nochmals fest. Die Veränderung beitragsrelevanter Umstände muss daher von einigem Gewicht und Dauer[18] sein, um ein Anpassungsbedürfnis auszulösen. Sie darf von den Vertragspartnern bei Vertragsabschluss nicht mitgedacht worden und nicht gerade in der Entwicklung des Vertragsgegenstandes angelegt sein.[19] Feste Maßstäbe, ab wann eine Veränderung der zugrunde liegenden Umstände wesentlich wird, bestehen nicht. Entscheidend sind jeweils die Umstände des Einzelfalls.

V. Kündigungsrecht des VN

1. Voraussetzungen

Die mit einer Vertragsanpassung einhergehenden Belastungen muss der VN nicht unbegrenzt hinnehmen. Erhöht der Versicherer den Beitrag um mehr als 10 %, so kann der VN das Vertragsverhältnis **fristlos** kündigen. Gleiches gilt, wenn der Versicherer die Absicherung der höheren Gefahr ausschließt. 14

2. Erklärungsfrist

Das **Sonderkündigungsrecht** des VN ist allerdings zeitlich **befristet.** Die Kündigung des Vertragsverhältnisses kann nur innerhalb eines Monats nach Zugang der Mitteilung des Versicherers über die **Beitragserhöhung** oder den **Gefahrenausschluss** erklärt werden. Die Kündigung des VN muss dem Versicherer vor Ablauf der Monatsfrist zugehen. Für die Fristberechnung gelten die §§ 187 I, 188 II, 193 BGB. 15

Formerfordernisse für die Kündigungserklärung bestehen nicht. 16

3. Hinweispflichten Versicherer

Der Versicherer hat den VN in seiner Mitteilung über die Erhöhung des Beitrags um mehr als 10 %[20] bzw. über einen erfolgenden Gefahrenausschluss auf das hierdurch eröffnete außerordentliche Kündigungsrecht gesondert hinzuweisen. Der allgemeine Hinweis auf das Kündigungsrecht in den ARB reicht nicht aus, um dem bestehenden **Belehrungserfordernis** zu genügen.[21] Erfolgt die Belehrung durch den Versicherer nicht, fehlerhaft, unvollständig oder verspätet, so wird die Monatsfrist für die Kündigung des VN nicht in Lauf gesetzt:[22] Der VN kann den Versicherungsvertrag danach zeitlich unbefristet, bis zur Grenze der Verwirkung, kündigen. Er kann daneben die 17

---

17 L/P/*Looschelders*, § 27 Rn. 7 f.

18 BGH VersR 1992, 606, 608; OLG Köln VersR 2001, 580, 581; L/P/*Looschelders*, § 27 Rn. 5 ff.

19 L/P/*Looschelders*, § 27 Rn. 7 f.

20 L/R/*Langheid*, § 25 Rn. 7.

21 Harbauer/*Maier*, § 11 ARB 2010 Rn. 8; HK-VVG/*Karczewski* § 25 Rn. 7.

22 Harbauer/*Maier*, § 11 ARB 2010 Rn. 8; L/P/*Looschelders*, § 25 Rn. 8; nach P/M/Armbrüster, § 25 Rn. 9 kann der Versicherer den notwendigen Hinweis auch nachträglich erteilen, so dass ab diesem Zeitpunkt dann die Frist läuft; L/R/*Langheid*, § 25 Rn. 8,

mangels fehlender (ordnungsgemäßer) Belehrung und danach ausbleibender Kündigung von ihm gezahlten höheren Versicherungsbeiträge ggf. als Schadenersatz zurückfordern.[23]

C. Auskunftspflichten des VN (Abs. 3)

I. Umfang

18 Über Veränderungen beitragsrelevanter Faktoren muss der VN den Versicherer nicht automatisch, von sich aus informieren.[24] Gem. **Abs. 3** ist der VN vielmehr erst nach einer entsprechenden Aufforderung durch den Versicherer verpflichtet, diesem erforderliche Auskünfte über beitragsrelevante Umstände zu erteilen. Die **Auskunftspflicht** des VN stellt eine echte vertragliche Nebenpflicht dar, die ggf. im Klageweg durchgesetzt werden kann.[25] Mit ihr wird der mögliche Anspruch des Versicherers auf eine Anpassung des Vertrags abgesichert.[26] Verletzt der VN die ihn treffenden Auskunftspflichten bzw. kommt er diesen nicht fristgerecht nach, drohen erhebliche Sanktionen.

II. Sanktionen bei Verletzung der Auskunftspflicht

1. Kündigungsrecht des Versicherers

19 Das Auskunftsbegehren des Versicherers hat der VN vollständig innerhalb eines **Monats** nach Zugang der Aufforderung des Versicherers zu beantworten. Beantwortet der VN die Versicherer-Anfrage nicht fristgerecht, macht er die erforderlichen Angaben innerhalb der Monatsfrist vorsätzlich oder grob fahrlässig nicht (vollständig), so kann der Versicherer den Versicherungsvertrag unter Einhaltung einer Frist von einem Monat **kündigen.** Zu Lasten des VN wird hierbei vermutet, dass er die Auskunftspflicht grob fahrlässig verletzt hat. Ihm steht jedoch der Entlastungsbeweis offen. Eine lediglich einfach fahrlässige Verletzung der Mitteilungspflichten des VN bleibt ohne Folgen.

2. Verlust des Versicherungsschutzes

20 Unabhängig von der Möglichkeit des Versicherers, den Versicherungsvertrag zu kündigen, **verliert** der VN, soweit er innerhalb der Monatsfrist erforderliche Angaben **vorsätzlich** nicht oder vorsätzlich falsch macht und der Versicherer von den gefahrerhöhenden Umständen zu diesem Zeitpunkt keine positive Kenntnis hat, den **Versicherungsschutz** für Versicherungsfälle, die einen Monat nach dem Ablauf der Auskunftsfrist eintreten. Hat der VN die Auskunftspflicht **grob fahrlässig** verletzt, was

---

lediglich fehlerhafte Belehrung kann nachgeholt werden und verschiebt dann die Monatsfrist.

23 L/P/*Looschelders*, § 25 Rn. 8; PK/*Loacker*, § 25 Rn. 15; P/M/*Armbrüster*, § 25 Rn. 9; kritisch zur zunächst weiterlaufenden erhöhten Beitragspflicht *Loacker* VersR 2008, 1285, 1288 f.

24 Harbauer/*Maier*, § 11 ARB 2010 Rn. 14.

25 Harbauer/*Maier*, § 11 ARB 2010 Rn. 15.

26 Harbauer/*Maier*, § 11 ARB 2010 Rn. 15.

vermutet wird, verliert er seinen Versicherungsschutz zwar nicht, der Versicherer kann jedoch die Versicherungsleistung entsprechend der Schwere des Verschuldens des VN kürzen.

Den Verlust des Versicherungsschutzes bzw. die Kürzung der Leistung des Versicherers kann der VN abwenden, wenn ihm der **Kausalitätsgegenbeweis** gelingt. Er muss hierfür nachweisen, dass sich die Nichtanzeige bzw. die fehlerhafte Mitteilung der gefahrerhöhenden Umstände weder auf den Eintritt des Versicherungsfalles noch auf den Umfang der Leistungspflicht des Versicherers ausgewirkt hat. Dass die fehlerhafte Mitteilung beitragsrelevanter Umstände den Eintritt eines Versicherungsfalls bedingen kann, erscheint jedoch grundsätzlich zweifelhaft, so dass der Gegenbeweis wohl regelmäßig geführt werden dürfte.[27] 21

Die Versicherungsleistungen gehen auch dann nicht (teilweise) verloren, wenn zum Zeitpunkt des Versicherungsfalles die Frist für die **Kündigung** des Versicherungsvertrags durch den Versicherer abgelaufen war und der Versicherer nicht gekündigt hat. Der Versicherer soll sich nicht auf die Leistungsfreiheit berufen dürfen, wenn er es zunächst selbst in der Hand hatte, sich vom Vertrag und seinen Leistungspflichten zu lösen; von dieser Möglichkeit jedoch gerade keinen Gebrauch gemacht hat.[28] 22

D. ARB 2012/2021

Das neue Bedingungswerk 2012 enthält unter **Ziff.** 7.9 (»Änderung wesentlicher Umstände der Beitragsfestsetzung«) Regelungen zur Beitragsanpassung im Fall der nachträglichen Veränderung beitragsrelevanter Umstände sowie zur Pflicht des VN, über die Veränderung beitragsrelevanter Umstände Auskunft zu geben. Die Regelungen sind sprachlich zwar neu gefasst, übernehmen jedoch im Wesentlichen die Bestimmung des § 11. Soweit die – auch detaillierter gefassten – Regelungen nicht ohnehin aus sich heraus verständlich sind, kann daher zum Verständnis der Neufassung der ARB auf die vorstehenden Ausführungen zurückgegriffen werden. 23

§ 12 Wegfall des versicherten Interesses

(1) Der Vertrag endet, soweit nicht etwas anderes bestimmt ist, zu dem Zeitpunkt, zu dem der Versicherer davon Kenntnis erhält, dass das versicherte Interesse nach dem Beginn der Versicherung weggefallen ist. In diesem Fall steht ihm der Beitrag zu, den er hätte erheben können, wenn die Versicherung nur bis zum Zeitpunkt der Kenntniserlangung beantragt worden wäre.

(2) Im Falle des Todes des Versicherungsnehmers besteht der Versicherungsschutz bis zum Ende der laufenden Beitragsperiode fort, soweit der Beitrag am Todestag gezahlt war und nicht aus sonstigen Gründen ein Wegfall des Gegenstandes der Versicherung vorliegt. Wird der nach dem Todestag nächste fällige Beitrag bezahlt, bleibt

---

27 Harbauer/*Maier*, § 11 ARB 2010 Rn. 21.

28 L/P/*Looschelders*, § 26 Rn. 24; Harbauer/*Maier*, § 11 ARB 2010 Rn. 20.

der Versicherungsschutz in dem am Todestag bestehenden Umfang aufrechterhalten. Derjenige, der den Beitrag gezahlt hat oder für den gezahlt wurde, wird anstelle des Verstorbenen Versicherungsnehmer. Er kann innerhalb eines Jahres nach dem Todestag die Aufhebung des Versicherungsvertrages mit Wirkung ab Todestag verlangen.

(3) Wechselt der Versicherungsnehmer die im Versicherungsschein bezeichnete, selbst genutzte Wohnung oder das selbst genutzte Einfamilienhaus, geht der Versicherungsschutz auf das neue Objekt über. Versichert sind Rechtsschutzfälle, die im Zusammenhang mit der Eigennutzung stehen, auch soweit sie erst nach dem Auszug aus dem bisherigen Objekt eintreten. Das gleiche gilt für Rechtsschutzfälle, die sich auf das neue Objekt beziehen und vor dessen geplantem oder tatsächlichem Bezug eintreten.

(4) Wechselt der Versicherungsnehmer ein Objekt, das er für seine gewerbliche, freiberufliche oder sonstige selbständige Tätigkeit selbst nutzt, findet Absatz 3 entsprechende Anwendung, wenn das neue Objekt nach dem Tarif des Versicherers weder nach Größe, noch nach Miet- oder Pachthöhe einen höheren als den vereinbarten Beitrag rechtfertigt.

Übersicht Rdn.

A. Allgemeines

1 Versichertes Interesse in der Rechtsschutzversicherung ist die mögliche Belastung des VN mit Rechtsverfolgungskosten, vgl. §§ 1, 5. Stellt sich mit Blick auf die abgesicherten rechtlichen Eigenschaften des VN die Gefahr von Rechtsstreitigkeiten und damit die Gefahr der Entstehung von Rechtsverfolgungskosten nicht mehr, verliert der Versicherungsvertrag seine Geschäftsgrundlage. Aus Sicht des VN kann der Vertrag seinen Zweck nicht mehr erreichen. Der Versicherungsvertrag gerät in eine regelungsbedürftige Schieflage. Wie auf diese zu reagieren ist, bestimmt § 12.

B. Grundregel (Abs. 1)

I. Wagniswegfall

2 Abs. 1 ist § 80 I VVG nachgebildet. Die Bestimmung ordnet bei **Wegfall** des versicherten Interesses das Erlöschen des Versicherungsvertrags für die Zukunft an. Vom Wegfall des versicherten Interesses ist dann auszugehen, wenn die Entstehung von Rechtsstreitigkeiten in den versicherten Bereichen unter keinem Gesichtspunkt mehr

möglich erscheint und damit die Entstehung von Rechtsverfolgungskosten **dauerhaft ausgeschlossen** ist.[1] Dies ist insbes. dann der Fall, wenn der VN eine rechtliche Eigenschaft verliert, an deren Vorhandensein der Rechtsschutz maßgebend anknüpft.[2]

3 Abzugrenzen ist der Interessenwegfall von der bloßen **Gefahrminderung.** Bei letzterer reduziert sich durch Veränderungen in den tatsächlichen Lebensumständen des VN lediglich das Risiko, das es im abgesicherten Bereich zum Eintritt eines Versicherungsfalls kommt. Der Bestand des Versicherungsvertrages wird hierdurch nicht berührt. Ist nur eine Gefahrreduzierung gegeben, so kommt unter den Bedingungen des § 11 allenfalls eine **Anpassung** des geschuldeten Versicherungsbeitrages in Betracht, vgl. hierzu im Einzelnen die Kommentierung zu § 11.

4 Bei der Beantwortung der Frage, ob ein relevanter Wegfall des versicherten Interesses vorliegt oder lediglich eine Risikoreduzierung gegeben ist, ist zu berücksichtigen, dass Versicherungsschutz nach den §§ 21 ff. nur in Form von **Rechtsschutzpaketen** gewährt wird: anknüpfend an bestimmte objekt- oder subjektbezogene Eigenschaften des VN, wird durch die verschiedenen Pakete die Wahrnehmung von rechtlichen Interessen nur für einen konkret umfassten Katalog von Rechtsgebieten abgesichert. Die angebotenen Versicherungspakete sind als solche nicht auflösbar, die in ihnen zusammengefassten Leistungen für verschiedene Rechtsgebiete können mithin nicht im Einzelnen herausgelöst und anderweitig kombiniert werden. Wird die Absicherung eines zusätzlichen, in einem Paket nicht enthaltenen Rechtsgebietes gewünscht, muss zusätzlich ein das fehlende Rechtsgebiet umfassendes, weiteres Versicherungspaket vereinbart werden. Durch die Kombination von unterschiedlichen rechtlichen Interessen in den verschiedenen Versicherungspaketen sowie die Möglichkeit, mehrere Versicherungspakete zu vereinbaren, ist für den jeweiligen Einzelfall zu klären, inwieweit der Wegfall des betroffenen Einzelinteresses den Wegfall des Gesamtvertrags zur Folge hat. Bleibt nach dem Wegfall eines Interesses aus dem Versicherungspaket ein Interessenbündel zurück, das als solches selbständig rechtlich versicherbar ist, oder ist lediglich ein von mehreren nebeneinander selbstständig versicherbaren Interessen betroffen, liegt lediglich ein teilweiser Wagniswegfall vor, der regelmäßig zur Vertragsanpassung führt. In allen anderen Fällen endet der gesamte Versicherungsvertrag grundsätzlich mit dem Wegfall eines Interesses.[3]

5 Vom Wegfall des versicherten Interesses ist z.B. beim Verlust der Eigenschaft als Immobilieneigentümer im Rahmen eines Vertrags nach § 29[4], bei der Aufgabe einer

---

1 Harbauer/*Schmitt*, § 12 ARB 2010 Rn. 1; H/E/K/*Heinrichs*, 34. Kap. Rn. 364; van Bühren/Plote/*Plote*, § 12 ARB 2010 Rn. 3.

2 Harbauer/*Schmitt*, § 12 ARB 2010 Rn. 8; VersHb/*Obarowski*, § 45 Rn. 574; HK-VVG/*Münkel*, § 12 ARB 2010 Rn. 1.

3 Harbauer/*Schmitt*, § 12 ARB 2010 Rn. 19 f. geht grundsätzlich vom Wegfall des Gesamtvertrages aus.

4 VersHb/*Obarowski*, § 45 Rn. 574; Harbauer/*Schmitt*, § 12 ARB 2010 Rn. 9d.

selbständigen Tätigkeit in der bisher geübten Form im Rahmen des § 24[5] oder bei der Aufgabe der Tätigkeit als selbständiger Landwirt bei einem Vertrag i.S.d. § 27[6] auszugehen.

6 Keinen Wagniswegfall stellt die Eröffnung des **Insolvenzverfahrens** über das Vermögen des VN dar.[7] Durch die Verfahrenseröffnung alleine wird der VN nicht in seinen versicherungsrelevanten Eigenschaften betroffen. Die Frage des Fortbestands bzw. des ggf. vorzeitigen Endes des Versicherungsvertrags ist in erster Linie nach allgemeinen insolvenzrechtlichen Bestimmungen zu beantworten.

7 Wird das **Bezugsobjekt** des bisherigen Versicherungsvertrages auf einen **Dritten übertragen**, so geht der Rechtsschutzversicherungsvertrag nicht mit auf den Erwerber über. § 95 II VVG, der den Übergang einer Sachversicherung auf den Erwerber der versicherten Sache anordnet, oder § 102 II VVG, der im Fall der Betriebsübernahme den Übergang einer bestehenden Betriebshaftpflichtversicherung auf den **Rechtsnachfolger** vorsieht, können jedenfalls mangels vergleichbarer Interessenlage nicht analog herangezogen werden.[8] Mit dem Wegfall des in Bezug genommenen Objekts durch die erfolgte Übertragung erlischt der Rechtsschutzvertrag.

8 Abs. 1 regelt lediglich das Vertragsschicksal bei einem **nachträglichen** Wegfall des versicherten Interesses. Die Bestimmung ist mithin nur dann einschlägig, wenn die Gefahr der Entstehung von Rechtsstreitigkeiten erst nach Beginn der Versicherung weggefallen ist. Dabei meint der Beginn der Versicherung den technischen Versicherungsbeginn, also den Tag, von dem an der Beitrag berechnet wird.[9]

II. Erlöschen des Vertrages

9 Der objektive Wegfall des versicherten Interesses alleine führt nicht zum Erlöschen des Versicherungsvertrags. Der Versicherungsvertrag endet vielmehr erst zu dem Zeitpunkt, zu dem (auch) der Versicherer vom Interessenwegfall **Kenntnis** erlangt. Wie der Versicherer vom Wegfall Kenntnis erlangt, ist unerheblich. Mit der Kenntniserlangung des Versicherers findet der Vertrag ipso jure sein Ende, weiterer Erklärungen der Vertragsparteien bedarf es nicht.[10]

---

5 AG München r+s 1997, 26 (Fortsetzung einer Tätigkeit als Rechtsanwalt nun in einer Sozietät); VersR 1965, 705, 706 (Veräußerung des Geschäftsbetriebs); Harbauer/*Schmitt*, § 12 ARB 2010 Rn. 8d, 9c; P/M/*Piontek*, § 12 ARB 2010 Rn. 3.

6 LG Hannover r+s 1993, 220, 221; Harbauer/*Schmitt*, § 12 ARB 2010 Rn. 9b; VersHb/*Obarowski*, § 45 Rn. 574.

7 Harbauer/*Schmitt*, § 12 ARB 2010 Rn. 3.

8 AG München r+s 1997, 26; ausführlich Harbauer/*Schmitt*, § 12 ARB 2010 Rn. 13 ff.; B/M/*Schnepp*, § 80 Rn. 31; VersHb/*Obarowski*, § 45 Rn. 574; a.M. OLG Nürnberg VersR 1978, 755.

9 B/M/*Schnepp*, § 80 Rn. 61, 72.

10 B/M/*Schnepp*, § 80 Rn. 66.

III. Beitragszahlung

Mit dem Erlöschen des Versicherungsvertrages erlischt auch die **Prämienzahlungsverpflichtung** des VN für die Zukunft. Bis zum Erlöschen des Vertrages schuldet der VN einen anteiligen Beitrag, der **hypothetisch** ermittelt wird: Zu entrichten ist der Beitrag der nach dem Tarifsystem des Versicherers bei fingierter Kenntnis des späteren Wegfalls des Interesses bereits zum Zeitpunkt des Vertragsschlusses vom Versicherer gefordert und zwischen den Parteien vereinbart worden wäre. Der ursprünglich vereinbarte Beitrag wird also nicht nur entsprechend der tatsächlichen Laufzeit des Vertrags zeitanteilig gekürzt. Die Berechnung des hypothetischen Beitrags kann sich im Einzelfall schwierig gestalten.[11] Neben dem allgemeinen Tarifsystem ist der Zeitpunkt, zu dem das Interesse wegfällt und der Versicherungsvertrag erlischt, von maßgebender Bedeutung. Fällt das versicherte Interesse im ersten Vertragsjahr weg und bietet der Versicherer für unterjährige Verträge Kurzzeittarife an, so ist der erloschene Vertrag grundsätzlich auf deren Grundlage abzurechnen.[12] Schließt der Versicherer auch unterjährige Verträge ausnahmslos nur zum Jahresbeitrag ab, so schuldet der VN diesen auch beim Wegfall des Interesses während des Beitragsjahres.[13] Fehlt ein einheitliches Tarifsystem so ist dem Versicherer zuzugestehen, einen zeitanteiligen Beitrag ggf. unter Zubilligung eines angemessenen Kostenzuschlags für den Aufwand des Versicherers zu berechnen.[14] Fällt das versicherte Interesse nach dem ersten Vertragsjahr weg, gilt grundsätzlich Entsprechendes.[15] Der Ansatz eines Kurztarifs für das angebrochene Vertragsjahr erscheint jedoch mit Blick auf die insgesamt überjährige Vertragslaufzeit weniger plausibel.[16] Lässt das Tarifsystem des Versicherers keine eindeutige Antwort zu, ist auf einen zeitanteiligen Beitrag zurückzugreifen,[17] ggf. auch hier unter Zubilligung eines Kostenzuschlags.[18] 10

Hat der VN über den hypothetisch ermittelten Beitrag bereits Zahlungen an den Versicherer geleistet, so sind diese zu erstatten.

IV. Vorrangige Sonderregelungen

Abs. 1 stellt lediglich eine **Grundregel** auf, die nur **subsidiär** greift, soweit keine abweichenden Regelungen getroffen wurden. Der Bestimmung **vorgehende Sonderregelungen** zum Wagniswegfall finden sich neben den Regelungen in den nachfolgenden **Abs. 2 bis Abs. 4** z.B. 11

11 Übersicht über den Streitstand zur Berechnung, vgl. B/M/*Schnepp*, § 80 Rn. 76 ff.
12 L/P/*Makowsky*, § 80 Rn. 19; L/R/*Langheid*, § 80 Rn. 20 f.; P/M/*Armbrüster*, § 80 Rn. 23a.
13 OLG Hamm VersR 1993, 1514; B/M/*Schnepp*, § 80 Rn. 77; P/M/*Armbrüster*, § 80 Rn. 23a.
14 L/R/*Langheid*, § 80 Rn. 20; P/M/*Armbrüster*, § 80 Rn. 20; B/M/*Schnepp*, § 80 Rn. 77.
15 B/M/*Schnepp*, § 80 Rn. 78; L/R/*Langheid*, § 80 Rn. 21.
16 AG Ebingen VersR 1959, 221, 221 f.; L/R/*Langheid*, § 80 Rn. 21; a.A. AG Stuttgart VersR 1954, 35.
17 L/R/*Langheid*, § 80 Rn. 21; P/M/*Armbrüster*, § 80 Rn. 23a; B/M/*Schnepp*, § 80 Rn. 78.
18 L/R/*Langheid*, § 80 Rn. 21; P/M/*Armbrüster*, § 80 Rn. 23a; a.A. (kein Kostenzuschlag) B/M/*Schnepp*, § 80 Rn. 78.

für den Bereich des **Verkehrs-Rechtsschutzes** in § 21 IX bei fehlender Fahrzeugzulassung auf den VN für mindestens 6 Monate (Beitragsanpassung oder Vertragsaufhebung nach Wahl) sowie in § 21 X beim Wegfall des ursprünglich versicherten Fahrzeugs und Anschaffung eines Ersatzfahrzeugs (Übergang des Versicherungsschutzes);

für den **Fahrer-Rechtsschutz** in § 22 VI für den Fall, dass der VN für mehr als 6 Monate keine Fahrerlaubnis besitzt (Vertragswegfall nach Fristablauf);

für den **Berufs-Rechtsschutz für Selbständige, für Firmen und Vereine** in § 24 IV für den Fall der Aufgabe der versicherten Tätigkeit bzw. des Todes des VN (Nachhaftung);

im Bereich des **Privat- und Berufsrechtsschutzes für Nichtselbständige** in § 25 V bei der Aufnahme einer selbständigen Tätigkeit und Erreichen eines bestimmten Mindestumsatzes (Vertragsumwandlung) sowie

für den **Privat-, Berufs- und Verkehrs-Rechtsschutz für Nichtselbständige** in § 26 VI bei Aufnahme einer selbständigen Tätigkeit und dem Erreichen eines jährlichen Mindestumsatzes (Vertragsumwandlung).

12 Im Streitfall hat der VN sowohl den Wegfall des versicherten Interesses, als auch die Kenntniserlangung sowie den Zeitpunkt der Kenntniserlangung des Versicherers unter **Beweis** zu stellen.[19]

C. Spezialfall Tod des VN (Abs. 2)

13 Abs. 2 enthält **Sonderregeln** zum Fortbestand des Versicherungsvertrags beim **Tod des VN.** Dabei kann, muss jedoch der Tod des VN nicht zwingend zum Wagniswegfall führen:[20] Nach dem **Grundsatz** der Universalsukzession geht die Gesamtheit der zu diesem Zeitpunkt bestehenden Rechtsverhältnisse als solche, folglich auch ein bestehender Rechtsschutzversicherungsvertrag, mit dem Tod des Erblassers auf dessen Erben über, § 1922 BGB. Die Fortsetzung des Vertrags mit dem oder den Erben des VN ist allerdings nur dort möglich, wo sich die versicherten Eigenschaften des verstorbenen Erblassers auch in der Person des oder der Erben fortsetzen und sich damit das abgesicherte Interesse auch bei dem oder den Erben verwirklichen kann. Abstrakt vergleichbare Positionen reichen hierfür nicht aus: Die Erben müssen vollständig in die tatsächlich und rechtlich konkret gegebenen Eigenschaften des Erblassers einrücken. Dementsprechend ist ein Übergang des Rechtsschutzvertrags auf die Rechtsnachfolger nur dort möglich, wo eine objektbezogene Eigenschaft Anknüpfungspunkt des Versicherungsvertrags bildet, z.B. die Stellung als Eigentümer einer Immobilie oder als Inhaber eines Gewerbebetriebes, und soweit sich diese Eigenschaft in einem oder mehreren Erben fortsetzt.[21] Ein Übergang bei subjektbezogenen Eigenschaften, wie z.B. der Eigenschaft als Arbeitnehmer, scheidet regelmäßig aus.[22]

---

19 L/P/*Makowsky*, § 80 Rn. 23; L/R/*Langheid*, § 80 Rn. 22; B/M/*Schnepp*, § 80 Rn. 103.
20 B/M/*Schnepp*, § 80 Rn. 20.
21 Harbauer/*Schmitt*, § 12 ARB 2010 Rn. 22; P/M/*Piontek*, § 12 ARB 2010 Rn. 5 ff.
22 Buschbell/Hering/*Buschbell*, § 6 Rn. 69; P/M/*Piontek*, § 12 ARB 2010 Rn. 6.

Unabhängig von diesen (erbrechtlichen) Grundsätzen und der Grundregel in Abs. 1 bestimmt Abs. 2, dass alleine der Tod des VN als solches, unabhängig davon, welche Eigenschaften des VN versichert waren, nicht zum unmittelbaren Erlöschen des Vertrags führt: Der Versicherungsvertrag besteht bis zum Ende der laufenden Beitragsperiode unverändert fort. Andere, daneben unabhängig vom Tod bestehende Erlöschensgründe bleiben unberührt. Sie sind weiter zu berücksichtigen. 14

Durch den angeordneten **Fortbestand** des Vertrages werden andernfalls drohende Härten für ggf. vorhandene mitversicherte Personen abgefedert;[23] deren Stellung bleibt durch den Tod des VN so zumindest zunächst, bis zum Ablauf der laufenden Beitragsperiode unverändert.

Ob mitversicherten Personen oder Erben des VN sodann für einen konkret vorliegenden Sachverhalt Versicherungsschutz zu gewähren ist, regelt Abs. 2 nicht. Dies muss jeweils im Einzelfall geprüft werden.

Der weitere Fortbestand des Vertrags nach dem Erbfall wird **einschränkend** davon abhängig gemacht, dass der fällige **Versicherungsbeitrag** für die laufende Beitragsperiode zum Zeitpunkt des Todes des VN bereits bezahlt war. Ist der Beitrag nicht entrichtet, so erlischt der Versicherungsvertrag mit dem Tod. Zwar sehen die §§ 37, 38, 42 VVG vor, dass der Versicherungsschutz nur unter bestimmten engen Voraussetzungen bei Zahlungsverzug endet; die den gesetzlichen Bestimmungen zugrunde liegenden Bestandsschutzgedanken (vgl. dazu auch § 9 Rdn. 4) greifen jedoch nicht in gleicher Form für die Erben des VN. Diese genießen bei Nichtzahlung des Beitrages kein schutzwürdiges Vertrauen in den weiteren Bestand des Vertrages.[24] Im Übrigen bemisst sich die Eintrittspflicht des Versicherers für Rechtsschutzversicherungsfälle, die vor dem Tod des VN eingetreten sind, auch bei einem Erlöschen des Vertrages weiterhin nach § 9, der den entsprechenden Vorschriften des VVG nachgebildet ist.[25] Gegen das Zahlungserfordernis bestehen daher mangels Widerspruchs zu den gesetzlichen Vorgaben keine durchgreifenden Bedenken. 15

Wird trotz des Todes des VN der nach dem Tod **nächstfällige Versicherungsbeitrag** an den Versicherer gezahlt, bleibt der Versicherungsvertrag auch im Folgenden in dem zum Zeitpunkt des Todes bestehenden Umfang erhalten. Der Versicherungsvertrag geht mit der Zahlung automatisch, ohne dass es einer Kenntnis oder eines Bewusstseins der Rechtsfolgen bedarf, auf den Zahlenden bzw. die Person über, für die die Zahlung erbracht wurde. Die Gefahr aufgedrängter Verträge, die z.B. Folge einer automatisierter Zahlung oder der Annahme einer unterstellten, tatsächlich nicht bestehenden Zahlungsverpflichtung sind, wird dadurch relativiert, dass der in den Vertrag Einrückende innerhalb eines Jahres nach dem Todestag des VN die rückwirkende **Aufhebung** des Vertrags vom Versicherer und hieran anknüpfend die Erstattung gezahlter Beiträge verlangen kann. Ist die Jahresfrist abgelaufen, ist eine Beendigung des über- 16

23 Harbauer/*Schmitt*, § 12 ARB 2010 Rn. 23; H/E/K/*Heinrichs*, 34. Kap. Rn. 370.
24 P/M/*Piontek*, § 12 ARB 2010 Rn. 7; Harbauer/*Schmitt*, § 12 ARB 2010 Rn. 24.
25 So ausdrücklich klarstellend P/M/*Piontek*, § 12 ARB 2010 Rn. 25.

gegangenen Vertrages grundsätzlich nur für die Zukunft, durch Kündigung, unter Einhaltung der geltenden Kündigungsfrist, möglich (vgl. jedoch nachfolgend Rdn. 17). Der Versicherer hat den Einrückenden allerdings gem. § 6 V VVG auf die Folgen der Zahlung aufmerksam zu machen und auf das bestehende Recht zur Vertragsaufhebung hinzuweisen.[26] Unterlässt der Versicherer die Belehrung, so kann er im Rahmen der hieran ggf. anknüpfenden Schadenersatzpflicht auch noch nach Ablauf der Jahresfrist zur rückwirkenden Aufhebung des Versicherungsvertrags verpflichtet sein.[27]

17 Da mit der Zahlung lediglich der ursprünglich bestehende Vertrag des VN übergeht, setzt der **Fortbestand** des Vertrags über das Ende der zum Todeszeitpunkt laufenden Beitragsperiode hinaus voraus, dass sich die versicherten Eigenschaften des verstorbenen VN in der Person des Nachrückenden fortsetzen. Tritt der Zahlende nicht vollständig in die rechtlichen und tatsächlichen Verhältnisse des Erblassers ein, fehlt es am versicherten Interesse und der Vertrag erlischt.[28]

D. Sonderfall Immobilienwechsel (Abs. 3 und Abs. 4)

18 **Abs. 3** nimmt Bezug auf den **Rechtsschutz von Mietern und Eigentümern von Wohnungen und Grundstücken** nach § 29, der an ein im Versicherungsschein konkret bezeichnetes Grundstück oder ein Gebäude(teil) anknüpft. Im mutmaßlichen Interesse des VN an einem durchgehend fortbestehenden Versicherungsschutz[29], ordnet die Bestimmung in Satz 1 anstelle des mit dem Wegfall des eigentlichen Bezugspunktes an sich verbundenen Erlöschens den Fortbestand des Vertrags und den **Übergang des Versicherungsschutzes** auf das neue Objekt an, soweit der VN die im Versicherungsschein genannte, selbst **genutzte Wohnung** oder das **selbst genutzte Einfamilienhaus** wechselt. Von einem relevanten **Wechsel** ist auszugehen, wenn die Selbstnutzung eines benannten Objekts zugunsten eines anderen Objekts komplett aufgegeben wird.[30] Dass das neue Objekt tatsächlich im Folgenden auch bezogen wird, ist nicht erforderlich. Es reicht aus, wenn die neue Immobilie nach den Planungen an die Stelle des bisher genutzten Objekts treten soll.[31] Ob der VN seinen Lebensmittelpunkt gerade im versicherten Objekt bzw. sodann im neu bezogenen Objekt hat, ist in diesem Zusammenhang irrelevant.[32] Der Erwerb und Bezug weiterer Immobilien neben der eigentlich versicherten Immobilie fällt nicht in den Regelungsbereich der Bestimmung, insbes. werden weitere, vom VN genutzte Immobilien nicht automatisch, ohne gesonderte vertragliche Regelung, in den bestehenden Versicherungsschutz miteinbezogen.[33]

---

26 Harbauer/*Schmitt*, § 12 ARB 2010 Rn. 27; P/M/*Piontek*, § 12 ARB 2010 Rn. 8.

27 Harbauer/*Schmitt*, § 12 ARB 2010 Rn. 27; P/M/Piontek, § 12 ARB 2010 Rn. 8.

28 So klarstellend nochmals P/M/*Piontek*, § 12 ARB 2010 Rn. 9; Harbauer/*Schmitt*, § 12 ARB 2010 Rn. 28.

29 Harbauer/*Schmitt*, § 12 ARB 2010 Rn. 30.

30 OLG Koblenz NJW-RR 2012, 1425.

31 Harbauer/*Schmitt*, § 12 ARB 2010 Rn. 32.

32 OLG Koblenz NJW-RR 2012, 1425; a.A. P/M/Piontek, § 12 ARB 2010 Rn. 10.

33 OLG Köln r+s 1993, 104; so klarstellend auch Harbauer/*Schmitt*, § 12 ARB 2010 Rn. 35.

Unabhängig vom Zeitpunkt des Übergangs des Versicherungsschutzes vom ursprünglichen auf das neue Bezugsobjekt, genießt der VN letztlich bezogen auf beide Immobilien umfassenden Rechtsschutz für Versicherungsfälle, die im Zusammenhang mit der Eigennutzung des jeweiligen Objekts stehen und innerhalb der Laufzeit des Versicherungsvertrags eintreten: Nach **Abs. 3 Satz 2 wirkt** der für das Ursprungsobjekt bestehende **Versicherungsschutz** in der Form **nach**, als Versicherungsschutz auch für solche Rechtsschutzfälle gewährt wird, die erst nach dem Auszug aus der zunächst versicherten Immobilie und damit nach dem eigentlichen Ende des Versicherungsverhältnisses für dieses Objekt eintreten. Damit werden z.B. Rechtsstreitigkeiten um die nach dem Auszug gestellte Nebenkosten[34]- und Kautionsabrechnung erfasst. Umgekehrt lässt **Abs. 3 Satz 3** den **Versicherungsschutz** für die Folgeimmobilie **vorwirken**, indem er Versicherungsschutz auch für solche Rechtsschutzfälle gewährt, die vor dem tatsächlichen oder geplanten Bezug des neuen Objekts in Bezug auf dieses eintreten, z.B. Auseinandersetzungen wegen möglicher Mängel des Folgeobjekts[35]. 19

Abs. 4 greift den Regelungsbereich des § 28 auf. Die Bestimmung ordnet bezogen auf ein Objekt, das der VN für seine gewerbliche, freiberufliche oder selbständige Tätigkeit selbst nutzt, die entsprechende Anwendung des Abs. 3 an. Für einen Übergang des Versicherungsschutzes muss die neue Immobilie allerdings dem bisher versicherten Objekt vergleichbar sein: Unter Berücksichtigung von Größe sowie Miet- oder Pachthöhe darf das neue Objekt nach dem Tarifsystem des Versicherers nicht die Erhebung eines höheren Beitrags rechtfertigen. Ist das neue Objekt nur zu einem höheren Beitrag versicherbar, scheidet ein automatischer Übergang des Versicherungsschutzes aus. 20

E. ARB 2012/2021

Im neuen Bedingungswerk finden sich unter Ziff. 6.2.4. (»Dauer und Ende des Vertrages«) Regelungen zum Interessenwegfall. Die Neuregelung enthalten bis auf die Regelung zur Prämienberechnung bei vorzeitigem Erlöschen des Vertrages, die nun zeitanteilig und nicht mehr hypothetisch erfolgen soll, keine wesentlichen Veränderungen zu den aktuellen Bestimmungen. Die Regelungen, insbes. die Bestimmungen zum Fortbestand des Vertrags beim Tod des VN, sind insgesamt sprachlich einfacher, verbraucherfreundlich gefasst. Vom Wegfall des versicherten Interesses wird nicht mehr gesprochen, Anknüpfungspunkt der Regelung bildet eine Veränderung äußerer Umstände, die zur Folge hat, dass Versicherungsschutz nicht mehr nötig ist. 21

Die in § 12 Abs. 3 und Abs. 4 enthaltenen Klauseln zum Fortbestand des Vertrags beim Wechsel versicherter Immobilien finden sich im neuen Bedingungswerk ebenfalls nicht verändert. Die Regelungen sind nun jedoch, der Systematik besser folgend, unter Ziff. 2.1. (»versicherte Lebensbereiche«) der Leistungsbeschreibung zum Wohnungs- und Grundstücksrechtsschutz zugeordnet.

Insgesamt kann damit zum Verständnis der neuen Bedingungen auf die vorstehende Kommentierung zurückgegriffen werden.

34 So das Beispiel bei Harbauer/*Schmitt*, § 12 ARB 2010 Rn. 21.
35 Harbauer/*Schmitt*, § 12 ARB 2010 Rn. 32; P/M/*Piontek* § 12 ARB 2010 Rn. 10.

§ 13 Kündigung nach Versicherungsfall

(1) Lehnt der Versicherer den Rechtsschutz ab, obwohl er zur Leistung verpflichtet ist, kann der Versicherungsnehmer den Vertrag vorzeitig kündigen.

(2) Bejaht der Versicherer seine Leistungspflicht für mindestens zwei innerhalb von zwölf Monaten eingetretene Rechtsschutzfälle, sind der Versicherungsnehmer und der Versicherer nach Anerkennung der Leistungspflicht für den zweiten oder jeden weiteren Rechtsschutzfall berechtigt, den Vertrag vorzeitig zu kündigen.

(3) Die Kündigung muss dem Vertragspartner spätestens einen Monat nach Zugang der Ablehnung des Rechtsschutzes gemäß Absatz 1 oder Anerkennung der Leistungspflicht gemäß Absatz 2 in Schriftform zugegangen sein. Kündigt der Versicherungsnehmer, wird seine Kündigung sofort nach ihrem Zugang beim Versicherer wirksam. Der Versicherungsnehmer kann jedoch bestimmen, dass die Kündigung zu jedem späteren Zeitpunkt, spätestens jedoch zum Ablauf des Versicherungsjahres, wirksam wird. Eine Kündigung des Versicherers wird einen Monat nach ihrem Zugang beim Versicherungsnehmer wirksam.

Literatur:
Fricke, Kündigungsrecht im Versicherungsfall für alle Schadensversicherungszweige?, VersR 2000, 16; *Leverenz*, Zurückweisung unwirksamer Kündigungen des VN durch den Versicherer, VersR 1999, 525; *Prölss*, § 158 VVG und die Rechtsschutzversicherung, VersR 1963, 893.

Übersicht Rdn.

A. Allgemeines

1 Das Versicherungsverhältnis wird typischerweise in besonderem Maße von wechselseitigem Vertrauen der Vertragsparteien geprägt:[1] Inwieweit sich die jeweiligen Erwartungen in den Vertragspartner erfüllen, erweist sich jedoch regelmäßig erst im

1 Hierzu ausführlich *Fricke* VersR 2000, 16, 19 f.; L/P/*Heyers*/*Schäfers*, § 92 Rn. 2; L/R/*Langheid*, § 92 Rn. 1 f.; Harbauer/*Bauer* (7. Aufl.), § 19 ARB 75 Rn. 1.

Versicherungsfall, wenn sich zeigt, wie schnell der Versicherer die von ihm versprochene Leistung erbringt bzw. inwieweit der VN bei der Ermittlung der Einstandspflicht mitwirkt und benötigte Angaben richtig und vollständig macht. Der Versicherungsfall stellt sich daher als neuralgischer Punkt für das Versicherungsverhältnis dar. Dies in Rechnung stellend, eröffnet § 13 sowohl für den VN, als auch für den Versicherer Möglichkeiten, sich nach eingetretenem Versicherungsfall vorzeitig vom Versicherungsvertrag zu lösen.

B. Kündigungsrecht des VN (Abs. 1)

I. Voraussetzungen

Abs. 1 räumt dem VN ein vorzeitiges Kündigungsrecht für den Fall ein, dass der Versicherer dem VN den von ihm nach dem **Eintritt eines Versicherungsfalls** beanspruchten Rechtsschutz **unberechtigt** verweigert und so gegen seine Hauptleistungspflicht verstößt. Lehnt der Versicherer die Leistungserbringung berechtigt ab, weil z.B. der VN seinen Prämienzahlungspflichten nicht nachgekommen ist (vgl. hierzu § 9 Rdn. 11 f., 17), die beabsichtigte Rechtsverfolgung mutwillig ist oder keine hinreichende Aussicht auf Erfolg hat (vgl. hierzu § 3a), ein Risikoausschluss greift oder eine Obliegenheitsverletzung gegeben ist, so besteht für den VN kein Kündigungsrecht. 2

II. Erklärungsfrist

Das nach Abs. 1 eröffnete Kündigungsrecht ist gem. Abs. 3 allerdings **zeitlich befristet.** Die Kündigung kann nur innerhalb eines **Monats** nach dem Zugang der Ablehnungsentscheidung des Versicherers erklärt werden. Für die Berechnung der einzuhaltenden Frist sind die §§ 187 I, 188 II, III, 193 BGB maßgebend. Die Kündigung des VN muss dem Versicherer vor dem Ablauf der Erklärungsfrist **zugegangen** sein. Im Streitfall hat der VN die Einhaltung der Monatsfrist unter Beweis zu stellen. 3

Die Frist für die Kündigung des VN wird mit dem Zugang der Ablehnungsentscheidung in Gang gesetzt. Dies gilt unabhängig davon, ob die Frage der fehlenden oder gegebenen Berechtigung zur Verweigerung des Deckungsschutzes bereits abschließend geklärt wurde; auch laufende Verfahren, insbes. gerichtliche Verfahren, bei denen die Frage der Gewährung von Versicherungsleistungen streitgegenständlich ist, **hemmen** den Lauf der Erklärungsfrist nicht.[2] Die Kündigung des VN ist hierdurch in erheblichem Umfang risikobelastet: bis zur einer, gegebenenfalls wesentlich später erfolgenden, gerichtlichen Klärung der Frage, ob Versicherungsschutz zu Unrecht verwehrt wurde und damit die Voraussetzungen für eine außerordentliche Kündigung gegeben waren, stellt sich ein Schwebezustand ein, während dem der VN weder den Umfang seiner Beitragszahlungspflicht, noch den Umfang seines Versicherungsschutzes bzw. die Möglichkeiten alternativer Absicherungsmöglichkeiten sicher bestimmen kann.[3] Mit 4

2 A.A. van Bühren/Plote/*Plote*, § 13 ARB 2010 Rn. 3.

3 OLG Köln VersR 1974, 462; OLG Karlsruhe VersR 2002, 1497; van Bühren/*Schneider*, § 13 Rn. 30 f.

Blick auf die eintretenden weitreichenden Konsequenzen im Fall einer unwirksamen Kündigung hat die Rechtsprechung aus dem Gebot von Treu und Glauben,[4] als vertragliche Nebenpflicht,[5] die Verpflichtung des Versicherers abgeleitet, eine unwirksame Kündigung des VN **unverzüglich zurückzuweisen** und die damit drohende Rechtsunklarheit zu beseitigen.[6] Unterbleibt die Zurückweisung, so verwehrt die Rechtsprechung dem Versicherer regelmäßig die Berufung auf die unwirksame Kündigung; die Kündigung des VN wird im Ergebnis mithin als wirksam behandelt und beendet den Vertrag zum angegebenen Zeitpunkt.[7] Die Behandlung der unwirksamen Kündigung als wirksam überzeugt dogmatisch jedoch nicht. Richtigerweise macht sich der Versicherer bei der Verletzung der Hinweis- und Zurückweisungspflicht, Verschulden vorausgesetzt, schadenersatzpflichtig.[8] Der VN ist damit so zu stellen, als wäre er unverzüglich auf die Unwirksamkeit seiner Kündigung aufmerksam gemacht worden. Bei der Kündigung aus Anlass einer letztlich berechtigt verweigerten Kostenübernahme, erscheint allerdings auch nach einer Belehrung eine Nachbesserung der Kündigung durch den VN in Form des Nachschiebens einer wirksamen Kündigung nicht konstruierbar. Ein Kündigungsgrund ist gerade nicht gegeben. Die Verletzung der Aufklärungspflicht ist insoweit hier ohne Folge: Der Vertrag besteht auch bei der unterbliebenen Zurückweisung fort. Anders wäre gegebenenfalls zu entscheiden, wenn der VN mangels Hinweises, im Vertrauen auf die Wirksamkeit der von ihm erklärten Kündigung, zwischenzeitlich einen neuen Rechtsschutzvertrag abgeschlossen hätte.[9]

III. Form

5 Während in den ARB 2000 die **Kündigungserklärung** des VN noch an keine Form gebunden war, hat die Kündigung des VN gem. Abs. 3 nun in **Schriftform** gem. § 126 BGB zu erfolgen. Dem Schriftformerfordernis steht nicht entgegen, dass der gem. § 18 VVG halbzwingende § 11 II – IV VVG keine besondere Form für die Erklärung der Kündigung vorsieht. § 11 VVG formuliert unmittelbar lediglich Schranken für die Ausgestaltung ordentlicher Kündigungsmöglichkeiten.[10] Vorliegend geht es jedoch um ein eingeräumtes Sonderkündigungsrecht. Unabhängig hiervon, dient die Schriftform der sicheren Dokumentation der Kündigung und damit letztlich auch dem Schutz des

4 BGH r+s 2013, 424; OLG Koblenz VersR 1999, 875, 876; OLG Karlsruhe VersR 2002, 1497; L/P/*C. Schneider*, § 11 Rn. 69 f.; a.A. PK/*Ebers*, § 11 Rn. 33; L/R/*Rixecker*, § 11 Rn. 10 (Pflicht folgt aus § 6 Abs. 4 VVG).

5 L/P/*C. Schneider*, § 11 Rn. 69 ff., 74; *Rogler* r+s 2007, 140, 141.

6 P/M/*Armbrüster*, Vor § 11 Rn. 29; van Bühren/*Schneider*, § 13 Rn. 32; L/P/*C. Schneider*, § 11 Rn. 69 ff. m.w.N.

7 OLG Düsseldorf VersR 2004, 996, 997; OLG Karlsruhe VersR 2002, 1497; OLG Koblenz VersR 1999, 875, 876; OLG Hamm VersR 1977, 999, van Bühren/*Schneider*, § 13 Rn. 32; *Ebnet* NJW 2006, 1697, 1698 f.

8 LG Bremen VersR 2000, 305, 306]; L/R/*Rixecker*, § 11 Rn. 10; L/P/*C. Schneider*, § 11 Rn. 74 f.; P/M/*Armbrüster*, § 11 Rn. 33; *Leverenz* VersR 1999, 525, 531.

9 BSG r+s 2007, 144, 146; AG Hamburg VersR 1994, 665; L/P/*C. Schneider*, § 11 Rn. 75; *Rogler* r+s 2007, 140, 143, *Leverenz* VersR 1999, 525, 531.

10 PK/*Ebers*, § 11 Rn. 29.

VN,[11] der den fristgerechten Zugang der Kündigung im Streitfall zu beweisen hat.[12] Für die Zulässigkeit des Schriftformerfordernisses spricht für Verträge, die vor dem 01.10.2016 geschlossen wurden, auch § 309 Nr. 13 a.F. BGB, der lediglich die Bindung an eine strengere Form als die Schriftform oder an besondere Zugangserfordernisse für unwirksam erklärt.[13] Für Verträge, die seit dem 01.10.2016 geschlossen wurden, ist die Neuregelung des § 309 Nr. 13a BGB zu berücksichtigen. Danach können Erklärungen des VN nun nicht mehr an eine strengere Form als die Textform gebunden werden.

IV. Frist

Die Kündigung des VN wirkt mit ihrem Zugang grundsätzlich **sofort.** Der VN kann 6
jedoch, hiervon abweichend – maximal allerdings bis zum Ablauf des Versicherungsjahres- auch einen späteren **Zeitpunkt** bestimmen, zu dem das Versicherungsverhältnis sein Ende finden soll. Er wird damit in die Lage versetzt, sich rechtzeitig um einen neuen Versicherungsvertrag zu bemühen und für einen fortlaufenden Versicherungsschutz zu sorgen.[14]

C. Kündigungsrecht beider Vertragsparteien (Abs. 2)

I. Voraussetzungen

Abs. 2 eröffnet sowohl dem Versicherer, als auch dem VN ein Sonderkündigungsrecht 7
nach mindestens **zwei**, im Rahmen des jeweiligen Versicherungsvertrages eingetretenen **Rechtsschutzfällen.** Die Anknüpfung an zwei Rechtsschutzfälle ist nicht zu beanstanden.[15] Zwar sehen § 92 VVG bzw. § 111 VVG für die Sach- und Haftpflichtversicherung die Möglichkeit vor, sich bereits nach einem eingetretenen Versicherungsfall vorzeitig vom Vertrag zu lösen, hieraus lässt sich jedoch ein allgemeines Kündigungsrecht nach nur einem Versicherungsfall für alle Versicherungssparten nicht ableiten. Für die Rechtsschutzversicherung hat der Gesetzgeber ausdrücklich auf die Aufnahme eines entsprechenden Kündigungsrechts verzichtet.[16]

Die kündigungsrelevanten Versicherungsfälle müssen innerhalb eines Zeitraums von 8
12 Monaten, der nicht an das Kalenderjahr gebunden ist, eingetreten sein. Wann vom Eintritt des Rechtsschutzfalls auszugehen ist, bestimmt sich allein **objektiv** anhand des § 4. Ohne Bedeutung ist, wann der VN den Versicherungsfall meldet und um Deckungsschutz ersucht.[17] Die kündigungsrelevanten Versicherungsfälle müssen nicht alleine

11 L/P/*Heyers/Schäfers*, § 92 Rn. 7.
12 Van Bühren/Plote/*Plote*, § 13 ARB 2010 Rn. 10; L/P/*C. Schneider*, § 11 Rn. 79; PK/*Ebers* § 11 Rn. 25.
13 L/P/*Heyers/Schäfers*, § 92 Rn. 7; PK/*Ebers*, § 11 Rn. 29.
14 Harbauer/*Maier*, § 13 ARB 2010 Rn. 15.
15 So zumindest auch im Ergebnis P/M/*Piontek*, § 13 ARB 2010 Rn. 2.
16 Harbauer/*Maier*, § 13 ARB 2010 Rn. 3; für das alte Recht *Fricke* VersR 2000, 16, 18; a.A. *Prölss* VersR 1963, 893, 894 f.
17 Harbauer/*Maier*, § 13 ARB 2010 Rn. 7; van Bühren/Plote/*Plote*, § 13 ARB 2010 Rn. 6.

den VN betreffen, auch der Eintritt eines Versicherungsfalls für eine mitversicherte Person ist zu berücksichtigen.[18]

9 Voraussetzung für das Kündigungsrecht ist, dass der Versicherer für die Rechtsschutzfälle seine Leistungspflicht **anerkannt** hat. Die Anerkennung der Leistungspflicht ist eine **empfangsbedürftige, nicht formgebundene Willenserklärung**[19]. Sie kann ausdrücklich oder konkludent abgegeben werden. Insoweit reicht jedes tatsächliche Verhalten des Versicherers, aus dem sich zweifelsfrei ergibt, dass sich dieser aus dem Vertrag zur Leistung verpflichtet sieht und zur Leistung bereit ist,[20] so z.B. durch die Erstattung der eingereichten Kosten- oder Gebührenrechnung. Dem Anerkenntnis steht die Verurteilung des Versicherers im Deckungsprozess oder die vergleichsweise erteilte Deckungszusage des Versicherers gleich.[21] Reine Kulanzleistungen des Versicherers sind dagegen nicht geeignet, das Kündigungsrecht zu begründen.[22] **Adressat** der Anerkenntniserklärung können neben dem VN, eine versicherte Person oder ein hinzugezogener Rechtsanwalt[23] sein.[24]

10 Ohne Bedeutung für das Kündigungsrecht ist, ob der Versicherer tatsächlich für die streitigen Rechtsschutzfälle Leistungen erbracht hat, also insbesondere Kosten erstattet hat.[25] Die abstrakte Risikoverwirklichung genügt.

II. Erklärungsfrist

11 Das Kündigungsrecht nach Abs. 2 ist, wie das Kündigungsrecht nach Abs. 1, **befristet:** Die Kündigung muss dem jeweiligen Vertragspartner gem. Abs. 3 innerhalb eines Monats nach dem Zugang der Anerkennung der Leistungspflicht für den zweiten Rechtsschutzfall **zugehen.** Für die Berechnung der einzuhaltenden Frist sind die §§ 187 I, 188 II, 193 BGB maßgebend.

12 Verstreicht die Erklärungsfrist ohne Kündigung, so eröffnet jeder weitere Rechtsschutzversicherungsfall, für den der Versicherer seine Leistungspflicht bejaht, das Kündigungsrecht neu. Mindestfristen für die Zeitspanne zwischen zweitem und drittem Versicherungsfall werden nicht bestimmt. Insbesondere ist nicht erforderlich, dass sich nachfolgende Versicherungsfälle im gleichen 12-Monatszeitraum ereignet haben.[26]

---

18 Harbauer/*Maier*, § 13 ARB 2010 Rn. 7.

19 Harbauer/*Maier*, § 13 ARB 2010 Rn. 8; *Böhme*, § 19 ARB 75 Rn. 7.

20 OLG Celle NJW-RR 2004, 466; OLG Schleswig VersR 1968, 487, 488; Harbauer/*Maier*, § 13 ARB 2010 Rn. 8.

21 Harbauer/*Maier*, § 13 ARB 2010 Rn. 8; L/P/*Schulze Schwienhorst*, § 111 Rn. 4; P/M/*Lücke*, § 111 Rn. 4; L/R/*Langheid*, § 111 Rn. 4.

22 LG Hagen VersR 1983, 1147; Harbauer/*Maier*, § 13 ARB 2010 Rn. 8; P/M/*Piontek*, § 13 ARB 2010 Rn. 2; van Bühren/Plote/*Plote*, § 13 ARB 2010 Rn. 8.

23 LG Darmstadt NJW 1989, 2067.

24 Harbauer/*Maier*, § 13 ARB 2010 Rn. 8; van Bühren/Plote/*Plote*, § 13 ARB 2010 Rn. 7.

25 Harbauer/*Maier*, § 13 ARB 2010 Rn. 8.

26 Harbauer/*Maier*, § 13 ARB 2010 Rn. 9.

III. Kündigungsfrist

Die Kündigung nach bejahter Leitungspflicht wirkt, abhängig davon, wer der Vertragspartner die Kündigung erklärt, zu unterschiedlichen Zeitpunkten: Für den **Versicherer** gilt eine **Kündigungsfrist** von einem Monat. Demgegenüber wirkt die Kündigung des **VN** mit ihrem Zugang grundsätzlich **sofort**, es sei denn der VN bestimmt einen späteren **Zeitpunkt**, zu dem seine Kündigung wirken soll (vgl. dazu oben Rdn. 6). 13

IV. Form

Die Kündigung ist **schriftlich** (§ 126 BGB) zu erklären. Zu den Einzelheiten bei der Kündigung durch den VN, vgl. oben Rdn. 5. 14

Im Streitfall hat die Partei, die sich auf die Kündigung beruft, nach allgemeinen Prozessregeln den ordnungsgemäßen, fristgerechten Zugang der Kündigung unter **Beweis** zu stellen. 15

D. Beitragszahlungspflicht

Endet das Versicherungsverhältnis durch die Kündigung einer der Parteien vorzeitig, so sind bereits gezahlte **Versicherungsbeiträge** anteilig zu erstatten. 16

E. ARB 2012/2021

Im neuen Bedingungswerk finden sich unter Ziff. 6.2.5 (»Dauer und Ende des Vertrages – Kündigung nach Versicherungsfall«) Regelungen zur Kündigung des Versicherungsvertrages nach eingetretenem Versicherungsfall. Unter Ziff. 6.2.5.1. findet sich vergleichbar Abs. 1 wiederum das Recht des VN, den Vertrag nach unberechtigter Leistungsverweigerung des Versicherers innerhalb eines Monats zu kündigen. Die Kündigungserklärung wird anders als in den ARB 2010 hierbei nicht an die Schriftform, sondern – entsprechend der Neuregelung des § 309 Nr. 13 BGB für Verträge, die ab dem 01.10.2016 geschlossen werden – an die Einhaltung der Textform gebunden. Wegen der bestehenden Beweislastverteilung dürfte es sich jedoch unabhängig hiervon auch in Zukunft für den VN empfehlen, die Kündigung schriftlich zu erklären und deren Zugang durch Nutzung eines Einschreibens/Rückscheins oder eines Einwurf-Einschreibens beweissicher zu dokumentieren. 17

Die nachfolgende Bestimmung Ziff. 6.2.5.2. entspricht im Wesentlichen den Regelungen der Abs. 2 und 3. Anders als Abs. 2 kennt die Bestimmung allerdings nicht das Wiedererwachsen der Kündigungsmöglichkeit des Versicherers bei jedem neuen, den kündigungsbegründenden zwei Versicherungsfällen nachfolgendem Rechtsschutzfall. Die Kündigung ist den Vertragsparteien nur nach zwei innerhalb von 12 Monaten eintretenden Rechtsschutzfällen, für die der Versicherer seine Eintrittspflicht bestätigt hat, möglich und muss innerhalb eines Monats nach der Anerkennung des Versicherungsschutzes für den zweiten Rechtsschutzfall erfolgen.

§ 14 Gesetzliche Verjährung

(1) Die Ansprüche aus dem Versicherungsvertrag verjähren in drei Jahren. Die Fristberechnung richtet sich nach den allgemeinen Vorschriften des Bürgerlichen Gesetzbuches.

(2) Ist ein Anspruch aus dem Versicherungsvertrag bei dem Versicherer angemeldet worden, ist die Verjährung von der Anmeldung bis zu dem Zeitpunkt gehemmt, zu dem die Entscheidung des Versicherers dem Versicherten in Textform zugeht.

Literatur:
Wegener, Die Verjährung der verschiedenen Leistungsansprüche in der Rechtsschutzversicherung, VersR 1991, 1121.

Übersicht Rdn.

A. Allgemeines

1 Mit der Reform des VVG sind die ursprünglich besonderen Verjährungsfristen für Ansprüche aus dem Versicherungsvertrag abgeschafft worden. Die Verjährung richtet sich nun auch für versicherungsrechtliche Ansprüche nach den §§ 195 ff. BGB. Die vor der Reform gegebene Problematik, welche Ansprüche im Einzelnen zu den Ansprüchen aus dem Versicherungsvertrag zählen und damit der kürzeren versicherungsrechtlichen Verjährungsfrist unterliegen, stellt sich nach Ablauf der Übergangsfristen heute nicht mehr. Sie ist allenfalls noch für die Bewertung von Altfällen von Bedeutung.

B. Verjährung

2 Der erfolgten Angleichung der Verjährungsfristen entsprechend hält Abs. 1, insoweit lediglich klarstellend, nochmals ausdrücklich fest, dass die Ansprüche aus dem Versicherungsvertrag in drei Jahren verjähren. Für die Berechnung der Fristen verweist die Bestimmung unmittelbar auf die allgemeinen Verjährungsregeln des Bürgerlichen Gesetzbuches und damit auf die §§ 199 ff. BGB.

3 Kenntnis bzw. grob fahrlässige Unkenntnis des Gläubigers vom Schuldner und von den den Anspruch begründenden Tatsachen vorausgesetzt, **beginnt** die **Verjährungsfrist** für die Ansprüche aus dem Rechtsschutzversicherungsvertrag damit mit dem Schluss des Jahres (31.12., 24.00 Uhr) zu laufen, in dem der jeweilige Anspruch entstanden ist, also durch Leistungsklage geltend gemacht werden kann. Der Anspruch muss mithin fällig sein.[1] Die Fälligkeit ist für jeden einzelnen Anspruch des Versicherers

1 BGHZ 53, 222, 225; 79, 176, 177; 113, 188, 193; BGH NJW-RR 1999, 1037; NJW-RR 1994, 410, 411; vgl. im Übrigen Grüneberg/*Ellenberger*, § 199 Rn. 3 m.w.N.

und des VN aus dem Versicherungsverhältnis gesondert zu ermitteln. Zur Fälligkeit des Anspruchs des Versicherers auf Zahlung des Versicherungsbeitrags, vgl. die Ausführungen zu § 9 Rdn. 6 ff., 15. Beim Anspruch des VN auf Versicherungsleistung ist zu beachten, dass den Versicherer ein Bündel verschiedener Einzelpflichten trifft. Neben der prägenden Verpflichtung zur Befreiung des VN von den ihm durch Rechtsverfolgung entstehenden Kosten (§ 5 I Nr. 1), ist der Versicherer dem VN, als untergeordnete Nebenpflicht,[2] zu unterschiedlichen Sorgeleistungen verpflichtet: er hat gem. § 5 V lit. a) für die Übersetzung der für die Interessenwahrnehmung des VN im Ausland notwendigen schriftlichen Unterlagen zu sorgen und die anfallenden Übersetzungskosten zu tragen, gem. § 5 V lit. b) die Pflicht, dem VN, zur Verschonung vor Strafverfolgungsmaßnahmen, ein zinsloses Darlehen für eine Strafkaution zu gewähren, dem VN gem. § 17 III auf Anfrage oder in Eilfällen, wenn der VN keinen Rechtsanwalt benennt, die alsbaldige Beauftragung jedoch notwendig erscheint, einen Rechtsanwalt zu benennen und gem. § 17 IV zu beauftragen sowie gem. § 17 II S. 1 dem VN den Umfang des für den Rechtsschutzfall bestehenden Versicherungsschutzes zu bestätigen. Die verschiedenen Verpflichtungen stehen hierbei grundsätzlich unabhängig nebeneinander,[3] ohne sich wechselseitig zu beeinflussen. Die korrespondierenden Ansprüche des VN können sich damit zu unterschiedlichen Zeitpunkten aktualisieren; ein einheitlicher Anspruch auf Versicherungsleistung, der bei Vorliegen eines Versicherungsfalles zu einem bestimmten Zeitpunkt insgesamt fällig wird, besteht nicht.[4] Bittet der VN z.B. um Deckungszusage für einen Rechtsschutzfall, so wird mit der Deckungsanfrage nicht auch automatisch der Anspruch des VN auf Befreiung von den durch die angefragte Interessenwahrnehmung ausgelösten Kosten fällig gestellt; dies gilt auch dann, wenn der Versicherer auf die Deckungsschutzanfrage die Kostenübernahme ablehnt und damit bereits, zumindest für die jeweilige Instanz, zu erkennen gibt, überhaupt keine Kosten tragen zu wollen.[5]

Wann der Anspruch des VN auf **Kostenbefreiung fällig** wird, regelt **§ 5 II lit. a)**; die Bestimmung geht § 271 BGB als Sonderregelung vor. § 14 VVG ist nicht einschlägig, da dieser sich ausdrücklich nur auf Geldleistungen des Versicherers bezieht und damit weder Ansprüche auf Freistellung noch Ansprüche auf Sorgeleistungen erfasst. Der Kostenbefreiungsanspruch, der für jede Kosten- und Gebührenrechnung, auch bezogen auf Vorschuss- und Endrechnungen, gesondert erwächst,[6] ist danach fällig, sobald der VN dem Versicherer durch Vorlage entsprechender Kostenanforderungen oder Gebührenrechnungen nachweist, dass er mit Rechtsverfolgungskosten belastet ist. Hat 4

2 BGH NJW-RR 1999, 1037, 1038; VersR 2006, 404, 405; P/M/*Piontek*, § 14 ARB 2010 Rn. 3; Harbauer/*Schneider*, § 14 ARB 2010 Rn. 12.

3 BGH NJW-RR 1999, 1037, 1038; P/M/*Piontek*, § 14 ARB 2010 Rn. 3; Harbauer/*Schneider*, § 14 ARB 2010 Rn. 12; *Wegener* VersR 1991, 1121, 1122.

4 BGH NJW-RR 1999, 1037, 1038; VersR 2006, 404, 405; Harbauer/*Schneider*, § 14 ARB 2010 Rn. 12; L/R/*Rixecker*, § 14 Rn. 3.

5 BGH VersR 2006, 404, 405; Harbauer/*Schneider*, § 14 ARB 2010 Rn. 12; a.A. VersHb/*Obarowski*, § 45 Rn. 577.

6 BGH VersR 2006, 404, 405; van Bühren/*Schneider*, § 13 Rn. 471 f.

der VN die angefallenen Kosten bereits selbst getragen, so wandelt sich der Kostenbefreiungsanspruch in einen Erstattungs- und damit in einen Zahlungsanspruch gegen den Versicherer,[7] dessen Fälligkeit sich dann nach § 14 VVG bestimmt.[8]

5 Für die **Sorgepflichten** des Versicherers findet sich keine gesonderte Bestimmung zur Fälligkeit. Die Fälligkeit bestimmt sich folglich nach § 271 BGB. Gegenüber dem Versicherer kann die Sorgeleistung danach dann geltend gemacht werden, wenn sich nach dem Eintritt eines Rechtsschutzversicherungsfalls für den VN die Notwendigkeit einer rechtlichen Interessenwahrnehmung so konkret abzeichnet, dass er mit der Entstehung von Rechtsverfolgungskosten rechnen muss.[9]

6 Sowohl bei der Geltendmachung des Kostenbefreiungs-/Zahlungsanspruchs, als auch bei der Inanspruchnahme von Sorgeleistungen, ist dem Versicherer eine angemessene Frist zur Prüfung seiner Einstandspflicht zuzubilligen.[10] Für Zahlungsansprüche folgt dies bereits aus § 14 I VVG. Für den Kostenbefreiungsanspruch indiziert die Nachweispflicht das **Prüfungsrecht** des Versicherers. Welche Prüfungsfrist dem Versicherer einzuräumen ist, kann allgemein nicht bestimmt werden. Maßgebend sind die Umstände des Einzelfalls, insbes. welcher Anspruch aus dem Versicherungsvertrag in Rede steht und ob der Versicherungsfall bereits gemeldet war bzw. welche Informationen zum Versicherungsfall dem Versicherer bereits vorliegen.[11] Regelmäßig wird man dem Versicherer eine Prüfungsfrist von bis zu 2 – 3 Wochen zugestehen müssen.[12]

C. Hemmung der Verjährung

7 **Abs. 2** enthält eine besondere Regelung zur **Verjährungshemmung** für die Ansprüche, die der VN beim Versicherer angemeldet hat. Die Bestimmung entspricht vollinhaltlich **§ 15 VVG**, hat also lediglich **deklaratorische** Bedeutung. Sie zielt auf den Schutz des VN vor Rechtsnachteilen, die ihm andernfalls durch eine lange Prüfung der Eintrittspflicht durch den Versicherer drohen könnten.[13]

8 Der durch Abs. 2 begründete Hemmungstatbestand tritt neben die nach allgemeinen Vorschriften gegebenen Hemmungstatbestände (§§ 203 ff. BGB), ergänzt diese mithin

---

7 BGH VersR 1984, 530, 532; OLG Hamm VersR 1987, 92, 93; HK-VVG/*Münkel*, § 5 ARB 2010 Rn. 19.

8 Harbauer/*Schneider*, § 14 ARB 2010 Rn. 15.

9 OLG Hamburg VersR 1999, 1012; OLG Hamm NJW-RR 1998, 1250; OLG Köln VersR 1991, 295, 296; VersR 1986, 805; OLG Schleswig VersR 1998, 1501, 1502; L/R/*Rixecker*, § 14 Rn. 3; a.A. OLG Frankfurt VersR 1991, 66, 67; Harbauer/*Schneider*, § 5 ARB 2010 Rn. 158 (tatsächliche Inanspruchnahme des Versicherers).

10 OLG Köln VersR 1986, 805; OLG Düsseldorf r+s 1989, 88; Harbauer/*Bauer*, § 5 ARB 2000 Rn. 159; L/R/*Rixecker*, § 14 Rn. 3; H/E/K/*Heinrichs*, Kap. 34 Rn. 508; *Wegener* VersR 1991, 1121, 1122.

11 Harbauer/*Schneider*, § 5 ARB 2010 Rn. 159.

12 So für die Sorgeleistungen Harbauer/*Schneider*, § 5 ARB 2010 Rn. 159.

13 BGH NJW 1983, 2699, 2700; L/P/*Klenk*, § 15 Rn. 1; L/R/*Rixecker*, § 15 Rn. 1.

um einen **zusätzlichen Hemmungstatbestand.**[14] Neben Abs. 2/§ 15 VVG sind damit immer auch die allgemeinen Hemmungstatbestände eröffnet und ggf. zu berücksichtigen.

Gegenständlich ist die Hemmungsregelung ausdrücklich auf Ansprüche aus dem Versicherungsvertrag **beschränkt.** Es werden mithin nicht alle Ansprüche des VN gegen den Versicherer erfasst, sondern lediglich Ansprüche, die ihrer rechtlichen Natur nach auf dem Versicherungsvertrag beruhen.[15] Bereicherungsrechtliche oder deliktische Ansprüche unterliegen der Bestimmung damit nicht.[16] 9

Die Verjährung eines Anspruchs aus dem Versicherungsvertrag wird mit dem Zugang der **Anspruchs-Anmeldung** beim Versicherer gehemmt.[17] Spezielle, insbes. formale Anforderungen an die Anmeldung des Anspruchs werden nicht gestellt: Es reicht jedes, auch tatsächliche Verhalten des VN oder einer mitversicherten Person (§ 15) gegenüber dem Versicherer, dem entnommen werden kann, dass ein bestimmter Anspruch aus dem Versicherungsvertrag geltend gemacht wird.[18] Da die Hemmung nur für den jeweils konkret in Rede stehenden Einzelanspruch greift, muss der geltend gemachte Anspruch, ggf. durch Auslegung,[19] hinreichend individualisierbar sein. Eine bloß pauschale Geltendmachung von Rechten aus dem Versicherungsvertrag genügt nicht, um eine Hemmung der Verjährung zu bewirken. Zur Anmeldung des Freistellungsanspruchs reicht z.B. die Übersendung eines zu Lasten des VN ergangenen Kostenfestsetzungsbeschlusses[20] oder die Vorlage einer Gerichtskostenrechnung. 10

Im Streitfall hat der VN, der sich auf die Hemmung der Verjährung beruft, die erfolgte Anmeldung des in Rede stehenden Anspruchs zu **beweisen.**[21] Es empfiehlt sich daher, die schriftliche Leistungsanforderung bzw. die beweissichere Dokumentation der Maßnahmen zur Geltendmachung der Ansprüche aus dem Versicherungsvertrag. 11

Sind Ansprüche aus dem Versicherungsvertrag angemeldet, so endet die eingetretene Verjährungshemmung mit dem Zugang der in Textform gem. § 126b BGB abgefassten Entscheidung des Versicherers über seine Leistungspflicht. Die Entscheidung bedingt eine **abschließende**, positive oder negative,[22] **Stellungnahme** des Versicherers zum Grund und zur Höhe des jeweils angemeldeten Anspruchs. Der Versicherer muss sich 12

14 L/P/*Klenk*, § 15 Rn. 4; L/R/*Rixecker*, § 15 Rn. 1; Harbauer/*Schneider*, § 14 ARB 2010 Rn. 21.
15 BGH NJW-RR 2004, 892, 894; L/R/*Rixecker*, § 15 Rn. 11; L/P/*Klenk*, § 15 Rn. 8.
16 BGH NJW-RR 2004, 892, 894; OLG Düsseldorf VersR 1992, 557; L/P/*Klenk*, § 15 Rn. 10; L/R/*Rixecker*, § 15 Rn. 11; Harbauer/*Schneider*, § 14 ARB 2010 Rn. 18.
17 L/R/*Rixecker*, § 15 Rn. 10.
18 L/P/*Klenk*, § 15 Rn. 14 ff.; Harbauer/*Schneider*, § 14 ARB 2010 Rn. 20.
19 L/P/*Klenk*, § 15 Rn. 16.
20 KG r+s 1991, 23, 24; L/P/*Klenk*, § 15 Rn. 14.
21 OLG Hamm VersR 1992, 1255; VersR 1993, 300; L/P/*Klenk*, § 15 Rn. 37.
22 BGH VersR 1991, 878, 879 (bezogen auf die Kfz-Haftpflichtversicherung); L/P/*Klenk*, § 15 Rn. 21.

endgültig zum Umfang seiner Einstandspflicht geäußert haben.[23] Hieran fehlt es im Fall der Ablehnung von Ansprüchen durch den Versicherer wegen Mutwilligkeit oder mangelnden Erfolgsaussichten gem. § 18 I, solange noch die Möglichkeit zur Durchführung eines Schiedsgutachterverfahrens bzw. eines Stichentscheids besteht.[24]

13 Wegen der ggf. unterschiedlich laufenden Verjährungsfristen für die Einzelansprüche aus dem Rechtsschutzvertrag, vgl. hierzu oben Rdn. 3 ff., ist bei der Bewertung der Entscheidung des Versicherers jeweils herauszuarbeiten, welche Ansprüche angemeldet wurden und auf welche Ansprüche sich die Antwort des Versicherers bezieht. Mit der bloßen Erteilung der Deckungszusage erfolgt lediglich eine Bestätigung des Versicherungsschutzes und der Kostenübernahme dem Grunde nach, eine Stellungnahme zur Übernahme von Kosten der Höhe nach, ist der Deckungszusage regelmäßig nicht zu entnehmen.[25] Bis zur Entscheidung über die Höhe der zu übernehmenden bzw. zu erstattenden Kosten, bleibt die Verjährung der Kostenbefreiungs- bzw. Zahlungsansprüche nach deren Anmeldung mithin gehemmt.

14 Die Entscheidung des Versicherers muss dem Anspruchssteller zugehen.[26] Den **Zugang** hat der Versicherer im Streitfall unter Beweis zu stellen.[27] Eine gesonderte Belehrung über die an die Entscheidung des Versicherers geknüpften Folgen für den weiteren Verjährungslauf hat der Versicherer nicht zu erteilen.[28]

15 Die Zeit, während der die Verjährung nach ihrem Beginn gehemmt ist, wird gem. § 209 BGB nicht in die Verjährungsfrist eingerechnet; die Verjährungsfrist verlängert sich damit um den nach Beginn der Verjährung verwirklichten Hemmungszeitraum.[29]

D. ARB 2012/2021

16 In den neuen Bedingungswerken finden sich unter Ziff. 8 (»Wann verjähren Ansprüche aus dem Versicherungsvertrag?«) Regelungen zur Verjährung. Die Regelungen entsprechen vollinhaltlich, lediglich sprachlich etwas modifiziert, § 14. Anstatt von Hemmung spricht Ziff. 8.2 nun, für den juristischen Laien möglicherweise besser verständlich, von Aussetzung, ohne damit in der Sache selbst jedoch anderes zu meinen.[30]

23 L/P/*Klenk*, § 15 Rn. 21 ff.; Harbauer/*Schneider*, § 14 ARB 2010 Rn. 22.
24 Harbauer/*Schneider*, § 14 ARB 2010 Rn. 22; P/M/*Piontek*, § 14 ARB 2010 Rn. 4.
25 Harbauer/*Schneider*, § 14 ARB 2010 Rn. 22; P/M/*Armbrüster* (27. Aufl.), § 18 ARB 75 Rn. 2.
26 L/P/*Klenk*, § 15 Rn. 27.
27 L/P/*Klenk*, § 15 Rn. 37.
28 L/R/*Rixecker*, § 15 Rn. 13.
29 OLG Köln VersR 2009, 391, 393; 1987, 1210, 1211; L/R/*Rixecker*, § 15 Rn. 10; L/P/*Klenk*, § 15 Rn. 36.
30 Harbauer/*Schneider*, § 14 ARB 2010 Rn. 24.

§ 15 Rechtsstellung mitversicherter Personen

(1) Versicherungsschutz besteht für den Versicherungsnehmer und im jeweils bestimmten Umfang für die in § 21 bis § 28 oder im Versicherungsschein genannten sonstigen Personen. Außerdem besteht Versicherungsschutz für Ansprüche, die natürlichen Personen aufgrund Verletzung oder Tötung des Versicherungsnehmers oder einer mitversicherten Person kraft Gesetzes zustehen.

(2) Für mitversicherte Personen gelten die den Versicherungsnehmer betreffenden Bestimmungen sinngemäß. Der Versicherungsnehmer kann jedoch widersprechen, wenn eine andere mitversicherte Person als sein ehelicher/eingetragener Lebenspartner Rechtsschutz verlangt.

Literatur:
Cornelius-Winkler, Anmerkung zum Beschluss des OLG München vom 01.04.2005 – 25 W 999/05, r+s 2007, 375; *ders.*, Mitversicherungskonstellationen in der Verkehrsrechtsschutzversicherung, SVR 2005, 321; *ders.*, Rechtsschutzversicherung – Ein Leitfaden für die Praxis, 3. Aufl. 2008; *Looschelders*, Klagebefugnis des Mitversicherten und Teilklageobliegenheit des Versicherungsnehmers in der Rechtsschutzversicherung nach den ARB 75, VersR 2000, 23; *Mathy*, Die Mitversicherung des nichtehelichen Lebenspartners in der Rechtsschutzversicherung, VersR 2003, 820; *ders.*, Rechtsschutz-Alphabet, 2. Aufl. 2000.

Übersicht

A. Allgemeines

1 Wie in fast allen Versicherungszweigen ist es auch im Bereich der Rechtsschutzversicherung üblich, neben dem VN auch **andere Personen am Versicherungsschutz teilhaben zu lassen.** Damit werden Lücken im Versicherungsschutz in Bezug auf Personen, die dem VN auf unterschiedliche Weise nahestehen, vermieden. Diese sind dann versichert, ohne selbst VN zu sein.

2 § 15 regelt nicht lediglich die Rechtsstellung, sondern vielmehr auch den Rahmen des einzubeziehenden Personenkreises. Entsprechend der Systematik der ARB werden im Allgemeinen Teil die grundlegenden Leistungen bestimmt, während im Besonderen

Teil die Zusammensetzung des konkreten Versicherungsschutzes erfolgt. Abs. 1 überlässt nur den »Umfang« des Versicherungsschutzes den §§ 21–28 zur Regelung. Treffender wäre daher die Überschrift »**Mitversicherte Personen und deren Rechtsstellung**«.

3 Von einer »**Mitversicherung**« sprach man vor der VVG-Reform, wenn dasselbe Interesse von mehreren Versicherern gemeinsam versichert wurde.[1] Dagegen verwendet das neue VVG für die Versicherung durch mehrere Versicherer einheitlich nur noch den Begriff der **Mehrfachversicherung**, vgl. § 78 I VVG.

4 Bei den hier betreffenden Konstellationen der »Mitversicherung« handelt es sich nicht um eine Mehrfachversicherung i.S.d. § 78 I VVG, sondern um eine **Versicherung für fremde Rechnung nach §§ 43 ff. VVG**, die als Sonderfall des Vertrags zugunsten Dritter zu qualifizieren ist.[2] Die §§ 43 ff. VVG finden damit Anwendung, soweit sie nicht durch die ARB oder sonstige vertragliche Regelungen zugunsten des VN oder der mitversicherten Personen abbedungen sind.[3]

B. Erstreckung des Versicherungsschutzes nach Abs. 1 Satz 1

5 In der Rechtsschutzversicherung lässt sich begrifflich zwischen obligatorischer und fakultativer Erstreckung des Versicherungsschutzes unterscheiden.[4] Abs. 1 Satz 1 Alt. 1 betrifft die **obligatorische** Einbeziehung, da dort Dritte neben dem VN automatisch im Rahmen der §§ 21–28 mitversichert werden. **Fakultativ** werden Dritte miteinbezogen, wenn dies im Einzelfall vertraglich vereinbart wird, vgl. Abs. 1 Satz 1 Alt. 2.

I. Obligatorisch

6 Im Rahmen der verschiedenen Formen des Versicherungsschutzes nach Maßgabe der §§ 21–29 wird, zumeist im **jeweiligen Abs. 2**, der Kreis der im Sinne des § 15 mitversicherten Personen festgelegt. Soweit § 21 I 2 von der Erstreckung des Versicherungsschutzes spricht, ist damit nichts anders gemeint.

1. §§ 21 bis 28

7 Der Kreis der mitversicherten Personen ist in §§ 23, 25–28 abgesehen von risikospezifischen Besonderheiten in §§ 27, 28 gleich geregelt. Mitversichert sind demnach der **Ehegatte** oder der **eingetragene Lebenspartner** sowie die **minderjährigen Kinder**. **Unverheiratete**, nicht in einer eingetragenen oder sonstigen Lebenspartnerschaft i.S.d. § 3 IV lit. b) lebende volljährige **Kinder** werden **bis zur Vollendung des 25. Lebensjahres** ebenso mit in den Versicherungsschutz einbezogen. Dies gilt jedoch **längstens bis** zu dem Zeitpunkt, in dem sie erstmalig eine **auf Dauer angelegte berufliche Tätigkeit** ausüben und hierfür ein leistungsbezogenes Entgelt erhalten. Ein Ferienjob oder ein Referendariat stehen der Erstreckung des Versicherungsschutzes nicht entgegen, da

---

1 Vgl. etwa L/P/*von Koppenfels-Spies*, § 77 Rn. 5.
2 BGH VersR 2006, 686; *Looschelders* VersR 2000, 23, 24; *Makowsky* JR 2015, 637.
3 Buschbell/Hering/*Buschbell*, § 6 Rn. 108.
4 H/E/K/*Heinrichs*, 34. Kap. Rn. 416 ff.; *Mathy*, Rechtsschutz-Alphabet, S. 504.

es sich hierbei nur um vorübergehende Tätigkeiten handelt. Beim Verkehrsrechtsschutz sind berechtigte Fahrer und Insassen mitversichert (§ 21 I 2),[5] beim Berufs-Rechtsschutz für Selbständige auch die vom VN beschäftigten Personen in Ausübung ihrer beruflichen Tätigkeit für den VN (§ 24 I lit. a)) und beim Vereins-Rechtsschutz auch die gesetzlichen Vertreter, Angestellten und Mitglieder, soweit diese im Rahmen der Aufgaben tätig sind, die ihnen gemäß der Satzung obliegen (§ 24 I lit. b)).

2. § 29

In der Aufzählung von Abs. 1 Satz 1 fehlt der Grundstücksrechtsschutz nach § 29. Ob in Fällen einer Rechtsgemeinschaft an einem versicherten Objekt dennoch eine sich »aus den Umständen« (vgl. §§ 43 III, 48 VVG) ergebende Fremdversicherung möglich ist, wird unterschiedlich beurteilt. Teilweise wird davon ausgegangen, dass die fehlende Erwähnung von § 29 in § 15 I 1 ein zulässiger Ausschluss einer solchen Fremdversicherung sei.[6] Dagegen wird unter bestimmten Voraussetzungen eine **stillschweigende Mitversicherung** angenommen.[7] Die Voraussetzungen seien erfüllt, sofern es der Versicherer unterlassen habe, nach etwaig Versicherten zu fragen, und sofern es dem Versicherer gleichgültig sein könne, wessen konkretes Interesse zu decken sei. Letzteres sei vor allem dann der Fall, wenn sich das Kostenrisiko durch die Mitdeckung nicht oder nur unwesentlich erhöhen würde.[8] In der Rechtsprechung wird teilweise auch unabhängig von einer eventuellen Risikoerhöhung eine Erstreckung des Versicherungsschutzes angenommen.[9] 8

Vor dem Hintergrund des in der Rechtsschutzversicherung geltenden Prinzips der Spezialität der im Einzelnen vom Versicherer übernommenen Risiken[10] ist einer Ausweitung des Versicherungsschutzes entgegen dem Wortlaut des § 15 mit Vorsicht zu begegnen. In der Regel wird eine **Fremdversicherung** im Rahmen des Grundstücksrechtsschutzes ausscheiden.[11] 9

II. Fakultativ

Nach dem Wortlaut von Abs. 1 Satz 1 Alt. 2 besteht Versicherungsschutz auch für die im Versicherungsschein genannten sonstigen Personen. Da der Versicherungsschein für den Vertragsinhalt aber nicht konstitutiv ist,[12] ist insofern allein die **vertragliche Vereinbarung** maßgeblich. Diese ist unabhängig von den Regelungen in den Rechtsschutzformen und kann daher beliebig erweitert werden. Eine sonstige Person i.S.v. **10**

5 S. dazu *Cornelius-Winkler* SVR 2005, 321 ff.
6 P/M/*Armbrüster*, § 15 ARB 2010 Rn. 1.
7 Harbauer/*Obarowski*, § 29 ARB 2010 Rn. 8; *Cornelius-Winkler*, Rechtsschutzversicherung, S. 37; wohl auch van Bühren/*Schneider*, § 13 Rn. 103.
8 AG Kelheim NJW-RR 1986, 110; s. auch VersHb/*Obarowski*, § 45 Rn. 187.
9 OLG Frankfurt NJW-RR 2011, 1579; OLG Karlsruhe NJW-RR 2001, 599, 600.
10 Dazu etwa L/P/*Paffenholz*, § 125 Rn. 10 und Buschbell/Hering/*Buschbell*, § 6 Rn. 121.
11 Näher § 29 Rdn. 18–20.
12 Vgl. § 7 Rdn. 18.

Abs. 1 Satz 1 Alt. 2, für die Versicherungsschutz nur bei entsprechender Vereinbarung besteht, ist auch der sonstige Lebenspartner i.S.d. § 3 IV lit. b).[13]

III. Zeitraum

11 Der Versicherungsschutz erfasst Dritte, wenn **bei Eintritt des Versicherungsfalles** ein **wirksamer Rechtsschutzversicherungsvertrag** besteht und der Dritte eine **Rechtsbeziehung zu dem VN** erworben und nicht wieder bereits verloren hat.[14] Die Dauer eines Rechtsschutzversicherungsvertrags folgt aus § 8. Erwerb und Verlust einer Rechtsbeziehung zum VN richten sich nach der in der jeweiligen Rechtsschutzform versicherten Eigenschaft. Die Dauer der Rechtsbeziehung kann mitunter sehr kurz sein, so etwa die Eigenschaft als Fahrzeuginsasse im Rahmen des § 21 I 2.

C. Erstreckung des Versicherungsschutzes nach Abs. 1 Satz 2

12 Abs. 1 Satz 2 dehnt den Versicherungsschutz auf natürliche Personen aus, denen infolge von Verletzung oder Tötung des VN oder einer mitversicherten Person eigene Ansprüche kraft Gesetzes zustehen. Als Anspruchsgrundlagen kommen nur solche in Betracht, die den **Ersatz eines eigenen Schadens** für die **Verletzung oder Tötung eines anderen** vorsehen.[15] Zu beachten ist dabei, dass ein zeitlich vor der Verletzungshandlung liegender vertraglicher Haftungsausschluss zulasten des unmittelbar Verletzten diese Ansprüche entfallen lassen kann.[16] Neben den §§ 844, 845 BGB, auf die in § 618 III BGB und § 62 III HGB verwiesen wird, bestehen außerhalb des allgemeinen Zivilrechts viele Sonderregelungen, s. etwa § 28 II AtG; § 5 II i.V.m. § 8 I HaftPflG; § 35 II LuftVG; § 7 II ProdHaftG; § 10 II StVG. Nach diesen Regelungen wird den Betroffenen insbesondere ein **Unterhaltsschaden** ersetzt. Durch das Gesetz zur Einführung eines Anspruchs auf **Hinterbliebenengeld**[17] wurde darüber hinaus in § 844 III BGB sowie vielen weiteren zivilrechtlichen Nebengesetzen die Regelung vorgesehen, dass der Ersatzpflichtige dem Hinterbliebenen, der zur Zeit der Verletzung zu dem Getöteten in einem besonderen persönlichen Näheverhältnis stand, für das dem Hinterbliebenen zugefügte seelische Leid eine angemessene Entschädigung in Geld zu leisten hat. Auch in diesen Fällen besteht damit Versicherungsschutz für die Angehörigen nach Abs. 1 Satz 2.

13 **Nicht erfasst** sind dagegen Ansprüche naher Angehöriger aufgrund von **Schockschäden** aus Anlass der Verletzung oder der Tötung des VN oder einer mitversicherten Person.[18] Diese sind zwar letztlich auch auf die Schädigung des VN oder der mitversicherten Person zurückzuführen. Es handelt sich jedoch nicht um Ansprüche Dritter, die das

13 Dazu eingehend *Mathy* VersR 2003, 820.

14 BGH VersR 1990, 416, 417; Harbauer/*Cornelius-Winkler*, § 15 ARB 2010 Rn. 11; H/E/K/*Heinrichs*, 34. Kap. Rn. 423.

15 Harbauer/*Cornelius-Winkler*, § 15 ARB 2010 Rn. 14.

16 BGH VersR 1961, 846, 847; MünchKommBGB/*Wagner*, § 846 Rn. 6.

17 BGBl. I 2017 S. 2421.

18 A.A. B/M/*Bruns*/*Rapp*, § 15 ARB 2010 Rn. 3.

Gesetz an die Verletzung von Rechtsgütern eines anderen knüpft. Vielmehr liegt der Haftungsgrund in einer Verletzung von eigenen Rechtsgütern der Angehörigen, welche durch den Schock in ihrer Gesundheit geschädigt sind.[19]

Auch Ansprüche, die in der Person des VN vor dessen Tod entstanden und lediglich im Wege der **Universalsukzession** nach **§ 1922 I BGB** auf die Erben übergegangen sind,[20] stellen keine eigenen Ansprüche der Erben im Sinne des Abs. 1 Satz 2 dar. Für eine Erstreckung des Versicherungsschutzes nach Abs. 1 Satz 2 besteht in diesen Fällen aber auch kein Bedürfnis. Denn wenn der VN vor seinem Tod einen Anspruch auf Versicherungsschutz im Hinblick auf diese Ansprüche hatte, so geht auch der Anspruch auf Versicherungsschutz mit dem Tod des VN gemäß § 1922 I BGB auf die Erben über. Dieser Übergang ist unabhängig von der Regelung des § 12 II. Denn § 12 II regelt die Voraussetzungen, unter denen der Versicherungsvertrag mit dem Erben fortbesteht.[21] Der Übergang eines in der Person des VN (Erblassers) entstandenen Deckungsanspruchs auf die Erben setzt jedoch nicht den Fortbestand des Versicherungsvertrags voraus.[22] 14

Eine Erstreckung des Versicherungsschutzes nach Abs. 1 Satz 2 kommt ebenso nicht in Betracht, wenn **Ansprüche eines nichtversicherten Erblassers** auf den rechtsschutzversicherten VN als Erben übergehen, auch wenn diese Ansprüche vom Versicherungsvertrag des VN ihrer Art nach erfasst wären.[23] 15

D. Sinngemäße Geltung

Abs. 2 ordnet die **sinngemäße Anwendung** der den VN betreffenden Vorschriften für die Mitversicherten an. Die Rechte und Pflichten der Mitversicherten richten sich damit nach den Rechten und Pflichten des VN. Davon ausgenommen ist lediglich die Pflicht zur Beitragszahlung.[24] Bei Prämienverzug (§ 37 I VVG) des VN besteht auch für die Mitversicherten kein Versicherungsschutz. Des Weiteren treffen die Mitversicherten grundsätzlich die gleichen Obliegenheiten wie den VN.[25] Darüber hinaus müssen Ausschlussklauseln und sekundäre Risikobegrenzungen in der Person des Mitversicherten verwirklicht sein.[26] Bei den in Betracht kommenden Vorschriften ist der 16

19 S. etwa BGH VersR 2023, 392 Rn. 13.

20 Eigene Schmerzensgeldansprüche eines Getöteten sind infolge des ersatzlosen Wegfalls von § 847 I 2 BGB a.F. im Jahr 1990 zwar vererbbar. Derartige Ansprüche bestehen aber nur in engen Grenzen, da der BGH ein solches Schmerzensgeld nur nach den Schmerzen, die das Opfer vor seinem Tod noch erlitten hat, bemisst; s. BGH NJW 1998, 2741, 2742.

21 Dazu näher § 12 Rdn. 13 ff.

22 Harbauer/*Cornelius-Winkler*, § 15 ARB 2010 Rn. 18; van Bühren/Plote/*Plote*, § 15 ARB 2010 Rn. 6.

23 Harbauer/*Cornelius-Winkler*, § 15 ARB 2010 Rn. 19.

24 Van Bühren/Plote/*Plote*, § 15 ARB 2010 Rn. 8.

25 Buschbell/Hering/*Buschbell*, § 6 Rn. 106.

26 OLG Hamm r+s 1993, 9; OLG Köln r+s 1993, 145, 146; Harbauer/*Cornelius-Winkler*, § 15 ARB 2010 Rn. 22; *Cornelius-Winkler*, Rechtsschutzversicherung, S. 37; a.A. OLG München r+s 2007, 375.

Begriff Versicherungsnehmer durch den Begriff Mitversicherter zu ersetzen. Allein bei Obliegenheiten nach Eintritt des Versicherungsfalles (§ 17) bleibt der VN neben dem Mitversicherten verpflichtet.[27]

17 Die Mitversicherten sind trotz der sinngemäßen Geltung der Vorschriften dem VN **nicht vollständig gleichgestellt.** Insbesondere kann der Mitversicherte den **Rechtsschutz** gemäß § 3 IV lit. a) **nicht gegen den VN** in Anspruch nehmen. Der VN soll mit seinen Prämien nicht einen Prozess gegen sich selbst finanzieren müssen.[28]

I. Wartezeit

18 Während des Zeitraums, in dem der VN gemäß § 4 I 3 keinen Versicherungsschutz beanspruchen kann, gilt dies gemäß Abs. 1 Satz 1 auch für die mitversicherten Personen. Hiervon ist die Frage zu unterscheiden, ob bei nachträglicher Erlangung der Stellung als mitversicherte Person die Wartezeit des § 4 I 3 für die jeweilige Person neu beginnt. Insofern ist zwischen obligatorischer und fakultativer Mitversicherung zu unterscheiden. Bei einer **obligatorischen Erstreckung** des Versicherungsschutzes (Abs. 1 Satz 1 Alt. 1) beginnt die Wartezeit für die mitversicherte Person **nicht neu zu laufen.**[29] Denn in diesem Fall ist die Ratio der Wartezeit, Zweckabschlüsse zu vermeiden,[30] nicht einschlägig. So wird niemand eine Ehe eingehen, nur um Versicherungsschutz zu erlangen.[31] Zudem würde die erneute Ingangsetzung der Wartezeit den mit der Mitversicherung beabsichtigten Schutz in vielen Fällen erheblich aushöhlen, da die Dauer der Eigenschaft als Mitversicherter mitunter sehr kurz sein und weniger als drei Monate betragen kann (vgl. Rdn. 11). Im Gegensatz dazu beginnt die Wartezeit bei einer nachträglichen **fakultativen Erstreckung** des Versicherungsschutzes (Abs. 1 Satz 1 Alt. 2) – vorbehaltlich einer abweichenden Regelung im Einzelfall – **neu,**[32] da in diesem Fall ebenso die Gefahr von Zweckabschlüssen besteht, wie wenn die betreffende Person einen eigenständigen Versicherungsvertrag neu abschließen würde.

II. Verfügungsbefugnis

19 Charakteristisch für die Versicherung für fremde Rechnung ist grundsätzlich die Aufspaltung von materieller Anspruchsberechtigung und formeller Verfügungsmacht.[33] Die Rechte aus dem Versicherungsvertrag stehen nach § 44 I VVG dem Versicherten zu, dieser kann nach § 44 II VVG ohne Zustimmung des VN aber nur dann über seine Rechte verfügen und diese gerichtlich geltend machen, wenn er im Besitz des Versicherungsscheins ist. Nach der gesetzlichen Regelung verfügungsbefugt ist vielmehr

27 BGH VersR 1979, 176, 178; Harbauer/*Cornelius-Winkler*, § 15 ARB 2010 Rn. 22.

28 *Cornelius-Winkler* r+s 2007, 375, 376.

29 VersHb/*Obarowski*, § 45 Rn. 455; Harbauer/*Cornelius-Winkler*, § 15 ARB 2010 Rn. 12.

30 Vgl. § 4 Rdn. 94.

31 Harbauer/*Cornelius-Winkler*, § 15 ARB 2010 Rn. 12.

32 OLG Karlsruhe r+s 2008, 105, 107; H/E/K/*Heinrichs*, 34. Kap. Rn. 379; Harbauer/*Cornelius-Winkler*, § 15 ARB 2010 Rn. 12; *Mathy* VersR 2003, 820, 821.

33 L/P/*Koch*, § 44 Rn. 1.

der VN (§ 45 I VVG); dieser ist jedoch aufgrund eines gesetzlichen Treuhandverhältnisses grundsätzlich zur Einziehung der Versicherungsforderung für den Mitversicherten verpflichtet.[34] Im Gegensatz dazu ist die Anordnung der sinngemäßen Geltung der die den VN betreffenden Bestimmungen nach Abs. 2 Satz 1 jedoch als **Abbedingung von § 44 II VVG** zu verstehen.[35] Damit ist der **Mitversicherte selbständig verfügungsbefugt**, selbst wenn die Voraussetzungen des § 44 II VVG nicht vorliegen. Dies ergibt sich auch daraus, dass die Regelung des § 11 II 1 ARB 75, wonach ausschließlich der VN zur Ausübung der Rechte der mitversicherten Personen berechtigt war,[36] in den ARB 94 entfallen ist.

Der BGH hat in einer Entscheidung aus 2014 allerdings klargestellt, dass Abs. 2 Satz 1 **nicht** zu entnehmen ist, dass der Versicherte unter Ausschluss der Verfügungsbefugnis des VN **allein verfügungsberechtigt** wäre.[37] Bis zu einem etwaigen Widerspruch nach Abs. 2 Satz 2 (dazu Rdn. 21 ff.) sind also sowohl der VN als auch der Mitversicherte jeweils verfügungsbefugt. Sollten sich Verfügungen des VN und des Mitversicherten widersprechen, so sind sie so zu behandeln, als wären sie von derselben Person abgegeben worden – maßgeblich ist somit das **Prioritätsprinzip.**[38] 20

E. Widerspruch

Nach Abs. 2 Satz 2 kann der VN widersprechen, wenn ein Mitversicherter Rechtsschutz verlangt. Das **Widerspruchsrecht** bedeutet nicht, dass der Versicherer verpflichtet wäre, nach der Deckungsanfrage des Mitversicherten eine Genehmigung des VN einzuholen. Vielmehr kann grundsätzlich von einem Einverständnis des VN ausgegangen werden, da der VN dem Mitversicherten die erforderlichen Daten zur Geltendmachung des Anspruchs zur Verfügung gestellt haben dürfte.[39] Anders als nach früheren Bedingungswerken kann der VN nicht mehr der Rechtsschutzgewährung für den mitversicherten Ehegatten oder eingetragenen Lebenspartner widersprechen, vgl. Abs. 2 Satz 2. Die Regelung des § 3 IV lit. a) bleibt dadurch aber unberührt, sodass kein Rechtsschutz besteht für die Wahrnehmung rechtlicher Interessen mitversicherter Personen gegen den VN. 21

Für die Widerspruchserklärung des VN besteht **weder ein Formerfordernis, noch** muss die Erklärung **zwingend gegenüber dem Versicherer** selbst erfolgen.[40] Aus Beweisgründen ist ein Widerspruch in Schrift- oder jedenfalls Textform aber zweckmäßig. 22

34 BGH VersR 2016, 1564 Rn. 6; VersR 2011, 1435 Rn. 12.
35 P/M/*Piontek*, § 15 ARB 2010 Rn. 2; B/M/*Bruns*/*Rapp*, § 15 ARB 2010 Rn. 3; vgl. auch BGH NJW 2014, 3030 Rn. 17.
36 Dazu *Looschelders* VersR 2000, 23.
37 BGH VersR 2014, 1118 Rn. 18.
38 B/M/*Bruns*/*Rapp*, § 45 Rn. 13; L/R/*Rixecker*, § 44 Rn. 3; *Looschelders*, r+s 2015, 581, 585; a.A. L/P/*Koch*, § 44 Rn. 37; insofern offengelassen in BGH VersR 2014, 1118 Rn. 19.
39 Harbauer/*Cornelius-Winkler*, § 15 ARB 2010 Rn. 24.
40 Vgl. dazu § 16 Rdn. 6 f.

23 Der Widerspruch hat nicht zur Folge, dass der Deckungsanspruch des Mitversicherten automatisch erlöschen würde, insbesondere steht der Anspruch nicht unter der auflösenden Bedingung des Widerspruchs. Vielmehr bewirkt der Widerspruch, dass die dem Mitversicherten durch Abs. 2 Satz 1 eingeräumte **selbständige Verfügungsbefugnis** (siehe Rdn. 18) **wieder entzogen** wird.[41] Der Mitversicherte kann seinen Anspruch damit nicht mehr selbst gegenüber dem Versicherer geltend machen. Die Verfügungsbefugnis liegt infolge des Widerspruchs gemäß § 45 I VVG wieder allein beim VN. Damit kann dieser mit dem Versicherer auch einen Erlass vereinbaren und dadurch den Deckungsanspruch des Mitversicherten zum Erlöschen bringen (§ 397 I BGB). Im Innenverhältnis zum Mitversicherten ist der VN nach dem Widerspruch dagegen grundsätzlich aus dem gesetzlichen Treuhandverhältnis (siehe Rdn. 19) zur Einziehung verpflichtet.[42] Ob der Widerspruch des VN zugleich eine auf einen Erlass gerichtete Willenserklärung beinhaltet, ist eine Frage der Auslegung.[43]

24 Der Widerspruch wirkt nur **ex nunc.**[44] Leistungen, die der Versicherer vor dem Widerspruch an den Mitversicherten erbracht hat, muss der Mitversicherte also nicht etwa zurückzahlen. Soweit der Deckungsanspruch noch nicht erfüllt ist, verliert der Mitversicherte aber durch den Widerspruch auch die Einziehungsbefugnis, sodass er den Anspruch auch dann nicht mehr geltend machen kann, wenn die Kosten vor dem Widerspruch entstanden sind.[45]

25 Der Widerspruch nach Abs. 2 Satz 2 ist versicherungsrechtlich nicht an bestimmte Voraussetzungen geknüpft. **Im Innenverhältnis** zwischen dem VN und dem Mitversicherten kann dagegen bereits der **Widerspruch**, insbesondere aber ein anschließender **Erlass bzw. die anschließende Nichtdurchsetzung** der Forderung des Mitversicherten durch den VN in Ausnahmefällen nach den Umständen des Einzelfalls **pflichtwidrig** oder **rechtsmissbräuchlich** sein.[46] Ein Fall der Pflichtwidrigkeit wurde in der Vergangenheit in der Verweigerung des Rechtsschutzes für den Ehepartner gesehen (Verstoß gegen § 1353 BGB);[47] in diesen Fällen besteht nunmehr jedoch ohnehin kein Widerspruchsrecht mehr. Zudem weist *Cornelius-Winkler* zutreffend darauf hin, dass ein Widerspruch sinnlos ist, wenn der VN selbst zur Übernahme der Prozesskosten gegenüber dem Mitversicherten verpflichtet ist, was nicht selten der Fall sein wird (insb. bei minderjährigen Kindern und Arbeitnehmern des VN).[48]

26 **Umstritten** ist die Frage, ob der Mitversicherte eine etwaige Pflichtwidrigkeit oder Rechtsmissbräuchlichkeit des Widerspruchs auch **dem Versicherer entgegenhalten**

---

41 B/M/*Bruns/Rapp*, § 15 ARB 2010 Rn. 5.

42 B/M/*Bruns/Rapp*, § 15 ARB 2010 Rn. 7; P/M/*Piontek*, § 15 ARB 2010 Rn. 5.

43 P/M/*Piontek*, § 15 ARB 2010 Rn. 3; B/M/*Bruns/Rapp*, § 15 ARB 2010 Rn. 6.

44 P/M/*Piontek*, § 15 ARB 2010 Rn. 3; H/E/K/*Heinrichs*, 34. Kap. Rn. 422.

45 B/M/*Bruns/Rapp*, § 15 ARB 2010 Rn. 6.

46 P/M/*Piontek*, § 15 ARB 2010 Rn. 4 f.; HK-VVG/*Münkel* ARB 2010 § 15 Rn. 3; van Bühren/*Schneider*, § 13 Rn. 104.

47 LG Köln r+s 1997, 423; Buschbell/Hering/*Buschbell*, § 6 Rn. 116.

48 Harbauer/*Cornelius-Winkler*, § 15 ARB 2010 Rn. 26.

kann mit der Folge, dass der Mitversicherte trotz des Widerspruchs selbst als klagebefugt anzusehen wäre.[49] Auf Grundlage von Bedingungswerken, die die Verfügungsbefugnis allein dem VN zuweisen, wird in der Rechtsprechung zum Teil eine eigene Klagebefugnis eines Mitversicherten bejaht, wenn der Versicherer die Deckung gegenüber dem VN ablehnt und dieser den Anspruch daraufhin nicht weiter verfolgt.[50] In diesem Fall sei die Berufung des Versicherers auf die fehlende Klagebefugnis rechtsmissbräuchlich. Die Gerichte haben dies zum Teil auch damit begründet, dass die selbständige Geltendmachung durch den Mitversicherten im jeweiligen Fall gerade auch dem Willen des VN entsprach oder dieser der Geltendmachung jedenfalls nicht widersprochen hat.[51]

Beruht die Nichtgeltendmachung des Deckungsanspruchs des Mitversicherten durch den VN allein darauf, dass der VN von den Erfolgsaussichten des Deckungsprozesses nicht überzeugt ist bzw. er den Aufwand der Geltendmachung scheut, so spricht in der Tat viel für eine Klärung unmittelbar im Verhältnis zwischen Versicherer und Mitversicherten.[52] Die Konstellation eines pflichtwidrigen oder rechtsmissbräuchlichen Widerspruchs des VN ist damit jedoch nicht vergleichbar. Hier liegt die Einziehung durch den Mitversicherten gerade nicht im Interesse des VN – dieser hat schließlich widersprochen. Eine etwaige Pflichtwidrigkeit oder Missbräuchlichkeit des Widerspruchs folgt nicht aus dem versicherungsrechtlichen Verhältnis zwischen den Parteien, sondern aus dem Innenverhältnis zwischen dem VN und dem Mitversicherten.[53] Im Verhältnis zum Versicherer stellt dies somit eine Einwendung aus einem fremden Schuldverhältnis dar, auf die sich der Mitversicherte grundsätzlich **nicht berufen** kann.[54] Jedenfalls, wenn die Pflichtwidrigkeit im Innenverhältnis nicht völlig offensichtlich ist, ist es dem **Versicherer nicht zumutbar, sich mit dem Mitversicherten über die Frage der Pflichtwidrigkeit oder Missbräuchlichkeit des Widerspruchs auseinanderzusetzen.**[55] 27

F. ARB 2012/2019/2021

Die ARB 2012/2019/2021 sehen **keine** mit § 15 vergleichbare **allgemeine Regel** zur Erstreckung des Versicherungsschutzes mehr vor. Die Frage der Mitversicherung wird nunmehr für die einzelnen Rechtsschutzformen i.S.v. Ziff. 2 mit Ausnahme des Wohnungs- und Grundstücks-Rechtsschutzes angeordnet. Die Regelungen von § 15 gehen 28

49 Dafür P/M/*Piontek*, § 15 ARB 2010 Rn. 3; L/Pa/*Weckmann*, 2. Aufl. 2018, § 15 ARB 2010 Rn. 23.

50 BGH VersR 64, 709; OLG Hamm VersR 1999, 964; OLG Karlsruhe VersR 1995, 1352; OLG Stuttgart r+s 1992, 331; vgl. auch BGH VersR 1998, 1016, 1017.

51 So OLG Hamm VersR 1999, 964; OLG Karlsruhe VersR 1995, 1352; OLG Stuttgart r+s 1992, 331.

52 Näher *Looschelders* VersR 2000, 23, 25 f.

53 Harbauer/*Cornelius-Winkler*, § 15 ARB 2010 Rn. 26.

54 Vgl. auch Staudinger/*Looschelders*/*Olzen*, § 242 BGB Rn. 1097.

55 Harbauer/*Cornelius-Winkler*, § 15 ARB 2010 Rn. 26; VersHb/*Obarowski*, § 45 Rn. 564; HK-VVG/*Münkel* ARB 2010 § 15 Rn. 3; *Looschelders* VersR 2000, 23, 25 f.

dabei nicht vollständig verloren, sondern sind zum Teil nur noch für einzelne Rechtsschutzformen vorgesehen.

29 Für den Wohnungs- und Grundstücks-Rechtsschutz fehlt es wie schon in den ARB 2010 an einer Regelung zur Mitversicherung. Mangels einer anderweitigen vertraglichen Abrede, wie es § 15 darstellt, kommt eine **stillschweigende Mitversicherung** damit in Betracht.

30 Die **Erweiterung nach Abs. 1 Satz 2**, wonach auch Versicherungsschutz für Ansprüche besteht, die natürlichen Personen aufgrund Verletzung oder Tötung des VN oder einer mitversicherten Person kraft Gesetzes zustehen, ist nach Ziff. 2.1.2 ARB 2012/2019/2021 nur noch für die Rechtsschutzformen Privat, Landwirte, Verkehr und Fahrzeug vorgesehen und nicht für die Rechtsschutzformen Beruf/Unternehmen. Damit bewirkt die bloß partielle Integration von § 15 in die §§ 21–28 eine – womöglich unbeabsichtigte[56] – Verkürzung der Erstreckung des Versicherungsschutzes.

31 Ferner wurde die Regelung des **Abs. 2 Satz 1** in sprachlicher Hinsicht verändert. Die Formulierung in Ziff. 2.1.2 ARB 2012/2019/2021 »**Alle Bestimmungen aus diesem Rechtsschutzvertrag gelten auch für diese mitversicherten Personen**« ist jedoch wenig gelungen. Die Anordnung der *sinngemäßen* Geltung ist präziser, da nur damit erkennbar wird, dass die Pflicht zur Beitragszahlung (siehe Rdn. 16) und die Anwendung einer eigenständigen Wartezeit bei obligatorischer Erstreckung des Versicherungsschutzes (siehe Rdn. 18) für den Mitversicherten ausgeschlossen sind.

§ 16 Anzeigen, Willenserklärungen, Anschriftenänderung

(1) Alle für den Versicherer bestimmten Anzeigen und Erklärungen sollen an die Hauptverwaltung des Versicherers oder an die im Versicherungsschein oder in dessen Nachträgen als zuständig bezeichnete Geschäftsstelle gerichtet werden.

(2) Hat der Versicherungsnehmer eine Änderung seiner Anschrift dem Versicherer nicht mitgeteilt, genügt für eine Willenserklärung, die dem Versicherungsnehmer gegenüber abzugeben ist, die Absendung eines eingeschriebenen Briefes an die letzte dem Versicherer bekannte Anschrift. Die Erklärung gilt drei Tage nach der Absendung des Briefes als zugegangen. Dies gilt entsprechend für den Fall einer Namensänderung des Versicherungsnehmers.

(3) Hat der Versicherungsnehmer die Versicherung für seinen Gewerbebetrieb abgeschlossen, finden bei einer Verlegung der gewerblichen Niederlassung die Bestimmungen des Absatzes 2 entsprechende Anwendung.

Literatur:
Ante, Der Zugangsnachweis bei Einwurf-Einschreiben, NJW 2020, 3487; *Horacek/Nieland*, Rechtsschutzversicherung »post Diesel«: lesson learned?!, r+s 2024, 1029; *Looschelders*, Das

56 Harbauer/*Cornelius-Winkler*, § 15 ARB 2010 Rn. 28.

Wirksamwerden empfangsbedürftiger Willenserklärungen bei Übermittlung per Einschreiben, VersR 1998, 1198; *Mankowski*, Zum Nachweis des Zugangs bei elektronischen Erklärungen, NJW 2004, 1901.

Übersicht Rdn.

A. Allgemeines

§ 16 regelt in Übereinstimmung mit AVB-Baustein 24 die **Abgabe und den Zugang von Anzeigen und Erklärungen** von VN und Versicherer. Die Regelung ist insgesamt **obsolet** und wurde folgerichtig im Rahmen der ARB 2012 ersatzlos gestrichen. Abs. 1 ist unwirksam gemäß § 72 VVG (siehe Rdn. 3) bzw. entfaltet nach a.A. als bloße Soll-Regelung ohnehin keine rechtliche Wirkung. Abs. 2 entspricht bis auf minimale sprachliche Anpassungen, die keine Änderung der Rechtslage mit sich bringen, der Regelung des § 13 I VVG. Abs. 3 weicht äußerlich geringfügig von § 13 II VVG ab, dies bewirkt jedoch allenfalls eine Klarstellung und ebenfalls keine sachliche Änderung gegenüber der gesetzlichen Regelung (siehe Rdn. 24). 1

B. Anzeigen und Erklärungen

I. VN als Erklärender

Mit den in Abs. 1 zunächst erwähnten **Anzeigen** sind nicht rechtsgeschäftliche Willens-, sondern Wissenserklärungen gemeint; solche sehen die ARB etwa in den §§ 11 III 1, 12 I 1, 16 II, 21 X 3, 22 VI 2 vor. Mit den neben den Anzeigen genannten **Erklärungen** sind rechtsgeschäftliche Willenserklärungen gemeint, also etwa Anfechtung, Kündigung, Widerspruch (§ 5 I VVG) und Widerruf (8 I 1 VVG). 2

1. Form

3 Vor der VVG-Reform mussten Erklärungen i.d.R. schriftlich i.S.d. § 126 BGB abgegeben werden. Der Reformgeber hat davon jedoch Abstand genommen. Ein Schriftformerfordernis soll nunmehr nur noch dann bestehen, wenn dies aus Gründen des Versicherungsnehmerschutzes unverzichtbar erscheint.[1] Anzeigen und Erklärungen des VN sind damit weitgehend **formlos** möglich. Etwas anderes gilt nur dann, wenn das Gesetz wie im Falle der §§ 5 I, 6 III VVG Schrift- oder Textform vorschreibt oder ein Versicherer von einer abweichenden Vereinbarung i.S.d. § 32 Satz 2 VVG Gebrauch macht.

2. Erklärung durch den VN

4 Im Regelfall tritt der VN selbständig gegenüber dem Versicherer auf. Bedingt durch eine stetige Zunahme der Möglichkeiten zur elektronischen Kommunikation ist eine Anzeige von vertragsrelevanten Änderungen durch ein **Onlineformular** mittlerweile marktüblich.

3. Erklärung durch Bevollmächtigte

5 Bevollmächtigt der VN einen Rechtsanwalt oder sonstigen Vertreter mit der Abgabe einseitiger Erklärungen, so ist **§ 174 Satz 1 BGB** zu beachten. Demnach ist die Erklärung **unwirksam**, wenn der Vertreter keine Vollmachtsurkunde vorlegt und der Versicherer die Erklärung aus diesem Grund **unverzüglich zurückweist**. Im Hinblick auf die Unverzüglichkeit der Zurückweisung gilt das Gleiche wie bei der Zurückweisungspflicht des Versicherers von fehlerhaften Kündigungen des VN.[2] Auch hier ist eine nach den Umständen des Einzelfalles zu bemessene Frist anzusetzen. Daneben ist zu beachten, dass eine beglaubigte Abschrift oder eine Faxkopie nicht die Anforderungen an die Vorlage einer Originalvollmacht erfüllen.[3]

4. Adressat

6 Nach Abs. 1 sollen alle für den Versicherer bestimmten Anzeigen und Erklärungen grundsätzlich an die Hauptverwaltung des Versicherers gerichtet werden. Dies steht im Konflikt zu § 69 I Nr. 1 und 2 VVG, wonach auch der Versicherungsvertreter zur Entgegennahme verschiedener vertragsrelevanter Rechtshandlungen und Mitteilungen bevollmächtigt ist (§ 164 III BGB). Gemäß § 72 VVG ist eine **Beschränkung dieser gesetzlichen Vertretungsmacht** in allgemeinen Versicherungsbedingungen **unwirksam**. Vor diesem Hintergrund wird die Wirksamkeit entsprechender Regelungen zum Teil bezweifelt.[4] Andererseits wird zum Teil angenommen, dass Abs. 1 als bloße Soll-Rege-

---

1 Begr. RegE BT-Drucks. 16/3945 S. 64.

2 Vgl. § 8 Rdn. 16.

3 BGH NJW 2001, 289, 291; NJW 1981, 1210; BAG NZA 2011, 683, 686; OLG Hamm NJW-RR 2005, 134, 135.

4 So HK-VVG/*Schimikowski*, AHB, Nr. 29 Rn. 1 in Bezug auf den wortgleichen Nr. 29.1 AHB.

lung ohnehin nicht ausschließen kann, dass der VN seine Mitteilungen an jede anderweitig zuständige Stelle richtet.[5] Mangels verbindlicher Regelung von Rechten und Pflichten würde es sich dann schon nicht um »Vertragsbedingungen« und damit nicht um AGB im Sinne von § 305 I 1 BGB handeln,[6] sodass die Klausel auch nicht nach § 307 I BGB unwirksam sein könnte.

Demgegenüber stellt sich für den durchschnittlichen VN, aus dessen Perspektive die Klausel zu beurteilen ist,[7] die Frage, warum der Versicherer eine Klausel in sein Vertragswerk aufnehmen sollte, die keinerlei Rechtswirkung entfaltet. Jedenfalls im Hinblick auf § 305c II BGB ist § 16 I daher als verbindliche Regelung anzusehen,[8] sodass diese nach § 72 VVG unwirksam ist. Jedenfalls ist Abs. 1 intransparent nach § 307 I 2 BGB. Im Ergebnis führen beide Ansätze dazu, dass die Regelung keine Rechtswirkung entfaltet, sodass der VN seine Anzeigen und Erklärungen **gegenüber allen weiteren Stellen** abgeben kann, die erkennbar **für die Entgegennahme zuständig sind**, wie insb. ein Versicherungsvertreter. Nach dem zweiten Ansatz stellt die Verwendung der unwirksamen AGB aber zudem eine Pflichtverletzung des Versicherers dar.[9] 7

Der BGH hat einen Ausschluss der Empfangsvollmacht des Versicherungsvermittlers zwar in einer vor der VVG-Reform ergangenen Entscheidung für wirksam befunden.[10] Anders als § 72 VVG sah § 47 VVG a.F. die Möglichkeit einer Beschränkung der Vollmacht aber ausdrücklich vor, sodass die Entscheidung nicht aufs neue Recht übertragen werden kann. 8

II. Versicherer als Erklärender

Die weitgehende Formfreiheit von Anzeigen und Erklärungen gilt nicht für den **Versicherer.** Dieser ist zum Schutz des VN im Hinblick auf seine Anzeigen und Erklärungen vielmehr oftmals an gesetzliche (§§ 7 I 1, III; 21 I 1 VVG) oder vertragliche (§§ 3a I 2; 9 B II 2; 9 D I 2, II 2; 14 II; 17 VI 3 ARB 2010) **Formvorschriften gebunden.** Im Rahmen vertraglich vereinbarter Schriftformerfordernisse genügt nach 9

5 So Harbauer/*Bauer*, § 16 ARB 2010 Rn. 13; van Bühren/Plote/*Plote*, § 16 ARB 2010 Rn. 4.

6 Vgl. BGHZ 200, 362 Rn. 23 f.

7 BGH NJW 2018, 1019, 1020; NJW 2017, 2831, 2833; VersR 1993, 957, 958; VersR 1982, 841; zur Abgrenzung zwischen verbindlichen Vertragsbedingungen und unverbindlichen *Bitten* BGHZ 200, 362 Rn. 24.

8 § 305c II BGB verlangt im ersten Schritt eine Auslegung zulasten des Verwendungsgegners. Die »kundenfeindlich« ausgelegte Bestimmung wird dann auf ihre Wirksamkeit kontrolliert, bevor erst im zweiten Schritt eine »kundenfreundliche« Auslegung geboten ist; BGH NJW 2017, 1596 Rn. 39; NJW 2008, 987 Rn. 9; NJW 2008, 2172 Rn. 19; NJW 2009, 3716 Rn. 8.

9 Zur Verwendung unwirksamer Klauseln als Verletzung vorvertraglicher Rücksichtnahmepflichten s. etwa BGH NJW 2010, 2873 Rn. 24; NJW 2009, 2590; NJW 1984, 2816, 2817.

10 BGH VersR 1999, 710.

§ 127 II 1 BGB in der Regel die telekommunikative Übermittlung.[11] Die Gerichte beschäftigt hat in jüngerer Zeit insbesondere die Schriftlichkeit der Deckungsablehnung nach § 3a I 2.[12]

10 **Auch bei Erklärungen des Versicherers**, die aufgrund dessen Eigenschaft als juristische Person notwendigerweise im Wege der Stellvertretung erfolgen, kommt eine **Zurückweisung durch den VN nach § 174 Satz 1 BGB** in Betracht. Dies gilt auch für die Zurückweisung (des Versicherers) selbst, die ihrerseits ein einseitiges Rechtsgeschäft im Sinne der Norm darstellt. § 174 BGB setzt aber ein Rechtsgeschäft eines **Bevollmächtigten** voraus und findet damit keine Anwendung in den Fällen organschaftlicher Vertretungsmacht. Darüber hinaus ist die Zurückweisung nach § 174 Satz 2 BGB ausgeschlossen, wenn der Versicherer den VN von der Bevollmächtigung **in Kenntnis gesetzt** hat. Darunter fällt insbesondere die Eintragung der Vollmacht ins **Handelsregister** (vgl. § 53 I 1 HGB).[13] Ferner kann die Inkenntnissetzung auch konkludent erfolgen, wovon auszugehen ist, wenn der Vertreter eine Stellung bekleidet, mit der **üblicherweise** eine Vollmacht verbunden ist, die auch das konkrete Rechtsgeschäft erfasst.[14] Dagegen ist die Vorlage einer Vollmachtsurkunde seitens des Versicherers erforderlich, wenn Funktion und Umfang der Vertretungsmacht des Gegenübers »völlig im Dunkeln« bleiben.[15]

III. Zugangsprobleme

11 Der fristgerechte Zugang von Willenserklärungen hat auf dem Gebiet des Versicherungsvertragsrechts eine sehr große praktische Bedeutung. Auch im Bereich der Rechtsschutzversicherung ist für die Frage des Wirksamwerdens einer Willenserklärung gegenüber Abwesenden grundsätzlich die Regelung des **§ 130 I 1 BGB** maßgeblich. Danach wird eine Willenserklärung in dem Zeitpunkt wirksam, in dem sie dem Empfänger zugeht. Die Vorschrift findet über ihren Wortlaut hinaus nicht nur auf Willenserklärungen Anwendung, sondern auch auf geschäftsähnliche Handlungen, wozu auch Mitteilungen und Anzeigen gehören, an die das Gesetz Rechtsfolgen knüpft.[16] Zugang ist anzunehmen, wenn eine Erklärung derart in den Machtbereich des Empfängers gelangt, dass bei Annahme gewöhnlicher Verhältnisse mit Kenntnisnahme zu rechnen ist.[17] Allerdings muss sich der Empfänger nach § 242 BGB so behandeln lassen, als wäre die Erklärung zugegangen, wenn er die Annahme **unberechtigt verweigert**[18] oder den Zugang **arglistig vereitelt.**[19] Bei einer **fahrlässigen Zugangsvereitelung** muss sich

---

11 Dazu etwa OLG Schleswig VersR 2024, 1130, 1131.

12 Siehe dazu im Einzelnen *Horacek/Nieland*, r+s 2024, 1029, 1033 f.

13 BGH NJW 2002, 1194, 1195; etwa auch BAG NJW 2014, 3595 Rn. 21; MünchKommBGB/*Schubert*, § 174 Rn. 40; L/R/*Rixecker*, § 11 Rn. 9.

14 BAG NJW 2021, 3138 Rn. 18; OLG Saarbrücken ZfS 2003, 351, 352.

15 OLG Saarbrücken ZfS 2003, 351, 352.

16 BGH NJW 2002, 2703, 2704; MünchKommBGB/*Einsele*, § 130 Rn. 4.

17 BGH NJW 2014, 1010 Rn. 8; NJW 2004, 1320; NJW 1998, 976 (977).

18 BGH NJW 1983, 929, 930.

19 BGH VersR 1998, 472, 473.

der Empfänger bei einem unverzüglichen zweiten Zustellversuch so behandeln lassen, als hätte er das Schreiben zum Zeitpunkt der ersten Zustellung erhalten.[20] Diese Grundsätze gelten auch bei einem Einwurf-Einschreiben.[21]

Bei einem **Übergabe-Einschreiben** begründet der Einwurf des Benachrichtigungszettels in den Briefkasten des Adressaten noch keinen Zugang.[22] Denn der Benachrichtigungszettel enthält nicht die Willenserklärung selbst, sodass die Willenserklärung mit dem Einwurf des Benachrichtigungszettels noch nicht in den Machtbereich des Empfängers gelangt ist.[23] Musste der Empfänger aber mit dem Erhalt eines Einschreibens rechnen, so kann in der Nichtabholung trotz Kenntnis eine arglistige Zugangsvereitelung liegen.[24] 12

C. Anschriftenänderung

Wie § 13 I 1 VVG ordnet Abs. 2 Satz 1 eine **vertragliche Obliegenheit für den VN** zur Mitteilung von Adressänderungen und zugleich in Abweichung von § 130 BGB eine **vertragliche Zugangsfiktion** bei Verletzung dieser Mitteilungsobliegenheit an. Die Zugangsfiktion kann letztlich als Festschreibung und Erweiterung der Rechtsprechung des BGH zur (arglistigen und fahrlässigen) Zugangsvereitelung zugunsten des Versicherers angesehen werden. Dadurch wird dem Versicherer die Verwaltung der Geschäftsbeziehungen zu den einzelnen VN, welche ein **Massengeschäft** darstellt, **erleichtert**. 13

Abs. 2 Satz 2 regelt in Übereinstimmung mit § 13 I 2 VVG, dass die Erklärung nach Satz 1 **drei Tage nach Absendung als zugegangen** gilt. Eine Berufung auf die Zugangsfiktion kann dem Versicherer gem. § 242 BGB aber in den Fällen versagt sein, in denen er auf andere Weise Kenntnis von der neuen Anschrift oder der Namensänderung erhalten hat.[25] 14

Da die Deutsche Post zum 01.01.2025 die Postlaufzeiten verlängert hat und im Zuge dessen die Fristen gesetzlicher Zugangsfiktionen von drei auf vier Tage erhöht wurden,[26] sollte dies auch im Rahmen des § 13 II 2 VVG sowie entsprechenden AVB angepasst werden. 15

Eine Wiederholung gesetzlicher Regelungen im Rahmen von AVB, wie sie Abs. 2 im Hinblick auf § 13 I VVG darstellt, ist unschädlich, aber auch nicht erforderlich. Insbesondere verlangt auch das Transparenzgebot aus § 307 I 2 BGB nicht, gesetzliche Regelungen in Vertragswerke aufzunehmen.[27] Ferner ändert auch die Aufnahme der 16

20 BGH VersR 1998, 472, 473.
21 BGH NJW 2017, 68 Rn. 25; eingehend *Ante* NJW 2020, 3487.
22 BGH VersR 1998, 472, 473; a.A. *Wertenbruch* JuS 2020, 481, 485.
23 MünchKommBGB/*Einsele*, § 130 Rn. 21.
24 BGHZ NJW 1977, 194, 195.
25 BGH VersR 1990, 881, 882; HK-VVG/*Muschner*, § 13 Rn. 9.
26 So beispielsweise in VwVfG (§ 41 II), VwZG (u.a. § 4 II) und ZPO (u.a. § 270 Satz 2).
27 BGH NJW 1996, 2092, 2093.

Regelung in die ARB nichts daran, dass die Mitteilungsobliegenheit als **gesetzliche** Obliegenheit einzustufen ist, sodass **§ 28 VVG keine Anwendung** findet.[28] Dass die Absätze 2 und 3 geringfügig vom Wortlaut des § 13 abweichen, ändert daran nichts, da mit der Anpassung der Formulierung keine Änderung in der Sache verbunden ist (siehe Rdn. 25).

I. Anwendungsbereich

17 Seinem Wortlaut nach gilt Abs. 2 nur für **Willenserklärungen**. Ebenso wie die gesetzliche Regelung des § 13 I VVG,[29] ist aber auch § 16 II darüber hinaus auf **geschäftsähnliche Handlungen** anzuwenden.[30] Eine Unterscheidung nach der dogmatischen Einordnung der jeweiligen Erklärung wäre sachlich nicht gerechtfertigt.[31]

18 Die Regelung des Abs. 2 **erfasst** auch den Fall, dass der VN bereits bei Vertragsschluss unzutreffende Angaben hinsichtlich der Anschrift oder des Namens macht und damit die beim Versicherer vorhandenen Daten **von Anfang an unrichtig** sind.[32] Dies scheidet nicht schon deswegen aus, weil die Regelung des Abs. 2 als Bestimmung des Vertrags auch erst mit dem Vertragsschluss wirksam wird. Denn die Obliegenheit des Abs. 2 ist für den VN erkennbar darauf gerichtet, dass der VN dem Versicherer (nach Vertragsschluss) die jeweils zutreffende aktuelle Anschrift mitteilt. Es macht keinen Unterschied, ob der VN nach Vertragsschluss eine infolge Adressänderung unrichtig gewordene Adressangabe oder eine von Anfang an unrichtige Adressangabe nicht gegenüber dem Versicherer korrigiert. Somit liegt eine Obliegenheitsverletzung mit der Folge des Abs. 2 Satz 1 auch dann vor, wenn der VN eine unzutreffend angegebene Anschrift nicht korrigiert.

19 Als vertragliche Regelung kann Abs. 2 dagegen denklogisch keine Anwendung finden auf **vorvertragliche Erklärungen** des Versicherers wie insbesondere dessen auf Abschluss des Versicherungsvertrags gerichtete Willenserklärung. Allerdings ist die **entsprechende gesetzliche Regelung** des § 13 I 1 VVG nach herrschender Ansicht auch auf diesen Fall **anzuwenden.**[33] Ist ein Versicherungsvertrag bereits wirksam zustande gekommen, so ist Abs. 2 Satz 1 uneingeschränkt anzuwenden auf die Zusendung des Versicherungsscheins, da diese für den Vertragsschluss nicht konstitutiv ist.[34]

---

28 Vgl. BGH VersR 1987, 477, 478; L/P/*Pohlmann*, § 28 Rn. 17.

29 BGH VersR 1975, 365.

30 Harbauer/*Schmitt*, § 16 ARB 2010 Rn. 20.

31 L/P/*Schneider*, § 13 Rn. 4.

32 Harbauer/*Schmitt*, § 16 ARB 2010 Rn. 24; für die Anwendung des entsprechenden § 13 II VVG in diesem Fall auch L/P/*Schneider*, § 13 Rn. 10; P/M/*Armbrüster*, § 13 Rn. 5; L/R/*Rixecker*, § 13 Rn. 2; a.A. L/W/*Fausten*, § 13 Rn. 32; B/M/*Johannsen*/*Koch*, § 13 Rn. 7.

33 L/P/*Schneider*, § 13 Rn. 9; P/M/*Armbrüster*, § 13 Rn. 8; L/W/*Fausten*, § 13 Rn. 19 ff.; a.A. B/M/*Johannsen*/*Koch*, § 13 Rn. 13.

34 Siehe § 7 Rdn. 18.

II. Tatbestand

1. Änderung

§ 16 erfasst in Abs. 2 Satz 1 die Änderung der Anschrift, in Abs. 2 Satz 3 die Änderung des Namens und in Abs. 3 die Verlegung der gewerblichen Niederlassung. Diesen Fällen ist gemeinsam, dass die entsprechenden Änderungen die **Zustellung vereiteln** können, wenn sie dem Versicherer nicht mitgeteilt werden. 20

a) Anschrift

Bis zur VVG-Reform erfasste § 10 I 1 VVG a.F. als Vorgängerregelung zum heutigen § 13 I 1 VVG lediglich die Änderung der Wohnung des VN. Die **Verlegung des Wohnsitzes** ist auch weiterhin der Hauptanwendungsfall von § 13 I 1 VVG bzw. § 16 II 1. Eine Verlegung des Wohnsitzes liegt in der Verlagerung des Lebensmittelpunkts auf unabsehbare Zeit; eine vorübergehende Abwesenheit durch längere Reisen oder Krankheit genügt nicht.[35] Bei einer längeren Abwesenheit, die nicht unter § 13 I 1 VVG fällt, kann jedoch ein Fall fahrlässiger Zugangsvereitelung vorliegen (Rdn. 11). Eine behördliche Ummeldung ist nicht Voraussetzung für eine Verlegung des Wohnsitzes im Sinne der Norm.[36] Denn **auch die faktische Verlegung des Wohnsitzes** ohne behördliche Ummeldung ist geeignet, den Zugang zu vereiteln. 21

Die **Gründe** für eine Änderung der Anschrift sind **unerheblich.**[37] Sowohl eine vom VN veranlasste Änderung der Anschrift als auch eine Straßenumbenennung erfüllen den Tatbestand. 22

b) Name

Nach Abs. 2 Satz 3 gilt die Mitteilungsobliegenheit sowie die Zugangsfiktion bei Verstoß gegen die Obliegenheit auch für den Fall einer Namensänderung des VN. Hintergrund ist, dass auch eine Namensänderung den Zugang vereiteln kann. Ausreichend ist die **rein faktische Änderung des vom VN geführten Namens,**[38] da bereits diese – etwa bei entsprechend geändertem Türschild – den Zugang beeinträchtigen kann. Ein behördliches Verfahren zur Änderung des Namens ist ebenso wenig maßgeblich wie die behördliche Ummeldung bei der Verlegung des Wohnsitzes.[39] 23

c) Verlegung der Niederlassung/Firma

Nach Abs. 3 ist (der gesamte) Abs. 2 auch bei einer **Verlegung der gewerblichen Niederlassung** anzuwenden, wenn der VN die Versicherung für seinen Gewerbebetrieb abgeschlossen hat. Im Gegensatz dazu verweist die entsprechende gesetzliche Regelung des § 13 II VVG lediglich auf die Sätze 1 und 2 von § 13 I VVG. Aufgrund des feh- 24

---

35 Vgl. BGH VersR 1971, 262; L/R/*Rixecker*, § 13 Rn. 3.

36 P/M/*Armbrüster*, § 13 Rn. 3; B/M/*Johannsen*, § 13 Rn. 4; L/P/*Schneider*, § 13 Rn. 11.

37 L/P/*Schneider*, § 13 Rn. 11.

38 L/P/*Schneider*, § 13 Rn. 15; P/M/*Armbrüster*, § 13 Rn. 6.

39 A.A. B/M/*Johannsen*, § 13 Rn. 11.

lenden Verweises auf § 13 I 3 VVG, der die Namensänderung des VN zum Gegenstand hat, wird im Hinblick auf die gesetzliche Regelung diskutiert, ob im gewerblichen Kontext auch die Änderung der Firma erfasst ist. Dies wird ganz überwiegend zu Recht bejaht.[40] Richtigerweise ist die Änderung der Firma unmittelbar von § 13 I 3 VVG erfasst.[41] Denn die Firma ist der *Name*, unter dem der Kaufmann seine Geschäfte betreibt und die Unterschrift abgibt (§ 17 I HGB). Dass § 16 III insgesamt auf Abs. 2 verweist, wird man als Klarstellung dahingehend verstehen können, dass von der Zugangsfiktion auch die **Änderung der Firma erfasst** sein soll. Sprachlich gelungen ist die Klarstellung indes nicht, da die Anwendung von Abs. 2 gemäß Abs. 3 dem Wortlaut nach auch eine Verlegung der gesetzlichen Niederlassung voraussetzt. Sinnvollerweise ist die Firmenänderung aber auch dann erfasst, wenn sie nicht zeitgleich mit einer Änderung der gewerblichen Niederlassung erfolgt.

25 § 13 II VVG und damit auch § 16 III sind insgesamt **obsolet**. Denn weil § 13 I VVG und damit auch § 16 II anders als § 10 I VVG a.F. nicht mehr auf die Änderung der Wohnung, sondern auf die Änderung der »**Anschrift**« abstellen, ist auch die Änderung der geschäftlichen Niederlassung bereits unmittelbar unter § 13 I VVG bzw. § 16 II zu subsumieren, ohne dass es dafür auf die Verweisung in § 13 II VVG bzw. § 16 III ankäme.[42] Die Firmenänderung ist wie ausgeführt unmittelbar von § 13 I 3 VVG erfasst.

2. Unterbliebene Mitteilung

26 Der VN muss die Änderung **mitteilen.** Dies setzt nicht zwingend eine ausdrückliche Mitteilung in Form eines gesonderten Schreibens voraus, sondern kann **auch konkludent** erfolgen. Von einer Mitteilung ist auszugehen, wenn der Versicherer unter üblichen Verhältnissen in der täglichen Geschäftskorrespondenz durch eine Initiative des VN Kenntnis erlangt.[43] Ausreichend ist, wenn der Versicherungsvertreter Kenntnis erlangt, vgl. § 70 VVG.

27 Auch eine bloße Änderung der **Adresse im Briefkopf** reicht aus, um eine Mitteilung anzunehmen.[44] Dagegen liegt keine Mitteilung vor, wenn die neue Anschrift lediglich auf dem **Briefumschlag** als Absender notiert ist. Anders als Briefkopf und Inhalt sind Umschlag und Inhalt eines Schreibens nicht in einem Dokument untrennbar zusammengefasst. Umschläge dürften selten elektronisch erfasst und archiviert werden. Zudem kann es vorkommen, dass die Sendungen von einer zentralen Poststelle geöffnet und dann lediglich die einzelnen Schreiben in die jeweilige Fachabteilung weitergeleitet werden.

28 Ein **Verschulden** des VN hinsichtlich der unterbliebenen Mitteilung ist **nicht erforderlich.**

40 L/P/*Schneider*, § 13 Rn. 16; P/M/*Armbrüster*, § 13 Rn. 11; L/R/*Rixecker*, § 13 Rn. 7.
41 L/P/*Schneider*, § 13 Rn. 16.
42 L/P/*Schneider*, § 13 Rn. 14.
43 L/R/*Rixecker*, § 13 Rn. 6.
44 P/M/*Armbrüster*, § 13 Rn. 9; L/R/*Rixecker*, § 13 Rn. 6; a.A. L/P/*Schneider*, § 13 Rn. 17.

3. Einschreiben

Für den Eintritt der Zugangsfiktion nach Abs. 2 Satz 1 muss die Erklärung des Versicherers mittels **eingeschriebenen Briefs** an die letzte bekannte Anschrift des VN versendet werden. Erfasst ist sowohl das Übergabe- als auch das Einwurf-Einschreiben.[45] Eine Erstreckung des Anwendungsbereichs auf einfache Briefe kommt dagegen nicht in Betracht. Eine entsprechende Klausel wäre sogar nach § 307 BGB unwirksam.[46] 29

D. Beweislast

Die Beweislast für den Zugang einer Anzeige oder einer Erklärung richtet sich nach allgemeinen Grundsätzen.[47] Beweisbelastet ist damit, wer sich auf den Zugang beruft – im Regelfall also der Erklärende. Er hat sowohl den **Zugang an sich** als auch ggf. den **Zeitpunkt** des Zugangs zu beweisen.[48] Ein Anscheinsbeweis kommt weder bei einfachen Postsendungen[49] noch bei Faxtexten[50] in Betracht; der »OK-Vermerk« stellt jedoch ein Indiz für den Zugang eines Telefax dar.[51] Sowohl beim Einwurf- als auch beim Übergabeeinschreiben begründet nicht bereits die durch den Einlieferungsschein belegte Absendung, sondern erst die Vorlage auch des **Auslieferungsbelegs** den Beweis des ersten Anscheins dafür, dass die Sendung (durch Einlegen in den Briefkasten bzw. durch die Übergabe) zugegangen ist.[52] Voraussetzung dafür ist ferner, dass das ordnungsgemäße Zustellungsverfahren vom Zusteller eingehalten wurde.[53] Bei einer E-Mail begründet nicht bereits die Absendung, wohl aber eine Eingangs- und Lesebestätigung einen Anscheinsbeweis für den Zugang einer E-Mail.[54] 30

Beruft sich der **Versicherer** auf die **Zugangsfiktion** des Abs. 2, so ist er für dessen Tatbestandsvoraussetzungen **beweispflichtig.** Er hat also die Versendung per Einschreiben und das Ausbleiben einer Mitteilung durch den VN zu beweisen. Letzteres ist eine negative Tatsache, sodass sich der Versicherer zunächst auf die bloße Behauptung der Nichtanzeige beschränken kann. Der VN muss dann substantiiert darlegen, unter welchen Umständen er dem Versicherer die Änderung mitgeteilt habe.[55] Diese Behauptung muss der Versicherer in der Folge seinerseits widerlegen. 31

---

45 L/R/*Rixecker*, § 13 Rn. 5; P/M/*Armbrüster*, § 13 Rn. 8.
46 OLG Hamburg VersR 1980, 38, 39.
47 BGH NJW 1995, 665, 666; OLG Saarbrücken NJW 2004, 2908, 2909.
48 BGH NJW 1978, 886; MünchKommBGB/*Einsele*, § 130 Rn. 46.
49 BGH NJW 1996, 2033, 2035; 1964, 1176, 1177; 1957, 1230, 1231; OLG Schleswig GRUR-RR 2008, 138, 139.
50 BGH NJW 1995, 665, 667; NJW 2013, 2514 Rn. 11; NJW-RR 2014, 683 Rn. 27.
51 BGH NJW-RR 2014, 683 Rn. 27.
52 BGH NJW 2017, 68 Rn. 33; BeckRS 2023, 17364 Rn. 8.
53 BGH BeckRS 2023, 17364 Rn. 8.
54 *Mankowski* NJW 2004, 1901, 1906.
55 L/R/*Rixecker*, § 13 Rn. 10.

E. ARB 2012

32 In den ARB 2012 wurde § 16 folgerichtig **ersatzlos gestrichen** (siehe bereits Rdn. 1). Der Klauselgeber verzichtet damit auf eine vertragliche Bestimmung von Anzeigen, Willenserklärungen und Änderungen der Anschrift. Die Erfordernisse bezüglich der Abgabe von Anzeigen und Erklärungen sowie der Folgen einer unterbliebenen Anschriftenänderung bestimmen sich nunmehr **abschließend nach § 13 VVG**.

§ 17 Verhalten nach Eintritt des Rechtsschutzfalls

(1) Wird die Wahrnehmung rechtlicher Interessen des Versicherungsnehmers nach Eintritt eines Rechtsschutzfalles erforderlich, hat er

a) dem Versicherer den Rechtsschutzfall unverzüglich – ggf. auch mündlich oder telefonisch – anzuzeigen;

b) den Versicherer vollständig und wahrheitsgemäß über sämtliche Umstände des Rechtsschutzfalles zu unterrichten sowie Beweismittel anzugeben und Unterlagen auf Verlangen zur Verfügung zu stellen;

c) soweit seine Interessen nicht unbillig beeinträchtigt werden,

   aa) Kosten auslösende Maßnahmen mit dem Versicherer abzustimmen, insbesondere vor der Erhebung und Abwehr von Klagen sowie vor der Einlegung von Rechtsmitteln die Zustimmung des Versicherers einzuholen;

   bb) für die Minderung des Schadens im Sinne des § 82 VVG zu sorgen. Dies bedeutet, dass die Rechtsverfolgungskosten so gering wie möglich gehalten werden sollen. Von mehreren möglichen Vorgehensweisen hat der Versicherungsnehmer die kostengünstigste zu wählen, indem er z.B. (Aufzählung nicht abschließend):

   - nicht zwei oder mehr Prozesse führt, wenn das Ziel kostengünstiger mit einem Prozess erreicht werden kann (z.B. Bündelung von Ansprüchen oder Inanspruchnahme von Gesamtschuldnern als Streitgenossen, Erweiterung einer Klage statt gesonderter Klageerhebung),
   - auf (zusätzliche) Klageanträge verzichtet, die in der aktuellen Situation nicht oder noch nicht notwendig sind,
   - vor Klageerhebung die Rechtskraft eines anderen gerichtlichen Verfahrens abwartet, das tatsächliche oder rechtliche Bedeutung für den beabsichtigten Rechtsstreit haben kann,
   - vorab nur einen angemessenen Teil der Ansprüche einklagt und die etwa nötige gerichtliche Geltendmachung der restlichen Ansprüche bis zur Rechtskraft der Entscheidung über die Teilansprüche zurückstellt,
   - in allen Angelegenheiten, in denen nur eine kurze Frist zur Erhebung von Klagen oder zur Einlegung von Rechtsbehelfen zur Verfügung steht, dem Rechtsanwalt einen unbedingten Prozessauftrag zu erteilen, der auch vorgerichtliche Tätigkeiten mit umfasst.

Der Versicherungsnehmer hat zur Minderung des Schadens Weisungen des Versicherers einzuholen und zu befolgen. Er hat den Rechtsanwalt entsprechend der Weisung zu beauftragen.

(2) Der Versicherer bestätigt den Umfang des für den Rechtsschutzfall bestehenden Versicherungsschutzes. Ergreift der Versicherungsnehmer Maßnahmen zur Wahrnehmung seiner rechtlichen Interessen, bevor der Versicherer den Umfang des Rechtsschutzes bestätigt und entstehen durch solche Maßnahmen Kosten, trägt der Versicherer nur die Kosten, die er bei einer Rechtsschutzbestätigung vor Einleitung dieser Maßnahmen zu tragen hätte.

(3) Der Versicherungsnehmer kann den zu beauftragenden Rechtsanwalt aus dem Kreis der Rechtsanwälte auswählen, deren Vergütung der Versicherer nach § 5 Abs. 1 a) und b) trägt. Der Versicherer wählt den Rechtsanwalt aus,
a) wenn der Versicherungsnehmer dies verlangt;
b) wenn der Versicherungsnehmer keinen Rechtsanwalt benennt und dem Versicherer die alsbaldige Beauftragung eines Rechtsanwaltes notwendig erscheint.

(4) Wenn der Versicherungsnehmer den Rechtsanwalt nicht bereits selbst beauftragt hat, wird dieser vom Versicherer im Namen des Versicherungsnehmers beauftragt. Für die Tätigkeit des Rechtsanwaltes ist der Versicherer nicht verantwortlich.

(5) Der Versicherungsnehmer hat
a) den mit der Wahrnehmung seiner Interessen beauftragten Rechtsanwalt vollständig und wahrheitsgemäß zu unterrichten, ihm die Beweismittel anzugeben, die möglichen Auskünfte zu erteilen und die notwendigen Unterlagen zu beschaffen;
b) dem Versicherer auf Verlangen Auskunft über den Stand der Angelegenheit zu geben.

(6) Wird eine der in den Absätzen 1 oder 5 genannten Obliegenheiten vorsätzlich verletzt, verliert der Versicherungsnehmer seinen Versicherungsschutz. Bei grob fahrlässiger Verletzung einer Obliegenheit ist der Versicherer berechtigt, seine Leistung in einem der Schwere des Verschuldens des Versicherungsnehmers entsprechenden Verhältnis zu kürzen. Der vollständige oder teilweise Wegfall des Versicherungsschutzes hat bei der Verletzung einer nach Eintritt des Versicherungsfalls bestehenden Auskunfts- oder Aufklärungsobliegenheit zur Voraussetzung, dass der Versicherer den Versicherungsnehmer durch gesonderte Mitteilung in Textform auf diese Rechtsfolge hingewiesen hat. Weist der Versicherungsnehmer nach, dass er die Obliegenheit nicht grob fahrlässig verletzt hat, bleibt der Versicherungsschutz bestehen. Der Versicherungsschutz bleibt auch bestehen, wenn der Versicherungsnehmer nachweist, dass die Verletzung der Obliegenheit weder für den Eintritt oder die Feststellung des Versicherungsfalls noch für die Feststellung oder den Umfang der dem Versicherer obliegenden Leistung ursächlich war. Das gilt nicht, wenn der Versicherungsnehmer die Obliegenheit arglistig verletzt hat.

(7) Der Versicherungsnehmer muss sich bei der Erfüllung seiner Obliegenheiten die Kenntnis und das Verhalten des von ihm beauftragten Rechtsanwalts zurechnen lassen, sofern dieser die Abwicklung des Rechtsschutzfalles gegenüber dem Versicherer übernimmt.

(8) Ansprüche auf Rechtsschutzleistungen können nur mit schriftlichem Einverständnis des Versicherers abgetreten werden.

(9) Ansprüche des Versicherungsnehmers gegen andere auf Erstattung von Kosten, die der Versicherer getragen hat, gehen mit ihrer Entstehung auf diesen über. Die für die Geltendmachung der Ansprüche notwendigen Unterlagen hat der Versicherungsnehmer dem Versicherer auszuhändigen und bei dessen Maßnahmen gegen die anderen auf Verlangen mitzuwirken. Dem Versicherungsnehmer bereits erstattete Kosten sind an den Versicherer zurückzuzahlen. Verletzt der Versicherungsnehmer diese Obliegenheit vorsätzlich, ist der Versicherer zur Leistung insoweit nicht verpflichtet, als er infolgedessen keinen Ersatz von dem Dritten erlangen kann. Im Fall einer grob fahrlässigen Verletzung der Obliegenheit ist der Versicherer berechtigt, seine Leistung in einem der Schwere des Verschuldens des Versicherungsnehmers entsprechenden Verhältnis zu kürzen; die Beweislast für das Nichtvorliegen einer groben Fahrlässigkeit trägt der Versicherungsnehmer.

Literatur:

Bauer, Obliegenheiten des Versicherungsnehmers in der Rechtsschutzversicherung, NJW 2011, 646; *Cornelius-Winkler*, Ist die in § 17 Abs. 5c) cc) ARB 2000 geregelte Obliegenheit intransparent und damit unwirksam? – Zum Hinweis des BGH in der Sache BGH IV ZR 352/07 (»Sofortige Klageeinreichung« in arbeitsrechtlichen Kündigungsschutzsachen), r+s 2010, 89; *ders.*, Zur Neufassung der Obliegenheiten nach Eintritt eines Versicherungsfalls in den ARB 2010, r+s 2011, 141; *ders.*, Nochmals: Die Schadensminderungspflicht des Versicherungsnehmers in der Rechtsschutzversicherung – Eine Erwiderung auf Will VersR 2012, 942 –, VersR 2012, 1224; *ders.*, Schadenfreiheitsrabatte und »aktives Schadenmanagement« – Paradigmenwechsel in der Rechtsschutzversicherung?, NJW 2014, 588; *Dallwig*, Das Recht zur Anwaltswahl nach Gewährung von Abwehrdeckung durch den Rechtsschutzversicherer, r+s 2025, 971; *Felsch*, Die Rechtsprechung des IV. Zivilsenats des BGH zum Versicherungsrecht-Rechtsschutzversicherung –; *Graf/Johannes*, Die gerichtliche Prüfung von Einwendungen des Rechtsschutzversicherers gegen den Medizinschadensfall, VersR 2023, 1554; *Kallenbach*, Arbeitsrecht: Wenn der Rechtsschutzversicherer nicht zahlen will …, AnwBl 2009, 784; *Karczewski*, Die Rechtsprechung des BGH zum Versicherungsrecht – Rechtsschutzversicherung; § 86 VVG, r+s 2022, 361; *Lehmann*, Zurechnung im Versicherungsrecht – Die Rechtsfigur des Repräsentanten, r+s 2019, 361; *Looschelders*, Ausschluss der Klagebefugnis des Mitversicherten und Teilklageobliegenheit des VN in der Rechtsschutzversicherung nach den ARB 75, VersR 2000, 23; *ders.*, Aktuelle Probleme der Rechtsschutzversicherung im deutschen und österreichischen Recht, VersR 2017, 1237; *Maier*, Neue Bedingungen in der Rechtsschutzversicherung (ARB 2012), r+s 2013, 105; *Schirmer*, Die Obliegenheiten in der Rechtsschutzversicherung (Teil 2), r+s 1999, 45; *Spies*, Deckungszusage der Rechtsschutzversicherung, Bindungswirkung und Kondiktion, r+s 2019, 70; *Tietgens*, Anwaltliche Beratungs-, Aufklärungs- und Auskunftspflichten in der Rechtsschutzversicherung, r+s 2005, 489; *van Bühren*, Das rechtsschutzversicherte Mandat – ein Vertrag mit Schutzwirkung für Dritte?, VersR 2014, 148; *ders.*, Rechtsanwälte – Partner der Rechtsschutzversicherer? r+s 2016, 53; *Wendt*, Risikobegrenzungen, Obliegenheitsverletzungen und die neuere Rechtsprechung des BGH zur Rechtsschutzversicherung, MDR 2010, 1168; *ders.*, Die Rechtsprechung des Bundesgerichtshofes zur Rechtsschutzversicherung – Der Rechtsschutzversicherer und sein durchschnittlicher Versicherungsnehmer, r+s 2012, 209; *Will*, Die Schadensminderungsobliegenheit des Versicherungsnehmers in der Rechtsschutzversicherung – zugleich Anmerkungen zur Repräsentantenhaftung, VersR 2012, 942.

Übersicht

A. Allgemeines

1 Die Klausel bestimmt in erster Linie wie sich der VN nach dem Eintritt des Rechtsschutzfalls verhalten soll.

2 **Abs. 1** und **Abs. 5** regeln, was der VN genau tun muss (welche Obliegenheiten er einhalten muss), um den Versicherungsschutz nach Eintritt des Rechtsschutzfalls zu erhalten. Abs. 6 bestimmt, welche Sanktionen für den Fall drohen, dass der VN diese Obliegenheiten nicht einhält.

3 **Abs. 2** regelt die Pflicht des Versicherers, bei Vorliegen eines Rechtsschutzfalls den Umfang der bestehenden Deckung zu bestätigen. Abs. 2 regelt zudem, welche Konsequenzen sich daraus ergeben, wenn der VN Maßnahmen ergreift, bevor der Versicherer die Deckungsbestätigung abgegeben hat. Abs. 3 beinhaltet das Recht des VN zur freien Anwaltswahl und führt weiter aus, unter welchen Umständen der Versicherer für den VN einen Rechtsanwalt aussuchen kann. In Abs. 4 wird klargestellt, dass der beauftragte Rechtsanwalt Vertragspartner des VN (und nicht des Versicherers) ist. Abs. 5 regelt die Auskunfts- und Informationsobliegenheiten des VN gegenüber dem Versicherer und dem Rechtsanwalt. Abs. 7 ist eine Zurechnungsnorm, nach der sich der VN das Verhalten des von ihm beauftragten Rechtsanwalts zurechnen lassen muss. Abs. 8 beinhaltet ein Abtretungsverbot über Ansprüche aus Rechtsschutzleistungen. Abs. 9 regelt – ähnlich § 86 VVG – den Übergang von Ersatzansprüchen, soweit der Versicherer den Schaden vorher ersetzt.

4 Nach einem **Hinweis des BGH** zur teilweisen Unwirksamkeit von § 17 V lit. c) cc) ARB 2000/2008[1] sah sich der GDV veranlasst, die vorliegende Fassung der Klausel neu zu entwerfen. Dabei wurde die bisherige Nummerierung in den ARB 2000/2008

1 Vgl. BGH, Urt. v. 22.5.2009 – IV ZR 352/07 – teilweise abgedruckt bei *Kallenbach* AnwBl 2009, 784 in Fn. 3.

teilweise aufgehoben und die Vorschrift insgesamt neu gestaltet: § 17 I ARB 2000/2008 entspricht dem neuen Abs. 3, § 17 II ARB 2000/2008 entspricht Abs. 4, § 17 III und § 17 V lit. c) ARB 2000/2008 entsprechen teilweise Abs. 1. Im Übrigen ist § 17 V ARB 2000/2008 in Abs. 5 erhalten geblieben, wie auch § 17 VI ARB 2000/2008 grundsätzlich im neuen Abs. 6 übernommen wurde. § 17 IV ARB 2000/2008 entspricht Abs. 2, § 17 VII ARB 2000/2008 entspricht Abs. 8 und schließlich entspricht § 17 VIII ARB 2000/2008 dem neuen Abs. 9. Neu hinzugekommen ist die Zurechnungsnorm in Abs. 7, mit der das Anwaltsverschulden dem VN zugerechnet wird.

B. Abs. 1 – Obliegenheiten nach Eintritt des Rechtsschutzfalls

Anders als in früheren Fassungen der ARB regelt Abs. 1, welche **Obliegenheiten** der VN nach Eintritt eines Rechtsschutzfalles gegenüber dem Versicherer zu erfüllen hat. 5

Obliegenheiten stellen generell eine **eigene Kategorie von Verhaltensgeboten** dar, die sich von vertraglichen Nebenpflichten vor allem dadurch unterscheidet, dass ihre Verletzung keine Schadensersatzpflicht begründet, sondern abhängig vom Verschuldensgrad zur vollständigen oder teilweisen Leistungsfreiheit des Versicherers führen kann.[2] Die rechtliche Einordnung von Obliegenheiten ist seit jeher umstritten.[3] Nach der herrschenden Voraussetzungstheorie stellen Obliegenheiten eine eigenständige rechtliche Kategorie von nicht einklagbaren und nicht schadensersatzbewehrten Verhaltensregeln dar, für die andere gesetzliche Regeln gelten als für vertragliche Pflichten.[4] Die Erfüllung einer Obliegenheit ist damit lediglich objektive Voraussetzung für die Erhaltung der Rechte des von der Obliegenheit betroffenen Adressaten.[5] 6

Die Obliegenheiten nach Abs. 1 entstehen für den VN dann, wenn die **Wahrnehmung** seiner **rechtlichen Interessen** nach Eintritt des Rechtsschutzfalls erforderlich wird. 7

Die Voraussetzungen für den Eintritt des **Rechtsschutzfalls** bestimmen sich in erster Linie nach § 4.[6] 8

---

2 L/W/*Wandt*, vor § 28 Rn. 14; L/W/*Wandt*, § 28 Rn. 3; S/H/*Wendt*, III. 5. e); L/W/*Maier*, Kap. 60. Rn. 168.

3 Vgl. zum Streitstand L/W/*Wandt*, vor § 28 Rn. 15 f.; L/R/*Rixecker*, § 28 Rn. 9; *Eichler* S. 40 ff.; B/M/*Möller*, § 6 Anm. 55 ff.; P/M/*Armbrüster*, § 28 Rn. 68 f.; *Weyers*, Rn. 320 ff.; *Weyers*, in Gitter u.a., S. 459 ff.

4 BGH NJW 1957, 1233, 1234; NJW 1954, 148; OLG Hamm VersR 1970, 319, 320; so auch schon RGZ 133, 117, 122.

5 BGH r+s 2018, 258, 259; NJW-RR 2010, 99, 101; NJW-RR 2008, 1123; NJW 2001, 2014; NJW 1999, 2279; NJW 1998, 454, 456; VersR 1967, 27, 29; NJW 1957, 1233, 1234; vgl. auch NJW 1954, 148; OLG Nürnberg VersR 1979, 561, 562; OLG Hamm VersR 1970, 319, 320; OLG Köln VersR 1965, 950; OLG Hamburg VersR 1958, 777, 778; OLG Hamm VersR 1958, 699, 700; OLG Karlsruhe VersR 1957, 477, 478; OLG Oldenburg VersR 1951, 272, 273; so auch schon RGZ 133, 117, 122; RGZ 62, 190, 192; RGZ 58, 342, 346; B/M/*Heiss*, § 28 Rn. 41 ff.; L/R/*Rixecker*, § 28 Rn. 8; *Wandt*, Rn. 555.

6 Vgl. hierzu § 4 Rdn. 1 ff.

I. Abs. 1 lit. a) – Anzeigeobliegenheit

9 Liegen die Voraussetzungen für den Eintritt des Rechtsschutzfalls vor, muss der Rechtsschutzfall dem Versicherer **unverzüglich**, ggf. auch mündlich oder telefonisch, angezeigt werden.

1. Unverzüglichen Anzeige des Versicherungsfalls

10 Mit der Neuregelung in **Abs. 1 lit a)** (die in den ARB 2008 noch fehlte) findet eine Angleichung an die gesetzliche Regelung des § 30 I VVG statt. Der VN muss den Rechtsschutzfall nun unverzüglich, das heißt »ohne schuldhaftes Zögern«[7] anzeigen. In der Literatur wird die Neuregelung teilweise für unwirksam gehalten, weil der Versicherer mit ihrer Hilfe »aktives Schadenmanagement« betreibe, ggf. Kosten durch telefonische Anwaltsberatung einsparen wolle und die freie Rechtsanwaltswahl einschränke.[8] Dieser Kritik ist in dieser Pauschalität nicht zuzustimmen (zumal Abs. 1 lit a) in erster Linie die gesetzliche Regelung in § 30 I VVG vertraglich abbildet).

11 Für die daran anschließende Frage, wann die Anzeige des Rechtsschutzfalls durch den VN **verspätet** ist, kommt es auf die nach den Umständen des Einzelfalls zu bemessende Prüfungs- und Überlegungsfrist für den VN an.[9] Die Obergrenze liegt in der Regel bei zwei Wochen.[10]

12 Fraglich ist, ob der VN nach Neufassung der Regelung auch dann Rechtsschutz erlangen kann, wenn er den Rechtsschutzfall zum Beispiel erst für die **Berufungsinstanz** eines Rechtsstreits anzeigt, nachdem er die erste Instanz auf eigene Kosten geführt hat. Nach den bisherigen Regelungen, die keine Unverzüglichkeit der Anzeige des Rechtsschutzfalls vorsahen, wurde dies für zulässig erachtet.[11] Auch mit der Neuregelung in Abs. 1 lit. a) gilt nichts anderes. Entscheidend ist, dass der VN den erstinstanzlichen Rechtsstreit auf eigenes Risiko (und eigene Kosten) führte und der VN den Versicherer vor Einlegung der Berufung (nach Zustellung des erstinstanzlichen Urteils) so rechtzeitig und umfassend über die Einzelheiten des Rechtsstreits informiert, dass der Versicherer seine Eintrittspflicht für die Berufungsinstanz hinreichend prüfen kann.

13 Aus dem Wortlaut der Regelung in Abs. 1 lit. a) folgt, dass der VN den Rechtsschutzfall »**ggf. auch mündlich oder telefonisch**« anzeigen muss. Der VN könnte in bestimmten Fällen zu einer Doppelanzeige verpflichtet sein. Unklar ist, in welchen Fällen der VN den Rechtsschutzfall auch mündlich oder telefonisch anzeigen soll. Es ist davon auszugehen, dass eine unverzügliche schriftliche Anzeige genügt. Auch eine mündliche

---

7 Vgl. Legaldefinition in § 121 I 1 BGB.

8 *Cornelius-Winkler* NJW 2014, 588, 589 f.; *Maier* r+s 2013, 105; *van Bühren* BRAK-Mitt. 2013, 255.

9 Vgl. BGH NJW 2005, 1869; OLG Stuttgart BeckRS 2024, 18639; OLG Frankfurt a.M. BeckRS 2025, 7812.

10 Vgl. Grüneberg/*Ellenberger*, § 121 Rn. 3 m.w.N.; BGH NJW 2012, 3305, 3306; OLG Köln BeckRS 2023, 23466.

11 OLG Köln NJW-RR 2018, 413; OLG Düsseldorf NJW-RR 1995, 285.

oder telefonisch abgegebene Anzeige ist ausreichend, für den VN im Nachhinein aber schwerer nachzuweisen. Gleiches gilt wohl auch für eine Anzeige per E-Mail. Im Ergebnis kommt es darauf an, dass der Versicherer über den Eintritt des Rechtsschutzfalls unverzüglich unterrichtet wird. Ob dies nun schriftlich, telefonisch oder mündlich geschieht, kann keinen Unterschied machen, solange der Versicherer in die Lage versetzt wird, alle notwendigen Maßnahmen ergreifen zu können. Die Anzeige des Rechtsschutzfalls setzt damit keine bestimmte Form voraus.[12]

2. Keine Regelung der Anzeigepflicht in älteren Bedingungswerken

Noch in den **ARB 2008 und älteren Bedingungswerken fehlte eine Regelung** zur Anzeige des Versicherungsfalls. Der VN war nicht verpflichtet, den Versicherungsfall unverzüglich anzuzeigen, sobald er von diesem Kenntnis erlangte.[13] Eine solche Verpflichtung ergab sich auch nicht aus der gesetzlichen Regelung des § 30 I VVG (zur unverzüglichen Anzeige des Versicherungsfalls). § 30 I VVG ist eine sanktionslose gesetzliche Obliegenheit. Das bedeutet, dass sich der Versicherer nur dann auf die Verletzung der gesetzlich geregelten Auskunfts- und Belegpflicht berufen kann, wenn diese Pflicht in die Bedingungen des Versicherungsvertrages aufgenommen und mit einer Rechtsfolge versehen wurde.[14] Fehlt es an der bedingungsmäßigen Umsetzung, kann die Verletzung auch nicht zu nachteiligen Folgen für den VN führen. Der VN konnte vor der Neuregelung die Geltendmachung des Rechtsschutzanspruches daher nach Belieben hinausschieben, musste dann jedoch darauf achten, dass der Anspruch nicht verjährte.[15] Auch aus Sicht des Versicherers ergab die Regelung Sinn, da der Versicherer ggf. kein Interesse an der unverzüglichen Anzeige eines Rechtsschutzfalls hatte, bei dem nicht feststand, ob überhaupt Versicherungsleistungen geltend gemacht werden.[16] 14

3. ARB 2012/2019/2021

Die Regelung in Ziff. 4.1.1.1 ARB 2012/2019/2021 knüpft inhaltlich an Abs. 1 lit. a) an.[17] Die Regelung definiert zudem den Begriff »unverzüglich« als »ohne schuldhaftes Zögern bzw. so schnell wie eben möglich.« 15

II. Abs. 1 lit. b) – Informationsobliegenheiten

Absatz 1 lit. b) regelt die **Informationsobliegenheiten** gegenüber dem Versicherer. Mit dem Begriff Informationsobliegenheiten wird zum einen die Unterrichtungsobliegen- 16

---

12 Vgl. Harbauer/*Bauer*, § 17 ARB 2000 Rn. 29; Harbauer/*Cornelius-Winkler*, § 17 ARB 2010 Rn. 30.

13 Vgl. OLG Frankfurt VersR 2001, 1421; OLG Köln r+s 2006, 374, 375 f.; P/M/*Piontek*, § 17 ARB 2010 Rn. 5.

14 Vgl. L/R/*Rixecker*, § 28 Rn. 3; OLG Dresden NJOZ 2021, 1322; OLG Dresden NJOZ 2021, 499.

15 A. A. VersHb/*Obarowski*, § 45 Rn. 494; *Schirmer* r+s 1999, 45; zur abw. Rechtslage nach den ARB 75 P/M/*Piontek*, § 17 ARB 2010 Rn. 5.

16 Harbauer/*Bauer*, § 17 ARB 2000 Rn. 25.

17 S/H/W/*Brünger*, ARB 2012 4.1 Rn. 2.

heit einschließlich der Auskunftspflicht über Beweismittel (vgl. Abs. 1 lit. b) Hs. 1), zum anderen die Obliegenheit zur Vorlage von Belegen erfasst (vgl. Abs. 1 lit. b) Hs. 2).

1. Abs. 1 lit. b) Hs. 1 – Unterrichtungsobliegenheit einschließlich der Auskunftsobliegenheit über Beweismittel

17 Gem. Abs. 1 lit. b) Hs. 1 ist der VN verpflichtet, den Versicherer **vollständig und wahrheitsgemäß** über die Umstände des Rechtsschutzfalls zu unterrichten sowie Beweismittel anzugeben und Unterlagen auf Verlangen zur Verfügung zu stellen.

18 Die Unterrichtsobliegenheit entsteht zu dem **Zeitpunkt**, zu dem der VN den Rechtsschutzanspruch gegenüber dem Versicherer geltend macht (vgl. Abs. 1 lit. a)). Die Obliegenheit ist nach Geltendmachung sofort zu erfüllen (vgl. § 271 BGB).

19 Im Unterschied zu den gesetzlichen Auskunftspflichten gem. § 31 I VVG muss der VN **von sich aus tätig** werden. Der VN muss den Versicherer über die Umstände des Rechtsschutzfalls **vollständig, wahrheitsgemäß und umfassend** unterrichten.[18] Der VN darf sich dabei nicht nur auf das aus seiner Sicht Notwendige beschränken.[19] Bei verspäteter Information des Versicherers durch den VN über diese Umstände, ist – zumindest im Falle der Kenntnis – die Obliegenheit objektiv verletzt und es geht nur noch darum, ob den VN ein Verschuldensvorwurf trifft.[20]

20 Was genau unter dem Begriff »**Umstände des Rechtsschutzfalls**« zu verstehen ist, bleibt offen.[21] Generell soll der Versicherer mit der erlangten Information prüfen können, ob ein bedingungsgemäßer Versicherungsfall vorliegt und in welchem Umfang dieser seine Leistungspflicht auslöst.[22] Dabei muss der VN sämtliche für Grund und Höhe des Anspruchs maßgeblichen Umstände mitteilen, einschließlich etwaiger für ihn ungünstiger Behauptungen des Anspruchsgegners.[23] Die Obliegenheit schließt auch bereits bekannte Einwendungen und Einreden (Verjährung) des Gegners[24] mit ein. Im Verhältnis zum Versicherer hat der VN damit alle zur Beurteilung der Erfolgsaussichten einer Klage erforderlichen Informationen zu erteilen, selbst wenn diese für ihn ungünstig sind und deshalb in der Klageschrift bewusst nicht aufgenommen worden sind.[25] Dabei

18 Vgl. BGH VersR 2004, 1553, 1554; OLG München BeckRS 2020, 39342; *Tietgens* r+s 2005, 489, 494; VersHb/*Obarowski*, § 45 Rn. 495.

19 Vgl. Harbauer/*Bauer*, § 17 ARB 2000 Rn. 35; Harbauer/*Cornelius-Winkler*, § 17 ARB Rn. 39; VersHb/*Obarowski*, § 45 Rn. 495.

20 P/M/*Piontek*, § 17 ARB 2010 Rn. 9.

21 Vgl. van Bühren/Plote/*Plote*, § 17 ARB 2000 Rn. 11; van Bühren/Plote/*Hillmer-Möbius*, § 17 ARB 2010 Rn. 8, 9.

22 Vgl. BGH VersR 2004, 1553; OLG München BeckRS 2020, 39342; OLG Celle VersR 2007, 204; VersHb/*Obarowski*, § 45 Rn. 496.

23 Vgl. OLG Celle VersR 2007, 204; R/H/S/*Münkel*, § 17 ARB 2010 Rn. 3.

24 Vgl. BGH VersR 1987, 1186 (Ziff. 3b); OLG Düsseldorf NJW-RR 2018, 154; OLG Köln r+s 1994, 382.

25 Vgl. BGH NJW-RR 2004, 967; OLG Celle NJOZ 2007, 2792, 2801; OLG Bamberg VersR 1994, 1100.

sind insbesondere auch Verstöße des VN gegen vertragliche und gesetzliche Rechtspflichten, soweit für den Versicherungsfall erheblich, mitzuteilen.[26] Für den Versicherungsfall erhebliche Umstände sind beispielsweise eine hohe Blutalkoholkonzentration[27], Vorschäden an einem Kraftfahrzeug[28], die Unfallursächlichkeit bei Geltendmachung von Fahrzeugschäden[29], der Erhalt einer Kasko-Entschädigung[30] sowie die Position eines Geschäftsführers einer GmbH als Gesellschafter[31]. Übersendet der VN lediglich die Klageschrift an den Versicherer, ohne weitere Unterlagen oder Informationen beizufügen, genügt er seinen Mitwirkungspflichten nicht.[32] Andererseits ist der VN nicht verpflichtet, die gesamte außergerichtliche Korrespondenz mit dem Gegner vorzulegen.[33] Auch Rechtsausführungen und Rechtsprechungsnachweise muss der VN nicht bereitstellen.[34]

Die Auskunftsobliegenheit wird durch den Umfang der notwendigen Substantiierung im Haftpflichtprozess **beschränkt.**[35] Eine Beschränkung gilt etwa für **medizinisches Fachwissen.**[36] So muss beispielsweise im Arzthaftungsprozess berücksichtigt werden, dass die Parteien regelmäßig keine genauen Kenntnisse über medizinische Vorgänge haben und deshalb keine umfangreichen Auskünfte geben können (geringere Substantiierungspflicht des Geschädigten im Arzthaftungsprozess)[37]. Der VN genügt seiner Auskunftsobliegenheit, wenn er einen Sachverhalt vorträgt, der die Vermutung eines fehlerhaften Verhaltens des Arztes aufgrund der Folgen für den Patienten gestattet.[38] Die geringere Substantiierungspflicht des Patienten im Arzthaftungsprozess wirkt sich gegenüber dem Versicherer aus.[39] Der VN muss also keine ärztlichen Gutachten oder Stellungnahmen vorlegen, aus denen sich die behauptete Fehlerhaftigkeit der ärztlichen Behandlung und ihrer Kausalität für die Verletzung ergeben.[40] Er muss auch nicht den ausreichenden Erfolg der Rechtsverfolgung durch die Durchführung eines Verfahrens vor einer Gutachter- und Schlichtungsstelle darlegen.[41] 21

26 Vgl. LG Mainz r+s 2000, 377.
27 AG Herborn ZfS 1990, 131.
28 AG Hanau r+s 1995, 465; AG Wesel ZfS 1988, 112.
29 OLG Celle NJOZ 2007, 2792, 2801; OLG Hamm VersR 1992, 308.
30 AG Homburg r+s 1992, 167.
31 LG Düsseldorf ZfS 1988, 249.
32 Vgl. AG Coburg VersR 2003, 321.
33 Vgl. LG Köln VersR 1985, 1058.
34 AG Königstein r+s 2013, 495, 496.
35 *Graf/Johannes* VersR 2023, 1554, 1562; R/H/S/*Münkel*, § 17 ARB Rn. 3.
36 BGH NJW 2019, 3236 Rn. 10 f.
37 Vgl. AG Königstein r+s 2013, 495, 496; OLG Celle VersR 2007, 1122.
38 OLG Düsseldorf BeckRS 2016, 16750.
39 Vgl. AG Königstein r+s 2013, 495, 496; OLG Celle VersR 2007, 1122.
40 Vgl. AG Königstein r+s 2013, 495, 496; OLG Celle VersR 2007, 1122.
41 AG Königstein r+s 2013, 495, 496.

22 Dem Versicherer steht es frei, weitere Umstände des Sachverhalts zu **erfragen** und auf Aufklärung unklarer Punkte zu drängen. Der Versicherer muss dann konkret nach den Punkten fragen, auf die es ihm ankommt.[42]

23 Die Auskunftspflicht des VN betrifft nur den **Gegenstand des Rechtsstreits**, für den Rechtsschutz gewährt wird. Der VN ist hingegen nicht verpflichtet, dem Versicherer zu ermöglichen, in einem verbandsinternen Verfahren vor der Rechtsanwaltskammer die Angemessenheit des geltend gemachten Rechtsanwaltshonorars überprüfen zu lassen.[43]

24 Für die **Leistungsarten** Disziplinar- und Standesrecht-Rechtsschutz (§ 2h), Straf- und Ordnungswidrigkeiten-Rechtsschutz (§ 2i) und j)) und Beratungs-Rechtsschutz in Familien-, Lebenspartnerschafts- und Erbrecht (§ 2k) prüft der Versicherer **nicht**, ob die Wahrnehmung der rechtlichen Interessen des VN hinreichende Aussicht auf Erfolg hat (vgl. § 3a I lit. a), wonach eine Ablehnung des Versicherers wegen nicht hinreichender Aussicht auf Erfolg nur in den Fällen der § 2a) bis g) in Betracht kommt). Das wirkt sich auch im Rahmen der Unterrichtungsobliegenheit des VN aus. Der VN muss für die oben bezeichneten Leistungsarten **keine Tatsachen** mitteilen, die für die **Erfolgsaussicht von Bedeutung** sind. Denn auf Unterrichtung zum Zwecke der Prüfung der Erfolgsaussichten hat der Versicherer in diesen Fällen ausdrücklich **verzichtet.**[44]

25 Den VN trifft gegenüber dem Versicherer weiterhin eine Auskunftsobliegenheit über die **Beweismittel**, die für die Beurteilung des Rechtsschutzfalls von Bedeutung sind. Beweismittel sind nach der enumerativen Aufzählung in der ZPO die Inaugenscheinnahme (§ 371 ff. ZPO), der Zeugenbeweis (§ 373 ff. ZPO), der Sachverständigenbeweis (§ 402 ff. ZPO), der Urkundenbeweis (§§ 415 ff. ZPO) und die Parteivernehmung (§ 445 ff. ZPO). Von besonderer Bedeutung sind hier insbesondere mögliche Zeugen, Sachverständige, erstellte Gutachten sowie Urkunden. Die Auskunfts-Obliegenheit des VN beschränkt sich dabei auf bereits existente Informationen.[45]

26 Nach dem Wortlaut der Vorschrift muss der VN den Versicherer zunächst nur über das **Bestehen** der Beweismittel unterrichten (Angeben der Beweismittel). Dies beinhaltet nicht die Pflicht, diese auch **spontan** vorzulegen. Erst wenn der Versicherer ausdrücklich die Vorlage der streitgegenständlichen Beweismittel verlangt, sind diese auch tatsächlich vorzulegen.

2. Abs. 1 lit. b) Hs. 2 – Obliegenheit zur Vorlage von Belegen

27 Abs. 1 lit. b) Hs. 2 verpflichtet den VN, **Unterlagen auf Verlangen** zur Verfügung zu stellen. Im Unterschied zu Abs. 1 lit. b) Hs. 1 muss der VN nicht von sich aus tätig werden, sondern der Versicherer muss ihn vorher auffordern.

---

42 Vgl. AG München ZfS 1992, 353.
43 Vgl. OLG Stuttgart VersR 2001, 758, 759; OLG Hamm BeckRS 2023, 29693.
44 Vgl. BGH VersR 1985, 538; LG Gera r+s 2020, 404, 406.
45 AG Königstein r+s 2013, 495, 496.

Abs. 1 lit. b) Hs. 2 weicht von der **halbzwingenden** gesetzlichen Regelung in § 31 I 2 VVG ab, nach der **Belege** durch den Versicherer nur insoweit verlangt werden dürfen, als deren Beschaffung dem VN **billigerweise zugemutet** werden kann. 28

Belege (im Sinne von § 31 I 2 VVG) bezeichnet Dokumente über Umstände, die zur Feststellung des Versicherungsfalles oder den Umfang der Leistungspflicht des Versicherers erforderlich sind (z.B. Bilanzen, Geschäftsbücher, Lieferscheine, Rechnungen, Quittungen, Inventurberichte, ärztliche Atteste).[46] 29

Das **Zurverfügungstellen von Unterlagen** gem. Abs. 1 lit. b) Hs. 2 durch den VN ist am Maßstab des § 31 I 2 VVG (»billigerweise zuzumuten«) zu messen. 30

Der Versicherer kann nur die Herausgabe solcher Belege verlangen, deren **Besitzbeschaffung** dem VN billigerweise zuzumuten ist. Die Besitzbeschaffung kann insbesondere dann unzumutbar sein, wenn sich der Beleg im Besitz eines nicht zur Herausgabe bereiten Dritten befindet, wenn die Beschaffung aufgrund des Zeitaufwands oder der Kosten wirtschaftlich keinen Sinn ergibt oder wenn die Besitzbeschaffung unmöglich geworden ist.[47] 31

3. ARB 2012/2019/2021

Die **Unterrichtungsobliegenheit** einschließlich der Auskunftsobliegenheit über Beweismittel und Unterlagen in Abs. 1 lit. b) übernahm der Klauselgeber inhaltsgleich in Ziff. 4.1.1.2 ARB 2012/2019/2021. 32

III. Abs. 1 lit. c) – Ab-/Zustimmungs- und Kostenminderungsobliegenheit

Die Obliegenheit in Abs. 1 lit. c) erfasst zwei Fälle. Gem. Abs. 1 lit. c) aa) ist der VN verpflichtet, Kosten auslösende Maßnahmen mit dem Versicherer **abzustimmen** und in Einzelfällen dessen Zustimmung einzuholen. Gem. Abs. 1 lit. c) bb) muss der VN im Sinne von § 82 VVG nach Möglichkeit für die **Abwendung und Minderung des Schadens** sorgen. 33

Die Erfüllung der Obliegenheit in beiden Fällen steht unter dem Vorbehalt, dass die Interessen des VN **nicht unbillig beeinträchtigt** werden dürfen; Abs. 1 lit. c. Maßstab für die Wahrnehmung der Interessen durch den VN ist das Verhalten einer vernünftigen unversicherten Partei, bei der finanzielle Überlegungen keine Rolle spielen.[48] Richtet der VN sein Verhalten nach diesem Maßstab, ist im Einzelfall abzuwägen, ob der VN durch die Erfüllung der Obliegenheiten gem. Abs. 1 lit. c) unbillig beeinträchtigt ist. 34

---

46 Vgl. L/W/*Wandt*, § 31 Rn. 121 m.w.N.

47 Vgl. L/W/*Wandt*, § 31 Rn. 118 f.

48 OLG Jena BeckRS 2023, 14757; OLG Stuttgart NJOZ 2017, 1158; OLG Karlsruhe r+s 2002, 462; OLG Hamm r+s 1999, 464, 465; r+s 1993, 144; VersR 1989, 736; Harbauer/*Bauer*, § 17 ARB 2000 Rn. 42; Harbauer/*Cornelius-Winkler*, § 17 ARB 2010 Rn. 52; L/W/*Wandt*, § 17 ARB 2010 Rn. 17.

35 Gemeint sind solche Fälle, in denen es dem VN von vornherein unzumutbar ist, sich an den Versicherer zu wenden[49] und die Obliegenheit zu erfüllen.

36 Die Rechtsprechung legt für die Beurteilung der unbilligen Beeinträchtigung die Kontrollüberlegung zugrunde, wie sich ein Rechtssuchender, der auf Kostenüberlegungen keine Rücksicht nehmen muss, in gleicher Lage verhalten würde (um seine Ansprüche bestmöglich zu verfolgen).[50] Lediglich die Finanzierung sinnloser oder wirtschaftlicher in hohem Maße unvernünftiger rechtlicher Maßnahmen muss mit Rücksicht auf die Gefahrengemeinschaft der Versicherten ausgeschlossen sein.[51]

1. Kostenabstimmungs- und Kostenzustimmungsobliegenheit gem. Abs. 1 lit. c) aa)

37 Die Obliegenheit in Abs. 1 lit. c) aa) Hs. 1 verpflichtet den VN, **Kosten auslösende Maßnahmen** mit dem Versicherer **abzustimmen.** Abs. 1 lit. c) aa) Hs. 2 ergänzt die Vorschrift insoweit, als der VN vor der Erhebung und Abwehr von Klagen sowie vor der Einlegung von Rechtsmitteln die **Zustimmung** des Versicherers einholen soll. Die Erfüllung der Obliegenheit steht jeweils unter dem Vorbehalt, dass die **Interessen** des VN **nicht unbillig beeinträchtigt** werden, Abs. 1 lit c).

38 Die Textfassung des Abs. 1 lit. c) aa) ist neu und unterscheidet sich von § 17 V lit. c) aa) ARB 2000/2008, der lediglich vorsah, dass der VN vor Erhebung von Klagen und Einlegung von Rechtsmitteln die Zustimmung des Versicherers einholt. Das Erfordernis, alle **Kosten auslösende Maßnahmen** mit dem Versicherer **abzustimmen**, entspricht teilweise § 15 I lit. d) cc) ARB 1975.

a) Abstimmung Kosten auslösender Maßnahmen gem. Abs. 1 lit. c) aa) Hs. 1

39 Abs. 1 lit. c) aa) Hs. 1 ist die Grundregel zur **Abstimmung** von Kosten auslösender Maßnahmen mit dem Versicherer, während Abs. 1 lit. c) aa) Hs. 2 verschiedene (abschließend aufgezählte) Konstellationen aufzählt, bei denen der Versicherer explizit **zustimmen** muss.

40 Das **Abstimmungserfordernis** von Maßnahmen ist weniger weitgehend als das **Zustimmungserfordernis.**[52] Im Rahmen der Abstimmung mit dem Versicherer genügt es, den Versicherer zu informieren und dessen Stellungnahme abzuwarten; die ausdrückliche Zustimmung des Versicherers ist nicht erforderlich.[53]

41 Welche Kosten auslösenden Maßnahmen mit Abs. 1 lit. c) aa) Hs. 1 genau erfasst werden sollen, ist nicht eindeutig. Erfasst sein dürften vermutlich der Arrest und die einst-

---

49 Vgl. AG Coburg VersR 2003, 321; Harbauer/*Cornelius-Winkler*, § 17 ARB 2010 Rn. 51.

50 OLG Karlsruhe r+s 2002, 462; OLG Frankfurt NVersZ 1999, 184; OLG Hamm r+s 1993, 144; VersR 1989, 736; a.A. P/M/*Piontek*, § 17 ARB 2010 Rn. 17; *Looschelders* VersR 2000, 23, 26.

51 OLG Karlsruhe r+s 2002, 462; OLG Jena BeckRS 2023, 14757.

52 Vgl. BGHZ 83, 38; OLG Frankfurt a.M. NJW-RR 2019, 1319, 1323.

53 Vgl. OLG Köln r+s 2001, 153; OLG Hamm VersR 1991, 806.

weilige Verfügung (§§ 916 ff. ZPO), die Streitverkündung (§ 72 ZPO) und der Antrag auf Durchführung eines selbstständigen Beweisverfahrens (§ 485 ZPO).

Anhaltspunkte könnte zudem die zu § 15 I lit. d) cc) ARB 1975 ergangene Rechtsprechung liefern.[54] Unter Transparenzgesichtspunkten (Welche konkreten Maßnahmen müssen abgestimmt werden und wie soll ein durchschnittlicher VN das beurteilen?) bleibt die Klausel jedoch problematisch.[55] 42

b) Zustimmung zur Klageerhebung, Klageabwehr oder Einlegung von Rechtsmitteln gem. Abs. 1 lit. c) aa) Hs. 2

Für die Klageerhebung, Klageabwehr oder Einlegung von Rechtsmitteln benötigt der VN gem. Abs. 1 lit. c) aa) Hs. 2 die **Zustimmung** des Versicherers, also eine bejahende Willenserklärung des Versicherers. Das BGB unterscheidet in §§ 183, 184 BGB zwischen der vorherigen Zustimmung (Einwilligung) und der nachträglichen Zustimmung (Genehmigung). Unter Heranziehung dieser Definition kann der Versicherer seine Zustimmung auch nachträglich erteilen, indem der Versicherer die Klageerhebung, Klageabwehr oder Einlegung von Rechtsmitteln nachträglich genehmigt. In beiden Fällen der Zustimmung (Einwilligung und Genehmigung) erfordert die Zustimmung eine Willenserklärung des Versicherers. 43

In Fallkonstellationen, in denen sich der VN und der Versicherer **nicht** über das richtige (strategisch sinnvolle) Vorgehen **einig** sind, kann das Zustimmungserfordernis zu einer Belastung für den VN werden. Entscheidend ist dann, ob die Interessen des VN durch die Versagung der Zustimmung des Versicherers unbillig beeinträchtigt werden (siehe oben Rdn. 34 f.).[56] 44

Erhebung einer Klage bedeutet gem. § 253 I ZPO, dass die Klageschrift zugestellt wird. **Klageabwehr** bedeutet zunächst die Anzeige der Verteidigungsabsicht sowie die Erstellung einer Klageerwiderung (§ 276 I ZPO). 45

Unter Klageerhebung ist auch der Antrag auf Erlass eines **Mahnbescheides** (§ 688 I ZPO) oder die Erhebung einer **Widerklage** durch den VN zu verstehen.[57] Keine Klageerhebung ist die **Klageerhöhung** oder die **Klageerweiterung.**[58] Dabei handelt es sich lediglich um »normale« Kosten auslösende Maßnahmen, die allerdings gem. Abs. 1 lit. c) aa) Hs. 1 mit dem Versicherer abgestimmt werden müssen. 46

Beweisanträge, Erledigungserklärung, geringfügige Klageerweiterungen oder andere prozessuale Maßnahmen im Laufe eines Verfahrens bedürfen – nach vorausgegangener Zustimmung des Versicherers zur Klageerhebung – keiner weiteren Zu- oder 47

54 Vgl. Rechtsprechungsübersicht zu diesem Merkmal bei Harbauer/*Bauer*, 7. Aufl. 2004, § 15 ARB 1975 Rn. 20.

55 Vgl. *Cornelius-Winkler* r+s 2011, 141, 143.

56 LG Düsseldorf BeckRS 2017, 116306.

57 Harbauer/*Bauer*, § 17 ARB 2000 Rn. 44.

58 A.A. Harbauer/*Bauer*, § 17 ARB 2000 Rn. 44.

Abstimmung mit dem Versicherer.[59] Solche Maßnahmen sind im Rahmen der bereits erteilten Deckungsbestätigung erfasst; eine vorherige Abstimmung mit dem Versicherer würde die zügige Interessenwahrnehmung des VN unbillig beeinträchtigen.[60] Gleiches gilt für den Abschluss eines **Prozessvergleichs**[61] oder die **Beendigung** eines Rechtsstreits durch **Klagerücknahme.** Jeder rechtsschutzversicherten Partei steht es frei, ein von ihr oder gegen sie betriebenes Verfahren so zu beenden, wie sie es in Verfolgung ihrer eigenen Interessen für am besten hält.[62] Der Bestand einer Rechtsschutzversicherung legt dem VN keine irgendwie gearteten Beschränkungen auf.[63]

48 **Einlegen von Rechtsmitteln** ist die formalisierte Anfechtung einer Gerichtsentscheidung mit dem Ziel der Aufhebung oder Abänderung einer gerichtlichen Entscheidung. Die Einlegung eines Rechtsmittels bewirkt, dass der Rechtsstreit zur Überprüfung in die nächsthöhere Instanz übergeht (Devolutiveffekt) und die Rechtskraft der gerichtlichen Entscheidung (vorübergehend) gehemmt ist (Suspensiveffekt). Unter Rechtsmittel fallen im Zivilprozessrecht insbesondere die Berufung (§ 511 ZPO), die Revision bzw. Sprungrevision (§§ 545, 566 ZPO), die Beschwerde (§ 567 ZPO) sowie die Nichtzulassungsbeschwerde gem. § 544 ZPO.

49 Die **fristwahrende Berufungseinlegung** ohne Ankündigung von Berufungsanträgen bedarf dann keiner Abstimmung mit dem Versicherer, wenn dem Anwalt der Gegenpartei kollegialiter der fristwahrende Charakter der Berufungseinlegung mit der Bitte zugetragen wurde, sich (bzw. einen Berufungsanwalt) noch nicht zu bestellen.[64]

50 Im Fall der **unrechtmäßigen Zustimmungsverweigerung** zur Einlegung eines Rechtsmittels durch den Versicherer liegt keine Obliegenheitsverletzung des VN (Einreichung trotz fehlender Zustimmung) vor, auf dessen Grundlage der Versicherer die Deckung ablehnen kann. Der VN erfüllt die Obliegenheit des Abs. 1 lit. c) aa) dann dadurch, dass er den Versicherer informiert und dessen Reaktion abwartet, bevor er die Klage einreicht oder abwehrt (bzw. ein Rechtsmittel einlegt).[65]

---

59 Harbauer/*Bauer*, § 17 ARB 2000 Rn. 47; Harbauer/*Cornelius-Winkler*, § 17 ARB 2010 Rn. 57; *Schirmer* r+s 1999, 45, 46.

60 Harbauer/*Bauer*, § 17 ARB 2000 Rn. 47; *Schirmer* r+s 1999, 45, 46.

61 Vgl. BGHZ 83, 38; OLG Frankfurt a.M. NJW-RR 2019, 1319, 1323; a.A. AG Hannover r+s 1996, 450 für den Fall einer Deckungszusage mit der Maßgabe der weiteren Abstimmung eines etwaigen Prozessvergleichs.

62 Vgl. BGH VersR 1985, 538.

63 Vgl. BGH VersR 1985, 538.

64 Vgl. OLG Hamm NJW-RR 1991, 612.

65 Vgl. im Ergebnis ähnlich P/M/*Piontek*, § 17 ARB 2010 Rn. 18; Harbauer/*Bauer*, § 17 ARB 2000 Rn. 43.

2. Kostenminderungsobliegenheit gem. Abs. 1 lit. c) bb)

Die **Kostenminderungsobliegenheit** unterliegt laufenden Veränderungen und Anpassungen. 51

a) Laufende Veränderungen der Klausel

Die Vorgängervorschrift von Abs. 1 lit. c) bb) ist § 17 V lit. c) cc) ARB 1994 – 2008. 52
§ 17 V lit. c) cc) ARB 1994 – 2008 lautete: »*Der VN hat, soweit seine Interessen nicht unbillig beeinträchtigt werden, alles zu vermeiden, was eine unnötige Erhöhung der Kosten oder eine Erschwerung ihrer Erstattung durch die Gegenseite verursachen könnte.*«

In der Terminsladung vom 22. Mai **2009** des IV. Zivilsenats des BGH erklärte der 53
Senat, dass die Vorschrift des § 17 V lit. c) cc) ARB 1994 – 2008 vermutlich nach § 307 BGB unwirksam sei.[66]

Der Hinweisbeschluss lautet auszugsweise wie folgt[67]: 54

> »*Die Parteien werden auf Folgendes hingewiesen: Die dem Versicherungsnehmer aufgegebene Obliegenheit, »…soweit seine Interessen nicht unbillig beeinträchtigt werden, … cc) alles zu vermeiden, was eine unnötige Erhöhung der Kosten oder eine Erschwerung ihrer Erstattung durch die Gegenseite verursachen könnte«, ist möglicherweise wegen Verstoßes gegen das Transparenzgebot und das Leitbild der §§ 6, 62 VVG a.F. nach § 307 BGB unwirksam. Das Anwaltsverschulden dürfte dem Versicherungsnehmer unter keinen Gesichtspunkt zuzurechnen sein, soweit es um einen Verstoß gegen diese Obliegenheit geht.*«

Der Senat macht damit unmissverständlich deutlich, dass die in § 17 V lit. c) cc) ARB 55
1994 – 2008 gebräuchliche Formulierung wegen Verstoßes gegen das **Transparenzgebot** und das Leitbild der §§ 6, 62 VVG a.F. (§§ 28, 82 VVG) nach § 307 BGB unwirksam ist.[68]

Wendt, der dem IV. Zivilsenat des BGH angehörte, führt weiter aus, dass »*das Trans-* 56
parenzgebot in § 307 Abs. 1 Satz 2 BGB nicht nur eine möglichst klare und durchschaubare Darstellung der Rechte und Pflichten des Vertragspartners in einer für den Versicherungsnehmer verständlichen Formulierung« verlangt, »*sondern zusätzlich, dass ihm auch die wirtschaftlichen Nachteile und Belastungen so weit vermittelt werden, wie dies nach den Umständen gefordert werden kann*«.[69] Die Klausel werde diesen Anforderungen nicht gerecht, wenn sie zur Erhaltung des Erstattungsanspruchs ein Verhalten einfordert, das eine gut bestandene Rechtspflegerausbildung voraussetzt. Der VN wisse hier nicht, was er tun solle, die Regelung sei daher intransparent.[70]

---

66 Vgl. teilweise abgedruckt in Fn. 3 bei *Kallenbach* AnwBl 2009, 784; vgl. hierzu auch Harbauer/*Bauer*, § 17 ARB 2000 Rn. 76 a; *Bauer* NJW 2011, 646; *Wendt* MDR 2010, 1168.

67 Vgl. Abdruck bei *Kallenbach* AnwBl 2009, 784 in Fn. 3.

68 Harbauer/*Bauer*, § 17 ARB 2000 Rn. 76 a.

69 *Wendt* MDR 2010, 1168, 1171.

70 *Wendt* MDR 2010, 1168, 1171.

57 *Wendt* ergänzte, dass auch eine Unwirksamkeit gem. § 307 II Nr. 1 BGB wegen Abweichung von dem in § 62 VVG a.F. enthaltenen **gesetzlichen Leitbild** zur Abwendung und Minderung des Schadens vorläge. Denn welche Maßnahmen vom VN verlangt werden dürfen, bestimme sich nach pflichtgemäßem Ermessen eines ordentlichen VN. Eine mit der Sanktion der Leistungsfreiheit verknüpfte Obliegenheit schreibe dem VN ein bestimmtes Verhalten vor, das klar und eindeutig beschrieben sein müsse, weil nur dann der VN in die Lage versetzt würde, die Handlungs- und Unterlassenspflichten zum Erhalt des Versicherungsschutzes zu erfüllen.[71] Ein solches Verständnis des Obliegenheitsbegriffs, dass an das Verschulden des VN anknüpft, gehöre zum gesetzlichen Leitbild und zum schlechthin unabdingbaren Kerngehalt des § 6 VVG a.F.[72]

58 Der Hinweisbeschluss stellte ein über Jahrzehnte nahezu unwidersprochenes Verständnis der **Kostenminderungsklausel** in Frage. Vor dem Hinweis des BGH ging man davon aus, dass dem VN das Verhalten des von ihm **beauftragten Rechtsanwalts zugerechnet** werde. Der eingeschaltete Rechtsanwalt sollte für den VN beurteilen können, welche prozessualen Maßnahmen gegebenenfalls eine Erhöhung der Kosten verursachen können. Folgerichtig bestätigte der BGH im Urteil vom 14.08.2019, dass keine Leistungsfreiheit des Versicherers bestehe, weil die Klausel des § 17 Absatz 1 c) bb) ARB intransparent sei.[73]

59 Der Hinweisbeschluss und *Wendt* sowie der BGH mit Urteil vom 14.08.2019 stellen nun unmissverständlich klar, dass der VN sich das Verschulden seines Rechtsanwalts nicht zuzurechnen lassen braucht (zumindest in Bezug auf die Kostenminderungsobliegenheit).[74]

Als **Folge dieses Beschlusses** wurden etliche Versicherer u.a. von einem Verbraucherschutzverein aufgefordert, die Kostenminderungsklausel nicht mehr zu verwenden. Dies führte zu einer Vielzahl von Rechtsstreitigkeiten, die – entsprechend dem Hinweis des BGH – einheitlich zu dem Ergebnis gelangten, dass die in Streit stehende Klausel intransparent im Sinne des § 307 I 2 BGB ist und eine unangemessene Benachteiligung der VN gem. § 307 II Nr. 1 BGB vorläge.[75] Die Gerichte urteilten in diesen Fällen auf Unterlassung der Verwendung der streitigen Klausel und stellten auch für das neue VVG fest, dass die Klausel nicht kontrollfrei sei. Die Klausel habe insbesondere nicht bloß deklaratorischen Charakter und stimme nicht mit Rechtsvorschriften einschließlich der ungeschriebenen Rechtsgrundsätze und des Richterrechts überein. Der Wort-

71 Vgl. BGH VersR 2009, 1659; VersR 1993, 830; OLG Frankfurt BeckRS 2012, 10058.

72 *Wendt* MDR 2010, 1168, 1171.

73 BGH r+s 2019, 582, 583 Rn. 14 ff.; BGHZ 223, 57; OLG München r+s 2021, 151, 154.

74 Vgl. BGHZ 223, 57; *Wendt* MDR 2010, 1168, 1171; *ders.* r+s 2012, 209, 212; dazu auch *Cornelius-Winkler* r+s 2010, 89, 92; vgl. im Einzelnen unter Abs. 7.

75 Vgl. OLG Karlsruhe r+s 2019, 257, 260; OLG Stuttgart VersR 2016, 1439; OLG Köln VersR 2012, 1385; OLG Frankfurt, Urt. v. 1.3.2012 – 3 U 119/11; OLG München VersR 2012, 313; OLG Celle r+s 2011, 515; Urt. v. 29.9.2011 – 8 U 145/11 und 8 U 146/11; OLG Karlsruhe, Urt. v. 15.11.2011 – 12 U 104/11.

laut der Kostenminderungsklausel »alles zu vermeiden« sei ein strengerer Maßstab als derjenige der »Erforderlichkeit« in den §§ 125 VVG, 86 II VVG bzw. des »Ermessens« in § 82 I VVG.[76]

Folge dieser Urteile ist, dass die Verwendung der Kostenminderungsobliegenheit in der bisherigen Form von den meisten Gerichten kritisch gesehen werden dürfte. Dies betrifft insbesondere Altverträge, in denen die Klausel nach wie vor zu finden ist. 60

b) Neufassung der Kostenminderungsklausel

Der Gesamtverband der Deutschen Versicherungswirtschaft e.V. (GDV) reagierte auf den Hinweisbeschluss mit der Neufassung der – vorliegend kommentierten – Klausel des § 17, die der GDV seinen Mitgliedern zur unverbindlichen Verwendung empfahl. Die neugefasste Klausel stellte der GDV mit der Presseerklärung vom 2. Juli 2010[77] vor. 61

c) Inhaltliche Ausgestaltung von Abs. 1 lit. c) bb)

Die Neufassung der Vorschrift sieht vor, dass der VN für die Minderung des Schadens im Sinne des § 82 VVG zu sorgen hat. 62

Konkretisiert wird in Abs. 1 lit. c) bb) Satz 3, dass der VN die Rechtsverfolgungskosten so gering wie möglich halten und von mehreren möglichen Vorgehensweisen die kostengünstigste wählen soll. 63

Die Vorschrift führt sodann fünf **Regelbeispiele** auf. Mit dieser nicht abschließenden Aufzählung greift der Klauselgeber die Standardfälle auf, die unter der Vorgängerregelung des § 17 V lit. c) cc) ARB 1994 – 2008 streitig waren, und größtenteils zu Lasten des VN entschieden wurden.[78] 64

Der BGH entschied im Jahr 2019, dass die Klausel des § 17 Abs. 1 lit. c) bb) ARB 2010 **intransparent** ist. Der VN kann der Klausel nicht entnehmen, welches konkrete Verhalten von ihm verlangt wird, um seinen Anspruch nicht zu gefährden. Ihm wird in unzumutbarer Weise abverlangt, komplexe rechtliche und kostenrechtliche Abwägungen vorzunehmen, verschiedene Handlungsalternativen rechtlich zu bewerten und deren Kostenfolgen zu beurteilen. Diesen Anforderungen ist er mangels juristischer Kenntnisse regelmäßig nicht gewachsen. Auch die Pflicht, Weisungen des Versicherers einzuholen und zu befolgen, schafft keine Klarheit, da er weiterhin selbst entscheiden muss, ob die Weisung zumutbar ist oder seine Interessen unbillig beeinträchtigt. Dadurch bleibt für ihn letztlich unklar, wie er die Obliegenheit ordnungsgemäß erfüllen kann.[79] 65

76 Vgl. hierzu *Wendt* r+s 2012, 209, 213.
77 Vgl. www.gdv.de unter »Pressemitteilungen«.
78 Vgl. umfassende Aufzählung dieser Fälle in Harbauer/*Bauer*, § 17 ARB 2000 Rn. 55 ff.
79 BGHZ 223, 57; OLG Karlsruhe NJW-RR 2022, 901, 905.

Es wundert daher nicht, dass die **Kostenminderungsobliegenheit** in den neugefassten ARB 2012/2019/2021 verändert wurde (Ziff. 4.1.1.4 ARB 2012/2019/2021, siehe unten Rdn. 80 ff.) und der Klauselgeber den Inhalt der Kostenminderungsobliegenheit – jetzt unter Weglassung der Regelbeispiele – weitestgehend an § 82 I VVG anpasste. Vor dem Hintergrund der Entscheidung des BGH empfahl der GDV in den ARB 2019, die Klauseln in Ziff. 4.1.1.4 und 4.1.6 zu streichen und stattdessen lediglich einen knappen Verweis auf § 82 VVG aufzunehmen.[80]

66 Die einzelnen (in den ARB 2012 wieder entfallenen) **Regelbeispiele** in Abs. 1 lit. c) bb) Satz 3 **konkretisieren die Kostenminderungsobliegenheit** wie folgt:

Mehrere Prozesse

67 Der VN soll zunächst nicht zwei oder mehr Prozesse führen, wenn das Ziel kostengünstiger mit einem Prozess erreicht werden kann. Als Beispiele nennt die Klausel die Bündelung von Ansprüchen oder die Inanspruchnahme von Gesamtschuldnern als Streitgenossen. Auch die Erweiterung einer Klage statt einer gesonderten zweiten Klageerhebung soll unter diese Fallkonstellation fallen.

Unter Berücksichtigung des Hinweisbeschlusses des BGH und des Urteils des BGH ist die Regelung unwirksam, weil ein durchschnittlicher VN regelmäßig nicht über die juristischen Kenntnisse verfügt, um die Notwendigkeit der Führung mehrerer Prozesse beurteilen zu können.[81]

Verzicht auf zusätzliche Klageanträge

68 Der VN soll auf zusätzliche Klageanträge verzichten, die in der aktuellen Situation nicht oder noch nicht notwendig sind. Unter Berücksichtigung der Entscheidung des BGH vom 14.08.2019 ist eine solche Regelung unzulässig. Die Klausel setzt zivilprozessrechtliche Kenntnisse voraus, über die ein durchschnittlicher VN nicht verfügt.[82]

Unter der Altregelung des § 17 V lit. c) cc) ARB 1994 – 2008 war besonders umstritten, ob und inwieweit die Geltendmachung von Ansprüchen des Arbeitnehmers in Verbindung mit der Kündigungsschutzklage (und dem Weiterbeschäftigungsanspruch) gegen die Kostenminderungsobliegenheit verstößt.[83]

Abwarten der Rechtskraft eines anderen gerichtlichen Verfahrens

69 Der VN ist nach diesem Regelbeispiel gehalten, die **Rechtskraft eines anderen gerichtlichen Verfahrens abzuwarten**, das tatsächliche oder rechtliche Bedeutung für den beabsichtigten Rechtsstreit haben kann.

Das Regelbeispiel entspricht sinngemäß der (Alt-)Fassung von § 17 V lit. c) bb) ARB 1994 – 2008. Die Regelung erfasst in erster Linie Konstellationen, in denen der VN

---

80 VersHb/*Obarowski*, § 45 Rn. 492.

81 P/M/*Piontek*, § 17 ARB 2010 Rn. 24a.

82 BGHZ 223, 57.

83 Vgl. hierzu P/M/*Piontek*, § 17 ARB 2010 Rn. 37 ff.; Harbauer/*Bauer*, § 17 ARB 2000 Rn. 63 f.

den Ausgang von bereits anhängigen Musterprozessen abwarten sollte. Dies betrifft insbesondere Fälle des Kapitalanlagerechts. Rechtliche Bedeutung für den beabsichtigten Rechtsstreit kann das Verfahren beispielsweise dann haben, wenn es vorgreiflich im Sinne des § 148 ZPO ist.[84] Tatsächliche Bedeutung für den Rechtsstreit hat ein anderes gerichtliches Verfahren, wenn dort über Tat- und Rechtsfragen entschieden wird, die für den vorliegenden Rechtsstreit elementar sind.[85] Im Hinblick auf eine laufende Verjährungsfrist kann dem Kläger das Abwarten auf den rechtskräftigen Abschluss der Verfahren anderer Anleger nicht zugemutet werden.[86] Auch eine Übertragung des Regelbeispiels auf den außergerichtlichen Bereich ist nicht statthaft.[87]

Teilklage

Das Regelbeispiel sieht vor, dass der VN nur einen angemessenen Teil der Ansprüche einklagt und die gerichtliche Geltendmachung der restlichen Ansprüche bis zur Rechtskraft der Entscheidung über die **Teilansprüche** zurückstellt. 70

Die Erhebung einer Teilklage ist nicht unproblematisch und birgt grundsätzlich das Risiko in sich, dass der Beklagte durch eine negative Feststellungsklage antwortet und beantragt, dass dem Kläger über den eingeklagten Teil des Anspruchs hinaus keine weiteren Ansprüche zustehen. Darüber hinaus besteht die Gefahr, dass der nicht eingeklagte Teil verjährt.[88]

Geht man mit der Rechtsprechung davon aus, dass es für die Beurteilung der unbilligen Beeinträchtigung des VN darauf ankommt, wie sich ein nicht rechtsschutzversicherter Rechtssuchender, der auf Kostenüberlegungen keine Rücksicht nehmen muss, in gleicher Lage verhalten würde[89], so sind Fälle, in denen die Erhebung einer Teilklage für den VN Sinn ergibt, nur schwer denkbar.[90]

Unbedingter Prozessauftrag

Der VN ist in allen Angelegenheiten, in denen nur eine kurze Frist zur Erhebung von Klagen oder zur Einlegung von Rechtsbehelfen zur Verfügung steht, gehalten, dem Rechtsanwalt einen **unbedingten Prozessauftrag** zu erteilen, der auch außergerichtliche Tätigkeiten mit umfasst. Das Regelbeispiel bezieht sich auf die im Arbeitsrecht häufig relevante Konstellation, dass die Kündigungsschutzklage innerhalb von drei Wochen 71

84 P/M/*Armbrüster*, 29. Aufl. 2015, § 17 ARB 2010 Rn. 24.

85 P/M/*Armbrüster*, 29. Aufl. 2015, § 17 ARB 2010 Rn. 24; Harbauer/*Cornelius-Winkler*, § 17 ARB 2010 Rn. 63.

86 OLG Karlsruhe NJW-RR 2022, 901, 905 Rn. 61.

87 OLG Celle NJOZ 2007, 1795, 1801.

88 Vgl. *Geigel*, Der Haftpflichtprozess, 27. Aufl. 2011, 39. Kap. Rn. 3 m.w.N.; P/M/*Piontek*, § 17 ARB 2010 Rn. 32.

89 Vgl. oben Rdn. 36; OLG Karlsruhe r+s 2002, 462; OLG Frankfurt NVersZ 1999, 184, 186; OLG Hamm r+s 1993, 144; VersR 1989, 736; a.A. P/M/*Piontek*, § 17 ARB 2010 Rn. 17; *Looschelders* VersR 2000, 23, 26.

90 Vgl. Harbauer/*Bauer*, § 17 ARB 2000 Rn. 60; Harbauer/*Cornelius-Winkler*, § 17 ARB 2010 Rn. 68.

erhoben werden muss (§ 4 Satz 1 KSchG). Die Obliegenheit zielt darauf ab, dass der VN den Anwalt nicht zunächst mit der außergerichtlichen Interessenwahrnehmung beauftragt. Das könnte dazu führen, dass eine zusätzliche Geschäftsgebühr anfällt, die auf die Verfahrensgebühr nur teilweise angerechnet wird (Nr. 3100 VV-RVG). Beauftragt der VN den Rechtsanwalt hingegen mit der sofortigen Klageerhebung, fallen auch außergerichtliche Tätigkeiten unter die Verfahrensgebühr (§ 19 II RVG). Unter der Altregelung des § 17 V lit. c) cc) ARB 1994 – 2008 war umstritten, in welchen Einzelfällen es gerechtfertigt sein konnte, dass der Rechtsanwalt zunächst außergerichtlich auf eine Einigung hinwirkt und ob überhaupt eine gütliche Einigung in der kurzen Frist erreichbar sei.[91] Nach dem Hinweisbeschluss und dem Urteil des BGH ist eine solche Regelung gem. § 307 Abs. 1 Satz 2 BGB unwirksam.

d) Einholung von Weisungen

72 Die Neufassung der Obliegenheit sieht in Abs. 1 lit. c) bb) Satz 4 vor, dass der VN zur Minderung des Schadens **Weisungen beim Versicherer einzuholen** und **zu befolgen** hat. Gem. Abs. 1 lit. c) bb) Satz 5 hat der VN den **Rechtsanwalt entsprechend der Weisung zu beauftragen.**

73 Der Wortlaut der Klausel orientiert sich offenbar an **§ 82 I 1 VVG.** Nach dieser Vorschrift hat der VN Weisungen des Versicherers, soweit für ihn zumutbar, zu befolgen. Weisungen muss der VN gem. § 82 II 1 VVG nur dann einholen, wenn die Umstände dies gestatten.

74 Die Klausel in Abs. 1 lit. c) bb) Satz 4 und Satz 5 weicht allerdings zum Nachteil des VN von der halbzwingenden gesetzlichen Regelung des § 82 II 1 VVG (vgl. § 87 VVG) ab. Nach der Regelung in Abs. 1 lit. c) bb) Satz 4 ist der VN **grundsätzlich** verpflichtet, Weisungen einzuholen und zu befolgen (soweit seine Interessen nicht unbillig beeinträchtigt werden). Es kommt nach dem Wortlaut der Klausel nicht darauf an, ob die Befolgung von Weisungen für den VN zumutbar ist oder die Umstände die Einholung von Weisungen überhaupt gestatten. Zudem muss gem. Abs. 1 lit. c) bb) Satz 5 der Rechtsanwalt entsprechend den Weisungen des Versicherers beauftragt werden.

75 Die Regelung kann damit zu erheblichen Interessenkonflikten führen, etwa in dem Fall, in dem der VN und sein Rechtsanwalt nicht mit den Weisungen des Versicherers übereinstimmen oder eine andere – von den Weisungen des Versicherers abweichende – Prozessstrategie wählen.[92] So entschied das OLG Hamm in seiner Entscheidung vom 20. Juli 2016, dass die Weisung eines Versicherers gegenüber dem VN nicht rechtswirksam ist, wenn gegen die Bank lediglich eine Feststellungsklage statt der beabsichtigten Leistungsklage (auf Freigabe der Grundschuld Zug um Zug gegen Zahlung eines bezifferten Restbetrags aus dem Darlehen) erhoben werden soll. Eine solche Weisung sei für den VN **unzumutbar**, weil zum einen die Zulässigkeit der Feststellungsklage

91 Vgl. Übersicht P/M/*Piontek*, § 17 ARB 2010 Rn. 36; Harbauer/*Cornelius-Winkler*, § 17 ARB 2010 Rn. 79.

92 OLG Karlsruhe NJW-RR 2022, 901, 905 Rn. 59; LG München I NJW-RR 2023, 474, 477.

zweifelhaft und zum anderen nicht mit einer problemlosen Leistung der Darlehensgeberin (der Bank) nur aufgrund eines rechtskräftigen Feststellungsurteils zu rechnen sei.[93]

e) **ARB 2012/2019/2021**

Die Neufassung von Abs. 1 lit c) in Ziff. 4.1.1.3 und 4.1.1.4 führt zu erheblichen inhaltlichen Änderungen: 76

Die **Kostenabstimmungs- und Kostenzustimmungsobliegenheit** gem. Abs. 1 lit. c) aa) findet sich teilweise in der neuen Klausel Ziff. 4.1.1.3 ARB 2012/2019/2021. Nach der neugefassten Klausel muss der VN Kosten verursachende Maßnahmen »nach Möglichkeit« mit dem Versicherer abstimmen, soweit das für den VN »zumutbar« ist. Als Beispiel für Kosten verursachende Maßnahmen führt Ziff. 4.1.1.3 ARB 2012/2019/2021 die Beauftragung eines Rechtsanwalts, die Erhebung einer Klage oder die Einlegung eines Rechtsmittels an. 77

Entscheidend ist, dass die neugefasste Klausel **kein Zustimmungserfordernis** des Versicherers mehr vorsieht (auch nicht für die Klageerhebung, Klageabwehr oder die Einlegung von Rechtsmitteln). Neu eingefügt ist, dass der VN **nach Möglichkeit** Kosten verursachende Maßnahmen mit dem Versicherer **abstimmen** muss. Im Einzelfall wird zu klären sein, ob der VN die Möglichkeit hatte, mit dem Versicherer bestimmte Maßnahmen abzustimmen. 78

Unter der Neuregelung kommt es weiter nicht mehr darauf an, ob die Interessen des VN durch die Erfüllung der Obliegenheit unbillig beeinträchtigt werden. Entscheidend ist vielmehr, ob die Erfüllung der Obliegenheit dem VN **zumutbar** ist. 79

Völlig neu überarbeitet wurde die **Kostenminderungsklausel** in Abs. 1 lit. c) bb), die sich nun in Ziff. 4.1.1.4 ARB 2012/2019/2021 wiederfindet. 80

Mit den ARB 2012 schwächte der Klauselgeber den Inhalt von Abs. 1 lit. c) bb) deutlich ab und passte die Klausel in Ziff. 4.1.1.4 ARB 2012 weitestgehend wortgleich an § 82 VVG an. Die Regelbeispiele in Abs. 1 lit. c) bb) Satz 3 finden sich in der Neufassung nicht mehr. An Stelle dessen ist der VN nun allgemein gehalten, die Kosten für die Rechtsverfolgung so gering wie möglich zu halten (vgl. Ziff. 4.1.1.4 ARB 2012). Zur Erreichung dieses Zweckes soll der VN den Versicherer oder seinen Rechtsanwalt fragen. 81

Weisungen des Versicherers muss der VN befolgen, soweit das für ihn **zumutbar** ist. Es kommt also nicht mehr darauf an, ob die Interessen des VN unbillig beeinträchtigt werden. Der VN muss Weisungen demnach nur dann beim Versicherer einholen, wenn die Umstände dies gestatten. Ziff. 4.1.1.4 Satz 4 ARB 2012 gibt damit wörtlich § 82 II 1 VVG wieder. 82

93 OLG Hamm VersR 2017, 418; anders: LG Braunschweig, r+s 2018, 136, 138, wenn Forderung nicht bezifferbar und es sich dabei um eine isolierte Feststellungsklage handelt.

83 Die in Ziff. 4.1.1.4 ARB 2019/2021 verwendete Klausel ist im Vergleich zu den ARB 2012 nochmals deutlich verkürzt und verlangt vom VN unter Hinweis auf § 82 VVG nur noch, bei Eintritt des Versicherungsfalles nach Möglichkeit für die Abwendung und Minderung des Schadens zu sorgen.

C. Abs. 2 – Deckungszusage

I. Erteilung der Deckungszusage – Abs. 2 Satz 1

84 Für den VN ist die Deckungszusage von großer Bedeutung, da der Versicherer damit anerkennt, dass ein Rechtsschutzfall vorliegt. In der Praxis dürfte ein beauftragter Rechtsanwalt häufig erst nach Erhalt der Deckungszusage des Versicherers mit der Arbeit beginnen.[94]

85 Gem. Abs. 2 Satz 1 bestätigt der Versicherer den Umfang des für den Rechtsschutzfall bestehenden Versicherungsschutzes. Der Versicherer gibt also ein **deklaratorisches Schuldanerkenntnis** ab.[95] Der VN muss dem Versicherer vorher den Rechtsschutzfall anzeigen (vgl. Abs. 1 lit. a)) und den Versicherer vollständig und wahrheitsgemäß über die Umstände des Rechtsschutzfalles unterrichten (vgl. Abs. 1 lit. b)).

86 Die Auslegung einer Deckungszusage richtet sich nach §§ 133, 157 BGB.[96] Der Versicherer kann sich **im Nachhinein** nicht auf solche Einwendungen und Einreden berufen, die ihm bei Abgabe der Deckungsbestätigung **bekannt**[97] waren oder **bekannt hätten sein müssen**[98]. Der VN muss sich auf die Deckungszusage des Versicherers und dessen vorangegangene rechtliche Prüfung verlassen können. War dem Versicherer vor Erteilung seiner Deckungszusage die umfassende Prüfung der Erfolgsaussichten einer Klage möglich, so kann er seine Erklärung nicht kondizieren oder widerrufen.[99] Denn die Erwägungen des Versicherers bei Erteilung der Deckungszusage sind dem VN nicht bekannt. Die Deckungszusage wäre für den VN wertlos, wenn der Versicherer im Nachhinein, ohne dass neue Tatsachen hinzugekommen sind, seine vormals gegebene Zusage wieder in Frage stellen könnte. Der Versicherer, der eine Deckungszusage ohne

---

94 BGH BeckRS 2019, 11446.

95 Vgl. BGH NJW 2021, 3324, 3327; BGH NJW 2014, 3030; KG Berlin NJOZ 2022, 1489; OLG Braunschweig r+s 2013, 435, 436; OLG Celle VersR 2008, 1645, 1647; OLG Karlsruhe VersR 2003, 1436; OLG Düsseldorf r+s 2002, 242, 243; OLG Oldenburg VersR 1996, 1233; KG Berlin VersR 1997, 1352; *Spieß* r+s 2019, 70, 71 m.w.N.

96 Vgl. KG VersR 1997, 1352; LG Dortmund r+s 2022, 84.

97 Vgl. BGH NJW 2014, 3030; OLG Hamm FD-VersR 2021, 443956; OLG Frankfurt a.M. BeckRS 2019, 52158; OLG München BeckRS 2017, 142668; OLG Braunschweig NJOZ 2014, 441; OLG Düsseldorf VersR 1996, 844; VersR 1985, 728; LG Kiel NJOZ 2025, 142, 145; AG München r+s 2019, 515, 516; *Spieß* r+s 2019, 70, 73.

98 Vgl. BGH NJW 2014, 3030; OLG Hamm FD-VersR 2021, 443956; OLG München BeckRS 2017, 142668; OLG Braunschweig NJOZ 2014, 441; LG Kiel NJOZ 2025, 142, 145; LG Kiel r+s 2000, 376; LG Mannheim r+s 1996, 313; AG München r+s 2019, 515, 516.

99 KG Berlin NJOZ 2022, 1489.

Vorbehalt erteilt, ist also mit allen Einwendungen und Einreden ausgeschlossen, die zum Zeitpunkt der Deckungsbestätigung bestanden.[100]

Der VN muss sich zudem darauf verlassen können, dass **der Versicherer den Sachverhalt sorgfältig prüft.** Kommt der Versicherer zu einer **fehlerhaften Einschätzung des Sachverhalts** und erteilt auf dieser Grundlage eine Deckungszusage, ist es ihm später verwehrt, sich auf die Fehlerhaftigkeit der Deckungszusage zu berufen. Erteilt der Versicherer eine vorbehaltslose Deckungszusage »im Rahmen der vereinbarten AVB«, ist die Deckungszusage zumindest dem Grunde nach vorbehaltlos erteilt. Erteilt der Versicherer eine Deckungszusage vorbehaltlich eines bestimmten Risikoausschlusses, kann sich der Versicherer im Nachhinein nicht auf andere ggf. vorliegende Risikoausschlüsse berufen.[101] Es kommt allein darauf an, ob dem Versicherer (auf bestehender Tatsachengrundlage) das Vorliegen der möglichen Einwendung bei Abgabe der Zusage bekannt ist oder ob er zumindest mit dem Vorliegen der Einwendung rechnete.[102] Die Deckungszusage soll nach Ansicht des LG Köln/ LG Frankfurt hingegen **keinen Vertrauenstatbestand** hinsichtlich solcher Leistungsverweigerungsrechte erzeugen, die erst nachträglich entstehen oder dem Versicherer (im Verlauf eines Gerichtsprozesses) bekannt werden.[103] Der Versicherer soll in diesen Fällen bereits erbrachte Versicherungsleistungen über das Bereicherungsrecht zurückfordern können.[104] 87

Eine Deckungszusage zugunsten des Versicherten bei einer **Versicherung für fremde Rechnung** setzt eine Leistungspflicht gegenüber dem Versicherten fest.[105] Der Versicherer kann dann nicht an den VN unter Berufung auf dessen ebenfalls bestehende Verfügungsbefugnis leisten, ohne gegen das Verbot widersprüchlichen Verhaltens zu verstoßen.[106] Reguliert der Versicherer in dieser Fallkonstellation die Honorarrechnung des (vom Versicherten beauftragten) Rechtsanwalts gegenüber dem VN, erfüllt der Versicherer nicht die nach den ARB geschuldete Leistung.[107] Mit dieser Zahlung tritt keine Erfüllungswirkung im Verhältnis zum Versicherten ein.[108] 88

Der Versicherer erteilt die Deckungszusage grundsätzlich **instanzenbezogen.**[109] Mögliche Sachverständigenkosten und mögliche erhöhte Rechtsanwaltsgebühren sind hin- 89

---

100 OLG Hamm BeckRS 2023, 48867; LG München VersR 2014, 872 m. Anm. *Graf.*

101 OLG München r+s 2021, 151, 154; OLG Celle r+s 2010, 417, 418; OLG Düsseldorf VersR 1996, 844.

102 OLG München r+s 2021, 151, 154; OLG Celle r+s 2010, 417, 418; OLG Düsseldorf VersR 1996, 844; OLG Düsseldorf VersR 1985, 728; a.A. OLG Nürnberg NJW-RR 2020, 1185, 1186; LG Frankfurt r+s 1990, 382; wohl auch LG Köln r+s 2002, 244.

103 LG Köln r+s 2002, 244; LG Frankfurt r+s 1990, 382.

104 Vgl. OLG Celle NJW-RR 2009, 38, 41; KG Berlin BeckRS 2021, 41784; Harbauer/ *Bauer*, § 17 ARB 2000 Rn. 17; P/M/*Piontek*, § 17 ARB 2010 Rn. 14; a.A. *Spieß* r+s 2019, 70, 75.

105 BGH NJW 2014, 3030; OLG Frankfurt BeckRS 2016, 132319.

106 BGH NJW 2014, 3030.

107 BGH NJW 2014, 3030.

108 BGH NJW 2014, 3030.

109 BGH r+s 1990, 275; LG Nürnberg-Fürth BeckRS 2022, 37662, OLG Karlsruhe BeckRS 2023, 53421.

zuzurechnen.[110] Möchte der VN **Rechtsmittel** einlegen, ist dies mit dem Versicherer abzustimmen (vgl. oben Abs. 1 lit. c) aa)). Die **vertragswidrige Verweigerung** der Deckungszusage des Versicherers, infolgedessen der VN einen beabsichtigten Rechtsstreit nicht führen kann, führt ggf. zu einem Schadenersatzanspruch des VN gegen den Versicherer gemäß § 280 Abs. 1 BGB[111].

II. Maßnahmen vor Erteilung der Deckungszusage – Abs. 2 Satz 2

90 Abs. 2 Satz 2 regelt den Fall, dass der VN (oder der bereits vom VN beauftragte Rechtsanwalt) Maßnahmen zur Wahrnehmung der rechtlichen Interessen des VN ergreift, **bevor der Versicherer die Deckung bestätigt hat.** In diesem Fall trägt der Versicherer nur die Kosten, die er bei einer Bestätigung des Versicherungsschutzes vor Einleitung dieser Maßnahme zu tragen gehabt hätte.

91 Der Regelungsgehalt der Klausel erschließt sich nicht ohne weiteres, da der Versicherer ohnehin nur im Rahmen der gesetzlichen und vertraglichen Regelungen (also im Rahmen der ARB) zur Leistungserbringung verpflichtet ist. Der Klausel kommt wohl vor allem eine **Klarstellungsfunktion** gegenüber dem VN zu.[112] Dies ggf. auch im Zusammenhang mit der sogenannten »Abrategebühr«, also der Rechtsanwaltsgebühr für die Erstberatung in einer wenig erfolgsversprechenden bzw. hoffnungslosen Angelegenheit.[113] Der Zweck der Klausel dient wohl auch der Verdeutlichung dafür, dass der VN ohne Deckungszusage des Versicherers gegebenenfalls auf seinen Kosten »sitzen bleiben« kann. Teilweise wird die Klausel – darüber hinausgehend – so interpretiert, dass sie den Rechtsschutzanspruch nach dem Umfang der Bestätigung bestimme, »wie wenn diese vor Einleitung der Maßnahme erteilt worden wäre und der Rechtsschutzanspruch auch im Hinblick auf die Maßnahme verbindlich festgelegt worden wäre«[114].

III. ARB 2012/2019/2021

92 In den ARB 2012/2019/2021 wurde Abs. 2 inhaltsgleich in Ziff. 4.1.2 übernommen.

D. Abs. 3 – Auswahl des Rechtsanwalts

I. Freie Rechtsanwaltswahl – Abs. 3 Satz 1

93 Dem VN steht es nach Abs. 3 Satz 1 grundsätzlich frei, einen Rechtsanwalt seiner Wahl zu beauftragen. Die Regelung steht damit im Einklang mit § 3 III BRAO und setzt die (gem. § 129 VVG) halbzwingende gesetzliche Regelung des § 127 I VVG um.

---

110 OLG München NJOZ 2018, 1173.

111 BGH VersR 2006, 830; OLG Düsseldorf BeckRS 2025, 3523; OLG Brandenburg NJOZ 2025, 1220, 1224; OLG Karlsruhe r+s 2020, 570, 573.

112 A.A. P/M/*Piontek,* § 17 ARB 2010 Rn. 16; offenlassend Harbauer/*Bauer,* § 17 ARB 2000 Rn. 18; Harbauer/*Schneider,* § 17 ARB 2010 Rn. 18; van Bühren/Plote/*Plote,* § 17 ARB 2000 Rn. 15; van Bühren/Plote/*Hillmer-Möbius* § 17 ARB 2010 Rn. 33.

113 Vgl. hierzu § 3a Rn. 55 ff.

114 AG Rosenheim VersR 2014, 458, 459; P/M/*Piontek,* § 17 ARB 2010 Rn. 16.

Die **freie Rechtsanwaltswahl** ist ebenfalls in Art. 4 der EG-RechtsschutzVersRL 87/344/EWG[115] sowie in Art. 201 der Solvency-II-Richtlinie vom 25. November 2009[116] geregelt. Der EuGH war in verschiedenen Fallkonstellationen mit der freien Rechtsanwaltswahl befasst. In einer Entscheidung hat der EuGH festgehalten, dass die freie Rechtsanwaltswahl keine Ausnahme für den Fall kennt, dass eine große Zahl von VN durch dasselbe Ereignis geschädigt wird.[117] Der Versicherer darf die Beauftragung eines externen Rechtsanwalts auch nicht von eigenem Ermessen hinsichtlich der Notwendigkeit der Beauftragung abhängig machen.[118] Der EuGH sah hingegen keinen Verstoß gegen Art. 4 der EG-RechtsschutzVersRL 87/344/EWG, wenn der Rechtsschutzversicherte zu seiner Vertretung in einem Gerichts- oder Verwaltungsverfahren nur solche Parteivertreter wählen darf, die ihren Kanzleisitz am Ort des Sitzes der in erster Instanz zuständigen Gerichts- oder Verwaltungsbehörde haben, soweit diese Beschränkung nur den Umfang betrifft, in dem der Rechtsschutzversicherer die mit dem Tätigwerden eines Vertreters verbundenen Kosten deckt.[119] 94

Der BGH hat in seiner »Mietverein« – Entscheidung vom 26. Oktober 1989[120] festgehalten, dass sich ein **gruppenversicherter Mieterverein** mit dem Erwerb der Mitgliedschaft nicht das Recht der alleinigen Rechtsanwaltswahl vorbehalten kann, ohne Rücksicht auf den durch das Mitglied benannten Anwalt zu nehmen. Damit würde das Recht des Einzelnen auf freie Anwaltswahl (§ 3 III BRAO) in unzumutbarer Weise (§ 242 BGB) eingeschränkt. Solche Aufnahmebedingungen wären ebenfalls mit § 1 UWG nicht zu vereinbaren. 95

Plote hat diese Entscheidung derart ausgelegt, dass sich der Versicherer zwar nicht das bedingungsmäßige Recht einräumen darf, generell den Anwalt für den VN zu bestimmen. Solange dem Rechtssuchenden aber genügend Auswahlmöglichkeiten verblieben, beispielweise aus dem **Kreis der vom Rechtsschutzversicherer benannten Anwälte**, und er selbst die Entscheidung über die Beauftragung treffe, sollen derartige Vereinbarungen im Einklang mit § 3 III BRAO und § 158m VVG a.F. stehen.[121] 96

Dieser Ansicht ist nicht zuzustimmen.[122] Die freie Anwaltswahl nach § 3 III BRAO ist nicht gegeben, wenn dem VN nur ein **bestimmter** – vom Versicherer vorausgewählter – **Kreis von Rechtsanwälten** zur Verfügung steht. Auch systematisch ist eine solche Einschränkung in Abs. 3 nicht angelegt. Das Recht der freien Anwaltswahl wird allein durch die Regelungen in Abs. 3 Satz 2 ergänzt, wonach der Versicherer in bestimmten Fällen einen Anwalt benennen oder beauftragen muss. In der Gesetzesbe- 97

115 ABl. EG 1987 L 185 = VERBAV 1987, 442 ff.
116 RL 2009/138/EG ABl. EU L 335/78.
117 EuGH NJW 2010, 355, 357 Rn. 60 ff.
118 EuGH NJW 2014, 373.
119 EuGH NJW 2011, 3077.
120 BGH NJW 1990, 578; OLG Bamberg NJW 2012, 2282 m. Anm. *Lensing*.
121 Van Bühren/Plote/*Plote*, § 17 ARB 2000 Rn. 6a; van Bühren/Plote/*Hillmer-Möbius*, § 17 ARB 2010 Rn. 37.
122 Für die freie Anwaltswahl: VersHb/*Obarowski*, § 45 Rn. 591; HK-VVG/*Münkel*, § 127 VVG Rn. 2.

gründung zu § 127 VVG wird das Recht der freien Anwaltswahl ebenfalls betont und hervorgehoben, dass eine Beschränkung der freien Anwaltswahl, etwa für Sammelverfahren, nicht in Betracht komme.[123]

98 Der Versicherer kann **unverbindliche Empfehlungen** aussprechen[124], solange der VN damit nicht unter **wirtschaftlichen oder psychischen Druck**[125] gesetzt wird und sich der Versicherer im Rahmen seiner vertraglichen Pflichten gem. § 1 bewegt.[126] Dem steht nicht entgegen, dass zwischen dem Versicherer und der empfohlenen Rechtsanwaltskanzlei eine (zulässige) Gebührenvereinbarung für Ordnungswidrigkeiten- und Strafverfahren besteht, vorausgesetzt, dass die empfohlene Rechtsanwaltskanzlei im einschlägigen Rechtsgebiet über Erfahrungen verfügt und/oder vom Versicherer in der jeweiligen Rechtsfrage für kompetent erachtet wird.[127] Als rechtlich unwirksam stufte das LG Frankfurt hingegen eine AVB-Regelung ein, wonach der Versicherer für die außergerichtliche Interessenwahrnehmung nur die Kosten eines von ihm selbst ausgewählten **Mediators** übernimmt und die gerichtliche Interessenwahrnehmung nur gewährt, wenn der Versicherte zuvor ein Streitschlichtungsverfahren mit einem vom Versicherer ausgewählten Mediator durchführte.[128]

99 Mit der Entscheidung vom 8. November 2011 entschied das LG Bamberg, dass eine Klausel zulässig ist, nach der **im Rahmen des Selbstbehaltes keine Anpassung der Schadenfreiheits-Klasse** erfolgt (Vertrag galt also für künftige Regulierungsfälle als schadenfrei), wenn der VN einen Rechtsanwalt aus dem Kreis der aktuell vom Versicherer empfohlenen Rechtsanwälte beauftragt.[129] Diese Entscheidung hob das OLG Bamberg mit Urteil vom 20. Juni 2012[130] auf. Die Klausel stellt nach Ansicht des OLG Bamberg eine mittelbare Beeinträchtigung des Rechts auf die freie Anwaltswahl dar. Denn ein Vorteil, der dem VN für die Wahl eines bestimmten Rechtsanwalts versprochen werde, dürfe nicht die Grenze unzulässigen psychischen Drucks auf den VN überschreiten. Der Wegfall des Selbstbehaltes des Versicherten sei nach Ansicht des OLG Bambergs ein solcher Fall unzulässigen psychischen Drucks auf den VN. Damit weiche die Klausel von dem halbzwingenden § 127 VVG ab, worin per se eine unangemessene Benachteiligung (§ 307 I 1 BGB) des VN zu sehen sei. Die Klausel sei daher unwirksam. In der Revision hat der BGH das Urteil des OLG Bamberg aufgehoben und die konkrete Klausel – wie schon das LG Bamberg – als wirksam ein-

123 Begr. RegE BT-Drucks. 16/3945, S. 91.
124 LG Bamberg, r+s 2012, 118 m. Anm. *Armbrüster*; LG Bremen VersR 1998, 974; VersHb/*Obarowski*, § 45 Rn. 592.
125 Vgl. hierzu OGH VersR 2003, 1330 (Einschränkung der freien Rechtsanwaltswahl durch Wegfall einer Selbstbeteiligung von 20%).
126 VersHb/*Obarowski*, § 45 Rn. 592.
127 LG Bremen VersR 1998, 974.
128 LG Frankfurt NJW 2014, 2204.
129 LG Bamberg VersR 2011, 1515 m. Anm. *Armbrüster*.
130 OLG Bamberg NJW 2012, 2282 m. Anm. *Lensing*.

gestuft.[131] Unzulässiger psychischer Druck bestehe im konkreten Fall deshalb nicht, da sich der Vorteil eines ersparten Selbstbehalts erst auf künftige Regulierungsfälle beziehe und dem VN kein zeitlich unmittelbarer Vorteil zukomme.[132]

Eine zulässige **faktische Beschränkung des Auswahlrechts** liegt darin, dass der VN sich gem. Abs. 3 an den Kreis derjenigen Rechtsanwälte halten muss, deren Vergütung der Versicherer gem. § 5 I lit. a) und b) trägt. § 5 I lit. a) regelt grundsätzlich, dass der Versicherer in allen Rechtsschutzfällen die gesetzliche Vergütung eines Anwalts trägt, begrenzt durch die **gesetzliche Vergütung** eines am zuständigen Gericht ansässigen Anwalts.[133] § 5 I lit. b) regelt die Kostentragung bei Eintritt eines Rechtsschutzfalls im Ausland.[134] Nach zutreffender Ansicht wird durch die Regelung nicht die freie Anwaltswahl des VN eingeschränkt, da sie letztlich nur für den VN klarstellt, dass nur solche Anwälte beauftragt werden können, deren Vergütung der Versicherer im Rahmen der objektiven Risikobeschränkung übernimmt.[135] **100**

Es bleibt abzuwarten, wie sich die rechtliche Bewertung im Rahmen des § 127 VVG unter dem Einfluss von Legal-Tech-Entwicklungen und modernen Inkassostrukturen verändern wird. Das Grundsatzurteil des BGH vom 27. November 2019 markiert in diesem Zusammenhang einen deutlichen **Liberalisierungsschub** – insbesondere in Bezug auf die freie Anwaltswahl.[136] Der BGH wies den Einwand zurück, dass der Gläubiger zwingend selbst einen Anwalt auswählen müsse, wenn ein Inkassodienstleister tätig wird. Vielmehr sei es sachgerecht, wenn der Gläubiger im Interesse der Effizienz und Arbeitserleichterung einen vom Dienstleister ausgewählten Vertragsanwalt akzeptiere. Objektiv nachvollziehbare Gründe für ein eigenes Auswahlinteresse seien in der Regel nicht erkennbar.[137] **101**

Diese Argumentation wirft die Frage auf, warum für Rechtsschutzversicherte andere Maßstäbe gelten sollten. Vor diesem Hintergrund erscheint es geboten, die Rolle der Rechtsschutzversicherer im Lichte der §§ 4 RDG und 127 VVG neu zu bewerten.[138] **102**

II. Auswahl des Rechtsanwalts durch den Versicherer

Auf **Verlangen des VN** wählt der Versicherer den Rechtsanwalt gem. **Abs. 3 Satz 2 lit. a)** für den VN aus. Dabei kann der Versicherer jeden Rechtsanwalt auswählen, den er im jeweiligen Rechtsgebiet für kompetent erachtet. **103**

---

131 BGH NJW 2014, 630; Urteilsbesprechung von *Cornelius-Winkler* in NJW 2014, 588 und Erläuterung ähnlicher Vertragsgestaltungen vor dem Hintergrund des BGH-Urteils.

132 BGH NJW 2014, 630.

133 Vgl. § 5 Rdn. 7 ff.; P/M/*Piontek*, § 5 ARB 2010 Rn. 1.

134 Vgl. § 5 Rdn. 49 ff.

135 Harbauer/*Bauer*, § 17 ARB 2000 Rn. 3; Harbauer/*Schneider*, § 17 ARB 2010 Rn. 3.

136 BGH NJW 2020, 208.

137 BGH NJW 2023, 1368, 1371; NJW 2020, 208.

138 VersHb/*Obarowski*, § 45 Rn. 595.

104 Der Versicherer kann gem. **Abs. 3 Satz 2 lit. b)** auch dann tätig werden, wenn der VN keinen Rechtsanwalt benennt und dem Versicherer die alsbaldige Beauftragung eines Rechtsanwalts **notwendig erscheint.** Denkbar sind Konstellationen, in denen bspw. die Verjährung von Ansprüchen droht bzw. Fristen eingehalten werden müssen. In solchen Fällen kann der Versicherer zu schnellem Handeln verpflichtet sein, wenn dadurch die Rechte des VN gewahrt bleiben (z.B. Einspruchsfristen).[139]

III. ARB 2012/2019/2021

105 In den ARB 2012 findet sich eine inhaltlich gleichlautende Klausel in Ziff. 4.1.3 Abs. 1 ARB 2012/2019/2021. Der klarstellende Hinweis darauf, dass der VN sich an den Kreis derjenigen Rechtsanwälte halten muss, deren Vergütung der Versicherer trägt, fehlt in der Neuregelung.

E. Abs. 4 – Beauftragung des Rechtsanwalts

106 Abs. 4 Satz 1 stellt klar, dass der **VN den Rechtsanwalt beauftragt.** Der Versicherer beauftragt den Rechtsanwalt nur ausnahmsweise im Namen des VN, wenn dieser nicht selbst tätig wird (zum Beispiel in den Fällen von Abs. 3 Satz 2).

107 Die Frage, ob der Rechtsanwaltsvertrag zwischen VN und Rechtsanwalt oder Versicherer und Rechtsanwalt zustande kommt, ist durch Abs. 4 Satz 1 beantwortet.[140] Schließt der Versicherer den Vertrag für den VN, handelt er grundsätzlich als Vertreter für den VN gem. § 164 I BGB.[141]

108 Abs. 4 Satz 2 kommt lediglich eine klarstellende Funktion zu. Der Versicherer ist danach für die Tätigkeit des vom VN beauftragten Rechtsanwalts nicht verantwortlich.

109 Abs. 4 findet sich redaktionell überarbeitet (aber ohne inhaltliche Änderungen) in Ziff. 4.1.3 Abs. 2 **ARB 2012**/2019/2021.

F. Abs. 5 – (Laufende) Auskunfts- und Informationsobliegenheiten des VN gegenüber dem Rechtsanwalt und dem Versicherer

110 Abs. 5 regelt einerseits die Informationspflichten im Innenverhältnis zwischen dem VN und dem Rechtsanwalt und verpflichtet den VN, seinen Rechtsanwalt bestmöglich mit Informationen zu versorgen. Zum anderen stellt der Versicherer über die laufende Auskunftsobliegenheit sicher, dass der VN ihm jederzeit Auskunft zum Stand der Dinge erteilen muss.

---

139 Van Bühren/Plote/*Plote*, § 17 ARB 2000 Rn. 7; van Bühren/Plote/*Hillmer-Möbius* § 17 ARB 2010 Rn. 44.

140 Vgl. zu diesem Streit Harbauer/*Bauer*, § 17 ARB 2000 Rn. 8; Harbauer/*Schneider*, § 17 ARB 2010 Rn. 8 f.

141 Harbauer/*Bauer*, § 17 ARB 2000 Rn. 8; Harbauer/*Schneider*, § 17 ARB 2010 Rn. 10.

I. Auskunfts- und Informationsobliegenheiten des VN gegenüber dem Rechtsanwalt gem. Abs. 5 lit. a)

Parallel zu Abs. 1 lit. a) und b) verpflichtet Abs. 5 lit. a) den **VN gegenüber dem beauftragten Rechtsanwalt** zur vollständigen und wahrheitsgemäßen Unterrichtung, zur Angabe der Beweismittel, zur Erteilung der möglichen Auskünfte und zur Beschaffung der notwendigen Unterlagen. Der Rechtsanwalt soll damit in die Lage versetzt werden, die Interessen des VN bestmöglich zu vertreten und eine zielführende Prozessstrategie zu entwickeln. Der VN muss seinen Rechtsanwalt beispielsweise über Vorschäden an einem Fahrzeug unterrichten, wenn sich das Fahrzeug vor dem Unfall in einem beschädigten Zustand befand.[142] 111

II. Laufende Auskunftsobliegenheit des VN gegenüber dem Versicherer gem. Abs. 5 lit. b)

Abs. 5 lit. b) statuiert eine **laufende Auskunftsobliegenheit des VN** gegenüber dem Versicherer über den Stand und die Abwicklung des Rechtsschutzfalls. Die Obliegenheit trifft den VN **nur auf Verlangen des Versicherers**, das heißt der Versicherer muss ausdrücklich nach dem Stand der Angelegenheit fragen.[143] Der VN kann zur Erfüllung dieser Obliegenheit auch seinen Rechtsanwalt bitten, den Versicherer zu unterrichten. Eine laufende Auskunftspflicht des Rechtsanwalts gegenüber dem Versicherer besteht dagegen nicht, da der Rechtsanwalt über den Rechtsanwaltsvertrag nur gegenüber dem VN verpflichtet ist.[144] Der Versicherer ist auch nach Beendigung des Rechtsschutzfalls berechtigt, Auskünfte vom VN zu fordern[145], jedenfalls soweit die Beschaffung solcher Auskünfte dem VN zumutbar ist. 112

III. ARB 2012/2019/2021

Die Klausel findet sich inhaltsgleich in Ziff. 4.1.4 ARB 2012/2019/2021. 113

G. Abs. 6 – Rechtsfolgen von Obliegenheitsverletzungen

Abs. 6 sanktioniert die Verletzung der in Abs. 1 und Abs. 5 genannten Obliegenheiten. 114
Dabei handelt es sich um:
- die Anzeigeobliegenheit gem. Abs. 1 lit. a)
- die Unterrichtungsobliegenheit/Obliegenheit zur Vorlage von Belegen und Auskunftsobliegenheit über Beweismittel gem. Abs. 1 lit. b)
- die Obliegenheit Kosten auslösende Maßnahmen mit dem Versicherer abzustimmen bzw. die Zustimmung des Versicherers einzuholen gem. Abs. 1 lit. c) aa)
- die Kostenminderungsobliegenheit gem. Abs. 1 lit. c) bb)

142 AG Hanau r+s 1995, 465.

143 Vgl. LG Köln r+s 1994, 102; AG Grevenbroich r+s 1995, 105.

144 Vgl. Harbauer/*Bauer*, § 17 ARB 2000 Rn. 39; Harbauer/*Cornelius-Winkler*, § 17 ARB 2010 Rn. 45.

145 *Tietgens* r+s 2005, 489, 495.

- die Auskunfts- und Informationsobliegenheiten des VN gegenüber dem Rechtsanwalt gem. Abs. 5 lit. a)
- die laufende Auskunftsobliegenheit des VN gegenüber dem Versicherer gem. Abs. 5 lit. b)

115 Der Sanktionsmechanismus in Abs. 6 entspricht den halbzwingenden gesetzlichen Regelungen in **§§ 28 II-IV VVG.**

116 Die Sanktion für eine Obliegenheitsverletzung des VN hängt von mehreren Faktoren ab. Sie richtet sich erstens nach dem **Grad des Verschuldens des VN.** Zweitens stellt sich die Frage, ob dem VN der **Kausalitätsgegenbeweis** möglich ist. Drittens kommt es bei der Verletzung von **Auskunfts- oder Aufklärungsobliegenheitsverletzung nach Eintritt des Versicherungsfalls** darauf an, ob der Versicherer den VN belehrte.

I. Grad des Verschuldens

117 Die Rechtsfolge der Verletzung einer Obliegenheit gem. Abs. 1 bzw. Abs. 5 richtet sich zunächst nach dem **Grad des Verschuldens des VN.**

118 **Schuldlose** oder **einfach fahrlässig** begangene Obliegenheitsverletzungen vertraglicher Obliegenheiten bleiben folgenlos, das heißt der Versicherer bleibt eintrittspflichtig. Verstößt der VN schuldlos oder einfach fahrlässig gegen Obliegenheiten, ist der Versicherer nicht zur Kürzung der Versicherungsleistung berechtigt. Der VN verletzt Obliegenheiten einfach fahrlässig, wenn er die im Verkehr erforderliche Sorgfalt nicht beachtet.[146]

119 Begeht der VN die Obliegenheitsverletzung **grob fahrlässig**, ist der Versicherer berechtigt, seine Leistung in einem der Schwere des Verschuldens des VN entsprechenden Verhältnis zu kürzen, Abs. 6 Satz 2. Grob fahrlässig handelt der VN, wenn er die im Verkehr erforderliche Sorgfalt gröblich, in hohem Maße außer Acht lässt und dasjenige nicht beachtet, das unter gegebenen Umständen jedem einleuchten müsste.[147]

120 Die **Quotelung** erfolgt nach dem Grad des Verschuldens des VN. Die Quote bestimmt, in welcher Höhe der Versicherer leistungspflichtig ist. Die Kürzungsquote kann bis zu 100 % betragen.[148] Gesetzliche Kürzungsquoten für typische Sachverhalte existieren nicht. Der Versicherer muss die Kürzungsquote stets anhand der Umstände des Einzelfalles ermitteln. Pauschalierungen verbieten sich. Einen Erfahrungssatz, wonach eine grob fahrlässige Obliegenheitsverletzung zumindest eine Kürzung um 50 % rechtfertigt, gibt es nicht.

121 **Vorsatz** (und **Arglist** als besonders schwere Form des Vorsatzes) führen gem. Abs. 6 Satz 1 grundsätzlich zur Leistungsfreiheit des Versicherers. Vorsätzlich handelt derjenige VN, dem die Obliegenheit bewusst ist und der gewollt gegen die Obliegenheit verstößt.[149]

---

146 B/M/*Heiss*, § 28 Rn. 229 f.

147 L/P/*Pohlmann*, § 28 Rn. 51.

148 BGH NJW 2011, 3299; OLG Saarbrücken NJW-RR 2022, 1689, 1691; OLG Dresden r+s 2020, 148; OLG Köln BeckRS 2017, 136095.

149 L/P/*Pohlmann*, § 28 Rn. 56; B/M/*Heiss*, § 28 Rn. 177.

II. Kausalitätsgegenbeweis

122 Der Versicherer bleibt – trotz grob fahrlässiger oder vorsätzlicher Obliegenheitsverletzung durch den VN – leistungspflichtig, wenn der VN den **Kausalitätsgegenbeweis** führt, Abs. 6 Satz 5. Dafür muss der VN darlegen und beweisen, dass die verletzte Obliegenheit für den Versicherungsfall nicht ursächlich war.

123 Die Obliegenheitsverletzung ist nicht für den Eintritt des Versicherungsfalles ursächlich, wenn das Fehlverhalten des VN hinweggedacht werden kann und der **Versicherungsfall dennoch eingetreten** wäre. Darüber hinaus darf die verletzte Obliegenheit **nicht für die Feststellung des Versicherungsfalls durch den Versicherer** und **nicht für die Feststellung des Umfangs der Leistungspflicht des Versicherers ursächlich** sein.

124 Der VN muss zur Führung des Kausalitätsgegenbeweises **nachweisen**, dass die Verletzung der Obliegenheit im Zeitpunkt der Regulierungsentscheidung des Versicherers[150] weder für den Eintritt oder die Feststellung des Versicherungsfalls noch für die Feststellung oder den Umfang der dem Versicherer obliegenden Leistung ursächlich war. Der VN muss also darlegen, dass seine Obliegenheitsverletzung den Versicherer im konkreten Fall weder dem Grunde noch der Höhe nach benachteiligte. Zu diesem Zweck muss der VN die vermeintlich kausalen Zusammenhänge zwischen dem Versicherungsfall und der Obliegenheitsverletzung widerlegen.[151] Besteht die Obliegenheit in einem Unterlassen, genügt der Nachweis, dass der Nachteil des Versicherers auch bei obligationsgemäßen Verhalten eingetreten wäre.[152]

125 Der VN darf den Kausalitätsgegenbeweis gem. **Abs. 6 Satz 6** nicht führen, wenn er die **Obliegenheit arglistig verletzt** hat. Arglistige Obliegenheitsverletzungen setzen betrügerisches Verhalten des VN voraus. Arglist liegt vor, wenn der VN nicht nur vorsätzlich gegen eine Obliegenheit verstößt, sondern bewusst und willentlich auf das Verhalten des VR einwirkt.[153] Arglist muss vom Versicherer bewiesen werden. Kann der Versicherer nicht beweisen, dass der VN arglistig, sondern nur vorsätzlich die Obliegenheit verletzte (und liegen die Voraussetzungen des Kausalitätsgegenbeweises vor), steht dem VN die volle Versicherungsleistung zu.

III. Belehrungserfordernis bei Auskunfts- oder Aufklärungsobliegenheitsverletzung nach Eintritt des Versicherungsfalls

126 Unter die **Aufklärungs- oder Auskunftsobliegenheitsverletzungen nach Eintritt des Versicherungsfalls** fallen die Unterrichtungsobliegenheit/Obliegenheit zur Vorlage von Belegen und Auskunftsobliegenheit über Beweismittel gem. Abs. 1 lit. b), die Auskunfts- und Informationsobliegenheiten des VN gegenüber dem Rechtsanwalt gem. Abs. 5 sowie die laufende Auskunftsobliegenheit des VN gegenüber dem Versicherer gem. Abs. 5 lit. b). Bei diesen Aufklärungs- oder Auskunftsobliegenheitsverletzungen

150 R/L/*Rixecker*, § 28 Rn. 92.
151 L/P/*Pohlmann*, § 28 Rn. 151.
152 L/P/*Pohlmann*, § 28 Rn. 151.
153 L/P/*Pohlmann*, § 28 Rn. 57.

nach Eintritt des Versicherungsfalls muss der Versicherer den VN zusätzlich **durch gesonderte Mitteilung in Textform** auf die drohende Leistungsfreiheit hinweisen, Abs. 6 Satz 3. Das Belehrungserfordernis selbst muss in den AVB – wie vorliegend in Abs. 6 Satz 3 – vertraglich verankert sein.

127 In einer Entscheidung des BGH zur älteren (und anderslautenden) Fassung des § 17 Abs. 6 ARB-RU 2005 fehlte eine Abs. 6 Satz 3 entsprechende Regelung im Hinblick auf das Belehrungserfordernis bei Auskunfts- oder Aufklärungsobliegenheitsverletzung nach Eintritt des Versicherungsfalls. Der BGH führte aus, dass § 17 Abs. 6 ARB-RU 2005 entgegen § 32 Satz 1 VVG zum Nachteil des VN von der halbzwingenden Regelung gemäß § 28 Abs. 2 bis 4 VVG abweiche.[154] Der BGH entschied, dass dieses Fehlen nach § 32 Satz 1 VVG n.F. i.V.m. § 307 Abs. 1 Satz 1 BGB zur Unwirksamkeit des § 17 Abs. 6 ARB-RU 2005 führe.[155]

128 Die **Belehrung des VN** muss durch einen **Hinweis in Textform** (§ 126b BGB) erfolgen. Der Hinweis muss als gesonderte Mitteilung erfolgen, so dass der Hinweis nicht bereits im Versicherungsschein oder in den AVB gegeben werden kann.[156] Nicht erforderlich ist es, den Hinweis auf einem von anderen Formularen oder Schriftstücken getrennten Blatt zu geben; vielmehr muss die Hervorhebung räumlich getrennt und drucktechnisch auffallend hervorgehoben werden, zum Beispiel auf dem Schadenanzeigeformular.[157]

IV. Beweislast

129 Gem. Abs. 6 Satz 4 **trägt der VN die Beweislast für das Nichtvorliegen von grober Fahrlässigkeit.** Grobe Fahrlässigkeit des VN wird also zu Gunsten des Versicherers widerleglich vermutet. Anders ausgedrückt muss der Versicherer vorsätzliches Handeln des VN beweisen, während der VN beweisen muss, dass er einfach fahrlässig oder schuldlos handelte. Die Regelung einer **widerleglichen Vermutung für vorsätzliches Handeln** des VN ist wegen einer für den VN nachteiligen Beweislastverteilung unwirksam.[158] Eine Schließung der entstandenen Vertragslücke kann nicht durch Anwendung des § 28 Abs. 2 S. 1, Abs. 3, 4 VVG herbeigeführt werden.[159]

V. Leistungsablehnung des Versicherers

130 **Nach Leistungsablehnung** durch den Versicherer ist der VN nicht weiter an die Aufklärungsobliegenheit gebunden.[160] Desgleichen ist der VN nach unberechtigtem Widerruf einer Kostenschutzzusage nicht verpflichtet, sich bei einer Klageerweiterung mit

154 BGH NJW 2022, 3358, 3361; r+s 2018, 258, 261; r+s 2015, 347, 349.
155 BGH NJW 2022, 3358, 3361; r+s 2018, 258, 261; r+s 2015, 347, 349.
156 L/R/*Rixecker*, § 28 Rn. 112.
157 Vgl. OLG Karlsruhe VersR 2010, 1448; LG Nürnberg-Fürth r+s 2010, 412; L/R/*Rixecker*, § 28 Rn. 112; Harbauer/Cornelius-Winkler, § 17 ARB 2010 Rn. 124 f.
158 BGH r+s 2015, 347, 350, 351; VersR 2014, 699, 700, 701.
159 BGH r+s 2015, 347, 350, 351; VersR 2014, 699, 700, 701.
160 BGH r+s 1999, 477; OLG Frankfurt NJW-RR 2019, 1319, 1322.

dem Versicherer abzustimmen.[161] Etwas anderes kann nur dann gelten, wenn eine als äußerst risikobehaftet einzustufende Klageerweiterung sich als offensichtlich mutwillig darstellt und eine wirtschaftlich vernünftige und wirtschaftlich denkende Partei auf eigenes Kostenrisiko einen derartigen Antrag nicht stellen würde.[162]

VI. ARB 2012/2019/2021

Durch die sprachliche Neufassung von Abs. 6 in Ziff. 4.1.5 ARB 2012/2019/2021 131 ergeben sich keine inhaltlichen Änderungen.

H. Abs. 7 – Zurechnung des Anwaltsverschuldens

Gem. Abs. 7 muss sich der VN bei Erfüllung seiner Obliegenheiten die Kenntnis und 132 das Verhalten des von ihm beauftragten Rechtsanwalts zurechnen lassen, sofern dieser die Abwicklung des Rechtsschutzfalls gegenüber dem Versicherer übernimmt. Mit dieser Regelung soll dem VN das Verschulden des Rechtsanwalts **vertraglich zugerechnet** werden.

I. Keine Zurechnung des Anwaltsverschuldens in Bezug auf die Kostenminderungsobliegenheit gem. Abs. 1 lit. c) bb)

Abs. 7 ist die Reaktion des GDV auf den Hinweis des BGH in der Terminsladung vom 133 22. Mai 2009[163] (sowie die weiteren schriftlichen Ausführungen von *Wendt*, der dem IV. Zivilsenat des BGH angehörte[164]) wonach sich der VN das Verschulden seines Rechtsanwalts nicht zuzurechnen lassen braucht, zumindest, soweit es um Verstöße gegen die Kostenminderungspflichten (jetzt in Abs. 1 lit. c) bb)) geht.

Vor der Einführung von Abs. 7 erfolgte die Zurechnung des Anwaltsverschuldens in 134 Bezug auf die Kostenminderungsobliegenheit gegenüber dem VN mit verschiedenen Begründungen.[165]

Dogmatisch überzeugen konnte keine dieser Begründungen. Der Rechtsanwalt ist 135 zunächst **kein Erfüllungsgehilfe** gem. § 278 BGB, da es sich bei der Erfüllung von Obliegenheiten nicht um Verbindlichkeiten (Rechtspflichten) im Sinne des § 278 Satz 1 BGB handelt.[166] Der Rechtsanwalt ist auch **kein Repräsentant**[167] des VN, da

161 OLG Koblenz r+s 2005, 377.

162 OLG Koblenz r+s 2005, 377.

163 Vgl. oben unter Rdn. 54.

164 Vgl. *Wendt* MDR 2010, 1168, 1171 (»Die Zurechnung von Anwaltsverschulden scheidet bei Mandatierungen dieser Art regelmäßig aus«); *ders.* r+s 2012, 209, 214 (»Die Zurechnung des Anwaltsverschuldens scheidet im Rahmen der Obliegenheit, Kosten so gering wie möglich zu halten, generell aus.«).

165 Vgl. zu den unterschiedlichen dogmatischen Begründungen für die Zurechnung P/M/*Piontek*, § 17 ARB 2010 Rn. 45.

166 Vgl. BGHZ 11, 120, 122; *Bauer* NJW 2011, 646.

167 Zur Repräsentanteneigenschaft im Versicherungsvertragsrecht allgemein: BGH VersR 2007, 673; 1981, 321; OLG Dresden BeckRS 2020, 14081.

sich sein Aufgabenbereich auf die Interessenwahrnehmung im Einzelfall und nicht die Risiko- bzw. Vertragsverwaltung für den VN bezieht.[168] Eine **Wissenserklärungsvertretung** scheidet ebenfalls aus, weil nicht ersichtlich ist, mit welcher Übermittlung von Kenntnissen oder Abgabe von Wissenserklärungen der Anwalt ausdrücklich oder stillschweigend betraut ist.[169] Die Zurechnung des Handelns eines Rechtsanwalts als **Wissensvertreter oder Wissenserklärungsvertreter** im Rahmen der Kostenminderungsobliegenheit ist darüber hinaus nur schwer möglich, weil sich der an den Rechtsanwalt erteilte Auftrag – abhängig von den Umständen des Einzelfalls – nur auf die Wahrnehmung der Rechte einer Partei gegenüber dem Gegner bezieht (und die Beauftragung gerade nicht die Geltendmachung der Rechte aus dem Rechtsschutzversicherungsvertrag oder die Wahrnehmung etwaiger Obliegenheiten der Partei gegenüber dem Rechtsschutzversicherer umfasst).[170] Auch die Einholung der Deckungszusage beim Versicherer des Mandanten kann für den Rechtsanwalt vergütungsrechtlich eine andere Angelegenheit im Sinne des § 15 II 1 RVG als die Geltendmachung des Schadensersatzanspruchs gegenüber dem Gegner sein.[171]

136 Nach zutreffender Ansicht von *Cornelius-Winkler* kommt hinzu, dass die Kostenminderungsobliegenheit in erster Linie **nicht auf das Verhalten des VN**, sondern das eines Dritten, des Rechtsanwalts, abzielt.[172] Anders als bei anderen Obliegenheiten, bei denen sich der VN durch den Rechtsanwalt gegenüber dem Versicherer vertreten lässt, handelt der Rechtsanwalt bei der Kostenminderungsobliegenheit nicht als Vertreter des VN, sondern in seiner ureigenen Eigenschaft als Rechtsberater.[173] Der Rechtsanwalt behandelt die Rechtssache selbst und entscheidet, welche rechtlichen Maßnahmen notwendig und zu veranlassen sind.[174]

137 Die Neuregelung in Abs. 7 vermag hier keine Abhilfe in dem Sinne zu schaffen, dass die dem Rechtsanwalt gegenüber dem Mandanten obliegenden Kostenminderungspflichten im Verhältnis Versicherer zum VN zu erfüllen sind. In der Literatur wird die Neufassung zu Recht kritisch gesehen.[175] *Cornelius-Winkler* vertritt die Ansicht, dass die Neuregelung AGB-rechtlich gegen ein gesetzliches Leitbild verstößt und damit unwirksam ist. Der BGH habe deutlich gemacht, dass er jede Zurechnung anwaltlichen Verschuldens über die Rechtsinstitute des Repräsentanten, Wissens- und Willenserklärungsvertreter usw. ablehne. Solches »Richterrecht« würde ebenfalls unter den

---

168 OLG Hamm VersR 2012, 896; OLG München VersR 2012, 313; OLG Celle r+s 2011, 515; BGH NJW 2019, 3582, 3586; *Looschelders* VersR 2017, 1237, 1246; *Wendt* r+s 2012, 209, 212; a.A. OLG Hamm VersR 1991, 806; LG Karlsruhe VersR 2011, 1044; *van Bühren* VersR 2014, 148, 150.

169 *Wendt* r+s 2012, 209, 212.

170 OLG Karlsruhe SVR 2012, 111, 112 mit Anm. *Meerbusch.*

171 OLG Karlsruhe SVR 2012, 111, 112 mit Anm. *Meerbusch.*

172 *Cornelius-Winkler* r+s 2010, 89, 91.

173 *Cornelius-Winkler* r+s 2010, 89, 91.

174 *Cornelius-Winkler* r+s 2010, 89, 91.

175 *Cornelius-Winkler* r+s 2011, 141, 142; *Wendt* r+s 2012, 209, 213; a.A. *Will* VersR 2012, 942.

Begriff der unangemessenen Benachteiligung im Sinne von § 307 II Nr. 1 BGB fallen.[176] Auch *Wendt* verbirgt seine Kritik an der Neufassung in Abs. 7 wenig verschlüsselt, indem er zu Abs. 7 ausführt[177]: »Eine Kommentierung muss ich mir verkneifen. Die Literatur braucht für ihre Einschätzung zur Unwirksamkeit dieser Zurechnungsklausel gem. § 307 Abs. 2 Ziff. 1 BGB als Verstoß gegen das gesetzliche Leitbild gerade mal drei kurze Sätze. Eine abschließende Lösung scheint damit noch nicht gefunden zu sein. Der Streit geht unvermindert weiter und das mit großem Kaliber.«

Der BGH wies mit Urteil vom 14. August 2019 die Zurechnungsklausel des § 17 Abs. 7 ARB 2010 als unangemessene Benachteiligung des VN zurück.[178] Nach Auffassung des Gerichts begründet die Rolle des Rechtsanwalts im Rahmen einer Rechtsschutzversicherung keine Repräsentantenstellung des VN. Insbesondere fehlt es an einer erforderlichen Risikoverwaltung oder Vertragsverwaltung, die eine solche Zurechnung rechtfertigen könnte.[179] 138

In Bezug auf die **Kostenminderungsobliegenheit gem. Abs. 1 lit. c) bb)** kommt eine Zurechnung des Anwaltsverschuldens damit nicht in Betracht. 139

Der Versicherer wird durch diese Ansicht nicht rechtlos gestellt. Verstößt der Rechtsanwalt im Innenverhältnis zum VN gegen Kostenminderungspflichten, ist der Rechtsanwalt meist vertraglich (aus dem Rechtsanwaltsvertrag mit dem VN) zum Schadensersatz verpflichtet. Besteht ein solcher Schadenersatzanspruch im Verhältnis VN – Rechtsanwalt und hat der Versicherer bereits geleistet, gehen die Ansprüche des VN gegen den Rechtsanwalt gem. Abs. 9 auf den Versicherer über. Der Versicherer kann seine Ansprüche dann direkt gegenüber dem Rechtsanwalt geltend machen. 140

II. Zurechnung des Anwaltsverschuldens in Bezug auf andere Obliegenheiten des VN

In Bezug auf andere Obliegenheiten, das heißt 141
- die Anzeigeobliegenheit gem. Abs. 1 lit. a)
- die Unterrichtungsobliegenheit/Obliegenheit zur Vorlage von Belegen und Auskunftsobliegenheit über Beweismittel gem. Abs. 1 lit. b)
- die Obliegenheit Kosten auslösende Maßnahmen mit dem Versicherer abzustimmen bzw. die Zustimmung des Versicherers einzuholen gem. Abs. 1 lit. c) aa)
- die Auskunfts- und Informationsobliegenheiten des VN gegenüber dem Rechtsanwalt gem. Abs. 5
- die laufende Auskunftsobliegenheit des VN gegenüber dem Versicherer gem. Abs. 5 lit. b)

176 *Cornelius-Winkler* r+s 2011, 141, 142.
177 *Wendt* r+s 2012, 209, 213; *ders.* weiterführend in r+s 2014, 328, 330.
178 BGHZ 223, 57.
179 BGHZ 223, 57; BGH NJW 2021, 3324; OLG München r+s 2021, 151, 154.

ist die Entscheidung des BGH übertragbar. Daraus ergibt sich zweifelsfrei, dass die Zurechnung des Anwaltsverschuldens auch für die Abstimmungs- und Informationsobliegenheiten unzulässig ist.[180]

III. Abwicklung des Rechtsschutzfalls gegenüber dem Versicherer durch den Rechtsanwalt

142 Die Zurechnung erfolgt nur dann, wenn der Rechtsanwalt gem. Abs. 7 Hs. 2 die Abwicklung des Rechtsschutzfalls gegenüber dem Versicherer übernimmt. Unklar ist, was der Klauselgeber mit diesem Halbsatz bezweckte (in den ARB 2012 [Stand: Oktober 2012] ist der Halbsatz zunächst verschwunden, taucht dann in den ARB 2012 [Stand: Juni 2013] wieder auf, siehe unten Rdn. 143). Vermutlich weist der Halbsatz darauf hin, dass dem Versicherer die Beauftragung des Rechtsanwalts durch den VN bekannt sein muss und er anderenfalls eine Erfüllung von Obliegenheiten durch den Rechtsanwalt nicht akzeptiert. In der Praxis dürften sich an dieser Stelle keine großen Probleme stellen, da der VN meist den Rechtsanwalt beauftragt, für den VN die Deckungszusage beim Versicherer einzuholen.

IV. ARB 2012/2019/2021

143 Die umstrittene Regelung des Abs. 7 findet sich inhaltsgleich in Ziff. 4.1.6 wieder. Abs. 7 Hs. 2 (»sofern dieser die Abwicklung des Rechtsschutzfalls gegenüber dem Versicherer übernimmt«) wurde zunächst in der ersten Fassung der ARB 2012 (Stand: Oktober 2012) gestrichen und dann in der Neufassung der ARB 2012 (Stand: Juni 2013) wieder eingefügt. Weiterhin nahm der Klauselgeber ein Zurechnungsbeispiel in die Bedingungen auf. Danach behandelt der Versicherer eine nicht rechtzeitige Unterrichtung durch den Rechtsanwalt so, als hätte der VN den Versicherer nicht rechtzeitig unterrichtet. Die Rechtsprechung des BGH lässt sich bezüglich der Unzulässigkeit der Zurechnung des Anwaltsverschuldens auch auf diese Regelung übertragen. Die Ziff. 4.1.6 ARB 2012 ist unzulässig.[181] Eine zumindest teilweise (vom BGH) abweichende Ansicht scheint hier das OLG Düsseldorf zu vertreten, wenn es ausführt, dass ein Versäumnis des bevollmächtigten Rechtsanwalts des VN nach den Grundsätzen der Repräsentantenhaftung in Ausnahmefällen dem VN zugerechnet werden kann, wenn der Anwalt mit der umfassenden Betreuung des Vertragsverhältnisses im Verhältnis zum Versicherer betraut ist und wenn der VN die Betreuung des Rechtsschutzfalls vollständig in die Hände des Rechtsanwalts legt.[182]

In den ARB 2019 und ARB 2021 wurde Ziffer 4.1.6 ARB 2019/2021 entsprechend gelöscht.

---

180 VersHb/*Obarowski*, § 45 Rn. 502.

181 BGHZ 223, 57.

182 OLG Düsseldorf r+s 2020, 335 mit krit. Anm. *Schimikowski* r+s 2020, 337, 338; *Grams* FD-VersR 2020, 429011.

I. Abs. 8 – Abtretung von Versicherungsansprüchen

Gem. Abs. 8 können Ansprüche auf Rechtsschutzleistungen nur mit schriftlichem Einverständnis des Versicherers vom VN an einen Dritten abgetreten werden. 144

I. Abtretungsverbot mit Rückausnahme

Die Klausel statuiert ein Abtretungsverbot mit einer Rückausnahme. Eine AGB-rechtliche unangemessene Benachteiligung des VN liegt dadurch nicht vor.[183] 145

Eine wirksame Abtretung des Rechtsschutzanspruchs ist **ohne schriftliches Einverständnis** des Versicherers nicht möglich. Der Versicherer kann sein Einverständnis durch Zustimmung (vorherige Einwilligung oder nachträgliche Genehmigung, §§ 183, 184 BGB) geben. Das Einverständnis des Versicherers kann nicht durch eine gewillkürte Prozessstandschaft umgangen werden (Rechtsanwalt macht den Anspruch des VN im eigenen Namen geltend).[184] 146

Das Abtretungsverbot gilt auch dann, wenn der Rechtsanwalt mit Zustimmung seines rechtsschutzversicherten Mandanten seine **Honoraransprüche** an eine Verrechnungsstelle – den Faktor – abtritt und der VN ebenfalls seine Ansprüche aus der Rechtsschutzversicherung an den Faktor abtritt.[185] 147

Die Abtretung des Versicherungsanspruchs ist – **trotz fehlendem schriftlichen Einverständnisses** – wirksam, wenn sich aus dem sonstigen Verhalten des Versicherers sein Einverständnis mit der Abtretung deutlich ergibt.[186] Der in Abs. 8 vorgesehenen Schriftform kommt lediglich beweissichernde Funktion zu.[187] *Van Bühren* vertritt die Ansicht, dass eine Abtretung des Freistellungsanspruchs jedenfalls gegenüber dem Rechtsanwalt – auch ohne das Einverständnis des Versicherers – zulässig sei.[188] Dabei argumentiert er normativ, dass eine solche Auslegung im Einklang mit § 108 Abs. 2 VVG stehen würde, der ein Verbot der Abtretung gegenüber dem Geschädigten in einem Haftpflichtfall untersagt.[189] Wegen der Beschränkung der Abtretungsmöglichkeit auf den Rechtsanwalt des VN komme es auch nicht zu einer für den Versicherer unüberschaubaren Masse an Gläubigern. Dieser Kritik an § 17 Abs. 8 ARB 2010 ist, obwohl dogmatisch angreifbar (§ 108 Abs. 2 VVG bezieht sich nur auf die Haftpflichtversicherung), im Ergebnis zuzustimmen. Denn die Möglichkeit des VN den Freistellungsanspruch an den Rechtsanwalt abzutreten, würde den Verwaltungsaufwand eines Rechtsschutzfalles sowohl für den Versicherer als auch für den VN verringern.[190] 148

---

183 BGH r+s 2012, 74, 75; r+s 1997, 325; OLG Köln NVersZ 2000, 577; OLG Hamm VersR 1999, 44; LG München VersR 1978, 709.

184 AG Stuttgart r+s 2009, 155.

185 BGH r+s 2012, 74, 65.

186 AG Lüdinghausen r+s 1991, 273.

187 AG Lüdinghausen r+s 1991, 273.

188 *Van Bühren* VersR 2014, 148, 149.

189 *Van Bühren* VersR 2014, 148, 149.

190 Vgl. *van Bühren* r+s 2016, 53, 57 f., der eine vertragliche Abtretungsmöglichkeit an den beauftragten Rechtsanwalt vorschlägt.

149 Das Abtretungsverbot in einem **Rechtsschutzversicherungsvertrag unter Kaufleuten** ist – wegen § 354a HGB – in Bezug auf Geldforderungen unwirksam.[191]

150 Die **Pfändung** des Befreiungsanspruchs des VN durch einen Dritten scheitert regelmäßig an § 851 II ZPO. Eine Ausnahme besteht dann, wenn der VN einen Kostenerstattungsanspruch gegen den Versicherer hat (z.B. weil er die Kosten selbst beglichen hat). In diesem Fall kommt eine Pfändung in Betracht.[192]

II. ARB 2012/2019/2021

151 Die Regelung in Ziff. 4.1.7 ARB 2012 orientiert sich inhaltlich an Abs. 8. Ziff. 4.1.7 und liefert eine **Legaldefinition**, was unter einer Abtretung zu verstehen ist. Abtreten bedeutet danach die Übertragung von Ansprüchen auf den Rechtsanwalt oder eine andere Person. Erforderlich für die Abtretung ist gemäß 4.1.7 ARB 2012/2019/2021 das Einverständnis des Versicherers, für welches nach 4.1.7 Abs. 1 Satz 2 ARB 2021 die Textform ausreicht.

152 Ziffer 4.1.7 ARB 2021 enthält in Abs. 2 eine **Ausnahme**: Das Zustimmungserfordernis des Versicherers entfällt, wenn der VN auf Geld gerichtete Ansprüche gegen den Versicherer hat (zum Beispiel bei Vorfinanzierung einer Gerichtskostenrechnung durch den VN. Das Entfallen des Zustimmungserfordernisses betrifft klarstellend also keine unbezahlten Kostenrechnungen, von denen der Versicherer den VN freistellen soll.

J. Abs. 9 – Übergang von Ersatzansprüchen

153 Abs. 9 regelt den Übergang von Ersatzansprüchen auf den Versicherer und fand sich in den ARB 1994 bis ARB 2009 in § 17 VIII.

I. Abs. 9 Satz 1 – Anspruchsübergang

154 Gem. Abs. 9 Satz 1 gehen Ansprüche des VN gegen Dritte auf Erstattung von Kosten, die der Versicherer bereits getragen hat, mit ihrer Entstehung auf den Versicherer über.

155 Abs. 9 Satz 1 entspricht damit weitestgehend **der gesetzlichen Regelung des § 86 I 1 VVG.**

156 Die Rechtsschutzversicherung fällt als echte Schadenversicherung gem. §§ 74 ff. VVG in den Anwendungsbereich von § 86 VVG.[193] Der Forderungsübergang gem. § 86 I 1 VVG führt dazu, dass der Versicherer die gesetzlich übergegangenen Ansprüche im eigenen Namen gegenüber dem ersatzpflichtigen Dritten geltend machen kann.[194]

---

191 OLG Düsseldorf VersR 2008, 1685, 1687.

192 P/M/*Piontek*, § 17 ARB 2010 Rn. 57; Harbauer/*Bauer*, § 17 ARB 2000 Rn. 148; Harbauer/*Schneider*, § 17 ARB 2010 Rn. 152.

193 Vgl. auch LG Flensburg VersR 2013, 1172.

194 Van Bühren/Plote/*Plote*, § 17 ARB 2000 Rn. 39; van Bühren/Plote/*Hillmer-Möbius*, § 17 ARB 2010 Rn. 50.

Ob daneben für Abs. 9 Satz 1 ein eigener – über § 86 I 1 VVG hinausgehender Anwendungsbereich besteht – kann wegen des halbzwingenden Charakters von § 86 I 1 VVG (siehe § 87 VVG) dahinstehen. Abs. 9 Satz 1 ist daher grundsätzlich am Maßstab des § 86 I 1 VVG zu messen. **157**

Ansprüche auf Erstattung der vom Versicherer getragenen Kosten im Sinne von Abs. 9 Satz 1 sind alle Kostenerstattungsansprüche des VN (gegen Dritte), die auf Rückzahlung der Kosten gerichtet sind, unabhängig davon, auf welchem Rechtsgrund sie beruhen.[195] **158**

Übergehen können beispielsweise vertragliche Schadensersatzansprüche des VN auf Ersatz von Rechtsanwaltsgebühren gegen seinen Prozessgegner (z.B. bei Verzug mit der Mängelbeseitigung)[196] oder bei ersichtlich unzulässiger Kündigung eines Wohnraummietvertrages[197]. Weitere Fälle von übergangsfähigen Schadenersatzansprüchen des VN sind solche gegen den eigenen Rechtsanwalt, zum Beispiel wegen fehlerhafter Vertretung/Prozessführung bei gerichtlicher Geltendmachung einer verjährten Forderung[198], bei aussichtsloser Klagererhebung[199], bei zu Unrecht gezahlter Umsatzsteuerbeträge und nicht verbrauchter Gerichtskosten[200], Klageerhebung vor unzuständigem Gericht[201], Einleitung ungeeigneter kostenauslösender gerichtlicher Schritte[202] oder der Verletzung der Aufklärungspflicht des Rechtsanwalts[203]. Dabei ist der Versicherer nicht wegen seiner Deckungszusage gem. § 242 BGB an der Geltendmachung von Regressansprüchen gegen den Anwalt gehindert, wenn der Deckungszusage eine fehlerhafte anwaltliche Beratung zugrunde liegt.[204] Dem Versicherer kann auch kein Mitverschulden angelastet werden.[205] **159**

Die Ansprüche des VN auf Erstattung von Kosten gegen Dritte, die der Versicherer getragen hat, gehen nach Abs. 9 **mit ihrer Entstehung** auf den Versicherer über. Kostenerstattungsansprüche des VN gegen den unterlegenen Prozessgegner gehen auf den VR über[206], so auch Kostenerstattungsansprüche wegen unverbrauchter Gerichtskosten des VN gegen seinen Rechtsanwalt, ohne dass ein Quotenvorrecht des VN besteht.[207] Erstattet der Versicherer zu hohe Vorschüsse an den Rechtsanwalt, erfolgt der direkte **160**

195 Vgl. Harbauer/*Bauer*, § 17 ARB 2000 Rn. 156; Harbauer/*Schneider*, § 17 ARB 2010 Rn. 160; P/M/*Piontek*, § 17 ARB 2010 Rn. 59.

196 AG Lüdenscheid r+s 1997, 25; AG Unna r+s 1994, 382.

197 LG Limburg r+s 1993, 64.

198 OLG Köln NJW-RR 1994, 27; LG Landau i. d. Pfalz VersR 2011, 343.

199 OLG Düsseldorf MDR 2016, 1176; OLG Hamm BeckRS 2016, 16257.

200 BGH NJW 2021, 2589; LG Krefeld BeckRS 2016, 15415.

201 LG Kiel r+s 1992, 380, 381.

202 OLG Bamberg NJW-RR 2019, 443.

203 BGH VersR 2008, 556; VersR 2007, 1377; AG Berlin-Mitte BeckRS 2013, 09933.

204 OLG Düsseldorf VersR 2013, 1303, 1304; AG Charlottenburg VersR 2014, 367, 368.

205 OLG Koblenz VersR 2011, 791, 792; LG Flensburg VersR 2013, 1172, 1173.

206 BGH NJW 2020, 1585 Rn. 10; NJW 2019, 3003 Rn. 8.

207 BGH NJW 2021, 2589 Rn. 20 m.w.N.

Übergang der Ansprüche in dieser Höhe.[208] Dem Rechtsschutzversicherer steht jedoch kein Rückzahlungsanspruch für einen unverbrauchten Gerichtskostenvorschuss gegenüber der Gerichtskasse zu.[209]

161 Erhält der Rechtsanwalt des VN (nachdem der Versicherer einen Vorschuss bezahlt hat) Zahlungen vom Gegner des VN und leitet diese nicht an den VN weiter, steht dem VN ein auf den Versicherer übergehender Herausgabeanspruch aus §§ 675, 667 BGB zu.[210] Der VN kann sich gemäß § 86 Abs 1 Satz 2 VVG auf das **Quotenrecht** berufen.[211] Hat der Rechtsanwalt nach einem Prozessgewinn festgesetzte und vom Versicherer bevorschusste Kosten an den VN (statt an den Versicherer) ausgezahlt, leistet der Rechtsanwalt nicht mit befreiender Wirkung an den VN. Der Rechtsanwalt wird dann nicht von seiner Schuld dem Versicherer gegenüber befreit und trägt das Insolvenzrisiko des VN.[212]

II. Abs. 9 Satz 2 – Mitwirkungspflichten des VN

162 Gem. Abs. 9 Satz 2 muss der VN dem Versicherer die für die Geltendmachung der Ansprüche notwendigen Unterlagen aushändigen. Zudem muss der VN bei Durchsetzung des Anspruchs mitwirken, wenn der Versicherer das verlangt.

163 Abs. 9 Satz 2 begründet eine Obliegenheit des VN, den Versicherer auf Verlangen zu unterstützen und ihm die zur Geltendmachung der Ansprüche notwendigen Unterlagen auszuhändigen.[213] Der VN ist nicht gehalten, solche Informationen zu beschaffen, die der Versicherer ebenso gut selbst einholen könnte.[214]

164 Im Rahmen der Mitwirkungspflicht des VN kann der Versicherer verlangen, dass der VN an einer eventuell notwendigen **Titelumschreibung** mitwirkt (zum Beispiel indem er eine Vollmacht erteilt oder eine Abtretungserklärung unterzeichnet).[215]

III. Abs. 9 Satz 3 – Rückerstattung von Kosten

165 Der VN ist gem. Abs. 9 Satz 3 verpflichtet, dem Versicherer die Kosten zurückzuerstatten, die ihm von einem anderen (zum Beispiel dem Prozessgegner) bezahlt werden, nachdem der Versicherer ebenfalls gezahlt hat.

---

208 OLG Celle VersR 2011, 1578; van Bühren/Plote/*Plote*, § 17 ARB 2000 Rn. 40; van Bühren/Plote/*Hillmer-Möbius*, § 17 ARB 2010 Rn. 51.

209 BGH NJW 2021, 2589.

210 P/M/*Piontek*, § 17 ARB 2010 Rn. 63; Harbauer/*Bauer*, § 17 ARB 2000 Rn. 177 m.w.N.

211 AG München r+s 2018, 17, 18.

212 OLG München r+s 1999, 158.

213 Harbauer/*Bauer*, § 17 ARB 2000 Rn. 182; Harbauer/*Schneider*, § 17 ARB 2010 Rn. 187; nach a.A. handelt es sich um eine von der Obliegenheit abzugrenzende Rechtspflicht, P/M/*Piontek*, § 17 ARB 2010 Rn. 69.

214 P/M/*Piontek*, § 17 ARB 2010 Rn. 69.

215 Van Bühren/Plote/*Plote*, § 17 ARB 2000 Rn. 41; van Bühren/Plote/*Hillmer-Möbius*, § 17 ARB 2010 Rn. 53.

IV. Abs. 9 Satz 4 und 5 – Rechtsfolgen der Verletzung dieser Pflichten

Die Rechtsfolgen der Verletzung einer der Obliegenheiten gem. Abs. 9 Satz 1 bis 3 ergeben sich aus Abs. 9 Satz 4 und 5 und sind mit § 86 Abs. 2 VVG identisch. 166

Bei einer **vorsätzlichen** Obliegenheitsverletzung des VN ist der Versicherer nicht zur Leistung verpflichtet, wenn er infolgedessen keinen Ersatz von dem Dritten erlangen kann. Im Fall einer **grob fahrlässigen** Verletzung der Obliegenheit ist der Versicherer berechtigt, seine Leistung in einem der Schwere des Verschuldens des VN entsprechenden Verhältnis zu kürzen; die Beweislast für das Nichtvorliegen einer groben Fahrlässigkeit trägt der VN. Verletzt der VN die Obliegenheit **schuldlos oder einfach fahrlässig** bleibt es bei der Eintrittspflicht des Versicherers. 167

V. ARB 2012/2019/2021

Die Regelung des Abs. 9 findet sich in den ARB 2012/2019/2021 in den Ziff. 4.1.8 und 4.1.9. Inhaltliche Veränderungen, die über sprachliche Klarstellungen hinausgehen, gibt es nicht. 168

§§ 18, 19

(entfallen)

§ 20 Zuständiges Gericht. Anzuwendendes Recht

(1) Klagen gegen den Versicherer

Für Klagen aus dem Versicherungsvertrag gegen den Versicherer bestimmt sich die gerichtliche Zuständigkeit nach dem Sitz des Versicherers oder seiner für den Versicherungsvertrag zuständigen Niederlassung. Ist der Versicherungsnehmer eine natürliche Person, ist auch das Gericht örtlich zuständig, in dessen Bezirk der Versicherungsnehmer zur Zeit der Klageerhebung seinen Wohnsitz oder, in Ermangelung eines solchen, seinen gewöhnlichen Aufenthalt hat.

(2) Klagen gegen den Versicherungsnehmer

Ist der Versicherungsnehmer eine natürliche Person, müssen Klagen aus dem Versicherungsvertrag gegen ihn bei dem Gericht erhoben werden, das für seinen Wohnsitz oder, in Ermangelung eines solchen, den Ort seines gewöhnlichen Aufenthalts zuständig ist. Ist der Versicherungsnehmer eine juristische Person, bestimmt sich das zuständige Gericht auch nach dem Sitz oder der Niederlassung des Versicherungsnehmers. Das gleiche gilt, wenn der Versicherungsnehmer eine Offene Handelsgesellschaft, Kommanditgesellschaft, Gesellschaft bürgerlichen Rechts oder eine eingetragene Partnerschaftsgesellschaft ist.

(3) Unbekannter Wohnsitz des Versicherungsnehmers

Ist der Wohnsitz oder gewöhnlicher Aufenthalt des Versicherungsnehmers im Zeitpunkt der Klageerhebung nicht bekannt, bestimmt sich die gerichtliche Zuständig-

keit für Klagen aus dem Versicherungsvertrag gegen den Versicherungsnehmer nach dem Sitz des Versicherers oder seiner für den Versicherungsvertrag zuständigen Niederlassung.

(4) Für diesen Vertrag gilt deutsches Recht.

Übersicht Rdn.

A. Allgemeines

1 § 20 unterscheidet zwischen Klagen gegen den Versicherer (Abs. 1) und Klagen gegen den VN (Abs. 2). Die Regelung soll die halbzwingende Vorschrift des § 215 I VVG abbilden.[1]

2 Abs. 3 macht für den Fall des unbekannten Wohnsitzes des VN von der in § 215 III VVG gesetzlich vorgesehenen Möglichkeit Gebrauch, einen von § 215 I VVG abweichenden Gerichtsstand zu bestimmen.

B. Klagen aus dem Versicherungsvertrag

3 § 20 gilt für Klagen aus dem Versicherungsvertrag. Aus dem Versicherungsvertrag resultieren **nur solche Ansprüche, die im Versicherungsvertrag festgelegt sind oder aus diesem herrühren.** In Betracht kommen hier vor allem Klagen auf Erfüllung des Vertrages, wegen Verletzung vertraglicher (Neben)Pflichten sowie alle Klagen, die mit der Anbahnung oder (Rück)Abwicklung des Versicherungsvertrages im Zusammenhang stehen. Es genügt jeweils, dass das Bestehen, Nichtbestehen oder Nichtmehrbestehen eines Versicherungsverhältnisses streitig ist. Klagen aus dem Versicherungsvertrag können auch Klagen gegen ein **Schadenabwicklungsunternehmen** im Sinne von § 126 VVG sein.

4 Hinsichtlich etwaiger deliktischer und bereicherungsrechtlicher Ansprüche sowie Ansprüchen aus Geschäftsführung ohne Auftrag ist zu differenzieren, ob sie mit dem

1 Vgl. L/W/*Looschelders*, § 215 Rn. 72: Die Klausel entspricht Klauseltyp 2.

Versicherungsvertrag im Zusammenhang stehen oder ob es sich um gesetzliche Ansprüche handelt, für die eine Zuständigkeit gem. § 20 nicht besteht.[2]

C. Klagen gegen den Versicherer – Abs. 1

5 Für Klagen des VN gegen den Versicherer können verschiedene Gerichtsstände in Betracht kommen.

6 Der VN hat unter den in Betracht kommenden zuständigen Gerichtsständen die Wahl (§ 35 ZPO).

I. Gerichtsstand am Sitz des Versicherers/Sitz der für den Vertrag zuständigen Niederlassung – Abs. 1 Satz 1

7 Der VN kann nach Abs. 1 Satz 1 am **allgemeinen Gerichtsstand** juristischer Personen (Sitz des Versicherers) gem. § 17 ZPO und dem **besonderen Gerichtsstand** der Niederlassung gem. § 21 ZPO klagen.

II. Gerichtsstand am Wohnsitz des VN – Abs. 1 Satz 2

8 Ist der **VN eine natürliche Person**, greift zusätzlich der weitere Gerichtsstand des Wohnsitzes. Örtlich zuständig ist das Gericht, in dessen Bezirk der VN zum Zeitpunkt der Klageerhebung seinen Wohnsitz bzw. in Ermangelung eines solchen, seinen gewöhnlichen Aufenthalt hat.

9 Abs. 1 Satz 2 begründet nur für den VN, der eine natürliche Person ist, einen zusätzlichen Gerichtsstand. **Juristische Personen** können sich in ihrer Eigenschaft als VN nicht auf die Regelung berufen. Dies ergibt sich aus dem eindeutigen Wortlaut des Bedingungstextes: »Ist der Versicherungsnehmer eine natürliche Person (…)«.

10 Die Regelung könnte gegen die **halbzwingende Vorschrift des § 215 I 1 VVG** verstoßen. Denn eine von § 215 I VVG abweichende vertragliche Vereinbarung ist nur unter den Voraussetzungen des § 215 III VVG möglich (für den eingeschränkten Fall, dass der VN seinen Wohnsitz/gewöhnlichen Aufenthalt aus dem Geltungsbereich des VVG verlegt oder der Wohnsitz/gewöhnliche Aufenthalt nicht bekannt ist).

11 Die im Rahmen des § 215 I 1 VVG strittige Frage, **ob der Gerichtsstand des Wohnsitzes auch für juristische Personen in ihrer Eigenschaft als VN Anwendung findet**, ist damit auch für Abs. 1 Satz 2 relevant. Denn wäre § 215 I 1 VVG dahin auszulegen, dass die Regelung natürliche **und** juristische Person erfassen soll, so wäre die **nur auf natürliche** Personen abzielende Regelung des Abs. 1 Satz 2 AGB-rechtlich unwirksam.[3]

12 Nach einer **Entscheidung des Bundesgerichtshofs vom 8. November 2017**[4] spricht vieles dafür, dass **die Regelung des Abs. 1 insgesamt AGB-rechtlich unwirksam** ist.

---

2 L/W/*Looschelders*, § 215 Rn. 30 f.; Harbauer/*Bauer*, § 20 ARB 2000 Rn. 25.
3 Vgl. L/W/*Looschelders*, § 215 Rn. 73.
4 BGH VersR 2018, 182 m. Anm. *Mankowski*.

Denn der Bundesgerichtshof entschied, dass § 215 I 1 VVG auch Klagen aus einem Versicherungsvertrag erfasst, dessen **VN eine juristische Person** ist, wobei auf deren Sitz i.S.d. § 17 ZPO abzustellen ist.[5] Der Bundesgerichtshof sieht im Wortlaut des § 215 I 1 VVG, der auf den Wohnsitz bzw. den gewöhnlichen Aufenthalt des VN abstellt, kein Hindernis, um juristischen Personen einen Gerichtsstand an ihrem Sitz einzuräumen. Die fehlende Aufnahme des Begriffs »Sitz« in den Wortlaut der Vorschrift sei keine bewusste Auslassung, sondern ein redaktionelles Versehen des Gesetzgebers.[6]

13 Mit der Entscheidung des Bundesgerichtshofes dürfte sich auch der in Rechtsprechung und Literatur geführte Streit, ob § 215 I 1 VVG auch Klagen aus einem Versicherungsvertrag erfasst, dessen VN eine juristische Person ist, erledigt haben.[7]

14 Vor dem Hintergrund der oben angeführten Entscheidung ist davon auszugehen, dass die Regelung des Abs. 1 Satz 2 AGB rechtlich unwirksam ist. Die Klausel in Abs. 1 ist inhaltlich nicht teilbar. Bliebe nur Abs. 1 Satz 1 bestehen, bestünde lediglich ein Gerichtsstand am Sitz des Versicherers. Gemäß § 306 II BGB tritt daher dispositives Recht, also die gesetzliche Regelung des § 215 I 1 VVG, an die Stelle von Abs. 1.

15 Auf die Frage, ob es sich bei dem VN um einen **Verbraucher oder einen Unternehmer** (vgl. §§ 13, 14 BGB) handelt, kommt es im Rahmen des Abs. 1 Satz 2 im Zusammenhang mit § 215 I 1 VVG nicht an. Auch ein Unternehmer (beispielsweise ein Einzelkaufmann) kann seine Ansprüche wahlweise an seinem Wohnsitz geltend machen. Ein versicherungsrechtlich unerfahrener Unternehmer ist einem Versicherer oder Vermittler typischerweise ebenso unterlegen.[8]

D. Klagen gegen den Versicherungsnehmer – Abs. 2

16 Bei Klagen (des Versicherers), die sich gegen den VN richten, ist zu unterscheiden, ob es sich um eine natürliche oder eine juristische Person handelt.

I. Natürliche Person

17 Abs. 2 Satz 1 berücksichtigt die gesetzliche Wertung des § 215 I 2 VVG und begründet einen ausschließlichen Gerichtsstand bei Klagen gegen den VN. Wird gegen einen VN,

---

5 BGH VersR 2018, 182 m. Anm. *Mankowski.*

6 BGH VersR 2018, 182, 183 Rn. 23.

7 Gegen eine Anwendbarkeit auf juristische Personen: LG Aachen VersR 2016, 67, 68; LG Itzehoe VersR 2016, 1395, 1396; LG Potsdam VersR 2015, 338; LG Ravensburg VersR 2015, 1184; LG Fulda VersR 2013, 481; LG Limburg VersR 2011, 609; LG Berlin VersR 2010, 1629; P/M/*Klimke,* § 215 Rn. 11 f.; VersHb/*v. Rintelen* § 28 Rn. 3f.; Marlow/Spuhl Rn. 1489; *Mühlhausen* r+s 2016, 161, 162 ff.; *Franz* VersR 2008, 298, 307; für eine Anwendbarkeit auf juristische Personen: OLG Schleswig VersR 2015, 1422, 1423 f.; LG Saarbrücken, Urt. v. 9.9.2013 – 14 O 322/12; L/R/*Rixecker,* § 215 Rn. 2; L/P/*Schäfer,* § 215 Rn. 6; L/W/*Looschelders,* § 215 Rn. 14; Meixner/Steinbeck § 9 Rn. 20; *Armbrüster* r+s 2010, 441, 456; *Bauer/Rajkowski* VersR 2010, 1559; *Fricke* VersR 2009, 15, 16; *Looschelders/Heinig* JR 2008, 265, 266 f.; *Wagner* VersR 2009, 1589.

8 P/M/*Klimke,* § 215 Rn. 9.

der eine natürliche Person ist, eine Klage aus dem Versicherungsvertrag erhoben, bestimmt sich der Gerichtsstand nach dem Wohnort bzw. dem gewöhnlichen Aufenthalt. Von diesem ausschließlichen Gerichtsstand kann nicht abgewichen werden, § 40 II Nr. 2 ZPO.

II. Juristische Person

Ist der VN eine juristische Person, bleibt es gem. Abs. 2 Satz 2 und 3 bei den gesetzlichen Gerichtsständen des Sitzes (§ 17 ZPO) und der Niederlassung (§ 21 ZPO). 18

III. Unbekannter Wohnsitz des Versicherungsnehmers – Abs. 3

Abs. 3 gibt dem Versicherer die Möglichkeit, für den Fall eines **unbekannten Wohnsitzes des VN** an seinem Sitz oder am Sitz seiner für den Versicherungsvertrag zuständigen Niederlassung zu klagen. Abs. 3 führt damit gemäß § 215 III VVG zur Vereinbarung eines von § 215 I VVG abweichenden Gerichtsstandes. 19

Ist der Wohnsitz oder der gewöhnliche Aufenthalt des VN zum Zeitpunkt der Klageerhebung nicht bekannt, kann der Versicherer am Gerichtsstand seines Sitzes oder der für den Versicherungsvertrag zuständigen Niederlassung klagen. 20

E. Anzuwendendes Recht – Abs. 4

Abs. 4 stellt klar, dass auf den Versicherungsvertrag deutsches Recht anzuwenden ist. 21

F. Zeitlicher Anwendungsbereich

§ 215 VVG gilt für Versicherungsverhältnisse, die ab dem 1. Januar 2008 zustande gekommen sind (Art. 1 I EGVVG). Seit dem 1. Januar 2009 erstreckt sich das neue VVG auch auf alle unter Geltung des VVG a.F. abgeschlossenen Altverträge.[9] 22

Liegt eine wirksame Anpassung nicht vor, bleiben die alten AVB Vertragsgrundlage, soweit sie nicht gegen die halbzwingende Vorschrift des § 215 I VVG verstoßen. 23

G. ARB 1994 – 2021

§ 20 ist mit der Regelung in § 20 ARB 2008 inhaltlich übereinstimmend. 24

§ 20 ARB 1994, 2000 sieht für Klagen des VN gegen den Versicherer nicht die Möglichkeit vor, am Wohnsitz des VN zu klagen. Möglich sind nach § 20 ARB 1994, 2000 Klagen am Gerichtsstand der Agentur § 48 VVG a.F., an dem der Agent zur Zeit der Vermittlung oder des Abschlusses seine gewerbliche Niederlassung oder, bei Fehlen einer gewerblichen Niederlassung, seinen Wohnsitz hatte. 25

In den ARB 2012/2019 findet sich die Regelung des § 20 unter Ziff. 9 ARB 2012/2019; in den ARB 2021 unter Ziff. 10 ARB 2021. 26

---

9 Vgl. Harbauer/*Bauer*, § 20 ARB 2010 Rn. 28; P/M/*Klimke*, § 215 Rn. 2.

27 Ziff. 9.1 ARB 2012/2019 bzw. Ziff. 10.1 ARB 2021 entspricht Abs. 4 und regelt die Anwendung des deutschen Rechts. Ziff. 9.2 ARB 2012/2019 bzw. Ziff. 10.2 ARB 2021 entspricht inhaltlich Abs. 1. Ziff. 9.3 ARB 2012/2019 bzw. Ziff. 10.3 ARB 2021 entspricht inhaltlich Abs. 2 und 3.

Vorbemerkungen zu §§ 21 ff. ARB 2010

Literatur:
Armbrüster, Die Deckungsabfindung in der Rechtsschutzversicherung, VersR 2022, 1197; *ders.*, Zulässigkeit des Betriebs von Rechtsdienstleistungsportalen durch Rechtsschutzversicherer, VersR 2023, 1001;*G. Bauer*, Entwicklungen bei den Allgemeinen Bedingungen für die Rechtsschutzversicherung bis Anfang 2016, NJW 2016, 1490; *ders.*, Entwicklungen bei den Allgemeinen Bedingungen für die Rechtsschutzversicherung bis Anfang 2015, NJW 2015, 1651; *ders.*, Entwicklungen bei den Allgemeinen Bedingungen für die Rechtsschutzversicherung bis Anfang 2014, NJW 2014, 1488; *ders.*, Entwicklungen bei den Allgemeinen Bedingungen für die Rechtsschutzversicherung bis Anfang 2013, NJW 2013, 1576; *ders.*, Entwicklungen bei den Allgemeinen Bedingungen für die Rechtsschutzversicherung bis Anfang 2012, NJW 2012, 1698; *ders.*, Entwicklungen bei den allgemeinen Bedingungen für die Rechtsschutzversicherung bis Anfang 2011, NJW 2011, 1415; *ders.*, Entwicklungen bei den allgemeinen Bedingungen für die Rechtsschutzversicherung bis Anfang 2010, NJW 2010, 1337; *C. Burmann*, Aktuelle Entwicklungen in der Rechtsschutzversicherung, r+s 2022, 1; *H. Bußmann*, Die Rechtsprechung des Bundesgerichtshofs zum Versicherungsrecht – Berufsunfähigkeitsversicherung und Rechtsschutzversicherung, r+s 2018; 453; *Cornelius-Winkler*, Die jüngere Rechtsprechung des BGH zur Rechtsschutzversicherung und darauf basierende Änderungen in den aktuellen ARB der Rechtsschutzversicherer, r+s 2020, 545; *Eberhardt*, Rechtsschutzversicherung im Wandel. Mit der Anwaltschaft gemeinsam in schwierigem Gelände, Gedächtnisschrift U. Hübner, 2012, 63; *ders.*, Rechtsschutzversicherung im Wandel, VersR 2013, 802; *Felsch*, Die Rechtsprechung des IV. Zivilsenats des BGH zum Versicherungsrecht – Rechtsschutzversicherung, r+s 2020, 301; *ders.*, Die Rechtsprechung des Bundesgerichtshofs zum Versicherungsrecht – Allgemeines Versicherungsvertragsrecht und Rechtsschutzversicherung, r+s 2016, 321; *Harbauer*, Rechtsbegriffe in der Rechtsschutzversicherung – zugleich ein Beitrag zur Terminologie der ARB 1994, NVersZ 1999, 193; *Heinsen*, Digitale Transformation: Ökosysteme Rechtsschutz und LegalTech, 2022; *ders.*, Rechtsschutzversicherer und Anwälte in einem Boot, VW 2013, 18; *Hendricks*, Rechtdurchsetzung mittels LegalTech-Plattformen, 2024; *ders.*, Access to Justice im digitalen Zeitalter – Drei Fragen, drei Antworten und ein Blick in die Glaskugel, LTZ 2025, 191; *Horacek/Krämer*, Aktuelle Rechtsprechung zur Rechtsschutzversicherung, r+s 2025, 198; *Karczewski*, Die Rechtsprechung des BGH zum Versicherungsrecht – Rechtsschutzversicherung; § 86 VVG, r+s 2022, 361; *Kilian*, Anwaltschaft und Rechtsschutzversicherung, AnwBl 2023, 232; *ders.*, Alternatives to Public Provision: The Role of Legal Expenses Insurance in Broadening Access to Justice: The German Experience, Journal of Law and Society, Volume 30, no. 1, March 2003, p. 31; *Markworth*, Rechtsdienstleistungen durch Rechtsschutzversicherer, NJW 2026, 481; *Piontek*, Allgemeine Versicherungsbedingungen im Lichte des Transparenzgebots – oder: »Der Tanz auf dem Drahtseil«!, r+s 2025, 920; *ders.*, Die Rechtsprechung des Bundesgerichtshofs zum Versicherungsrecht – Rechtsschutz- und Berufsunfähigkeitsversicherung, r+s 2024, 735; *Präve*, Versicherungsregulierung im Zeichen neuer politischer und technischer Entwicklungen, VersR 2026, 1; *Prill*, Künstliche Intelligenz und Versicherung, 2024; *Rudkowski*, Künstliche Intelligenz in der Versicherungswirtschaft

und die KI-Verordnung, VersR 2025, 321; *Sauer*, Die (beschränkte) Deckungszusage in der Rechtsschutzversicherung – Auslegung und Gestaltung bei einem nicht bezifferbaren Feststellungsbegehren, r+s 2026, 49; *K. Schneider*, Entwicklung bei den Allgemeinen Bedingungen für die Rechtsschutzversicherung, NJW 2024, 2156; *ders.*, Entwicklung bei den Allgemeinen Bedingungen für die Rechtsschutzversicherung, NJW 2023, 2164; *ders.*, Entwicklung bei den Allgemeinen Bedingungen für die Rechtsschutzversicherung, NJW 2022, 2161; *ders.*, Entwicklung bei den Allgemeinen Bedingungen für die Rechtsschutzversicherung, NJW 2021, 2173; *ders.*, Entwicklung bei den Allgemeinen Bedingungen für die Rechtsschutzversicherung, NJW 2020, 2158; *ders.*, Entwicklung bei den Allgemeinen Bedingungen für die Rechtsschutzversicherung bis Frühjahr 2019, NJW 2019, 2067; *ders.*, Entwicklung bei den Allgemeinen Bedingungen für die Rechtsschutzversicherung bis Frühjahr 2018, NJW 2018, 2169; *ders.*, Entwicklungen bei den Allgemeinen Bedingungen für die Rechtsschutzversicherung bis Frühjahr 2017, NJW 2017, 2160; *Schreier*, Künstliche Intelligenz in der Versicherungswirtschaft am Beispiel von ChatGPT, r+s 2023, 885; *Chr. Völker*, Die Rechtsprechung zur Rechtsschutzversicherung im Jahr 2025, BRAK-Mitt. 2026, 23; *ders.*, Die Rechtsprechung zur Rechtsschutzversicherung im Jahr 2024, BRAK-Mitt. 2025, 17; *ders.*, Die Rechtsprechung zur Rechtsschutzversicherung im Jahr 2023, BRAK-Mitt. 2024, 27; *ders.*, Die Rechtsprechung zur Rechtsschutzversicherung im Jahr 2022, BRAK-Mitt. 2023, 18; *ders.*, Die Rechtsprechung zur Rechtsschutzversicherung im Jahr 2021, BRAK-Mitt. 2022, 20; *ders.*, Die Rechtsprechung zur Rechtsschutzversicherung im Jahr 2020, BRAK-Mitt. 2021, 14; *ders.*, Die Rechtsprechung zur Rechtsschutzversicherung im Jahr 2019, BRAK-Mitt. 2020, 18; *ders.*, Die Rechtsprechung zur Rechtsschutzversicherung in den Jahren 2017 und 2018, BRAK-Mitt. 2019, 9; *ders.*, Die Rechtsprechung zur Rechtsschutzversicherung im Jahr 2017, BRAK-Mitt. 2018, 11; ders., Die Rechtsprechung zur Rechtsschutzversicherung im Jahr 2017, BRAK-Mitt. 2018, 11; *D. Wendt*, Rechtsschutzversicherung und Legal Tech (AI Systems), LTZ 2024, 110; *R. Wendt*, Die Rechtsprechung des IV. Zivilsenats des Bundesgerichtshofs zur Rechtsschutzversicherung, r+s 2014, 328; *ders.*, Der Rechtsschutzversicherer und sein »durchschnittlicher Versicherungsnehmer«, MDR 2012, 821 und MDR 2012, 947; *ders.*, Die Rechtsprechung des BGH zur Rechtsschutzversicherung, r+s 2012, 209; *ders.*, Die Rechtsprechung des BGH zum Versicherungsrecht – Rechtsschutzversicherung, r+s 2010, 221; *ders.*, Der durchschnittliche Versicherungsnehmer und die neuere Rechtsprechung des BGH zur Rechtsschutzversicherung, MDR 2010, 786; *Winter*, Festumrissene Rechtsbegriffe in den ARB, r+s 1991, 397.

Literatur zu ARB 2012/2019/2021:
G. Bauer, Allgemeine Bedingungen für die Rechtsschutzversicherung (ARB 2012), VersR 2013, 661; *Cornelius-Winkler*, Die jüngere Rechtsprechung des BGH zur Rechtsschutzversicherung und darauf basierende Änderungen in den aktuellen ARB der Rechtsschutzversicherer, r+s 2020, 545; *Hering*, Neue Bedingungen für die Rechtsschutzversicherung – ARB 2012, ZfS 2013, 4; *Lensing*, Die Rechtsschutzversicherung: ARB – the next generation – Die Verbandsempfehlungen der ARB 2012, 2019 und 2021: Änderungen und Trends, AnwBl 2022, 227; *K. Maier*, Neue Bedingungen in der Rechtsschutzversicherung (ARB 2012), r+s 2013, 105; *Rudolph*, Die Rechtsschutzversicherung – im Fokus ARB 2012, 2018; *van Bühren*, Die ARB 2012 – Ein Danaer-Geschenk?, BRAK-Mitt. 2013, 355.

Übersicht **Rdn.**

A. Struktur und versicherbare Lebensbereiche

1 Nachfolgend eine **Regelungsübersicht der verschiedenen Vertragsformen** des Rechtsschutzes nach ARB 2010 und nach ARB 2012/2019/2021, wobei aufgrund der laufenden Fortentwicklung der ARB nicht alle Zwischenformen erfasst sind:

ARB 2010	Rechtsschutz-Vertragsform	ARB 2012/2019/2021
§ 21	Verkehrs-RS	Ziff. 2.1.1, Vk, F
§ 21 Abs. 3	Fahrzeug-RS	Ziff. 2.1.1, F
§ 22	Fahrer-RS	Ziff. 2.1.1, Vk
§ 23	Privat-RS für Selbstständige	Ziff. 2.1.1, P, CP
§ 24	Berufs-RS für Selbstständige, RS für Firmen und Vereine	Ziff. 2.1.1, U, Ver
§ 25	Privat- und Berufs-RS für Nichtselbstständige	Ziff. 2.1.1 P, CP, B
§ 26	Privat-, Berufs- und Verkehrs-RS für Nichtselbstständige	Ziff. 2.1.1, P, CP, B, Vk
§ 27	Landwirtschafts- und Verkehrs-RS	Ziff. 2.1.1, L
§ 28	Privat-, Berufs- und Verkehrs-RS für Selbstständige	Ziff. 2.1.1, P, CP, U, Vk; Ausschluss s. Ziff. 3.2.22
§ 29	RS für Eigentümer und Mieter von Wohnungen und Grundstücken	Ziff. 2.1.1, W

2 Nach dem **Grundsatz der »Spezialität der versicherten Gefahr«**[1] sind in der Rechtsschutzversicherung die zu versichernden Risiken einzeln zu bezeichnen, auf die dann auch der Versicherungsschein Bezug nimmt. Eine Vollrechtsschutzversicherung (sog. **All Risk-Versicherung**)[2] mit einer Deckung sämtlicher Risken und Gefahren wäre zu bezahlbaren Prämien nicht möglich. § 2 listet daher auf, für welche Rechtsgebiete der Abschluss einer Rechtsschutzversicherung in Betracht kommt. Diese sich aus § 2 ergebenden Leistungsarten bzw. **»Arten der Rechtsschutzdeckung«**[3] stellen **Module**

1 P/M/*Piontek*, § 2 Rn. 1; BGH r+s 2023, 351.
2 Höra/Schubach/*Lensing*, § 27 Rn. 221; BGH VersR 1992, 1510.
3 L/R/*Rixecker*, § 125 Rn. 5.

dar, die zu Rechtsschutzpaketen zusammengestellt werden können, wie sie sodann in den Vertragsformen der §§ 21–29[4] vorgesehen sind.

Die Vertragsformen stellen auf bestimmte Eigenschaften des VN ab, je nachdem welcher **Lebensbereich** mit dem Paket abgedeckt werden soll. Die versicherbaren Risiken orientieren sich an folgenden vier Lebensbereichen: 3

- **Verkehrsbereich** (Teilnahme am motorisierten Verkehr), §§ 21, 22 sowie Teilbereich in den §§ 26, 27, 28
- **Privatsphäre** (einschließlich der unselbständigen Berufstätigkeit), §§ 23, 25 sowie Teilbereich in den §§ 26, 28
- **Berufssphäre** (Gewerbetreibende, Freiberufler, sonstige Selbständige), § 24 sowie Teilbereich in den §§ 27, 28
- **Immobilienbereich** (Grundstück, Gebäude und Wohnung), § 29

Zum Teil wird aber auch abweichend von diesen Rechtsschutzpaketen ein **erweiterter Versicherungsschutz** oder ein solcher für neue Rechtsbereiche angeboten, etwa im Beratungs-[5], im Sport-[6], im Unternehmensbereich[7],[8]),[9] und auch in Bereichen des öffentlichen Rechts[10],[11]. Produktmodifikationen wie die **Rückwärtsdeckung** zählen ebenso hierzu.[12] Anders als bei der Rückwärtsversicherung nach § 2 Abs. 1 VVG wird durch die Rückwärtsdeckung Versicherungsschutz auch für vor Vertragsschluss geschehene Pflichtverstöße gewährt, soweit der VN erst nach Beginn der Vertragslaufzeit in Anspruch genommen wird.[13] S. insgesamt ferner unten Rdn. 26 ff. Für die Bereiche des vorbezeichneten erweiterten Versicherungsschutzes sind dann jeweils die **spezifischen Bedingungswerke** heranzuziehen, die regelmäßig für besonders identifizierte Zielgruppen konzipiert sind.

Interessant scheint insoweit auch ein kurzer Blick nach **Großbritannien** zu sein, wo es neben der Before-the-event-Rechtsschutzversicherung, wie wir diese in Kontinentaleuropa üblicherweise kennen und die diesen ARB zugrunde liegt, auch eine **After-the-event-Rechtsschutzversicherung (ATE)**[14] gibt, die am Markt vielfach angeboten und abgeschlossen wird. Das bedeutet, dass der Rechtsschutzfall erst nachdem sich der 4

4 Grundlegend zu den ARB 69 mit völlig umgestalteten ARB und wesentlichen Erweiterungen s. *W. Faßbender/Ridder*, Rechtsschutzversicherung, Versicherungswissenschaftliches Studienwerk, 2. Aufl., S. 38 ff.

5 L/W/*Obarowski*, Bd. 4 Rechtsschutz, Rn. 99.

6 *Plote*, Anwalt und Rechtsschutzversicherung, Rn. 77.

7 Buschbell/Hering/*Hering*, § 20 Rn. 55 ff.

8 L/W/*Obarowski*, Bd. 4 Rechtsschutz, Rn. 103, 121f.; allgemein zur Einbeziehung von Mediationsverfahren *D. Wendt* VersR 2014, 420, 424.

9 Buschbell/Hering/*Hering*, § 24 Rn. 30 ff., 34 ff.

10 Buschbell/Hering/*Hering*, § 24 Rn. 17 ff.

11 *Mathy* VersR 2010, 318.

12 *Schmidt-Kasparek* ZfV 2016, 519 (im Bereich Verkehrsrechtschutz); *ders.* ZfV 2018, 77 (zum Bereich Mietrechtsschutz).

13 L/P/*C. Schneider*, § 2 Rn. 8.

14 *Kilian*, Journal of Law and Society, Volume 30, no. 1, March 2003, p. 31, 33.

Schaden ereignet hat und sodann eine gutachtliche Stellungnahme eines Solicitors zum Ergebnis gekommen ist, wonach ein Obsiegen vor Gericht mit hoher Wahrscheinlichkeit der Fall sein würde, versichert wird.[15]

5 Die vier Lebensbereiche können zum einen separat versichert werden (sog. **Soloprodukte,**[16] s. §§ 21, 22, 23, 24, 25, 29). Denkbar ist, dass mehrere Soloprodukte vom VN erworben werden. Auch wenn mehrere solcher Soloprodukte beim Versicherer unter einer Kundennummer geführt werden, handelt es sich dennoch um getrennte, rechtlich selbstständige und damit auch **getrennt kündbare** Rechtsschutzversicherungsverträge.[17] Zum anderen werden am Versicherungsmarkt sog. **Bündelprodukte** bzw. **Kombinationen**[18] angeboten, in denen zwei oder mehr Lebensbereiche zusammengefasst werden (s. §§ 26, 27, 28). Aufgrund der jeweiligen Kombination erweitert sich der Kreis der versicherten Personen und auch die Liste der versicherten Leistungsarten ist gegenüber den Soloprodukten automatisch länger. Zwar ist eine **Kündigung** bei einem Bündelprodukt im Gegensatz zu mehreren unter einer Kundennummer geführten Soloprodukten nur komplett möglich, jedoch besteht hier zum Teil aber die Möglichkeit der Abwahl einzelner Leistungsarten.[19] Eine Kombination von einzelnen Leistungen aus den vier Lebensbereichen ist jedoch nicht möglich.[20]

B. Versicherte Eigenschaften

6 Die Tatbestände der verschiedenen Vertragsformen gem. §§ 21 – 29 sind in ähnlicher Weise aufgebaut. Zunächst wird im ersten Absatz die versicherte **Eigenschaft** beschrieben, für die Versicherungsschutz besteht und die der VN erfüllen muss. Hierbei handelt es sich um sog. **primäre Risiko(abgrenzungs)merkmale**, z.T. auch persönliche Risikomerkmale genannt.[21] Damit wird ein Risiko beschrieben, das als versichert gilt. Um Risiken, die nach den primären Risikoabgrenzungsmerkmalen eigentlich versichert sind, wieder aus dem Versicherungsschutz herauszunehmen, stehen Regelungen zur Verfügung, die nicht versicherte Eigenschaften beschreiben und als sog. **sekundäre Risiko(abgrenzungs)merkmale** bzw. Risikoausschlüsse bezeichnet werden. Diese Differenzierung in primäre und sekundäre Risikomerkmale hat nach der Rechtsprechung für die Auslegung Berücksichtigung zu finden[22] und ist auch relevant für die Darlegungs- und Beweislast.[23]

15 Von der BaFin war zu hören, dass die ATE-Versicherung nach hiesigem Verständnis schon nicht den Versicherungsbegriff erfülle.

16 L/W/*Obarowski*, Bd. 4 Rechtsschutz, Rn. 21.

17 L/W/*Obarowski*, Bd. 4 Rechtsschutz, Rn. 477.

18 L/W/*Obarowski*, Bd. 4 Rechtsschutz, Rn. 21.

19 L/W/*Obarowski*, Bd. 4 Rechtsschutz, Rn. 477, a.A. aber Harbauer/*Schmitt*, § 8 ARB 2010, Rn. 13.

20 Höra/Schubach/*Lensing*, § 27 Rn. 223.

21 H/E/K/*Heinrichs*, 34. Kap., Rn. 125.

22 BGH VersR 1975, 1093.

23 S.u. Rdn. 10.

▶ **Beispiel:**

§ 25: Versicherte Eigenschaft: privater Bereich (Abs. 1) 7
Nicht versicherte Eigenschaft: Wahrnehmung rechtlicher Interessen als Eigentümer eines Motorfahrzeugs zu Lande (Abs. 4)

Einzelne Eigenschaften knüpfen an Merkmale an, die für die **Versicherbarkeit** eines Rechtsschutzprodukts erforderlich sind. Ist diese Eigenschaft beim VN nicht mehr gegeben, führt dies zu einem **Wagniswegfall**, es sei denn, der Vertrag sieht eine Umwandlungsregelung vor, s. etwa § 22 Abs. 4 S. 1. 8

▶ **Beispiele:**

§ 24: Merkmal: Im Versicherungsschein bezeichnete gewerbliche Tätigkeit des VN (Abs. 1 lit. a.); durch Wegfall des Merkmals (z.B. wegen Betriebsaufgabe) endet der Rechtsschutzvertrag infolge Wagniswegfalls. 9

§ 25: VN darf nicht selbständig tätig sein (Abs. 1). Die Aufnahme einer solchen Tätigkeit führt eigentlich zum Wagniswegfall, jedoch sieht § 25 Abs. 5 eine Vertragsumwandlung vor.

Die unter Versicherungsschutz gestellten Eigenschaften sind **primäre Risikomerkmale**, die als Anspruchsvoraussetzungen vom **VN darzulegen und zu beweisen** sind.[24] Ist die fragliche Eigenschaft auch in der rechtlichen Auseinandersetzung zwischen dem VN und seinem Gegner relevant und dort streitig, wird in der Regel eine Klärung in diesem Rechtsstreit erfolgen. In diesen Fällen wird der Versicherer zweckmäßigerweise unter Vorbehalt Rechtsschutz gewähren. Auch wenn das Ergebnis dieses Hauptverfahrens keine Bindungswirkung für das Rechtsschutzdeckungsverhältnis hat, können sich doch der VN oder der Versicherer die Ergebnisse für ihre Beweisführung zu Nutze machen. Stellt sich nachträglich heraus, dass die versicherte Eigenschaft nicht gegeben ist, kann der Versicherer bereits geleistete Zahlungen vom VN aufgrund eines vorläufig gewährten Versicherungsschutzes[25] zurückfordern. Eine Verletzung der Pflicht zur wahrheitsgemäßen Information gem. § 17 Abs. 1 lit. b kann allerdings nicht bemüht werden, solange der VN das Vorliegen der Eigenschaft nicht vorsätzlich wahrheitswidrig mit der Folge von § 17 Abs. 3 behauptet hatte.[26] Demgegenüber muss der **Versicherer darlegen und beweisen**, dass das versicherte Risiko ausnahmsweise doch nicht vom Versicherungsschutz umfasst ist, also **sekundäre Risikomerkmale** vorliegen. Dies kommt in Betracht, wenn etwa ein Risikoausschluss vorliegt.[27] 10

---

24 Harbauer/*Obarowski*, Vor § 21 ARB 2010 Rn. 3; L/W/*Obarowski*, Bd. 4 Rechtsschutz, Rn. 22.

25 Harbauer/*Obarowski*, Vor § 21 ARB 2010 Rn. 4; *Obarowski* VersR 2006, 1178; OLG Frankfurt NJW-RR 1994, 26.

26 Ebenso P/M/*Piontek*, Vor § 21 ARB 2010 Rn. 1 im Fall des »Erschleichens von Versicherungsschutz« durch den VN.

27 L/W/*Obarowski*, Bd. 4 Rechtsschutz, Rn. 22.

C. Selbstständige Tätigkeit

11 Die selbstständige Tätigkeit ist **eine der versicherbaren Lebensbereiche.** In den Verkehrsrisiken (§§ 21, 22) spielt sie keine Rolle, weil hier an Fahrzeuge und das Fahren von Fahrzeugen und nicht an eine Tätigkeit angeknüpft wird. Geht es um gewerblich genutzte Fahrzeuge, wird dem höheren Risiko über den Tarifbeitrag Rechnung getragen. Das Gleiche gilt für den Immobilien-Rechtsschutz nach § 29.

12 Dagegen wird in den **Rechtsschutzpakten** der **§§ 23 bis 28** zwischen dem Personenkreis der Selbstständigen und Nichtselbstständigen sowie den hieraus resultierenden Rechtsrisiken unterschieden.[28] Zum einen ist die Zugehörigkeit zu der einen oder anderen Gruppe für die **Versicherbarkeit** des Pakets relevant. Zum anderen beschränkt sich der Leistungsumfang teilweise entweder auf den Privatbereich oder auf den Bereich der selbständigen Tätigkeit, so dass untereinander abgegrenzt werden muss. Diese **Abgrenzung** zählt zu den problematischsten Themenfeldern in der Rechtsschutzversicherung, was zu umfangreicher Rechtsprechung geführt hat.

13 In der Rechtsschutzversicherung wird teilweise vom »**Berufs-Rechtsschutz**« gesprochen. So wird dieser Begriff zum Beispiel in der Überschrift des § 24 verwandt. Dies ist irreführend. Wer vom Berufs-Rechtsschutz spricht, meint in der Regel den Arbeits-Rechtsschutz, welcher sowohl für den Nichtselbständigen als auch für den Selbständigen Bestandteil des Rechtsschutzpakets ist (z.B. einerseits § 25 Abs. 1 Satz 1, anderseits § 24 Abs. 1 lit. b). Tatsächlich können im beruflichen Bereich aber auch andere Leistungsarten betroffen sein (z.B. Schadenersatz-Rechtsschutz: der nach § 24 versicherte Gastwirt wird von einem Zechpreller zusammengeschlagen – der nach § 25 versicherte VN putzt für seinen Arbeitgeber Fenster und wird von einem Dritten durch fahrlässiges Handeln von der Leiter gestoßen).

D. Versicherte Personen

14 VN ist im Grundsatz eine **Person.** Eine Mitversicherung von **weiteren Personen** neben dem VN ist in allen Vertragsformen nach §§ 21 bis 28 mit Ausnahme derjenigen nach § 29 ausdrücklich vorgesehen.[29] Die rechtliche Stellung dieser **mitversicherten Personen** bestimmt sich nach §§ 43 – 48 VVG in der Ausformung durch § 15. Dem Mitversicherten stehen somit im Grundsatz dieselben Rechte und Pflichten wie dem VN zu mit Ausnahme der Pflicht zur Beitragszahlung, § 15 Abs. 2. In der Rechtsschutzversicherung werden zwei **Arten der Mitversicherung** differenziert: Fälle der obligatorischen und der fakultativen Mitversicherung.[30] Während bei der **obligatorischen Mitversicherung** eine andere Person automatisch neben dem VN mitversichert wird, beispielsweise die Ehefrau in § 23 Abs. 1, liegt eine **fakultative Mitversicherung** nur vor, wenn Versicherungsschutz vom VN für eine andere Person beantragt wird, so etwa im Fall des im Versicherungsschein auf Antrag hin genannten sonstigen Lebenspartners

28 H/E/K/*Heinrichs*, 34. Kap., Rn. 127.

29 Zur kontrovers diskutierten Frage einer stillschweigenden Mitversicherung gem. § 29: s. L/Pa/*von Villiez*, § 15 ARB 2010 Rdn. 8 f.

30 H/E/K/*Heinrichs*, 34. Kap., Rn. 416 ff.; *Mathy* VersR 2003, 820 ff.

gem. § 23 Abs. 1. Für fakultativ Mitversicherte ist zu beachten, dass bei **wartezeitpflichtigen** Leistungsarten eine Wartezeit des Mitversicherten ab Aufnahme in den Vertrag neu zu laufen beginnt.[31]

Ausdrücklich **mitversichert** sind in den Vertragsformen der §§ 23, 25, 26, 27 und 28 die folgenden Personen: 15
- der **eheliche Lebenspartner**, der im Lebenspartnerschaftsregister **eingetragene Lebenspartner**, der im Versicherungsschein genannte **sonstige Lebenspartner**,
- die **minderjährigen Kinder**,
- die **volljährigen Kinder** unter den dort genannten Einschränkungen.

Enkelkinder gelten nicht als Kinder im Sinne der ARB.[32]

Als **weitere mitversicherte Personen** umschreiben
- der Verkehrs-Rechtsschutz nach § 21: **berechtigte Fahrer** und **berechtigte Insassen** der genannten Motorfahrzeuge zu Lande;
- der Firmen-Rechtsschutz nach § 24: **vom VN beschäftigte Arbeitnehmer**;
- der Landwirtschafts-Rechtsschutz nach § 27: **Mitinhaber** des land- oder forstwirtschaftlichen Betriebs oder der dort wohnhaften **Altenteiler** (d.h. der frühere Inhaber des land- und oder forstwirtschaftlichen Betriebs, der nunmehr überwiegend von Geld-, Natural- oder Dienstleistungen oder einer Kombination der Leistungen aus diesem Betrieb lebt und dort oder in der Nähe auch wohnt).

Im Zusammenhang mit mitversicherten Personen sind die **Risikoausschlüsse** in § 3 Abs. 4 lit. a) und b) zu berücksichtigen. So sind beispielsweise ausgeschlossen die **Rechtsstreitigkeiten zwischen** mehreren Mitversicherten, **zwischen** Mitversicherten und dem VN sowie **zwischen** sonstigen Lebenspartnern, also nicht ehelichen und nicht eingetragenen Partnern. Die Eintrittspflicht des Versicherers ist nach den Grundsätzen von Treu und Glauben auch dann ausgeschlossen, wenn der VN seine **Ansprüche gegen den Versicherer** aus prozesstaktischen Gründen an einen Dritten abtritt, etwa um als Zeuge aussagen zu können, da der Versicherer ein berechtigtes Interesse daran hat, sich nicht mit dem Anspruchsinhaber, vielmehr mit seinem Versicherungsvertragspartner auseinandersetzen zu müssen.[33] 16

E. Rechtsgemeinschaften

In der Praxis kommt es gelegentlich vor, dass ein Recht mehreren Personen gemeinschaftlich zusteht, jedoch von den Rechtsinhabern nur ein Teil versichert ist. Für die Deckungsfrage ist dann grundsätzlich entscheidend, ob es sich um eine **objektbezogene** oder **personenbezogene** Vertragsart handelt.[34] Ist z.B. ein Kraftfahrzeug oder ein Grundstück als Ganzes versichert, so besteht nicht nur für den VN, sondern für alle Miteigentümer Versicherungsschutz bei Streitigkeiten, die sich auf das Objekt als Ganzes 17

31 H/E/H/*Heinrichs*, 34. Kap., Rn. 419.
32 KG VersR 2009, 541; *Mathy* VersR 2009, 1194.
33 OLG Köln VersR 2009, 825; P/M/*Piontek*, § 3 ARB 2010 Rn. 91.
34 Harbauer/*Obarowski*, Vor § 21 ARB 2010 Rn. 7.

beziehen.[35] Werden dagegen rechtliche Interessen aus einem personenbezogenen Vertrag wahrgenommen (z.B. § 25), so hat der Versicherer nur anteilig für seinen VN Versicherungsschutz zu leisten. Verkauft also beispielsweise der VN zusammen mit einem – nicht mitversicherten – Miteigentümer ein Grundstück und werden rechtliche Interessen aus diesem Vertrag wahrgenommen, so erhält der VN als Mitgläubiger (§ 432 BGB) nur anteilig entsprechend der Quote an der Gesamthand Versicherungsschutz.[36]

18 Auch bei **quotenmäßig beschränkter Leistungspflicht** kann u.U. der Versicherer in Höhe der vollen Kosten leistungspflichtig sein. Dies ist dann der Fall, wenn der Anwalt nicht nur vom VN, sondern auch vom anderen Rechtsinhaber beauftragt wurde und der Anwalt den VN wegen der Gebühren als **Gesamtschuldner** in voller Höhe, d. h. über den Anteil im Innenverhältnis hinaus, in Anspruch nimmt. Zwar kann dann der Versicherer aufgrund der Subsidiaritätsklausel verlangen, dass der VN zunächst den anderen Rechtsinhaber (Gesamtschuldner) zur Zahlung seines Kostenanteils auffordert. Im Falle der **Freistellungsverweigerung** muss aber der Versicherer vorleisten und ist darauf angewiesen, die dann auf ihn **übergegangene Ausgleichsforderung** gegen den anderen Rechtsinhaber durchzusetzen.

F. Versicherte Rechtsgebiete

19 In einem weiteren Absatz der jeweiligen Leistungsbeschreibung der §§ 21 bis 29 werden die **vom Versicherungsschutz umfassten Rechtsgebiete** aufgeführt. Hierzu wird auf die in **§ 2 lit. a. bis k.** beschriebenen 11 **versicherbaren Rechtsgebiete** (sog. **Leistungsarten**) Bezug genommen, die sich auf Bereiche des privaten wie auch des öffentlichen Rechts erstrecken. Dort nicht aufgeführte Rechtsgebiete sind nicht versichert, da der **2er-Katalog** der versicherten Rechtsgebiete eine **abschließende Auflistung** enthält. Zu beachten ist, dass dort teilweise eine **Beschränkung** der Geltung **auf bestimmte Lebensbereiche** des VN (z.B. § 28 Abs. 3, 4. Spiegelstrich: »Rechtsschutz im Vertrags- und Sachenrecht« gilt nur für den privaten Bereich, nicht für den Bereich der selbstständigen Tätigkeit) oder eine **Konkretisierung** auf bestimmte Objekte (z.B. § 28 Abs. 3, 3. Spiegelstrich: »Wohnungs- und Grundstücks-Rechtsschutz« gilt nur für im Versicherungsschein bezeichnete und selbst genutzte Immobilien) erfolgt.

20 Aufgrund dieses enumerativen Katalogs der versicherbaren Rechtsgebiete ergeben sich zum Teil Deckungslücken, die zunehmend durch **versichererindividuelle Modifizierung** der Standardleistungsarten oder durch **neu definierte Leistungsarten** geschlossen werden. Von nicht zu unterschätzender Wichtigkeit für die Fallbearbeitung ist es daher, die jeweils konkreten und insbesondere **unternehmensspezifischen Bedingungen** für die Prüfung heranzuziehen.

21 Grundsätzlich kommt es zwischen den Leistungsarten nach § 2 zu keinen inhaltlichen Überschneidungen, da diese deutlich voneinander abgegrenzt sind. Es ist aber nicht

35 So auch OLG Karlsruhe NVersZ 2000, 491 für den Fall eines neu hinzukommenden Miteigentümers eines Grundstücks, der als Versicherter ebenfalls Versicherungsschutz genießt.

36 LG Düsseldorf, Urt. vom 13.11.2002, 11 O 555/01; a.A. OLG Köln r+s 1988, 368 = VersR 1989, 736 für Zahlungsansprüche eines Miterben.

auszuschließen, dass es im Einzelfall in konkreten Fallkonstellationen zu **Anspruchskonkurrenzen** kommen kann, also dann, wenn der VN sein Petitum auf mehrere Leistungsarten stützen kann, die durch seinen Rechtsschutzversicherungsvertrag abgedeckt sind und damit mehrere zum gleichen Ziel führende Anspruchsgrundlagen bei der Geltendmachung des Anspruchs zur Verfügung stehen. Sobald eine von mehreren Anspruchsgrundlagen unter eine nach dem Rechtsschutzversicherungsvertrag versicherte Leistungsart fällt, ist Versicherungsschutz gegeben, auch wenn weitere Anspruchsgrundlagen nicht zum Kreis der versicherten Leistungsarten gehören. Dies gilt jedoch nicht, wenn einer der Ansprüche nach § 3 ausdrücklich vom Versicherungsschutz ausgeschlossen ist und dieser dem Rechtsstreit seine Prägung gibt.[37] Für die Leistungsart **Schadenersatz-Rechtsschutz**[38] ist darüber hinaus zu berücksichtigen, dass Schadenersatzansprüche aufgrund einer Vertragsverletzung gemäß **§ 2 lit. a.** ausgeschlossen sind, diese vielmehr unter **§ 2 lit. d.** fallen.[39] Der gegenüber den ARB 75 abweichende Wortlaut des § 2 lit. a. »**auch** auf einer Vertragsverletzung beruht« lässt erkennen, dass insoweit Anspruchskonkurrenz gilt.[40]

▶ **Beispiel:**

Der behandelnde Arzt des VN soll wegen eines Kunstfehlers auf Schmerzensgeld haften. Da es aufgrund des Behandlungsvertrages auch eine vertragliche Anspruchsgrundlage gibt, ist Versicherungsschutz nach dem Vertrags-Rechtsschutz gem. § 2 lit. d) erforderlich. 22

G. Verhaltenspflichten

Eine Reihe von Vertragsformen formuliert **besondere vertragliche Verhaltenspflichten** des VN (z.B. §§ 21 Abs. 8 Satz 1, 21 Abs. 10 Satz 3, 22 Abs. 5 Satz 1, 26 Abs. 5 Satz 1, 27 Abs. 5 Satz 1, 28 Abs. 6 Satz 1). Die Nichtbeachtung oder gar Nichterfüllung dieser sog. **Obliegenheiten** hat zur Folge, dass der Versicherungsschutz eingeschränkt wird (z.B. auf versicherte Personen ohne Kenntnis von der Obliegenheitsverletzung, § 21 Abs. 8 Satz 2), vollständig entfällt (z.B. bei positiver Kenntnis des **Verstoßes** gegen die Obliegenheitspflicht, arg. e § 21 Abs. 8) oder einer Leistungskürzung unterliegt (z.B. bei grob fahrlässiger Unkenntnis, § 21 Abs. 8 Satz 3). Dies gilt nicht, soweit der Nachweis geführt wird, dass die Obliegenheits**verletzung** für Eintritt oder Feststellung des Versicherungsfalls oder für Feststellung oder Umfang der dem Versicherer obliegenden Leistung ursächlich war (z.B. § 21 Abs. 8 Satz 5). Die Verletzung von Obliegenheiten führt hingegen regelmäßig nicht zu einer Schadensersatzpflicht.[41] 23

Obliegenheiten in der Rechtsschutzversicherung unterfallen neben der allgemeinen Vorschrift des § 28 VVG der Regelung des § 17, welche **Anzeige-, Informations-,** 24

37 L/W/*Obarowski*, Bd. 4 Rechtsschutz, Rn. 71.

38 Zur Auslegung der Leistungsart Schadenersatz-Rechtschutz bei verschiedenen Anspruchsgrundlagen LG Bonn r+s 2015, 135.

39 P/M/*Piontek*, § 2 ARB 2010 Rn. 2.

40 S. L/Pa/*Looschelders*, § 2 Rdn. 38; P/M/*Piontek*, § 2 ARB 2010 Rn. 8.

41 H/E/K/*Heinrichs*, 34. Kap., Rn. 469.

Abstimmungs- und Kostenminderungsobliegenheiten unterscheidet. Nach allgemeiner Meinung[42] wird für die Regelung nach den §§ 21 Abs. 8, 22 Abs. 5 von sog. **verhüllten Obliegenheiten** ausgegangen.[43] Diese Obliegenheiten sind vor Eintritt des Versicherungsfalls zu erfüllen.[44] Der Sanktionsmechanismus nach § 28 VVG findet Anwendung.

H. Umwandlungsregelungen

25 In den Vertragsformen nach den §§ 23 (Abs. 5), 25 (Abs. 5) und 26 (Abs. 6, 7) finden sich Regelungen, nach denen sich der Versicherungsvertrag **automatisch** in eine andere Vertragsform umwandelt, wenn die im Tatbestand beschriebenen Umstände eintreten, sog. **Umwandlung des Versicherungsschutzes**. Der Beitrag reduziert (z.B. § 21 Abs. 9 iVm § 11 Abs. 2) oder erhöht sich, (z.B. § 26 Abs. 6 Satz 1: Beitragserhöhung, da Umwandlung in Privat-Rechtsschutz für Selbständige nach § 23); zum Teil wird aber auch eine **Beendigungsmöglichkeit** nach Umwandlung innerhalb einer bestimmten Frist eingeräumt (z.B. § 26 Abs. 6 Satz 2).

26 AGB-Klauseln, die bei Vorliegen bestimmter Voraussetzungen zu einer automatischen Vertragsänderung führen, können der **Nichtigkeit** nach § 308 Nr. 5 BGB unterliegen. Bei den vorgenannten ARB-Regelungen kann davon jedoch nicht ausgegangen werden, da es hier regelmäßig nicht um eine Änderung des Risikoinhalts geht, vielmehr wird der Versicherungsschutz fortgeführt, allerdings eine andere Prämie zugeordnet.[45] An dieser Bewertung ändert sich auch nichts für die Vertragsart nach § 26, wo sich zwar der Versicherungsumfang ändert, dem VN aber das Recht zur Beendigung eingeräumt wird.

I. Weiterentwickelte Formen und neue Rechtsschutzkonzepte

27 Seit der **Deregulierung** des Versicherungswesens im Jahre 1994 findet im Bereich des Rechtsschutz-Versicherungsmarkts eine deutlich intensivere Weiterentwicklung der Produkte statt. Der eingetretene **Strukturwandel** brachte neben hohen Kapital- und Renditeanforderungen und einer Internationalisierung des Versicherungsgeschäfts eine verstärkte Fokussierung auf die Kundeninteressen mit sich.[46] Wettbewerb und technologische Entwicklungen, aber auch **neue Bedarfe** von modernen Kunden führen in einem zunehmend verrechtlichten, immer komplexer werdenden und zugleich globalisierten Wirtschaftsgeschehen zu weiterentwickelten Elementen in den Leistungsarten und Serviceleistungen sowie zu **völlig neuen Produkt- und Tarifideen**, die sich in den Rechtsschutzformen widerspiegeln oder ergänzend hierzu angeboten werden. So wird

---

42 Harbauer/*Obarowski*, § 21 ARB 2010 Rn. 120, der zu Recht auf den Wortlaut verweist.

43 *M. Burmann* ZfS 1999, 91; P/M/*Armbrüster* (27. Aufl.), § 21 ARB 75, Rn. 6 zum früheren Streit, ob es sich nicht um einen Risikoausschluss handelt.

44 P/M/*Piontek*, § 21 ARB 2010, Rn. 18.

45 Ebenso P/M/*Piontek*, § 25 ARB 2010, Rn. 2.

46 *P.-O. Faßbender*, Aktuelle Fragen in der Versicherungswirtschaft, Leipziger Versicherungsseminare 2005, S. 41 f.

im Schrifttum von einem Versicherer berichtet, der Produkte zwischenzeitlich zu Tarifen anbietet, die sich an den Einkommensverhältnissen des VN und Prämien an dessen Postleitzahl orientiert.[47] Unter Zuhilfenahme von **Big Data** will der Versicherer dann über diese Kennzahl Schadenhäufigkeit und -höhe besser einschätzen können.

Rechtsschutzversicherer entwickeln zunehmend **unternehmenseigene Bausteine**[48] als 28
Produktergänzungen oder auch neue Produkte, die nicht in den GDV-Musterbedingungen, jedoch in den jeweiligen ARB des einzelnen Rechtsschutzversicherers enthalten sind. Die Rechtsschutzversicherer nehmen für sich in Anspruch, durch das Etablieren moderner Produkte und Rechtsdurchsetzungsformen eine **Lotsenfunktion** für den VN zu übernehmen, um diesem im »rechtlichen Dickicht« zu seinem Recht zu verhelfen.[49] Das Ziel ist auch, erweiterte Kundenbedarfe abzudecken, etwa auch solche, die aufgrund der Risikolage lange Zeit von der Deckung ausgeschlossen waren. Durch die Einführung von **Sublimits, gestuften Wartezeiten** und **differenzierten Selbstbehalten** werden bestimmte lange Zeit als hochriskant geltende rechtliche Problemfelder durch den Rechtsschutz versicherbar gemacht. Ein Beispiel mag das lange als nichtversicherbar angesehene **Bauherrenrisiko** sein.[50] Durch **Zusatzprodukte** werden Personenkreise versicherungsinteressiert gemacht, wenn ein **rechtliches Problem** zwar **nicht vom Versicherungsschutz erfasst** ist, jedoch über eine **telefonische Erstberatung**[51] ergänzende Hilfe auf Kosten des Versicherers angeboten wird. Insgesamt entsteht ein immer stärker diversifizierter Rechtsschutzmarkt; ein Abgleich mit dem konkreten Wortlaut der ARB ist unabdingbar.[52] Immer wieder ist aber auch die umgekehrte Entwicklung zu verzeichnen: **Versichererspezifische** Produktideen mutieren zu Regelungen im GDV-Musterbedingungswerk.

Nachfolgend einige unternehmenseigene Entwicklungen: Der **Opfer-Rechtsschutz** in 29
Form eines anwaltlichen Beistands in Strafverfahren gegen den Täter war zunächst nur von einzelnen Unternehmen angeboten worden, bis dann die ARB 2012 diesen als eigene Leistungsart aufgenommen haben[53]. Ein **Antidiskriminierungs-Rechtsschutz** dient der außergerichtlichen und gerichtlichen Abwehr von Ansprüchen gem. dem AGG, um die Lücke durch nicht vorhandene Vertragsbeziehung zu schließen.[54] Der zunächst für Selbstständige entwickelte **Daten-Rechtsschutz** zur Abwehr von Ansprüchen auf Auskunft, Berichtigung, Sperrung und Löschung nach §§ 19 ff. BDSG vor Gericht und zur Verteidigung in Ordnungswidrigkeiten- und Strafverfahren nach § 43 f. BDSG wird in Zeiten der DSGVO nun auch für Privatpersonen angeboten.[55] Der **Internet-Rechtsschutz** wurde schon Anfang der 2000er Jahre als Teil der Leistungs-

47 *Cornelius-Winkler*, Rechtsschutzversicherung, Rn. 4.43.
48 H/E/K/*Heinrichs*, 34. Kap., Rn. 122.
49 *Engel* NJW 2015, 1633, 1636.
50 Ebenso L/W/*Obarowski*, Bd. 4 Rechtsschutz, Rn. 102.
51 S.u. nächste Rdn. 29.
52 *Cornelius-Winkler*, Rechtsschutzversicherung, Rn. 4.11.
53 Ziff. 2.2.12 ARB 2012, s.u. § 23 Rdn. 94, 115; § 26 Rdn. 38; *Mathy* NJW 2009, 3407.
54 Harbauer/*Obarowski*, § 2 ARB 2010 Rn. 83.
55 *Mathy* VersR 2010, 318.

art des Rechtsschutzes im Vertrags- und Sachenrecht angeboten, wodurch Kosten im Zusammenhang mit der Geltendmachung rechtlicher Interessen beispielsweise für im Internet abgeschlossene Verträge übernommen werden.[56] Die schon seit langem angebotene **telefonische Erstberatung** im privaten, wie auch in anderen Lebensbereichen, wird durch Rechtsschutzversicherer über erfahrene Rechtsanwälte[57] angeboten. Sie dient auch der Orientierung über durch die Frage mittelbar tangierte Rechtsthematiken.

30 **Mediationsverfahren** zur außergerichtlichen Konfliktbeilegung durch die Parteien mit und ohne Rechtsanwalt waren ursprünglich einzelne zusätzliche Leistungsangebote von Versicherern. Aufgrund von § 5a ARB 2010 und Ziff. 2.3.1.1 ARB 2012 ff. sind diese nun für alle VN Teil des Leistungskatalogs.[58] Des Weiteren wird VN ein **Forderungsinkasso** offeriert, das zunächst als Serviceleistung, nun aber ganz überwiegend als Versicherungsinkasso angeboten wird.[59] Das Produkt richtet sich an Selbstständige, die aufgrund der Betriebsgröße noch keine Abteilung Rechnungswesen mit entsprechendem Mahnwesen vorhalten. Die fraglichen Forderungen müssen unstrittig bestehen. Der z.T. angebotene **allgemeine Verwaltungs-Rechtsschutz** ermöglicht die Abdeckung von besonderen Verwaltungsverfahren wie z.B. Hochschulzulassungsverfahren aufgrund Numerus Clausus, Entzug des Jagd- und Waffenscheins. Subventionsverfahren sind hier regelmäßig ebenso ausgeschlossen wie Asyl- und Ausländerrechtliche Verfahren.[60] **Veranstaltungs-Rechtsschutz** zur Absicherung der rechtlichen Interessen eines Veranstalters im Rahmen der Vorbereitung und Durchführung einer Veranstaltung; **Photovoltaik-Rechtsschutz** zur Wahrnehmung der rechtlichen Interessen für Anschaffung, Installation und Betrieb einer solchen Anlage.[61]

31 Fortentwickelte Unternehmenskonzepte finden sich auch im **ausgebauten Beratungs-Rechtsschutz** nach § 2 lit. k. ARB 2010, die sich sodann in den Vertragsformen der §§ 23, 25 bis 28 ARB 2010 in unterschiedlicher Ausprägung wiederfinden. Beispiele hierfür etwa im **Familienrecht** sind **Rechtsschutz in Ehesachen und Aufhebungsfolgesachen** sowie **Unterhaltssachen**,[62] **Betreuungsanordnungen** nach §§ 1814 ff. BGB,[63] **Patientenverfügungen** nach § 1827 Abs. 1 BGB,[64] **Vorsorgevollmachten** nach § 1820 BGB[65] ggf. kombiniert mit **Generalvollmachten**. Oder im Bereich des **Erbrechts** Beratungsangebote bei der **Testamentserrichtung** nach §§ 2064 ff. BGB, bei **Testa-**

56 H/E/K/*Heinrichs*, 34. Kap., Rn. 122; *Surminski* ZfV 2006, 506.

57 H/E/K/*Heinrichs*, 34. Kap., Rn. 122. Nicht mehr ganz taufrischer Marktüberblick bei *Germann* VW 2009, 510.

58 S.a. unten Rdn. 33. Zu den Praxiserfahrungen *Knospe* ZfV 2009, 832; Harbauer/*Obarowski*, § 5a ARB 2010 Rn. 9a.

59 *Schmidt-Kasparek* Versicherungsmagazin 2009, 36.

60 Buschbell/Hering/*Hering*, § 24 Rn. 17 ff.

61 Buschbell/Hering/*Hering*, § 24 ARB 2010 Rn. 41; s. näher u. § 23 Rdn. 45 ff.

62 Buschbell/Hering/*Hering*, § 24 ARB 2010 Rn. 40.

63 Harbauer/*Obarowski*, § 2 ARB 2010 Rn. 353 f.

64 Harbauer/*Obarowski*, § 2 ARB 2010 Rn. 355.

65 Grüneberg/*Götz*, BGB, § 1820 Rn. 3.

mentsanfechtungen nach §§ 2078 ff. BGB oder **Auseinandersetzungen in Erbengemeinschaften** nach §§ 2042 ff. BGB oder gerichtliche Erbstreitigkeitsverfahren. Insbesondere aber im Familien- und Erbrecht werden die Kosten der anwaltlichen Beratung der Höhe nach mit einem Limit versehen, um das Risiko beherrschbar zu halten. In den Bereichen des **Straf- und Ordnungswidrigkeiten-Rechtsschutzes** nach § 2 lit. i. und j. ARB 2010 wird zur Rechtsverteidigung eine Erweiterung der Deckung von **vorsätzlich begangenen Vergehen**[66] angeboten.

Auch eine Beratung bei **Verbraucherinsolvenz und Restschuldbefreiungsverfahren** 32 stellt einen ausgebauten Beratungs-Rechtsschutz dar und dient der Information und Orientierung des VN, welche Pflichten der Schuldner in dieser Phase hat, wann und unter welchen Voraussetzungen die Schulden erlassen werden und für welche dies nicht gilt.[67] Die Beratung im **Insolvenzfall des Arbeitgebers** zielt auf die besondere und essentielle Situation von Arbeitnehmern, wenn der Arbeitgeber um Stundung oder Gehaltsverzicht bittet und die Gefahr besteht, offene Vergütungsansprüche zu verlieren, ferner die Frage nach den Folgen einer Arbeitsverweigerung wegen Vergütungsverweigerung sowie Voraussetzungen des Anspruchs auf Insolvenzgeld.[68] Um die zum Teil höheren **Risiken** aufgrund des erweiterten Beratungsausbaus zu **begrenzen**, werden neben den anwaltlichen Beratungskosten auch bestimmte zusätzliche Kosten lediglich bis zu einem vorgegebenen Höchstbetrag gedeckt, indem im Bedingungswerk verschiedene Sublimits eingefügt werden.

Die wichtige Frage, in welcher Weise **Rechtsschutzversicherer** selbst **Rechtsdienstleistungen** für Ihre Kunden erbringen können, wird seit langem, aber unterschiedlich 33 intensiv diskutiert. Um diesem Ziel näher zu kommen, wurden von Wissenschaft und Praxis u.a. folgende Konzepte entwickelt, ohne dass diese immer dem Begriff der Rechtsdienstleistung unterfallen: Aufbau eines **aktiven Schadenmanagements** mit umfangreichem Serviceangebot für VN,[69] detailgenaue und **qualitativ hochwertige Vorselektion** der Deckungsanfragen durch den Rechtsschutzversicherer zur Vermeidung unsinniger Abklärungen und Prozesse[70], Einrichtung einer **Anwaltshotline** für VN mit dem Ziel einer fallbezogenen orientierenden Erstberatung[71], intensive Nutzung von **Anwaltsempfehlungen mit Anreizsystemen** wie z.B. Selbstbehalten oder Schadensfreiheitsrabatten,[72] **telefonische Auskunft** der Versicherers gegenüber dem VN **zum Deckungsschutz** und damit **gekoppelter interner Beratung** des VN für eine rechtlich

---

66 Nicht also für Verbrechen, d.h. rechtswidrige und vorsätzlich begangene Taten, die im Mindestmaß mit Freiheitsstrafe von einem Jahr oder mehr bedroht sind, § 12 StGB. S.a. Harbauer/*Obarowski*, § 2 ARB 2010 Rn. 319.

67 H/E/K/*Heinrichs*, 34. Kap., Rn. 122.

68 H/E/K/*Heinrichs*, 34. Kap., Rn. 122.

69 *Böhm/Fries* VersR 2016, 1092; *Eberhardt* VersR 2013, 802.

70 *Ekert/Meller-Hannich/Nöhre/Höland/Gelbrich/Poel/Hundertmark/Moser*, Erforschung der Ursachen des Rückgangs der Eingangszahlen bei den Zivilgerichten, 2023, 295.

71 S.o. L/Pa/*Looschelders*, Kap. 1 Rdn. 32; Harbauer/*Schmitt*, § 127 VVG Rn. 12.

72 Zulässig s. Deckenbrock/Henssler/*Deckenbrock*, § 4 RDG Rn. 23; S/H/W/*Brünger*, § 125 VVG Rn. 10. Unzulässig bei einer Auswahlreduktion auf null.

vorteilhafte Vorgehensweise,[73] **Erstgespräch mit dem VN durch** vom Versicherer **beauftragten Rechtsanwalt,**[74] Auf- und Ausbau gut funktionierender **Mediationsmöglichkeiten** mit zertifizierten Mediatoren,[75] Gründung einer **Servicegesellschaft** an geeigneter Stelle in der Konzernstruktur als **Legal Tech-Inkassodienstleister** zur partiellen Nutzung des sog. Abtretungsmodells.[76]

34 Auch Vorschläge für ein Tätigwerden des Gesetzgebers wurden in Wissenschaft und Praxis erarbeitet, die allerdings durch diesen bislang nicht umgesetzt wurden: **Ergänzung von § 4 RDG** um einen Absatz 2 für selbstständige entgeltliche Erbringung von Rechtsdienstleistungen für vermögensrechtliche Ansprüche bis 750 EUR,[77] **Schaffung eines Erlaubnistatbestands für Rechtsschutzversicherer** vergleichbar der Befugnis für Inkassounternehmen gem. §§ 10 Abs. 1 S. 1 Nr. 1, 2 Abs. 2 S. 1 RDG. In der Literatur wird hierzu allerdings eingewandt, dass das RDG nicht der richtige Standort für regulatorische Eingriffe dieser Art sei, da es hier lediglich um den Schutz vor unqualifizierter Rechtsdienstleistung gehe.[78]

35 Immer wieder gibt es z.T. auch von Rechtsschutzversicherern unterstützte politische und auch andere Initiativen, eine **Rechtsberatung** durch den **Rechtsschutz-Versicherer** selbst in den Grenzen eines geschlossenen Versicherungsvertrages und im Rahmen des im Übrigen geltenden Rechts, z.B. dem Rechtsdienstleistungsgesetz oder dem Recht des VN gem. § 127 VVG auf freie Anwaltswahl zuzulassen. Der insoweit zuletzt eingebrachte Antrag des Bayerischen Justizministers anlässlich der Konferenz der Landesjustizminister vom 07.11.2025, das Rechtsdienstleistungsgesetzes dahingehend zu novellieren, dass Rechtsschutzversicherer einen **Zugang** zu ihren VN erhalten sollen, um diese im **niederschwelligen Bereich außergerichtlich beraten und vertreten** zu können,[79] wurde zwischenzeitlich allerdings mehrheitlich abgelehnt.[80] Ein Blick über die Grenze zeigt hier, dass außergerichtliche Beratung und Vertretung von VN durch

73 Zulässig s. Harbauer/*Schmitt*, Einl Rn. 49; Deckenbrock/Henssler/*Henssler*, § 2 RDG Rn. 26; a.A. Begründung RegE RDG, BT-Drucksache 16/3655, 51.

74 Deckenbrock/Henssler/*Deckenbrock,* § 4 RDG Rn. 23; *Cornelius-Winkler* NJW 2014, 588, 590; kritisch *Lensing* NJW 2016, 65.

75 L/W/*Richter,* Bd. 2 § 127 VVG Rn. 15 f. mit dem Hinweis, dass die Mediation keine Rechtsdienstleistung im Sinne von § 2 Abs. 3 Nr. 4 RDG ist, somit auch nicht dem Anwaltsmonopol unterfällt; *Gläßer* ZKM 2020, 80 (Mediation im virtuellen Raum); *ders.*, ZKM 2025, 120 (Einsatz von KI im Kontext der Mediation); *Kaiser/Eisenkopf* ZKM 2023, 4 (Dauerhaftigkeit von Mediationsvereinbarungen); *Duventäster* ZKM 2023, 57 (europäischer Rechtsrahmen für obligatorische Streitschlichtung); *Eberhardt* ZKM 2019, 107 (RS-Versicherer und außergerichtliche Konfliktbeilegung); aber OLG Frankfurt/M. zur Unwirksamkeit einer sog. Zwangsmediations-Bedingung r+s 2015, 351.

76 Deckenbrock/Henssler/*Deckenbrock,* § 4 RDG Rn. 28a.

77 *Weckmann*, Rechtsschutzversicherer als Rechtsdienstleister, 2018, S. 331, 341 f.

78 *Markworth* NJW 2026, 481, 487.

79 *Huff/Suliak* Legal Tribune Online, 05.11.2025, https://www.lto.de (Aufruf 6.11.2025) samt Wiedergabe des Beschlussvorschlags im Wortlaut. Kritisch *Markworth* NJW 2026, 481, 485.

80 *Suliak* Legal Tribune Online 07.11.2025, https://www.lto.de (Aufruf 8.11.2025).

Versicherer derzeit schon in verschiedenen **EWR-Staaten** und in der **Schweiz** in unterschiedlicher Ausprägung möglich ist.[81]

Eine andere vorgestellte Idee geht dahin, dass die Einräumung von **Rechtsdienstleistungsbefugnissen zugunsten von Rechtsschutzversicherern** möglicherweise durch eine **Änderung der Anreizstruktur** im Versicherungsvertrag zwischen VN und Rechtsschutzversicherer erreicht werden können.[82] Danach sollte der Vertrag einen Mechanismus festschreiben, wodurch der Versicherer an den Gewinnen aufgrund einer qualitativ hochwertig erbrachten Rechtsdienstleistung beteiligt wird, zugleich aber ausgeschlossen wird, dass sich eine Qualitätsreduzierung einseitig zugunsten des Versicherers auswirkt.[83] Konkretisierungen und erforderliche Umsetzungsmaßnahmen sind allerdings nicht dargelegt. Für den Bereich von **Massenklagen** könnten über den Weg von **modifizierten Deckungszusagen** Abwicklungsalternativen gefunden werden. Anstelle eines vollständigen Ausschlusses kostenintensiver Sammelklagen könnten Anreize gesetzt werden, dass sich VN an vom Versicherer initiierten kollektiven Rechtsschutzverfahren beteiligen, bevor diese an Drittanbieter herantreten.[84] Je nach Fallkonstellation ist ein Vorgehen im Wege von **beschränkten Deckungszusagen** zu prüfen.[85] 36

Obgleich sich der Rechtsschutzmarkt stark im Wandel befindet, sind **Rechtsschutz und Rechtsdienstleistungen** nicht gegeneinander, vielmehr nebeneinander zu sehen; Rechtsdienstleistungen stellen einen von mehreren Megatrends in der Rechtsschutzversicherung dar.[86] Durch verschiedene Entwicklungen bildet sich mehr und mehr ein digitaler Rechtsdienstleistungsmarkt. Verfahren wie der Abgas-Skandal oder Widerrufverfahren betreffend Bau- und Finanzierungsdarlehen tragen dazu ebenso bei wie die omnipräsenten Online-Werbemedien.[87] Herausforderungen sind allerdings nicht nur das v.g. RDG, vielmehr auch ein geändertes Kundenverhalten.[88] 37

Zu beobachten ist ferner eine **Verhaltensänderung bei einem meist jüngeren rechtssuchenden Publikum**, das im Falle einer schnellen und einfachen außergerichtlichen Durchsetzung von Geldforderungen, welche über automatisierte elektronische Verfahren erfolgt, im Gegenzug bereit ist, auf einen Teil der Forderung im Ergebnis zu verzichten. Dieser Aspekt ist von Rechtsschutzversicherern im Rahmen von innovativen Produktansätzen zu berücksichtigen. 38

Auch der Betrieb von **Rechtsdienstleistungsportalen** durch Rechtsschutzversicherer oder durch deren Tochtergesellschaft ist am Markt vorzufinden. Hier werden Rechts- 39

81 Z.B. Österreich, Niederlande, Spanien, Skandinavien. Bedenken hierzu jedoch *Markworth* NJW 2026, 481, 485 mit Verweis auf Besonderheiten etwa in den Niederlanden.

82 *Markworth* NJW 2026, 481, 486.

83 Auch Legal Tech-Dienstleister arbeiten mit Erfolgsprovisionen, s. aber Vorgabe des EuGH ZKM 2025, 33.

84 *Markworth* a.a.O.

85 *Sauer* r+s 2026, 49.

86 *Heinsen*, Digitale Transformation: Ökosysteme Rechtsschutz und Legal Tech, 2022, 238 f.

87 *Heinsen*, a.a.O., 29 f.

88 *Heinsen*, a.a.O., 191.

dienstleistungen im Zusammenhang mit der Schadenabwicklung den VN des Rechtsschutzversicherers, aber auch VN von Kooperationspartnern oder gar Dritten angeboten, die nicht Versicherer sind. Von einer versicherungsaufsichtsrechtlichen Zulässigkeit solcher Portale kann unter bestimmten Voraussetzungen ausgegangen werden.[89] Erlaubnispflichtige Rechtsdienstleistungen liegen nicht vor, solange keine Tätigkeit in einer konkreten Rechtsangelegenheit gegeben ist; die bloße Erstellung von Vertragsformularen oder das Fehlen einer rechtlichen Subsumtion aufgrund des bloßen Einsatzes eines Algorithmus führt noch nicht zur Erlaubnispflicht.[90]

40 Produktergänzungen und Neugestaltungen werden zunehmend auch durch **technische Entwicklungen** ermöglicht, die zu Leistungserweiterungen und zusätzlichen Serviceangeboten des Rechtsschutz-Versicherers im Rahmen der vereinbarten Rechtsschutz-Vertragsform führen können. **Künstliche Intelligenz** und **ChatGPT** (Computerprogramm auf Basis der Generative Pretrained Transformer-Technologie zur Simulierung von menschlicher Kommunikation über Sprache und Texte zur automatisierten Erledigung von Aufgabenstellungen) sind daher auch in der Versicherungswirtschaft in aller Munde. Denkbare Einsatzmöglichkeiten reichen von Produktentwicklung über Risikobewertungen und -modellierungen, Produktkalkulationen, Underwriting, Schadenbearbeitung, Betrugserkennung, Kundenberatung bis hin zum Erkennen von Versicherungslücken und Reduzierung von Kundenabwanderungen.[91] **Chatbots** oder **Robo Advice** arbeiten auf der Basis von KI und werden in der Versicherungswirtschaft eingesetzt.[92] Dabei wird das Angebot von **Legal Tech**-Anwendungen und **Legal Tech**-KI-Systemen stetig größer. Verschiedene Versicherer testen die Technologie inzwischen auch in ihrem Alltagsgeschäft,[93] von einzelnen ist zu vernehmen, dass diese bereits »live« sind.

41 Der Begriff **Legal Tech** steht für Legal Technology,[94] wird in der Literatur weit ausgelegt[95] und als Informationstechnologie verstanden, die im rechtlichen Bereich zum Einsatz kommt.[96] Zu den **Legal Tech-Anwendungen** zählt zunächst die **automatisierte Rechtsdurchsetzung**, die mit Hilfe von Rechtsgeneratoren **zur Geltendmachung** von

89 S. im Einzelnen *Armbrüster* VersR 2023, 1001 (1007).

90 S. *Armbrüster* a.a.O. S. 1011.

91 Grundsätzlich zum Einsatz von KI in der Versicherungswirtschaft *Prill*, Künstliche Intelligenz und Versicherung, 2024, 15 ff. (technische Betrachtung), 44 ff. (KI-Definition), 101 ff. (Verhaltenszurechnung und Haftung), 249 ff. (Versicherungsrecht); *Rudkowski* VersR 2025, 321; Schreier r+s 2023, 885; *D. Wendt* LTZ 2024, 110.

92 *Pickartz*, Herausforderungen durch KI aus versicherungsvertraglicher Sicht, in: Looschelders/Michael, Düsseldorfer Vorträge zum Versicherungsrecht 2024, 87, 91; *Brand*, Robo Advice – Die Erfüllung von Beratungspflichten des Versicherers mit Hilfe von Künstlicher Intelligenz, in: Looschelders/Michael, Düsseldorfer Vorträge zum Versicherungsrecht 2019, 59, 63, 71.

93 S. *Schreier* r+s 2023, 885 Fn. 5.

94 Hartung/Bues/Halbleib/*Hartung*, Legal Tech, 2018, Rn. 17.

95 Enger hingegen der Gesetzgeber im Gesetz zur Modernisierung des Rechtsdienstleistungsrechts (BT-Drs. 19/9527, 1) als »Algorithmen zur Unterstützung und Automatisierung von Rechtsdienstleistungen«.

96 Hartung/Bues/Halbleib/*Hartung*, Legal Tech, 2018, Rn. 17 f.; Ebers/*Herberger*, Stichwortkommentar Legal Tech, 2023, Begriff Legal Tech Rn. 1 ff.

Ansprüchen (z.B. Flightright: Entschädigungsansprüche wegen Flugverspätung) oder **zur Abwehr** von Ansprüchen (z.B. geblitzt.de: Abwehr von Verwarnungs- oder Bußgeldern) verhilft; ferner **Sammelklagen-Inkasso**, bei dem eine große Zahl von Ansprüchen gegen denselben Anspruchsgegner gesammelt und sodann geltend gemacht wird, was vom BGH durch Urteil vom 13.07.2021 zugelassen wurde[97]; des weiteren **automatisierte Dokumentenerstellung** durch Vertragsgeneratoren, **Dokumentenanalyse** (z.B. mit e-Discovery-Software), **Legal Process Outsourcing, Marktplätze und Expertenportale, juristische Recherchesysteme** und **Chatbots.**[98] Bloße **Office Tech-Anwendungen** oder **eJustice-** und **eGovernance-Konzepte**[99] zählen hierzu nicht. **Legal Tech KI-Systeme** sind Legal Tech-Anwendungen, in die Künstliche Intelligenz implementiert ist.[100] Solche Systeme arbeiten insbesondere bei großen Datenmengen (**Big Data**) und zum Herausfinden von zugrunde liegenden Mustern schnell und effektiv.

Bemerkenswert sind die Konzepte der automatisierten Durchsetzung von Rechten und Ansprüchen von Verbrauchern mittels **Legal Tech-Plattformen.**[101] Sie werden derzeit vorwiegend noch in einem betragsmäßig niederschwelligen Bereich eingesetzt, leisten aber schon jetzt einen Beitrag, um auch dem von den Vereinten Nationen statuierten Ziel des **Access to Justice** bzw. **Zugangs zum Recht**[102] jedes Bürgers näher zu kommen, dem sich auch die Rechtsschutzversicherer in besonderer Weise verpflichtet fühlen. Obgleich die Zahlen der Prozessführung vor den staatlichen Zivilgerichten stark sinken,[103] besteht zugleich ein zunehmender Bedarf an der Durchsetzung von Ansprüchen im vorgenannten Bereich, die derzeit z.B. aus Kostengründen oder aufgrund der Hemmung vor Einschaltung eines Rechtsanwalts und von Gerichten nicht verfolgt werden.[104] Neben ihrem Angebot an **Kunden, die nicht rechtsschutzversichert** sind, bestehen für **Legal Tech-Anbieter**[105] Kooperationsmöglichkeiten mit Rechtsschutzversicherern zugunsten ihrer VN. Beispielsweise könnte die vertragsmäßig vereinbarte Leistung in 42

---

97 BGHZ 230, 255 = NJW 2021, 3046; vgl. ferner BGH NJW 2020, 208 und BGH ZIP 2020, 1129 sowie BGH NZM 2020, 551. Zu Massenverfahren *Horacek/Grocholl/Holl*, REthinkLaw 2023, Heft 2, 20, 23.

98 Überblick hierzu bei Hartung/Bues/Halbleib/*Hartung*, a.a.O. Rn. 25 ff., Rn. 1042; *D. Wendt* LTZ 2024, 110 (111 f.).

99 *D. Wendt* LTZ 2024, 110 (112).

100 *Block/Jung/D. Wendt* CRi 2023, 97.

101 *Batista* LTZ 2025, 268.

102 UN Sustainable Development Goal no. 16.3, https://sdgs.un.org/goals (Abruf 29.10.2024). S. schon *Kilian* Journal of Law and Society, March 2003 p. 31 (33, 43) zum Zugang zum Recht.

103 Untersuchungsergebnisse der vom BMJV in Auftrag gegebenen Studie vom 21.4.2023 zur Erforschung der Ursachen des Rückgangs der Eingangszahlen bei den Zivilgerichten, https://www.bmj.de/SharedDocs/Publikationen/DE/Fachpublikationen/2023_Rueckgang_Eingangszahlen_Zivilgerichte.html (Abruf 30.6.2025).

104 *Hendricks* LTZ 2025, 191; umfassender ders., Rechtsdurchsetzung mittels Legal Tech-Plattformen, 2024.

105 Nach Auffassung von *Eberhardt* gefährden Legal Tech den Zugang zum Recht, ZKM 2022, 35.

geeigneten Fällen mit Hilfe von LegalTech automatisiert erbracht werden, in denen der Versicherer zwar zur Deckung verpflichtet ist, derzeit mit dem VN aber aus Kostengründen hin und wieder eine **Deckungsabfindung**[106] vereinbart. Ein breiteres Lösungsinstrumentarium würde auch dem immer wieder aufkommenden Vorwurf der sog. **Prozessablöse,**[107] also eines aus Kostengründen angeblich vom Versicherer veranlassten Widerrufs des erteilten Anwaltsmandats durch den VN, entgegenwirken.

43 Neben ihrem Angebot an Kunden, die nicht rechtsschutzversichert sind, suchen Legal Tech-Anbieter nach Kooperationsformen insbes. mit Rechtsschutzversicherern, die ihre Leistungen zur Erfüllung von Wünschen der VN aufnehmen und die Kosten dafür tragen. Den Rahmen für **Einsatzmöglichkeiten der KI im Versicherungsunternehmen** gibt die Rechtsordnung vor. Dies ist zunächst die KI-Verordnung,[108] aber auch das VAG,[109] VVG,[110] das RDG,[111] das AGG,[112] usw., die Anwendung finden. So dürfen **verbotene KI-Systeme**[113] wie z.B. schädigende Verhaltensmanipulationen, Social Scoring etc. nicht eingesetzt werden. **Hochrisikosysteme** sind nicht verboten, unterliegen aber nach der KI-VO, insbes. gem. Art. 6 einer besonderen Regulierung. Bedenken für Assistance-Leistungen von Legal Tech-Anbieter für Versicherungsunternehmen zur automatisierten Dokumentenerstellung oder für automatisierte Beratungstools bestehen nicht.[114] Für den Einsatz von **online-Tools für den Vertragsabschluss** mit dem VN im Fernabsatz muss menschliches Eingreifen stets möglich sein, was derzeit nicht geregelt ist.[115] Auch die Sicherstellung der Qualität von Legal Tech-Systemen ist derzeit noch nicht geklärt. Wendt schlägt hierzu die Vereinbarung eines **Verhaltenskodex-Legal Tech** vor.[116] Ganz allgemein muß davon ausgegangen werden, dass es eine der größten Herausforderungen beim Einsatz von KI darstellen dürfte, den Prozess der Ergebnis-

106 *Armbrüster* VersR 2022, 1197 (1208) hält eine solche Vereinbarung auch ohne Verankerung in den ARB sowohl im Bestands- als auch im Neugeschäft für zulässig.

107 Die BRAK hat zu letzterem Fall mit Schreiben vom 30.10.2025 eine Online-Umfrage gestartet.

108 Auf europäischer Ebene mit unmittelbarer Anwendung in den EU-Mitgliedstaaten: Verordnung (EU) 2024/1689 des Europäischen Parlaments und des Rates vom 13.06.2024 zur Festlegung harmonisierter Vorschriften für künstliche Intelligenz und zur Änderung der Verordnungen (EG) Nr. 300/2008, (EU) Nr. 167/2013, (EU) Nr. 168/2013, (EU) Nr. 2018/858, (EU) 2018/1139, (EU)2019/2144 sowie der Richtlinien 2014/90/EU, (EU) 2016/797 und (EU) 2020/1828, ABl. Nr. L 2024/1689, 12.07.2024 (nachstehend »**KI-VO**«).

109 Einhalten von § 23 Abs. 1 VAG (ordnungsgemäße Geschäftsorganisation) aufgrund technischer Innovationen, s. *Pohlmann/Vossen/Everding/Scheiper* ZVersWiss 111 (2022), 136, 158 ff.; DORA, EU-Verordnung 2022/2554 vom 14.12.2022; BaFin, Prinzipienpapier Big Data und KI, 2021.

110 Beachtung der §§ 6 ff. VVG, wenn der VN durch die KI beraten wird.

111 § 4 RDG.

112 §§ 19 f. AGG, s. *Pohlmann/Vossen/Everding/Scheiper* ZVersWiss 111 (2022), 136, 145 ff.

113 Art. 5. Abs. 1 KI-VO, s. *Rudkowski* VersR 2025, 321, 323 ff.

114 S.a. *D. Wendt* LTZ 2024, 110, 118 f.

115 *Präve* VersR 2026, 1, 2.

116 *Wendt* a.a.O.

findung und die Überprüfung derselben sicherzustellen.[117] Auch für Experten ist eine rechtliche Bewertung von KI-Systemen schwierig.[118]

J. Hinweise zu ARB 2012/2019/2021

Mit den **ARB 2012** wurde im Oktober 2012 **strukturell** und **sprachlich** eine **Neufassung** der ARB mit dem Ziel vorgelegt, eine bessere Verständlichkeit und Transparenz[119] für VN zu erreichen.[120] Neu ist, dass der VN im Bedingungstext durch Verwendung der zweiten Person Singular direkt und persönlich angesprochen wird. Gegenüber den ARB 2010 ist nunmehr auch die gedankliche **Gliederung** in einen Allgemeinen Teil (§§ 1 – 20) und einen Besonderen Teil (§§ 21 – 29)[121] entfallen. Das Bedingungswerk ist ein **modulares System**, das durch Zusammensetzen verschiedener Bausteine einen individuellen Vertrag entstehen lässt; die versicherbaren Lebensbereiche sind mit einen **Buchstabenschlüssel** versehen. Eine numerische Gliederung hat die Aufteilung in Paragraphen abgelöst. Ferner finden sich nun die **Formen des Versicherungsschutzes** fast am Anfang des Bedingungswerkes. 44

Vorgenommene **inhaltliche Änderungen** sind beispielsweise die Ziff. 2.1 (Neuaufnahme einer **Sanktionsklausel**), Ziff. 2.1.1 (Neuaufnahme einer Definition der **sonstigen selbständigen Tätigkeit** sowie Klarstellung zum **Versicherungskennzeichen**), Ziff. 2.2.12 (Aufnahme des **Opfer-Rechtsschutzes** als neue Leistungsart)[122], Ziff. 2.3.1.1 (Neuaufnahme einer **Mediationsklausel**). Eine Reihe von Begriffen wurden verständlicher gefasst (z.B. Motorfahrzeug zu Lande, Selbstfahrer-Vermietfahrzeug). Ein **Wechsel** des versicherten **Wohnobjekts** oder des **Objekts**, das für die gewerbliche, freiberufliche oder sonstige **selbständige Tätigkeit** genutzt wird, findet sich nun in Ziff. 2.1.1, wodurch die vormalige Regelung in § 12 Abs. 3 und Abs. 4 ARB 2010 etwas prominenter aufgestellt wurde. Die **Mitversicherung** wurde aus den Regelungen zu den einzelnen Vertragsformen herausgelöst und ist nun unter Ziff. 2.1.2 in einem eigenen Abschnitt zusammengefasst. 45

Nicht ausgeblieben ist natürlich, dass die **Neufassung** der ARB 2012 ff. auch **kritisiert**[123] wurde. Trotz numerischer Zählung ist vergleichsweise eine nur ungenaue **Zitation** möglich. Einzelne Versicherer haben begonnen, die Neuregelungen in ihr Bedingungswerk aufzunehmen,[124] was allerdings auf eine zögerliche Adaption schließen lässt. 46

---

117 Stellvertretend für viele *Rudkowski* VersR 2025, 321, 327.

118 *Rudkowski* VersR 2025, 321, 327.

119 H/E/K/*Heinrichs*, 34. Kap., Rn. 42.; *K. Maier* r+s 2013, 105 (110): *G. Bauer* VersR 2013, 661.

120 Ausführlich zu den Gründen s.u. Kap. 4 Rdn. 1 ff.; L/W/*Obarowski*, Bd. 4 Rechtsschutz, Rn. 7 ff.

121 Ähnlich *Harbauer/Schmitt* § 1 ARB 2010 Rn. 1.

122 S. näher § 26 Rdn. 38.

123 Z.B. van Bühren BRAK-Mitt. 2013, 255 (256 f., 258); *Rudolph*, S. 100; abwägend *K. Maier* a.a.O.

124 L/W/*Obarowski*, Bd. 4 Rechtsschutz, Rn. 15.

47 Die vorstehend erwähnte **Sanktionsklausel** nach Ziff. 2.1. stellt klar, dass Versicherungsschutz nur dann gewährt wird, wenn diesem nicht deutsche oder von der EU erlassene **Wirtschafts-, Handels- oder Finanzsanktion** oder verhängte **Embargos** widersprechen.[125] Dasselbe gilt für Sanktionen und Embargos, die von USA erlassen wurden. Die **rechtliche Einordnung** der Sanktionsklausel ist streitig. Vertreten wird, dass es sich insoweit um eine Definition des Versicherungsgegenstands handelt, was dann eine sog. **primäre Risikoabgrenzung** darstellen würde.[126] Nach der Gegenauffassung stellt die Klausel einen sog. **Risikoausschluss** dar,[127] wofür die grundsätzliche Versicherbarkeit spricht, die jedoch aus konkreten politischen Gründen für die Dauer der verhängten Sanktion oder des Embargos ausgesetzt ist. Dieser Meinungsstreit ist nicht theoretischer Natur, vielmehr bestimmt sich danach auch die Frage der Beweislast.

48 Für die **Mitversicherung** gibt es nun mit Ziff. 2.1.2 eine zentrale und für alle Lebensbereiche umfassende und zusammenhängende Regelung zur Rechtsstellung der mitversicherten Personen. Die vormals zusätzliche Regelung in § 15 Abs. 2 ARB 2010 wurde damit ebenfalls kompensiert. Dort ist nun auch das bisher in § 15 ARB 2010 niedergelegte **Widerspruchsrecht** des Versicherungsnehmers festgeschrieben. Ziff. 2.1.2 bezieht sich aber nicht auf die Vertragsform des Wohn- und Grundstücksrechtsschutzes.[128]

49 **Weitere inhaltliche Ergänzungen** erfolgten in den Jahren 2013 und 2014, wie etwa die Neufassung der **Muster-Mediationsklausel**, die Integration des **Fahrer-Rechtsschutzes** und die **Gesamtkombination Privat- und Firmen-Rechtsschutz**. Im März 2016, Juni 2017 und zum Jahresanfang 2018 wurden die Veröffentlichungen der Überarbeitungen fortgesetzt, z.B. Ziff. 2.3.1.3 (Neufassung der Sachverständigenklausel), Ziff. 2.4.5 (ergänzte Regelung des Versicherungsfalls), Ziff. 3.2.8 (Kapitalanlagenausschlusses, Deckungsöffnung), Ziff. 6.2.6 (Ergänzung zum Versichererwechsel).

50 Die **ARB 2019** mit Stand von Oktober 2019 berücksichtigen einerseits die zwischenzeitlich ergangene BGH-Rechtsprechung und andererseits die zunehmende Bedeutung von **Cyber-Rechtsschutz** als neu aufgenommenen optionalen Baustein. Dies betrifft insbesondere Ziff. 3.1.2 und Ziff. 6.2.6 (Neuformulierung der **Vorerstreckungsklausel** aufgrund der BGH-Entscheidung[129]), Ziff. 3.2.21 (neu gefasste **Vorsatzausschluss-Klausel**, die vorsätzlich begangene Straftat voraussetzt[130]), Ziff. 3.4.2 und Ziff. 3.4.3 (Verzicht auf Monatsfrist bei **Ablehnung der Erfolgsaussichten**[131]) und Ziff. 4.1.1.4 und Ziff. 4.1.6 (**Kostenminderungsobliegenheit**[132]).

---

125 HK-VVG/*Münkel*, ARB 2021, Ziff. 2.1, Rn. 1.

126 Van Bühren/Plote/*Hillmer-Möbius*, ARB 2012 Rn. 13.

127 *Bauer* VersR 2013, 661, 663; HK-VVG/*Münkel*, ARB 2021, Ziff. 2.1 Rn. 2.

128 *Bauer* a.a.O., 662.

129 VersR 2018, 992 = NJW 2018, 2710.

130 Keine vorläufige Deckungspflicht lt. BGH NJW 2021, 2584, ebenso *Lensing* AnwBl 2022, 227 (228).

131 Reaktionen auf in Rspr. und Lit. geäußerter Kritik, s. L/W/*Obarowski*, Bd. 4 Rechtsschutz, Rn. 14.

132 BGH r+s 2019, 582 = NJW 2019, 3582 m.Anm. *Grams*.

Die **ARB 2021** mit Stand von April 2021 berücksichtigen die gesetzliche Ergänzung von § 308 BGB mit einer neuen Ziffer 9 zum **Abtretungsausschluss.**[133] In der daher ergänzten Ziff. 4.1.7. wird klargestellt, dass das Einverständnis des Versicherers für eine **Abtretung der Ansprüche auf Versicherungsleistungen** nur noch der **Text-** und nicht mehr der **Schriftform** bedarf.[134] Das Zustimmungserfordernis bei einer **Abtretung von Zahlungsansprüchen des VN** gegen den Versicherer wurde aufgegeben. Die ARB 2021 mit Stand vom August 2022 heben in Ziff. 1 die Bedeutung der Rechtsschutzversicherung für die **Sicherung des Zugangs zum Recht** für den VN sowie für schnelle und nachhaltige Konfliktlösungen hervor. Die Bedeutung einer endgültigen Konfliktbeilegung wird zudem in Ziff. 2.3.1.1 durch ein gewährtes **Mediationsverfahren** unterstrichen. Dort ist auch eine Definition der Mediation aufgeführt. Die derzeit aktuelle Fassung der GDV-Musterbedingungen der ARB 2021 hat den Stand vom Juni 2025.[135] 51

Die verschiedenen **Formen des Versicherungsschutzes** (»**Vertragsformen**«) sind unter Ziff. 2 ARB 2012 zunächst überblicksmäßig aufgelistet und werden sodann in Ziff. 2.1 näher beschrieben. Dazu gehören die nachfolgend aufgeführten, auch als »versicherte Lebensbereiche« bezeichnete Vertragsformen, wobei ein Buchstabenschlüssel (s. nachstehende Abkürzungen) sodann eine vereinfachte Angabe ermöglicht, bei welchen Vertragsformen die jeweilige Leistungsart gem. Ziff. 2.2 enthalten ist: 52
- Privat-Rechtsschutz (P)
- Cyber-Rechtsschutz (CP)
- Rechtsschutz für Selbständige und Firmen (U)
- Rechtsschutz für Vereine (Ver)
- Rechtsschutz für Landwirte (L)
- Berufs-Rechtsschutz (B)
- Verkehrs-Rechtsschutz (Vk)
- Fahrzeug-Rechtsschutz (F)
- Wohnungs- und Grundstücks-Rechtsschutz (W)

Weitere Einzelheiten zu den Neuregelungen werden bei den einzelnen Vertragsformen dargestellt. Abweichend zur **vorherigen Rechtspraxis** erhält der VN nunmehr mit den neuen ARB 2012 im Regelfall nicht mehr das gesamte Bedingungswerk, vielmehr nur noch die für alle Verträge gültigen Klauseln (A), sowie diejenigen Klauseln, die der gewählten Vertragsform (z.B. P) zugewiesen sind. 53

Die **Umstellung** eines Altvertrages auf neue ARB setzt zumindest eine konkludente **Zustimmung des VN** voraus, die aber nicht schon allein in der Fortzahlung der Prämien gesehen werden kann.[136] Obgleich selbstverständlich, so ist dennoch darauf hinzuweisen, dass in der konkreten Fallbearbeitung nicht automatisch und ohne Prüfung die GDV-Musterbedingungen, vielmehr der jeweils **vertraglich vereinbarte Bedingungstext** heranzuziehen ist. 54

133 Gesetz für faire Verbraucherverträge, BGBl. 2021 I 3433.
134 *Lensing* AnwBl 2022, 227, 228.
135 S.a. Kurzüberblick zu ARB 2021 bei P/M/*Piontek*, Rechtsschutzversicherung, Nr. 510.
136 LG Berlin, Urt. v. 11.02.2016 – 7-46/15.

§ 21 Verkehrs-Rechtsschutz

(1) Versicherungsschutz besteht für den Versicherungsnehmer in seiner Eigenschaft als Eigentümer oder Halter jedes bei Vertragsabschluss oder während der Vertragsdauer auf ihn zugelassenen oder auf seinen Namen mit einem Versicherungskennzeichen versehenen oder als Mieter jedes von ihm als Selbstfahrer-Vermietfahrzeug zum vorübergehenden Gebrauch gemieteten Motorfahrzeuges zu Lande sowie Anhängers. Der Versicherungsschutz erstreckt sich auf alle Personen in ihrer Eigenschaft als berechtigte Fahrer oder berechtigte Insassen dieser Motorfahrzeuge.

(2) Der Versicherungsschutz kann auf gleichartige Motorfahrzeuge gemäß Absatz 1 beschränkt werden. Als gleichartig gelten jeweils Krafträder, Personenkraft- und Kombiwagen, Lastkraft- und sonstige Nutzfahrzeuge, Omnibusse sowie Anhänger.

(3) Abweichend von Absatz 1 kann vereinbart werden, dass der Versicherungsschutz für ein oder mehrere im Versicherungsschein bezeichnete Motorfahrzeuge zu Lande, zu Wasser oder in der Luft sowie Anhänger (Fahrzeug) besteht, auch wenn diese nicht auf den Versicherungsnehmer zugelassen oder nicht auf seinen Namen mit einem Versicherungskennzeichen versehen sind.

(4) Der Versicherungsschutz umfasst:

Schadenersatz-Rechtsschutz	(§ 2a),
Rechtsschutz im Vertrags- u. Sachenrecht	(§ 2d),
Steuer-Rechtsschutz vor Gerichten	(§ 2e),
Verwaltungs-Rechtsschutz in Verkehrssachen	(§ 2g),
Straf-Rechtsschutz	(§ 2i),
Ordnungswidrigkeiten-Rechtsschutz	(§ 2j).

(5) Der Rechtsschutz im Vertrags- und Sachenrecht kann ausgeschlossen werden.

(6) Der Rechtsschutz im Vertrags- und Sachenrecht besteht in den Fällen der Absätze 1 und 2 auch für Verträge, mit denen der Erwerb von Motorfahrzeugen zu Lande sowie Anhängern zum nicht nur vorübergehenden Eigengebrauch bezweckt wird, auch wenn diese Fahrzeuge nicht auf den Versicherungsnehmer zugelassen oder nicht auf seinen Namen mit einem Versicherungskennzeichen versehen werden.

(7) Versicherungsschutz besteht mit Ausnahme des Rechtsschutzes im Vertrags- und Sachenrecht für den Versicherungsnehmer auch bei der Teilnahme am öffentlichen Verkehr in seiner Eigenschaft als

a) Fahrer jedes Fahrzeuges, das weder ihm gehört noch auf ihn zugelassen oder auf seinen Namen mit einem Versicherungskennzeichen versehen ist,
b) Fahrgast,
c) Fußgänger und
d) Radfahrer.

(8) Der Fahrer muss bei Eintritt des Rechtsschutzfalls die vorgeschriebene Fahrerlaubnis haben, zum Führen des Fahrzeugs berechtigt sein und das Fahrzeug muss

zugelassen oder mit einem Versicherungskennzeichen versehen sein. Bei Verstoß gegen diese Obliegenheit besteht Rechtsschutz nur für diejenigen versicherten Personen, die von diesem Verstoß ohne Verschulden oder leicht fahrlässig keine Kenntnis hatten. Bei grob fahrlässiger Unkenntnis des Verstoßes gegen diese Obliegenheit ist der Versicherer berechtigt, seine Leistung in einem der Schwere des Verschuldens der versicherten Person entsprechenden Verhältnis zu kürzen. Weist die versicherte Person nach, dass ihre Unkenntnis nicht grob fahrlässig war, bleibt der Versicherungsschutz bestehen. Der Versicherungsschutz bleibt auch bestehen, wenn die versicherte Person oder der Fahrer nachweist, dass die Verletzung der Obliegenheit weder für den Eintritt oder die Feststellung des Versicherungsfalls noch für die Feststellung oder den Umfang der dem Versicherer obliegenden Leistung ursächlich war.

(9) Ist in den Fällen der Absätze 1 und 2 seit mindestens sechs Monaten kein Fahrzeug mehr auf den Versicherungsnehmer zugelassen und nicht mehr auf seinen Namen mit einem Versicherungskennzeichen versehen, kann der Versicherungsnehmer unbeschadet seines Rechtes auf Herabsetzung des Beitrages gemäß § 11 Absatz 2 die Aufhebung des Versicherungsvertrages mit sofortiger Wirkung verlangen.

(10) Wird ein nach Absatz 3 versichertes Fahrzeug veräußert oder fällt es auf sonstige Weise weg, besteht Versicherungsschutz für das Fahrzeug, das an die Stelle des bisher versicherten Fahrzeuges tritt (Folgefahrzeug). Der Rechtsschutz im Vertrags- und Sachenrecht erstreckt sich in diesen Fällen auf den Vertrag, der dem tatsächlichen oder beabsichtigten Erwerb des Folgefahrzeuges zugrunde liegt. Die Veräußerung oder der sonstige Wegfall des Fahrzeuges ist dem Versicherer innerhalb von zwei Monaten anzuzeigen und das Folgefahrzeug zu bezeichnen. Bei Verstoß gegen diese Obliegenheiten besteht Rechtsschutz nur, wenn der Versicherungsnehmer die Anzeige- und Bezeichnungspflicht ohne Verschulden oder leicht fahrlässig versäumt hat. Bei grob fahrlässigem Verstoß gegen diese Obliegenheiten ist der Versicherer berechtigt, seine Leistung in einem der Schwere des Verschuldens des Versicherungsnehmers entsprechenden Verhältnis zu kürzen. Weist der Versicherungsnehmer nach, dass der Obliegenheitsverstoß nicht grob fahrlässig war, bleibt der Versicherungsschutz bestehen. Der Versicherungsschutz bleibt auch bestehen, wenn der Versicherungsnehmer nachweist, dass die Verletzung der Obliegenheit weder für den Eintritt oder die Feststellung des Versicherungsfalls noch für die Feststellung oder den Umfang der dem Versicherer obliegenden Leistung ursächlich war. Wird das Folgefahrzeug bereits vor Veräußerung des versicherten Fahrzeuges erworben, bleibt dieses bis zu seiner Veräußerung, längstens jedoch bis zu einem Monat nach dem Erwerb des Folgefahrzeuges ohne zusätzlichen Beitrag mitversichert. Bei Erwerb eines Fahrzeuges innerhalb eines Monates vor oder innerhalb eines Monates nach der Veräußerung des versicherten Fahrzeuges wird vermutet, dass es sich um ein Folgefahrzeug handelt.

Literatur:
Biller-Bomhardt, Die faktische Erstreckung von § 7 StVG auf E-Scooter – eine Anmerkung zum Referentenentwurf des Bundesministeriums der Justiz und für Verbraucherschutz, NZV 2026, 105; *M. Burmann*, Risikoausschlüsse und Obliegenheiten in der Rechtsschutzversiche-

rung im Verkehrsrecht, ZfS 1999, 91; *Buschbell*, Die Rechtsschutzversicherung im Verkehrsrecht, ZfS 2006, 605; *Cornelius-Winkler*, Mitversicherungskonstellationen in der Verkehrsrechtsschutzversicherung, SVR 2005, 321; *Dauer*, Der Verzicht auf die Fahrerlaubnis, NZV 2021, 293; *ders.*, Wann ist ein Fahrzeug zugelassen?, NZV 2007, 442; *Deutscher*, Die Entwicklung des straßenverkehrsrechtlichen Fahrverbots im Jahr 2022, NZV 2023, 97; *ders.*, Die Entwicklung des straßenverkehrsrechtlichen Fahrverbots im Jahr 2023, NZV 2024, 57 *ders.*, Die Entwicklung des straßenverkehrsrechtlichen Fahrverbots im Jahr 2024, NZV 2025, 106; *ders.*, Die Entwicklung des straßenverkehrsrechtlichen Fahrverbots im Jahr 2025, NZV 2026, 57; *Giemulla*, Lieferdrohnen und Flugtaxis – kann die Vision Wirklichkeit werden?, NZV 2026, 49; *Hering*, Der Verwaltungs-Rechtsschutz, SVR 2006, 321; ders., Der Rechtschutzfall im Verkehrsrecht, SVR 2004, 443; *Horacek/Grocholl/Holl*, Die Rechtsschutzversicherung im Massenschadenfall – von der Deckung zum Regreß, REthinkLaw 2023, H.2, 20; *Horacek/Krämer*, Aktuelle Rechtsprechung zur Rechtsschutzversicherung, r+s 2025, 198; *Horacek/Nieland*, Rechtsschutzversicherung »post Diesel«: lessons learned?!, r+s 2024, 1029; *Heß*, Quotenbildung nach dem VVG – Erfahrungen seit 2008, r+s 2013, 1; *Koehl*, Rote Kennzeichen, SVR 2025, 241; *Krenberger*, Rechtsfragen rund um den E-Scooter, NZV 2024, 564; *Looschelders*, Der Ausschluss der Gefährdungshaftung bei langsam fahrenden Kfz – Wertungswidersprüche aufgrund veränderter Rahmenbedingungen, VersR 2022, 1469; *Lutz*, Neue Vorschriften für das automatisierte und autonome Fahren – Ein Überblick, DAR 2021, 182; ders., Status quo des automatisierten und autonomen Fahrens – Update 2024, DAR 2024, 667; *Mathy*, Der problematische Versicherungsvertrags-Rechtsschutz in der Rechtsschutzversicherung, NVersZ 2001, 433; *Müller/Rudolph*, Fußgänger im Straßenverkehr, Opfer oder Täter?, NZV 2025, 32; *Müller/Schäler*, Mikromobilität im Straßenverkehr, DAR 2026, 25; *Nolte/Braun/Fleischer/Kolarova/Loba/Salem/Steege/Form/Stolte/Höhmann/Poszler/Reiffl Hensel Maurer*, Anmerkungen zu Sicherheit und Risiken autonomer Straßenfahrzeuge – Teil 1, NZV 2025, 198 und Teil 2 NZV 2025, 241; *Packmohr*, Fußgänger im Straßenverkehr, Opfer oder Täter? NZV 2025, 291; *Paschke/Fellenberg*, Autonomes Fahren – das Ende des Individualverkehrs, NZV 2025, 155; *Rebler*, Elektroroller, E-Scooter und Tretroller: Die verkehrsrechtliche Einordnung, SVR 2021, 88; *Samimi/Liedtke*, Auf dem Prüfstand: Das Schadenmanagement der Rechtsschutzversicherer im Verkehrsrecht, NZV 2013, 20; *Schaltke*, Die VW-Abgasaffäre im Lichte der Rechtsschutzversicherung, NJW 2016, 3126; *Schirmer*, Die Rechtsschutzversicherung für den Kraftfahrer, DAR 1992, 418; *Stöber/Möller/Willmer*, Das Gesetz zum autonomen Fahren und seine Auswirkungen auf die zivilrechtliche Haftung, NZV 2024, 117; *Ternig*, Neu: Die Straßenverkehr-Fernlenk-Verordnung (StVFernLV), NZV 2025, 529; *Weber*, Rechtsprechungsübersicht: Der Verzicht auf die Fahrerlaubnis, NZV 2025, 261; s.a. weitere Literatur unter Vorbemerkungen zu §§ 21 ff. und unter § 22.

Übersicht **Rdn.**

A. Allgemeines

1 **Strukturübersicht** zum Verkehrs-Rechtsschutz nach § 21 ARB 2010 mit Kurzbeschreibung:

ARB 2010	RS-Form	Kurzbeschreibung
§ 21	Verkehrs-RS	Abs. 1 u. 2, sog. **personenbezogener** RS, das bedeutet: VN ist (1) **Eigentümer oder Halter** eines Fahrzeugs, das **auf ihn zugelassenen** oder mit **auf seinen Namen lautendem Versicherungskennzeichen** versehenen ist, oder (2) **Mieter** eines Selbstfahrer-Vermiet-Fahrzeugs (jedoch nur bei vorübergehendem Gebrauch) Fahrzeug = hier Motorfahrzeug zu Lande oder Anhänger (§ 21 Abs. 1 S. 1) Erstreckung des RS-Versicherungsschutzes auf (1) berechtigten Fahrer (2) berechtigten Insassen (§ 21 Abs. 1 S. 2) Bei Fahrzeugwechsel: Beschränkungsmöglichkeit auf gleichartige Fahrzeuge (§ 21 Abs. 2)
		Abs. 3, sog. **fahrzeug**- oder auch **objektbezogener** RS (kurz »**Fahrzeug-RS**« genannt), das bedeutet: RS-Versicherungsschutz bezieht sich auf ein **bestimmtes Motor-Fahrzeug**, wobei dieses (1) **weder auf VN zugelassen noch** mit **Versicherungskennzeichen auf seinen Namen** versehen ist, jedoch (2) im Versicherungsschein **konkret und identifizierbar bezeichnet** sein muss Motorfahrzeuge sind in Abs. 3 – **anders als** in Abs. 1 – Motorfahrzeuge zu Lande, zu Wasser und in der Luft und Anhänger (Legaldefinition »Fahrzeug«)

ARB 2010	RS-Form	Kurzbeschreibung
		Abs. 6, sog. **Erwerb ohne Zulassung** – betrifft personenbezogenen RS – Versicherungsschutz für Motorfahrzeug zu Lande und Anhänger, wenn (nicht nur vorübergehender) Eigentumserwerb erfolgt ist, jedoch keine Zulassung auf den Namen des VN vollzogen oder nicht mit einem Versicherungskennzeichen auf den Namen des VN versehen wurde
		Abs. 7, sog. **Erweiterung des Verkehrs-RS** auf (1) **Fahrer fremder Fahrzeuge**, lit. a. Fremd = Fahrer ist weder Eigentümer noch Halter Fahrzeug = hier jedes Motorfahrzeug (Land, Wasser, Luft) (2) **Fahrgast**, lit. b. (3) **Fußgänger**, lit. c. (4) **Radfahrer**, lit. d.
		Abs. 10, sog. **Erstreckung auf Folgefahrzeuge** Folgefahrzeug = Fahrzeug, das an die Stelle des bislang versicherten Fahrzeugs tritt

Der Verkehrsbereich ist für die Rechtsschutzversicherung von großer Bedeutung, da mehr als ein Viertel aller Versicherungsfälle auf diesen Bereich entfallen.[1] Der Verkehrs-Rechtsschutz kann über § 21 und § 22 gesondert versichert werden, es ist aber auch möglich, diesen in einer anderen Vertragsart integriert zu haben (z.B. §§ 26 ff.). Will der VN nur den Lebensbereich »Verkehr« versichern, stehen ihm schon nach den Musterbedingungen verschiedene Produkte zur Auswahl (z.B. § 21 Abs. 1, § 21 Abs. 3, § 22 Abs. 1). Diese Produkte haben sich in der ARB-Historie ständig weiterentwickelt. Während die **ARB 54** zunächst nur einen **Fahrzeug-Rechtsschutz** kannten, also einen rein objektbezogenen Rechtsschutz, wurde mit den **ARB 69/75** ein zugleich auf die Person des VN ausgerichteter **Verkehrs-Rechtsschutz** entworfen. Dieser ermöglicht es, einer sich ändernden Anzahl von Fahrzeugen im Bestand des VN gerecht zu werden. Hier wird der Versicherungsschutz im Wege einer antizipierten Gefahränderung von vornherein auf alle Fahrzeuge festgelegt, die während der Vertragslaufzeit auf den VN zugelassen sind. Zugleich wird der Versicherungsschutz des VN losgelöst von seinen Fahrzeugen auf das **Fahren fremder Fahrzeuge** erweitert. 2

Ergänzend hierzu ermöglicht eine seit **1986** verwandte Standardklausel »**Fußgänger-Rechtsschutz**«[2] die zusätzliche Erweiterung des Versicherungsschutzes auf die Eigenschaften **Fußgänger**, **Fahrgast** und **Radfahrer**, was den Versicherungsschutz des VN als Verkehrsteilnehmer komplettierte. Mit den **ARB 94** wurde diese Klausel in dem 3

1 Schätzung der Versicherungsfälle bei L/W/*Obarowski*, Bd. 4 Rechtsschutz, Rn. 23. Genauere Zahlen ergeben sich leider auch nicht aus der öffentlich verfügbaren Verbandsstatistik (GDV, Statistiken zur deutschen Versicherungswirtschaft, Berlin, September 2025, 69 ff.).

2 VerBAV 77, 446, s. nunmehr § 21 Abs. 7 lit. c) ARB 2010.

Bedingungstext der §§ 21 bis 23 eingearbeitet. Für die Weiterentwicklung durch die ARB 94 ist zudem die **Beschränkung** des Versicherungsschutzes **auf Landfahrzeuge** kennzeichnend, ferner die Integration der vorher als § 22 gesondert geregelten Vertragsform »Fahrzeug-Rechtsschutz«. Schließlich wurden Regelungslücken der ARB 75 (Mietwagenfälle, Erwerb ohne Zulassung) geschlossen, denen bis dahin nur durch Auslegung oder kulantes Regulieren begegnet werden konnte.

4 Die **ARB 2010** regeln in § 21 Abs. 1 und 2 den **personenbezogenen** Verkehrs-Rechtsschutz und in Abs. 3 den **objektbezogenen.**[3] In § 22 Abs. 1 ist der **Fahrer-Rechtsschutz** niedergelegt. Der personenbezogene Verkehrs-Rechtsschutz bezieht sich nur auf Motorfahrzeuge **zu Lande** und auf Anhänger. Demgegenüber erstreckt sich der objektbezogene Verkehrs-Rechtsschutz nach § 21 Abs. 3, sog. **Fahrzeug-Rechtsschutz**, **zusätzlich** auch auf Motorfahrzeuge **zu Wasser** und **in der Luft**. Diese beiden Vertragsmodelle stehen dem VN zur Verfügung, der entscheiden kann, ob er einen Schutz für sich als VN und für die berechtigten Insassen oder ob eine Festschreibung von bestimmten Fahrzeugen gewollt ist. Im letzteren Fall müssen das/die Fahrzeug/e im Versicherungsschein (Police) unter Nennung des amtlichen Kennzeichens einzeln aufgeführt werden.[4] Die weiteren Modalitäten des Fahrzeug-Rechtsschutzes sind insbesondere in Abs. 10 zu finden, der insbesondere die Frage eines **Folgefahrzeugs** regelt.

5 Inzwischen liegt eine Vielzahl von verschiedenen **Angebotsformen** zum **Verkehrs-Rechtsschutz** vor. Dazu haben vor allem der Wettbewerb, aber auch effizientere Tarif- und verbraucherfreundlichere Preisgestaltungen geführt. Zu erwähnen ist insbesondere die vielfach angebotene **Bündelung der Verkehrsrisiken** einer Familie (VN, Lebenspartner, Kinder) in eine Art »**Familien-Verkehrs-Rechtsschutz**«.[5] Hierfür gibt es unterschiedliche Bezeichnungen. Diese Angebote zeichnen sich alle durch eine **Erweiterung der Mitversicherung** auf den versicherten Personenkreis nach §§ 23, 25 aus. Teilweise wird dieses bislang ergänzende Produkt sogar als neues Standardmodell des § 21 benutzt, welches nach dem Baukastenprinzip den jeweils gewünschten Leistungsumfang mit vereinfachter Tarifierung ermöglicht. Dies sind interessante Entwicklungen, welche jedoch für den Anwender der jeweiligen ARB eine Herausforderung darstellen. Umso wichtiger ist es, mit den Grundmodellen der Muster-ARB vertraut zu sein und sodann die jeweils vereinbarte und dem Rechtsschutzvertrag zugrunde gelegte ARB-Fassung heranzuziehen.

---

3 P/M/*Piontek*, § 21 ARB 2010, Rn. 1, 7.
4 H/E/K/*Heinrichs*, 34. Kap. Rn. 140.
5 L/W/*Obarowski*, Bd. 4 Rechtsschutz, Rn. 23.

B. Personen- bzw. zulassungsbezogener Verkehrs-Rechtsschutz für den VN (Abs. 1 und 2)

I. Risikomerkmale

1. Motorfahrzeuge zu Lande und Anhänger

Nach Abs. 1 erstreckt sich der Versicherungsschutz neben **Anhängern** auf **motorbetriebene Land**fahrzeuge; **nicht umfasst** sind somit Motorfahrzeuge **zu Wasser** und **in der Luft**. Zu den Motorfahrzeugen zu Lande gehören: 6
- alle Kraftfahrzeuge im Sinne des Straßenverkehrsrechts (§ 1 Abs. 2 StVG: durch Maschinenkraft angetriebene, nicht an Bahngleise gebundene Landfahrzeuge; s.a. § 2 Nr. 1 FZV), beispielsweise **Personen- und Lastkraftwagen, Krafträder, Omnibusse, Zugmaschinen** usw.,
- **Motorschlitten, Raupenfahrzeuge, fahrbare Bagger, Straßenwalzen** (Räder sind nicht konstitutives Merkmal),[6]
- Schienengebundene Fahrzeuge (**Eisen- und Straßenbahn**).

Ausgeschlossen sind somit alle Fahrzeuge, die **durch Menschen-, Tier- oder Naturkraft angetrieben** werden.[7] Von einem Motor kann insoweit bereits begrifflich nicht ausgegangen werden.[8] Durch bloße Muskelkraft angetriebene **Lastenräder** sind somit ebenso keine motorbetriebene Landfahrzeuge.

Unerheblich ist die Art der **Antriebsquelle** und die Form der Kraftübertragung.[9] Kraftfahrzeuge sind somit nicht nur solche Fahrzeuge, deren Motoren mit herkömmlichen **erdölbasierten Kraftstoffen** (Benzin, Diesel, Autogas (LPG)) betrieben werden, vielmehr auch solche, die mit **Gas**, gleich ob Erd-(CNG) oder Biogas (Biomethan), mit **alternativen Kraftstoffen** wie Wasserstoff, Ammoniak oder Methanol, mit **synthetischen Kraftstoffen** (E-Fuels) oder auch batteriebasiert mit elektrischem Strom gespeist werden.[10] Nicht relevant ist ferner, ob die **Kraftübertragung** mechanisch, hydraulisch, hydrostatisch oder elektrisch erfolgt. 7

Die im Rahmen der **Mikromobilität** im Straßenbild zunehmend präsenten **Elektrokleinstfahrzeuge**, wie z.B. elektrische Tret- oder Stehroller (**E-Scooter**) oder sog. **Segways** (elektrisch angetriebenes selbstbalancierendes Einachs-Ein-Personen-Fahrzeug) ohne Lenkstange[11] sind trotz begrenzter Nenndauerleistung (0,5 bzw. 1,4 kW) und einer Maximalgeschwindigkeit (20 km/h) ebenfalls Kraftfahrzeuge gem. § 1 Abs. 1 Elektrokleinstfahrzeuge-Verordnung (**eKFV**).[12] Vom Anwendungsbereich der eKFV ausgeschlossen sind andere Elektrokleinstfahrzeuge, wie beispielsweise **Hoverboards** oder **elektrische Einräder**, aber auch sog. unechte Elektrokleinstfahrzeuge. Die 8

6 Hentschel/König/*Koehl*, § 1 StVG Rn. 14 m.w.N.
7 HK-VVG/*Münkel*, § 21 ARB 2010 Rn. 3.
8 Ebenso Harbauer/*Obarowski*, § 21 ARB 2010 Rn. 13.
9 Hentschel/König/*Koehl*, § 1 StVG Rn. 18.
10 *Filthaut* NZV 1995, 52 schon zu elektrisch angetriebenen Oberleitungsomnibussen.
11 *Rebler* SVR 2021, 88; OLG Hamburg DAR 2017, 157 = NZV 2017, 193.
12 Vom 06.06.2019 in der Fassung vom 10.06.2024.

Abgrenzung der verschiedenen Fahrzeuge ist im Einzelfall nicht ganz einfach, da schon der Begriff der Mikromobilität im Straßenverkehrsrecht nicht definiert ist.[13] Hinzuweisen ist am Rande, dass in den Fällen einer **technischen Veränderung am E-Scooter** die Betriebserlaubnis nach §§ 19 ff. StVZO erlischt, eine Zulassungspflicht aufgrund des Wegfalls der Privilegierung nach § 3 Abs. 3 S. 1 Nr. 1 lit. g FZV auflebt, der bestehende Versicherungsschutz entfällt, die Gefährdungshaftung bereits nach geltendem Recht ungeachtet des nachgenannten Referentenentwurfs eingreift und eine Strafbarkeit nach § 21 StVG aufgrund Fahrens ohne Fahrerlaubnis im Raum steht.[14]

9 Hinsichtlich der **E-Scooter** geht das Bundesministerium der Justiz und für Verbraucherschutz (BMJV) aufgrund der Angaben des GDV für das Jahr 2023 von 990.000 versicherten Fahrzeugen im deutschen Straßenverkehr aus.[15] Nach derzeit geltendem Recht sind E-Scooter und andere Fahrzeuge i.S.d. eKFV nach dessen § 1 Abs. 1 nicht von der im Übrigen für Kraftfahrzeuge geltenden **Gefährdungshaftung** des Halters nach § 7 StVG und der Haftung aus § 18 StVG erfasst, vielmehr ausdrücklich ausgenommen, was zu erheblichen Haftungslücken führt. Darauf wurde bereits beim 60. Deutschen Verkehrsgerichtstag 2022 hingewiesen.[16] Diese Lücke soll nun zum Teil, insbes. für E-Scooter, nicht aber beispielsweise für andere weniger als 20 km/h fahrende land- und forstwirtschaftliche Fahr- und Baufahrzeuge aufgrund eines vom BMJV am 2.12.2025 vorgelegten Referentenentwurf mit Zustimmung des Bundesrats vom 19.12.2025 durch eine **Rückausnahme** für Fahrzeuge i.S.d. eKFV in § 1 Abs. 1 eKFV geschlossen werden.[17] In der Literatur wird Kritik am Entwurf unter dem Aspekt der Nichterfassung von privat betriebenen konstruktionsbedingt weniger als 20 km/h fahrenden E-Scootern und zur vorgeschlagenen Beweislastregel geübt.[18]

10 Auf die Frage einer **personenabhängigen Steuerung** kommt es für den Kraftfahrzeugbegriff nicht an, weshalb auch Fahrzeuge mit einer **hoch- oder vollautomatisierten, einer autonomen oder einer ferngesteuerten Fahrfunktion** hier unter den Kraftfahrzeugbegriff subsumiert werden können.[19] Die Frage ist allerdings, ob die Versicherer Fahrzeuge mit diesen Fahrfunktionen ebenfalls als rechtsschutzversicherte Kraftfahrzeuge betrachten wollen, diese jedoch sodann aufgrund des bislang nicht hinreichend einschätzbaren Risikos mit besonderen Tarifen belegen, oder aber aufgrund der Risiken zunächst vom Versicherungsschutz ganz ausschließen. Durch das insoweit zuletzt 2021 **novellierte StVG** (§§ 1d bis 1l StVG) sowie aufgrund der **Verordnung zur Genehmigung**

---

13 Hierzu und zu den Elektrokleinstfahrzeugen detailliert *Müller/Schäler*, DAR 2026, 65.

14 *Krenberger* NZV 2024, 564, 565.

15 Zitiert bei *Biller-Bombardt* NZV 2026, 105, 106 (Fn. 10).

16 *Looschelders* VersR 2022, 1469, 1476. Er verweist insoweit auf das generelle Gefährdungspotential von langsam fahrenden land- und forstwirtschaftlichen Fahrzeugen sowie Baufahrzeugen und erinnert an die schon frühe Forderung des 11. Deutschen Verkehrsgerichtstag 1973, dass der Grundsatz der Gefährdungshaftung auch auf Kfz zu erstrecken sei, die nicht schneller als 20 km/h fahren.

17 S. *Biller-Bombardt*, a.a.O. S. 105.

18 *Biller-Bombardt* a.a.O. S. 105, 109, 110.

19 *Lutz* DAR 2021, 182; ders., DAR 2024, 667.

und zum Betrieb von Kraftfahrzeugen mit autonomer Fahrfunktion in festgelegten Betriebsbereichen vom 24.06.2022, zuletzt geändert am 20.07.2023 (AFGBV) wurde ein rechtlicher Rahmen für das hoch- und vollautomatisierte[20] sowie das autonome Fahren im öffentlichen Straßenverkehr innerhalb von festgelegten Bereichen erlassen.[21]

Im Einzelnen ist allerdings die Beschreibung von automatisiertem und autonomem Fahren[22] und deren Abgrenzungen aufgrund der Interdisziplinarität komplex und schwierig. Dies beginnt etwa schon mit dem Vorliegen von definitorischen Konflikten, die einen Austausch der verschiedenen beteiligten Fachbereiche erheblich erschweren.[23] Es ist darauf hinzuweisen, dass in der Wissenschaft bei weitem noch nicht geklärt ist, wann und unter welchen Umständen automatisierte Fahrzeuge **als sicher** angesehen werden können.[24] Nach deutschem Recht bleibt die Haftung des Fahrzeughalters allerdings nicht nur bestehen, vielmehr wird sie mit zusätzlichen Pflichten gem. § 1f Abs. 1 StVG erweitert.[25] 11

Hoch- oder vollautomatisierten Fahrzeuge sind in § 1a Abs. 2 StVG beschrieben. Bei ihnen ist eine das Fahrzeug führende Person an Bord, darf sich aber nur unter bestimmten Voraussetzungen vom Fahrgeschehen abwenden. Ihre Pflichten sind in § 1b StVG geregelt. Deutschland hat damit als eines der ersten Länder der Welt einen Rechtsrahmen geschaffen,[26] der den Betrieb von Kraftfahrzeugen mit **vollautomatisierter Fahrfunktion der Stufe 4 nach dem internationalen Standard SAE J3016**[27] festlegt. Demgegenüber befindet sich beim **autonomen Fahren**, das in § 1d Abs. 1 StVG geregelt ist, weder eine fahrzeugführende Person im Fahrzeug noch an einem anderen Ort. Vielmehr kann das Fahrzeug aufgrund seiner autonomen Fahrfunktion das Fahren innerhalb eines festgelegten Betriebsbereichs selbstständig und ganz ohne fahrzeugführende Person durchführen, weil es über eine technische Ausrüstung gem. § 1e Abs. 2 StVG verfügt. Der Betriebsbereich ist ein festgelegter Straßenraum. Nach § 1e Abs. 3 StVG gibt es allerdings eine technische Aufsicht, die das autonome Fahrzeug deaktivieren kann und auch bestimmte Fahrmanöver freigeben muss.[28] 12

Für **ferngelenkte Fahrzeuge** ist am 1.12.2025 die Straßenverkehr-Fernlenk-Verordnung (StVFernLV)[29] in Kraft getreten. Sie gibt den Rechtsrahmen für ein ferngelenktes Fahren aus der Ferne über öffentliche Straßen vor, sog. **Teleoperation**. Solche Fahrzeuge 13

---

20 Zum europäischen Rechtsrahmen s.a. Verordnung (EU) 2022/1426 zum ADS (Automated Driving Systems).

21 S.a. *Nolte/Braun u.a.* NZV 2025, 198, 200 ff.

22 *Paschke/Fellenberg* NZV 2025, 155 zur Frage der Gefahr des Endes des Individualverkehrs aufgrund der legislativen Entwicklungen zum autonomen Fahren.

23 *Nolte/Braun u.a.* a.a.O., 200.

24 *Nolte/Braun u.a.* a.a.O., 198, 241.

25 *Stöber/Möller/Willmer* a.a.O. 124.

26 *Stöber/Möller/Willmer* NZV 2024, 117.

27 https://www.bast.de/DE/Publikationen/Foko/2013-2012/2012-11.html?nn=1836812 (Abruf 26.2.2024).

28 *Ternig* NZV 2025, 529.

29 BGBl. 2025 I Nr. 176 vom 25.7.2025.

haben eine fahrzeugführende Person, die sich allerdings nicht im Fahrzeug, sondern außerhalb an einem Leitstand befindet, der sich an einem festgelegten Ort befindet. Diese Person darf sich während des Fahrvorgangs nicht von der Fahraufgabe abwenden. Die Pflichtenlage für die fahrzeugführende Person einer Teleoperation ist identisch mit der eines nicht ferngelenkten Fahrzeugs.[30]

14 Ferner fallen unter den Kraftfahrzeugbegriff Kleinfahrzeuge wie **Mopeds**,[31] **Mofas**[32] und benzingetriebene **Aufsitzrasenmäher**,[33] was nach dem Vorgesagten auch für solche mit Elektromotor gelten muss. Ferner fallen darunter motorgetriebene Sonderfahrzeuge wie **Trikes** (motorisierte Dreiräder), **Quads** (kleine geländegängige Fahrzeuge mit Ballonreifen, auch all-terrain vehicle [ATV] genannt) und ähnliche.

15 **Anhänger** sind zum Anhängen an ein Kraftfahrzeug bestimmte und geeignete Fahrzeuge (§ 2 Nr. 2 FZV). Dies sind beispielsweise Wohnwagen, Lkw-Anhänger, landwirtschaftliche Anhänger etc. (s. näher Rdn. 18 f.).

16 Motorfahrzeuge dienen unterschiedlichen Verwendungszwecken:
- der Beförderung von Personen,
- der Beförderung von Gütern,
- zur Leistung von Arbeit (z.B. Kranwagen),
- für sonstige Zwecke (z.B. Ausstellungs- und Werkstattwagen).

Die Eigenschaft als Motorfahrzeug wird **nicht durch** seine jeweilige **Zweckbestimmung** bzw. dessen **Einsatzzweck** (z.B. zur Beförderung von Personen oder Gütern, zur Erbringung von Arbeiten etc.) **berührt.**[34] Dasselbe gilt für den Zweck der Verwendung eines **Anhängers.**[35] Dem unterschiedlichen Risiko wird allerdings dadurch Rechnung getragen, dass nach dem Tarif des Versicherers nach Art und Nutzung des Fahrzeuges adäquate Versicherungsbeiträge verlangt werden. Auch wenn der Verwendungszweck des Fahrzeugs den Versicherungsschutz nicht berührt, ist zumindest bei der Auslegung der versicherten Eigenschaften Vorsicht geboten. So ist z.B. zu hinterfragen, ob bei Streit über die Bezahlung einer Taxirechnung, bei Beschädigung einer mitgeführten Ladung oder bei der Geltendmachung von Verdienstausfall eine fahrzeug- oder fahrerbezogene Eigenschaft betroffen ist.

17 Nicht zu den Motorfahrzeugen gehören grundsätzlich **Fahrräder**, da diese grundsätzlich nur durch Muskelkraft bewegt werden, § 63a Abs. 1 StVZO. Differenziert zu beurteilen ist dies bei Elektrofahrrädern mit Trethilfe bzw. Anfahrhilfe, sog. **Pedelec** (Pedal Electric Cycle), auch **E-Bike** bzw. **EPAC** (Electrically Power Assisted Cycles)

30 *Ternig* a.a.O. 536.
31 BGH NJW 1971, 1983.
32 BGH VersR 1972, 1004.
33 LG Osnabrück VersR 1984, 254.
34 Hentschel/König/*Koehl*, § 1 StVG Rn. 14; Harbauer/*Obarowski*, § 21 ARB 2010 Rn. 22.
35 Hentschel/König/*Koehl*, § 1 StVG Rn. 28; Harbauer/*Obarowski*, § 21 ARB 2010 Rn. 17.

genannt. Ende 2024 gab es in Deutschland 15,7 Mio. E-Bikes.[36] Für die Frage, ob ein E-Bike ein Kraftfahrzeug ist, sollte nach den Kriterien von § 2 Nr. 11 der Fahrzeug-Zulassungsverordnung (FZV)[37] differenziert werden: Ein **S-Pedelec** (schnelles Pedelec) ist rechtlich ein Kleinkraftrad und damit ein Kraftfahrzeug, das dann auch haftpflichtversicherungspflichtig ist, wenn die höchste Nenndauerleistung des Elektromotors 4 kW beträgt, diese also mehr als nur eine **bloße Anfahr-** oder **Trethilfe** darstellt. Die Höchstgeschwindigkeit dieser auch **S-EPAC** genannten E-Bikes darf max. 45 km/h betragen, während **leistungsschwächere Pedelecs** rechtlich gesehen nur **Fahrräder** und damit keine Kraftfahrzeuge im vorgenannten Sinn darstellen, wenn die Voraussetzungen von § 1 Abs. 3 StVG nicht überschritten sind, § 63a Abs. 2 StVZO.[38]

Anhänger sind begrifflich zwar nicht im StVG definiert, allerdings beschreibt § 2 S. 1 Nr. 2 FZV diese als »zum Anhängen an ein Kfz bestimmtes und geeignetes Fahrzeug.« Dies sind **beispielsweise** Wohnwagen, Gepäck- und Omnibusanhänger, Lkw-Sattelauflieger bzw. -Anhänger, Tieranhänger, Spezialanhänger zur Beförderung von Sportgeräten, Rettungsbooten etc., Anhänger für die Land- und Forstwirtschaft. Anhänger sind gem. §§ 1 Abs. 1 StVG, 3 S. 1 Nr. 2 1 FZV zulassungspflichtig, soweit es sich um Kraftfahrzeuganhänger handelt.[39] Sie sind jedoch in den Fällen nach § 3 Abs. 3 FZV von der Zulassungspflicht ausgenommen, wobei dann allerdings eine Kennzeichnungspflicht nach Maßgabe von § 4 Abs. 2 Nr. 3 FZV gilt.[40] 18

Anhänger sind aber gleichwohl **keine Kraftfahrzeuge** im Sinne von § 1 Abs. 2 StVG, weil sie nicht durch eigene Maschinenkraft bewegt werden. In § 21 Abs. 1 werden sie daher neben den versicherten Motorfahrzeugen zusätzlich aufgeführt. Von Anhängern abzugrenzen sind hinter Kraftfahrzeugen mitgeführte **Arbeitsmaschinen** (z.B. landwirtschaftliches Arbeitsgerät). Insoweit handelt es sich um sonstige nicht zulassungspflichtige Motorfahrzeuge, die somit nicht unter den Deckungsschutz des § 21 Abs. 1 Satz 1 fallen. Sie dürften aber regelmäßig unter der Vertragsform nach § 27 mitversichert sein.[41] Die Frage, ob ein Anhänger im verbundenen Zustand mit einem Motorfahrzeug wie in der Kfz-Versicherung (A.1.1.5 AKB 2015)[42] vom Versicherungsschutz für das ziehende Fahrzeug mit umfasst wird, unterliegt unterschiedlicher Beurteilung, 19

36 Branchenangabe des ZIV, https://www.ziv-zweirad.de/status-epac-fragen-und-antworten (Abruf 10.03.2025).

37 FZV vom 20.07.2023, zuletzt geändert am 11.12.2024.

38 Durch Muskelkraft angetriebenes Landfahrzeug (Fahrrad) mit einer Nenndauerleistung des elektromotorischen Hilfsantriebs von höchstens 0,25 kW, dessen Unterstützung sich bei zunehmender Geschwindigkeit progressiv verringert und schließlich unterbrochen wird beim Erreichen von 25 km/h oder beim Beenden des Tretens, § 1 Abs. 3 S. 1 StVG; Fahrrad mit elektromotorischer Tretunterstützung bis 25 km/h mit tretunabhängiger Anfahr- und Schiebehilfe bis 6 km/h, § 1 Abs. 3 S. 2 StVG. S.a. *Rebler* SVR 2021, 88 (89).

39 Hentschel/König/*Koehl*, § 1 StVG Rn. 28.

40 Hentschel/König/*Koehl*, § 1 StVG Rn. 28.

41 Harbauer/*Obarowski*, § 21 ARB 2010 Rn. 17.

42 Vgl. hierzu H/E/K/*Kreuter-Lange*, 25. Kap. Kfz-Haftpflichtversicherung, Rn. 44; s.a. Harbauer/*Obarowski*, § 21 ARB 2010 Rn. 18.

stellt sich allerdings im Verkehrs-Rechtsschutz normalerweise nicht, da alle zugelassenen Motorfahrzeuge und Anhänger mitversichert sind.

20 Motorfahrzeuge, die **mit Versicherungskennzeichen versehen** sind, werden nach § 21 Abs. 1 Satz 1 den Motorfahrzeugen mit einer Zulassung gleichgestellt. Beispiele: Moped, Krankenfahrstuhl mit Motor, S-Pedelecs.

21 Fahrzeuge, die zum Zweck einer Prüfungs-, Probe- oder Überführungsfahrt mit einem **roten Kennzeichen** oder zum Zweck von Probe- oder Überführungsfahrten mit einem **Kurzzeitkennzeichen** in Betrieb gesetzt werden,[43] sind formal betrachtet lediglich zweckgebundene behördliche Inbetriebnahmen von Fahrzeugen und ohne Zulassungen, was sich schon aus der Formulierung »wenn es nicht zugelassen ist« in den §§ 41 Abs. 1 S. 1, 42 Abs. 1 S. 1 FZV ergibt;[44] auch eine Betriebserlaubnis ist insoweit nicht erforderlich.[45] Dies wird durch § 3 Abs. 1 S. 2 FZV gestützt, wonach die Zulassung u.a. die Ausfertigung der Zulassungsbescheinigung voraussetzt. Der Verordnungsgeber hatte schon vor längerer Zeit die Begrifflichkeiten für die Fahrzeugzulassungen angepasst und differenziert entsprechend im Text der in den Anlagen wiedergegebenen und zu verwendenden Muster.

22 Die Dokumente einer Zulassung werden als **Zulassungsbescheinigung Teil I** (s.a. FZV-Anlage 6, vormals **Fahrzeugschein**) und **Zulassungsbescheinigung Teil II** (s.a. FZV-Anlage 8, vormals **Fahrzeugbrief**) bezeichnet.[46] Demgegenüber ist bei roten Kennzeichen von einem **Fahrzeugscheinheft** (FZV-Anlage 13) und bei Kurzzeitkennzeichen vom **Fahrzeugschein** (FZV-Anlage 14) die Rede. Gleichwohl behandeln Versicherer kulanterweise solche Fälle vielfach als zugelassene und damit als versicherte Fahrzeuge, wogegen nichts einzuwenden ist. Rote Kennzeichen dürfen auch für Fahrten im öffentlichen Verkehr zur Reparatur und Wartung, zum Tanken und zur Außenreinigung eingesetzt werden. Trotz fehlender Zulassung muss immer eine Haftpflichtversicherung bestehen, § 41 Abs. 1 S. 1 FZV. Mit speziellen **roten Oldtimerkennzeichen** kann neben Probe- und Überprüfungsfahrten eine Teilnahme an Oldtimerveranstaltungen sowie für Fahrten zur Reparatur und Wartung erfolgen, § 17 FZV; es ist insoweit weder eine Betriebserlaubnis noch eine Zulassung erforderlich.[47]

2. Zulassung auf den VN

a) Allgemeines Erfordernis

23 Während die Leistungspflicht des Versicherers in der Kraftfahrtversicherung grundsätzlich nicht von der **Zulassung des Fahrzeugs** abhängt, ist sie im Rahmen des § 21 Abs. 1 ein wichtiges, **gegenständlich begrenzendes Risikomerkmal.** Es ermöglicht dem

43 Hierzu ausführlich *Rebler* DAR 2012, 285.

44 A.A. Harbauer/*Obarowski*, § 21 ARB 2010 Rn. 7.

45 *Koehl* SVR 2025, 241.

46 Der Klammerzusatz dürfte ein Zugeständnis an die Praxis sein, weil die früheren Begriffe umgangssprachlich noch heute benutzt werden.

47 *Koehl* SVR 2025, 241.

Versicherer eine leichte Überprüfung dahingehend, ob das betroffene Fahrzeug versichert ist oder nicht. Anders als bei der Eigentümer- oder Haltereigenschaft können hier kaum Deckungszweifel auftreten. Für den Rechtsschutz-Versicherungsschutz ist grundsätzlich entscheidend, ob das betroffene Fahrzeug zum Zeitpunkt des Versicherungsfalles (schon oder noch) auf den VN zugelassen war. Liegt der Versicherungsfall vor der Zulassung, besteht grundsätzlich kein Versicherungsschutz. Zu beachten ist allerdings die Sonderregelung nach Abs. 6. Zu Fallkonstellationen im Zusammenhang mit den Klagen betreffend den sog. **Abgas-Skandal** s.u. Rdn. 59 ff.

Das **Erlöschen der Betriebserlaubnis** eines Fahrzeugs nach § 19 Abs. 2 StVZO stellt keine fehlende Zulassung im Sinne des Abs. 1 dar, da die **Zulassung** damit nicht wegfällt, vielmehr tatsächlich hierdurch nur rechtswidrig wird. Eine Zulassung kann nur durch eine **Außerbetriebssetzung** nach §§ 16, 24, 25 FZV in einem formgebundenen Verfahren beendet werden. Ein formloser Widerruf kommt daher nicht in Betracht.[48] Spätestens durch die Regelung in Abs. 6 wird deutlich, dass solche Sachverhalte nur im Rahmen der Obliegenheiten relevant sind. 24

Bei **Leasingverträgen** ist das Fahrzeug nicht immer auf den Mieter (Leasingnehmer) zugelassen. Erfolgt also die Zulassung auf den Vermieter (Leasinggeber), so scheidet mangels Fahrzeugzulassung auf den Mieter als VN des Verkehrs-Rechtsschutzes dieser aus und es kommt nur die Möglichkeit der Vereinbarung eines Fahrzeug-Rechtsschutzes nach Abs. 3 in Betracht. 25

aa) Zulassungsbegriff

Welche Fahrzeuge zulassungspflichtig sind und wie das **Zulassungverfahren** zu erfolgen hat, ist in der Fahrzeugzulassungsverordnung (FZV) geregelt.[49] Wann eine **Zulassung notwendig** ist, regelt § 3 FZV. **Ausnahmen** von der Zulassungspflicht ergeben sich aus §§ 1, 3 Abs. 3 FZV. **Nicht zulassungspflichtig** sind beispielsweise selbstfahrende **Arbeitsmaschinen, Leicht-** und **Kleinkrafträder**, motorisierte Krankenfahrstühle, Elektrokleinstfahrzeuge, bestimmte Arten von Anhängern. Die **Zulassung erfolgt durch** Zuteilung eines amtlichen **Kennzeichens** nach § 9 FZV, das Abstempeln der Kennzeichenschilder nach § 12 Abs. 3 FZV und die Ausfertigung der Zulassungsbescheinigung Teil I (§§ 13 FZV), was dem früheren Fahrzeugschein entspricht. Die Zulassungsbescheinigung Teil II (vormals Fahrzeugbrief) dient dagegen der zivilrechtlichen Eigentumssicherung. Gerade weil **Zulassung und Eigentum** im Einzelfall auseinanderfallen können, ist in § 21 Abs. 1 das Zulassungserfordernis zum Bestandteil der Risikobeschreibung gemacht worden, um die versicherten Fahrzeuge bestmöglich zu konkretisieren. 26

Wenn **keine Zulassung** vorliegt, so steht dem Versicherer auch kein Anspruch auf Rechtsschutz-Versicherungsprämie zu; der Versicherer ist dann aber auch nicht leistungspflichtig. 27

---

48 Hentschel/König/*Derpa*, Straßenverkehrsrecht, § 3 Rn. 6 FZV.

49 Hierzu ausführlich *Rebler* SVR 2010, 453.

bb) Mit Versicherungskennzeichen versehene Fahrzeuge

28 Einige nicht zulassungspflichtige Fahrzeuge dürfen auf öffentlichen Straßen jedoch nur in Betrieb gesetzt werden, wenn sie ein gültiges **Versicherungskennzeichen** nach § 52 Abs. 1 FZV führen.[50] Mit den ARB 94 wurde diese Fahrzeuggruppe ergänzend in die Risikobeschreibung aufgenommen, nachdem zuvor nur eine **stillschweigende Mitversicherung** erfolgte und ein Bedürfnis für eine Klarstellung gesehen wurde. **Versicherungskennzeichenpflichtig** sind nach §§ 4 Abs. 3 S. 1, 3 Abs. 3 S. 1 Nr. 1 lit. d. – f. FZV insbesondere zweirädrige oder dreirädrige **Kleinkrafträder** gem. § 2 Nr. 11 FZV mit einer Höchstgeschwindigkeit von 45 km/h und einem maximalen Hubraum von 50 ccm (bei Verbrennungsmotor) oder mit 45 km/h Höchstgeschwindigkeit und 4 kW höchste Nenndauerleistung (bei Elektroantrieb), **Fahrräder mit Hilfsmotor (Mofas)** mit 25 km/h Höchstgeschwindigkeit,[51] **Leichtmofas** mit max. 20 km/h,[52] **motorisierte Krankenfahrstühle** gem. § 2 Nr. 13 FZV, **leichte vierrädrige Kraftfahrzeuge der Fahrzeugklasse L6e** gem. § 2 Nr. 12 FZV[53] (wie z.B. **leichtes Straßen-Quad** bis 4 kW, **leichtes Vierradmobil** bis 6 kW).

29 Bei **Elektrokleinstfahrzeugen** (s. oben Rdn. 8 f.) ist gem. § 56 Abs. 1 und 4 FZV in Verbindung mit § 2 Abs. 1 Nr. 2 eKFV eine **Versicherungsplakette** als Nachweis des Bestehens einer Pflichtversicherung gem. § 1 PflVG anzubringen, wenn diese auf öffentlichen Straßen in Betrieb gesetzt werden. Obgleich nach dem Wortlaut nur Versicherungskennzeichen für Motorfahrzeuge des VN, nicht aber solche mit einer Versicherungsplakette vom Verkehrs-Rechtsschutz erfasst sind, wird man jedoch aufgrund desselben Zwecks und nur marginaler äußerer Unterschiede zwischen Plakette und Kennzeichen – im Wesentlichen sind dies die Größe des Schildes (Plakette ist kleiner), sein Material (Kunststofffolie statt Metallplatte) und die Art der Anbringung am Fahrzeug (kleben statt schrauben) – davon ausgehen können, dass aufgrund der Weiterentwicklung durch die **Mikromobilität** auch Fahrzeuge, die auf den Namen des VN mit einer Versicherungsplaketten versehen sind, in den Schutz eingeschlossen sind, was aber nicht zuletzt aufgrund einer erhöhten Unfallgefahr ggf. einen erhöhten Tarif des Versicherers zur Folge haben könnte.

cc) Sonstige zulassungsfreie oder nicht versicherungspflichtige Fahrzeuge

30 Von § 21 Abs. 1 nicht erfasst werden solche Fahrzeuge, die **weder zulassungs- noch versicherungspflichtig** sind.[54] Hierzu gehören z.B. **selbstfahrende Arbeitsmaschinen,**

---

50 Zu versicherungskennzeichenpflichtigen Fahrzeugen ausführlich H/E/K/*Kreuter-Lange*, 25. Kap. Kfz-Haftpflichtversicherung, Rn. 49.

51 Ist nach *Huppertz*, DAR 2015, 289, eine Unterart des Kleinkraftrades.

52 Weitere Merkmale lt. VO über Ausnahmen von straßenverkehrsrechtlichen Vorschriften vom 26.03.1993, BGBl. I, 394 (Abdruck s. Hentschel/König, a.a.O., Nr. 11).

53 Nach Maßgabe von Art. 4 Abs. 2 lit. f. in Verbindung mit Anhang I der Verordnung (EU) Nr. 168/2013.

54 S. §§ 3 Abs. 3, 4 Abs. 3 FZV, § 2 As. 1 Nr. 2 eKFV.

Stapler, land- und forstwirtschaftliche Arbeitsgeräte sowie **gewisse Anhänger.**[55] Die Tarife der Versicherer lösen diese Situation teilweise durch eine beitragsfreie oder beitragspflichtige Einbeziehung. Ansonsten käme Versicherungsschutz über die Risiken nach §§ 23 bis 29 in Betracht. **Langsam fahrende** land- und forstwirtschaftliche Fahrzeuge, Arbeitsmaschinen und Baufahrzeuge mit einer geringeren Geschwindigkeit als 20 km/h sollen von dem am 2.12.2025 durch das BMJV vorgelegten Referentenentwurf[56] weiterhin nicht erfasst werden. In der Literatur wird insoweit darauf verwiesen, dass moderne Modelle dieser Fahrzeuge aufgrund einer höheren Fahrgeschwindigkeit ohnehin nicht mehr unter die Ausnahme des § 8 Nr. 1 StVG fallen, sodass für sie mit Ausnahme der Altfahrzeuge die **Gefährdungshaftung** zur Anwendung kommt.[57]

b) Erstreckung auf alle zugelassenen Fahrzeuge (Gefahränderung/Vorsorge)

Kennzeichnend für den Verkehrs-Rechtsschutz nach § 21 Abs. 1 ist die **Erstreckung** 31 des Versicherungsschutzes auf **alle Motorfahrzeuge zu Lande und Anhänger**, die **auf den VN zugelassen** sind, und zwar **auch** dann, wenn **während der Vertragslaufzeit Fahrzeuge hinzukommen.** Damit ist gewährleistet, dass sich der Versicherungsschutz automatisch und ohne Wartezeit auf die zusätzlichen Fahrzeuge erweitert. Gleichzeitig ergibt sich hieraus für den VN die Verpflichtung, die nach dem Tarif des Versicherers je nach Art des Fahrzeuges vorgesehenen Beiträge ab Zulassung zu bezahlen. In gewisser Weise ist damit der Verkehrs-Rechtsschutz ein »**atmender Rechtsschutz**«, der sich dem **wechselnden Fahrzeugbestand** des VN **automatisch anpasst.**

Damit der Versicherer den sich aus der übernommenen erhöhten Gefahr ergebenden 32 höheren Beitrag zeitnah einfordern kann, sieht § 11 eine **Meldepflicht** des VN vor. Nach den ARB 75 war sie noch in § 21 integriert (Abs. 7) und damit für den VN etwas leichter erkennbar. Voraussetzung für die Meldepflicht, die **keine Obliegenheit**, sondern eine **Rechtspflicht** darstellt, ist allerdings eine vorausgehende **Aufforderung des Versicherers**, die für die Beitragsberechnung erforderlichen Angaben zu machen. Dies kann z.B. ein ergänzender Text in der Beitragsrechnung sein oder ein spezieller Erfassungsbogen. Hat der Versicherer auf eine solche Aufforderung verzichtet, kann er sich im Rechtsschutzfall nicht auf Leistungsfreiheit berufen; allerdings bleibt der VN natürlich verpflichtet, den sich aus der Gefahrerhöhung ergebenden erhöhten Beitrag zu bezahlen. Im Falle der Verletzung der Meldepflicht ist das **abgestufte Sanktionensystem** nach § 11 Abs. 3 zu beachten, welches nach Inkrafttreten des VVG 2008 in Anlehnung an die Grundprinzipien der §§ 26, 28 VVG eingearbeitet wurde. Bei grobfahrlässiger Pflichtverletzung käme man demnach zu einer Quotenregelung.[58]

---

55 S. § 2 Nr. 17, 18, 20 FZV.
56 S.o. Rdn. 9.
57 *Biller-Bombhardt* NZV 2026, 105, 107.
58 S. allg. *Heß* r+s 2013, 1.

3. Versicherte Eigenschaften des VN

33 Während in der Kraftfahrtversicherung der Versicherungsschutz an den Begriff des »Gebrauch des Fahrzeuges« anknüpft[59], hat der VN nach § 21 in **speziellen Eigenschaften** Versicherungsschutz, nämlich

nach Abs. 1 Satz 1:
- als **Eigentümer** eines auf ihn zugelassenen Fahrzeuges
- als **Halter** eines auf ihn zugelassenen Fahrzeuges
- als **Eigentümer oder Halter** eines auf seinen Namen mit einem Versicherungskennzeichen versehenen Fahrzeuges
- als **Mieter** eines zum vorübergehenden Gebrauch genutzten Fahrzeuges

nach Abs. 1 Satz 2:
- als **Fahrer** eines auf ihn zugelassenen Fahrzeuges
- als **Insasse** eines auf ihn zugelassenen Fahrzeuges

nach Abs. 6:
- als **Erwerber** eines nicht auf ihn zugelassenen Fahrzeuges

nach Abs. 7:
- als **Fahrer** fremder Fahrzeuge
- als **Fahrgast**
- als **Fußgänger**
- als **Radfahrer**

Anhand dieser Aufzählung wird leicht erkennbar, warum im Verkehrs-Rechtsschutz die Anknüpfung an den »Gebrauch des Fahrzeuges« nicht geholfen hätte. Zum einen sind anders als in der Kraftfahrtversicherung diverse Rechtsverhältnisse versichert, die einer konkreten Abgrenzung zum Nichtverkehrsbereich bedürfen (z.B. Verträge, Strafrecht). Zum anderen ist der Verkehrs-Rechtsschutz **nicht nur objektbezogen**, vielmehr soll der VN auch – losgelöst von seinem Fahrzeug – in anderen Situationen **personenbezogen** versichert sein (z.B. als Fahrer, Insasse fremder Fahrzeuge, Fußgänger). Von der Kraftfahrtversicherung unterscheidet sich der Verkehrs-Rechtsschutz auch dadurch, dass es **keine Obliegenheiten** gibt, das Fahrzeug **zu bestimmten Zwecken** zu nutzen; ebenso gibt es **keine Ausschlussklauseln** für bestimmte **gefährliche Veranstaltungen** (z.B. **Autorennen, Rallyes**). Dies gilt grundsätzlich auch für das Veranstalten oder die Teilnahme von **nicht genehmigten Kraftfahrzeugrennen** und für **Alleinraser** nach dem neugeschaffenen Straftatbestand des § 315d StGB,[60] da es sich abgehen von Abs. 5 um keine Verbrechen handelt. Wird jedoch eine **vorsätzliche Begehung** eines **verbotenen Kfz-Rennens** nach den Absätzen 1 bis 4 rechtskräftig festgestellt, so sind die entstandenen Kosten durch den VN zurückzuzahlen.

34 Die versicherten Eigenschaften korrespondieren mit den **Risikoabgrenzungen in den Nichtverkehrsprodukten**, um Überschneidungen möglichst zu vermeiden (z.B. § 23

---

59 Vgl. H/E/K/*Kreuter-Lange*, 25. Kap. Kfz-Haftpflichtversicherung, Rn. 42 ff.

60 Näher zum am 13. 10. 2017 in Kraft getretenen Gesetzes zur Strafbarkeit nicht genehmigter Kraftfahrzeugrennen: *Blanke-Roeser* JuS 2018, 18 ff.

Abs. 4). Da sie in § 21 Teil der primären Risikobeschreibung sind, muss der VN **darlegen** und ggf. **beweisen**, dass er in der erforderlichen Eigenschaft betroffen ist.

▶ Beispiel:

Der VN gerät mit einer anderen Person wegen eines privaten Streits aneinander und flüchtet in einen Pkw, um den Tätlichkeiten des anderen zu entkommen. Der Gegner verfolgt ihn und verprügelt ihn in seinem Fahrzeug. Keine Deckung über Schadenersatz-Rechtsschutz, weil VN nicht als Eigentümer, Fahrer, Insasse etc. betroffen ist. Infrage käme vielmehr Versicherungsschutz über den Privat-Rechtsschutz (§§ 23, 25).

a) Eigentümer

Das Eigentum am Fahrzeug ist eine zentrale versicherte Eigenschaft, da diverse Ansprüche oder Verbindlichkeiten des VN daran anknüpfen, dass er **Eigentümer des Fahrzeugs** ist. 35

▶ Beispiele:

- Geltendmachung des Sachschadens am Fahrzeug
- Streit mit dem Käufer des versicherten Fahrzeugs, weil dieser Mängel behauptet
- Streit mit dem Finanzamt wegen der Kfz-Steuer

Wann Eigentum gegeben ist, ergibt sich aus den **§§ 929 ff. BGB**. Den **Nachweis** kann der VN grundsätzlich mit der Zulassungsbescheinigung Teil II (Kfz-Brief) führen. Die Eigentümerstellung bleibt bei einem anfechtbaren, aber noch nicht wirksam **angefochtenen Rechtsgeschäft** zunächst bestehen.[61] In den Fällen des Erwerbs unter **Eigentumsvorbehalt** (§ 449 BGB) oder bei Sicherungsübereignung an einen Dritten fehlt es an einer **vollwirksamen zivilrechtlichen Eigentümerstellung**. Hier wird aber die – ebenfalls versicherte – Haltereigenschaft vorhanden sein. Auch im Fall eines unwirksamen Eigentumserwerbs, beispielsweise aufgrund Geschäftsunfähigkeit nach § 105 BGB oder Nichtigkeit wegen eines Gesetzesverstoßes nach § 134 BGB, besteht von Anfang an **keine Eigentümerstellung.**[62]

b) Halter

Als **Halter** ist der VN dann betroffen, wenn er das **Fahrzeug für eigene Rechnung gebraucht**, also die Kosten trägt, die Verwendungsnutzungen bezieht[63] und die dazu erforderliche Verfügungsmacht hat. Halter ist **nicht**, wer ohne selbst zu fahren das Fahrzeug nur ganz vorübergehend oder nur für wenige Stunden oder für eine bestimmte Fahrt gemietet hat.[64] Relevant wird die Haltereigenschaft insbesondere dann, wenn der 36

61 Harbauer/*Obarowski*, § 21 ARB 2010 Rn. 26.
62 Stiefel/Maier/*Stadler*, AKB G.7.1 Rn. 21; Stiefel/Maier/*K. Maier*, AKB A.1.2 Rn. 146.
63 BGH NJW 1983, 1492.
64 BGH VersR 1992, 437; Hentschel/König/*König*, § 7 StVG Rn. 14a.

VN nicht zugleich Eigentümer ist, z.B. bei **Leasing, Vorbehaltskauf oder kreditfinanziertem Erwerb mit Sicherungsübereignung.** Soweit der VN in diesen Fällen kraft seiner Haltereigenschaft wegen der Substanzverletzung am Fahrzeug Ersatzleistung vom Schädiger verlangen kann, stellt die Aufführung der zusätzlichen Eigenschaft »Halter« in § 21 Abs. 1 den notwendigen Versicherungsschutz her.

c) Mieter eines Selbstfahrer-Vermietfahrzeuges

37 Die Eigenschaft als »Mieter jedes von ihm als Selbstfahrer-Vermietfahrzeug **zum vorübergehenden Gebrauch** gemieteten Motorfahrzeuges« ist mit den ARB 94 in den Bedingungstext aufgenommen worden, um eine bis dahin bestehende Deckungslücke zu schließen.[65] Keine Relevanz hat der **Grund der Anmietung.**

▶ **Beispiel:**

- Anmietung eines Ersatzfahrzeuges nach Verkehrsunfall
- Nicht unfallbedingte Anmietung eines Kraftfahrzeugs
- Anmietung eines Wohnmobils für die Urlaubsreise
- **Carsharingfahrzeug** zur geteilten, i.d.R. kurzfristigen Nutzung durch mehrere Personen aufgrund selbstständiger Reservierung[66]

Nicht versichert ist eine Anmietung zum **Dauergebrauch**, ebenso – aufgrund des eindeutigen Wortlauts – das Entleihen von einer mit dem VN **befreundeten oder verwandten Person**, da insoweit der Aspekt des gewerbsmäßigen Vermietens fehlt.[67]

d) Fahrer

38 § 21 Abs. 1 S. 1 erwähnt zwar den VN als **Fahrer** nicht ausdrücklich. Nach Abs. 1 S. 2 erstreckt sich aber der Versicherungsschutz auf den **berechtigten Fahrer**; dazu zählt regelmäßig der VN für auf ihn selbst zugelassene oder auf seinen Namen mit einem Versicherungskennzeichen versehenen Fahrzeug. Den Versicherungsschutz für **fremde Fahrzeuge** stellt § 21 Abs. 7 sicher.

▶ **Beispiele:**

- Geltendmachung des Personenschadens nach einem Unfall
- Verteidigung wegen des Vorwurfes einer Verkehrszuwiderhandlung (Geschwindigkeitsverstöße, Rotlichtverstöße etc.)

Der **Begriff des Fahrens** ist für die ARB **weiter** als im straßenverkehrsrechtlichen Sinn auszulegen, da auch Schutz für den Fahrer bestehen muss, der ein nicht betriebsfähiges Fahrzeug nach den genauen Anweisungen des Halters **schiebt**, obgleich dieser nach

65 Eine Anmietung auf Dauer ist nicht vom Versicherungsschutz umfasst: Buschbell/Hering/*Hering*, § 11 Rn. 9.

66 Rechtsgrundlagen: Gesetz zur Bevorrechtigung des Carsharing (CsgG) vom 05.07.2017, zuletzt geändert am 12.07.2021; Rahmenvereinbarung zwischen Carsharing-Organisation und Carsharing-Nutzer.

67 Buschbell/Hering/*Hering*, § 11 Rn. 9.

der verkehrsrechtlichen Rechtsprechung kein Fahrer im Sinne von § 18 StVG ist.[68] »**Fahren**« ist daher jede Tätigkeit, die eine natürliche Person als Lenker eines Fahrzeuges im Zusammenhang mit einer durchzuführenden oder durchgeführten Fahrt zumindest dem äußeren Anschein nach vornimmt und die in seinen Aufgabenbereich als Kraftfahrer fällt.[69] Als Lenker wird man auch Personen ansehen müssen, die beim **automatisierten und autonomen Fahren** lediglich die Kontrolle des Fahrzeugs übernehmen ohne den Lenkvorgang im eigentlichen Sinn auszuführen. Fahrer sind auch der **Fahrschüler** (bei Übungs- und Prüfungsfahrten) und der **Fahrlehrer** (Begleitung eines Fahrschülers auf dem Motorrad).[70] Erfasst werden neben dem willentlichen Inbetriebsetzen, Lenken, Anhalten und Abstellen grundsätzlich auch **Vorbereitungshandlungen** (z.B. Öffnen der Garage), kurze **Fahrtunterbrechungen** (z.B. Tanken, Kontrolle und Kleinreparatur bei Betriebsstörungen) und Vorgänge, die mit der **Beendigung der Fahrt** noch eng zusammenhängen (z.B. Schließen der Garage, Sichern oder Entladen des Fahrzeuges).

e) Insasse

Versicherungsschutz besteht auch dann, wenn der VN als **Insasse** des auf ihn zugelassenen oder auf seinen Namen mit einem Versicherungskennzeichen versehenen Fahrzeuges betroffen ist. Nach dem Zweck der Regelung deckt sich der Begriff des Insassen mit dem der Allgemeinen Bedingungen für die Kraftfahrtversicherung (A.4.2.4 AKB 2015).[71] **Insasse** ist somit, wer mit dem Fahrzeug befördert wird ohne jedoch Fahrer zu sein oder sich zu diesem Zweck im Fahrzeug aufhält oder im Begriff ist, ein- oder auszusteigen.[72] 39

▶ **Beispiele:**

- Verkehrsunfall während der Fahrt als Beifahrer (z.B. als Begleitperson eines 17jährigen oder im Rahmen eines Arbeitsverhältnisses zur Ablösung des Fahrers) oder sonstiger Insasse
- Ein- oder Auswinken des Fahrers bei Grundstücksausfahrten.

Die Insasseneigenschaft ist z.B. dann nicht mehr gegeben, wenn sich der VN als Insasse nach dem **Abstellen des Fahrzeugs** und dem Schließen der Fahrzeugtüre hin zur **Autobahnraststätte** begibt, um dem Fahrer ein Getränk zu besorgen oder wenn der Insasse sodann die Straße überquert oder ein Geschäft aufsucht. Der enge Begriff des Aussteigens ist hier beendet, da bereits der Übergang in den Bereich der Eigenschaft »Fußgänger« stattgefunden hat. Wenn sich jedoch ein Unfall nach dem Aussteigen und dem Umrunden des Fahrzeugs mit dem Ziel des **Überquerens der Fahrbahn** hin zum gegenüberliegenden Gehweg ereignet, wird man im Falle eines inneren zeitlichen und ursäch- 40

68 BGH NJW 1977, 1056.

69 H/E/K/*Kreuter-Lange*, 25. Kap. Kfz-Haftpflichtversicherung, Rn. 33; Harbauer/*Obarowski*, § 21 ARB 2010 Rn. 33, 36.

70 H/E/K/*Kreuter-Lange*, 25. Kap. Kfz-Haftpflichtversicherung Rn. 33.

71 Ebenso Harbauer/*Obarowski*, § 21 ARB 2010 Rn. 38.

72 Stiefel/Maier/*K. Maier*, AKB A.4.2.4 Rn. 63, 65.

lichen Zusammenhangs des Unfalls noch begrifflich von der Insasseneigenschaft ausgehen können.[73]

4. Mitversicherte Personen

41 Neben dem VN sind **berechtigte Fahrer** und **berechtigte Insassen** der versicherten Fahrzeuge mitversichert. Zur Auslegung der Eigenschaften »Fahrer« und »Insasse« gelten die gleichen Grundsätze wie beim VN selbst, s. soeben. **Berechtigt** ist ein Fahrer oder Insasse im Sinne von Abs. 1 Satz 2 dann, wenn dieser das Fahrzeug mit **ausdrücklicher oder stillschweigender Zustimmung**, jedenfalls nicht ohne oder gar gegen den Willen des Verfügungsberechtigten lenkt oder dieser dort mitfährt,[74] (z.B. durch Erschleichen aufgrund einer List, durch Gewalt oder Drohung). An einer solchen Mitversicherung von **Schwarzfahrten** kann der VN kein Interesse haben. Für die Frage, ob ein Fahrer berechtigt ist, kommt es nicht auf das Vorliegen der erforderlichen und gültigen Fahrerlaubnis an. Das Nichtvorliegen einer solchen Fahrerlaubnis stellt eine Risikoerhöhung dar, die nach Abs. 8 als Obliegenheit geahndet, wo hingegen die Voraussetzungen der primären Risikobegrenzung nach Abs. 1 zunächst gegeben sind.[75]

42 Der **Lebenspartner** und die **Kinder** des VN sind als Fahrer und Insasse der **Fahrzeuge des VN** – wie jeder andere berechtigte Fahrer oder Insasse – versichert, **nicht hingegen** als Fahrer oder Insasse **fremder Fahrzeuge**. Hat ein berechtigter Fahrer das Fahrzeug des VN beschädigt und dieses im eigenen Namen zur **Reparatur** in die Werkstatt gebracht, besteht für eine vertragliche Streitigkeit mit der Werkstatt kein Versicherungsschutz, weil insoweit nicht mehr die Fahrereigenschaft betroffen ist.[76]

43 Eine weitere Mitversicherung im Verkehrs-Rechtsschutz ergibt sich aus § 15 Abs. 1 Satz 2. Danach sind neben dem VN und den berechtigten Fahrern und Insassen weitere natürliche Personen (Dritte) mitversichert, wenn diesen aufgrund **Verletzung oder Tötung des VN** kraft Gesetzes Ansprüche zustehen. Gemeint sind insbesondere Ansprüche nach §§ 844, 845 BGB für **mittelbar Geschädigte.**

▶ **Beispiele:**

- Der VN wurde bei einem Unfall tödlich verletzt. Sein Sohn ist Erbe und will vom Schädiger die **Beerdigungskosten** nach § 844 Abs. 1 BGB ersetzt haben.
- Der mitversicherte Insasse wurde tödlich verletzt. Seine Ehefrau macht gegen den Unfallgegner **entgangenen Unterhalt** gem. § 844 Abs. 2 BGB geltend.

---

73 Ebenso Stiefel/Maier/*K. Maier*, AKB A.4.2.4 Rn. 65; Harbauer/*Obarowski*, § 21 ARB 2010 Rn. 39.

74 BGH VersR 1983, 233.

75 S.u. § 21 Rdn. 99 ff.

76 AG München ZfS 1987, 49; H/E/K/*Kreuter-Lange*, 25. Kap. Kfz-Haftpflichtversicherung Rn. 39.

5. Mehrfachversicherung/Subsidiarität

Die Mitversicherung berechtigter Fahrer und Insassen führt dazu, dass bei einem Versicherungsfall nicht selten eine **Mehrfachversicherung** vorliegt. 44

▶ **Beispiele:**

- Der berechtigte Fahrer des versicherten Fahrzeuges hat einen eigenen Verkehrs-Rechtsschutz und könnte auch dort Deckung in Anspruch nehmen.
- Der VN ist als berechtigter Fahrer eines fremden Fahrzeuges betroffen (im eigenen Vertrag versichert nach Abs. 7 lit. a)). Der Eigentümer des Fahrzeugs hat einen Verkehrs-Rechtsschutz, über den der VN mitversichert ist.

Gem. § 78 VVG kann der Berechtigte in diesen Fällen von jedem Versicherer die Leistung verlangen, allerdings insgesamt nicht mehr als den Betrag des Schadens und nur in dem jeweils vereinbarten Leistungsumfang. So ist z.B. das Vorhandensein oder die Höhe einer Selbstbeteiligung zu berücksichtigen. Zur Vereinfachung der Abwicklung regeln die Versicherer den **Gesamtschuldnerausgleich nach § 78 Abs. 2 VVG** auf der Grundlage eines **Teilungsabkommens.** Dieses sieht vor, dass die Schadenabwicklung von dem Versicherer vorgenommen wird, der zuerst eine Deckungszusage abgegeben hat. Geregelt ist dort auch der Fall, dass Versicherungsverträge mit und ohne oder mit unterschiedlichen Selbstbeteiligungen zusammentreffen, wobei sich die Berechnungsweise am Sinn des § 78 VVG orientiert.

▶ **Beispiel:**

Versicherer A – keine Selbstbeteiligung 45
Versicherer B – 150,00 € Selbstbeteiligung
Schaden = 2.000,00 €

extern:	A trägt	2.000,00 €		
	B trägt	1.850,00 €		
intern:	**A trägt**	½ von 1.850,00 €	=	925,00 €
		+ 1/1 von 150,00 €	=	150,00 €
				1.075,00 €
	B trägt	½ von 1.850,00 €	=	**925,00 €**
				2.000,00 €

Haftet ein Versicherer nur subsidiär aufgrund einer **Subsidiaritätsklausel**, greift § 78 Abs. 2 VVG nicht ein. 46

▶ **Beispiel:**

VN genießt über eine Kreditkarte in Verbindung mit einem Gruppenvertrag[77] Verkehrs-Rechtsschutz. Nach dem Gruppenvertrag soll der Versicherer aber nur

77 Dazu EuGH VersR 2022, 1372; *Werber* VersR 2025, 457; *Armbrüster* EuZW 2022, 953.

dann haften, wenn für den Versicherten kein eigener Verkehrs-Rechtsschutz besteht, über den dieser seinen Schadenfall abwickeln kann.

II. Mögliche Beschränkung auf gleichartige Fahrzeuge (Abs. 2)

47 Die **automatische Erweiterung** des Versicherungsschutzes auf **neu hinzu erworbene Fahrzeuge**, ohne dass es auf deren Art ankommt, könnte aus Sicht des VN wegen der damit verbundenen Prämienerhöhung zu unangemessenen bzw. unerwünschten Ergebnissen führen. Abs. 2 sieht daher die Möglichkeit vor, den Versicherungsschutz auf **gleichartige Fahrzeuge** zu beschränken (z.B. nur Pkw oder nur Lkw).[78] Nach § 21 Abs. 2 S. 2 werden **fünf Gruppen** von gleichartigen Fahrzeugen festgelegt: (1) Krafträder, (2) Personenkraft- und Kombiwagen, (3) Lastkraft- und sonstige Nutzfahrzeuge, (4) Omnibusse, (5) Anhänger. Von dieser Beschränkungsmöglichkeit auf eine oder mehrere Gruppen wird in der Praxis aber nur selten Gebrauch gemacht. Für den Fall, dass eine **Beschränkung des Versicherungsschutzes** auf eine oder mehrere Gruppen von Motorfahrzeugen **nach Absatz 2** erfolgt ist, hat der VN als Fahrer eines fremden Fahrzeugs nach Abs. 7 gleichwohl Versicherungsschutz, auch wenn es sich um ein Fahrzeug handelt, das nicht zu einer der ausgewählten Gruppen gehört.

C. Rein objektbezogener Verkehrs-Rechtsschutz, sog. Fahrzeug-RS (Abs. 3)

48 Neben dem »normalen« Verkehrs-Rechtsschutz nach Abs. 1 (personenbezogener Verkehrs-Rechtsschutz) ermöglicht Abs. 3 einen rein **objektbezogenen Verkehrs-Rechtsschutz**, sog. **Fahrzeug-Rechtsschutz**, bei dem der Schutz sich auf ein bestimmtes, in der Police genau bezeichnetes Fahrzeug bezieht, ohne dass dieses auf den VN zugelassen oder auf seinen Namen mit einem Versicherungskennzeichen versehen ist. Auf diese Weise integriert der Versicherer in den §§ 21 ff. ein alternatives Rechtsschutzangebot, welches in den ARB 75 noch als eigenständiger § 22 gesondert behandelt wurde. Wesentlicher Grund für die Strukturänderung war die in den ARB 94 entstandene Notwendigkeit, einen Paragraphen »frei zu machen«, um für den früheren Familien-Rechtsschutz (§ 25 ARB 75) gesonderte Produkte für Private und Selbstständige anbieten zu können (§§ 23, 25 ARB 94).

49 Die Übersichtlichkeit des § 21 hat durch die Zusammenlegung von personen- und objektbezogenem Verkehrs-RS im § 21 etwas gelitten. Ein mit Fahrzeug-Rechtsschutz Versicherter wird sich z.B. fragen, welche Absätze des § 21 für ihn gelten. Auch die Wichtigkeit der Folgefahrzeugregelung in Abs. 10 wird sich ihm erst bei sorgfältiger Lektüre erschließen. Hinzuweisen ist auf die sog. **Vorsorgeversicherung**, wonach im Fall des Erwerbs eines Fahrzeugs bei Bestehen eines Fahrer-Rechtsschutzes nach § 22 Abs. 4 ARB 2010 **automatisch** eine **Vertragsumwandlung** in einen **fahrzeugbezogenen** Verkehrs-Rechtsschutz nach § 21 Abs. 3 ARB 2010 erfolgt.[79]

---

78 Höra/Schubach/*Lensing*, § 27 Rd. 217.

79 S. näher u. § 22 ARB 2010 Rdn. 14.

Kennzeichnend für den Fahrzeug-Rechtsschutz ist das fehlende Erfordernis der Zulassung oder eines erteilten Versicherungskennzeichens auf den VN; vielmehr erfolgt hier die **Festschreibung** des Versicherungsschutzes **auf bestimmte Fahrzeuge** (also **kein** sog. **»atmender« Rechtsschutz**, s.o. Rdn. 31). Das amtliche Kennzeichen der Fahrzeuge ist im Versicherungsschein anzugeben.[80] Der VN muss nicht Eigentümer des Fahrzeuges sein. Es können über den Fahrzeug-Rechtsschutz neben **Motorfahrzeugen zu Lande** sowie **Anhängern** auch **Wasser- oder Luftfahrzeuge** versichert werden. Ein Fahrzeug-Rechtsschutz kommt also dann in Betracht, wenn 50
- nur ein bestimmtes Fahrzeug versichert werden soll,
- auch ein Wasser- oder Luftfahrzeug versichert werden soll,
- Eigentümer und Halter nicht identisch sind.[81]

I. Versicherbare Fahrzeuge

Neben **Motorfahrzeugen zu Lande** und **Anhängern** können nach Abs. 3 **auch Motorfahrzeuge zu Wasser und in der Luft** versichert werden. Die Art der Nutzung (z.B. private Motoryacht, gewerblicher Fischkutter) ist ebenso wenig beachtlich wie deren Größe (z.B. Einsitzer-Ultraleichtflugzeug, viersitzige Cessna) oder die Art der Anbringung des Motors (z.B. fest verbauter Motor, angehängter Außenbordmotor). Aufgrund der unterschiedlichen Risiken sehen die Tarife der Versicherer hierfür differenzierte Beitragsgruppen vor. 51

Wann es sich bei einem **Wasserfahrzeug** um ein Motorfahrzeug handelt, beurteilt sich nach der Zweckbestimmung und der Verkehrsanschauung. Hiernach ist unzweifelhaft, dass ein **Segelboot** mit Hilfsmotor in erster Linie zum Segeln genutzt wird und nicht bestimmungsgemäß durch einen Motor angetrieben wird. Je größer Schiff und Motor werden, desto schwieriger wird die Abgrenzung. Normalerweise ist diese unproblematisch, wenn der Tarif des Versicherers für Abs. 3 entsprechende Positionen vorsieht und der VN hiervon Gebrauch macht. Die Abgrenzungsfrage kann aber z.B. im Rahmen des § 23 Abs. 4 akut werden, wenn der VN kein Verkehrsprodukt versichert hat. 52

Motorfahrzeuge in der **Luft** sind von Motoren angetriebene Luftfahrzeuge, wie etwa Flugzeuge, Hubschrauber oder Luftschiffe. Darauf, ob ein Pilot an Bord ist oder durch einen Fernpiloten gesteuert wird, kommt es nicht an, weshalb auch unbemannte Luftfahrzeugsysteme wie beispielsweise **Drohnen** (UAS = Unmanned Aircraft System)[82] aufgrund eines Motors als Antriebsquelle Luft-Motorfahrzeuge darstellen. Mit der 53

80 Höra/Schubach/*Lensing*, § 27 Rd 223.

81 Buschbell/Hering/*Hering*, § 11 Rn. 19.

82 Verordnung (EU) 2019/947 der Kommission vom 24.05.2019 über die Vorschriften und Verfahren für den Betrieb unbemannter Luftfahrzeuge, ABl. L 152 vom 11.06.2019, 1, zuletzt geändert durch die Durchführungsverordnung (EU) 2024/1110 der Kommission vom 10.04.2024, ABl. L vom 23.05.2024; Gesetz zur Anpassung nationaler Regelungen an die Durchführungsverordnung (EU) 2019/947 der Kommission vom 24.05.2019 über die Vorschriften und Verfahren für den Betrieb der unbemannten Luftfahrt.

EU-Durchführungsverordnung (U-Space-DVO)[83] wurden in 2021 grundlegende Strukturen für Lufträume definiert. Der Betrieb von UAS-Luftfahrzeugen ist nur mit Unterstützung von U-Space-Diensten zur Nutzung von U-Space-Lufträumen im bodennahen Bereich zulässig und möglich, um einen sicheren und effizienten Zugang für eine große Zahl von Drohnen zu ermöglichen. In Rede stehende UAS im Bereich der zivilen Nutzung sind **Liefer- und Transportdrohnen**, **Flugtaxis**, **Aufklärungs- und Unterstützungsdrohnen** bei Katastrophen- und Notfalleinsätzen sowie zur Brandbekämpfung, **Servicedrohnen** zur Begutachtung verunfallter Fahrzeuge, Servicedrohnen zur Schadensermittlung bei Hochhausfassaden oder bei Hausdächern etc.[84]

54 Hingegen fallen **Segelflieger**, **Freiballone** oder **Drachenflieger** nicht unter den Begriff des Motorfahrzeugs in der Luft, auch wenn sie einen Motor mitführen, da sich dieser regelmäßig nicht zum regulären Antrieb an Bord befindet, vielmehr lediglich Hilfsmotor ist.

II. Versicherte Eigenschaften

55 Im Rahmen des Abs. 3 spielt die Rechtsbeziehung des VN zum Fahrzeug keine Rolle. Versicherungsschutz bekommt derjenige, der als Eigentümer oder Halter des versicherten Fahrzeuges betroffen ist. Neben diesem **objektbezogenen Rechtsschutz** enthält der Vertrag aber **auch personenbezogene Elemente**, denn auch beim Fahrzeug-Rechtsschutz ist der VN als Mieter eines von ihm als Selbstfahrer-Vermietfahrzeug zum vorübergehenden Gebrauch gemieteten Motorfahrzeuges versichert, desgleichen als Verkehrsteilnehmer in den nach Abs. 7 beschriebenen Eigenschaften.

D. Versicherte Leistungsarten (Abs. 4)

56 Abs. 4 listet die **Leistungsarten** auf, die durch das Produkt Verkehrs-Rechtsschutz versichert sind. Sie werden oben unter § 2 ARB 2010 näher erläutert. Betrachtet man die Beschreibung dieser Leistungsarten, die ja überwiegend auch im Nichtverkehrsbereich versicherbar sind, in Korrelation zu den nach § 21 versicherten Eigenschaften, tritt die Bedeutung dieser Eigenschaften erst richtig hervor. Zuweilen werden erst hier die Grenzfragen erkennbar.

I. Schadenersatz-Rechtsschutz

1. Eigenschaft als Eigentümer

a) Allgemeines

57 Die Geltendmachung von Schadenersatzansprüchen im Sinne des § 2 lit. a) nach Beschädigung des versicherten Fahrzeuges durch einen Verkehrsunfall ist eine der klassischen Fallgestaltungen im Verkehrs-Rechtsschutz, die der Eigenschaft als **Eigentümer**

---

83 Durchführungsverordnung (EU) 2021/664 der Kommission vom 22.04.2021 über einen Rechtsrahmen für den U-Space, ABl. L 139 vom 23.04.2021, 161.

84 Zur Zukunft des Einsatzes von Drohnen *Giemulla* NZV 2026, 49.

zuzurechnen ist. Der Versicherungsnehmer ist in seiner Eigenschaft als Eigentümer betroffen, wenn durch das Schadenereignis das Eigentum am Fahrzeug verletzt wird. Versichert ist die Durchsetzung aller Ansprüche, die auf Ersatz des **Sachschadens** sowie des **Sachfolgeschadens** gerichtet sind. Dazu gehören z.B. auch die Aufwendungen für ein **Sachverständigengutachten**, die der Rechtsschutzversicherer im außergerichtlichen Bereich nach § 5 nicht zu übernehmen hat. Das gleiche gilt für die zur Rechtsdurchsetzung außergerichtlich aufgewandten Anwaltskosten. Ein sich hieraus ergebender Erstattungsanspruch geht gem. § 17 Abs. 8 auf den Versicherer über. Versichert sind auch **reine Vermögensschäden**,[85] die unter den Schadensersatzbegriff im Sinne von §§ 21 Abs. 4, 2 lit. a. ARB 2010 fallen.

Eine »Geltendmachung von Schadenersatzansprüchen« setzt »ungeachtet einer erfolgversprechenden Rechtsverfolgung« schon vom Begriff her voraus, dass der **Schädiger bekannt** ist und diesem gegenüber entsprechende Forderungen gestellt werden können; noch kein Versicherungsschutz besteht daher, solange der Unfallgegner nach einem Verkehrsunfall unbekannt geblieben ist (z.B. bei **Fahrerflucht**) und der Anwalt mit der Ermittlung des Unbekannten beauftragt wird.[86] Der Anwalt kann dann zwar quasi fiktiv Schadenersatzansprüche prüfen, geltend machen kann er sie aber ohne Identifizierung des Schädigers noch nicht. 58

b) Abgas-Skandal

Seit dem offiziellen Bekanntwerden der Abgasmanipulationen im September 2015 59 durch verschiedene Pkw- und Motorenhersteller hat die juristische Aufarbeitung des Abgas-Skandals VN und Rechtsanwälte, Rechtsschutzversicherer, Gutachter und Gerichte in einem bis dahin ungeahnten Ausmaß beschäftigt. Bei diesem sog. **Abgas-Skandal** geht es im hier zu behandelnden Zusammenhang um die Frage, ob und wie weit eine vereinbarte **Rechtsschutz-Versicherung** zur Geltendmachung der Rechte des VN, insbes. von Schadensersatzansprüchen gegen Hersteller, die unzulässige Veränderungen an der Motorsoftware (**Thermofenster**) vorgenommen hatten, **Versicherungsschutz gewährt.**[87]

Nach GDV-Angaben handelt es sich schon jetzt um den **teuersten Schaden** in der 60 Geschichte der deutschen Rechtsschutzversicherer.[88] Nach Verbandsangaben mit Stand vom 31.10.2023 ergibt sich zum Abgas-Skandal folgender Zwischenstand: 426.000 VN haben ihren Rechtsschutzversicherer in Anspruch genommen; der Gesamtstreitwert aller über Rechtsschutzversicherer in Deutschland abgewickelte Abgas-Skandal-

85 Grüneberg/*Grüneberg*, Vor § 29 Rn. 9 f.

86 P/M/*Piontek*, § 21 ARB 2010 Rn. 9; AG Düsseldorf, Urt. vom 17.02.2005, 47 C 15041/04; AG Köln r+s 1993, 263; kritisch *G. Bauer* NJW 1994, 1443, 1444.

87 Kurzüberblick zur materiell-rechtlichen Situation bei Grüneberg/Sprau § 826 Rn. 20 ff. m.w.N. Zum Abgas-Skandal s.a. P/M/*Piontek*, § 1 ARB Rn. 16b, § 21 ARB Rn. 9, 10, 15; Harbauer/*Obarowski*, § 21 ARB 2010 Rn. 64, 80 ff.

88 https://www.gdv.de/gdv/medien/medieninformationen/abschlusszahlen-zum-diesel-skandal-streitwert-bei-10–8-milliarden-euro-162788 (Abruf 25.08.2025).

Rechtsschutzfälle beläuft sich auf 10,95 Mrd. EUR; der durchschnittliche Streitwert pro Fall beträgt 26.100 EUR. Die von den Rechtsschutzversicherern zu tragenden und aufgelaufenen Gesamtkosten betragen 1,52 Mrd. EUR, wozu insbesondere Anwalts-, Gerichts- und Gutachterkosten zählen; 47,5 % der Klagen waren nicht und lediglich 10,4 % waren vollumfänglich erfolgreich.[89] Neben den staatlichen Gerichtsverfahren gibt es zumindest zwei bekannt gewordene **Musterfeststellungsklagen (MFK)**, eine gegen den Pkw-Hersteller VW mit 240.000 beteiligten Kunden und eine weitere gegen die Daimler AG mit 2.800 Beteiligten. Unter der Leitung der früheren Bundesjustizministerin Brigitte Zypries wurde darüber hinaus eigens für Restverfahren aus den VW-MFK ein Ombudsmann-Verfahren eingerichtet.[90] Aufgrund der hohen Verfahrenszahlen, die auch den BGH erreichen, wurde beim BGH mit Wirkung ab 01.08.2021 ein VIa-Hilfssenat eingerichtet[91] und auch beim Ombudsmann/-frau für Versicherungen wurde zeitweise eine große Zahl von Beschwerden von VN bearbeitet.[92]

61 Die Antwort auf die aufgeworfene Frage einer **Rechtsschutzdeckung** hängt entscheidend von der konkreten Textfassung der vereinbarten ARB ab, da die hier behandelten unverbindlichen Musterbedingungen des GDV längst nicht überall in der Versicherungspraxis Anwendung finden, vielmehr zum Teil deutlich abgeänderte Fassungen verbreitet sind. Erster **Ansatzpunkt** für die **Prüfung** eines **Versicherungsschutzes** zur Interessenwahrnehmung in den Fällen des Abgas-Skandals sind nach den GDV-Bedingungen die Vorschriften § 21, § 22, §§ 26 – 28 ARB 2010.[93] Aufgrund der Ausschlusstatbestände der §§ 23 Abs. 4, 24 Abs. 3 und 25 Abs. 4 ARB 2010 scheidet ein Versicherungsschutz für die Vertragsformen nach §§ 23 – 25 ARB 2010 regelmäßig aus, es sei denn, diese wurden vertragsindividuell hinzugebucht. Nach den ARB 2012/2019/2021 ist vor allem der Baustein Verkehrs-Rechtsschutz (Vk), Ziff. 2.1.1, heranzuziehen. Bei den einzelnen Vertragsformen kann es Abweichungen zu den zu § 21 ARB 2010 gemachten Ausführungen geben, weshalb die Kommentierung zur anderen Vertragsform ebenfalls heranzuziehen ist. So ist beispielsweise bei der Vertragsform nach § 26 eine Fahrzeug-Zulassung nicht erforderlich.[94] Heranzuziehen ist wichtige Rechtsprechung, die auch zu anderen Klauseln ergangen ist. Mitzudenken ist auch das zu erwartende **Regulierungsverhalten** des Versicherers. Die Lösungsansätze zur vorstehenden Fragestellung sind unter den Gerichten der verschiedenen Instanzen unterschiedlich; die Rechtsprechung des BGH zielt auf eine Befriedung der Rechtslage.

---

89 GDV Medieninformationen vom 22.06.2023 und 19.12.2023.

90 A. *Sievers* DAR 2020, 494, 498 f.; *ders.* DAR 2021, 532, 534; *ders.* DAR 2024, 496, 498.

91 Pressemitteilung des BGH vom 22.07.2021 zum Beschluss des Präsidiums des BGH vom 21.07.2021, https://www.bundesgerichtshof.de/SharedDocs/Pressemitteilungen/DE/2021/2021141.html (Abruf 09.08.2024); die hiergegen erhobene Verfassungsbeschwerde wegen Verstoß gegen den gesetzlichen Richter wurde vom BVerfG mit Beschluss vom 29.04.2025, 2 BvR 1440/23 nicht angenommen.

92 S. Jahresberichte unter www.versicherungsombudsmann.de.

93 *Schaltke* NJW 2016, 3126, 3127.

94 S.u. § 26 Rdn. 25.

Das OLG Hamm[95] hatte die Frage des Deckungsschutzes in einem Fall mit folgender auszugsweise wiedergegebenen Verkehrs-Rechtsschutz-Versicherungsbedingung zu entscheiden: »*§ 25 (1) Versicherungsschutz besteht für den VN sowie dessen Ehepartner oder [...] in ihrer Eigenschaft als Eigentümer, Halter, Fahrer und Insassen aller auf diese Personen zugelassenen Pkw, [...]. Der Versicherungsschutz umfasst a) Schadensersatz-Rechtsschutz (§ ...), b) Rechtsschutz im Vertrags- und Sachenrecht (§ ...), [...].*« Das OLG hat den Deckungsschutz abgelehnt, da im Zeitpunkt des Erwerbs des Fahrzeugs (Eintritt des Versicherungsfalles) noch **keine** straßenverkehrsrechtliche **Zulassung** für das Fahrzeugs vorlag. Für den durchschnittlichen VN sei aber jedenfalls erkennbar, dass Versicherungsschutz aus der Sicht eines Versicherers erst mit Zulassung des Fahrzeugs gewollt sei.[96] 62

Schneider[97] verweist hingegen auf eine größere Zahl von OLG- und untergerichtliche Entscheidungen[98] hin, wonach keines der dort genannten Judikate den **Deckungsanspruch** mangels Fahrzeug-Zulassung **ablehnte** und deshalb – soweit dies thematisiert wurde – schon den **bloßen Erwerbsvorgang ohne Zulassung** für den Versicherungsschutz als ausreichend ansah. 63

In einem zweiten, anders gelagerten Fall **bejahte** derselbe Senat des OLG Hamm[99] den **Versicherungsschutz** unter Verweis auf **§ 305c Abs. 2 BGB** zugunsten des VN. Die ARB-Klausel sah allerdings gegenüber dem vorerwähnten Fall zusätzlich eine Erweiterung der Deckung auf Fahrzeuge vor, die während der Vertragsdauer auf den VN zugelassen werden, ergänzt um eine sog. Vorsorgeversicherung,[100] welche sich auf nach Versicherungsvertragsabschluss hinzukommende Fahrzeuge ab der Zulassung bis zum Ende des Versicherungsjahres bezog und die sich auch »*auf Rechtsschutzfälle, die im Zusammenhang mit dem Vertrag über den Erwerb stehen*« erstreckte. **Mangels Präzisierung**, ob hier schon der **Erwerb** des Fahrzeugs oder erst die **erfolgte Zulassung** ausreichend sei, gingen die Zweifel bei der Auslegung zu Lasten des Versicherers. 64

Dieser zweiten Entscheidung des OLG Hamm inhaltlich widersprechend hat sodann das OLG Schleswig[101] und ihm folgend das OLG Celle[102] entschieden, dass die **ARB-Klauseln nicht unklar** seien, vielmehr ein durchschnittlicher VN erkennen könne, dass ein Versicherer **Rechtsschutzdeckung erst mit erfolgter Zulassung** des Fahrzeugs gewähren wolle. Die verwendete VRB 1994-Klauseln lauteten auszugsweise: »*§ 21 (2)* 65

95 NJW-RR 2024, 34 = VersR 2023, 1287.
96 Ebenso P/M/*Piontek*, § 21 ARB 2010 Rn. 9 unter Verweis auf OLG Hamm VersR 2023, 1287, 1288.
97 *K. Schneider* NJW 2024, 2156 (2157).
98 *K. Schneider* a.a.O. 2158 f.
99 NJW-RR 2024, 92 = VersR 2023, 1290; ebenso LG Bonn im Fall identischer ARB-Klauseln, Urt. vom 05.09.2023, 10 O 75/23, Beck-online Rn. 16.
100 LG Hannover (Urt. vom 17.10.2023, 2 O 19/23, Beck-online Rn. 16) bejahte auch ohne vereinbarte Vorsorgeversicherungsklausel bei im Übrigen identischen ARB-Klauseln einen Versicherungsschutz zugunsten des VN.
101 r+s 2024, 623 = VersR 2024, 1137 = MDR 2024, 983.
102 Beschluss vom 06.02.2024, 11 U 93/23 (n.v.).

S. 1 Ferner besteht Versicherungsschutz hinsichtlich aller später während der Vertragsdauer auf ihn zugelassenen Fahrzeuge der im Versicherungsschein genannten Gruppe. (8) S. 1 Die Vorsorgeversicherung wird wirksam, wenn sich nach Vertragsabschluss die Gesamtzahl der auf den VN zugelassenen Fahrzeuge der Gruppe eines im Versicherungsschein genannten Fahrzeugs erhöht. […] S. 4 Wird ein Fahrzeug hinzuerworben, das in die Gruppe eines versicherten Fahrzeugs fällt, so besteht Versicherungsschutz auch für Rechtsschutzfälle, die im Zusammenhang mit dem Vertrag über den Erwerb stehen. § 23 (3) S. 4 Versicherungsschutz besteht auch für Rechtsschutzfälle, die im Zusammenhang mit dem Vertrag über den Erwerb dieses Fahrzeugs stehen.«[103] Ein Deckungsanspruch ergebe sich auch nicht aus der sog. **Vorsorgeklausel**, da sich diese nicht auf den Fall eines Erwerbs von Ersatzfahrzeugen, sondern allenfalls auf den Fall der Erhöhung des Fahrzeugbestandes beziehe.

66 **Anderer Auffassung** waren zuvor schon LG München I,[104] LG Landau[105] und OLG Hamm,[106] die jeweils Versicherungsschutz gewährten, obgleich das erst erworbene Fahrzeug noch nicht zugelassen war. Nach deren Auslegung sei unklar, ob die **Zulassung wirklich** eine **Voraussetzung** für den Versicherungsschutz wäre, da Absatz 2 auch so verstanden werden könne, dass das **Fahrzeug erworben** und dann nur **während** (also irgendwann im Laufe) **der Vertragsdauer zugelassen** werden müsse. OLG und die Landgerichte haben sich insoweit gem. **§ 305c Abs. 2 BGB** auf die zu Lasten des Versicherers gehende Unklarheit berufen.[107]

67 Den vorbeschriebenen Entscheidungen von OLG Schleswig und OLG Celle ist der BGH jüngst mit seiner Revisionsentscheidung[108] zu OLG Schleswig entgegengetreten, in dem er einen **Versicherungsschutz bejahte**,[109] da die vom Versicherer verwendete **Klausel unklar** ist und **Zweifel** der Auslegung **gem. § 305c Abs. 2 BGB nicht zu Lasten des VN** gehen.[110] Der BGH hält im konkreten Fall **zwei objektive Auslegungsvarianten** für möglich, die jeweils vertretbar sind: (1) Den zugrundeliegenden Klauseln der §§ 21 Abs. 2 und 8 sowie 23 Abs. 3 S. 4 VRB 1994 lässt sich nicht eindeutig entnehmen, dass »der Versicherer die versprochene Deckung auch im Fall eines Ersatzfahrzeugs auf Rechtsschutzfälle **aus Ereignissen begrenzen will**, die dem VN als Eigentümer, Halter, Fahrer oder Insasse eines auf in **zugelassenen Fahrzeugs** widerfahren«. (2) Ebenso möglich ist aber auch die Auslegung, wonach für die Situation der »Anschaffung eines Ersatzfahrzeugs der Deckungsschutz ebenfalls Fälle erfasst, die ihn in seiner Eigenschaft als Erwerber eines in der Folge **erst noch zuzulassenden Fahrzeugs** betreffen.«[111]

---

103 Zitiert nach BGH r+s 2025, 1128 f.

104 Urt. v. 27.03.2024, 23 O 2579/23, BeckRS 2024, 8913.

105 Urt. v. 25.04.2024, 4 O 364/22, BeckRS 2024, 12334.

106 NJW-RR 2024, 92 = VersR 2023, 1290.

107 S.a. *Horacek/Krämer* r+s 2025, 198, 199.

108 Vom 15.10.2025, IV ZR 86/24, r+s 2025, 1128 = VersR 2025, 1450 = NJW 2026, 60.

109 So schon vermutend *Horacek/Nieland* r+s 2024, 1029, 1032.

110 Zustimmend *Pilz* r+s 2025, 1128, 1135.

111 BGH r+s 2025, 1128, 1132.

Der Argumentation des BGH ist zuzustimmen, dass die Klauseln unklar sind und mehrere objektive Auslegungen zulassen.[112] Abrundend ist anzumerken, dass der BGH somit nicht auf die von einzelnen Gerichten aufgeworfene Frage eingehen musste, ob **durch ein früheres weites Regulierungsverhalten** der Versicherer, das im Lichte des Abgas-Skandals nun zunehmend einengt wird,[113] eine **Treuwidrigkeit nach § 242 BGB** vorliegt. Entschieden wurde allerdings die Fragestellung, dass der Versicherer aufgrund geänderter Rechtsprechung mangels Pflichtverletzung nicht für eine Deckungsablehnung haftet.[114] 68

Nach den unverbindlichen **ARB-Musterbedingungen des GDV** wird § 21 Abs. 1 S. 1 z.T. so verstanden, dass der VN Eigentümer oder Halter und ferner das Fahrzeug auf den VN zugelassen geworden sein muss, um Versicherungsschutz zu erhalten.[115] Hingegen gewährt § 21 Abs. 6 dem VN, der Eigentümer, Halter oder Mieter ist, unter den genannten Voraussetzungen Versicherungsschutz, auch wenn das Motorfahrzeug zu Lande oder der Anhänger (noch) nicht auf ihn zugelassen oder mit einem Versicherungskennzeichen versehen ist. Für versicherte Fahrzeuge, die an die Stelle des bisher versicherten Fahrzeugs treten, erstreckt sich nach § 21 Abs. 10 der Versicherungsschutz im Vertrags- und Sachenrecht auch auf den Erwerbsvertrag, gleich ob der Erwerb erfolgt oder nur beabsichtigt ist, ohne dass es auf eine Zulassung ankommt.[116] Für die Fälle des Abgas-Skandals besteht somit gegenüber der Altregelung des § 21 ARB 1975[117] weitgehender Versicherungsschutz. 69

Die Flut an Gerichtsentscheidungen ist nahezu unüberschaubar.[118]. Die erwähnten Fälle zeigen allerdings, dass es für die Frage eines Versicherungsschutzes zur Geltendmachung von Schadensersatzansprüchen maßgeblich auf die konkret vereinbarte ARB-Klausel und deren Wortlaut ankommt. Es ist die vornehmste Aufgabe und auch Pflicht der Versicherer, im Sinne der VN und der Versichertengemeinschaft, nicht zuletzt aber auch im eigenen Interesse für möglichst klare Regelungen in den Versicherungsbedingungen zu sorgen, um dem immer häufiger gezogenen **scharfen Schwert des § 305c Abs. 2 BGB** nicht ausgesetzt zu sein. Dabei sind auch die zugrunde liegenden 70

112 Ebenso *Pilz* a.a.O., 1135.

113 S. *Caba/Huth*, Redaktion beck-aktuell, becklink 2035946.

114 BGH r+s 2025, 1128, 1134.

115 P/M/*Piontek*, § 21 Rn. 9, 10 unter Bezugnahme auf OLG Hamm VersR 2023, 1287, 1288 (s.a. oben Rdn. 61); allerdings Bezugnahme auf § 305c Abs. 2 BGB im Fall des OLG Hamm VersR 2023, 1290 zu anderen ARB (s.a. oben Rdn. 62).

116 So auch Harbauer/*Obarowski*, § 21 ARB 2010 Rn. 60, 81, 83.

117 Die Frage des Versicherungsschutzes war hier strittig, s. Harbauer/*Stahl*, (8. Aufl.) § 21 ARB 1975 Rn. 23 ff.

118 S. die laufenden Berichte von A. Sievers insbesondere auch zu höchstrichterlicher Rechtsprechung (EuGH, BGH): DAR 2025, 493; DAR 2024, 496; DAR 2023, 528; DAR 2022, 526; DAR 2021, 669 und 532; DAR 2020, 494; DAR 2019, 489; DAR 2018, 534; DAR 2017, 538; DAR 2016, 543.

praktischen Abläufe von Erwerb und Zulassungsverfahren noch stärker mitzudenken[119] und notfalls auch Risikoausschlüsse stärker in den Fokus rücken.

71 Eine Ablehnung des Versicherungsschutzes wegen **mutwilliger Interessenwahrnehmung** in den Abgas-Skandal-Fällen wurde von der Rechtsprechung[120] bejaht, wenn eine Beweisaufnahme ein Mehrfaches des angestrebten Ausgangs des Verfahrens kosten würde und der Ausgang des Verfahrens ungewiss wäre. Zum **Zeitpunkt der** Beurteilung der **Erfolgsaussichten** hat der BGH entschieden, dass es zwar grundsätzlich auf den »Zeitpunkt der Bewilligungsreife des Deckungsgesuchs« (Entscheidungszeitpunkt des Rechtsschutzversicherers) ankommt.[121] Erfolgt aber noch im Verfahren auf Deckungsschutz danach eine Klärung durch den EuGH, so ist der Zeitpunkt des Schlusses der letzten mündlichen Verhandlung vor dem Berufungsgericht maßgeblich.[122]

c) Grenzfälle

72 Anders als in der Kraftfahrzeugversicherung (A.2.1 AKB) wird das **Fahrzeugzubehör** in § 21 nicht ausdrücklich erwähnt. Aufgrund der zweckdienenden Funktion von Kfz-Zubehörteilen (§ 97 BGB) wird ein durchschnittlicher VN aber davon ausgehen, dass der Versicherer keinen anderen Leistungsumfang gewollt hat, als die auch einem juristischen Laien geläufige Mitversicherung von Fahrzeugteilen und Fahrzeugzubehör nach A.2.1.1, A.2.1.2 und A.2.1.3 AKB.[123] Wäre etwas anderes gewollt, hätte dies der Versicherer durch den Bedingungstext deutlich machen müssen. Damit erstreckt sich der Versicherungsschutz auch auf Fahrzeugzubehör. Analog A.2.1.4 AKB besteht allerdings keine Deckung für Gegenstände, die nicht ausschließlich dem Gebrauch des Fahrzeuges dienen (z.B. **Handys, mobile Navigationsgeräte**[124], **Reisegepäck**).

73 Kein Versicherungsschutz besteht mangels Betroffenheit der Eigentümereigenschaft, wenn eine mitgeführte **Ladung** beschädigt wird, was insbesondere beim gewerblichen Transport von Gütern relevant werden kann.[125] Wenn hier die Schäden an den Transportgütern durch den Gebrauch des Fahrzeugs verursacht wurden, kann der Versicherungsschutz dennoch nicht bejaht werden, da eindeutig **kein sachlicher Zusammenhang** mit dem Eigentum am Fahrzeug besteht. Auch eine Parallelwertung gemäß dem Leistungsumfang der Kraftfahrtversicherung würde den VN zu keinem anderen Ergebnis führen, da A.1.5.5 AKB die Beschädigung von beförderten Sachen ausdrücklich von der Deckung ausnimmt. Es fehlt jeweils der konkrete Bezug zur Sache, die ver-

119 Praktisch liegt in nahezu allen Fällen die Zulassung zeitlich nach dem Eigentumserwerb und trotz Digitalisierung kann es je nach Region bis zu 10 Werktage dauern, um eine Zulassung nach erfolgtem Erwerb zu erhalten, sodass sich die Frage nach einem wirksamen Deckungskonzept stellt.

120 OLG Hamm r+s 2021, 687 = VersR 2022, 159; LG Dortmund r+s 2022, 84.

121 BGH r+s 2024, 812 = 2024, 1068.

122 BGH r+s 2025, 209, 211.

123 Vgl. hierzu H/E/K/*Janowsky*, Kaskoversicherung, Rn. 29 ff.

124 LG Hannover VersR 2007, 100.

125 Harbauer/*Obarowski*, § 21 ARB 2010 Rn. 66; a.A. *Vasse* DB-Beilage 8/1970, S. 23, 24 zu den ARB 69.

sichert sein soll. Eine andere Auslegung würde auch zu einer vom VN nicht erwarteten Verkürzung des Versicherungsschutzes in Rechtsschutzformen für andere Lebensbereiche führen. Hat beispielsweise der Eigentümer einer gewerblichen Ladung den **Firmen-Rechtsschutz** (§ 24) versichert, so besteht dort Deckung über den Schadenersatz-Rechtsschutz. Er muss nicht damit rechnen, dass sich der Versicherer auf die Risikoabgrenzung nach § 24 Abs. 3 berufen kann.

Da sich der Schadenersatzanspruch des VN wegen Beschädigung des Fahrzeugs auch auf **Folgeschäden** erstrecken kann, gehört auch der **Verdienstausfall** zur versicherten Eigentümereigenschaft, wenn dieser auf einem Ausfall des beschädigten oder zerstörten Fahrzeugs beruht.[126] Relevant wird dies insbesondere bei **gewerblicher Nutzung des Fahrzeugs.** Korrespondierend damit bestünde nach § 24 Abs. 3 kein Versicherungsschutz. 74

2. Eigenschaft als Halter

Für den Halter des versicherten Fahrzeugs kommt in erster Linie **Sachfolgeschaden** in Form **entgangener Nutzung** (z.B. Kosten der Anmietung eines Ersatzfahrzeuges) als deckungsfähiger Schadensersatz in Betracht. Allerdings kann der Halter in Fällen der Drittschadensliquidation auch den **Fahrzeugsubstanzschaden** selbst geltend machen, ohne Eigentümer zu sein. Damit können auch die Fälle Leasing, Vorbehaltskauf und Sicherungsübereignung über § 21 gelöst werden, wo der VN **nur »wirtschaftlicher« Eigentümer** des betroffenen Fahrzeuges ist. 75

3. Eigenschaft als Insasse/Fahrer

Die Eigenschaften Insasse oder Fahrer sind dann betroffen, wenn es um den Ersatz des **personenbezogenen** Schadens geht. 76

> **Beispiele:**
>
> **Schmerzensgeld, Heilungskosten, Haushaltsführungsschaden,** Kleidung, Brille etc.

Gedeckt ist auch ein etwaiger Schaden wegen **Verdienstausfall**, der gerade bei Selbstständigen recht hoch ausfallen kann. Auch wenn diese Schadensposition den Lebensbereich der selbstständigen Tätigkeit des Betroffenen berührt, wäre eine Teilablehnung des Versicherungsschutzes fehlerhaft, denn § 21 stellt ganz formal auf die versicherten Eigenschaften ab. Ob ein versicherter Insasse oder Fahrer Privatperson oder Gewerbetreibender ist, wurde bei der Leistungsbeschreibung unberücksichtigt gelassen.

4. Eigenschaft als Fahrgast, Fußgänger oder Radfahrer

Ist der VN in seiner Eigenschaft als **Fahrgast** (Fahrtteilnehmer in fremdem privatem oder öffentlichem Verkehrsmittel), **Fußgänger** (Verkehrsteilnehmer, der sich zu Fuß 77

126 Harbauer/*Obarowski*, § 21 ARB 2010 Rn. 67, 68.

von einem an einen anderen Ort bewegt[127]) oder **Radfahrer** (Personen, die ein Fahrzeug mit mindestens zwei Rädern durch Muskelkraft mit Hilfe von Pedalen oder Handkurbeln antreiben[128]) aufgrund der Teilnahme am öffentlichen Verkehr durch einen Schadensfall betroffen, besteht für ihn Versicherungsschutz für die Geltendmachung von Schadensersatzansprüchen. Voraussetzung ist allerdings ein **sachlicher Zusammenhang** zwischen Eigenschaft und Schadensereignis.

II. Rechtsschutz im Vertrags- und Sachenrecht

1. Allgemeines

78 Die Leistungsart nach § 2 lit. d) ARB 2010 stellt einen **Auffangtatbestand** dar und greift nur ein, wenn ein Versicherungsschutz nicht schon in § 2 lit. a) oder b) oder c) enthalten ist.[129] Erfasst werden **vertragliche und gesetzliche Schuldverhältnisse**, aber auch **dingliche Rechte**. Streitigkeiten aus vertraglichen Schuldverhältnissen betreffen in erster Linie den Eigentümer, Halter oder Mieter und sind sehr vielfältig:

▶ **Beispiele:**

- Streit aus dem Kauf oder Verkauf eines Fahrzeugs
- Streit aus Reparatur- oder Wartungsvertrag
- Streit mit dem Versicherer für Kfz-Haftpflicht, Kasko und Verkehrsservice
- Streit aus einem zweckgebundenen Finanzierungsvertrag
- Streit aus Mietvertrag (Mietwagen nach Verkehrsunfall)

79 Im Fall von Streitigkeiten über ein erworbenes aber noch nicht zugelassenes **Ersatzfahrzeug**, das mangelbehaftet ist, ist zwischen personenbezogenem (Abs. 6) und fahrzeugbezogenem (Abs. 10) Verkehrsrechtsschutz zu differenziert:[130] Im erstgenannten Fall besteht Versicherungsschutz nach §§ 21, 2 lit. d), auch wenn das Fahrzeug im Zeitpunkt des Versicherungsfalls noch nicht zugelassen ist. Bei fahrzeugbezogenem Rechtsschutz ist Deckung bei Streitigkeiten über durchgeführte oder auch nur beabsichtigte, aber gescheiterte Erwerbsvorgänge für Folgefahrzeuge gegeben.

2. Grenzfälle

80 Auch bei einem Streit mit der **Allgemeinen Unfallversicherung** kommt Versicherungsschutz über § 21 in Betracht. Hat die unfallversicherte Person den Unfall als Fahrer oder Insasse erlitten, so ist sie primär in dieser Eigenschaft betroffen mit der Folge, dass die rechtliche Auseinandersetzung dem **Verkehrsbereich** zuzuordnen ist und Deckung

---

127 BVerwG NVwZ-RR 2015, 771; zu weiteren Fällen Hentschel/König/*König*, Straßenverkehrsrecht, 48. Aufl., § 25 StVO Rn. 12; s.a. generell zur Stellung des Fußgängers im Straßenverkehr (Opfer oder Täter) *Müller/Rudolph* NZV 2025, 32 und *Packmohr* NZV 2025, 291.

128 § 63a Abs. 1 StVZO; Inline-Skater fallen nicht darunter, OLG Nürnberg BeckRS 2010, 11296.

129 L/Pa/*Looschelders*, § 2 ARB 2010 Rdn. 59.

130 S. dazu Harbauer/*Obarowski*, § 21 ARB 2010 Rn. 80 f., 83.; s.a. oben § 21 Rdn. 69.

über **Fahrzeug-Rechtsschutz** besteht[131]. Ein anderes Verständnis würde sich dem VN aus dem Wortlaut der Bedingungsregelung nicht erschließen. Allerdings muss dann konsequenterweise beim **Privat-Rechtsschutz** der Versicherungsschutz verneint werden, wenn der VN als Fahrer eines Kfz den Unfall erlitten hat, weil dort die Interessenwahrnehmung als Fahrer (nicht hingegen als Insasse) von Motorfahrzeugen vom Versicherungsschutz ausgeschlossen ist.

Soll der beauftragte **Rechtsanwalt**, der ein Verkehrsmandat fehlerhaft bearbeitet hat, auf **Schadenersatz** in Anspruch genommen werden, stellt sich die Frage, ob der Streit aus dem Anwaltsvertrag noch die verkehrsbezogene Eigenschaft betrifft (Eigentümer, Fahrer etc.). Eine solche Ausdehnung dürfte zu weit gehen, da hier nicht mehr der Verkehrsvorgang das auslösende Element ist, vielmehr erst danach ein Vertrag geschlossen wird, aus dem dann später ein behaupteter Fehler des Anwalts (z.B. unterlassenes Verhindern der Verjährung) den Rechtsschutzfall auslöst.[132] Aus diesem Grund ist auch ein Streit mit einem **Arzt oder Krankenhaus** wegen fehlerhafter Behandlung nicht dem § 21 zuzuordnen, auch wenn die Behandlung aufgrund eines Verkehrsunfalles erfolgte. 81

Beschränkt sich der Streit mit dem **Anwalt** auf die Berechtigung seiner Gebührenforderung (Anfall oder Höhe einer Gebühr), hat der Versicherer Rechtsschutz für die **Abwehr der Gebührenforderung** zu geben. Dies ergibt sich allerdings nicht aus einem neuen Versicherungsfall, sondern im Rahmen der Abwicklung des Verkehrsmandats aus der **Freistellungsverpflichtung** nach § 5.[133] 82

III. Steuer-Rechtsschutz vor Gerichten

Die Leistungsart nach § 2 lit. e) ist nach den Musterbedingungen ein Gerichts-Rechtsschutz, der im Verkehrsbereich im Wesentlichen die **Kfz-Steuer** nach §§ 1, 7 Kraftfahrzeugsteuergesetz (KraftStG) betrifft. Abgaberechtliche Auseinandersetzungen sind im Verkehrsbereich eher selten. Praktisch relevant sind z.B. **Mautgebühren**, allerdings ist hier die Beschränkung des Versicherungsschutzes auf **deutsche Gerichte** zu beachten. Geht es um **Steuer oder Zoll** für die **Einfuhr von Waren** aus Drittlandgebieten, betrifft dies denjenigen, der bei der Abfertigung anmeldepflichtig ist und nicht speziell den Eigentümer, Halter oder Fahrer des Transportfahrzeuges, es sei denn es geht um das Fahrzeug selbst. Ein »**erhöhtes Beförderungsentgelt**« nach den Tarifbestimmungen eines Verkehrsunternehmens ist keine Abgabe und damit kein Fall, der unter die Leistungsart fällt. Zuständig sind die ordentlichen Gerichte. **Steuerstraftaten und Steuerordnungswidrigkeiten** nach der Abgabenordnung unterfallen nicht der Deckung 83

---

131 H.M.: OLG Koblenz VersR 1999, 1487 = NVersZ 1999, 492; AG Weilheim VersR 1996, 1364 = r+s 1996, 64 = ZfS 1996, 151; P/M/*Piontek*, § 21 ARB 2010 Rn. 11; Harbauer/*Obarowski*, § 21 ARB 2010 Rn. 76; *Mathy* NVersZ 2001, 433, 440; a.A. *Böhme*, § 21 ARB 75 Rn. 19k; *Matzen* VersR 1980, 805.

132 A.A. Harbauer/*Stahl, (8. Aufl.)* § 21 ARB 2000 Rn. 87.

133 Hierzu *R. Wendt* MDR 2010, 1168, 1170 unter Hinweis auf BGH NJW 2002, 2382 (dort II. 3).

nach § 2 lit. e), vielmehr der Leistungsart Straf-Rechtsschutz (§ 2 lit. i)) und Ordnungswidrigkeiten-Rechtsschutz (§ 2 lit. j)).

IV. Verwaltungs-Rechtsschutz in Verkehrssachen

84 Es wird Versicherungsschutz im Falle von **verkehrsrechtlichen Verwaltungsverfahren**, seien es **behördliche** oder **gerichtliche** Verfahren, gewährt.[134] **Nicht erfasst** werden Angelegenheiten, die zwar Bezug zum Straßenverkehr haben, jedoch primär andere Regelungsziele haben und nicht die Sicherheit und Ordnung des Straßenverkehrs sicherstellen sollen.[135] Beispiele sind das Tiertransportrecht[136] oder die Abwrackregelung für Altfahrzeuge.[137] **Ausgeschlossen** sind auch Ordnungswidrigkeiten- und Verwaltungsverfahren betreffend **Halt- und Parkverstößen**, § 3 Abs. 4 lit. lit. e) ARB 2010. Der VN ist als **Fahrer eigener und fremder Fahrzeuge** versichert. Die in dieser Eigenschaft begangenen Verkehrsverstöße können ein Verwaltungsverfahren zur **Entziehung der Fahrerlaubnis** nach § 3 StVG auslösen. In der Praxis ist dies der wichtigste Anwendungsfall für die Leistungsart Verwaltungs-Rechtsschutz in Verkehrssachen.

85 Der **lediglich mitversicherte** berechtigte **Fahrer** eines auf den VN zugelassenen Fahrzeugs hat aber mangels Erstreckung der Mitversicherung keinen Versicherungsschutz, wenn ihm wegen eines Verkehrsverstoßes beim Führen dieses Fahrzeugs aufgrund eines entsprechenden Verwaltungsverfahrens die Fahrerlaubnis entzogen wird,[138] da die Verwaltungsmaßnahme nicht an das jeweilige konkrete Fahren eines – versicherten – Fahrzeuges anknüpft, vielmehr wird die Gesamtpersönlichkeit des Fahrers vor dem Hintergrund aller, auch früherer, Verkehrsverstöße wegen mangelnder Eignung beurteilt. Die Kosten für eine gegen den VN angeordnete Teilnahme an einem **Verkehrsunterricht** sind nicht erstattungsfähig.[139] Weitere Fälle, die durch die Leistungsart gedeckt sind (**Einschränkung** bzw. **Wiedererlangung der Fahrerlaubnis**, **Anordnung von Verkehrsunterricht**, **Fahrtenbuchauflage**[140] nach § 31a StVZO etc.) werden zu § 2 lit. g) im Einzelnen erläutert (§ 2 Rdn. 90 ff.).

V. Straf- und Ordnungswidrigkeiten-Rechtsschutz

1. Allgemeines

86 In den verkehrsbezogenen Vertragsformen der ARB 75 wurde der Straf- und Ordnungswidrigkeiten-Rechtsschutz auf **»verkehrsrechtliche« Vorschriften** beschränkt. Dies hatte letztlich nur klarstellenden Charakter, denn verkehrsrechtliche Vorschriften sind alle diejenigen, gegen die der VN speziell und vorwiegend in seiner Eigenschaft als Eigen-

134 S. *Hering* SVR 2006, 165.
135 L/Pa/*Looschelders*, § 2 Rdn. 90.
136 LG München r+s 1999, 29 (zum österreichischen Tiertransportgesetz).
137 L/W/*Obarowski*, Bd.4 Rechtsschutz Rn. 88.
138 AG Berlin-Charlottenburg, Urt. vom 13.05.1981, 2 C 180/81.
139 AG Buxtehude ZfS 1985, 275; ebenso P/M/*Piontek*, § 21 ARB 2010 Rn. 14.
140 AG Düsseldorf ZfS 1985, 211; P/M/*Piontek*, § 21 ARB 2010 Rn. 12; L/W/*Obarowski*, Bd. 4 Rechtsschutz Rn. 87.

tümer, Halter, Besitzer oder Fahrer eines Fahrzeuges verstößt. Die ARB 94 ff. verzichteten daher in den Vertragsformen auf den Begriff »verkehrsrechtliche Vorschriften«, jedoch taucht er in der vorgezogenen Beschreibung der Leistungsarten in § 2 lit. i) auf, weil die verkehrsrechtlichen Vorschriften und die sonstigen Vergehen unterschiedlich behandelt werden.

2. Erfasste verkehrsrechtliche Normen

Welche **Straftatbestände** zu den verkehrsrechtlichen Vorschriften zu zählen sind, ist grundsätzlich unproblematisch. Klassische Beispiele sind die §§ 142, 315, 315a, 315d, 316 StGB und §§ 21, 22 StVG. Gelegentlich sind sie von den sogenannten **verkehrswirtschaftlichen** Regelungen zu unterscheiden, die mehr an wirtschaftliche, sozialpolitische oder gewerberechtliche Aspekte anknüpfen (z.B. Arbeitszeitordnung, Güterkraftverkehrsgesetz).[141] Häufig ist hier ein Unternehmer angesprochen, der dieses nicht verkehrsrechtliche Risiko über den Firmen-Rechtsschutz absichern kann. Verstöße gegen § 6 Pflichtversicherungsgesetz haben verkehrsrechtlichen Bezug und sind daher nach § 2 lit. i) aa) zu beurteilen (nur Verurteilung wegen vorsätzlichem Vorgehen lässt den Versicherungsschutz entfallen). Das gleiche wird für den Vorwurf der Urkundenfälschung bei Tachoscheibenmanipulation (§ 22b StVG) zu gelten haben, da hier zumindest auch ein verkehrsrechtlicher Bezug gegeben ist. 87

Auch andere, für sich gesehen **nicht verkehrsrechtliche Vorschriften**, sind nach herrschender Meinung nach § 2 lit. i) aa) zu beurteilen, wenn sie in **Tateinheit** mit einem Verkehrsdelikt stehen. Dabei muss das Gewicht des Verkehrsverstoßes aber im Vordergrund stehen, was z.B. in den Fällen der Nötigung durch dichtes Auffahren der Fall ist.[142] Eine etwaige Beleidigung erfolgte dagegen nur gelegentlich der Teilnahme am Verkehr, so dass § 2 lit. i) bb) einschlägig ist, wonach wegen des Charakters als Vorsatzdelikt kein Versicherungsschutz gegeben ist. 88

Im Bereich der **Ordnungswidrigkeiten** werden insbesondere alle nach § 24 StVG zu ahndenden Verkehrsverstöße erfasst. Eine der für die meisten Verkehrsteilnehmer schmerzhafteste Ordnungswidrigkeiten-Sanktion stellt das straßenverkehrsrechtliche **Fahrverbot** nach § 25 Abs. 1 StVG dar.[143] In §§ 26a StVG, 4 Abs. 1 und 2 BKatV sind Regelfälle einer Verhängung beschrieben. Ähnlich wie im strafrechtlichen Bereich ist eine Abgrenzung von Vorschriften erforderlich, die nicht der Sicherheit und Ordnung des Straßenverkehrs zu dienen bestimmt sind (s.o. Rdn. 84). Dies gilt z.B. für ein **Tiertransportgesetz** oder für Vorschriften aus dem Bereich der **Abfallbeseitigung** oder des **Immissionsschutzes**. Ein lediglich zufälliger Zusammenhang mit der Eigenschaft als Fahrer begründet noch keinen Versicherungsschutz. Einen Grenzfall stellen 89

141 Hierzu ausführlich *Böhme*, § 4 ARB 75 Rn. 64.

142 LG Karlsruhe r+s 1993, 66; AG Düsseldorf r+s 1991, 344; *Buschbell* ZfS 2006, 605, 609; vgl. aber andererseits AG Heidelberg r+s 1977, 69 (Nötigung eines Fußgängers durch Befahren des Gehwegs: keine Eintrittspflicht).

143 Zu Entwicklungen des straßenverkehrsrechtlichen Fahrverbots *Deutscher* NZV 2026, 57; *ders.* NZV 2025, 106; *ders.* NZV 2024, 57; *ders.* NZV 2023, 97.

Verkehrsverbote in **Umweltzonen** dar. Gegen die Annahme einer verkehrsrechtlichen Vorschrift spräche die Tatsache, dass Umweltzonen im Vollzug eines Luftreinhalte- und Aktionsplanes auf Grundlage des § 40 Abs. 1 Satz 1 BImSchG eingerichtet werden. Andererseits werden Umweltzonen mittels Verkehrszeichen gekennzeichnet, welche von Verkehrsteilnehmern zu beachten sind. Ein durchschnittlicher VN wird angesichts dieser Besonderheit bei den Verkehrsverboten nach Anlage 2 (zu § 41 Abs. 1 StVO) lfd. Nr. 44 Zeichen 270.1 von verkehrsrechtlichen Vorschriften ausgehen können. Auch **Lenkzeitverstöße** im gewerblichen Güterverkehr[144], die den Fahrer und den Halter betreffen können, sind gedeckt.

3. Besonderheiten beim Versicherungsfall

90 Der Versicherungsschutz setzt voraus, dass gegen den VN in einem eingeleiteten Verfahren der Vorwurf der Verletzung einer strafrechtlichen Vorschrift gemacht wird. Das gleiche gilt für den Ordnungswidrigkeiten-Rechtsschutz. »Verteidigungsmaßnahmen« vor der Erhebung eines Vorwurfs, wie z.B. eine **vorsorgliche Verteidigungsschrift** oder das Begehren auf **Akteneinsicht** mit gleichzeitigem Antrag auf Einstellung eines evtl. **Ermittlungsverfahrens**, stehen deshalb noch nicht unter Versicherungsschutz.[145] Wird der VN von der Polizei lediglich informatorisch gehört oder als Zeuge vernommen, so liegt noch kein Schuldvorwurf vor. Selbst eine **Einstellungsmitteilung** der Behörde ist noch kein sicheres Indiz dafür, dass tatsächlich gegen den VN ermittelt wurde, da es sich um die Reaktion auf eine vorsorgliche Verteidigungsschrift handeln kann. **Eingeleitet** ist ein **Verfahren** nur dann, wenn der VN als Beschuldigter vernommen wird oder wenn ihm Gelegenheit gegeben wurde, sich zu einer konkreten Beschuldigung zu äußern.

91 Einen Sonderfall stellen **Halteranzeigen** gegen juristische Personen im Zusammenhang mit Verkehrsordnungswidrigkeiten – z.B. einer Geschwindigkeitsüberschreitung – dar. Zwar spricht die Zusendung eines Anhörungsbogens an die Firma bei vordergründiger Betrachtung für das Vorliegen eines Vorwurfs. Auch einem Laien ist aber klar, dass eine juristische Person keine Geschwindigkeitsübertretung begehen kann und die Zusendung des Anhörungsbogens tatsächlich nur zum Zweck der **Ermittlung des Fahrers** erfolgt. Eine anwaltliche Tätigkeit in diesem Zusammenhang ist daher mangels Schuldvorwurf nicht vom Versicherer zu ersetzen.[146] Hieran ändert es nichts, dass dem Unternehmen je nach seinem weiteren Verhalten eine **Fahrtenbuchauflage** droht.

---

144 Hierzu Buschbell/Höke/*Mielchen*, MüAnwHb Straßenverkehrsrecht (5. Aufl.) § 54 Rn. 64 ff.

145 AG Viechtach r+s 2003, 238 = VersR 2003, 589 = AGS 2003, 379 m. Anm. *Schneider;* AG Düsseldorf r+s 1989, 292; AG Rheinberg ZfS 1986, 180; AG Siegen ZfS 1985, 18; AG Hannover r+s 2003, 110; AG Hannover ZfS 1985, 367; AG Geldern ZfS 1985, 113; AG Köln ZfS 1985, 50; AG Recklinghausen ZfS 1984, 110.

146 AG Düsseldorf, Urt. vom 15. November 2006, 44 C 10060/06; AG Regensburg, Urt. vom 22. Juli 2003, 5 C 1349/03; AG Landau r+s 2002, 203 m. Anm. *Kurzka* = AGS 2003, 89 m. Anm. *Schneider; Enders* JurBüro 1996, 346.

E. Ausschluss des Rechtsschutzes im Vertrags- und Sachenrecht (Abs. 5)

Abs. 5 ermöglicht es den Vertragsparteien, den Rechtsschutz im Vertrags- und Sachenrecht **abzuwählen.** Die Regelung trägt der Tatsache Rechnung, dass die Leistungsart in manchen Segmenten sehr kostenträchtig ist (z.B. gewerbliche Vermietung bestimmter Wasser- oder Luftfahrzeuge). Durch die Abwahlmöglichkeit können Risiko und Beitrag gesteuert werden. Mit einer Abwahl des Rechtsschutzes im Vertrags- und Sachenrecht nach Abs. 5 entfällt auch der Anwendungsbereich für die sonst mitversicherten **Erwerbsvorgänge** nach § 21 Abs. 6 und Abs. 10 S. 2 ARB 2010.[147] 92

F. Erwerbsverträge ohne anschließende Zulassung (Abs. 6)

Da der Versicherungsschutz nach Abs. 1 im Grundsatz erst mit der **Fahrzeugzulassung** einsetzt, kann es bei **Erwerbsvorgängen**, die scheitern und daher eine Zulassung nicht erfolgt, zu **unerwünschten Regelungslücken** kommen. Diese sollen durch Abs. 6 geschlossen werden. Die Zulassung des Fahrzeugs zum Zeitpunkt des Versicherungsfalls (§ 4 Abs. 1 lit. c.) ist bei Erwerbsverträgen nicht Voraussetzung; ausreichend ist, wenn der Erwerber Eigentümer, und dies **nicht nur zu** einem **vorübergehenden Gebrauch** geworden ist.[148] Zu den Fällen des **Abgas-Skandals** s.o. Rdn. 59 ff. 93

▶ **Beispiel:**

> Der VN erwirbt einen Pkw per Internet und meint ein Schnäppchen gemacht zu haben. Er war davon ausgegangen, das Fahrzeug noch einige Jahre fahren zu können. Noch bevor es zur Zulassung kommt, stellt er aber fest, dass ihm ein gravierender Unfallschaden verschwiegen wurde. Der Verkäufer verweigert die Rückabwicklung.

Obwohl der Versicherer für dieses Fahrzeug mangels Zulassung keinen Beitrag bekommen wird, soll der VN nach Abs. 6 Versicherungsschutz erhalten, weil er das Fahrzeug – **dauerhaft** – auf sich zulassen wollte. Wäre dagegen nur ein Durchgangserwerb beabsichtigt gewesen, wie dies oft bei Gelegenheitshändlern vorkommt, bestünde kein Rechtsschutz. Dann war nämlich im Sinne von Abs. 6 »ein Erwerb zum nur **vorübergehenden Eigengebrauch**« bezweckt.

G. Fahrer-, Fahrgast-, Fußgänger-und Radfahrer-Rechtsschutz für den VN (Abs. 7)

Abs. 7 erweitert den Versicherungsschutz für den VN auf seine Teilnahme am öffentlichen Verkehr[149] auch in seiner Eigenschaft als Fahrer eines jeden Fahrzeugs, als Fahrgast, Fußgänger und Radfahrer, lit. a) bis d). Der Rechtsschutz im Vertrags- und Sachenrecht ist allerdings ausgeschlossen. 94

147 Ebenso Harbauer/*Obarowski*, § 21 ARB 2010 Rn. 108.

148 Harbauer/*Obarowski*, § 21 ARB 2010 Rn. 110.

149 Zur Kasuistik s. Hentschel/König/*König*, § 1 StVO Rn. 15 f.

I. Eigenschaft als Fahrer

95 Über den Fahrer-Rechtsschutz nach Abs. 7 lit. a) genießt der VN für »jedes« Fahrzeug, also **keine Beschränkung auf Motorfahrzeuge zu Lande**, Versicherungsschutz, wenn er als **Fahrer eines fremden Fahrzeuges** von einem Versicherungsfall betroffen ist. **Fremd** bedeutet, dass der Fahrer weder Eigentümer noch Halter, d.h. das Fahrzeug ist nicht auf ihn zugelassen und auch nicht mit einem Versicherungskennzeichen auf seinen Namen ausgestellt, ist.

Beispiel:

- VN ist mit dem Firmenwagen seines Arbeitgebers zu schnell gefahren
- VN hat sich von einem Freund einen Sportwagen für eine Spritztour ausgeliehen und wird von einem anderen Fahrzeug angefahren. Er will seinen Personenschaden einklagen.

II. Weitere versicherte Eigenschaften (Fahrgast-, Fußgänger- und Radfahrer-Rechtsschutz)

96 Abs. 7 lit. b) bis d) **erweitern** den **Versicherungsschutz** um weitere Eigenschaften als **Fahrgast**, **Fußgänger** und **Radfahrer**. Der sogenannte **Fußgänger-Rechtsschutz** wurde bereits nach den ARB 75 in Form einer Klausel angeboten. Der Begriff »**Fahrgast**« (= Insasse) öffentlicher oder privater Verkehrsmittel ist weitgehend unproblematisch. Insoweit wird auf die Ausführungen zum Insassenbegriff verwiesen, Rdn. 39 f.

97 **Fußgänger** ist ein Verkehrsteilnehmer, der sich zu Fuß von einem an einen anderen Ort bewegt, § 25 StVO (s.a.o. Rdn. 77). Hier treten gelegentlich Abgrenzungsschwierigkeiten auf, wenn es z.B. um eine **sportliche Betätigung** geht (**Joggen, Skifahren** usw.). Da es sich bei einer sportlichen Betätigung nicht um normale Handlungsabläufe im Verkehr handelt, wird man nach dem Sprachgebrauch des täglichen Lebens und unter Berücksichtigung der Verkehrsauffassung für diese Betätigungen den Versicherungsschutz nicht bejahen können. Im Übrigen wird es darauf ankommen, ob der VN **zusätzlich künstliche Fortbewegungsmittel** benutzt und damit nach der Verkehrsanschauung die charakteristische Art der Bewegung zu Fuß[150] beendet. § 25 StVO spricht in fast allen Absätzen beim Fußgänger immer von einem »zu Fuß gehen«. So ist z.B. die Fortbewegung als **Inline-Skater** oder mit dem **Skateboard** keine Teilnahme am Straßenverkehr in der Fortbewegungsform eines Fußgängers, da hier gerollt und nicht gegangen wird.[151] Daran ändert sich auch durch die entsprechende Anwendung der Fußgängervorschriften für Inline-Skater gem. § 24 Abs. 1 S. 2 StVO nichts, geht es doch dort lediglich um die Zuweisung von **entsprechend anwendbaren Vorschriften**, nicht aber um eine Gleichstellung mit dem Fußgängerbegriff. Auch wird niemand das Fahren eines **Rodelschlittens**, für das dieselbe Verweisung gilt, als Fußgängerfortbewegung betrachten.[152]

---

150 BVerwG NVwZ – RR 2015, 771.

151 OLG Nürnberg, Urt. vom 30.01.2006, 8 W 197/06, BeckRS 2010, 11296.

152 S. zu weiteren Fällen Hentschel/König/*König*, § 25 Rn. 12.

»**Radfahrer**« sind Teilnehmer im öffentlichen Verkehr, die ein Fahrrad fahren. Vom Begriff des Radfahrers gedeckt ist auch, wenn einen Fahrradanhänger mitgeführt wird. Fahrrad ist ein Fahrzeug mit mindestens zwei Rädern, das grundsätzlich ausschließlich durch Muskelkraft von einer oder mehreren auf dem Fahrzeug befindlichen Personen mittels Pedalen oder Handkurbeln angetrieben wird. Als Fahrrad gilt auch, wenn ein solches Fahrzeug mit einer **elektrischen Trethilfe**, mit einer **Anfahr- oder Schiebehilfe** oder mit einem **elektromotorischen Hilfsantrieb** nach Maßgabe von § 63a Abs. 2 StVZO (max. Nenndauerleistung von 0,25 kW, progressive Verringerung und Abbrechen der Unterstützung bei Erreichen von 25 km/h oder bei Einstellen von Treten/Kurbeln) ausgerüstet ist (s.a. oben Rdn. 17). Fahrräder in diesem Sinne sind z.B. auch **Tandem-Fahrräder**, **Dreiräder** für Erwachsene. Aufgrund der deutlichen Gefahrerhöhung dürften im Normalfall sog. **6-Personen-Surrey-Räder** nicht hierzu zählen. Wer ein **Fahrrad schiebt**, ist hingegen als Fußgänger zu betrachten.[153] Am Markt werden zwischenzeitlich auch Bedingungswerke angeboten, die S-Pedelecs und andere Formen in den Versicherungsschutz mit einbeziehen. 98

H. Obliegenheitsverletzungen (Abs. 8)

In Abs. 8 werden **drei Tatbestände** statuiert, die zum Zeitpunkt des Rechtsschutzfalls **nicht vorliegen dürfen**, um den Versicherungsschutz nicht zu gefährden: 99
- Fahren **ohne vorgeschriebene Fahrerlaubnis** (sog. **Fahrerlaubnisklausel**)
- Fahren **ohne wirksame zivilrechtliche Berechtigung** (sog. **Berechtigungsklausel**)
- Fahren **ohne straßenverkehrsrechtliche Zulassung** oder **Versicherungskennzeichen** (sog. **Kennzeichenklausel**)

Irreführenderweise werden vielfach anstelle nur des ersten Tatbestands alle drei zusammen als »Führerscheinklausel« bezeichnet, obgleich der zweite und dritte Tatbestand nichts mit dem Führerschein als Nachweis des Vorliegens einer Fahrerlaubnis zu tun hat;[154] Die drei Klauseln gem. § 21 Abs. 8 S. 1 werden daher zusammen als **Obliegenheitsklausel** bezeichnet. 100

Bereits der Verstoß gegen einen der drei vorgenannten Tatbestände bzw. Klauseln aufgrund grob fahrlässigen Handelns, kann zum Wegfall des Versicherungsschutzes führen.[155] Ob es sich bei der Obliegenheitsklausel um **Risikoausschlüsse** (verhaltensunabhängig, objektiv) handelt oder um die **Sanktionierung verletzter Obliegenheiten** (kausalitäts- und verschuldensabhängig) im Sinne des § 28 VVG, ist nach den älteren Bedingungswerken nicht eindeutig zu beantworten[156]. Während der Wortlaut des § 21 Abs. 6 ARB 75 mehr für die Einstufung als Obliegenheit spricht (»von der Verpflichtung zur Leistung frei«), deutet der Wortlaut des § 21 Abs. 8 ARB 94/2000 eher auf einen Risikoausschluss hin (»besteht RS nur für diejenigen versicherten Personen, die von 101

153 Ebenso Harbauer/*Obarowski*, § 21 ARB 2010 Rn. 118.
154 Ebenso wohl H/E/K/*Heinrichs*, 34. Kap., Rn. 150.
155 P/M/*Piontek*, § 22 ARB 2010 Rn. 6.
156 Stellvertretend für viele P/M/*Armbrüster*, (27. Aufl.) § 21 ARB 75 Rn. 6.

… keine Kenntnis hatten«). Zu Recht wird nach herrschender Meinung[157] davon ausgegangen, dass es bei den älteren ARB der Sache nach um eine **»verhüllte Obliegenheit«**[158] geht. Die ARB 2008/2010 gehen jedoch bereits durch die Abfassung des Wortlauts (»Bei Verstoß gegen diese Obliegenheit …«) von einer **Obliegenheit** aus und setzen gleichzeitig die Rechtsfolgesystematik nach § 28 VVG um[159].

I. Die objektiven Tatbestände

102 Was die tatbestandlichen Voraussetzungen der einzelnen **Obliegenheitsverstöße** anbelangt, für die der Versicherer die Beweislast trägt, tauchen in der Praxis nur wenige Fragen auf, die nicht einheitlich beantwortet werden.

1. Fahren ohne Fahrerlaubnis (sog. Fahrerlaubnisklausel)

103 Der Fahrer muss bei Eintritt des Rechtsschutzfalles Inhaber der gesetzlich vorgeschriebenen Fahrerlaubnis sein, sog. Führerschein- bzw. hier **Fahrerlaubnisklausel.**[160] Wer auf **öffentlichen Straßen** ein **Kraftfahrzeug** führt, bedarf der **Fahrerlaubnis**, § 4 Abs. 1 S. 1 Fahrerlaubnisverordnung **(FeV)**. Der **Führerschein** ist die amtliche Bescheinigung, mit der das Vorliegen der erteilten Fahrerlaubnis nachgewiesen wird, § 4 Abs. 2 S. 1 FeV. Beim Führen eines Kraftfahrzeugs ist der gültige Führerschein mitzuführen und soweit erforderlich zur Prüfung auszuhändigen, § 4 Abs. 2 S. 2 FeV. Inhaber **ausländischer Fahrerlaubnisse** dürfen im Umfang ihrer Fahrerlaubnisberechtigung im Inland Kraftfahrzeuge führen, solange sie im Inland keinen Wohnsitz haben, § 29 Abs. 1 FeV; hingegen gilt grundsätzlich der Umfang der Fahrerlaubnisberechtigung für Inhaber von **EU- und EWR-Fahrerlaubnissen** auch dann, wenn sie ihren Wohnsitz im Inland haben, § 28 Abs. 1 S. 1 FeV.[161]

104 Für das Führen eines **Luftfahrzeuges** ist § 4 Luftverkehrsgesetz einschlägig. Bei **Wasserfahrzeugen** ist hinsichtlich der Fahrerlaubnisse zwischen Sport- und Berufsschifffahrt und nach Gewässern zu unterscheiden. In der **Sportschifffahrt** sind diese in der Sportbootführerschein-Verordnung, Seesportboot-Verordnung, Sportseeschifferschein-Verordnung und durch rechtliche Regelungen zu speziellen Patenten für bestimmte Gewässer niedergelegt. Für die **Berufsschifffahrt** ist aufgrund europäischen Rechts das Unionspatent nach der Binnenschifffahrtspersonal-Verordnung maßgeblich.

105 Angesichts der in der Regel klaren gesetzlichen Regelungen gibt es hierzu grundsätzlich keine Beweisschwierigkeiten. Die **Beweislast** des Versicherers kann aber z.B. bei

157 S. z.B. Harbauer/*Obarowski*, § 21 ARB 2010 Rn. 119 f.

158 Näher *Schirmer* r+s 1999, 1, 8f.; *Burmann* ZfS 1999, 91; kritisch aber *Felsch* r+s 2015, 53; *Wandt* VersR 2015, 265.

159 Buschbell/Hering/*Buschbell*, § 9 Rn. 44 zu Obliegenheiten vor Eintritt des Rechtschutzfalls bei verkehrsbezogenen Risiken.

160 Zu den Änderungen der FeV: *Ternig* ZfS 2013, 9 ff.

161 S.a. *Koehl* NZV 2015, 7.

ausländischen Fahrerlaubnissen[162] eine Rolle spielen oder in Sonderfällen, wenn der VN z.B. behauptet, nicht er, sondern ein anderer Fahrzeuginsasse habe das Fahrzeug gelenkt. Im Falle des Verlusts der Fahrerlaubnis, etwa bei Beschlagnahme des Führerscheins durch die Polizei gem. §§ 21 Abs. 2 StVG i.V.m. § 94 StPO oder aufgrund vorläufiger Entziehung der Fahrerlaubnis durch Gerichtsbeschluss gem. § 111a StPO, entfällt das nach § 21 Abs. 7 lit. a) versicherte Risiko.[163]

Der Fahrer hat **keine Fahrerlaubnis mehr**, wenn 106
(1) er seine Fahrerlaubnis **zurückgegeben** hat,[164] was jedoch eine ausdrückliche Verzichtserklärung voraussetzt,[165] oder
(2) eine **Führerscheinbeschlagnahme** gem. § 21 Abs. 2 StVG i.V.m. § 94 StPO wegen eines Verkehrsverstoßes erfolgt ist,[166] oder
(3) eine **vorläufige Fahrerlaubnisentziehung** gem. § 111a StPO vom Gericht ausgesprochen wurde,[167] oder
(4) eine **endgültige Fahrerlaubnisentziehung** nach § 69 Abs. 1 StGB verhängt wurde.

Im letztgenannten Fall **lebt** die Fahrerlaubnis jedoch mit Ablauf der Sperrfrist gem. 107
§ 69a StGB **nicht wieder auf, vielmehr erlischt** diese nach § 69 Abs. 3 StGB mit der Rechtskraft des Urteils und macht, soweit gewünscht, eine **Neuerteilung** der Fahrerlaubnis gem. § 20 Abs. 1 FeV **erforderlich.**[168]

Einen **Sonderfall** stellt die Verhängung eines **befristeten Fahrverbots** nach § 44 StGB 108
oder § 25 StVG dar. Es ist **streitig**, ob auch in diesen Fällen die Führerscheinklausel verletzt ist. Die **überwiegende Literatur**[169] bejaht dies unter Hinweis darauf, dass ein Fahrverbot zumindest in der praktischen Auswirkung einer befristeten Fahrerlaubnisentziehung gleichkommt und der Schutzzweck der Klausel eine Anwendung gebiete. Dieser Auffassung **kann** jedoch **nicht gefolgt werden**, da sie schon mit dem Wortlaut der Bestimmung nicht vereinbar ist. § 21 Abs. 8 meint erkennbar die **Fahrerlaubnis** im Sinne des § 2 StVG, **die bei einem Fahrverbot unberührt bleibt** und anders als das Fahrverbot an die generelle Fähigkeit zum Führen von Kraftfahrzeugen anknüpft. Unter Hinweis auf diese Aspekte hat der **BGH**[170] für die vergleichbare Regelung des § 2 Abs. 2 lit. c) AKB (nunmehr Nr. D.1.3 AKB) überzeugend die Anwendbarkeit der Fahrerlaubnisklausel auf Fahrverbote verneint. Solange die Versicherer den Bedingungstext nicht

---

162 Zu nationalen ausländischen Führerscheinen sowie zum internationalen Führerschein s. § 4 Abs. 2 S. 3 FeV.
163 P/M/*Armbrüster*, § 21 ARB 2010 Rn. 27.
164 *Dauer* NZV 2021, 293.
165 VG Bremen BeckRS 2021, 1944.
166 BGH NJW 1982, 182.
167 BGH VersR 1962, 1053.
168 BGH NJW 1966, 1216.
169 Harbauer/*Stahl*, § 21 ARB 2000 Rn. 154; *Böhme*, § 21 ARB 75 Rn. 29; a.A. van Bühren/Plote/*Hillmer-Möbius*, § 21 ARB 2010 Rn. 67.
170 BGH NJW 1987, 1827 = VersR 1987, 897; hierzu kritisch *Stiefel*/Maier/*Maier*, AKB D. 1 Rn. 113.

ändern, kann deshalb auch im Rahmen der Rechtsschutzversicherung die Fahrerlaubnisklausel auf Fahrverbote nicht angewandt werden.[171]

2. Fahren ohne Berechtigung (sog. Berechtigungsklausel)

109 Das Fahren **ohne wirksame zivilrechtliche Erlaubnis** des Verfügungsberechtigten ist ebenfalls eine Obliegenheitsverletzung. Eine fehlende Berechtigung ist gegeben,
(1) wenn der Fahrer das Fahrzeug **ohne** ausdrückliche oder stillschweigende **Zustimmung** des Verfügungsberechtigten lenkt, oder
(2) wenn die Fahrzeugüberlassung aufgrund von **arglistiger Täuschung, Drohung oder Gewalt** erfolgt ist, oder
(3) wenn ein gegen den Fahrer verhängtes **Fahrverbot verschwiegen** wurde.[172]

110 Die fehlende zivilrechtlich wirksame Berechtigung stellt einen Verstoß dar, weil auch ein sog. **Schwarzfahrer** das Risiko erhöht. Er wird häufig wegen der Angst vor Entdeckung besonders riskant fahren. Fahren ohne Berechtigung setzt kein Fehlen einer Fahrerlaubnis voraus, kann aber auch damit zusammenfallen. Betroffen ist von dieser Obliegenheit nur der **VN selbst als Fahrer fremder Fahrzeuge**, denn unberechtigte Fahrer erhalten schon nach Abs. 1 Satz 2 keinen Versicherungsschutz.

3. Fahren eines Fahrzeugs ohne erforderliches Kennzeichen (sog. Kennzeichenklausel)

111 Nach §§ 1, 3 FZV muss das Fahrzeug eine amtliche Zulassung gem. § 9 FZV haben. Bei der fehlenden Zulassung des Fahrzeugs geht es häufig darum, dass durch Veränderungen an Teilen des Fahrzeugs die **Betriebserlaubnis** – und damit die Zulassung – nach § 19 Abs. 2 S. 1 StVZO i.V.m. § 3 Abs. 1 FZV **wirkungslos geworden** ist.[173] Hierzu liegt eine umfangreiche Rechtsprechung vor.[174] Bleibt im Einzelfall offen, ob die Wirksamkeit der Betriebserlaubnis berührt wurde, so geht dies **zu Lasten des Versicherers**, da dieser für die objektiven Voraussetzungen der Klausel beweispflichtig ist.

112 Für den Fall, dass ein Fahrzeug zwar keiner amtlichen Straßenverkehrszulassung bedarf, an diesem aber ein Versicherungskennzeichen gem. § 52 Abs. 1 FZV anzubringen ist, liegt ebenso der Fall eines Fahrens ohne Berechtigung vor. Versicherungskennzeichen sind im Regelfall aus Metall und werden mit Schrauben fest montiert; sie können in ausgewählten Fällen, z.B. für E-Scooter auch mit einer Versicherungskennzeichenfolie mit dem Fahrzeug fest verklebt sein.

---

171 So auch AG Nordhorn DAR 1989, 317. Zu den Voraussetzungen einer Zulassung im Allgemeinen s.o. § 21 Rdn. 20 ff.

172 S. auch oben § 21 ARB 2010 Rdn. 41.

173 Zu den Rechtsfolgen bei getunten Mofas vgl. *Huppertz* DAR 2012, 290.

174 Nachweise bei *Böhme,* § 21 ARB 75 Rn. 34. Zu Einzelfällen s.a. P/M/*Piontek,* § 21 ARB 2010 Rn. 21.

II. Kausalität

Weitere Voraussetzung für die Leistungsfreiheit des Versicherers ist – außer bei Arglist – das **Kausalitätserfordernis** (§ 28 Abs. 3 VVG). Die Obliegenheitsverletzung muss Einfluss auf den Eintritt des Versicherungsfalles gehabt haben. Den **Gegenbeweis** muss der **VN** führen, was bei Straf- oder OWi-Verfahren wegen des Fahrens ohne Fahrerlaubnis/Zulassung kaum möglich sein wird. Geht es dagegen um den Schadenersatz-Rechtsschutz, so wird – ähnlich der Situation in der Kraftfahrtversicherung – der **Kausalitätsgegenbeweis** gelegentlich geführt werden können, weil sich das Fehlen der allgemeinen Fahrerlaubnis nicht auf den Eintritt des Schadenereignisses ausgewirkt hat, so z.B. wenn der Unfall für den Fahrer ein unabwendbares Ereignis war. Der Kausalitätsgegenbeweis käme auch dann in Betracht, wenn lediglich die **zusätzliche Fahrerlaubnis zur Fahrgastbeförderung** nach § 48 FeV fehlte und nichts dafürspricht, dass die zuständige Behörde einen Erlaubnisantrag vor Eintritt des Versicherungsfalles abgelehnt hätte. 113

III. Verschulden

Auch hinsichtlich des Verschuldens muss der **Versicherte** den **Entlastungsbeweis** führen, wobei – mit Ausnahme der Altfälle in der Übergangsfrist – die neue Rechtsfolgensystematik in § 28 Abs. 2 VVG zu beachten ist. Danach wird **leichte Fahrlässigkeit** nicht mehr sanktioniert. Der VN oder die mitversicherte Person müssen allerdings **nachweisen**, dass ihre Unkenntnis **nicht grob fahrlässig** war. Dies wird in Ausnahmefällen möglich sein, z.B. dann, wenn bei einer TÜV-Untersuchung eine offensichtliche Veränderung nicht beanstandet wurde,[175] wenn eine Fachwerkstatt eine falsche Auskunft gegeben hat, oder wenn der VN als Fahrzeughalter irrtümlich davon ausging, der Fahrer seines Kraftfahrzeuges verfüge über eine gültige Fahrerlaubnis. **Solange** fehlendes Verschulden oder nur leichte Fahrlässigkeit nicht nachgewiesen ist, muss der **Versicherer nicht leisten.** Er kann die endgültige Prüfung der Eintrittspflicht bis zum Ausgang des Straf- oder OWi-Verfahrens zurückstellen. Wird ein Strafverfahren nicht nach § 170 Abs. 2 StPO, sondern nach §§ 153, 153a StPO eingestellt, ist der **Nachweis fehlenden Verschuldens** nicht geführt. Dies gilt insbesondere für die Einstellung nach § 153a StPO, da diese schon tatbestandlich ein geringeres Verschulden voraussetzt. Häufig wird in diesen Fällen aber nur leichte Fahrlässigkeit anzunehmen sein, so dass der Versicherungsschutz bestehen bleibt. In den Fällen grober Fahrlässigkeit gilt das **quotale Leistungskürzungsrecht** je nach der Schwere des Verschuldens. Die ARB 2010 setzen diese gesetzlichen Vorgaben in § 21 Abs. 8 um. 114

I. Teilweiser Wagniswegfall (Abs. 9)

Ist beim personenbezogenen Verkehrs-Rechtsschutz nach Abs. 1 und 2 kein Fahrzeug mehr auf den VN zugelassen, so ist eine wesentliche **versicherte Eigenschaft** des VN **weggefallen.** Wenn diese Situation mindestens 6 Monate andauert, reduziert sich der Rechtsschutzvertrag auf einen Fahrer- und Fußgänger-Rechtsschutz nach Abs. 7, was 115

175 AG Frankfurt ZfS 1993, 100.

dem Leistungsumfang nach einem Fahrer-Rechtsschutz nach § 22 entspricht. Dementsprechend besteht nach § 11 Abs. 2 das **Recht auf** einen **geringeren Versicherungsbeitrag.** Alternativ hat der VN das Recht, die **komplette Aufhebung** des Vertrages mit sofortiger Wirkung zu verlangen. Die Beitragspflicht endet mit Zugang einer solchen Erklärung. Hingegen dürfte die **Mitteilung des VN** an den Versicherer, nicht mehr Fahrzeughalter zu sein, oder den Vertrag aufheben zu wollen, nicht in einen Antrag auf Ruhen des Vertrages oder in eine Vertragsfortführung als Fahrer-Rechtsschutz **umgedeutet** werden können.[176]

J. Folgefahrzeug beim rein objektbezogenen Verkehrs-Rechtsschutz (Abs. 10)

I. Durchgehender Versicherungsschutz

116 Der rein objektbezogene Rechtsschutz nach Abs. 3 (**Fahrzeug-Rechtsschutz**) würde – vorbehaltlich der nach Abs. 7 versicherten Risiken – normalerweise zu einem Wagniswegfall führen, wenn **das versicherte Fahrzeug veräußert wird** oder das **Risiko auf sonstige Weise** (z.B. **Totalschaden durch Unfall, Diebstahl**) entfällt. Da sich der VN in diesen Fällen meistens ein **Ersatzfahrzeug** anschafft und an einem weiter bestehenden Rechtsschutz interessiert ist, bestimmt Abs. 10, dass der Versicherungsschutz automatisch auf das **Folgefahrzeug** übergeht. Damit wird eine **Zustimmung des VN** – aufgrund seines mutmaßlichen Willens oder Interesses – **fingiert**, was im Hinblick auf § 308 Nr. 5 BGB unkritisch ist.[177] Da der Fahrzeugwegfall nicht immer zeitlich nahtlos erfolgt bzw. erfolgen kann, **bleibt** das **bislang versicherte Fahrzeug bis** zu seiner **Veräußerung, längstens** jedoch **bis** zu **einem Monat nach** dem **Erwerb** des **Folgefahrzeuges** ohne zusätzlichen Beitrag **mitversichert.**

► **Beispiel:**

VN erwirbt am 01.06. ein Folgefahrzeug, welches bei einem Unfall am 10.06. beschädigt wird. Mit dem noch nicht veräußerten Altfahrzeug gerät er am 30.06. in eine Radarfalle. Für beide Fälle besteht Versicherungsschutz (1. Fall: Schadenersatz-Rechtsschutz – 2. Fall: Ordnungswidrigkeiten-Rechtsschutz).

117 Um kontinuierlichen Versicherungsschutz zu gewährleisten, bestimmt Abs. 10 Satz 2 zusätzlich, dass schon ein etwaiger Streit aus dem **Erwerb des Folgefahrzeuges** vom Versicherungsschutz umfasst ist. Dies gilt selbst für den Fall, dass der Erwerb **nicht zustande kommt,** was sich z.B. bei einem Rücktritt vom Kaufvertrag realisieren kann. Zu den Fällen des **Abgas-Skandals** s.o. Rdn. 59 ff.

118 Wird dem Versicherer ein Schadenfall gemeldet, der nicht das versicherte Fahrzeug betrifft, löst dies die Prüfung der **Folgefahrzeugregelung** nach Abs. 10 aus. Stellt sich dabei heraus, dass es sich nicht um ein Folgefahrzeug, sondern um ein zusätzliches Fahrzeug handelt, so besteht hierfür keine Deckung. Es kann für diese weiteren Fahr-

176 BAV GB 1984, 74; P/M/*Piontek*, § 21 ARB 2010 Rn. 28; Harbauer/*Obarowski*, § 21 ARB 2010 Rn. 174.

177 P/M/*Piontek*, § 21 ARB 2010 Rn. 29; *J. Prölss* VersR 1996, 145, 146.

zeuge lediglich für die Zukunft Versicherungsschutz nach Abs. 3 vereinbart werden. Hier zeigt sich das Charakteristikum des rein objektbezogenen Fahrzeug-Rechtsschutzes, der – anders als Abs. 1 und 2 – **keine automatische Mitversicherung** weiterer Fahrzeuge vorsieht.

II. Anzeigepflicht

Nach Abs. 10 Satz 3 obliegt es dem VN, den Wegfall des Fahrzeuges und die Bezeichnung eines etwaigen Folgefahrzeuges innerhalb von **zwei Monaten anzuzeigen.** Es gilt das mit Inkrafttreten des VVG 2008 geltende Rechtsfolgensystem für **Obliegenheitsverletzungen.** Der Versicherer **kann** im Fall einer grob fahrlässigen Verletzung der Anzeigepflicht seine **Leistung kürzen**, bei Vorsatz wird er **von der Leistung frei.** Im Ergebnis wird dies aber kaum einmal zur Leistungsfreiheit des Versicherers führen. Der verbleibende Rechtsschutz nach Abs. 7 bleibt hiervon ohnehin unberührt. 119

K. Hinweise zu ARB 2012/2019/2021

Ziff. 2.1.1 ARB 2012 ff. enthält einen Katalog der versicherbaren Lebensbereiche. Hier finden sich u.a. die Lebensbereiche »**Verkehrs-Rechtsschutz**« (Buchstabenschlüssel **Vk = Verkehr**) und »**Fahrzeug-Rechtsschutz**« (Buchstabenschlüssel **F = Fahrzeug**). Die Klauseln beschränken sich auf die Aufzählung der versicherten Eigenschaften, die Regelung zur Mitversicherung findet sich entsprechend dem neuen Aufbau in **Ziff. 2.1.2 ARB 2012 ff.** Verschiedene Begriffe wurden durch die ARB 2012 ff. einfacher gefasst. Aus dem »**Motorfahrzeug zu Lande**« wurde das »Kraftfahrzeug«, wobei dies der Regelung des § 1 Abs. 1 StVG entspricht. Der sperrige Begriff des »**Selbstfahrer-Vermietfahrzeug**« wurde zum Mieter-Fahrzeug. Das **Versicherungskennzeichen** wird als sog. Nummernschild erläutert.[178] Gleichwohl wird auch Kritik an der sprachlichen Ungenauigkeit von Ziff. 2.1.1 gegenüber der Altregelung des § 21 Abs. 3 geübt.[179] Neu ist, dass alle versicherten Eigenschaften des VN an einer Stelle genannt werden; das ist übersichtlicher als die bisherige Aufspaltung in den Absätzen 1 und 7 des § 21. Die ARB 2012 ff. führen mit dem Ziel einer größeren Klarheit und Transparenz Beispiele an, z.B. Ziff. 2.2.4. Diese methodisch gut gemeinte Vorgehensweise kann aber auch zu neuen und berechtigten Folgefragen führen. Kritiker sprechen insoweit von **Pseudo-Transparenz**[180]. 120

I. Verkehrs-Rechtsschutz (Vk), Ziff. 2.1.1 (Vk) Baustein Verkehrs-Rechtsschutz ARB 2012/2019/2021

Das Modul des personenbezogenen **Verkehrs-Rechtsschutz** entspricht nahezu vollständig der Normierung in ARB 2010 (§ 21 Abs. 1 und 7). Entfallen ist hingegen die Regelung des § 21 Abs. 2 ARB 2010, dass die Erweiterung des Versicherungsschutzes sich zwar auf **jedes neu erworbene Fahrzeug** erstreckt, aber vertraglich nur auf gleich- 121

178 L/W/*Obarowski*, Bd. 4 Rechtsschutz, Rn. 56; VersHb/*Obarowski.*, § 45 Rn. 208.
179 Höra/Schubach/*Lensing* § 27 Rn. 227.
180 *Rudolph*, S. 100.

artige Motorfahrzeuge beschränkt werden kann.[181] Vorsicht geboten ist hinsichtlich einer eventuellen Beschränkung des Versicherungsschutzes auf den privaten Bereich des VN. Während nach § 21 der Verwendungszweck des jeweiligen Fahrzeugs nur für die Prämienhöhe relevant war, ist jetzt **auch im Verkehrs-Rechtsschutz** ein **Ausschluss der selbstständigen Tätigkeit** möglich (vgl. **Ziff. 3.2.22 ARB 2012**).[182] Damit folgen die Bedingungen der Marktentwicklung. Einzelne Versicherer hatten bereits den § 21 in ihren Bedingungswerken modifiziert, um individuelle Angebotsformen für Privatkunden einerseits und für Gewerbekunden andererseits zu ermöglichen.

122 Die versicherten Leistungsarten finden sich in **Ziff. 2.2 ARB 2012 ff.** Dort wird beim Rechtsschutz im Vertrags- und Sachenrecht (**Ziff. 2.2.4 ARB 2012 ff.**) ein zusätzlicher Baustein angeboten, welcher die bislang in § 21 Abs. 6 geregelte Besonderheit abbildet (**Erwerbsfälle ohne anschließende Zulassung**).

II. Fahrer-Rechtsschutz (Vk), Ziff. 2.1.1 (Vk) Baustein Verkehrs-Rechtsschutz ARB 2012/2019/2021

123 Der **Fahrer-Rechtsschutz**, vormals in § 22 ARB 2010 geregelt, ist nun nicht mehr ein gesondertes Modul, vielmehr Teil des Verkehrs-Rechtsschutz. Dieser wurde in die ARB 2012 erst nachträglich im Juni 2013 aufgenommen.[183] Somit erstreckt sich der Verkehrs-Rechtsschutz auch auf **Fahrer** und **Mitfahrer** eigener oder fremder **Kraftfahrzeuge** (vormals Motorfahrzeuge zu Lande), Motorfahrzeuge zu Wasser oder in der Luft. Des Weiteren sind **Fahrgäste, Fußgänger und Radfahrer**, wenn sie am öffentlichen Straßenverkehr teilnehmen, durch den Verkehrs-Rechtsschutz mit abgedeckt.

III. Fahrzeug-Rechtsschutz (F), Ziff. 2.1.1 (F) Baustein Fahrzeug-Rechtsschutz ARB 2012/2019/2021

124 Der **Fahrzeug-Rechtsschutz** (F) gewährt als **objektbezogenem Versicherungsschutz** entsprechend § 21 Abs. 3 ARB 2010 Rechtsschutz für die im Versicherungsschein genannten **Kraftfahrzeuge** (vormals »Motorfahrzeuge zu Lande«), für Motorfahrzeuge zu Wasser oder in der Luft sowie für Anhänger, wobei es nicht darauf ankommt, dass das vorbezeichnete Fahrzeug auf den Namen des Versicherungsnehmers zugelassen oder mit einem auf ihn ausgestellten Versicherungskennzeichen (jetzt sog. **Nummernschild**) versehen ist. Die Legaldefinition »Fahrzeug« für die vorgenannte Fahrzeugauflistung ist entfallen und auch an keiner anderen Stelle mehr vorhanden. Ebenso fehlen hier die Eigenschaften des Versicherungsnehmers als Eigentümer, Halter, Erwerber, Leasingnehmer/Mieter oder Fahrer. Pragmatisch wird man aufgrund der Fortentwicklung des Fahrzeug- aus dem Verkehrs-Rechtsschutz schließen müssen, dass auch beim Fahrzeug-

---

181 *G. Bauer* VersR 2013, 661, 662; HK-VVG/*Münkel*, ARB 2012 Ziff. 2.1.1, Rn. 7.

182 So auch Höra/Schubach/*Lensing* § 27 Rn. 225; S/H/W/Brünger, ARB 2012, Ziff. 2.1.1 Rn. 24.

183 *G. Bauer* VersR 2013, 661, 662; Harbauer/*Obarowski*, § 22 ARB 2010 Rn. 25; HK-VVG/*Münkel*, ARB 2012 Ziff. 2.1.1, Rn. 7.

Rechtsschutz die Eigenschaften aus dem Verkehrs-Rechtsschutz gelten.[184] Zu erfüllende **Obliegenheiten** sind in **Ziff. 4.2 ARB 2012 ff.** niedergelegt (vormals § 21 Abs. 8 ARB 2010). Im Fahrzeug-Rechtsschutz greift nun auch der inhaltliche Ausschluss nach **Ziff. 3.2.22 ARB 2012 ff.** für die Interessenwahrnehmung im Zusammenhang mit **geplanter oder ausgeübter gewerblicher, freiberuflicher oder sonstiger selbstständiger Tätigkeit.** Eine Regelung zum **Folgefahrzeug** (vormals § 21 Abs. 10 ARB 2010) findet sich nun in Ziff. 4.3. **ARB 2012 ff.**

Ziff. 4 ARB 2012 bündelt die Regelungen zu **vertraglichen Obliegenheiten** und führt unter **Ziff. 4.2 ARB 2012** die für den Verkehrs-Rechtsschutz und den Fahrzeug-Rechtsschutz spezifischen Fallgestaltungen (Fahren ohne Fahrerlaubnis etc.) einschließlich der Rechtsfolgen einer Obliegenheitsverletzung auf.[185] Inhaltlich entspricht dies uneingeschränkt dem bisherigen Abs. 8 des § 21. 125

Die **Folgefahrzeug-Regelung** im Fahrzeug-Rechtsschutz (bislang § 21 Abs. 10) ist in **Ziff. 4.3 ARB 2012** verankert. Hier findet sich auch die Regelung des Teil-Wagniswegfalls analog § 21 Abs. 9. 126

§ 22 Fahrer-Rechtsschutz

(1) Versicherungsschutz besteht für die im Versicherungsschein genannte Person bei der Teilnahme am öffentlichen Verkehr in ihrer Eigenschaft als Fahrer jedes Motorfahrzeuges zu Lande, zu Wasser oder in der Luft sowie Anhängers (Fahrzeug), das weder ihr gehört noch auf sie zugelassen oder auf ihren Namen mit einem Versicherungskennzeichen versehen ist. Der Versicherungsschutz besteht auch bei der Teilnahme am öffentlichen Verkehr als Fahrgast, Fußgänger und Radfahrer.

(2) Unternehmen können den Versicherungsschutz nach Absatz 1 für alle Kraftfahrer in Ausübung ihrer beruflichen Tätigkeit für das Unternehmen vereinbaren. Diese Vereinbarung können auch Betriebe des Kraftfahrzeughandels und -handwerks, Fahrschulen und Tankstellen für alle Betriebsangehörigen treffen.

(3) Der Versicherungsschutz umfasst:

- **Schadenersatz-Rechtsschutz (§ 2a),**
- **Steuer-Rechtsschutz vor Gerichten (§ 2e),**
- **Verwaltungs-Rechtsschutz in Verkehrssachen (§ 2g),**
- **Straf-Rechtsschutz (§ 2i),**
- **Ordnungswidrigkeiten-Rechtsschutz (§ 2j).**

(4) Wird in den Fällen des Absatzes 1 ein Motorfahrzeug zu Lande auf die im Versicherungsschein genannte Person zugelassen oder auf ihren Namen mit einem Versicherungskennzeichen versehen, wandelt sich der Versicherungsschutz in einen sol-

184 Ebenso *G. Bauer* a.a.O., 662.
185 S/H/W/*Brünger*, ARB 2012, Ziff. 2.1.1 Rn. 22.

chen nach § 21 Absätze 3, 4, 7, 8 und 10 um. Die Wahrnehmung rechtlicher Interessen im Zusammenhang mit dem Erwerb dieses Motorfahrzeuges zu Lande ist eingeschlossen.

(5) Der Fahrer muss bei Eintritt des Rechtsschutzfalls die vorgeschriebene Fahrerlaubnis haben, zum Führen des Fahrzeugs berechtigt sein und das Fahrzeug muss zugelassen oder mit einem Versicherungskennzeichen versehen sein. Bei Verstoß gegen diese Obliegenheit besteht Rechtsschutz nur, wenn der Fahrer von diesem Verstoß ohne Verschulden oder leicht fahrlässig keine Kenntnis hatte. Bei grob fahrlässiger Unkenntnis des Verstoßes gegen diese Obliegenheit ist der Versicherer berechtigt, seine Leistung in einem der Schwere des Verschuldens des Fahrers entsprechenden Verhältnis zu kürzen. Weist der Fahrer nach, dass seine Unkenntnis nicht grob fahrlässig war, bleibt der Versicherungsschutz bestehen. Der Versicherungsschutz bleibt auch bestehen, wenn der Fahrer nachweist, dass die Verletzung der Obliegenheit weder für den Eintritt oder die Feststellung des Versicherungsfalls noch für die Feststellung oder den Umfang der dem Versicherer obliegenden Leistung ursächlich war.

(6) Hat in den Fällen des Absatzes 1 die im Versicherungsschein genannte Person länger als sechs Monate keine Fahrerlaubnis mehr, endet der Versicherungsvertrag. Zeigt der Versicherungsnehmer das Fehlen der Fahrerlaubnis spätestens innerhalb von zwei Monaten nach Ablauf der Sechsmonatsfrist an, endet der Versicherungsvertrag mit Ablauf der Sechsmonatsfrist. Geht die Anzeige später beim Versicherer ein, endet der Versicherungsvertrag mit Eingang der Anzeige.

Literatur:
Dauer, Wann ist ein Fahrzeug zugelassen, NZV 2007, 442; *ders.*, Der Verzicht auf die Fahrerlaubnis, NZV 2021, 293; *Müller/Rudolph*, Fußgänger im Straßenverkehr, Opfer oder Täter? NZV 2025, 32; *Packmohr*, Fußgänger im Straßenverkehr, Opfer oder Täter? NZV 2025, 291; *Weber*, Rechtssprechungsübersicht: Der Verzicht auf die Fahrerlaubnis, NZV 2025, 261; s.a. Angaben unter Vorbemerkungen zu §§ 21 ff. ARB 2010 und unter § 21 ARB 2010.

Übersicht Rdn.

A. Allgemeines

Strukturübersicht zum Fahrer-Rechtsschutz nach § 22 ARB 2010 mit Kurzbeschreibung: 1

ARB 2010	RS-Form	Kurzbeschreibung
§ 22	Fahrer-RS	Abs. 1: betrifft **Fahrer fremder Fahrzeuge** § 22 beschränkt RS-Versicherungsschutz **allein** auf den Fahrer-RS, das bedeutet: – Fahrer-RS ist geeignet für eine **Person, die kein eigenes Fahrzeug**, vielmehr lediglich **sich als Fahrer fremder Fahrzeuge**, versichern will – Hinweis:beim Verkehrs-RS ist der Fahrer-RS bereits über § 21 Abs. 7 Teil des Verkehrs-RS Versicherte Person (Fahrer) – muss im Versicherungsschein benannt sein – muss nicht mit dem VN identisch sein Versichert ist die benannte Person – **beim Führen eines Motorfahrzeugs** zu Lande, zu Wasser oder in der Luft oder eines Anhängers (also **als »Fahrer«**) – **in der Eigenschaft** als **Fahrgast**, **Fußgänger** oder **Radfahrer** im öffentlichen Verkehr
		Abs. 2: Unternehmen können den RS nach Abs. 1 vereinbaren (1) für alle **Kraftfahrer** des Unternehmens während der Ausübung ihrer beruflichen Tätigkeit für das Unternehmen (S. 1) (2) für alle **Betriebsangehörigen** des Unternehmens (und nicht nur für deren Kraftfahrer), wenn das Unternehmen ein Kfz-Handels- oder Kfz-Handwerksbetrieb, eine Fahrschule oder Tankstelle ist (S. 2)

§ 22 regelt einen rein **personenbezogenen** Versicherungsschutz für solche Personen, 2 die ausschließlich das Risiko des Fahrens eines **fremden** Fahrzeuges absichern wollen. Der Fahrer muss allerdings im **Versicherungsschein** benannt werden. Für **Unternehmen** (S. 1) und die **genannten Betriebe** (S. 2) sieht § 22 Abs. 2 eine Erleichterung aufgrund wechselnder Belegschaft vor. Andere Eigenschaften (z.B. Eigentümer, Halter) sind über § 22 nicht versichert.[1] Die Deckung entspricht dem Leistungsumfang des § 21 Abs. 6. Sie wird – quasi als **Ausschnittdeckung** von § 21 – als gesonderte Vertragsform angeboten, um den Bedarf für bestimmte Zielgruppen zu decken. Hierzu gehören:
- Personen, die – noch – **kein eigenes Fahrzeug** besitzen (z.B. **junge Heranwachsende** nach Erwerb des Führerscheins),
- Personen, die kein eigenes Fahrzeug versichern wollen, jedoch als **Fahrer fremder Fahrzeuge** geschützt sein möchten (z.B. **Berufskraftfahrer**),

1 Harbauer/*Stahl (8. Aufl.)*, § 22 ARB 2000 Rn. 3.

- Unternehmen und Betriebe, die ihren Kraftfahrern Versicherungsschutz bei **beruflichen Fahrten** für das Unternehmen verschaffen möchten (Abs. 2).[2]

B. Risikomerkmale (Abs. 1 und 2)

3 Die Absätze 1 und 2 beschreiben, wer in welcher Eigenschaft versichert sein soll. Die zentrale versicherte Eigenschaft ist das private oder berufliche **Fahren von Fahrzeugen. Fahrzeuge** werden in § 22 Abs. 1 S. 1 entsprechend § 21 Abs. 3 definiert als **Motorfahrzeuge zu Lande, zu Wasser oder in der Luft sowie Anhänger.** Hinsichtlich der Details wird auf die Ausführungen zu § 21 Abs. 3 verwiesen.[3] Die Fahrzeuge dürfen nicht auf die versicherte Person zugelassen oder auf ihren Namen mit einem Versicherungskennzeichen versehen sein. Ergänzend zum Rechtsschutz als Fahrer erweitert Abs. 1 Satz 2 den Versicherungsschutz auf den sog. **Fußgänger-Rechtsschutz (Fahrgast, Fußgänger, Radfahrer).**[4] Beim Rechtsschutz für Unternehmen nach Abs. 2 muss zusätzlich zur **Fahrereigenschaft** eine **berufliche Tätigkeit** für das versicherte Unternehmen hinzukommen. Das Unternehmen ist hier zwar selbst VN, die versicherte Leistung steht aber gem. Abs. 3 den mitversicherten Fahrern zu.[5]

I. Versicherte Person (Abs. 1)

4 Versichert ist die im **Versicherungsschein** genannte Person. Dies wird in aller Regel der VN selbst sein, ist aber nicht erforderlich; VN und versicherte Person müssen nicht identisch sein.[6]. Die Risikobeschreibung lässt es aber auch zu, eine andere Person mit Fahrer-Rechtsschutz auszustatten (z.B. Eltern für ihre **Kinder**, die kein eigenes Fahrzeug besitzen). Eine Teilnahme am **öffentlichen Verkehr** setzt eine entsprechende **Widmung** der Verkehrsfläche voraus. **Privatflächen** gehören grundsätzlich nicht dazu. **Privatgrundstücke**, die für einen bestimmten Zeitraum für den öffentlichen Verkehr zugänglich sind (Bsp. Parkplätze von Einkaufszentren), erlauben für die angegebene Zeit hingegen eine Teilnahme am öffentlichen Verkehr. Davon ausgenommen sind Flächen, die nur einem bestimmten Personenkreis zugänglich sind wie beispielsweise abgeschlossene **Werks-, Kasernen-** oder **Großmarktgelände**, in die nur mit Ausweis eingefahren werden kann.[7]

II. Versicherungsschutz für Unternehmen und Betriebe (Abs. 2)

5 Eine gegenüber dem »normalen« Fahrer-Rechtsschutz viel häufiger nachgefragte Sonderform des Fahrer-Rechtsschutzes ist in Abs. 2 geregelt, der sog. **Fahrer-Rechtsschutz für Unternehmen.** Der Begriff des **Unternehmens** ist hier weit zu verstehen[8] als wirtschaft-

---

2 Buschbell/Hering/*Hering*, § 11 Rn. 22, 23.
3 S.o. § 21 Rdn. 48 ff.
4 VersHb/Obarowski, § 45 Rn. 151.
5 Harbauer/*Obarowski*, § 22 ARB 2010, Rn. 5.
6 HK-VVG/*Münkel*, § 22 ARB 2010 Rn. 2; Harbauer/*Obarowski*, § 22 ARB 2010 Rn. 1.
7 H/K/*König*, § 1 StVO Rn. 16; Harbauer/*Obarowski*, § 21 ARB 2010, Rn. 113.
8 Ebenso P/M/*Piontek*, § 22 ARB 2010 Rn. 3; Harbauer/*Obarowski*, § 22 ARB 2010 Rn. 6.

lich selbstständige und auf Dauer angelegte Organisationseinheit, die Produkte herstellt, mit diesen handelt oder Dienstleistungen anbietet, um Umsatz zu erzielen oder soziale oder öffentliche Zwecke zu verfolgen und hierfür Mitarbeiter beschäftigt. Das Unternehmen ist Versicherungsnehmer, die Versicherungsleistung kommt aber den mitversicherten, im Unternehmen tätigen Fahrern zugute.

Die Beschäftigten müssen in der Police **namentlich nicht genannt** werden. Es handelt sich somit um eine **Fremdversicherung** gem. §§ 43 ff. VVG zugunsten der Fahrer. Nach § 22 Abs. 2 S. 1 sind **alle im Unternehmen als Kraftfahrer Beschäftigten** (z.B. Berufskraftfahrer in Speditionsbetrieben, Verkaufsfahrer, Angestellte im Außendienst etc.) geschützt, die **überwiegend** und nicht nur gelegentlich als Fahrer im Betrieb tätig sind. Weitergehend ist hingegen der Schutz nach § 22 Abs. 2 S. 2 für die Unternehmen des **Kraftfahrzeughandels und -handwerks**, von **Fahrschulen** und **Tankstellen** insoweit, als hier **nicht nur** deren **Kraftfahrer**, vielmehr **alle Betriebsangehörigen** vom Versicherungsschutz erfasst sind, also auch dann, wenn sie nur gelegentlich eine betriebliche Fahrt vornehmen und eine andere als die Position eines Kraftfahrers begleiten.[9] 6

VN ist das Unternehmen. Versicherungsschutz besteht jedoch immer nur im Rahmen der Ausübung der beruflichen Tätigkeit für das Unternehmen.[10] Liegt hingegen eine **bloße Gefälligkeitshandlung** ohne Bezug zu einer betrieblichen Tätigkeit oder ein **privater Anlass** selbst während einer betrieblich bedingten Fahrt mit nicht unerheblichem Umweg vor, so fehlt es am erforderlichen **inneren Zusammenhang** mit dem Unternehmensbetrieb.[11] 7

Versichert ist auch beim Fahrer-Rechtsschutz für Unternehmen nur das **Fahren fremder**, nicht auf den Fahrer selbst zugelassener **Fahrzeuge. Kein Versicherungsschutz** besteht also, wenn ein angestellter Arbeitnehmer 8
- mit seinem **Privatfahrzeug** eine Besorgung für das versicherte Unternehmen vornimmt
- mit dem Firmenwagen eine **Privatfahrt** unternimmt[12].

C. Versicherte Leistungsarten (Abs. 3)

Nach Abs. 3 umfasst der Versicherungsschutz die Leistungsarten Schadenersatz-Rechtsschutz (§ 2 lit. a), Steuer-Rechtsschutz vor Gerichten (§ 2 lit. e), Verwaltungs-Rechtsschutz in Verkehrssachen (§ 2 lit. g), Straf-Rechtsschutz (§ 2 lit. i) und Ordnungswidrigkeiten- Rechtsschutz (§ 2 lit. j). Er entspricht damit weitestgehend dem Leistungsumfang des Verkehrs-Rechtsschutzes gem. § 21 Abs. 4; **es fehlt lediglich der Rechtsschutz im Vertrags- und Sachenrecht (§ 2 lit. d).** Letzterer ist im Rahmen des § 22 verzichtbar, da ein Fahrer kaum einmal rechtliche Interessen aus schuldrechtlichen Verträgen wahrnehmen muss. 9

9 S.a. Harbauer/*Obarowski*, § 22 ARB 2010 Rn. 8 f.
10 HK-VVG/*Münkel*, § 22 ARB 2010 Rn. 3; Harbauer/*Obarowski*, § 22 ARB 2010, Rn. 11.
11 Harbauer/*Obarowski*, § 22 Rn. 11.
12 Harbauer/*Stahl (8. Aufl.)*, § 22 ARB 2000 Rn. 10; *Buschbell* ZfS 2006, 605, 607.

10 Unter den **Schadenersatz-Rechtsschutz** fallen alle fahrerbezogenen Personen-, Sach- und Vermögensschäden, d.h. **eigene** Schadensersatzansprüche der versicherten Person, **nicht jedoch** Schadensersatzansprüche aufgrund von Schäden am Fahrzeug. Hierzu gehören insbesondere Ersatzansprüche wegen Körperverletzung, ferner Ersatzansprüche hinsichtlich üblicherweise mitgeführter Gegenstände[13]. Erleidet der Fahrer einen **Verdienstausfall** aufgrund eines durch den Unfallverursacher zugefügten Fahrzeugschaden, so wird zu differenzieren sein: Ist der Fahrer Selbstständiger, so unterfällt der Ersatzanspruch dem Schadensersatz-Rechtsschutz. Entsteht der Verdienstausfall beim Arbeitgeber des Fahrers, so hat der Fahrer selbst keinen eigenen Ersatzanspruch.[14] Nicht versichert ist hingegen die Verfolgung von **Schäden am Fahrzeug** oder an einer **Fahrzeugladung.**

11 **Steuer-Rechtsschutz vor Gerichten** wird von einem versicherten Fahrer normalerweise nicht benötigt. Denkbarer Anwendungsfall wäre die Abwehr von **Mautgebühren**, soweit diese in Deutschland vom Fahrer erhoben werden (z.B. Autobahn, Tunnel)[15]. Nicht erfasst werden Abgaben oder Steuern, die beim Fahrzeughalter oder bei einem Unternehmen, für welches der Fahrer tätig ist, erhoben werden (z.B. **Einfuhrzoll**).

12 Der **Verwaltungs-Rechtsschutz in Verkehrssachen** schützt den Fahrer in **Führerschein-Angelegenheiten** sowie in anderen verkehrsrechtlichen Angelegenheiten (z.B. Anordnung zur Teilnahme an einem Verkehrsunterricht nach § 48 StVO). Problematisch erscheint die Deckung bei einem nach Abs. 2 versicherten Berufskraftfahrer, wenn diesem wegen mangelnder Eignung – z.B. Erreichen von 8 oder mehr Punkten nach dem sog. **Fahreignungs-Bewertungssystem** gem. § 4 Abs. 5 S. 1 Nr. 3 StVG – die **Fahrerlaubnis entzogen** wird.[16] Da es hier um die Gesamtpersönlichkeit des Fahrers geht, dürfte es nicht ausreichen, dass einzelne Verkehrszuwiderhandlungen anlässlich versicherter Fahrten erfolgten,[17] wobei ein letzter Verstoß in einer Reihe von mehreren vorausgegangenen Verstößen genau dazu führen kann. Eine andere verkehrsrechtliche Angelegenheit kann die Anordnung zur Führung eines **Fahrtenbuches** gem. § 31a Abs. 1 StVZO sein.

13 Neben dem Schadenersatz-Rechtsschutz sind der **Straf- und der Ordnungswidrigkeiten-Rechtsschutz** die zentralen Leistungsarten, die für den versicherten Fahrer relevant werden können. Versichert ist der Vorwurf der Verletzung »verkehrsrechtlicher« Vorschriften. Insoweit kann auf die Erläuterungen zu § 21 Abs. 4 (s. § 21 Rdn. 86, 87) verwiesen werden. Im Zusammenhang mit Strafverfahren kann bei den nach Abs. 2 versicherten Berufskraftfahrern – im Auslandsfall – die Stellung einer **Strafkaution** gem. § 5 Abs. 5 lit. b. ARB 2010 besondere Bedeutung erlangen. Wurde die Kaution

13 Harbauer/*Stahl (8. Aufl.)*, § 22 ARB 2000 Rn. 14, § 21 ARB 2000 Rn. 70.
14 Harbauer/*Obarowski*, ARB 2010 § 22 Rn. 15.
15 Harbauer/*Obarowski*, § 22 ARB 2010 Rn. 16.
16 Näher *Zwerger* ZfS 2017, 364, 366 ff.
17 AG Charlottenburg, Urteil v. 13.05.1981, 2C 180/81; ebenso Harbauer/*Stahl (8. Aufl.)*, § 21 ARB 2000 Rn. 94.

dem versicherten Fahrer gewährt, so ist nur dieser und nicht der VN zur Rückzahlung der Kaution verpflichtet.[18]

D. Umwandlung bei Zulassung eines Fahrzeuges (Abs. 4)

Abs. 4 regelt für die Verträge nach Abs. 1 eine sog. **Vorsorgeversicherung** für den Fall, dass auf die versicherte Person ein **Motorfahrzeug zu Lande** zugelassen oder mit einem Versicherungskennzeichen versehen wird. Die schon in den ARB 75 als Klausel verwandte Regelung[19] bewirkt, dass sich der Versicherungsschutz mit dem Tag der Zulassung oder Aushändigung des Versicherungskennzeichens in einen **objektbezogenen Verkehrs-Rechtsschutz** nach § 21 Abs. 3 **umwandelt.**[20] Dies gilt nicht für Motorfahrzeuge zu Wasser oder in der Luft oder für Anhänger. 14

Wenn sich durch die Umwandlung die **Prämie erhöht** (§ 11 Abs. 1), dürfte dies unter dem Aspekt des § 308 Nr. 5 BGB gleichwohl unbedenklich sein,[21] da die Regelung dem mutmaßlichen Willen des VN entspricht und diesem einen vorsorgenden Versicherungsschutz zur Vermeidung einer entstehenden Lücke gewährt und nach den Tarifen der Versicherer auch keine wesentliche Beitragserhöhung stattfindet. Ferner ist zu berücksichtigen, dass die in engen Grenzen erlaubte Verwendung von **Fiktionsklauseln** ihre Rechtfertigung in der Bewältigung des Massengeschäfts, insbesondere im Bereich von Banken und Versicherungen hat. 15

Ein besonderes Interesse des VN an der Umwandlung ergibt sich auch daraus, dass nach Abs. 4 Satz 2 schon ein etwaiger **Streit aus dem Erwerbsvertrag** – ohne Wartezeit[22] – versichert ist was einen weiteren Vorteil für den VN darstellt. Zu beachten ist, dass die Regelung der Vorsorgeversicherung nicht auf einen vereinbarten Fahrer-Rechtsschutz für Unternehmen gem. § 22 Abs. 2 anwendbar ist.[23] 16

E. Obliegenheitsverletzungen (Abs. 5)

Abs. 5 S. 1 statuiert **Obliegenheiten** im Sinne von § 28 Abs. 1 VVG, deren Verletzung zur teilweisen oder völligen **Leistungsfreiheit** des Versicherers nach § 6 Abs. 1 VVG führen kann[24]. Diese Klausel gem. § 22 Abs. 5 S. 1,[25] wird häufig auch Führerschein- 17

18 OLG Köln VersR 2000, 96.

19 VerBAV 1985, 124.

20 VersHb/*Obarowski*, § 37 Rn. 145.

21 A.A. P/M/*Piontek*, § 22 ARB 2010 Rn. 5. Kritisch *Prölss* VersR 1996, 145 (147); van Bühren/*K. Schneider*, HbVersR, § 13 Rn. 262.

22 *Buschbell* ZfS 2006, 605, 609.

23 Harbauer/*Obarowski*, ARB 2010 § 22 Rn. 18.

24 *Buschbell* ZfS 2006, 605, 607 (Leistungsfreiheit bei Obliegenheitsverletzung vor Eintritt des Versicherungsfalls, wenn Versicherer Vertrag binnen Monatsfrist kündigt).

25 VersHb/*Obarowski*, § 45 Rn. 145 ff.

klausel genannt, wobei der **Begriff irreführend** ist,[26] dessen Verwendung deshalb hier modifiziert ist. Die Bestimmung enthält **drei Tatbestände**:
(1) Fahren **ohne vorgeschriebene Fahrerlaubnis** (sog. Fahrerlaubnisklausel),
(2) Fahren **ohne zivilrechtliche Berechtigung** (sog. Berechtigungsklausel) und
(3) Fahren **ohne straßenverkehrsrechtliche Zulassung** oder **Versicherungskennzeichen** (sog. Kennzeichenklausel).

18 Für den Verkehr auf öffentlichen Straßen bestimmt sich das Nichtvorliegen einer erforderlichen Fahrerlaubnis nach der **Fahrerlaubnis-Verordnung**, das Fahren ohne Zulassung nach der **Fahrzeug-Zulassungsverordnung** in Verbindung mit der **Straßenverkehrszulassungsordnung** und ein Fahren ohne Berechtigung nach der **Vereinbarung** zwischen **Verfügungsberechtigtem und Fahrer.**[27] Bereits der Verstoß gegen einen der drei genannten Tatbestände aufgrund grob fahrlässigen Handelns, z.B. **Schwarzfahren**, kann zum Wegfall des Versicherungsschutzes führen.[28] Die Klausel stellt nach herrschender Meinung[29] eine **Obliegenheit** dar. Die Regelung entspricht § 21 Abs. 8 ARB 2010, so dass auf die Erläuterungen hierzu s.o. § 21 Rdn. 99 ff. verwiesen werden kann.

F. Vertragsbeendigung nach Verlust der Fahrerlaubnis (Abs. 6)

19 Abs. 6 regelt einen **Sonderfall des Wagniswegfalls**, der generell in § 12 Abs. 1 geregelt ist.[30] Hat in den Fällen des Abs. 1 die im Versicherungsschein genannte Person **länger als 6 Monate keine Fahrerlaubnis** mehr, so kommt dies – mit Ausnahme des Fußgänger-Rechtsschutzes – einem zeitweisen Wagniswegfall gleich. Der Vertrag endet daher mit Ablauf der 6 Monate. Zu beachten ist allerdings die Anzeigepflicht von 2 Monaten. Dass der VN die Versicherungsprämie für 6 Monate mit reduzierter Gegenleistung schuldet, ist unter dem Aspekt des § 307 BGB grundsätzlich unbedenklich – auch dann, wenn von Anfang an feststeht, dass der VN die Fahrerlaubnis nicht vor Ablauf von 6 Monaten wiedererlangen wird.[31] Das Interesse des Versicherers an einer möglichst verallgemeinernden und objektiv einfach zu prüfenden Regelung hat hier Vorrang. Bei einer von vornherein feststehenden längeren Frist wird allerdings zu prüfen sein, ob die volle Prämienzahlungspflicht den verbleibenden Versicherungsschutz rechtfertigen kann[32].

---

26 Näher s.o. § 21 ARB 2010 Rdn. 99 ff.
27 Näher s.o. § 21 ARB 2010 Rdn. 103 ff.
28 P/M/*Piontek*, § 22 ARB 2010 Rn. 6.
29 P/M/*Piontek*, § 22 Rn. 6; *Stauch* VersR 1991, 846; *Schirmer* r+s 1999, 1 (8 f.); *ders.*, DAR 1992, 418 (422).
30 Harbauer/*Obarowski*, § 22 ARB 2010, Rn. 21.
31 P/M/*Piontek*, § 22 ARB 2010/II Rn. 8; van Bühren/Plote/*Hillmer-Möbius*, § 22 ARB 2010 Rn. 15.
32 S. a. P/M/*Piontek*, § 22 ARB 2010 Rn. 8.

G. Hinweise zu ARB 2012/2019/2021

Die im Oktober 2012 bekannt gegebenen ARB 2012 hatten die Vertragsform »Fahrer-Rechtsschutz« (ehemals § 22 Muster-ARB 2010) noch nicht geregelt. Sie wurde im **Juni 2013** – zusammen mit der Gesamtkombination Privat/Firmen (ehemals § 28) – **nachgeliefert.** 20

Der vormals in § 22 ARB 2010 geregelte **Fahrer-Rechtsschutz** ist nach den ARB 2012/2019/2021 nicht mehr länger ein gesondertes Modul, vielmehr Teil des Verkehrs-Rechtsschutz (Vk). Der Fahrer-Rechtsschutz ist daher nach den neuen ARB gem. **Ziff. 2.1.1 ARB 2012 ff.** unter dem Baustein Verkehrs-Rechtsschutz (Vk) verortet und wird oben unter § 21 Rdn. 123 näher behandelt. Es ist darauf hinzuweisen, dass der Verkehrs-Rechtsschutz sich auch auf **Fahrer** und **Mitfahrer** eigener oder fremder Kraftfahrzeuge, Motorfahrzeuge zu Wasser oder in der Luft erstreckt. So finden sich – analog dem Verkehrs-Rechtsschutz – in Nr. 2 (»Welchen Rechtsschutz haben Sie?«) die versicherten Eigenschaften und Leistungsarten, allerdings **ohne** den **Rechtsschutz im Vertrags- und Sachenrecht**, der im Fahrer-Rechtsschutz nicht benötigt wird. 21

Die Sonderform des **Fahrer-Rechtsschutzes für Unternehmen** (alle Kraftfahrer) bzw. die Erweiterung auf alle Betriebsangehörigen bei Betrieben des Kraftfahrzeughandels- und Handwerks (bisheriger § 22 Abs. 2) wird über eine besondere Form der **Mitversicherung** in **Nr. 2.1.2** abgebildet. 22

Für die bisherige Umwandlungsregelung in § 21 Abs. 4 wurde keine vertretbare Lösung gefunden, die dem Anspruch an Transparenz und Übersichtlichkeit gerecht geworden wäre. Dies wird bedauert, obgleich die Nachfrage nach einem reinen Fahrer-Rechtsschutz eher gering ist und der VN eine Umwandlung in einen Fahrzeug-Rechtsschutz (mit entsprechend höherem Beitrag) nicht immer wünscht. Bei Bedarf muss der Versicherer das Thema durch eine **individuelle Produktgestaltung** (z.B. durch einen – am Markt immer häufiger anzutreffenden – allgemeinen Vorsorge-Rechtsschutz) oder durch den Tarif regeln. 23

§ 23 Privat-Rechtsschutz für Selbständige

(1) Versicherungsschutz besteht für den Versicherungsnehmer und seinen ehelichen/ eingetragenen oder im Versicherungsschein genannten sonstigen Lebenspartner i.S.d. § 3 Abs. 4 b), wenn einer oder beide eine gewerbliche, freiberufliche oder sonstige selbständige Tätigkeit ausüben,
a) für den privaten Bereich,
b) für den beruflichen Bereich in Ausübung einer nichtselbständigen Tätigkeit.

(2) Mitversichert sind die minderjährigen und die unverheirateten, nicht in einer eingetragenen oder sonstigen Lebenspartnerschaft i.S.d. § 3 Abs. 4 b) lebenden volljährigen Kinder bis zur Vollendung des 25. Lebensjahres, letztere jedoch längstens bis zu dem Zeitpunkt, in dem sie erstmalig eine auf Dauer angelegte berufliche Tätigkeit ausüben und hierfür ein leistungsbezogenes Entgelt erhalten.

(3) Der Versicherungsschutz umfasst:

– Schadenersatz-Rechtsschutz	(§ 2a),
– Arbeits-Rechtsschutz	(§ 2b),
– Rechtsschutz im Vertrags- und Sachenrecht	(§ 2d),
– Steuer-Rechtsschutz vor Gerichten	(§ 2e),
– Sozialgerichts-Rechtsschutz	(§ 2f),
– Disziplinar- und Standes-Rechtsschutz	(§ 2h),
– Straf-Rechtsschutz	(§ 2i),
– Ordnungswidrigkeiten-Rechtsschutz	(§ 2j),
– Beratungs-Rechtsschutz im Familien-, Lebenspartnerschafts- und Erbrecht	(§ 2k).

(4) Der Versicherungsschutz umfasst nicht die Wahrnehmung rechtlicher Interessen als Eigentümer, Halter, Erwerber, Mieter, Leasingnehmer und Fahrer eines Motorfahrzeuges zu Lande, zu Wasser oder in der Luft sowie Anhängers.

(5) Sind der Versicherungsnehmer und/oder der mitversicherte Lebenspartner nicht mehr gewerblich, freiberuflich oder sonstig selbständig tätig oder wird von diesen keine der vorgenannten Tätigkeiten mit einem Gesamtumsatz von mehr als 6.000 Euro – bezogen auf das letzte Kalenderjahr – ausgeübt, wandelt sich der Versicherungsschutz ab Eintritt dieser Umstände in einen solchen nach § 25 um.

Literatur:
Cornelius-Winkler, Rechtsschutzversicherung, 6. Auflage 2025; *Mathy*, Rechtsschutz-Alphabet, Stichwort: Selbständige Tätigkeit (S. 736 – 772); *ders.*, Aktuelle Fragen zum Versicherungsvertragsrecht in der Rechtsschutzversicherung, VersR 2005, 872; *ders.*, Nochmals: Streitigkeiten aus personenbezogenen Versicherungsverträgen eines selbständig Berufstätigen im Focus der Rechtsschutzversicherung, r+s 2004, 265; *ders.*, Die Mitversicherung des nichtehelichen Lebenspartners in der Rechtsschutzversicherung, VersR 2003, 820; *ders.*, Der problematische Versicherungsvertrags-Rechtsschutz in der Rechtsschutzversicherung, NVersZ 2001, 433; *ders.*, Aktuelle Fragen zur Versicherung der selbständigen Tätigkeit in der Rechtsschutzversicherung, VersR 1992, 781; *Pauls*, Versicherungsrechtsschutz bei Auseinandersetzungen Selbstständiger wegen Ansprüchen aus Vorsorgeversicherungen, VersR 2009, 464; *Prölss*, Risikoausschlüsse in der Rechtsschutzversicherung, r+s 2005, 269; s. weitere Literaturhinweise unter Vorbemerkungen zu §§ 21 ff.

Übersicht Rdn.

A. Allgemeines

1 **Strukturübersicht** zum Privat-Rechtsschutz für Selbstständige nach § 23 ARB 2010 mit Kurzbeschreibung:

ARB 2010	RS-Form	Kurzbeschreibung
§ 23	Privat-RS für Selbstständige	Abs. 1, 2: **Versichert** ist der (1) private Bereich, (2) evtl. zusätzlich bestehende berufliche nichtselbstständige Tätigkeit (abhängige Beschäftigung); durch § 23 nicht versichert ist die selbstständige Tätigkeit, die – falls gewünscht – gem. § 24 gesondert versichert werden muss. VN ist die **selbstständig tätige Person**, wenn der Gesamtumsatz aus gewerblicher, freiberuflicher oder sonstiger selbstständiger Tätigkeit – des VN, oder – des mitversicherten Lebenspartners, oder – von beiden zusammen im vergangenen Kalenderjahr höher als 6 TEUR war **Mitversichert** sind – Ehepartner – eingetragener Lebenspartner – im Versicherungsschein genannter sonstiger Lebenspartner – minderjährige Kinder – volljährige Kinder mit Einschränkung
		Abs. 1, Abs. 4: Vom Versicherungsschutz **ausgeschlossen** sind: – gewerbliche, freiberufliche oder sonstige selbstständige berufliche Tätigkeit (Abs. 1 arg. e contr.) – Verkehrs-RS (Abs. 4)

2 Will ein **Selbstständiger** nur den Privatbereich einschließlich einer **unselbstständigen** Tätigkeit versichern, dann steht hierfür der **Privat-Rechtsschutz für Selbstständige** nach § 23 zur Verfügung. Der **Nichtselbstständige** erhält die analoge Rechtsschutzdeckung über den Privat- und Berufs-Rechtsschutz für Nichtselbstständige nach § 25. Ein **Unterschied** zwischen beiden Vertragsformen besteht nur in der Prämienhöhe.[1] Dem Selbstständigen wird nach den Tarifen der Versicherer eine höhere Prämie abverlangt, weil sein Kostenrisiko auch im Privatbereich als höher eingeschätzt wird.[2] Die

1 VersHb/*Obarowski*, § 45 Rn. 150.
2 Buschbell/Hering/*Hering*, § 11 Rn. 30.

selbstständige Tätigkeit des Selbstständigen wird vom Deckungsschutz des § 23 **nicht umfasst**, vielmehr muss ein diesbezüglicher Versicherungsschutz, soweit gewollt, durch § 24 gesondert vereinbart werden.

Der Versicherungsschutz nach § 23 umfasst auch den **beruflichen Bereich** des Selbstständigen, soweit dieser eine **unselbstständige Tätigkeit** ausübt, nicht jedoch seine selbstständige Tätigkeit. Erfasst ist damit beispielsweise ein bestehendes Arbeitsverhältnis des im übrigen selbstständig Tätigen. Dies ist etwa der Fall bei einem **angestellten Arzt** in einem Klinikum, der darüber hinaus als selbstständig praktizierender Arzt eine private Praxis betreibt, oder bei einem **Syndikusrechtsanwalt**, der neben seinem Anstellungsverhältnis als niedergelassener Rechtsanwalt aufgrund seiner Zweitzulassung Mandanten berät. In den vorgenannten Beispielen ist **vom Deckungsumfang** des § 23 **nicht erfasst** die Tätigkeit als frei praktizierender Arzt oder niedergelassener Rechtsanwalt. 3

Für die **Abgrenzung** der beiden inhaltlich identischen Vertragsformen der §§ 23 und 25 wird nicht nur auf die Person des VN abgestellt, sondern auch auf dessen **mitversicherten Lebenspartner.** Immer dann, wenn der VN und/oder sein mitversicherter Lebenspartner eine gewerbliche, freiberufliche oder sonst selbstständige Tätigkeit **oberhalb** einer **Bagatellgrenze von 6.000 Euro Gesamtumsatz** pro Jahr ausüben, ist § 23 die richtige Vertragsform zum Schutz des genannten privaten Bereichs einschließlich der nichtselbstständigen Tätigkeit. **Gesamtumsatz** in diesem Sinne ist die Summe aller Erlöse, die der VN und/oder sein mitversicherter Lebenspartner in einem Kalenderjahr aus selbstständiger Tätigkeit vereinnahmen. Für den Fall, dass sich an dieser Berufstätigkeit etwas ändert, sieht Abs. 5 eine **Umwandlungsregelung** vor (s.u. Rdn. 106). 4

Nicht in den Versicherungsschutz selbst **einbezogen** ist der **Verkehrsbereich**, Abs. 4.[3] Dieser kann nur gesondert (§§ 21, 22) oder im Rahmen eines **Bündelprodukts** (§ 28) versichert werden. 5

Der Privat-Rechtsschutz selbst einschließlich der unselbstständigen Berufstätigkeit ist auch in den **Bündelprodukten** gem. §§ 26, 27, 28 enthalten[4]. 6

▶ **Praxishinweis:**

Die Vorläuferregelung in § 25 ARB 75 (**Familien-Rechtsschutz**) galt für Selbstständige und für Nichtselbstständige, eine Unterscheidung erfolgte lediglich nach dem Tarif des Versicherers. Die ARB 94 haben insoweit eine Trennung eingeführt. Neuere Rechtsschutzprodukte einzelner Versicherer sehen aus Vereinfachungsgründen nun wieder für beide Berufsgruppen ein einheitliches Produkt vor. Die Vereinfachung geht teilweise sogar so weit, dass die §§ 23, 25 gestrichen werden und die eigentlich als Bündelprodukt konzipierte Regelung in § 26 als Baukasten benutzt wird, um u. a. auch den Privat-Rechtsschutz als Leistung zu beschreiben, bis hin zur Möglichkeit der Abwahl des Arbeits-Rechtsschutzes.

---

3 S.u. Rdn. 99 ff.

4 S.a. z.B. § 26 Rdn. 3, 9 f.

B. Versicherte Personen (Abs. 1 und 2)

I. Der Versicherungsnehmer

7 Versicherungsschutz nach § 23 besteht für den **Versicherungsnehmer** immer dann, soweit dieser und/oder der mitversicherte **Lebenspartner** eine selbstständige Tätigkeit ausüben, deren Gesamtumsatz pro Jahr die Bagatellgrenze von 6.000 Euro übersteigt. Zu beachten ist allerdings, dass die Anknüpfung an die selbstständige Tätigkeit des VN nur für die Versicherbarkeit des Rechtsschutzprodukts relevant ist. Versichert sind ebenso wie in § 25 **nur** der **private Bereich sowie** der berufliche Bereich in Ausübung einer **nichtselbstständigen Tätigkeit. Nicht versichert** ist hingegen die rechtliche Interessenwahrnehmung im Zusammenhang mit der selbstständigen Tätigkeit des VN, ungeachtet der Höhe des jährlichen Gesamtumsatzes hieraus.[5] Diese aus der positiven Risikobeschreibung resultierende Beschränkung war in § 25 Abs. 1 Satz 2 ARB 75 als Ausschluss bzw. Risikoabgrenzung definiert.

II. Mitversicherte Personen

1. Lebenspartner (Abs. 1)

8 Mitversichert ist zunächst der **Lebenspartner des VN**. Dies kann der eheliche, der ins Partnerschaftsregister eingetragene oder der sonstige Lebenspartner sein. Während der **eheliche** und der **eingetragene** Lebenspartner des VN nach Abs. 1 **obligatorisch mitversichert** sind, kann der **sonstige** Lebenspartner **fakultativ mitversichert** werden, muss dann aber im **Versicherungsschein** ausdrücklich benannt werden.

9 Der **Ehepartner** ist von der Eheschließung bis zur Beendigung der Ehe durch Tod (§ 1482 BGB), rechtskräftiges Scheidungsurteil (§ 1564 BGB) oder richterliche Eheaufhebung (§§ 1313 ff. BGB) mitversichert. Wenn sich die Beendigung der Ehe gem. Art. 17 EGBGB nach ausländischem Recht richtet, so ist dieses Recht maßgeblich.[6] Nach § 15 Abs. 2 kann der VN der Mitversicherung des ehelichen oder eingetragenen Lebenspartners nicht widersprechen.

10 Der in das Partnerschaftsregister **eingetragene Lebenspartner** (§ 1 Abs. 2 LPartG) ist für die Dauer der eingetragenen Partnerschaft zwingend mitversichert. Eingetragene Lebenspartner werden insoweit Ehepartnern gleichgestellt. Zur Öffnung der Ehe für gleichgeschlechtliche Personen mit Wirkung ab dem 1.10.2017, den Bestandsschutz für bereits eingetragene Lebenspartnerschaften und die Umwandlung nach § 20a LPartG s.u. § 25 Rdn. 10.

11 **Sonstige Lebenspartner** im Sinne von § 3 Abs. 4 lit. b) können **fakultativ** mitversichert werden, wie sich aus der Formulierung des § 23 Abs. 1 »oder im Versicherungsschein genannten sonstigen Lebenspartner« ergibt.[7] Eine **Benennung** im Versicherungsschein

5 Höra/Schubach/*Lensing* § 27 Rn. 241.
6 Harbauer/*Obarowski*, § 23 ARB 2010, Rn. 6.
7 Zur Reichweite des Ausschlusses nach § 3 Abs. 4 lit. b) OLG München ZfS 2016, 459 = VersR 2016, 985 (enge Auslegung von ursächlichem Zusammenhang von Lebensgemeinschaft und Interessenwahrnehmung).

ist insoweit **konstitutiv**. Auf das Geschlecht des Lebenspartners kommt es **nicht** an, § 3 Abs. 4 lit. b).[8] **Beginn und Ende der Mitversicherung** hängen von der Vereinbarung mit dem Versicherer ab. Zu beachten ist, dass **bei unterbliebener Mitversicherung** des nichtehelichen Lebenspartners jede Interessenwahrnehmung im Zusammenhang mit der nichtehelichen Lebenspartnerschaft nach § 3 Abs. 4 lit. b) vom Versicherungsschutz **ausgeschlossen** ist. Dies war nach den ARB 75 noch nicht der Fall, da diese den genannten Risikoausschluss noch nicht kannten.

Die **Mitversicherung** eines eingetragenen oder sonstigen Lebenspartners setzt voraus, 12 dass weder der VN noch sein Lebenspartner verheiratet sind, denn ein und dieselbe Person kann nicht zugleich ehe- bzw. nichtehelicher Lebenspartner sein.[9] Für eingetragene Lebenspartner kann nichts anderes gelten. Bei **getrenntlebenden Ehegatten** (VN oder sein neuer Lebenspartner) ist es daher ratsam, beim Versicherer nachzufragen, welche individuellen vertraglichen Gestaltungsmöglichkeiten bestehen.

2. Kinder (Abs. 2)

Mitversichert sind aber auch die **Kinder des VN** und/oder **seines mitversicherten** 13 **Lebenspartners.** Dies gilt auch dann, wenn sie nicht im Haus des VN wohnen, wobei es insoweit für **minderjährige Kinder** keine Einschränkung gibt. **Volljährige Kinder** sind zwar ebenfalls mitversichert, die Mitversicherung **entfällt** jedoch

- bei Verheiratung oder Eingehung einer eingetragenen oder sonstigen Lebenspartnerschaft,
- bei Aufnahme einer auf Dauer angelegten beruflichen Tätigkeit mit leistungsbezogenem Entgelt,
- spätestens jedoch mit Vollendung des 25. Lebensjahres.

Unschädlich ist hingegen eine **nur vorübergehende Berufstätigkeit.** Eine **Befristung des Anstellungsvertrages** spricht nicht gegen eine **auf Dauer angelegte berufliche Tätigkeit.**[10] Ein **Wiederaufleben der Mitversicherung** bei etwaiger Änderung der Umstände (z.B. eine erneute Ausbildung nach abgebrochener Berufstätigkeit) ist bedingungsgemäß nicht vorgesehen.

Stiefkinder sind ebenfalls Kinder im Sinne von § 23 Abs. 2. Abgesehen von **Pflege-** 14 **kindern** (s. näher Rdn. 17) müssen die minderjährigen oder volljährigen Kinder nicht im Haushalt des VN leben. Die Volljährigkeit bestimmt sich nach § 2 BGB, bei ausländischen Staatsangehörigen nach Art. 7 Abs. 1 EGBGB.

Eine **auf Dauer angelegte Berufstätigkeit** liegt nicht vor, wenn das volljährige Kind 15 während der **Wartezeit auf einen Studienplatz** arbeitet oder wenn es eine **Berufsausbildung** absolviert.[11] Grund ist, dass die Bezugnahme auf eine »**auf Dauer angelegte**«

---

8 Detaillierter zu den Voraussetzungen der Lebenspartnerschaft s.a. Mathy VersR 2003, 820, 823 f.; H/E/K/*Heinrichs*, 34. Kap. Rn. 131.

9 AG Pfaffenhofen r+s 2002, 19; vgl. hierzu auch *Mathy* VersR 2003, 820, 825.

10 Harbauer/*Obarowski*, § 23 ARB 2010 Rn. 13.

11 Van Bühren/Plote/*Hillmer-Möbius*, § 23 ARB 2010 Rn. 22.

Berufstätigkeit mit »leistungsbezogenem Entgelt« darauf abzielt, die Mitversicherung auf den Zeitraum der Schul- und Berufsausbildung zu erstrecken und dabei auch etwaige Wartezeiten bei Beginn oder Fortsetzung der Ausbildung mitzuversichern. Auch vorübergehende Tätigkeiten wie **Ferienjobs** oder **Tätigkeiten zur Finanzierung der Ausbildung** lassen die Mitversicherung unberührt. Nimmt diese Tätigkeit allerdings einen Umfang und ein Gepräge an, dass diese neben der **Ausbildung** das Gewicht einer eigenständigen und dauerhaften Tätigkeit hat oder wird diese Tätigkeit als **selbstständige Tätigkeit** betrieben, so besteht für die rechtliche Interessenwahrnehmung insoweit kein Versicherungsschutz (Beispiele: Computerservice, Musiker auf Wochenendfeiern, Disk-Jockey bei privat organisierten Partys).

16 Die **Referendarausbildung** ist ein Ausbildungsabschnitt zum Erwerb des zweiten Staatsexamens und noch keine »auf Dauer angelegte« Berufstätigkeit. Anders aber die Aufnahme eines **befristeten Arbeitsverhältnisses** mit leistungsbezogenem Entgelt, wenn damit eine fortdauernde Berufstätigkeit beabsichtigt ist. Auch ein **unsicherer Arbeitsplatz** führt zum Wegfall der Mitversicherung.[12]

17 Die ARB enthalten keinen Hinweis zur Einschränkung auf **leibliche Kinder**. Nach allgemeiner Betrachtung müssen daher auch **Adoptiv-** und **Pflegekinder** als mitversichert angesehen werden, insbesondere auch, wenn sich diese regelmäßig außerhalb ihres Elternhauses aufhalten und für einen nicht unerheblichen Teil des Tages oder ganz im Haushalt des VN auf dessen Kosten in Familienpflege sind.[13] Eine Erstreckung auf **Enkelkinder** des VN erscheint dagegen **nicht** möglich. Für diese Auffassung spricht der allgemeine Sprachgebrauch und die Systematik des § 23, wonach Versicherungsschutz für **sonstige Angehörige** des VN nicht gelten soll, auch wenn sie dauernd in seinem Haushalt leben.[14]

▶ **Praxishinweis:**

18 Modifizierte Rechtsschutzprodukte einzelner Versicherer sehen für **volljährige Kinder** einen Wegfall der Altersbegrenzung vor. Teilweise wird auch der Versicherungsschutz auf zusätzliche Angehörige des VN erweitert, wie z.B. **Eltern**, **Großeltern** oder **verwandte/verschwägerte Personen**.[15]

3. Andere Personen

19 Andere **im Haushalt des VN lebende oder mitarbeitende Personen** genießen jedoch grundsätzlich keinen Versicherungsschutz, es sei denn hierzu wurde eine gesonderte Vereinbarung getroffen. **Hauspersonal** (z.B. Koch, Kinderfrau, Hausmeister, Gärtner, Concierge) bleibt aufgrund des Prinzips der Spezialität des versicherten Risikos außen vor.[16] Allein das Wohnen unter derselben Anschrift führt noch nicht zur Mitversicherung.

12 VersHb/*Obarowski*, § 45 Rn. 151.

13 BGH VersR 1980, 526; BFH NJW 1992, 1255; VersHb/*Obarowski*, § 45 Rn. 152.

14 LG München I VersR 2009, 353; KG NJW-RR 2009, 521 = VersR 2009, 541; P/M/*Piontek*, § 26 ARB 2010 Rn. 4.

15 S.a. § 25 Rdn. 12.

16 Ebenso Harbauer/*Obarowski*, § 23 ARB 2010, Rn. 15; *Mathy* VersR 2009, 1194.

C. Versicherte Lebensbereiche (Abs. 1 lit. a) und b)

I. Privater Bereich (Abs. 1 lit. a)

1. Allgemeines

Versicherte Lebensbereiche sind der **private Bereich** sowie der **berufliche Bereich in Ausübung einer nichtselbstständigen Tätigkeit.** Aus dieser positiven Risikoabgrenzung kann zugleich abgeleitet werden, dass eine Interessenwahrnehmung im Zusammenhang mit einer **selbstständigen Tätigkeit** nicht vom Versicherungsschutz umfasst ist. Diese muss, soweit gewünscht, über § 24 gesondert versichert werden. Der grundsätzlich zum privaten Bereich gehörende **Verkehrsbereich** ist jedoch in § 23 **nicht** mit umfasst, was aus Abs. 4 folgt.[17] Auch der **Wohnungs- und Grundstücks**-Rechtsschutz nach § 2 lit. c. sowie der Verwaltungs-Rechtsschutz in Verkehrssachen nach § 2 lit. g) unterliegen **nicht** dem Versicherungsschutz nach § 23, da diese Leistungsarten in der Aufzählung des Abs. 3 nicht aufgeführt sind. 20

2. Abgrenzung zur selbstständigen Tätigkeit

Die Beschränkung auf den **privaten Bereich** erscheint auf den ersten Blick nachvollziehbar und auch nicht allzu schwierig, zumal für den **Bereich der selbstständigen Tätigkeit** ein gesondertes Rechtsschutzprodukt mit § 24 zur Verfügung steht. Schon aus diesem Grund ist eine Abgrenzung erforderlich.[18] Bei näherer Betrachtung wird allerdings deutlich, dass weder die **Rechtssprache** noch der **allgemeine Sprachgebrauch** eine klare Abgrenzung zulassen, so dass Auslegungsschwierigkeiten in vielen Einzelfällen nachgerade angelegt und unvermeidbar sind. Aus § 23 Abs. 1 lit. a) und dem Zusammenhang mit der korrespondierenden Regelung des § 24 wird zumindest für weite Felder der selbstständigen Tätigkeit eine leichte Zuordnung ermöglicht. So ist insbesondere klar, dass eine **gewerbliche** und eine **freiberufliche** Tätigkeit in § 23 vom Versicherungsschutz ausgeschlossen sind. Da gewerbliche und freiberufliche Tätigkeiten den Bereich der selbstständigen Tätigkeit nicht voll abdecken, nehmen die §§ 23, 24 zusätzlich auf **»sonstige selbstständige Tätigkeiten«** Bezug, die ebenfalls über § 23 nicht versichert sind. Die selbstständige Tätigkeit ist der **Oberbegriff** für gewerbliche, freiberufliche und sonstige selbstständige Tätigkeiten, auf die nachstehend näher eingegangen wird. 21

Generell wird als **selbstständige Tätigkeit** jede fortgesetzte Tätigkeit angesehen, die sich als wirtschaftliche Betätigung darstellt und sich in einer nach außen selbstständigen und vom privaten Bereich getrennten Sphäre vollzieht.[19] Für die Abgrenzung können im Grundsatz auch Prinzipien herangezogen werden, wie sie bereits zu § 23 ARB 75 entwickelt wurden.[20] Der Bundesgerichtshof hat in zwei **Grundsatzentscheidungen** 22

17 Buschbell/Hering/*Hering*, § 11 Rn. 37.

18 BGH VersR 1978, 816; OLG Stuttgart VersR 2002, 1143.

19 VersHb/*Obarowski*, § 45 Rn. 156.

20 Ebenso P/M/*Piontek*, § 23 ARB 2010, Rn. 3; OLG Köln VersR 2008, 209, 210; ausführlich dazu van Bühren/Plote/*Hillmer-Möbius*, § 25 ARB 2010 Rn. 2 ff.

Abgrenzungshinweise gegeben.[21] Darüber hinaus ist auf einzelne Aspekte hinzuweisen: So stellen **vereinzelte Tätigkeiten** keine selbstständige Tätigkeit im Sinne von § 23 Abs. 1 dar, wenn diesen kein planvolles Handeln mit Fortsetzungszusammenhang zugrunde liegt[22] **Vorbereitende oder beabsichtigte Aktivitäten** im Zusammenhang mit der Aufnahme einer selbstständigen Tätigkeit, beispielsweise rechtliche Streitigkeiten über Verträge, die eine solche Tätigkeit vorbereiten, sind in der Regel vom Privat-Rechtsschutz nicht erfasst,[23] da bereits ein Konnex zu der vorbereitenden selbstständigen Tätigkeit ausreichend ist.[24] Dieselben Grundsätze gelten nach dem actus contrarius-Prinzip auch für Maßnahmen zur **Beendigung der selbstständigen Tätigkeit**, wie beispielsweise für juristische Auseinandersetzungen aufgrund mit der Beendigung geschlossener Verträge.[25] Das Innenverhältnis ist nicht entscheidend, vielmehr kommt es auf das **Auftreten des Handelnden nach außen** an.[26] In Rechtsprechung und Rechtspraxis haben sich zu den Abgrenzungsfragen eine Reihe von Fallgruppen herausgebildet, auf die im Folgenden eingegangen wird.[27]

23 Neben der Frage, **ob** eine selbstständige Tätigkeit im Sinne der ARB vorliegt, ist im Einzelfall auch die Frage zu klären, **ob** der Versicherungsfall im versicherten privaten Bereich oder im Bereich der nicht versicherten selbstständigen Tätigkeit eingetreten ist. Der Bedingungstext macht hierzu keine Vorgaben, so dass auf **allgemeine Auslegungsregeln** zurückgegriffen werden muss. Eine **Anlehnung an steuerliche, gewerberechtliche, sozialversicherungsrechtliche Bestimmungen oder Regelungen des BGB (§§ 13, 14 BGB)**, die gleichartige Begriffe verwenden, ist **nur bedingt möglich.** Einen Anhaltspunkt gibt jedoch § 84 Abs. 1 Satz 2 HGB, wonach selbstständig ist, wer im Wesentlichen seine Tätigkeit frei gestalten und seine Arbeitszeit bestimmten kann.[28] In der Literatur wird zu Recht darauf hingewiesen, dass die einschlägigen Normen in ganz unterschiedlichen Zusammenhängen stehen und es nicht ersichtlich ist, dass der Ausschluss sich an einer von ihnen orientieren soll.[29] Wichtig für die Frage, ob eine Auseinandersetzung dem privaten oder dem selbstständigen Bereich des VN zugewiesen

21 BGH VersR 1978, 816, 817; BGH VersR 1992, 1510 = NJW 1992, 3242 = r+s 1992, 415.

22 OLG Bamberg ZfS 1992, 110; LG Hannover ZfS 1990, 201. Zur Frage bei jeweils umfangreichen und streitträchtigen Tätigkeiten s. OLG Karlsruhe VersR 1993, 1009.

23 H.M. OLG Hamm VersR 2024, 245 = BeckRS 2023, 29460; P/M/*Piontek* § 23 ARB 2010 Rn. 7; L/W/*Obarowski*, Bd. 4 Rechtsschutz, Rn. 43; Cornelius-Winkler, Rechtsschutzversicherung, Rn. 4.23; LG Berlin VersR 2001, 115; AG Hof ZfS 1987, 386.

24 A.A. OLG München NJW-RR 2007, 241; L/P/*Paffenholz*, VVG § 125 Rn. 33; danach stellt erst das gegenwärtige Ausüben einer selbstständigen Tätigkeit eine nicht gedeckte selbstständige Tätigkeit dar.

25 S.a. LG Koblenz r+s 1992, 57; VersHb/*Obarowski*, § 45 Rn. 178.

26 LG München I r+s 1999, 331; s.a. die Erläuterungen zur Scheinselbständigkeit Rn. 57.

27 Harbauer/*Obarowski*, § 23 ARB 2010, Rn. 21 ff.; VersHb/*Obarowski*, § 45 Rn. 157 ff.; van Bühren/Plote/*Hillmer-Möbius*, § 23 ARB 2010 Rn. 6 ff.; s.a.u. Rdn. 33 ff.

28 S. allgemein zur Abgrenzung auch van Bühren/Plote/*Hillmer-Möbius*, § 25 ARB 2010 Rn. 2 ff.

29 *Prölss* r+s 2005, 269, 272.

wird, dürfte die Verortung sein, wo und **in welchem Bereich der Streit seine Ursache hat.** Fragen nach dem Grund des Abschlusses des Versicherungsvertrages oder danach, ob sie von Nichtselbstständigen in gleicher Weise ebenfalls geschlossen worden wären, können für die Abgrenzung allenfalls am Rande eine Rolle spielen.[30]

Im Grundsatz wird man zunächst allgemein statuieren können, dass der Begriff der »selbstständigen Tätigkeit« im Sinne der Bedingungen im Kern folgende Merkmale erfordert, welche auch für einen Gewerbebetrieb und einen freiberuflich Tätigen mit selbständiger Arbeit im Sinne von § 18 EStG als kennzeichnend betrachtet werden können: 24

- **Eigenverantwortlichkeit** im Sinne selbstbestimmter Arbeit (vs. weisungsgebundene, nicht selbstständige Arbeit)
- **Nachhaltigkeit** im Sinne planvollem und fortgesetztem Handeln (vs. nur vereinzelte Tätigkeit)
- **Teilnahme am allgemeinen wirtschaftlichen Verkehr** (vs. reine Tätigkeit im Innenverhältnis)
- **Gewinnerzielungsabsicht** (vs. bloße Liebhaberei)

a) Gewerbe

Unter **Gewerbe** versteht man jede erlaubte, auf gewisse Dauer angelegte und regelmäßig selbstständige Tätigkeit, bei der Gewinnerzielungsabsicht besteht. Dazu gehören u.a. Handwerk, Industrie, Verkehr, Handel und der Finanzdienstleistungsbereich.[31] Ausgenommen hiervon sind die Urproduktion (Gewinnung von Erzeugnissen aus der Natur, z.B. durch Land- und Forstwirtschaft, Fischerei, Jagd) sowie die Tätigkeiten der freien Berufe.[32] Anerkannt ist, dass eine gewerbliche Tätigkeit **berufsmäßig** ausgeübt werden muss.[33] Auf die **gewerbe- oder steuerrechtliche Einordnung** kommt es für die Abgrenzung nicht an, da die §§ 23, 24 hierauf nicht abstellen.[34] Eine Bewertung hierzu kann aber für die Auslegung zumindest indiziell berücksichtigt werden. Auch der BGH greift in seiner Rechtsprechung auf Hilfskriterien außerhalb der ARB zurück, um den Abgrenzungsschwierigkeiten gerecht zu werden. So hat er beispielsweise in einer Entscheidung[35] auf eine **Verjährungsregelung** und die entsprechende Rechtsprechung hierzu Bezug genommen, um vom Gewerbe die private Vermögensverwaltung ohne planmäßigen Geschäftsbetrieb abzugrenzen. 25

30 Van Bühren/Plote/*Hillmer-Möbius*, § 23 ARB 2010 Rn. 5.

31 Harbauer/*Obarowski*, § 23 ARB 2010 Rn. 17.

32 Harbauer/*Obarowski*, § 23 ARB 2010, Rn. 17. Anders LG Köln, Urteil v. 19.10.2017 – 24 O 155/17, das im Verfassen von juristischen Aufsätzen eines Rechtsanwalts zu Recht eine private Neben- und Hobby-Tätigkeit ablehnte, fälschlicherweise aber von einer gewerblichen statt einer freiberuflichen Tätigkeit des Rechtsanwalts ausging.

33 BGHZ 119, 252.

34 BGH VersR 1978, 816; OLG Hamm NJW-RR 1989, 344; a.A. aber LG Hannover r+s 2005, 19 ff.

35 BGH NJW 1992, 3242 = r+s 1992, 415.

26 Die Ausübung der gewerblichen Tätigkeit als einer **Haupttätigkeit** bedarf es nicht.[36] Auch nicht erforderlich ist, dass eine selbstständige Nebentätigkeit den VN nachhaltig in Anspruch nehmen muss.[37] Dass ein Gewerbe nur **nebenberuflich** ausgeübt wird, ändert somit nichts daran, dass es sich um eine selbstständige Tätigkeit handelt, die im Rahmen des § 23 nicht versichert ist. Dies gilt auch für Tätigkeiten unterhalb der in Abs. 5 genannten Umsatzgrenze. Letztere ist lediglich für die Versicherbarkeit der einen oder anderen Risikogruppe nach § 23 bzw. nach § 25 relevant.

27 Auch die sog. **Schwarzarbeit**, d.h. das illegale Erbringen oder Ausführenlassen von Dienst- oder Werkleistungen ohne Erfüllung der gewerberechtlichen, steuerlichen oder sozialversicherungsrechtlichen Pflichten nach § 1 Abs. 2 SchwarzArbG, ist eine gewerbliche Tätigkeit, die im Rahmen des § 23 nicht versichert ist.

b) Freiberufliche Tätigkeit

28 Die **freiberufliche Tätigkeit** ist gesetzlich nicht definiert. Unter Bezugnahme auf zwei Vorschriften lässt sich diese aber relativ einfach bestimmen. Dazu gehören in erster Linie die sog. **Katalog-Berufe**, wie sie nach **EStG** und **PartGG** festgeschrieben sind. Unter § 18 Abs. 1 Nr. 1 EStG fallen: *Ärzte, Zahnärzte, Tierärzte, Rechtsanwälte, Notare, Patentanwälte, Vermessungsingenieure, Ingenieure, Architekten, Handelschemiker, Wirtschaftsprüfer, Steuerberater, beratende Volks- und Betriebswirte, vereidigte Buchprüfer, Steuerbevollmächtigte, Heilpraktiker, Dentisten, Krankengymnasten, Journalisten, Bildberichterstatter, Dolmetscher, Übersetzer, Lotsen und ähnliche Berufe.* § 1 Abs. 2 PartGG fügt ergänzend weitere Berufe hinzu: *Hebammen, Heilmasseure, Diplom-Psychologen, hauptberufliche Sachverständige und ähnliche Berufe sowie Wissenschaftler, Künstler, Schriftsteller, Lehrer und Erzieher.*

29 Kennzeichnend für diese Berufsgruppen sind die Qualität und Länge der erforderlichen Berufsausbildung[38] und der persönliche Einsatz bei der Berufsausübung. Die freien Berufe haben im Allgemeinen auf der Grundlage besonderer beruflicher Qualifikation oder schöpferischer Begabung die persönliche, eigenverantwortliche und fachlich unabhängige Erbringung von **Dienstleistungen höherer Art** im Interesse der Auftraggeber und der Allgemeinheit zum Inhalt. Charakteristisch für die freie Berufstätigkeit ist, dass sie für ein wert-/tätigkeitsbezogenes Entgelt (z.B. nach einer Gebührenordnung) und grundsätzlich nicht für ein Erfolgshonorar ausgeübt wird.[39] Abgrenzungen zu gewerblichen Tätigkeiten können im Einzelfall schwierig sein.[40] Keinesfalls liegt aber eine gewerbliche, vielmehr eine sonstige freiberufliche Tätigkeit eines Rechtsanwalts

36 BGH VersR 1992, 1510; OLG Düsseldorf VersR 1996, 844; a.A. jedoch OLG Köln r+s 1994, 462.

37 LG Hannover ZfS 1990, 201; a.A. aber OLG Köln VersR 1983, 1126.

38 BVerfG NJW 1978, 365.

39 Schmidt/*Wacker*, EStG, § 18 Rn. 61.

40 *Jahn* DB 2015, 641.

vor, wenn dieser als Fachautor Aufsätze verfasst,[41] wobei dies kein Hobby oder eine bloße Liebhaberei und damit auch keine dem privaten Bereich zuzuordnende Tätigkeit darstellt,[42] auch wenn dies einkommensteuerrechtlich im Einzelfall anders zu beurteilen sein mag.

c) Sonstige selbstständige Tätigkeit

Mit den ARB 94 wurde zusätzlich der Begriff der **»sonstigen selbstständigen Tätigkeit«** in die Risikobeschreibung der §§ 23 bis 28 aufgenommen. Damit sollte verdeutlicht werden, dass die selbstständige Tätigkeit sowohl was die Versicherbarkeit nach § 24, als auch die Abgrenzung davon in §§ 23, 25 nicht auf gewerbliche oder freiberufliche Tätigkeiten beschränkt ist. Der Begriff **»sonstige«** ist allerdings unscharf und bedarf der **Auslegung im Einzelfall**[43]. Grundsätzlich wird man verlangen müssen, dass die jeweilige Tätigkeit berufsmäßig ausgeübt wird. Daraus ergeben sich automatisch Grenzbereiche wie z.B. die Unterscheidung von der sogenannten **privaten Vermögensverwaltung**, von vereinzelten Tätigkeiten sowie von **hobbymäßig** ausgeübten Tätigkeiten. Die regelmäßige **Prostitution**[44] dürfte ebenso hierunter fallen wie die **Pferdevermittlung für Zuchtzwecke.**[45] 30

Auch die **Vermarktung von Lizenzen** gegen Vergütung stellt eine selbständige, vom privaten Bereich getrennte Tätigkeit dar.[46]

Bei **arbeitnehmerähnlichen** Beschäftigungspositionen treten Zweifelsfragen auf. Die beschäftigte Person, z.B. Schriftsteller oder Heimarbeiter, ist regelmäßig persönlich selbstständig und bei Ausführung der Tätigkeit weisungsfrei und erfüllt damit nicht die Voraussetzungen des Arbeitnehmerbegriffs. Andererseits besteht eine hohe wirtschaftliche Abhängigkeit und der Leistungserbringer ist schutzbedürftig wie ein Arbeitnehmer, weil insbesondere die Vergütung die Existenzgrundlage darstellt, sodass es an der Eigenschaft als Unternehmer fehlt.[47] Da das Risiko dem eines Arbeitnehmers sehr nahe kommt, werden solche Tätigkeiten der Vertragsform nach § 25 zugeordnet. 31

Auch die Einordnung der Stellung von **freien Mitarbeitern** oder von sog. **Freelancern** im Zusammenhang mit Projektarbeiten wirft Abgrenzungsfragen auf. So sind vorbehaltlich der vertraglichen Ausgestaltung Personen beispielsweise in Rundfunkanstalten 32

---

41 Ebenso *Völker* BRAK-Mitt. 2018, 11, aber anders LG Köln Urt. v. 19.10.2017 – 24 O 155/17 beck online Rn. 29 ff.

42 Zustimmend LG Köln (s. Rdn. 29).

43 Zu von der Rechtsprechung entschiedenen Einzelfällen s. P/M/*Armbrüster*, § 23 ARB 2010 (30. Aufl.) Rn. 11. Zu einer von den Mindestbedingungen abweichenden Individualklausel OLG Nürnberg VersR 2016, 1371.

44 OLG Karlsruhe VersR 1991, 1126 und P/M/Piontek § 23 ARB 2010, Rn. 10 nehmen insoweit allerdings eine freiberufliche Tätigkeit an.

45 LG Itzehoe r+s 1997, 24.

46 OLG Hamm, Beschluß vom 2.6.2017 – 20 U 110/16 (juris).

47 S. § 12a TVG; Erfurter Kommentar zum Arbeitsrecht/*Preis*, 24. Aufl., 2024, § 611a Rn. 80.

als freie Mitarbeiter für die inhaltliche Programmgestaltung zuständig und tätig[48] oder ein Rechtsanwalt als Honorarlehrkraft einer Behörde[49] oder als Lehrbeauftragter einer Hochschule[50] als freie Mitarbeiter tätig; in letzterem Fall fehlt es regelmäßig auch an einem Weisungsverhältnis. Eine Einordnung als **arbeitnehmerähnlich** scheidet aus, wenn der freie Mitarbeiter **Zeit, Ort und Dauer** der Dienstleistung frei bestimmen kann.[51] Anderseits zieht die Rechtsprechung den **Grad der persönlichen Abhängigkeit**, der durch die **Eingliederung in eine Unternehmensstruktur** und den **Rahmen von Weisungsrechten** als **Abgrenzungsmerkmal** heran. Erforderlich ist daher jeweils eine Einzelfallentscheidung unter Gesamtwürdigung der vorbezeichneten Umstände.[52] Zum Problem der **Scheinselbstständigkeit** s.u. Rdn. 77.

d) Grenzbereiche und Fallgruppen

33 In der Praxis lassen sich einige **Fallgruppen** identifizieren, bei denen die Abgrenzung zur selbstständigen Tätigkeit Schwierigkeiten bereitet. Sie geben dem Thema jedoch eine gewisse Struktur und eine separate Auseinandersetzung mit ihnen erleichtert die Schaffung eines Gesamtbildes.

aa) Unternehmensbeteiligungen

34 Eine selbstständige Tätigkeit im Sinne der ARB liegt regelmäßig auch dann vor, wenn der VN **Gesellschafter** einer offenen Handelsgesellschaft oder **beherrschender Gesellschafter** einer GmbH ist. In diesen Fällen ist der VN an der Führung eines gewerblichen Betriebs als oder wie ein Eigentümer beteiligt.[53] Aber auch dann, wenn der VN **nicht die Mehrheit der Gesellschaftsanteile** hält, kann nach der Rechtsprechung eine selbstständige Tätigkeit vorliegen, wenn der VN aufgrund sonstiger Umstände (z.B. als **Alleingeschäftsführer**) die Tätigkeit der Gesellschaft **maßgeblich beeinflussen kann.**[54] Da jeder Gesellschafter einer GmbH über die Gesellschafterversammlung durch Weisungen Einfluss auf die Geschäftsführung ausüben kann, stellt sich die Frage, ob für die Frage der selbstständigen Tätigkeit überhaupt auf das Gewicht der Anteile abgestellt werden muss.[55] Ohne das Hinzutreten weiterer Umstände ist ein Beteiligungs-

---

48 BAG NZA 2022, 623.

49 BAG NJW 1998, 3661.

50 BAG DB 1982, 2707.

51 BAG BB 1990, 779.

52 Ebenso Harbauer/*Obarowski*, § 23 ARB 2010 Rn. 23.

53 BGH VersR 1978, 816, 817; OLG Köln VersR 2008, 209; OLG München r+s 1997, 509; LG Köln, JurBüro 1990, 1201; LG Dortmund ZfS 1985, 82.

54 P/M/*Piontek*, § 23 ARB 2010, Rn. 8; OLG Saarbrücken r+s 1990, 238 = VersR 1990, 1391 (beherrschender GmbH-GF); OLG Oldenburg ZfS 1986, 211 (maßgeblicher Einfluss auf Geschäftsführung); LG Hannover ZfS 1987, 367 (alleinvertretungsberechtigter GF); LG Hechingen ZfS 1986, 272 (Mitgesellschafter einer GmbH und Beteiligung als atypisch stiller Gesellschafter mit Übernahme eines hohen Bürgschaftsbetrags).

55 Ebenso *Prölss* r+s 2005, 269, 273.

erwerb dann keine selbstständige Tätigkeit und vielmehr dem Privatbereich zuzuordnen, wenn hierdurch kein beherrschender Einfluß auf die Gesellschaft besteht.[56]

Keine selbstständige Tätigkeit liegt nach einem Urteil des **BGH** aus 2006[57] vor, wenn sich der VN zur **Kapitalanlage** als **Kommanditist** an einer GmbH & Co. KG beteiligt. Das gleiche gilt für die Beteiligung als **atypisch stiller Gesellschafter** an einer Publikums-AG[58] sowie bei Eingehung der Beteiligung an einer **stillen Gesellschaft**[59], es sei denn der VN ist aufgrund seiner Vollmachten einem Inhaber oder Gesellschafter gleichzustellen[60]. Auch wenn der stille Gesellschafter maßgeblich an der Geschäftsführung beteiligt ist, übt er eine selbstständige Tätigkeit aus.[61] Anders allerdings, wenn dem atypisch stillen Gesellschafter nur Widerspruchsrechte zustehen.[62] Dass der VN im Hinblick auf seine Beteiligung eventuell als Mitunternehmer i.S. von § 15 Abs. 1 Nr. 2 EStG anzusehen ist, steht einer nicht selbstständigen Tätigkeit nicht entgegen. Dem verständigen VN erschließt sich nicht ohne Weiteres, dass eine selbstständige Tätigkeit im Sinne der ARB und die Mitunternehmerschaft gem. § 15 EStG dasselbe sind.[63] 35

bb) Vermögensverwaltung/Kapitalanlagen

Grundsätzlich gehört die **Verwaltung eigenen Vermögens**, auch wenn es beträchtlich[64] ist, zum privaten Bereich. Insofern ist eine Gesamtbewertung anzustellen.[65] Die Vermögensverwaltung ist keine Berufsausübung.[66] Gleichwohl kann im Einzelfall die Grenze zur selbstständigen Tätigkeit überschritten sein. Hierzu hat die Rechtsprechung gewisse Kriterien herausgearbeitet, die zwar nicht ohne weiteres den zwingenden Schluss auf eine selbstständige Tätigkeit zulassen, aber wichtige **Indizien** hierfür sein können.[67] Im Einzelnen sind dies 36

- die Aufnahme oder der vollständige Einsatz[68] von Fremdmitteln,
- ein spekulativer Charakter der Geschäfte,[69]
- Umfang und Höhe der für die Verwaltung notwendigen oder nützlichen Geschäfte.[70]

56 Harbauer/*Stahl* (8. Aufl.), § 23 ARB 2000 Rn. 41.
57 BGH VersR 2006, 1119 = NJW-RR 2006, 1404 = r+s 2006, 373.
58 OLG Celle VersR 2005, 1139 = r+s 2004, 414; a.A. LG Hannover r+s 2005, 19.
59 OLG Düsseldorf VersR 1996, 844; LG Hannover ZfS 1990, 16.
60 LG Berlin ZfS 1987, 145.
61 P/M/*Piontek*, § 23 ARB 2010 Rn. 9; *Prölss* r+s 2005, 269, 273; LG Berlin r+s 1987, 46.
62 OLG Celle VersR 2005, 1139 (1141).
63 BGH NJW-RR 2006, 1405, 1406 a.E.
64 P/M/*Piontek*, § 23 ARB 2010, Rn. 12 unter Verweis auf verschiedene Urteile.
65 R. Wendt r+s 2008, 221 (230).
66 BGH VersR 1992, 1510 = NJW 1992, 3242 = r+s 1992, 415; BGH NJW 2002, 368 (zu § 1 VerbrKrG).
67 S.a. VersHb/*Obarowski*, § 45 Rn. 160.
68 OLG Hamm VersR 1992, 821.
69 Z. B. OLG Bamberg ZfS 1992, 210; OLG München VersR 1989, 40; LG Coburg ZfS 1992, 282.
70 BGH NJW 1992, 3242.

37 Die Entscheidung des BGH vom 23.9.1992[71], welche die Abgrenzung nach § 25 Abs. 1 Satz 2 ARB 75 zu beurteilen hatte, stellt insoweit einen gravierenden **Einschnitt** dar. Die Rechtsprechung **vor** diesem Urteil ist dadurch gekennzeichnet, dass eine selbstständige Tätigkeit häufig dann bejaht wurde, wenn der VN **umfangreiche Börsenspekulationsgeschäfte**[72] betrieb oder **umfängliche Anlagen des Vermögens in Grundstücke**[73] tätigte. Dieser Grenzziehung, die zwar sehr kasuistisch war, jedoch in der Regel zu interessengerechten Lösungen führte, wurde **mit der Entscheidung des BGH der Boden entzogen.** Nach der Wortlautauslegung des BGH musste **nunmehr** ein **Gewerbe** vorliegen, d. h. es war zu prüfen, ob der »Umfang der Vermögensverwaltung einen **planmäßigen Geschäftsbetrieb** erfordert, wie etwa die Unterhaltung eines **Büros** oder einer **Organisation** zur Durchführung der Geschäfte«. Angesichts **moderner Kommunikationsmittel** sowie der häufig fehlenden Nachprüfbarkeit war diese in der Literatur[74] nicht ganz zu Unrecht kritisierte Abgrenzung von den Gerichten kaum noch praktisch zu bewältigen, was dazu führte, dass in der Folgezeit selbst bei umfangreichen und spekulativen Geschäften eine selbstständige Tätigkeit **meistens verneint** wurde[75]. Nur **in einzelnen** besonders herausragenden **Fällen** wurde noch eine selbstständige Tätigkeit **bejaht.**[76]

38 Auf der Grundlage der **ARB 94 ff.** stellt sich die **Situation entscheidend anders** dar. Da hier in den einzelnen Vertragsformen (auch in § 24) neben den Begriffen »gewerblich« und »freiberuflich« zusätzlich noch die »**sonstige selbstständige Tätigkeit**« aufgeführt wird, ist die vom BGH auf der Grundlage der **ARB 75** vorgenommene »Verkürzung« auf den Gewerbebegriff nicht mehr möglich. Die jeder gewerblichen oder

---

71 BGH VersR 1992, 1510 = NJW 1992, 3242 = r+s 1992, 415.

72 Z.B. OLG Bamberg ZfS 1992, 210; OLG München ZfS 1988, 318 = VersR 1989, 40; OLG Schleswig ZfS 1988, 248; OLG Karlsruhe ZfS 1982, 369; OLG Koblenz ZfS 1983, 16; LG Coburg ZfS 1992, 282.

73 Z.B. OLG Hamm VersR 1989, 799; OLG Hamm VersR 1984, 177; OLG Karlsruhe VersR 1982, 335 = ZfS 1982, 177; LG Köln ZfS 1989, 345; LG Berlin ZfS 1986, 370.

74 Harbauer/Obarowski, § 23 ARB 2010, Rn. 37; van Bühren/Plote/*Hillmer-Möbius*, § 23 ARB 2010 Rn. 10.

75 OLG Köln r+s 2001, 421: 1 Immobilie mit Halle im Wert von ca. 1 Mio. DM; OLG Frankfurt VersR 2001, 1421 = r+s 2001, 376 = MDR 2001, 990 (2 Mietshäuser mit 12 Wohnungen); OLG Düsseldorf VersR 2002, 353 = r+s 2001, 466 = ZfS 2001, 512 (Mehrfamilienhaus mit 6 Wohneinheiten und 1 Gewerbeeinheit); OLG Oldenburg VersR 1998, 1412 (2 Mehrfamilienhäuser); OLG Oldenburg VersR 1996, 1233 (7 Eigentumswohnungen); OLG Bamberg NJW-RR 1994, 1507 (US-Wertpapiere und Devisenterminkontrakte über 1 Mio. DM und 1 Mio. US-Dollar); OLG Köln r+s 1993, 145 (Jährliche Mieteinnahmen von 480.000 DM); LG Koblenz r+s 1998, 468 (Gesellschaftsbeteiligung in Höhe von 7 Mio. DM).

76 OLG Frankfurt ZfS 2002, 400 (7 Eigentumswohnungen); OLG München NJW-RR 2003, 321 (Überwiegend fremdfinanzierte Beteiligungen über 1,6 Mio. DM als atypisch stiller Gesellschafter); OLG München r+s 1997, 509 m. Anm. v. *Kurzka* (27 Wohneinheiten und 2 Gewerbeeinheiten); OLG Köln r+s 2003, 504 (Erwerb eines Grundstücks und Bebauung mit einer Seniorenwohnanlage); LG Berlin r+s 2000, 420 (Grundstück im Wert von über 10 Mio. DM).

freiberuflichen Tätigkeit immanente Nachhaltigkeit wird nicht mehr vorausgesetzt. Somit ist **nunmehr** jede auf **Gewinnerzielung** gerichtete selbstständige Tätigkeit, bei der es sich nicht nur um die Verwaltung privaten Vermögens handelt, vom Ausschluss betroffen[77]. Möglicherweise wird sich daher die Rechtsprechung zukünftig wieder mehr nach den Kriterien orientieren, die vor der BGH-Entscheidung vom 23.9.1992 von den Gerichten herangezogen wurden. Auch wird – mehr als bisher – die Frage der **Fremdfinanzierung** eine Rolle spielen müssen.

Die Aufnahme von Fremdmitteln kann im Einzelfall auch zur ordnungsgemäßen privaten Vermögensverwaltung gehören. Wenn jedoch beispielsweise bei Wertpapier- oder Immobiliengeschäften ein **hoher Fremdmitteleinsatz** erfolgt, weil nur in geringem Umfang oder gar keine Eigenmittel eingebracht werden, kann regelmäßig daraus geschlossen werden, dass der VN solche Investitionsrisiken tätigt, weil er sich (weitere) selbstständige Einnahmequelle erschließen will.[78] Wer in solchen Fällen mit **hohen Geldbeträgen** und auch **hohen Risiken** jongliert, kann eine Zuordnung dieses Risikos zum privaten Bereich nicht erwarten. In diese Richtung geht auch ein Nichtzulassungsbeschluss des BGH v. 13.6.2007[79], wonach bei einer fremdfinanzierten 23 Mio.-Investition in Gewinnerzielungsabsicht eine selbstständige Tätigkeit angenommen wurde. Die vorgetragene Rolle eines privaten »Feierabendanlegers« mochte der Senat dem betroffenen Ehemann der VN, dessen Ersparnisse nur als Kreditsicherheiten dienten, angesichts der **Komplexität der Geschäfte** nicht abnehmen.[80] 39

Damit ist für die Frage, ob die Verwaltung privaten Vermögens noch dem Privatbereich zugeordnet werden kann, immer eine **Gesamtbetrachtung des geschäftlichen Verhaltens des VN** und der verschiedenen **Aspekte seiner »Geschäftstätigkeit«** anzustellen.[81] Von Bedeutung ist, ob die Vermögensverwaltung einen **planmäßigen Geschäftsbetrieb** erfordert,[82] wobei dafür ein eigenes Büro und eine Geschäftsorganisation nicht Voraussetzung sind, aber starke Indizien dafür sein können, ob der zeitliche Aufwand so groß ist, dass dies kaum oder nichtmehr neben einer beruflichen Tätigkeit möglich ist,[83] ob die **Verwaltung eine hohe Komplexität** durch mit 40

77 *Prölss* r+s 2005, 269, 274.

78 OLG Frankfurt ZfS 2002, 400; OLG Hamm VersR 1992, 821 = r+s 1992, 417; OLG Düsseldorf ZfS 1990, 200; LG Coburg VersR 1996, 705 = r+s 1995, 419; LG Hamburg r+s 1993, 466.

79 Zitiert bei *R. Wendt* r+s 2008, 221, 230 (»SAB-Treuhand-Fall«).

80 In diesem Sinne auch OLG Nürnberg VersR 2016, 1371 = r+s 2016, 301, das in einem Hinweisbeschluss auf eine Gesamtbetrachtung des Erfordernisses eines planmäßigen Geschäftsbetriebs unter Einbeziehung der Komplexität der Geschäfte zur Zuordnung der eigenen Vermögensverwaltung in den privaten Bereich abstellt.

81 OLG Nürnberg r+s 2016, 301; *R. Wendt* r+s 2008, 221 (230).

82 OLG Bamberg VersR 1995, 1047; OLG Oldenburg VersR 1996, 1233; OLG München r+s 2007, 508; OLG Celle r+s 2011, 390.

83 P/M/*Piontek*, § 23 ARB 2010 Rn. 14.

Investitionen verbundenen Geschäften mit sich bringt,[84] ob **mit der Tätigkeit** die **Stellung als** stiller Gesellschafter mit maßgeblicher Beteiligung an der Geschäftsführung[85] oder **als** beherrschender Gesellschafter **einhergeht**,[86] ob der VN einen **rein tatsächlich bestimmenden Einfluss** auf die Verwaltung eines Fonds ausübt, deren er sich zur Vermögensverwaltung bedient,[87] ob der VN über eine reine Gewinnerzielungsabsicht hinaus das Ziel der **Schaffung einer berufsmäßigen Einnahmequelle** verfolgt, wobei allein der Umstand, dass es um beträchtliche Werte geht, nicht schon zu einer Ablehnung des privaten Bereichs führt.[88]

cc) Immobilien

41 Einen Sonderfall der Abgrenzung privater Vermögensverwaltung von selbstständiger Tätigkeit stellt die **Anlage des Vermögens in Immobilien** dar. Die Rechtsprechung ist hier sehr **kasuistisch.**

Selbstständige Tätigkeit wurde **bejaht:**
- Herstellung von 21 Eigentumswohnungen und Praxisräumen für Ärzte und deren Veräußerung an eine größere Zahl von Erwerbern[89]
- 7 fremdfinanzierte Eigentumswohnungen[90]
- Erwerb eines Grundstücks und Bebauung mit einer Seniorenanlage[91]
- Erhebliche Investition in Immobilien, u.a. ein Objekt mit 27 Wohnungen und 2 Gewerbeeinheiten[92]
- Grundstückserwerb über 10 Mio. DM[93]
- Bau und teilweise Veräußerung eines 10-Familien-Hauses[94]
- Gründung einer GmbH für den Erwerb und die Verwaltung einer Immobilie (Wohn- und Geschäftshaus)[95]
- Erwerb und Verwaltung einer Wohnanlage mit 75 Eigentumswohungen[96]
- VN als beherrschender Gesellschafter[97]

84 *R. Wendt* r+s 2008, 221 (230) m. Hinweis auf nicht veröffentlichten BGH-Nichtzulassungsbeschluss vom 13.06.2007, IV ZR 220/05 im Immobilienverwaltungsbereich.
85 LG Berlin r+s 1987, 46; P/M/*Piontek*, § 23 ARB 2010 Rn. 9.
86 P/M/*Piontek*, § 23 ARB 2010 Rn. 13.
87 OLG Karlsruhe VersR 2015, 358 (359 f.).
88 BGH VersR 2006, 1119; BGH VersR 1992, 1510; OLG Nürnberg VersR 2016, 1371 (1372); OLG Oldenburg BeckRS 2022, 40810 Rn. 13 ff.; *K. Maier* r+s 2023, 241.
89 BGH NJW 1991, 1665 (Annahme eines Gewerbes i.S.d. § 196 I BGB a.F.).
90 OLG Frankfurt ZfS 2002, 400.
91 OLG Köln r+s 2003, 504.
92 OLG München r+s 1997, 509.
93 LG Berlin r+s 2000, 420.
94 LG Darmstadt r+s 2000, 291.
95 LG Münster r+s 2000, 74.
96 OLG München r+s 2001, 293.
97 OLG Köln r+s 2008,14.

Selbstständige Tätigkeit wurde **verneint:** 42
- Erwerb von 2 Mietshäusern mit 12 Wohnungen[98]
- 1 Immobilie mit Halle im Wert von ca. 1 Mio. DM[99]
- Mehrfamilienhaus mit 6 Wohneinheiten und 1 Gewerbeeinheit[100]
- 2 Mehrfamilienhäuser[101]
- 7 Eigentumswohnungen[102]
- Erwerb eines kleineren Grundstücks mit Lagerhalle zum Zwecke der Vermietung[103]
- Beteiligung an einem Bauträgermodell bzw. Bauherrenmodell[104]
- Beteiligung als atypisch stiller Gesellschafter an einer Publikums-AG zur Altersvorsorge[105]

Bei **ausschließlich fremdfinanziertem Grundbesitz** wurde eine selbstständige Tätigkeit 43 bejaht.[106] Ebenso, wenn der Erwerb von Immobilien oder Anteilen an Immobilienfonds für 23 Mio. DM **überwiegend fremdfinanziert** ist, selbst wenn die Immobilienverwaltung einem Dritten übertragen wird.[107]

In Fällen des **Grundstückshandels** kann ggf. auch die Rechtsprechung des BFH zur »Drei-Objekt-Grenze« fruchtbar gemacht werden.[108]

dd) Energieerzeugung

Die **Erzeugung von Energie** war lange Zeit den großen Energiekonzernen überlassen. 44 Privatpersonen blieben hier grundsätzlich außen vor. Spätestens seit der **Energiewende**[109] verteilt sich die Strom- und Energieproduktion zunehmend auf verschiedene Anbieter. Darunter sind auch private Haushalte, die mit den verschiedensten Anlagen **Strom** vorwiegend **zum Eigenverbrauch** erzeugen und den **nicht verbrauchten** Strom oder auch ihren gesamten produzierten Strom **in die öffentlichen Netze einspeisen**. Der Bereich der **erneuerbaren Energien** kann daher in den letzten Jahren einen starken Anstieg verzeichnen.[110] Mehr als die Hälfte des insgesamt im Inland produzierten

98 OLG Frankfurt r+s 2001, 376 = NVersZ 2001, 375.
99 OLG Köln r+s 2001, 421.
100 OLG Düsseldorf r+s 2001, 466.
101 OLG Oldenburg VersR 1998, 1412.
102 OLG Oldenburg r+s 1995, 463.
103 OLG Köln r+s 1989, 402.
104 LG München r+s 1997, 290; LG Hannover ZfS 1990, 234.
105 OLG Celle VersR 2005, 1139.
106 OLG Frankfurt r+s 2002, 288; LG Hamburg r+s 1993, 466. A.A. OLG Düsseldorf r+s 2001,466.
107 OLG München r+s 2007, 508.
108 Grundlegend BFH DB 1987, 665; DB 2002, 2198; hierzu ausführlich *Vogelsang* DB 2003, 844 und *Schubert* DStR 2003, 573.
109 Ca. seit 2011 (zweiter Atomausstieg) eingeschlagener Weg in Abkehr von nuklearen und fossilen Brennstoffen hin zu erneuerbaren Energien.
110 Allg. zu den versicherungsrechtlichen Problemen bei den erneuerbaren Energien *Looschelders* r+s 2024, 981.

Stroms kommt inzwischen aus diesem Bereich.[111] Zu den erneuerbaren Energien zählen Wasserkraft, Windenergie, solare Strahlungsenergie, Geothermie und Energie aus Biomasse.[112] Da die Einspeisung von Strom in öffentliche Netze je nach Art und Größe der Anlage in **Gewinnerzielungsabsicht** geschieht, stellt sich die **Frage**, ob dies eine **sonstige selbstständige Tätigkeit** darstellt oder noch dem Bereich der **privaten Vermögensverwaltung** zugeordnet werden kann.[113]

45 Das rasante Wachstum des Bereichs **Photovoltaik(PV)-anlagen**, das sich aufgrund der Energiewende auch im privaten Lebensbereich widerspiegelt, ergibt sich allein schon für Deutschland aus den folgenden wenigen Zahlen: 4,2 Mio. errichtete PV-Anlagen mit 98.300 Megawatt installierter Gesamtnennleistung,[114] 72,2 Terawattstunden (TWh) erzeugter Strom, wovon 59,8 TWh ins öffentliche Netz eingespeist und 12,4 TWh selbst verbraucht wurden, ein Anteil von 14 % an der gesamten öffentlichen Nettostromerzeugung.[115]

46 Auch im Bereich der **Stromerzeugung** stellt sich die Frage, ob der Betrieb von PV-Anlagen **noch** der **privaten Vermögensverwaltung** zuzuordnen ist oder ob insoweit eine **nicht dem privaten Bereich** zugeordnete und damit nicht durch § 23 gedeckte selbstständige Tätigkeit vorliegt. Soweit ersichtlich differenziert die Rechtsprechung bislang überwiegend nicht und ordnet PV-Anlagen auf einem großflächigen Dach eines Geflügelbetriebs[116] oder einem anderen großen gepachteten Dach[117] generell dem privaten Bereich zu. Die Anlagenkaufpreise lagen in den genannten Fällen zwischen 200 TEUR und 240 TEUR. Dies erscheint nicht sachgerecht,[118] da eine **Hausdach-** oder **Fassaden-PV-Anlage** eines Ein- oder Mehrfamilienhauses anders zu beurteilen sein wird als eine Freiflächen-, Parkhausdach- oder Gewerbe-/Industriedach-**Großanlage**. Neben den bereits genannten Kriterien zur Abgrenzung von privatem Bereich und selbstständiger Tätigkeit sind hier ergänzend spezifische Parameter wie Anlagentyp, Größe und Erzeugungszweck zur Abgrenzung heranzuziehen. Dies muss jedenfalls solange Berücksichtigung finden, wie nicht die **unternehmensspezifischen ARB** aus-

111 Stand erstes Halbjahr 2025: 57,8 %, https://www.destatis.de/DE/Themen/Branchen-Unternehmen/Energie/Erzeugung (Abruf 6.9.2025).

112 § 3 Nr. 21 Gesetz für den Ausbau der erneuerbaren Energien (EEG 2023) vom 14.07.2014, zuletzt geändert am 21.02.2025, BGBl 2025 I Nr. 52.

113 S.a. VersHb/*Obarowski*, § 45 Rn. 164.

114 Statistisches Bundesamt, Pressemitteilung Nr. N034 vom 04.07.2025, abrufbar unter https://www.destatis.de/DE/Presse/Pressemitteilungen/2025, Stand März 2025 ohne Berücksichtigung von Kleinanlagen wie z.B. Balkonkraftwerke.

115 Fraunhofer Institut für Solare Energiesysteme, Presseinformation #1 vom 02.01.2025, https://www.ise.fraunhofer.de/de/presse-und-medien/presseinformationen/2025/oeffentliche-stromerzeugung-2024-deutscher-strommix-so-sauber-wie-nie.html, Stand 12.2024.

116 So OLG Celle r+s 2011, 390.

117 OLG Nürnberg VersR 2013, 493 = r+s 2013, 65.

118 Ebenfalls kritisch Harbauer/*Obarowski*, § 23 ARB 2010 Rn. 43, van Bühren/Plote/*Hillmer-Möbius*, § 23 ARB 2010 Rn. 16.

drücklich den Betrieb von PV-Anlagen generell oder bis zu einer bestimmten Anlagenleistung dem privaten Bereich zuweisen; einzelne Versicherer gehen so bereits vor.[119]

Ist eine PV-Anlage etwa auf dem Hausdach eines **Ein- oder Mehrfamilienhauses** installiert mit dem Zweck und einer Anlagengröße für eine Stromproduktion zur Deckung des Eigenverbrauchs und einer Einspeisung der nicht verbrauchten Restproduktion in das öffentliche Stromnetz, so steht die Gewinnerzielungsabsicht nicht zuletzt aufgrund der niedrigen Einkünfte durch diese Einspeisung völlig im Hintergrund, wobei der evtl. Einsatz von Fremdmitteln zur Finanzierung der Anlagenerrichtung nicht schon zu einer selbstständigen Tätigkeit führt, sodass hier im Regelfall Rechtsschutzdeckung nach § 23 gegeben sein wird.[120] 47

Dient die Anlage hingegen ausschließlich der Stromerzeugung für einen Verkauf durch Einspeisung in öffentliche Stromnetze oder durch Weiterleitung an andere Abnehmer und daher zur alleinigen oder ganz überwiegenden **Erzielung von Einkünften durch Stromverkauf**, wie dies beispielsweise bei im Außenbereich platzierten **Freiflächen-PV-Anlagen** regelmäßig gegeben ist oder auf großen **Industrie- und Gewerbehallen** der Fall sein kann, und überschreitet die Anlage um ein mehrfaches der nach § 3 Nr. 72 EStG[121] ertragsteuerlich freigestellten Bruttonennleistungen von 30 bis zu 100 Kilowatt peak (kWp), dann wird grundsätzlich nicht mehr von einer Zuordnung zur privaten Vermögensverwaltung ausgegangen werden können. Dasselbe gilt für große **Parkhausdachanlagen**. 48

Bereits die Verträge zur Errichtung solcher Anlagen,[122] die Größe derselben, die vertraglich vereinbarten Lieferverpflichtungen, die abzuschließenden Versicherungsverträge zur Absicherung von Haftpflicht oder Betriebsunterbrechung u.a., das Volumen des produzierten Stroms zum Zweck des Verkaufs und die Höhe der Einnahmen einer solchen **PV-Großanlage** lassen den Schluss zu, dass sich der Anlagenbetreiber damit im Regelfall eine oder weitere berufsmäßige und einkommensersetzende bzw. zumindest einkommensergänzende Einkunftsquellen erschließen will.[123] Hinzu kommt, dass Errichtung und Führung einer solchen Anlage, die nicht selten gekoppelt ist mit einer oder mehreren weiteren, aufgrund von Umfang, Komplexität und Anzahl der damit 49

---

119 So auch Harbauer/*Obarowski*, § 23 ARB 2010 Rn. 43; konkretes Beispiel zu einer unternehmensspezifischen ARB-Klausel: Harbauer/*Obarowski*, a.a.O. Rn. 92.

120 Gegen eine Differenzierung L/W/*Obarowski*, Bd. 4 Rechtsschutz Rn. 41 m.w.N. und für eine generelle Einordnung von PV-Anlagen als selbstständige Tätigkeit mit Verweis auf das regelmäßige Vorliegen eines Gewerbebetriebs.

121 S. Schreiben des Bundesministeriums der Finanzen vom 17.07.2023, Geschäftszeichen IV C 6-S 2121/23/10001:001, Dok. 2023/0659709.

122 Zur rechtlichen Einordnung der Anlagenerwerbsverträge BGH NJW 2016, 2876; s.a. OLG Naumburg NJW-RR 2014, 842; *Lakkis* NJW 2014, 829; *Schneidewind* NJW 2013, 3751.

123 Ebenso AG Schwandorf, Urt. vom 12.10.2011, 2 C 587/11, IBRRS 2012, 0353 (rechtskräftig nach Hinweisbeschluss des LG Bamberg vom 21.03.2012, 12 S 1192/11).

verbundenen Vorgänge und Geschäfte,[124] einen komplexen planmäßigen Geschäftsbetrieb voraussetzt. Darunter fallen Verträge zur Wartung, Reparatur und Service der Anlage, um die Pflichten zur Stromlieferung aufgrund der eingegangenen Vertragspflichten erfüllen zu können. Je nach Größe der Anlage fällt die Produktion zudem aus der umsatzsteuerlichen Befreiung für Kleinunternehmer nach § 19 Abs. 1 UStG heraus, in deren Folge eine Umsatzsteuerpflicht für den Stromverkauf begründet wird. Damit einher gehen wiederum Buchhaltungserfordernisse, Pflichten für Umsatzsteuervoranmeldung und Erstellung der erforderlichen Dokumentationen. Ohne eine umfangreiche betriebliche Geschäftsorganisation wird man dieses Geschäft nicht mehr bewältigen können. In solchen Fällen wird man damit nicht umhinkommen, von einer selbstständigen Tätigkeit ausgehen zu müssen.

50 Eine andere Frage stellt sich in diesem Zusammenhang, nach welchen Kriterien der Rechtsschutzversicherer das fragliche Risiko ggf. absichert. So wäre es z.B. denkbar, einen gesonderten Tarif auf der Grundlage des § 24 anzubieten oder das Photovoltaikrisiko je nach Größenordnung beitragsfrei oder mit Zuschlag in den Vertrag nach § 23 einzubeziehen. Auch dann wäre allerdings noch der **Ausschluss des Baurisikos** gem. § 3 Abs. 1 lit. d) zu beachten, soweit es sich um Rechtskonflikte aus der Errichtungsphase handelt. Bei der Montage von Photovoltaikanlagen auf Dächern dürfte es sich in der Regel um die Errichtung eines **Gebäudeteiles** handeln, so dass ungeachtet einer bestehenden Genehmigungspflicht der Rechtsschutz nach § 3 Abs. 1 lit. d) bb) ausgeschlossen ist.[125] Gebäudeteile sind grundsätzlich alle Sachen, die mit dem Gebäude baulich verbunden sind (z.B. Garage, Balkon, Geländer, Schornstein). Als Gebäudeteil ist daher auch eine PV-Anlage anzusehen, da sie aufgrund einer mit dem Gebäude verbundenen Unterkonstruktion und regelmäßig mit in das Gebäudeinnere eingeführten und verkabelten Stringleitungen fest mit dem Gebäude verbunden ist. Bei **PV-Indachanlagen**, die zugleich die Dachfunktion übernehmen und eine Dacheindeckung im Übrigen überflüssig machen, schützen diese zudem vor jeglichen Witterungseinflüssen.

51 **Windkraftanlagen** sind eine zunehmend verbreitete Art der alternativen Energieerzeugung, deren Bedeutung ständig steigt, wobei die **Onshore-Anlagen** (Windenergieanlagen an Land)[126] jedenfalls derzeit den deutlich größeren Anteil im Vergleich zu den **Offshore-Anlagen** (Windenergieanlagen auf See)[127] haben. Unter den erneuerbaren Energien hält die Windenergie inzwischen den größten Anteil an der Stromproduktion und leistete in Deutschland im Jahr 2024 mit 136,4 TWh erzeugtem Strom einen Beitrag von 33 % an der öffentlichen Stromerzeugung. Die Grundfläche, auf der die Windkraftanlage steht, ist zuvor entweder land- oder forstwirtschaftlich oder gewerb-

124 Zum planmäßigen Geschäftsbetrieb einer nicht berufsmäßig betriebenen Vermögensverwaltung bei Vermietung und Verpachtung, s.a. BGH vom 03.03.2020, XI ZR 461/18.

125 OLG Hamm, r+s 2012, 338 = VersR 2012, 1513 (allerdings ohne Erörterung des Begriffs »Gebäudeteil«, da im zugrunde liegenden Bedingungswerk auf »sonstige bauliche Anlagen« abgestellt wurde; eine solche bauliche Anlage wurde bei der Montage einer Photovoltaikanlage auf einem Dach angenommen).

126 S. § 3 Nr. 48 EEG 2023.

127 S. § 3 Nr. 49 EEG 2023, § 3 Nr. 11 WindSeeG.

lich genutzt worden. Die Nutzung mit einer eigenen Windkraftanlage oder auch die Vermietung der Grundfläche an einen die Windkraftanlage sodann errichtenden Betreiber einer solchen Anlage stellt keine **landwirtschaftliche Nutzung** dar, weil dadurch keine Bodenbewirtschaftung zur Gewinnung von pflanzlichen oder tierischen Erzeugnissen erfolgt. Auch eine **forstwirtschaftliche Nutzung** scheidet aus. Vielmehr wird es sich häufig um eine **selbstständige** – ggf. sogar **gewerbliche** – **Tätigkeit** handeln,[128] die weder unter den Rechtsschutz nach § 23 noch unter den nach § 27 fällt. Insoweit kommt es auf das konkrete Geschäftsmodell und seine Ausgestaltung an. Wird vom VN nur die Grundstücksfläche zur Verfügung gestellt, liegt möglicherweise ein nach § 29 zu versicherndes Vermieterrisiko vor.[129] Schon allein aufgrund der Größe der Windkraftanlagen und des Umfangs ihrer Stromproduktion wird regelmäßig von einer (weiteren) Erschließung einer berufsmäßigen und zumindest einkommensergänzenden Einkunftsquelle ausgegangen werden müssen.

Durchaus vergleichbare Überlegungen wie bei PV-Anlagen sind bei dem Betrieb von 52
Blockheizkraftwerken (BHKW) anzustellen. BHKW sind Anlagen, die aufgrund einer Kraft-Wärme-Kopplung gleichzeitig Strom und Wärme erzeugen und sind in der Nähe oder am Ort des Wärmeverbrauchs selbst lokalisiert. Die BHKW gibt es in unterschiedlichen Größen, die von der Versorgung eines Einfamilienhauses (sog. **Nano-BHKW**) bis zu der eines ganzen Stadtbezirks reichen kann und neben den herkömmlichen Techniken zwischenzeitlich auch auf Brennstoffzellenbasis mit deutlich höherem Wirkungsgrad betrieben werden. Auch hier wird zunächst nach der Größe zu differenzieren sein und bei solche zur Versorgung eines Ein- oder Mehrfamilienhauses, selbst wenn verbleibender Strom noch ins Netz verkauft wird, vom privaten Bereich auszugehen sein, während davon bei Großanlagen, die einen Stadtteil versorgen und Strom- und Wärmelieferverträgen mit Dritten haben, regelmäßig nicht ausgegangen werden kann.

Biogasanlagen sind ebenfalls wichtige Erzeuger von Strom und Wärme aus erneuer- 53
baren Energien. Aus Biomasse wurde in Deutschland im Jahr 2024 allein Strom im Umfang von 36 TWh erzeugt,[130] was rund die Hälfte der Stromproduktion durch PV-Anlagen war. So kann schon angesichts des Umfangs der erforderlichen Tätigkeit kein Zweifel daran bestehen, dass eine selbstständige Tätigkeit gegeben ist. Je nachdem wie viel Biomasse im eigenen landwirtschaftlichen Betrieb erzeugt oder zugekauft wird, handelt es sich um einen landwirtschaftlichen oder um einen Gewerbebetrieb,[131] weshalb eine Zuordnung zum privaten Bereich regelmäßig ausscheiden wird.[132]

128 Vgl. hierzu BGH, NJW-RR 2009, 1610.

129 VersHb/*Obarowski*, § 45 Rn. 166.

130 Fraunhofer Institut für Solare Energiesysteme, Presseinformation #1 vom 02.01.2025, https://www.ise.fraunhofer.de/de/presse-und-medien/presseinformationen/2025/oeffentliche-stromerzeugung-2024-deutscher-strommix-so-sauber-wie-nie.html, Stand 12.2024.

131 Vgl. hierzu BVerwG NVwZ 2009, 585.

132 S. hierzu auch BVerwG NVwZ 2009, 585. Ebenso VersHb/*Obarowski*, § 45 Rn. 167.

ee) **Handel mit Tieren**

54 Im Bereich der **Zucht** sowie des **Verkaufs von Tieren**, wie z.B. Pferde, Hunde, Katzen etc. stellt sich häufig die Frage, ob der Züchter als »Unternehmer« im Sinne des Kaufrechts anzusehen ist, weil hier für den Käufer oft die entscheidende Frage ist, ob ihm die Vorteile des Verbrauchsgüterkaufs der §§ 474 ff. BGB zustehen. Soweit diesbezüglich auf die **Definition des »Unternehmers« in § 14 BGB** abgestellt wird, kann diese Bezugnahme – mit gewissen Einschränkungen – für die Abgrenzung von privater zu selbstständiger Tätigkeit im Sinne der ARB fruchtbar gemacht werden. Unternehmer ist nach der Legaldefinition des § 14 BGB eine Person, die bei Abschluss eines Rechtsgeschäfts in Ausübung ihrer gewerblichen oder selbstständigen beruflichen Tätigkeit handelt. Eine gewerbliche Tätigkeit setzt – jedenfalls – ein selbständiges und planmäßiges, auf eine gewisse Dauer angelegtes Anbieten entgeltlicher Leistungen am Markt voraus. Diese Voraussetzung erfüllt, wer – auch nach seinem Auftreten – planmäßig und dauerhaft z.B. Deckhengste für die Zucht oder Pferde zum Verkauf anbietet.[133] Ähnliches wird bei der Zucht von Hunden oder Katzen zu gelten haben.

55 Abgrenzungsfragen stellen sich bei **nebenberuflich tätigen Züchtern**, die etwa angeben, die Zucht nur als **Hobby** zu betreiben, um damit einhergehende Geschäfte zur Verlustreduzierung zu betreiben. Eine Anwendung der Vorschriften des **Verbrauchsgüterkaufs** steht nicht entgegen, wenn die Tätigkeit des Züchtens und Verkaufens von Tieren lediglich nebenberuflich ausgeübt wird.[134] Insoweit kommt es auf die **Zweckrichtung des Rechtsgeschäfts** an, die objektiv zu bestimmen ist und für die das Verhalten der Beteiligten maßgeblich ist.[135] Im Rahmen des § 14 BGB ließe sich zwar entgegenhalten, dass es nach der Rechtsprechung des BGH auf eine Gewinnerzielungsabsicht nicht ankommt.[136] Dieser Grundsatz gilt allerdings nur deshalb, weil wirksamer Verbraucherschutz geboten ist und es dem Verbraucher bei Vertragsabschluss häufig verborgen bleibt, wie der Verkäufer intern organisiert ist. **Im Rahmen der ARB** wird man dagegen wegen der Abgrenzung der versicherbaren Risiken eine Gewinnerzielungsabsicht fordern müssen. Ob diese vorhanden ist, hängt von den Umständen des Einzelfalles ab. Maßgebend werden in erster Linie Zahl und Wert der Tiere bzw. Verkäufe und der Umfang des Zuchtbetriebes sein. Als weitere Indizien für eine selbstständige Tätigkeit kommt auch der Zukauf von Futter und Zuchttieren sowie der Auftritt am Markt in Betracht. So wird man beispielsweise nicht von einem von Mundpropaganda lebenden Hobbyzüchter ausgehen können, wenn sich jemand als »Hunde-Maier« in Printmedien oder im Internet wie ein Geschäftsmann geriert.

56 Soweit bei Pferden der private Bereich der **Hobbyzucht** überschritten ist, kann unter Umständen ein Bezug zur landwirtschaftlichen Tätigkeit gegeben sein, so dass Deckungsschutz über § 27 in Betracht käme. In diesem Zusammenhang stellt sich auch die

---

133 BFH DStRE 2009, 564; LG Düsseldorf, Urteil v. 11.5.2009 – 9 O 472/07 LG Itzehohe r+s 1997, 24.

134 Grüneberg/*Weidenkaff*, § 474 BGB Rn. 5.

135 BGH NJW 2018, 146 (150).

136 BGH NJW 2006, 2250.

Frage, wie der Betrieb von **Pferdepensionen** zu bewerten ist. Je nach den Umständen des Einzelfalles, insbesondere dem Umfang der Dienstleistungen sowie der genutzten Flächen wird es sich in der Regel entweder um Gewerbe oder um Landwirtschaft handeln. Eine nach § 23 gedeckte »**Liebhaberei**« wird damit nur selten vorliegen.

ff) Vereinzelte Tätigkeiten/Hobbies

Wenn der VN **nur vereinzelt Sachen kauft und verkauft**, ist grundsätzlich der private Lebensbereich betroffen, auch wenn die jeweilige Tätigkeit im Einzelfall umfänglich oder streitträchtig ist.[137] Das gleiche gilt für die **Gewährung privater Darlehen**, solange dies nicht nachhaltig mit Gewinnerzielungsabsicht geschieht.[138] Dagegen handelt es sich bei einer **Sponsoring-Tätigkeit** größeren Umfangs, bestehend aus im eigenen Namen abgeschlossenen Verträgen und finanziert durch im eigenen Namen aufgenommene Darlehen auch dann um eine freiberufliche Tätigkeit im Sinne der ARB, wenn dem ein Anstellungsvertrag mit einem Dritten zu Grunde liegt.[139] Das gleiche gilt für **Werbeaktivitäten** eines Fußballspielers.[140] Auch sog. **AGG-Hopper**, die die in § 15 AGG geschaffenen Diskriminierungsschutzregelungen als Einnahmequelle entdeckt haben und auszunutzen versuchen,[141] können bei entsprechend umfangreichen Aktivitäten als Selbständige anzusehen sein. 57

Tätigt der VN eine Vielzahl von Rechtsgeschäften über eine **Auktionsplattform im Internet**, kann allein hieraus nicht auf seine Unternehmereigenschaft geschlossen werden. Es besteht nämlich die Möglichkeit, dass es sich lediglich um private Rechtsgeschäfte handelt, wie sie von anderen natürlichen Personen z.B. über Zeitungsanzeigen abgewickelt werden[142]. Auch die Auflösung einer **Kunstsammlung** oder einer Briefmarken- oder Münzsammlung sowie eine Haushaltsauflösung sind vor diesem Hintergrund noch dem privaten Lebensbereich zuzuordnen. Wer dagegen als »**Powerseller**« auftritt oder in anderer Weise sich ähnlicher Mittel wie ein Händler bedient, ist nicht nur steuerrechtlich[143] und nach den Maßstäben des § 14 BGB[144], sondern auch im Rahmen der ARB als Unternehmer zu behandeln. 58

3. Kein Zusammenhang mit selbstständiger Tätigkeit

a) Allgemeines

Neben der Frage, was eine selbstständige Tätigkeit im Sinne der ARB darstellt, betrifft ein zweiter Problembereich die Frage, nach welchen Kriterien zu bestimmen ist, ob der 59

137 OLG Karlsruhe VersR 1993, 1009 (einmalige Vermittlung eines Public Relations-Auftrages).
138 LG Berlin r+s 1990, 20.
139 OLG Hamm NJW-RR 2003, 888 = VersR 2003, 1032 = r+s 2003, 283.
140 BFH DB 2012, 1129.
141 Vgl. hierzu OLG Stuttgart NZA-RR 2013, 43; LAG Hamburg NZA-RR 2010, 629.
142 LG Hof CR 2003, 854 (zu §§ 14, 312 lit. b, 355 BGB).
143 BFH DStR 2012, 956.
144 OLG Hamm MMR 2011, 537; OLG Koblenz VuR 2006, 22.

konkrete Versicherungsfall in der **Sphäre** der **selbstständigen Tätigkeit** oder im **privaten Bereich** eingetreten ist. Die sekundäre Risikobegrenzung in § 25 Abs. 1 Satz 2 lässt insoweit einen »**Zusammenhang**« **mit einer selbstständigen Tätigkeit** ausreichen. Auch wenn diese Formulierung in § 23 nicht verwandt wird, ist doch dem Regelungszusammenhang zu entnehmen, dass hier nichts anderes gewollt ist. Die Zuordnung ist aber oft nicht einfach, so dass bestimmte Fallgruppen immer wieder die Rechtsprechung beschäftigen.[145]

60 In **arbeitsrechtlichen Verfahren** kann bei Streitigkeiten des VN mit seinem Arbeitgeber ein Zusammenhang der rechtlichen Interessenwahrnehmung mit der selbstständigen Tätigkeit des VN bestehen.[146] Bei **Versicherungsverträgen** stellt sich die Frage des Zusammenhangs mit der selbstständigen Tätigkeit immer, wenn der selbstständig tätige VN rechtliche Interessen aus dem Versicherungsvertrag wahrnehmen muss. Besonders schwierig sind die Vertragsbereiche **Unfall**, **Krankentagegeld** und **Berufsunfähigkeit**.[147]

b) Beweislast

61 Der Lebensbereich der selbstständigen Tätigkeit ist ein eigenständiger Deckungsbereich, der insbesondere mit der »klassischen« Form des **Firmen-Rechtsschutzes** gem. § 24 gesondert versichert werden kann. Um zu gewährleisten, dass dieses Risiko nicht über den Familien-Rechtsschutz zu übernehmen ist, sah **§ 25 Abs. 1 Satz 2 ARB 75** eine Risikoabgrenzung dergestalt vor, dass »die Wahrnehmung rechtlicher Interessen im Zusammenhang mit einer selbstständigen oder freiberuflichen Tätigkeit vom Versicherungsschutz ausgeschlossen« ist. Es handelte sich dabei um einen **sekundären Risikoausschluss**, für dessen Voraussetzungen der **Versicherer beweispflichtig** ist.[148] Bei einem Rechtsgeschäft eines Kaufmanns führte allerdings die gesetzliche **Vermutung des § 344 Abs. 1 HGB** zu einer **Beweislastumkehr**.[149]

62 Die ARB 94 ff. behielten diese Systematik grundsätzlich bei, allerdings mit dem Unterschied, dass eine Überschneidung mit der selbstständigen Tätigkeit dadurch vermieden wird, dass die **primäre Risikobeschreibung im jeweiligen Abs. 1 der §§ 23, 25** den Versicherungsschutz nur auf den privaten Bereich sowie den beruflichen Bereich in Ausübung einer nicht selbstständigen Tätigkeit erstreckt. Im Rahmen des § 23 **muss** also der **VN beweisen**, dass der private Bereich und nicht der Bereich einer selbstständigen Tätigkeit betroffen ist.[150]

145 Ausführlich *Mathy* VersR 1992, 78; Harbauer/Obarowski § 23 ARB 2010 Rn. 26 ff. s.a. unten Rdn. 64 ff.

146 S. sogleich Rdn. 64 f.; VersHb/*Obarowski*, § 45 Rn. 168 ff.

147 S. nachfolgend Rdn. 66; VersHb/*Obarowski*, § 45 Rn. 171 ff.

148 BGH VersR 1978, 816, 817.

149 OLG Stuttgart r+s 2003, 64; OLG Oldenburg ZfS 1990, 269; OLG Hamm VersR 1989, 799; OLG Hamm VersR 1987, 402; OLG Hamm ZfS 1986, 18.

150 P/M/Piontek § 23 ARB 2010 Rn. 2; OLG Hamm NJOZ 2018, 1257; Harbauer/*Obarowski*, § 23 ARB 2010 Rn. 49.

c) Grenzbereiche

aa) Vorbereitung und Beendigung

Da ein Konnex mit der selbstständigen Tätigkeit ausreicht, ist auch die Wahrnehmung rechtlicher Interessen aus **vorbereitenden Handlungen** zur geplanten Aufnahme einer selbstständigen Tätigkeit bereits vom Privat-Rechtsschutz nicht mehr erfasst,[151] wenn ein sachlicher, räumlicher und zeitlicher Zusammenhang mit der selbstständigen Tätigkeit besteht. Die insoweit auch äußerlich erkennbare Vorbereitungshandlung wird der künftigen selbstständigen Tätigkeit zugerechnet.[152] Dies kann z.B. ein Streit aus der Aufnahme eines Existenzgründungsdarlehns[153] oder aus einer Gesellschaftsgründung zum Grundstückserwerb[154] sein. Das gleiche gilt für die **Beendigung** der selbstständigen Tätigkeit. So ist z.B. noch ein hinreichender Zusammenhang mit der (früheren) selbstständigen Tätigkeit gegeben, wenn ein Grundstück verkauft wird, auf dem eine Gaststätte betrieben wurde[155], oder wenn nach Abmeldung des Gewerbes die Betriebseinrichtung veräußert wird und hieraus Streit entsteht. 63

bb) Arbeitsrechtliche Fälle

Auch bei Streitigkeiten des VN mit seinem **(früheren) Arbeitgeber** kann ein Zusammenhang der rechtlichen Interessenwahrnehmung mit einer selbstständigen Tätigkeit des VN bestehen, z.B. dann, wenn dem VN eine vertragswidrige, **selbstständige Nebentätigkeit** oder der Verstoß gegen ein **nachvertragliches Wettbewerbsverbot** vorgeworfen wird. Sowohl in der Rechtsprechung[156] als auch in der Literatur[157] wird bei diesen Fallgestaltungen der Ausschluss i.S.d. ARB 75 überwiegend verneint, weil der VN rechtliche Interessen aus einem Arbeitsverhältnis wahrzunehmen habe. Hierbei wird aber übersehen, dass die ARB einen lückenlosen Rechtsschutz nicht versprechen. Es entspricht der Ratio des Ausschlusstatbestandes, dass ein **mittelbarer Zusammenhang** mit der selbstständigen Tätigkeit den Versicherungsschutz ausschließt. Die Leistungsart **Arbeits-Rechtsschutz** bleibt hiervon nicht ausgenommen. 64

151 H.M.: vgl. Harbauer/*Obarowski,* § 23 ARB 2010 Rn. 27; P/M/Piontek § 23 ARB 2010 Rn. 7; *Cornelius-Winkler,* Rechtsschutzversicherung, Rn. 4.23; OLG Celle r+s 2008, 330 (im konkreten Fall verneint); OLG Stuttgart NJW-RR 1987, 341; a.A. OLG München NJW-RR 2007, 241.

152 P/M/*Armbrüster,* (30. Aufl.) § 23 ARB 2010 Rn. 7.

153 AG Hof ZfS 1987, 368.

154 LG Berlin VersR 2001, 1153.

155 LG Koblenz r+s 1992, 57.

156 OLG Oldenburg VersR 1997, 484 = r+s 1996, 187; OLG Saarbrücken r+s 1990, 277 = VersR 1990, 381 = NJW-RR 1990, 41; OLG Bamberg VersR 1987, 1188; OLG Celle VersR 1987, 1188; a.A. LG Köln r+s 1991, 57 = ZfS 1990, 57 = JurBüro 1990, 910; LG Münster ZfS 1989, 60.

157 Harbauer/*Obarowski,* § 23 ARB 2010 Rn. 54; *Böhme,* § 25 ARB 75 Rn. 5c; a.A. *Mathy* VersR 1992, 781, 786; H/E/K/*Heinrichs,* 34. Kap. Rn. 369.

65 In den aktuellen Bedingungswerken **ab ARB 94 ff.** dürfte die Abgrenzung allerdings anders zu beurteilen sein. Da die primäre Risikobeschreibung in § 23 die **Ausübung einer unselbstständigen Tätigkeit** unter Versicherungsschutz stellt und dies bei einem Streit aus einem Arbeitsverhältnis (zumindest auch) der Fall ist, wird die Deckung im Rahmen des Privat-Rechtsschutz zu bejahen sein, auch wenn gleichzeitig die Sphäre der selbstständigen Tätigkeit mit betroffen ist.

cc) **Personenbezogene Versicherungsverträge**

66 Differenziert zu beurteilen ist die Frage eines Zusammenhangs mit der selbstständigen Tätigkeit bei der rechtlichen Interessenwahrnehmung aus Versicherungsverträgen.[158] Während **einerseits** vertreten wird, dass die Bezüge aus einer privaten Unfall-, Berufsunfähigkeits- oder Krankentagegeldversicherung keine Einkünfte aus einer selbstständigen Tätigkeit, vielmehr immer solche aus einer Rente sind, die regelmäßig dem privaten Bereich unterfallen,[159] wird **andererseits** nach den verschiedenen Arten der Versicherungen differenziert,[160] was das überzeugendere Konzept darstellt. Handelt es sich um **Sachversicherungen**, die der Selbstständige abgeschlossen hat, ist die Zuordnung zur selbstständigen Tätigkeit einfach. Wird über Ansprüche aus einer **Betriebsunterbrechungsversicherung** gestritten, so liegt ein Zusammenhang mit einer selbstständigen Tätigkeit dann vor, wenn diese Versicherung nicht den persönlichen Unterhalt des VN, vielmehr vor allem die laufenden Kosten und den entgehenden Gewinn abdecken soll, die während der Betriebsausfallzeit aufgrund des Eintritts eines versicherten Sachschadens infolge vollständiger Arbeitsunfähigkeit des Versicherten entstehen.[161]

67 Umgekehrt dürfte eine Zuordnung zur Privatsphäre bei **personenbezogenen Versicherungsverträgen**, etwa bei der **Kranken- oder Lebensversicherung** vorzunehmen sein. Schwierigkeiten ergeben sich hingegen bei der **Unfallversicherung**, da diese bei Vertragsabschluss quasi »neutral« ist. Allerdings realisiert sich das konkrete Rechtskostenrisiko bei Eintritt des Unfallereignisses in der jeweiligen Tätigkeitssphäre des VN. Weil dies so ist, spricht viel dafür, darauf abzustellen, **ob bei Unfalleintritt** der selbstständige oder der private Bereich betroffen ist.[162] Die Begründungen der Gerichte

158 Ausführlich *Pauls* VersR 2009, 464; *Mathy* VersR 2005, 872, 880; *ders.* r+s 2004, 265; *ders.* NVersZ 2001, 433, 440.

159 Höra/Schubach/*Lensing*, § 27 Rn. 243; ebenso S/H/W/*Brünger*, § 23 ARB 2010 Rn. 3, wonach Vorsorgeversicherungen generell dem privaten Bereich zuzuordnen sind.

160 S.a. Übersicht bei VersHb/*Obarowski*, § 45 Rn. 171 ff.; Harbauer/*Obarowski*, § 23 ARB 2010 Rn. 31 ff. *Cornelius-Winkler* unterscheidet zwischen privat abgeschlossenen und betrieblichen Versicherungen, Rn. 4.24.

161 OLG Hamm VersR 2022, 38 = r+s 2022, 24; ebenso HK-VVG/*Münkel*, § 23 ARB 2010 Rn. 3. S.a. *Völker* BRAK-Mitt. 2022, 20.

162 H.M. OLG Koblenz VersR 1999, 1487 = NVersZ 1999, 492 (selbstständige Tätigkeit kann aufgrund der Krankheit oder Berufsunfähigkeit nicht mehr ausgeübt werden); ebenso OLG Stuttgart VersR 1997, 569; OLG Karlsruhe VersR 1993, 827 = NJW-RR 1993, 539; OLG München VersR 2005, 1073 (Berufsunfähigkeitsversicherung sichert Selbstständigen und Nicht-Selbstständigen das allgemeine Lebensrisiko ab); OLG München r+s 1992, 203; OLG Koblenz 28.05.1999 – 10 U 1012/98; LG Ellwangen r+s

weichen jedoch im Detail voneinander ab. Diese Auslegung entspricht auch der generellen »**Sphärentheorie**« des BGH. Eine Mindermeinung[163] vertritt den Gegenstandpunkt und rechnet Streitigkeiten aus der Unfallversicherung generell dem Privatbereich zu, was mangels Differenzierung abzulehnen ist.

Besondere Probleme bereitet die Risikoabgrenzung bei der **Berufsunfähigkeitszusatzversicherung** sowie bei der **Krankentagegeldversicherung.** Diese Versicherungsarten haben für den selbstständigen Versicherungsnehmer Einkommensersatzfunktion, so dass generell eine Zuordnung zum Bereich der selbstständigen Tätigkeit gerechtfertigt erscheint.[164] Die überwiegende Meinung vertritt den Gegenstandpunkt[165] und begründet dies in erster Linie damit, dass der VN bei Eintritt des Versicherungsfalles seine selbstständige Tätigkeit nicht mehr ausübe. Dieses Argument entfällt allerdings, wenn es im konkreten Fall um die Verweisung auf eine andere selbstständige Tätigkeit (Vergleichsberuf) oder um die Zumutbarkeit einer Betriebsumorganisation geht. 68

▶ **Praxishinweis:**

Einzelne Versicherer versuchen, die Abgrenzungsschwierigkeiten dadurch in den Griff zu bekommen, dass sie im Bedingungswerk die personenbezogenen Versicherungsverträge des Selbstständigen **ausdrücklich ansprechen.**[166] Die Marktsituation wird dadurch recht unübersichtlich. Während einzelne Versicherer für Versicherungsvertragsstreitigkeiten des Selbstständigen gesonderte Produkte anbieten, beziehen andere die personenbezogenen Versicherungsverträge – mit entsprechender Beitragskalkulation – ausdrücklich in den privaten Vertrags-Rechtsschutz ein. 69

2000, 290; LG Düsseldorf, Urt. vom 25.01.1990, 11 O 228/89 (n.v.); AG Aachen, Urt. vom 04.07.2002, 10 C 414/01 (n.v.); AG Koblenz VersR 1995, 459; kritisch Harbauer/*Obarowski*, § 23 ARB 2010 Rn. 35.

163 OLG Hamm VersR 2008, 251 – ZfS 2008, 39; für einen Wegeunfall OLG Karlsruhe NJW-RR 2004, 179 = VersR 2004, 233 = r+s 2004, 285 = NZV 2004, 200 (nach Auffassung des Gerichts nur »mittelbarer« Zusammenhang), hierzu kritisch *Mathy* VersR 2005, 872, 880; *ders.* r+s 2004, 265; *ders.* NVersZ 2001, 433, 440.

164 LG Köln ZfS 1993, 245; LG Düsseldorf r+s 1993, 186 (Krankentagegeld); LG Stuttgart ZfS 1990, 15 = VersR 1990, 418; H/E/K/*Heinrichs*, 34. Kap. Rn. 365; *Mathy* NVersZ 2001, 433, 436; *ders.* VersR 2005, 872, 880; *ders.* r+s 2004, 265; *ders.* NVersZ 2001, 433, 440; *Prölss* r+s 2005, 269, 275; van Bühren/Plote/*Hillmer-Möbius*, § 23 ARB 2010 Rn. 15; vgl. auch P/M/*Armbrüster* (27. Aufl.), § 24 ARB 75 Rn. 2, der zu Recht darauf hinweist, dass der Rechtsschutz nach § 24 ARB leer liefe, wenn der Versicherer den Versicherungsschutz auf (versicherungs-) vertragliche Streitigkeiten erstreckt; differenzierend *Cornelius-Winkler*, Rechtsschutzversicherung, Rn. 4.24.

165 LG Düsseldorf r+s 2018, 247 = Urt. v. 14.08.2017 – 9 O 30/17 juris Rn. 18 ff.; zustimmend *Völker* BRAK-Mitt. 2019, 9; P/M/*Piontek*, § 24 ARB 2010 Rn. 5; HK-VVG/*Münkel*, § 23 Rn. 3; ferner OLG Stuttgart VersR 1997, 569 = NJW-RR 1996, 1052; OLG Karlsruhe VersR 1993, 827 = NJW-RR 1993, 539; OLG Köln VersR 1992, 1220 = r+s 1992, 343 = ZfS 1992, 426; LG Dortmund ZfS 2000, 170 (Krankentagegeld); LG Hagen VersR 1996, 1140 (Krankentagegeld).

166 Hierzu ausführlich *Mathy* VersR 2005, 872, 884; s.a. H/E/K/*Heinrichs*, 34. Kap. Rn. 369; L/W/*Obarowski*, Bd. 4 Rechtsschutz, Rn. 46.

dd) Streit mit Rechtsanwalt, Steuerberater etc.

70 Bei Streitigkeiten mit Freiberuflern (z.B. Rechtsanwälte, Steuerberater), Banken, Maklern etc. ist zu fragen, **aus welchem Grund die Beauftragung erfolgte**. Geschah dies in einem engen zeitlichen und inhaltlichen Kontext mit der selbstständigen Tätigkeit, liegt ein zumindest **mittelbarer Zusammenhang** vor und der Versicherungsschutz ist ausgeschlossen. So besteht z.B. kein Kostenschutz, wenn ein Anwalt mit einer betrieblichen Forderung oder sonstigen Sache beauftragt war und nunmehr über das Anwaltshonorar oder über einen Anwaltsregress gestritten wird.[167] Ähnlich ist bei Streitigkeiten mit einem Steuerberater zu fragen, ob dieser für den privaten Bereich oder für den Bereich der selbstständigen Tätigkeit des VN tätig war.

II. Beruflicher Bereich in Ausübung einer nichtselbstständigen Tätigkeit (Abs. 1 lit. b)

1. Allgemeines

71 Dass Abs. 1 lit. b) den Versicherungsschutz auch auf den **beruflichen Bereich in Ausübung** von **nichtselbstständigen Tätigkeiten** erweitert, spiegelt sich auch in der nach Abs. 3 versicherten Leistungsart **Arbeits-Rechtsschutz** wider. Im beruflichen Bereich wird der Versicherte in der Regel als Arbeitnehmer betroffen sein. Versicherungsschutz nach § 23 besteht bei **parallel ausgeübter selbstständiger und unselbstständiger Tätigkeit** nur für letztere.[168] Rechtliche Konflikte im beruflichen Bereich können sich aber auch außerhalb der Rechtsbeziehung zwischen Arbeitnehmer und Arbeitgeber ergeben, für welche im Rahmen der anderen nach Abs. 3 versicherten Leistungsarten Rechtsschutz bestehen kann.

▶ **Beispiele:**

72
- Der VN wird von einem Arbeitskollegen im Rahmen eines Streits angegriffen und verletzt (Schadenersatz-Rechtsschutz).
- Der VN soll als angestellter Bauleiter in Folge mangelhafter Organisation den Tod eines Arbeiters verschuldet haben (Straf-Rechtsschutz).

73 Übt der Versicherte **nebeneinander eine selbstständige und eine unselbstständige Tätigkeit** aus, kann die **Abgrenzung** bzw. Zuordnung im Einzelfall schwierig sein. So kann es z.B. bei **Chefärzten** zu einer Risikoüberschneidung kommen, die neben dem Festgehalt Einnahmen aus der Behandlung ambulanter Patienten sowie aus der Erbringung wahlärztlicher Leistungen bei der Behandlung stationärer Patienten erzielen. Im **ambulanten Tätigkeitsbereich** wie auch im **Nebentätigkeitsbereich** (z.B. Anfertigung von Gutachten) handelt es sich zweifellos um eine nicht versicherte freiberufliche Tätigkeit. Die Einräumung des Liquidationsrechts bei der Erbringung wahlärztlicher Leistungen, welche grundsätzlich mit der Verpflichtung zur Beteiligung nachgeordneter Mitarbeiter verknüpft ist, ist dagegen die Vereinbarung einer besonderen Form der

167 LG Hagen r+s 1993, 346; LG Münster ZfS 1987, 368.
168 Zur Abgrenzung zwischen selbstständiger und unselbstständiger Tätigkeit s.u. Rdn. 73.

Vergütung im Rahmen des Arbeits-/Dienstverhältnisses. Die Übertragung solcher Dienstaufgaben unter Einsatz der personellen und sachlichen Ausstattung des Krankenhauses (Arbeitgeber) gehört zur vertraglich vereinbarten Leistung zwischen Arbeitnehmer und Arbeitgeber, so dass Streitigkeiten hieraus mit dem Arbeitgeber oder Dienstherrn über den Arbeits-Rechtsschutz versichert sind.[169]

Nicht versichert ist allerdings das Ausübungsrisiko des Liquidationsrechts gegenüber dem selbst zahlenden Patienten. Hier gilt das Gleiche wie bei der freiberuflichen Tätigkeit im ambulanten Bereich. Grundsätzlich kann die Frage der Rechtsschutzdeckung an die steuerrechtliche Bewertung[170] angelehnt werden. Danach liegen Einkünfte aus selbstständiger Tätigkeit nur vor, wenn die Verträge über die wahlärztlichen Leistungen unmittelbar zwischen den Patienten und dem Chefarzt abgeschlossen werden und die Liquidation durch den Chefarzt erfolgt. 74

Problematisch kann die Abgrenzung auch dann sein, wenn der **Lebenspartner** des VN eine selbstständige Tätigkeit ausübt und der – nichtselbstständige – VN im Rechtskreis des Lebenspartners Verträge schließt.[171] Im umgekehrten Fall – VN ist selbstständig, der Lebenspartner nicht – kann sich ebenfalls die Frage stellen, ob ein Rechtskonflikt des Lebenspartners mit der selbstständigen Tätigkeit des VN zusammenhängt. Grundsätzlich muss in diesen Fällen maßgebend sein, ob sich der Ausschlusstatbestand in der betreffenden Person verwirklicht hat.[172] 75

Den VN trifft im Grundsatz die **Beweislast** dafür, dass die Interessenwahrnehmung dem versicherten privaten Bereich zuzuordnen ist, wenn nicht aufgeklärt werden kann, ob sie diesem bzw. einer nichtselbstständigen Tätigkeit oder aber einer nicht versicherten selbstständigen Tätigkeit zuzurechnen ist.[173] 76

2. Scheinselbstständigkeit

Viele in freier Mitarbeit Beschäftigte stellen sich im Laufe ihrer Tätigkeit die Frage, ob sie wirklich Selbstständige oder nicht vielmehr als Arbeitnehmer zu behandeln sind. Insbesondere der Wunsch nach sozialer Absicherung kann den in dieser Weise betroffenen VN veranlassen, den **Arbeitnehmerstatus** beim Arbeitsgericht durch Feststellungsklage geltend zu machen. Das Thema der sog. **Scheinselbstständigkeit**[174] hat den Gesetzgeber veranlasst, durch das (rückwirkend) am 1.1.1999 in Kraft getretene »Gesetz zur Förderung der Selbständigkeit«[175] gestaltend einzugreifen. Dieses Korrektur- 77

169 Vgl hierzu *Rieger* DMV 1991, 393.
170 Vgl. OFD Rheinland und Münster, Verfügung v. 28.04.2006, DB 2006, 1083.
171 LG Itzehoe r+s 1997, 24 (der Ausschluss greift); zustimmend *Mathy*, Rechtsschutz-Alphabet, S. 745, 746.
172 OLG Köln r+s 1993, 145.
173 Ebenso P/M/*Piontek*, § 23 ARB 2010 Rn. 2; OLG Hamm BeckRS 2016, 124821; a.A. OLG Karlsruhe r+s 2014, 603 f.; LG Duisburg r+s 2019, 18.
174 Ausf. hierzu *Reiserer/Freckmann* NJW 2003, 180.
175 BGBl. I 2000, 2 ff.

gesetz[176] beschränkt sich aber – ebenso wie die späteren »Hartz«-Gesetze[177] – auf die sozialversicherungsrechtliche Seite. Es enthält keine Neudefinition des Arbeitnehmerbegriffs. Die arbeitsrechtliche Klärung des Arbeitnehmerstatus bleibt daher auch weiterhin der Rechtsprechung der Arbeitsgerichte überlassen.

78 Betroffen ist eine Vielzahl von **freien Mitarbeitern, Subunternehmern, Franchisenehmern, Zeitungszusteller, Verkäufer von Backwaren, Marktleitern** etc. in zahlreichen Unternehmen und vieler Branchen und Berufsgruppen,[178] die für einen oder wenige andere dauernd Dienst- oder Werkleistungen erbringen und wie ein Arbeitnehmer nach Weisung und in wirtschaftlicher Abhängigkeit vom Auftraggeber tätig sind.[179] Für einige Bereiche hat das **BAG** Ausführungen zu **Abgrenzungskriterien** vorgenommen, so z.B. in mehreren Entscheidungen vom 15.12.1999[180] zur Selbstständigkeit eines **Versicherungsvertreters** oder zu den **Volkshochschullehrern.**[181] Auch der **BFH** hat sich im Rahmen der Abgrenzung von Einnahmen aus selbstständiger bzw. nichtselbstständiger Tätigkeit wiederholt mit dem Status bestimmter Berufsgruppen befasst.[182] Angestellte sind auch Syndikusrechtsanwälte, obgleich z.T. die Weisungsbefugnis ausgeschlossen ist,[183] ebenso Prokuristen, auch wenn sie zugleich Mitgeschäftsführer einer Betriebs-GmbH sind.[184]

79 Beruft sich der VN oder – im Rahmen des Firmen-Rechtsschutzes – ein Mitarbeiter des VN auf den Arbeitnehmerstatus, so ist die Arbeitnehmereigenschaft, an die der Versicherungsschutz in der Leistungsart Arbeits-Rechtsschutz anknüpft, in der Regel nicht eindeutig zu beurteilen. Es ist **umstritten**, ob der **Versicherer** die **Deckung** dann **von der Feststellung der Arbeitnehmereigenschaft im Rechtsstreit** des VN **abhängig machen kann.**[185] Gegen die Möglichkeit eines solchen **Vorbehalts** wird insbesondere vorgebracht, dass es ausreichen müsse, wenn die Arbeitnehmereigenschaft schlüssig vorgetragen werde. Diese Argumentation vermengt aber unzulässigerweise die Frage

---

176 Ausf. hierzu *Reiserer* BB 2000, 94.

177 Hierzu *Reiserer* DStR 2003, 292 und *Rolfs* NZA 2003, 65.

178 Vgl. *Kunz/Kunz* DB 1993, 326; Grüneberg/*Weidenkaff*, Einf. v. § 581 Rn. 21 ff.; BAG NZA 1998, 368; BSG NJW 2010, 2539; BGH NJW-RR 2000, 1436.

179 Grüneberg/*Weidenkaff*, Einf. v. § 611 BGB Rn. 11.

180 Z. B. BAG 5 AZR 566/98, r+s 2000, 219 = NZA 2000, 447 = DB 2000, 723; 5 AZR 3/99, DB 2000, 879 = ZIP 2000, 808.

181 BAG NZA 2002, 1232; hierzu *Hromadka* NJW 2003, 1847.

182 BFH DStR 2011, 563 (Insolvenzverwaltertätigkeit); BFH, Urt. vom 6. März 2003, XI R 46/01 (Künstler); BFH NZA-RR 1999, 376 (Rundfunkermittler).

183 LAG Düsseldorf NZA-RR 2002, 567.

184 BGH NJW 1995, 3338.

185 **Bejahend:** OLG Celle, Beschluss vom 06.12.2005, 8 W 70/05; LG Bremen VersR 2005, 1529 mit abl. Anm. *Cornelius-Winkler* VersR 2006, 194; LG Würzburg VersR 2000, 1013: sogar die Deckung für den VN als Arbeitgeber ganz ablehnend; AG Norderstedt, Urt. vom 05.07.2002, 43 C 298/01; *Harbauer* VersR 1981, 846: Anmerkung zu OLG Karlsruhe v. 18.12.1980, VersR 1981, 845; *Römer* r+s 2000, 177, 179; **verneinend:** *Böhme*, § 25 ARB 75 Rn. 7a; *Wichert* MDR 2009, 897; *Cornelius-Winkler* VersR 2006, 194; Adam AnwBl 2000, 110; Buschbell/Hering/*Hering*, § 13 Rn. 31.

der – gesondert zu prüfenden – hinreichenden Erfolgsaussicht mit dem Vorhandensein der versicherten Eigenschaft (Arbeitnehmer bzw. Arbeitgeber eines Arbeitnehmers), auf welche sich der Versicherungsschutz nach dem Prinzip der Spezialität des versicherten Risikos beschränkt.

Es handelt sich – ähnlich der Situation beim Vorsatzausschluss nach § 3 Abs. 5 – um 80
einen Fall der **Voraussetzungsidentität**, wonach der Versicherer einerseits verpflichtet ist, für die Dauer des Rechtsstreits vor dem Arbeitsgericht vorläufig Kostenfreistellung zu leisten, andererseits aber berechtigt ist, etwaige Kostenvorschüsse zurückzufordern, wenn im Arbeitsgerichtsprozess die Feststellung getroffen wird, dass **kein Arbeitsverhältnis**, sondern eine – nicht versicherte – **Firmenvertragsbeziehung** vorliegt. Um dasselbe Tatbestandsmerkmal muss dann ggf. im Deckungsprozess ein zweites Mal gestritten werden[186], sofern man nicht die Deckungsklage von vornherein am Einwand der unzulässigen Rechtsausübung scheitern lässt.

D. Versicherte Leistungsarten (Abs. 3)

Abs. 3 nennt **9 Leistungsarten**, für welche im Rahmen des § 23 Versicherungsschutz 81
gegeben ist. Innerhalb der jeweiligen Leistungsart ist zu prüfen, ob der Versicherte im versicherten privaten oder beruflichen Bereich betroffen ist, oder ob ein Zusammenhang mit einer – nicht versicherten – selbstständigen Tätigkeit gegeben ist. Ferner ist der **Ausschluss des Verkehrsbereichs** nach Abs. 4 zu beachten. Da die Leistungsarten im Einzelnen unter§ 2 erläutert werden, sollen nachfolgend nur einige wenige Grundzüge bzw. Besonderheiten für die nach § 23 versicherten Lebensbereiche angesprochen werden.

I. Schadenersatz-Rechtsschutz

Was unter dieser Leistungsart zu verstehen ist, ist unter § 2 lit. a) ausführlich 82
beschrieben[187]. Die **Abwehr** von gegen den VN erhobenen Schadensersatzansprüchen ist nicht gedeckt, vielmehr nur die **Geltendmachung** solcher Ansprüche. Im Rahmen des § 23 ist die Zuordnung zum Privatbereich wichtig. Grundsätzlich kommt es darauf an, **in welcher Eigenschaft** der Versicherte vom Schadenereignis im Sinne des § 4 Abs. 1 lit. a) betroffen ist (»**Sphärentheorie**«).

▶ **Beispiele:**

- Ein Selbstständiger wird in seinem Büro aus rein privatem Anlass von einer 83
  Person tätlich angegriffen – z.B. als Racheakt aufgrund eines Beziehungskonflikts (versichert).
- Der Inhaber eines Dachdeckerbetriebs wird bei der Inspektion einer seiner Baustellen durch Verschulden eines Dritten vom Gerüst gestoßen und verletzt (nicht versichert).

186 S. § 2 Rdn. 6 ff.
187 *Römer* r+s 2000, 177, 179.

84 Ist ein Selbstständiger vom zugrunde liegenden Schadenereignis im privaten Bereich betroffen (z.B. Verletzung in der Freizeit), besteht für alle Schadensfolgen Versicherungsschutz, auch für einen dadurch entstehenden **Verdienstausfallschaden**, welcher aus der selbstständigen Tätigkeit herrührt. Dieses aufgrund der Risikoabgrenzung zunächst unerwünscht erscheinende Ergebnis muss hingenommen werden, denn im Rahmen eines Vertrages nach § 24 wäre dieser Sachverhalt nicht gedeckt, weil der VN eben nicht als Selbstständiger vom Versicherungsfall betroffen war. Alternativ bestünde nur noch die Möglichkeit der Annahme einer Deckungslücke, mit der ein durchschnittlicher VN aber nicht rechnen muss.

II. Arbeits-Rechtsschutz

85 Zur Frage, was unter Arbeits-Rechtsschutz zu verstehen ist, wird auf die ausführlichen Darlegungen unter § 2 lit. b) verwiesen.[188] Im Rahmen des § 23 muss es sich um eine **arbeitsrechtliche oder dienst- und versorgungsrechtliche Auseinandersetzung** des Versicherten mit einem Arbeitgeber aus **unselbstständiger Tätigkeit** handeln. Abgrenzungsprobleme ergeben sich bei **Scheinselbstständigkeit** sowie bei **selbstständiger Nebentätigkeit** bzw. **nachvertraglicher Konkurrenztätigkeit** aus selbstständiger Tätigkeit. Insoweit wird auf die vorhergehenden Ausführungen verwiesen. Zur Abwehr von gegen den VN erhobene Schadensersatzansprüche sind nicht gedeckt, vielmehr nur die Geltendmachung solcher Ansprüche.

86 Besonderer Betrachtung bedarf die Geltendmachung und Abwehr von **Ansprüchen nach** dem Allgemeinen Gleichbehandlungsgesetz (**AGG**). Geht es um Rechtsverstöße in einem laufenden Arbeitsverhältnis, z.B. wegen benachteiligender Entlohnung, Sozialauswahl oder Festlegung der Altersgrenze, handelt es sich grundsätzlich um eine Interessenwahrnehmung »aus« Arbeitsverhältnis. Macht dagegen der VN als Stellenbewerber Schadens- und Entschädigungsansprüche z.B. wegen **nicht geschlechtsneutraler Stellenausschreibung** gem. § 15 AGG geltend, so ist dies nicht über Arbeits-Rechtsschutz gedeckt, da der geltend gemachte Anspruch nicht aus einem bestehenden Arbeitsverhältnis abgeleitet wird. Deckung kann aber für den Anspruchssteller zumindest für Schadenersatzansprüche über den Schadenersatz-Rechtsschutz bestehen.

III. Rechtsschutz im Vertrags- und Sachenrecht

87 Was unter Rechtsschutz im Vertrags- und Sachenrecht zu verstehen ist, ist zu § 2 lit. d) ausführlich beschrieben.[189] Da diese Leistungsart ein großes Spektrum von Vertragsstreitigkeiten erfasst, ist die **Abgrenzung zur selbstständigen Tätigkeit** von großer Bedeutung. Dies hat zu umfangreicher Rechtsprechung geführt, was auch damit zusammenhängt, dass der Firmen-Rechtsschutz nach § 24 keinen Vertrags-Rechtsschutz beinhaltet.

188 S. § 2 Rdn. 24 ff.
189 S. § 2 Rdn. 59 ff.

Nicht versichert sind **Vereinsstreitigkeiten** sowie **genossenschaftsrechtliche** Streitigkeiten (z.B. Jagd- oder Fischereigenossenschaft), da **durch Satzung begründete Rechtsverhältnisse** weder vertragliche noch gesetzliche Schuldverhältnisse sind.[190] Das gleiche gilt für die Geltendmachung oder Abwehr von **Unterlassungsansprüchen wegen Ehrverletzung**, da es sich nicht um die Wahrnehmung rechtlicher Interessen aus einem »Schuldverhältnis« handelt. 88

Soweit nicht etwaige Risikoausschlüsse greifen (z.B. Baurisiko, § 3 Abs. 1 lit. d)) und auch kein Zusammenhang mit selbstständiger Tätigkeit gegeben ist, sind **schuldrechtliche Erwerbs- und Veräußerungsgeschäfte** über **Immobilien** gedeckt. Auch die **kurzzeitige Anmietung** von **Hotels, Ferienwohnungen oder Campingplätzen** etc. ist über Rechtsschutz im Vertrags- und Sachenrecht versichert, da **lediglich langfristige Mietverhältnisse über § 29** gesondert einzudecken sind. 89

IV. Steuer-Rechtsschutz vor Gerichten

Zur Frage, was unter der Wahrnehmung rechtlicher Interessen in steuer- und abgaberechtlichen Angelegenheiten vor deutschen Finanz- und Verwaltungsgerichten zu verstehen ist, kann auf die detaillierten Ausführungen unter § 2 lit. e) verwiesen werden.[191] Im Rahmen des § 23 besteht Versicherungsschutz nur für **private** Steuern. Auch **grundstücksbezogene Steuer**- und Abgabesachen sind im privaten Bereich – vorbehaltlich des Ausschlusses nach § 3 Abs. 2 lit. i) – gedeckt, da das Fehlen der Leistungsart »Wohnungs- und Grundstücks-Rechtsschutz« nicht ausreichend deutlich macht, dass solche Risiken gesondert nach § 29 zu versichern sind.[192] Die Unklarheit geht zu Lasten des Versicherers. **Nicht versichert** sind – wegen Abs. 4 – hingegen Fälle, die **Kraftfahrzeugsteuer** oder **Maut** betreffen. Ebenfalls ausgeschlossen ist der Rechtsschutz betreffend die steuerliche Bewertung von Immobilien, § 3 Abs. 2 lit. i). 90

V. Sozialgerichts-Rechtsschutz

Was unter dem Sozialgerichts-Rechtsschutz zu verstehen ist, ist zu § 2 lit. f) ausführlich beschrieben[193]. Kurz gesprochen geht es um die Abwehr oder Verfolgung von Ansprüchen des VN und Mitversicherten vor den Sozialgerichten aus dem privaten oder beruflichen Arbeitnehmerbereich. Klassischer Anwendungsbereich im Rahmen des § 23 ist die gesetzliche Sozialversicherung, u. a. also auch die gesetzliche Unfallversicherung. Macht der VN beispielsweise nach einem Verkehrsunfall **Verletztenrente** aus der gesetzlichen Unfallversicherung geltend, besteht für den Streit mit der Berufsgenossenschaft auch dann Versicherungsschutz, wenn er als Fahrer betroffen war.[194] 91

---

190 So auch L/Pa/*Looschelders*, § 2 ARB 2010 Rdn. 73; Harbauer/*Obarowski*, § 2 ARB 2010 Rn. 181, 182.

191 S.o. § 2 Rdn. 70 ff.

192 Ebenso Harbauer/*Obarowski*, § 2 ARB 2010 Rn. 218; s.a. L/Pa/*Looschelders*, § 2 ARB 2010 Rdn. 75.

193 S. § 2 Rdn. 83 ff.

194 Im Ergebnis ebenso Harbauer/*Obarowski*, § 23 ARB 2010 Rn. 65.

Die Ausschlussbestimmung nach Abs. 4 kommt hier nicht zur Anwendung, da der VN primär als gesetzlich unfallversicherter Arbeitnehmer und nicht als Kraftfahrer betroffen ist. Die andernfalls zu Lasten des VN entstehende Lücke im Versicherungsschutz aufgrund einer Anwendung des Ausschlusses des Verkehrs-Rechtsschutzes nach § 23 Abs. 4 und zugleich eines Ausschlusses des Sozial-Rechtsschutzes nach § 21 wäre für jeden VN überraschend, womit nicht gerechnet werden muss.

92 Zu beachten ist die Abgrenzung zur selbstständigen Tätigkeit. So besteht z.B. kein Versicherungsschutz, wenn der VN zur **Finanzierung einer geplanten selbstständigen Tätigkeit** sozialrechtlich geregelte Fördergelder, wie beispielsweise **Überbrückungsgelder** zum Einstieg in die Selbstständigkeit, in Anspruch nehmen will und der Streit zum Sozialgericht geht. Dass der VN vorher Arbeitnehmer war, ändert hieran nichts, da der Streit nur deshalb entstand, weil der VN in die Selbstständigkeit wechseln will und sich hierdurch das Risiko erhöht hat.[195] Hinzuweisen ist darauf, dass Bedingungswerke einzelner Versicherer den Bereich des Sozialhilferechts ausschließen.[196]

VI. Disziplinar- und Standes-Rechtsschutz

93 Zunächst wird auf die allgemeinen Ausführungen zum Disziplinar- und Standes-Rechtsschutz i.S.v. § 2 lit. h) verwiesen. Erfasst werden nicht nur das **gerichtliche Verfahren**, vielmehr auch vorausgehende **Verwaltungs**verfahren.[197] Im Bereich des Standesrechts ist die Abgrenzung zur selbstständigen Tätigkeit zu beachten. So können z.B. **freiberufliche tätige Ärzte oder Rechtsanwälte** für die Verteidigung in standesrechtlichen Verfahren keine Deckung über § 23 erhalten. Bei Maßnahmen der kassenärztlichen Vereinigungen wegen der **Verletzung kassenärztlicher Pflichten** handelt es sich nicht um Disziplinarverfahren i.S. des § 2 lit. h).[198]

VII. Straf-Rechtsschutz

94 Was unter dem Straf-Rechtsschutz zu verstehen ist, ist unter § 2 lit. i) ausführlich beschrieben[199]. Wegen des Ausschlusses nach Abs. 4 sind im Rahmen des § 23 nur die **nicht verkehrsrechtlichen Vergehen** gem. § 2 lit. i) bb) relevant. Da diese vom Gesetzgeber meistens als reine Vorsatzdelikte ausgestaltet sind, kommt nur in relativ wenigen Fällen Deckung in Betracht. Gedeckt ist auch nur die **Verteidigung** gegen Straftaten, in der Regel mit Einleitung eines Ermittlungsverfahrens, **nicht** aber eine **aktive Strafverfolgung**, z.B. als Privat- oder Nebenkläger und auch nur gegen **Vergehen** im Sinne des

195 A.A. LG Stuttgart r+s 1991, 93 = VersR 1991, 921; Harbauer/*Obarowski*, § 23 ARB 2010 Rn. 65: Streit als Folge der früheren abhängigen Stellung.

196 Van Bühren/*K. Schneider*, § 13 Rn. 140. Zur Reichweite eines solchen Ausschlusses LG Köln r+s 2009, 507.

197 Van Bühren/*K. Schneider*, § 13 Rn. 144.

198 S. § 2 Rdn. 98 ff.

199 S. § 2 Rdn. 107 ff.

§ 12 StGB und nicht gegen **Verbrechen.** Soweit das Bedingungswerk auch **Opfer-Rechtsschutz** umfasst, ist dieser regelmäßig auf ausgewählte Gewaltstraftaten beschränkt.[200]

▶ **Beispiele:**

- Vorwurf der einfachen Körperverletzung (§ 223 StGB), 95
- Vorwurf des fahrlässigen Falscheids (§ 163 StGB),
- Vorwurf der fahrlässigen Brandstiftung (§ 306d StGB),

Im Übrigen darf sich der vorgeworfene Sachverhalt nicht bei Ausübung einer selbstständigen Tätigkeit zugetragen haben. So besteht z.B. kein Versicherungsschutz, wenn der VN gewerblicher Waffenhändler ist und ihm die fahrlässige Überlassung von Waffen an Nichtberechtigte gem. § 51 Waffengesetz vorgeworfen wird.[201]

VIII. Ordnungswidrigkeiten-Rechtsschutz

Ausführliche Darlegungen zum Ordnungswidrigkeiten-Rechtsschutz finden sich in der Kommentierung[202] unter § 2 lit. j). Aufgrund der **Beschränkung** auf den **nicht-verkehrsrechtlichen Privatbereich** sowie unselbstständige Tätigkeiten, sind deckungsfähige Sachverhalte stark eingegrenzt. Relevant sind z.B. Ordnungswidrigkeiten-Verfahren, die von Ordnungsbehörden im Rahmen der allgemeinen Gefahrenabwehr eingeleitet werden. 96

▶ **Beispiele:**

- Unzulässiger **Lärm**, § 117 OWiG, 97
- Verstöße im Zusammenhang mit **Hundehaltung**,
- Verstöße gem. § 53 **Waffengesetz**,

IX. Beratungs-Rechtsschutz im Familien-, Lebenspartnerschafts- und Erbrecht

Was unter dem Beratungs-Rechtsschutz im Familien-, Lebenspartnerschafts- und Erbrecht zu verstehen ist, ist unter § 2 lit. k) ausführlich beschrieben.[203] Da der Anwendungsbereich dieser Leistungsart mit dem Verkehr und mit selbstständiger Tätigkeit nichts zu tun hat, gibt es keinerlei Abgrenzungsfragen. Zu beachten ist die **gesonderte Definition des Versicherungsfalles** in § 4 Abs. 1 lit. b). Danach ist z.B. die anwaltliche Unterstützung bei Erstellung eines Testaments mangels Eintritts eines Versicherungsfalles nicht versichert. **Über die Beratung hinausgehende anwaltliche Tätigkeiten** sind grundsätzlich nicht durch den Beratungs-Rechtsschutz gedeckt, weshalb die Leistungen 98

200 Inzwischen durch Ziff. 2.2.12 ARB 2012 als Leistungsart mit einer Definition der Gewaltstraftaten in die Musterbedingungen aufgenommen, s.a. H/E/K/*Heinrichs*, 34. Kap. Rn. 120 f.
201 OLG Stuttgart r+s 2003, 64; ebenso Harbauer/*Obarowski*, § 23 ARB 2010 Rn. 68.
202 S. § 2 Rdn. 134 ff.
203 S. § 2 Rdn. 138 ff.

der Versicherer weiterentwickelt werden. Die Bedingungswerke der Versicherer nehmen daher zunehmend Elemente des sog. **erweiterten Beratungs-Rechtsschutz** auf.[204]

E. Ausschluss des Verkehrsrisikos (Abs. 4)

99 Der Verkehrsbereich ist im Privat-Rechtsschutz für Selbstständige nach § 23 Abs. 4 ausgeschlossen, kann aber ergänzend gem. § 21 bzw. § 22 oder durch eine andere Vertragsart gem. § 28 versichert werden. Hierdurch wird dem VN mit Deckungsschutz nach § 23 ein schlankes Angebot mit Hinzuwahlmöglichkeit angeboten. Der Ausschluss war bereits in **§ 25 Abs. 4 lit. a) ARB 75** vorgesehen, wodurch die Wahrnehmung rechtlicher Interessen im Zusammenhang mit dem motorisierten Verkehr durch den Versicherungsschutz nicht gedeckt war. Angeknüpft wurde an die Eigenschaften »**Eigentümer, Besitzer, Halter, Fahrer**« von **Motorfahrzeugen**. Dadurch wurden Überschneidungen mit den Verkehrsrisiken nach §§ 21 ff. ARB 75 grundsätzlich vermieden.

100 Die **ARB 94 ff.** übernahmen diese Systematik, jedoch wurde durch die **zusätzliche** Erwähnung der »**Erwerber**«-Eigenschaft vermieden, dass Streitigkeiten aus dem **fehlgeschlagenen Kauf eines Motorfahrzeugs** über den Privat-Rechtsschutz zu regulieren sind. Nach § 25 Abs. 4 lit. a) ARB 75 griff die Ausschlussbestimmung nicht, wenn der VN zum Zeitpunkt des Versicherungsfalles noch nicht Eigentümer oder Halter geworden war.[205]

101 Bei **vertraglichen Auseinandersetzungen** ist im Allgemeinen klar, wann der VN als Eigentümer oder Halter betroffen ist (z.B. Kaufvertrag, Leasingvertrag, Reparaturvertrag). Auch der Abschluss eines **Darlehensvertrages** gehört hierzu, wenn die Hingabe des Darlehens speziell für den Erwerb eines Fahrzeugs erfolgte. Ob es sich bei dem Darlehensgeber um eine Bank oder um eine Privatperson handelt, dürfte dabei nicht maßgebend sein.[206]

102 Schwierig ist die Abgrenzung bei Streitigkeiten aus einer **allgemeinen Unfallversicherung.** Auch wenn solche Verträge nicht speziell für die Teilnahme am Verkehr abgeschlossen werden, muss der durchschnittliche VN von einer Deckung über das Verkehrsrisiko ausgehen, wenn er den Unfall als Fahrer oder Insasse eines Kfz erlitten hat.[207] Dass der Fahrer-Rechtsschutz nach § 22 keinen Vertrags-Rechtsschutz beinhaltet, spricht nur vordergründig dagegen. Konsequenterweise ist im Rahmen des § 23 die Deckung zu verneinen, wenn der VN den Unfall als **Fahrer** eines Motorfahrzeuges erlitten hat. Traf ihn der Unfall als **Insasse**, ist dies gedeckt, da die Eigenschaft als Insasse eines Motorfahrzeuges (ebenso wie die Eigenschaft als **Fußgänger** oder **Radfahrer**) in § 23 Abs. 4 nicht ausgeschlossen ist.

---

204 S.o. Vor §§ 21 ff. Rdn. 31.

205 Vgl. Harbauer/*Stahl (8. Aufl.)*, § 25 ARB 75 Rn. 54.

206 A.A. Harbauer/*Obarowski*, § 23 ARB 2010 Rn. 78.

207 H.M.: OLG Koblenz VersR 1999, 1487 = NVersZ 1999, 492; AG Weilheim VersR 1996, 1364 = r+s 1996, 64; Harbauer/*Obarowski*, § 21 ARB 2010 Rn. 76; P/M/*Piontek*, § 21 ARB 2010 Rn. 11; *Mathy* NVersZ 2001, 433, 440; a.A. *Böhme*, § 21 ARB 75 Rn. 19k; *Matzen* VersR 1980, 805.

Eine bei der Benutzung eines Motorfahrzeuges mitgeführte **Ladung** ist im Rahmen des § 23 versichert, da ein sachlicher Zusammenhang mit dem Eigentum am Fahrzeug nicht besteht.[208] Dies gilt allerdings nur für **privat mitgeführte** Gegenstände. Ersatzansprüche wegen Beschädigung von **gewerblich transportierten** Gegenständen fallen in den Deckungsbereich des Firmen-Rechtsschutzes. 103

Macht der VN nach einem Verkehrsunfall als eine Schadenposition **Verdienstausfall** geltend und beruht dies auf einem Ausfall des beschädigten oder zerstörten Fahrzeugs, so ist der VN in der Eigenschaft als **Fahrzeugeigentümer** betroffen. Wird der Verdienstausfall als Personenschaden geltend gemacht, so ist die die **Fahrereigenschaft** angesprochen.[209] In beiden Fällen besteht daher im Rahmen des § 23 kein Versicherungsschutz. 104

Wird der VN von seinem Arbeitgeber auf Schadenersatz in Anspruch genommen, weil er das von ihm gefahrene **Firmenfahrzeug** schuldhaft beschädigt haben soll, so ist der VN in der – an sich ausgeschlossenen – Eigenschaft als **Fahrer** betroffen. Dies wird jedoch durch die arbeitsrechtlichen Fragen so stark überlagert, dass der Arbeitnehmereigenschaft Vorrang gebührt. Aufgrund dessen ist die Anwendbarkeit des Risikoausschlusses zu verneinen.[210] 105

F. Umwandlung bei Änderung der Berufstätigkeit (Abs. 5)

Nach Abs. 5 **wandelt** sich der Vertrag in einen solchen nach § 25 **um**, wenn der VN und/oder der mitversicherte Lebenspartner entweder nicht mehr gewerblich, freiberuflich oder sonst selbständig tätig sind oder wenn die aus diesen Tätigkeiten erzielten Umsätze die Bagatellgrenze unterschreiten. Es handelt sich um eine **automatische Vertragsänderung**, die auch unter dem Aspekt des § 308 Nr. 5 BGB rechtlich unbedenklich ist, da der bisherige Versicherungsschutz mit geringerer Prämie erhalten bleibt.[211] Die Umwandlung bewirkt, dass der VN für weniger Beitrag (Minderung nach § 11 Abs. 2 ARB 2010) die gleiche Leistung erhält. Anders als bei § 26 Abs. 6 bleibt hier der Versicherungsumfang unverändert.[212] Die Einstufung in einen günstigeren Tarif bei gleicher Leistung entspricht dem mutmaßlichen Willen des VN. 106

G. Hinweise zu ARB 2012/2019/2021

I. Privat-Rechtsschutz (P), Ziff. 2.1.1 (P) Baustein Privat-Rechtsschutz ARB 2012/2019/2021

Ziff. 2.1.1 ARB 2012 ff. enthält einen Katalog der versicherbaren Lebensbereiche. Dort findet sich auch der Lebensbereich »**Im Privat-Rechtsschutz**« (**Buchstabenschlüssel P = Privat**). Dieses Modul **Privat-Rechtsschutz (P)** ist eine durch die ARB 2012 ff. neu geschaffene Vertragsform. Erfasst wird hier nunmehr der gesamte private 107

208 Harbauer/*Obarowski*, § 23 ARB 2010 Rn. 72.
209 Harbauer/*Obarowski*, § 23 ARB 2010 Rn. 74.
210 Vgl. Harbauer/*Obarowski*, § 23 ARB 2010 Rn. 75.
211 P/M/Piontek § 23 ARB 2010 Rn. 21.
212 Van Bühren/Plote/*Hillmer-Möbius*, § 23 Rn. 25.

Bereich, der bislang verteilt war auf die §§ 25 und 26 ARB 2010 (VN als **Nichtselbstständiger**) und auf die §§ 23 und 28 ARB 2010 (VN als **Selbstständiger**).[213] Daher ist vor allem auf **zwei Neuerungen** hinzuweisen:

108 (1) Für diese Vertragsform wird **nicht mehr** zwischen VN differenziert, die eine **selbstständige** (s. § 23 ARB 2010) und solchen, die eine **nichtselbstständige Tätigkeit** (s. § 25 ARB 2010) ausüben.[214] Der Versicherungsschutz zur Wahrnehmung von rechtlichen Interessen im Zusammenhang mit gewerblichen, freiberuflichen und sonstigen selbstständigen Tätigkeiten ist in diesem Modul generell ausgeschlossen. Soweit gewünscht können diese ausgeschlossenen Tätigkeiten durch das Modul **Rechtsschutz für Selbständige oder Firmen (U)** gesondert abgesichert werden.

109 (2) Der **Arbeits-Rechtsschutz** ist nicht mehr im Privat-Rechtsschutz enthalten, vielmehr gehört dieser nun zum neu geschaffene Modul **Berufs-Rechtsschutz (B)**. Das bedeutet zugleich, dass der berufliche Bereich in Ausübung einer nichtselbstständigen Tätigkeit (§ 23 Abs. 1 lit. b. ARB 2010) nach den ARB 2012 nicht mehr Bestandteil des Privat-Rechtsschutzes ist.[215] Am Markt wird dieses Modul B zunehmend separat angeboten, um Kundenwünschen zu entsprechen.[216] Bei Bedarf muss Modul B sodann zusätzlich vereinbart werden. Die Klausel Ziff. 2.1.1 ARB 2012 ff. beschränkt sich auf die Aufzählung der versicherten Eigenschaften, die Regelungen zur Mitversicherung finden sich entsprechend dem neuen Aufbau in **Ziff. 2.1.2 ARB 2012 ff.**

110 Unter Ziff. 2.1.1 wurde in die ARB **erstmals** eine **Definition** zur **sonstigen selbstständigen Tätigkeit** aufgenommen; sie ist vom Versicherungsschutz ausgeschlossen. Für den praktisch relevanten Fall der **Verwaltung eigenen Vermögens** wird dies Auswirkungen haben, weil in Abkehr von der bisherigen ständigen Rechtsprechung nun der **steuerrechtliche Einkommensbegriff** maßgeblich ist und es nicht mehr auf das Vorhandensein eines organisatorischen Geschäftsbetriebs oder auf das Vorliegen einer besonderen Komplexität der Vermögensverwaltung ankommt.[217] Somit gelten alle Einkünfte, die nicht aus nichtselbstständiger Tätigkeit oder aus Rentenbezügen herrühren, als solche aus selbstständiger Tätigkeit.[218] Dieser Vorstoß des Bedingungsgebers wird unter dem Aspekt eines »recht eindeutigen Abgrenzungskriteriums« begrüßt.[219]

111 Bisher hatten Rechtsprechung und Literatur sich schwergetan, steuerliche Bewertungen in die Risikoabgrenzung einfließen zu lassen. Dies ist jetzt anders, da der Bedingungstext ausdrücklich an die Einkunftsarten nach dem EStG anknüpft.[220] Die Neuregelung führt damit zu klareren Abgrenzungsmöglichkeiten, insbesondere im Bereich der Ver-

---

213 *G. Bauer*, VersR 2013, 661.
214 Buschbell/Hering/*Hering*, § 11 Rn. 37.
215 Van Bühren/Plote/*Hillmer-Möbius*, ARB 2012 Rn. 6.
216 L/W/*Obarowski*, Bd. 4 Rechtsschutz Rn. 54.
217 BGH r+s 2006, 373; BGH r+s 2003, 263; *R. Wendt* r+s 2008, 221 (230); *K. Maier* r+s 2013, 105 (106 f.).
218 L/W/*Obarowski*, Bd. 4 Rechtschutz, Rn. 516; *Rudolph*, Rn. 82.
219 *K. Maier* r+s 2013, 105, 107.
220 Van Bühren/Plote/*Hillmer-Möbius*, ARB 2012, Rn. 18.

mögensverwaltung. Zugleich ist damit die Klärung von Rechtsfragen im Zusammenhang mit der **Verwaltung von eigenem Vermögen** nicht mehr durch den Privat-Rechtsschutz[221] und auch nicht durch den Berufs-Rechtsschutz[222] gedeckt, was einen großen konzeptionellen Einschnitt bedeutet. Ferner kommt es, anders als noch nach §§ 25 Abs. 1 S. 1 und 26 Abs. 1 S. 1 ARB 2010, auch nicht auf die Höhe des jährlichen Gesamtumsatzes an.

Verändert hat sich auch die **Abgrenzung von** den im Privat-Rechtsschutz **nicht enthaltenen Lebensbereichen.** Während § 23 Abs. 4 lediglich den Verkehrsbereich ausdrücklich ausschloss, nennt **Ziff. 2.1.1 ARB 2012** alle mit einem extra Baustein **zu versichernden Bereiche.** Dies ist für den Leser einerseits sehr übersichtlich, weil der Versicherungsumfang hervorgehoben wird,[223] zeigt aber auch sofort weitere Versicherungsmöglichkeiten auf. Andererseits stellt sich hier die Frage nach der genauen Abgrenzung entsprechend den Eigenschaften, die ein einzelner Baustein abdeckt. Virulent wird dies insbesondere dann, wenn der VN nur den Privat-Rechtsschutz versichert und ihm nur die hierfür relevanten Klauseln zur Verfügung gestellt werden. Hierfür muss der Versicherer eine Lösung finden, da er bei negativen Risikoabgrenzungen die Darlegungs- und Beweislast trägt. Da gerade der **Verkehrsbereich** sehr stark an bestimmte Eigenschaften gekoppelt ist (Eigentümer, Halter usw.), sehen die ARB 2012 für den Ausschluss dieses Bereichs in den Bausteinen P, U, Ver und B eine spezielle Klausel vor. 112

Die versicherten **Leistungsarten** (bisheriger § 23 Abs. 3) sind in **Ziff. 2.2 ARB 2012 ff.** aufgelistet. Welche zum Privat-Rechtschutz gehören, wird durch die Zuordnung mit dem Buchstabenschlüssel »P« klargestellt. Die Leistungsart **Arbeits-Rechtsschutz (Ziff. 2.2.2 ARB 2012 ff.)** gehört nicht mehr dazu, da hierfür nunmehr die gesonderte Vertragsform **Berufs-Rechtsschutz** (B = Beruf) zu versichern ist.[224] Die Leistungsart Vertrags- und Sachenrecht wird ergänzt um Verträge, mit denen der VN Kraftfahrzeuge und Anhänger zur Eigennutzung erwirbt. Jedoch besteht kein Versicherungsschutz in dieser Leistungsart, wenn der VN Teilnehmer im öffentlichen Straßenverkehr ist.[225] Andererseits ist die Leistungsart **Opfer-Rechtsschutz (Ziff. 2.2.12 ARB 2012)** neu hinzugekommen. Versicherungsschutz besteht somit auch für Beistandsleistungen eines Rechtsanwalts im Ermittlungs- und Nebenklageverfahren.[226] 113

II. Cyber-Rechtsschutz (CP), Ziff. 2.1.1 (CP) Baustein Cyber-Rechtsschutz ARB 2012/2019/2021

Der **Cyber-Rechtsschutz (CP)** ist erst im Januar 2020 nachträglich in die ARB 2019 aufgenommen worden. Es handelt sich um eine **optionale** Rechtsschutz-Vertragsform, die als **Ergänzung** der Vertragsform **Privat-Rechtsschutz** gedacht ist und wenn 114

221 *K. Maier* a.a.O., 106; *G. Bauer* a.a.O., 662.

222 S. Rdn. 113 zu Berufs-Rechtsschutz.

223 Van Bühren/Plote/*Hillmer-Möbius*, ARB 2012, Rn. 22.

224 *K. Maier* r+s 2013, 105, 107; van Bühren/Plote/*Hillmer-Möbius*, ARB 2012, Rn. 6.

225 *Hering* ZfS 2013, 4, 6.

226 *G. Bauer* VersR 2013, 661, 662.

gewünscht zusätzlich vereinbart werden muss. Dabei geht es um Versicherungsschutz im Privatbereich im Zusammenhang mit der Nutzung elektronischer Daten/Medien, wie z.B. im Internet, in einem Intranet, in digitalen Kurznachrichten- oder Messengerdiensten oder anderen unternehmensindividuellen Daten oder Medien.[227]

115 Durch den Cyber-Rechtsschutz können folgende Leistungsarten abgedeckt werden:

(1) **Durchsetzung vorbeugender Unterlassungsansprüche** wegen Verletzung des Persönlichkeitsrechts des VN oder Mitversicherten im Zusammenhang mit der Nutzung elektronischer Daten/Medien gem. Ziff. 2.2.1; Bsp.: widerrechtliche Veröffentlichung von Fotos des VN im Internet;

(2) **strafrechtliche Verteidigung bei vorsätzlichen Vergehen**[228] des VN in unmittelbarem Zusammenhang mit der Nutzung elektronischer Daten/Medien gem. Ziff. 2.2.9; Bsp.: Vorwurf/Strafanzeige gegen VN wegen Beleidigung einer Person in sozialem Netzwerk;

(3) **aktiver Strafrechtsschutz des VN oder Mitversicherten als Opfer einer Straftat** gem. Ziff. 2.2.13; Bsp.: Belästigung des VN in Gruppen-Chat über längeren Zeitraum;

(4) **Rechtsschutz bei Urheberrechtsverstößen** durch den VN betreffend Abmahnverfahren gem. Ziff. 2.2.14; Bsp.: Verwenden von urheberrechtlich geschützten Fotos auf der privaten website;

(5) **Rechtsschutz bei Online-Shopping** außerhalb von Europa, Mittelmeer-Anliegerstaaten, Kanarische Inseln und Madeira gem. Ziff. 5.2; Bsp.: über das Internet bestellte und bezahlte Kamera wird nicht geliefert.

Cyber-Bedrohungslagen und -Angriffe nehmen im Geschäftsverkehr rasant zu.[229] Sie mögen einen Hinweis dazu geben, was zunehmend auch den Privatbereich erwarten wird.

§ 24 Berufs-Rechtsschutz für Selbständige, Rechtsschutz für Firmen und Vereine

(1) Versicherungsschutz besteht

a) für die im Versicherungsschein bezeichnete gewerbliche, freiberufliche oder sonstige selbständige Tätigkeit des Versicherungsnehmers. Mitversichert sind die vom Versicherungsnehmer beschäftigten Personen in Ausübung ihrer beruflichen Tätigkeit für den VN;

b) für Vereine sowie deren gesetzliche Vertreter, Angestellte und Mitglieder, soweit diese im Rahmen der Aufgaben tätig sind, die ihnen gemäß der Satzung obliegen.

227 *Lensing* AnwBl. 2022, 227, 228.

228 Kein Versicherungsschutz bei Verbrechen (= Straftat mit einer Freiheitsstrafe von mindestens einem Jahr).

229 *Silbe* AnwBl 2023 (zur Cyber-Bedrohungslage); *Rothmann/Segger* AnwBl 2024, 152 (Cyber-Erpressung und -Versicherung; *Thesling* AnwBl 2024, 156 (Erhöhung des Haftungsrisiko für Rechtsanwaltskanzleien).

(2) Der Versicherungsschutz umfasst:

– Schadenersatz-Rechtsschutz	(§ 2a),
– Arbeits-Rechtsschutz	(§ 2b),
– Sozialgerichts-Rechtsschutz	(§ 2f),
– Disziplinar- und Standes-Rechtsschutz	(§ 2h),
– Straf-Rechtsschutz	(§ 2i),
– Ordnungswidrigkeiten-Rechtsschutz	(§ 2j).

(3) Der Versicherungsschutz umfasst nicht die Wahrnehmung rechtlicher Interessen als Eigentümer, Halter, Erwerber, Mieter, Leasingnehmer und Fahrer eines Motorfahrzeuges zu Lande, zu Wasser oder in der Luft sowie Anhängers.

(4) Endet der Versicherungsvertrag durch Berufsaufgabe oder Tod des Versicherungsnehmers, wird ihm bzw. seinen Erben Versicherungsschutz auch für Rechtsschutzfälle gewährt, die innerhalb eines Jahres nach der Beendigung des Versicherungsvertrags eintreten und im Zusammenhang mit der im Versicherungsschein genannten Eigenschaft des Versicherungsnehmers stehen.

Übersicht Rdn.

A. Historie

1 Seit den ARB 94 gibt es den Berufs-Rechtsschutz für Selbständige, Rechtschutz für Firmen und Vereine nach § 24. Er kombiniert den Firmen-Rechtsschutz des § 24 ARB 75 und den Vereins-Rechtsschutz des § 28 ARB 75.[1]

Seit den **ARB 94** konnte man den Versicherungsschutz nicht mehr um den Vertrags-Rechtsschutz für Selbständige (**Firmen-Vertrags-Rechtsschutz,** § 24 III Nr. 1 ARB 75) erweitern. Seit die versicherungsaufsichtsrechtliche Genehmigungspflicht für AVB weggefallen sind, sind solche Öffnungsklauseln überflüssig, weil die Versicherer von den seither unverbindlichen Muster-ARB ohnehin stets abweichen dürfen. Wegen der hohen Schadenshäufigkeit und des erheblichen Prozesskostenrisikos bieten nur noch einige Versicherer diese Leistungsart für bestimmte Berufsgruppen (z.B. Heilberufe) durch besondere Bedingungen an.[2]

In § 24 ARB 94 ist der Werkstatthändler-Rechtsschutz (§ 24 VI ARB 75) ebenso entfallen[3] wie der Warenhandelsvertreter-Rechtsschutz (§ 24 III Nr. 2 ARB 75). Den Werkstatthändler-Rechtsschutz boten jedoch einige Versicherer als Ergänzung zu § 24 III ARB 94 weiterhin an.[4]

Seit den ARB 94 sind die vom VN Beschäftigten mitversichert, während die ARB 75 nur Arbeiternehmer und mitarbeitenden Familienangehörige des VN mitversicherte.

Die Nachhaftung wurde mit den ARB 75 eingeführt und in den ARB 94 gestrichen; seit den ARB 2008 ist sie wieder vorhanden.

Inhaltlich ist § 24 ARB 94 weitgehend identisch mit § 24 ARB 2000/2008/2010.

B. Berufs-Rechtsschutz für Selbständige, Rechtsschutz für Firmen (Abs. 1 lit. a)

I. Begriff des Selbständigen

1. Allgemeines

2 § 24 gebraucht den Begriff des **Selbständigen** als **Oberbegriff** für jemanden, der eine **gewerbliche, freiberufliche** oder **sonstige selbständige Tätigkeit** ausübt.[5] Berufsrechtsschutz nach § 24 genießt (nur) die **im Versicherungsschein genannte** selbständige Tätigkeit des VN. Es kommt nicht darauf an, ob sie als gewerblich, freiberuflich oder in sonstiger Form selbständig ist. Ist im Versicherungsschein z.B. »Insolvenzverwalter« als versicherte Tätigkeit angegeben, ist für den Versicherungsschutz unerheblich, ob man sie im konkreten Fall als freiberuflich oder gewerblich ansieht.

1 P/M/*Piontek*, § 24 ARB 2010 Rn. 1; B/M/*Bruns/Rapp*, § 24 ARB 2010 Rn. 1.
2 Harbauer/*Obarowski*, § 24 ARB 2010 Rn. 1.
3 Harbauer/*Obarowski*, § 24 ARB 2010 Rn. 58.
4 Harbauer/*Obarowski*, § 24 ARB 2010 Rn. 58.
5 Harbauer/*Obarowski*, § 24 ARB 2010 Rn. 2.

Keine selbständigen Tätigkeiten im Sinne von § 24 sind dagegen **private, nichtselbständige** und **landwirtschaftliche Tätigkeiten** des VN. Daher ist deren Abgrenzung von der selbständigen Tätigkeit bedeutsam.

Die Begriffe in Abs. 1 lit. a) sind in erster Linie aus der Systematik der ARB selbst auszulegen. Dabei ist maßgeblich, wie sie ein VN ohne versicherungsrechtliche Spezialkenntnisse bei verständiger Würdigung, aufmerksamer Durchsicht und unter Berücksichtigung des erkennbaren Sinnzusammenhanges versteht.[6] Daher ist die gewerbliche, freiberufliche und sonstige selbständige Tätigkeit in § 24 I lit. a) ebenso auszulegen wie in §§ 25 I und 26 I: Nach § 24 ist das Wagnis des VN versicherbar, das vom Versicherungsschutz nach §§ 25, 26 von vornherein nicht erfasst ist.[7] In diese Abgrenzung ist § 27 mit einzubeziehen, so dass § 24 landwirtschaftliche Tätigkeiten ebenfalls nicht erfasst.[8] Die (ohnehin nicht einheitlichen) handels-, sozialversicherungs-, arbeits-, gewerbepolizei- und steuerrechtlichen Definitionen der Begriffe sind nicht maßgeblich, weil die ARB nicht auf sie abstellen,[9] können aber dennoch im Einzelfall bei Zweifelsfragen zur Begriffsbestimmung mit herangezogen werden.[10] 3

Selbständig tätig im Sinne von Abs. 1 lit. a) sind nicht nur **Einzelunternehmer**, sondern auch die **persönlich haftenden Gesellschafter** einer **OHG** oder **KG**, weil sie an der Betriebsführung wie Eigentümer beteiligt sind.[11] Dasselbe gilt für die Gesellschafter einer unternehmerisch tätigen **GbR**. Der **beherrschende Gesellschafter-Geschäftsführer** einer **GmbH** ist ebenfalls selbständig tätig, weil er an der Betriebsführung wie ein Eigentümer beteiligt ist.[12] Demgemäß sind auch die **Partner** einer **PartG** oder **PartGmbB** trotz ihrer partiellen Haftungsbeschränkungen nach § 8 III, IV PartGG an der Betriebsführung wie Eigentümer beteiligt und damit selbständig tätig. **Kommanditisten**[13] und **stille Gesellschafter**[14] sind dagegen grundsätzlich nicht selbständig tätig. 4

2. Gewerbe

Gewerbebetrieb ist ein berufsmäßiger Geschäftsbetrieb mit der Absicht dauernder Gewinnerzielung.[15] Gewerbliche Tätigkeit ist jede erlaubte, auf Gewinnerzielung gerichtete, dauerhaft ausgeübte selbständige Tätigkeit mit Ausnahme von Landwirt- 5

---

6 BGHZ 119, 252, 254; OLG Oldenburg, Beschl. vom. 24. November 2022, 1 U 146/22, juris Rn. 9.
7 BGHZ 119, 252, 254/255; OLG Oldenburg, Beschl. vom. 24. November 2022, 1 U 146/22, juris Rn. 10; OLG Düsseldorf VersR 1996, 844.
8 Vgl. BGH VersR 1978, 816; OLG Dresden VersR 2020, 31, 32/33.
9 BGH VersR 1978, 816, OLG Hamm NJW-RR 1989, 344.
10 OLG Dresden VersR 2020, 31, 33; Harbauer/*Obarowski*, § 24 ARB 2010 Rn. 3.
11 BGH VersR 1978, 816 f.; vgl. auch BGHZ 110, 127, 128/129.
12 BGH VersR 1978, 816 f.
13 BGH VersR 2006, 1119.
14 OLG Düsseldorf VersR 1996, 844; OLG Celle VersR 2005, 1139, 1141.
15 BGHZ 119, 252, 256.

schaft und freiberuflicher Tätigkeit. Gewerbe üben vorwiegend Unternehmen des Handels, des Handwerks, der Industrie und des Dienstleistungsverkehrs aus.

3. Freie Berufe

6 **Freie Berufe** haben im allgemeinen auf der Grundlage besonderer beruflicher Qualifikation oder schöpferischer Begabung die persönliche, eigenverantwortliche und fachlich unabhängige Erbringung von Dienstleistungen höherer Art im Interesse der Auftraggeber und der Allgemeinheit zum Inhalt (§ 1 II Satz 1 PartGG). Bei ihnen stehen die eigene Arbeitskraft des Berufsträgers, der Einsatz seines geistigen Vermögens und der durch seine qualifizierte Ausbildung erworbenen Kenntnisse im Vordergrund.[16] Oft gibt es besondere Berufsordnungen (**Standesrecht**) für den jeweiligen freien Beruf. Diese schreiben zuweilen ausdrücklich fest, dass es sich um einen freien Beruf und kein Gewerbe handelt (z.B. § 1 II BÄO, § 2 BRAO, § 1 II WPO). § 18 I Nr. 1 EStG und § 1 II 2 PartGG enthalten Beispielkataloge freier Berufe, die nicht abschließend sind.

4. »Sonstige« selbständige Tätigkeit

7 Eine **sonstige selbständige Tätigkeit** ist gegeben, wenn der VN grundsätzlich frei von Weisungen Dritter tätig wird und das wirtschaftliche Risiko seiner Tätigkeit selbst trägt. Sonstige selbständige Tätigkeiten sind etwa die in § 18 I Nr. 3 EStG als Beispiel ausdrücklich genannten als **Testamentsvollstrecker** und **Aufsichtsrat.** Gleiches gilt für berufsmäßige **Verfahrenspfleger** (§§ 276, 317 FamFG)[17] und **Berufsbetreuer** (§ 19 II BtOG)[18]. Auch jene schulden eigenverantwortliche und fachlich unabhängige Dienste höherer Art wie Freiberufler. Anders als bei einem freien Beruf ist aber keine besondere Ausbildung vorgeschrieben.

5. Abgrenzung von privater und selbständiger Tätigkeit

8 Wie in der Haftpflichtversicherung ist ein Risiko auch in der Rechtsschutzversicherung entweder dem privaten oder dem betrieblichen/beruflichen Bereich zuzuordnen.[19] Beim kaufmännischen VN wird nach zutreffender h.M. wegen **§ 344 I HGB** eine Zuordnung zu seiner gewerblichen Tätigkeit vermutet.[20]

9 Die **Veröffentlichung rechtswissenschaftlicher Aufsätze** hängt mit der selbständigen Anwaltstätigkeit zusammen, insbesondere wenn der **Rechtsanwalt** den Aufsatz auf seiner Internetseite in einer Publikationsliste aufführt.[21] Er frönt damit keinem schriftstellerischen Hobby, sondern entfaltet eine berufliche Tätigkeit, die auch der Werbung

16 BFH NJW 2001, 3503.
17 BFH NJW 2011, 110, 111.
18 BFH ZIP 2010, 1858, 1860.
19 BGHZ 119, 252, 255.
20 OLG Stuttgart r+s 2003, 64; OLG Hamm NJW-RR 1989, 344 f; a.A.: OLG Frankfurt NJW-RR 1986, 516.
21 LG Köln ZfS 2018, 36 f.

dient. Bei Fachanwälten folgt der berufliche Zusammenhang auch daraus, dass sie mit solchen Publikationen die ihnen nach § 15 I 1 FAO obliegende berufliche Fortbildungspflicht erfüllen können.

Berufsunfähigkeits-,[22] **Krankentagegeld-**[23] oder **Unfallversicherungen**[24] gehören nach zutreffender h.M. zum Privatbereich und sind daher vom Versicherungsschutz nach § 24 nicht umfasst. Sie dienen gerade dazu, den privaten Lebensstandard für Fälle zu sichern, in denen das Einkommen aus selbständiger Tätigkeit wegfällt.[25] **Betriebsunterbrechungsversicherungen** gehören dagegen selbst dann zur betrieblichen Sphäre des VN, wenn sie (auch) das Risiko einer Betriebsunterbrechung wegen Arbeitsunfähigkeit des VN absichern.[26] 10

Die Nutzung und **Verwaltung eigenen (Privat-)Vermögens** gehört grundsätzlich zum privaten Bereich, selbst wenn es beträchtlich ist.[27] Teils wird angenommen, sie sei erst dann eine selbständige Tätigkeit, wenn sie einen solch außergewöhnlichen Umfang annimmt, dass man sie neben einer sonstigen Berufstätigkeit nicht mehr ausüben kann.[28] Nach h.M. ist die Schwelle zur berufsmäßigen Vermögensverwaltung erreicht, wenn ihr Umfang einen planmäßigen Geschäftsbetrieb erfordert, wie z.B. durch die Unterhaltung eines Büros.[29] Dagegen darf man weder aus dem spekulativen Charakter einer Anlage noch aus der Aufnahme von Fremdmitteln zwangsläufig auf deren Gewerblichkeit schließen.[30] Jedoch können Art und Umfang einer Geldanlage im Einzelfall durchaus nach der Lebenserfahrung indizieren, dass sie einen planmäßigen Geschäftsbetrieb erfordert.[31] 11

Der Betrieb einer **Fotovoltaikanlage** ist nicht stets eine gewerbliche Tätigkeit, sondern kann bloße Vermögensverwaltung sei. Es ist eine Einzelfallbetrachtung geboten.[32] Das Überschreiten der in § 3 Nr. 72 EStG genannten Grenzen (30 kW je Einheit und insgesamt 100 kW je Steuerpflichtigem) spricht indiziell für Gewerblichkeit. Wenn der Eigentümer den Betrieb der Anlage als Gewerbe nach § 14 GewO angemeldet hat und 12

---

22 BGH VersR 2012, 48; OLG Stuttgart NJW-RR 1996, 1052 f.; a.A. LG Stuttgart VersR 1990, 418.

23 LG Dortmund zfs 2000, 170 f.; a.A. LG Düsseldorf r+s 1993, 186.

24 OLG Hamm VersR 2008, 251; Looschelders/Pohlmann/*Paffenholz*, § 125 Rn. 33.

25 B/M/*Bruns/Rapp*, § 24 ARB 2010 Rn. 2.

26 OLG Hamm VersR 2022, 38 f.; P/M/*Piontek*, § 24 ARB 2010 Rn. 5.

27 BGHZ 119, 252, 256; OLG München r+s 2007, 508 f.; OLG Nürnberg VersR 2013, 493 f.; LG Duisburg r+s 2019, 18; Looschelders/Pohlmann/*Paffenholz*, § 125 Rn. 33.

28 OLG Nürnberg VersR 2013, 493, 494/495.

29 BGHZ 119, 252, 257.

30 BGHZ 119, 252, 257; OLG Celle NJW-RR 2011, 679, 681; OLG Oldenburg, Beschl. vom. 24. November 2022, 1 U 146/22, juris Rn. 14.

31 OLG München r+s 2007, 508 f. (bejaht bei Verpachtung eines fremdfinanzierten Seniorenwohnheims und Supermarkts mit einem Investitionsvolumen von mehr als 23 Mio. DM).

32 BGH, Urt. vom 26. Oktober 2021, XI ZR 216/19, juris Rn. 37; OLG Nürnberg VersR 2013, 493 f.

die Einspeisevergütungen die Kleinunternehmergrenze des § 19 I UStG überschritten haben, spricht das ebenfalls für eine gewerbliche Tätigkeit.[33]

6. Abgrenzung von nichtselbständiger und selbständiger Tätigkeit

13 Anhaltspunkte für die Abgrenzung von selbständiger und nichtselbständiger Tätigkeit bieten **§ 84 I Satz 2 HGB**[34] und **§ 611a I 3 BGB**. Das wesentliche Merkmal selbständiger Tätigkeit ist demnach die persönliche Freiheit bei der Ausgestaltung der Arbeit und der Bestimmung der Arbeitszeit. Steuerliche und sozialrechtliche Vorschriften liefern ergänzende Anhaltspunkte.[35]

14 Relevant wird diese Abgrenzung insbesondere bei **GmbH-Geschäftsführern. Fremdgeschäftsführer** sind nicht selbständig tätig.[36] **Gesellschafter-Geschäftsführer** sind selbständig tätig, wenn sie einen beherrschenden Einfluss auf die GmbH haben, weil sie den Betrieb dann wie ein Eigentümer leiten.[37] Ob sie **beherrschenden Einfluss** auf die GmbH haben, beurteilt man nach denselben Kriterien wie bei der gesetzlichen Rentenversicherungspflicht. Demnach beherrscht ein Geschäftsführer eine GmbH grundsätzlich nur, wenn er Inhaber von mindestens 50 % ihrer Geschäftsanteile ist.[38] Minderheitsgesellschafter üben als Geschäftsführer nur dann beherrschenden Einfluss auf die GmbH aus, wenn ihnen die Satzung eine Sperrminorität bei allen Gesellschafterbeschlüssen einräumt, eine nur auf bestimmte Gegenstände beschränkte Sperrminorität reicht nicht aus.[39]

15 Macht der VN in einem Arbeitsgerichtsprozess gegenüber seinem Vertragspartner geltend, er sei **scheinselbständig**, unterfällt der Rechtsfall nicht dem Deckungsschutz nach § 24 I lit. a).[40] Damit behauptet der VN eine abhängige Tätigkeit, die gerade keine Selbständigkeit im Sinne von § 24 ist.

II. Spezialität des versicherten Risikos

16 Abs. 1 lit. a) knüpft den Versicherungsschutz nach dem **Grundsatz der Spezialität**[41] des versicherten Risikos an die **im Versicherungsschein genannte Tätigkeit** des VN. Versicherungsschutz besteht daher nur, wenn die erforderliche rechtliche Interessenwahrnehmung in einem inneren sachlichen Zusammenhang mit der versicherten Eigenschaft des VN steht.[42]

---

33 LG Kleve NJW-RR 2017, 1137 f.
34 Harbauer/*Obarowski*, § 24 ARB 2010 Rn. 3.
35 BGH VersR 1978, 816; Harbauer/*Obarowski*, § 24 ARB 2010 Rn. 3; Looschelders/Pohlmann/*Paffenholz*, § 125 Rn. 33.
36 BSG NZG 2024, 1193 f.
37 BGH VersR 1978, 816 f.
38 BSG NZG 2024, 1193f.
39 BSG NZG 2024, 1193f.
40 LG Würzburg VersR 2000, 1013.
41 Harbauer/*Obarowski*, § 24 ARB 2010 Rn. 5.
42 P/M/*Piontek*, § 24 ARB 2010 Rn. 3; B/M/*Bruns/Rapp*, § 24 ARB 2010 Rn. 2 m. w. Nachw.

Ist ein VN als Inhaber einer Tankstelle versichert, hat er keinen Versicherungsschutz für einen auf seinem Grundstück betriebenen Imbiss.[43] Wenn der VN als Hersteller von Klebebändern versichert ist, besteht kein Versicherungsschutz für die Vermarktung von Lizenzen für Patente zur Ölabsaugung.[44] Ebenso ist die Tätigkeit als Generalunternehmer von Baumaßnahmen nicht gedeckt, wenn im Versicherungsschein als Branche (versicherte Eigenschaft) Möbelschreinerei/Raumausstattung angegeben ist.[45] Gleiches gilt für das wiederholte Vermieten von Gerüsten durch einen Dachdecker[46] oder Klempnerarbeiten eines Elektrikers,[47] weil den Tätigkeiten der erforderliche Zusammenhang mit der versicherten Geschäftstätigkeit fehlt. 17

Die Verwaltung des eigenen **Betriebsvermögens** gehört grundsätzlich zur Sphäre der selbständigen Tätigkeit. Jedoch muss sie wegen des Grundsatzes der Spezialität des versicherten Risikos dem Betrieb der **im Versicherungsschein angegebenen selbständigen Tätigkeit** zuzuordnen sein. Befindet sich eine **Fotovoltaikanlage** im Betriebsvermögen einer Eisdiele, hängt ihr Betrieb mit der im Versicherungsschein genannten selbständigen Tätigkeit des VN sachlich zusammen, wenn sie den Strom aus der Fotovoltaikanlage (auch) selbst nutzt und nur den überschüssigen Anteil einspeist. Der Zusammenhang fehlt dagegen, wenn die Eisdiele sie ausschließlich zum Erzielen von Einspeisevergütungen nutzt. 18

Bei einer (einkommensteuerrechtlichen) **Betriebsaufspaltung** gehören auch die im Zusammenhang mit der sogenannten **Besitzgesellschaft** vorgenommenen Tätigkeiten zur gewerblichen Tätigkeit des VN. Eine solche Betriebsaufspaltung liegt vor, wenn ein die GmbH beherrschender Gesellschafter der GmbH wesentliche Betriebsgrundlagen (praktisch regelmäßig das Betriebsgelände) vermietet.[48] Steuerlich befinden sich die GmbH-Anteile und die vermietete Betriebsgrundlage dann im Betriebsvermögen der sogenannten »Besitzgesellschaft«. Dadurch werden die Mietzinsen und die Ausschüttungen zu gewerblichen Einkünften (§ 15 EStG), weil die Besitzgesellschaft »über« die **Betriebsgesellschaft** (also die GmbH) am allgemeinen Wirtschaftsverkehr teil nimmt.[49] Sie ist zudem umsatzsteuerlich Organträger der GmbH nach § 2 II Nr. 2 UStG. Dies genügt, um einen engen Zusammenhang mit der gewerblichen Tätigkeit im Sinne des § 24 anzunehmen, da die Zuordnung zur betrieblichen Sphäre den maßgeblichen Vorstellungen des verständigen VN entspricht. 19

43 LG Stade r+s 1976, 255.

44 OLG Hamm, Beschl. v. 2. Juni 2017, 20 U 110/16 = BeckRS 2017, 119222.

45 LG Fulda ZfS 1986, 144.

46 BGH VersR 1975, 77 (zur Haftpflichtversicherung); Harbauer/*Obarowski*, § 24 ARB 2010 Rn. 6.

47 LG Marburg VersR 1978, 909 (zur Haftpflichtversicherung); Harbauer/*Obarowski*, § 24 ARB 2010 Rn. 6.

48 BFH FR 2025, 76, 80.

49 BFH FR 2025, 76, 80.

III. Versicherungsnehmer und mitversicherte Personen

1. Versicherungsnehmer

20 Ist der VN ein **Einzelunternehmer**, stellen sich insoweit keine Zweifelsfragen. VN können aber auch Personengesellschaften und juristische Personen sein, welche § 24 als »**Firmen**« bezeichnet. Der Begriff der Firma ist damit nicht wie in § 17 HGB zu verstehen, sondern wird im umgangssprachlichen Sinne gebraucht.

21 Wenn eine **OHG** oder **KG** der VN ist, sind ihre **persönlich haftenden Gesellschafter** neben der Gesellschaft (weitere) VN (und nicht bloß Mitversicherte), selbst wenn sie im Versicherungsschein nicht als VN mitaufgeführt werden.[50] Sie stehen zum VN nicht im Verhältnis wie beliebige Dritte, sondern können wegen ihrer Haftung aus § 126 HGB stets gemeinsam mit dem VN als Gesamtschuldner verklagt werden. Daher können sie Ihre Aufwendungen für die Rechtsverteidigung dann nach § 105 III HGB, § 716 BGB vom VN ersetzt verlangen. Sähe man sie nicht als (weitere) VN an, könnte der VN sie seinerseits vom Versicherer nicht erstattet bekommen, was gegen den Sinn und Zweck des Rechtsschutzversicherungsvertrages verstieße.[51]

22 Nichts Anderes gilt, wenn eine gewerblich oder freiberuflich tätige **GbR** der VN ist. Das Verhältnis ihrer Gesellschafter zu ihr entspricht wegen §§ 721, 716 BGB dem Zustand bei einer OHG. Auch wenn eine **PartG** oder **PartGmbB** der VN ist, sind deren Gesellschafter selbst VN neben der Partnerschaft. Auch sie haften nach § 8 I PartGG grundsätzlich unbeschränkt für die Schulden ihrer Gesellschaft und können gemeinsam mit ihr verklagt werden. Die durch § 8 III, IV PartGG möglichen Haftungsbeschränkungen kommen in den Bereichen, für die nach § 24 II Versicherungsschutz besteht, grundsätzlich nicht zum Tragen.

23 Wenn eine **GmbH** der VN ist, ist ihr **Geschäftsführer** kein (weiterer) VN, wenn er als solcher nicht im Versicherungsschein genannt wird.[52] Selbst dann, wenn er die GmbH beherrscht (siehe Rdn. 14) ist er mit ihr nicht so eng verbunden, wie eine Personengesellschaft mit ihren persönlich haftenden Gesellschaftern. Insbesondere haftet er regelmäßig nicht mit der GmbH für deren Verbindlichkeiten als Gesamtschuldner.

2. Versicherte

24 Nach den ARB 75 waren nur die Arbeitnehmer und die im Betrieb beschäftigten Familienmitglieder mitversichert (§ 24 I 2 und 3 ARB 75). § 24 erstreckt den Versicherungsschutz nunmehr auf alle Beschäftigen des VN in Ausübung ihrer beruflichen Tätigkeit für diesen.

---

50 BGHZ 110, 127 f.; Harbauer/*Obarowski*, § 24 ARB 2010 Rn. 18.

51 BGHZ 110, 127, 129.

52 Harbauer/*Obarowski*, § 24 ARB 2010 Rn. 18.

Voraussetzung ist folglich ein »Beschäftigungsverhältnis« zum VN. Hierzu gehören in erster Linie die Arbeitnehmer des VN, also alle **Arbeiter**, **Angestellten** und **Lehrlinge** (§ 10 I BBiG). Ist der VN eine GmbH, ist auch deren **Geschäftsführer** bei ihr beschäftigt, wenngleich er nach § 5 I 3 ArbGG kein Arbeitnehmer ist. Ebenfalls beim VN beschäftigt sind für ihn tätige **Praktikanten** (z.B. solche im Sinne von § 26 BBiG oder von § 8 JAG NRW). Ferner gehören dazu **Leiharbeitnehmer.**[53] Sie unterliegen gemäß § 1 I 2 AÜG nach dem Entleihen den Weisungen des VN und sind in dessen Arbeitsorganisation eingegliedert.

Für den VN tätige **selbständige Subunternehmer** und **freie Mitarbeiter** sind nicht bei ihm beschäftigt. Wenngleich sie oft mehr oder weniger weitgehend in den Betrieb des VN eingegliedert sein mögen, sind sie dennoch selbständig tätig und erbringen ihre Leistung auf eigene Rechnung und in eigener Verantwortlichkeit.[54] **Scheinselbständigen** verwehrt § 242 BGB ein Berufen auf die Beschäftigteneigenschaft, weil sie nach außen als selbständige Unternehmer aufgetreten sind.[55] 25

IV. Beginn und Ende des Versicherungsschutzes

1. Beginn

Wechselt der VN von einer nichtselbständigen zu einer selbständigen Tätigkeit, erfolgt **keine automatische Umwandlung** eines schon bestehenden Privat-Rechtsschutzes in einen Rechtsschutz für Selbständige. § 11 I ist nicht anwendbar. Der VN muss das neue Risiko als Selbständiger bei Bedarf zusätzlich versichern. Vor Abschluss eines solchen Vertrages sind **vorbereitende Tätigkeiten** in der Übergangsphase zur selbständigen Tätigkeit über einen bestehenden Privat-Rechtsschutz **nicht** abgedeckt.[56] Die ARB sehen keine entsprechende Automatik vor. 26

2. Ende

Fällt die im Versicherungsschein bezeichnete und damit versicherte Eigenschaft des VN durch **Berufs-/Betriebsaufgabe** oder **Tod** weg, endet der Versicherungsvertrag nach § 12 I wegen Wagniswegfalls, weil kein Rechtskostenrisiko im Zusammenhang mit dem versicherten Wagnis als Selbständiger mehr neu entstehen kann.[57] 27

Entgegen der h.M.[58] liegt kein Wagniswegfall vor, wenn ein bislang als Einzelanwalt tätiger VN seine Anwaltstätigkeit als persönlich haftender Gesellschafter einer Sozietät 28

53 B/M/*Bruns/Rapp*, § 24 ARB 2010 Rn. 4.

54 Harbauer/*Obarowski*, § 24 ARB 2010, Rn. 16; Höra/Schubach/*Lensing*, § 27 Rn. 261; a.A. P/M/Armbrüster, § 24 ARB 2010 Rn. 12.

55 Vgl. OLG München, Urteil vom 28. August 2009, 25 U 2149/09, juris; LG Würzburg VersR 2000, 1013.

56 OLG Hamm VersR 2024, 245; Harbauer/*Obarowski*, § 24 ARB 2010 Rn. 12; Looschelders/Pohlmann/*Paffenholz*, § 125 Rn. 33.

57 Harbauer/*Obarowski*, § 24 ARB 2010 Rn. 13.

58 AG München r+s 1997, 26; S/H/W/*Brünger*, § 12 ARB 2010 Rn. 2; P/M/*Piontek*, § 24 ARB 2010 Rn. 10; B/M/*Bruns/Rapp*, § 12 ARB 2010 Rn. 3.

weiterführt. Da er als persönlich haftender Gesellschafter weiterhin eine selbständige Tätigkeit im Sinne § 24 ausübt (siehe oben Rdn. 21 und 22), handelt es sich vielmehr um einen gefahrerhöhenden Umstand im Sinne von § 11 (z.B. im Standesrechtsschutz, weil er dann wegen § 30 BORA auch verpflichtet ist, für die Einhaltung des Standesrechts durch seine Sozien zu sorgen[59]). Der Rechtsschutzversicherungsvertrag geht nicht auf die Sozietät über, weil § 102 II VVG mangels Regelungslücke nicht auf Rechtsschutzversicherungsverträge anwendbar ist.[60]

3. Nachhaftung (Abs. 4)

29 Die sogenannte **Nachhaftung** gem. § 24 IV erstreckt den Versicherungsschutz für den VN oder seine Erben auf Versicherungsfälle, die innerhalb eines Jahres nach der Beendigung des Versicherungsvertrages eintreten und im Zusammenhang mit der im Versicherungsschein genannten Eigenschaft des VN stehen. Diese von § 80 II VVG abweichende Klausel ist nach § 87 VVG zulässig, weil sie den Deckungsschutz ohne Nachteile für den VN bzw. dessen Erben ausweitet.[61]

30 Nicht zu verwechseln ist diese **Nachhaftung** des Abs. 4 mit der sogenannten **Nachmeldefrist** (Ausschlussfrist) gem. § 4 III lit. b). Da die Ausschlussfrist nach dem Wortlaut des § 4 III lit. b) nicht an den Zeitpunkt der Beendigung des Versicherungsvertrages, sondern des Versicherungsschutzes anknüpft, ist von **einer Verlängerung** der Nachmeldefrist auszugehen.[62]

C. Rechtsschutz für Vereine (Abs. 1 lit. b)

31 Die Regelung ist auf **Idealvereine** zugeschnitten. Wenngleich der Wortlaut des Abs. 1 lit. b) den wirtschaftlichen Verein (§ 22 BGB) nicht ausschließt, dürfte er eher als Firma im Sinne von Abs. 1 lit. a) anzusehen sein. Dagegen ist unerheblich, ob es sich um einen eingetragenen (§ 21 BGB) oder nicht eingetragenen Verein (§ 54 BGB) handelt.

32 Mitversichert sind alle Vereinsmitglieder und -angestellten für die Dauer ihrer Mitgliedschaft bzw. Beschäftigung, soweit sie im Rahmen ihrer satzungsgemäßen Aufgaben tätig werden. Versichert sind daher u. a. die Mitglieder des Vorstandes im Rahmen ihrer Vereinsaufgaben (§ 26 BGB).

---

59 Vgl. dazu AGH München BRAK-Mitt. 2002, 283, 284.

60 AG München r+s 1997, 26; P/M/*Piontek*, § 24 ARB 2010 Rn. 10; VersHb/*Obarowski*, § 45 Rn. 574; a.A. OLG Nürnberg VersR 1978, 755. Anders das österreichische Recht, das in § 158o öVVG ausdrücklich einen Vertragsübergang vorsieht, siehe dazu öOGH VersR 2012, 1143, 1147.

61 B/M/*Bruns*/*Rapp*, § 24 ARB 2010 Rn. 8.

62 S/H/W/*Brünger*, § 24 ARB 2010 Rn. 5; Harbauer/*Obarowski*, § 24 ARB 2010 Rn. 55; HK-VVG/*Münkel*, § 24 ARB 2010, Rn. 3.

Der Wortlaut des § 24 I lit. b) ist enger gefasst als der des früheren § 28 I 2 ARB 75. Nunmehr müssen die Tätigkeiten den Versicherten satzungsmäßig **oblegen** haben, während nach § 28 ARB 75 ausreichte, dass sie dem Vereinszweck **dienten**. Das Betreiben von Sport im Sportverein ist daher nach § 24, anders als nach § 28 ARB 75, keine versicherte Tätigkeit des Vereinsmitglieds.[63] 33

D. Leistungsarten (Abs. 2)

Versicherungsschutz besteht nur in den in Abs. 2 **enumerativ aufgezählten** Rechtsbereichen/Leistungsarten, deren genauen Umfang die verwiesenen Regelungen des § 2 näher bestimmen. Dazu ist zunächst auf die Kommentierung zu § 2 lit. a) bis k) zu verweisen. Nachfolgend soll daher nur auf einige **Besonderheiten** im Zusammenhang mit der hier kommentierten Vertragsform des § 24 eingegangen werden. 34

– **Schadenersatz-Rechtsschutz (§ 2 lit. a)**

Im Rahmen des Schadenersatz-Rechtschutzes besteht Versicherungsschutz für die **Geltendmachung** (nicht aber die Abwehr)[64] von Schadenersatzansprüchen, wenn das konkrete Schadenereignis in einem inneren sachlichen Zusammenhang mit der versicherten beruflichen Tätigkeit steht.[65] Bei Mitversicherten muss das Schadensereignis in einem inneren sachlichen Zusammenhang mit ihrer beruflichen Tätigkeit für den VN stehen. Entscheidend ist, dass das Handeln des Betroffenen subjektiv dem Interesse des Betriebes dienen sollte.[66] Besteht Streit über die Zuordnung des Schadenereignisses zum privaten oder selbständigen Bereich obliegt dem VN die **Beweislast** dafür, dass das Ereignis in der beruflichen Sphäre eingetreten ist.[67] 35

Die Ansprüche dürfen nicht **auch** auf einem Vertragsverhältnis oder der Verletzung eines dinglichen Rechts an Immobilien beruhen. Der Wortlaut des § 2 lit. a) macht deutlich, dass bei **Anspruchskonkurrenz** von vertraglichen (z.B. über § 280 BGB) und gesetzlichen Schadenersatzansprüchen (z.B. aus § 823 BGB) **Versicherungsschutz nur über den Vertrags-Rechtsschutz besteht,**[68] den § 24 nicht abdeckt. Der Wortlaut des § 2 lit. a) schließt zudem **Schadenersatzansprüche wegen der Verletzung eines dinglichen Rechts an Immobilien** ausdrücklich aus dem Deckungsbereich des Schadenersatz-Rechtsschutzes aus. Damit wurde eine klare Trennung zu dem Wohnungs- und Grundstücks-Rechtsschutz nach § 29 geschaffen.[69] 36

§ 2 lit. a) erfasst damit im Wesentlichen Ansprüche aus Delikt und aus Gefährdungshaftung für den Ersatz von Personen-, Sach- (z.B. an der Betriebseinrichtung) und 37

63 S/H/W/*Brünger,* § 24 ARB 2010 Rn. 3.
64 OLG Saarbrücken VersR 2018, 1062 f.
65 AG Meschede r+s 1995, 423 (Anspruch des Rechtsanwalts aufgrund einer Beleidigung durch den eigenen Mandanten).
66 Harbauer/*Obarowski*, § 24 ARB 2010 Rn. 30.
67 OLG Frankfurt NJW-RR 1986, 516; Harbauer/*Obarowski*, § 24 ARB 2010 Rn. 26.
68 *Harbauer* NVersZ 1999, 308; HK-VVG/*Münkel,* § 2 ARB 2010, Rn. 4.
69 Vgl. OLG Oldenburg r+s 1995, 21.

Vermögensschäden (z.B. bei deliktischem Schadensersatz nach § 823 II, § 824 oder § 826 BGB).[70] Ist der Anspruch gegen den Schädiger ein solcher Schadensersatzanspruch, gilt das auch für den **Direktanspruch** aus § 115 I 1 Nr. 2 VVG gegen dessen Haftpflichtversicherer.[71] Ebenfalls erfasst sind Ansprüche aus § 717 II ZPO wegen unberechtigter Zwangsvollstreckung.[72]

38 Der Schadensersatzrechtsschutz erfasst nach zutreffender h.M. auch Ansprüche aus **culpa in contrahendo**, weil sie nach § 311 II BGB gerade keinen Vertragsschluss voraussetzen.[73] Gleiches gilt, wenn der VN Ansprüche aus **§ 6 V VVG** gegen den (z.B. Betriebsunterbrechungs-)Versicherer wegen einer Fehlberatung beim Vertragsschluss geltend macht, weil es sich dabei ebenfalls nicht um einen vertraglichen Anspruch handelt, sondern um einen Sonderfall der culpa in contrahendo, da der abgeschlossene (nachteilige) Vertrag nur der eingetretene Schaden und keine Voraussetzung des Schuldverhältnisses ist.[74]

39 Bei **Wegeunfällen** von VN und Beschäftigten ist zu beachten, dass die Fahrt zur Arbeitsstätte ebenso wie die Heimfahrt nicht der Berufsausübung zugeordnet werden, sondern vielmehr dem allgemeinen Verkehrsrisiko.[75]

40 Wenn der VN Schadensersatzansprüche seiner Beschäftigten geltend macht, die nach **§ 6 EFZG** auf ihn übergegangen sind, schließt § 3 IV lit. c den Versicherungsschutz nicht aus.[76] Der Ausschluss soll verhindern, dass Deckungsschutz für Ansprüche erlangt wird, der ohne den Rechtsübergang nicht bestünde. Deckungsschutz bestünde wegen der Mitversicherung der Beschäftigten aber auch ohne den Rechtsübergang auf den VN.

– Arbeits-Rechtsschutz (§ 2 lit. b)

41 Der Leistungsumfang umfasst Abwehr und Geltendmachung von Ansprüchen aus **bestehenden** Arbeits- oder Dienstverhältnissen. Das umfasst Rechtsstreitigkeiten, ob ein Arbeitsverhältnis besteht oder (wirksam) beendet ist (insbes. **Kündigungsschutzklagen**).[77] Die Abwehr von Ansprüchen aus § 15 AGG ist nur dann erfasst, wenn sie von Arbeitnehmern aus einem bestehenden Arbeitsverhältnis (z. B wegen Diskriminierung am Arbeitsplatz bei der Entlohnung) geltend gemacht werden.[78]

70 LG Kleve, Urt. vom 20. Februar 2025, 6 O 117/24, juris Rn. 18.

71 BGH VersR 2023, 582 f.

72 OLG Karlsruhe VersR 2008, 1062.

73 HK-VVG/*Münkel*, § 2 ARB 2010, Rn. 3; *Happel*, VersR 2019, 193, 194; a.A. P/M/*Piontek*, § 2 ARB 2010 Rn. 7; offenlassend BGH, VersR 2023, 582, 584/585.

74 KG, Beschl. vom 24. März 2015, 6 U 113/13, juris Rn. 8.

75 OLG Karlsruhe VersR 2004, 233; Höra/Schubach/*Lensing*, § 27 Rn. 261; P/M/*Piontek*, § 24 ARB 2010 Rn. 8; a.A. B/M/*Bruns/Rapp*, § 24 ARB 2010 Rn. 2.

76 P/M/*Piontek*, § 24 ARB 2010, Rn. 13; Harbauer/*Obarowski*, § 24 ARB 2010 Rn. 29; B/M/*Bruns/Rapp*, § 3 ARB 2010 Rn. 84.

77 P/M/*Piontek*, § 2 ARB 2010 Rn. 17.

78 Looschelders/Pohlmann/*Paffenholz*, § 125 Rn. 15.

Kein Rechtsschutz besteht dagegen, wenn noch kein Arbeitsverhältnis zustande gekommen ist, z.B. bei Rechtsverstößen im Rahmen der Anbahnung eines Vertragsverhältnisses (z.B. Ansprüche aus c.i.c. oder nach dem AGG wegen diskriminierender Bewerberauswahl).[79] Klagen auf Begründung eines Arbeitsverhältnisses folgen nämlich nicht »aus« einem solchen.[80] 42

Im Arbeits-Rechtsschutz genießen die Beschäftigten als Mitversicherte Rechtsschutz. Jedoch schließt § 3 IV lit. a) deren **Interessenwahrnehmung gegen den VN** oder andere mitversicherte Personen vom Versicherungsschutz aus, um Interessenkollisionen zu vermeiden. Es widerspräche dem Sinn und Zweck des Vertrages, wenn der VN damit die Rechtsbesorgung gegen sich selbst finanzierte. 43

Kein Rechtsschutz besteht ferner, wenn eine rechtliche Interessenwahrnehmung aus **kollektivem Arbeitsrecht** (Betriebsverfassungs- und Mitbestimmungsrecht sowie das Koalitions-, Tarifvertrags- und Arbeitskampfrecht) erforderlich wird.[81] § 3 II lit. b) schließt den Versicherungsschutz insoweit aus. 44

Es ist jedoch stets im konkreten **Einzelfall** zu prüfen, ob die Entscheidung einer solchen Streitigkeit möglicherweise nicht auch das individuelle Einzelarbeitsverhältnis betrifft. Sind konkrete Auswirkungen auf das Einzelarbeitsverhältnis zu erwarten, besteht grundsätzlich Deckungsschutz über die Leistungsart Arbeits-Rechtsschutz. Versicherungsschutz wird beispielsweise gewährt bei einem Streit zwischen VN (Arbeitgeber) und seinem Betriebsrat wegen Mitbestimmung bei personellen Einzelmaßnahmen gem. § 99 BetrVG.[82] 45

Das Zustimmungsverfahren vor dem Integrationsamt gem. §§ 85 ff. SGB IX ist vom Versicherungsschutz nach § 24 gedeckt, weil es in einem engen Sachzusammenhang mit der Frage der Wirksamkeit der Kündigung des Arbeitsvertrages steht.[83] 46

– **Sozialgerichts-Rechtsschutz (§ 2 lit. f)**

Versichert ist sowohl die Geltendmachung als auch die Abwehr von sozialrechtlichen Ansprüchen, jedoch nur bei einer **gerichtlichen** Interessenwahrnehmung (Gerichts-Rechtsschutz) vor **deutschen Sozialgerichten.**[84] 47

Zusätzliche Voraussetzung für den Versicherungsschutz im Rahmen des § 24 ist, dass der VN als Selbständiger in seiner im Versicherungsschein bezeichneten Eigenschaft betroffen ist; z.B. wenn sozialrechtliche Ansprüche gegen die Berufsgenossenschaft aus 48

---

79 B/M/*Bruns/Rapp*, § 2 ARB 2010 Rn. 15; S/H/W/*Brünger*, § 2 ARB 2010 Rn. 10.

80 LG Kiel VersR 2015, 1374; Looschelders/Pohlmann/*Paffenholz*, § 125 Rn. 14.

81 VersHb/*Obarowski*, § 45 Rn. 54.

82 B/M/*Bruns/Rapp*, § 2 ARB 2010 Rn. 15; *Klein*, ArbRB 2011, 97, m. Verweis auf LG Düsseldorf, Urt. vom 10. März 2011, 23 S 191/10, juris.

83 BGH VersR 2010, 1211; LG Hannover r+s 1996, 361; Harbauer/*Obarowski*, § 2 ARB 2010 Rn. 93; a.A. AG München VersR 1986, 571.

84 LG Kleve, Urt. vom 20. Februar 2025, 6 O 117/24, juris Rn. 27; Looschelders/Pohlmann/*Paffenholz*, § 125 Rn. 21.

einem Arbeitsunfall geltend zu machen sind. Versicherungsschutz besteht auch für die mitversicherten Personen für die Geltendmachung und Abwehr von sozialrechtlichen Ansprüchen.

49 Sofern sozialrechtliche Ansprüche infolge eines Verkehrsunfalles, z.B. wegen einer Verletztenrente, geltend zu machen sind, ist diese rechtliche Interessenwahrnehmung nicht gem. Abs. 3 von der Deckung ausgeschlossen. Eine solche rechtliche Interessenwahrnehmung ist nicht dem Verkehrsbereich zuzuordnen. Der Schwerpunkt dieser Rechtsbesorgung ist vielmehr im Rechtsverhältnis des selbständig Tätigen bzw. des Arbeitnehmers mit der Berufsgenossenschaft zu sehen.[85]

– **Disziplinar- und Standes-Rechtsschutz (§ 2 lit. h)**

50 Versicherungsschutz besteht im Rahmen dieser Leistungsart für die Verteidigung in Disziplinar- und Standesrechtsverfahren. Das **Disziplinarrecht** ist Teil des Beamtenrechts und umfasst die Gesamtheit der für die Ahndung dienstlicher Verfehlungen von Beamten geltenden Rechtsvorschriften. Es kann bei Selbständigen einschlägig sein, wenn sie **Gebührenbeamte** sind. So regeln etwa die §§ 95 ff. BNotO das Disziplinarverfahren für Notare.

51 **Standesrecht** sind die Regelungen des Berufsrechts der freien Berufe, z.B. der Ärzte, Architekten, Rechtsanwälte und Steuerberater. Sanktionsverfahren der kassenärztlichen Vereinigungen nach § 81 V SGB V sind dagegen kein Teil des ärztlichen Standesrechts, weil sie nicht die Einhaltung ärztlichen Berufsrechts diesen, sondern nur die kassenärztliche Versorgung sichern sollen.[86] Da diese vor den Sozialgerichten ausgetragen werden, sind sie aber vom Sozialgerichts-Rechtsschutz umfasst.[87]

52 Die privatautonome **Ehrengerichtsbarkeit von Vereinen** fällt nicht unter den Begriff des Disziplinar- und Standesrechts.[88]

53 Der Versicherungsschutz umfasst die Verteidigung gegen den Vorwurf eines fahrlässig oder vorsätzlich begangenen Disziplinar- oder Standesrechtsverstoßes. Nach § 3 V 1 besteht aber kein Versicherungsschutz, wenn ein **ursächlicher Zusammenhang** mit einer vom VN oder Mitversicherten **vorsätzlich begangenen Straftat** besteht, z.B. wenn der Standesverstoß des Anwalts nach § 43a VII BRAO auf der Veruntreuung (§ 266 StGB) von Mandantengeldern fußt. Für den Ausschluss reicht nicht aus, dass dem VN eine Vorsatzstraftat vorgeworfen wird, er muss sie vielmehr tatsächlich begangen haben, was im **Deckungsschutzprozess** zu klären und vom Versicherer zu beweisen ist.[89] Stellt sich ein solcher Zusammenhang erst im Nachhinein heraus, ist der VN nach § 3 V 2 zur Rückzahlung der Leistungen verpflichtet, die der Versicherer

85 Harbauer/*Obarowski*, § 24 ARB 2010 Rn. 41; van Bühren/Plote/*Hillmer-Möbius*, § 24 ARB 2010 Rn. 10.

86 Harbauer/*Obarowski*, § 2 ARB 2010 Rn. 268; a.A. B/M/*Bruns/Rapp*, § 2 ARB 2010 Rn. 57.

87 Harbauer/*Obarowski*, § 2 ARB 2010 Rn. 266.

88 Harbauer/*Obarowski*, § 2 ARB 2010 Rn. 266, B/M/*Bruns/Rapp*, § 2 ARB 2010 Rn. 57.

89 BGH VersR 2021, 900, 902.

für ihn erbracht hat. Ausreichend ist, dass die Straftat dem Versicherungsfall vorangeht und ihn auslöst.[90]

Wegen weiterer Einzelheiten zu diesem Ausschluss wird auf die Kommentierung zu § 3 Rdn. 189–199 verwiesen.

– **Straf-Rechtsschutz (§ 2 lit. i)**

Versicherungsschutz besteht, soweit dem VN als selbständig Tätigen vorgeworfen wird, 54
eine Strafvorschrift verletzt zu haben, die mit der im Versicherungsschein bezeichneten Eigenschaft im Zusammenhang steht, d. h. die vorgeworfene Rechtsverletzung muss in Ausübung der versicherten beruflichen selbständigen Tätigkeit erfolgt sein.[91]

Strafverfahren gegen Vereine sind nicht denkbar, weil sich juristische Personen nicht 55
strafbar machen können. Insoweit trifft die strafrechtliche Verantwortung wegen § 14 I Nr. 1 StGB die Vorstände. Für diese und Vereinsmitglieder besteht Versicherungsschutz, wenn ihnen vorgeworfen wird, bei Erledigung von Vereinsaufgaben im Rahmen der Satzung (Vereinszweck) Strafvorschriften verletzt zu haben.

Anders als beim Ausschluss nach § 3 V besteht nach § 2 lit. i) bb) beim Vorwurf von 56
Vergehen, die nur vorsätzlich begangen werden können und bei Verbrechen kein Versicherungsschutz.[92] Bei Vergehen, die vorsätzlich und fahrlässig begangen werden können, besteht Versicherungsschutz, wenn eine fahrlässige Begehung vorgeworfen wird; ansonsten rückwirkend, wenn Vorsatzhandeln nicht rechtskräftig festgestellt wird. Beim verkehrsrechtlichen Strafrechtsschutz (§ 2 lit. i) aa) hat der Rechtsschutzversicherer bei einem Vorsatzvorwurf vorläufig Deckung zu gewähren und anschließend ggf. einen Rückforderungsanspruch. Die Differenz zu § 3 V ergibt sich aus dem unterschiedlichen Wortlaut der Klauseln.[93]

– **Ordnungswidrigkeiten-Rechtsschutz (§ 2 lit. j)**

Versicherungsschutz besteht für die Verteidigung gegen den Vorwurf einer Ordnungs- 57
widrigkeit, soweit diese mit der versicherten beruflichen Tätigkeit des VN bzw. der mitversicherten Person zusammenhängt.

E. Risikoausschluss im Verkehrsbereich (Abs. 3)

§ 24 III enthält einen als »**Benzinklausel**« bezeichneten Risikoausschluss im Hinblick 58
auf den grundsätzlich im Rahmen dieser Vertragsart **nicht versicherbaren Verkehrsbereich.** Der Risikoausschluss entspricht der gleichlautenden Klausel in § 23 IV, auf deren Kommentierung (§ 23 Rdn. 99–105) hier verwiesen wird.

---

90 OLG München r+s 2009, 66; OLG Düsseldorf zfs 2011, 99; P/M/*Piontek*, § 3 ARB 2010 Rn. 107.

91 LG Kleve zfs 1984, 79; Harbauer/*Obarowski*, § 24 ARB 2010 Rn. 46.

92 Looschelders/Pohlmann/*Paffenholz*, § 125 Rn. 24.

93 BGH VersR 2021, 900, 902; *Armbrüster*, NJW 2021, 2588.

59 Nach § 24 besteht kein Deckungsschutz für eine grundsätzlich von § 2 lit. a) erfasste »**Dieselklage**«[94] gegen den Autohersteller wegen des Einbaus unzulässiger Abschalteinrichtungen (§ 823 II BGB, §§ 27 I, 6 I EG-FGV) bei betrieblich genutzten Fahrzeugen, weil Abs. 3 den Versicherungsschutz auch ausschließt, soweit der VN seine Interessen als Eigentümer oder Erwerber eines Kfz wahrnehmen will.

60 Soweit der VN als Fahrer, Eigentümer oder Halter von Kfz von Schäden betroffen ist, besteht wegen Abs. 3 kein Deckungsschutz. Das schließt aber nicht jeden Rechtsschutz bei Verkehrsunfällen aus. Wird etwa der VN als **Fußgänger** von einem Kfz angefahren und verletzt, greift der Ausschluss des Abs. 3 nicht ein.

61 Im Rahmen des Ordnungswidrigkeiten-Rechtsschutzes können Selbständige nicht nur als Fahrer und Halter betroffen sein, sondern auch als **Verantwortliche** nach dem **Güterkraftverkehrsgesetz**, etwa bei der Überladung von Lkw. Wenn der VN in diesen Fällen nur als Verantwortlicher nach dem Güterkraftverkehrsgesetz betroffen ist, liegen die Voraussetzungen des Risikoausschlusses des Abs. 3 **nicht** vor.[95]

F. ARB 2012/ARB 2019/ARB 2021

62 **Ziff. 2.1.1 ARB 2012/2019/2021** zählt die Vertragsformen auf. Hierzu gehören u.a. der »Rechtsschutz für Vereine« (Buchstaben Ver = Verein) und der »Rechtsschutz für Selbständige oder Firmen« (Buchstabe U = Unternehmen). Wegen des mit den ARB 2012 eingeführten Baukastensystems werden die für den versicherten Bereich geltenden Regelungen jeweils dadurch gekennzeichnet, dass sie mit dem Buchstaben der Vertragsform oder einem »A« (für allgemein) markiert werden.

63 Die Regelungen des »Rechtsschutzes für Vereine« weichen nur im Aufbau und sprachlich, aber nicht inhaltlich von § 24 I lit. b) ab.

64 Der Rechtsschutz für Selbständige oder Firmen besteht für die im Versicherungsschein bezeichnete gewerbliche, freiberufliche oder sonstige selbständige Tätigkeit des VN. Seit den ARB 2012 ist die **(einkommen)steuerrechtliche Abgrenzung** der erzielten Einkünfte das wesentliche Kriterium für die Begriffsbestimmung.[96] Das folgt aus der im Baustein »Privat-Rechtsschutz« enthaltenen Definition der »sonstigen selbständigen Tätigkeit«, die vorliegt, wenn Einkünfte im steuerrechtlichen Sinne erzielt werden oder erzielt werden sollen, die keine Einkünfte aus nichtselbständiger Tätigkeit oder Einkünfte aus Rente sind. Diese Definition gilt auch für den »Rechtsschutz für Selbständige oder Firmen«, der das Wagnis abdecken soll, das im »Privat-Rechtsschutz« nicht versicherbar ist.

65 Demgemäß liegt nach den ARB 2012/2019/2021 eine gewerbliche Tätigkeit vor, wenn Einkünfte aus Gewerbebetrieb (§§ 15 ff. EStG) und eine freiberufliche Tätigkeit, wenn

---

94 BGH VersR 2024, 1068, 1070.

95 Vgl. van Bühren/Plote/*Hillmer-Möbius*, § 24 ARB 2010 Rn. 15.

96 B/M/*Bruns/Rapp*, § 24 ARB 2010 Rn. 9.

Einkünfte aus freiberuflicher Tätigkeit nach § 18 I Nr. 1 EStG erzielt werden. Damit üben auch Kommanditisten eine gewerbliche Tätigkeit im Sinne der ARB 2012/2019/2021 aus.

Eine »sonstige selbständige Tätigkeit« liegt (über den steuerrechtlichen Begriff des § 18 I Nr. 3 EStG hinaus) vor, soweit der VN Einkünfte erzielt, die nicht aus nichtselbständiger Arbeit (§ 19 EStG) oder Rente (§ 22 Nr. 1 EStG) stammen. Dabei handelt es sich insbesondere um Einkünfte aus sonstiger selbständiger Arbeit (§ 18 I Nr. 3 EStG) und aus Kapitalvermögen (§ 20 EStG). 66

Damit kann man die Tätigkeit des **beherrschenden Gesellschafter-Geschäftsführers** einer GmbH nach den ARB 2012/2019/2021 nicht mehr insgesamt als selbständige Tätigkeit ansehen. Vielmehr ist jetzt formal zu trennen. Die Geschäftsführertätigkeit ist nichtselbständig, weil mit dem Geschäftsführergehalt Einkünfte aus nichtselbständiger Arbeit (§ 19 EStG) erzielt werden. Die Gesellschafterstellung ist allerdings eine selbständige Tätigkeit, weil damit entweder Einkünfte aus Kapitalvermögen oder aus Gewerbebetrieb erzielt werden. Problematische Abgrenzungsfragen stellen sich, wenn Teile des Gehalts als verdeckte Gewinnausschüttung anzusehen sind. 67

Die **private Vermögensverwaltung** fällt nunmehr insgesamt aus dem privaten Bereich des VN heraus, weil mit ihr entweder Einkünfte aus § 15, § 20 oder § 21 EStG erzielt werden.[97] Der Betrieb von **Fotovoltaikanlagen** ist stets eine gewerbliche Tätigkeit im Sinne der ARB 2012/2019/2021, weil die Einspeisevergütungen Einkünfte aus § 15 EStG sind. 68

Die Regeln über die **Mitversicherten** sind in **Ziff. 2.1.2 ARB 2012/2019/2021** enthalten. Zu beachten ist dabei, dass beim Rechtschutz für Selbständige und Firmen sowie für Vereine nur die mit »U« bzw. »Ver« gekennzeichneten Personen mitversichert sind. Sachlich entspricht die Regelung den ARB 2010. 69

Ziff. 2.2 ARB 2012/2019/2021 führt die **versicherbaren Leistungsarten** enumerativ auf. Versichert sind die mit »U« bzw. »Ver« gekennzeichneten Leistungsarten. Vertragsrechtsschutz besteht bei diesen nach wie vor nicht. Jedoch ist nunmehr auch der **Opfer-Rechtsschutz (Ziff. 2.1.12 ARB 2012/2019/2021)** mitversichert. Die **Benzinklausel** gilt nach wie vor. 70

Die Nachhaftungsregel ist nunmehr in Ziffer 2.4 ARB 2012/2019/2021 geregelt. Sie entspricht inhaltlich § 24 IV. 71

---

97 *Bauer,* VersR 2013, 661, 662; *Maier,* r+s 2013, 105, 106; HK-VVG/*Münkel,* Ziff. 2.1.1 ARB 2021, Rn. 2.

§ 25 Privat- und Berufsrechtsschutz für Nichtselbstständige

(1) Versicherungsschutz besteht für den privaten und beruflichen Bereich des Versicherungsnehmers und seines ehelichen/eingetragenen oder im Versicherungsschein genannten sonstigen Lebenspartner i.S.d. § 3 Abs. 4 b), wenn diese keine gewerbliche, freiberufliche oder sonstige selbständige Tätigkeit mit einem Gesamtumsatz von mehr als 6.000 Euro – bezogen auf das letzte Kalenderjahr – ausüben. Kein Versicherungsschutz besteht unabhängig von der Umsatzhöhe für die Wahrnehmung rechtlicher Interessen im Zusammenhang mit einer der vorgenannten selbständigen Tätigkeiten.

(2) Mitversichert sind die minderjährigen und die unverheirateten, nicht in einer eingetragenen oder sonstigen Lebenspartnerschaft i.S.d. § 3 Abs. 4 b) ARB lebenden volljährigen Kinder bis zur Vollendung des 25. Lebensjahres, letztere jedoch längstens bis zu dem Zeitpunkt, in dem sie erstmalig eine auf Dauer angelegte berufliche Tätigkeit ausüben und hierfür ein leistungsbezogenes Entgelt erhalten.

(3) Der Versicherungsschutz umfasst:

- Schadenersatz-Rechtsschutz (§ 2a),
- Arbeits-Rechtsschutz (§ 2b),
- Rechtsschutz im Vertrags- und Sachenrecht (§ 2d),
- Steuer-Rechtsschutz vor Gerichten (§ 2e),
- Sozialgerichts-Rechtsschutz (§ 2f),
- Disziplinar- und Standes-Rechtsschutz (§ 2h),
- Straf-Rechtsschutz (§ 2i),
- Ordnungswidrigkeiten-Rechtsschutz (§ 2j),
- Beratungs-Rechtsschutz im Familien-, Lebenspartnerschafts- und Erbrecht (§ 2k).

(4) Der Versicherungsschutz umfasst nicht die Wahrnehmung rechtlicher Interessen als Eigentümer, Halter, Erwerber, Mieter, Leasingnehmer und Fahrer eines Motorfahrzeuges zu Lande, zu Wasser oder in der Luft sowie Anhängers.

(5) Haben der Versicherungsnehmer und/oder der mitversicherte Lebenspartner eine gewerbliche, freiberufliche oder sonstige selbständige Tätigkeit mit einem Gesamtumsatz von mehr als 6.000 Euro im letzten Kalenderjahr aufgenommen oder übersteigt deren aus einer solchen Tätigkeit im letzten Kalenderjahr erzielter Gesamtumsatz den Betrag von 6.000 Euro, wandelt sich der Versicherungsschutz ab Eintritt dieser Umstände in einen solchen nach § 23 um.

Literatur:
K. Maier, Neue Bedingungen in der Rechtsschutzversicherung (ARB 94), r+s 1995, 361; *Mathy*, Rechtsschutz-Alphabet, Stichwort: Selbständige Tätigkeit (S. 736–772); *ders.*, Nochmals: Streitigkeiten aus personenbezogenen Versicherungsverträgen eines selbständig Berufstätigen im Focus der Rechtsschutzversicherung, r+s 2004, 265; *ders.*, Die Mitversicherung des nichtehelichen Lebenspartners in der Rechtsschutzversicherung, VersR 2003, 820; *ders.*, Aktu-

elle Fragen zur Versicherung der selbständigen Tätigkeit in der Rechtsschutzversicherung, VersR 1992, 781; s. ferner Angaben unter Vorbemerkungen zu §§ 21 ff.

Übersicht Rdn.

A. Allgemeines

Strukturübersicht zum Privat- und Berufs-Rechtsschutz für Nichtselbstständige nach § 25 ARB 2010 mit Kurzbeschreibung: 1

ARB 2010	RS-Form	Kurzbeschreibung
§ 25	Privat- und Berufs-RS für Nichtselbstständige	Abs. 1, 2: Versichert ist (1) der private Bereich (2) die berufliche nichtselbstständige Tätigkeit VN ist die nichtselbstständig (= abhängig) tätige Person, solange der Gesamtumsatz aus gewerblicher, freiberuflicher oder sonstiger selbstständiger Tätigkeit – des VN, oder

ARB 2010	RS-Form	Kurzbeschreibung
		– des mitversicherten Lebenspartners, oder – von beiden zusammen im vergangenen Kalenderjahr nicht höher als 6 TEUR war Mitversichert sind – Ehepartner – eingetragener Lebenspartner – im Versicherungsschein genannter sonstiger Lebenspartner – minderjährige Kinder – volljährige Kinder – mit Einschränkung (Abs. 2)
		Abs. 1 S. 2, Abs. 4: vom Versicherungsschutz ausgeschlossen sind: – jegliche gewerbliche, freiberufliche oder sonstige selbstständige berufliche Tätigkeit, unabhängig von der Umsatzhöhe (Abs. 1 S. 2) – Verkehrs-RS (Abs. 4)

2 § 25 ist die Vertragsform, über die für **Nichtselbstständige** der Privatbereich einschließlich der unselbstständigen Berufstätigkeit versichert wird. Deckungsschutz besteht somit für den VN und für mitversicherte Personen für den privaten Bereich und für den beruflichen Bereich als Nichtselbständige. Der **Selbstständige** erhält die entsprechende Rechtsschutzdeckung für den Privat- und Berufsbereich über § 23, wobei hier der Berufs-Rechtsschutz nur für eine nichtselbstständige Tätigkeit gewährt wird.[1] Der Unterschied zwischen beiden Vertragsformen nach §§ 25 und 23 liegt daher nur in der Prämienhöhe.[2] Dem Selbstständigen wird nach den Tarifen der Versicherer für das deckungsgleiche Risiko eine höhere Prämie abverlangt, weil sein Kostenrisiko auch im Privatbereich als höher eingeschätzt wird.[3]

3 **Nicht versichert** ist in der Vertragsform nach § 25 der gesamte **Verkehrsbereich**, wie dies auch in der Form des Versicherungsschutzes nach § 23 der Fall ist, siehe jeweils Abs. 4. Die Wahrnehmung rechtlicher Interessen im Zusammenhang mit dem motorisierten Verkehr stellt somit einen **Risikoausschluss** dar.[4] Will der VN den Verkehrsbereich ebenfalls versichert haben, steht ihm stattdessen die Vertragsform nach § 26, begrenzt auf Motorfahrzeuge zu Lande, zur Wahl oder er kann parallel einen personen- oder fahrzeugbezogenen Verkehrs-Rechtsschutz nach § 21 Abs. 1 oder § 21 Abs. 3 abschließen. Obgleich das erhöhte Risiko im Verkehrsbereich für dessen Ausschluss maßgeblich ist, sind trotz eines ggf. erhöhten Risikos **sämtliche Sportarten** mit Ausnahme des Motorsports vom Versicherungsschutz umfasst, wie z.B. Boxsport, Extrem-

1 HK-VVG/*Münkel*, § 23 Rn. 1; Höra/Schubach/*Lensing*, § 27 Rn. 240 f.
2 VersHb/*Obarowski*, § 45 Rn. 150.
3 VersHb/*Obarowski*, § 45 Rn. 150.
4 Harbauer/*Obarowski*, § 25 ARB 2010, Rn. 12.

klettern oder Fallschirmspringen, vorausgesetzt es handelt sich lediglich um eine nicht berufsmäßige Betätigung.[5]

Wie in § 26 steht auch für die Vertragsform nach § 25 eine selbstständige Tätigkeit mit einem jährlichen Gesamtumsatz von maximal 6.000 Euro nicht im Wege.[6] Einkünfte aus selbständiger Tätigkeit im Rahmen dieses sog. **Bagatellbereichs**, z.T. auch **Geringfügigkeitsgrenze** genannt, sollen von einer Versicherbarkeit des Privat- und Berufs-Rechtsschutzes für Nichtselbstständige mit seinem entsprechenden Beitragsvorteil nicht ausschließen, da es sich insoweit häufig nur um gelegentliche, lediglich im Nebenberuf ausgeübte Tätigkeiten von untergeordnetem Interesse handelt. Festzuhalten ist jedoch, dass diese selbstständige Tätigkeit innerhalb des Bagatellbereichs nicht in den Versicherungsschutz nach § 25 eingeschlossen ist, da es insoweit nur um die Frage geht, ob für Nichtselbstständige mit dem genannten Maximalumsatz aus selbstständiger Tätigkeit gleichwohl eine Versicherungsfähigkeit nach § 25 möglich ist.[7] Abs. 1 Satz 2 stellt klar, dass **jede Interessenwahrnehmung im Zusammenhang mit einer selbstständigen Tätigkeit vom Versicherungsschutz des § 25 ausgeschlossen** ist, auch diejenige, die mit einer für den Vertragsabschluss zulässigen selbstständigen Tätigkeit zusammenhängt. 4

Am Markt gibt es inzwischen im Rahmen der Vertragsform nach § 25 aber auch **Erweiterungen des Versicherungsschutzes** auf **selbstständige Tätigkeiten in geringem Umfang**, die entgegen dem Vorgenannten dann ausdrücklich vom Versicherungsschutz abgedeckt sind. Diese »Nebentätigkeiten« zur beruflichen nichtselbstständigen Tätigkeit sind dann nach Maßgabe einer spezifischen Klausel regelmäßig auf einen bestimmten Jahresumsatz gedeckelt; sie sehen zum Teil auch den Ausschluss einer Beschäftigung von Mitarbeitern vor.[8] Als Beispiel solcher Erweiterungen wird der Betrieb von **Photovoltaik-Anlagen** genannt, wobei eine Pauschalierung für alle Arten solcher Anlagen zu undifferenziert ist.[9] 5

Nimmt hingegen der VN oder sein mitversicherter Lebenspartner während der Vertragslaufzeit **erstmals** eine gewerbliche, freiberufliche oder sonstige selbstständige Tätigkeit oberhalb der Bagatellgrenze auf oder übersteigt der Gesamtumsatz einer bereits ausgeübten selbstständigen Tätigkeit den Betrag von 6.000 Euro, so **wandelt** sich der Versicherungsschutz gem. Abs. 5 in einen solchen nach § 23 **um.** Für einen Ausschluss nach § 25 Abs. 1 S. 2 ist allerdings Voraussetzung, dass der **innere sachliche Zusammenhang** nicht nur von untergeordneter Bedeutung ist.[10] Ob ein solcher Zusammenhang schon vorliegt, wenn die Wahrnehmung rechtlicher Interessen durch eine gewerbliche oder freiberufliche Tätigkeit lediglich verursacht oder motiviert ist, ist streitig,[11] hängt 6

5 Harbauer/*Obarowski*, § 25 ARB 2010 Rn. 11.
6 Zum Begriff des Gesamtumsatzes s. § 23 Rdn. 4.
7 S.u. die Erläuterung zu § 26 Rdn. 4.
8 Harbauer/*Obarowski*, § 25 ARB 2010 Rn. 19.
9 Näher s.o. § 23 Rdn. 45 ff.
10 BGH VersR 1995, 166; BGH r+s 2009, 107.
11 Zum Meinungsstand P/M/*Piontek*, § 24 ARB 2010 Rn. 5; s.o. § 23 Rdn. 63 f., 70.

aber immer auch vom Einzelfall ab. Das OLG Hamm hat im entschiedenen Fall einer **Betriebsunterbrechungsversicherung** einen ausschließenden Zusammenhang bejaht und eine Deckung nach § 25 abgelehnt, weil das versicherte Risiko, auf das es ankomme, die Betriebsunterbrechung sei, welches für einen Vertragsabschluss eine gewerbliche oder freiberufliche Tätigkeit des VN voraussetze.[12]

▶ **Praxishinweis:**

7 Die Vorläuferregelung in § 25 ARB 75 (Familien-Rechtsschutz) galt für Selbstständige und für Nichtselbstständige, eine Unterscheidung erfolgte lediglich nach dem Tarif des Versicherers.[13] Neuere Rechtsschutzprodukte einzelner Versicherer sehen aus Vereinfachungsgründen wieder für beide Berufsgruppen ein einheitliches Produkt vor. Die Vereinfachung geht teilweise sogar so weit, dass die §§ 23, 25 gestrichen werden und die eigentlich als **Bündelprodukt** konzipierte Regelung in § 26 als Baukasten benutzt wird, um u. a. auch den Privat-Rechtsschutz als Leistung zu beschreiben, bis hin zur Möglichkeit der Abwahl des **Arbeits-Rechtsschutzes** sowie der Einbeziehung des Wohnungs- und Grundstück-Rechtsschutz (§ 2 lit. c.) für die selbstgenutzte Wohneinheit.

B. Versicherte Personen (Abs. 1 und 2)

I. Versicherungsnehmer (Abs. 1)

8 Für den **Versicherungsnehmer** selbst besteht immer Versicherungsschutz. Ebenso wie in § 23 sind in § 25 nur der private Bereich sowie der berufliche Bereich in Ausübung einer nichtselbständigen Tätigkeit versichert. Insoweit ist aber zu beachten, dass die Zulassung einer selbständigen Tätigkeit bis 6.000 Euro Gesamtumsatz im letzten Kalenderjahr nur für die Versicherbarkeit des Rechtsschutzprodukts relevant ist. Abs. 1 Satz 2 stellt aber vorsorglich klar, dass **jede Interessenwahrnehmung im Zusammenhang mit einer selbstständigen Tätigkeit vom Versicherungsschutz ausgeschlossen** ist, auch diejenige, die mit einer – für den Vertragsabschluss zulässigen, also mit einem Gesamtumsatz bis 6 TEUR – nur geringfügig ausgeübten selbstständigen Tätigkeit zusammenhängt.

II. Mitversicherte Personen

1. Lebenspartner (Abs. 1)

9 Mitversichert ist zunächst der Lebenspartner des VN. Dies kann der **eheliche Lebenspartner** (Ehegatte, -partner) gem. §§ 1310 – 1312 BGB sein, ebenso der ins Partnerschaftsregister **eingetragene Lebenspartner** von nach § 1 LPartG bestehenden Lebens-

12 VersR 2022, 38 = r+s 2022, 24.
13 VersHb/*Obarowski*, § 45 Rn. 154.

partnerschaften sowie auch im Versicherungsschein benannte **sonstige Lebenspartner**, die in häuslicher Gemeinschaft[14] mit dem VN leben.[15]

Aufgrund der Öffnung der Ehe auch für **gleichgeschlechtliche Personen** kann ab dem 1.10.2017 eine eingetragene Lebenspartnerschaft nicht mehr begründet werden. Bestehende eingetragene Lebenspartnerschaften haben Bestandsschutz, können aber auch auf Antrag nach § 20a LPartG in eine Ehe umgewandelt werden. Zu den sonstigen Lebenspartnern gehören insbesondere Partner aus einer **nichtehelichen Lebensgemeinschaft**, die eine Wohn- und Wirtschaftsgemeinschaft (objektive Voraussetzung) mit dem Willen voraussetzt, wechselseitig Verantwortung füreinander zu übernehmen (subjektives Element).[16] 10

Entsprechend der Regelung in § 23 Abs. 1 ist der eheliche oder eingetragene Lebenspartner des VN **obligatorisch mitversichert**; sonstige Lebenspartner im Sinne von § 3 Abs. 4 lit. b) können **fakultativ mitversichert** werden (näher vgl. § 23 Rdn. 8, 11). Die Mitversicherung als Ehepartner endet mit dem Tod, mit der Rechtskraft des Scheidungs- oder des Eheaufhebungsurteils; ein bloßes Getrenntleben reicht nicht aus. Die nichteheliche Lebensgemeinschaft setzt voraus, dass weder der VN noch der sonstige Lebenspartner seinerseits verheiratet ist.[17] 11

2. Kinder (Abs. 2)

Auch die **Kinder des VN und die seines** obligatorisch oder fakultativ **mitversicherten Lebenspartners** sind mitversichert, und zwar nach den gleichen Kriterien wie in § 23 (näher vgl. § 23 Rdn. 13 ff.). **Minderjährige** und **volljährige** Kinder sind mitversichert, gleich ob sie im Haushalt des VN leben oder nicht. Bei **Volljährigen** entfällt der Versicherungsschutz jedoch mit Vollendung des 25. Lebensjahres, oder bei Aufnahme einer auf Dauer angelegten beruflichen Tätigkeit mit leistungsbezogener Vergütung, oder bei Eheschließung oder bei Eingehung einer eingetragenen oder sonstigen Lebenspartnerschaft.[18] 12

Mitversichert sind ferner **Adoptiv-** und **Pflegekinder**,[19] nicht aber **Enkelkinder**[20] des VN. Am Markt werden inzwischen auch Bedingungen angeboten, die eine Ausdehnung 13

14 H/E/K/*Heinrichs*, 34. Kap., Rn. 131 (3. Spiegelstrich); van Bühren/Plote/*Hillmer-Möbius*, § 25 Rn. 13, § 23 Rn. 19.

15 Zu Ehe und Lebenspartnerschaft Grüneberg/*Götz*, Einl. v. § 1297 BGB Rn. 6, Grüneberg/*Siede*, Einf. v. § 1303 BGB Rn. 4, Grüneberg-Homepage Teil III, www.grueneberg.beck.de.

16 Grüneberg/*Götz*, Einl. v. § 1297 Rn. 9.

17 AG Paffenhofen r+s 2002, 19; zustimmend *Mathy* r+s 2002, 119 und *ders*. VersR 2003, 820 (825 f.).

18 Ausführlicher s.o. § 23 ARB 2010 Rdn. 13–18.

19 Ebenso VersHb/*Obarowski*, § 45 Rn. 152, soweit sie sich ganz oder für einen nicht unerheblichen Teil des Tages im Haushalt des VN aufhalten.

20 KG VersR 2009, 541; LG München I VersR 2009, 353; P/M/*Piontek*, § 26 ARB 2010 Rn. 4.

auf volljährige Kinder älter als 25 Jahre anbieten, wenn diese **behindert** sind, keiner Berufstätigkeit nachgehen und auf Dauer beim VN leben.[21] Darüber hinaus gehende Mitversicherungen werden im Einzelfall für die Einbeziehung von **Eltern, Großeltern** oder **verwandten und verschwägerten Personen** angeboten, soweit diese im Haushalt des VN leben.[22]

C. Versicherte Lebensbereiche

I. Privater Bereich (Abs. 1 Satz 1)

1. Allgemeines

14 Vom Deckungsumfang umfasst sind der **private Bereich** und der **berufliche Bereich**, letzterer **in Ausübung einer nichtselbstständigen Tätigkeit**. Aus dieser positiven Risikobeschreibung kann zugleich abgeleitet werden, dass eine Interessenwahrnehmung im Zusammenhang mit einer selbstständigen Tätigkeit **nicht** vom Versicherungsschutz **umfasst** ist, s. insoweit auch die Regelung in Abs. 1 Satz 2. Der grundsätzlich zum privaten Bereich gehörende **Verkehrsbereich** ist jedoch in § 25 nicht mit umfasst, was sich aus Abs. 4 ergibt. Auch der **Verwaltungs-Rechtsschutz in Verkehrssachen** (§ 2 lit. g.) sowie der **Wohnungs- und Grundstücks-Rechtsschutz** (§ 2 lit. c.) unterliegen nicht dem Versicherungsschutz nach § 25, da diese Leistungsarten nicht in Abs. 3 aufgeführt sind.

2. Abgrenzung zur selbstständigen Tätigkeit

15 Die **Abgrenzung** zwischen dem **versicherten privaten Bereich** und einer **nichtversicherten selbstständigen Tätigkeit** kann im Einzelfall erhebliche Schwierigkeiten bereiten.[23] Zum Teil sind die Grenzen fließend. Die umfangreiche Rechtsprechung belegt, dass diese Abgrenzung eine der **elementarsten Problemfelder** darstellt.[24] Die ARB statuieren bereits in Abs. 1 Satz 2, dass das Rechtskostenrisiko einer selbstständigen Tätigkeit nicht über § 25 gedeckt ist, sog. **Selbstständigenklausel**[25] weil jede Interessenwahrnehmung im Zusammenhang mit einer selbständigen Tätigkeit vom Versicherungsschutz ausgeschlossen ist.

16 Ein wichtiges Entscheidungskriterium für die Frage, ob eine Auseinandersetzung dem **privaten** oder dem **selbstständigen Bereich** des VN zugewiesen wird, dürfte die Verortung sein, wo und in welchem Bereich der Streit seine Ursache hat. Fragen nach dem Grund des Abschlusses der Versicherung oder danach, ob sie von Nichtselbständigen in gleicher Weise ebenfalls geschlossen worden wären, können für die Abgrenzung

21 VersHb/*Obarowski*, § 45 Rn. 153.

22 L/W/*Obarowski*, Bd. 4 Rechtsschutz, Rn. 26.

23 S/H/W/*Brünger*, § 25 Rn. 1, § 23 Rn. 2.

24 S.a. Darstellung bei/P/M/*Piontek*, § 23 ARB 2010 Rn. 2 ff.; van Bühren/Plote/*Hillmer-Möbius*, § 23 ARB 2010 Rn. 4 ff.

25 H/E/K/*Heinrichs*, 34. Kap. Rn. 132.

allenfalls am Rande eine Rolle spielen.[26] Nach *Mathy* spricht eine Gesamtbetrachtung aller Umstände häufig dafür, **Auseinandersetzungen von Selbstständigen** nicht dem privaten Bereich, vielmehr dem der selbstständigen Tätigkeit zuzuordnen.[27] Zu den Einzelheiten, insbesondere zu den in der Praxis herausgebildeten **Fallgruppen** wird auf die Erläuterungen zu § 23 verwiesen.[28] **Selbstständige Tätigkeit** ist der Oberbegriff für gewerbliche, freiberufliche oder sonstige selbständige Tätigkeiten,[29] die nachstehend erläutert werden.

a) Gewerbe

Unter **Gewerbe** versteht man jede erlaubte auf Dauer angelegte wirtschaftliche Tätigkeit, bei der **Gewinnerzielungsabsicht** besteht. Ausgenommen hiervon sind die Urproduktion sowie die Tätigkeiten der freien Berufe. Näher siehe die Erläuterungen zu § 23.[30] 17

b) Freiberufliche Tätigkeit

Was eine **freiberufliche Tätigkeit** ist, lässt sich trotz fehlender gesetzlicher Definition relativ leicht bestimmen. In erster Linie rechnet man hierzu die in § 18 Abs. 1 Nr. 1 EStG und § 1 Abs. 2 PartGG aufgeführten sog. **Katalog-Berufe** wie Ärzte, Rechtsanwälte, Wirtschaftsprüfer, Steuerberater, Ingenieure, Journalisten, Dolmetscher etc. (näher s.a. § 23 Rdn. 28). 18

c) Sonstige selbständige Tätigkeit

Bereits mit den ARB 94 wurde der zusätzliche Begriff der »**sonstigen selbstständigen Tätigkeit**« in die Risikobeschreibung der §§ 23 bis 28 aufgenommen. Damit sollte verdeutlicht werden, dass die selbständige Tätigkeit – sowohl was die Versicherbarkeit nach § 24 als auch die Abgrenzung davon in §§ 23, 25, 26 betrifft – nicht auf gewerbliche oder freiberufliche Tätigkeiten beschränkt ist. Der Begriff »**sonstige**« ist unscharf. In Betracht kommen dürften vor allem durch Dienstvertrag vereinbarte Tätigkeiten. **Einzelaspekte** können wichtige Hinweise liefern, wie etwa: Grad der wirtschaftlichen Abhängigkeit vom Auftraggeber, fehlende persönliche Abhängigkeit, berufsmäßige Ausübung der Tätigkeit, Berücksichtigung indizieller Hinweise (Abführung von Lohnsteuer und Sozialversicherungsabgaben, Bejahen der Zuständigkeit durch das Arbeitsgericht etc.).[31] Die Begrifflichkeit bedarf der Auslegung im konkreten Einzelfall (Näher § 23 Rdn. 30). 19

---

26 Van Bühren/Plote/*Hillmer-Möbius*, § 23 ARB 2010 Rn. 5.

27 VersR 2005, 872, 883.

28 § 23 Rdn. 20 ff., 33 ff.

29 Harbauer/*Obarowski*, § 25 ARB 2010, Rn. 5.

30 § 23 Rdn. 25–27.

31 Harbauer/*Obarowski* § 23 ARB 2010, Rn. 21 ff. zu arbeitnehmerähnlichen Personen, freien Mitarbeitern etc.; s.a. Abgrenzung oben § 23 ARB 2010 Rdn. 32.

3. Kein Zusammenhang mit selbstständiger Tätigkeit

a) Allgemeines

20 Nach § 25 Abs. 1 Satz 2 reicht ein »**Zusammenhang**« mit einer selbstständigen Tätigkeit dafür aus, dass kein Versicherungsschutz besteht, weil der Versicherungsfall dann nicht dem privaten Bereich zugeordnet wird, sog. **sekundären Risikoabgrenzung**. Insoweit muss ein innerer sachlicher Zusammenhang von nicht untergeordneter Bedeutung zwischen der Wahrnehmung der rechtlichen Interessen und der selbständigen Tätigkeit bestehen;[32] ein lediglich **zufälliger Zusammenhang** reicht nicht aus.[33] Andererseits reicht bereits ein bloßer **mittelbarer Zusammenhang** mit einer selbständigen Tätigkeit für den Ausschlusstatbestand aus,[34] beispielsweise nebenberuflich tätiger Hausverwalter, der sich gegen die Weitergabe negativer Daten über seine der Abwicklung der Nebentätigkeit dienenden Bankkonten wehrt.[35] Bei diversen Fallgestaltungen ist diese Abgrenzung schwierig (näher insgesamt § 23 Rdn. 25 ff.).

b) Beweislast

21 Die **Beweislast** liegt beim **VN** dafür, dass die Interessenwahrnehmung dem privaten Bereich unterfällt und nicht dem beruflichen Bereich in Ausübung einer selbstständigen Tätigkeit.[36] Zwar könnte die Formulierung des § 25 Abs. 1 Satz 2 vermuten lassen, dass es sich um einen **Risikoausschluss** handelt mit der Folge, dass die Beweislast den Versicherer träfe.[37] Abs. 1 Satz 2 ist aber nur zur Klarstellung und der Vermeidung eines Irrtums beim VN angefügt und wurde nicht als Risikoausschluss konzipiert, was sich aus einem Vergleich des Wortlauts mit § 23 Abs. 1 ergibt.[38] Die §§ 25 Abs. 1 und 23 Abs. 1 beschränken den Versicherungsschutz von vornherein auf den privaten Bereich und auf den beruflichen Bereich in Ausübung einer nichtselbstständigen Tätigkeit. Abweichend hiervon liegt die Beweislast hingegen nach § 25 Abs. 1 Satz 2 ARB 75 beim Versicherer, da diese Vorschrift als Risikoausschluss formuliert ist.[39]

---

32 BGH VersR 1978, 816.

33 BGH VersR 1995, 166.

34 LG Münster ZfS 1987, 368; LG Hagen r+s 1993, 346; s. umfassend Harbauer/*Obarowski*, § 23 ARB 2010, Rn. 26 ff.

35 OLG Köln r+s 1989, 21.

36 Anders Harbauer/*Stahl* (8. Aufl.), § 25 ARB 2000 Rn. 10 (Beweislast des Versicherers für selbständige Tätigkeit, nicht aber für Tatsachen aus dem Lebensbereich des VN).

37 So Harbauer/*Obarowski*, § 25 ARB 2010 Rn. 10.

38 A.A. Harbauer/*Stahl* (8. Aufl.), § 25 ARB 2000 Rn. 10.

39 OLG Karlsruhe VersR 1995, 1352; einschränkend OLG Hamm VersR 2003, 1032 für Tatsachen aus dem Lebensbereich des VN, die der Versicherer nicht wissen kann; ferner OLG Düsseldorf VersR 1996, 844.

II. Beruflicher Bereich (Abs. 1 Satz 1)

1. Allgemeines

Der Versicherungsschutz nach § 25 Abs. 1 Satz 1 erstreckt sich auch auf den **beruflichen Bereich;** dies gilt allerdings nur, soweit die Interessenwahrnehmung nicht im Zusammenhang mit einer **selbstständigen Tätigkeit** steht. Dies folgt unter anderem aus Abs. 3, wonach eine der versicherten Leistungsarten der **Arbeits-Rechtsschutz** ist. Im beruflichen Bereich wird der Versicherte in der Regel als Arbeitnehmer betroffen sein. Rechtliche Konflikte im beruflichen Bereich können sich aber auch außerhalb der Rechtsbeziehung zwischen Arbeitnehmer und Arbeitgeber ergeben, für welche im Rahmen der anderen nach Abs. 3 versicherten Leistungsarten Rechtsschutz bestehen kann (näher s. § 23 Rdn. 71 ff.). 22

2. Scheinselbstständigkeit

Insbesondere bei **Statusklagen** vor dem Arbeitsgericht stellt sich gelegentlich das Problem der **Scheinselbstständigkeit.** Dabei handelt es sich um Personen, die im Dienst- oder Werkvertrag ausdrücklich als Vertragspartner genannt sind, da sie für einen anderen dauernd Dienst- oder Werkleistungen erbringen, gleichwohl aber wie ein Arbeitnehmer in wirtschaftlicher Abhängigkeit oder nach Weisung tätig werden. Die **Abgrenzung** ist im Einzelfall schwierig.[40] Die **Arbeitnehmereigenschaft**, an die der Versicherungsschutz in der Leistungsart **Arbeits-Rechtsschutz** anknüpft, ist bei der Deckungsanfrage in der Regel noch nicht eindeutig zu beurteilen. Es ist umstritten, ob der Versicherer die Deckung dann von der Feststellung der Arbeitnehmereigenschaft im Rechtsstreit des VN abhängig machen kann.[41] 23

D. Versicherte Leistungsarten (Abs. 3)

Abs. 3 schreibt 9 von insgesamt 11 **Leistungsarten** fest, für die im Rahmen des § 25 Versicherungsschutz gegeben ist. Innerhalb der jeweiligen Leistungsart ist zu prüfen, ob der Versicherte im versicherten privaten oder beruflichen Bereich betroffen ist oder ob ein Zusammenhang mit einer – nicht versicherten – selbstständigen Tätigkeit gegeben ist. Ferner ist der Ausschluss des Verkehrsbereichs nach Abs. 4 (**Risikoausschluss**) zu beachten. Da der Leistungsumfang des § 25 Abs. 3 mit dem des § 23 Abs. 3 identisch ist, wird wegen der Einzelheiten auf die Erläuterungen in § 23 Rdn. 81–98 verwiesen. 24

E. Ausschluss des Verkehrsrisikos (Abs. 4)

Nach Absatz 4 umfasst der Versicherungsschutz nicht die Wahrnehmung rechtlicher Interessen als 25
- Eigentümer
- Halter
- Erwerber

40 Grüneberg/*Weidekaff*, Einf. vor § 611 BGB Rn. 11.
41 Buschbell/Hering/*Hering*, § 13 Rn. 32 ff.; s. ferner oben § 23 Rdn. 77 f.

- Mieter
- Leasingnehmer und
- Fahrer

eines **Motorfahrzeuges zu Lande, zu Wasser oder in der Luft sowie eines Anhängers.** Zu diesen Motorfahrzeugen zählen auch **nicht zulassungspflichtige** Motorfahrzeuge, wie etwa selbstfahrende Arbeitsmaschinen, Krankenfahrstühle mit Motor, Klein- und Leichtkrafträder. Obgleich der Verkehrsbereich in der Vertragsform des § 25 ausgeschlossen ist, hat der VN, wenn er als bloßer **Fahrzeuginsasse** durch einen Verkehrsunfall verletzt wird, im Rahmen des Schadenersatz-Rechtsschutz nach § 2 lit. a. Deckungsschutz.[42] Näheres ferner bei den Erläuterungen zu § 23 Rdn. 99–105.

F. Umwandlung bei Änderung der Berufstätigkeit (Abs. 5)

26 Nach Abs. 5 wandelt sich der Vertrag in einen solchen nach § 23 um, wenn der VN oder ein mitversicherter Lebenspartner eine selbstständige Tätigkeit über die Geringfügigkeitsgrenze hinaus aufnehmen. Da es bei der **Umwandlung** nicht um die Änderung des Vertragsinhalts geht, sondern um die Aufrechterhaltung des bisherigen Versicherungsschutzes zu einer **anderen – höheren – Tarifprämie** bei Eintritt bestimmter Umstände, ist die Regelung auch unter dem Aspekt des § 308 Nr. 5 BGB rechtlich unbedenklich.[43]

G. Hinweise zu ARB 2012/2019/2021

I. Privat-Rechtsschutz (P), Ziff. 2.1.1 (P) Baustein Privat-Rechtsschutz

27 **Ziff. 2.1.1 ARB 2012 ff.** enthält einen Katalog der versicherbaren Lebensbereiche. Dazu gehört zunächst der **»Privat-Rechtsschutz«** (**Buchstabenschlüssel P = Privat**). Die Klausel zählt die versicherten Eigenschaften auf und definiert erstmals, wann eine sonstige selbstständige Tätigkeit vorliegt. Regelungen zur **Mitversicherung** finden sich nach dem neuen Aufbau nunmehr in **Ziff. 2.1.2 ARB 2012 ff.**[44] Mit den ARB 2012 ff. aufgegeben wurde die bisherige Zweiteilung des Versicherungsschutzes in Privat- und Berufs-Rechtsschutz für Nichtselbstständige (bisherige §§ 23, 25). Damit ist auch eine **Umwandlungs**regelung entbehrlich geworden.

28 Die positive Beschreibung des versicherten Interesses (Privater Bereich) wird gem. **Ziff. 2.1.1 ARB 2012** ergänzt durch eine negative Abgrenzung zur **selbstständigen Tätigkeit.** Diese wird nun **definiert,** was hinsichtlich der strittigen Abgrenzungsfragen Klarheit bringen soll.[45] Es wird auf die Einkunftserzielung im steuerrechtlichen Sinne abgestellt. Alles was nicht Einkünfte aus nichtselbstständiger Tätigkeit oder aus Rente sind, gilt als selbstständige Tätigkeit. Dieser Vorstoß vereinfacht die bisherigen

42 Van Bühren/Plote/*Hillmer-Möbius*, § 25 ARB 2010 Rn. 14.
43 Ebenso P/M/*Piontek*, § 25 ARB 2010 Rn. 2.
44 S.o. Vor §§ 21 ff. Rdn. 45, 48.
45 S.u. Kap. 4, A.III.1. ARB 2012 (Kap. 4 Rdn. 6 ff.).

Differenzierungsnotwendigkeiten.[46] Rechtsprechung und Literatur hatten sich nach dem alten Regime schwergetan, steuerliche Bewertungen in die Risikoabgrenzung einfließen zu lassen. Dies ist jetzt anders, da der Bedingungstext ausdrücklich an die Einkunftsarten nach dem EStG anknüpft.[47] Die Neuregelung führt damit zu klareren Abgrenzungsmöglichkeiten, insbesondere im Bereich der Vermögensverwaltung. Die dem Privat-Rechtsschutz nicht zugewiesene Tätigkeit und damit ausgeschlossen ist nunmehr generell die **private Vermögensverwaltung.**[48] Ferner weitere Ausführungen zum Privat-Rechtsschutz nach ARB 2012 oben unter § 23 Rdn. 107 ff.

II. Berufs-Rechtsschutz (B). Ziff. 2.1.1 (B) Baustein Berufs-Rechtsschutz

29 Neben dem Wegfall der Differenzierung zwischen Selbstständigen und Nichtselbstständigen im Privatbereich enthält **Ziff. 2.1.1 ARB 2012 ff.** eine weitere Strukturänderung: Der **berufliche Bereich** in Ausübung einer nichtselbstständigen Tätigkeit (§ 25 Abs. 1) ist nach den ARB 2012 ff. nicht mehr Bestandteil des Privat-Rechtsschutzes.[49] Stattdessen wurde dieser Lebensbereich als eine **eigenständige Vertragsform »Berufs-Rechtsschutz« (Buchstabenschlüssel B = Beruf)** in das Bausteinsystem aufgenommen. Diese **Trennung** von **Privat-Rechtsschutz** und **Berufs-Rechtsschutz** erlaubt es dem VN nunmehr, den privaten und den beruflichen Bereich getrennt abzusichern[50] und den Versicherungsschutz später ggf. durch Kündigung nur noch partiell fortzuführen, was der modularen Betrachtung von Versicherungsschutz entspricht. Dies ist aber auch eine Folge des zunehmenden Wunsches von VN zur Abwahl nicht benötigter Absicherungen, beispielsweise aufgrund des Ausscheidens des VN aus dem aktiven Berufsleben, aber auch wegen eines zunehmend differenzierten Angebots von Versicherern mit dem Fokus einer höheren Flexibilität zugunsten von VN.[51]

30 Das Modul **Berufs-Rechtsschutz (B)** gewährt Versicherungsschutz für die berufliche Tätigkeit des VN, soweit es sich dabei um eine **nichtselbstständige Arbeit** handelt, der Tätigkeit also ein Arbeits- oder Dienstverhältnis zugrunde liegt. In den ARB 2012 sind beispielhaft die Tätigkeiten als Arbeitnehmer, Beamte und Richter angegeben.[52] Darunter fallen mithin auch die Tätigkeiten von **Ärzten, Steuerberatern, Wirtschaftsprüfern, Syndikusrechtsanwälten, Architekten** usw., soweit diese ihren Beruf **im Rahmen eines Anstellungsverhältnisses** ausüben. Durch dieses Modul **nicht versichert** sind diese Personen jedoch, soweit sie ihre Tätigkeit als niedergelassene Berufsträger **selbstständig** und **freiberuflich** ausüben. **Wichtige Kriterien** für eine **selbstständige Tätigkeit** sind: Eigenverantwortlichkeit, Weisungsfreiheit, planvolles fortgesetztes Ver-

46 *K. Maier* r+s 2013, 105, 107: »…damit ein recht eindeutiges Abgrenzungskriterium gewonnen…«.

47 Van Bühren/Plote/*Hillmer-Möbius*, ARB 2012, Rn. 18.

48 *K. Maier* r+s 2013, 105, 107; van Bühren/Plote/*Hillmer-Möbius*, ARB 2012 Rn. 18; s.a. oben § 23 Rdn. 25, 30, 36 ff.

49 Van Bühren/Plote/*Hillmer-Möbius*, ARB 2012, Rn. 6.

50 HK-VVG/*Münkel*, ARB 2021, Ziff. 2, Rn. 1.

51 Ebenso VersHb/*Obarowski*, § 45 Rn. 206.

52 Ziff. 2.1.1 ARB 2012, Gliederungspunkt »Berufs-Rechtsschutz«.

halten, Teilnahme am allgemeinen wirtschaftlichen Verkehr und Gewinnerzielungsabsicht.[53]

31 **Mitversichert** sind gem. Ziff. 2.1.2 eheliche und eingetragenen **Lebenspartner**, sonstige im Versicherungsschein eingetragene Lebenspartner, minderjähre Kinder, **volljährige Kinder** bis zum vollendeten 25. Lebensjahr, soweit sie nicht selbst verheiratet sind oder in einer eingetragenen Lebenspartnerschaft leben oder eine auf Dauer angelegte berufliche und entgeltliche Tätigkeit ausüben. **Schüler oder Studierenden**, die einen **Ferien- oder Aushilfsjobs** wahrnehmen, sind weiterhin mitversichert.[54]

32 Verändert hat sich auch die **Abgrenzung von** den im Privat-Rechtsschutz **nicht enthaltenen ausgeschlossenen Lebensbereichen.** Während § 25 Abs. 4 lediglich den **Verkehrsbereich** ausdrücklich ausschloss, nennt **Ziff. 2.1.1 ARB 2012 ff.** alle mit einem extra Baustein zu versichernden Bereichen. Neben dem Verkehrs-Rechtsschutz ist dies auch der **Fahrzeug-Rechtsschutz.** Diese Vorgehensweise des Bedingungsgebers ist für den Leser zwar einerseits übersichtlich, weil der Versicherungsumfang hervorgehoben wird[55] und zeigt weitere Versicherungsmöglichkeiten sofort auf. Andererseits stellt sich hier die Frage nach der genauen Abgrenzung entsprechend den Eigenschaften, die ein einzelner Baustein abdeckt. Virulent wird dies insbesondere dann, wenn der VN nur den Privat-Rechtsschutz versichert und ihm nur die hierfür relevanten Klauseln zur Verfügung gestellt werden. Hierfür muss der Versicherer eine Lösung finden, da er bei **negativen Risikoabgrenzungen** die **Darlegungs- und Beweislast** trägt.

33 Die versicherten **Leistungsarten** (bisheriger § 25 Abs. 3) sind in **Ziff. 2.2 ARB 2012 ff.** aufgelistet. Welche zum Privat-Rechtschutz gehören, wird durch die Zuordnung mit dem Buchstabenschlüssel »P« klargestellt. Die Leistungsart **Arbeits-Rechtsschutz (Ziff. 2.2.2 ARB 2012)** gehört nicht mehr zum Privat-Rechtsschutz. Vielmehr ist diese nun vom **Berufs-Rechtsschutz** gem. Ziff. 2.2.2 umfasst. Eine weitere Leistungsart des Berufs-Rechtsschutzes ist die des »**Disziplinar- und Standes-Rechtsschutz**« nach **Ziff. 2.2.8.**[56] Für beide Leistungsarten ist nunmehr die gesonderte Vertragsform des Berufs-Rechtsschutz (B = Beruf) zu versichern.[57] Andererseits ist die Leistungsart **Opfer-Rechtsschutz (Ziff. 2.2.12 ARB 2012 ff.)** neu hinzugekommen.[58]

53 Näher s.o. § 23 ARB 2010 Rdn. 21 ff.
54 H/E/K/*Heinrichs*, 34. Kap. Rn. 223.
55 Van Bühren/Plote/*Hillmer-Möbius*, ARB 2012, Rn. 22.
56 H/E/K/*Heinrichs*, 34. Kap. Rn. 223.
57 Van Bühren/Plote/*Hillmer-Möbius*, ARB 2012, Rn. 6.
58 S.u. § 26 Rdn. 38.

§ 26 Privat-, Berufs- und Verkehrs-Rechtsschutz für Nichtselbstständige

(1) Versicherungsschutz besteht für den privaten und beruflichen Bereich des Versicherungsnehmers und seines ehelichen/eingetragenen oder im Versicherungsschein genannten sonstigen Lebenspartner i.S.d. § 3 Abs. 4 b), wenn diese keine gewerbliche, freiberufliche oder sonstige selbständige Tätigkeit mit einem Gesamtumsatz von mehr als 6.000 Euro – bezogen auf das letzte Kalenderjahr – ausüben. Kein Versicherungsschutz besteht unabhängig von der Umsatzhöhe für die Wahrnehmung rechtlicher Interessen im Zusammenhang mit einer der vorgenannten selbständigen Tätigkeiten.

(2) Mitversichert sind
a) die minderjährigen Kinder,
b) die unverheirateten, nicht in einer eingetragenen oder sonstigen Lebenspartnerschaft i.S.d. § 3 Abs. 4 b) lebenden volljährigen Kinder bis zur Vollendung des 25. Lebensjahres, letztere jedoch längstens bis zu dem Zeitpunkt, in dem sie erstmalig eine auf Dauer angelegte berufliche Tätigkeit ausüben und hierfür ein leistungsbezogenes Entgelt erhalten. Soweit sich nicht aus der nachfolgenden Bestimmung etwas anderes ergibt, besteht jedoch kein Rechtsschutz für die Wahrnehmung rechtlicher Interessen als Eigentümer, Halter, Erwerber, Mieter, Leasingnehmer und Fahrer von Motorfahrzeugen zu Lande, zu Wasser oder in der Luft sowie Anhängern (Fahrzeug),
c) alle Personen in ihrer Eigenschaft als berechtigte Fahrer und berechtigte Insassen jedes bei Vertragsabschluss oder während der Vertragsdauer auf den Versicherungsnehmer, seinen mitversicherten Lebenspartner oder die minderjährigen Kinder zugelassenen oder auf ihren Namen mit einem Versicherungskennzeichen versehenen oder von diesem Personenkreis als Selbstfahrer-Vermietfahrzeug zum vorübergehenden Gebrauch gemieteten Motorfahrzeuges zu Lande sowie Anhängers.

(3) Der Versicherungsschutz umfasst:

– Schadenersatz-Rechtsschutz	(§ 2a)
– Arbeits-Rechtsschutz	(§ 2b)
– Rechtsschutz im Vertrags- und Sachenrecht	(§ 2d)
– Steuer-Rechtsschutz vor Gerichten	(§ 2e)
– Sozialgerichts-Rechtsschutz	(§ 2f)
– Verwaltungs-Rechtsschutz in Verkehrssachen	(§ 2g)
– Disziplinar- und Standes-Rechtsschutz	(§ 2h)
– Straf-Rechtsschutz	(§ 2i)
– Ordnungswidrigkeiten-Rechtsschutz	(§ 2j)
– Beratungs-Rechtsschutz im Familien-, Lebenspartnerschafts- und Erbrecht	(§ 2k)

(4) Es besteht kein Rechtsschutz für die Wahrnehmung rechtlicher Interessen als Eigentümer, Halter, Erwerber, Mieter und Leasingnehmer eines Motorfahrzeuges zu Wasser oder in der Luft.

(5) Der Fahrer muss bei Eintritt des Rechtsschutzfalls die vorgeschriebene Fahrerlaubnis haben, zum Führen des Fahrzeugs berechtigt sein und das Fahrzeug muss zugelassen oder mit einem Versicherungskennzeichen versehen sein. Bei Verstoß gegen diese Obliegenheit besteht Rechtsschutz nur für diejenigen versicherten Personen, die von diesem Verstoß ohne Verschulden oder leicht fahrlässig keine Kenntnis hatten. Bei grob fahrlässiger Unkenntnis des Verstoßes gegen diese Obliegenheit ist der Versicherer berechtigt, seine Leistung in einem der Schwere des Verschuldens der versicherten Person entsprechenden Verhältnis zu kürzen. Weist die versicherte Person nach, dass ihre Unkenntnis nicht grob fahrlässig war, bleibt der Versicherungsschutz bestehen. Der Versicherungsschutz bleibt auch bestehen, wenn die versicherte Person oder der Fahrer nachweist, dass die Verletzung der Obliegenheit weder für den Eintritt oder die Feststellung des Versicherungsfalls noch für die Feststellung oder den Umfang der dem Versicherer obliegenden Leistung ursächlich war.

(6) Haben der Versicherungsnehmer und/oder der mitversicherte Lebenspartner eine gewerbliche, freiberufliche oder sonstige selbständige Tätigkeit mit einem Gesamtumsatz von mehr als 6.000 Euro im letzten Kalenderjahr aufgenommen oder übersteigt deren aus einer der vorgenannten selbständigen Tätigkeit im letzten Kalenderjahr erzielter Gesamtumsatz den Betrag von 6.000 Euro, wandelt sich der Versicherungsschutz ab dem Eintritt dieser Umstände in einen solchen nach § 21 Absätze 1 und 4 bis 9 – für die auf den Versicherungsnehmer zugelassenen oder auf seinen Namen mit einem Versicherungskennzeichen versehenen Fahrzeuge – und § 23 um. Der Versicherungsnehmer kann jedoch innerhalb von sechs Monaten nach der Umwandlung die Beendigung des Versicherungsschutzes nach § 21 verlangen. Verlangt er diese später als zwei Monate nach Eintritt der für die Umwandlung des Versicherungsschutzes ursächlichen Tatsachen, endet der Versicherungsschutz nach § 21 erst mit Eingang der entsprechenden Erklärung des Versicherungsnehmers.

(7) Ist seit mindestens sechs Monaten kein Motorfahrzeug zu Lande und kein Anhänger mehr auf den Versicherungsnehmer, seinen mitversicherten Lebenspartner oder die minderjährigen Kinder zugelassen oder auf deren Namen mit einem Versicherungskennzeichen versehen, kann der Versicherungsnehmer verlangen, dass der Versicherungsschutz in einen solchen nach § 25 umgewandelt wird. Eine solche Umwandlung tritt automatisch ein, wenn die gleichen Voraussetzungen vorliegen und der Versicherungsnehmer, dessen mitversicherter Lebenspartner und die minderjährigen Kinder zusätzlich keine Fahrerlaubnis mehr haben. Werden die für die Umwandlung des Versicherungsschutzes ursächlichen Tatsachen dem Versicherer später als zwei Monate nach ihrem Eintritt angezeigt, erfolgt die Umwandlung des Versicherungsschutzes erst ab Eingang der Anzeige.

Literatur:
Mathy, Die Aufnahme einer selbständigen Tätigkeit und § 26 ARB a.F., VersR 1991, 1341; *ders.*, Der neue § 26 im Vergleich zur alten Fassung, VersR 1989, 335; *ders.*, Tour d'horizon zum Opfer-Rechtsschutz in der Rechtsschutzversicherung, NJOZ 2009, 3786; s. weitere Literaturhinweise unter Vorbemerkungen zu §§ 21 ff.

Übersicht Rdn.

A. Allgemeines

Strukturübersicht zum Privat-, Berufs- und Verkehrs-Rechtsschutz für Nichtselbstständige nach § 26 ARB 2010 mit Kurzbeschreibung: 1

ARB 2010	RS-Form	Kurzbeschreibung
§ 26	Privat-, Berufs- und Verkehrs-RS für Nichtselbstständige	Versicherungsschutz stellt eine Kombination aus Privat-RS und Berufs-RS für Nichtselbständige (nach § 25) und Verkehrs-RS (im Grundsatz nach § 21) dar Abs. 1, 2: Versichert ist der (1) private Bereich (2) berufliche nichtselbstständige (abhängige) Tätigkeitsbereich (3) Verkehrsbereich (mit Einschränkungen)

ARB 2010	RS-Form	Kurzbeschreibung
		Anmerkung zu (3): Verkehrs-RS besteht – für VN, mitversichertem Lebenspartner, minderjähriges Kind: uneingeschränkt, d.h. o als Eigentümer, Halter, Erwerber, Mieter, Leasingnehmer und Fahrer von Motor-Fz zu Lande und Anhänger, ferner o beim Führen eines eigenen oder fremden Motor-Fz zu Wasser oder in der Luft – für volljähriges Kind: nur eingeschränkt, d.h. o Verkehrs-RS nur als berechtigter Fahrer und berechtigter Insasse von familieneigenem Motor-Fz zu Lande sowie Anhänger, o im Übrigen: kein Versicherungsschutz familieneigen = auf VN, mitversicherten Lebenspartner oder minderjähriges Kind zugelassen oder mit Versicherungskennzeichen versehen (bei Vertragsabschluss oder Vertragsdauer) VN ist die abhängig-beschäftigte Person, solange der Gesamtumsatz aus gewerblicher, freiberuflicher oder sonstiger selbstständiger Tätigkeit – des VN, oder – des mitversicherten Lebenspartners, oder – von beiden zusammen im vergangenen Kalenderjahr nicht höher als 6 TEUR war (Abs. 1 S. 1) Mitversichert sind – Ehepartner – eingetragener Lebenspartner – im Versicherungsschein genannter sonstiger Lebenspartner – minderjähriges Kind – volljähriges Kind als berechtigter Fahrer oder berechtigter Insasse von familieneigenem Motor-Fz zu Lande und Anhänger (Abs. 2 lit. a., lit b. S. 1, lit. c.)

ARB 2010	RS-Form	Kurzbeschreibung
		Abs. 1 S. 2, Abs. 2 lit. b. S. 2, Abs. 4: kein Versicherungsschutz besteht – für jegliche gewerbliche, freiberufliche oder sonstige selbstständige berufliche Tätigkeit, unabhängig von der Umsatzhöhe (Abs. 1 S. 2) – im Verkehrs-RS für volljähriges Kind des VN für Motor-Fz jeder Art zu Lande, zu Wasser und in der Luft sowie Anhänger als Eigentümer, Halter, Erwerber, Mieter, Leasingnehmer und Fahrer (Abs. 2 lit. b. S. 2) – im Verkehrs-RS als Eigentümer, Halter, Erwerber, Mieter und Leasingnehmer von Motor-Fz zu Wasser oder in der Luft (Abs. 4)

2 § 26 **kombiniert** für Nichtselbstständige den Leistungsumfang des ›Privat- und Berufs-Rechtsschutzes für Nichtselbstständige‹ nach § 25 mit wichtigen Bereichen des ›Verkehrs-Rechtsschutzes‹ nach § 21 Abs. 1,[1] allerdings mit der Besonderheit, dass die **mitversicherten volljährigen Kinder im Fahrzeugbereich** gem. § 26 Abs. 2 lit. b. S. 2 nicht versichert sind.[2] Zwar ist im Gegensatz zu § 26 ARB 75 – auch in der Fassung von 1988[3] – die generelle Mitversicherung des motorisierten Verkehrs nicht ausdrücklich erwähnt, was aber nichts daran ändert, dass in § 26 der Verkehrsbereich auch zum versicherten Privatbereich gehört.[4] Dies ist anders als in den §§ 23, 25 ARB 2010, wo der Verkehrsbereich nach deren jeweiligem Abs. 4 gerade ausgeschlossen ist und dort somit nicht zum privaten Bereich gehört.[5] Obgleich sich dieses Verständnis nicht zuletzt aus einer Zusammenschau von Abs. 1 mit Abs. 2 lit. b) Satz 2 und Abs. 4 ableiten lässt, wo im Bereich der Mitversicherung und für bestimmte Motorfahrzeuge wiederum Ausnahmen für den Verkehrs-Rechtsschutz formuliert sind, ist der Formulierungskritik des LG Leipzig[6] zuzustimmen, wonach es unglücklich ist, dass in § 26 eine positive Beschreibung des geltenden Umfangs des Verkehrs-Rechtsschutzes leider fehlt. Insoweit ergibt sich auch ein Unterschied zu § 21, da in § 26 Motorfahrzeuge zu Wasser und zu Luft nicht mitversichert sind (Abs. 4).

B. Versicherte Personen (Abs. 1 und 2)

I. Versicherungsnehmer (Abs. 1)

3 § 26 richtet sich an alle Personen, die eine nichtselbstständige Tätigkeit ausüben und deren zusätzlich und parallel ausgeübte selbstständige Tätigkeit eine **Bagatellgrenze**

1 P/M/*Piontek*, § 26 ARB 2010, Rn. 1.
2 VersHb/*Obarowski*, § 45 Rn. 192; P/M/*Armbrüster*, § 26 ARB 2010 Rn. 3.
3 Hierzu ausführlich *Mathy* VersR 1989, 335.
4 LG Leipzig r+s 2006, 418 = VersR 2006, 1681; *Mathy* VersR 2009, 1194.
5 *Mathy* VersR 2009, 1194; Harbauer/*Obarowski*, § 26 Rn. 11.
6 VersR 2006, 1681.

von 6.000 Euro Gesamtumsatz[7] im letzten Kalenderjahr nicht übersteigt. Grund für die **Herausnahme der selbstständigen Tätigkeit** ist die Prämienkalkulation: Das Rechtskostenrisiko Selbstständiger wird – auch im Verkehrsbereich – höher eingeschätzt, als dasjenige von Nichtselbstständigen. **Versicherungsfähig** nach § 26 sind daher **nur nichtselbstständig Tätige.** Zu diesem Personenkreis gehören zum einen die in abhängiger Stellung berufstätigen Arbeitnehmer, zum anderen Personen, die keine vollberuflich ausgeübte und vollvergütete Position als nichtselbstständig Tätige begleiten, wie beispielsweise Rentner, Hausfrauen/-männer, Studierende etc.[8] Zu berücksichtigen ist auch, dass der Vertrag nach § 26 mit einem Festbeitrag angeboten wird; auf die Anzahl der dem versicherten Personenkreis gehörenden Fahrzeuge wird beitragstechnisch also nicht abgestellt. Eine vernünftige **Beitragskalkulation** wäre unmöglich, wenn auch das Verkehrsrisiko Selbstständiger vom Versicherungsschutz umfasst würde. Deshalb sieht diese ARB-Regelung vor, Selbstständige gar nicht erst in den Kreis der in § 26 versicherbaren Personen aufzunehmen. Sie können sich aber gleichwohl Versicherungsschutz beschaffen, indem ihre Risiken mit Einzelverträgen nach §§ 21, 23[9] oder über den **Bündelvertrag** für Selbstständige nach § 28 abgedeckt werden.

4 Da auch Nichtselbstständige gelegentlich eine **selbstständige Tätigkeit von geringem Umfang** im Nebenberuf ausüben und sie nicht schon allein deshalb aus dem Anwendungsbereich des § 26 herausfallen sollen, lässt § 26 in geringem Umfang eine selbstständige Tätigkeit mit einem jährlichen Gesamtumsatz bis maximal 6.000 Euro zu (sog. **Bagatellbereich**). Insoweit handelt es sich allerdings nur um eine Frage der versicherten Eigenschaft bzw. der Versicherungsfähigkeit nach § 26. Dies bedeutet nicht, dass auch diese selbstständige Tätigkeit **innerhalb des Bagatellbereichs** in den Versicherungsschutz nach § 26 eingeschlossen ist. Absatz 1 Satz 2 stellt daher klar, dass **jede Interessenwahrnehmung im Zusammenhang mit einer selbstständigen Tätigkeit vom Versicherungsschutz ausgeschlossen** ist, und zwar auch diejenige, die mit einer nur geringfügig ausgeübten selbstständigen Tätigkeit zusammenhängt. Versicherungsschutz nach § 26 besteht insoweit also **nur** für die **berufliche nichtselbstständige Tätigkeit.**[10] Überschreitet hingegen der Gesamtumsatz von VN und mitversichertem ehelichen, eingetragenen oder sonstigen **Lebenspartner** ihrer zusätzlich parallel ausgeübten selbstständigen Tätigkeit einen Betrag von 6.000 Euro, dann wird der Versicherungsschutz gem. Abs. 6 Satz 1 für die auf den VN zugelassenen Fahrzeuge und für solche, die auf seinen Namen mit einem Versicherungskennzeichen versehen sind, in einen solchen nach § 21 Abs. 1 und Abs. 4 bis 9 sowie nach § 23 **umgewandelt.**[11] Der VN hat jedoch das Recht, die **Aufhebung** des Versicherungsschutzes nach § 21 aufgrund der Mehrbelastung durch die gesonderte Tarifierung des Verkehrsrisikos zu verlangen (§ 26 Abs. 6 Satz 2). Eine **Nichtigkeit der ARB-Klausel** gem. § 308 Nr. 5 BGB liegt

---

7 Näher hierzu s.o. § 23 Rdn. 4.
8 VersHb/*Obarowski*, § 45 Rn. 193.
9 Harbauer/*Obarowski*, § 26 ARB 2010 Rn. 7.
10 Harbauer/*Obarowski*, § 26 ARB 2010, Rn. 3.
11 Van Bühren/Plote/*Hillmer-Möbius*, § 26 ARB 2010 Rn. 8.

nicht vor, da es sich nicht um eine Veränderung des Inhalts des versicherten Risikos, vielmehr nur um die Einstufung in den richtigen Tarif handelt.[12]

II. Mitversicherte Personen

1. Lebenspartner (Abs. 1 Satz 1)

Entsprechend den Regelungen in §§ 23, 25 ist ein **ehelicher oder eingetragener Lebenspartner** des VN nach Abs. 1 obligatorisch mitversichert. Der **sonstige Lebenspartner** im Sinne von § 3 Abs. 4 lit. b) kann fakultativ mitversichert werden und ist dann im Versicherungsschein zu benennen.[13] Jedoch ist der im Versicherungsschein genannte nichteheliche Lebenspartner nicht mitversichert, wenn er noch mit einem Ehegatten verheiratet ist, von diesem aber getrennt lebt.[14] 5

2. Kinder (Abs. 2 lit. a) und b)

Auch die **Kinder des VN** sind mitversichert, und zwar nach den gleichen Kriterien wie in § 23 Abs. 2 bzw. § 25 Abs. 2.[15] Dies gilt auch für **Kinder des mitversicherten Lebenspartners.**[16] Während **minderjährige** Kinder unbeschränkt mitversichert sind, besteht jedoch eine Besonderheit bei **volljährigen** Kindern. Diese sind – außerhalb der allgemeinen Mitversicherung nach Abs. 2 lit. c) (berechtigte Fahrer und Insassen der auf VN, Lebenspartner und minderjährige Kinder zugelassenen Fahrzeuge) **im motorisierten Verkehr nicht versichert**, was sich aus Abs. 2 lit. b) Satz 2 ergibt.[17] Volljährige Kinder sind also beispielsweise **nicht versichert** 6
- beim Erwerb eines Fahrzeugs (z.B. Streit mit dem Verkäufer)
- bei einem Unfall mit dem eigenen Fahrzeug (z.B. Geltendmachung von Schadenersatz)
- beim Fahren mit einem **fremden Fahrzeug** (z.B. OWi-Verfahren wegen einer vorgeworfenen Verkehrszuwiderhandlung).

Versichert sind die volljährigen Kinder hingegen
- als Fahrer und **Insasse** der versicherten Familienfahrzeuge (gem. Abs. 2 lit. b))
- als Insasse fremder Fahrzeuge.

Ferner sind die Einschränkungen für die Mitversicherung von volljährigen Kindern nach Abs. 2 lit. b) Satz 1 zu beachten.[18]

---

12 Ebenso P/M/*Piontek*, § 26 ARB 2010 Rn. 7.

13 S. a. oben § 23 Rdn. 8–10.

14 Harbauer/*Obarowski*, § 23 ARB 2010, Rn. 8. Zur gescheiterten, aber noch bestehenden Ehe: AG Pfaffenhofen r+s 2002, 19.

15 S.o. näher § 23 Rdn. 13–18.

16 Harbauer/*Obarowski*, § 23 ARB 2010, Rn. 11.

17 LG Leipzig VersR 2006, 1681.

18 S.o. näher § 23 Rdn. 13. Zur Frage des leistungsbezogenen Entgelts Harbauer/*Obarowski*, § 23 ARB 2010, Rn. 14.

Auf sonstige, **im Haushalt des VN lebende Personen**, z.B. Hausangestellte, erstreckt sich der Versicherungsschutz aber nicht.[19]

▶ **Praxishinweis:**

7 Einzelne Versicherer sehen in ihren Bedingungswerken vor, dass abweichend vom Vorgenannten volljährige Kinder Versicherungsschutz auch im motorisierten Verkehr erhalten. Teilweise wird auch auf die **Altersbegrenzung** (Vollendung des 25. Lebensjahres) verzichtet. Insoweit ist es erforderlich, jeweils die konkret vereinbarten ARB durchzusehen.

3. Berechtigte Fahrer und Insassen (Abs. 2 lit. c)

8 Analog zur Mitversicherung nach § 21 Abs. 1 Satz 2 sind **berechtigte Fahrer und berechtigte Insassen** von Motorfahrzeugen zu Lande und von Anhängern mitversichert, hier allerdings nicht nur in Bezug auf die Fahrzeuge des VN, sondern auch betreffend der eines mitversicherten Lebenspartners sowie von etwaigen Fahrzeugen der minderjährigen Kinder. In den Genuss dieser Mitversicherung kommen auch die volljährigen Kinder von VN und Lebenspartner, was durch die Formulierung in Abs. 2 lit. b) »...soweit sich nicht aus der nachfolgenden Bestimmung etwas anderes ergibt...« sichergestellt wird.

C. Versicherte Lebensbereiche

I. Privater Bereich (Abs. 1 Satz 1)

1. Allgemeines

9 Versicherungsschutz besteht nach Abs. 1 u. a. für den **privaten Bereich**. Hierzu gehört grundsätzlich auch der **Verkehrsbereich**, wie sich aus der Systematik der §§ 23 Abs. 4, 25 Abs. 4 ergibt. Konsequenterweise wurde in der Leistungsbeschreibung des § 26 Abs. 1 auf eine ausdrückliche Erwähnung des mitversicherten Verkehrsrisikos verzichtet.[20] Vom Versicherungsschutz umfasst ist auch der **berufliche Bereich** zur Wahrnehmung der rechtlichen Interessen aus einem **Arbeitsverhältnis**. Hingegen ist jede Interessenwahrnehmung im Zusammenhang mit einer selbstständigen Tätigkeit gem. Abs. 1 Satz 2 nicht vom Versicherungsschutz umfasst.

2. Abgrenzung zur selbstständigen Tätigkeit

10 Eine **selbstständige Tätigkeit** fällt nicht in den Deckungsbereich des § 26, da diese nicht mehr als dem privaten Bereich zugehörig anzusehen ist.[21] Dies bedeutet jedoch nicht, dass selbstständig Tätige schutzlos wären, vielmehr sind sie insbes. auf die Vertragsart nach § 24 zu verweisen. Diese Risikoabgrenzung hat vor allem kalkulatorische Gründe, um den Versicherungsschutz nach § 26 noch zu einem akzeptablen Preis für

---

19 *Mathy* VersR 2009, 1194.

20 S. unten § 26 Rdn. 16.

21 Zur Bagatellgrenze s.o. Rdn. 4.

einen gleichartigen Personenkreis anbieten zu können.[22] Die Abgrenzung zur selbstständigen Tätigkeit stellt in der Rechtsschutzversicherung eine der grundsätzlichen Problemfelder dar, was auch durch die äußerst umfangreiche Judikatur, die nicht immer frei von Widersprüchen ist, belegt wird.[23] Wegen der Einzelheiten wird auf die Erläuterungen zu § 23[24] verwiesen.

a) Gewerbliche Tätigkeit

11 Unter **gewerblicher Tätigkeit** wird jede erlaubte, auf Dauer angelegte selbständige Tätigkeit mit der Absicht, Gewinn zu erzielen, verstanden. Als Beispiele können hier Handwerksbetriebe, Handels- und Dienstleistungsunternehmen genannt werden. Ausgenommen sind hiervon die Urproduktion (Gewinnung von Naturerzeugnissen) sowie die Tätigkeiten der **freien Berufe.**[25]

b) Freiberufliche Tätigkeit

12 Was eine **freiberufliche Tätigkeit** ist, lässt sich trotz fehlender gesetzlicher Definition relativ leicht bestimmen. In erster Linie rechnet man hierzu die in §§ 18 Abs. 1 Nr. 1 EStG, 1 Abs. 2 PartGG aufgeführten sog. **Katalog-Berufe** wie beispielsweise Ärzte, Rechtsanwälte, Notare, Wirtschaftsprüfer, Steuerberater, Architekten, Ingenieure, Journalisten, Dolmetscher etc.[26] In einem Anstellungsverhältnis beschäftigte Personen fallen **nicht** hierunter.[27] Dies wird man im Grundsatz auch für angestellte Personen mit einem Katalogberuf so beurteilen müssen. Für Sonderkonstellationen wie etwa bei **angestellten Ärzten** oder **Syndikusrechtsanwälten**, muss dies ebenso gelten, da insoweit regelmäßig ein Anstellungsvertrag zugrunde liegen wird. Auf die Selbstständigkeit der beruflichen Tätigkeit als eines der konstitutionellen Kriterien für eine entsprechende Berufszulassung dürfte in diesem Zusammenhang nicht abgestellt werden können.[28] Im Fall einer sog. **Doppelzulassung** als Syndikusrechtsanwalt und zugleich als niedergelassenem Rechtsanwalt ist nach dem jeweiligen Tätigkeitsbereich zu differenzieren. Für die Tätigkeit als niedergelassenem Rechtsanwalt ist von einer freiberuflichen Tätigkeit auszugehen.

c) Sonstige selbstständige Tätigkeit

13 Der zusätzliche Begriff der »**sonstigen selbstständigen Tätigkeit**« wurde mit den ARB 94 in die Risikobeschreibung der §§ 23 bis 28 aufgenommen. Damit wurde zum Ausdruck gebracht, dass die selbstständige Tätigkeit – sowohl was die Versicherbarkeit

22 Zu den höheren Beiträgen eines Deckungsschutzes nach § 23 Harbauer/*Obarowski*, § 23 ARB 2010, Rn. 16.

23 H/E/K/*Heinrichs*, 34. Kap., Rn. 359; *Mathy* r+s 2003, 397; VersHb/*Obarowski*, § 45 Rn. 156.

24 S.o. Rdn. 15, 19 ff.

25 Näher § 23 Rdn. 28 ff.

26 Näher s. § 23 Rdn. 28.

27 Van Bühren/Plote/*Hillmer-Möbius*, § 24 ARB 2010 Rn. 4.

28 Zu arbeitnehmerähnlichen Personen s. Harbauer/*Obarowski*, § 23 ARB 2010, Rn. 21.

nach § 24 als auch die Abgrenzung davon in §§ 23, 25, 26 betrifft – nicht auf gewerbliche oder freiberufliche Tätigkeiten beschränkt ist. Der Begriff »sonstige« ist jedoch nicht sehr präzise und bedarf daher einer einzelfallbezogenen Auslegung, s. näher § 23 Rdn. 30.

3. Kein Zusammenhang mit selbstständiger Tätigkeit

a) Allgemeines

14 Der Ausschluss eines Risikos (str., s. nachfolgende Rdn. 15) greift nur dann ein, wenn ein »Zusammenhang« mit selbstständiger Tätigkeit gegeben ist. Es muss ein innerer sachlicher Zusammenhang von nicht untergeordneter Bedeutung zwischen der Wahrnehmung der rechtlichen Interessen und der selbstständigen Tätigkeit bestehen.[29] Hingegen reicht ein bloß zufälliger Zusammenhang nicht aus[30]. Bei einigen Fallgestaltungen ist diese Abgrenzung ohnehin nicht einfach.[31]

b) Beweislast

15 Streitig ist jedoch, ob § 26 Abs. 1 Satz 2 wirklich einen **Risikoausschluss** regelt mit der Folge, dass dies zu einer **Beweislast des Versicherers** führen würde.[32] Eine Ausnahme soll danach für den Fall gelten, dass Tatsachen, die allein in den Lebensbereich des VN fallen und die der Versicherer nicht wissen kann, vom VN darzulegen und zu beweisen wären.[33] Dem kann nicht zugestimmt werden. Zwar könnte für die Auffassung die Formulierung der Vorschrift sprechen, jedoch macht ein Vergleich mit § 23 Abs. 1 deutlich, dass § 26 Abs. 1 Satz 2 lediglich die **Funktion einer Klarstellung** haben soll.[34] Bereits die primäre Risikoabgrenzung in den §§ 23 Abs. 1, 26 Abs. 1 führt zum Ergebnis, dass der Versicherungsschutz **von vornherein** auf den privaten Bereich sowie auf den beruflichen Bereich in Ausübung einer nichtselbstständigen Tätigkeit **beschränkt** wird. Die zugegebenermaßen etwas verunglückte Formulierung des Satzes 2 soll mithin lediglich einem möglichen Irrtum des VN vorbeugen, wonach eine rechtliche Interessenwahrnehmung unterhalb der 6.000 Euro-Grenze ebenfalls vom Versicherungsschutz umfasst sein könnte, was nicht der Fall ist.[35] Nach dieser Auffassung muss der **VN darlegen und beweisen**, dass der private Bereich und nicht der Bereich einer selbstständigen Tätigkeit betroffen ist.[36]

29 BGH VersR 1978, 816; *R. Wendt* r+s 2008, 221, 231.

30 BGH VersR 1995, 166.

31 *Mathy* VersR 1992, 78; näher s.a. § 23 Rdn. 21 ff., 59 ff.

32 OLG Karlsruhe VersR 1995, 1352 = r+s 1995, 224; noch Harbauer/*Obarowski*, § 26 ARB 2010, Rn. 16.

33 OLG Hamm VersR 2003, 1032; OLG Düsseldorf VersR 1996, 844.

34 S/H/W/*Brünger*, § 26 ARB 2010 Rn. 2; in der Sache ebenso wohl *Cornelius-Winkler*, Rechtsschutzversicherung, 6. Aufl., Rn. 4.22 i.V.m. 4.21.

35 S.a. oben § 26 Rdn. 4.

36 S/H/W/*Brünger*, § 26 ARB 2010 Rn. 2; VersHb/*Obarowski*, § 45 Rn. 155.

II. Verkehrsbereich

Obgleich der Verkehrs-Rechtsschutz in der Überschrift des § 26 eine ausdrückliche Erwähnung findet, fehlt eine positive Beschreibung desselben im Text der Vorschrift, wie dies etwa in § 21 der Fall ist. Gleichwohl ist unbestritten,[37] dass das Verkehrsrisiko in § 26 mit versichert ist[38]. Versicherungsschutz besteht nach Abs. 1 für den privaten Bereich. Hierzu gehört bedingungstechnisch auch der **Verkehrsbereich**. Dies ergibt sich nicht zuletzt aus einem Vergleich mit den Vertragsarten nach den §§ 23, 25, in deren Abs. 4 jeweils das Verkehrsrisiko ausgenommen ist. Ferner folgt dies im Umkehrschluss aus den ausschließenden Regelungen nach § 26 Abs. 2 lit. b) Satz 2 und nach Abs. 4. Deshalb wurde wohl in der Leistungsbeschreibung des § 26 Abs. 1 **auf eine ausdrückliche Erwähnung des mitversicherten Verkehrsrisikos verzichtet**, auch wenn sich dies für den nicht geübten Leser der Bedingungen nicht mit der wünschenswerten Klarheit ergibt. Vertragstechnisch wurden einem modularen System folgend in den Rechtsschutzbedingungen einerseits unterschiedliche Lebensbereiche als versicherbar festgelegt (Privat, Beruf, Verkehr, Immobilien), andererseits fehlt es aber bei der Leistungsbeschreibung an der erforderlichen klarstellenden Darlegung der zur Vertragsart gehörenden Module. Ein positives Aufführen des Verkehrs-Rechtsschutzes im Bedingungstext des § 26 wäre daher wünschenswert gewesen. 16

Der **Umfang des Verkehrs-Rechtsschutzes** bestimmt sich im Grundsatz nach § 21 Abs. 1, 6 und 7. Im Schutz enthalten sind damit zum einen Eigentümer, Halter einschließlich Leasingnehmer, Mieter, Erwerber, Fahrer und Insassen **eigener** Motorfahrzeuge zu Lande und Anhänger, § 21 Abs. 1 und 6, zum anderen Fahrer bzw. Führer von **fremden** Fahrzeugen, § 21 Abs. 7 lit. a, sowie ferner **Fahrgäste** von privaten oder öffentlichen Verkehrsmitteln, **Fußgänger** und **Radfahrer**, § 21 Abs. 7 lit. b bis d. **Uneingeschränkt** vom Versicherungsschutz umfasst sind neben dem VN der eheliche, eingetragene oder sonstige **Lebenspartner** und ebenso **minderjährige Kinder**, § 26 Abs. 1, Abs. 2 lit. a. Eine **Beschränkung** gilt für **volljährige Kinder** nach Maßgabe von § 26 Abs. 2 lit. b, obgleich einzelne Bedingungswerke auch für sie einen uneingeschränkten Schutz vorsehen.[39] 17

Beim Verkehrs-Rechtsschutz nach § 26 sind zwei Konstellationen vom **Versicherungsschutz ausgenommen:** 18

- erstens volljährige Kinder, (Abs. 2 lit. b) Satz 2): Allerdings besteht für volljährige Kinder ausnahmsweise Versicherungsschutz als berechtigte Fahrer und Insassen familieneigener Motorfahrzeuge zu Lande.[40] »**Familieneigen**« meint eine Zulassung auf den VN, seinen mitversicherten Lebenspartner oder auf die minderjährigen Kinder oder die Ausstellung eines Versicherungskennzeichens auf ihren Namen.

---

37 S/H/W/*Brünger*, § 26 ARB 2010 Rn. 3; LG Leipzig r+s 2006, 418; *Mathy* VersR 2009, 1194.

38 S.o. § 26 Rdn. 9.

39 S. Harbauer/*Obarowski*, § 26 ARB 2010 Rn. 13.

40 Harbauer/*Obarowski*, § 26 ARB 2010 Rn. 13, 19.

– zweitens Motorfahrzeuge zu Wasser und in der Luft (Abs. 4): Daraus folgt, dass Versicherungsschutz im Verkehrsbereich nur für Motorfahrzeuge zu Lande und für Anhänger umfasst ist.[41]

Einzelne Bedingungswerke sehen aber hiervon wieder Abweichungen vor.

III. Beruflicher Bereich

1. Allgemeines

19 Nach Abs. 1 Satz 1 ist vom Versicherungsschutz auch der **berufliche Bereich in Ausübung nichtselbstständiger Tätigkeiten** umfasst. Im Wesentlichen handelt es sich hier um die rechtliche Interessenwahrnehmung in Bezug auf Arbeitsverhältnisse, was sich in erster Linie in der nach Abs. 3 versicherten Leistungsart **Arbeits-Rechtsschutz** widerspiegelt. **Nicht** mitumfasst ist die Interessenwahrnehmung aus selbstständiger Tätigkeit innerhalb des **Bagatellbereichs.**[42] Bei paralleler Ausübung von unselbstständiger und selbstständiger Tätigkeit können sich Abgrenzungsschwierigkeiten ergeben, insbes. wenn beide Tätigkeiten auf demselben Gebiet erfolgen.[43] Rechtliche Konflikte im beruflichen Bereich können sich aber auch außerhalb der Arbeitnehmer-Arbeitgeber-Rechtsbeziehung ergeben, für welche im Rahmen der anderen nach Abs. 3 versicherten Leistungsarten Rechtsschutz bestehen kann.[44]

2. Scheinselbstständigkeit

20 Bei freien Mitarbeitern stellt sich die Frage, ob diese formal Selbstständigen der Sache nach nicht Arbeitnehmer sind und dann vom Versicherungsschutz des § 26 umfasst sind. Das Problem der **Scheinselbstständigkeit**[45] tritt praktisch bei Feststellungsklagen vor dem Arbeitsgericht auf, sog. **Statusklagen.** Franchisenehmer oder Subunternehmer können hiervon ebenso betroffen sein.[46] **Franchisenehmer** oder **Subunternehmer** können hiervon ebenso betroffen sein. Die Frage, ob Arbeitnehmereigenschaft vorliegt, an die der Versicherungsschutz in der Leistungsart **Arbeits-Rechtsschutz** anknüpft, ist im Zeitpunkt einer Deckungsanfrage in der Regel noch nicht eindeutig zu beurteilen. Es ist umstritten, ob der Versicherer die Deckung dann von der Feststellung der Arbeitnehmereigenschaft im Rechtsstreit des VN abhängig machen kann.[47]

41 Buschbell/Hering/*Hering*, § 11 Rn. 61.
42 S.o. § 26 Rdn. 4.
43 S. hierzu auch OLG Hamm VersR 2003, 1032; Harbauer/*Obarowski,* § 23 ARB 2010, Rn. 48.
44 Näher s.a. § 23 Rdn. 64 ff.
45 *Reiserer/Freckmann* NJW 2003, 180; VersHb/*Obarowski*, § 45 Rn. 57 f.; s.a. § 25 Rdn. 23.
46 S.a. Abgrenzungskriterien in BAG NZA 2000, 447 und BAG ZIP 2000, 808.
47 Näher und mwN s.o. § 23 Rdn. 31, 64 ff., 71, 77.

D. Versicherte Leistungsarten (Abs. 3)

In der Vertragsart nach § 26 ist in dessen Abs. 3 für insgesamt **10 von 11 Leistungsarten** Versicherungsschutz vorgesehen. Ausgenommen ist lediglich der **Wohnungs- und Grundstücks-Rechtsschutz** (§ 2 lit. c.)), der soweit erforderlich gesondert über § 29 hinzu versichert werden muss. Innerhalb der jeweiligen Leistungsart ist zu prüfen, ob der Versicherte im versicherten privaten Bereich – einschließlich des Verkehrsbereichs – bzw. im beruflichen Bereich betroffen ist oder ob ein Zusammenhang mit einer nicht versicherten selbstständigen Tätigkeit gegeben ist. Die nicht berufsmäßige Ausübung von **Sport** gehört zum privaten Bereich. Dies ist selbst für den Fall der Ausübung von **gefährlichen Sportarten** anerkannt, wie beispielsweise Boxen, Fallschirmspringen, Skispringen, Extremklettern.[48] 21

Zwar geht § 26 in seinem Deckungsumfang über denjenigen der §§ 23, 25 hinaus und gewährt insoweit grundsätzlich Rechtsschutz für den motorisierten Verkehr. Nach Abs. 4 besteht allerdings ein **Risikoausschluss** für Motorfahrzeuge zu Wasser und in der Luft. Vom Versicherungsschutz umfasst sind somit grundsätzlich nur Motorfahrzeuge zu Lande und Anhänger.[49] Nicht erforderlich ist insoweit, dass diese auf den VN oder den Mitversicherten zugelassen oder auf ihren Namen mit einem Versicherungskennzeichen ausgestattet sind. Nach den ARB 75 wurde insoweit noch nicht nach Fahrzeugen differenziert.[50] Da die Leistungsarten im Einzelnen unter § 2 erläutert werden, sei insoweit auf die dortigen Ausführungen verwiesen.[51] 22

▶ **Praxishinweis:**

Einzelne Versicherer haben den Katalog der Leistungsarten in Abs. 3 um den **Wohnungs- und Grundstücks-Rechtsschutz** für eine selbstgenutzte Wohneinheit des VN komplettiert, teilweise sogar für alle selbstgenutzten Wohneinheiten. 23

E. Ausschluss von Motorfahrzeugen zu Wasser und in der Luft (Abs. 4)

Nach Abs. 4 besteht **kein Versicherungsschutz** in der Eigenschaft als 24
- Eigentümer (§ 21 Rdn. 35)
- alter (§ 21 Rdn. 36)
- Erwerber oder
- Mieter und/oder Leasingnehmer (§ 21 Rdn. 37)

eines **Motorfahrzeuges zu Wasser oder in der Luft.** Für solche Fahrzeuge kann bei Bedarf ein Fahrzeug-Rechtsschutz nach § 21 Abs. 3 hinzu versichert werden. Nach § 26 Abs. 4 ist jedoch die Eigenschaft als **Fahrer** der dort genannten Motorfahrzeuge nicht ausgeschlossen. Das bedeutet, dass dem VN, seinem mitversicherten Lebens-

---

48 Harbauer/*Obarowski,* § 26 ARB 2010, Rn. 17.

49 S.o. § 26 Rdn. 17.

50 Buschbell/Hering/*Hering,* § 11 Rn. 61.

51 S.o. § 2 Rdn. 6 ff. sowie zu den weiteren vertragsbezogenen Erläuterungen unter § 21 Rdn. 56 ff. und § 23 Rdn. 81 ff.).

partner und den minderjährigen Kindern **Versicherungsschutz** auch **beim Fahren** jedweder Motorfahrzeuge zu Wasser und in der Luft zusteht. Dies gilt auch für das Fahren eigener und ebenso fremder Wasser- oder Luftfahrzeuge. Für **volljährige Kinder** besteht wegen des Ausschlusses in Abs. 2 lit. b. Satz 2 dieser Versicherungsschutz jedoch nicht.

25 Aufgrund der bloßen Beschränkung des Ausschlusses auf Wasser- und Luftfahrzeuge ist für den VN oder einen Mitversicherten der **Erwerb** von Motorfahrzeugen **zu Lande versichert**, und zwar auch dann, wenn keine Zulassung auf den Versicherten erfolgt. Da es in § 26 kein **Zulassungserfordernis** gibt, war eine vergleichbare Regelung wie in § 21 Abs. 6 (vgl. hierzu § 21 Rdn. 93) verzichtbar. Damit fehlt auch das Erfordernis der Erwerbsabsicht zum »nicht nur vorübergehenden **Eigengebrauch**«, was allerdings unproblematisch ist, weil im Falle einer Händlertätigkeit der Ausschluss für die selbständige Tätigkeit (Abs. 1 Satz 2) zum Tragen kommt.[52] In den **Abgasskandal-Fällen** der Autohersteller wird somit ein Deckungsschutz nach § 26 am Kriterium einer späteren oder an einer Nichtzulassung des erworbenen Motorfahrzeugs nicht scheitern.

F. Obliegenheitsverletzungen (Abs. 5)

26 Abs. 5 regelt die nachfolgenden drei vertragliche **Obliegenheiten.** Der Fahrer fährt zum Zeitpunkt des Versicherungsfalles

- ohne die vorgeschriebene Fahrerlaubnis,
- ohne Berechtigung,
- ohne Zulassung des Fahrzeugs oder ohne Versicherungskennzeichen.

Beim Nichtvorliegen mindestens einer dieser Verhaltenspflichten besteht Versicherungsschutz nur für diejenigen Personen, die von der Obliegenheitsverletzung **ohne Verschulden** oder nur **leichtfahrlässig keine Kenntnis** hatten. Bei leichter Fahrlässigkeit hinsichtlich der Verletzung der Obliegenheit muss der Versicherer seine Leistung in voller Höhe erbringen, bei grober Fahrlässigkeit steht dem Versicherer ein **Leistungskürzungsrecht** zu. Aufgrund **fehlender Kausalität** zwischen einerseits Eintritt oder Feststellung des Versicherungsfalls oder Feststellung des Umfangs der dem Versicherer obliegenden Leistung und andererseits dem Obliegenheitsverstoß entfällt der Versicherungsschutz nicht. Den **Beweis** für das **Vorliegen einer Obliegenheitsverletzung** hat der Versicherer zu erbringen, für das **Fehlen der Kausalität** hingegen der VN oder die mitversicherte Person.[53] Da Wortlaut und Regelungsinhalt von § 26 Abs. 5 dem von § 21 Abs. 8 entsprechen, wird wegen der weiteren Einzelheiten auf die Erläuterungen zu § 21 Rdn. 99 ff. verwiesen.

G. Umwandlung bei Änderung der Berufstätigkeit (Abs. 6)

27 Abs. 6 der Vorschrift trägt dem Umstand Rechnung, dass sich die **berufliche Situation** von VN und Lebenspartner **während der Vertragslaufzeit ändern** kann, weil damit eine Änderung des Risikos einhergeht. Hat der VN und/oder der mitversicherte Lebens-

---

52 Harbauer/*Obarowski*, § 26 ARB 2010 Rn. 18.

53 L/P/*Pohlmann*, § 28 VVG Rn. 148, 150; Harbauer/*Obarowski*, § 21 ARB 2010, Rn. 163.

partner im letzten Kalenderjahr erstmals oder aufgrund einer seit längerem ausgeübten selbstständigen Tätigkeit nunmehr einen Gesamtumsatz von mehr als 6.000 Euro erzielt, so liegen die Voraussetzungen des § 26 Abs. 1 nicht mehr vor. Unter **Gesamtumsatz** wird die Summe aller vereinnahmten Erlöse aus der selbstständigen Tätigkeit des VN und/oder des mitversicherten Lebenspartners pro Kalenderjahr verstanden.[54]

Der VN hat die Änderung der Umstände dem Versicherer mitzuteilen. Der zu einer Pauschalprämie **vereinbarte Vertrag wandelt** sich ab Eintritt des gefahrändernden Umstands **automatisch** in den **Privat-Rechtsschutz** für Selbstständige nach § 23 und in den **Verkehrs-Rechtsschutz** nach § 21 Abs. 1 und Abs. 4 bis 9 **um.** Der Vertrag über den Verkehrs-Rechtsschutz nach § 26 endet somit nicht, vielmehr findet eine **vertragliche Transformation** für die auf den VN zugelassenen oder auf seinen Namen mit einer Versicherungskennzeichen ausgestatteten Fahrzeuge statt. Dies **gilt** jedoch **nicht** für die auf den mitversicherten Lebenspartner oder die minderjährigen Kinder zugelassenen Fahrzeuge; für sie endet der Verkehrs-Rechtsschutz mit dem Eintritt der **gefahrändernden Umstände.** Die Umwandlung gilt selbst für den Fall, dass eine Mitteilung über die geänderten Umstände durch den VN unterbleibt. Allerdings ist der berufliche Bereich aufgrund der Transformation nicht mehr gedeckt, es sei denn, der VN schließt einen **Berufs-Rechtsschutz** für Selbstständige nach § 24 ab. Die Vorschrift räumt dem VN innerhalb von sechs Monaten ab Umwandlung nach Abs. 6 Satz 2 auch ein **außerordentliches Kündigungsrecht**[55] für den Versicherungsschutz nach § 21 ein, wobei Satz 3 den Beendigungszeitpunkt regelt. 28

▶ **Beispiel:**

Der ursprünglich **nichtselbstständige VN** hat sich während der Laufzeit seines Vertrages nach § 26 **selbstständig gemacht.** Dies wird erst aus Anlass einer Schadenmeldung bekannt. Der VN begehrt Rechtsschutz für die Geltendmachung eines Arzthaftungsschadens. Deckung besteht gem. § 23 Abs. 3 i.V.m. § 2 lit. c), da sich der **Vertrag automatisch** und **auch ohne Mitteilung** gegenüber dem Versicherer in einen solchen nach § 23 **umgewandelt** hat und ferner auch kein Ausschlussgrund gegeben ist (kein Zusammenhang der Interessenwahrnehmung mit der selbstständigen Tätigkeit). 29

▶ **Abwandlung:**

Die **Ehefrau des VN** begehrt Rechtsschutz für die Geltendmachung eines Körperschadens, den diese bei einem Unfall **mit ihrem eigenen Fahrzeug** erlitten hat. Hierfür besteht keine Deckung, da die **Umwandlung nur** den Versicherungsschutz **für die auf den VN zugelassenen Fahrzeuge** aufrechterhält. Hinweis: Wäre der **VN** mit dem **Fahrzeug der Ehefrau** gefahren und hätte er den Körperschaden erlitten, bestünde für ihn gleichwohl Deckung, da sein – durch die Umwandlung entstandener – Verkehrs-Rechtsschutz auch das Fahren fremder Fahrzeuge abdeckt (§ 21 Abs. 7 lit. a)).

54 S.o. § 23 Rdn. 7; ferner Harbauer/*Obarowski,* § 26 ARB 2010 Rn. 22.
55 H/E/K/*Heinrichs*, 34. Kap., Rn. 188.

30 Da sich der Versicherungsbeitrag für Verträge nach § 21 an der Anzahl der Fahrzeuge orientiert, kann sich der Beitrag aufgrund der Umwandlung nicht unerheblich erhöhen. Abs. 6 Satz 2 räumt dem VN daher die Möglichkeit ein, innerhalb von sechs Monaten die **Beendigung** des Versicherungsschutzes nach § 21 zu **verlangen**. Die Umwandlungsklausel **könnte** gem. § 308 Nr. 5 BGB **nichtig** sein. Dies trifft vorliegend aber nicht zu, weil es dem Grunde nach um eine Korrektur der Tarifeinstufung und in dessen Folge um eine Änderung der Tarifprämie nach dem Eintritt von geänderten Umständen geht.[56]

▶ **Praxishinweis:**

31 Nach **§ 26 ARB 75** lag ein **vollständiger Wagniswegfall** vor, wenn der VN die Eigenschaft »Lohn- und Gehaltsempfänger« verlor.[57] Da diese Rechtsfolge von den VN häufig nicht gesehen wurde, haben die meisten Versicherer seit 1988 eine geänderte Fassung des § 26 verwandt[58], welche eine Umwandlung – und damit ein Weiterbestehen – des Rechtsschutzvertrages regelte. Diese Änderung wird regelmäßig den Erwartungen der VN gerecht. Die ARB 94 ff. haben diese Regelung aufgegriffen und weiterentwickelt.

H. Umwandlung/Teilwagniswegfall bei Änderungen im Verkehrsbereich (Abs. 7)

32 Wenn kein Motorfahrzeug zu Lande und kein Anhänger mehr auf die versicherten Personen zugelassen ist, liegt eine Änderungen im **Verkehrsbereich** vor, die nach Abs. 7 Satz 1 zu einem **teilweisen Wagniswegfall**[59] führt. § 26 Abs. 7 geht als lex specialis den allgemeinen Bestimmungen der §§ 11 und 12 ARB vor. Aufgrund des zunächst fortbestehenden Verkehrs-Rechtsschutzes nach § 26 haben der VN, sein mitversicherter Lebenspartner oder die minderjährigen Kinder weiterhin den Fahrer-Rechtsschutz für das Führen familienfremder Kraftfahrzeuge und auch für das Führen von eigenen und fremden Motorflugzeugen und -schiffen. Gleichwohl kann der VN nach Ablauf einer Frist von 6 Monaten auf diesen verbleibenden Schutz verzichten, indem er die Möglichkeit einer **Vertragsumwandlung** beantragt. Gegen die Frist von 6 Monaten bestehen keine Bedenken, auch wenn während dieser Zeit keine Prämienreduzierung eingeräumt wird.[60] Er kann verlangen, dass der Vertrag in einen solchen nach § 25 für Privat- und

56 P/M/*Piontek*, § 26 ARB 2010 Rn. 7; s.a. Vor §§ 21 ff. Rn. 20, 22, § 26 Rdn. 4.

57 OLG Oldenburg VersR 1991, 96; OLG Nürnberg VersR 1999, 749; VersR 1990, 1390; OLG Hamburg VersR 1986, 357; LG München r+s 1994, 261; LG Heidelberg ZfS 1990, 58; LG Köln ZfS 1990, 59; LG Stuttgart ZfS 1986, 369; LG Bielefeld ZfS 1986, 80; Harbauer/*Stahl* (8. Aufl.), § 26 ARB 75 Rn. 3; *Böhme*, § 26 ARB 75 Rn. 5b; *Mathy* VersR 1991, 1341 mit ausführlicher Begründung; Römer/Langheid/*Langheid*, 3. Aufl., § 80 VVG Rn. 10; *Vassel* ZVersWiss 1984, 608 (613); a.A. OLG Düsseldorf NJW-RR 1991, 1182; LG Darmstadt ZfS 1983, 177; AG Bremerhaven VersR 1991, 995; P/M/*Armbrüster* (27. Aufl.), § 26 ARB 75 Rn. 3.

58 Hierzu ausführlich *Mathy* VersR 1989, 335.

59 Zum vollständigen Wagniswegfall nach § 26 ARB 75 s. P/M/*Armbrüster* (27. Aufl.), § 26 ARB 75, Rn. 3; VersHb/*Obarowski*, § 45 Rn. 194.

60 Ebenso P/M/*Piontek*, § 26 ARB 2010 Rn. 9.

Berufs-Rechtsschutz für Nichtselbstständige umgewandelt wird, sog. **Umwandlungsverlangen**. Folge ist dann eine niedrigere Versicherungsprämie.

Eine solche **Umwandlung** tritt nach Abs. 7 Satz 2 aber bereits **automatisch** ein, wenn die Voraussetzungen nach Abs. 7 Satz 1 vorliegen und zusätzlich weder der VN noch dessen mitversicherter Lebenspartner noch die minderjährigen Kinder eine Fahrerlaubnis haben. Die Umwandlung erfolgt nach Ablauf der Sechsmonatsfrist. Etwas anderes gilt nach Abs. 7 Satz 3, wenn die ursächlichen Tatsachen später als zwei Monate nach ihrem Eintritt angezeigt werden: dann ist der Eingang der Anzeige für die verlangte Umwandlung des Versicherungsschutzes maßgeblich.[61] Bedenken gegen die automatische Umwandlungsklausel unter dem Gesichtspunkt von § 308 Nr. 5 BGB bestehen nicht, da nicht der Inhalt des versicherten Risikos geändert wird, vielmehr der bisherige Versicherungsschutz zu einer niedrigeren Prämie aufrechterhalten wird;[62] von einer **Nichtigkeit** ist nicht auszugehen. 33

I. Hinweise zu ARB 2012/2019/2021

Eine Vertragsform, die dem § 26 entspricht, sehen die ARB 2012 nicht vor. Ein entsprechender Leistungsumfang lässt sich aber durch eine **Kombination der folgenden**, in Ziff. 2.1.1 **ARB 2012** aufgeführten **Bausteine** erreichen: 34
- **Privat-Rechtsschutz** (**P** = Privat),
- **Berufs-Rechtsschutz** (**B** = Beruf) und
- **Verkehrs-Rechtsschutz** (**Vk** = Verkehr).[63]

Der **berufliche Bereich** in Ausübung einer nichtselbständigen Tätigkeit (§ 26 Abs. 1 Satz 1) ist nach den ARB 2012 nicht mehr Bestandteil des Privat-Rechtsschutzes. Stattdessen wurde dieser Lebensbereich als eigenständige Vertragsform »**Berufs-Rechtsschutz**« (Buchstabenschlüssel B = Beruf) in das modulare System aufgenommen. Dass diese Vertragsform nunmehr auch alleine abgesichert werden kann, folgt vielfach geäußerten Marktanforderungen und -entwicklungen.[64]

Alle Klauseln zu den Lebensbereichen beschränken sich auf die Aufzählung der versicherten Eigenschaften. Die Regelungen zur **Mitversicherung** sind gesondert geregelt und finden sich entsprechend dem neuen Aufbau in Ziff. 2.1.2 **ARB 2012**.[65] Sie können dort vom VN entsprechend dem Leistungsumfang des § 26 ausgewählt werden. 35

Da die Differenzierung zwischen Selbständigen und Nichtselbständigen im Privatbereich weggefallen ist[66], **können auch Selbständige die Kombination** Privat/Beruf/Verkehr (P, B, Vk) **versichern**. In den ARB gibt es insoweit inhaltlich keine Unterscheidung mehr und die Tätigkeitsart war lediglich für die Kalkulation der Prämien 36

61 P/M/Piontek, § 26 ARB 2010, Rn. 10.
62 S.a. P/M/*Piontek*, § 26 ARB 2010 Rn. 10.
63 Buschbell/Hering/*Hering*, § 11 Rn. 63.
64 L/W/*Obarowski*, Rechtsschutz, Rn. 54.
65 S.o. Vor §§ 21 Rdn. 45, 48.
66 Zu den Auswirkungen auf die bisherige BGH-Rechtsprechung *K. Maier* r+s 2013, 105.

von Bedeutung.[67] Damit konnte auch eine **Umwandlungsregelung** entfallen. Verschiedene inhaltliche Ausschlüsse sind in **Ziff. 3.2 ARB 2012 ff.** niedergelegt, woraus sich ergibt, dass in den dort genannten Fällen kein Versicherungsschutz besteht. In allen versicherten Lebensbereichen kann die Interessenwahrnehmung **im Zusammenhang mit einer selbstständigen Tätigkeit** ausgeschlossen werden, was durch die Klausel gem. Ziff. 3.2.22 ARB 2012 ff. sichergestellt wird. Mit dieser neuen Struktur nehmen die neuen Muster-ARB eine Entwicklung auf, die auf dem Rechtsschutzmarkt zunehmend zu beobachten war. Sie folgt der Erkenntnis, dass sich die bestehenden Risikounterschiede zwischen Selbständigen und Nichtselbständigen durch den Tarif ausreichend lösen lassen.

37 Ungeachtet des Risikoausschlusses nach Ziff. 3.2.22 ARB 2012[68] wird für den in der Kombination enthaltenen **Baustein Privat** bereits in Ziff. **2.1.1 ARB 2012** eine negative Abgrenzung zur **selbstständigen Tätigkeit** vorgenommen. Die selbständige Tätigkeit wird nun erstmals in den ARB **definiert:** Es wird auf die Einkunftserzielung im steuerrechtlichen Sinne abgestellt. Jede Tätigkeit, die keine Einkünfte aus nichtselbstständiger Tätigkeit oder aus Rente darstellen, gelten als selbstständige Tätigkeit. Die Neuregelung führt damit zu klareren Abgrenzungsmöglichkeiten, insbesondere im Bereich der Vermögensverwaltung. Nähere Ausführungen dazu s.o. § 23 Rdn. 110.

38 Die versicherten **Leistungsarten** (bisheriger § 26 Abs. 3) sind in Ziff. **2.2 ARB 2012** aufgelistet.[69] Welche zu den Bausteinen Privat/Beruf/Verkehr gehören, werden durch die Zuordnung mit den Buchstabenschlüsseln »P/B/Vk« klargestellt. Die Leistungsart **Opfer-Rechtsschutz** (Ziff. 2.2.12 ARB 2012) ist neu eingefügt.[70] Diese Leistungsart gewährt dem VN oder Mitversicherten als Opfer einer in § 395 Abs. 1 StPO aufgeführten Straftat (z.B. Verletzung der sexuellen Selbstbestimmung, schwere Verletzung der körperlichen Unversehrtheit oder persönlichen Freiheit, Totschlag, Mord) den Schutz zur Wahrnehmung der rechtlichen Interessen. Rechtsschutz besteht für die **Interessenwahrnehmung** (1) als Nebenkläger für eine erhobene öffentliche Klage (Einreichung der Anlageschrift gem. § 170 Abs. 1 StPO), (2) im Rahmen des Täter-Opfer-Ausgleichs (nach § 1 Gewaltschutzgesetz, nach § 46a Nr. 1 StGB), (3) im Rahmen einer außergerichtlichen Durchsetzung von Ansprüchen nach dem Sozialgesetzbuch (SGB) und dem Opferentschädigungsgesetz (OEG), sofern Nebenklageberechtigung und dauerhafte Körperschäden vorliegen.[71] Versicherungsschutz besteht für die **Beistandsleistungen** durch einen Rechtsanwalt, sofern keine kostenfreie Beiordnung eines Rechtsanwalts nach §§ 397a Abs. 1, 406g Abs. 3 StPO möglich ist[72] und erstreckt sich auf die Verfahrensabschnitte Ermittlungsverfahren, Nebenklageverfahren, Antrag nach

67 Van Bühren/Plote/*Hillmer-Möbius*, ARB 2012, Rn. 7.

68 Van Bühren/Plote/*Hillmer-Möbius*, ARB 2012, Rn. 55.

69 S. Kurzüberblick bei *Hering* ZfS 2013, 4, 6.

70 Detailliert Buschbell/Hering/*Hering*, § 24 Rn. 6 ff.; *Mathy* NJW 2009, 3407; *ders.*, NJOZ 2009, 3786.

71 *G. Bauer* VersR 2013, 661, 662; Buschbell/Hering/*Hering*, § 24 Rn. 6 ff.; H/E/K/*Heinrichs*, Kap. 34 Rn. 122 (Stichwort »Opfer-RS«).

72 Van Bühren/*Brünger*, HbVersR, Rechtsschutzversicherung, ARB 2012, Ziff. 2.2, Rn. 14.

§ 1 Gewaltschutzgesetz, Antrag für den Täter-Opfer-Ausgleich nach § 46a Ziffer 1 StGB. Versicherungsschutz durch einen Rechtsanwalt erstreckt sich auch auf die außergerichtliche Durchsetzung der v.g. Ansprüche nach dem SGB und OEG.

Da die Kombination den Bereich Verkehr beinhaltet, wird eine Regelung zu den spezifischen **Obliegenheiten** (z.B. Fahren ohne Fahrerlaubnis etc.) entsprechend dem bisherigen § 26 Abs. 5 benötigt.[73] Der hierfür notwendige Text findet sich in Ziff. 4.2 **ARB 2012.** Unter Ziff. 4.1 wird der Begriff der **Obliegenheit** zudem **definiert** um zu verdeutlichen, was der VN im Versicherungsfall einzuhalten hat. Eines ausdrücklichen Ausschlusses von Wasser- und Luftfahrzeugen wie in § 26 Abs. 4 bedurfte es nicht, da bereits die positive Risikobeschreibung des Bausteins Verkehr in Ziff. 2.1.1 **ARB 2012** die gewünschte **Beschränkung auf Landfahrzeuge** vornimmt. Ziff. 2.1.1 verwendet nicht mehr die Begrifflichkeit »Motorfahrzeug zu Lande«, nimmt vielmehr für die Risikobeschreibung Bezug auf den in § 1 Abs. 2 StVG verwendeten Begriff des »**Kraftfahrzeug**« und seiner Legaldefinition. 39

§ 27 Landwirtschafts- und Verkehrs-Rechtsschutz

(1) Versicherungsschutz besteht für den beruflichen Bereich des Versicherungsnehmers als Inhaber des im Versicherungsschein bezeichneten land- oder forstwirtschaftlichen Betriebes sowie für den privaten Bereich und die Ausübung nichtselbständiger Tätigkeiten.

(2) Mitversichert sind
a) der eheliche/eingetragene oder der im Versicherungsschein genannte sonstige Lebenspartner des Versicherungsnehmers i.S.d. § 3 Abs. 4 lit. b),
b) die minderjährigen Kinder,
c) die unverheirateten, nicht in einer eingetragenen oder sonstigen Lebenspartnerschaft i.S.d. § 3 Abs. 4 lit. b) lebenden volljährigen Kinder bis zur Vollendung des 25. Lebensjahres, letztere jedoch längstens bis zu dem Zeitpunkt, in dem sie erstmalig eine auf Dauer angelegte berufliche Tätigkeit ausüben und hierfür ein leistungsbezogenes Entgelt erhalten. Soweit sich nicht aus der nachfolgenden Bestimmung etwas anderes ergibt, besteht jedoch kein Rechtsschutz für die Wahrnehmung rechtlicher Interessen als Eigentümer, Halter, Erwerber, Mieter, Leasingnehmer und Fahrer von Motorfahrzeugen zu Lande, zu Wasser oder in der Luft sowie Anhängern (Fahrzeug).
d) alle Personen in ihrer Eigenschaft als berechtigte Fahrer und berechtigte Insassen jedes bei Vertragsabschluss oder während der Vertragsdauer auf den Versicherungsnehmer, seinen mitversicherten Lebenspartner oder die minderjährigen Kinder zugelassenen oder auf ihren Namen mit einem Versicherungskennzeichen versehenen oder von diesem Personenkreis als Selbstfahrer-Vermietfahrzeug zum vorübergehenden Gebrauch gemieteten Motorfahrzeuges zu Lande sowie Anhängers,

73 Zur neuen Verortung der Obliegenheiten *G. Bauer* VersR 2013, 661, 664; *K. Maier* r+s 2013, 105, 109.

e) die im Versicherungsschein genannte, im Betrieb des Versicherungsnehmers tätigen und dort wohnhaften Mitinhaber sowie deren eheliche/eingetragene oder im Versicherungsschein genannte sonstige Lebenspartner i.S.d. § 3 Abs. 4 lit. b).
f) die im Versicherungsschein genannten, im Betrieb des Versicherungsnehmers wohnhaften Altenteiler sowie deren eheliche/eingetragene oder im Versicherungsschein genannte sonstige Lebenspartner i.S.d. § 3 Abs. 4 lit. b).
g) die im land- oder forstwirtschaftlichen Betrieb beschäftigten Personen in Ausübung ihrer Tätigkeit für den Betrieb.

(3) Der Versicherungsschutz umfasst:

- Schadenersatz-Rechtsschutz (§ 2a),
- Arbeits-Rechtsschutz (§ 2b),
- Wohnungs- und Grundstücks-Rechtsschutz für land- oder forstwirtschaftlich genutzte Grundstücke, Gebäude oder Gebäudeteile (§ 2c),
- Rechtsschutz im Vertrags- und Sachenrecht (§ 2d),
- Steuer-Rechtsschutz vor Gerichten (§ 2e),
- Sozialgerichts-Rechtsschutz (§ 2f),
- Verwaltungs-Rechtsschutz in Verkehrssachen (§ 2g),
- Disziplinar- und Standes-Rechtsschutz (§ 2h),
- Straf-Rechtsschutz (§ 2i),
- Ordnungswidrigkeiten-Rechtsschutz (§ 2j),
- Beratungs-Rechtsschutz im Familien-, Lebenspartnerschafts- und Erbrecht (§ 2k).

(4) Soweit es sich nicht um Personenkraft- oder Kombiwagen, Krafträder oder land- oder forstwirtschaftlich genutzte Fahrzeuge handelt, besteht kein Rechtsschutz für die Wahrnehmung rechtlicher Interessen als Eigentümer, Halter, Erwerber, Mieter und Leasingnehmer von Fahrzeugen.

(5) Der Fahrer muss bei Eintritt des Rechtsschutzfalls die vorgeschriebene Fahrerlaubnis haben, zum Führen des Fahrzeugs berechtigt sein und das Fahrzeug muss zugelassen oder mit einem Versicherungskennzeichen versehen sein. Bei Verstoß gegen diese Obliegenheit besteht Rechtsschutz nur für diejenigen versicherten Personen, die von diesem Verstoß ohne Verschulden oder leicht fahrlässig keine Kenntnis hatten. Bei grob fahrlässiger Unkenntnis des Verstoßes gegen diese Obliegenheit ist der Versicherer berechtigt, seine Leistung in einem der Schwere des Verschuldens der versicherten Person entsprechenden Verhältnis zu kürzen. Weist die versicherte Person nach, dass ihre Unkenntnis nicht grob fahrlässig war, bleibt der Versicherungsschutz bestehen.

Der Versicherungsschutz bleibt auch bestehen, wenn die versicherte Person oder der Fahrer nachweist, dass die Verletzung der Obliegenheit weder für den Eintritt oder die Feststellung des Versicherungsfalls noch für die Feststellung oder den Umfang der dem Versicherer obliegenden Leistung ursächlich war.

Übersicht

A. Historie

Für den Verkehrsbereich sahen die ARB 75 noch zwei Vertragsmöglichkeiten vor: das Basismodell versicherte nur Kfz mit grünem Kennzeichen. Durch die »große Landwirtschaftskombination« konnte der Versicherungsschutz auf Krafträder, Pkw und Kombis mit schwarzem Kennzeichen erweitert werden. Seit den ARB 94 entspricht der Verkehrsrechtsschutz weitgehend dem des § 27 ARB 2010. 1

§ 27 ARB 75 kannte noch keine Mitversicherung von mitarbeitenden Mitinhabern und Altenteilern. Sie sind erst seit den ARB 94 mitversichert.

§ 27 ARB 94 ist inhaltlich weitgehend deckungsgleich mit den §§ 27 ARB 2000/2008/2010.

B. Versicherter Bereich

I. Land- und forstwirtschaftliche Unternehmen (Abs. 1)

Versicherungsschutz besteht für den VN als **Inhaber** des im Versicherungsschein bezeichneten **land- oder forstwirtschaftlichen Betriebes.** Ebenfalls versichert sind die nichtselbständigen Tätigkeiten, der gesamte private Bereich und der Verkehrsbereich des VN. Nicht vom Versicherungsschutz umfasst sind dagegen seine sonstigen selbständigen oder gewerblichen Tätigkeiten.[1] 2

Der Inhaber eines landwirtschaftlichen Betriebes muss nicht dessen Eigentümer sein. Auch wer als **Pächter** selbständig einen landwirtschaftlichen Betrieb führt, ist dessen Inhaber.[2] 3

Soweit der VN die Land- oder Forstwirtschaft als Nebenerwerb betreibt, besteht Versicherungsschutz sowohl für seine selbständige Tätigkeit als Land- oder Forstwirt (**Nebenerwerbslandwirt**) als auch für seine nichtselbständige Tätigkeit als Arbeitnehmer.[3] 4

1 LG Hechingen r+s 1991, 307 (Betrieb einer Versicherungsagentur); S/H/W/*Brünger*, § 27 ARB 2010 Rn. 9.

2 OLG Dresden VersR 2020, 31, 32; S/H/W/*Brünger*, § 27 ARB 2010 Rn. 3.

3 Harbauer/*Obarowski*, § 27 ARB 2010 Rn. 7; S/H/W/*Brünger*, § 27 ARB 2010 Rn. 5; vgl. auch LG München I, Urt. vom 13. September 2006, 26 O 2106/06, juris Rn. 2, 32, 40.

5 Da die Begriffe der Land- und Fortwirtschaft, der Selbständigkeit und des Gewerbes in erster Linie aus der Systematik der §§ 23 ff. selbst auszulegen sind, ist maßgeblich, wie sie ein VN ohne versicherungsrechtliche Spezialkenntnisse bei verständiger Würdigung, aufmerksamer Durchsicht und unter Berücksichtigung des erkennbaren Sinnzusammenhanges versteht.[4] Die (ohnehin nicht einheitlichen) handels-, sozialversicherungs-, arbeits-, gewerbepolizei- und steuerrechtlichen Definitionen sind nicht maßgeblich, weil die ARB nicht auf sie abstellen,[5] können aber dennoch im Einzelfall bei Zweifelsfragen der Begriffsbestimmung mit herangezogen werden.[6]

6 Landwirtschaft im Sinne von § 27 ist die **Urproduktion**, die sich der Gewinnung von Naturerzeugnissen widmet.[7] Dabei handelt es sich um Bodenbewirtschaftung und die mit der Bodennutzung verbundene Tierhaltung, um pflanzliche oder tierische Erzeugnisse zu gewinnen. Zur näheren Bestimmung kann man die Legaldefinitionen der Landwirtschaft in **§ 13 I Nr. 1 EStG, §§ 158 I 1, 232 I 1 BewG, § 585 I 2 BGB, § 1 II GrdstVG** und **§ 201 BauGB** heranziehen, die zwar nicht im Wortlaut, aber inhaltlich weitgehend übereinstimmen.[8] Versicherungsfähig sind somit z.B. Ackerbau und Viehzucht, Wein- und Gartenbau, Baumschulen und Forstwirtschaft.[9]

7 **Landwirtschaftliche Nebenbetriebe** (z.B. Gastwirtschaften, Metzgereien und Schnapsbrennereien) sind nicht vom Versicherungsschutz umfasste **gewerbliche Tätigkeiten**, wenn sie sich nicht auf den Absatz der im Hauptbetrieb selbst erzeugten Produkte beschränken.[10] Vom Versicherungsschutz umfasst ist daher ein **Hofladen**, der ausschließlich Produkte aus der eigenen Landwirtschaft (Eier, Milch, Kartoffeln usw.) verkauft.[11]

8 Viehmästereien, Kükenbrütereien, **Legebatterien** zur Eierproduktion usw. sind keine Urproduktion, sondern gewerbliche Tätigkeiten, wenn sie industriell betrieben werden und/oder auf den Zukauf wenigsten von großen Teilen der Futtermittel angewiesen sind. Man kann die (versicherte) landwirtschaftliche von der (nicht versicherten) **gewerblichen Tierhaltung** nach den Kriterien von § 13 I Nr. 1 S. 2–5 EStG einerseits und § 15 IV 1 EStG andererseits abgrenzen.[12] Dabei legen §§ 232 IV Nr. 2, 241 BewG fest, wieviel »Vieheinheiten« pro Hektar Land gehalten werden dürfen, damit man die Viehhaltung noch als Landwirtschaft ansehen kann.[13] Anlage 34 zum BewG rechnet

4 BGHZ 119, 252, 254; OLG Dresden VersR 2020, 31.
5 BGH VersR 1978, 816, OLG Hamm NJW-RR 1989, 344.
6 OLG Dresden VersR 2020, 31, 33.
7 OLG Dresden VersR 2020, 31, 32; B/M/*Bruns/Rapp*, § 27 ARB 2010 Rn. 1.
8 Vgl. Harbauer/*Obarowski*, § 27 ARB 2010 Rn. 3; S/H/W/*Brünger*, § 27 ARB 2010 Rn. 3.
9 HK-VVG/*Münkel*, § 27 ARB 2010 Rn. 1.
10 LG Münster VersR 2014, 1077, 1078 (Brennerei für Industriealkohol); LG Flensburg r+s 1994, 101 (Pferdezuchtbetrieb); B/M/*Bruns/Rapp*, § 27 ARB 2010 Rn. 1; Harbauer/*Obarowski*, § 27 ARB 2010 Rn. 4; P/M/*Piontek*, § 27 ARB 2010 Rn. 2.
11 P/M/*Piontek*, § 27 ARB 2010 Rn. 2; S/H/W/*Brünger*, § 27 ARB 2010 Rn. 4; vgl. auch BFH HFR 2009, 1082.
12 S/H/W/*Brünger*, § 27 ARB 2010 Rn. 4.
13 BFH BStBl. II 1992, 378; BFH/NV 1989, 574.

die konkret gehaltenen Tiere in Vieheinheiten um (z.B. entspricht ein Zuchtschwein 0,33 Vieheinheiten).

Die Erzeugung von **Biogas** ist Teil der landwirtschaftlichen Urproduktion, wenn die Biomasse im eigenen Betrieb erzeugt und das gewonnene Biogas als solches verkauft oder selbst verbraucht wird.[14] Wird mit dem Biogas dagegen Strom und Wärme erzeugt und verkauft, ist das grundsätzlich eine gewerbliche Tätigkeit.[15] Wenn der VN seine gesamte Ernte zur Energieerzeugung in der **Biogasanlage** verwendet und den Strom verkauft, betreibt er nur ein Gewerbe und keine Landwirtschaft.[16] 9

Verkauft der VN **Strom**, den er mit **Windkraftanlagen** oder **Fotovoltaikanlagen** auf seinem Grund erzeugt, handelt es sich nicht um eine landwirtschaftliche Tätigkeit, weil er dadurch keine natürlichen Kräfte des Bodens nutzt. Einkommensteuerlich handelt es sich stets um gewerbliche Tätigkeiten.[17] Für § 27 ist dagegen einzelfallbezogen zu entscheiden, ob eine (nicht versicherte) gewerbliche Tätigkeit vorliegt oder eine (versicherte) private Vermögensverwaltung. Die Abgrenzung erfolgt nach denselben Kriterien wie bei § 24,[18] so dass insoweit auf die dortige Kommentierung, § 24 Rdn. 12 verwiesen wird. 10

II. Ende des Versicherungsschutzes

Mit dem **Tode** des VN endet der personenbezogene Versicherungsvertrag grundsätzlich. Wenn die Erben den landwirtschaftlichen Betrieb fortführen, gilt § 12 II. Der Vertrag endet danach erst mit dem Ende der laufenden Beitragsperiode, sofern der Beitrag am Todestag bezahlt war.[19] Es besteht ferner die Möglichkeit, den Vertrag fortzuführen. VN wird dann derjenige, der den Folgebeitrag gezahlt hat.[20] 11

Bei **Betriebsaufgabe** endet der Versicherungsvertrag gemäß § 12 I wegen Risikowegfalls, selbst wenn der VN auf dem Hof als Eigentümer verbleibt.[21] § 27 kennt keine § 24 IV entsprechende Nachhaftungsregel[22] und keine Umwandlungsregelung wie die §§ 23, 25, 26.[23] Eine Betriebsaufgabe liegt aber nicht allein deswegen vor, weil der Eigentümer nach § 1 IV, VII HöfeO gegenüber dem Landwirtschaftsgericht erklärt, seine Besitzung solle kein Hof mehr sein. Solche Erklärungen können trotz Betriebsfortführung abgegeben werden, etwa um den Betrieb dem höferechtlichen Sondererbrecht zu entziehen.[24] 12

14 BMF BStBl. I, 2022, 633 Rn. 1, 2.
15 BMF BStBl. I, 2022, 633 Rn. 1, 2.
16 BFH HFR 2013, 627.
17 R 15.5 XII EStR 2012.
18 Vgl. OLG Düsseldorf zfs 2002, 399, 400.
19 Harbauer/*Obarowski*, § 27 ARB 2010 Rn. 6.
20 Harbauer/*Obarowski*, § 27 ARB 2010 Rn. 6.
21 LG Hannover r+s 1993, 220, 221; Harbauer/*Obarowski*, § 27 ARB 2010 Rn. 6; P/M/*Piontek*, § 27 ARB 2010 Rn. 5; a.A. B/M/*Bruns/Rapp*, § 27 ARB 2010 Rn. 1.
22 LG Hannover r+s 1993, 220, 221; H/E/K/*Heinrichs*, 34. Kapitel Rn. 467.
23 S/H/W/*Brünger*, § 27 ARB 2010 Rn. 5.
24 BGHZ 101, 57, 59/60; BGH FamRZ 2009, 325, 326.

III. Versicherter Personenkreis (Abs. 2)

13 Nach § 27 II lit. a) bis d) sind neben dem VN folgende Personen mitversichert:

- Der **Ehegatte** oder der eingetragene Lebenspartner nach dem LPartG a.F. **Nichteheliche Lebensgefährten** sind als sonstige Lebenspartner des VN nur mitversichert, wenn sie im Versicherungsschein genannt werden (Abs. 2 lit. a). Der Begriff des »sonstigen Lebenspartners« ist in § 3 IV lit. b) definiert, auf den ausdrücklich verwiesen wird.

14 – Die **minderjährigen Kinder** (Abs. 2 lit. b). Das umfasst alle Kinder, deren Mutter nach § 1591 BGB bzw. deren Vater nach § 1592 BGB der VN ist und die diesen nach § 1754 BGB gleichgestellten **Adoptivkinder**. Da der Wortlaut keine Einschränkungen enthält, sind auch **Stiefkinder**[25] und (in Anlehnung an den Angehörigenbegriff des § 67 II VVG a.F.) **Pflegekinder** mitversichert, wenn sie im Haushalt der VN auf dessen Kosten wohnen.[26] Mit im Haushalt wohnende **Enkel** sind dagegen nicht mitversichert.[27]

15 – Die **volljährigen Kinder** bis zur Vollendung des 25. Lebensjahres (Abs. 2 lit. c), soweit sie unverheiratet sind und sich mindestens überwiegend in der Schul- oder Berufsausbildung befinden. Dies gilt jedoch nicht für den Verkehrsbereich, es sei denn, dass sie unter den Versicherungsschutz des § 27 II lit. d) fallen.[28]
Unter **Berufsausbildung** versteht man geordnete Ausbildungsgänge, die berufliche Handlungsfähigkeit vermitteln und den Erwerb der erforderlichen Berufsausbildung ermöglichen (§ 1 III BBiG). **Nicht** dazu zählt die **Berufsfortbildung** (§ 1 IV BBiG), die Kenntnisse und Fähigkeiten in einem erlernten Beruf vertiefen soll.[29] Ebenso wenig gehört zur Berufsausbildung i.S.d. Bedingung das Erlernen eines zweiten Berufes oder eine Umschulung (§ 1 V BBiG).[30] Ist die gezahlte Vergütung ein echtes Äquivalent für die geleistete Arbeit, so ist in der Regel davon auszugehen, dass kein Ausbildungsverhältnis vorliegt.[31]

16 – Mitversichert sind **alle berechtigten Fahrer** und **Insassen** der auf den VN, den mitversicherten Lebenspartner sowie die minderjährigen Kinder zugelassenen Kraftfahrzeuge sowie Anhänger (Abs. 2 lit. d). Dies gilt auch für die mit einem Versicherungskennzeichen versehenen Fahrzeuge sowie die Mietfahrzeuge (Selbstfahrer), soweit sie zum vorübergehenden Gebrauch angemietet werden. Nicht vom Versicherungsschutz umfasst sind daher die Fahrzeuge der volljährigen Kinder.[32]

17 – Mitversichert sind ferner die im Betrieb des VN tätigen und dort wohnhaften **Mitinhaber** (Abs. 2 lit. e), soweit sie im Versicherungsschein bezeichnet sind. Dies gilt auch für deren eheliche/eingetragene oder im Versicherungsschein genannte sonstige Lebenspartner im Sinne des § 3 IV lit. b). Kinder des Mitinhabers sind **nicht** mitversichert.

---

25 Harbauer/*Obarowski*, § 23 ARB 2010 Rn. 11.

26 B/M/*Bruns/Rapp*, § 23 ARB 2010 Rn. 6; vgl. auch BGH VersR 1980, 526.

27 KG VersR 2009, 541; *Mathy*, VersR 2009, 1194, 1196; a.A. B/M/*Bruns/Rapp*, § 23 ARB 2010 Rn. 6.

28 *Mathy*, VersR 2009, 1194, 1197.

29 LG Hannover r+s 1993, 220; van Bühren/Plote/*Hillmer-Möbius*, § 27 ARB 2010 Rn. 13.

30 Van Bühren/Plote/*Hillmer-Möbius*, § 27 ARB 2010 Rn. 13.

31 Van Bühren/Plote/*Hillmer-Möbius*, § 27 ARB 2010 Rn. 15.

32 LG Leipzig, VersR 2006, 1681; Harbauer/*Obarowski*, § 27 ARB 2010 Rn. 19; *Mathy*, VersR 2009, 1194, 1197.

- Gem. Abs. 2 lit. f) sind ferner die im Versicherungsschein genannten und im Betrieb des VN wohnhaften **Altenteiler** mitversichert.[33] Altenteiler ist, wer überwiegend von Geld- und/oder Naturalleistungen aus einem land- bzw. forstwirtschaftlichen Betrieb lebt, dessen Inhaber er früher war und dessen Wohnsitz sich auf diesem Betrieb oder in räumlicher Nähe befindet (vgl. Art. 15 preußisches AGBGB). Ein Indiz für die Altenteilereigenschaft ist ferner der Bezug von Altersruhegeld nach dem Gesetz für die Altershilfe für Landwirte.[34] Mitversichert ist auch der eheliche oder eingetragene und im Versicherungsschein genannte sonstige Lebenspartner des Altenteilers im Sinne des § 3 IV lit. b). 18
- Mitversichert sind nach Abs. 2 lit. g) die im versicherten Betrieb **beschäftigten Personen** in Ausübung ihrer Tätigkeit für den landwirtschaftlichen Betrieb. Beschäftigte sind alle **Arbeiter, Angestellten, Lehrlinge** (§ 10 I BBiG) und **Praktikanten** (§ 26 BBiG) des VN. Ferner gehören dazu **Leiharbeitnehmer,**[35] weil sie gemäß § 1 I 2 AÜG nach dem Entleihen den Weisungen des VN unterliegen und in dessen Arbeitsorganisation eingegliedert sind. Für den VN tätige **selbständige Subunternehmer** und **freie Mitarbeiter** sind dagegen nicht bei ihm beschäftigt. Wenngleich sie oft mehr oder weniger weitgehend in den Betrieb des VN eingegliedert sein mögen, sind sie dennoch selbständig tätig und erbringen ihre Leistung auf eigene Rechnung und in eigener Verantwortlichkeit. 19

  Rechtsschutz für Beschäftigte ist nur zu gewähren, wenn die rechtliche Interessenwahrnehmung einen inneren sachlichen Bezug zur betrieblichen Tätigkeit des Beschäftigten hat. Ist dies gegeben, so ist der Beschäftigte auch bei der Nutzung eigener Kraftfahrzeuge geschützt, wenn die Fahrt nicht dem Privatinteresse diente, sondern im Interesse des versicherten Betriebes erfolgte.[36]

IV. Versicherte Rechtsbereiche/Leistungsarten (Abs. 3)

§ 27 III umfasst sämtliche 11 Leistungsarten des § 2 sowohl für den privaten, als auch für den betrieblichen Bereich des VN. Nur der Wohnungs- und Grundstücks-Rechtsschutz (§ 2 lit. c) ist auf die land- und forstwirtschaftlich genutzten Grundstücke und Gebäude beschränkt.[37] Wegen der Einzelheiten der Leistungsarten wird auf die Kommentierung zu § 2 lit. a) bis k) verwiesen. Nachfolgend werden hier nur einige relevante Besonderheiten für Landwirte erläutert: 20

- **Schadenersatz-Rechtsschutz (§ 2 lit. a)** 21

  Wegen § 3 II lit. d) besteht kein Rechtsschutz für die Geltendmachung von Schadensersatzansprüchen aus **Sortenschutzrechten** (§ 37 II SortSchG), weil jene »sonstige Rechte aus geistigem Eigentum« im Sinne der Klausel sind.[38]

---

33 OLG Hamm NVersZ 2001, 282.
34 Harbauer/*Obarowski*, § 27 ARB 2010 Rn. 10.
35 B/M/*Bruns/Rapp*, § 24 ARB 2010 Rn. 4.
36 Harbauer/*Obarowski*, § 27 ARB 2010 Rn. 21; van Bühren/Plote/*Hillmer-Möbius*, § 27 ARB 2010 Rn. 21.
37 HK-VVG/*Münkel*, § 27 ARB 2010 Rn. 4.
38 LG Lüneburg VersR 1991, 296.

Trotz § 3 III lit. d) besteht kein Risikoausschluss für eine Schadensersatzklage gegen einen **Notar** nach § 19 I BNotO, weil jener bei der Beurkundung eines Grundstückskaufvertrages nicht bedacht habe, dass im **Umlegungsverfahren** (§§ 45 ff. BauGB) persönliche Dienstbarkeiten entstehen können, weil sich daraus kein spezifisch umlegungsrechtlicher Konflikt ergibt, sondern allgemeine Amtspflichten des Notars in Rede stehen.[39]

Wenn der VN Schadensersatzansprüche seiner Beschäftigten geltend macht, die nach **§ 6 EFZG** auf ihn übergegangen sind, schließt § 3 IV lit. c den Versicherungsschutz nicht aus.[40] Der Ausschluss soll nur verhindern, dass Deckungsschutz für Ansprüche erlangt wird, der ohne den Rechtsübergang nicht bestünde. Deckungsschutz bestünde wegen der Mitversicherung der Beschäftigten aber auch ohne den Rechtsübergang auf den VN.

22 – **Arbeits-Rechtsschutz (§ 2 lit. b)**

Der Arbeits-Rechtsschutz schützt den Land- oder Forstwirt als Arbeitgeber, aber auch als Arbeitnehmer[41] (Nebenerwerbslandwirt). Ferner besteht Versicherungsschutz für mitversicherte Familienangehörige bei unselbständigen Tätigkeiten aus Arbeitsverhältnissen. Nach Abs. 2 lit. g) genießen auch die auf dem Hof **Beschäftigten** Arbeitsrechtsschutz; allerdings schließt § 3 IV lit. a) den Versicherungsschutz von Beschäftigten gegenüber dem VN aus.

23 – **Wohnungs- und Grundstücks-Rechtsschutz (§ 2 lit. c)**

§ 27 III beschränkt den Wohnungs- und Grundstücks-Rechtsschutz auf land- oder forstwirtschaftlich genutzte Grundstücke, Gebäude oder Gebäudeteile.[42] Versichert sind auch die vom VN hinzugepachteten land- oder forstwirtschaftlich genutzten Grundstücke.

Ausgeschlossen sind freilich wegen § 3 III lit. d) alle Ansprüche, die mit Enteignungs-, Planfeststellungs-, Flurbereinigungs- und anderen im BauGB geregelten Verfahren zusammenhängen, wozu auch **Umlegungsverfahren** (§§ 45 ff. BauGB) zählen.[43] Wegen des Risikoausschlusses in § 3 I lit. c) für »Bergbauschäden«, sollen Ansprüche wegen der Beschädigung von Gebäuden durch **Torfabbau** vom Versicherungsschutz ausgeschlossen sein, weil Torf ein Bodenschatz im Sinne von § 3 BBergG ist und der Begriff des »Bergschadens« nach § 114 BBergG nicht maßgebend sei.[44]

24 – **Rechtsschutz im Vertrags- und Sachenrecht (§ 2 lit. d)**

Vertrags-Rechtsschutz besteht für den **privaten** und den **betrieblichen Bereich** des VN in seiner Eigenschaft als Land- oder Forstwirt. Über diese Leistungsart sind Streitigkeiten aus Bewirtschaftungsverträgen[45] oder aus Kaufverträgen über Saatgut,

---

39 OLG Karlsruhe NVersZ 1999, 232, 235.

40 P/M/*Piontek*, § 24 ARB 2010, Rn. 13; Harbauer/*Obarowski*, § 24 ARB 2010 Rn. 29; B/M/*Bruns/Rapp*, § 3 ARB 2010 Rn. 84.

41 Vgl. LG München I, Urt. vom 13. September 2006, 26 O 2106/06, juris Rn. 2, 32, 40.

42 AG Herborn VersR 1999, 47.

43 OLG Karlsruhe NVersZ 1999, 232, 233.

44 OLG Oldenburg VersR 2023, 634 f.

45 OLG Dresden VersR 2020, 31, 32.

Futtermittel oder landwirtschaftliche Maschinen ebenso abgedeckt wie Streitigkeiten aus dem Verkauf landwirtschaftlicher Erzeugnisse.

- **Steuer-Rechtsschutz vor Gerichten (§ 2 lit. e)** 25
  Wegen § 3 II lit. i) besteht kein Rechtsschutz wegen der steuerlichen Bewertung von Grundstücken, etwa im Zusammenhang mit der Feststellung der **Grundsteuerwerte** nach §§ 219 ff. BewG.
- **Sozialgerichts-Rechtsschutz (§ 2 lit. f)** 26
  Erfasst sind z.B. Streitigkeiten im Zusammenhang mit der Alterssicherung der Landwirte (§ 51 I Nr. 1 Fall 2 SGG).
- **Verwaltungs-Rechtsschutz in Verkehrssachen (§ 2 lit. g)** 27
- **Disziplinar- und Standes-Rechtsschutz (§ 2 lit. h)** 28
- **Straf-Rechtsschutz (2 lit. i)** 29
  Soweit mitversicherte Beschäftigte Versicherungsschutz für die Verteidigung wegen eines Strafvorwurfes begehren, ist Voraussetzung, dass der erhobene Vorwurf mit ihrer Tätigkeit für den versicherten Betrieb zusammenhängt.[46]
- **Ordnungswidrigkeiten-Rechtsschutz (§ 2 lit. j)** 30
  Deckungsschutz für mitversicherte Beschäftigte besteht auch im Ordnungswidrigkeiten-Rechtsschutz nur, wenn ein innerer sachlicher Bezug zur versicherten Tätigkeit des Betriebes des VN besteht.[47]
- **Beratungs-Rechtsschutz in Familien-, Lebenspartnerschafts- und Erbrecht (§ 2** 31
  lit. k)

V. Ausschluss von nichtversicherten Fahrzeugen (Abs. 4)

§ 27 IV **beschränkt** den Verkehrs-Rechtsschutz auf 32
- Personenkraft- und Kombiwagen,
- Krafträder oder
- land- und forstwirtschaftlich genutzte Fahrzeuge.

Versicherungsschutz besteht für die Wahrnehmung rechtlicher Interessen als Eigentümer, Halter, Erwerber, Mieter oder Leasingnehmer dieser Fahrzeuge; darüber hinaus ist das **Führen** von Motorfahrzeugen aller Art gedeckt.

Der Versicherungsschutz umfasst, anders als noch nach den ARB 75, sowohl Fahrzeuge 33
mit »schwarzem« als auch mit »grünem« Kennzeichen. Entscheidendes Kriterium ist, ob es im versicherten land- oder forstwirtschaftlichen Betrieb genutzt wird.[48] Wird das Fahrzeug im Rahmen eines nicht versicherten (gewerblichen) Nebenbetriebs genutzt, besteht daher kein Versicherungsschutz. Dem Deckungsschutz steht nicht entgegen, wenn der Rechtsschutzfall schon beim Kauf eines Kfz und somit vor dessen Zulassung eintritt.[49] Kein Versicherungsschutz besteht für Wasser- und Luftfahrzeuge.

---

46 Harbauer/*Obarowski*, § 27 ARB 2010 Rn. 34.
47 Harbauer/*Obarowski*, § 27 ARB 2010 Rn. 34.
48 P/M/*Piontek*, § 27 ARB 2010 Rn. 4.
49 Vgl. BGH VersR 2025, 1450 ff. zu »Dieselfällen« im Verkehrs-Rechtsschutz.

VI. Obliegenheiten (Abs. 5)

34 § 27 V enthält drei **vertragliche Obliegenheiten**, die vom Halter/Fahrer des Fahrzeuges zu beachten sind:
- der Fahrer muss bei Eintritt des Versicherungsfalles die vorgeschriebene Fahrerlaubnis haben,
- zum Führen des Fahrzeugs berechtigt sein
- und das Fahrzeug muss zugelassen oder mit einem Versicherungskennzeichen versehen sein.

35 § 27 V regelt die Rechtsfolgen einer Obliegenheitsverletzung entsprechend den gesetzlichen Vorgaben des § 28 II, III VVG. Bei einem Obliegenheitsverstoß besteht vollumfänglicher Rechtsschutz nur für die Versicherten, die von diesem Verstoß ohne Verschulden oder leicht fahrlässig keine Kenntnis hatten. Bei grob fahrlässiger Unkenntnis des Verstoßes ist der Versicherer berechtigt, seine Leistungen in einem der Schwere des Verschuldens der versicherten Person entsprechenden Verhältnis zu kürzen. Bei einem vorsätzlichen Verstoß entfällt der Versicherungsschutz insgesamt.[50]

Der Versicherungsschutz bleibt gemäß § 27 V 5 trotz grobfahrlässiger oder vorsätzlicher Obliegenheitsverletzung bestehen, wenn die versicherte Person oder der Fahrer nachweist, dass die Verletzung der Obliegenheit weder für den Eintritt oder die Feststellung des Versicherungsfalles noch für die Feststellung oder den Umfang der dem Versicherer obliegenden Leistung ursächlich war. Das entspricht inhaltlich § 28 III 1 VVG.

§ 27 V entspricht inhaltlich § 21 VIII und § 22 V. Wegen weiterer Einzelheiten zu den vertraglichen Obliegenheiten im Verkehrsbereich wird daher auf die Kommentierung zu § 21 Rdn. 99–114 verwiesen.

C. ARB 2012/ARB 2019/ARB 2021

36 **Ziff. 2.1.1 ARB 2012/2019/2021** zählt die Vertragsformen auf. Hierzu gehören der »Rechtsschutz für Landwirte« (Buchstabe L = Landwirtschaft). Wegen des mit den ARB 2012 eingeführten Baukastensystems werden die für die Vertragsform geltenden Regeln jeweils dadurch gekennzeichnet, dass sie mit dem Buchstaben »L« oder einem »A« (für allgemein) markiert werden.

37 Nach der Definition dieses Bereiches besteht Versicherungsschutz für den VN als Inhaber
- für den im Versicherungsschein bezeichneten land- oder forstwirtschaftlichen Betrieb
- für den privaten Bereich und
- für die Ausübung nichtselbständiger Tätigkeiten.

Die Risikobeschreibung entspricht weitgehend der des § 27.[51] Da der land- und forstwirtschaftliche Betrieb im Sinne von § 27 inhaltlich regelmäßig mit der Definition des

50 Harbauer/*Obarowski*, § 27 ARB 2010 Rn. 40.
51 HK-VVG/*Münkel*, Ziff. 2.1.1 ARB 2021 Rn. 5.

§ 13 I Nr. 1 EStG übereinstimmt, ändert sich durch die stärkere Orientierung der ARB 2012/2019/2021 an steuerrechtlichen Begriffen insoweit nichts. Die Nennung der Inhabereigenschaft erfolgt im Hinblick darauf, dass auch gepachtete Betriebe unter den Versicherungsschutz fallen können.

Ziff. 2.2 ARB 2012/2019/2021 zählt alle versicherten Rechtsbereiche enumerativ auf. **38**
Die Aufzählung entspricht der des § 27 III, umfasst aber nach Ziff. 2.2.12 ARB 2012/2019/2021 zusätzlich den **Opfer-Rechtsschutz**. Der Deckungsschutz im Verkehrsbereich entspricht dem nach § 27.

Eine Einschränkung des Rechtsschutzes gegenüber den ARB 2010 folgt aber daraus, **39**
dass nicht mitversicherte »sonstige selbständige Tätigkeiten« nach Ziff. 2.1.1 ARB 2012/2019/2021 über den steuerrechtlichen Begriff des § 18 I Nr. 3 EStG hinaus stets vorliegen, soweit der VN Einkünfte erzielt, die nicht aus nichtselbständiger Arbeit (§ 19 EStG) oder Rente (§ 22 Nr. 1 EStG) stammen. Damit fällt die **private Vermögensverwaltung** aus dem Versicherungsschutz heraus, weil man mit ihr entweder Einkünfte aus § 15 EStG, § 20 EStG oder § 21 EStG erzielt.[52] Der Betrieb von **Fotovoltaikanlagen** ist nunmehr stets eine nicht versicherte gewerbliche Tätigkeit, weil die Einspeisevergütungen Einkünfte aus § 15 EStG sind.

Wer mitversichert ist, regelt Ziff. 2.1.2 ARB 2012/2019/2021 weitgehend entsprechend **40**
der Rechtslage nach § 27.

Der Rechtsschutz für Landwirte sieht immer noch keine Nachhaftung bei Betriebsauf- **41**
gabe vor. Sie gilt gemäß Ziff. 2.4 ARB 2012/2019/2021 weiterhin nur im Rechtsschutz für Selbständige und Firmen.

§ 28 Privat-, Berufs- und Verkehrs-Rechtsschutz für Selbständige

(1) Versicherungsschutz besteht

a) für die im Versicherungsschein bezeichnete gewerbliche, freiberufliche oder sonstige selbständige Tätigkeit des Versicherungsnehmers,

b) für den Versicherungsnehmer oder eine im Versicherungsschein genannte Person auch im privaten Bereich und für die Ausübung nichtselbständiger Tätigkeiten.

(2) Mitversichert sind

a) der eheliche/eingetragene oder der im Versicherungsschein genannte sonstige Lebenspartner des Versicherungsnehmers i.S.d. § 3 Abs. 4 lit. b),

b) die minderjährigen Kinder,

c) die unverheirateten, nicht in einer eingetragenen oder sonstigen Lebenspartnerschaft i.S.d. § 3 Abs. 4 lit. b) lebenden volljährigen Kinder bis zur Vollendung des 25. Lebensjahres, letztere jedoch längstens bis zu dem Zeitpunkt, in dem sie erstmalig eine auf Dauer angelegte berufliche Tätigkeit ausüben und hierfür ein leistungsbezogenes Entgelt erhalten. Soweit sich aus der nachfolgenden Bestim-

52 *Bauer,* VersR 2013, 661, 662; *Maier,* r+s 2013, 105, 106; *HK-*VVG/*Münkel,* Ziff. 2.1.1 ARB 2021, Rn. 2.

mung etwas anderes ergibt, besteht jedoch kein Rechtsschutz für die Wahrnehmung rechtlicher Interessen als Eigentümer, Halter, Erwerber, Mieter, Leasingnehmer und Fahrer von Motorfahrzeugen zu Lande, zu Wasser oder in der Luft sowie Anhängern (Fahrzeug).

d) alle Personen in ihrer Eigenschaft als berechtigte Fahrer und berechtigte Insassen jedes bei Vertragsabschluss oder während der Vertragsdauer auf den Versicherungsnehmer, die in Absatz 1 genannte Person, deren mitversicherte Lebenspartner oder deren minderjährige Kinder zugelassenen oder auf ihren Namen mit einem Versicherungskennzeichen versehenen oder von diesem Personenkreis als Selbstfahrer-Vermietfahrzeug zum vorübergehenden Gebrauch gemieteten Motorfahrzeuges zu Lande sowie Anhängers,

e) die vom Versicherungsnehmer beschäftigten Personen in Ausübung ihrer beruflichen Tätigkeit für den Versicherungsnehmer

(3) Der Versicherungsschutz umfasst:

– Schadenersatz-Rechtsschutz	(§ 2a),
– Arbeits-Rechtsschutz	(§ 2b),
– Wohnungs- und Grundstücks-Rechtsschutz für im Versicherungsschein bezeichnete selbst genutzte Grundstücke, Gebäude oder Gebäudeteile	(§ 2c),
– Rechtsschutz im Vertrags- und Sachenrecht für den privaten Bereich, die Ausübung nichtselbständiger Tätigkeiten und im Zusammenhang mit der Eigenschaft als Eigentümer, Halter, Erwerber, Mieter und Leasingnehmer von Motorfahrzeugen zu Lande sowie Anhängern,	(§ 2d),
– Steuer-Rechtsschutz vor Gerichten für den privaten Bereich, die Ausübung nichtselbständiger Tätigkeiten und im Zusammenhang mit der Eigenschaft als Eigentümer, Halter, Erwerber, Mieter und Leasingnehmer von Motorfahrzeugen zu Lande sowie Anhängern,	(§ 2e),
– Sozialgerichts-Rechtsschutz	(§ 2f),
– Verwaltungs-Rechtsschutz in Verkehrssachen	(§ 2g),
– Disziplinar- und Standes-Rechtsschutz	(§ 2h),
– Straf-Rechtsschutz	(§ 2i),
– Ordnungswidrigkeiten-Rechtsschutz	(§ 2j),
– Beratungs-Rechtsschutz im Familien-, Lebenspartnerschafts- und Erbrecht	(§ 2k).

(4) Der Wohnungs- und Grundstücks-Rechtsschutz kann ausgeschlossen werden.

(5) Es besteht kein Rechtsschutz für die Wahrnehmung rechtlicher Interessen als Eigentümer, Halter, Erwerber, Mieter und Leasingnehmer eines Motorfahrzeuges zu Wasser oder in der Luft.

(6) Der Fahrer muss bei Eintritt des Rechtsschutzfalls die vorgeschriebene Fahrerlaubnis haben, zum Führen des Fahrzeugs berechtigt sein und das Fahrzeug muss zugelassen oder mit einem Versicherungskennzeichen versehen sein. Bei Verstoß gegen diese Obliegenheit besteht Rechtsschutz nur für diejenigen versicherten Personen, die von diesem Verstoß ohne Verschulden oder leicht fahrlässig keine Kenntnis hatten. Bei grob fahrlässiger Unkenntnis des Verstoßes gegen diese Obliegenheit ist der Versicherer berechtigt, seine Leistung in einem der Schwere des Verschuldens der versicherten Person entsprechenden Verhältnis zu kürzen. Weist die versicherte Person nach, dass ihre Unkenntnis nicht grob fahrlässig war, bleibt der Versicherungsschutz bestehen.

Der Versicherungsschutz bleibt auch bestehen, wenn die versicherte Person oder der Fahrer nachweist, dass sie Verletzung der Obliegenheit weder für den Eintritt oder die Feststellung des Versicherungsfalls noch für die Feststellung oder den Umfang der vom Versicherer obliegenden Leistung ursächlich war.

(7) Endet der Versicherungsvertrag durch Berufsaufgabe oder Tod des Versicherungsnehmers, wird ihm bzw. seinen Erben Versicherungsschutz auch für Rechtsschutzfälle gewährt, die innerhalb eines Jahres nach Beendigung des Versicherungsvertrages eintreten und im Zusammenhang mit der im Versicherungsschein genannten Eigenschaft des Versicherungsnehmers stehen.

Übersicht Rdn.

A. Historie

In Anlehnung an den umfassenden Rechtsschutz für Nichtselbständige nach § 26 einerseits und den Landwirtschafts- und Verkehrs-Rechtsschutz nach § 27 andererseits führten die ARB 94 den Privat-, Berufs- und Verkehrs-Rechtsschutz für Selbständige ein. Die ARB 75 kannten kein vergleichbares Rechtsschutzpaket. 1

§ 28 III lit. b) ARB 94 ermöglichte, den Rechtsschutz für die gerichtliche Wahrnehmung rechtlicher Interessen aus Verträgen über Warenlieferungen und Dienstleistungen auf den betrieblichen Bereich des VN zu erstrecken. Diese Öffnungsklausel wurde durch den Wegfall der versicherungsaufsichtsrechtlichen Genehmigungspflicht für AVB überflüssig, weil die Versicherer von den seither unverbindlichen Muster-ARB stets abweichen dürfen. Sie wurde in den ARB 2000 gestrichen. § 28 VII ARB 2000 führte erstmals eine Nachhaftung ein.

§ 28 ARB 94 ist ansonsten weitgehend deckungsgleich mit § 28 ARB 2000/2008/2010.[1]

B. Versicherter Risikobereich

2 Versicherungsschutz besteht für nichtselbständige Tätigkeiten und den privaten Bereich (Abs. 1 lit. b) sowie die im Versicherungsschein genannte gewerbliche, freiberufliche oder sonstige selbständige Tätigkeit des VN (Abs. 1 lit. a).

I. Selbständige Tätigkeit (Abs. 1 lit. a)

3 § 28 gebraucht – wie § 24 – den Begriff des **Selbständigen** als **Oberbegriff** für jemanden, der eine **gewerbliche**, **freiberufliche** oder **sonstige selbständige Tätigkeit** ausübt.[2] Die Begriffe gebraucht § 28 I genauso wie § 24 I.

Wegen der Einzelheiten der Definition und ihrer Abgrenzung zu landwirtschaftlichen und nichtselbständigen Tätigkeiten sowie zum privaten Bereich wird daher auf die Kommentierung zu § 24 Rdn. 8–15 verwiesen.

4 Wegen des Grundsatzes der **Spezialität** des versicherten Risikos genießt nur die **im Versicherungsschein genannte** selbständige Tätigkeit des VN Versicherungsschutz; für weitere, nicht im Versicherungsschein genannte gewerbliche, freiberufliche oder sonstige selbständige Tätigkeiten des VN besteht keiner.[3]

Wegen weiterer Einzelheiten wird auf die Kommentierung zu § 24 Rdn. 16–19 verwiesen.

II. Privater Bereich/Ausübung nichtselbständiger Tätigkeiten (Abs. 1 lit. b)

5 Neben der Absicherung der selbständigen Tätigkeit besteht Versicherungsschutz für den privaten Bereich und die Ausübung nichtselbständiger Tätigkeiten. Da bei § 28 der Umfang des Versicherungsschutzes für den privaten Bereich und nichtselbständige Tätigkeiten umfassender ist als für den betrieblichen Bereich, ist deren Abgrenzung vom betrieblichen Bereich praktisch bedeutsam. Sie ist nach denselben Kriterien vorzunehmen wie bei § 24. Der VN ist dabei **beweisbelastet** dafür, dass die Tätigkeit zum nichtselbständigen/privaten Bereich und nicht zur betrieblichen Sphäre gehört, weil es sich, anders als bei § 26 I lit. a) nicht um einen Risikoausschluss handelt.[4] Beim kauf-

1 Harbauer/*Obarowski*, § 28 ARB 2010 Rn. 31 ff.
2 Harbauer/*Obarowski*, § 24 ARB 2010 Rn. 2.
3 OLG Hamm, Beschl. vom 2. Juni 2017, 20 U 110/16, juris Rn. 41.
4 OLG Hamm, Beschl. vom 2. Juni 2017, 20 U 110/16, juris Rn. 61; OLG Dresden VersR 2013, 450.

männischen VN wird zudem nach zutreffender h.M. wegen **§ 344 I HGB** eine Zuordnung zur gewerblichen Tätigkeit vermutet.[5]

Zur Abgrenzung der Bereiche ist zunächst auf die entsprechende Kommentierung bei § 24 Rdn. 8–15 zu verweisen. Weitere Einzelheiten werden unten bei den einzelnen Leistungsarten erörtert, für welche die Abgrenzung bedeutsam ist. 6

III. Versicherter Personenkreis

1. Versicherungsnehmer

Wenngleich die Überschrift des § 28, anders als die des § 24, Rechtsschutz für »Firmen« nicht nennt, besteht Einigkeit, dass nicht nur **Einzelunternehmer**, sondern auch **rechtsfähige Personengesellschaften** und **juristische Personen** VN nach § 28 sein können.[6] 7

a) Einzelunternehmer

Wenn der Vertragspartner ein **Einzelunternehmer** ist, ist er nach Maßgabe von Abs. 1 lit. a) für seine selbständige und nach Maßgabe des Abs. 1 lit. b) für seine nichtselbständigen Tätigkeiten und privaten Angelegenheiten VN. 8

b) Juristische Personen

Wenn eine **GmbH** der VN ist, muss für den von Abs. 1 lit. b) abgedeckten Bereich im Versicherungsschein eine andere (natürliche) Person benannt werden. Ansonsten läuft der Versicherungsschutz insoweit leer, weil eine GmbH keinen privaten Bereich hat und keine nichtselbständigen Tätigkeiten ausüben kann. 9

c) Personengesellschaften

Bei Personengesellschaften (OHG, KG, GbR, PartG) ist zu differenzieren. Für den nach Abs. 1 lit. a) versicherten Bereich sind die **persönlich haftenden Gesellschafter** neben der Gesellschaft selbst dann (weitere) VN (und nicht bloß Mitversicherte), wenn sie im Versicherungsschein nicht als VN mitaufgeführt werden.[7] Sie stehen insoweit zum VN nicht im Verhältnis wie beliebige Dritte, sondern können wegen ihrer Haftung aus § 126 HGB/§ 721 BGB/§ 8 I PartGG stets gemeinsam mit dem VN als Gesamtschuldner verklagt werden. Sie können daher Ihre Aufwendungen für diese Rechtsverteidigung nach § 105 III HGB, § 716 BGB vom VN ersetzt verlangen. Sähe man sie nicht als (weitere) VN an, könnte der VN sie seinerseits vom Versicherer nicht 10

5 OLG Stuttgart r+s 2003, 64; OLG Hamm NJW-RR 1989, 344 f; a.A.: OLG Frankfurt NJW-RR 1986, 516.

6 OLG Hamm, Beschl. vom 2. Juni 2017, 20 U 110/16, juris Rn. 2; P/M/*Piontek*, § 28 ARB 2010 Rn. 2; S/H/W/*Brünger*, § 28 ARB 2010 Rn. 1.

7 BGHZ 110, 127 f.; Harbauer/*Obarowski*, § 24 ARB 2010 Rn. 18.

erstattet bekommen, was gegen den Sinn und Zweck des Rechtsschutzversicherungsvertrages verstieße.[8]

11 Im nach Abs. 1 lit. b) versicherten Bereich sind die persönlich haftenden Gesellschafter dagegen nicht versichert, wenn das nicht im Versicherungsschein aufgeführt ist. Dort muss eine (natürliche) Person benannt werden, wenn der Versicherungsschutz nicht leerlaufen soll. Personengesellschaften (etwa eine OHG) haben wie juristische Personen keinen privaten Bereich und können keine nichtselbständigen Tätigkeiten ausüben. Hier kann man deren persönlich haftende Gesellschafter nicht ohne Nennung im Versicherungsschein automatisch als VN ansehen. Insoweit besteht das oben beschriebene besondere Näheverhältnis zur Gesellschaft nämlich gerade nicht, das Grund für die obige Auslegung des Versicherungsvertrages nach §§ 133, 157 BGB ist. Vielmehr erscheint insbesondere aufgrund des Wortlauts von Abs. 1 lit. b) fernliegend, dass der Versicherer automatisch den Versicherungsschutz für den Privatbereich einer – ihm u.U. unbekannten und u.U. großen – Anzahl von Gesellschaftern nebst deren Angehörigen übernehmen will.

2. Die mitversicherten Personen

12 Der mitversicherte Personenkreis ist in Abs. 2 lit. a) bis d) geregelt. Maßgebend ist deren Verhältnis zum VN bzw. zu der in Abs. 1 lit. b) im Versicherungsschein genannten an die Stelle des VN tretenden Person. Mitversichert sind:

- Der **Ehegatte** oder der eingetragene Lebenspartner nach dem LPartG a.F. **Nichteheliche Lebensgefährten** sind als sonstige Lebenspartner des VN nur mitversichert, wenn sie im Versicherungsschein genannt werden (Abs. 2 lit. a). Der Begriff des »sonstigen Lebenspartners« ist in § 3 IV lit. b) definiert, auf den ausdrücklich verwiesen wird.
- Die **minderjährigen Kinder** (Abs. 2 lit. b). Das umfasst alle Kinder, deren Mutter nach § 1591 BGB bzw. deren Vater nach § 1592 BGB der VN (bzw. die in Abs. 1 lit. b) an dessen Stelle tretende Person) ist und die diesen nach § 1754 BGB gleichgestellten **Adoptivkinder**. Da der Wortlaut keine Einschränkungen enthält, sind auch **Stiefkinder**[9] und (in Anlehnung an den Angehörigenbegriff des § 67 II VVG a.F.) **Pflegekinder** mitversichert, wenn sie im Haushalt des VN bzw. der in Abs. 1 lit. b) an dessen Stelle tretenden Person auf dessen Kosten wohnen.[10] Mit im Haushalt wohnende **Enkel** sind dagegen nicht mitversichert.[11]
- Die **volljährigen Kinder** bis zur Vollendung des 25. Lebensjahres (Abs. 2 lit. c), soweit sie unverheiratet sind und sich mindestens überwiegend in der Schul- oder Berufsausbildung befinden. Dies gilt jedoch nach Abs. 2 lit. c) Satz 2 nicht für den

---

8 BGHZ 110, 127, 129.

9 Harbauer/*Obarowski*, § 23 ARB 2010 Rn. 11.

10 B/M/*Bruns/Rapp*, § 23 ARB 2010 Rn. 6; vgl. auch BGH VersR 1980, 526.

11 KG VersR 2009, 541; *Mathy*, VersR 2009, 1194, 1196; a.A. B/M/*Bruns/Rapp*, § 23 ARB 2010 Rn. 6.

Verkehrsbereich, es sei denn, dass sie unter den Versicherungsschutz des § 28 II lit. d) fallen.[12]

Unter **Berufsausbildung** versteht man geordnete Ausbildungsgänge, die berufliche Handlungsfähigkeit vermitteln und den Erwerb der erforderlichen Berufsausbildung ermöglichen (§ 1 III BBiG). **Nicht** dazu zählt die **Berufsfortbildung** (§ 1 IV BBiG), die Kenntnisse und Fähigkeiten in einem erlernten Beruf vertiefen soll.[13] Ebenso wenig gehört zur Berufsausbildung i.S.d. Bedingung das Erlernen eines zweiten Berufes oder eine Umschulung (§ 1 V BBiG).[14] Ist die gezahlte Vergütung ein echtes Äquivalent für die geleistete Arbeit, so ist in der Regel davon auszugehen, dass kein Ausbildungsverhältnis vorliegt.[15]

- Alle berechtigten Fahrer und berechtigten Insassen der auf den VN, den mitversicherten Lebenspartner oder die minderjährigen Kinder zugelassenen oder auf den Namen dieser Personen mit einem Versicherungskennzeichen versehenen Motorfahrzeuge zu Lande sowie Anhänger (Abs. 2 lit. d).
- Die vom VN beschäftigten Personen in Ausübung ihrer beruflichen Tätigkeit für den VN (Abs. 2 lit. e). Hierzu gehören in erster Linie die Arbeitnehmer des VN, also alle **Arbeiter**, **Angestellten** und **Lehrlinge** (§ 10 I BBiG). Ist der VN eine GmbH, ist auch deren **Geschäftsführer** bei ihr beschäftigt, wenngleich er nach § 5 I 3 ArbGG kein Arbeitnehmer ist. Ebenfalls beim VN beschäftigt sind für ihn tätige **Praktikanten** (z.B. solche im Sinne von § 26 BBiG oder von § 8 JAG NRW). Ferner gehören dazu **Leiharbeitnehmer**.[16] Sie unterliegen gemäß § 1 I 2 AÜG nach dem Entleihen den Weisungen des VN und sind in dessen Arbeitsorganisation eingegliedert.

  Für den VN tätige **selbständige Subunternehmer** und **freie Mitarbeiter** sind nicht bei ihm beschäftigt. Wenngleich sie oft mehr oder weniger weitgehend in den Betrieb des VN eingegliedert sein mögen, sind sie dennoch selbständig tätig und erbringen ihre Leistung auf eigene Rechnung und in eigener Verantwortlichkeit.[17] **Scheinselbständigen** verwehrt § 242 BGB ein Berufen auf die Beschäftigteneigenschaft, weil sie nach außen als selbständige Unternehmer aufgetreten sind.[18]

  Versicherungsschutz besteht auch bei der Nutzung eigener Fahrzeuge des Beschäftigten, soweit das Kraftfahrzeug bei Ausübung der beruflichen Tätigkeit für das versicherte Unternehmen genutzt wird.[19]

---

12 *Mathy*, VersR 2009, 1194, 1197.

13 LG Hannover r+s 1993, 220; van Bühren/Plote/*Hillmer-Möbius*, § 27 ARB 2010 Rn. 13.

14 Van Bühren/Plote/*Hillmer-Möbius*, § 27 ARB 2010 Rn. 13.

15 Van Bühren/Plote/*Hillmer-Möbius*, § 27 ARB 2010 Rn. 15.

16 B/M/*Bruns/Rapp*, § 24 ARB 2010 Rn. 4.

17 Harbauer/*Obarowski*, § 24 ARB 2010, Rn. 16; a.A. P/M/*Piontek*, § 24 ARB 2010 Rn. 12.

18 Vgl. OLG München, Urt. vom 28. August 2009, 25 U 2149/09, juris; LG Würzburg VersR 2000, 1013.

19 Harbauer/*Obarowski*, § 28 ARB 2010 Rn. 11.

IV. Leistungsarten (Abs. 3)

13 Der Versicherungsschutz umfasst alle 11 nach § 2 versicherbaren Leistungsarten. Wegen weiterer Einzelheiten zu den Leistungsarten wird auf die Kommentierung zu § 2 verwiesen. Angesprochen werden hier lediglich einige aus der Vertragsform des § 28 folgende Besonderheiten:

14 – **Schadenersatz-Rechtsschutz** (§ 2 lit. a)

15 – **Arbeits-Rechtsschutz** (§ 2 lit. b)

16 – **Wohnungs- und Grundstücks-Rechtsschutz** (§ 2 lit. c)

Versicherungsschutz besteht für alle im Versicherungsschein genannten **selbstgenutzten** Immobilien. Es kommt nur darauf an, dass der VN die Immobilie betrieblich oder privat selbst nutzt, nicht aber darauf, ob die Immobilie in seinem Eigentum steht, gemietet oder gepachtet ist.

Abs. 4 erlaubt den Ausschluss des Wohnungs- und Grundstücks-Rechtsschutzes vom Versicherungsschutz. Abs. 4 ist ein heute überflüssiges Überbleibsel aus den ARB 94, die noch versicherungsaufsichtsrechtlich genehmigt werden und daher für Abweichungen in Verträgen einzelner Versicherer Öffnungsklauseln enthalten mussten. Die ARB 2010 sind dagegen ohnehin unverbindlich, so dass jeder Versicherer seine Vertragsbedingungen auch ohne solche Öffnungsklauseln in den Musterbestimmungen abweichend gestalten darf.

17 – **Rechtsschutz im Vertrags- und Sachenrecht** (§ 2 lit. d)

Vertragsrechtsschutz besteht nur **für den privaten Bereich**, die Ausübung nichtselbständiger Tätigkeiten und im Zusammenhang mit der Eigenschaft als Eigentümer, Halter, Erwerber, Mieter oder Leasingnehmer von Motorfahrzeugen zu Lande sowie Anhängern. Er besteht daher gerade **nicht** für den **betrieblichen Bereich**. Hier ist die Abgrenzung der Sphären bei § 28 daher praktisch besonders bedeutsam.

Versicherungsschutz besteht für rechtliche Streitigkeiten im Zusammenhang mit **Berufsunfähigkeits-**,[20] **Krankentagegeld-**[21] oder **Unfallversicherungsverträgen**[22], weil diese nach zutreffender h.M. zum Privatbereich gehören. Sie dienen gerade der Sicherung des privaten Lebensstandards für Fälle, in denen das Einkommen aus selbständiger Tätigkeit wegfällt.[23] **Betriebsunterbrechungsversicherungen** gehören hingegen selbst dann zur betrieblichen Sphäre, wenn sie (auch) das Risiko einer Betriebsunterbrechung wegen Arbeitsunfähigkeit des VN absichern.[24] Daher besteht nach § 28 kein Vertragsrechtsschutz für Rechtsstreitigkeiten aus Betriebsunterbrechungsversicherungen. Das gleiche gilt für **Betriebshaftpflichtversicherungen** und **Sachversicherungen** des Betriebsvermögens.

---

20 BGH VersR 2012, 48; OLG Stuttgart NJW-RR 1996, 1052 f.; a.A. LG Stuttgart VersR 1990, 418.

21 LG Dortmund zfs 2000, 170 f.; a.A. LG Düsseldorf r+s 1993, 186.

22 OLG Hamm VersR 2008, 251; Looschelders/Pohlmann/*Paffenholz*, § 125 Rn. 33.

23 B/M/*Bruns*/*Rapp*, § 24 ARB 2010 Rn. 2.

24 OLG Hamm VersR 2022, 38 f.; P/M/*Piontek*, § 24 ARB 2010 Rn. 5.

- **Steuer-Rechtsschutz vor Gerichten** (§ 2 lit. e) 18
  Auch im Rahmen dieser Leistungsart gilt die **Besonderheit**, dass die Wahrnehmung rechtlicher Interessen in steuerrechtlichen Angelegenheiten **vor Finanz- und Verwaltungsgerichten nur für den privaten Bereich**, die Ausübung nichtselbständiger Tätigkeiten und im Zusammenhang mit der Eigenschaft als Eigentümer, Halter, Erwerber, Mieter und Leasingnehmer von Motorfahrzeugen zu Lande sowie Anhängern gilt.
- **Sozialgerichts-Rechtsschutz** (§ 2 lit. f) 19
- **Verwaltungs-Rechtsschutz in Verkehrssachen** (§ 2 lit. g)
- **Disziplinar- und Standes-Rechtsschutz** (§ 2 lit. h)
- **Straf-Rechtsschutz** (§ 2 lit. i)
- **Ordnungswidrigkeiten-Rechtsschutz** (§ 2 lit. j)
- **Beratungs-Rechtsschutz in Familien-, Lebenspartnerschaft und Erbrecht** (§ 2 lit. k)

V. Verkehrsbereich (Abs. 5)

Im Verkehrsbereich erstreckt sich der Deckungsschutz auf den selbständigen und auf den privaten Bereich.[25] Er erfasst im Wesentlichen rechtliche Angelegenheiten im Zusammenhang mit Land-Kraftfahrzeugen. Dem Deckungsschutz steht nicht entgegen, wenn der Rechtsschutzfall schon beim Kauf eines Kfz und somit vor dessen Zulassung eintritt.[26] Abs. 5 schließt den Versicherungsschutz für Angelegenheiten des VN als Eigentümer, Halter, Erwerber, Mieter oder Leasingnehmer von Motorfahrzeugen zu Wasser oder in der Luft grundsätzlich aus. Im Umkehrschluss folgt daraus, dass das **Führen** von Motorfahrzeugen zu Wasser und in der Luft durch den VN bzw. durch mitversicherte Personen versichert ist.[27] 20

Die im Verkehrsbereich versicherten Personen benennt Abs. 2 lit. d). Kein Versicherungsschutz besteht jedoch wegen Abs. 2 lit. c) Satz 2 für die volljährigen Kinder, wenn sie rechtliche Interessen als Eigentümer, Halter, Erwerber, Mieter, Leasingnehmer und Fahrer eigener Motorfahrzeuge wahrnehmen. 21

Zu den Einzelheiten der versicherten **Eigenschaften** (Eigentümer, Halter etc.) in Bezug auf Motorfahrzeuge wird auf die Kommentierung zu § 21 Rdn. 6 ff. und § 26 Rdn. 24–25 verwiesen. 22

VI. Vertragliche Obliegenheiten (Abs. 6)

§ 28 VI enthält drei **vertragliche** Obliegenheiten, die vom Fahrer des Fahrzeuges zu beachten sind: 23
- der Fahrer muss bei Eintritt des Versicherungsfalles die vorgeschriebene Fahrerlaubnis haben,

25 Harbauer/*Obarowski*, § 28 ARB 2010 Rn. 19.
26 Vgl. BGH VersR 2025, 1450 ff. zu »Dieselfällen« im Verkehrs-Rechtsschutz.
27 Harbauer/*Obarowski*, § 28 ARB 2010 Rn. 24; van Bühren/Plote/Hillmer-Möbius, § 28 ARB 2010 Rn. 8.

- zum Führen des Fahrzeugs berechtigt sein
- und das Fahrzeug muss zugelassen oder mit einem Versicherungskennzeichen versehen sein.

24 § 28 VI regelt die Rechtsfolgen einer Obliegenheitsverletzung entsprechend den gesetzlichen Vorgaben des § 28 II, III VVG. Bei einem Obliegenheitsverstoß besteht vollumfänglicher Rechtsschutz nur für die Versicherten, die von diesem Verstoß ohne Verschulden oder leicht fahrlässig keine Kenntnis hatten. Bei grob fahrlässiger Unkenntnis des Verstoßes ist der Versicherer berechtigt, seine Leistungen in einem der Schwere des Verschuldens der versicherten Person entsprechenden Verhältnis zu kürzen. Bei einem vorsätzlichen Verstoß entfällt der Versicherungsschutz insgesamt.[28]

25 Der Versicherungsschutz bleibt gemäß § 28 VI 5 trotz grobfahrlässiger oder vorsätzlicher Obliegenheitsverletzung bestehen, wenn die versicherte Person oder der Fahrer nachweist, dass die Verletzung der Obliegenheit weder für den Eintritt oder die Feststellung des Versicherungsfalles noch für die Feststellung oder den Umfang der dem Versicherer obliegenden Leistung ursächlich war. Das entspricht inhaltlich § 28 III 1 VVG.

26 § 28 VI entspricht inhaltlich weitgehend § 21 VIII und § 22 V. Wegen weiterer Einzelheiten zu den vertraglichen Obliegenheiten im Verkehrsbereich wird daher auf die Kommentierung zu § 21 Rdn. 99–114 verwiesen.

VII. Ende des Versicherungsvertrages und Nachhaftung (Abs. 7)

27 Bei **Betriebsaufgabe** oder **Tod des VN** endet der Versicherungsvertrag wegen Wagniswegfalls (§ 12 I). Bei einer Veräußerung des Betriebes geht der Rechtsschutzversicherungsvertrag nicht auf den neuen Betriebsinhaber über, weil § 102 II VVG mangels Regelungslücke nicht auf Rechtsschutzversicherungsverträge anwendbar ist.[29]

28 Die sogenannte **Nachhaftung** gem. § 28 VII erstreckt den Versicherungsschutz für den VN oder seine Erben auf Versicherungsfälle, die innerhalb eines Jahres nach der Beendigung des Versicherungsvertrages eintreten und im Zusammenhang mit der im Versicherungsschein genannten Eigenschaft des VN stehen. Diese von § 80 II VVG abweichende Klausel ist nach § 87 VVG zulässig, weil den Deckungsschutz ohne Nachteile für den VN bzw. dessen Erben ausweitet.[30] Der Wortlaut des Abs. 7 setzt für die Nachhaftung ausdrücklich voraus, dass der Versicherungsfall mit der im Versicherungsschein genannten Eigenschaft, also dessen selbständiger Tätigkeit steht. Darum gilt die Nachhaftung nicht für den privaten Lebensbereich des VN.[31]

---

28 Harbauer/*Obarowski*, § 28 ARB 2010 Rn. 25.

29 AG München r+s 1997, 26; VersHb/*Obarowski*, § 45 Rn. 574; a.A. OLG Nürnberg VersR 1978, 755. Anders das österreichische Recht, das in § 158o öVVG ausdrücklich einen Vertragsübergang vorsieht, siehe dazu öOGH VersR 2012, 1143, 1147.

30 Vgl. B/M/*Bruns/Rapp*, § 24 ARB 2010 Rn. 8.

31 Harbauer/*Obarowski*, § 28 ARB 2010 Rn. 27.

Nicht zu verwechseln ist die **Nachhaftung** des Abs. 7 mit der sogenannten **Nachmeldefrist** (Ausschlussfrist) gem. § 4 III lit. b). Da die Ausschlussfrist nach dem Wortlaut des § 4 III lit. b) nicht an den Zeitpunkt der Beendigung des Versicherungsvertrages, sondern des Versicherungsschutzes anknüpft, ist von **einer Verlängerung** der Nachmeldefrist auszugehen.[32] 29

C. ARB 2012

Wegen des mit den ARB 2012 eingeführten Baukastensystems werden die für den versicherten Bereich geltenden Regelungen jeweils dadurch gekennzeichnet, dass sie mit dem Buchstaben der Vertragsform oder einem »A« (für allgemein) markiert werden. Deren ursprüngliche Fassung sah zunächst kein Paket vor, das inhaltlich dem § 28 ARB 2010 entspricht. Das holte die Fassung der ARB 2012 vom Juni 2013 mit der Gesamtkombination Privat/Firmen (Buchstabe **GK**) nach. 30

Ziff. 2.2 ARB 2012 führt die **versicherbaren Leistungsarten** enumerativ auf. Versichert sind die mit »GK« gekennzeichneten Leistungsarten. Vertragsrechtsschutz besteht für den Bereich der selbständigen Tätigkeit des VN weiterhin nicht. Jedoch ist nunmehr auch der **Opfer-Rechtsschutz (Ziff. 2.1.12 ARB 2012)** mitversichert. 31

Der Privatbereich und gewerbliche, freiberufliche oder sonstige selbständige Tätigkeiten werden aufgrund der in Ziff. 2.1.1 ARB 2012 im Baustein »Privat-Rechtsschutz« enthaltenen Definition im Wesentlichen **(einkommen)steuerrechtlich abgegrenzt.**[33] Danach liegt eine »sonstige selbständige Tätigkeit« vor, wenn Einkünfte im steuerrechtlichen Sinne erzielt werden oder erzielt werden sollen, die keine Einkünfte aus nichtselbständiger Tätigkeit oder Einkünfte aus Rente sind. 32

Dadurch werden Tätigkeiten, die nach den ARB 2010 als Vermögensverwaltung dem Privatbereich zuzuschlagen waren, nunmehr im weitem Umfange zu weiteren selbständigen Tätigkeiten. Das beschränkt den Rechtsschutz, da auch die ARB 2012 nach dem Grundsatz der Spezialität nur die selbständige Tätigkeit des VN versichern, die im Versicherungsschein genannt ist, weitere dagegen nicht. 33

Wegen der weiteren Einzelheiten wird auf die Kommentierung zu § 24 Rdn. 64 ff. verwiesen.

Die Regeln über die **Mitversicherten** enthält **Ziff. 2.1.2 ARB 2012.** Zu beachten ist dabei, dass nur die mit »GK« gekennzeichneten Personen mitversichert sind. Sachlich entspricht die Regelung den ARB 2010. 34

Die Nachhaftung ist nunmehr in Ziff. 2.4 ARB 2012 geregelt. Sie entspricht inhaltlich § 28 VII. 35

---

32 S/H/W/*Brünger*, § 24 ARB 2010 Rn. 5; Harbauer/*Obarowski*, § 24 ARB 2010 Rn. 55; HK-VVG/*Münkel*, § 24 ARB 2010, Rn. 3.

33 B/M/*Bruns/Rapp*, § 24 ARB 2010 Rn. 9.

§ 29 Rechtsschutz für Eigentümer und Mieter von Wohnungen und Grundstücken

(1) Versicherungsschutz besteht für den Versicherungsnehmer in seiner im Versicherungsschein bezeichneten Eigenschaft als
a) Eigentümer,
b) Vermieter,
c) Verpächter,
d) Mieter,
e) Pächter,
f) Nutzungsberechtigter
von Grundstücken, Gebäuden oder Gebäudeteilen, die im Versicherungsschein bezeichnet sind. Einer Wohneinheit zuzurechnende Garagen oder Kraftfahrzeug-Abstellplätze sind eingeschlossen.

(2) Der Versicherungsschutz umfasst:

– Wohnungs- und Grundstücks-Rechtsschutz	(§ 2c),
– Steuer-Rechtsschutz vor Gerichten	(§ 2e).

Übersicht Rdn.

A. Historie

1 § 29 II ARB 75 schloss den Rechtsschutz für Wohnungseigentümer noch ausdrücklich mit ein, da § 4 I lit. p) ARB 75 einen Risikoausschluss für Streitigkeiten in Verfahren der freiwilligen Gerichtsbarkeit enthielt und seinerzeit wohnungseigentumsrechtliche Streitigkeiten gemäß § 43 I WEG in der bis zum 30.06.2007 geltenden Fassung weit-

hin dem FGG a.F. unterfielen. Ohne die Sonderregel hätte sonst faktisch kein Rechtsschutz in WEG-Sachen bestanden.[1]

Weil dieser Ausschluss in den ARB 94 wegfiel, wurde die Sonderregel überflüssig und gestrichen.[2] Seit § 29 ARB 94 kann man neben Miet- und Pachtverhältnissen sonstige Nutzungsverhältnisse versichern.[3] Garagen und Stellplätze waren nach § 29 I lit. f.) ARB 94 nur mitversichert, wenn sie im Eigentum des Eigentümers des versicherten Objekts standen.[4] Ansonsten entspricht § 29 ARB 94 weitgehend dem § 29.[5] 2

B. Allgemeines

Es ist umstritten, ob ein Rechtsschutzversicherungsvertrag mit dem Deckungsinhalt nach § 29 (nur) personen-,[6] (nur) objekt-[7] oder (zugleich) personen- und objektbezogen[8] ist. Mit der vorzugswürdigen dritten Ansicht ist die Vertragsform als **personen-** und **objektbezogen** anzusehen. Das zeigt der Wortlaut des § 29 I 1, der den Objektbezug im letzten Satzteil (Grundstücke, Gebäude oder Gebäudeteile) **gleichwertig** neben die Auflistung der personenbezogenen Eigenschaftsmerkmale des VNs (als Eigentümer, Mieter usw.) stellt. 3

Der Rechtsschutz für Eigentümer und Mieter von Wohnungen und Grundstücken nach § 29 kann einzeln als **Soloprodukt** abgeschlossen werden. In der Regel wird er aber zusätzlich zu einer weiteren Vertragsform, wie z.B. § 25 oder § 26 versichert. Der Landwirtschafts- und Verkehrs-Rechtsschutz nach § 27 und der Privat-, Berufs- und Verkehrs-Rechtsschutz für Selbständige nach § 28 schließen das Risiko (jedenfalls für bestimmte Objekte) ohnehin ein. 4

C. Versicherte Risiken

I. Versichertes Objekt

Der Versicherungsschutz nach § 29 setzt voraus, dass das **im Versicherungsschein benannte Objekt** betroffen ist. Versicherungsfähige Objekte sind Grundstücke, Gebäude und Gebäudeteile. 5

Automatisch in den Versicherungsschutz einbezogen sind gemäß § 29 I 2 alle einer Wohneinheit zurechenbaren **Garagen** oder **Kraftfahrzeug-Stellplätze**. Ob sie einer Wohneinheit zugerechnet werden können, folgt aus ihrer **räumlichen Nähe** zu dieser 6

1 P/M/*Piontek*, § 29 ARB 2010 Rn. 5.
2 VersHb/*Obarowski*, § 45 Rn. 191.
3 Harbauer/*Obarowski*, § 29 ARB 2010 Rn. 14.
4 P/M/*Piontek*, § 29 ARB 2010 Rn. 4; Harbauer/*Obarowski*, § 29 ARB 2010 Rn. 15.
5 Harbauer/*Obarowski*, § 29 ARB 2010 Rn. 15.
6 Höra/Schubach/*Lensing*, § 27 Rn. 283.
7 PK/*Hillmer-Möbius*, § 125 Rn. 99; *Cornelius-Winkler* NZM 2012, 817, 823; wohl auch B/M/*Bruns*/*Rapp*, § 29 ARB 2010 Rn. 2.
8 HK-VVG/*Münkel*, § 29 ARB 2010 Rn. 1; P/M/*Piontek*, § 29 ARB 2010 Rn. 2; S/H/W/*Brünger*, § 29 ARB 2010 Rn. 1.

und/oder dem zugrundeliegenden schuldrechtlichen **Nutzungsverhältnis**.[9] Auf das Eigentum an den Garagen und Stellplätzen kommt es, anders als bei § 29 ARB 94, nicht an.

1. Grundstück

7 Der Begriff des »**Grundstücks**« entspricht der bürgerlich-rechtlichen Definition der §§ 873 ff. BGB.[10] Ein Grundstück ist daher jeder abgegrenzte Teil der Erdoberfläche, der im Bestandsverzeichnis des betreffenden Grundbuchblattes gesondert aufgeführt ist.[11]

8 Das kann entgegen teilweise vertretener Ansicht[12] auch ein **Bootsliegeplatz** im Wasser an einem Anleger im Hafen sein.[13] An Gewässern kann bürgerlich-rechtliches Grundeigentum bestehen, das § 4 WHG und die Landeswassergesetze (z.B. §§ 3, 4 LWG NRW) nur beschränken, aber nicht aufheben.[14] Dementsprechend sind Mietverträge über solche Ankerplätze Grundstücksmietverträge im Sinne von § 578 I BGB[15] und von § 4 Nr. 12 lit. a) UStG.[16]

9 Eine nur **kurzfristige Anmietung** eines Bootsliegeplatzes, eines **Campingstellplatzes** oder eines **Ferienhauses** kann Gegenstand eines Vertrages nach § 29 sein. Rechtspraktisch wird es solche Verträge mit Mietern als VN freilich nicht geben. Davon zu trennen ist die Frage, ob solche kurzfristigen Anmietungen aufgrund der Verkehrsanschauung vom Versicherungsschutz nach § 2 lit. d) umfasst sind, obwohl sie formal unter § 2 lit. c) – und damit auch unter § 29 – subsumiert werden können.[17] Insoweit wird auf die Kommentierung zu § 2 Rdn. 43 und 44 verwiesen.

2. Gebäude

10 Ein **Gebäude** ist ein mit dem Erdboden verbundenes, umschlossenes Bauwerk, das zum Aufenthalt von Menschen, Tieren oder zur Unterbringung von Sachen bestimmt ist.[18] Hierzu zählen auch **Rohbauten** und **Garagen**.[19] Es ist unerheblich, ob das Gebäude ein wesentlicher Bestandteil des Grundstücks oder ein sogenannter Scheinbestandteil

---

9 PK/*Hillmer-Möbius*, § 125 Rn. 99; Harbauer/*Obarowski*, § 29 ARB 2010 Rn. 5.
10 B/M/*Bruns*/*Rapp*, § 29 ARB 2010 Rn. 1.
11 RGZ 84, 265; 270; AG Geldern VersR 2006, 356.
12 AG Geldern VersR 2006, 356.
13 VersHb/*Obarowski*, § 45 Rn. 63; B/M/*Bruns*/*Rapp*, § 2 ARB 2010 Rn. 24.
14 BGHZ 28, 34, 37; RGZ 94, 33 f.
15 OLG Düsseldorf NZM 2025, 812, 814.
16 EuGH UR 2005, 458, 461.
17 Dafür: P/M/*Piontek*, § 2 ARB 2010 Rn. 23; dagegen: HK-VVG/*Münkel*, § 2 ARB 2010 Rn. 9.
18 BGH DB 1955, 47; OLG Saarbrücken NJW-RR 2006, 1255, 1257; MünchKomm-BGB/*Wagner*, § 836 Rn. 7.
19 OLG Saarbrücken NJW-RR 2006, 1255, 1257.

nach § 95 I 2 BGB ist; daher können eine Gartenlaube im Kleingarten (»**Datsche**«) oder ein **Mobilheim** Gebäude im Sinne von § 29 sein.[20]

3. Gebäudeteil

11 Ein **Gebäudeteil** ist jeder abgrenzbare selbständige oder unselbständige Teil eines Gebäudes, der wirtschaftlich eine Einheit darstellt und Gegenstand eines Miet- und Pachtverhältnisses sein kann (z.B.: Garage, Werkstatt, Arztpraxis).[21] Auch das **Wohnungseigentum** nach dem WEG ist Eigentum an einem Gebäudeteil.[22]

II. Versicherte Eigenschaften

12 Der Versicherungsschutz nach § 29 I knüpft an die **Eigenschaft des VN** (als Eigentümer, Vermieter, Mieter, Verpächter, Pächter oder Nutzungsberechtigter) an, die im Versicherungsschein benannt ist.[23] Nach dem Grundsatz der **Spezialität des versicherten Risikos** besteht Versicherungsschutz nur für die im Versicherungsschein dokumentierte Eigenschaft des VN bezogen auf das versicherte Objekt. Man kann mehrere Eigenschaften (z.B. als Eigentümer und Vermieter) gleichzeitig versichern, was aber im Versicherungsschein aufgeführt sein muss.[24] Der VN ist dafür **darlegungs- und beweisbelastet**, in seiner versicherten Eigenschaft betroffen zu sein.[25]

1. Eigentümer

13 Ist der VN als **Eigentümer** (lit. a) einer Wohneinheit versichert, besteht kein Versicherungsschutz für dessen Eigenschaft als Vermieter des Objekts.[26] Das gilt auch dann, wenn der VN das Objekt zuerst selbst genutzt und erst später vermietet hat.[27] Dagegen entfällt der Versicherungsschutz als Eigentümer eines selbstgenutzten Hauses nicht, wenn sich der VN dort nur noch selten aufhält und überwiegend bei seiner Lebensgefährtin wohnt.[28] Wegen des strengen Objektbezuges umfasst die Versicherung als Eigentümer eines Mobilheims keine Rechtsstreitigkeiten, die den Pachtvertrag über das Grundstück betreffen, auf dem das Mobilheim aufgestellt ist.[29]

---

20 OLG Hamm VersR 2017, 686 (Mobilheim); a.A. *Cornelius-Winkler* NZM 2012, 817, 823; P/M/*Piontek*, § 29 ARB 2010 Rn. 3.
21 OLG Karlsruhe VersR 2000, 1360; van Bühren/Plote/*Hillmer-Möbius*, § 29 ARB 2010 Rn. 25.
22 Van Bühren/Plote/*Hillmer-Möbius*, § 29 ARB 2010 Rn. 6.
23 S/H/W/*Brünger*, § 29 ARB 2010 Rn. 1; Harbauer/*Obarowski*, § 29 ARB 2010 Rn. 9; HK-VVG/*Münkel*, § 29 ARB 2010 Rn. 1.
24 S/H/W/*Brünger*, § 29 ARB 2010 Rn. 3.
25 Harbauer/*Obarowski*, § 29 ARB 2010 Rn. 7.
26 AG Hamburg r+s 1995, 464; AG Berlin-Schöneberg r+s 1999, 246; HK-VVG/*Münkel*, § 29 ARB 2010 Rn. 2.
27 AG Hamburg r+s 1995, 464, 465; Harbauer/*Obarowski*, § 29 ARB 2010 Rn. 9.
28 OLG Koblenz VersR 2013, 56, 57.
29 OLG Hamm VersR 2017, 686, 687.

2. Vermieter/Mieter und Verpächter/Pächter

14 Ist der VN als **Vermieter/Mieter** oder **Verpächter/Pächter** versichert, ist das Bestehen des Miet- oder Pachtverhältnisses Voraussetzung für den Versicherungsschutz; zumindest muss eine solche Rechtsbeziehung zwischen dem VN und der potenziellen Gegenpartei im Streit stehen und schlüssig behauptet sein. Versicherungsschutz besteht nur für Ansprüche, die zwischen den Parteien des Miet-/Pachtvertragsverhältnisses streitig sind und in dem Miet- oder Pachtverhältnis ihre Rechtsgrundlage haben.[30] Wegen der Spezialität des versicherten Risikos muss das im Versicherungsschein genannte Miet-/Pachtverhältnis betroffen sein; wenn der VN darin als Mieter einer Wohneinheit aufgeführt ist, ist er nicht als Mieter von Räumen zum Betrieb einer Gastwirtschaft versichert.[31]

15 Besonders praxisrelevant sind **Räumungsrechtsstreitigkeiten** nach Vertragskündigung. Aber auch ein Streit um das Bestehen eines **Vorkaufsrechts** des Mieters nach **§ 577 BGB** ist vom Versicherungsschutz umfasst,[32] Streitigkeiten um Ansprüche aus diesem Kaufvertrag dagegen nicht.[33] Ansprüche gegen Dritte (z.B. wegen ruhestörenden Lärms von Mitmietern eines Objektes) sind grundsätzlich nicht versichert.[34] Rechtsschutz gegen Dritte außerhalb des Mietverhältnisses wird jedoch dann zugebilligt, wenn eine Besitzstörung an der versicherten Mietsache Gegenstand des Streites ist.[35] Ist der VN als Mieter versichert, so besteht grundsätzlich kein Deckungsschutz für die Geltendmachung von Schadensersatzansprüchen gegen den Vermieter, weil jener die **Untervermietung** rechtswidrig untersagt habe, weil der VN dann praktisch nicht als Mieter, sondern als (verhinderter) (Unter-)Vermieter betroffen ist.[36]

3. Nutzungsberechtigter

16 **Nutzungsberechtigter** (lit. f.) eines Grundstücks oder Gebäude(teils) ist, wer es aufgrund eines dinglichen Nutzungsrechts (etwa eines **Nießbrauchs** oder eines **Wohnungsrechts** nach § 1093 BGB) oder eines schuldrechtlichen Nutzungsrechts besitzt, wie der **Entleiher**[37] oder der **Leasingnehmer** beim Grundstücksleasing.

---

30 OLG Düsseldorf VersR 2001, 233.

31 KG r+s 1996, 25, 26; Looschelders/Pohlmann/*Paffenholz*, § 125 Rn. 16.

32 OLG Köln VersR 2010, 339; KG r+s 2001, 420.

33 OLG Köln VersR 2010, 339.

34 AG Regensburg r+s 1986, 317 (Streit des Vermieters mit dem Fernwärmeunternehmen ist kein Streit aus dem Mietverhältnis); van Bühren/Plote/*Hillmer-Möbius*, § 29 ARB 2010 Rn. 5.

35 Harbauer/*Obarowski*, § 29 ARB 2010 Rn. 10.

36 LG Trier r+s 1997, 204; a.A. P/M/*Piontek*, § 2 ARB 2010 Rn. 21; ähnlich Harbauer/*Obarowski*, § 29 ARB 2010 Rn. 10 für die Untervermietung von nicht mehr als drei Zimmern.

37 *Cornelius-Winkler* NZM 2012, 817, 823.

III. Versicherter Personenkreis

1. Versicherungsnehmer

Nach dem Wortlaut des § 29 I gilt der Versicherungsschutz lediglich **für den VN.** Freilich kann der Versicherungsschein mehrere Personen als VN ausweisen. Automatisch mitversicherte weitere Personen nennt Abs. 1 nicht. 17

2. Mitversicherung von weiteren, nicht in Abs. 1 genannten Personen

Dennoch können u.U. weitere, im Versicherungsschein nicht genannte Personen stillschweigend nach **§ 48 VVG** mitversichert sein, wenn sie zusammen mit dem VN eine Rechtsgemeinschaft bzgl. des versicherten Objekts bilden (z.B. als Miteigentümer oder Mitmieter).[38] 18

Eine **stillschweigende Mitversicherung** ist etwa anzunehmen, wenn der VN § 29 als Ergänzung zu einer weiteren Vertragsart (etwa § 25) abgeschlossen hat und der Miteigentümer/Mitmieter dort zu den mitversicherten Personen gehört.[39] Die stillschweigende Mitversicherung folgt daraus, dass § 29 eher einer Leistungsform nach § 2 als einer Vertragsart im Sinne der §§ 21 ff. ähnelt und VN beim Abschluss von Vertragskombinationen berechtigt davon ausgehen, bei Deckungsschutzausschlüssen privilegiert zu sein, weil sie nicht nur einen Baustein vereinbart haben.[40] Soweit daher im Vertrag nicht ausdrücklich Abweichungen bei den Mitversicherten vereinbart sind, ist daher die Annahme berechtigt, dass sich die Mitversicherung auch auf den weiteren Vertrag nach § 29 erstreckt. Eine stillschweigende Mitversicherung ist auch dann anzunehmen, wenn die Mitberechtigung durch einen Erbfall entstanden ist und der Rechtsschutzversicherungsvertrag vom Erblasser auf die Erben übergangen ist.[41] 19

Entgegen teilweise vertretener Ansicht[42] sind bei einer Absicherung des Risikos nach **§ 29 als Einzelrisiko** im Versicherungsschein nicht genannte Miteigentümer/Mitmieter nicht mitversichert.[43] Deren automatische Mitversicherung kann nicht nach § 48 VVG angenommen werden, weil die Zahl der Versicherten ein relevanter gefahrerhöhender Umstand für den Versicherer ist, was sich bereits aus dem Anfallen der **Mehrvertretungsgebühr** nach Nr. 1008 VV RVG bei Mandantenmehrheiten ergibt.[44] Daher kann man eine Versicherung »für den es angeht« nicht allein deswegen annehmen, weil der Ver- 20

38 Harbauer/*Obarowski,* § 29 ARB Rn. 8; VersHb/*Obarowski,* § 45 Rn. 187.

39 AG Kelheim MDR 1986, 150; B/M/*Bruns/Rapp,* § 29 ARB 2010 Rn. 2.

40 Vgl. OLG Düsseldorf, Urt. vom 25. Februar 2025, 4 U 75/24, juris Rn. 23.

41 OLG Frankfurt VersR 2012, 177.

42 VersHb/*Obarowski,* § 45 Rn. 187; *Gellwitzki,* JurBüro 2012, 61, 62.

43 AG Rüsselsheim r+s 1989, 56, 57; P/M/*Piontek,* § 15 ARB 2010 Rn. 1 und § 2 ARB 2010 Rn. 25; *Schneider,* Rn. 92; B/M/*Bruns/Rapp,* § 2 ARB 2010 Rn. 21.

44 A.A. *Gellwitzki* JurBüro 2012, 61, 62. VersHb/*Obarowski,* § 45 Rn. 187 nimmt eine relevante Gefahrerhöhung an, wenn **mehr als eine** Erhöhungsgebühr nach Nr. 1008 VV RVG entsteht.

sicherungsschein das Objekt nennt, ohne anzugeben, ob der VN nur einer von mehreren Miteigentümern ist.[45]

IV. Versicherte Leistungsarten/Rechtsbereiche

21 Der Leistungsumfang ergibt sich aus § 29 II und umfasst die Leistungsarten Wohnungs- und Grundstücks-Rechtsschutz (§ 2 lit. c) und Steuer-Rechtsschutz vor Gerichten (§ 2 lit. e). Insoweit wird auf die Kommentierung zu § 2 Rdn. 37–57 und Rdn. 70–80 verwiesen.

V. Risikoausschlüsse

22 Beim Rechtsschutz für Eigentümer und Mieter von Wohnungen und Grundstücken sind vor allem die nachfolgenden Risikoausschlüsse praxisrelevant:
- § 3 I lit. c) – Bergbauschäden an Grundstücken und Gebäuden. Das soll auch Ansprüche wegen der Beschädigung von Gebäuden durch **Torfabbau** vom Versicherungsschutz ausschließen, weil Torf ein Bodenschatz im Sinne von § 3 BBergG ist und der Begriff des »Bergschadens« nach § 114 BBergG nicht maßgebend sei.[46]
- § 3 I lit. d) – Baurisiko. Abwehransprüche gegen Bauvorhaben Dritter werden allerdings von diesem Ausschluss nicht erfasst.[47]
- § 3 II lit. a) – Abwehr von Schadensersatzansprüchen.
- § 3 II lit. i) – steuerliche Bewertung von Grundstücken, Gebäuden oder Gebäudeteilen sowie Erschließungs- und sonstige Anliegerabgaben, soweit sie nicht der laufenden Grundstücksversorgung dienen. Es besteht daher kein Versicherungsschutz für Rechtsstreitigkeiten im Zusammenhang mit der Festsetzung der **Grundsteuerwerte** nach §§ 219 ff. BewG.
- § 3 III lit. d) – Enteignungs-, Planfeststellungs-, Flurbereinigungs- sowie im BauGB geregelte Angelegenheiten. Dazu gehören auch **Umlegungsverfahren** (§§ 45 ff. BauGB).[48]

D. Hinzuerwerb, Aufgabe und Wechsel des Objektes

23 Erwirbt der VN weitere Grundstücke, Gebäude oder Gebäudeteile, so werden sie wegen der Objektbezogenheit des Versicherungsvertrages nicht vom bestehenden Deckungsschutz erfasst. Es bedarf vielmehr insoweit einer Ergänzung des bestehenden Rechts-

45 LG München I NJW-RR 2003, 1264; B/M/*Bruns/Rapp*, § 2 ARB 2010 Rn. 21; a.A. OLG Karlsruhe VersR 2000, 1360; AG Bünde r+s 2012, 486, 488/489; vermittelnd VersHb/*Obarowski*, § 45 Rn. 187, der eine Mitversicherung jedenfalls dann verneint, wenn dem Versicherer bei Vertragsschluss nicht bekannt war, dass der VN nicht Alleineigentümer ist.

46 OLG Oldenburg VersR 2023, 634 f.

47 OLG Stuttgart VersR 2001, 1105, 1106.

48 OLG Karlsruhe NVersZ 1999, 232, 233.

schutzvertrages bzw. eines Neuabschlusses.[49] Für das hinzuerworbene Objekt beginnt die **Wartefrist** des § 4 I 3 erst mit der Einbeziehung bzw. dem Neuabschluss zu laufen.[50]

Gibt der VN das versicherte Objekt auf (z.B. durch Verkauf), entfällt das versicherte Risiko und der Rechtsschutzversicherungsvertrag endet gemäß § 12 I wegen **Wagniswegfalls.** Der Rechtsschutz geht nicht auf den **Erwerber** über, sondern erlischt.[51] Eine analoge Anwendung des § 95 I VVG ist mangels planwidriger Regelungslücke und mangels vergleichbarer Interessenlage unzulässig. 24

§ 29 enthält keine besondere Regelung für einen **Objektwechsel**, so dass insoweit die allgemeinen Regeln des § 12 gelten.[52] Ein Fortbestand des Vertrages kommt nach § 12 III (Wechsel der selbstgenutzten Wohnimmobilie) oder nach § 12 IV (Wechsel der selbstgenutzten Gewerbeimmobilie) in Betracht. Wegen der Einzelheiten wird auf die Kommentierung zu § 12 Rdn. 18–20 verwiesen. 25

E. ARB 2012/2019/2021

Im neuen Bausteinsystem der ARB 2012/2019/2021 entspricht der in Ziffer 2.1.1 enthaltene »Wohnungs- und Grundstücksrechtsschutz« des Buchstabens W (für »Wohnen«) im Wesentlichen § 29.[53] Ziff. 2.1.1 ist in den ARB 2012, ARB 2019 und ARB 2021 identisch. Die Vertragsart umfasst die in Ziff. 2.2 ARB 2012/2019/2021 aufgezählten, mit W gekennzeichneten Leistungsarten »Wohnungs- und Grundstücks-Rechtsschutz« (Ziff. 2.2.3 ARB 2012/2019/2021) sowie »Steuer-Rechtsschutz vor Gerichten« (Ziff. 2.2.5 ARB 2012/2019/2021). 26

---

49 OLG Köln r+s 1993, 104; HK-VVG/*Münkel*, § 29 ARB 2010 Rn. 1.
50 OLG Köln r+s 1993, 104.
51 OLG Karlsruhe VersR 2000, 1360.
52 S/H/W/*Brünger*, § 29 ARB 2010 Rn. 2.
53 B/M/*Bruns/Rapp*, § 29 ARB 2010 Rn. 3.

Kapitel 4 ARB 2012/ARB 2019/ARB 2021

Literatur:
Bauer, Aktuelle Bedingungen für die Rechtsschutzversicherung (ARB 12), VersR 2013, 661; *van Bühren*, Die ARB 2012 – ein Danaer-Geschenk, BRAK-Mitt. 2013, 255; *Cornelius-Winkler*, Die jüngere Rechtsprechung des BGH zur Rechtsschutzversicherung und darauf basierende Änderungen in den aktuellen ARB der Rechtsschutzversicherer, r+s 2020, 545; *Hering*, Neue Allgemeine Bedingungen für die Rechtsschutzversicherung – ARB 2012, ZfS 2013, 4; *Lensing*, Die Rechtsschutzversicherung: ARB – the next generation, AnwBl. 2022, 227; *Maier*, Neue Bedingungen in der Rechtsschutzversicherung (ARB 2012), r+s 2013, 105; *Rudolph*, Die Rechtsschutzversicherung – im Fokus der ARB 2012, 2018.

Übersicht **Rdn.**

A. Einführung in die ARB 2012/ARB 2019/ARB 2021

I. Allgemeines

1 Der GDV veröffentlichte 2012 seine Empfehlung für ein strukturell neu aufgebautes Klauselwerk, welche die Paragrafenstruktur durch ein **Baukastensystem** mit **numerischer Unterteilung** ersetzte.[1] Das sollte die Vertragsbestimmungen transparenter und einfacher verständlich machen. Ob das wirklich gelungen[2] oder bloßes Wunschdenken geblieben[3] ist, mag hier offenbleiben.[4] Jedenfalls ist es umständlicher, die Klauseln nach den mit bis zu vier mit Punkten unterteilten Ziffern exakt zu zitieren, als sie nach Paragrafen zu benennen.

2 Die ARB 2012 haben sich nicht allgemein durchgesetzt.[5] Zahlreiche Rechtsschutzversicherer benutzen immer noch Bedingungswerke mit einer den ARB 2010 ent-

1 HK-VVG/*Münkel*, vor ARB 2021 Rn. 2; *van Bühren*, BRAK-Mitt. 2013, 255; *Hering*, ZfS 2013, 4.
2 So *Maier*, r+s 2013, 105, 110.
3 *Rudolph*, S. 100 (Pseudotransparenz).
4 Zweifelnd auch *Bauer*, VersR 2013, 661; B/M/*Bruns*/*Rapp*, § 1 ARB 2010 Rn. 2.
5 HK-VVG/*Münkel*, vor ARB 2021 Rn. 1; *Lensing*, AnwBl. 2022, 227 spricht von einer »maßvolle[n] Zurückhaltung« der Versicherer bei der Verwendung der ARB 2012.

sprechenden Paragrafenstruktur.[6] Freilich verwendet inzwischen auch eine nennenswerte Anzahl von Versicherern Klauselwerke mit der numerischen Struktur der ARB 2012.

II. Sprachliche und strukturelle Änderungen

3 Die Änderungen der ARB 2012 gegenüber den ARB 2010 sind im Wesentlichen aufbautechnischer und sprachlicher Natur. Die ARB 2019 und die ARB 2021 haben die ARB 2012 neu gefasst, aber inhaltlich nur geringfügig geändert.[7]

4 Grundlegendste Neuerung der ARB 2012 ist das »Baukastensystem«, das die einzelnen Klauseln den Vertragsformen (Ziff. 2.1 – 2.2 ARB 2012) über einen **Buchstabenschlüssel** zuordnet:[8] z.B. gelten die mit dem Buchstaben »P« gekennzeichneten Klauseln nur für den Privat-Rechtsschutz. Mit »A« (»allgemein«) markierte Regeln gelten dagegen für alle Vertragsformen. Dieser Aufbau soll EDV-technisch ermöglichen, dem VN ein Bedingungswerk zu übersenden, das nur die für seinen konkreten Vertrag geltenden Klauseln enthält.[9]

III. Wesentliche inhaltliche Änderungen

5 Inhaltlich unterscheiden sich die ARB 2012 nicht grundlegend, sondern nur in Einzelheiten von den ARB 2010. Diese Abweichungen werden nachfolgend überblicksartig dargestellt. Wegen der Einzelheiten wird auf die entsprechenden Erläuterungen bei den Kommentierungen der Einzelvorschriften der ARB 2010 verwiesen.

1. ARB 2012

6 Ziff. 2 ARB 2012 regelt die **Vertragsformen**: Privat-Rechtsschutz (P), Rechtsschutz für Selbständige oder Firmen (U), Rechtsschutz für Vereine (Ver), Rechtsschutz für Landwirte (L), Berufs-Rechtsschutz (B), Verkehrs-Rechtsschutz (Vk), Fahrzeug-Rechtsschutz (F), Wohnungs- und Grundstücksrechtsschutz (W), Fahrer-Rechtsschutz (D) und die Gesamtkombination Privat/Firmen (GK).

7 Arbeitsrechtsschutz ist dabei im Privatrechtsschutz nicht mehr enthalten, sondern muss durch die neue Vertragsform **Berufsrechtsschutz** abgesichert werden.[10] Zudem erweitern die ARB 2012 den Begriff der **»sonstigen selbständigen Tätigkeit«** gegenüber den ARB 2010 erheblich, was den Rechtsschutz des VN im Privatrechtsschutz beschneidet.[11] Diese Definition gilt auch für die übrigen Vertragsformen, soweit sie eine Abgrenzung zu selbständigen Tätigkeiten vorsehen.

---

6 B/M/*Bruns/Rapp*, § 1 ARB 2010 Rn. 1; VersHb/*Obarowski*, § 45 Rn. 26.
7 P/M/*Piontek*, ARB 2021 Rn. 1.
8 P/M/*Piontek*, ARB 2021 Rn. 1.
9 *Maier*, r+s 2013, 105.
10 HK-VVG/*Münkel*, Ziff. 2.1.1 ARB 2021 Rn. 2; Harbauer/*Maier*, Ziffer 2 ARB 2012 Rn. 5.
11 HK-VVG/*Münkel*, Ziff. 2.1.1 ARB 2021 Rn. 2.

Die in Ziff. 2.1.1 ARB 2012 bei der Vertragsform »Privat-Rechtsschutz« enthaltene Definition der vom Versicherungsschutz ausgeschlossenen »sonstigen selbständigen Tätigkeit« ist erheblich weiter als nach den ARB 2010. Eine solche liegt vor, wenn Einkünfte im steuerrechtlichen Sinne erzielt werden oder erzielt werden sollen, die keine Einkünfte aus nichtselbständiger Tätigkeit oder Einkünfte aus Rente sind. Damit ist die **(einkommen)steuerrechtliche Abgrenzung** der erzielten Einkünfte das wesentliche Kriterium, um den Begriff zu bestimmen.[12] 8

Soweit der VN Einkünfte aus **Gewerbebetrieb** (**§§ 15 ff. EStG**) erzielt, liegt eine gewerbliche Tätigkeit vor. Freiberuflich ist der VN tätig, soweit er Einkünfte aus **freiberuflicher Tätigkeit** nach **§ 18 I Nr. 1 EStG** erzielt. Soweit der VN Einkünfte erzielt, die **nicht** aus **nichtselbständiger Arbeit** (**§ 19 EStG**) oder **Rente** (**§ 22 Nr. 1 EStG**) stammen, übt er – über den steuerrechtlichen Begriff des § 18 I Nr. 3 EStG hinaus – vor, eine »sonstige selbständige Tätigkeit« aus. Dabei handelt es sich insbesondere um Einkünfte aus sonstiger selbständiger Arbeit (§ 18 I Nr. 3 EStG) und aus **Kapitalvermögen** (§ 20 EStG). Das nimmt die **private Vermögensverwaltung** insgesamt aus dem privaten Bereich des VN heraus, weil er mit ihr entweder Einkünfte aus § 15, § 20 oder § 21 EStG erzielt.[13] Selbst der Inhaber eines einfachen Sparbuches ist damit sonstig selbständig tätig. 9

Ziff. 2.2.12 ARB 2012 führt die Leistungsart »**Opfer-Rechtsschutz**« neu ein. Nebenklageberechtigte Opfer bestimmter Gewaltstraftaten, die im Klauseltext einzeln aufgeführt sind, genießen Deckungsschutz für anwaltlichen Beistand im strafrechtlichen Ermittlungs- und Nebenklageverfahren, für den Täter-Opfer-Ausgleich nach § 46a Nr. 1 StGB, für Anträge nach § 1 GewSchG und für die Geltendmachung von Ansprüchen nach dem SGB und dem OEG. Weitere Voraussetzung ist, dass durch die Straftat dauerhafte Körperschäden eingetreten sind. Wer nach §§ 397a I, 406g III StPO Anspruch auf eine kostenlose Anwaltsbeiordnung hat, genießt keinen Deckungsschutz. 10

Nach Ziff. 2.3.2.4 ARB 2012 »sorgt« der Versicherer für die Übersetzung von Unterlagen, wenn die **Übersetzung** zur **Rechtswahrnehmung im Ausland erforderlich** ist. Damit ist keine Kostentragungspflicht vereinbart, vielmehr besorgt der Versicherer die Übersetzung selbst. Diese Klausel ist wirksam. § 127 VVG gewährleistet nur die freie Anwaltswahl, nicht aber die freie Auswahl eines Übersetzers. Eine Übersetzung ist auch bei der Prozessführung im Ausland nicht stets per se erforderlich. Wenn nach dem ausländischen Prozessrecht unübersetzte deutschsprachige Anlagen grundsätzlich beachtlich sind und nur auf Aufforderung des Gerichts übersetzt werden müssen,[14] wird man die Übersetzung von Anlagen nur auf Anforderung des Gerichts als »erforderlich« im Sinne von Ziff. 2.3.2.4 ARB 2012 ansehen können. 11

---

12 B/M/*Bruns/Rapp*, § 24 ARB 2010 Rn. 9.

13 *Bauer*, VersR 2013, 661, 662; *Maier*, r+s 2013, 105, 106; *HK*-VVG/*Münkel*, Ziff. 2.1.1 ARB 2021, Rn. 2.

14 Vgl. etwa zum niederländischen Zivilprozessrecht: Hoge Raad DAR 2016, 88 mit Anmerkung *Seggewiße/Weber*, DAR 2016, 88, 89.

12 Ziff. 3.2.8 ARB 2012 schließt den Deckungsschutz im Zusammenhang mit Kapitalanlagen komplett aus. Es bestehen Bedenken gegen die Wirksamkeit der Klausel. Zwar hat der BGH eine Klausel gebilligt, die »Streitigkeiten aus Kapitalanlagegeschäften aller Art und deren Finanzierung« vom Versicherungsschutz ausschloss.[15] Dies hat er allerdings mit einer engen Auslegung der seiner Entscheidung zugrundeliegenden Ausschlussklausel begründet.[16] Diese enge Auslegung dürfte hier aber aus systematischen Gründen und wegen der in Ziff. 3.2.8 ARB 2012 enthaltenen Rückausnahmen nicht möglich sein.[17] Klassische Kapitalanlagen führen regelmäßig zu Einkünften aus § 15 EStG oder § 20 EStG und sind aufgrund der weiten Definition der »sonstigen selbständigen Tätigkeit« in den ARB 2012 ohnehin nicht vom Deckungsschutz umfasst. Sinnvoll ist die Ausschlussklausel daher nur bei einer über klassische Kapitalanlagen hinausgehenden Auslegung des Begriffs. Auch das in der Ausschlussklausel enthaltene Rückausnahme-Beispiel des »zu eigenen Wohnzwecken genutztes Gebäude[s]« belegt, dass der Klausel ein uferloses Verständnis der »**Kapitalanlage**« zugrundeliegt. Die Rückausnahme ist nur erforderlich, wenn nach dem grundsätzlichen Klauselverständnis sogar das Eigenheim eine Kapitalanlage sein soll. Damit ist letztlich der Erwerb bzw. das Eigentum an jedem werthaltigen Vermögensgegenstand eine »Kapitalanlage« im Sinne der Ausschlussklausel – und zwar unabhängig davon, ob mit ihm Einnahmen erzielt werden oder nicht. Damit wäre z.B. auch ein Oldtimer eine Kapitalanlage im Sinne von Ziff. 3.2.8 ARB 2012. Angesichts dessen bestehen zum einen Bedenken gegen die Transparenz des Ausschlusses im Sinne von § 307 I 2 BGB und liegt auch eine unangemessene Benachteiligung des VN nahe (§ 307 I 1 BGB).[18]

13 Der Risikoausschluss in Ziff. 3.2.21 ARB 2012 greift bereits bei jeder vorsätzlichen und rechtswidrigen Verursachung des Versicherungsfalls ein.[19] Er entspricht dem wortgleichen Ausschluss in § 4 II lit. a) ARB 75. Dementsprechend gilt auch für Ziff. 3.2.2.21 ARB 2012 die BGH-Rechtsprechung zu § 4 ARB 75,[20] dass der **Vorsatzausschluss** nicht voraussetzt, dass dem VN eine Kostenbelastung des Versicherers durch sein Handeln bewusst ist.[21] Seit den ARB 2019 knüpft der Ausschlusstatbestand dagegen wieder wie § 3 V ARB 2010 an einen Zusammenhang mit einer vorsätzlichen Straftat an.[22]

14 Ziff. 4.1.1.4 ARB 2012 bestimmt: »*Das heißt, Sie müssen die Kosten der Rechtsverfolgung (z.B.: Rechtsanwalts-, Gerichtskosten, Kosten der Gegenseite) so gering wie möglich halten.*« Diese **Kostengeringhalteklausel** ist unwirksam, weil sie gegen das Transparenzgebot nach § 307 I 2 BGB verstößt.[23]

---

15 BGH VersR 2019, 811 ff.

16 BGH VersR 2019, 811, 812.

17 A.A. wohl *Looschelders,* VersR 2021, 1397, 1398, 1405.

18 A.A. *Maier,* r+s 2013, 105, 109.

19 Harbauer/*Maier,* Ziff. 2 ARB 2012 Rn. 14.

20 BGH r+s 1997, 201; a.A. OLG Köln VersR 1992, 1464.

21 *Niebel,* r+s 2021, 425, 429.

22 P/M/*Piontek,* ARB 2021 Rn. 3; HK-VVG/*Münkel,* Ziff. 3.2 ARB 2021 Rn. 6.

23 BGH VersR 2019, 1284, 1286; KG r+s 2020, 712, 713; teilweise a.A. wohl OLG Köln VersR 2016, 113.

2. ARB 2019

15 Die ARB 2019 haben die mit den Buchstaben »CP« gekennzeichnete Vertragsform »**Cyber-Rechtsschutz** als Ergänzung für den Privat-Rechtsschutz« eingeführt.[24] Sie gewährt Rechtsschutz im Zusammenhang mit der Nutzung elektronischer Daten und Medien und umfasst die Durchsetzung vorbeugender Unterlassungsansprüche wegen Persönlichkeitsrechtsverletzungen, sowie die Wahrnehmung rechtlicher Interessen für die Verteidigung gegen den Vorwurf von Urheberrechtsverstößen. Im Strafrechtsschutz gewährt die Vertragsform Deckung für die Erstattung von Strafanzeigen, wenn man bei der Nutzung elektronischer Medien Opfer geworden ist und für die Verteidigung gegen den Vorwurf vorsätzlicher Vergehen bei deren Nutzung. Wenn der VN rechtskräftig wegen vorsätzlicher Begehung verurteilt wird, muss er dem Versicherer die verauslagten Kosten allerdings zurückzahlen.

16 Die **Vorerstreckungsklausel** in Ziff. 3.1.2 ARB 2019 wurde als Reaktion auf ein Urteil des BGH[25] enger gefasst.[26]

17 Der Risikoausschluss in Ziff. 3.2.21 ARB 2019 entspricht sachlich nunmehr wieder § 3 V ARB 2010.[27]

18 Beim **Sachverständigenverfahren** (Ziff. 3.4.2 ARB 2019) und beim **Stichentscheidsverfahren** (Ziff. 3.4.3 ARB 2019) sind die in den ARB 2012 noch vorgesehenen Monatsfristen entfallen.[28]

19 Die **Kostengeringhalteklausel** (Ziff. 4.1.1.4 ARB 2012) ist entfallen und in Ziff. 4.1.1.4 ARB 2019 durch einen (deklaratorischen) Verweis auf die **Schadensminderungspflicht** nach § 82 VVG ersetzt worden.[29]

20 Die in Ziff. 4.1.6 ARB 2012 noch enthaltene Klausel, dass sich der VN Obliegenheitsverletzungen des von ihm beauftragten Rechtsanwalts zurechnen lassen muss, wurde ersatzlos gestrichen, nachdem der BGH die inhaltlich identische **Repräsentantenklausel** des § 17 VII ARB 2010 für unwirksam erklärt hatte.[30]

21 Nach Ziff. 4.1.7 ARB 2019 bedarf die Zustimmung des Versicherers zur **Abtretung** eines Anspruchs nicht mehr der Schriftform, sondern nur noch der Textform. Damit wird dem neuen § 309 Nr. 13 lit. b) BGB Genüge getan.

---

24 *Lensing,* AnwBl. 2022, 227, 228.
25 BGH VersR 2018, 992 ff.
26 *Lensing,* AnwBl. 2022, 227, 227.
27 P/M/*Piontek,* ARB 2021, Rn. 3; HK-VVG/*Münkel,* Ziffer 3.2 ARB 2021 Rn. 6; *Lensing,* NJW 2022, 230 f.
28 P/M/*Piontek,* ARB 2021, Rn. 3.
29 B/M/*Bruns-Rapp,* § 17 ARB 2010 Rn. 12; HK-VVG/*Münkel,* Ziffer 4.1 ARB 2021 Rn. 6.
30 BGH VersR 2019, 1284, 1287/1288, dem folgend OLG München r+s 2021, 151, 154; KG r+s 2020, 712, 714; OLG Düsseldorf VersR 2020, 980, 981.

3. ARB 2021

22 Für die **Abtretung** von **Geldforderungen** besteht nach Ziff. 4.1.7 ARB 2021 kein Zustimmungserfordernis mehr, wobei ein Freistellungsanspruch keine Geldforderung im Sinne der Klausel ist. Diese Änderung erfolgte als Reaktion auf den zum 01.10.2021 in Kraft getretenen § 308 Nr. 9 BGB.[31] Sie ist aber nicht auf Verbraucher beschränkt, sondern gilt auch für unternehmerische VN.

B. Text der ARB 2021

23 **Unverbindliche Bekanntgabe des Gesamtverbandes der Deutschen Versicherungswirtschaft e. V. (GDV) Zur fakultativen Verwendung/Abweichende Vereinbarungen sind möglich**

Allgemeine Bedingungen für die Rechtsschutzversicherung (ARB 2021)

Musterbedingungen des GDV

(Stand: Juni 2025)

Inhaltsverzeichnis

31 L/W/*Obarowski*, § 125 Rn. 11.

5. In welchen Ländern sind Sie versichert?
- 5.1 Hier haben Sie Versicherungsschutz
- 5.2 Hier haben Sie Versicherungsschutz mit Einschränkungen

6. Wann beginnt und endet Ihre Rechtsschutzversicherung?
- 6.1 Beginn des Versicherungsschutzes
- 6.2 Dauer und Ende des Vertrages

7. Wann und wie müssen Sie Ihren Beitrag zahlen?
- 7.1 Beitragszahlung
- 7.2 Versicherungsjahr
- 7.3 Versicherungssteuer
- 7.4 Zahlung und Folgen verspäteter Zahlung/Erster Beitrag
- 7.5 Zahlung und Folgen verspäteter Zahlung/Folgebeitrag
- 7.6 Rechtzeitige Zahlung bei Sepa-Lastschriftmandat
- 7.7 Beitrag bei vorzeitiger Vertragsbeendigung
- 7.8 Beitragsanpassung
- 7.9 Änderung wesentlicher Umstände der Beitragsfestsetzung

8. Wann verjähren Ansprüche aus dem Versicherungsvertrag?
- 8.1 Gesetzliche Verjährung
- 8.2 Die Verjährung wird ausgesetzt

9. Wenn Sie mit uns einmal nicht zufrieden sind
- 9.1 Versicherungsombudsmann
- 9.2 Versicherungsaufsicht
- 9.3 Rechtsweg

10. Welches Recht ist anzuwenden und wo ist der Gerichtsstand?
- 10.1 Anzuwendendes Recht
- 10.2 Klagen gegen das Versicherungsunternehmen
- 10.3 Klagen gegen den Versicherungsnehmer

Anhang: Beitragsfreiheit bei Arbeitslosigkeit (Zahlungspause)

Die unverbindlichen Muster-ARB 2021 sind nach dem Bausteinprinzip aufgebaut. Die Klauseln sind den einzelnen Vertragsarten (Privat, Unternehmen, Verein, Landwirte, Beruf, Verkehr, Fahrzeug und Wohnen) durch den nachfolgenden Buchstabenschlüssel zugeordnet. Klauseln bzw. Abschnitte, die für alle Vertragsarten einschlägig sind, haben die Zuordnung A:

	Allgemein	A	Landwirte	L
	Privat	P	Beruf	B
	Optional: Cyber-Privat	CP	Verkehr	Vk
	Unternehmen			
	Verein	Ver	Wohnen	W

1. **Aufgaben der Rechtsschutzversicherung** A

Sie möchten Ihre rechtlichen Interessen wahrnehmen. Wir erbringen die dafür erforderlichen Leistungen und sichern Ihnen so den Zugang zum Recht. Der Umfang unserer Leistungen ist im Versicherungsantrag, im Versicherungsschein und in diesen Versicherungsbedingungen beschrieben. Gerne unterstützen wir Sie, Ihren Konflikt schnell und nachhaltig zu lösen. Fragen Sie uns nach Ihren Möglichkeiten.

2. **Welchen Rechtsschutz haben Sie?** A

A

Sie haben folgenden Bereich *(Vertragsform)* versichert: P

– Privat-Rechtsschutz

– *Optional*: CP

Cyber-Rechtsschutz als Ergänzung für den Privat-Rechtsschutz, U

– Rechtsschutz für Selbstständige oder Firmen, Ver
– Rechtsschutz für Vereine, L
– Rechtsschutz für Landwirte, B
– Berufs-Rechtsschutz, Vk
– Verkehrs-Rechtsschutz, F
– Fahrzeug-Rechtsschutz, W
– Wohnungs- und Grundstücks-Rechtsschutz.

2.1. **Wer/was ist versichert?** A

Aus rechtlichen Gründen weisen wir Sie auf Folgendes hin:

Es besteht – unbeschadet der übrigen Vertragsbestimmungen – Versicherungsschutz nur, soweit und solange dem keine auf die Vertragsparteien direkt anwendbaren Wirtschafts-, Handels- oder Finanzsanktionen bzw. Embargos der Europäischen Union oder der Bundesrepublik Deutschland entgegenstehen.

Dies gilt auch für Wirtschafts-, Handels- oder Finanzsanktionen bzw. Embargos der Vereinigten Staaten von Amerika, soweit dem nicht Rechtsvorschriften der Europäischen Union oder der Bundesrepublik Deutschland entgegenstehen.

2.1.1 Versicherte Lebensbereiche A

Im Privat-Rechtsschutz: P

Sie haben Versicherungsschutz für Ihren privaten Bereich. Sie haben hier keinen Versicherungsschutz, wenn Sie rechtliche Interessen im Zusammenhang mit einer der folgenden Tätigkeiten wahrnehmen:

– eine gewerbliche Tätigkeit,
– eine freiberufliche Tätigkeit,
– eine sonstige selbstständige Tätigkeit.

Wann liegt eine sonstige selbstständige Tätigkeit vor?

Wenn Einkünfte im steuerrechtlichen Sinne erzielt werden oder werden sollen, die keine Einkünfte aus nichtselbstständiger Tätigkeit (zum Beispiel Löhne oder Gehälter) oder Einkünfte aus Rente sind.

> *Optional*:
>
> Cyber-Rechtsschutz als Ergänzung für den Privat-Rechtsschutz **CP**
>
> Sie haben Versicherungsschutz in Ihrem privaten Bereich im Zusammenhang mit der Nutzung elektronischer Daten/Medien (zum Beispiel im Internet, in einem Intranet, in digitalen Kurznachrichten- oder Messengerdiensten, … *[ggf. unternehmensindividuell zu ergänzen]*).

Folgende Bereiche sind mit einem extra Baustein zu versichern und nicht im Privat-Rechtsschutz enthalten: **P**

- Rechtsschutz für Selbstständige oder Firmen,
- Rechtsschutz für Vereine,
- Berufs-Rechtsschutz,
- Verkehrs-Rechtsschutz und Fahrzeug-Rechtsschutz,
- Wohnungs- und Grundstücks-Rechtsschutz.

Im Rechtsschutz für Selbstständige oder Firmen: U

Sie haben Versicherungsschutz für Ihre im Versicherungsschein bezeichnete gewerbliche, freiberufliche oder sonstige selbstständige Tätigkeit.

Im Rechtsschutz für Vereine: **Ver**

Sie haben Versicherungsschutz für den im Versicherungsschein bezeichneten Verein.

Im Rechtsschutz für Landwirte: L

Sie haben Versicherungsschutz

- als Inhaber für Ihren im Versicherungsschein bezeichneten land- oder forstwirtschaftlichen Betrieb,
- für den privaten Bereich und
- für die Ausübung nichtselbstständiger Tätigkeiten.

Versicherungsschutz besteht für Sie als

- Eigentümer,
- Halter,
- Erwerber,
- Leasingnehmer/Mieter,
- Fahrer

von Motorfahrzeugen sowie Anhängern.

Versichert sind folgende Fahrzeuge:

- Pkw oder Kombiwagen,
- Krafträder oder
- land- bzw. forstwirtschaftlich genutzte Fahrzeuge.

Für andere Fahrzeuge besteht kein Versicherungsschutz (zum Beispiel nicht land- oder forstwirtschaftlich genutzte Lkws).

Als Fahrer und Mitfahrer sind Sie unabhängig von der Fahrzeugart versichert (zum Beispiel: Sie kaufen sich ein privates Motorboot; der Kauf ist nicht versichert, wohl aber das Führen des Bootes).

Im Berufs-Rechtsschutz: **B**

Sie haben Versicherungsschutz für Ihre berufliche, nichtselbstständige Tätigkeit (zum Beispiel als Arbeitnehmer, Beamter, Richter).

Sie haben keinen Versicherungsschutz, wenn Sie rechtliche Interessen wahrnehmen als: **P U Ver B**

- Eigentümer,
- Halter,
- Erwerber,
- Leasingnehmer/Mieter,
- Fahrer

von Motorfahrzeugen sowie Anhängern.

Der Verkehrs-Rechtsschutz und der Fahrzeug-Rechtsschutz sind mit einem extra Baustein zu versichern.

Im Verkehrs-Rechtsschutz **Vk**

Sie haben Versicherungsschutz, wenn Sie rechtliche Interessen wahrnehmen als

- Eigentümer,
- Halter,
- Erwerber,
- Leasingnehmer/Mieter,
- Fahrer

von Kraftfahrzeugen sowie Anhängern.

Die Kraftfahrzeuge oder Anhänger müssen entweder:

- bei Vertragsabschluss oder während der Vertragsdauer auf Sie zugelassen sein oder
- auf Ihren Namen mit einem Versicherungskennzeichen (sogenanntes Nummernschild) versehen sein oder
- zum vorübergehenden Gebrauch von Ihnen gemietet sein.

Sie sind ferner als Fahrer und Mitfahrer fremder oder eigener Kraftfahrzeuge, Motorfahrzeuge zu Wasser oder in der Luft versichert.

Versicherungsschutz haben Sie auch, wenn Sie am öffentlichen Straßenverkehr teilnehmen, und zwar

- als Fahrgast,
- als Fußgänger oder
- als Radfahrer.

Im Fahrzeug-Rechtsschutz F

Sie haben Versicherungsschutz für die im Versicherungsschein genannten Kraftfahrzeuge, Motorfahrzeuge zu Wasser oder in der Luft sowie für Anhänger.

Dabei kommt es nicht darauf an, ob

- das Fahrzeug auf Ihren Namen zugelassen ist oder
- das Fahrzeug mit einem Versicherungskennzeichen (sogenanntes Nummernschild) auf Ihren Namen versehen ist.

Im Wohnungs- und Grundstücks-Rechtsschutz W

Sie haben Versicherungsschutz, wenn Sie Grundstücke, Gebäude oder Gebäudeteile in folgenden Eigenschaften nutzen: als

- Eigentümer,
- Vermieter,
- Verpächter,
- Mieter,
- Pächter,
- sonstiger Nutzungsberechtigter.

Die Eigenschaften und das Grundstück, Gebäude oder Gebäudeteil müssen im Versicherungsschein angegeben sein. Einer Wohneinheit zuzurechnende Garagen oder Kraftfahrzeug-Abstellplätze sind eingeschlossen.

Wenn Sie das im Versicherungsschein bezeichnete, selbst genutzte Wohnobjekt wechseln, geht der Versicherungsschutz auf das neue Wohnobjekt über und umfasst auch Versicherungsfälle,

- die erst <u>nach</u> dem Auszug aus dem bisherigen Wohnobjekt eintreten oder
- die sich auf das neue Wohnobjekt beziehen und <u>vor</u> dessen geplantem oder tatsächlichem Bezug eintreten.

Wenn Sie ein Objekt wechseln, das Sie für Ihre gewerbliche, freiberufliche oder sonstige selbstständige Tätigkeit selbst nutzen, dann gilt dies nur unter **folgender Voraussetzung:**

Das neue Objekt darf nach unserem Tarif weder nach Größe noch nach Miet- oder Pachthöhe einen höheren als den vereinbarten Beitrag ausmachen.

2.1.2 Mitversicherung **P U Ver L B Vk F**

Mitversichert sind:

- die von Ihnen beschäftigten Mitarbeiter, soweit sie für Sie beruflich im versicherten Betrieb tätig sind, **U L**
- die gesetzlichen Vertreter, Angestellten und Mitglieder des Vereins im Rahmen der Aufgaben, die sie nach der Satzung zu erfüllen haben, **Ver**
- Ihr ehelicher/eingetragener Lebenspartner, **P L B**

- im Versicherungsschein genannte sonstige Lebenspartner,
- Ihre minderjährigen Kinder,
- Ihre unverheirateten volljährigen Kinder bis zur Vollendung des 25. Lebensjahrs.

  Die Kinder dürfen allerdings nicht in einer eigenen eingetragenen oder sonstigen Lebenspartnerschaft leben.

Ausnahme: Volljährige Kinder sind nicht mitversichert, wenn sie rechtliche Interessen wahrnehmen als L

- Eigentümer,
- Halter,
- Erwerber,
- Leasingnehmer/Mieter,
- Fahrer,

von Kraftfahrzeugen, Motorfahrzeugen zu Wasser oder in der Luft sowie Anhänger.

Die Mitversicherung von volljährigen Kindern endet in jedem Fall zu dem Zeitpunkt, zu dem sie erstmalig eine auf Dauer angelegte, berufliche Tätigkeit ausüben und hierfür ein Einkommen erhalten. **P L B**

- alle Personen in ihrer Eigenschaft als berechtigte Fahrer und berechtigte Mitfahrer eines Kraftfahrzeugs sowie eines Anhängers. L

  Voraussetzung ist:

  das Kraftfahrzeug oder der Anhänger ist im Zeitpunkt des Versicherungsfalls

  - auf Sie, Ihren mitversicherten Lebenspartner oder Ihre minderjährigen Kinder zugelassen oder
  - auf Ihren Namen mit einem Versicherungskennzeichen (sogenanntes Nummernschild) versehen oder
  - von Ihnen, Ihrem mitversicherten Lebenspartner oder Ihren minderjährigen Kindern zum vorübergehenden Gebrauch angemietet.
- im Versicherungsschein genannte Mitinhaber sowie deren eheliche/eingetragene oder im Versicherungsschein genannte sonstige Lebenspartner, sofern diese L
  - in Ihrem Betrieb tätig und
  - in Ihrem Betrieb wohnhaft sind.
- im Versicherungsschein genannte Altenteiler sowie deren eheliche/eingetragene oder im Versicherungsschein genannte sonstige Lebenspartner, sofern diese in Ihrem Betrieb wohnhaft sind. L

Im Verkehrs-Rechtsschutz: **VK**

Im Fahrzeug-Rechtsschutz: **F**

Vk F

Versichert sind alle Personen (mitversicherte Personen) in ihrer Eigenschaft als berechtigte Fahrer oder berechtigte Mitfahrer des Kraftfahrzeugs. (Berechtigt ist jede Person, die das Kraftfahrzeug mit Ihrem Einverständnis führt oder nutzt.)

Alle Bestimmungen aus diesem Rechtsschutzvertrag gelten auch für diese mitversicherten Personen. **P U Ver L B Vk F**

Wenn eine mitversicherte Person Versicherungsschutz verlangt, können Sie dem widersprechen. (Warum können Sie widersprechen, wenn eine mitversicherte Person Versicherungsschutz verlangt? Sie sind unser Versicherungsnehmer und können zum Beispiel bestimmen, ob wir Kosten für mitversicherte Personen bezahlen sollen.)

Ausnahme: Bei Ihrem ehelichen/eingetragenen Lebenspartnerkönnen Sie nicht widersprechen. **P U Ver L B Vk F**

Versicherungsschutz besteht außerdem für Ansprüche, die natürlichen Personen kraft Gesetzes dann zustehen, wenn Sie oder eine mitversicherte Person verletzt oder getötet wurden. **P L Vk F**

(Beispiel: Wenn Sie bei einem Verkehrsunfall schwer verletzt werden, haben Ihre nächsten Angehörigen Versicherungsschutz und können damit Unterhaltsansprüche gegen den Unfallgegner geltend machen. Eine »natürliche Person« ist ein Mensch, im Gegensatz zur »juristischen Person«; das ist zum Beispiel eine GmbH, eine AG oder ein Verein.)

2.2 **In welchen Rechtsbereichen sind Sie versichert (Leistungsarten)?** **A**

Je nach Vereinbarung umfasst der Versicherungsschutz folgende Leistungsarten:

2.2.1 Schadenersatz-Rechtsschutz **P U Ver L Vk F**

für die Durchsetzung Ihrer Schadenersatzansprüche.

Solche Schadenersatzansprüche dürfen allerdings nicht auch auf einer Vertragsverletzung oder einer Verletzung eines dinglichen Rechts an Grundstücken, Gebäuden oder Gebäudeteilen beruhen (dingliche Rechte sind Rechte, die gegenüber jedermann wirken und von jedem respektiert werden müssen, zum Beispiel Eigentum.).

(Das bedeutet zum Beispiel, dass wir Schadenersatzansprüche wegen der Beschädigung eines Fernsehers gegen den Schädiger abdecken, nicht aber Ansprüche bei einer mangelhaften Fernseherreparatur. Diese können über den Vertrags-Rechtsschutz versichert werden; siehe 2.2.4) **P U Ver L**

(Das bedeutet zum Beispiel, dass wir Schadenersatzansprüche wegen eines Autounfalls gegen den Unfallgegner abdecken, nicht aber Ansprüche bei einer mangelhaften Handwerkerleistung – wie aus einer Autoreparatur. Diese können über den Vertrags-Rechtsschutz nach 2.2.4 versichert werden.) **Vk F**

Optional: für die Durchsetzung **Ihrer** vorbeugenden Unterlassungsansprüche wegen der Verletzung des Persönlichkeitsrechts in unmittelbarem Zusammenhang mit der Nutzung elektronischer Daten/Medien (zum Beispiel im Internet, in einem Intranet, in digitalen Kurznachrichten- oder Messengerdiensten, … *[ggf. unternehmensindividuell zu ergänzen]*). (Beispiel: Sie wurden in einem Gruppen-Chat beleidigt oder es wurden widerrechtlich Fotos von Ihnen im Internet veröffentlicht, und es drohen hieraus weitere gleichartige Rechtsverletzungen.) Wir erstatten hier Kosten bis zu maximal … EUR je Kalenderjahr.	CP

2.2.2 Arbeits-Rechtsschutz U Ver L B

um Ihre rechtlichen Interessen wahrzunehmen, aus

- Arbeitsverhältnissen,
- öffentlich-rechtlichen Dienstverhältnissen hinsichtlich dienstrechtlicher und versorgungsrechtlicher Ansprüche.

2.2.3 Wohnungs- und Grundstücks-Rechtsschutz L W

für land- und forstwirtschaftlich genutzte Grundstücke, Gebäude oder Gebäudeteile. Um Ihre rechtlichen Interessen wahrzunehmen, aus L

- Miet- und Pachtverhältnissen (zum Beispiel Streitigkeiten wegen Mieterhöhung), L W
- sonstigen Nutzungsverhältnissen (zum Beispiel Streitigkeit um ein Wohnrecht),
- dinglichen Rechten, die Grundstücke, Gebäude oder Gebäudeteile betreffen (zum Beispiel Streitigkeit um den Verlauf der Grundstücksgrenze).

2.2.4 Rechtsschutz im Vertrags- und Sachenrecht P L Vk F

um Ihre rechtlichen Interessen wahrzunehmen, aus privatrechtlichen Schuldverhältnissen und dinglichen Rechten. (»Ein Schuldverhältnis« besteht zum Beispiel zwischen Käufer und Verkäufer. Ein Streit über ein dingliches Recht kann beispielsweise zwischen dem Eigentümer und dem Besitzer auf Herausgabe einer Sache bestehen.)

Dieser Versicherungsschutz gilt nicht, soweit es sich um eine Angelegenheit aus folgenden Bereichen handelt:

- Schadenersatz-Rechtsschutz (siehe 2.2.1),
- Arbeits-Rechtsschutz (zum Beispiel Streit aus oder um Ihr Arbeitsverhältnis) oder
- Wohnungs- oder Grundstücks-Rechtsschutz (zum Beispiel Streit aus Ihrem Mietverhältnis oder wenn Sie als Eigentümer oder Besitzer eines Grundstücks oder Gebäudes betroffen sind)

Es besteht auch Versicherungsschutz für Verträge, mit denen Sie Kraftfahrzeuge und Anhänger zur Eigennutzung erwerben wollen, auch wenn diese später nicht auf Sie zugelassen werden. L Vk F

Ausnahme: Sie haben keinen Versicherungsschutz im Vertrags- und Sachenrecht, wenn Sie Teilnehmer im öffentlichen Straßenverkehr sind (Beispiel: Streit um eine Taxirechnung). Vk F

2.2.5 Steuer-Rechtsschutz vor Gerichten P L Vk F W

um Ihre rechtlichen Interessen im Zusammenhang mit Steuern und Abgaben vor deutschen Finanz- und Verwaltungsgerichten wahrzunehmen, aber erst ab dem gerichtlichen Verfahren.

Dieser Versicherungsschutz gilt für folgende Lebensbereiche (2.1.1) U

- Privat-Rechtsschutz,
- Verkehrs-Rechtsschutz und
- Berufs-Rechtsschutz

(Das bedeutet, es besteht beim Steuer-Rechtsschutz vor Gerichten **kein Versicherungsschutz im Bereich Rechtsschutz für Selbstständige oder Firmen**).

2.2.6 Sozialgerichts-Rechtsschutz P U Ver L

um Ihre rechtlichen Interessen vor deutschen Sozialgerichten wahrzunehmen, aber erst ab dem gerichtlichen Verfahren.

2.2.7 Verwaltungs-Rechtsschutz in Verkehrssachen L Vk F

um Ihre rechtlichen Interessen in verkehrsrechtlichen Angelegenheiten vor Verwaltungsbehörden und Verwaltungsgerichten wahrzunehmen.

2.2.8 Disziplinar- und Standes-Rechtsschutz U Ver L B

für die Verteidigung in Disziplinar- und Standesrechtsverfahren (Disziplinarrecht: es geht um Dienstvergehen von zum Beispiel Beamten oder Soldaten; Standesrecht: berufsrechtliche Belange von freien Berufen, zum Beispiel von Ärzten oder Rechtsanwälten).

2.2.9 Straf-Rechtsschutz P U Ver L Vk F

für die Verteidigung, wenn Ihnen ein strafrechtliches Vergehen vorgeworfen wird. (Vergehen sind Straftaten, die im Mindestmaß mit einer Freiheitsstrafe von unter einem Jahr oder Geldstrafe bedroht sind.) P U Ver L

Sie haben Versicherungsschutz unter **folgenden Voraussetzungen**:

- das Vergehen ist vorsätzlich und fahrlässig nach dem Gesetz strafbar
- und Ihnen wird ein fahrlässiges Verhalten vorgeworfen.

Wird Ihnen jedoch ein vorsätzliches Verhalten vorgeworfen, erhalten Sie zunächst keinen Versicherungsschutz. Wenn Sie nicht wegen vorsätzlichen Verhaltens verurteilt werden, erhalten Sie rückwirkend Versicherungsschutz. Ändert sich der Vorwurf während des Verfahrens auf fahrlässiges Verhalten, besteht ab diesem Zeitpunkt Versicherungsschutz.

In folgenden Fällen haben Sie also keinen Versicherungsschutz: **P U Ver L**

- Ihnen wird ein Verbrechen vorgeworfen (Straftat, die im Mindestmaß mit einer Freiheitsstrafe von einem Jahr bedroht ist).
- Ihnen wird ein Vergehen vorgeworfen, das nur vorsätzlich begangen werden kann (zum Beispiel Beleidigung, Diebstahl, Betrug).

Dabei ist es egal, ob der Vorwurf berechtigt ist oder wie das Strafverfahren ausgeht.

Optional: **CP**

für die Verteidigung, wenn Ihnen ein vorsätzliches Vergehen in unmittelbarem Zusammenhang mit der Nutzung elektronischer Daten/Medien (zum Beispiel im Internet, in einem Intranet, in digitalen Kurznachrichten- oder Messengerdiensten, … [ggf. unternehmensindividuell zu ergänzen]) vorgeworfen wird (Beispiel: Sie werden angezeigt, eine andere Person in einem sozialen Netzwerk beleidigt zu haben.).

Wir erstatten hier Kosten bis zu maximal … EUR je Kalenderjahr.

Ausnahme: Ein Gericht stellt rechtskräftig fest, dass Sie das Vergehen vorsätzlich begangen haben. In diesem Fall sind Sie verpflichtet, uns die entstandenen Kosten zu erstatten.

Sie haben keinen Versicherungsschutz, wenn Ihnen ein Verbrechen vorgeworfen wird (Ein Verbrechen ist eine Straftat, die im Mindestmaß mit einer Freiheitsstrafe von einem Jahr bedroht ist).

Optional: Sie haben jedoch keinen Versicherungsschutz, wenn Ihnen eine der folgenden Straftaten vorgeworfen wird: … (ggfls. unternehmensindividuell zu ergänzen) **Vk F**

für die Verteidigung, wenn Ihnen ein verkehrsrechtliches Vergehen vorgeworfen wird (das ist eine Straftat, die die Verletzung der Sicherheit und Ordnung im Straßenverkehr unter Strafe stellt und im Mindestmaß mit einer Freiheitsstrafe von unter einem Jahr oder Geldstrafe bedroht ist.). **L Vk F**

Ausnahme: Ein Gericht stellt rechtskräftig fest, dass Sie das Vergehen vorsätzlich begangen haben. In diesem Fall sind Sie verpflichtet, uns die entstandenen Kosten zu erstatten.

Sie haben keinen Versicherungsschutz, wenn Ihnen ein Verbrechen vorgeworfen wird (Ein Verbrechen ist eine Straftat, die im Mindestmaß mit einer Freiheitsstrafe von einem Jahr bedroht ist).

2.2.10 Ordnungswidrigkeiten-Rechtsschutz **P U Ver L Vk F**

für Ihre Verteidigung, wenn Ihnen eine Ordnungswidrigkeit vorgeworfen wird. (Beispiel: Sie verstoßen gegen die Gurtplicht oder verursachen unzulässigen Lärm)

2.2.11 Beratungs-Rechtsschutz im Familien-, Lebenspartnerschafts- und Erbrecht **P L**

für einen Rat oder eine Auskunft eines in Deutschland zugelassenen Rechtsanwalts in Familien-, Lebenspartnerschafts- und erbrechtlichen Angelegenheiten. Wird der Rechtsanwalt darüber hinaus tätig, erstatten wir insgesamt keine Kosten.

2.2.12 Opfer-Rechtsschutz **P U Ver L**

als Nebenkläger für eine erhobene öffentliche Klage vor einem deutschen Strafgericht. Voraussetzung ist, dass Sie oder eine mitversicherte Person als **Opfer einer Gewaltstraftat** verletzt wurden.

Eine Gewaltstraftat liegt vor bei Verletzung der sexuellen Selbstbestimmung, schwerer Verletzung der körperlichen Unversehrtheit und der persönlichen Freiheit sowie bei Mord und Totschlag.

Sie haben Versicherungsschutz für die Beistandsleistung eines Rechtsanwalts im:

- Ermittlungsverfahren,
- Nebenklageverfahren,
- für den Antrag nach § 1 Gewaltschutzgesetz,
- für den so genannten Täter-Opfer-Ausgleich nach § 46a Ziffer 1 Strafgesetzbuch in nicht vermögensrechtlichen Angelegenheiten.

Sie haben zusätzlich Versicherungsschutz für die außergerichtliche Durchsetzung von Ansprüchen nach dem Sozialgesetzbuch und dem Opferentschädigungsgesetz.

Aber nur unter **folgenden Voraussetzungen:**

- Sie sind nebenklageberechtigt und
- Sie wurden durch eine der oben genannten Straftaten verletzt und
- es sind dadurch dauerhafte Körperschäden eingetreten.

Ausnahme: Wenn Sie die kostenlose Beiordnung eines Rechtsanwalts als Beistand gemäß §§ 397a Abs. 1, 406h Abs. 3 Strafprozessordnung in Anspruch nehmen können, besteht kein Versicherungsschutz.

Optional: CP

2.2.13 Aktiver Straf-Rechtsschutz

für die Erstattung einer Strafanzeige bei Straftaten, die in unmittelbarem Zusammenhang mit der Nutzung elektronischer Daten/Medien (zum Beispiel im Internet, in einem Intranet, in digitalen Kurznachrichten- oder Messengerdiensten, … [ggf. unternehmensindividuell zu ergänzen]) begangen wurden.

Voraussetzung ist, dass Sie oder eine mitversicherte Person als Opfer der Straftat betroffen sind. Sie haben Versicherungsschutz für die Beistandsleistung eines Rechtsanwalts zur Erstattung einer Strafanzeige.

(Beispiel: In einem Gruppen-Chat sind Sie über einen längeren Zeitraum belästigt worden. Sie stellen mit anwaltlicher Unterstützung Strafanzeige gegen diese Person.)

Wir erstatten hier Kosten bis zum maximal … EUR je Kalenderjahr

Optional: CP

2.2.14 Rechtsschutz bei Urheberrechtsverstößen

um Ihre rechtlichen Interessen wahrzunehmen, wenn Ihnen ein Urheberrechtsverstoß in unmittelbarem Zusammenhang mit der Nutzung elektronischer Daten/Medien (zum Beispiel im Internet, in einem Intranet, in digitalen Kurznachrichten- oder Messengerdiensten, … [ggf. unternehmensindividuell zu ergänzen]) vorgeworfen wird (Beispiel: Für Ihre private Homepage verwenden Sie Fotos aus dem Internet, welche urheberrechtlich geschützt sind. Sie werden aufgrund dessen von dem Inhaber der Bildrechte abgemahnt.).

Wir erstatten hier Kosten bis zum maximal … EUR je Kalenderjahr.

2.3 **Leistungsumfang** A

Wir erbringen und vermitteln Dienstleistungen, damit Sie Ihre Interessen im nachfolgend erläuterten Umfang wahrnehmen können.

Wir zahlen in jedem Versicherungsfall höchstens die in unserem Vertrag vereinbarte Versicherungssumme.

Zahlungen für Sie selbst und für mitversicherte Personen in demselben Versicherungsfall rechnen wir zusammen. Dies gilt auch für Zahlungen aufgrund mehrerer Versicherungsfälle, die zeitlich und ursächlich zusammenhängen.

2.3.1 Leistungsumfang im Inland A

Wir übernehmen folgende Kosten:

2.3.1.1 Um Ihnen eine einvernehmliche und nachhaltige Konfliktbeilegung zu ermöglichen, tragen wir die Kosten bis zu … EUR je Mediation für einen von uns vorgeschlagenen Mediator. (Mediation ist ein vertrauliches und strukturiertes Verfahren. Angestrebt wird eine einvernehmliche Beilegung des Konflikts durch die Parteien. Diese erhalten hierzu die Hilfe eines Mediators. Eine Mediation erfolgt freiwillig und eigenverantwortlich.)

Ausnahme: Sie und die andere Partei haben sich bereits auf einen anderen Mediator geeinigt. Dann tragen wir dessen Kosten bis zu … EUR je Mediation.

Die Mediation kann in Anwesenheit der Beteiligten, telefonisch oder auch online erfolgen.

Die Kosten für den Mediator übernehmen wir in folgenden Leistungsarten:

- …
- …

Nehmen an der Mediation nicht versicherte Personen teil, übernehmen wir anteilig die Kosten, die auf Sie und mitversicherte Personen entfallen (Beispiel: Sie und Ihr Ehepartner haben einen Konflikt mit einem Dritten. Die Kosten des Mediators werden hälftig zwischen den Parteien geteilt. Die Kosten, die auf Sie und Ihren Ehepartner entfallen, tragen wir. Der Dritte muss seinen Kostenanteil, also 50 %, selbst bezahlen).

Für die Tätigkeit des Mediators sind wir nicht verantwortlich.

2.3.1.2 Die Vergütung eines Rechtsanwalts, der Ihre Interessen vertritt (Wenn Sie mehr als einen Rechtsanwalt beauftragen, tragen wir die dadurch entstehenden Mehrkosten nicht. Auch Mehrkosten aufgrund eines Anwaltswechsels tragen wir nicht). **A**

Wir erstatten maximal die gesetzliche Vergütung eines Rechtsanwalts, der am Ort des zuständigen Gerichts ansässig ist oder wäre. Die gesetzliche Vergütung richtet sich nach dem Rechtsanwaltsvergütungsgesetz. **A**

Wohnen Sie mehr als 100 km Luftlinie vom zuständigen Gericht entfernt? Dann übernehmen wir bei Ihrer gerichtlichen Streitigkeit weitere anwaltliche Kosten, und zwar bis zur Höhe der gesetzlichen Vergütung eines anderen Rechtsanwalts, der nur den Schriftverkehr mit dem Anwalt am Ort des zuständigen Gerichts führt (sogenannter Verkehrsanwalt). **A**

Dies gilt nur für die erste Instanz.

Ausnahme: Im Straf-, Ordnungswidrigkeiten- und Disziplinar- und Standes-Rechtsschutz tragen wir diese weiteren Kosten nicht. **P U Ver L B Vk F**

Wenn sich die Tätigkeit des Anwalts auf die folgenden Leistungen beschränkt, dann tragen wir je Versicherungsfall Kosten von höchstens … EUR: **A**

- Ihr Anwalt erteilt Ihnen einen mündlichen oder schriftlichen Rat,
- er gibt Ihnen eine Auskunft oder
- er erarbeitet für Sie ein Gutachten.

2.3.1.3 Wir übernehmen Ihre Kosten für einen Sachverständigen, wenn folgende Voraussetzungen erfüllt sind: L Vk F

Alternative 1:

- Der Sachverständige verfügt über die erforderliche technische Sachkunde. Als technisch sachkundig gelten Sachverständige, die von einer staatlichen oder staatlich anerkannten Stelle bestellt oder von einer nach den jeweils gültigen DIN/ISO-Normen akkreditierten Stelle zertifiziert worden sind.

oder

Alternative 2:

- Der Sachverständige verfügt über die erforderliche technische Sachkunde. Als technisch sachkundig gelten Sachverständige, die von einer staatlichen oder staatlich anerkannten Stelle bestellt oder von einer nach den jeweils gültigen DIN/ISO-Normen akkreditierten Stelle zertifiziert worden sind.
- Wir haben der Beauftragung des Sachverständigen zuvor in Textform (Beispiel: Brief oder E-Mail) zugestimmt.

oder

Alternative 3:

- Der Sachverständige verfügt über die erforderliche technische Sachkunde. Als technisch sachkundig gelten Sachverständige, die von einer staatlichen oder staatlich anerkannten Stelle bestellt oder von einer nach den jeweils gültigen DIN/ISO-Normen akkreditierten Stelle zertifiziert worden sind.
- Wir haben der Beauftragung des Sachverständigen zuvor in Textform (Beispiel: Brief oder E-Mail) zugestimmt. Unserer vorherigen Zustimmung bedarf es nicht, wenn der Sachverständige auf der Liste der von unserem Unternehmen empfohlenen Sachverständigen aufgeführt ist. Diese Liste erhalten Sie auf Anfrage.

oder

Alternative 4:

- Der Sachverständige verfügt über die erforderliche technische Sachkunde. Als technisch sachkundig gelten Sachverständige, die von einer staatlichen oder staatlich anerkannten Stelle bestellt oder von einer nach den jeweils gültigen DIN/ISO-Normen akkreditierten Stelle zertifiziert worden sind.
- Der Sachverständige wurde Ihnen durch uns vermittelt.

Die Kostenübernahme gilt für folgende Fälle:

– In Fällen der Verteidigung in einem verkehrsrechtlichen Straf- und Ordnungswidrigkeitenverfahren.

– Wenn Sie Ihre rechtlichen Interessen aus Kauf- und Reparaturverträgen von Kraftfahrzeugen und Anhängern wahrnehmen.

2.3.1.4 Alle Bestimmungen, die den Rechtsanwalt betreffen, gelten auch **P L Vk F W**

– im Steuer-Rechtsschutz vor Gerichten (siehe 2.2.5) für Angehörige der steuerberatenden Berufe (Beispiel: Steuerberater),

– in Angelegenheiten der freiwilligen Gerichtsbarkeit sowie im Beratungs-Rechtsschutz im Familien-, Lebenspartnerschafts- und Erbrecht (siehe 2.2.11) für Notare.

2.3.2 Leistungsumfang im Ausland **A**

2.3.2.1 Bei einem Versicherungsfall im Ausland tragen wir die Kosten für einen Rechtsanwalt, der für Sie am zuständigen Gericht im Ausland tätig wird.

Dies kann sein entweder:

– ein am Ort des zuständigen Gerichts ansässiger, ausländischer Rechtsanwalt oder

– ein Rechtsanwalt in Deutschland.

Den Rechtsanwalt in Deutschland vergüten wir so, als wäre der Rechtsstreit am Ort seines Anwaltsbüros in Deutschland.

Diese Vergütung ist begrenzt auf die gesetzliche Vergütung.

Ist ein ausländischer Rechtsanwalt für Sie tätig und wohnen Sie mehr als 100 km Luftlinie vom zuständigen Gericht (im Ausland) entfernt?

Dann übernehmen wir **zusätzlich** die Kosten eines Rechtsanwalts an Ihrem Wohnort. Diesen Rechtsanwalt bezahlen wir dann bis zur Höhe der gesetzlichen Vergütung eines Rechtsanwalts, der den Schriftverkehr mit dem Anwalt am Ort des zuständigen Gerichts führt (sogenannter Verkehrsanwalt).

Dies gilt nur für die erste Instanz.

Wenn sich die Tätigkeit des Anwalts auf die folgenden Leistungen beschränkt, dann tragen wir je Versicherungsfall Kosten von höchstens … EUR: **A**

– Ihr Anwalt erteilt Ihnen einen mündlichen oder schriftlichen Rat,

– er gibt Ihnen eine Auskunft,

– er erarbeitet für Sie ein Gutachten.

Haben Sie einen Versicherungsfall, der aufgrund eines Verkehrsunfalls im europäischen Ausland eingetreten ist, und haben Sie daraus Ansprüche? L Vk F

Dann muss zunächst eine Regulierung mit dem Schadenregulierungsbeauftragten bzw. mit der Entschädigungsstelle im Inland erfolgen. Erst wenn diese Regulierung erfolglos geblieben ist, tragen wir auch Kosten für eine Rechtsverfolgung im Ausland.

Die zusätzlichen Kosten der Regulierung im Inland übernehmen wir im Rahmen der gesetzlichen Gebühren, und zwar bis zur Höhe von … EUR.

2.3.2.2 Wir tragen die übliche Vergütung eines im Ausland ansässigen Sachverständigen. Dies tun wir, wenn Sie Ersatzansprüche wegen der im Ausland eingetretenen Beschädigung eines Kraftfahrzeugs oder eines Anhängers geltend machen wollen. L Vk F

2.3.2.3 Wir tragen Ihre Kosten für eine Reise zu einem ausländischen Gericht, wenn: A

- Sie dort als Beschuldigter oder Prozesspartei erscheinen müssen und
- Sie Rechtsnachteile nur durch Ihr persönliches Erscheinen vermeiden können.

Wir übernehmen die tatsächlich entstehenden Kosten bis zur Höhe der für Geschäftsreisen von deutschen Rechtsanwälten geltenden Sätze.

2.3.2.4 Wir sorgen für die Übersetzung der Unterlagen, wenn dies notwendig ist, um Ihre rechtlichen Interessen im Ausland wahrzunehmen. A

Wir übernehmen dabei auch die Kosten, die für die Übersetzung anfallen.

2.3.2.5 Alle Bestimmungen, die den Rechtsanwalt betreffen, gelten auch für dort ansässige rechts- und sachkundige Bevollmächtigte. A

2.3.2.6 Wenn Sie diese Kosten in fremder Währung bezahlt haben, erstatten wir Ihnen diese in EUR. Als Abrechnungsgrundlage benutzen wir den Wechselkurs des Tages, an dem Sie die Kosten vorgestreckt haben. A

2.3.3 Darüber hinaus leisten wir im In- und Ausland Folgendes: A

2.3.3.1 Wir tragen

- die Gerichtskosten, einschließlich der Entschädigung für Zeugen und Sachverständige, die vom Gericht herangezogen werden,
- die Kosten des Gerichtsvollziehers
- die Verfahrenskosten vor Verwaltungsbehörden, die Ihnen von der Behörde in Rechnung gestellt werden.

2.3.3.2 Wir übernehmen die Gebühren eines Schieds- oder A
Schlichtungsverfahrens. Und zwar bis zur Höhe der Gebühren, die im Falle der Anrufung eines zuständigen staatlichen Gerichts erster Instanz entstünden.

Versicherungsschutz für Mediation besteht nur nach 2.3.1.1 und beschränkt auf das Inland.

2.3.3.3 Wir übernehmen die Anwalts- und Gerichtskosten Ihres Prozessgegners, wenn Sie zur Erstattung dieser Verfahrenskosten aufgrund gerichtlicher Festsetzung verpflichtet sind.

2.3.3.4 Wir erstatten die von uns zu tragenden Kosten, wenn Sie nachweisen, dass Sie

- zu deren Zahlung verpflichtet sind oder
- diese Kosten bereits gezahlt haben.

2.3.3.5 Um Sie vorübergehend von Strafverfolgungsmaßnah- **P L Vk**
men zu verschonen, zahlen wir für Sie – wenn nötig – eine **F**
Kaution. Dies geschieht in Form eines zinslosen Darlehens bis zu der in unserem Vertrag vereinbarten Höhe.

2.4 Voraussetzungen für den Anspruch auf Versicherungsschutz **A**

Sie haben Anspruch auf Versicherungsschutz, wenn ein Versicherungs- **A**
fall eingetreten ist.

Diesen Anspruch haben Sie aber nur, wenn der Versicherungsfall nach Beginn des Versicherungsschutzes und vor dessen Ende eingetreten ist.

Ausnahme: Endet Ihr Versicherungsvertrag durch Berufsaufgabe oder **U**
Tod, besteht für Sie oder Ihre Erben Versicherungsschutz auch für Versicherungsfälle, die

- innerhalb eines Jahres nach der Beendigung des Versicherungsvertrags eintreten und
- im Zusammenhang mit Ihrer im Versicherungsschein genannten Tätigkeit stehen.

Der Versicherungsfall ist: **A**

2.4.1 Im Beratungs-Rechtsschutz für Familien-, Lebenspartnerschafts- **P L**
und Erbrecht (siehe 2.2.11) das Ereignis, das zur Änderung Ihrer Rechtslage oder der Rechtslage einer mitversicherten Person geführt hat.

2.4.2 Im Schadenersatz-Rechtsschutz das erste Ereignis, bei dem der **P U Ver**
Schaden eingetreten ist oder eingetreten sein soll. **L Vk F**

2.4.3 Soweit keine andere Regelung besteht, der Zeitpunkt, zu dem **A**
Sie oder ein anderer (zum Beispiel der Gegner oder ein Dritter) gegen Rechtspflichten oder Rechtsvorschriften verstoßen hat oder verstoßen haben soll.

Wenn sich Ihr Versicherungsfall über einen Zeitraum erstreckt, **A**
ist dessen Beginn maßgeblich.

2.4.5 Sind mehrere Versicherungsfälle für Ihren Anspruch auf Versicherungsschutz ursächlich, ist der erste entscheidend. Wenn dieser erste Versicherungsfall innerhalb der Vertragslaufzeit eintritt, erhalten Sie Versicherungsschutz. Wenn dieser erste Versicherungsfall vor Vertragsbeginn eingetreten ist, haben Sie keinen Anspruch auf Versicherungsschutz. ***Optional***: Zu Ihren Gunsten bleiben Versicherungsfälle unberücksichtigt, die länger als ein Jahr vor Beginn des Versicherungsschutzes eingetreten sind. A

3. **Was ist nicht versichert?** A

3.1 **Zeitliche Ausschlüsse** A

In folgenden Fällen haben Sie keinen Versicherungsschutz:

3.1.1 Der Versicherungsfall ist **innerhalb von drei Monaten nach Versicherungsbeginn** eingetreten (Das ist die sogenannte Wartezeit. Während der Wartezeit besteht kein Versicherungsschutz).

Ausnahme: Auch in den ersten drei Monaten haben Sie Versicherungsschutz A

- im Schadenersatz-Rechtsschutz (2.2.1), P U Ver L Vk F
- im Disziplinar- und Standes-Rechtsschutz (2.2.8), U Ver L B
- im Straf-Rechtsschutz (2.2.9), P U Ver L Vk F
- im Ordnungswidrigkeiten-Rechtsschutz (2.2.10), P U Ver L Vk F
- bei Streitigkeiten aus Kauf- und Leasingverträgen über ein fabrikneues Kraftfahrzeug, L Vk F
- im Beratungs-Rechtsschutz im Familien- und Erbrecht (2.2.11), P L
- im Opfer-Rechtsschutz (2.2.12). P U Ver L

3.1.2 Der Versicherungsfall liegt zwar nach Beginn des Versicherungsschutzes. Diesem ging jedoch voraus, dass Sie vor Versicherungsbeginn A

- Einen Antrag bei einer Behörde gestellt haben (Beispiel: Bestimmung des Grades einer Behinderung, Unfallanzeige bei einer Berufsgenossenschaft, Wiedererteilung der Fahrerlaubnis).
- Einen Antrag auf Leistung aus einem anderen Versicherungsvertrag gestellt haben (Beispiel: Anspruch auf Berufsunfähigkeits-Rente oder Unfall-Invaliditätsleistung)

- *Optional*:

  ein Kündigungsrecht ausgeübt haben und der Versicherungsfall hängt mit der Beendigung des gekündigten Vertrages zusammen (Beispiel: Sie haben einen Mietvertrag gekündigt und nach Versicherungsbeginn gibt es Streit um die Kaution oder Schönheitsreparaturen)
- *Optional*: …

Optional:

Zu Ihren Gunsten bleiben Anträge [und Kündigungen] unberücksichtigt, die länger als ein Jahr vor Beginn des Versicherungsschutzes gestellt [oder ausgeübt] wurden.

3.1.3 Sie melden uns einen Versicherungsfall, sind aber zu diesem Zeitpunkt länger als drei Jahre für den betroffenen Bereich nicht mehr bei uns versichert. **A**

3.1.4 Im Steuer-Rechtsschutz vor Gerichten (siehe 2.2.5) liegen die tatsächlichen oder behaupteten Voraussetzungen für die Festsetzung Ihrer Abgaben (zum Beispiel: Steuern, Gebühren) vor Vertragsbeginn. **P L Vk F W**

3.2 Inhaltliche Ausschlüsse **A**

In folgenden Fällen haben Sie keinen Versicherungsschutz:

3.2.1 Jede Interessenwahrnehmung in ursächlichem Zusammenhang mit **A**

- Krieg, feindseligen Handlungen, Aufruhr, inneren Unruhen, Streik, Aussperrung oder Erdbeben, **A**
- Nuklearschäden und genetischen Schäden. Dieser Ausschluss gilt nicht für Schäden aus einer medizinischen Behandlung, **A**
- Bergbauschäden und Beeinträchtigungen aufgrund von bergbaubedingten Immissionen (das sind Einwirkungen, wie zum Beispiel Erschütterungen) an Grundstücken, Gebäuden oder Gebäudeteilen. **L W**

3.2.2 Jede Interessenwahrnehmung in ursächlichem Zusammenhang mit **P L W**

- dem Kauf oder Verkauf eines Grundstücks, das bebaut werden soll.
- der Planung oder Errichtung eines Gebäudes oder Gebäudeteils, das sich in Ihrem Eigentum oder Besitz befindet oder das Sie erwerben oder in Besitz nehmen möchten.
- der genehmigungs-/anzeigepflichtigen baulichen Veränderung eines Grundstücks, Gebäudes oder Gebäudeteils. Dieses Grundstück, Gebäude oder Gebäudeteil befindet sich in Ihrem Eigentum oder Besitz oder Sie möchten es erwerben oder in Besitz nehmen.

Auch bei der Finanzierung eines der unter 3.2.2 genannten Vorhaben haben Sie keinen Versicherungsschutz.

3.2.3	Sie wollen Schadenersatzansprüche abwehren. (Beispiel: Sie haben einen Verkehrsunfall und der Gegner will Schadenersatz von Ihnen. Dies ist nicht durch die Rechtsschutzversicherung, sondern im Rahmen der Haftpflichtversicherung versichert.) **Ausnahme:** der Schadenersatzanspruch beruht auf einer Vertragsverletzung. (Beispiel: Der Vermieter des Mietfahrzeugs verlangt Schadenersatz wegen verspäteter Rückgabe. Dies ist aufgrund des Mietvertrags über den Vertrags-Rechtsschutz versichert.)	**A**
3.2.4	Streitigkeiten aus kollektivem Arbeits- oder Dienstrecht (zum Beispiel das Mitbestimmungsrecht in Unternehmen und Betrieben).	**U L B**
3.2.5	Streitigkeiten aus dem Recht der Handelsgesellschaften oder aus Anstellungsverhältnissen gesetzlicher Vertreter juristischer Personen (zum Beispiel: Geschäftsführer einer GmbH oder Vorstände einer Aktiengesellschaft).	**P U Ver L B**
3.2.6	Streitigkeiten in ursächlichem Zusammenhang mit Patent-, Urheber-, Marken-, Geschmacksmuster-/Gebrauchsmusterrechten oder sonstigen Rechten aus geistigem Eigentum.	**P U Ver L B**
	Optional: Ausnahme: Rechtsschutz bei dem Vorwurf von Urheberrechtsverstößen gemäß 2.2.14.	**CP**
3.2.7	Streitigkeiten aus dem Kartell- oder sonstigem Wettbewerbsrecht.	**P U Ver L B**
3.2.8	Streitigkeiten in ursächlichem Zusammenhang mit dem Erwerb, der Veräußerung, der Verwaltung und der Finanzierung von Kapitalanlagen. **Ausgenommen hiervon sind:** – Güter zum eigenen Ge- oder Verbrauch, – Gebäude oder Gebäudeteile, soweit diese zu eigenen Wohnzwecken genutzt werden oder genutzt werden sollen, – sowie … [*Aufzählung von bestimmten Kapitalanlagen möglich*][1]	**P U Ver L B**
3.2.9	Streitigkeiten in ursächlichem Zusammenhang mit – der Vergabe von Darlehen, – Spiel- oder Wettverträgen, – Gewinnzusagen	**P U Ver L B**

1 Die Deckung kann an dieser Stelle für in der Bevölkerung weit verbreitete und/oder im Risiko gut einschätzbare Anlageformen geöffnet werden. Auch bei nicht selbst zu Wohnzwecken genutzten Gebäuden ist eine Öffnung denkbar. Diese Öffnung kann an weitere Voraussetzungen geknüpft werden, etwa eine bestimmte Form der Finanzierung (zum Beispiel: Fremdfinanzierungsanteil) oder eine maximale Kaufpreishöhe.

3.2.10 Streitigkeiten aus dem Bereich des Familien-, Lebenspartnerschafts- und Erbrechts. **P L**

Ausnahme: Sie haben Beratungs-Rechtsschutz (siehe 2.2.11) vereinbart.

3.2.11 Sie wollen gegen uns oder unser Schadenabwicklungsunternehmen vorgehen. **A**

3.2.12 Streitigkeiten wegen **L W**

- der steuerlichen Bewertung von Grundstücken, Gebäuden oder Gebäudeteilen,
- Erschließungs- und sonstiger Anliegerabgaben.

Ausnahme: Es handelt sich um laufend erhobene Gebühren für die Grundstücksversorgung.

3.2.13 Sie nehmen Ihre rechtlichen Interessen wahr **A**

- vor Verfassungsgerichten oder
- vor internationalen oder supranationalen Gerichtshöfen (zum Beispiel dem Europäischen Gerichtshof).

Ausnahme: Sie nehmen Ihre rechtlichen Interessen wahr, als Bediensteter internationaler oder supranationaler Organisationen aus Arbeitsverhältnissen oder öffentlich-rechtlichen Dienstverhältnissen. **L B**

3.2.14 Jede Interessenwahrnehmung in ursächlichem Zusammenhang mit einem Insolvenzverfahren, das über Ihr Vermögen eröffnet wurde oder eröffnet werden soll (zum Beispiel: Zwangsversteigerung des Fahrzeugs infolge Ihres Insolvenzantrags). **A**

3.2.15 Streitigkeiten **L W**

- in Enteignungs-, Planfeststellungs-, Flurbereinigungs-Angelegenheiten,

  in Angelegenheiten, die im Baugesetzbuch geregelt sind.

3.2.16 Gegen Sie wird ein Ordnungswidrigkeiten- bzw. Verwaltungsverfahren wegen eines Halt- oder Parkverstoßes geführt. **L Vk F**

3.2.17 Es bestehen Streitigkeiten **A**

- zwischen Ihnen und weiteren Versicherungsnehmern desselben Versicherungsvertrags,
- von Mitversicherten gegen Sie,
- von Mitversicherten untereinander.

3.2.18 Streitigkeiten sonstiger Lebenspartner (nicht eheliche und nicht eingetragene Lebenspartner gleich welchen Geschlechts) untereinander, wenn diese Streitigkeiten in ursächlichem Zusammenhang mit der Partnerschaft stehen. Dies gilt auch, wenn die Partnerschaft beendet ist. **P L Vk F W**

3.2.19 Ansprüche oder Verbindlichkeiten werden auf Sie übertragen oder sind auf Sie übergegangen, nachdem ein Versicherungsfall bereits eingetreten ist. (Beispiel: Ihr Arbeitskollege hat einen Verkehrsunfall und überträgt seine Schadenersatzansprüche auf Sie. Diese wollen Sie gegenüber dem Unfallgegner geltend machen. Dies ist nicht versichert.) **A**

3.2.20 Sie wollen die Ansprüche eines anderen geltend machen (Beispiel: Sie lassen sich die Schadenersatzansprüche eines Freundes gegen einen Dritten abtreten, um diese geltend zu machen. Dies ist nicht versichert.) **A**

oder

Sie sollen für Verbindlichkeiten eines anderen einstehen.

(Beispiel: Ihr Arbeitskollege kauft ein Fahrzeug. Sie bürgen für den Darlehensvertrag mit dem Autoverkäufer. Streitigkeiten aus dem Bürgschaftsvertrag sind nicht versichert.)

3.2.21 Es besteht in den Rechtsbereichen nach 2.2.1 bis 2.2.8 ein ursächlicher Zusammenhang mit einer von Ihnen oder einer mitversicherten Person vorsätzlichen begangenen Straftat. **A**

Wird dies erst später bekannt, sind Sie verpflichtet, die von uns erbrachten Leistungen zurückzuzahlen.

3.2.22 Jegliche Interessenwahrnehmung in ursächlichem Zusammenhang mit einer geplanten oder ausgeübten gewerblichen, freiberuflichen oder sonstigen selbstständigen Tätigkeit. **P L B Vk F W**

Ausnahme: Der Versicherungsschein umfasst ausdrücklich Streitigkeiten im Zusammenhang mit dieser Tätigkeit.

3.2.23 Sie wollen Interessen wahrnehmen im Zusammenhang mit dem Erwerb oder der Veräußerung von Teilnutzungsrechten (Timesharing) an: **P L**

- Grundstücken,
- Gebäuden,
- Gebäudeteilen.

3.3 Einschränkung unserer Leistungspflicht **A**

Wir können folgende Kosten nicht erstatten: **A**

3.3.1 Kosten, die Sie übernommen haben, ohne rechtlich dazu verpflichtet zu sein. **A**

3.3.2 Kosten, die bei einer gütlichen Einigung entstanden sind und die nicht dem Verhältnis des von Ihnen angestrebten Ergebnisses zum erzielten Ergebnis entsprechen. (Beispiel: Sie verlangen Schadenersatz in Höhe von 10.000 EUR. In einem Vergleich mit dem Gegner erlangen Sie einen Betrag von 8.000 EUR = 80 % des angestrebten Ergebnisses. In diesem Fall übernehmen wir 20 % der entstandenen Kosten – nämlich für den Teil, den Sie nicht durchsetzen konnten.) Dies bezieht sich auf die **gesamten Kosten der Streitigkeit.** **A**

Ausnahme: Es ist gesetzlich eine andere Kostenregelung vorgeschrieben.

3.3.3 Sie einigen sich auch über unstrittige oder nicht versicherte Ansprüche. In diesem Fall zahlen wir die darauf entfallenden Kosten nicht. **A**

3.3.4 Von den von uns zu tragenden Kosten ziehen wir die vereinbarte Selbstbeteiligung je Versicherungsfall ab. **A**

Ausnahme: Hängen mehrere Versicherungsfälle zeitlich und ursächlich zusammen, ziehen wir zu Ihren Gunsten die Selbstbeteiligung nur einmal ab.

3.3.5 Kosten von Zwangsvollstreckungsmaßnahmen (zum Beispiel: Kosten eines Gerichtsvollziehers), **A**

- die aufgrund der vierten oder jeder weiteren Zwangsvollstreckungsmaßnahme je Vollstreckungstitel entstehen,
- die später als fünf Jahre nach Rechtskraft des Vollstreckungstitels eingeleitet werden (»Vollstreckungstitel« sind zum Beispiel ein Vollstreckungsbescheid und ein Urteil).

3.3.6 Kosten für Strafvollstreckungsverfahren jeder Art, bei denen vom Gericht eine Geldstrafe oder Geldbuße unter … EUR verhängt wurde. **P L Vk F**

3.3.7 Kosten, zu deren Übernahme ein anderer verpflichtet wäre, wenn der Rechtsschutzversicherungsvertrag nicht bestünde. **A**

3.4 Ablehnung des Versicherungsschutzes wegen mangelnder Erfolgsaussichten oder wegen Mutwilligkeit/Schiedsgutachter **A**

3.4.1 Wir können den Versicherungsschutz **ablehnen**, wenn unserer Auffassung nach

3.4.1.1 die Wahrnehmung Ihrer rechtlichen Interessen nach 2.2.1 bis 2.2.7 **keine hinreichende Aussicht auf Erfolg** hat oder

3.4.1.2 Sie Ihre rechtlichen Interessen **mutwillig** wahrnehmen wollen. Mutwilligkeit liegt dann vor, wenn die voraussichtlich entstehenden Kosten in einem groben Missverhältnis zum angestrebten Erfolg stehen. In diesem Fall können wir nicht zahlen, weil die berechtigten Interessen der Versichertengemeinschaft beeinträchtigt würden.

Die Ablehnung müssen wir Ihnen in diesen beiden Fällen unverzüglich schriftlich mitteilen, und zwar mit Begründung. (»Unverzüglich« heißt nicht unbedingt »sofort«, sondern »ohne schuldhaftes Zögern bzw. so schnell wie eben möglich«.)

3.4.2 Wenn wir den Versicherungsschutz ablehnen, können Sie von uns die Einleitung eines Schiedsgutachterverfahrens verlangen. Wir sind verpflichtet, Sie auf diese Möglichkeit und die voraussichtlichen Kosten hinzuweisen. Mit diesem Hinweis müssen wir Sie auffordern, uns alle nach unserer Auffassung für die Durchführung des **Schiedsgutachterverfahrens** wesentlichen Mitteilungen und Unterlagen zuzusenden.

3.4.3 Wenn Sie die Durchführung eines Schiedsgutachterverfahrens verlangen, haben wir dieses Verfahren innerhalb eines Monats einzuleiten und Sie hierüber zu unterrichten. Wenn zur Durchsetzung Ihrer rechtlichen Interessen Fristen einzuhalten sind, müssen wir die zur Fristwahrung notwendigen Kosten tragen und dies bis zum Abschluss des Schiedsgutachterverfahrens. (Beispiele für das Einhalten von Fristen: Berufungsfrist droht abzulaufen, Verjährung droht einzutreten.) Dies ist unabhängig davon, wie das Schiedsgutachterverfahren ausgeht. Wenn wir das Schiedsgutachterverfahren nicht innerhalb eines Monats einleiten, besteht für Sie Versicherungsschutz in beantragtem Umfang.

3.4.4 Der Schiedsgutachter ist ein seit mindestens fünf Jahren zugelassener Rechtsanwalt. Er wird vom Präsidenten der für Ihren Wohnsitz zuständigen Rechtsanwaltskammer benannt. Dem Schiedsgutachter müssen wir alle uns vorliegenden Mitteilungen und Unterlagen zur Verfügung stellen, die für die Durchführung des Schiedsgutachterverfahrens wesentlich sind. Der Schiedsgutachter entscheidet schriftlich, ob Versicherungsschutz besteht.

Diese Entscheidung ist für den Rechtsschutzversicherer verbindlich.

3.4.5 Wenn der Schiedsgutachter feststellt, dass unsere Leistungsverweigerung ganz oder teilweise unberechtigt war, tragen wir die Kosten des Schiedsgutachterverfahrens.

Wenn die Leistungsverweigerung nach dem Schiedsspruch berechtigt war, tragen Sie die Kosten des Verfahrens und die des Schiedsgutachters. Die Kosten, die uns durch das Schiedsgutachterverfahren entstanden sind, tragen wir selbst.

3.4 Ablehnung des Versicherungsschutzes wegen mangelnder Erfolgsaussichten oder wegen Mutwilligkeit/Stichentscheidverfahren A

3.4.1 Wir können den Versicherungsschutz **ablehnen**, wenn unserer Auffassung nach

3.4.1.1 die Wahrnehmung Ihrer rechtlichen Interessen nach 2.2.1 bis 2.2.7 **keine hinreichende Aussicht auf Erfolg** hat oder

3.4.1.2 Sie Ihre rechtlichen Interessen **mutwillig** wahrnehmen wollen. Mutwilligkeit liegt dann vor, wenn die voraussichtlich entstehenden Kosten in einem groben Missverhältnis zum angestrebten Erfolg stehen. In diesem Fall können wir nicht zahlen, weil die berechtigten Interessen der Versichertengemeinschaft beeinträchtigt würden.

Die Ablehnung müssen wir Ihnen in diesen Fällen unverzüglich schriftlich mitteilen, und zwar mit Begründung. (»Unverzüglich« heißt nicht unbedingt »sofort«, sondern »ohne schuldhaftes Zögern bzw. so schnell wie eben möglich«.)

3.4.2 Was geschieht, wenn wir eine Leistungspflicht nach 3.4.1 ablehnen und Sie damit nicht einverstanden sind?

In diesem Fall können Sie den für Sie tätigen oder noch zu beauftragenden Rechtsanwalt veranlassen, eine begründete Stellungnahme abzugeben, und zwar zu folgenden Fragen:

- Besteht eine hinreichende Aussicht auf Erfolg und
- steht die Durchsetzung Ihrer rechtlichen Interessen in einem angemessenen Verhältnis zum angestrebten Erfolg?

Die Kosten für diese Stellungnahme übernehmen wir.

Die Entscheidung des Rechtsanwalts ist für Sie und uns bindend, es sei denn, dass diese Entscheidung offenbar von der tatsächlichen Sach- oder Rechtslage erheblich abweicht.

3.4.3 Damit der Rechtsanwalt die Stellungnahme abgeben kann, müssen Sie ihn vollständig und wahrheitsgemäß über die Sachlage unterrichten. Außerdem müssen Sie die Beweismittel angeben. Wenn Sie diesen Verpflichtungen nicht nachkommen, entfällt Ihr Versicherungsschutz.

4. Was müssen Sie beachten? A

4.1 Verhalten im Versicherungsfall/Erfüllung von Obliegenheiten

Obliegenheiten bezeichnen sämtliche Verhaltensregeln, die Sie und die versicherten Personen beachten müssen, um den Anspruch auf Versicherungsschutz zu erhalten.

4.1.1 Was müssen Sie tun, wenn ein Versicherungsfall eintritt und Sie Versicherungsschutz brauchen?

4.1.1.1 Sie müssen uns den Versicherungsfall unverzüglich mitteilen, gegebenenfalls auch telefonisch. (»Unverzüglich« heißt nicht unbedingt »sofort«, sondern »ohne schuldhaftes Zögern bzw. so schnell wie eben möglich«.)

4.1.2 Sie müssen uns

- vollständig und wahrheitsgemäß über sämtliche Umstände des Versicherungsfalls unterrichten und
- alle Beweismittel angeben und
- uns Unterlagen auf Verlangen zur Verfügung stellen.

4.1.1.3 Kosten verursachende Maßnahmen müssen Sie nach Möglichkeit mit uns abstimmen, soweit dies für Sie zumutbar ist. (Beispiele für kostenverursachende Maßnahmen: die Beauftragung eines Rechtsanwalts, Erhebung einer Klage oder Einlegung eines Rechtsmittels)

4.1.1.4 Sie haben bei Eintritt des Versicherungsfalles nach Möglichkeit für die Abwendung und Minderung des Schadens zu sorgen, siehe § 82 VVG.

4.1.2 Wir bestätigen Ihnen den Umfang des Versicherungsschutzes, der für den konkreten Versicherungsfall besteht.

Ergreifen Sie jedoch Maßnahmen zur Durchsetzung Ihrer rechtlichen Interessen,

- bevor wir den Umfang des Versicherungsschutzes bestätigt haben und
- entstehen durch solche Maßnahmen Kosten?

Dann tragen wir nur die Kosten, die wir bei einer Bestätigung des Versicherungsschutzes vor Einleitung dieser Maßnahmen zu tragen gehabt hätten.

4.1.3 Den Rechtsanwalt können Sie auswählen.

Wir wählen den Rechtsanwalt aus,

- wenn Sie das verlangen oder
- wenn Sie keinen Rechtsanwalt benennen und uns die umgehende Beauftragung eines Rechtsanwalts notwendig erscheint.

Wenn wir den Rechtsanwalt auswählen, beauftragen wir ihn in Ihrem Namen. Für die Tätigkeit des Rechtsanwalts sind wir nicht verantwortlich.

4.1.4 Sie müssen nach der Beauftragung des Rechtsanwalts Folgendes tun:

Ihren Rechtsanwalt

- vollständig und wahrheitsgemäß unterrichten,
- die Beweismittel angeben,
- die möglichen Auskünfte erteilen,
- die notwendigen Unterlagen beschaffen und

uns auf Verlangen Auskunft über den Stand Ihrer Angelegenheit geben.

4.1.5 Wenn Sie eine der in 4.1.1 und 4.1.4 genannten Obliegenheiten vorsätzlich verletzen, **verlieren Sie Ihren Versicherungsschutz.**

Bei grob fahrlässiger Verletzung einer Obliegenheit sind wir berechtigt, unsere Leistung zu kürzen, und zwar in einem der Schwere Ihres Verschuldens entsprechenden Verhältnis. (Beispiel für »grob fahrlässiges Verhalten«: Jemand verletzt die erforderliche Sorgfalt in ungewöhnlich hohem Maße.)

Wenn Sie eine Auskunfts- oder Aufklärungsobliegenheit nach Eintritt des Versicherungsfalls verletzen, kann auch dies zum vollständigen oder teilweisen Wegfall des Versicherungsschutzes führen. Dies setzt jedoch voraus, dass wir Sie vorher durch gesonderte Mitteilung in Textform (Beispiel: Brief oder E-Mail) über diese Pflichten informiert haben.

Der Versicherungsschutz bleibt bestehen, wenn Sie nachweisen, dass Sie die Obliegenheiten nicht grob fahrlässig verletzt haben.

Der Versicherungsschutz bleibt auch in folgendem Fall bestehen:

Sie weisen nach, dass die Obliegenheitsverletzung nicht die Ursache war

- für den Eintritt des Versicherungsfalls,
- für die Feststellung des Versicherungsfalls oder
- für die Feststellung oder den Umfang unserer Leistung (zum Beispiel: Sie haben die Einlegung des Rechtsmittels mit uns nicht abgestimmt. Bei nachträglicher Prüfung hätten wir jedoch auch bei rechtzeitiger Abstimmung die Kostenübernahme bestätigt.)

Der Versicherungsschutz bleibt nicht bestehen, wenn Sie Ihre Obliegenheit arglistig verletzt haben.

4.1.6 gelöscht

4.1.7 Ihre Ansprüche auf Versicherungsleistungen können Sie nur mit unserem Einverständnis abtreten. (»Abtreten« heißt: Sie übertragen Ihre Ansprüche auf Versicherungsleistung, die Sie uns gegenüber haben, auf Ihren Rechtsanwalt oder eine andere Person.). Unser Einverständnis bedarf der Textform.

Ausnahme: Das Zustimmungserfordernis entfällt, wenn Sie auf Geld gerichtete Ansprüche gegen uns haben (zum Beispiel: Sie sind mit der Bezahlung einer Gerichtskostenrechnung ausnahmsweise in Vorleistung getreten.).

Wenn wir Sie von noch nicht bezahlten Kostenrechnungen freistellen sollen, liegt kein auf Geld gerichteter Anspruch vor.

4.1.8 Wenn ein anderer (zum Beispiel: Ihr Prozessgegner) Ihnen Kosten der Rechtsverfolgung erstatten muss, dann geht dieser Anspruch auf uns über. Aber nur dann, wenn wir die Kosten bereits beglichen haben.

Sie müssen uns die Unterlagen aushändigen, die wir brauchen, um diesen Anspruch durchzusetzen. Bei der Durchsetzung des Anspruchs müssen Sie auch mitwirken, wenn wir das verlangen.

Wenn Sie diese Pflicht vorsätzlich verletzen und wir deshalb diese Kosten von den anderen nicht erstattet bekommen, dann müssen wir über die geleisteten Kosten hinaus keine weiteren Kosten mehr erstatten. Wenn Sie grob fahrlässig gehandelt haben, sind wir berechtigt, die Kosten in einem der Schwere Ihres Verschuldens entsprechenden Verhältnis zu kürzen. Sie müssen beweisen, dass Sie nicht grob fahrlässig gehandelt haben. (Beispiel für »grob fahrlässiges Verhalten«: Jemand verletzt die im Verkehr erforderliche Sorgfalt in ungewöhnlich hohem Maße).

4.1.9 Hat Ihnen ein anderer (zum Beispiel: Ihr Prozessgegner) Kosten der Rechtsverfolgung erstattet und wurden diese zuvor von uns gezahlt? Dann müssen Sie uns diese Kosten zurückzahlen.

4.2 Weitere besondere Verhaltensregeln/Obliegenheiten L Vk F

im Verkehrs-Rechtsschutz Vk

im Fahrzeug-Rechtsschutz F

Wenn wir einen Versicherungsfall für Sie übernehmen sollen, müssen folgende Bedingungen erfüllt sein: L Vk F

- Der Fahrer muss bei Eintritt des Versicherungsfalls die vorgeschriebene Fahrerlaubnis haben.
- Der Fahrer muss berechtigt sein, das Fahrzeug zu führen.
- Das Fahrzeug muss zugelassen sein oder ein Versicherungskennzeichen (sogenanntes Nummernschild) haben.

Was geschieht, wenn gegen diese Bedingungen verstoßen wird?

Dann besteht Versicherungsschutz nur für diejenigen versicherten Personen, die von diesem Verstoß nichts wussten. Das heißt, die Personen haben ohne Verschulden oder höchstens leicht fahrlässig gehandelt. Wenn der Verstoß grob fahrlässig war, sind wir berechtigt, unsere Leistung zu kürzen, und zwar entsprechend der Schwere des Verschuldens. (Beispiel für »grob fahrlässiges Verhalten«:

Jemand verletzt die allgemein übliche Sorgfalt in ungewöhnlich hohem Maße.)

Wenn die versicherte Person nachweist, dass ihre Unkenntnis nicht grob fahrlässig war, bleibt der Versicherungsschutz bestehen.

Der Versicherungsschutz bleibt auch in folgenden Fällen bestehen:

Die versicherte Person oder der Fahrer weist nach, dass der Verstoß nicht ursächlich war für

- den Eintritt des Versicherungsfalls,
- die Feststellung des Versicherungsfalls oder
- den Umfang der von uns zu erbringenden Leistung.

4.3 Besonderheiten im Fahrzeug-Rechtsschutz bei Fahrzeugwechsel oder Verkauf F

Sie haben Versicherungsschutz auch für ein Folgefahrzeug. Wir gehen davon aus, dass Sie ein Folgefahrzeug haben, wenn Sie innerhalb eines Monats vor oder nach dem Verkauf Ihres bei uns versicherten Fahrzeugs ein neues Fahrzeug erwerben. Ihr altes Fahrzeug versichern wir maximal einen Monat ohne zusätzlichen Beitrag mit.

Versicherungsschutz besteht auch für die Durchsetzung Ihrer Interessen im Zusammenhang mit dem beabsichtigten Fahrzeugkauf. (Beispiel: Sie machen eine Anzahlung für ein Kfz, der Verkäufer weigert sich aber, dieses auszuliefern.)

Sie müssen uns den Verkauf oder Verlust Ihres Fahrzeugs innerhalb von zwei Monaten melden. Außerdem müssen Sie uns über Ihr Folgefahrzeug informieren.

Bei Verstoß gegen diese Obliegenheiten haben Sie Versicherungsschutz nur dann, wenn Sie die Meldung ohne Verschulden oder leicht fahrlässig versäumt haben. Wenn Sie grob fahrlässig gehandelt haben, sind wir berechtigt, unsere Leistungen zu kürzen, und zwar je nach Schwere des Verschuldens. Wenn Sie nachweisen, dass Sie nicht grob fahrlässig gehandelt haben, bleibt Ihr Versicherungsschutz bestehen. (Beispiel für »grob fahrlässiges Verhalten«: Jemand verletzt die im Verkehr erforderliche Sorgfalt in ungewöhnlich hohem Maße.)

Der Versicherungsschutz bleibt auch in folgendem Fall bestehen:

Sie weisen nach, dass der Verstoß gegen die genannten Obliegenheiten nicht die Ursache war

- für den Eintritt des Versicherungsfalls oder
- für die Feststellung des Versicherungsfalls oder
- für den Umfang unserer Leistung.

Unter zwei Bedingungen können Sie Ihren Versicherungsvertrag mit uns sofort kündigen:

- Es ist seit mindestens sechs Monaten kein Fahrzeug (im Sinne 2.1) auf Ihren Namen zugelassen.

Es ist auch kein Fahrzeug mit einem Versicherungskennzeichen (sogenanntes Nummernschild) auf Ihren Namen versehen. Unabhängig davon haben Sie das Recht, von uns eine Herabsetzung Ihres Versicherungsbeitrags nach 7.9.2 zu verlangen.

5. In welchen Ländern sind Sie versichert? A

5.1 Hier haben Sie Versicherungsschutz

Sie haben Versicherungsschutz, wenn ein Gericht oder eine Behörde in folgenden Gebieten gesetzlich zuständig ist oder wäre und Sie Ihre Rechtsinteressen dort verfolgen:

- In Europa,
- in den Anliegerstaaten des Mittelmeers,
- auf den Kanarischen Inseln,
- auf Madeira.

Ausnahme: Haben Sie Steuer-, Sozialgerichts- oder Opfer-Rechtsschutz (siehe 2.2.5, 2.2.6, 2.2.12) versichert, gilt dieser nur vor deutschen Gerichten.

5.2 Hier haben Sie Versicherungsschutz mit Einschränkungen

Für die Wahrnehmung Ihrer rechtlichen Interessen außerhalb des Geltungsbereichs nach 5.1 tragen wir die Kosten bis zu einem Höchstbetrag von … EUR.

Dies tun wir unter **folgenden Voraussetzungen:** A

Ihr Versicherungsfall muss dort während eines höchstens sechswöchigen nicht beruflich bedingten Aufenthalts eingetreten sein

Optional:
oder die Interessenwahrnehmung muss dort notwendig sein, weil Sie einen Vertrag über das Internet oder … [ggf. unternehmensindividuell zu ergänzen] geschlossen haben (Beispiel: Sie bestellen eine Kamera über das Internet in Japan. Sie haben den Kaufpreis gezahlt, aber die Ware wird nicht geliefert.)

CP

- der Versicherungsschutz darf nicht auf deutsche Gerichte beschränkt sein (siehe Ausnahme zu 5.1). A
- Sie nehmen nicht Interessen im Zusammenhang mit dem Erwerb oder der Veräußerungen von dinglichen Rechten an Grundstücken, Gebäuden oder Gebäudeteilen wahr. A

6 Wann beginnt und endet Ihre Rechtsschutzversicherung? A

6.1 Beginn des Versicherungsschutzes

Der Versicherungsschutz beginnt zu dem im Versicherungsschein angegebenen Zeitpunkt. Voraussetzung für den Versicherungsschutz ist, dass Sie den ersten oder den einmaligen Beitrag unverzüglich nach Ablauf von 14 Tagen nach Zugang des Versicherungsscheins zahlen (siehe 7.4.1).

Eine vereinbarte Wartezeit bleibt unberührt (das heißt: sie gilt in jedem Fall).

6.2 Dauer und Ende des Vertrages

6.2.1 Vertragsdauer

Der Vertrag ist für die im Versicherungsschein angegebene Zeit abgeschlossen.

6.2.2 Stillschweigende Verlängerung

Bei einer Vertragsdauer von mindestens einem Jahr verlängert sich der Vertrag um jeweils ein weiteres Jahr, wenn der Vertrag nicht gekündigt wird. Kündigen können sowohl Sie als auch wir. Die Kündigung muss Ihnen oder uns spätestens drei Monate vor dem Ablauf der Vertragszeit zugehen.

6.2.3 Vertragsbeendigung

Bei einer Vertragsdauer von weniger als einem Jahr endet der Vertrag zum vorgesehenen Zeitpunkt, ohne dass es einer Kündigung bedarf.

Bei einer Vertragsdauer von mehr als drei Jahren können Sie den Vertrag schon zum Ablauf des dritten Jahres oder jedes darauf folgenden Jahres kündigen. Ihre Kündigung muss uns spätestens drei Monate vor Ablauf des jeweiligen Jahres zugehen.

6.2.4 Ist der Versicherungsschutz nicht mehr nötig, weil sich die äußeren Umstände geändert haben? (Beispiel: Sie teilen uns mit, dass Sie kein Auto mehr haben.) Dann gilt Folgendes (sofern nichts anderes vereinbart ist):

6.2.4.1 Der Vertrag endet, sobald wir erfahren haben, dass sich die äußeren Umstände geändert haben. Beiträge stehen uns nur anteilig bis zu diesem Zeitpunkt zu.

6.2.4.2 Der Versicherungsschutz besteht über Ihren Tod hinaus bis zum Ende der Versicherungsperiode. Dies gilt, wenn der Beitrag am Todestag gezahlt war und die Versicherung nicht aus sonstigen Gründen beendet ist. Wenn der nächste fällige Beitrag bezahlt wird, bleibt der Versicherungsschutz bestehen.

Derjenige, der den Beitrag gezahlt hat oder für den gezahlt wurde, wird anstelle des Verstorbenen Versicherungsnehmer. Er kann innerhalb eines Jahres nach dem Todestag verlangen, dass der Versicherungsvertrag vom Todestag an beendet wird.

6.2.5 Kündigung nach Versicherungsfall

6.2.5.1 Wenn wir Ihren Versicherungsschutz ablehnen, obwohl wir zur Leistung verpflichtet sind, können Sie den Vertrag vorzeitig kündigen. Die Kündigung muss uns innerhalb eines Monats zugehen, nachdem Sie unsere Ablehnung erhalten haben.

6.2.5.2 Sind mindestens zwei Versicherungsfälle innerhalb von zwölf Monaten eingetreten und besteht für diese Versicherungsschutz? In diesem Fall können sowohl Sie als auch wir den Vertrag vorzeitig kündigen.

Wann müssen Sie oder wir kündigen? Die Kündigung muss uns beziehungsweise Ihnen innerhalb eines Monats zugehen, nachdem wir unsere Leistungspflicht für den zweiten Versicherungsfall bestätigt haben. Die Kündigung muss in Textform (Beispiel: Brief oder E-Mail) erfolgen.

Wenn Sie kündigen, wird Ihre Kündigung wirksam, sobald sie uns zugeht. Sie können jedoch bestimmen, dass die Kündigung zu einem späteren Zeitpunkt wirksam wird; spätestens jedoch am Ende des Versicherungsjahrs. Unsere Kündigung wird einen Monat, nachdem Sie sie erhalten haben, wirksam.

Versichererwechsel

6.2.6 Damit Sie bei einem Versichererwechsel möglichst keine Nachteile haben, haben Sie uns gegenüber Anspruch auf Versicherungsschutz in folgenden Fällen (dies gilt abweichend von den Regelungen unter 3.1.2 bis 3.1.4):

- Der Versicherungsfall ist in unserer Vertragslaufzeit eingetreten. Der Versicherungsschutz gilt auch dann, wenn ein Fall von 3.1.2 vorliegt und Ihre Handlung nach 3.1.2 in die Zeit des Vorversicherers fällt.

- Der Versicherungsfall liegt zwar in der Vertragslaufzeit des Vorversicherers, der Anspruch wird aber erstmals später als drei Jahre nach Beendigung der Vorversicherung geltend gemacht. Die Meldung beim Vorversicherer darf jedoch nicht vorsätzlich oder grob fahrlässig versäumt worden sein. (Beispiel für »grob fahrlässiges Verhalten«: Jemand verletzt die im Verkehr erforderliche Sorgfalt in ungewöhnlich hohem Maße.)
- Der Versicherungsfall im Steuer-Rechtsschutz vor Gerichten (Beispiel: Steuerbescheid) fällt in unsere Vertragslaufzeit, die Grundlagen für Ihre Steuer- oder Abgabenfestsetzung sind aber in der Vertragslaufzeit des Vorversicherers eingetreten (Beispiel: Sie erhalten in unserer Vertragslaufzeit einen Steuerbescheid, der ein Steuerjahr in der Vertragszeit des Vorversicherers betrifft.)
- Der Vorversicherer und wir haben unterschiedliche Regelungen zur Bestimmung des Versicherungsfalls: Der Versicherungsfall ist nach den Bedingungen des Vorversicherers nach Beendigung seines Vertrages eingetreten. Nach unseren Bedingungen ist der Versicherungsfall in der Vertragslaufzeit des Vorversicherers eingetreten.

Voraussetzung für Versicherungsschutz ist in allen eben genannten Fällen, dass

- Sie bei Ihrer vorherigen Versicherung gegen dieses Risiko versichert waren,
- ***Optional:***

  Sie bei uns zum Zeitpunkt der Inanspruchnahme gegen dieses Risiko versichert sind und
- der Wechsel zu uns lückenlos erfolgt ist.

In diesen Fällen haben Sie Versicherungsschutz in genau dem Umfang, den Sie bei Ihrem Vorversicherer versichert hatten; höchstens jedoch im Umfang des von Ihnen mit uns geschlossenen Vertrages.

7. Wann und wie müssen Sie Ihren Beitrag zahlen? A

7.1 Beitragszahlung

Die Beiträge können Sie je nach Vereinbarung monatlich, vierteljährlich, halbjährlich oder jährlich bezahlen. Die Versicherungsperiode umfasst dementsprechend

- bei Monatsbeiträgen einen Monat,
- bei Vierteljahresbeiträgen ein Vierteljahr,
- bei Halbjahresbeiträgen ein Halbjahr und
- bei Jahresbeiträgen ein Jahr.

7.2 **Versicherungsjahr**

Das Versicherungsjahr dauert grundsätzlich zwölf Monate. Besteht die vereinbarte Vertragsdauer jedoch nicht aus ganzen Jahren, wird das erste Versicherungsjahr entsprechend verkürzt. Die folgenden Versicherungsjahre bis zum vereinbarten Vertragsablauf sind jeweils ganze Jahre. (Beispiel: Bei einer Vertragsdauer von 15 Monaten beträgt das erste Versicherungsjahr 3 Monate, das folgende Versicherungsjahr 12 Monate.)

7.3 **Versicherungssteuer**

Der Versicherungsbeitrag enthält die Versicherungssteuer, die Sie in der jeweils vom Gesetz bestimmten Höhe zu entrichten haben.

7.4 **Zahlung und Folgen verspäteter Zahlung/Erster Beitrag**

7.4.1 Fälligkeit der Zahlung

Wenn Sie den Versicherungsschein von uns erhalten, müssen Sie den ersten Beitrag unverzüglich nach Ablauf von 14 Tagen bezahlen. (»Unverzüglich« heißt nicht unbedingt »sofort«, sondern »ohne schuldhaftes Zögern bzw. so schnell wie eben möglich«.)

7.4.2 Späterer Beginn des Versicherungsschutzes

Wenn Sie den ersten Beitrag zu einem späteren Zeitpunkt bezahlen, beginnt der Versicherungsschutz erst ab diesem späteren Zeitpunkt. Auf diese Folge einer verspäteten Zahlung müssen wir Sie allerdings aufmerksam gemacht haben, und zwar in Textform (Beispiel: Brief oder E-Mail) oder durch einen auffallenden Hinweis im Versicherungsschein.

Wenn Sie uns nachweisen, dass Sie die verspätete Zahlung nicht verschuldet haben, beginnt der Versicherungsschutz zum vereinbarten Zeitpunkt.

7.4.3 Rücktritt

Wenn Sie den ersten Beitrag nicht rechtzeitig bezahlen, konnen wir vom Vertrag zurücktreten, solange der Beitrag nicht bezahlt ist. Wir können nicht zurücktreten, wenn Sie nachweisen, dass Sie die verspätete Zahlung nicht verschuldet haben.

7.5 **Zahlung und Folgen verspäteter Zahlung/Folgebeitrag**

7.5.1 Die Folgebeiträge werden zu dem jeweils vereinbarten Zeitpunkt fällig.

7.5.2 Verzug

Wenn Sie einen Folgebeitrag nicht rechtzeitig bezahlen, geraten Sie in Verzug, auch ohne dass Sie eine Mahnung von uns erhalten haben. Wir sind dann berechtigt, Ersatz für den Schaden zu verlangen, der uns durch den Verzug entstanden ist (siehe 7.5.3).

Sie geraten <u>nicht</u> in Verzug, wenn Sie die verspätete Zahlung nicht verschuldet haben.

7.5.3 Zahlungsaufforderung

Wenn Sie einen Folgebeitrag nicht rechtzeitig bezahlen, können wir Ihnen eine Zahlungsfrist einräumen. Das geschieht in Textform (Beispiel: Brief oder E-Mail) und auf Ihre Kosten. Diese Zahlungsfrist muss mindestens zwei Wochen betragen.

Unsere Zahlungsaufforderung ist nur wirksam, wenn sie folgende Informationen enthält:

- Die ausstehenden Beträge, die Zinsen und die Kosten müssen im Einzelnen beziffert sein und
- die Rechtsfolgen müssen angegeben sein, die nach 7.5.4 mit der Fristüberschreitung verbunden sind.

7.5.4 Welche rechtlichen Folgen hat die Fristüberschreitung?

- Verlust des Versicherungsschutzes

  Wenn Sie nach Ablauf der Zahlungsfrist immer noch nicht bezahlt haben, haben Sie ab diesem Zeitpunkt bis zur Zahlung **keinen Versicherungsschutz.** Allerdings müssen wir Sie bei unserer Zahlungsaufforderung nach 7.5.3 auf den Verlust des Versicherungsschutzes hingewiesen haben.

- Kündigung des Versicherungsvertrags

  Wenn Sie nach Ablauf der Zahlungsfrist immer noch nicht bezahlt haben, können wir den Vertrag kündigen, ohne eine Frist einzuhalten. Allerdings müssen wir Sie bei unserer Zahlungsaufforderung nach 7.5.3 auf die fristlose Kündigungsmöglichkeit hingewiesen haben.

  Wenn wir Ihren Vertrag gekündigt haben und Sie danach innerhalb eines Monats den angemahnten Betrag bezahlen, besteht der Vertrag fort. Dann aber haben Sie für Versicherungsfälle, die zwischen dem Ablauf der Zahlungsfrist und Ihrer Zahlung eingetreten sind, **keinen Versicherungsschutz.**

7.6 Rechtzeitige Zahlung bei Sepa-Lastschriftmandat

7.6.1 Wenn wir die Einziehung des Beitrags von einem Konto vereinbart haben, gilt die Zahlung als rechtzeitig, wenn

- **der Beitrag zu dem Fälligkeitstag eingezogen werden kann und**
- **Sie der Einziehung nicht widersprechen.**

Was geschieht, wenn der fällige Beitrag ohne Ihr Verschulden nicht eingezogen werden kann? In diesem Fall ist die Zahlung auch dann noch rechtzeitig, wenn Sie nach einer Aufforderung in Textform (Beispiel: Brief oder E-Mail) unverzüglich zahlen. (»Unverzüglich« heißt nicht unbedingt »sofort«, sondern »ohne schuldhaftes Zögern bzw. so schnell wie eben möglich«.)

7.6.2 Beendigung des Lastschriftverfahrens

Wenn Sie dafür verantwortlich sind, dass der fällige Beitrag nicht eingezogen werden kann, sind wir berechtigt, künftig eine andere Zahlungsweise zu verlangen. Sie müssen allerdings erst dann zahlen, wenn wir Sie hierzu in Textform (Beispiel: Brief oder E-Mail) aufgefordert haben.

7.7 Beitrag bei vorzeitiger Vertragsbeendigung

In diesem Fall haben wir nur Anspruch auf den Teil des Beitrags, der dem Zeitraum des Versicherungsschutzes entspricht. Das gilt, soweit nicht etwas anderes bestimmt ist.

7.8 Beitragsanpassung

7.8.1 Warum nehmen wir eine Beitragsanpassung vor?

Die Beiträge sind Ihre Gegenleistung für unser Leistungsversprechen. Wir benötigen die Beiträge, damit wir unsere Leistungsverpflichtungen in allen versicherten Schadensfällen erfüllen können. Wir prüfen deshalb jährlich, ob der Beitrag wegen einer Veränderung des Schadensbedarfs anzupassen ist.

Die Ermittlung des Veränderungswerts (siehe 7.8.2) kann dazu führen, dass der Beitrag erhöht oder gesenkt wird oder in der bisherigen Höhe bestehen bleibt.

7.8.2 Ermittlung des Veränderungswerts als Grundlage der Beitragsanpassung

Der ermittelte Veränderungswert ist maßgeblich für die Frage, ob der Beitrag in der bisherigen Höhe bestehen bleibt.

7.8.2.1 Statistische Ermittlung durch einen unabhängigen Treuhänder

Ein unabhängiger Treuhänder ermittelt bis zum 1. Juli eines jeden Jahres einen **Veränderungswert** für die Beitragsanpassung. Der Treuhänder legt bei seiner Ermittlung die Daten einer möglichst großen Zahl von Unternehmen, die die Rechtsschutzversicherung anbieten, zugrunde, so dass der von ihm ermittelte Wert den gesamten Markt der Rechtsschutzversicherung bestmöglich widerspiegelt.

Der Ermittlung des Veränderungswerts liegt folgende Fragestellung (Berechnungsmethode) zugrunde:

Um wie viel Prozent hat sich im letzten Kalenderjahr der Bedarf für Zahlungen (das heißt: das Produkt von Schadenhäufigkeit und Durchschnitt der Schadenzahlungen) gegenüber dem vorletzten Kalenderjahr (Bezugsjahre) erhöht oder vermindert?

(Als Schadenhäufigkeit eines Kalenderjahres gilt die Anzahl der in diesem Jahr gemeldeten Versicherungsfälle, geteilt durch die Anzahl der im Jahresmittel versicherten Risiken. Mit anderen Worten: die Schadenhäufigkeit gibt an, für wie viel Prozent der versicherten Verträge ein Schaden gemeldet worden ist. Um den Durchschnitt der Schadenzahlungen eines Kalenderjahres zu berechnen, werden alle in diesem Jahr erledigten Versicherungsfälle betrachtet. Die Summe der insgesamt geleisteten Zahlungen für diese Versicherungsfälle wird durch deren Anzahl geteilt.)

Veränderungen, die aus Leistungsverbesserungen (zum Beispiel: Einschluss einer neuen Leistungsart) herrühren, berücksichtigt der Treuhänder nur, wenn die Leistungsverbesserungen in beiden Vergleichsjahren zum Leistungsinhalt gehörten.

Der Treuhänder ermittelt den Veränderungswert getrennt für folgende **Vertragsgruppen:**

- Verkehrs-, Fahrzeug- und Fahrer-Rechtsschutz,
- Privat- und Berufs-Rechtsschutz, Rechtsschutz für Selbstständige oder Firmen, Vereins-, sowie Wohnungs- und Grundstücks-Rechtsschutz,
- Privat-, Berufs- und Verkehrs-Rechtsschutz sowie Rechtsschutz für Landwirte,
- Rechtsschutz für Selbstständige oder Firmen mit Privat-, Berufs-, Verkehrs- sowie Wohnungs- und Grundstücks-Rechtsschutz.

Innerhalb jeder Vertragsgruppe wird der Veränderungswert getrennt für Verträge mit und ohne Selbstbeteiligung ermittelt. Die so ermittelten Veränderungswerte gelten jeweils einheitlich für alle in der Gruppe zusammengefassten Verträge mit bzw. ohne Selbstbeteiligung.

Der Treuhänder **rundet** einen nicht durch 2,5 teilbaren Veränderungswert auf die nächst geringere positive durch 2,5 teilbare Zahl ab (Beispielsweise wird 8,4 % auf 7,5 % abgerundet.) bzw. auf die nächst größere negative durch 2,5 teilbare Zahl auf (Beispielsweise wird – 8,4 % auf – 7,5 % aufgerundet.). Veränderungswerte im Bereich von – 5 % bis + 5 % werden nicht gerundet.

7.8.2.2 Ermittlung aufgrund unternehmenseigener Zahlen

Auf der Grundlage unserer unternehmenseigenen Zahlen ermitteln wir bis zum 1. Juli eines jeden Jahres den für unser Unternehmen individuellen Veränderungswert. Dabei wenden wir die für die Ermittlung durch den unabhängigen Treuhänder geltenden Regeln (siehe 7.8.2.1) entsprechend an.

7.8.3 Welches ist der für die Anpassung des Beitrags maßgebliche Veränderungswert?

Grundsatz: Für die Beitragsanpassung (Erhöhung oder Senkung) ist grundsätzlich der Veränderungswert maßgeblich, den der unabhängige Treuhänder ermittelt hat (siehe 7.8.2.1).

Ausnahme: Wir vergleichen unseren unternehmensindividuellen Veränderungswert mit dem vom Treuhänder nach 7.8.2.1 ermittelten Wert. Unser unternehmensindividueller Wert ist dann für die Beitragsanpassung maßgeblich, wenn dieser Vergleich ergibt,

– dass unser Wert unter dem vom Treuhänder ermittelten Wert liegt und
– dies auch in den zwei letzten Kalenderjahren der Fall ist, in denen eine Beitragsanpassung zulässig war.

Die zu betrachtenden Kalenderjahre müssen nicht notwendig unmittelbar aufeinander folgen.

7.8.4 Unterbleiben einer Beitragsanpassung

Eine Beitragsanpassung unterbleibt, wenn der vom unabhängigen Treuhänder ermittelte Veränderungswert (siehe 7.8.2.1) geringer + 5 % und größer – 5 % ist. Dieser Veränderungswert wird bei der Ermittlung der Voraussetzungen für die nächste Beitragsanpassung mit berücksichtigt (Dies geschieht, indem das Bezugsjahr solange beibehalten wird, bis die 5 %-Grenze erreicht wird. Es wird immer der Bedarf für Zahlungen aus dem jeweiligen Vorjahr mit dem Bedarf für Zahlungen aus dem »festgehaltenen« Bezugsjahr verglichen.)

Unabhängig von der Höhe des Veränderungswerts unterbleibt eine Beitragsanpassung bei Verträgen, bei denen seit dem Versicherungsbeginn noch nicht 12 Monate abgelaufen sind.

7.8.5 Erhöhung oder Senkung des Beitrags

Wenn der maßgebliche Veränderungswert + 5 % oder mehr beträgt, sind wir berechtigt, den Beitrag entsprechend zu **erhöhen**. Der angepasste Beitrag darf nicht höher sein als der für Neuverträge geltende Tarifbeitrag.

Wenn der maßgebliche Veränderungswert – 5 % oder weniger beträgt, sind wir verpflichtet, den Beitrag entsprechend zu **senken**.

7.8.6 Wann wird die Beitragsanpassung wirksam?

Die Beitragsanpassung wird zu Beginn des zweiten Monats wirksam, der auf unsere Mitteilung über die Beitragsanpassung folgt. Sie gilt für alle Beiträge, die nach unserer Mitteilung ab einschließlich 1. Oktober fällig werden.

In der Mitteilung weisen wir Sie auf Ihr außerordentliches Kündigungsrecht hin (siehe 7.8.7).

7.8.7 Ihr außerordentliches Kündigungsrecht

Wenn sich der Beitrag erhöht, können Sie den Versicherungsvertrag mit sofortiger Wirkung kündigen. Sie können frühestens jedoch zu dem Zeitpunkt kündigen, an dem die Beitragserhöhung wirksam wird (siehe 7.8.5). Ihre Kündigung muss uns innerhalb eines Monats zugehen, nachdem Ihnen unsere Mitteilung über die Beitragsanpassung zugegangen ist.

Wenn sich der Beitrag ausschließlich wegen einer Erhöhung der Versicherungssteuer erhöht, steht Ihnen das Recht zur außerordentlichen Kündigung nicht zu.

7.9 Änderung wesentlicher Umstände der Beitragsfestsetzung

7.9.1 Wenn nach Vertragsabschluss ein Umstand eintritt, der einen höheren als den vereinbarten Versicherungsbeitrag rechtfertigt, können wir von da ab diesen höheren Beitrag verlangen. Denn damit sichern wir eine höhere Gefahr ab (Beispiel: Sie haben ein Auto bei uns versichert und schaffen sich jetzt zusätzlich ein Motorrad an.).

Wenn wir diese höhere Gefahr auch gegen einen höheren Beitrag nicht versichern können, müssen wir die Absicherung gegen diese Gefahr ausschließen.

In folgenden Fällen können Sie den Versicherungsvertrag kündigen:

- Ihr Beitrag erhöht sich um mehr als 10 % oder
- wir lehnen die Absicherung der höheren Gefahr ab.

In diesen Fällen können Sie den Vertrag innerhalb eines Monats, nachdem Ihnen unsere Mitteilung zugegangen ist, ohne eine Frist kündigen. In unserer Mitteilung müssen wir Sie auf Ihr Kündigungsrecht hinweisen.

Nachdem wir von der Erhöhung der Gefahr Kenntnis erhalten haben, müssen wir unser Recht auf Beitragsänderung innerhalb eines Monats ausüben.

7.9.2 Wenn nach Vertragsabschluss ein Umstand eintritt, der einen niedrigeren als den vereinbarten Versicherungsbeitrag rechtfertigt, können wir von da ab nur noch diesen niedrigeren Beitrag verlangen. Sie müssen uns diesen Umstand innerhalb von zwei Monaten anzeigen. Wenn Sie uns nach Ablauf von zwei Monaten informieren, wird Ihr Versicherungsbeitrag erst zu dem Zeitpunkt herabgesetzt, zu dem Sie uns informiert haben.

7.9.3 Wenn wir Sie auffordern, uns die zur Beitragsberechnung erforderlichen Angaben zu machen, müssen Sie uns diese innerhalb eines Monats zuschicken. Wenn Sie dieser Verpflichtung nicht nachkommen, können wir den Versicherungsvertrag mit einer Frist von einem Monat kündigen. Es sei denn, Sie weisen uns nach, dass Sie nicht vorsätzlich oder grob fahrlässig gehandelt haben. (Beispiel für »grob fahrlässiges Verhalten«: Jemand verletzt die im Verkehr erforderliche Sorgfalt in ungewöhnlich hohem Maße.)

In folgenden Fällen haben Sie keinen Versicherungsschutz:

- Sie machen innerhalb der Frist vorsätzlich falsche Angaben.
- Sie unterlassen vorsätzlich erforderliche Angaben.
- Der Versicherungsfall tritt später als einen Monat nach dem Zeitpunkt ein, zu dem Sie uns über die Gefahrerhöhung hätten informieren müssen. Ihr Versicherungsschutz entfällt nicht, wenn uns die zur Beitragsberechnung erforderlichen Angaben bereits bekannt waren.

Wenn **Sie grob fahrlässig Angaben verschwiegen** oder **unrichtige Angaben gemacht** haben, können wir den Umfang unserer Leistungen kürzen, und zwar in einem der Schwere Ihres Verschuldens entsprechendem Verhältnis.

Sie müssen nachweisen, dass Sie nicht grob fahrlässig gehandelt haben. (Beispiel für »grob fahrlässiges Verhalten«: Jemand verletzt die im Verkehr erforderliche Sorgfalt in ungewöhnlich hohem Maße.)

Ausnahme: In folgenden Fällen haben Sie trotzdem Versicherungsschutz:

- Sie weisen uns nach, dass die Veränderung weder den Eintritt des Versicherungsfalls beeinflusst noch den Umfang unserer Leistung erhöht hat.
- Die Frist für unsere Kündigung ist abgelaufen und wir haben nicht gekündigt.

Die soeben beschriebenen Regelungen werden nicht angewandt, wenn

- die Veränderung so unerheblich ist, dass diese nicht zu einer Erhöhung der Beiträge führen würde oder
- ersichtlich ist, dass diese Veränderung mitversichert sein soll.

8 Wann verjähren Ansprüche aus dem Versicherungsvertrag? A

8.1 Gesetzliche Verjährung

Die Ansprüche aus dem Versicherungsvertrag verjähren in drei Jahren. Die Fristberechnung richtet sich nach den allgemeinen Vorschriften des Bürgerlichen Gesetzbuchs.

8.2 **Die Verjährung wird ausgesetzt**

Wenn Sie einen Anspruch aus Ihrem Versicherungsvertrag bei uns angemeldet haben, ist die Verjährung ausgesetzt. Die Aussetzung wirkt von der Anmeldung bis zu dem Zeitpunkt, zu dem Ihnen unsere Entscheidung in Textform zugeht (Das heißt: bei der Berechnung der Verjährungsfrist berücksichtigen wir zu Ihren Gunsten den Zeitraum von der Meldung bis zum Eintreffen unserer Entscheidung bei Ihnen nicht).

9. **Wenn Sie mit uns einmal nicht zufrieden sind**

Unser Interesse ist es, Sie mit unseren Leistungen zufrieden zu stellen. Sollte uns das einmal nicht gelingen, nehmen Sie am besten direkt Kontakt zu uns auf, um die Sache zu klären: (Kontaktdaten des Rechtsschutzversicherers oder ggf. des Schadenabwicklungsunternehmens)

Darüber hinaus haben Sie auch folgende Möglichkeiten:

9.1 **Versicherungsombudsmann e.V.**

Wenn Sie als Verbraucher mit unserer Entscheidung nicht zufrieden sind, können

Sie sich an den Versicherungsombudsmann e.V. wenden:

Versicherungsombudsmann e.V.

Postfach 080632

10006 Berlin

Tel.: 0800 3696000 Fax.: 0800 3699000

E-Mail: beschwerde@versicherungsombudsmann.de

Internet: www.versicherungsombudsmann.de

Der Versicherungsombudsmann e.V. ist eine unabhängige und für Verbraucher kostenfrei arbeitende Schlichtungsstelle. Wir haben uns verpflichtet, an dem Schlichtungsverfahren teilzunehmen.

9.2 **Versicherungsaufsicht**

Sind Sie mit unserer Betreuung nicht zufrieden, können Sie sich auch an die für uns zuständige Aufsicht wenden. Als Versicherungsunternehmen unterliegen wir der Aufsicht der Bundesanstalt für Finanzdienstleistungsaufsicht:

Bundesanstalt für Finanzdienstleistungsaufsicht (BaFin)

Sektor Versicherungsaufsicht

Graurheindorfer Straße 108

53117 Bonn

Tel.: 0800 2 100 500

E-Mail: poststelle@bafin.de

Internet: https://www.bafin.de

Bitte beachten Sie, dass die BaFin keine Schiedsstelle ist und einzelne Streitfälle nicht verbindlich entscheiden kann.

9.3 **Rechtsweg**

Außerdem haben Sie die Möglichkeit, den Rechtsweg zu beschreiten. Bitte beachten Sie jedoch, dass hierfür kein Versicherungsschutz besteht (siehe 3.2.11).

10. **Welches Recht ist anzuwenden und wo ist der Gerichtsstand?** A

10.1 **Anzuwendendes Recht**

Für diesen Versicherungsvertrag gilt deutsches Recht.

10.2 **Klagen gegen das Versicherungsunternehmen**

Wenn Sie uns verklagen wollen, können Sie die Klage an folgenden Orten einreichen:

– Am Sitz des Versicherungsunternehmens oder am Sitz der für Ihren Vertrag zuständigen Niederlassung,
– oder, wenn Sie eine natürliche Person sind, auch am Gericht Ihres Wohnsitzes. (Eine »natürliche Person« ist ein Mensch, im Gegensatz zur »juristischen Person«; das ist zum Beispiel eine GmbH, eine AG oder ein Verein). Haben Sie keinen Wohnsitz, können Sie die Klage am Gericht Ihres gewöhnlichen Aufenthalts einreichen.

10.3 **Klagen gegen den Versicherungsnehmer**

Wenn wir Sie verklagen müssen, können wir die Klage an folgenden Orten einreichen:

– Wenn Sie eine natürliche Person sind, am Gericht Ihres Wohnsitzes. (Eine »natürliche Person« ist ein Mensch, im Gegensatz zur »juristischen Person«; das ist zum Beispiel eine GmbH, eine AG oder ein Verein). Haben Sie keinen Wohnsitz, können wir die Klage am Gericht Ihres gewöhnlichen Aufenthalts einreichen.
– Wenn Ihr Wohnsitz oder Ihr gewöhnlicher Aufenthalt zum Zeitpunkt der Klageerhebung nicht bekannt ist, am Sitz unseres Versicherungsunternehmens oder am Sitz der für Ihren Vertrag zuständigen Niederlassung.
– Wenn Sie eine juristische Person sind oder eine Offene Handelsgesellschaft, Kommanditgesellschaft, Gesellschaft bürgerlichen Rechts oder eine eingetragene Partnerschaftsgesellschaft, ist das Gericht an Ihrem Sitz oder Ihrer Niederlassung zuständig.

Anhang: Beitragsfreiheit bei Arbeitslosigkeit (Zahlungspause) A

1. Wir bieten Ihnen die Möglichkeit, Ihren Versicherungsschutz aufrechtzuerhalten, ohne dass Sie Ihren Versicherungsbeitrag zahlen müssen.

   Die Voraussetzungen hierfür sind:
   - Die Regelung muss zwischen uns vereinbart sein.
   - Sie sind arbeitslos gemeldet (§ 137 Sozialgesetzbuch III) bzw. berufs- oder erwerbsunfähig (§ 43 Sozialgesetzbuch VI).

   Die Regelung gilt höchstens für … Jahre. Dies gilt auch dann, wenn während der Zahlungspause mehrere dieser Voraussetzungen gegeben sind (Beispiel: erst Arbeitslosigkeit, dann Erwerbsunfähigkeit).

   Nach Ihrem Tod gilt die Zahlungspause für die Person, die den Versicherungsvertrag mit uns fortführt.

2. Eine Zahlungspause nach 1. tritt nicht ein,

2.1 wenn eine andere Person verpflichtet ist oder verpflichtet wäre, den Beitrag zu zahlen – davon ausgenommen ist eine gesetzliche Unterhaltspflicht – oder

2.2 wenn Sie bereits vor Versicherungsbeginn arbeitslos bzw. berufs- oder erwerbsunfähig geworden sind oder

2.3 wenn die Arbeitslosigkeit oder die Berufs- bzw. Erwerbsunfähigkeit innerhalb von 6 Monaten nach Versicherungsbeginn eintritt. Dies gilt nicht, wenn die Berufs- bzw. Erwerbsunfähigkeit Folge eines Unfalls innerhalb dieses Zeitraums ist oder

2.4 wenn die Arbeitslosigkeit oder Berufs- bzw. Erwerbsunfähigkeit verursacht ist durch
   - militärische Konflikte,
   - innere Unruhen,
   - Streiks oder
   - Nuklearschäden – ausgenommen durch eine medizinische Behandlung

   oder

2.5 wenn die Arbeitslosigkeit oder Berufs- bzw. Erwerbsunfähigkeit von Ihnen vorsätzlich verursacht wurde oder im ursächlichen Zusammenhang mit einer von Ihnen begangenen vorsätzlichen Straftat steht.

3. Den Anspruch auf Zahlungspause müssen Sie unverzüglich geltend machen. (»Unverzüglich« heißt nicht unbedingt »sofort«, sondern »ohne schuldhaftes Zögern bzw. so schnell wie eben möglich«.)

   Sie müssen
   - uns Auskunft über alle Umstände Ihres Anspruchs erteilen und
   - uns nachweisen, dass die Voraussetzung für eine Zahlungspause nach 1. gegeben ist. Zum Nachweis müssen Sie eine amtliche Bescheinigung vorlegen.

4. Wir können Sie höchstens alle drei Monate auffordern, aktuelle Nachweise dafür vorzulegen, ob Sie noch die Voraussetzung für eine Zahlungspause erfüllen.

   Wenn Sie dieser Aufforderung nicht unverzüglich nachkommen, beenden wir die Zahlungspause. (»Unverzüglich« heißt nicht unbedingt »sofort«, sondern »ohne schuldhaftes Zögern bzw. so schnell wie eben möglich«.) Diese Zahlungspause tritt jedoch mit sofortiger Wirkung wieder in Kraft, wenn die Auskünfte und Nachweise nachgereicht werden.

   1. bis 3. gelten nicht im Todesfall oder solange ein anderer bereits erbrachter Nachweis für die Zahlungspause noch vorliegt.

5. Diese Zusatzvereinbarung können wir oder Sie kündigen, und zwar drei Monate vor dem Ende jedes Versicherungsjahrs.

   Die Zusatzvereinbarung endet automatisch, wenn
   - Sie das 60. Lebensjahr erreichen,
   - Sie sterben oder
   - die Person, die nach Ihrem Tod Ihren Versicherungsvertrag mit uns fortführt, zum Zeitpunkt Ihres Todes das 60. Lebensjahr beendet hat.

Für Mitversicherte aus Ihrem Versicherungsvertrag gilt diese Zusatzvereinbarung nicht.

Kapitel 5 Industrie-Strafrechtsschutzversicherung

Literatur:

Armbrüster, Wissenszurechnung bei der D&O-Versicherung, ZVersWiss 114 (2025), 13; *Badtke/Jarass/Ekler*, Letzte Instanz für den Innenregress, WuW 2025, 397; *Brammsen/Apel* (Hrsg.), GeschGehG, 2022; *Brauer*, Keine Pflicht des Versicherers zur Herausgabe interner Vermerke und Korrespondenz mit Rechtsanwälten, VersR 2025, 1033; *Bürger*, Unternehmen als Täter, ZStW 2018, 704; *Bürkle/Hauschka/Schieffer* (Hrsg.), Der Compliance Officer, 2. Aufl. 2024 (zit.: B/H/S/*Bearbeiter*); *Cornelius-Winkler*, Die jüngere Rechtsprechung des BGH zur Rechtsschutzversicherung und darauf basierende Änderungen in den aktuellen ARB der Rechtsschutzversicherer, r+s 2020, 545; *Dahnz*, Strafrecht und Strafrechtsschutz-Versicherung, VP 2010, 45; *Dahnz/Grimminger*, Manager und ihr Berufsrisiko, 3. Aufl. 2007; *Dannecker*, Der strafrechtliche Schutz des Wettbewerbs: Notwendigkeit und Grenzen einer Kriminalisierung von Kartellrechtsverstößen, in: FS Tiedemann, 2008, S. 789; *Eidam*, Industrie-Straf-Rechtsschutzversicherung, 1994; *Eidam*, Unternehmen und Strafe, 5. Aufl. 2018 (zit.: Eidam/*Bearbeiter*); *Faust/Spittka/Wybitul*, Milliardenbußgelder nach der DS-GVO? – Ein Überblick über die neuen Sanktionen bei Verstößen gegen den Datenschutz, ZD 2016, 120; *Fischer*, StGB, 72. Aufl. 2025; *Fleischer/Goette* (Hrsg.), Münchener Kommentar GmbHG, 2. Aufl. 2016 (zit.: MünchKommGmbHG/*Bearbeiter*); *Gola*, DS-GVO, 2017; *Gierschmann Schlender Stentzel Veil* (Hrsg.), Datenschutz-Grundverordnung, 2018 (zit.: Gierschmann/Schlender/Stentzel/Veil/*Bearbeiter*, DSGVO); *Gräfe/Brügge*, Vermögensschaden-Haftpflichtversicherung, 2006; *Gräfe/Brügge/Melchers*, Berufshaftpflichtversicherung für rechts- und steuerberatende Berufe, 3. Aufl. 2021; *Graf von Westphalen/Thüsing/Pamp* (Hrsg.), Vertragsrecht und AGB-Klauselwerke, 52. Ergänzungslieferung Oktober 2025; *Graf/Jäger/Wittig* (Hrsg.), Wirtschafts- und Steuerstrafrecht, 3. Aufl. 2024; *Grote/Finkel*, Rechtsprechungsübersicht zum Versicherungsvertragsrecht 2025/1, NJW 2025, 2295; *dies.*, Rechtsprechungsübersicht zum Versicherungsvertragsrecht im zweiten Halbjahr 2023, NJW 2024, 329; *Gruber/Mitterlechner/Wax*, Das Claims-made-Prinzip in der D&O-Versicherung, Öwbl 2012, 16; *Guntermann*, Der nemo-tenetur-Grundsatz und versicherungsrechtliche Anzeige- und Informationspflichten – Konflikte und Lösungsansätze im Strafrechtsschutz, r+s 2022, 442; *ders.*, Der nachträgliche Ausschluss vom Versicherungsschutz in der Strafrechtsschutzversicherung für Unternehmen und Manager, VP 2016, 28; *Halser*, Die versicherte Gefahr und der Versicherungsfall in der Industrie-Straf-Rechtsschutz-Versicherung, 1994; *Hauschka/Moosmayer/Lösler* (Hrsg.), Corporate Compliance, 3. Aufl. 2016; *Heerspink/Terno*, Versicherbarkeit von Haftungsfällen und strafrechtlichen Risiken in der Wirtschaft, ZWH 2016, 55; *v. Heintschel-Heinegg* (Hrsg.), BeckOK StGB, 65. Ed. 2025 (zit.: v. Heintschel-Heinegg/*Bearbeiter*); *Hendricks*, Neues vom D&O-Versicherungsmarkt 2025, AR 2025, 131; *Hoffmann-Becking*, Sinn und Unsinn der D&O-Versicherung, ZHR 2017, 737; *Ihlas*, D&O, 2. Aufl. 2009; *Jahn/Schmitt-Leonardy/Schoop* (Hrsg.), Das Unternehmensstrafrecht und seine Alternativen, 2016; *Ingwersen*, Die Stellung des Versicherungsnehmers bei Innenhaftungsfällen in der D&O-Versicherung, 2011; *Isenbart*, Kardinalpflichten von Geschäftsleitern im Kontext der D&O-Versicherung, DB 2025, 1604; *Klinkhammer*, Haftung und strafrechtliche Verantwortlichkeit von Unternehmern und Führungskräften, VP 1993, 77; *Knöfel*, Neues vom Direktprozess gegen den D&O-Versicherer: Beweislastumkehr nach Abtretung – oder doch eine gesetzliche *action directe*? ZIP 2025, 1115; *ders.*, Die »versicherte Tätigkeit« von Organmitgliedern bei der D&O-Versicherung, VersR 2019, 1249; *Koch*, Umfang des Versicherungsschutzes für Organmitglieder und Arbeitnehmer in der Vermögenschadensversicherung, VersR 2025, 1161; *ders.*, Auslegung des Tatbestandsmerkmals »Pflichtversicherung bei Ausübung der versicherten Tätigkeit« im Rahmen einer D&O-Versicherung, ZIP 2018, 301; *Körner/Rendels*, Wissentliche Pflichtverletzung: Insolvenzantragspflicht als Kardinalpflicht? ZIP 2025, 1901; *Kühling/Buchner* (Hrsg.), DS-GVO BDSG, 4. Aufl. 2024 (zit.: Kühling/Buchner/*Bearbeiter*); *Lange*, Strafrechtsschutz aus einer Haftpflichtversicherung, speziell aus einer D&O-Versicherung – Keine gmaade Wiesn, Teil 1, r+s 2024, 439, Teil 2, r+s 2024, 485; *Leuering/Rubner*, D&O-Versicherer – Organhaftung und Direktanspruch der Gesellschaft, NJW-Spezial 2025, 591; *Looschelders*, Aktuelle Probleme der Vertrauensschadenversicherung, VersR 2013, 1069; *Lüneborg/Resch*, Ausgewählte Probleme des D&O-Versicherungsschutzes aus Aufsichtsratsperspektive: Versicherungsabschluss, Rückwärtsdeckung, Nachmeldefristen und Umstandsmeldung, AG 2017, 691; *Melot de Beauregard/Lieder/Liersch* (Hrsg.), Managerhaftung, 2022 (zit. M/L/L/*Bearbeiter*); *Mitsche*, Schadensteilung zwischen Vorstand und Aufsichtsrat, wbl. 2025, 565; *Nickert/Nickert*, Haftungsrisiken und D&O-Versicherungsschutz für GmbH-Geschäftsführer: Ein Überblick über aktuelle Rechtsprechung und Pflichten – ausgehend von OLG Frankfurt v. 5.3.2025 – 7 U 134/23, GmbHR 2025, 897; *Otto*, Grundkurs Strafrecht Allgemeiner Teil, 7. Aufl. 2004; *Peppersack*, Die Problematik unzureichender Versicherungssummen in der D&O-Versicherung – Modelle und Lösungsansätze, r+s 2018, 117; *Plaßmann-Robertz*, Begrenzte Unterrichtungspflichten von Leitungsorganen gegenüber dem D&O-Versicherer – insbesondere kein »Vernehmungsrecht« im vorläufigen Strafrechtsschutz, ZWH 2024, 200; *Plath* (Hrsg.), BDSG DSGVO, 4. Aufl. 2023 (zit.: Plath/Bearbeiter, BDSG DSGVO); *Rademacher*, Die Industrie-Strafrechtsschutz-Versicherung, SpV 2021, 3; *Reuter*, D&O-Haftung bei Unternehmenskäufen und Finanztransaktionen, NZG 2025, 979; *Schauf*, Versicherungsschutz und Strafrecht, 2004; *v. Schenk*, Handlungsbedarf bei der D&O-Versicherung, NZG 2015, 494; *Schmuckermeier*, Strafrechtsschutz als Bestandteil oder Ergänzung einer D&O-Versicherung, r+s 2019, 131; *Schneider/Fausten*, Ausgewählte neuere Rechtsprechung in der gewerblichen und industriellen Versicherung 2024/2025, VersR 2025, 1112; *Seitz/Finkel/Klimke*, D&O-Versicherung, 2016 (zit. S/F/K/*Bearbeiter*); *Seyfarth*, Der Vorstand, 2. Aufl. 2023; *Simitis/Hornung/Spiecker*, Datenschutzrecht DS-GVO/BDSG, 2. Aufl. 2025 (zit. S/H/S/*Bearbeiter*); *Thomas*, Die Haftungsfreistellung von Organmitgliedern, 2010; *Thönissen*, D&O-Versicherung in der Unternehmensinsolvenz: Wie weit reichen die Auskunftsansprüche des D&O Versicherers gegen den Insolvenzverwalter?, r+s 2025, 434; *Thole*, Doch kein D&O-Versicherungsschutz für die Geschäftsführerhaftung nach § 15b InsO?, ZIP 2025, 1363; *Wolff/Brink* (Hrsg.), BeckOK Datenschutzrecht, 53. Ed. 2025 (zit.: BeckOK-Datenschutzrecht/*Bearbeiter*).[1]

Übersicht **Rdn.**

1 Der Verfasser dankt Frau Esther Brinkmann (Bibliothek Universität Bayreuth) und Frau Lisette Küttner (Wiss. Mitarb. Universität Düsseldorf) für ihre äußerst hilfreiche Unterstützung bei der Vorbereitung der Kommentierung.

A. Die geschichtliche Entwicklung der Industrie-Strafrechtsschutzversicherung

1 Die »Sonderbedingungen für Industrie-Strafrechtsschutzversicherungen« (nachfolgend auch »**ISRS**«)[2] sind ein innerhalb der ARB relativ junger Komplex. Seit 1980 angeboten, wurden sie erst 1983 vom BAV[3] genehmigt.[4] Dies darf jedoch nicht zu der trügerischen Annahme verleiten, dass eine Strafrechtsschutz-Versicherung (nachfolgend auch »**SRV**«) als solche bis zu diesem Zeitpunkt nicht existiert hätte: Die SRV war vielmehr schon immer ein – wenngleich nicht näher ausgestalteter – Teil der ARB.[5] Bis zu der vorgenannten Aufnahme der ISRS in die ARB gab es eine SRV-Deckungsmöglichkeit jedoch lediglich als Ausschnittdeckung auf der Grundlage des § 24 II 2 lit. c ARB 75.[6] Die ISRS ist deshalb letztlich eine Weiterentwicklung eines bis dato rudimentär ausgestalteten Industrie-Strafrechtsschutzes.[7]

2 Seither wurden die ISRS mehrfach erweitert und modifiziert: Bereits im Jahr 1989 wurden weitere Sonderbedingungen zu § 24 ARB für Unternehmen durch das BAV genehmigt. Diese wiesen eine größere Flexibilität auf und waren *gegenständlich* auf kleine und mittlere Unternehmen zugeschnitten.[8] Diese Differenzierung verlor sodann mit der **Deregulierung des Versicherungsmarktes** 1994 an Bedeutung: Da die Versicherungsbedingungen der einzelnen Anbieter seitdem nicht mehr der Genehmigung bedürfen und diese folglich in den Grenzen des AGB-Rechts weiter frei entwickelt werden können,[9] ist eine (zumal strikte) Differenzierung zwischen den ISRS 1983 genehmigten Bedingungen, die vorwiegend auf industrielle Großbetriebe zugeschnitten

---

2 Andere, ebenso gebräuchliche wie weitgehend inhaltskonforme Bezeichnungen sind Versicherungskonzepte wie die »Spezial-Straf-Rechtsschutzversicherung« der »SSR« (B/M/*Guntermann*, SSR Rn. 1) oder der »Spezial-Rechtsschutz-Bedingungen für Unternehmensleiter« der »USRB« (B/M/*Guntermann*, SSR Rn. 28 ff., 46 ff.; Harbauer/*Obarowski*, USRB Vor § 1 Rn. 17 ff.).

3 Hierbei handelte es sich um das Bundesaufsichtsamt für Versicherungs- und Bausparwesen, das seit 2002 mit den Bundesämtern für Kreditwesen und den Wertpapierhandel zur Bundesanstalt für Finanzdienstleistungsaufsicht (BaFin) zusammengelegt wurde; B/M/*Guntermann*, SSR Rn. 4. Zu dessen Weisungsbefugnis im Vorfeld von Verfassungsbeschwerden *Bürkle*, Rechtsschutz für Versicherungsunternehmen gegen (vermeintlich) rechtswidrige Normen, VersR 2025, 1039, 1041 ff.

4 B/M/*Guntermann*, SSR Rn. 4 f.; komprimiert L/W/*Ihlas*, Kap. 35 Rn. 292; M/L/L/*Hendricks*, § 14 Rn. 120; VersHb/*Obarowski*, § 45 Rn. 109; näher und zu den Details der Entwicklung einzelner Bestimmungen *Eidam*, Rn. 0.2.1. ff.; *Halser*, S. 15 ff.; ferner *Ihlas*, S. 71.

5 B/M/*Guntermann*, SSR Rn. 4; *Dahnz* VP 2010, 45, 46; *Dahnz*/*Grimminger*, S. 413.

6 B/M/*Guntermann*, SSR Rn. 3 f.; *Schauf*, S. 11 ff.; *Thomas*, S. 499; *Eidam*, Rn. 0.2.1. ff.

7 B/M/*Guntermann*, SSR Rn. 5 f., 17 ff.; M/L/L/*Hendricks*, § 14 Rn. 130 ff.; *Schmuckermeier* r+s 2019, 131, 132; VersHb/*Obarowski*, § 45 Rn. 109 ff. Anbindung an § 101 I 2 VVG und die fakultative Ausgestaltung betont *Lange* r+s 2024, 439 (Teil 1), Rn. 1 ff.; *ders.* r+s 2024, 485 (Teil 2), Rn. 38 f., 55 ff., 84 ff., 118.

8 *Schauf*, S. 13 f.; *Thomas*, S. 499; VersHb/*Obarowski*, § 45 Rn. 109.

9 *Schauf*, S. 37 ff.; *Thomas*, S. 499.

waren, und den ISRS 1989, die primär kleine und mittlere Unternehmen im Blick hatten, heute nicht mehr erforderlich.[10]

Inhaltlich stand bei der Gestaltung der ISRS ursprünglich die Verteidigung[11] von Mitarbeitern von Industrie-Unternehmen gegen Vorwürfe, (Umwelt-)Straftaten durch die Herstellung fehlerhafter Produkte begangen zu haben, im Vordergrund.[12] Durch die Komplexität dieser Materie entstand oftmals ein besonderer, hoher Verteidigungsaufwand. Diesem sollte mit der besonderen Ausgestaltung der Industrie-SRV entgegengewirkt werden.[13] 3

Hierbei war insbesondere die **Unzulänglichkeit des Leistungssegments** der vormaligen ARB in den folgenden Bereichen der maßgebliche Anlass zu einer weitergehenden Ausgestaltung:[14] 4
– Die durch die Rechtsverteidigung entstehenden Anwaltsgebühren wurden nur unzureichend und Kosten für außergerichtliche Sachverständige gar nicht erstattet.[15]
– Die (internen) Kosten für eine (ggfs. sehr aufwendige) Stellungnahme des Unternehmens und die Zeugenbetreuung waren nicht erstattungsfähig.[16]
– Die Verteidigung gegen Vorsatzdelikte und weitere Risiken war nicht erfasst.[17]

Weitere, nicht allein strafrechtsspezifische Defizite traten hinzu: 5
– Es bestand kein Versicherungsschutz im Verwaltungs- und Besteuerungsverfahren.[18]
– Die Bestimmung des Versicherungsfalles produzierte Unbilligkeiten.[19]
– Der Schadensservice wurde oft als unzureichend empfunden sowie die Versicherungssummen häufig als zu starr und zu niedrig ausgestaltet angesehen.

Vor diesem Hintergrund und vor allem aufgrund des letztgenannten Punkts konnten die ARB lange den besonderen Risiken strafrechtlicher Verfahren nicht gerecht werden.[20] 6

Die Schaffung der spezifischen Industrie-SRV trat diesen Defiziten gezielt entgegen. Insbesondere ermöglichten die höheren Versicherungssummen die Erstattung von Ver- 7

10 *Thomas*, S. 499.
11 Zur Ausdeutung der Begriffe »Verteidigung« und »Angeklagte« B/M/*Guntermann*, SSR Rn. 46 f.
12 *Dahnz/Grimminger*, S. 414; *Schauf*, S. 12 f., 16; *Thomas*, S. 499.
13 B/M/*Guntermann*, SSR Rn. 7; *Dahnz/Grimminger*, S. 414; *Halser*, S. 76 f.; *Schauf*, S. 12 f., 16; *Schmuckermeier* r+s 2019, 131, 132; *Thomas*, S. 499.
14 *Dahnz/Grimminger*, S. 414; *Schauf*, S. 15 ff.; *Schmuckermeier* r+s 2019, 131 f.
15 B/M/*Guntermann*, SSR Rn. 12; *Dahnz/Grimminger*, S. 414; *Schauf*, S. 17 ff.; *Schmuckermeier* r+s 2019, 131.
16 B/M/*Guntermann*, SSR Rn. 10; *Schauf*, S. 20 f.; *Schmuckermeier* r+s 2019, 131 f.
17 B/M/*Guntermann*, SSR Rn. 6, 10 f.; VersHb/*Obarowski*, § 45 Rn. 106; *Schauf*, S. 27 ff.
18 B/M/*Guntermann*, SSR Rn. 56, 65; *Dahnz/Grimminger*, S. 414; *Schauf*, S. 17 ff.
19 *Dahnz/Grimminger*, S. 414; Schauf, S. 22 f.
20 B/M/*Guntermann*, SSR Rn. 7, 10; *Dahnz/Grimminger*, S. 414.

einbarungshonoraren und außergerichtlichen Sachverständigenkosten,[21] die Einbeziehung von Verfahren wegen Vorsatztaten (bei Vorliegen der entsprechenden Voraussetzungen) sowie eine deutliche Erweiterung des räumlichen Geltungsbereiches.[22]

8 Das derzeit **aktuellste Bedingungswerk** sind die »Spezial-Rechtsschutz-Bedingungen für Unternehmensleiter-USRB« (Stand: Juli 2000),[23] welche vom GDV unverbindlich empfohlen wurden.[24] Ihre Einfügung respektive Erläuterung in den ARB 2008, 2010 und 2012 hat allerdings ebenso wenig stattgefunden wie eine inhaltliche Anpassung bzw. Abstimmung an das neugefasste VVG 2008.[25]

9 Sofern die rechtspolitisch immer wieder – etwa im Kartellrecht[26] – diskutierte[27] und im (EU-) Ausland teilweise bereits vorhandene originäre **Unternehmensstrafbarkeit**[28] in Zukunft umgesetzt werden sollte, wird ein weiterer, derzeit noch nicht absehbarer Änderungs- und Ergänzungsbedarf entstehen. Insoweit ist die künftige (supra)nationale Entwicklung abzuwarten.

B. Abgrenzung und Kennzeichnung der Industrie-SRV gegenüber der D&O- und Vertrauensschadensversicherung

10 Neben der Industrie-SRV (zu deren Spezifika nachfolgend I.) können weitere Versicherungen in den Anwendungsbereich des Industrie-Strafrechtsschutzes fallen bzw. sich inhaltlich partiell auf diesen (mit)erstrecken.[29] Namentlich gilt dies für die sog.

---

21 Vgl. B/M/*Guntermann*, SSR Rn. 12; Buschbell/Hering/*Hering*, § 20 Rn. 63; *Schmuckermeier* r+s 2019, 131, 132.

22 Buschbell/Hering/*Hering*, § 20 Rn. 63; *Schauf*, S. 15 ff., 27 ff.; *Schmuckermeier* r+s 2019, 131, 133; *Thomas*, S. 499; VersHb/*Obarowski*, § 45 Rn. 110.

23 Eingehend B/M/*Guntermann*, SSR Rn. 16 ff.; Harbauer/*Obarowski*, USRB Vor § 1 Rn. 9 ff.

24 B/M/*Guntermann*, SSR Rn. 5, 10 f.; Buschbell/Hering/*Hering*, § 20 Rn. 56; Harbauer/*Obarowski*, USRB Vor § 1 Rn. 29, 36 ff.; *Schmuckermeier* r+s 2019, 131 f.

25 B/M/*Guntermann*, SSR Rn. 5; Buschbell/Hering/*Hering*, § 20 Rn. 58; Harbauer/*Obarowski*, USRB Vor § 1 Rn. 44 f.

26 Vgl. etwa BGH VersR 2025, 886 Rn. 8 ff. – Edelstahlkartell; *Bürger*, ZStW 2018, 704 ff.; allgemeine Beiträge in *Jahn*/*Schmitt-Leonardy*/*Schoop*, Das Unternehmensstrafrecht und seine Alternativen, 2016.

27 Nachweise u.a. bei v. Heintschel-Heinegg/*Momsen*/*Laudien*, § 14 Rn. 28 ff.

28 Weiterführende Nachweise bei *Fischer*, § 14 StGB Rn. 1a. In Deutschland ist der Gedanke des Unternehmensstrafrechts in gewisser Weise schon heute im OWiG vorbereitet, wenn dort Geldbußen gegen Unternehmen verhängt werden können (§§ 30, 130 OWiG). Angesichts dessen geht beispielsweise Graf/Jäger/Wittig/*Merz*, § 14 StGB Rn. 64 ff. schon heute davon aus, dass diese »Verbandsgeldbuße« im Ergebnis einem Unternehmensstrafrecht entspreche. Allein schon wegen des gegenüber einer Straftat geringeren Unwerturteils, das in der Schaffung wie in der tatsächlichen Verwirklichung einer Ordnungswidrigkeit prägnant zum Ausdruck kommt, ist diese Einschätzung allerdings mehr als nur zweifelhaft, mag sie auch in wirtschaftlicher Hinsicht (monetäre Gleichwertigkeit von Geldstrafe und -buße) numerisch zutreffen.

29 Komprimiert zur Abgrenzung von anderen Versicherungsarten S/F/K/*Finkel*/*Seitz*, Einf. Rn. 90 ff., 98 ff.; S/F/K/*Klimke*, Einf. Rn. 136 ff.

»Directors & Officers«-Versicherung (nachfolgend »**D&O-Versicherung**«; hierzu nachfolgend II.) und die Vertrauensschadensversicherung (nachfolgend »**VSV**«; zu dieser nachfolgend III.) und die hier nicht separat erörterte »Spezial-Straf-Rechtsschutzversicherung«.[30]

I. Die Industrie-SRV

11 Charakterprägender Zweck der Industrie-SRV ist eine finanzielle Absicherung von Risiken, die einem Unternehmen durch die Einleitung und Durchführung von strafrechtlichen oder ordnungswidrigkeitsrechtlichen Verfahren gegen dessen eigene **Organwalter und/oder nachgeordnete Mitarbeiter** entstehen.[31] Die Industrie-SRV übernimmt hierbei die Kosten der primär wirtschaftsstrafrechtlichen Verteidigung.[32] Bei ordnungswidrigkeitsrechtlichen Verfahren kann der Vorwurf auch gegen das Unternehmen selbst gerichtet sein.[33] Die Industrie-SVR deckt damit auch ein **eigenes Risiko** des Unternehmens mit ab.[34]

12 Bei der Industrie-SRV handelt es sich um eine reine **Kostenversicherung.** Sie ist in den ISRS als **Sonderbedingungen** zu den §§ 1–20 ARB 75/2010 (Ziff. 1.–4.1 und 5.–9.3 ARB 2012) ausgestaltet und daher ähnlich der Spezialstrafrechtsversicherung[35] eine Sonderform der Rechtsschutzversicherung.[36]

1. Versicherungsgegenstand: »Vorsatzfreie« Taten Unternehmensangehöriger

13 Der Anwendungsbereich der Industrie-SRV ist strafrechtlich durch zwei Einschränkungen begrenzt: Sie bietet Versicherungsschutz für den Fall von Verstößen gegen das Strafrecht nur, wenn (i) einem Organwalter oder Mitarbeiter eines versicherten Unternehmens ein Vergehen, § 12 I StGB, zur Last gelegt wird, welches vorsätzlich und fahrlässig oder nur vorsätzlich begangen werden kann und (ii) eine *rechtskräftige* Verurteilung wegen Vorsatzes nicht erfolgt.[37]

30 Eingehender dazu B/M/*Guntermann*, SSR Rn. 1 ff.

31 B/M/*Guntermann*, SSR Rn. 44, 79 ff. Zum Rückgriff auf § 152 II StPO beim Anfangsverdacht *Rademacher* SpV 2021, 3 f.: Einleitungsfiktion mangels förmlicher Einleitungsverfügung.

32 *Guntermann* VP 2016, 28; *Rademacher* SpV 2021, 3; *Thomas*, S. 499; *Heerspink/Terno* ZWH 2016, 55, 61; VersHb/*Obarowski*, § 45 Rn. 97.

33 P/M/*Piontek*, ARB 2010 § 2 Rn. 60.

34 BGH VersR 2025, 886 Rn. 8 ff., 19 ff., 31 ff. – Edelstahlkartell; *Guntermann* VP 2016, 28, 31; *Schmuckermeier* r+s 2019, 131, 132 f.

35 Komprimiert zu dieser »Rechtsschutzvariante« B/M/*Guntermann*, SSR Rn. 10 ff., 23.

36 L/W/*Ihlas*, Kap. 35 Rn. 293; *Ihlas*, S. 71; *Klinkhammer* VP 1993, 77, 82; *Seyfarth*, § 25 Rn. 7 f.; (zur SSR) B/M/*Guntermann*, SSR Rn. 1, 16 f.

37 B/M/*Guntermann*, SSR Rn. 16; Buschbell/Hering/*Hering*, § 20 Rn. 58; *Klinkhammer* VP 1993, 77, 82; *Schmuckermeier* r+s 2019, 131, 132 f. Eingehend zur Ausdehnung des Versicherungsschutzes bis zum nicht rechtskräftig abgeurteilten Vorsatzfall: *Schauf*, S. 27 ff., 40 ff.; zur anwachsenden Vergleichsquote interner Organstreitigkeiten *Hendricks* AR 2025, 131, 133 f.

14 Versicherungsschutz besteht daher immer bei **Verurteilungen wegen Fahrlässigkeit**, und zwar auch dann, wenn ein zuvor erhobener Vorsatzvorwurf sachlich nicht rechtskräftig abgeurteilt wurde (vgl. § 2 ARB 2010 Rdn. 128).[38] Im umgekehrten Fall eines **rechtskräftigen Vorsatzurteils** nach vorangegangenem Fahrlässigkeitsvorwurf entfällt der Versicherungsschutz rückwirkend (vgl. § 2 ARB 2010 Rdn. 121)[39], ggfs. allerdings nur anteilig.[40]

15 Ein Sonderfall ist die **leichtfertige Steuerverkürzung** gemäß § 378 AO. Hier bestimmt sich der Versicherungsschutz entsprechend dem eindeutig als Ordnungswidrigkeit ausgestalteten Deliktscharakter der Vorschrift nach dem einbezogenen Ordnungswidrigkeiten-Rechtsschutz.[41] Der gegenteilige Rekurs auf den Vergehenscharakter des leichtfertigen Subventionsbetrugs gemäß § 264 IV StGB (§ 2 ARB 2010 Rdn. 125) trägt nicht: § 378 AO ist ein einfaches Vermögenentziehungs-, § 264 StGB ein im Unrechtsgehalt gesteigertes Bereicherungsdelikt.

16 Generell vom Versicherungsschutz ausgenommen sind strafrechtliche Verfahren wegen **Verbrechen**, d.h. von Delikten mit einer Mindestfreiheitsstrafe von einem Jahr oder darüber, § 12 I StGB (vgl. § 2 ARB 2010 Rdn. 118).[42] Dies gilt auch für tateinheitlich konkurrierende Vergehen[43] sowie im Fall eines späteren Freispruchs oder einer Verurteilung wegen bloßer Fahrlässigkeitstat. Letzterenfalls ist der Versicherte auf einen Erstattungsanspruch gegen die Staatskasse verwiesen, § 467 StPO (vgl. § 2 ARB 2010 Rdn. 118).[44]

17 Bei **vorsätzlich begangenen Vergehen** ist zu differenzieren:

Bei *ausschließlich vorsätzlich* begehbaren Vergehen – wie z.B. Betrug, Untreue Urkundenfälschung (§§ 263, 266, 267 StGB), Geheimnisbruch (§§ 404 AktG, 85 GmbHG, 17 ff. UWG, voraussichtlich ab 2019 in § 22 GeschGehG geregelt), Marktmanipulation (§ 119 I WPHG)[45] – wird zunächst Versicherungsschutz gewährt, da sich die erhobenen Vorwürfe noch bis zur rechtskräftigen Verurteilung jederzeit als unbeweisbar oder sonst unhaltbar entpuppen könnten.[46] Dabei bleibt es im Falle eines Freispruches vom Vor-

38 Van Bühren/Plote/*Hillmer-Möbius*, § 2 ARB 2010 Rn. 79.

39 L/W/*Ihlas*, Kap. 35 Rn. 295; Buschbell/Hering/*Hering*, § 20 Rn. 58; van Bühren/Plote/*Hillmer-Möbius*, § 2 ARB 2010 Rn. 78; *Guntermann* VP 2016, 28, 30; *Schmuckermeier* r+s 2019, 131, 133.

40 *Guntermann* VP 2016, 28, 30.

41 Wie hier *Bauer* DStR 2005, 1665, 1666; VersHb/*Obarowski*, § 45 Rn. 107.

42 Buschbell/Hering/*Hering*, § 20 Rn. 58; krit. zur Ausweitung auf den Ordnungswidrigkeiten-Rechtsschutz VersHb/*Obarowski*, § 45 Rn. 112 ff. Großzügiger bei Wirtschaftsstraftaten und betriebsbezogenen Pflichtverletzungen B/M/*Guntermann*, SSR Rn. 75.

43 Nicht hingegen bei Tatmehrheit: vgl. § 2 Rn. 122.

44 P/M/*Armbrüster*, § 2 ARB 2010 Rn. 57 m.w.N.

45 Weitere Beispiele benennen van Bühren/Plote/*Hillmer-Möbius*, § 2 ARB 2010 Rn. 76; Harbauer/*Stahl*, § 2 ARB 2000 Rn. 267.

46 *Dahnz* VP 2010, 45, 46; *Heerspink/Terno* ZWH 2016, 55, 61. Anders für wissentliche Verstöße gegen insolvenzrechtliche Antrags- bzw. Kardinalpflichten OLG Frankfurt VersR 2025, 936 Rn. 90 ff., 135 ff.; OLG Frankfurt VersR 2025, 814 Rn. 24 ff.; HK-VVG/

satzdelikt. Hierin liegt ein wesentlicher Unterschied zur allgemeinen Strafrechtsschutzversicherung nach § 2 lit. I bb) ARB 2010, bei welcher im Gegensatz zur Industrie-SRV von vornherein nur Vergehen erfasst werden, die vorsätzlich oder fahrlässig begangen werden können und welche daher bei reinen Vorsatzdelikten auch im Falle eines Freispruchs des Versicherungsnehmers keinen Versicherungsschutz gewährt (vgl. § 2 Rn. 120).

Erfolgt jedoch eine rechtskräftige *Verurteilung wegen Vorsatzes*, entfällt der Versicherungsschutz (zivilrechtlich letztlich im Sinne einer auflösenden Bedingung, § 158 II BGB) und der Versicherte muss dem Versicherer die Kosten zurückerstatten (vgl. § 2 ARB 2010 Rdn. 128).[47] Diese Regel kennt allerdings eine Ausnahme: Werden Organwalter oder sonstige Mitarbeiter des versicherten Unternehmens wegen einer Vorsatztat im Wege eines Strafbefehls verurteilt, wird auf das Rückforderungsrecht meistens ebenso verzichtet[48] wie auf den Abschluss bzw. Vollzug einer Trennungsklausel.[49] 18

Strafbefehle können gemäß § 407 I StPO nur ergehen, wenn es sich bei der fraglichen Tat um ein Vergehen handelt und Strafrichter oder das Schöffengericht – jeweils am Amtsgericht (§§ 25, 28 GVG) – zuständig sind. Strafrichter sind zuständig, wenn Vergehen im Wege der Privatklage verfolgt werden (§§ 374 ff. StPO) oder Freiheitsstrafe von mehr als zwei Jahren nicht zu erwarten ist, § 25 GVG. Alle anderen amtsgerichtlichen Strafverfahren gehören vor das Schöffengericht (§§ 24, 28 GVG). 19

2. Versicherungsleistung: Mitarbeiterbegrenzter Versicherungsschutz

Leistungsmäßig übernimmt die Industrie-SRV grundsätzlich **alle erforderlichen Kosten**, die ab der Eröffnung des Ermittlungsverfahrens entstehen.[50] Versicherungsnehmerin ist dabei stets das jeweilige Unternehmen bzw. die jeweilige Gesellschaft.[51] Ihm bzw. ihr leistet die Industrie-SRV lediglich »passiven« bzw. »negativen Rechtsschutz«.[52] Die Industrie-SRV finanziert folglich nicht eigene strafrechtliche Vorgehen eines Unter- 20

Orlikowski-Wolf, AVB D&O A-7 Rn. 4 ff.; skeptisch zur Konturierung zuletzt *Hendricks* AR 2025, 131; *Isenbart* DB 2025, 1604, 1607 f.; *Körner/Rendels* ZIP 2025, 1901, 1902 ff., 1908 f.; *Nickert/Nickert* GmbHR 2025, 897 Rn. 43 ff., 72 ff.; *Thole* ZIP 2025, 1363, 1365 ff.

47 Buschbell/Hering/*Hering*, § 20 Rn. 58; *Guntermann* VP 2016, 28, 31; P/M/*Armbrüster* § 2 ARB 2010 Rn. 54; *Schmuckermeier* r+s 2019, 131, 133.

48 Vgl. Teil A Ziff. 7.2 SVA 2013 ARAG; *Dahnz* VP 2010, 45, 46; *Guntermann* VP 2016, 28, 30 und *Schmuckermeier* r+s 2019, 131, 133 (auch bei Verurteilung zu einer Geldstrafe bei Eventualvorsatz). Anders hingegen im Fall »Edelstahlkartell«, BGH VersR 2025, 886 Rn. 4 f.

49 Komprimiert zum »Trennungsprinzip« bzw. »Trennungsstreit« *Hendricks* AR 2025, 131, 132; *Thönissen* r+s 2025, 434 Rn. 6.

50 B/M/*Guntermann*, SSR Rn. 17, 46 f.; L/W/*Ihlas*, Kap. 35 Rn. 293; *Klinkhammer* VP 1993, 77, 82; *Rademacher* SpV 2021, 3, 5; *Schmuckermeier* r+s 2019, 131, 132.

51 OLG Köln r+s 2017, 472, 473: Laborgemeinschaft; L/W/*Ihlas*, Kap. 35 Rn. 294; *Guntermann* VP 2016, 28; *Schmuckermeier* r+s 2019, 131, 133; *Seyfarth*, § 25 Rn. 8.

52 *Ihlas*, S. 71; *Eidam*, Rn. 1.2.4.

nehmens[53] – etwa im Wege einer Selbstanzeige,[54] einer Strafanzeige (§ 158 StPO), einer Nebenklage (§§ 395 ff. StPO),[55] oder einer Privatklage (§§ 374 ff. StPO),[56] einem Vergehen[57] oder anwaltlicher Entschädigungsvertretung.[58]

21 Diesem täterbegrenzten Zweck der Industrie-SRV entsprechend sind mitversicherte Personen alle Mitarbeiter des Versicherungsnehmers, einschließlich der Organwalter.[59] Sachlich stellt die Industrie-SRV ihnen gegenüber eine **Versicherung für fremde Rechnung** (§§ 43 ff. VVG)[60] und damit letztlich einen Vertrag zu Gunsten Dritter (§ 328 BGB) dar. Dieser ist allerdings regelmäßig dahingehend beschränkt, dass das Unternehmen als Versicherungsnehmerin dem Rechtsschutzbegehren seiner Organwalter oder Mitarbeiter dem Versicherer gegenüber **widersprechen** kann.[61] Ein solcher Widerspruch hat zur Folge, dass die Industrie-SRV die betroffenen Personen nicht im Umfang der Versicherung von Kosten freistellt (§ 44 II VVG; vgl. auch § 328 II BGB).[62]

3. Versicherungsumfang: Kostenersatz nach Vereinbarung

22 Typisch für eine Industrie-SRV ist, dass die Rechtsanwaltskosten – anders als bei der »normalen« Rechtsschutzversicherung[63] – nicht nur nach dem gesetzlichen Kostenrahmen, sondern auch nach **Vereinbarung in anderer Höhe** übernommen werden können. Die heute im Bereich des Wirtschaftsstrafrechts übliche anwaltliche Abrechnung nach (erheblichen) Stundensätzen[64] kann so adäquat aufgefangen werden. Ebenso werden die häufig gleichfalls erheblichen Kosten für unterstützende verwaltungsrechtliche Anwaltstätigkeiten, außergerichtliche Sachverständige und Firmenstellungnahmen oftmals übernommen,[65] sodass die monetären Voraussetzungen einer effizienten Ver-

53 Sog. Eigenschadensklauseln; HK-VVG/*Orlikowski-Wolf*, AVB D&O A-6.3 Rn. 1 ff.; MünchKommGmbHG/*Fleischer*, § 43 Rn. 471. Eigenschadensersatz erörtert *Koch* VersR 2025, 1161, 1165 ff.

54 Buschbell/Hering/*Hering*, § 20 Rn. 58.

55 Sonderfälle benennen B/M/*Guntermann*, SSR Rn. 64, (auch zu Ausnahmen) Rn. 49; VersHb/*Obarowski*, § 45 Rn. 98 f.

56 B/M/*Guntermann*, SSR Rn. 63; VersHb/*Obarowski*, § 45 Rn. 98.

57 B/M/*Guntermann*, SSR Rn. 51.

58 B/M/*Guntermann*, SSR Rn. 50 m.w.N.

59 OLG Köln r+s 2017, 472, 473 (Laborgemeinschaft); *Guntermann* VP 2016, 28; *Seyfarth*, § 25 Rn. 8; *Ihlas*, S. 73; *Schmuckermeier* r+s 2019, 131, 133.

60 Statt vieler L/W/*Ihlas*, Kap. 35 Rn. 294; *Thönissen* r+s 2025, 434 Rn. 6.

61 L/W/*Ihlas*, Kap. 35 Rn. 294; *Ihlas*, S. 73; *Guntermann* VP 2016, 28.

62 Zum Erfüllungswahlrecht (Insolvenzverwalter, Versicherer) HK-VVG/*Orlikowski-Wolf*, AVB D&O A-8.1 Rn. 3.

63 Zwangsläufig ist eine solche Beschränkung freilich nicht: In der Praxis treten gelegentlich (ausländische) Rechtsschutzversicherungen auf, die ihren Klienten die Anwaltskosten ebenfalls in Höhe der mit dem Anwalt vereinbarten Gebühren ersetzen.

64 S. nur die Übersicht auf https://www.juve.de/rechtsmarkt/stundensaetze.

65 Buschbell/Hering/*Hering*, § 20 Rn. 59, 62; *Dahnz* VP 2010, 45, 46 f.; *Eidam*, Rn. 0.4.5; *Heerspink/Terno* ZWH 2016, 55, 61; *Klinkhammer* VP 1993, 77, 82; *Rademacher* SpV 2021, 3, 5.

teidigung erfüllt sind. Sogar Strafkautionen, Reise- und Übersetzungskosten können übernommen werden.[66] Nicht übernommen werden selbstverständlich ausgeworfene **Bußgelder oder Geldstrafen** als solche – die Industrie-SRV deckt keine Sanktionen.[67] Vereinbaren lässt sich auch eine summenmäßig begrenzte Fallpauschale, deren Überschreitung vom Versicherer dann im Wege der Erschöpfungseinrede einzuwenden ist.[68] Bei einer Gruppenstrafrechtsschutzversicherung kann sich deren Geltung auf eine Vielzahl einheitlicher Verfahren gegen Versicherte erstrecken.[69]

II. D&O-Versicherung

Die D&O Versicherung[70] ist eine **Haftpflichtversicherung** im Sinne der §§ 100 ff. 23
VVG.[71] Sie erfasst das Risiko von Organwaltern (namentlich Vorständen) eines Unternehmens – im Gegensatz zur Industrie-SRV nicht von nachgeordneten Mitarbeitern –, wenn diese aufgrund ihrer Organtätigkeit zivilrechtlich auf Schadensersatz in Anspruch genommen werden.[72] Für besonders spektakuläre wie aktuelle Beispiele ist auf die neuen Entscheidungen des OLG Hamm zum »Strohmanngeschäftsführer« sowie des OLG Frankfurt in Sachen »Wirecard« zu verweisen.[73]

1. Versicherungsgegenstand: »Außerstrafrechtliche« Organverfehlungen

Versichert ist die **zivilrechtliche Haftung** für jede (fahrlässige[74]) Pflichtverletzung, die 24
dem jeweiligen Organwalter in Ausübung seiner Organtätigkeit unterläuft.[75] Nicht erfasst wird hingegen eine **strafrechtliche Verfolgung** von Organwaltern aufgrund von

66 B/M/*Guntermann*, SSR Rn. 97; *Rademacher* SpV 2021, 3, 5; *Schauf*, S. 21.

67 S. nur HK-VVG/*Orlikowski-Wolf*, AVB D&O A-7.10 Rn. 1; L/W/*Ihlas*, Kap. 35 Rn. 592 ff.; *Schauf*, S. 22. Ablehnend zu internen Ermittlungskosten und Compliancemaßnahmen *Rademacher* SpV 2021, 3, 5 (keine Verteidigungsmaßnahmen); zurückhaltend B/M/*Guntermann*, SSR Rn. 67 f.

68 OLG Frankfurt VersR 2025, 282, 284, 292 f. – Wirecard; OLG Köln r+s 2017, 472, 474 ff.

69 OLG Köln r+s 2017, 472, 474 ff.

70 Zu ihrer Entwicklung und Abgrenzung S/F/K/*Finkel*/*Seitz*, Einf. Rn. 60 ff., 90 ff.

71 OLG Frankfurt VersR 2025, 282, 293 – Wirecard; OLG Hamm r+s 2023, 1045 Rn. 17 f.; *Gruber*/*Mitterlechner*/*Wax* Öwbl 2012, 16 ff.; *Lange* r+s 2024, 439 Rn. 1 ff.; *ders.* r+s 2024, 485 Rn. 63 ff.; L/P/*Kreienkamp*, Teil 3 G. Rn. 10, 45 ff. Zum gesellschaftsrechtlich zulässigen Abschluss MünchKommGmbHG/*Fleischer*, § 43 Rn. 467 ff.

72 L/P/*Kreienkamp*, Teil 3 G. Rn. 1 ff., 14 ff.; *Seyfarth*, § 25 Rn. 1; Graf von Westphalen/Thüsing/Pamp/*Thüsing*, Geschäftsführerverträge (Stand Juli 2012) Rn. 147.

73 OLG Hamm r+s 2024, 1042 ff.; OLG Frankfurt VersR 2025, 282 ff.; dazu zuletzt *Schneider*/*Fausten* VersR 2025, 1112, 1118 f.

74 Hauschka/Moosmayer/Lösler/*Brieger*/*Beller*, § 8 Rn. 44.

75 B/M/*Guntermann*, SSR Rn. 30 f. (mit Abgrenzung zur beruflichen Tätigkeit); Graf von Westphalen/Thüsing/Pamp/*Thüsing*, Geschäftsführerverträge (Stand Juli 2012) Rn. 158; HK-VVG/*Orlikowski-Wolf*, AVB D&O A-1 Rn. 8 f.; S/F/K/*Klimke*, Einf. Rn. 137 ff.; OLG Frankfurt VersR 2025, 936 Rn. 72 ff., 80 ff.

Rechtsverletzungen, die sie in Ausübung ihrer Organfunktionen begangen haben.[76] Teilweise wird die Deckung in der D&O-Versicherung aber auf straf- und ordnungswidrigkeitsrechtliche Verfahren erweitert, die sich auf eine Pflichtverletzung beziehen, welche einen unter den Versicherungsschutz fallenden Haftpflichtanspruch zum Gegenstand haben kann.[77]

25 Wie bei der Industrie-SRV, so ist auch bei der D&O-Versicherung die Versicherungsnehmerin das jeweilige Unternehmen bzw. die jeweilige Gesellschaft,[78] und zwar zu Gunsten (§ 328 BGB) der jeweiligen Organwalter.[79] Die versicherten Organpersonen erhalten durch Geschäftsführungsbeschluss[80] eigene Rechte gegen das Versicherungsunternehmen. Es handelt sich also um eine **Versicherung für fremde Rechnung** im Sinne der §§ 43 ff. VVG.[81] Im Unterschied zu dem bei der Industrie-SRV geschilderten **Widerspruchsrecht** der Versicherungsnehmerin[82] besteht hier ein solches Recht nicht.

2. Versicherungsleistung: Organspezifischer Versicherungsschutz

26 Auch bei der D&O-Versicherung ist der Versicherungsschutz wiederum »negativ« bzw. »passiv«:[83] Er umfasst allein die Unterstützung bei der **Abwehr von privaten und öffentlich-rechtlichen Schadensersatzansprüchen.**[84] Anders als bei der Industrie-SRV ist aber auch die Schadensdeckung durch eine Freistellung von Schadensersatzansprüchen

---

76 BGH VersR 2025, 886 Rn. 2; HK-VVG/*Orlikowski-Wolf*, AVB D&O A-1 Rn. 9; *v. Schenk* NZG 2015, 494, 496.

77 *Lange* r+s 2024, 485 (Teil 2), Rn. 53 ff.; *Schmuckermeier* r+s 2019, 131, 134; s. auch OLG Frankfurt VersR 2025, 282, 283 f. – Wirecard. Für wissentliche Verstöße gegen Kardinalpflicht OLG Frankfurt VersR 2025, 936 Rn. 90 f., 135 ff.; OLG Frankfurt VersR 2025, 814 Rn. 18 ff., 24 ff.; HK-VVG/*Orlikowski-Wolf*, AVB D&O A-7 Rn. 5 ff.; kritisch auch *Hendricks* AR 2025, 131, 132; *Isenbart* DB 2025, 1604, 1606 ff.; *Körner/Rendels* ZIP 2025, 1901, 1904, 1906 ff.; *Nickert/Nickert* GmbHR 2025, 897 Rn. 27 ff., 45 ff.; *Thole* ZIP 2025, 1363, 1365 ff. (Einbezug des Irrtums und des Rechtswidrigkeitsbewusstsein betonend).

78 BGH VersR 2025, 886 Rn. 2; *Seyfarth*, § 25 Rn. 1; Graf von Westphalen/Thüsing/Pamp/*Thüsing*, Geschäftsführerverträge (Stand Juli 2012) Rn. 148; MünchKommGmbHG/*Fleischer*, § 43 Rn. 467; L/P/*Kreienkamp*, Teil 3 G. Rn. 35, 37; *Seyfarth*, § 25 Rn. 12.

79 BGH VersR 2025, 886 Rn. 18 ff., 24 ff.; Graf von Westphalen/Thüsing/Pamp/*Thüsing*, Geschäftsführerverträge (Stand Juli 2012) Rn. 148, 154; *Lüneborg/Resch* AG 2017, 691, 692; *Hoffmann-Becking* ZHR 2017, 737; L/P/*Kreienkamp*, Teil 3 G. Rn. 1 f., 36.

80 B/M/*Guntermann*, SSR Rn. 32.

81 BGH NJW 2017, 2466 Rn. 13; NZG 2016, 745 Rn. 20; MünchKommGmbHG/*Fleischer*, § 43 Rn. 471; L/P/*Kreienkamp*, Teil 3 G. Rn. 2, 72; HK-VVG/*Orlikowski-Wolf*, AVB D&O A-8.1; *Thönissen* r+s 2025, 434 Rn. 6.

82 S.o. Rdn. 21.

83 Zur Industrie-SRV s.o. Rdn. 20, 40.

84 HK-VVG/*Orlikowski-Wolf*, AVB D&O A-1 Rn. 11 ff.; *Seyfarth*, § 25 Rn. 18. Zu ihrer Beschränkung auf später reduzierte Deckungssummen zuletzt OLG Frankfurt VersR 2025, 282, 288 ff.; zu deren Folgen *Hendricks* AR 2025, 131, 133 f.; *Nickert/Nickert* GmbHR 2025, 897 Rn. 43 ff., 72 ff.

Dritter[85] sowie Erstattungsansprüche gem. § 64 Satz 1 GmbHG und § 93 III Nr. 6 AktG einbezogen.[86] Ebenfalls abweichend von der Industrie-SRV schützt die D&O-Versicherung *sowohl* bei einer Inanspruchnahme eines Vorstandsmitgliedes durch externe Dritte (sog. Außenhaftungsdeckung)[87] *als auch* bei einer Inanspruchnahme der Organwalter durch die Gesellschaft (sog. Innenhaftungsdeckung).[88] Letzterenfalls sind entgegen neuerer Rechtsprechung und verschiedener Literaturstimmen[89] von den versicherten Personen ausschließlich in eigenem wirtschaftlichen Interesse zu Lasten des Versicherungsnehmers »lediglich bei Gelegenheit der versicherten Tätigkeit« vorgenommene pflichtwidrige Handlungen in den Versicherungsschutz einbezogen: Derartige Konstellationen sind im Verurteilungsfall dem Rückforderungsvorbehalt vorbehalten, nicht aber eine versicherungsimmanente Begrenzung der Deckungszusagen auf organspezifisch-funktionales »Amtsverhalten«[90] etwa in Gestalt »obliegenheitskonform gewährter« Akteneinsichtsrechte in Strafverfahrens- oder Verteidigungsakten.[91] Rechtsdogmatisch belegt dies der »strafrechtliche Vermögensschutz« ua. der §§ 263, 266 StGB, 404 AktG, 85 GmbHG, der fremd- und eigennützige organwalterschaftliche Pflichtverletzungen für jeden geschädigten Treugeber tatbestandlich einheitlich erfasst: Dieser ist schon nach dem versicherungsrechtlichen Ausgangspunkt »Strafrecht« für die versicherten Personen kein »Freiwild«. Eines teleologischen Rekurses auf die

85 BGH VersR 2021, 113 Rn. 22; *Armbrüster* r+s 2021, 30 f.; HK-VVG/*Orlikowski-Wolf*, AVB D&O A-1 Rn. 13 f.

86 Personen- und Sachschäden sind nicht einbezogen; HK-VVG/*Orlikowski-Wolf*, AVB D&O A-1 Rn. 15; A-3 Rn. 1 ff. (sog. Company reimbursement). Zum Begriff »Dritter« OLG Hamm r+s 2023, 1045 Rn. 48 ff.; *Guntermann* r+s 2023, 1045, 1055. L/P/*Kreienkamp*, Teil 3 G. Rn. 1, 14, 22 ff.; *Seyfarth*, § 25 Rn. 2; *Hoffmann-Becking* ZHR 2017, 737; vgl. o. Rdn. 12, 22.

87 Aktuell *Koch* VersR 2025, 1161, 1164 ff.

88 BGH NJW 2017, 2466 Rn. 26; NZG 2016, 745 Rn. 25, 27; *André/Roos/Köhler/Mayer/Schulte-Markwort*, Organhaftung für Verbandsgeldbußen, RIW 2025, 245 f.; *Badtke/Jarass/Ekler* WuW 2025, 397, 398 ff.; HK-VVG/*Orlikowski-Wolf*, AVB D&O A-1 Rn. 4; S/F/K/*Klimke*, Einf. Rn. 137 ff.; *Seyfarth*, § 25 Rn. 2; s. auch *Grote/Finkel* NJW 2025, 2295 Rn. 14 ff. Anders in BGH VersR 2025, 886 Rn. 15 ff., 19 ff., 41 ff. – Edelstahlkartell. Zum Bußgeld-Innenhaftungsregress HK-VVG/*Orlikowski-Wolf*, AVB D&O A-7.10 Rn. 2 f.; zum Organwalterregress *Koch* VersR 2025, 1161, 1162 ff.; zur internen Organschadensteilung *Mitsche* wbl. 2025, 565, 567 ff. Allgemein zur Stellung des Versicherungsnehmers *Ingwersen*, S. 52 ff., 130 ff.

89 Vgl. BGH VersR 2025, 886 Rn. 16 ff., 22 ff., 32 ff. – Edelstahlkartell; OLG München ZIP 2017, 27; van Bühren/*Lenz*, § 25 Rn. 83; HK-VVG/*Orlikowski-Wolf*, AVB D&O A-1 Rn. 9; L/P/*Kreienkamp*, Teil 3 G. Rn. 80 ff.

90 BGH VersR 2025, 886 Rn. 17 ff., 24 ff., 31 ff., 37 ff. – Edelstahlkartell; OLG Frankfurt VersR 2025, 814 Rn. 19 ff.; HK-VVG/*Orlikowski-Wolf*, AVB D&O A-1 Rn. 9. Wie hier im Ergebnis bereits zutreffend *Koch* ZIP 2018, 301, 303 ff., 307 und *Schimikowski* r+s 2017, 593.

91 OLG Hamm r+s 2023, 1045 Rn. 17 (1046 ff.), 27 ff., 36 ff. (1050 ff.); *Lange* r+s 2024, 439 (Teil 1), Rn. 31 ff.; *ders.* r+s 2024, 485 (Teil 2), Rn. 105 ff., 110 ff.; *Plaßmann-Robertz* ZWH 2024, 200, 202.

»Sozialbindung der D&O-Versicherung«[92] bedarf es daneben weder aus nationaler noch aus unionaler Sicht nicht.[93]

27 Ausgelöst wird der Versicherungsschutz bei der D&O-Versicherung durch die erstmalige – außergerichtliche oder gerichtliche – Geltendmachung eines Haftpflichtanspruchs (sog. **»Claims-made-Prinzip«**).[94] Danach müssen (i) die Geltendmachung des Haftpflichtanspruchs *und* (ii) die zu Grunde liegende Pflichtverletzung in die Laufzeit des Versicherungsvertrages fallen.[95]

28 Um den wirtschaftlichen Interessen der Beteiligten an einem flexibleren Wirkungsrahmen gerecht zu werden, wird diese Standardkonstellation in den Versicherungsbedingungen der jeweiligen D&O-Versicherung häufig in zwei Punkten abgeändert.[96] So werden *einerseits* auch »Altfälle« einbezogen, die ihren Ursprung in Handlungen vor dem Versicherungsbeginn haben (sog. »Rückwärtsversicherung«, § 2 I VVG).[97] Gleiches gilt *andererseits* (kumulativ oder alternativ) auch für solche Ansprüche, die wegen einer in die Versicherungszeit fallenden Handlung erst nach Ende des eigentlichen Versicherungsschutzes geltend gemacht werden.[98] Beide Varianten sind zumeist kombiniert **ebenso** in einschlägigen D&O-Versicherungen zu finden[99] wie besondere Umstandsmeldungen für hinreichend wahrscheinliche künftige Ereignisse bzw. Inanspruchnahmen.[100]

3. Versicherungsumfang: Kostenersatz nach Vereinbarung

29 Inhaltlich deckt die D&O-Versicherung ebenso wie die Industrie-SRV ausschließlich die Abwehr von Vermögensschäden ab.[101] Anwalts- und PR-Kosten werden – auch

---

92 Vgl. BGH NJW 2017, 2466 Rn. 26; NZG 2016, 745 Rn. 25, 27; unentschieden BGH VersR 2025, 886 Rn. 34 ff.

93 Komprimiert zum aktuellen Streitstand *Badtke/Jarass/Ekler* WuW 2025, 397 ff.

94 BGH NJW 2025, 831 Rn. 8; OLG Saarbrücken VersR 2025, 1060, 1064 ff.; *Grote/Finkel* NJW 2024, 329 Rn. 18 f.; *Gruber/Mitterlechner/Wax* Öwbl 2012, 16 ff.; *Guntermann* r+s 2022, 442, 444; *ders.* r+s 2023, 1045, 1055 f.; HK-VVG/*Orlikowski-Wolf*, AVB D&O A-2 Rn. 1 ff.; *Schlüter* GmbHR 2025, 368; *Seyfarth*, § 25 Rn. 25 ff. Das Prinzip ist umstritten und seine rechtswirksame Abbildung in den versicherungsrechtlichen Klauseln nicht trivial; s. nur P/M/*Voit*, AVG-AVB § 2 Rn. 1 ff. m.w.N.

95 OLG Hamm r+s 2023, 1045 Rn. 17 (1046 f.); L/P/*Kreienkamp*, Teil 3 G. Rn. 65; *Grote/Finkel* NJW 2024, 329, 331 f.; *Hendricks* AR 2025, 131, 133; HK-VVG/*Orlikowski-Wolf*, AVB D&O A-2 Rn. 2 f., 5; *Schmuckermeier* r+s 2019, 131, 134.

96 Beispielhafte Abänderungen benennt HK-VVG/*Orlikowski-Wolf*, AVB D&O A-2 Rn. 8 f.

97 *Seyfarth*, § 25 Rn. 34; zur Rückwärtsdeckung vorvertraglicher Pflichtverletzungen HK-VVG/*Orlikowski-Wolf*, AVB D&O A-5 Rn. 1.

98 HK-VVG/*Orlikowski-Wolf*, AVB D&O A-2 Rn. 2 ff. Zu Mehrfachverstößen BGH VersR 2006, 1355.

99 Beispielhaft OLG Frankfurt VersR 2025, 282, 283 f. – Wirecard; HK-VVG/*Orlikowski-Wolf*, AVB D&O A-2 Rn. 5 ff., A-5.2; abl. OLG Saarbrücken VersR 2025, 1060, 1063 ff., 1066.

100 OLG Frankfurt r+s 2013, 329, 333; *Lüneburg/Resch*, AG 2017, 691, 696 f.; HK-VVG/*Orlikowski-Wolf*, AVB D&O A-5.4 Rn. 2 ff.

101 HK-VVG/*Orlikowski-Wolf*, AVB D&O A-6.1 Rn. 1 ff.

wenn andere Vereinbarungen möglich sind – nur in Höhe der gesetzlichen Gebühren übernommen,[102] Personen- oder Sachschäden und etwaige aus diesen entstehende Vermögensschäden sind nicht vom Versicherungsschutz erfasst.[103] Gleiches gilt für Abwehrkosten, die ggfs. einer Kostenanrechnung unterliegen können.[104] Tatsächlich verbleiben aber für den Schadensausgleich bei organisationsinternen Haftungsstreitigkeiten inzwischen 87% der Versicherungssumme für Rechtskosten – was auch in der Vergleichs- und Kostenerhöhungsquote prägnant zum Ausdruck kommt: Die D&O-Versicherung finanziert vornehmlich Organstreitigkeiten,[105] bei Unternehmenskäufen und Finanztransaktionen.[106]

III. VSV

Während die Industrie-SRV und D&O-Versicherungen mit dem Schutz der betroffenen **30**
Organwalter bzw. Mitarbeiter vor strafrechtlicher Verfolgung bzw. zivilrechtlichen Folgen einer Pflichtverletzung letztlich primär oder vorwiegend dem Interesse von Dritten dienen, dient die VSV allein dem Interesse des die Versicherung abschließenden Unternehmens. Die VSV sichert dieses, prägnant formuliert, als reine Schadensversicherung[107] gegen Schäden, die ihm dadurch entstehen, dass es im Rahmen seiner arbeitsteiligen Organisation anderen (z.B. Repräsentanten) Vertrauen schenkt und dieses Vertrauen schadensauslösend verletzt wird.[108] Oft allerdings sind VSVen so ausgestaltet, dass sie für die Versicherten – bildlich gesprochen – ihre »allerletzte Verteidigungslinie« darstellen.[109] In diesem Sinne wird die VSV dann nicht eingreifen, wenn die betroffenen Schäden im Einzelfall durch andere Versicherungen bereits abgedeckt sind.[110]

102 HK-VVG/*Orlikowski-Wolf*, AVB D&O A-6.1 Rn. 3 ff. Aktuell zur Übernahme bzw. Erstattung von PR-Kosten in Sachen »Wirecard« OLG Frankfurt VersR 2025, 282, 284 ff. – kritische Berichterstattung genügt.

103 HK-VVG/*Orlikowski-Wolf*, AVB D&O A-1 Rn. 15; *Hoffmann-Becking* ZHR 2017, 737.

104 HK-VVG/*Orlikowski-Wolf*, AVB D&O A-6.4 Rn. 2 ff. m.w.N. auch zur Aufteilung nach dem Kopf- bzw. Prioritätsprinzip.

105 *Hendricks* AR 2025, 131, 133 f.; s. auch B/M/*Guntermann*, SSR Rn. 23.

106 Komprimierte Einblicke gewährt *Reuter* NZG 2025, 979 ff.

107 L/W/*Grote*, Kap. 38 Rn. 11; L/P/*Looschelders/Hofer*, Teil 3 V. Rn. 4 f.

108 VersHb/*Herdter*, § 47 Rn. 161 ff.

109 Anschaulich erweiternd OLG Frankfurt VersR 2025, 282, 283 f. – Wirecard zum Geschäftsführer/Buchhaltungsleiter; zur Auskunft in der Unternehmensinsolvenz *Thönissen* r+s 2025, 434 Rn. 30 ff.

110 VersHb/*Herdter*, § 47 Rn. 164; L/P/*Looschelders/Hofer*, Teil 3 V. Rn. 62 f.

1. Versicherungsgegenstand: Vorsatztaten von »Vertrauenspersonen«

31 Das Spektrum der erfassten Handlungen und Personenkreise ist dementsprechend äußerst breit aufgestellt:

- Die VSV sichert das versicherungsnehmende Unternehmen gegen alle Begehungsformen mit vorsätzlicher Schadenszufügung[111] durch **Mitarbeiter**,[112] primär also gegen wirtschaftskriminelles Verhalten von Vertrauenspersonen.[113]
- Die VSV soll das Unternehmen weiter vor einer unübersichtlichen Anzahl potentieller Täter schützen.[114] Daher sind in aller Regel Handlungen eines weit gefassten Kreises von sog. »**Vertrauenspersonen**« abgedeckt, der neben Organwaltern, Arbeitnehmern und Zeitarbeitern ggfs. auch andere betriebsfremde Personen erfasst.[115]

32 Gegen von **Dritten** verursachte Schäden wird – wenn überhaupt – durch die VSV nur in sehr begrenztem Maße Versicherungsschutz gewährt. Dieser ist sachlich oft auf die Erfüllung von Straftatbeständen und computerbezogene Eingriffe beschränkt.[116] Dritte in diesem Sinne sind alle Personen, die weder Vertrauensperson noch das versicherte Unternehmen selbst sind.[117]

2. Versicherungsleistung: Nur gegen unmittelbar schädigendes deliktisches Handeln

33 Anders als bei der D&O-Versicherung ist Voraussetzung eines Versicherungsfalles der VSV eine **vorsätzliche unerlaubte Handlung** einer Vertrauensperson bzw. eines vom Versicherungsschutz erfassten Dritten im Sinne der §§ 823 ff. BGB, wobei bedingter Vorsatz genügt.[118] Vorsätzliche oder fahrlässige Verstöße gegen *vertragliche* Pflichten jedweder Art reichen nicht aus.[119] Ausgeschlossen ist darüber hinaus ein Versicherungsschutz auch, wenn der Versicherungsnehmer Kenntnis von den Vortaten einer Vertrauensperson hat.[120]

---

111 Dazu näher VersHb/*Herdter*, § 47 Rn. 177 ff. (abl. zur grob fahrlässigen Herbeiführung Rn. 181 ff.).

112 VersHb/*Herdter*, § 47 Rn. 161 f.; L/P/*Looschelders/Hofer*, Teil 3 V. Rn. 22 ff.

113 Hauschka/Moosmayer/Lösler/*Brieger/Beller*, § 8 Rn. 45; L/W/*Grote*, Kap. 38 Rn. 167 ff.

114 Hauschka/Moosmayer/Lösler/*Brieger/Beller*, § 8 Rn. 44.

115 *Koch* VersR 2025, 1161 ff.; L/P/*Looschelders/Hofer*, Teil 3 V. Rn. 18 ff.

116 So Hauschka/Moosmayer/Lösler/*Brieger/Beller*, § 8 Rn. 46, 56 und L/P/*Looschelders/Hofer*, Teil 3 V. Rn. 15 f., die in erstgenannter Rn. allerdings darauf hinweisen, dass auch in VSVen »in zunehmendem Umfang« Schutz gegen Handlungen Dritter geboten wird.

117 OLG Hamm r+s 2023, 1045 Rn. 48 ff.; Hauschka/Moosmayer/Lösler/*Brieger/Beller*, § 8 Rn. 46; L/P/*Looschelders/Hofer*, Teil 3 V. Rn. 37.

118 *Lange* r+s 2024, 485 (Teil 2), Rn. 43; L/W/*Grote*, Kap. 38 Rn. 118; Hauschka/Moosmayer/Lösler/*Brieger/Beller*, § 8 Rn. 48; L/P/*Looschelders/Hofer*, Teil 3 V. Rn. 24.

119 Hauschka/Moosmayer/Lösler/*Brieger/Beller*, § 8 Rn. 48.

120 HK-VVG/*Orlikowski-Wolf*, AVB D&O A-7.17 Rn. 1 ff.; L/W/*Ihlas*, Kap. 35 Rn. 618 f. Fahrlässige Mitwirkung und Wiederholungstäterausschluss erörtert VersHb/*Herdter*, § 47 Rn. 177 ff., 186 ff.

Der Deckungsumfang der VSV betrifft lediglich **unmittelbar** durch die jeweilige Handlung verursachte Schäden.[121] Dabei werden verschiedene Aufwendungen des versicherten Unternehmens ersetzt, welche typischerweise mit dem Schadenfall zusammen fallen[122] – in aller Regel auch Schäden, die aus einer Haftung des Versicherungsnehmers nach § 831 BGB für Schäden an Drittvermögen entstehen.[123] 34

Dagegen übernimmt der Versicherer gemeinhin für **mittelbare Schäden** bzw. **Folgeschäden** keine Haftung, da sie für ihn im Vorfeld aufgrund der Vielzahl der Vertrauenspersonen und der potenziell abgedeckten Handlungen nicht abschätzbar sind.[124] 35

An dieser Stelle sei nur kurz darauf hingewiesen, dass eine solche Haftungsbeschränkung in den **Vertrauensschadenversicherungen** nicht unumstritten ist: In der Rechtsprechung[125] und Literatur wird diskutiert, ob diese einer Inhaltskontrolle nach §§ 305 ff. BGB standhält.[126] Der BGH hatte zu einem Sachverhalt der von den Notarkammern abgeschlossenen Vertrauensschadensversicherung entschieden, dass § 307 BGB verletzt sei, wenn keine gesicherten Abgrenzungen der Mittelbarkeit bestehen würden.[127] Allgemein geklärt ist die Frage durch dieses Urteil freilich nicht:[128] Die vom BGH seinerzeit vorgenommene Inhaltskontrolle war – wohl angesichts des besonderen (Allgemeininteressen berührenden) **Schutzzwecks der Notarversicherung** – strenger als dies sonst »unter Unternehmern« erforderlich wäre.[129] Trotzdem wird vertreten, dass der Ausschluss mittelbarer Schäden jedenfalls aufgrund des Transparenzgebotes des § 307 I 2 BGB zumindest dann allgemein unwirksam sei, wenn der Anwendungsbereich des Ausschlusses nicht durch Beispiele ausreichend konkretisiert ist.[130] 36

121 L/W/*Grote*, Kap. 38 Rn. 39 ff.; VersHb/*Herrmann*, § 39 Rn. 119b; Hauschka/Moosmayer/Lösler/*Brieger/Beller*, § 8 Rn. 49; L/P/*Looschelders/Hofer*, Teil 3 V. Rn. 27 f., 42, 59; *Looschelders* VersR 2013, 1069, 1070.

122 Hauschka/Moosmayer/Lösler/*Brieger/Beller*, § 8 Rn. 63.

123 Hauschka/Moosmayer/Lösler/*Brieger/Beller*, § 8 Rn. 53; L/P/*Looschelders/Hofer*, Teil 3 V. Rn. 33.

124 VersHb/*Herdter*, § 47 Rn. 195 ff.; Hauschka/Moosmayer/Lösler/*Brieger/Beller*, § 8 Rn. 78; L/P/*Looschelders/Hofer*, Teil 3 V. Rn. 27.

125 BGH NJW 2011, 3648; zuletzt OLG Saarbrücken VersR 2025, 1060, 1065 ff.

126 Zweifelnd z.B. VersHb/*Herdter*, § 47 Rn. 198; Gräfe/Brügge/*Brügge*, Teil A Rn. 225. Aktuell zuletzt (zu Kostenanrechnungsklauseln) OLG Frankfurt VersR 2025, 282, 290 ff. – Wirecard; *Schneider/Fausten* VersR 2025, 1112, 1118 f.

127 BGH NJW 2011, 3648; dazu Gräfe/Brügge/Melchers/*Brügge*, Teil A Rn. 586.

128 Vgl. zuletzt zur »D&O Beendigungsklausel« BGH NJW 2025, 831 Rn. 10 ff. m. Anm. *Schlüter* GmbHR 2025, 368 ff.; zu Serienschadensklauseln *Rademacher* SpV 2021, 3, 4 f.; HK-VVG/*Orlikowski-Wolf*, AVB D&O A-6.6 Rn. 2 f. (hinreichende Erkennbarkeit); zu Klauselbeschränkungen OLG Saarbrücken VersR 2025, 1060, 1065.

129 *Looschelders* VersR 2013, 1069, 1071.

130 Vgl. L/P/*Looschelders/Hofer*, Teil 3 V. Rn. 28; VersHb/*Herdter*, § 47 Rn. 200.

3. Versicherungsumfang: Temporär und kostenbegrenzter Versicherungsschutz

37 Bezüglich der Rechtsverfolgung werden die Kosten einer **Durchsetzung von Schadensersatzansprüchen** gegen den Schädiger erstattet.[131] Oftmals werden auch Kosten für die **Abwehr** der Inanspruchnahme durch Dritte übernommen.[132] Die Kostenerstattung wird im Rahmen des RVG vorgenommen,[133] erfasst also, anders als bei der Industrie-SRV,[134] nur die gesetzlichen Rechtsverfolgungskosten.

38 In **zeitlicher Hinsicht** werden zumeist nur Schäden abgedeckt, die während der Laufzeit des jeweiligen VSV-Vertrages verursacht,[135] zumindest während dieser Vertragslaufzeit entdeckt[136] oder fristgerecht nachgemeldet wurden.[137] Eine mit Versicherungsablauf automatische Vertragsbeendigung ist eine unangemessene Benachteiligung des Versicherten ohne »Kontrollfreiheit« nach § 307 III BGB[138] auch ohne ergänzende Vertragsauslegung,[139] eine Kostenanrechnungsklausel auf die Versicherungssumme hingegen zulässig.[140]

C. Industrie-SRV und ARB

39 Die **ISRS** regeln die Industrie-Strafrechtsschutzversicherung nicht umfassend, sondern verweisen in § 9 ISRS vorbehaltlich abweichender Bestimmungen auf die **§§ 1–20 ARB 75.**[141] Die Industrie-SRV wurde dabei dem Bereich des Rechtsschutzes für Gewerbetreibende und freiberuflich Tätige nach § 24 II lit. c ARB 75 zugeordnet. Eine Abstimmung mit den **neueren ARB** hat nicht stattgefunden. Die **aktuellen Unternehmensbedingungen** regeln die Industrie-Strafrechtsversicherung meist weitgehend eigenständig. Bei den allgemeinen Regelungen orientieren sie sich aber dennoch stark an den ARB 2010 oder den ARB 2012. Daher werden diese Regelwerke auch im Folgenden entsprechend stärker berücksichtigt.

40 Wie jede andere Rechtsschutzversicherung (Einleitung A. Rn. 15) ist auch die Industrie-Straf- Rechtsschutzversicherung eine **Schadenversicherung** in Form der Passiven-

---

131 HK-VVG/*Orlikowski-Wolf*, AVB D&O A-6.1 Rn. 3 ff.; Hauschka/Moosmayer/Lösler/*Brieger/Beller*, § 8 Rn. 66; L/P/*Looschelders/Hofer*, Teil 3 V. Rn. 32, 48.

132 Hauschka/Moosmayer/Lösler/*Brieger/Beller*, § 8 Rn. 66; L/P/*Looschelders/Hofer*, Teil 3 V. Rn. 33 f.

133 HK-VVG/*Orlikowski-Wolf*, AVB D&O A-6.1 Rn. 5; Hauschka/Moosmayer/Lösler/*Brieger/Beller*, § 8 Rn. 66.

134 Zur dortigen Situation s. o. Rdn. 20.

135 VersHb/*Herrmann*, § 39 Rn. 121a; L/P/*Looschelders/Hofer*, Teil 3 V. Rn. 54.

136 Hauschka/Moosmayer/Lösler/*Brieger/Beller*, § 8 Rn. 71; L/P/*Looschelders/Hofer*, Teil 3 V. Rn. 55.

137 HK-VVG/*Orlikowski-Wolf*, AVB D&O A-5.4 Rn. 3 ff.; VersHb/*Herdter*, § 47 Rn. 203 f.

138 BGH NJW 2025, 831 Rn. 10 ff., 19 ff., 26 ff. m. Anm. *Looschelders*; krit. *Schlüter* GmbHR 2025, 362, 368 f.

139 BGH NJW 2025, 831 Rn. 25 ff., 34 ff.

140 So zur D&O-Versicherung zuletzt OLG Frankfurt VersR 2025, 282, 290.

141 Vgl. *Eidam*, Rn. 9.0.0 ff.

versicherung nach geradezu klassischer Couleur. Als solche unterliegt sie damit den Vorschriften der §§ 1–87 VVG.[142]

D. Beweis- und Darlegungslast

In Fällen der Verletzung von Kardinalpflichten trifft den Versicherer die Darlegungs- und Beweislast für elementare berufliche Pflichtverletzungen des Versicherten, dem die sekundäre Darlegungslast für entlastende Umstände obliegt.[143] Ob eine solche Pflicht auch in Fällen eines abgetretenen Deckungsanspruchs besteht und zu sog. D&O Innenhaftungsstreiten führt ist Gegenstand einer aktuellen Diskussion,[144] die ihren Neuanlass in einer Entscheidung des OLG Köln zur Organwalterhaftung nimmt[145] – durch einfache Umkehr des bisherigen Lösungsansatzes.[146] 41

E. Erläuterung wichtiger Problemkreise

Die nachfolgenden Erläuterungen gehen von den **ISRS** aus. Schon aus Raumgründen kann hierdurch das inhaltlich immer noch grundlegende Werk von *Eidam* zum selben Thema nicht ersetzt, wohl aber in einigen Bezügen aktualisiert und ergänzt werden. Dabei werden insbesondere die **neueren Unternehmensbedingungen** eingehend berücksichtigt. 42

I. Versicherte Personen und Gegenstand des Versicherungsschutzes

Versicherungsschutz einer ISRV genießen (a) der Versicherungsnehmer sowie (b) ggfs. die weiteren im Versicherungsschein aufgeführten Personen in ihrer dort bezeichneten Funktion. Dazu gehören regelmäßig die Organmitglieder (Vorstände, Geschäftsführer, Aufsichtsratsmitglieder etc.) sowie die Mitarbeiter des Unternehmens (s. unten Rdn. 46 ff.). 43

1. Versicherungsnehmer

Der Versicherungsnehmer ist in der Regel – im Falle einer natürlichen Person – Kaufmann (§§ 1 ff. HGB), im Falle einer juristischen Person oder Personengesellschaft 44

142 Harbauer/*Obarowski*, § 1 USRB Rn. 2; *Eidam*, Rn. 1.2.1.

143 OLG Frankfurt VersR 2025, 936 Rn. 91 ff., 104 ff.; OLG Frankfurt VersR 2025, 814 Rn. 19 ff., 27 ff. – Verletzung von Insolvenzpflichten; *Isenbart* DB 2025, 1604 ff.; *Körner/Rendels* ZIP 2025, 1901, 1906 ff.; *Leuering/Rubner* NJW-Spezial 2025, 591, 592; L/W/*Ihlas*, Kap. 35 Rn. 612; *Nickert/Nickert* GmbHR 2025, 897 Rn. 45 ff., 51 ff., 69 f.; *Orlikowski-Wolf* r+s 2025, 590 (Beweislastumkehr); *Thole* ZIP 2025, 1363, 1367 ff.

144 *Isenbart* DB 2025, 1604, 1605 f.; *Knöfel* ZIP 2025, 1115 ff.; *Koch* VersR 2025, 1161, 1162 ff., 1168 ff.; *Leuering/Rubner* NJW-Spezial 2025, 591 f.; MünchKommGmbHG/*Fleischer*, § 43 Rn. 472 f.; *Thole* ZIP 2025, 1363, 1367 ff. Interne Schadensteilung der Organe erörtert *Mitsche* wbl. 2025, 565, 567 ff.

145 OLG Köln ZIP 2024, 20 ff.; *Isenbart* DB 2025, 1604, 1605 ff.

146 Vertiefend dazu *Knöfel* ZIP 2025, 1115, 1116 ff., 1125 ff.; (krit.) *Isenbart* DB 2025, 1604, 1606 ff.; zutreffend krit. *Thole* ZIP 2025, 1363, 1366 ff.; s. auch MünchKommGmbHG/*Fleischer*, § 43 Rn. 472.

Formkaufmann (§ 6 HGB).[147] Letzterenfalls kommt mangels Unternehmensstrafbarkeit im deutschen Recht nur eine Verbandsgeldbuße in Betracht.[148]

45 Der Versicherungsschutz ist nicht auf Privatrechtspersonen beschränkt: Versicherungsnehmer können beispielsweise auch Kommunen, Behörden, Zweckverbände, kommunale Krankenhäuser, Kläranlagen, Versorgungsunternehmen oder Verkehrsbetriebe sein.[149] Einbezogen sind demnach öffentlich-rechtliche Körperschaften und Anstalten sowie hoheitliche Stiftungen sowie die Funktionsnachfolger.[150]

2. Mitversicherte

46 Die durch die Industrie-SRV mitgeschützten Personen (nachfolgend auch »Mitversicherte«) sind hingegen typischerweise keine Kaufleute[151] oder Unternehmer (§ 14 BGB). In Betracht kommen bspw. auch öffentlich-rechtliche Unternehmen/Körperschaften.[152]

a) Gesetzliche Vertreter und Beauftragte

47 Versichert sind nach § 1 I Sp. 2 ISRS insbesondere gesetzliche Vertreter, also alle Personen mit einer nicht auf Vollmacht oder Vertrag beruhenden, sondern durch Gesetz bestimmten Vertretungsmacht[153] sowie (in der Praxis besonders bedeutsam) die darüber hinausgehende Führungsebene des Versicherungsnehmers. Dazu gehören jene Personen ohne gesetzliche Vertretungsmacht, die mit der Leitung des Geschäftsbetriebs beauftragt sind und selbstständig an Stelle des Betriebsinhabers handeln (auch Compliance-Beauftragte).[154] In den Bedingungen für die Spezial-Straf-Rechtsschutzversicherung der ARAG wird beispielsweise geregelt, dass der Versicherungsschutz für die gesetzlichen Vertreter des Unternehmens sowie Gesellschafter, natürliche Personen, Beirats- und Aufsichtsratsmitglieder gilt.[155]

---

147 Zum Unternehmensversicherungsnehmer der SSR B/M/*Guntermann*, SSR Rn. 30 ff. (zur versicherten Berufstätigkeit).

148 Vgl. B/M/*Guntermann*, SSR Rn. 52; *Seyfahrt*, § 26 Rn. 148 ff.

149 Beispiele nach Buschbell/Hering/*Hering*, § 20 Rn. 61; *Eidam*, Rn. 1.4.2; OLG Köln r+s 2017, 472, 473.

150 B/M/*Guntermann*, SSR Rn. 33.

151 *Eidam*, Rn. 1.3.3.

152 OLG Saarbrücken VersR 2025, 1060, 1062.

153 OLG Saarbrücken VersR 2025, 1060, 1062 (Ärztekammerpräsidenten); *Eidam*, Rn. 1.4.16 f.; vgl. auch B/M/*Guntermann*, SSR Rn. 34; Buschbell/Hering/*Hering*, § 20 Rn. 57.

154 B/H/S/*Koch*, § 12 Rn. 96; *Eidam*, Rn. 1.4.18 ff.; zu den neueren Unternehmensbedingungen B/M/*Guntermann*, SSR Rn. 34; *Guntermann* VP 2016, 28; abl. zum Innenhaftungsregress HK-VVG/*Orlikowski-Wolf*, AVB D&O 7.11 und A-7.14.

155 Teil A Ziff. 3.1.1 SVA 2013 ARAG; vgl. auch § 2 (1) a) SSR S&I 2016 Zurich (Basis/Top Deckung); OLG Saarbrücken VersR 2025, 1060, 1061 f.

b) Belegschaft

Stets mitversichert ist nach § 1 I Sp. 3 ISRS die gesamte Belegschaft des versicherten Unternehmens.[156] Auch dauerhaft oder zeitweise beschäftigte Betriebsangehörige und freie Mitarbeiter sind beispielsweise in den Versicherungsschutz der ARAG gemäß Teil A Ziff. 3.1.1 SVA 2013 eingeschlossen.[157] Das Versicherungsverhältnis beginnt in Ansehung jedes Mitversicherten automatisch mit der Aufnahme des Arbeitsverhältnisses. Scheidet eine Person aus der Belegschaft aus, endet bedingungsgemäß zugleich ihr Versicherungsverhältnis. Bei besonderer Vereinbarung kann der Versicherungsschutz aber auch für eine gewisse Übergangszeit weiter fortbestehen. Mit dem Ende einer ISRS erlischt der Versicherungsschutz der Betriebsangehörigen.[158] 48

3. Externe bzw. Nichtmitversicherte

Nicht in den Versicherungsschutz mit einbezogen sind nach den ISRS Personen, die mit der Beaufsichtigung des Geschäftsbetriebs beauftragt sind, *ohne* zugleich Arbeitnehmer des Versicherungsnehmers zu sein.[159] Hier kann aber Abweichendes zwischen Versicherer und Versicherungsnehmer im Einzelfall vereinbart werden. Auch die Vereinbarung der Ausdehnung des Versicherungsschutzes für Externe oder ausgeschiedene Mitarbeiter ist nach den beispielshaft genannten Bedingungen der ARAG durch eine entsprechende Regelung möglich.[160] 49

Ebenso kann die Industrie-SRV auf Betriebsangehörige eines rechtlich selbstständigen Tochter- und Beteiligungsunternehmens des Versicherungsnehmers und damit auf ansonsten ausgeschlossene gruppenangehörige Beschäftigte ausgedehnt werden.[161] 50

Von einem rechtlich selbstständigen Tochterunternehmen ist im Fall einer Eingliederung gemäß §§ 319 ff. AktG auszugehen. Beteiligungsgesellschaften treten als unabhängige Rechtspersonen auf und sind im Gegensatz zu den Tochterunternehmen wirtschaftlich selbstständig.[162] Personengesellschaften sind nicht erfasst, Zweckgesellschaften i.S.d. § 290 HGB ab Erwerb bzw. Neugründung hingegen schon.[163] 51

4. Abgesicherte Handlungen

Versichert sind lediglich Handlungen der (mit-)versicherten Personen, die zur Ausübung der jeweiligen Tätigkeit für den Versicherungsnehmer gehören bzw. in Zusammenhang mit der Leitung oder Beaufsichtigung des jeweiligen Geschäftsbetriebes vor- 52

156 B/M/*Guntermann*, SSR Rn. 35; Harbauer/Obarowski, § 1 USRB Rn. 13.
157 B/M/*Guntermann*, SSR Rn. 35.
158 *Eidam*, Rn. 1.4.75–1.4.84.
159 *Eidam*, Rn. 1.4.13.
160 Vgl. hierzu beispielsweise Teil A Ziff. 3.1.2 f. SVA 2013 ARAG.
161 Vgl. § 1 II ISRS; Teil A Ziff. 3.1.5. SVA 2015 ARAG; B/M/*Guntermann*, SSR Rn. 35 f.; *Guntermann* VP 2016, 28; HK-VVG/*Orlikowski-Wolf*, AVB D&O A-4 Rn. 1 ff., 5 ff. (auch zu Beteiligungen).
162 *Eidam*, Rn. 1.4.25 ff.
163 HK-VVG/*Orlikowski-Wolf*, AVB D&O A-4 Rn. 1, 3 ff.

genommen wurden. Uferlos ist das Feld abgesicherter Tätigkeiten damit freilich nicht: Das jeweilige Verhalten ist nur dann vom Schutz der Industrie-SRV erfasst, wenn es in einem **inneren sachlichen Zusammenhang** mit dem (geschäftlichen) Betriebsablauf steht.[164] Insoweit ist wie auch sonst für Meldungen auf den Zeitpunkt des Insolvenzantrags abzustellen.[165] Wissentliche Pflichtverletzungen[166] wie z.B. Verstöße gegen berufliche Insolvenz- bzw. Kardinalpflichten sind dabei allerdings ausgenommen.[167]

53 Kritisch gesehen wird allerdings die Einbeziehung von Personen oder Handlungen, die nicht unmittelbar im Zusammenhang mit einer Tätigkeit für das versicherte Unternehmen stehen:[168] Dies stünde dem Charakter der Industrie-SRV entgegen und sei, wenn auch im Rahmen der Privatautonomie sicher denkbar, dieser nicht mehr zuzuordnen. Dagegen spricht aber, dass die betreffenden handelnden Personen bis zur endgültigen Feststellung ihres unternehmensbezogenen Wirkens im Haftungsprozess dem Vorwurf eigen- bzw. fremdnützigen Fehlverhaltens ohne Deckungsschutz ausgesetzt wären. Angesichts sich damit u.a. für inner- wie für außerbetriebliche Konkurrenten eröffnende Manipulationspotentiale oder drittseitiger Fehldeutungen erscheint es sachgerechter, ihnen bis zur rechtskräftigen Aburteilung ihrer »unternehmensfremden Interessenverfolgung/Amtsausübung« vorläufigen Versicherungsschutz und der Versicherung dann ein Rückforderungsrecht zu gewähren.[169]

5. Anspruchsrechte der Mitversicherten

54 Nach § 11 II ARB 75 i.V.m. § 9 ISRS stand die Ausübung der Rechte aus dem Versicherungsvertrag ausschließlich dem Versicherungsnehmer zu. Der Versicherer war berechtigt, nicht aber verpflichtet, den mitversicherten Personen Versicherungsschutz zu gewähren, solange der Versicherungsnehmer nicht widersprach. Die neueren Unternehmensbedingungen gestalten die Rechtstellung der mitversicherten Personen nach § 15 ARB 2010 bzw. Ziff. 2.1.2 ARB 2012/2021 aus.[170] Den Mitversicherten steht danach ein **eigener Anspruch** auf Versicherungsschutz zu. Demnach können Mitversicherte auch dann Versicherungsschutz geltend machen, wenn die Voraussetzungen

164 *Eidam*, Rn. 1.4.31 f.; *Guntermann* VP 2016, 28, 30; ebenso zur Parallelkonstellation bei der D&O-Versicherung jüngst OLG München ZIP 2017, 27; r+s 2017, Rn. 45 f.

165 HK-VVG/*Orlikowski-Wolf*, AVB D&O A-5.5 Rn. 1 ff., 5 m.w.N. zur Erfüllungsablehnung durch den Insolvenzverwalter.

166 Aktuell zur Wissenszurechnung zuletzt *Armbrüster* ZVersWiss 2025, 13, 15 ff.

167 OLG Frankfurt VersR 2025, 936 Rn. 135 ff.; OLG Frankfurt VersR 2025, 814 Rn. 25 ff. (Kontenleerräumung, Verstoß gegen Insolvenzantragspflicht trotz indizierter Insolvenzreife); *Nickert/Nickert* GmbHR 2025, 897 Rn. 13 ff., 28 ff.; *Thole* ZIP 2025, 1363, 1364 ff.; (krit.) *Isenbart* DB 2025, 1604, 1607 f.; *Körner/Rendels* ZIP 2025, 1901, 1906 ff.; zurückhaltend L/W/*Ihlas*, Kap. 35 Rn. 612.

168 *Eidam*, Rn. 1.4.15, der als Beispiel etwa die Einbeziehung von Betriebsärzten und Sanitätern für »erste Hilfe« außerhalb des Betriebs nennt; B/M/*Guntermann*, SSR Rn. 38 f.; OLG Hamm r+s 2023, 1045 Rn. 17.

169 BGH VersR 2025, 886 Rn. 31 ff., 37 ff. – Edelstahlkartell.

170 Vgl. etwa Teil A Ziff. 3.1.9 und 3.1.10 SVA ARAG 2013; OLG Saarbrücken VersR 2025, 1060, 1062; *Lange* r+s 2024, 485 (Teil 2), Rn. 38 ff., 75 ff., 90 ff.

des § 44 II VVG nicht erfüllt sind.[171] Nach § 15 ARB 2010 bzw. Ziff. 2.1.2 ARB 2012/2021 kann der Versicherungsnehmer dem aber **widersprechen**. Die rechtzeitige Formulierung eines solchen Widerspruchs obliegt grundsätzlich allein dem Versicherungsnehmer. Dieser trägt damit rechtlich das Risiko, dass ein Widerspruch aus welchen Gründen auch immer unterbleibt oder verspätet ergeht. Der Versicherer ist nicht dazu verpflichtet, anlasslos vor Gewährung von Leistungen an den Mitversicherten bei dem Versicherungsnehmer anzufragen, ob dieser einen Widerspruch hiergegen erhebt.[172]

6. Obliegenheiten der Mitversicherten

Gemäß § 15 II ARB 2010 (Ziff. 2.1.2 ARB 2012/2021) sind alle für den Versicherungsnehmer geltenden Vorschriften sinngemäß auch für und gegen sämtliche Mitversicherten anzuwenden. Diese haben daher stets auch in eigener Person die entsprechenden Obliegenheiten des Versicherungsnehmers zu beachten.[173] Der Versicherungsnehmer bleibt allerdings davon unabhängig neben ihnen für die Erfüllung der Obliegenheiten verantwortlich. Sind die Voraussetzungen erfüllt, entspricht der Umfang des Versicherungsschutzes des Mitversicherten demjenigen des Versicherungsnehmers vollinhaltlich.[174] 55

Freilich ist der Industrie-SRV-Vertrag als solcher ungeachtet der Rolle der ggfs. durch ihn begünstigten Mitversicherten ausschließlich zwischen Versicherer und Versicherungsnehmer abgeschlossen. Das bedeutet, dass der **Versicherungsnehmer** – und nicht der Mitversicherte – Inhaber sämtlicher gläubigerbezogenen Rechte und Pflichten aus dem Vertrag ist (vgl. §§ 43, 45 VVG).[175] So entscheidet er gläubigerseitig etwa allein über die Beendigung des Vertrags, ihm allein steht das Recht auf Aushändigung des Versicherungsscheins (§ 44 I 2 VVG) und das Recht auf Billigung oder Missbilligung des Inhalts der Versicherungspolice zu und er allein schuldet dem Versicherer die Versicherungsprämie.[176] Mahnungen oder Fristsetzungen nach § 38 I 1 VVG sind ebenso wie eine etwaige Kündigung durch den Versicherer an den Versicherungsnehmer zu adressieren.[177] 56

7. Schutzumfang

Inhaltlich umfasst der Versicherungsschutz gemäß § 24 II ARB 2010 jedwede Gefahren, die auch in den Bereich der allgemeinen Straf-Rechtsschutzversicherung fallen. Der 57

---

171 B/M/*Guntermann*, SSR Rn. 41; P/M/*Armbrüster* § 15 ARB 2010 Rn. 2.

172 *Eidam*, Rn. 1.4.47 zu § 11 II ARB 75; Einflusssicherung des Versicherten empfiehlt B/M/*Guntermann*, SSR Rn. 41.

173 B/M/*Guntermann*, SSR Rn. 42 f. m.w.N. auch zur Informationsobliegenheit.

174 BGH NJW 2014, 3030 Rn. 17 f. zu § 15 II ARB 2008; *Eidam*, Rn. 1.4.52 ff. zu § 11 ARB 75.

175 OLG Saarbrücken VersR 2025, 1060, 1062; P/M/*Armbrüster*, § 45 VVG Rn. 15; B/M/*Guntermann*, SSR Rn. 42 m.w.N.

176 L/W/*Ihlas*, Kap. 35 Rn. 294.

177 L/W/*Ihlas*, Kap. 35 Rn. 293; *Eidam*, Rn. 1.4.55 ff.

wesentliche Unterschied zum allgemeinen Straf-Rechtsschutz besteht darin, dass es für den Versicherungsschutz zunächst einmal nicht darauf ankommt, ob das infrage stehende Delikt nur **fahrlässig**, fahrlässig oder **vorsätzlich** oder nur vorsätzlich begangen werden kann und welche Schuldform der versicherten Person vorgeworfen wird (s. aber Rdn. 73 ff.).[178] Der Rechtsschutz besteht für die Wahrnehmung rechtlicher Interessen durch einen Verteidiger in einem Verfahren des Straf- oder Ordnungswidrigkeitsrechts und hat defensiven Charakter.[179] Darüber hinaus sind oft **weitere Leistungen** und **Kostenrisiken** (z.B. Zeugenbeistand) umfasst (s. Rdn. 61 ff.).[180]

58 Zur ersten näheren Eingrenzung und Gegenstandsbestimmung des strafrechtlichen Unternehmensrisikos wurden schon frühzeitig insgesamt **fünf sachliche Hauptgruppen** benannt: *Umwelt*, *Produkt*, *Betriebsstätte*, *Verkehrswirtschaft* und *Verkehr*.[181] Schlagwortartig sind hierunter nach *Eidam* insbesondere die folgenden Konstellationen zu verstehen,[182] die als Eigen- oder als Fremdversicherung ausgestaltet sein können.[183]

– *Umwelt*: Straftaten und Ordnungswidrigkeiten, die sich in der Verletzung von standortbezogenen Faktoren (etwa Luft, Wasser, Boden, Freiheit von Immissionen) manifestieren.[184] Gemeint sind hier insbesondere neben der Boden-, Gewässer- und Luftverunreinigung die Straftaten der §§ 324 ff. StGB, z.B. unerlaubter Umgang mit gefährlichen Abfällen, radioaktiven Stoffen und gefährlichen Gütern, unerlaubtes Anlagenbetreiben oder Freisetzung von Giften.[185]
– *Produktrisiko*: Strafhaftung für Rechtsgutsverletzungen und -gefährdungen, die durch das Inverkehrbringen von Produkten und Dienstleistungen entstehen.[186] Hier einordnen ließen sich vornehmlich Produkthaftungen bei Körperverletzungen und Tötungen (§§ 211 ff., 222 ff. StGB), Betrug (§ 263 StGB), aber auch Produktpiraterie, Patentverletzungen, Geheimnishehlerei (§ 51 GeschmMG, § 143 MarkenG, § 142 PatG[187], § 23 II GeschGehG[188]), Vertriebs- und Werbeverbote im Heil-, Lebensmittel- oder Lauterkeitsrecht (§§ 14 f. HWG, §§ 58 ff. LFGB, § 16 UWG)[189].
– *Betriebsstättenrisiko*: Straftaten und Ordnungswidrigkeiten, die aus der Betriebsstätte des Unternehmens begangen werden, d.h. auf dem Firmengelände, in Geschäfts-

178 B/M/*Guntermann*, SSR Rn. 10; Harbauer/*Obarowski*, § 2 USRB Rn. 27.
179 L/W/*Ihlas*, Kap. 35 Rn. 293; *Eidam*, Rn. 1.5.2 f.
180 B/M/*Guntermann*, SSR Rn. 12; Harbauer/*Obarowski*, § 2 USRB Rn. 35 ff.
181 *Eidam*, Rn. 1.5.9 f. und *Halser*, S. 80 ff. zur ISRS; ausführlich zu den einzelnen Straftatbeständen Harbauer/*Obarowski*, § 2 USRB Rn. 31 ff.; *Seyfarth*, § 26 Rn. 34–88.
182 B/M/*Guntermann*, SSR Rn. 52 ff. verweist zutreffend auf DSGVO-Bußgeldtatbestände und OWiG-Aufsichtspflichten sowie das Disziplinar-, Standes- und Verwaltungsrecht.
183 B/M/*Guntermann*, SSR Rn. 25.
184 *Eidam*, Rn. 1.5.12 ff.; *Halser*, S. 76 ff., 92 ff., 108 ff.
185 Ausführliche Gesamtdarstellung in Eidam/*Weyand*, Kap. 8 D Rn. 113 ff.; s. auch L/P/*Kreienkamp*, Teil 3 G. Rn. 148.
186 *Eidam*, Rn. 1.5.24 ff.; *Halser*, S. 92 ff.; L/P/*Kreienkamp*, Teil 3 G. Rn. 147.
187 L/P/*Kreienkamp*, Teil 3 G. Rn. 153.
188 Vgl. *Brammsen*, in Brammsen/Apel (Hrsg.), GeschGehG, 2022, § 23 Rn. 142 ff.
189 Ausführliche Gesamtdarstellung in Eidam/*Weyand*, Kap. 8 F Rn. 1247 ff.

räumen oder an festen externen Einsatzorten von Belegschaftsangehörigen.[190] Hier wären etwaig verbleibende Betrugsdelikte der §§ 264 ff. StGB, die Bilanzdelikte der §§ 331 ff. HGB oder die Insolvenzdelikte der §§ 15a IV, V, 15b InsO und 283 ff. StGB einzuordnen.[191]

– *Verkehrsrisiko*: Grundsätzlich besteht kein Versicherungsschutz für Verkehrsstraf- und Bußgeldverfahren.[192] Gemeint sind hier insbesondere die unmittelbar der Sicherheit und Ordnung des Straßenverkehrs dienenden Straftaten diesbezüglicher Eingriffe und Gefährdungen (§§ 315b-d, 316, 316b StGB), aber auch die Unfallflucht (§ 142 StGB).[193]
– Risiken aus dem Bereich der *Verkehrswirtschaft* (z.B. Strafbarkeit nach § 6 PflVG) werden dagegen vom Versicherungsschutz erfasst.[194] Dieser Bereich scheint »Verkehrsfahrzeugen« vorbehalten, wäre jedoch sprachlich exakter genau umgekehrt auszurichten. Sachlich könnten hier dann neben den Bestechungsdelikten und der Geldwäsche (§§ 299 ff., 331 ff., 261 StGB) auch die Kapitalmarktdelikte der §§ 49 f. BörsG, 119 WpHG als besondere Erscheinungsform verbotenen Anlage- bzw. Zahlungsverkehrs zusammengefasst werden.[195]

Lassen sich die ersten drei Hauptgruppen mithin noch verhältnismäßig gut spezifizieren, 59
so gestatten insbesondere die letzteren beiden Bereiche (Verkehrsrisiko, Verkehrswirtschaft) infolge ihrer inhaltlichen Weite nur extrem unkonturierte Einsatzfelder und eine wenig prägnante Ein- bzw. Umgrenzung des Leistungsumfangs.[196] Es verwundert daher nicht, dass neuere Unternehmensbedingungen zu spezielleren Regulierungen dazu übergegangen sind, für einzelne Bereiche bzw. Deliktsgruppen in Anlehnung an § 3 ARB 2010 (Ziff. 3.2 ARB 2012/2021) und teilweise unter wörtlicher Übernahme gesetzlicher Benennungen die Einbeziehung in oder den Ausschluss vom Versicherungs-

190 *Eidam*, Rn. 1.5.33 ff.; *Halser*, S. 78 ff.

191 OLG Frankfurt VersR 2025, 936 Rn. 92 ff., 135 ff.; OLG Frankfurt VersR 2025, 814 Rn. 18 ff., 24 ff. – Kardinalpflicht; HK-VVG/*Orlikowski-Wolf*, AVB D&O A-7 Rn. 6 f.; *Isenbart* DB 2025, 1604, 1606 ff.; *Körner/Rendels* ZIP 2025, 1901, 1903 ff.; *Nickert/Nickert* GmbHR 2025, 897 Rn. 44 ff.; *Thole* ZIP 2025, 1363, 1367 ff.; VersHb/*Obarowski*, § 45 Rn. 100 ff. Ausführliche Gesamtdarstellung in Eidam/*Weyand*, Kap. 8 E Rn. 485 ff.

192 Buschbell/Hering/*Hering*, § 20 Rn. 58; *Eidam*, Rn. 1.5.37 ff., *Halser*, S. 108 ff.; großzügiger B/M/*Guntermann*, SSR Rn. 76; s. auch Teil A Ziff. 7.3. SVA 2013 ARAG.

193 Eingehender zu den (auch nicht) erfassten Tatbeständen: Eidam/Weyand, Kap. 8 G Rn. 1524, 1527 ff.; Harbauer/*Stahl*, § 2 ARB 2000 Rn. 250 ff.; P/M/*Piontek*, ARB 2010 § 2 Rn. 48 ff.

194 Vgl. *Eidam*, Rn. 1.5.36; VersHb/*Obarowski*, § 45 Rn. 102.

195 L/P/*Kreienkamp*, Teil 3 G. Rn. 150, 156 f. Enger VersHb/*Obarowski*, § 45 Rn. 102 f.: Tateinheit erforderlich.

196 Vgl. nur die umfangreichen Erläuterungen zu den verkehrsrechtlichen und/oder sonstigen Vergehen/Risikoausschlusses des Strafrechtsschutzes nach § 2 I 2 lit. i) ARB 2010 bei van Bühren/Plote/*Hillmer-Möbius*, § 2 ARB 2010 Rn. 66 ff., 75 ff. Eidam/Weyand, Kap. 8 G Rn. 1525, 1572 ff.; Harbauer/*Stahl*, § 2 ARB 2000 Rn. 250 ff., 264 ff.; B/M/*Guntermann*, SSR Rn. 76; VersHb/*Obarowski*, § 45 Rn. 100 ff.; P/M/*Piontek*, ARB 2010 § 2 Rn. 45 ff.

schutz exakter zu beschreiben. Zumindest zur besseren Veranschaulichung des ebenso praxisrelevanten wie weitgespannten überbetrieblichen »Wirtschaftsverkehrs« sollte daher unter stärkerer Berücksichtigung des wirtschaftsstrafrechtlichen Sprachgebrauchs auch insoweit eine ähnliche Präzisierung angestrebt werden.

II. Umfang der Leistungspflicht des Versicherers

60 Der Umfang der Leistungspflicht des Versicherers richtet sich grundsätzlich nach den **allgemeinen Regeln** der Rechtsschutzversicherung. Die ISRS und die neueren Unternehmensbedingungen sehen jedoch diverse **Erweiterungen** des Leistungsumfangs vor.

1. Fürsorgepflichten des Versicherers

61 Zu den Fürsorgepflichten des Versicherers gehört primär die **Benennung** und **Beauftragung eines Anwalts**, ggfs. eines Anwalts, welcher für das spezielle Ermittlungs-/Strafverfahren geeignet ist. Hinzukommen können des Weiteren ein Hinweis auf einen drohenden Ablauf der Einspruchsfrist gegen einen Bußgeldbescheid oder Strafbefehl und die unverzügliche Bearbeitung des Versicherungsfalls, insbesondere die Mitteilung über eine Zusage oder Ablehnung des Versicherungsschutzes[197] – nicht jedoch eine gesetzliche Schweigepflicht.[198]

62 Ebenso wenig besteht umgekehrt ein datenschutzrechtlicher oder sonstiger Anspruch des Versicherten und/oder seiner Rechtsanwälte (aus Art. 15 DS-GVO oder § 242 BGB) auf Bekannt- bzw. Herausgabe ihrer internen Vermerke oder Korrespondenz mit ihren kontaktierten Personen bzw. Rechtsanwälten.[199] Einem solchen Anliegen steht neben dem Geschäftsgeheimnisschutz auch gem. Art. 17 GRCh garantierte prozessuale Waffengleichheit entgegen.[200]

2. Rechtsanwaltsvergütung

63 In der Industrie-Rechtsschutzversicherung wird die Vergütung eines Rechtsanwalts zur Wahrnehmung der rechtlichen Interessen durch den Versicherer regelmäßig ohne Begrenzung auf die gesetzliche Vergütung nach dem RVG übernommen.[201] Durch einen **Anwaltswechsel** bedingte Mehrkosten (Ziff. 2.3.1.2 ARB 2012/2021) werden allerdings nur dann getragen, wenn dieser aufgrund eines von keiner Partei zu vertretenen Umstandes oder die unzureichende Auswahl des Anwalts durch den Versicherer notwendig wird (vgl. auch § 5 ARB 2010 Rdn. 25 ff.).[202] Umfasst ist die Besorgung von Rechtsangelegenheiten im Sinne des Gesetzes. Hingegen sind sonstige Tätigkeiten des Anwalts wie beispielsweise das Aufklären des Sachverhalts nach den ISRS nicht

197 *Eidam*, Rn. 2.1.5–2.1.8; *Lange* r+s 2024, 485 Rn. 45 ff.
198 *Guntermann* r+s 2022, 442, 443 m.w.N. zum Streitstand.
199 *Brauer* VersR 2025, 1033, 1036 f., 1039 m.w.N.
200 *Brauer* VersR 2025, 1033, 1037 m.w.N. zum aktuellen Streitstand.
201 Vgl. § 2 I lit. a ISRS; Teil A Ziff. 5.1.2 SVA ARAG 2013; § 2 (2) SSR F&I 2016 Zurich (Basis/Top Deckung); B/M/*Guntermann*, SSR Rn. 89.
202 *Eidam*, Rn. 2.2.2, 2.2.13 ff.; zu § 5 I lit. a ARB 2010 B/M/*Guntermann*, SSR Rn. 89.

gedeckt.[203] Auch insoweit finden sich aber häufig abweichende Unternehmensbedingungen.[204]

3. Zeugenbeistand

Der Rechtsanwalt als Beistand eines Zeugen kann nicht unter den Begriff der Verteidigung gefasst werden und fällt somit auch nicht unter die ISRS. Gleichwohl kann eine entsprechende Kostenübernahme für die Zeugenbeistandsleistung vereinbart werden. Voraussetzung dafür ist, dass der Zeuge zum versicherten Personenkreis gehört und die Gefahr einer Selbstbelastung bzgl. einer vom Versicherungsvertrag gedeckten Ordnungswidrigkeit oder Straftat anzunehmen ist.[205] Fraglich ist, wann in einer solchen Konstellation der Versicherungsfall eintritt. Der Eintritt des Versicherungsfalles d.h. der Zeitpunkt, in welchem dem Versicherungsnehmer ein Vergehen vorgeworfen wird und er zum Beschuldigten im Sinne des § 157 StPO wird,[206] ist insoweit nicht entscheidend, da hier die Einleitung eines Ermittlungsverfahrens gegen den Versicherten abgewendet werden soll. Vielmehr ist die Einleitung des Ermittlungsverfahrens maßgeblich, in welchem der Zeuge (ggfs. als Entlastungszeuge) aussagen soll.[207] Die neueren Unternehmensbedingungen stellen dagegen meist auf die behördliche oder gerichtliche Aufforderung zur Zeugenaussage ab.[208] 64

4. Sachverständigenkosten

In der Industrie-Strafrechtsschutzversicherung erstreckt sich die Leistungspflicht des Versicherten auch auf die Kosten für ein **Sachverständigengutachten.**[209] Dies geht über § 5 I lit. f) aa) ARB 2010 bzw. Ziff. 2.3.1.3 ARB 2012/2021 hinaus, wonach Sachverständigenkosten nur in verkehrsrechtlichen Straf- und Ordnungswidrigkeitsverfahren und bei der Interessenwahrnehmung aus Kauf- oder Reparaturverträgen von Motorfahrzeugen zu ersetzen sind (§ 5 ARB 2010 Rdn. 85).[210] Nach § 2 I lit. d ISRS ist es erforderlich, dass die Sachverständigen vom Versicherungsnehmer beauftragt werden und nicht vom betroffenen Mitarbeiter.[211] Die neueren Unternehmensbedingungen lassen dagegen die Beauftragung durch jeden Versicherten zu. Die Beauftragung eines außergerichtlichen Sachverständigen liegt bei Eigeninteresse im Ermessen des Ver- 65

203 *Eidam*, Rn. 2.2.28 ff.
204 Z.B. Teil A Ziff. 5.1.11 SVA 2013 ARAG.
205 B/M/*Guntermann*, SSR Rn. 58; Buschbell/Hering/*Hering*, § 20 Rn. 59; *Eidam*, Rn. 2.2.38, 2.2.61, 2.2.69.
206 P/M/*Piontek*, ARB 2010 § 2 Rn. 45.
207 B/M/*Guntermann*, SSR Rn. 58, 61; *Eidam*, Rn. 2.64 ff.; *Lange* r+s 2024, 485 (Teil 2), Rn. 46 ff., 55 ff.
208 Vgl. Teil A Ziff. 6.1.1.4 SVA 2013 ARAG, § 3 (4) SSR F&I 2016 Zurich (Basis/Top Deckung).
209 § 2 I lit. c ISRS; Teil A Ziff. 5.1.5 SVA 2013 ARAG; § 2 (5) SSR F&I Zurich 2016 (Basis/Top Deckung); B/M/*Guntermann*, SSR Rn. 95.
210 B/M/*Guntermann*, SSR Rn. 89.
211 *Eidam*, Rn. 2.2.229.

sicherten.[212] Dementsprechend kann die Vereinbarung getroffen werden, dass der Versicherer allgemein die angemessenen Kosten für ein oder mehrere Sachverständigengutachten trägt, welche für seine Verteidigung förderlich sind.[213] Zwar hat der Versicherer die Kosten im Rahmen seiner Deckungszusage[214] nur zu erstatten, wenn das Gutachten für die Verteidigung erforderlich war. Sachlich wird allerdings mangels Kenntnis in der Regel nicht der Versicherer die Erforderlichkeit beurteilen, sondern der mandatierte Rechtsanwalt.[215]

5. Selbstbeteiligung

66 Nach § 2 II ISRS trägt der Versicherer nur die Kosten, die über die im Versicherungsschein genannte **Selbstbeteiligung** hinausgehen.[216] Entsprechende Regelungen finden sich auch in den neueren Unternehmensbedingungen.[217] Die Selbstbeteiligung dient zur Ausschaltung von Bagatellverfahren, einer generellen Schadensverhütung und -minderung sowie der Vermeidung einer missbräuchlichen Inanspruchnahme des Versicherers.[218] Auch gemäß § 5 III lit. c ARB 2010 bzw. Ziff. 3.3.4 ARB 2012/2021 ist die Vereinbarung einer Selbstbeteiligung möglich, welche sich dann entsprechend auf den zu zahlenden Versicherungsbeitrag auswirkt. Sie ist so auszugestalten, dass dem Versicherten daraus kein Nachteil entsteht. Daher ist sie selbst bei mehreren Mitversicherten nur einmal in Abzug zu bringen (vgl. § 5 ARB 2010 Rdn. 119).

67 Insbesondere ist bei Abzug der Selbstbeteiligung von Kostenrechnungen des Gerichts auf den Abzug hinzuweisen. Bevorzugt wird der Abzug bei den Verteidigergebühren vorgenommen, um Vollstreckungsmaßnahmen zu vermeiden.

6. Verteidigung im Ausland

68 Nach § 2 I lit. b IRSR trägt der Versicherer auch die Kosten eines Anwalts im Ausland.[219] Die Höhe ist auf das Zweifache der gesetzlichen Vergütung gemäß BRAGO (jetzt: RVG) begrenzt. Die neueren Unternehmensbedingungen sehen eine Begrenzung der Vergütung auf die Höhe vor, die bei einer Tätigkeit im Inland bzw. am Wohnsitz des Versicherungsnehmers angefallen wäre.[220] Im Übrigen kann man sich an den Grundsätzen des § 5 VI lit. c ARB 2010 bzw. der Ziff. 2.3.1, 2.3.2, 5.1 ARB 2012/2021 orientieren. Hiernach gelten alle Bestimmungen für Rechtsanwälte bei der Wahr-

212 B/M/*Guntermann*, SSR Rn. 95; *Schauf*, S. 19.
213 B/M/*Guntermann*, SSR Rn. 95; vgl. beispielsweise Teil A Ziff. 5.1.5 SVA 2013 ARAG.
214 B/M/*Guntermann*, SSR Rn. 95; *Schauf*, S. 19 benennt eine Summe von bis zu 250.000 Euro.
215 *Eidam*, Rn. 2.2.234 ff.
216 Zum abzugrenzenden »Organwalterselbstbehalt« komprimiert MünchKommGmbHG/*Fleischer*, § 43 Rn. 478 m.w.N.; *Seyfarth*, § 25 Rn. 54 ff.
217 Teil A Ziff. 5.3 SVA 2013 ARAG.
218 *Eidam*, Rn. 2.3.1 ff. Regresswahrungs- und Schadensverhütungsobliegenheiten erörtert VersHb/*Herdter*, § 47 Rn. 167 ff., 172 ff.
219 Dazu, dass auch der Anwalt aus dem EU-Ausland in Deutschland unter bestimmten Umständen als Rechtsanwalt im versicherungsrechtlichen Sinne gilt, s. § 127 II VVG.
220 Teil A Ziff. 5.1.2 SVA 2013 ARAG; § 2 (3) SSR F&I 2016 Zurich (Basis/Top Deckung).

nehmung rechtlicher Interessen im Ausland für dort ansässige rechts- und sachkundige Bevollmächtigte entsprechend. Entscheidend ist nur, dass der entsprechende Rechtsvertreter nach dem maßgeblichen ausländischen Recht über die erforderliche Rechts- und Sachkenntnis verfügt, auf die konkrete Berufsbezeichnung kommt es hingegen nicht an (vgl. § 5 ARB 2010 Rdn. 51). Der Versicherer trägt für einen solchen Rechtsvertreter die anfallende Vergütung, wenn dieser am Ort des Gerichts ansässig ist und richtet sich nach den Regelungen des Staates in welchem der Rechtsvertreter seine Kanzlei führt (vgl. § 5 ARB 2010 Rdn. 52).

Die Anknüpfung an eine vergleichbare Wahrnehmung rechtlicher Interessen im Inland bereitet Probleme, wenn die anwaltliche Tätigkeit im Ausland sich auf die Verteidigung einer in den Versicherungsschutz eingeschlossenen juristischen Person bezieht. Der Grund dafür ist, dass das deutsche Strafrecht die Verantwortlichkeit einer juristischen Person nicht kennt und es demnach auch keinen diesbezüglichen Gebührentatbestand gibt.[221] 69

7. Adhäsionsverfahren

Der Versicherer trägt bei einem Adhäsionsverfahren gemäß § 2 III ISRS nur den auf das Strafverfahren entfallenden Kostenanteil.[222] Handelt es sich um ein Verfahren im Ausland ist der Versicherer zur Feststellung des auf das Strafverfahren entfallenen Kostenanteils ggfs. auf die Einschätzung des ausländischen Anwalts angewiesen, da es in der Regel keine Bestimmung zur eindeutigen Aufteilung wie in Deutschland geben wird.[223] Die neueren Unternehmensbedingungen sehen eine vollständige Deckung für Adhäsionsverfahren vor, wobei etwa bestehende Haftpflichtversicherungen vorrangig in Anspruch zu nehmen sind.[224] 70

III. Örtlicher Geltungsbereich

§ 3 I ISRS grenzt den örtlichen Geltungsbereich auf Europa als den geographischen Bereich ein. Abgestellt wird dabei auf den Eintritt des Versicherungsfalles und damit den Ort der Einleitung des Ermittlungsverfahrens[225] unabhängig vom Tatort oder dem Wohnsitz des Delinquenten (sozusagen »Ermittlungsprinzip« statt »Tatortprinzip« oder »Sitzprinzip«). Dies entspricht der Regelung des § 6 I ARB 2010 bzw. Ziff. 5.1. ARB 2012/2021[226] und den neueren Unternehmensbedingungen.[227] 71

---

221 B/M/*Guntermann*, SSR Rn. 101 f.; *Eidam*, Rn. 2.2.194 ff.
222 B/M/*Guntermann*, SSR Rn. 49.
223 *Eidam*, Rn. 2.4.3.
224 Teil A Ziff. 4.11 SVA 2013 ARAG; § 1 (4) lit. h SSR F&I Zurich 2016 (Basis/Top Deckung).
225 *Eidam*, Rn. 3.0.1.
226 Vgl. B/M/*Guntermann*, SSR Rn. 99.
227 Teil C Ziff. 8.1 SVA 2013 ARG 2013; § 6 SSR F&I 2016 Zurich (Basis Deckung); B/M/*Guntermann*, SSR Rn. 99.

72 Der Regelgeltungsbereich kann vertraglich weiter eingeschränkt oder verbreitert werden.[228] Dies kann insbesondere bei weltweit agierenden Unternehmensverbänden oder Unternehmen sinnvoll und gewünscht sein, etwa um eine nicht gewollte oder sachlich nicht gerechtfertigte Ungleichbehandlung der Beschäftigten in den jeweiligen Ländern zu vermeiden oder Versicherungsschutz auch international »aus einer Hand« zu erhalten. Diesen möglichen Motiven stehen allerdings offenkundige Gefahrerhöhungen gegenüber,[229] die sich unzweifelhaft auf die Höhe der Versicherungsprämie auswirken. Der Versicherungsnehmer wird letztlich primär unter ökonomischen Gesichtspunkten zu entscheiden haben, welcher konkrete Zuschnitt ihm hier vorteilhaft erscheint. Die neueren Unternehmensbedingungen gewähren daher teilweise weltweite Deckung.[230]

IV. Ausschlüsse und Erweiterungen

1. Der Ausgangspunkt ex ante: Die offene Vorsatzfrage

73 Prinzipiell ist für die Auslegung der ARB die Sicht eines durchschnittlichen Versicherungsnehmers maßgeblich. Ausnahmsweise gilt dies jedoch nicht, wenn ein Ausdruck verwendet wird, welcher in der Terminologie der Rechtssprache ein feststehender Begriff ist und daher nur mit diesem Inhalt verstanden werden kann (vgl. Einführung A. Kap. 1 Rdn. 52 ff.). Einen solchen feststehenden Begriff stellt etwa die Umschreibung »ein sonstiges Vergehen, dessen vorsätzliche und fahrlässige Begehung strafbar ist« in § 2 lit. i) bb) ARB 2010 und Ziff. 2.2.9 ARB 2012 (vgl. § 2 ARB 2010 Rdn. 107, 118)[231] für die **allgemeine Strafrechtsschutzversicherung** dar und ist daher als Verweis auf die strafrechtlichen Vorschriften anzusehen. Insofern wird vorausgesetzt, dass die vorsätzliche sowie fahrlässige Begehung in einem einheitlichen Tatbestand geregelt sein müssen oder bei einer rein formalen Trennung der vorsätzlichen und fahrlässigen Begehung volle Tatbestandsidentität zwischen beiden bestehen muss.[232]

74 Aber auch jenseits der allgemeinen Strafrechtsschutzversicherung ist die Differenzierung zwischen Vorsatz und Fahrlässigkeit entscheidend. Denn, auch wenn die **Industrie-Strafrechtsversicherung** von vornherein Versicherungsschutz für reine Vorsatzdelikte gewährt, entfällt dieser Versicherungsschutz bei einer Verurteilung des Versicherungsnehmers wegen Vorsatzes rückwirkend, sodass auch hier die Unterscheidung virulent wird.[233]

75 Der Anspruch auf Deckungsschutz richtet sich dabei zunächst allein nach dem Delikt, welches dem Versicherungsnehmer vorgeworfen wird, nicht maßgeblich ist hingegen, ob dieser Vorwurf berechtigt ist und zutrifft.[234] Es ist deshalb von immenser praktischer

228 Z.B. Embargo-Klauseln; B/M/*Guntermann*, SSR Rn. 99.
229 B/M/*Guntermann*, SSR Rn. 71 f.; *Eidam*, Rn. 3.0.2 ff.
230 Teil C Ziff. 8.2 SVA 2013 ARG 2013; § 6 SSR F&I 2016 Zurich (Top Deckung); B/M/*Guntermann*, SSR Rn. 72 f., 99.
231 *Eidam*, Rn. 4.1.2; s. auch L/P/*Kreienkamp*, Teil 3 G. Rn. 140 ff.
232 BGH NJW 2017, 2037 Rn. 17.
233 B/M/*Guntermann*, SSR Rn. 71; VersHb/*Obarowski*, § 45 Rn. 109 f.
234 BGH NJW 2017, 2037 Rn. 10, 15; HK-VVG/*Münkel*, § 2 ARB 2010 Rn. 17.

Bedeutung, exakt zwischen Vorsatz und Fahrlässigkeit zu differenzieren und das (Nicht-) Vorliegen einer Vorsatztat unter Heranziehung möglichst prägnanter Bestimmungsfaktoren nachvollziehbar zu belegen.[235] Dazu eignet sich am ehesten eine Kombination zweier Bestimmungsansätze, um den Dogmenstreit über die Präferenz des wissentlichen oder des willentlichen Begriffselements durch einheitliche Ergebnisse zu überwinden:[236]

- Die Rechtsprechung[237] bedient sich zur Abgrenzung der Billigungs- bzw. Ernstnahmetheorie. Sie qualifiziert das Verhalten einer Person als bedingt vorsätzlich, wenn ein Erfolgseintritt ernstlich für möglich gehalten und sich mit seiner Verwirklichung einverstanden bzw. abgefunden wird. Bewusst fahrlässig handelt dann, wer mit der als möglich erkannten Tatbestandsverwirklichung nicht einverstanden ist und ernsthaft, d. h. nicht nur vage darauf vertraut, dass deren Erfolg schon nicht eintreten wird, unbewusst fahrlässig, wer die Möglichkeit des Erfolgseintritts aus Nachlässig- oder Unaufmerksamkeit nicht einmal erkennt.[238]
- Einen ähnlichen, allerdings mehr dem Risikogedanken verhafteten Ansatz vertritt die hier präferierte Gefährdungstheorie. Nach ihr handelt vorsätzlich, wer sich trotz Kenntnis einer abstrakten oder konkreten Gefahr für ein strafrechtlich geschütztes Gut von der Durchführung bzw. Umsetzung seines geplanten Vorhabens nicht abhalten lässt, dagegen fahrlässig, wer bei situativ-individuell gegebener Erkennbarkeit solche Gefahren nicht wahrnimmt, verdrängt oder in ihren Realisierungschancen verkennt.[239]

2. Der Versicherungsverlust ex post: Das rechtskräftige Vorsatzurteil

Kann eine Straftat nach dem Gesetz (nur) vorsätzlich oder vorsätzlich und fahrlässig 76
begangen werden, besteht zunächst **(vorläufiger) Versicherungsschutz.**[240] Dieser soll die Entkräftung der Anschuldigungen ermöglichen. Dieser Schutz entfällt jedoch im Fall einer rechtskräftigen Feststellung der vorsätzlichen Begehung rückwirkend (letztlich im Wege einer auflösenden Bedingung, § 158 II BGB),[241] steigert jedoch den Vorsatzvorwurf ebenso wie die (beidseitige) Vergleichsbereitschaft der beteiligten Kreise signifikant,[242] auch wenn der »Haftpflichtvergleich« im Deckungsprozess keine Bindungswirkung entfaltet.[243]

---

235 Vgl. auch L/W/*Ihlas*, Kap. 35 Rn. 613 ff.

236 Komprimiert zu ihm L/W/*Ihlas*, Kap. 35 Rn. 592 ff.

237 Vgl. etwa BGH NStZ 2009, 91; s. auch BGH VersR 2025, 886 Rn. 39 ff. – Edelstahlkartell (zu Art. 101 AEUV).

238 *Fischer*, § 15 Rn. 13, 14a; s. auch *Thole* ZIP 2025, 1363, 1364 ff.

239 *Otto*, Strafrecht AT, § 7 Rn. 36 ff., § 10 Rn. 6 f.

240 HK-VVG/*Orlikowski-Wolf*, AVB D&O A-7 Rn. 9 f.; Buschbell/Hering/*Hering*, § 20 Rn. 58; HK-VVG/*Münkel*, § 2 ARB 2010 Rn. 19; (vorläufiger Abwehrkostenschutz) L/W/*Ihlas*, Kap. 35 Rn. 602 ff.

241 *Eidam*, Rn. 4.1.3; VersHb/*Obarowski*, § 45 Rn. 114; HK-VVG/*Münkel*, § 2 ARB 2010 Rn. 19; P/M/*Armbrüster*, § 2 ARB 2010 Rn. 51.

242 *Hendricks* AR 2025, 131 f., 133 f.; *Orlikowski-Wolf* r+s 2025, 590 f.

243 OLG Frankfurt VersR 2025, 936 Rn. 66 ff.; krit. HK-VVG/*Orlikowski-Wolf*, AVB D&O A-7 Rn. 10.

77 Der Begriff der **rechtskräftigen Verurteilung** ist wörtlich zu nehmen: Wird das Verfahren etwa wegen Geringfügigkeit oder gegen Auflage eingestellt (§ 153, 153a StPO), entfällt der Versicherungsschutz nicht, weil es an einer rechtskräftigen Verurteilung im Sinne von § 2 lit. i) bb) bzw. Ziff. 2.2.9 ARB 2012/2021 zweifellos fehlt.[244] Gleiches gilt nach einer Auffassung bei einer Verwarnung mit Strafvorbehalt (§ 59 StGB).[245] Letzteres ist freilich nicht überzeugend. Auch eine Verwarnung mit Strafvorbehalt kann nur erfolgen, wenn die Schuld des Mitversicherten feststeht. In diesem Sinne wird der Schuldspruch auch bei einer Verwarnung mit Strafvorbehalt rechtskräftig, sodass ein rechtskräftiges Urteil im Sinne des § 2 lit. i) bb) bzw. Ziff. 2.2.9 ARB 2012/2021 vorliegt.[246] Dann ist die versicherte Person bei verurteilter Vorsatztat zur Rückerstattung der erbrachten Leistungen verpflichtet.[247]

3. Der Versicherungsbereich: Das gesamte Straf- und Ordnungswidrigkeitenrecht

78 Grundsätzlich erfasst der Geltungsbereich der Industrie-SRV im beschriebenen Umfang sämtliche straf- bzw. bußbewehrten Bestimmungen des StGB, OWiG sowie anderer (*vulgo* »nebenstrafrechtlicher«) Gesetze (vgl. § 2 ARB 2010 Rdn. 119).[248] Gleichwohl wurden einige der nach § 4 ARB 75 und § 3 ARB 2010 vom Versicherungsschutz ausgeschlossenen Rechtsangelegenheiten gemäß § 4 III ISRS nur bei **besonderer Vereinbarung** zwischen Versicherer und Versicherungsnehmer von der Industrie-SRV mit umfasst. Dazu gehörten insbesondere:

- *Nuklearschäden durch Kernreaktoren oder genetische Schäden aufgrund radioaktiver Strahlung* (§ 4 I lit. b ARB 75): Der Begriff des »Nuklearschadens« entspricht dem »nuklearen Ereignis« gemäß Nr. 1 der Anlage 1 AtomG.[249] Genetische Schäden liegen vor, wenn die Keimzellen eines lebenden Organismus angegriffen sind und durch die radioaktive Strahlungseinwirkung etwa Mutationen ausgelöst werden.[250] Nach § 3 I lit. b ARB 2010 (Ziff. 3.2.1 ARB 2012/2021) kommt es jetzt nicht mehr darauf an, ob die Schäden auf radioaktive Strahlen oder sonstige Ursachen zurückzuführen sind (§ 3 ARB 2010 Rdn. 29). Außerdem gilt der Ausschluss nicht für Schäden, die auf eine medizinische Behandlung zurückzuführen sind.
- *Kartellrecht* (§ 4 I lit. e ARB 75): Betroffen sind vor allem Ordnungswidrigkeiten nach dem GWB (§§ 81 ff. GWB).[251] Der Ausschluss für die Wahrnehmung rechtlicher Interessen aus dem Kartellrecht findet sich jetzt in § 3 II lit. c ARB 2010 bzw. Ziff. 3.2.7 ARB 2012/2021.[252]

---

244 *Eidam*, Rn. 4.1.37 f.; *Maier* NJW 2017, 2037, 2039; *Guntermann* VP 2016, 28, 30 (auch zur teilweisen Einstellung bei mehreren Taten, §§ 154, 154a StPO).

245 *Eidam*, Rn. 4.1.39.

246 Wie hier schon Harbauer/*Stahl*, § 2 ARB 2000 Rn. 274.

247 B/M/*Guntermann*, SSR Rn. 74.

248 *Eidam*, Rn. 4.1.25. Fakultative Ausgestaltung betont *Lange* r+s 2024, 439 (Teil 1), Rn. 4; *ders.* r+s 2024, 485 (Teil 2), Rn. 53 ff.

249 Harbauer/*Maier*, § 3 ARB 2000 Rn. 26; *Eidam*, Rn. 4.3.6 ff.

250 BGH VersR 2025, 886 Rn. 6, 14 ff., 19 ff., 31 ff., 42 – Edelstahlkartell; *Eidam*, Rn. 4.3.11.

251 B/H/S/*Koch*, § 12 Rn. 99 f.; *Eidam*, Rn. 4.3.12 ff.

252 B/M/*Guntermann*, SSR Rn. 77 zum Risikoausschluss; L/P/*Kreienkamp*, Teil 3 G. Rn. 154.

- *Baurecht* (§ 4 I lit. k ARB 75; vgl. jetzt § 3 I lit. d ARB 2010 bzw. Ziff. 3.2.2 ARB 2012/2021): Dies betrifft insbesondere die Verteidigung in Verfahren wegen des Vorwurfes der Verletzung baurechtlicher Vorschriften sowie Bußgeldvorschriften des BauGB und des Bauordnungsrechts.
- *Steuer- und sonstiges Abgabenrecht*: Nach § 4 I lit. n ARB 75 war auch die Wahrnehmung rechtlicher Interessen aus dem Bereich des Steuer- und sonstigen Abgabenrechts vom Versicherungsschutz generell ausgeschlossen, sodass nach den ISRS auch insoweit eine besondere Vereinbarung erforderlich war.[253] In den neueren ARB (ab ARB 94) ist diese Beschränkung jedoch entfallen (vgl. § 2 ARB 2010 Rdn. 73). Die Rechtsschutzversicherer beziehen den Steuer-Strafrechtsschutz regelmäßig auch in die Spezial-Strafrechtsschutz-Versicherung mit ein,[254] deren korrekte Ausgestaltung sich aber bei zeitlichen Differenzierungen als unmöglich erweisen kann [beschränkte Rückwirkungsdeckung (Frist) bei neuen Mitversicherten].[255]
- *Bundesdatenschutzgesetz/DSGVO*: § 4 III lit. e ISRS sieht ausdrücklich vor, dass der Versicherungsschutz auf die Verfahren nach §§ 43 (Ordnungswidrigkeiten) und 44 BDSG (Straftatbestände) ausgedehnt werden kann.[256] Die genannte ISRS-Vorschrift ist vor dem Hintergrund zu verstehen, dass eine frühere Fassung des § 43 BDSG ein reines Vorsatzdelikt war, für das der Versicherungsschutz nach allgemeinen Regeln ausgeschlossen war.[257] Nach dem bis zum 24. Mai 2018 geltendem BDSG a.F. ist eine ausdrückliche Erstreckung des Versicherungsschutzes auf § 43 BDSG nicht mehr erforderlich.[258] So bleibt es auch unter der ab dem 25. Mai 2018 geltenden Neufassung in §§ 42[259] (Straftatbestände), 43 (Ordnungswidrigkeitentatbestände)[260] BDSG 2018.[261] Angesichts der ab diesem Datum unmittelbar in Deutschland anwendbaren Datenschutz-Grundverordnung 2016/679/EU (nachfolgend »**DSGVO**«) mit ihren am Kartellrecht orientierten massiven Bußgeldern von bis zu 4 % des (weltweiten[262]) Konzern-Umsatzes[263] oder EUR 20.000.000, je nachdem,

253 B/M/*Guntermann*, SSR Rn. 65; *Eidam*, Rn. 4.3.26 ff.

254 Vgl. etwa Teil A Ziff. 4.5 SVA 2013 ARAG; B/M/*Guntermann*, SSR Rn. 65 f.

255 Prägnant OLG Saarbrücken VersR 2025, 1060, 1063 ff.: Nur drei Monate innerhalb Zahlungsfrist.

256 *Eidam*, Rn. 4.3.32 ff.

257 *Eidam*, Rn. 4.3.34; zur Entwicklung der Norm knapp BeckOK-Datenschutzrecht/*Brodowski/Nowak*, § 43 BDSG Rn. 1 ff.

258 § 44 BDSG enthält freilich nur Vorsatzdelikte.

259 Dieser enthält weiterhin nur Vorsatzdelikte, BeckOK-Datenschutzrecht/*Brodowski/Nowak*, § 42 BDSG Rn. 39 f.

260 Dieser erfasst weiterhin sowohl vorsätzliches als auch fahrlässiges Handeln, BeckOK-Datenschutzrecht/*Brodowski/Nowak*, § 42 BDSG Rn. 14.

261 Zur Normentwicklung und Behandlung von »Altfällen« s. instruktiv BeckOK-Datenschutzrecht/*Brodowski/Nowak*, § 42 BDSG Rn. 1 f., 3 f.

262 *Faust/Spittka/Wybitul* ZD 2016, 120, 123.

263 Anknüpfungspunkt der Normen ist der kartellrechtliche Unternehmensbegriff i.d.S. Art. 101 f. AEUV, der den Konzern umfasst, s. Erwägungsgrund 150 S. 3 DSGVO; *Gola*, Art. 83 DS-GVO Rn. 13. Ob diese Absicht des Normgebers auch in der Praxis Bestand haben wird, ist wegen gewisser terminologischer Widersprüche zur Unternehmensdefi-

was den höheren Betrag ergibt (Art. 83 IV, V DSGVO), werden Bußgeldverfahren gegen Unternehmen wegen Datenschutzverstößen künftig an praktischer Relevanz gewinnen. Die DSGVO ermöglicht sowohl die Sanktionierung vorsätzlicher als auch fahrlässiger Verstöße.[264]

79 Die vorstehend dargelegten Besonderheiten können für **Altverträge** weiter Relevanz haben. Die **neueren Unternehmensbedingungen** nehmen nicht auf die Risikoausschlüsse nach den ARB Bezug, sondern enthalten hierzu eigenständige Regelungen.[265] Soweit dabei einzelne der in § 3 ARB 2010 geregelten Ausschlusstatbestände (Krieg, Aufruhr, innere Unruhen, Streik etc., Nuklear- und Strahlenschäden, Spiel- und Wettverträge, Kartell- und sonstiges Wettbewerbsrecht) aufgenommen werden,[266] kann man sich an der Kommentierung zu § 3 ARB 2010 orientieren.[267] Darüber hinaus sind oft auch Verfahren im Zusammenhang mit Preis- und Ausschreibungsabsprachen vom Versicherungsschutz ausgeschlossen.[268] Kein Versicherungsschutz besteht auch für Führer von Fahrzeugen, sofern der Vorwurf ausschließlich die Verletzung verkehrsrechtlicher Vorschriften betrifft.[269] Im Einzelfall müssen die jeweiligen Klauselwerke daher genau auf Risikoausschlüsse überprüft werden.[270]

V. Gerichtsstand

80 Der Gerichtsstand wird in den neueren Unternehmensbedingungen in Anlehnung an § 20 ARB 2010 (Ziff. 9.2 und 9.3 ARB 2012, Ziff. 10.2 und 10.3 ARB 2021) geregelt (vgl. § 20 ARB 2010 Rdn. 2).[271] Danach können **Klagen gegen den Versicherer** gemäß § 20 I 1 ARB 2010 (Ziff. 9.2 ARB 2012, Ziff. 10.2 ARB 2021) in jedem Fall vor dem Gericht erhoben werden, welches sich am Ort des Sitzes des Versicherers oder der zuständigen Niederlassung befindet. Nur wenn es sich beim Versicherungsnehmer um eine **natürliche Person** handelt, ist nach den einschlägigen Klauseln auch das Gericht örtlich zuständig, in dessen Bezirk der Versicherungsnehmer seinen Wohnsitz oder

---

nition in Art. 4 Nr. 18 f. DSGVO, die zwischen Unternehmen und Unternehmensgruppe gerade differenziert, nicht gänzlich sicher (fehlende Bestimmtheit) und bedarf der Abklärung durch den EuGH (vgl. EuGH NJW 2024, 343 Rn. 78); krit. unter diesem Gesichtspunkt etwa Kühling/Buchner/*Bergt*, Art. 83 DS-GVO Rn. 39 ff.; *Faust*/*Spittka*/*Wybitul* ZD 2016, 120 ff.; S/H/S/*Boehm*, DS-GVO, Kap. VIII, Art. 83 Rn. 25 f., 43 ff.

264 Vgl. Art. 83 II 2 lit. b DSGVO; Plath/*Becker*, BDSG DSGVO, Art. 83 DSGVO Rn. 11.

265 Vgl. Teil A Ziff. 7 SVA 2013 ARAG; § 7 SSR F&I 2016 Zurich (Basis/Top Deckung); s. auch OLG Frankfurt VersR 2025, 814 Rn. 2, 19 ff. und *Seyfarth*, § 25 Rn. 40 ff. (zur D&O-Versicherung).

266 Vgl. § 7 SSR F&I 2016 Zurich (Basis/Top Deckung); B/M/*Guntermann*, SSR Rn. 11.

267 S. auch HK-VVG/*Orlikowski-Wolf*, AVB D&O A-7.9, A-7.11 ff.; L/P/*Kreienkamp*, Teil 3 G. Rn. 153, 155 ff.

268 Vgl. Teil A Ziff. 7.1 SVA 2013 ARAG, jedoch separat vereinbar mit Standardklausel 1 (Teil D zu SVA 2013); § 7 (2) lit. e SSR F&I 2016 Zurich (Basis/Top Deckung); HK-VVG/*Orlikowski-Wolf*, AVB D&O A-7.12 ff.

269 Teil A Ziff. 7.3 SVA 2013 ARAG; P/M/*Piontek*, ARB 2010 § 2 Rn. 48 ff.

270 B/M/*Guntermann*, SSR Rn. 76, 78.

271 Teil C Ziff. 9 SVA 2013 ARAG; § 15 SSR F&I 2016 Zurich (Allgemeiner Teil).

gewöhnlichen Aufenthalt hat. **Klagen** des Versicherers **gegen den Versicherungsnehmer** sind nach § 20 II 1 ARB 2010 (Ziff. 9.3. ARB 2012, Ziff. 10.3 ARB 2021) am Wohnsitz des Versicherungsnehmers zu erheben. Diese Zuständigkeit entspricht § 215 I 1 VVG und ist nach § 215 I 2 VVG ausschließlich. Handelt es sich beim Versicherungsnehmer um eine juristische Person, eine OHG, KG, GbR oder eine eingetragene Partnerschaftsgesellschaft, so ist anstelle des Wohnsitzes oder gewöhnlichen Aufenthalts der Sitz bzw. die Niederlassung des Versicherungsnehmers maßgeblich (§ 20 II 2, 3 ARB 2010; Ziff. 9.3 ARB 2012, Ziff. 10.3 ARB 2021).

Die differenzierende Ausgestaltung der örtlichen Zuständigkeit für **Klagen** des Versicherungsnehmers **gegen den Versicherer** in den ARB ist nicht mit § 215 I 1 VVG vereinbar. Der BGH hat nämlich entschieden, dass der **Klägergerichtsstand** des § 215 I 1 VVG auch für **juristische Personen** gilt und für deren Sitz auf § 17 ZPO abzustellen ist.[272] Juristische Personen können den Versicherer somit ebenfalls auch an ihrem eigenen Sitz verklagen. Demnach ist § 20 I 2 ARB 2010 (Ziff. 9.2 ARB 2012, Ziff. 10.2. ARB 2021) nach § 307 I, II Nr. 1 BGB unwirksam.[273] Der Gerichtsstand bestimmt sich damit auch in der Industrie-Strafrechtsschutzversicherung nach § 215 I 1 VVG.[274] 81

VI. Eintritt des Versicherungsfalles

Voraussetzung für einen Anspruch auf Rechtsschutz ist der Eintritt des Versicherungsfalles. Die einschlägigen AVB sehen vor, dass der Versicherungsfall mit der **Einleitung des Ermittlungsverfahrens** eintritt (§§ 158 ff. StPO).[275] Dies ist der Fall, sobald dem Versicherungsnehmer ein Vergehen vorgeworfen wird und er zum Beschuldigten im Sinne des § 157 StPO wird.[276] Demnach muss gegen den Versicherungsnehmer ein Schuldvorwurf vorliegen, wohingegen ein bloßer Verdacht nicht ausreicht und damit einhergehende vorsorglich getroffene Maßnahmen daher vom Versicherer grundsätzlich nicht übernommen werden.[277] Versicherungsschutz besteht nur, wenn der Zeitpunkt der Einleitung des Ermittlungsverfahrens innerhalb der materiellen Versicherungsdauer liegt.[278] 82

---

272 BGHZ 216, 358 = NJW 2018, 232 Rn. 13 ff.; vgl. auch OLG Frankfurt NJW-RR 2024, 1547 Rn. 18.

273 L/W/*Looschelders*, § 215 Rn. 6 ff. Abweichungsaspekte beim Innenhaftungsausschluss erörtert *Koch* VersR 2025, 1161, 1167 ff.

274 Gerichtsstandbestimmung bei mehreren Streitgenossen mit jeweils ausschließlichen Gerichtsständen entsprechend § 36i Nr. 3 ZPO erörtert OLG Stuttgart NZG 2021, 744 Rn. 27 ff., 34 ff., die sog. Gerichtsklausel (gerichtliche Geltendmachung) *Gruber/Mitterlechner/Wax* Öwbl 2012, 16, 19.

275 § 6 I ISRS; Teil A. Ziff. 6.1.1.1 SVA 2013 ARAG; § 3 I SSR F&I Zurich (Basis/Top Deckung); s. auch OLG Köln r+s 2017, 472, 473 f.; B/M/*Guntermann*, SSR Rn. 79; *Lange* r+s 2024, 485 (Teil 2), Rn. 53.

276 Vgl. BGH NJW 2017, 2037 Rn. 12, 14; B/M/*Guntermann*, SSR Rn. 79 ff.

277 B/M/*Guntermann*, SSR Rn. 81; VersHb/*Obarowski*, § 45 Rn. 97.

278 *Eidam*, Rn. 6.1.3; Harbauer/*Stahl*, § 2 ARB 2000 Rn. 242; *Schauf*, S. 22 f.

1. Deckungseintritt bei »Früh- und Altfällen«

83 Mit der **Einleitung des Ermittlungsverfahrens** ist die Notwendigkeit gegeben, sich gegen den erhobenen Vorwurf zu verteidigen und hierfür Rechtskosten aufzuwenden.[279] Demnach beinhaltet die Deckung auch solche Rechtsverstöße, welche bereits vor Abschluss des Versicherungsvertrages erfolgten, das Ermittlungsverfahren aber erstmalig nach Abschluss des Versicherungsvertrages eingeleitet wird.[280] Diese zurückreichende Absicherung wird in den ISRS durch eine Zehnjahresfrist begrenzt (§ 6 II ISRS).[281] Die neueren Unternehmensbedingungen gewähren auch dann Versicherungsschutz, wenn das Ermittlungsverfahren vor Vertragsbeginn eingeleitet wurde, ohne dass dies dem Versicherungsnehmer bei Vertragsschluss bekannt war.[282] Geschah der Verstoß während der Vertragszeit, wird das Ermittlungsverfahren jedoch erst nach Beendigung des Vertrages eingeleitet, genießt der Versicherungsnehmer keinen Versicherungsschutz mehr.[283] Es kann aber eine Nachhaftung vereinbart werden.[284]

2. Verdacht gegen Unbekannt etc.

84 Solange das Ermittlungsverfahren noch gegen **Unbekannt** geführt wird,[285] liegt an sich noch kein Versicherungsfall vor. Auch § 2 lit. i) ARB 2010 (Ziff. 2.2.9 ARB 2012/2021) setzt für diesen voraus, dass die Ermittlungen gegen den (Mit-)Versicherten gerichtet sind (vgl. § 2 ARB 2010 Rdn. 110).[286] Ein »proaktiver« Schutz gegen eine nur mögliche Verstrickung in ein Ermittlungsverfahren besteht auch nach den ISRS nicht. Auch wenn nur allgemein gegen Verantwortliche eines Unternehmens ermittelt wird, ohne dass sich dieser abstrakte Kreis von Tatverdächtigen bereits auf konkret benannte Personen reduziert hat, fehlt es an einem Versicherungsfall. In diesem Fall fehlt es an einem konkreten Tatverdacht gegen einzelne Beschuldigte, es liegen lediglich allgemeine Verdachtsmomente gegen das Unternehmen vor.[287] Dieses ist nach dem deutschen Recht aber gerade kein Strafrechtssubjekt.[288] Einzelne Unternehmensbedingungen erstrecken

279 *Eidam*, Rn. 6.1.30; B/M/*Guntermann*, SSR Rn. 44.

280 B/M/*Guntermann*, SSR Rn. 47; BGH VersR 2006, 1355; *Eidam*, Rn. 6.1.4, 6.1.32; *Schauf*, S. 22; s. auch *Cornelius-Winkler* r+s 2020, 545, 549 f.

281 *Eidam*, Rn. 6.1.4, 6.1.21; *Schauf*, S. 22 f.

282 Teil A Ziff. 6.2.1 SVA 2013 ARAG; § 3 (1) SSR F&I 2016 Zurich (Basis/Top Deckung); OLG Saarbrücken VersR 2025, 1060, 1061 ff.; B/M/*Guntermann*, SSR Rn. 84.

283 *Eidam*, Rn. 6.1.31.

284 B/M/*Guntermann*, SSR Rn. 81; *Eidam*, Rn. 6.1.32; *Schauf*, S. 22. Zur Nachhaftung in den neueren Unternehmensbedingungen vgl. etwa Teil A Ziff. 6.3.1 SVA 2013 ARAG; § 4 (5) SSR F&I 2016 Zurich (Basis/Top Deckung).

285 Vgl. etwa Nr. 76 I RiStBV; B/M/*Guntermann*, SSR Rn. 81; *Lange* r+s 2024, 485 (Teil 2), Rn. 38 ff., 63 ff., 72 f.

286 *Eidam*, Rn. 6.1.44; *Guntermann* VP 2016, 28; *Lange* r+s 2024, 485 (Teil 2), Rn. 41 ff., 44.

287 *Eidam*, Rn. 6.1.45 ff.

288 Im Ordnungswidrigkeitsverfahren wird man dies anders sehen müssen, da hier auch das Unternehmen selbst als Ziel eines Bußgeldverfahrens in Betracht kommen kann, s.o. Rdn. 11.

den Versicherungsschutz bei einer Firmenstellungnahme aber auf die Einleitung eines Ermittlungsverfahrens gegen Unbekannt, sofern sich der zugrunde liegende Sachverhalt auf ein versichertes Unternehmen bezieht.[289]

3. Vor- und nachzeitige Einstandspflichten

Vor Einleitung eines im vorgenannten Sinne konkreten Ermittlungsverfahrens ist der Versicherer grundsätzlich nicht zur Übernahme von Verteidigungsaufwendungen verpflichtet; der für die Sachversicherung geltende § 90 VVG findet auf die Industrie-Rechtsschutzversicherung keine Anwendung.[290] Einzelne Unternehmens-AVB sehen zum Teil bereits vor Einleitung des Ermittlungsverfahrens einen Kostenersatz für die anwaltliche Beratung vor.[291] **85**

Hingegen kommt in temporaler Hinsicht eine sog. »**Rückwärtsversicherung**« nach § 2 VVG[292] typischerweise nicht in Betracht.[293] Ist ausnahmsweise etwas anderes vereinbart, darf der Versicherungsnehmer bei Abschluss der Versicherung nach den Voraussetzungen des § 2 II 2 VVG nicht bösgläubig sein, andernfalls geht er seines Anspruchs verlustig. Für das Ungewissheitserfordernis des § 2 II 2 VVG genügt subjektive Ungewissheit, die im strafrechtlichen Kontext bereits dann erfüllt ist, wenn dem Versicherungsnehmer unbekannt ist, ob ein Verletzungstatbestand verwirklicht wurde und überhaupt ein Ermittlungsverfahren eingeleitet wird.[294] Ist zum Zeitpunkt des Vertragsabschlusses der Eintritt des Versicherungsfalles **aus subjektiver Perspektive** des Versicherungsnehmers **unausweichlich**, ist **§ 2 II 2 VVG analog** anzuwenden:[295] Auch in diesem Fall entfällt dann die Leistungspflicht des Versicherers.[296] In den neueren Unternehmensbedingungen wird der Versicherungsschutz zum Teil davon abhängig gemacht, dass dem Versicherer vor Vertragsschluss alle Umstände angezeigt werden, die auf ein möglicherweise anstehendes Verfahren hinweisen.[297] **86**

4. Vorvertragliche Anzeigepflichten

Da der Versicherungsfall in aller Regel an eine späte Gefahrverwirklichungsphase anknüpft, kommt der vorvertraglichen Anzeigepflicht des Versicherungsnehmers auch **87**

289 Teil A Ziff. 6.1.1.6 SVA 2013 ARAG.

290 Vgl. L/P/*Schmidt-Kessel*, § 90 Rn. 2; B/M/*Koch*, § 90 Rn. 6.

291 Z.B. Teil A Ziff. 6.1.3 SVA 2013 ARAG.

292 Aktuell zur Rückwärtsdeckungsklausel bei der Wissenszurechnung *Armbrüster* ZVersWiss 2025, 13, 17 ff.

293 OLG Saarbrücken VersR 2025, 1060, 1063 ff., 1066; s. auch o. Rn. 28, 81.

294 *Eidam*, Rn. 6.2.5 ff.; OLG Saarbrücken VersR 2025, 1060, 1062, 1063 f.; vgl. auch § 3 (2) SSR F&I 2016 Zurich (Basis/Top Deckung): Versicherungsschutz für verdeckte Ermittlungsverfahren vor Vertragsbeginn, wenn diese zum Zeitpunkt des Vertragsschlusses weder dem Versicherungsnehmer noch dem Versicherten bekannt waren.

295 OLG Hamm r+s 2024, 1042 Rn. 13 ff., 40 ff.; L/P/*Schneider*, § 2 Rn. 51; *Eidam*, Rn. 6.2.19; *Lange* r+s 2024, 485 (Teil 2), Rn. 56 ff.

296 So im Ergebnis auch P/M/*Armbrüster*, § 1 Rn. 12.

297 Vgl. Teil A Ziff. 6.2.1 SVA 2013 ARAG; OLG Hamm r+s 2024, 1042 Rn. 13, 46 ff.

sonst eine entscheidende Bedeutung zu.[298] Diese richtet sich nach Maßgabe der allgemeinen Bestimmung in § 19 VVG.[299] Anzugeben sind hiernach im vorliegenden Kontext Straftaten und Ordnungswidrigkeiten, von welchen der Versicherte Kenntnis hat sowie Ermittlungen gegen Unbekannt, bei denen mit einer Beschuldigung von Betriebsangehörigen zu rechnen ist.[300] Hinzukommen offensichtlich gefahrerhöhende Umstände wie die eigene »Strohmannrolle« der formell bestellten Person.[301] In den neueren Unternehmensbedingungen wird der Versicherungsschutz für strafrechtliche Ermittlungsverfahren, deren Einleitung vor Vertragsbeginn liegt, teilweise davon abhängig gemacht, dass dem Versicherer vor Vertragsschluss alle Umstände angezeigt werden, die auf ein möglicherweise anstehendes Verfahren hinweisen.[302]

VII. Anzeige des Versicherungsfalles

88 Nach den einschlägigen AVB[303] besteht eine Obliegenheit des Versicherungsnehmers, den Versicherungsfall gegenüber dem Versicherer **unverzüglich anzuzeigen.**[304] Dies entspricht § 17 I lit. a) ARB 2010 (Ziff. 4.1.1 ARB 2012/2021).[305] Natürlich steht es dem Versicherungsnehmer dennoch frei, den entstehenden Schaden selbst zu tragen und den Versicherer außen vor zu lassen. Hierfür mag es gute Gründe geben, etwa die Sorge um eine Erhöhung der Prämien oder der Versuch, ein Ermittlungsverfahren mit möglichst wenig Aufhebens zu beenden.

1. Anzeigefrist

89 Die Anzeigepflicht entsteht erst mit **positiver Kenntnis** von dem Eintritt des Versicherungsfalles, also der Einleitung des Ermittlungsverfahrens.[306] Diese wird regelmäßig mit einem behördlichen Inkulpationsakt beginnen, also mit der Erklärung einer zuständigen staatlichen Stelle (zumeist Polizei oder Staatsanwaltschaft), dass gegen den Betroffenen nunmehr als Beschuldigter ermittelt wird. Der Versicherungsnehmer muss den Versicherungsfall **unverzüglich**[307] anzeigen. Da ein Inkulpationsakt nicht immer

298 OLG Hamm r+s 2024, 1042 Rn. 40 ff.; *Eidam*, Rn. 6.2.22; *Guntermann* r+s 2022, 442, 444 f. m.w.N.

299 B/M/*Guntermann*, SSR Rn. 42; *Seyfarth*, § 25 Rn. 30.

300 *Eidam*, Rn. 6.2.24.

301 OLG Hamm r+s 2024, 1042 Rn. 15 ff., 40 ff.

302 Teil A Ziff. 6.2.1 SVA 2013 ARAG; OLG Hamm r+s 2024, 1042 Rn. 42 ff., 48 f.; zutreffend differenzierend *Guntermann* r+s 2022, 442, 445 f.; s. auch OLG Saarbrücken VersR 2025, 1060, 1062 ff.

303 § 7 ISRS; Teil A Ziff. 5.1 lit. a SVA 2013 ARAG; § 12 I lit. a SSR F&I Zurich (Allgemeiner Teil).

304 *Guntermann* r+s 2022, 442, 445 f.; *Lange* r+s 2024, 439 (Teil 1), Rn. 20 ff.; *ders.* r+s 2024, 485 (Teil 2), Rn. 68 ff.

305 *Guntermann* r+s 2022, 442, 446 m.w.N. Intransparenz anwaltschaftlicher Verschuldenszurechnung rügt BGH r+s 2019, 582 m. Bspr. *Cornelius-Winkler* r+s 2020, 545, 550.

306 OLG Frankfurt VersR 2025, 936 Rn. 91 ff., 99 ff.; *Eidam*, Rn. 7.3.1; *Lange* r+s 2024, 485 (Teil 2), Rn. 53, 56 ff.

307 § 121 I BGB entsprechend; *Lange* r+s 2024, 485 (Teil 2), Rn. 68 ff.

eindeutig als solcher zu erkennen ist, wird man dem Versicherungsnehmer in derartigen Fällen eine **Prüfungsfrist** von wenigen Tagen zugestehen müssen.

2. Zugang und Kenntnisnahme beim Versicherer

Der Versicherungsnehmer und der Versicherte sind anzeigepflichtig (§ 30 I VVG).[308] 90
Die Anzeige des Versicherungsfalles hat unverzüglich zu erfolgen, dabei wird keine bestimmte Form vorausgesetzt, vielmehr kann dies ggf. auch mündlich oder telefonisch geschehen (vgl. § 17 ARB 2010 Rdn. 13). Gemäß § 32 S. 2 VVG kann jedoch Abweichendes vereinbart werden (vgl. § 16 ARB 2010 Rdn. 3).[309]

Erlangt der Versicherer in anderer Weise Kenntnis vom Eintritt des Versicherungs- 91
falles,[310] also von der Einleitung des Ermittlungsverfahrens, kann er seine Leistung nicht unter Berufung auf eine unterlassene oder formlose Mitteilung ablehnen (§ 30 II VVG).[311] Auch hier wird man aber eine positive Kenntnis des Versicherers verlangen müssen, sodass die Norm restriktiv zu handhaben ist.

3. Verletzung der Anzeigepflicht

Die Regelungen in den neueren Unternehmensbedingungen zu den Rechtsfolgen einer 92
Anzeigepflichtverletzung entsprechen § 28 VVG und § 17 VI ARB 2010 (Ziff. 4.1.5 ARB 2012/2021). Der Versicherer ist danach von der Leistungspflicht befreit, wenn der Anzeigepflichtige seine Obliegenheit **vorsätzlich** verletzt.[312] In Fällen **grob fahrlässiger Obliegenheitsverletzungen** kann der Versicherer seine Leistung entsprechend der unabdingbaren Regelung (§ 32 VVG) in § 28 II 2 Hs. 1 VVG nach Relation des Verschuldens kürzen, soweit der Versicherungsnehmer (i) sich nicht exkulpieren kann (vgl. § 28 II 2 Hs. 2 VVG) und (ii) nicht nachweisen kann, dass die Verletzung für den Eintritt, die Feststellung des Versicherungsfalls oder den Umfang der Leistungspflicht nicht ursächlich gewesen ist, § 28 III 1 VVG (vgl. § 17 ARB 2010 Rdn. 124 ff.).[313] Letzteres spielt keine Rolle, wenn der Versicherungsnehmer die Obliegenheit **arglistig** verletzt hat (§ 28 III 2 VVG).[314] Überdies muss der Versicherer den Versicherten für

308 *Eidam*, Rn. 7.6.1; *Guntermann* r+s 2022, 442, 446 m.w.N.; *Lange* r+s 2024, 485 (Teil 2), Rn. 38 ff., 55 ff., 63 ff., 68 ff.

309 Zu Anforderungsrecht und Belegpflicht komprimiert *Thönissen* r+s 2025, 434 Rn. 20 ff.

310 Etwa aus den Medien, Kontakten zu der ermittelnden Behörde oder Dritten (etwa »Whistleblower«).

311 *Eidam*, Rn. 7.5.1 f.; *Guntermann* r+s 2022, 442, 445 f.

312 Statt vieler *Cornelius-Winkler* r+s 2020, 545, 550 zu BGH r+s 2019, 582. Zu Inhalt und Umfang seiner Anzeigepflicht zuletzt OLG Hamm r+s 2024, 1042 Rn. 11 ff., 23 ff., 40 ff. und *Lange* r+s 2024, 439 (Teil 1), Rn. 21 ff. (auch zu deckungsschädlichen sowie selbstbelastenden Informationen i.S.d. Nemo Tenetur-Grundsatzes, Rn. 27 ff.); *ders.* r+s 2024, 485 (Teil 2), Rn. 42, 55 ff., 68 ff., 102 ff., 117 ff.

313 *Eidam*, Rn. 7.7.2; auf Bedingungswerke verweist *Guntermann* r+s 2022, 442, 447.

314 Arglistig ist eine zumindest bedingt vorsätzlich gewollte Nachteilszufügung (z.B. bei einer Absicherung oder Schadensregulierung); OLG Hamm r+s 2024, 1042 Rn. 11 ff., 51 ff. Deckungsanfragen und Kanzleimandatierungen sprechen deutlich dagegen [OLG Hamm

jedwede Kürzung oder Verweigerung der Leistung wegen Verletzung einer nach Eintritt des Versicherungsfalles entstehenden Auskunfts- oder Aufklärungsobliegenheit zuvor in einer gesonderten Mitteilung in Textform (§ 126b BGB) auf diese mögliche Konsequenz einer Obliegenheitsverletzung hingewiesen haben, § 28 IV VVG (vgl. § 17 ARB 2010 Rdn. 128 ff.). Ob daneben noch eine Pflicht zur Information des Verteidigers besteht, ist bislang unerörtert geblieben, sollte aber sorgfältig erwogen werden.[315] Gleiches gilt auch für die (entsprechend weiten) Auskunftspflichten des Insolvenzverwalters[316] und des Versicherungsvertreters.[317]

VIII. Kündigung

93 Eine Kündigung des Versicherungsvertrages ist gemäß § 8 II ARB 2010 (Ziff. 6.2.2 ARB 2012/2021) bei einem Vertrag mit einer Laufzeit von weniger als einem Jahr bis spätestens drei Monate vor dem Ablauf der jeweiligen Versicherungsdauer durch beide Parteien möglich. Für einen Vertrag mit einer Laufzeit von mehr als drei Jahren gilt entsprechendes, die Kündigung muss spätestens drei Monate vor Ablauf des jeweiligen Jahres erfolgen und kann nur von dem Versicherungsnehmer ausgesprochen werden, § 8 IV ARB 2010 (Ziff. 6.2.3 ARB 2012/2021) (vgl. § 8 ARB 2010 Rdn. 6 ff.). Weitere Sonderkündigungsrechte finden sich in § 13 ARB 2010 (Ziff. 6.2.5 ARB 2012/2021) für die Zeit nach dem Eintritt des Versicherungsfalls, in § 11 ARB 2010 (Ziff. 7.9.1 ARB 2012/2021) für den Fall der Beitragserhöhung aufgrund einer Gefahrerhöhung in § 9 C. V (Ziff. 7.5.4 ARB 2012/2021), für den Fall des Zahlungsverzugs[318] sowie in § 10 VI ARB 2010 (Ziff. 7.8.7 ARB 2012/2021) bei einer Beitragsanpassung (§ 10 VI ARB 2010; Ziff. 7.8.7 ARB 2012/2021)[319] – nicht aber für automatische Beendigungsklauseln bei vertraglich ausgeschlossener Nachmeldefrist.[320] Dies gilt allerdings nicht für Zahlungsverzug.[321] Die AVB D&O gestatten aber unbegrenzte Verlängerungen der Nachmeldefrist für ausgeschiedene Organwalter bzw. unverbrauchte Versicherungssummen.[322]

---

r+s 2023, 1045, 1047 f.; *Plaßmann-Robertz* ZWH 2024, 200, 201; großzügiger *Lange* r+s 2024, 485 (Teil 2), Rn. 110 ff.], Strohmannfunktionen als Scheingeschäftsführer hingegen schon (OLG Hamm r+s 2024, 1042 Rn. 11, 23 ff.).

315 Instruktive Überlegungen bei *Guntermann* r+s 2022, 442, 447.

316 Komprimiert zu ihnen *Thönissen* r+s 2025, 434 Rn. 13 ff., 32 ff.

317 BGH VersR 2025, 1193 Rn. 15 ff., 19 ff. (zu § 87c HGB).

318 Zahlungsunfähigkeit bei 3-wöchiger Liquidationslücke über 10% erkennt OLG Düsseldorf ZIP 2025, 906, Rn. 27 ff., 39 ff., 56 ff.

319 L/W/*Obarowski*, Kap. 48 Rn. 475 ff., 482.

320 Zur D&O-Versicherung BGH NJW 2025, 831 Rn. 15 ff., 25 ff. m. Anm. *Looschelders* = GmbHR 2025, 362 m. Anm. *Schlüter*; HK-VVG/*Orlikowski-Wolf*, AVB D&O A-5.3 Rn. 7 ff.; s. auch *Thönissen* r+s 2025, 434 Rn. 10 ff.

321 HK-VVG/*Orlikowski-Wolf*, AVB D&O A-5.3 Rn. 5 ff. m.w.N.

322 HK-VVG/*Orlikowski-Wolf*, AVB D&O A-5.3 Rn. 9 ff.

F. Verteilung unzureichender Versicherungssummen

Lange Jahrzehnte von eher untergeordneter Bedeutung ist das Thema unzureichend gedeckter Versicherungssummen erst im Gefolge unklarer Verfahrenseinleitung, wachsender Schadenshöhen, einzurechnender Abwehrkosten und uneinheitlicher Anrechnungsklausel stärker in den Fokus vornehmlich der beteiligten Kreise getreten.[323] Divergierende Abwehr-, Regulierungs- und weitere Drittinteressen (Konzerngesellschaften, Insolvenzverwalter) erschweren die Abwicklungsverfahren, die nicht gerade ein allseits kohärentes Vorgehen aufweisen können.[324] 94

Insgesamt sind vier unterschiedliche Verteilungsarten zu benennen, die auf jeweils spezifisch ausgeformte Verteilungswege rekurrieren: Eine quotale Verteilung, eine bloße pro Kopf Verteilung, eine prioritätsgeleitete und eine modifizierte bzw. beliebige, insbesondere nach Fallzahlen und Beteiligungsverhältnissen divergierende Beitragsverteilung.[325] Ihre jeweiligen situativen Leitkriterien haben allerdings bislang weder allgemeine Anerkennung/Anwendung noch hinreichend stringente Begründungen gefunden[326] – auch nicht unter Berücksichtigung zusätzlicher Gläubigerschaften (§§ 420 ff. BGB).[327] Bis zu ihrer stringenten (auch unionsrechtlich) dogmatischen Erarbeitung sind weiterhin einzelfallgerechte statt pauschal generalisierende Lösungen zu wählen.[328] 95

G. Praxisbeispiele für die Erläuterung der einzelnen Bestimmungen der ISRS

Zur weiteren Veranschaulichung der aktuellen Ausgestaltung sei auf die einschlägigen Ausfertigungen der Industrie- bzw. Spezial-Straf-Rechtsschutzbedingungen etwa der ARAG-(SVA 2013 Stand: 7. 2015)[329] und der Zurich-Versicherung (SSR F&I 2016 Stand: 04/2016)[330] sowie auf die AVB D&O der VOV (Stand: 08/2019),[331] der Gothaer 96

323 *Peppersack* r+s 2018, 117, 118 f.; *Rademacher* SpV 2021, 3, 5 ff.

324 B/M/*Guntermann*, SSR Rn. 45; *Peppersack* r+s 2018, 117, 119 f. m.w.N.; zur Regulierungsvollmacht *Seyfarth*, § 25 Rn. 31 f., 70 ff.

325 *Peppersack* r+s 2018, 117, 120 f.; *Rademacher* SpV 2021, 3, 5 ff.

326 Eine komprimierte Darstellung verschiedener Lösungsansätze (Rekurs auf § 109 VVG, zeitliche Vorrangigkeit, Kostenhöhe, Versichererwahlrecht) bieten B/M/*Guntermann*, SSR Rn. 45; *Peppersack* r+s 2018, 117, 120 ff.; *Rademacher* SpV 2021, 3, 5 ff. m.w.N.

327 *Peppersack* r+s 2018, 117, 122 ff.; *Rademacher* SpV 2021, 3, 6 f. m.w.N.

328 *Peppersack* r+s 2018, 117, 124 f.; *Rademacher* SpV 2021, 3, 7 f., die neben dem Erschöpfungseinwand der Versicherung den Fälligkeitsaspekt und den Kenntniszeitpunkt der Versichertenkenntnis präferieren. Pro Kopfteilprinzip B/M/*Guntermann*, SSR Rn. 45.

329 Abrufbar unter: https://www.arag.de/medien/pdf/bedingungen/rechtsschutz/manager/versicherungsbedingungen_manager-rechtsschutz-7.2015.pdf.

330 Abrufbar unter: https://www.zurich.de/de-de/geschaeftskunden/haftpflicht-und-recht/rechtsschutzversicherung/spezial-straf-rechtsschutz-fuer-firmen-und-industrie.

331 Abrufbar unter: https://vov.eu/fileadmin/VOV/04_Versicherungen/Downloads/D-O-Unternehmen/VOV-AVB-50.pdf.

(D&O AVB-Gothaer 2024),[332] der ERGO (Stand: 07/2017)[333] und der W.R. Berkley Europe AG (Stand: 08/2019)[334] verwiesen.

97 Die dortigen Darstellungen geben einen ebenso prägnanten wie umfassend abgefassten Überblick über die Regelungsmaterie der am Markt auch als Spezial-Strafrechtsschutzversicherung für Firmen und Industrie bekannten Erscheinungsformen unternehmensbezogener Absicherung gegen den Vorwurf eines etwaigen straf- oder ordnungswidrigkeitsrechtlichen Verhaltens bei der Geschäftsausübung,[335] wie z.B. die Durchsuchung und Einziehung von Taterträgen bei juristischen Personen.[336]

---

332 Abrufbar unter: https://partner.gothaer.de/StreamingServlet/app/dvz/DocumentDownload/216327?scope=makler_scope.

333 Abrufbar unter: https://www.ergo-meine-druckstuecke.de/storage/ZxOfvTmjaukzHgKZTQI4PSc1yiQoNpHNqo61vGfQWQP4XsLGq4f8QN7KWw67j5cYnZbHEqxu052uJms17tF3WU4HXRTQ8Zg5eo6C5EOjrx-zv1XakaeCNZO7tVL8eoqLEx6aYtuLTz0lKNrHHbDFqA/Bedingungen_DO_2017_Haftpflicht_Vermoegensschaeden_07_2019-H.pdf.

334 W.R. Berkley Europe AG (Directors&Officers-Versicherung Berkley managerline 2020, zit. nach dem Abdruck in HK-VVG/*Orlikowski-Wolf*, AVB D&O, A-1-A-9.

335 S. auch ergänzend den Versicherungsauszug der »ULLA«-D&O-AVB, BGH NJW 2025, 831 f. (Sachverhalt); *Nickert/Nickert* GmbHR 2025, 897 Rn. 25 f.

336 B/M/*Guntermann*, SSR Rn. 48.

Stichwortverzeichnis

Die fett gedruckten Zahlen beziehen sich auf Paragraphen, die mageren Zahlen auf die jeweiligen Randnummern.